巨大映画館の記憶

青木圭一郎

目次

その他の主な映画館……………135

【凡例】

館名の下の記号は上映方式で 70 = 七〇ミリ、C = シネラマ、D = D150を表す。

座席数は「映画年鑑・映画便覧」（時事通信社／キネマ旬報社刊）を準拠。

座席数の増減があるときは（）内に西暦年を付記。

映画館地図は劇場の存在時期によって年度が異なる。

主要劇場の上映記録を付記。題名は表記可能な範囲で公開時の宣材で使われた文字に従った。

劇場平面図と座席表は引用元からの複写では解像度が劣るためトレースして描き出した。

1964年1月・築地・東銀座

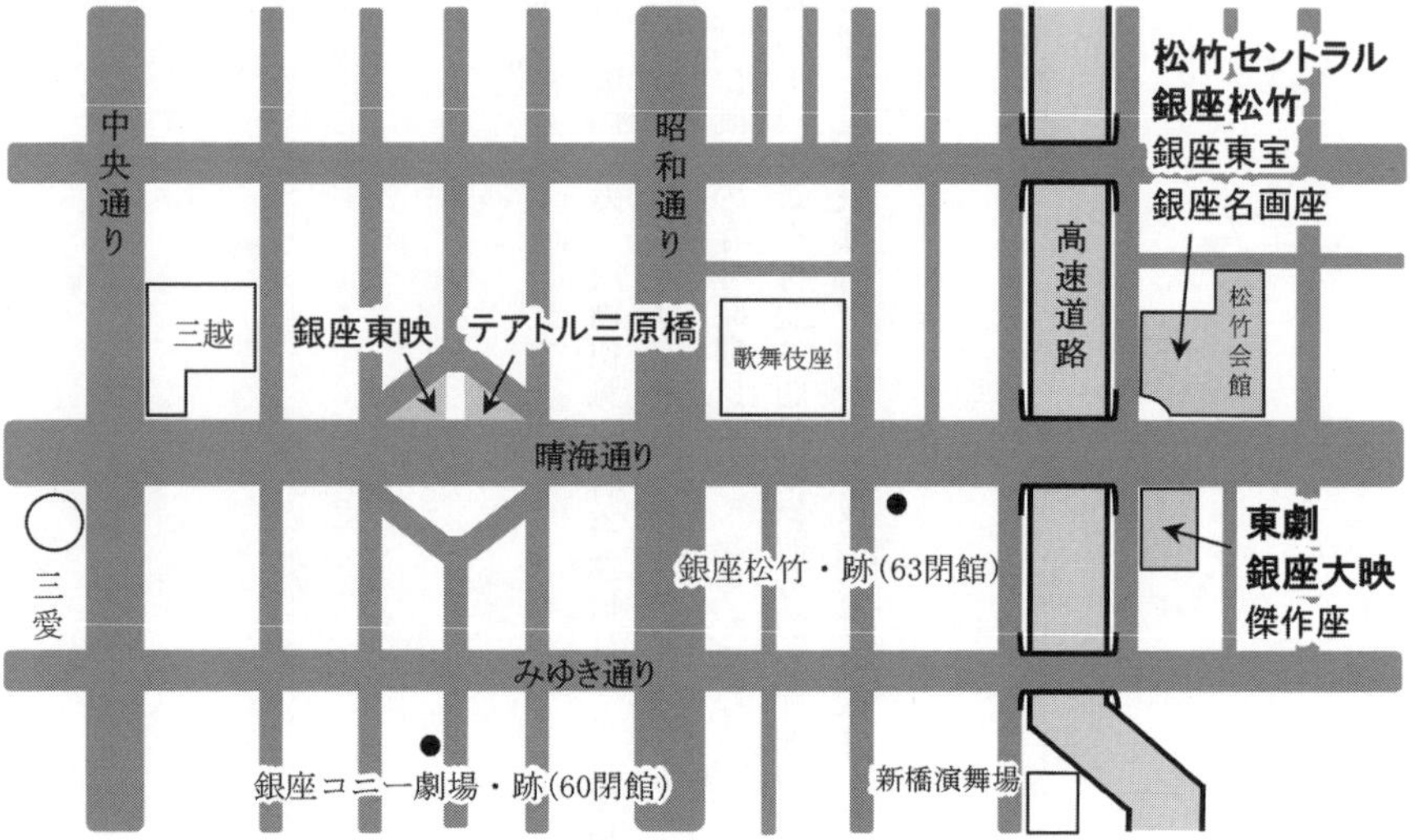

1964年8月・神保町・淡路町

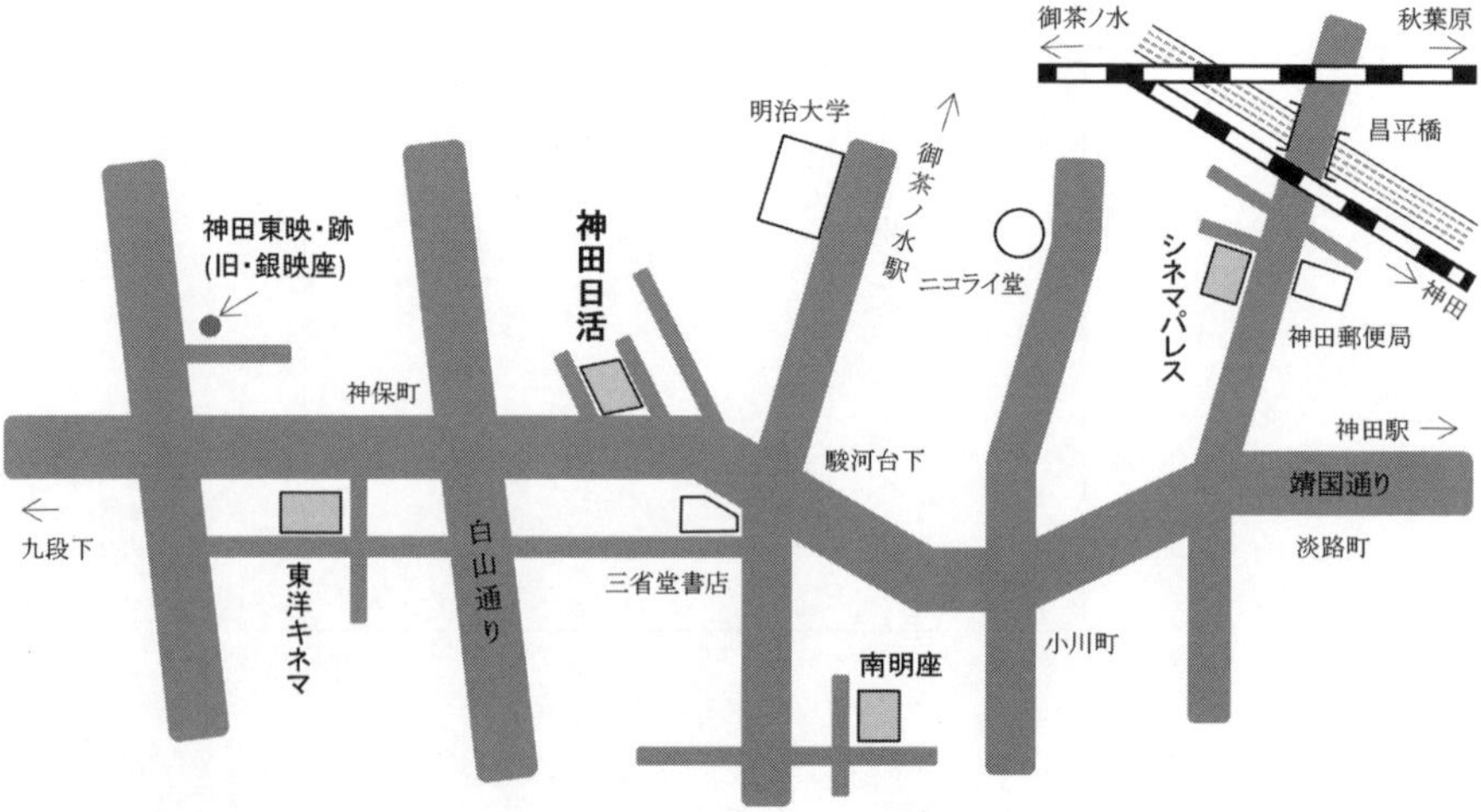

1964年1月・日比谷・有楽町・銀座

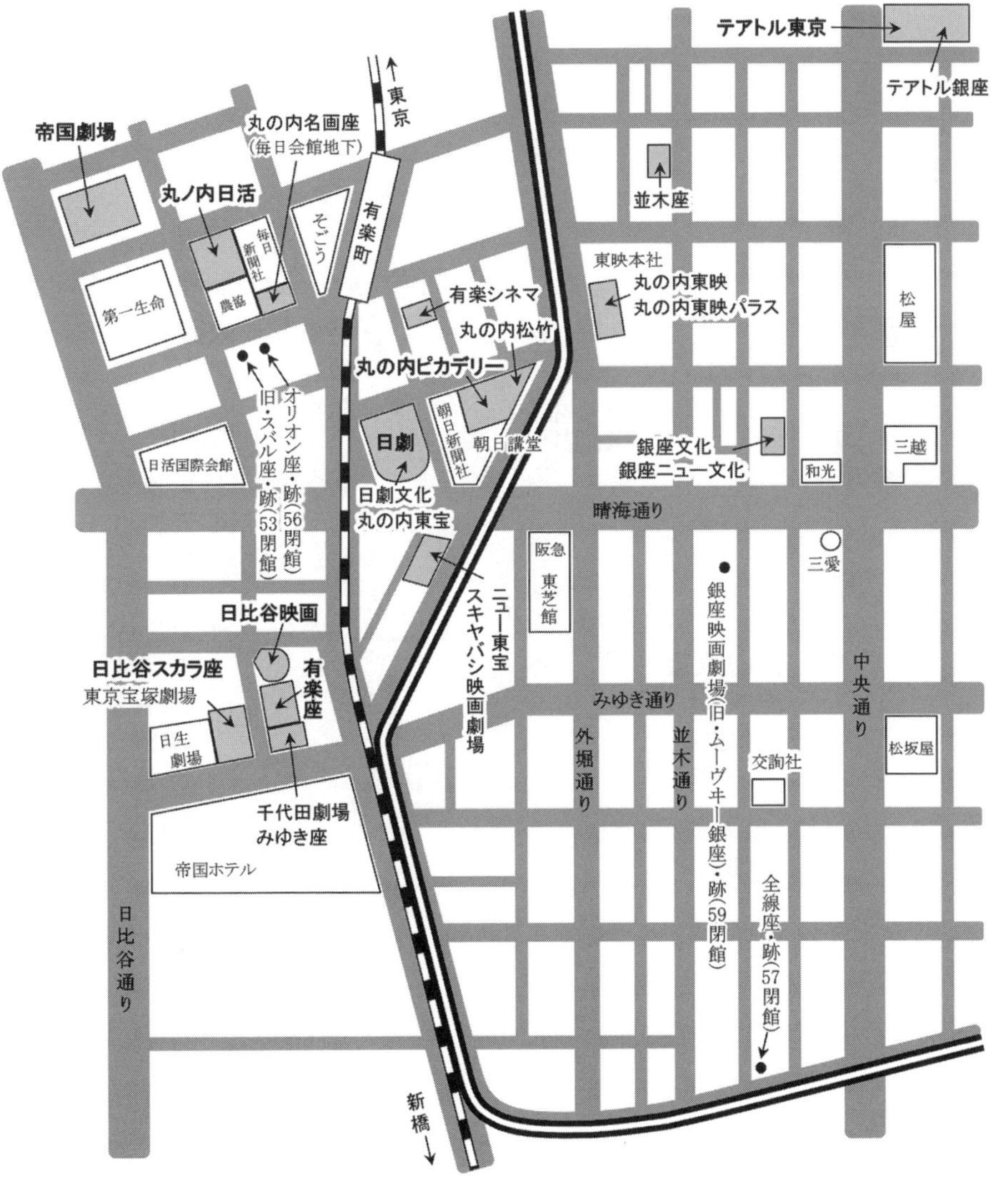

1964年1月・渋谷

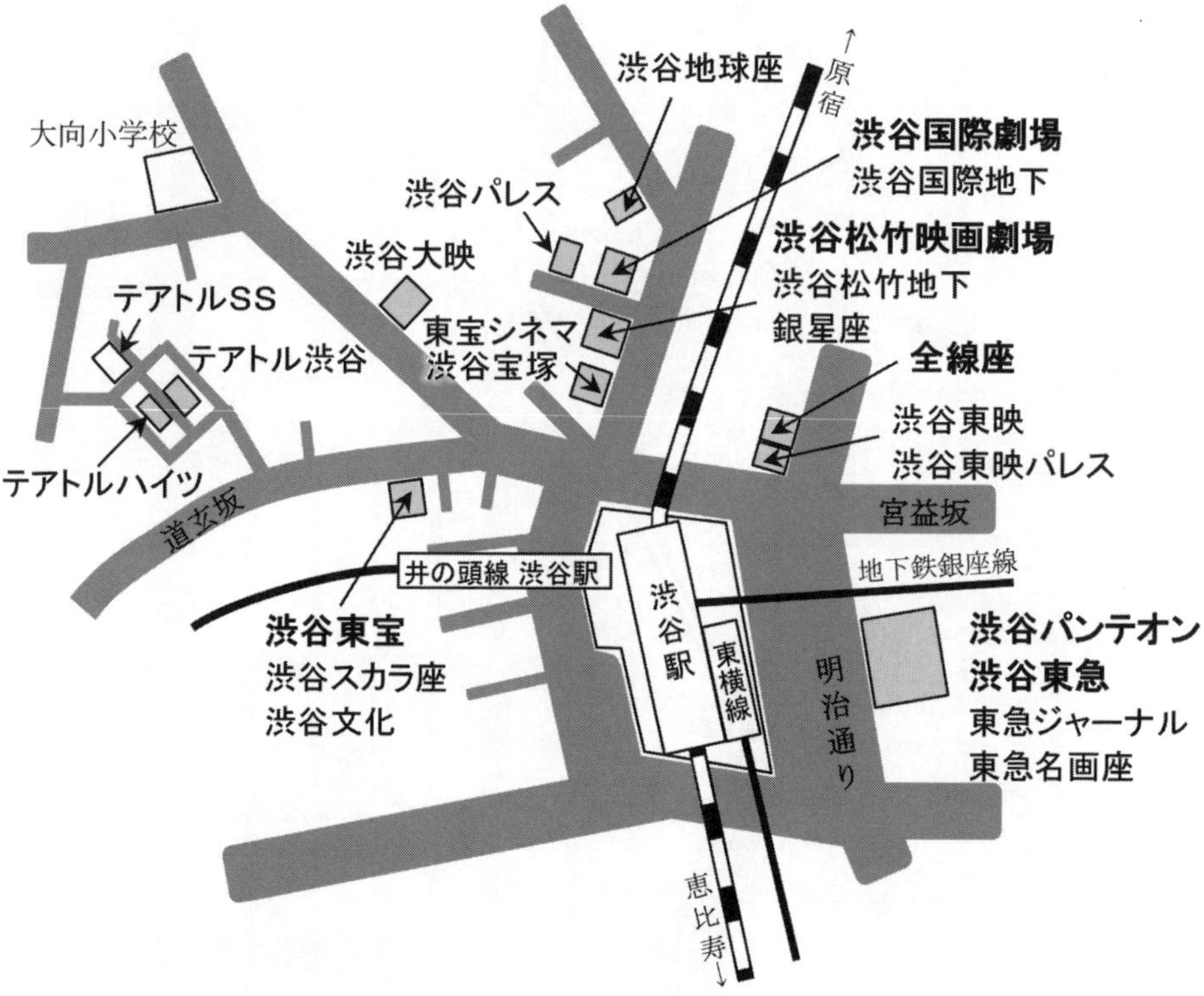

渋谷地球座
原宿
渋谷国際劇場
渋谷国際地下
大向小学校
渋谷パレス
渋谷松竹映画劇場
渋谷松竹地下
銀星座
渋谷大映
テアトルSS
テアトル渋谷
東宝シネマ
渋谷宝塚
全線座
渋谷東映
渋谷東映パレス
テアトルハイツ
道玄坂
宮益坂
井の頭線 渋谷駅
地下鉄銀座線
渋谷駅
東横線
渋谷東宝
渋谷スカラ座
渋谷文化
明治通り
渋谷パンテオン
渋谷東急
東急ジャーナル
東急名画座
恵比寿

1970年1月・新宿

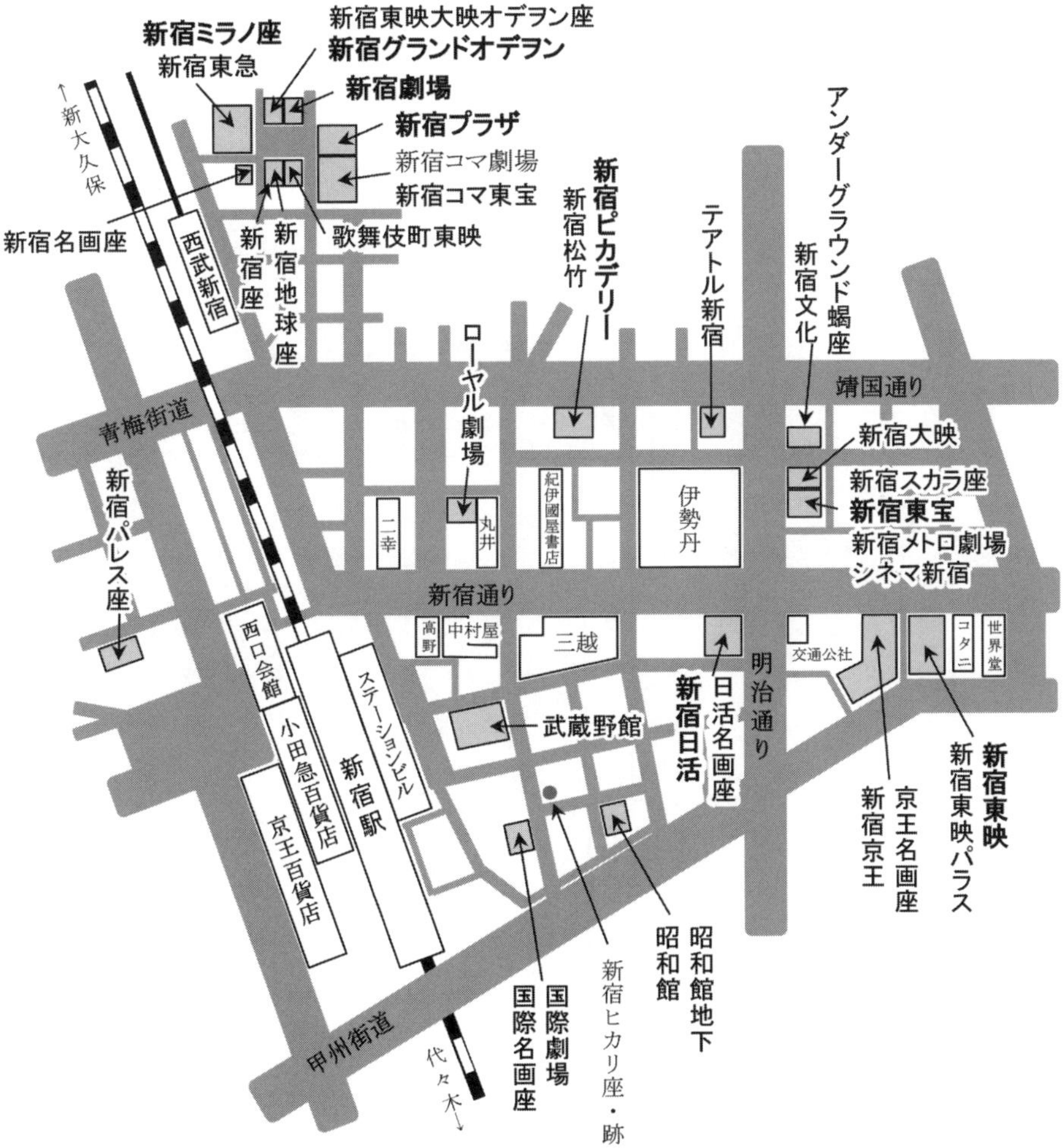
新宿東映大映オデヲン座
新宿グランドオデヲン
新宿ミラノ座
新宿東急
新宿劇場
新宿プラザ
新宿コマ劇場
新宿コマ東宝
↑新大久保
新宿名画座
歌舞伎町東映
新宿座
新宿地球座
西武新宿
新宿ピカデリー
新宿松竹
テアトル新宿
アンダーグラウンド蝎座
新宿文化
ローヤル劇場
靖国通り
青梅街道
新宿大映
新宿スカラ座
新宿東宝
新宿メトロ劇場
シネマ新宿
新宿パレス座
二幸
丸井
紀伊國屋書店
伊勢丹
新宿通り
西口会館
高野
中村屋
三越
交通公社
コタニ
世界堂
明治通り
小田急百貨店
ステーションビル
新宿駅
京王百貨店
武蔵野館
新宿日活
日活名画座
新宿京王
京王名画座
新宿東映
新宿東映パラス
昭和館
昭和館地下
国際劇場
国際名画座
新宿ヒカリ座・跡
甲州街道
代々木↓

1968年7月・池袋

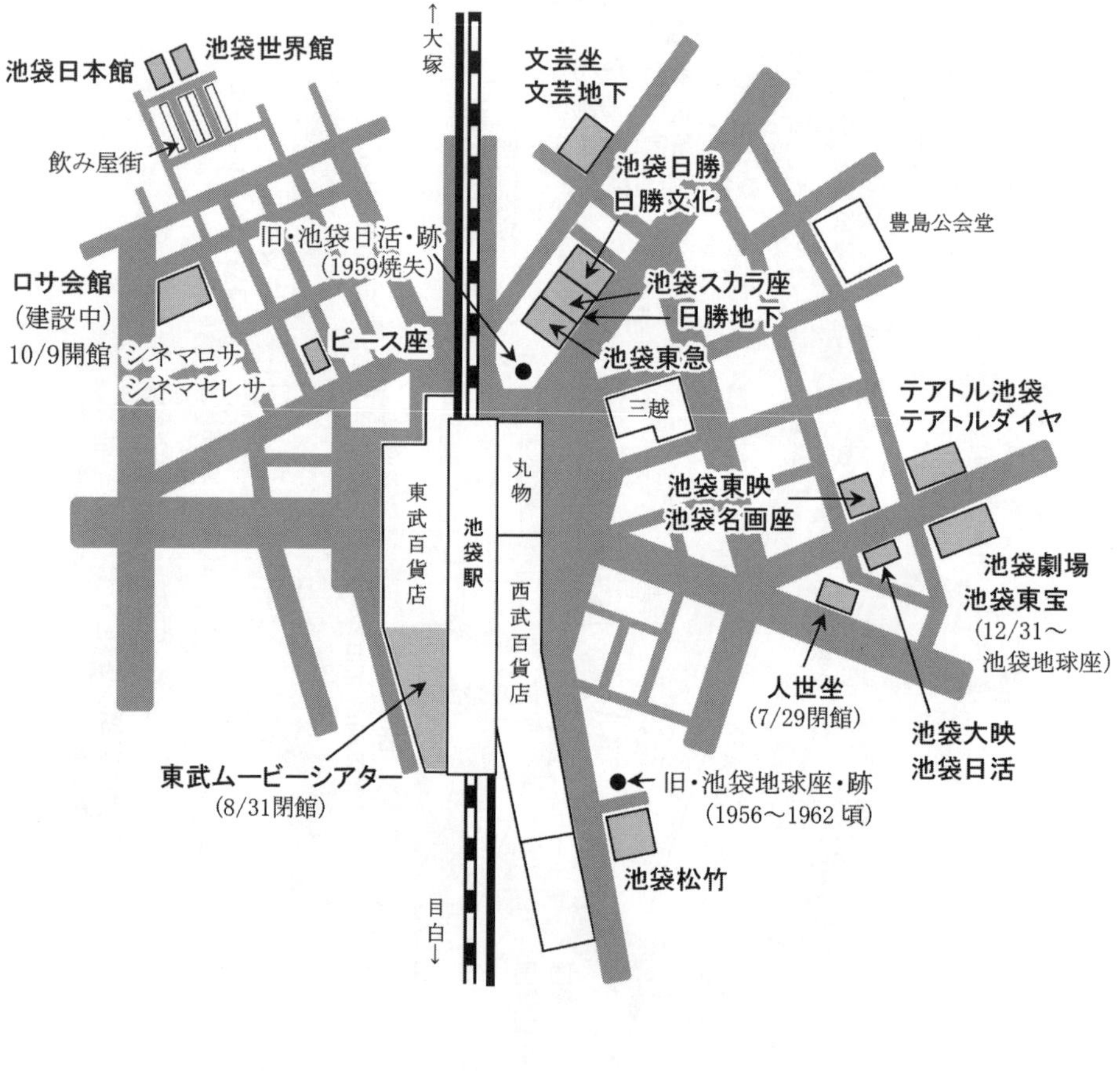

↑大塚
池袋世界館
池袋日本館
飲み屋街
文芸坐
文芸地下
池袋日勝
日勝文化
豊島公会堂
旧・池袋日活・跡
(1959焼失)
ロサ会館
(建設中)
10/9開館
シネマロサ
シネマセレサ
ピース座
池袋スカラ座
日勝地下
池袋東急
三越
テアトル池袋
テアトルダイヤ
丸物
東武百貨店
池袋駅
池袋東映
池袋名画座
西武百貨店
池袋劇場
池袋東宝
(12/31〜
池袋地球座)
人世坐
(7/29閉館)
池袋大映
池袋日活
東武ムービーシアター
(8/31閉館)
旧・池袋地球座・跡
(1956〜1962頃)
池袋松竹
目白↓

1970年1月・錦糸町

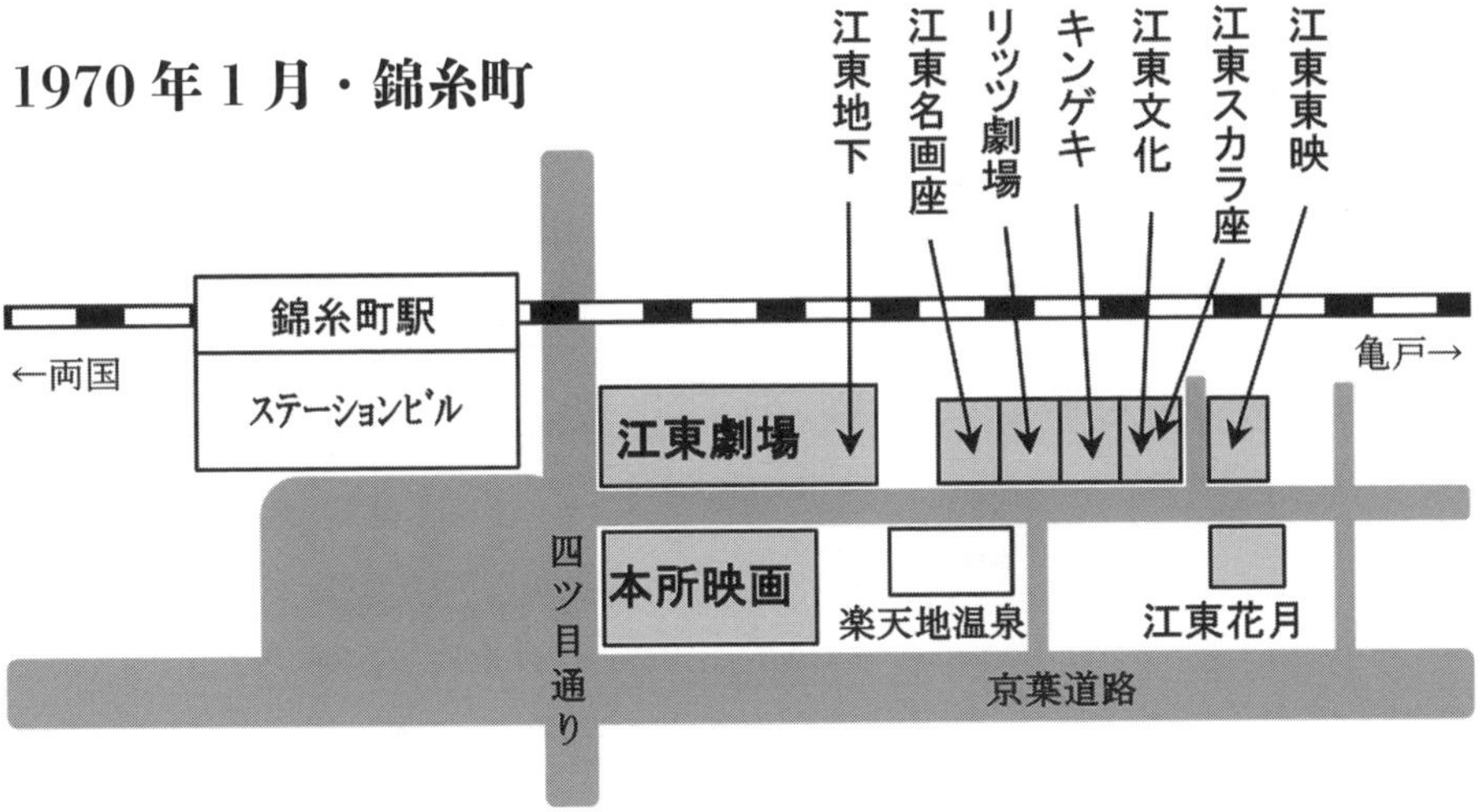

1970年1月・上野

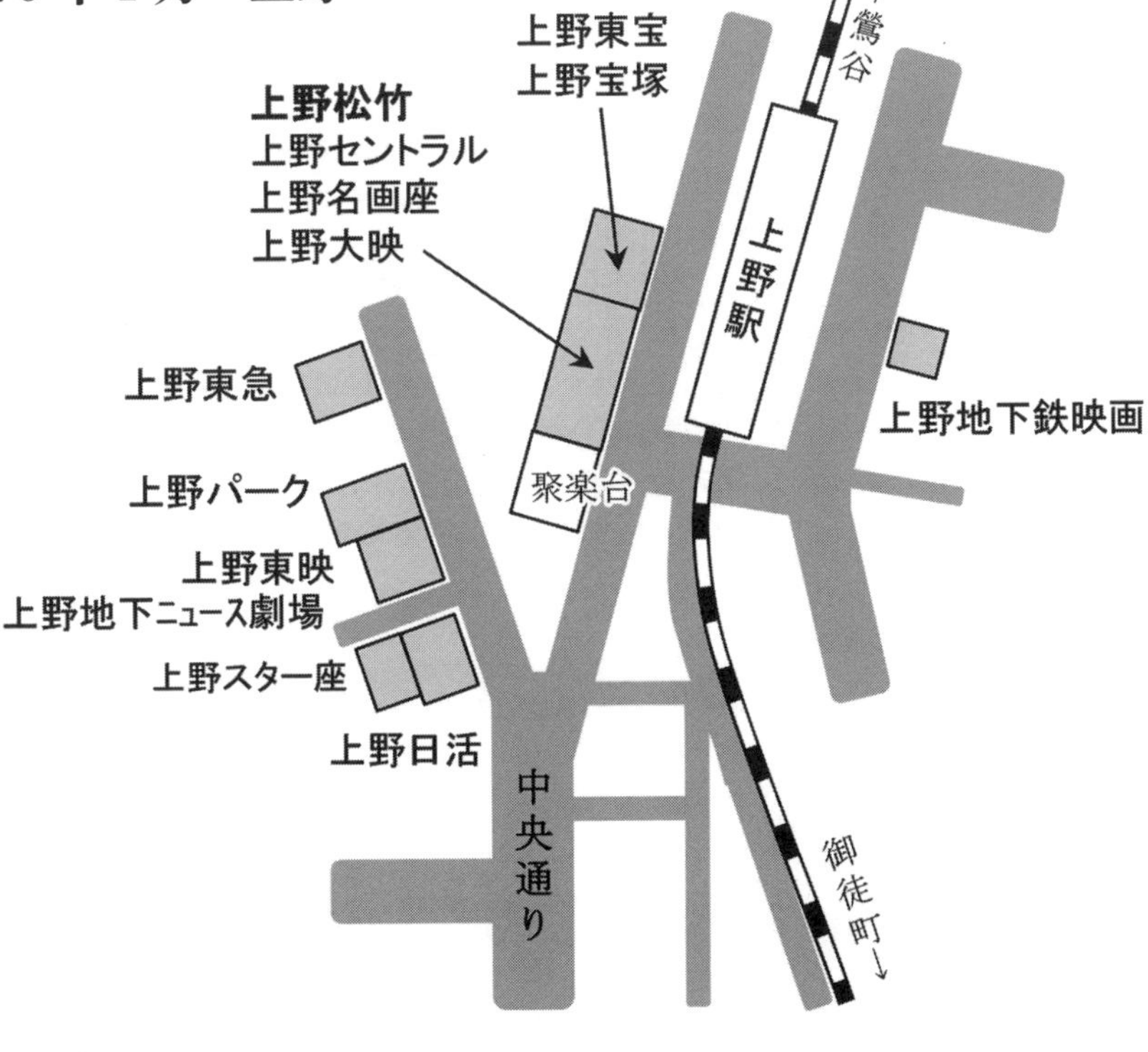

1968年1月・浅草

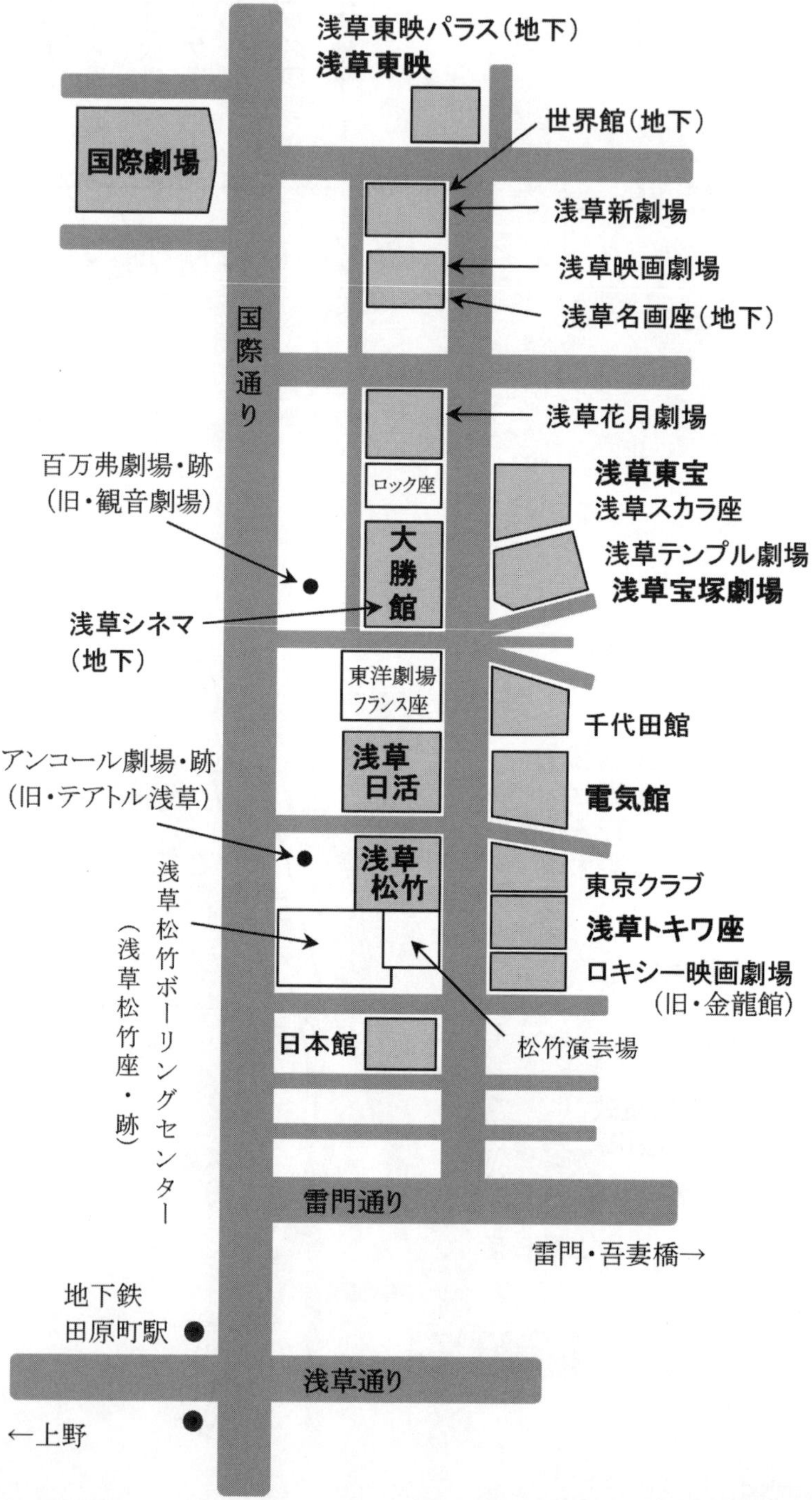
浅草東映パラス（地下）
浅草東映
国際劇場
世界館（地下）
浅草新劇場
浅草映画劇場
浅草名画座（地下）
国際通り
浅草花月劇場
百万弗劇場・跡
（旧・観音劇場）
ロック座
浅草東宝
浅草スカラ座
浅草テンプル劇場
浅草宝塚劇場
大勝館
浅草シネマ
（地下）
東洋劇場
フランス座
千代田館
アンコール劇場・跡
（旧・テアトル浅草）
浅草日活
電気館
浅草松竹
東京クラブ
浅草トキワ座
浅草松竹ボーリングセンター
（浅草松竹座・跡）
ロキシー映画劇場
（旧・金龍館）
日本館
松竹演芸場
雷門通り
雷門・吾妻橋→
地下鉄
田原町駅
浅草通り
←上野

まえがき

平成から令和に移り、次第に遠くなる昭和の時代、有楽町における都市空間の象徴は日劇（日本劇場）だった。上りの東海道新幹線で東京駅に近づくと新橋辺りから徐行運転になる。晴海通りの上に差し掛かると見えてきたのは巨大な日劇の偉容だった。この光景を見て大都市の東京を実感したものであった。その頃は近辺に有楽座、日比谷映画、スカラ座、丸の内ピカデリー、松竹セントラル、テアトル東京といった大規模な映画館もあった。

現在では映画館で映画を観る場合、シネコン（シネマコンプレックス）を利用するのが一般的だ。シネコン内の各スクリーンは殆ど同じ造りだから、映画を観たのがどのスクリーンであったのかを思い出すこともない。かつて映画館の劇場建築はそれぞれに特徴があって、大都市には客席数一〇〇〇以上の大型映画館があった。シネラマやシネマスコープ、七〇ミリの開発により大劇場の画面は巨大化していった。平成の時代以降は本来の独立した建物の映画館は減少し、今では殆どなくなっている。

東京の映画常設館は芝居や見世物興行の中心地だった浅草から始まった。活動写真を製作・配給していた吉沢商店はのちに合併して日活となったが、店主だった河浦謙一は浅草の興行街で電気館、三友館、オペラ館、帝国館、ルナパークなどを経営していた。「日本映画発達史」には著者の田中純一郎が取材した河浦謙一の談話が記載されている。要約すると「今まで見たこともない洋風建築を施し、建物だけで好奇的な気持を出そうとした。アメリカの博覧会を見て感じたことで、人を寄せるには、まず建物で驚かすのが早いという信念を持った。電気館の改造を手始めに全部欧米式に建造した。他に類例を見ない特殊建築街となり、東京名物となって、自然に市内の見物人が集まるようになった」という。関東大震災後の昭和初期には浅草などの映画館が本建築に建替えられて大劇場が次々に開場した。特に建築設計の僊石政太郎は映画館の設計を得意とし、電気館、浅草帝国館（後に浅草松竹）、富士館（後に浅草日活）、大勝館、新宿の帝都座といった客席一〇〇〇人規模の劇場を手掛けた。

これらの大劇場は演劇も上演することで舞台が広かったため、一九五〇年代から映画画面が大型化しても設備を受け入れやすかった。画面の大型化はテレビが家庭に普及して映画観客が減少したことにより、対抗策として開発されてきた。大型映像の種類は大きく分けるとシネラマ、シネマスコープ、ビスタビジョン、七〇ミリ、IMAX（アイマックス）となる。

七〇ミリプリントでの上映は映写設備を持った大劇場だけが公開できたが、映画の観客は次第に減少して行き、大劇場を維持することが困難な時代となった。一九八一年（昭和五六年）に日劇が閉館、一九八四年（昭和五九年）に日比谷映画と有楽座が閉館し、大劇場は次第に消えていった。七〇ミリ映画も製作費がかさむので製作されることはなくなったが、アメリカでは新作が上映されたこともある。クエンティン・タランティーノ監督が『ヘイトフル・エイト』（二〇一五）を七〇ミリフィルムで上映したが、日本ではデジタル上映だった。アメリカにはまだ七〇ミリの上映館があって実際に一〇〇館で上映されたという。クリストファー・ノーラン監督も『インターステラー』（二〇一四）と『ダンケルク』（一九一七）をIMAX七〇ミリフィルムで撮影したが、日本ではIMAXデジタル上映となった。

二〇一七年（平成二九年）一〇月七日、東京国立近代美術館フィルムセンターの大ホールにおいて『デルス・ウザーラ』（監督：黒澤明、一九七五）が七〇ミリフィルムで上映された。また、二〇一八年（平成三〇年）一〇月の六日、七日と一一日〜一四日の六日間で国立映画アーカイブ（フィルムセンターから改称）において『2001年宇宙の旅』（監督：スタンリー・キューブリック、一九六八）が七〇ミリプリントで上映された。製作されてから五〇年を記念してオリジナルネガからデジタル処理なしのニュープリントが作られたもので、欧米各地でも上映されていた。今では日本国内で七〇ミリフィルムを上映できるのが国立映画アーカイブだけだそうだ。国立映画アーカイブは大ホールでも座席数310で、スクリーンサイズは四・六メートル×九・七メートルとされているからそれほど大画面というわけではない。大画面で七〇ミリのフィルム上映を観ることは日本では不可能となっている。

客席数に限れば映画常設館ではない一〇〇〇席以上のホールは各地にあり、有楽町駅近くの東京国際フォーラムのホールAは5012席で試写会に使われることもある。スクリーンの大きさでは二〇一九年（令和元年）七月一九日に池袋で閉館したグランドシネマサンシャインが東京では最大級である。一二スクリーンのシネコンだがその内のＩＭＡＸシアター（５４２席）は縦一八・九メートル、横二五・八メートルである。しかし、大画面かつ客席数１０００席超の大劇場はないのである。

次に、閉館した大劇場のスクリーンサイズ（縦×横）を各種情報から得た範囲で参考として記す。

帝国劇場（建替前）＝７・０１ｍ×１９・２ｍ（シネラマ上映時）
テアトル東京＝８・３ｍ×２０・８ｍ（湾曲奥行５ｍ）
有楽座＝９ｍ×２０ｍ
新宿ミラノ座＝８・８５ｍ×２０・２ｍ（70㎜上映時）
新宿プラザ＝７・５ｍ×１８・１ｍ
渋谷パンテオン＝７・０２ｍ×１６ｍ
新宿ピカデリー１（建替前）＝７・１ｍ×１５・８ｍ
松竹セントラル＝５・８ｍ×１３・６ｍ
丸ノ内日活＝６・３５ｍ×１６・２５ｍ（シネスコ上映時）
東京ＩＭＡＸシアター＝１８ｍ×２５ｍ
テアトルタイムズスクエア＝８・５ｍ×１６ｍ

巨大な映画館が閉館して行く一方で興行形態も変化した。一九九三年（平成五年）四月二四日、株式会社ワーナー・マイカルが神奈川県海老名市に〝ワーナー・マイカル・シネマズ海老名〟（現在のイオンシネマ海老名）を開業した。これが本格的なマルチプレックスのシネマコンプレックス（シネコン）として初めての劇場となった。シネコンは建物内に複数のスクリーンを持つ映画館だから、客の入りを見て客席数に見合った劇場に入れ替えることができる。このようにしてシネコンが普及してきたのである。二〇一四年（平成二六年）の大晦日に新宿ミラノ座が閉館して観客席一〇〇〇席超の大劇場は全てなくなり、七〇ミリフィルムを上映できる劇場もなくなった。将来も巨大な映画館が開館することはないのだろう。かつての巨大映画館も次第に忘れられて行くことになる。そのような東京にあった一〇〇〇席以上とその他の主な映画館（名画座を除く）の存在を振り返ってみたい。また、大型映画についても回顧する。

大型映画の変遷

個々の劇場について述べる前に、大劇場と関連する大型映像の変遷についての概略を記す。

triple-écran

大型映画の最初はシネラマだが、その先駆けとなったのはトリプル・エクランであった。『ナポレオン』（監督：アベル・ガンス、一九二七）は、アベル・ガンスが考案した三面スクリーンに三台の映写機で上映するトリプル・エクランという方式の映画だった。『ナポレオン』がアメリカで公開されたのはMGMが短縮した八〇分版であった。日本では封切公開された記録が確認できないが、一九三二年（昭和七年）一一月二三日と二四日に神田昌平橋際にあったシネマパレスで一七・五ミリ版によって上映されている。併映は『雪崩』（監督：ジャック・フェデー）で、説明は徳川夢声門下の丸山章治だった。三浦大四郎編「人世坐三十五年史」によると、一九四九年（昭和二四年）一一月二二日～一二月一二日まで、池袋の人世坐で三時間一五分版が上映されたという。シネマパレスと同様に一七・五ミリの特殊フィルムを使う映写機一台の一面映写だった。徳川夢声、山野一郎、津田秀水、国井紫香、泉天嶺が解説を担当した。

一九八一年（昭和五六年）、映画史家でフィルムコレクターのケヴィン・ブラウンロウが復元した『ナポレオン』が、フランシス・フォード・コッポラの配給でニューヨークのラジオ・シティ・ミュージック・ホールにおいてオーケストラ付きで上映された。

一九八二年（昭和五七年）一〇月一六日と一七日、東京のNHKホールにおいてコッポラ版の『ナポレオン』がオーケストラ付きで上映された。S席一二〇〇〇円、A席一〇〇〇〇円、B席八〇〇〇円、C席五〇〇〇円の入場料だった。一九八三年（昭和

五八年）二月四日〜六日は日本武道館で公演があった。私はこのときの二月五日に観ている。アリーナのS席（八〇〇〇円）で前の方だったが、パイプ椅子の座り心地が悪くて非常に疲れた。途中で休憩はあるものの、オーケストラが四時間も演奏をしていたのには感心した。トリプル・エクランの三面映写は最後の二十分間だけであるが画面がずれることなく同期していた。

Cinerama

シネラマは三台のカメラで撮影されたフィルムを三台の同期した映写機で湾曲したスクリーンに上映するシステムである。一九五二年（昭和二七年）にアメリカで公開されたシネラマ上映方式（アスペクト比＝1：2・59）の『これがシネラマだ』（監督：メリアン・C・クーパー、ギュンター・フォン・フリッチュ、一九五二）が最初のシネラマ映画である。シネラマの多くは世界各地の名所を巡る迫力のある映像で作られたが、映像のつなぎ目が目立つという欠点があった。トリプル・エクランが特殊な装置で普及しなかったのと同様に、シネラマも設備が大掛りとなるので上映館も限られた。三台映写のシネラマ劇場は帝国劇場（東京）、OS劇場（大阪）、テアトル東京（東京）で、中日シネラマ劇場（名古屋）、シネラマ名古屋（名古屋）は一台映写方式以降に開場したようだ。

シネラマの上映

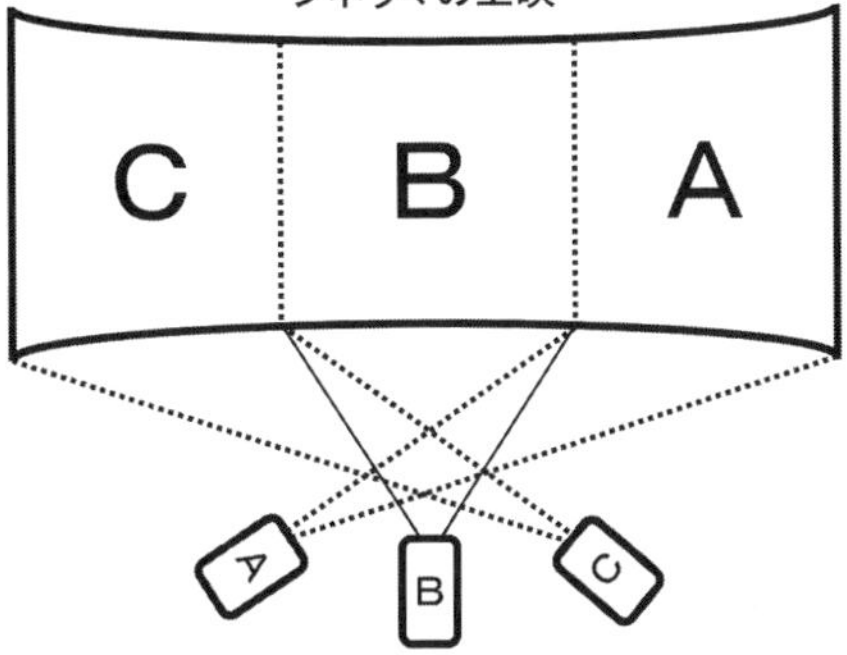

つなぎ目の欠点を改善するためにスーパーシネラマ方式（Super Cinerama アスペクト比＝1：2・89）が開発された。『西部開拓史』（監督：ヘンリー・ハサウェイ、ジョン・フォード、ジョージ・マーシャル、一九六二）で使われた方式で、一台の六五ミリフィルムで撮影して三本のプリントに分けて上映するというものだった。この後は煩雑な三台映写が衰退して七〇ミリフィルムの一台映写が主流となる。

CinemaScope

第一次大戦中、戦車の視界を改良するためにフランスのアンリ・クレティアンが発明したレンズがHypergonar（anamorphic lens）だった。この技術を20世紀フォックスが取得して上映方式として開発したのがシネマスコープ（アスペクト比＝1：2・35）である。

一九五三年（昭和二八年）に第一作の『聖衣』（監督：ヘンリー・コスター、一九五三）が公開された。撮影時と映写時に特殊レンズを装着するだけなので、上映館が増えるのも早かった。アナモルフィックレンズを着けて撮影すると横幅が圧縮される。圧縮画面のフィルムを映写時にレンズによって広げるとワイド画面になるという仕組みだ。シネマスコープは20世紀フォックスの商標なので、歪曲レンズを使用する同様のシステムでもヨーロッパでは改良した名称で製作された。アスペクト比＝１：２・３５の主なものをあげると、

シネパノラミック（Cinepanoramic）フランス。『水色の夜会服』（監督：ワルター・カップス、一九五五）。フランスコープ（Franscope）フランス。『河は呼んでる』（監督：フランソワ・ヴィリエ、一九五八）、『女は女である』（監督：ジャン＝リュック・ゴダール、一九六一）、『突然炎のごとく』（監督：フランソワ・トリュフォー、一九六一）、『悪徳の栄え』（監督：ロジェ・ヴァディム、一九六三）など。

ディアリスコープ（DyaliScope）フランス、イタリア、ソ連など。『ヘラクレス』（一九五七）、『恋人たち』（監督：ルイ・マル、一九五八）、『かくも長き不在』（監督：アンリ・コルピ、一九六〇）など。

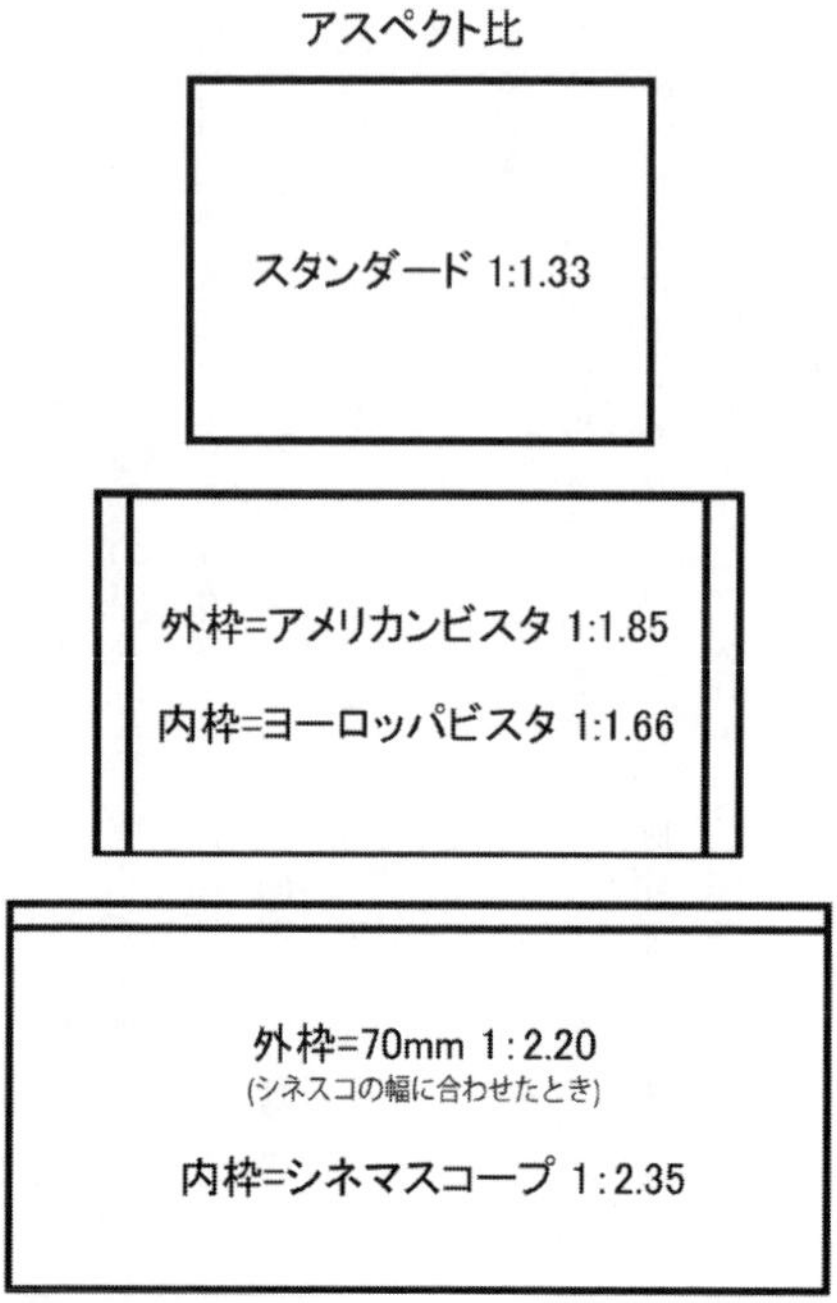

他にユーロスコープ（Euroscope）やイタリアのトータルスコープ（Totalscope）、ドイツのウルトラスコープ（Ultrascope）、ソ連のソヴスコープ（Sovscope）などがある。

日本では東映スコープ＝第一作『鳳城の花嫁』（監督：松田定次、一九五七）、東宝スコープ＝第一作『大当り三色娘』（監督：杉江敏男、一九五七）、松竹グランドスコープ＝第一作『抱かれた花嫁』（監督：番匠義彰、一九五七）、日活スコープ＝第一作『月下の若武者』（監督：冬島泰三、一九五七）、大映スコープ＝第一作『雪の渡り鳥』（監督：加戸敏、一九五七）と各社の名称が付けられた。新東宝スコープ＝第一作『明治天皇と日露大戦争』（監督：渡辺邦男、一九五七）はシネパノラミック方式で本邦初のスコープ撮影だったが、公開は東映の方が早かった。

香港のショウ・ブラザースはショウスコープ（Shawscope）と名付けた。これは新東宝の撮影監督だった西本正が色彩撮影の指導者として招かれ、東宝スコープの機材を搬入したことによる。第一作は『千嬌百媚（Les Belles）』（監督：陶秦、一九六一）である。

一九六〇年代にはPanavisionのレンズが主流となり、一九六七年の『電撃フリント アタック作戦』（監督：ゴードン・ダグラス）と『おしゃれスパイ危機連発』（監督：フランク・タシュリン）が純正CinemaScopeの最後の作品となった。

VistaVision

一九五四年（昭和二九年）にはパラマウントが開発したビスタビジョン（アスペクト比＝1：1・85）の『ホワイト・クリスマス』（監督：マイケル・カーティス、一九五四）が公開された。この方式は三五ミリフィルムを横に駆動して撮影することで大きな画像が得られる。縦駆動の映写プリントには縮小して焼き付けるので、幅広でも鮮明な映像となり、特殊な映写レンズは必要としない。初めてビスタビジョンを観たのは『戦争と平和』（監督：キング・ヴィダー、一九五六）だったが、『泥棒成金』（監督：アルフレッド・ヒッチコック、一九五五）では映像の綺麗なことに感心した。

正規のビスタビジョンと異なり、撮影時に通常の三五ミリフィルムを使ってフレーム内でマスクを切るビスタサイズもある。アスペクト比が1：1・85のビスタビジョンはアメリカンビスタと呼ぶ。1：1・66のものはヨーロッパビスタで、どちらもビスタサイズという。

Superscope

アナモルフィックレンズを使わずにマスクで上下を切って横長画面に撮影するものはスーパースコープ（アスペクト比＝1：2・00または1・85）などの名称もある。これはRKOなどが使用していた方式で、『ヴェラクルス』（監督：ロバート・アルドリッチ、一九五四）や『ユリシーズ』（監督：マリオ・カメリーニ、一九五四）、『南海の黒真珠』（監督：アラン・ドワン、一九五五）などがスーパースコープ作品である。

Techniscope

『砂漠の剣』（監督：ヴィクトル・トゥールヤンスキー、一九六〇）はテクニスコープ（アスペクト比＝1：2・35）で製作された。テクニスコープは非圧縮の球面レンズで撮影する。ネガ上のフレームは通常四つのパーフォレーションだが二つのパーフォレーションを一コマとする横長の画角となる。撮影したフィルムの尺数は通常の半分で費用が削減される。上映プリントは四パーフォレーションなので、アナモルフィックレンズで左右を圧縮して焼き付ける。上映時に左右を拡大するので画質は劣る。この方式では『昨日・今日・明日』（監督：ヴィットリオ・デ・シーカ、一九六三）、『怪奇ミイラ男』（監督：マイケル・カレラス、一九六四）、『荒野の用心棒』（監督：セルジオ・レオーネ、一九六四）、『トブルク戦線』（監督：アーサー・ヒラー、一九六七）などが作られた。

Cromoscope

クロモスコープはテクニスコープと同様のシステム。アスペクト比も1：2・35。マカロニウエスタンの『情無用のコルト』（監督：ジャンニ・グリマルディ、一九六五）や『さすらいの一匹狼』（監督：トニーノ・ヴァレリー、一九六六）、『真昼の用心棒』（監督：ルチオ・フルチ、一九六六）、『黄金無頼』（監督：ナンド・チチェロ、一九六七）などがイタリアで製作された。

CINEMASCOPE

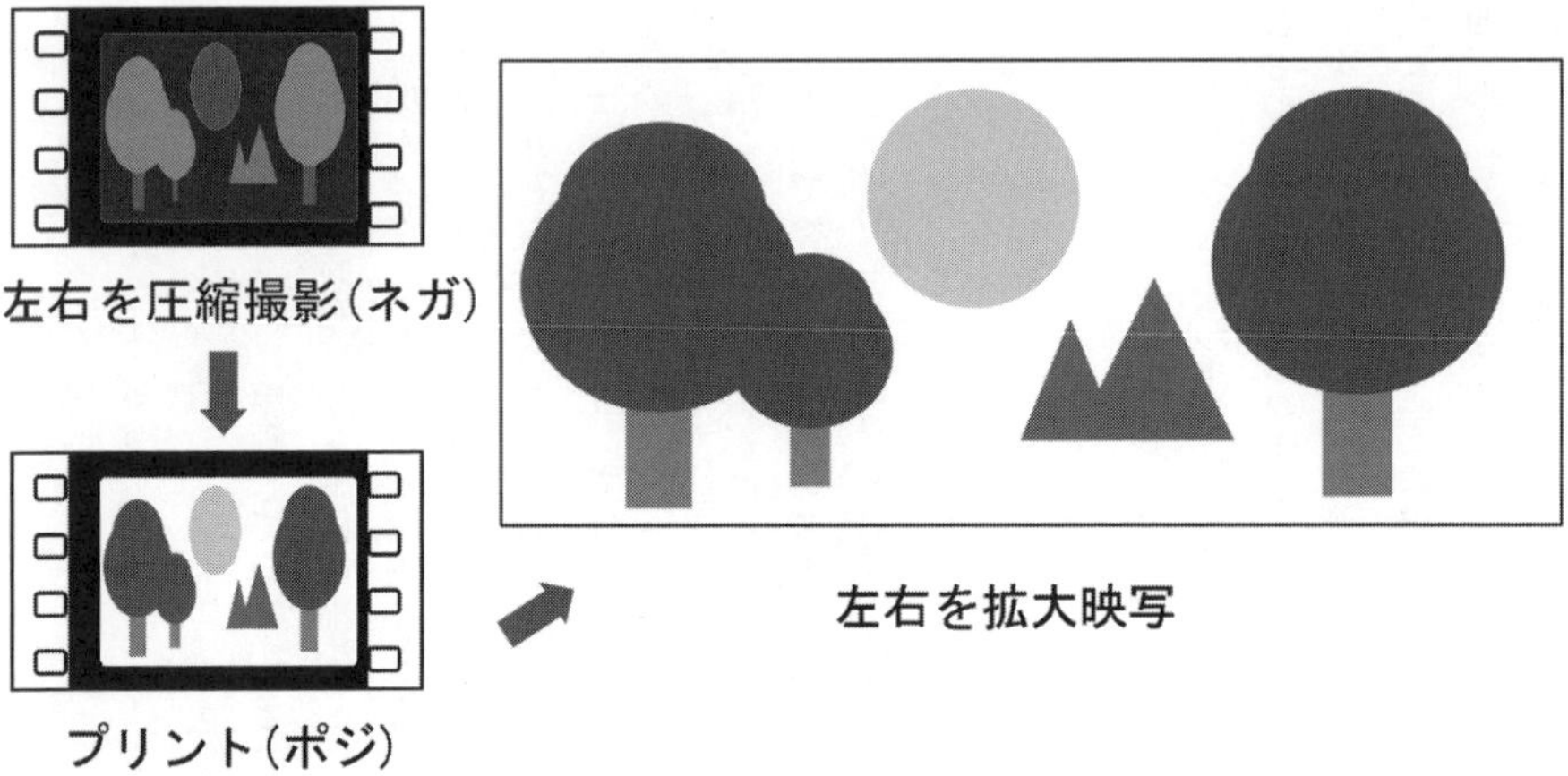

VISTAVISION

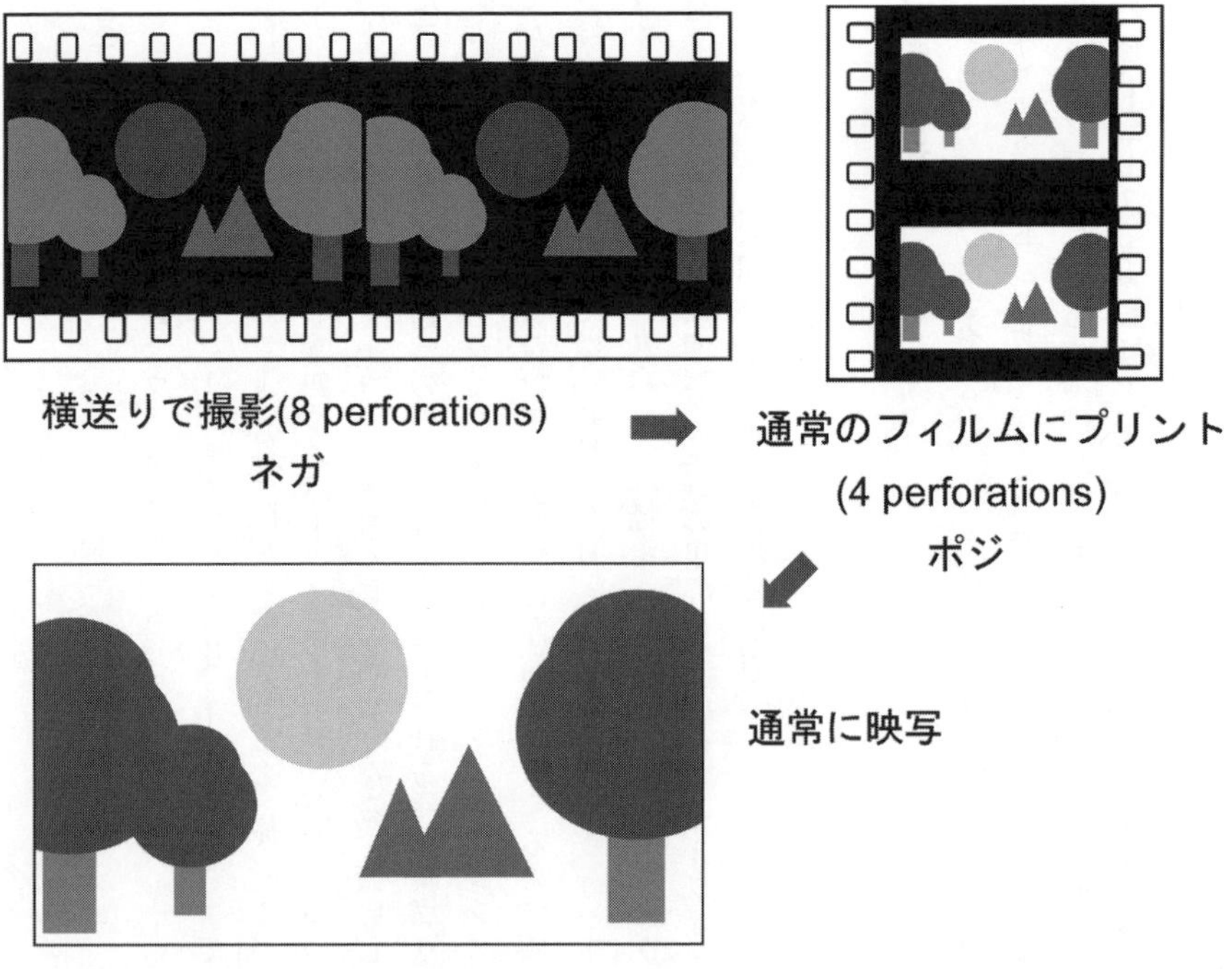

TODD-AO

一九五五年（昭和三〇年）になるとＴＯＤＤ－ＡＯ方式という七〇ミリ幅のフィルムで上映する『オクラホマ！』（監督：フレッド・ジンネマン、一九五五）が公開された。日本では翌年の一一月に大阪の梅田コマ劇場、一二月に新宿コマ劇場で公開された。開発者はプロデューサーのマイケル・トッドとアメリカン・オプティカル・カンパニーで、六五ミリ幅のフィルムで撮影し、七〇ミリフィルムにプリントする。三五ミリフィルムのパーフォレーション（送り穴）は一コマにつき四つずつだが、七〇ミリプリントは一コマに五つで、フィルムの両側に六チャンネルの磁気録音帯が付く。七〇ミリ映画のアスペクト比は１：２・２０である。二作目の『八十日間世界一周』（監督：マイケル・アンダーソン、一九五六）までは一秒につき三〇コマで撮影された。

Super Technirama

ディズニーのアニメーション『眠れる森の美女』（監督：クライド・ジェロニミ、一九五九）は最初のスーパーテクニラマ方式（アスペクト比＝１：２・３５）で製作された。これはビスタビジョンとシネマスコープを足したようなもので、三五ミリフィルムを横にして通常の二コマ分（八つのパーフォレーション）を一コマでアナモルフィックレンズを着けて圧縮撮影し、縦駆動の七〇ミリフィルム（五パーフォレーション）に正像をプリントする方法だ。このシステムでは『ソロモンとシバの女王』（監督：キング・ヴィダー、一九五九）や『スパルタカス』（監督：スタンリー・キューブリック、一九六〇）などが作られた。大映作品の『釈迦』（監督：三隅研次、一九六一）と『秦・始皇帝』（監督：田中重雄、一九六二）もスーパー・テクニラマ方式で作られたがアスペクト比は１：２・２０である。

Panavision

シネマスコープのアナモルフィックレンズは左右に歪みがあった。パナビジョン社は歪みのないレンズを開発し、撮影された映画にはPanavision とクレジットされた。一九六〇年代後半には20世紀フォックス社もパナビジョンを使用するようになり、スコープ撮影の標準となった。

七〇ミリ上映で単にパナビジョンと表記されたものは、ブローアップである。パナビジョン社のアナモルフィックレンズを使って三五ミリフィルムで圧縮撮影し、七〇ミリフィルムにブローアップしてプリント（アスペクト比＝１：２・２０）する方式だ。最初の作品は『隊長ブーリバ』（監督：Ｊ・リー・トンプソン、一九六二）で、他に『枢機卿』（監督：オットー・プレミンジャー、一九六三）、『バイ・バイ・バーディー』（監督：ジョージ・シドニー、一九六三）、『テレマークの要塞』（監督：アンソニー・マン、一九六五）、『パリは燃えているか』（監督：ルネ・クレマン、一九六六）などがあり、『ドクトル・ジバゴ』（監督：デヴィッド・リーン、一九六五）もブローアップ作品だった。

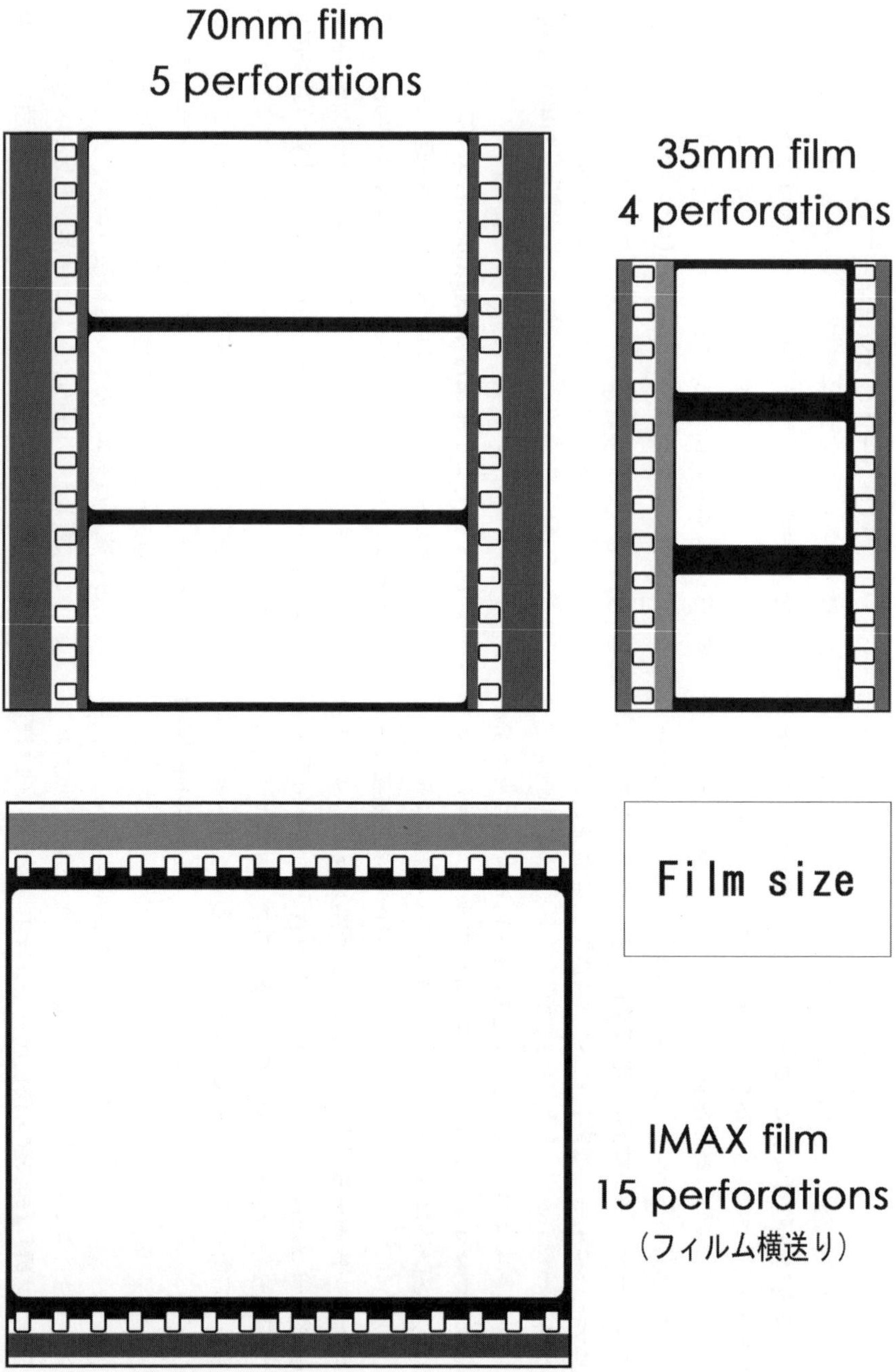
70mm film
5 perforations
35mm film
4 perforations
Film size
IMAX film
15 perforations
（フィルム横送り）

Ultra Panavision 70

MGMとパナビジョン社が開発したMGMカメラ65（MGM Camera 65）は後にウルトラパナビジョン70（アスペクト比＝1：2・76）に改称した。六五ミリフィルムで撮影して七〇ミリフィルムにプリントする方式だが、アナモルフィックレンズで一・二五の圧縮撮影をし、映写時のレンズで正像に戻す。従ってTODD-AOの1：2・20よりワイドとなる。ウルトラパナビジョン70の作品は『ベン・ハー』（監督：ウィリアム・ワイラー、一九五九）、『戦艦バウンティ』（監督：ルイス・マイルストン、一九六二）、『ローマ帝国の滅亡』（監督：アンソニー・マン、一九六四）、『偉大な生涯の物語』（監督：アンソニー・マン、一九六五）、『ビッグ・トレイル』（監督：ジョン・スタージェス、一九六五）、『バルジ大作戦』（監督：ケン・アナキン、一九六五）など一〇本ほどである。

Super Panavision 70

『聖なる漁夫』（監督：フランク・ボーゼージ、一九五九）で初めて使われたスーパーパナビジョン70（アスペクト比＝1：2・20〜1：2・39）という方式は圧縮しないパナビジョンの球面レンズを使って六五ミリフィルムで撮影し、七〇ミリフィルムにプリントする。この方式では『栄光への脱出』（監督：オットー・プレミンジャー、一九六〇）、『ウエスト・サイド物語』（監督：ロバート・ワイズ、ジェローム・ロビンス、一九六一）、『アラビアのロレンス』（監督：デヴィッド・リーン、一九六二）、『マイ・フェア・レディ』（監督：ジョージ・キューカー、一九六四）、『グラン・プリ』（監督：ジョン・フランケンハイマー、一九六六）、『2001年宇宙の旅』（監督：スタンリー・キューブリック、一九六八）、『北極の基地 潜航大作戦』（監督：ジョン・スタージェス、一九六八）、『ライアンの娘』（監督：デヴィッド・リーン、一九七〇）、『トロン』（監督：スティーヴン・リズバーガー、一九八二）などが製作された。

Dimension-150 (D-150)

ディメンション150（アスペクト比＝1：2・20）という方式はシネラマのような一五〇度の湾曲スクリーンに一台の映写機で投影するもので、一五〇度の水平角をカバーする広角レンズが開発された。このレンズで六五ミリフィルムに撮影し、七〇ミリフィルムにプリントをする。プリントレンズは湾曲スクリーンへの投影時に左右の歪みを補正するために開発されたもので、上映時にもレンズを装着して歪みを抑える。

この方式が最初に使われた映画は『天地創造』（監督：ジョン・ヒューストン、一九六六）で、他に『パットン大戦車軍団』（監督：フランクリン・J・シャフナー、一九七〇）がある。日本ではD－150の劇場として一九六九年に新宿プラザ劇場と大阪梅田の阪急プラザ劇場が開館した。オープニング上映の『ウエスタン』（監督：セルジオ・レオーネ、一九六八）はテクニスコープの映画をD－150方式で上映した。『ベンチャー・ワゴン』（監督：ジョシュア・ローガン、一九六九）や『トラ・トラ・トラ！』（監督：リチャード・フライシャー、舛田利雄、深作欣二、一九七〇）のように他の方式で撮影された映画もＤ－１５０方式で湾曲スクリーンに投影された。

IMAX

大型映画のその後は一九七〇年（昭和四五年）の大阪万博の展示映像でカナダのＩＭＡＸ社が開発したＩＭＡＸ（アスペクト比＝１：１・４３）が使われ、のちには専用の劇場もつくられた。ＩＭＡＸのシステムは七〇ミリフィルムを使用する。フィルムは通常の五パーフォレーションの縦送りではなく、一五パーフォレーションの横送りにするので七〇ミリ映画の三コマ分のフレーム面積となって高画質である。近年はDigitalIMAX（アスペクト比＝１：１・９０）に移行してデジタルプロジェクターで上映されるようになったが、さらに画質が４ＫになったＩＭＡＸレーザーも登場している。

　最初のハリウッド作品は『ファンタジア２０００』（監督：ジェームズ・アルガー他、一九九九）で、二〇〇〇年（平成一二年）一月一日より東京アイマックスシアターで上映された。その後も『アバター』（監督：ジェームズ・キャメロン、二〇〇九）、『アリス・イン・ワンダーランド』（監督：ティム・バートン、二〇一〇）、『００７スカイフォール』（監督：サム・メンデス、二〇一二）、『ダンケルク』（監督：クリストファー・ノーラン、二〇一七）などが上映されている。

　日本映画では『ドラゴンボールＺ 神と神』（監督：細田雅弘、二〇一三）が最初のＩＭＡＸ上映で、『亜人』（監督：本広克行、二〇一七）のＩＭＡＸ版も公開された。

1000席以上の映画館

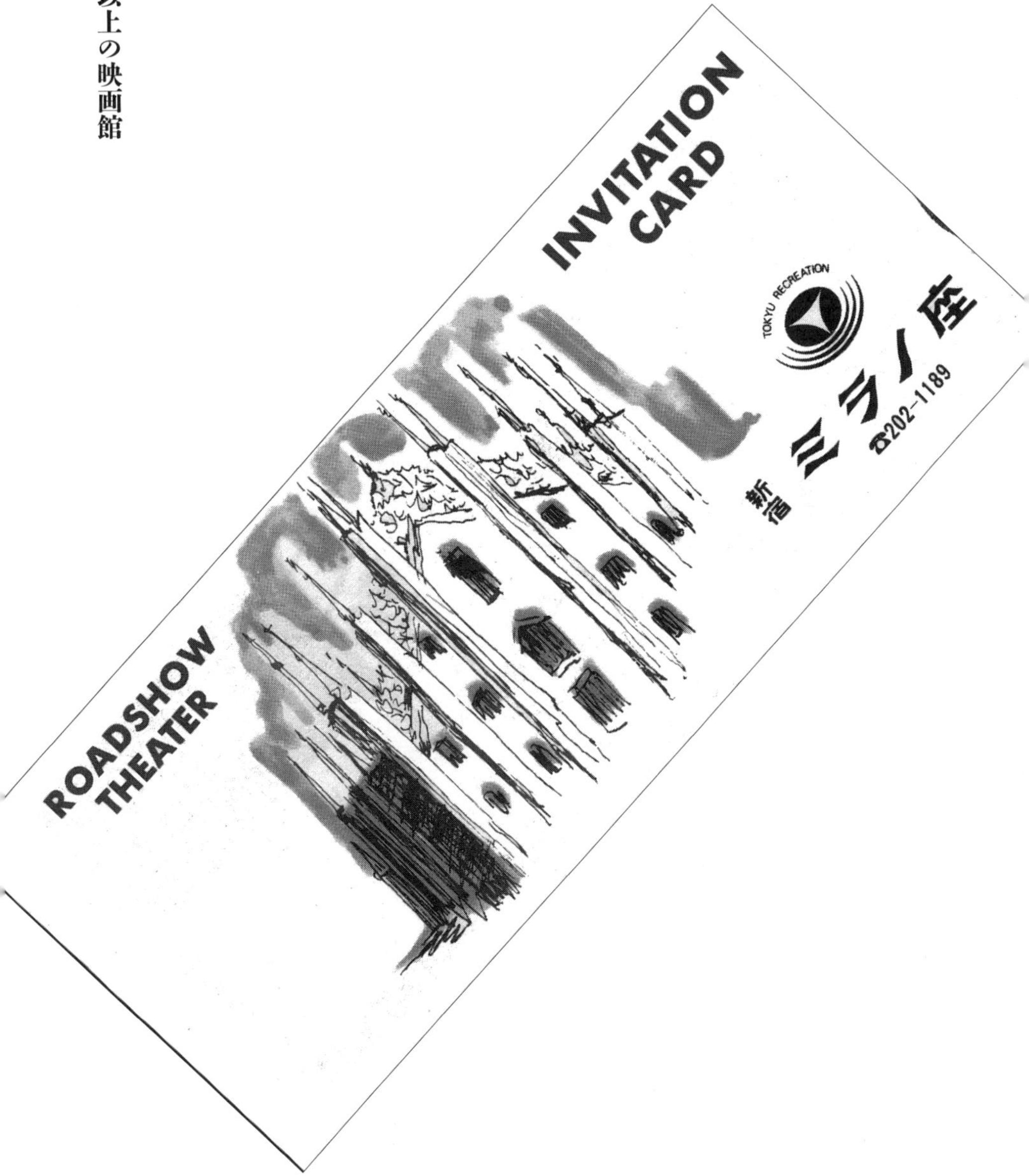

日比谷・有楽町・銀座・神田

帝国劇場（帝劇）

C 70 1370席（54）→968席（55）→1173席（60）

時代が明治となってからの日本は近代国家としての体制を推進していた。西洋の演劇についての知識も得られるようになって、旧来の虚構の多い時代物や不道徳な世話物芝居を改めようとする演劇改良運動が興った。一八八六年（明治一九年）英国より帰朝した末松謙澄は日本の演劇改良を主唱して演劇改良会を結成し、八月五日の「時事新報」に「演劇改良会趣意書」が掲載された。

第一　従来演劇ノ陋習ヲ改良シ好演劇ヲ実際ニ出サシムルコト
第二　演劇脚本ノ著作ヲシテ栄誉アル業タラシムルコト
第三　構造完全ニシテ演劇其他音楽会歌唱会等ノ用ニ供スベキ一演技場ヲ構造スルコト

と設立の目的が書かれている。演劇改良の運動からは新派や女優が派生したが、近代的な洋風劇場を建設するという目的を達することのないまま改良運動は次第に収束した。

一九〇五年（明治三八年）に日露戦争が終結すると日本は列強国と認められるようになり、外交の上でも外国人が観劇するに相応しい劇場を建設する機運が高まった。劇場設立を提唱したのは伊藤博文、西園寺公望、林董などで、一九〇六年（明治三九年）一月八日、新橋花月楼において伊藤博文主宰による劇場新設協議会が催された。同年六月九日に帝国劇場創立仮事務所が発足し、一九〇七年（明治四〇年）二月二八日の創立総会で帝国劇場の役員が決まった。会長・渋沢栄一、専務・西野恵之助、取締役・大倉喜八郎、福澤桃介、日比翁助、田中常徳、手塚猛昌、益田太郎である。

基礎工事は一九〇七年（明治四〇年）一〇月より始まったが、建設地は江戸時代以前には江戸湾の日比谷入江に面した沖積地だったことから地盤が弱い。耐震のために三間（五・四五メートル）及び三間半（六・三六メートル）の松の丸太一万二千本を打ち込んで上部一面を鉄筋コンクリートで固めた。

しかし、帝国劇場に先んじて最初の洋風劇場として開場したのは有楽座だった。数寄屋橋近くの外濠に面して一九〇八年（明治四一年）一一月に竣工され、一二月一日に開場した。この地は邦楽座（後の丸の内ピカデリー）が後に建てられた場所である。有楽座の設計は後年にデパートの三越呉服店も手掛けることになる横河民輔で、帝国劇場の設計も担当していた。なお、横河民輔の横河工務所（現在は株式会社横河建築設計事務所）は、他にも橋梁製作所、化学研究所、電気計器研究所を設立し、現在の横河電機株式会社などの横河グループを形成した。

帝国劇場は一九〇八年（明治四一年）一二月一二日に礎石式がおこなわれて、鉄骨組立工事が始まった。造営は大倉喜八郎の大倉土木組（現在の大成建設株式会社）が担当した。

一九一一年（明治四四年）に竣工し、二月一〇日の内覧会では株主等の関係者と新聞記者が招かれた。ルネッサンス建築様式で

Imperial-theatre （大東京）丸の内帝國劇場

帝國劇場 改築興行記念

劇場建坪は六四四坪（約二一二九平方メートル）。屋上には換気装置を置き、場内の換気をおこなった。一階から四階まで三層の客席は１７００席。二階と三、四階は馬蹄の形状になっており、三階最後部の四階部分には立見席もあったとされる。客席天井には和田英作が「天女羽衣像」を描き、緞帳は正副二種で正が三越呉服店の製作、副は結城素明のデザインを髙島屋美術部が製作した。

開場に先立っては川上貞奴が設立した帝国女優養成所を一九〇九年（明治四二年）七月一五日より帝国劇場付属技芸学校として直轄化し、専属女優の育成をおこなった。一期生は森律子、初瀬浪子、村田嘉久子、鈴木徳子、佐藤ちゑ子、河村菊枝、藤間房子などで、二期生には宇治龍子、花岡蝶子、泉亀代子、東日出子らがいた。

一九一一年（明治四四年）三月一日と二日に開場式がおこなわれた。演し物は『式三番』『頼朝』、喜劇『最愛の妻』と西洋舞踊『フラワーダンス』であった。

映画が上映された最初は一九一三年（大正二年）五月二九日から三一日までの日活提供による外国映画『詩聖ダンテ』（監督：マリオ・カゼリーニ、一九一三）と『人生の春』（監督：ポール・ガバーニ、一九一二）で、入場者も多かったという。同年一〇月二一日から二五日までは毎日一八時の開映でイタリア映画大作『クオ・ヴァヂス（何處へ行く）』（監督：エンリコ・ガッツオーニ、一九一三）が封切上映された。これ以後も舞台公演と別に映画興行をおこなうことがあった。

一九一九年（大正八年）三月三〇日と三一日の二日間には『イントレランス』（監督：D・W・グリフィス、一九一六）が一八時開映で上映された。特等一〇円、一等五円、二等三円、三等二円、四等一円という高額な入場料だった。当時の一般入場料は二〇～三〇銭位であった。

一九二二年（大正一一年）九月一〇日から二九日は来日したアンナ・パヴロワの舞踊団公演があり、パヴロワは『コッペリア』『蜻蛉』『瀕死の白鳥』などを踊った。入場料は特等一五円から四等二円だった。

一九二三年（大正一二年）九月一日の関東大震災では建物の損壊はなかったが、隣接していた警視庁からの飛び火によって建物内部が焼失した。一一月から翌年の六月までは帝国ホテル演芸場や麻布南座、報知講堂を借りて興行がおこなわれ、専属俳優は手当てを支給して解雇となった。改修されて再開場したのは一九二四年（大正一三年）一〇月二〇日からで『神風』『源氏十二段・長者屋形の場』『京劇・麻姑献壽』が上演された。その後の興行は不振となり経営を松竹へ移譲して一九二九年（昭和四年）一二月から一〇年の劇場賃貸契約になった。一九三〇年（昭和五年）一月一日からの松竹第一回興行は『一条大蔵譚』『土蜘』『色暦玄冶店』『雙面水照月』で、澤村宗十郎、尾上梅幸、市川左團次、市川松蔦、市村亀蔵、坂東秀調、などが出演した。五月二四

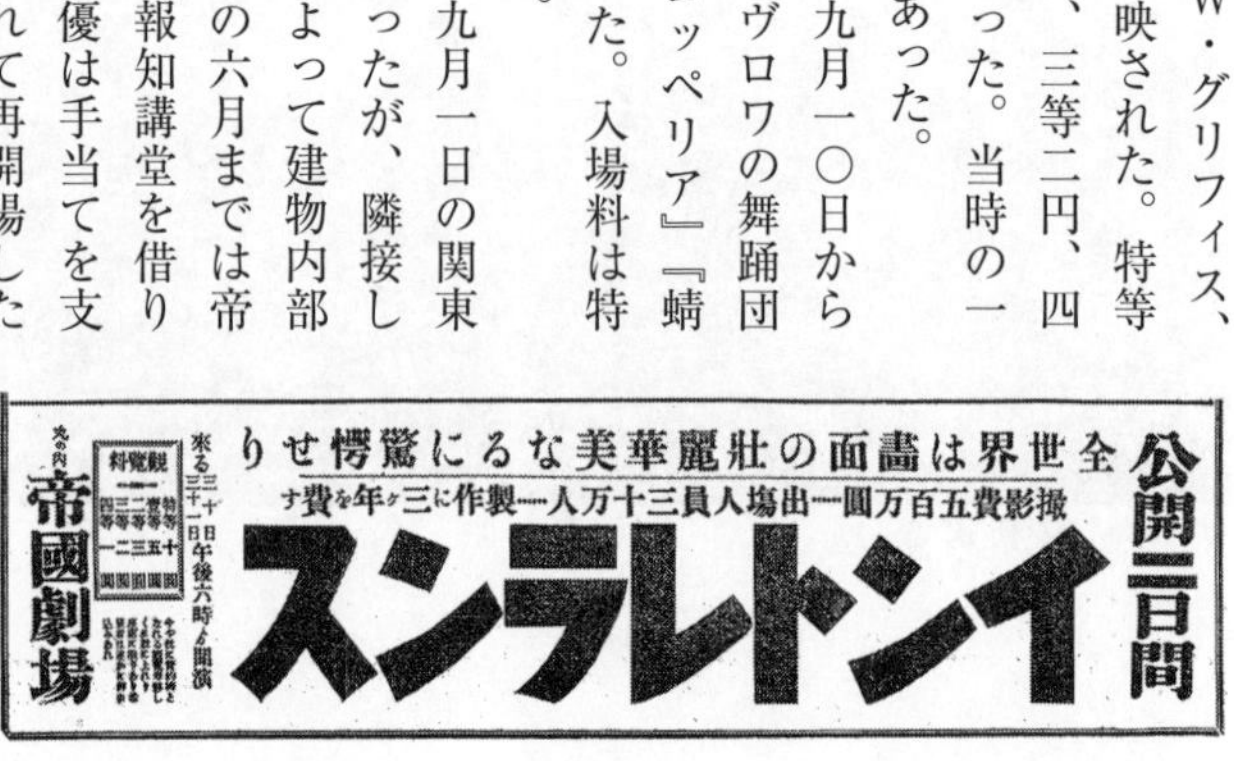

日から二八日は『知らないうちが花なのよ』（演出：大久保忠素）と『此の感激』（演出：池田義信）の実演に映画『あら！その瞬間よ』（監督：斎藤寅次郎、一九三〇）と『彼女は何処へ行く』（監督：池田義信、一九三〇）が併映された。

一九三一年（昭和六年）八月一日から一四日までは『風船玉とパジャマと恋』の実演との併映で『人生の風車』（監督：清水宏、一九三一）と初の国産本格トーキー『マダムと女房』（監督：五所平之助、一九三一）が上映された。一五日から三〇日は実演の継続と『東京の合唱』（監督：小津安二郎、一九三一）と『浮氣は汽車に乗って』（監督：成瀬巳喜男、一九三一）が併映された。この年一一月一日公開の『陽氣な中尉さん』（監督：エルンスト・ルビッチ、一九三一）と『アメリカの悲劇』（監督：ジョセフ・フォン・スタンバーグ、一九三一）より松竹とパラマウントが提携した松竹パラマウント興行社によるＳＰチェーンの洋画封切館となった。一九三三年（昭和八年）五月三一日にパラマウント社がＳＰから撤退したので、六月には松竹洋画興行社（ＳＹ）を帝劇内に設立して、帝劇はＳＹチェーン封切館になった。この時点での他のＳＹ上映館は浅草大勝館と新宿武蔵野館である。

一九三七年（昭和一二年）九月二四日に東宝が帝劇を吸収合併したので松竹は東宝から劇場を借りることになったが、一九四〇年（昭和一五年）二月二〇日に『最後の一兵まで』（監督：カール・リッター、一九三七）と『太平洋の翼』（監督：ロイド・ベーコン、一九三九）の上映を以て松竹が撤退した。

東宝の経営になったことで一九四〇年（昭和一五年）三月一日からの宝塚少女歌劇雪組公演、三月三一日からの新国劇公演、五月一日からの新生新派公演と続き、演劇場に戻った。九月一日から一五日までの新国劇公演『西郷隆盛』『解決《おとしまえ》』『改訂 髪』で閉場し、一〇月一日からは情報局庁舎として徴用された。一九四二年（昭和一七年）三月二〇日に返還されて、三月二三日の再開場では能『翁』と舞囃子『高砂』が上演された。

一九四四年（昭和一九年）二月二十五日、閣議決定による「決戦非常時措置要綱」が通達された。全十五項目の第七項に〝高級享楽ノ停止〟があり、［高級料理店待合ハ之ヲ休業セシメ、又高級興行歓楽場等ハ一時之ヲ閉鎖シ其ノ施設ハ必要ニ応ジ之ヲ他ニ利用スルト共ニ其ノ関係者ハ時局ニ即応シテ之ガ活用ヲ図ル」とあって、三月一日から東京では帝劇のほかに歌舞伎座、東京劇場、東京宝塚劇場、有楽座、日本劇場、新橋演舞場、明治座、国際劇場が閉鎖された。

終戦によって劇場が再開したのは一九四五年（昭和二〇年）

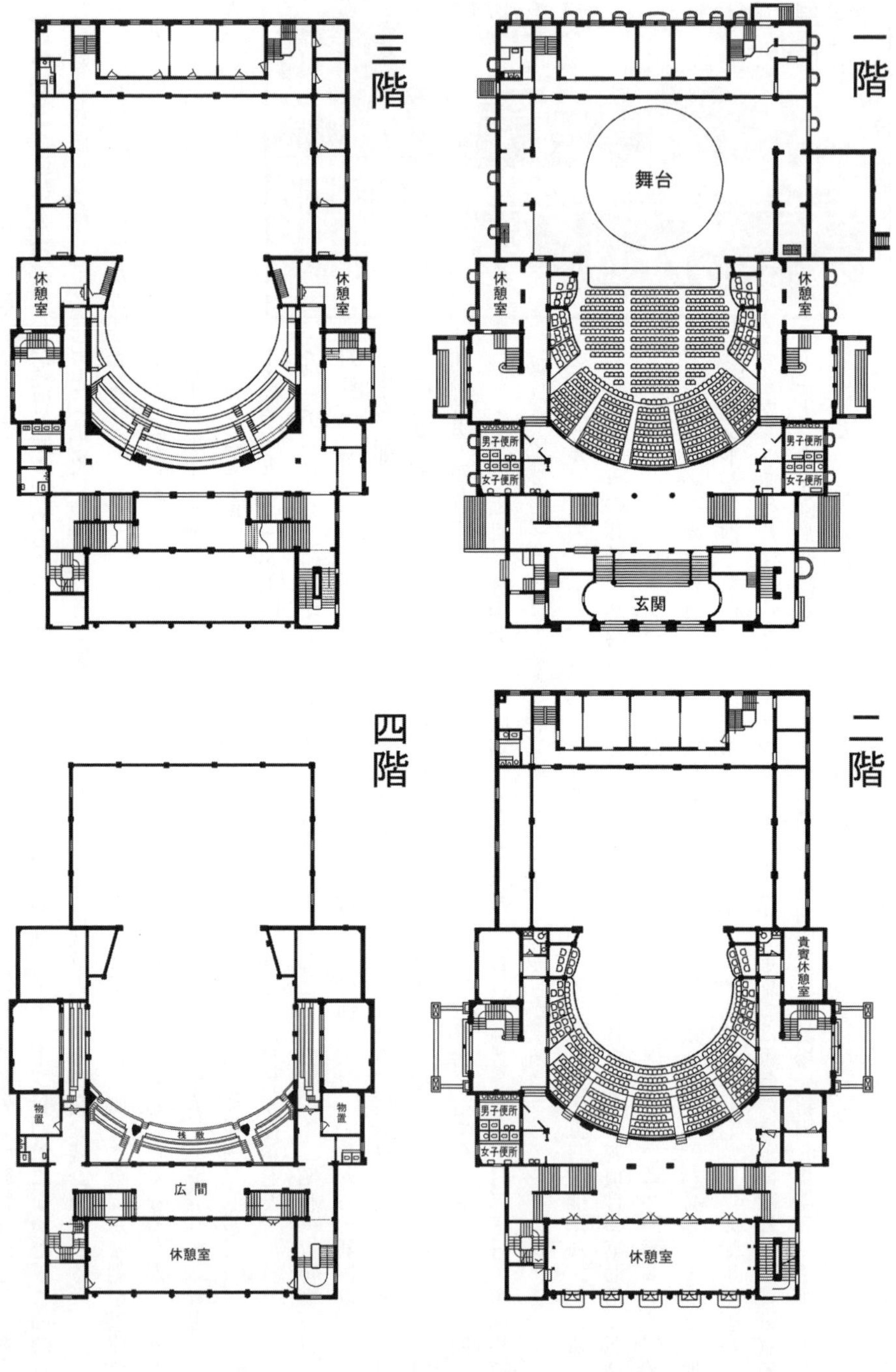

帝国劇場（開場時）「図面でみる都市建築の明治」より

帝劇パンフレット　1937年11月

想い出の名画祭　1949年8月

一〇月三日からの尾上菊五郎一座による『銀座復興』と『鏡獅子』の上演からであった。舞台公演の合間には映画興行もおこなわれ、戦後最初の映画上映は一九四八年（昭和二三年）二月一〇日からの『悲恋』（監督：ジャン・ドラノワ、一九四四）である。一九五四年（昭和二九年）一一月二七日から三〇日までのコレット・マルシャンバレエ公演を最後にシネラマ映画上映館に変わった。社長に復帰していた小林一三が、一九五二年（昭和二七年）に欧米を視察したとき、ニューヨークで観たシネラマを帝国劇場に導入したのだった。一二月一日より改築工事のため休館し、三台の映写機は二階廊下に設置されて客席は968席になった。

一九五五年（昭和三〇年）一月四日に『これがシネラマだ』（監督：メリアン・C・クーパー、ギュンター・フォン・フリッチュ、一九五二）が招待者へ披露上映された。この日の招待者は鶴見祐輔（厚生大臣）、河野一郎（農林大臣）、石橋湛山、安倍能成、藤山愛一郎、川端康成、舟橋聖一、大佛次郎、三島由紀夫、長谷川一夫、高峰三枝子、伏見・賀陽・閑院・梨本の旧宮家、等であった。翌一月五日は一〇時三〇分より業界人招待上映があり、一四時から一般公開され日本初のシネラマ劇場となった。大阪ではシネラマ劇場として設計建築されたOS劇場で公開されたが、機材設置が遅れて一月一五日の開場になった。帝劇の入場料は曜日と時間で異なり、二〇〇円～八〇〇円で、上映期間は三五〇日であった。

一九五五年（昭和三〇年）一二月二〇日には『シネラマ・ホリデー』（監督：ロバート・ベンディック、フィリップ・ド・レーシイ、一九五五）の上映初日に日本赤十字社主催のチャリティショーがあり、昭和天皇と秩父宮妃、高松宮御夫妻、三笠宮妃が観覧された。

シネラマの製作は五作目の『南海の冒険』

（監督：カール・ダドリー、他、一九五八）を最後に中断したので『シネラマ・ホリデー』を再映し、他の旧作も順次再映した。その後シネラマ作品の上映は一九六二年（昭和三七年）一二月一六日で終了して、七〇ミリ映画の上映に変わった。一九六三年（昭和三八年）九月二七日から翌一九六四年（昭和三九年）一月三一日まで上映の『アラビアのロレンス』（監督：デヴィッド・リーン、一九六二）をもって休館し、建替えとなった。三菱地所との借地契約が終了するため、三菱地所と東宝が共同でビルを建築することになったのだった。

建替えは国際ビルと合体した地上九階、地下六階の建築で、帝劇ビル部分の一〜三階が1897席の帝国劇場になった。一九六六年（昭和四一年）九月二〇日〜二六日の開場上演は『寿日月星』『祝典曲』『帝劇の歴史』、宝塚歌劇の『宝塚讃歌』等、日劇ダンシングチームによる『ミンストレル』『ピーナッツ・ベンダ』『ラインダンス』等が菊田一夫の総指揮でオール東宝スターによって演じられた。

建替えで閉館になる少し前に帝国劇場の入口まで行ってみたことがある。『アラビアのロレンス』を上映していたが、上映が始まっていたためか人影がなくひっそりとしていた。私がまだ映画を観る習慣がなかった中学生の時なので、もう少し年長であったら行っていただろうと今では残念に思っている。

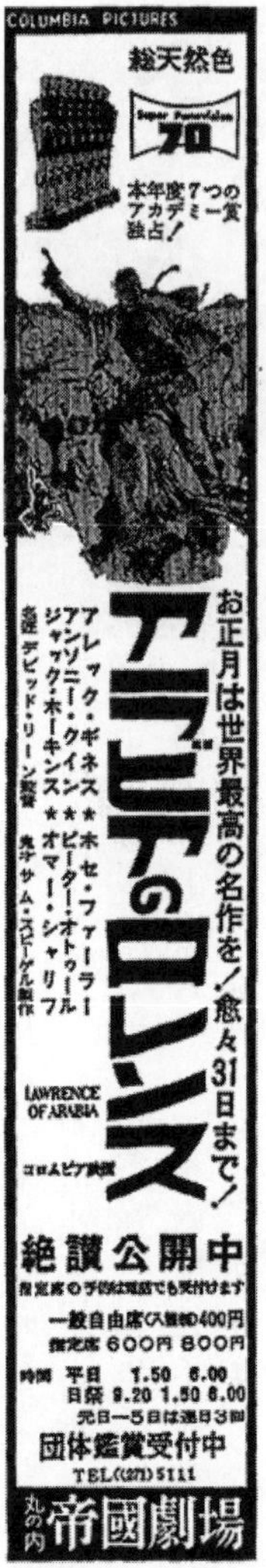

帝国ホテル演芸場

一九二三年（大正一二年）九月一日の関東大震災で帝国劇場の建物内部が焼失した際、一一月から翌年の六月まで会場を借りて興行をおこなった帝国ホテル演芸場（５００席）について補足しておく。フランク・ロイド・ライトが設計した帝国ホテルの新館は一九二二年（大正一一年）八月に落成し、中央部二階に演芸場が完成したのは一〇月七日である。演劇、音楽会、映画上映などを目的とした。劇場内は二階席もあった。映画は一九二三年（大正一二年）二月に『ユーモレスク』（監督：フランク・ボーゼージ、一九二〇）が封切上映された。入場料は一円均一で、同月の『血と砂』（監督：フレッド・ニブロ、一九二二）は入場料が五円、三円、二円であった。関東大震災では東京の多くの劇場が被災したが帝国ホテルの新館は無事だったので、十月十九日からは各種の催しに演芸場を開放し、帝国劇場にも無料提供した。その後も『シーバの女王』（監督：ゴードン・エドワーズ、一九二一）、早川雪洲主演の『ラ・バタイユ』（監督：エドゥアール・ヴィオレ、一九二三）、アラ・ナジモヴァ主演の『椿姫』（監督：レイ・C・スモールウッド、一九二一）、イワン・モジューヒン主演の『キイン』（監督：アレクサンドル・ヴォルコ

帝国ホテル演芸場　客席

フ、一九二三）などが封切公開された。演芸場は一九三七年（昭和一二年）六月三十日に老朽化のため閉場した。震災時の社長は大倉財閥二代目の大倉喜七郎で、演芸場を開放したのは芸術や文化を愛好し、多彩な趣味を持った人物だったからだろう。

日比谷映画劇場　1610席（64）→1370席（80）

現在、東京宝塚劇場と日比谷シャンテのある通りには、かつて東宝直営映画館の千代田劇場、みゆき座、スカラ座、日比谷映画劇場、有楽座が並び、日比谷映画街と呼ばれていた。

阪神間の鉄道事業の一環として宝塚少女歌劇を創設した小林一三が東京への進出を考えていたとき、東京市内の電車の乗降客数を駅ごとに調査して新宿と有楽町が最大であると知った。田中純一郎著「日本映画発達史」によると「劇場数の少ない有楽町界隈こそ、将来の劇場建設に最も有望との確信を固め、資本金一七〇万円で、株式会社東京宝塚劇場を、地所ぐるみ二五〇万円の予算で建てることにした。地所の買値は坪七百円である。ところが、出来上ってみると予算が余った。その余った予算で、日比谷映画劇場を建てた。」とある。

株式会社東京宝塚劇場（後の東宝株式会社）が経営する東京宝塚劇場は、宝塚歌劇団の公演劇場として一九三三年（昭和八年）一月一日に開場した。一日は招待日で、一般興行は二日より宝塚歌劇月組による舞踊『宝三番叟』、オペレッタ『巴里のアパッシュ』、

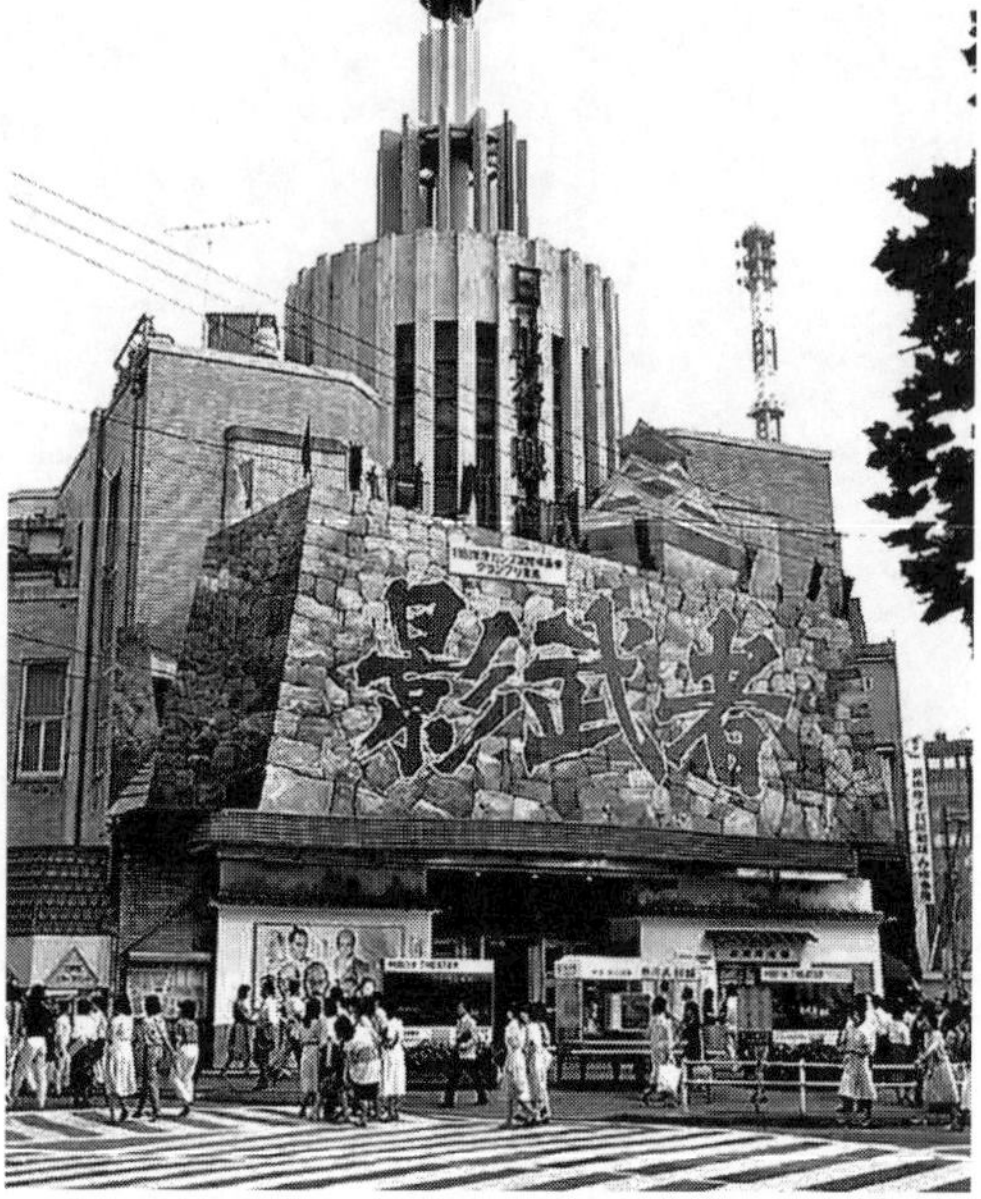

撮影：杉本益規氏

歌劇『紅梅殿』、レヴュー『花詩集』が上演された。一九三三年（昭和八年）四月二六日の讀賣新聞夕刊の記事には〝小林氏更に映畫劇場建設〟の見出しで、「日比谷大神宮跡に建設される」と書かれている。日比谷大神宮は一九二八年（昭和三年）に飯田橋へ移転しており、後に東京大神宮に改められた。その跡地へ一九三四年（昭和九年）二月一日に日比谷映画劇場が開館した。建築に着工してから六カ月後であった。

設計は阿部美樹志で、施工は竹中工務店。鉄筋コンクリートの地上四階、地下一階、建築面積は四〇九・八平方メートル、延面積は三二四二・二平方メートルである。高梨由太郎編輯「東都映畫館建築」によると〝円形の客席は音響上の困難があったが、周囲の壁を襞状の弧型にして吸音材を使用し、防音扉を設けた〟とある。支配人は一般公募で、応募者の中より映画雑誌記者の三橋哲生が選ばれた。全階自由席で入場料は五〇銭均一とされた。それまで斜め向かいにあった三信ビルに置かれていた株式会社東京宝塚劇場本社事務所は、一九三四年（昭和九年）一月二四日より日比谷映画の三階に移転し、翌年三月一四日に日劇四階へ移転した。

開館番組は『ウヰンナ・ワルツ』（監督：ハーバート・ウィルコックス、一九三二）、『南の哀愁』（監督：カルミネ・ガローネ、一九三〇）、『ミッキーのキング・コング討伐』（監督：ウィルフレッド・ジャクソン、一九三三）であった。

一九三六年（昭和一一年）三月四日から一〇日までの『眞夏の夜の夢』（監督：ウィリアム・ディターレ、マックス・ラインハルト、一九三五）は一般公開前の特別上映で、日本で最初のロードショーとなった。

五〇銭均一の入場料は一九三八年（昭和一三年）四月一日より入場税が課税され六〇銭に変わった。『オーケストラの少女』（監督：ヘンリー・コスター、一九三七）と『ロイドのエヂプト博士』（監督：エリオット・ニュージェント、一九三八）の上映時は特別料金の一円均一だった。

一九三七年（昭和一二年）七月、北京郊外の盧溝橋での軍事衝突を発端とする日中戦争は中国の広範囲に拡大していた。日本では戦争を遂行するプロパガンダとして映画を利用するための映画法を制定し、一九三九年（昭和一四年）一〇月一日より実施された。

日比谷映画劇場
「東都映画館建築」(1934 年）より

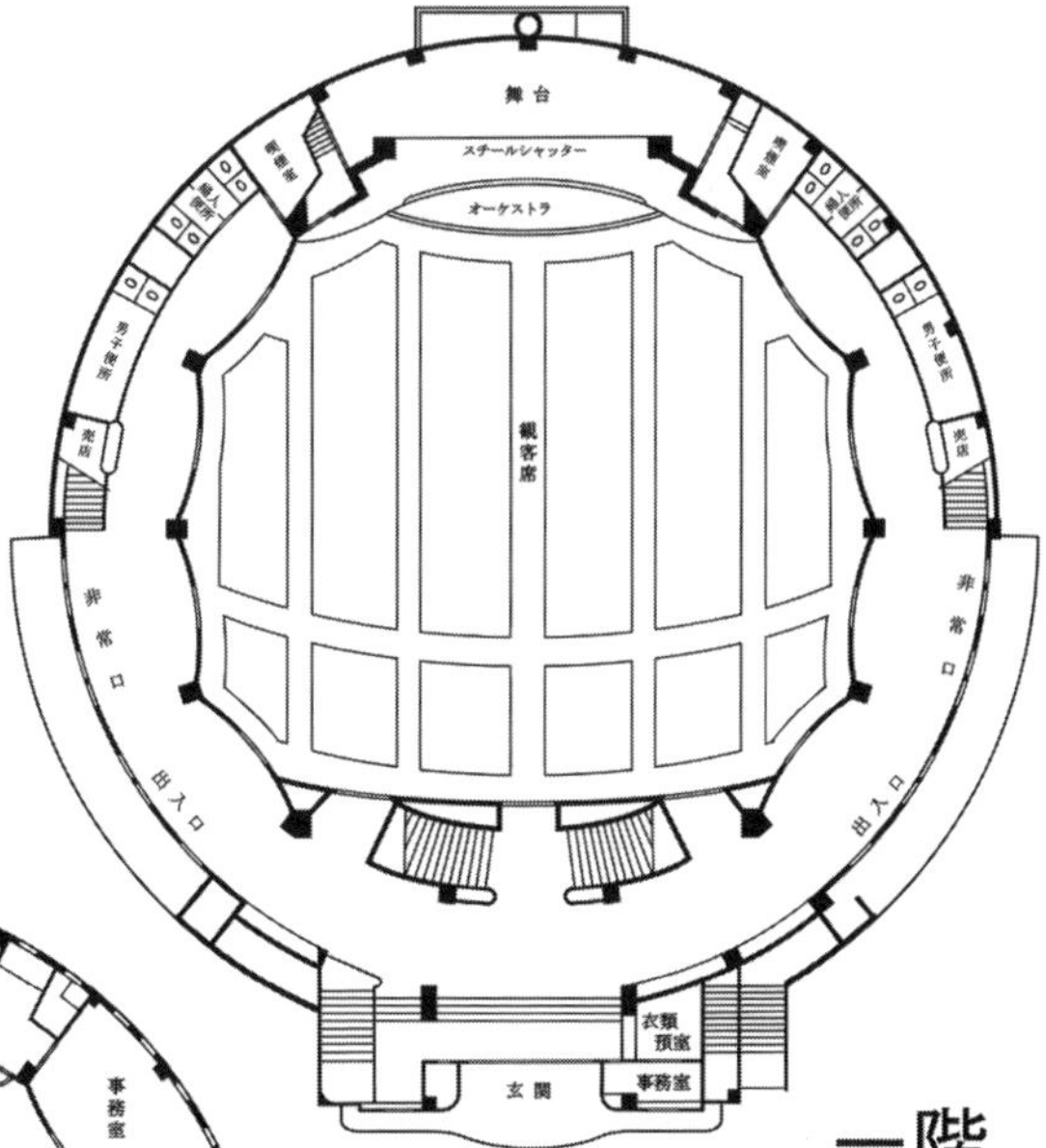

一階

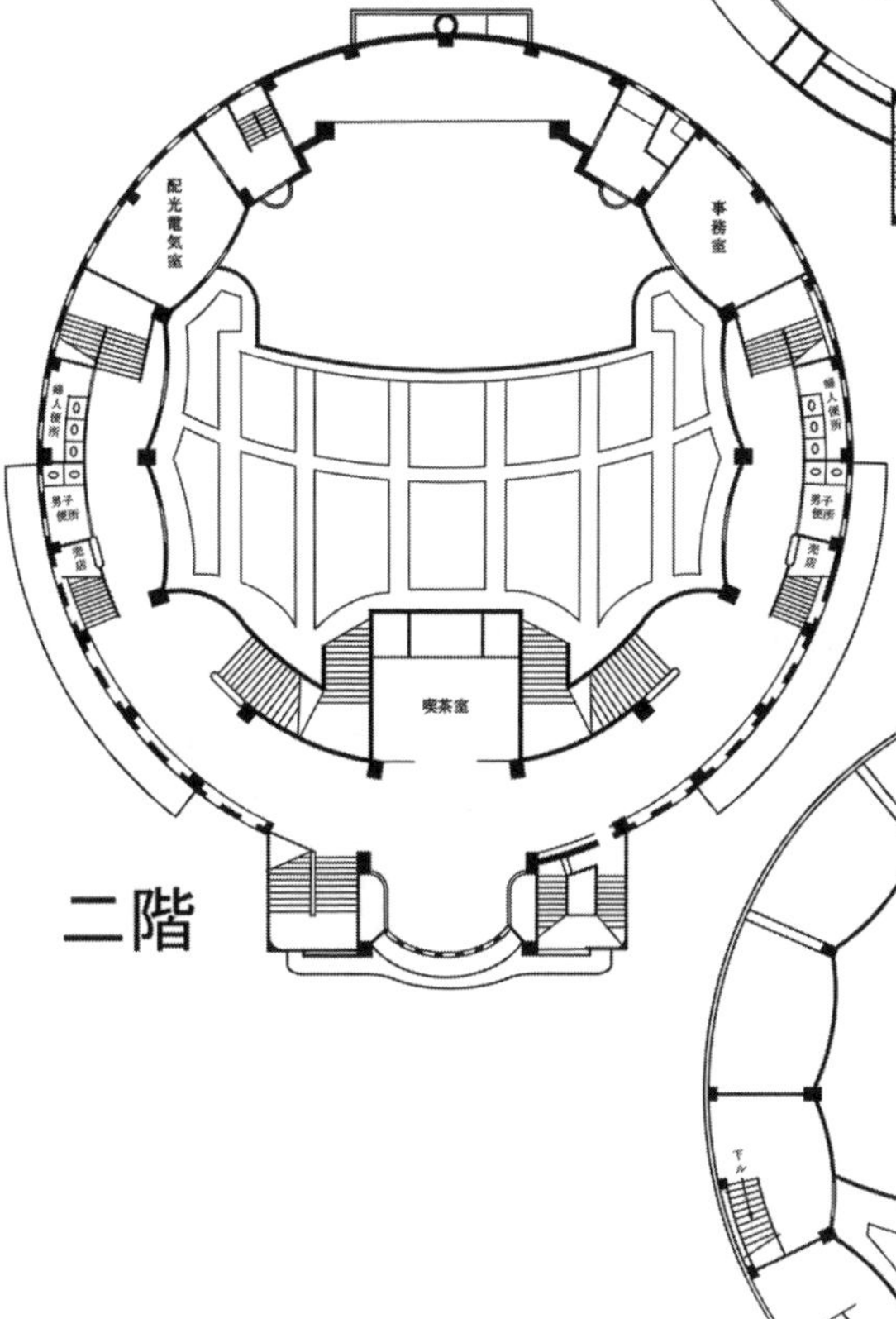

二階

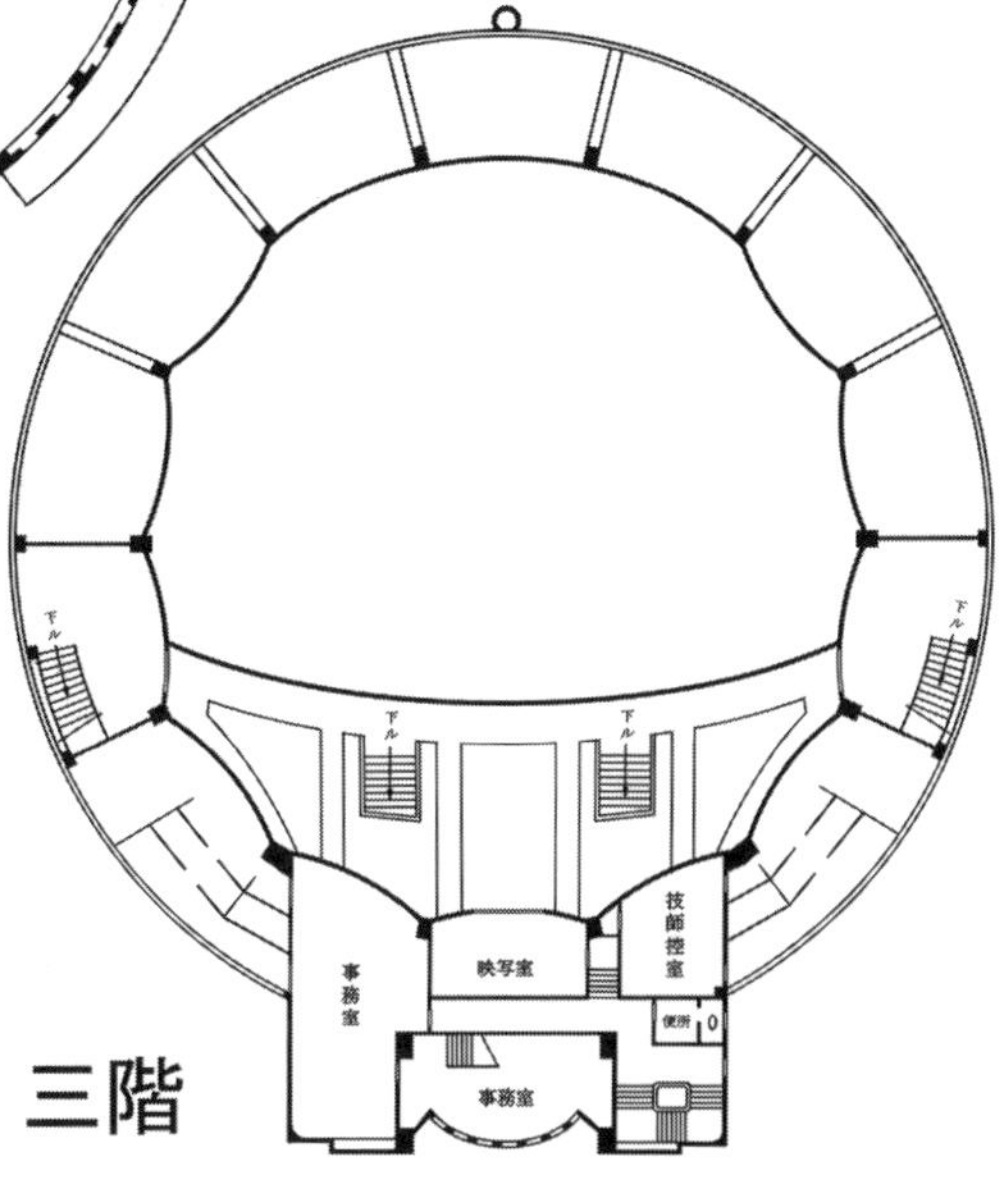

三階

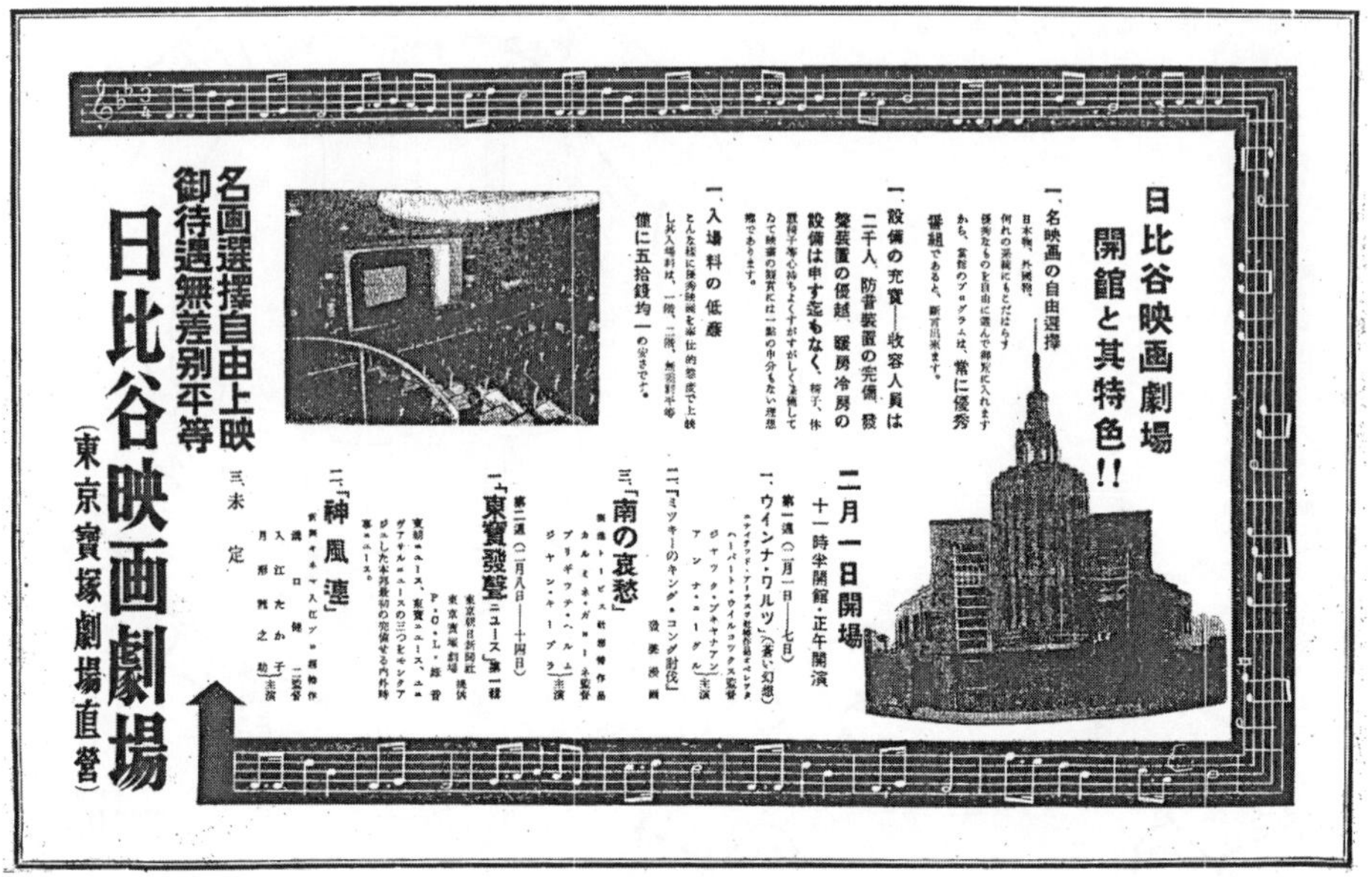

日比谷映画劇場ニュース
No.259 1939年3月8日

日比谷映画劇場ニュース
No.234 1938年9月7日

これによりニュースと文化映画が強制上映されることになった。文化映画は一九四〇年（昭和一五年）一月一日より強制上映が始まり、ニュース映画は朝日、大毎東日、讀賣、同盟のニュース映画を合併した日本ニュース社が四月九日に設立されて配給されるようになった。

一九三九年（昭和一四年）一二月六日からはディキシー・ランダース、スリー・シスターズが出演する実演の『ステージ・ミュージック』が併演され、以後も時折このような興行をおこなった。欧米映画が中心だがP・C・Lや日活の邦画も上映していた。欧州で第二次世界大戦が始まるとアメリカ映画の新作上映はなくなって、ドイツ、イタリアなどの枢軸国の映画となり、旧作も繰り返し上映された。一九四二年（昭和一七年）四月一日より社団法人映画配給社のもとで全国の映画館が紅系と白系の二系統に分けら

「シャレード」のスタッフが贈る
最新のアクション！
甘美なサスペンス…… 謎のアラビア文字に秘められた恐るべき陰謀！
妖艶な女性スパイ…… 大学教授―石油の利権を狙う謎の人物豪華な極彩色のロマネスクに盛られたショックとスリル！
総天然色／パナビジョン
A STANLEY DONEN PRODUCTION
ARABESQUE
アラベスク
ユニヴァーサル映画
グレゴリー・ペック■ソフィア・ローレン
アラン・ベイデル■キーロン・ムーア
「シャレード」の名匠スタンリー・ドーネン製作・監督
音楽■ヘンリー・マンシーニ（主題曲ビクターレコード・サントラ盤）
衣裳■クリスチャン・ディオール
（原作・早川書房刊）
明19日〈金〉よりロードショウ
日比谷映画 (591) 5353
一般¥400 学生・団体¥350 指定席¥600・800
平日 11.10 1.15 3.25 5.35 7.45 日祭 10.30 12.45 3.00 5.15 7.30
●絶賛前売中！
団体鑑賞申受中！
(567)7491ユニヴァーサル映画 指定席電話予約は(591)5353 日比谷映画劇場
⊙初日御入場の方に限り抽選により男女100名様に高級鞄(4000円相当)を進呈
⊙ニュー・トーキョーチェーン有効のビール券を抽選により100名様に進呈

突如！
SKYJACKED
ハイジャック
チャールトン・ヘストン
パナビジョン・メトロカラー
近日〈衝撃〉のロードショー 日比谷映画 (591) 5353

おなじみ美女と七人再び登場
狙いはデッカク金塊7000トンに挑戦！
前作をはるかに凌ぐスケールと面白さ！
〈総天然色〉
ロッサナ・ポデスタ
フィリップ・ルロワ
監督マルコ・ビカリオ
東和提供／イタリア映画
GOLDEN SEVEN STRIKE AGAIN!
新春ロードショウ第1弾！
続黄金の七人
レインボー作戦
日比谷映画

夕陽をあびて
さすらいの用心棒が
帰ってきた…
TOWA
監督セルジオ・コルブッチ
フランコ・ネロ
主演ロレダナ・ヌシアク
東和提供／イタリア映画
総天然色／テクニビジョン
DJANGO
続荒野の用心棒
9月下旬ロードショウ■日比谷映画

れて、日比谷映画劇場は白系となった。後に入替もあったが、終戦時は白系であった。

戦後は一九四五年（昭和二〇年）一二月六日の『ユーコンの叫び』（監督：B・リーブス・イースン、一九三八）を始めとしてアメリカ映画が次々と公開されるようになった。

『007 ゴールドフィンガー』（監督：ガイ・ハミルトン、一九六四）以降『ユア・アイズ・オンリー』（監督：ジョン・グレン、一九八一）まで007シリーズがロードショー公開される映画館であった。

日比谷映画街の再開発により一九八四年（昭和五九年）一一月一一日に閉館した。閉館イベントの〝さよならフェスティバル〟では旧作一四本の映画が上映され、最終日の上映は『風林火山』（監督：稲垣浩、一九六九）だった。

ここで観た映画は『アラベスク』（監督：スタンリー・ドーネン、一九六六）だけだ。アラベスクとは唐草模様のことで、絡まった謎を解くという意味であった。スタンリー・ドーネンの監督作だったから観たのだが、ヘンリー・マンシーニの音楽は軽快でスリリングであった。

日比谷映画は円形の劇場で、屋上はドームになって、正面玄関の上には円柱が重なった塔があった。残念ながら一度入っただけなので劇場内の印象が残っていない。

有楽座 70 1725席（64）→1572席（80）

有楽座という名の劇場が最初に存在したのは数寄屋橋近くの、後に丸の内ピカデリーが建てられた辺りだ。一九〇八年（明治四一年）一二月一日に開場式をおこない、三日より開演した。帝国劇場より前に開場して洋風劇場のさきがけとなった。舞台間口は六間（約一〇・九メートル）、定員九〇〇名で客席は三階まであり、邦楽・新劇・映画などを興行した。映画は一九一〇年（明治四三年）三月二一日に『逓信鐵道』、八月二五日に『不如帰』（吉沢商店作品）が封切公開され、一九一四年（大正三年）七月一二日にはキネトホン式発声映画『本朝二十四孝 十種香の段』『住吉おどり』『忠臣蔵七段返し』（以上、日本キネトホン作品）が上映されている。

一九二〇年（大正九年）に帝国劇場株式会社の経営となる。その後も時おり映画が上映され、一九二三年（大正一二年）三月四日にはエルモ・リンカーンが主演する最初のターザン映画『大ターザン（全一五篇）』（監督：ロバート・ヒル、一九二一）、また同年四月二日は『散り行く花』（監督：D・W・グリフィス、一九一九）と『天下泰平』（監督：マック・セネット他、一九二〇）、五月二七日に『忠臣蔵』（監督：牧野省三、一九二二）が封切公開された。しかし、一九二三年（大正一二年）九月一日の関東大震災で焼失し、その後は再建されなかった。

同名の有楽座は、日比谷映画劇場が開館した翌年の一九三五年（昭和一〇年）六月七日、日比谷映画劇場の隣に演劇劇場として開場した。日比谷映画劇場と同様に設計は阿部美樹志で、施工は竹中工務店。地上六階、地下一階の建物総面積は五七〇〇平方メートル、舞台間口は九間二尺（約一六・七二メートル）である。舞台天井裏の三階には舞台美術を製作するアトリエがあった。日本建築学会編「日本近代建築総覧」によると日比谷映画劇場はRC（鉄筋コンクリート造）だが有楽座はSRC（鉄骨鉄筋コンクリート造）と記載されている。外壁は黒地に白漆喰のなまこ壁という和風のデザインだった。担当したのは阿部美樹志建築事務所に所属していた建築家の友田薫である。友田薫が「國際建築」一九三五年七月号に寄稿した「有樂座の意匠に就て」を要約すると〝小林一三が二つの劇場（東京宝塚劇場と日比谷映画劇場）は新しいスタイルだから有楽座は古いスタイルで大衆向きにやってみたいと言った。立面のスタディを始めた時に直ぐに頭に浮んだのは元の有楽座の漆喰塗洋館だった。江戸時代の建築に興味を持って現存している江戸建築を見学して歩いた。外務省長屋のなまこ壁を実測して白と黒とのプロポーションが解ったので壁面の高さに当て嵌めて単位の大きさを定めた〟という。文中の立面《りつめん》とは外観の立上り姿を意味する。なまこ壁は昭和三〇年代に上映作品の大看板

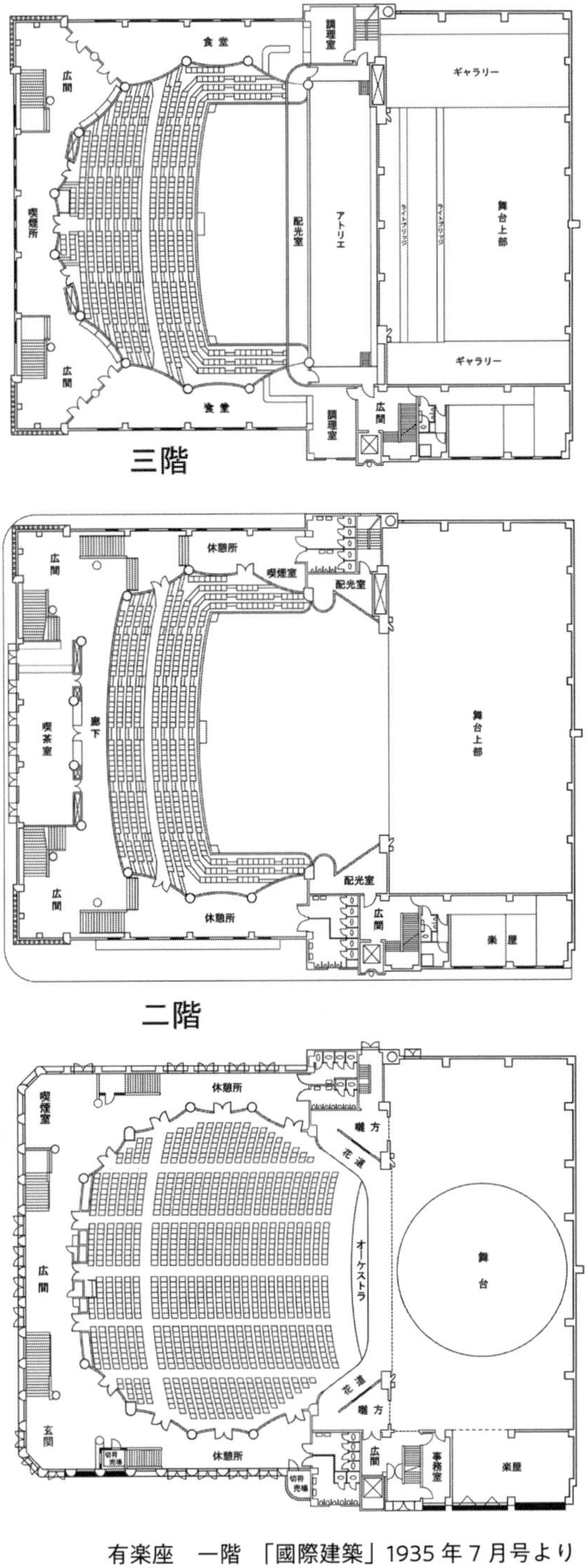

有楽座　一階　「國際建築」1935年7月号より

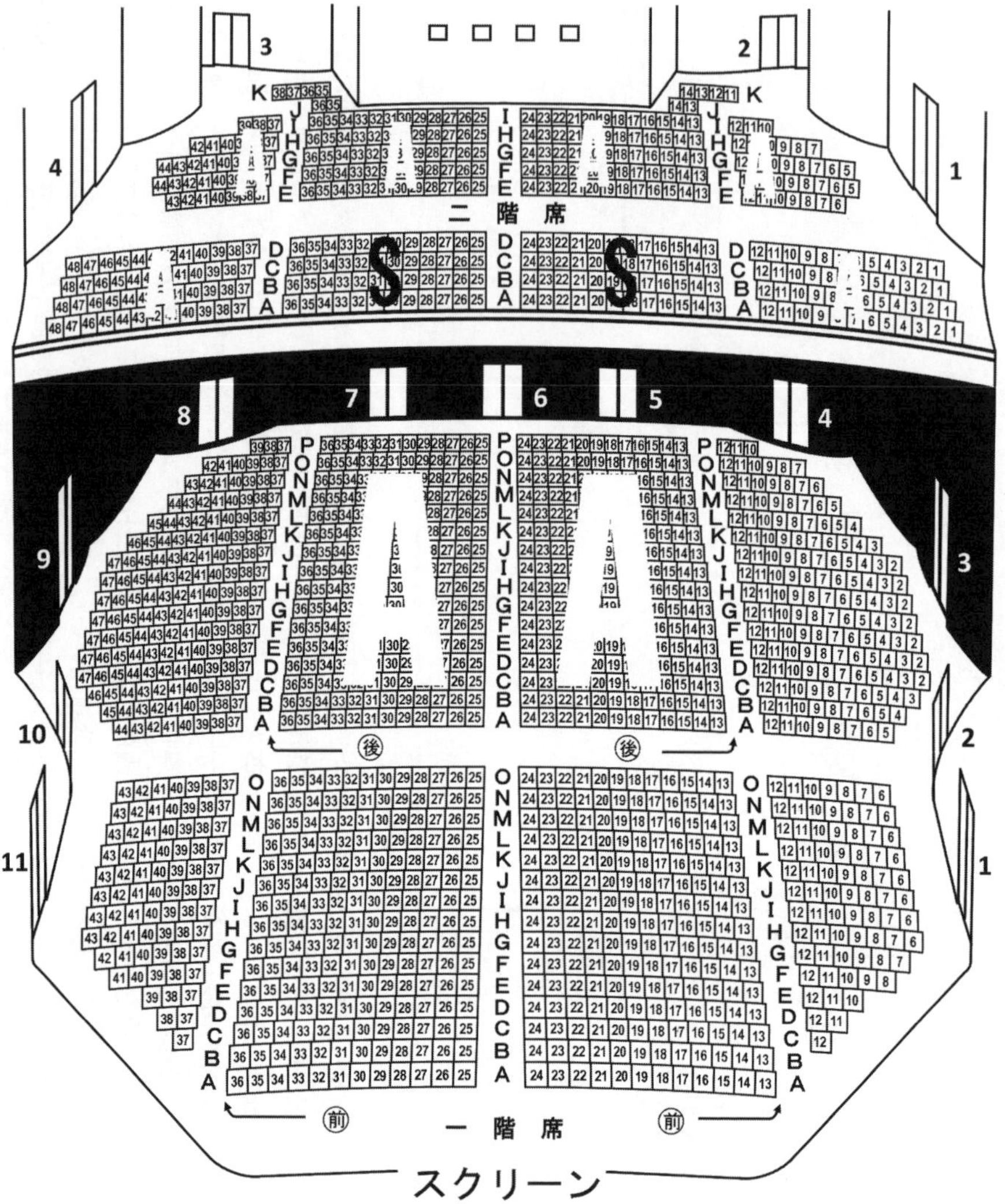

『地獄の黙示録』公開時の座席表
1980年1月の新聞広告より

撮影：杉本益規氏

が掛かって見えなくなった。

開場番組は七日～三〇日で『壽曾我三番』『人間萬事金世中』『盲目の兄とその妹』『シューベルトの戀』が上演された。演劇上演との組合せで映画が上映されたのは一九三七年（昭和一二年）一〇月一日からのゲイリー・クーパーとジョージ・ラフトが出演する『海の魂』（監督：ヘンリー・ハサウェイ、一九三七）が最初で、併映は東日ニュース『支那事變特報』、彩色漫画『家鴨と電氣人形』『森の小勇者』だった。実演は日劇ダンシング・チームによる『秋のタップ・リズム』である。続いて一〇月九日から一三日まで〝有楽座映画大博覧會 第一部 名畫スーヴニール〟として弁士付きのサイレント映画が日替わり上映された。九日は弁士・武井秀輔で『キートンの酋長』（監督：バスター・キートン、一九二二）、弁士・山野一郎で『ジゴマ 前篇』（監督：ヴィクトラン・ジャッセ、一九一一）、弁士・牧野周一で『プラーグの大學生』（監督：ヘンリック・ガレーン、一九二六）、弁士・泉虎夫と徳川夢声で『アスファルト』（監督：ヨーエ・マイ、一九二九）、山野一郎の漫談『活動大寫眞渡來發達漫談』という内容だった。更に〝第二部 スター代表作週間〟〝第三部 國際名畫オリムピヤード〟と続いた。

一九四四年（昭和一九年）三月五日より決戦非常措置要綱に基き東京宝塚劇場・日本劇場・帝国劇場・北野劇場・梅田映画劇場と共に政府から一年間の閉鎖が命じられた。同年四月一〇日、東京都防衛局に賃貸された。

終戦後は一九四五年（昭和二〇年）一一月三日より再開場した。演目は新国劇の『無法松の一生』他であった。一九四七年（昭和二二年）四月六日、『弥次喜多道中膝栗毛』他でエノケンとロッパが初めて合同公演をおこなう。同年六月四日からは新国劇創立三十周年沢田祭公演として『王将』が初演された。

　戦後になって映画も上映されるようになったのは一九四九年（昭和二四年）八月五日からで、上映作品は『狂恋』（監督：ジョルジュ・ラコンブ、一九四七）である。一九五一年（昭和二六年）一月一日、『死せる戀人に捧ぐる悲歌《エレジー》』（監督：バジル・ディアデン、一九四九）の上映から映画興行専門劇場となる。戦前に製作された『風と共に去りぬ』（監督：ヴィクター・フレミング、一九三九）が有楽座で日本初公開されたのは、一九五二年（昭和二七年）九月四日からであった。

　一九五三年（昭和二八年）一〇月一七日午前七時四〇分頃、舞台中央から出火し、舞台と天井の約二〇〇坪（約六六一平方メートル）を焼いた。電気系統の不具合が原因と見られた。当日一七日から一一月九日まで休館して館内の改装がおこなわれている。シネマスコープ設備の設置はこの間におこなわれたのだろう。改装の翌月、一二月二六日よりシネマスコープ第一作の『聖衣』（監督：ヘンリー・コスター、一九五三）が東京は有楽座で公開された。大阪は三日後の二九日から東宝直営の南街劇場（１４８８席）で封切られた。

　一九五九年（昭和三四年）一一月二二日からは七〇ミリ映画『ソロモンとシバの女王』（監督：キング・ヴィダー、一九五九）が公開された。公開前の九月二一日から一一月二一日まで改装休館して七〇ミリスクリーンに張替え、映写設備を設置した。『ソロモンとシバの女王』の新聞広告には「世界最大と折紙をつけられた超大型スクリーン設置！」「2カ月の期間と2億円の工費を投じて大改築なった世界一の70ミリ専門劇場！」と書かれていた。以降は立体音響・大型映画の上映館として数多くの大型大作映画が公開される劇場となった。

　一九六三年（昭和三八年）二月一四日から公開の『アラビアのロレンス』（監督：デヴィッド・リーン、一九六三）は全指定席で平日と日曜・祝日の入場料金段階制を日本で初めて実施した。上映期間は二二五日だったが公開五カ月後の七月一六日時点での入場者が四四万三四一人となったので〝有楽座新記録樹立記念〟と

して四五万人目の入場者にステレオを贈呈するという広告を出した。最終動員数は六〇万六四三人、興行収入は二億七九〇二万七九二〇円となった。

一九八四年（昭和五九年）一一月一一日に再開発のため閉館した。閉館前の〝さよならフェスティバル〟では七本の映画が上映され、最終日は『風と共に去りぬ』（監督：ヴィクター・フレミング、一九三九）だった。跡地はショッピングモールの日比谷シャンテになっている。

私が最初に有楽座で観た映画は『マイ・フェア・レディ』（監督：ジョージ・キューカー、一九六四）である。初めて観た立体音響の七〇ミリ大画面に感動して映画を観続けるきっかけとなった。他に有楽座で観た七〇ミリ上映作品は『ロード・ジム』（監督：リチャード・ブルックス、一九六五）、『ドクトル・ジバゴ』（監督：デヴィッド・リーン、一九六五）、『スイート・チャリティ』（監督：ボブ・フォッシー、一九六八）、『ライアンの娘』（監督：デヴィッド・リーン、一九七〇）、『ラ・マンチャの男』（監督：アーサー・ヒラー、一九七二）、『スター・トレック２カーンの逆襲』（監督：ニコラス・メイヤー、一九八二）である。一九八三年（昭和五八年）一二月の『キャノンボール２』（監督：ハル・ニーダム、一九八三）では初めて二階で観た。就学前の子供を連れて行ったので、観やすいようにと二階最前列に座った。通常の二階席は指定席だったと思うがこの日の初回は全席自由席であった。二階席は観やすかったのだが『キャノンボール２』はビスタサイズだったのでそれほど大画面を堪能するほどではなかった。やはり七〇ミリ映画を一階の中央で観るのが有楽座で最良の体験だったのだろう。

二〇〇五年（平成一七年）四月九日、数寄屋橋のニュートーキョービルにあったニュー東宝シネマ（７８０席）が有楽座に館名変更した。二〇〇九年（平成二一年）二月一〇日からＴＯＨＯシネマズ有楽座（３９７席）へ改称したが、二〇一五年（平成二七年）二月二七日、ニュートーキョービル再開発のため閉館した。

日比谷スカラ座 70 １４１０席（64）→１３４１席（80）

東京宝塚劇場ビル四階は東宝四階劇場（定員４１０）があった所で、一九四〇年（昭和一五年）四月一六日に開館している。開館番組は『土と兵隊』（監督：田坂具隆、一九三九）、記録映画『炭焼く人々』（構成：渥美輝男、一九四〇）、他であった。一九五五年（昭和三〇年）七月一四日に東宝直営館のスカラ座となって開館した。開館番組はビスタビジョンの『戦略空軍命令』（監督：アンソニー・マン、一九五五）で、松竹の劇場である東劇と同時公開は異例である。

スカラ座は有楽座に面した一階のチケット売場からビル内に入り、エレベーターで上がると劇場ロビーがあった。通路が劇場を一周し、スクリーンの裏側通路にトイレがあった。劇場後方は通路から数段の階段を上がる位置にあった。上映後の退出時は非常階段に誘導されることもあった。隣の三井ビルに入ると地下商店街から通りを挟んだ三信ビルまで連絡通路が通じていた。三信ビル地階の食堂街を経由して地下鉄の日比谷駅まで行けたので雨が降っても濡れずに済んだ。三信ビルは一階から二階の回廊が見える吹き抜けになっており、古いが風格のある建物であった。

『遙か群衆を離れて』（監督：ジョン・シュレシンジャー、一九六七）の公開は七〇ミリだったが、当時スカラ座勤務で後に東宝社長となった高井英幸氏の著書「映画館へは、麻布十番から都電に乗って。」によると、「試写室で事前に観た三五ミリシネスコ版によって上映時間表を作り、前売りも始めたが、届いた七〇ミリ版の上映時間は二〇分ほど短いことが分かり、急遽短編映画を併映した」と書かれている。この映画は三五ミリのパナビジョンをブローアップした七〇ミリなので巻が抜けたのだろうか。私は近年BS放送で観たが、当然ながらノーカット版だった。

一九七六年（昭和五一年）に公開された『Tommy トミー』（監督：ケン・ラッセル、一九七五）では〝クインタフォニック・サウンドシステム〟という新方式で上映された。これは日本の山水電気が開発したシステムで、磁気録音の五つのチャンネルで五台のハイファイスピーカーから三六〇度の方向で音を出すというも

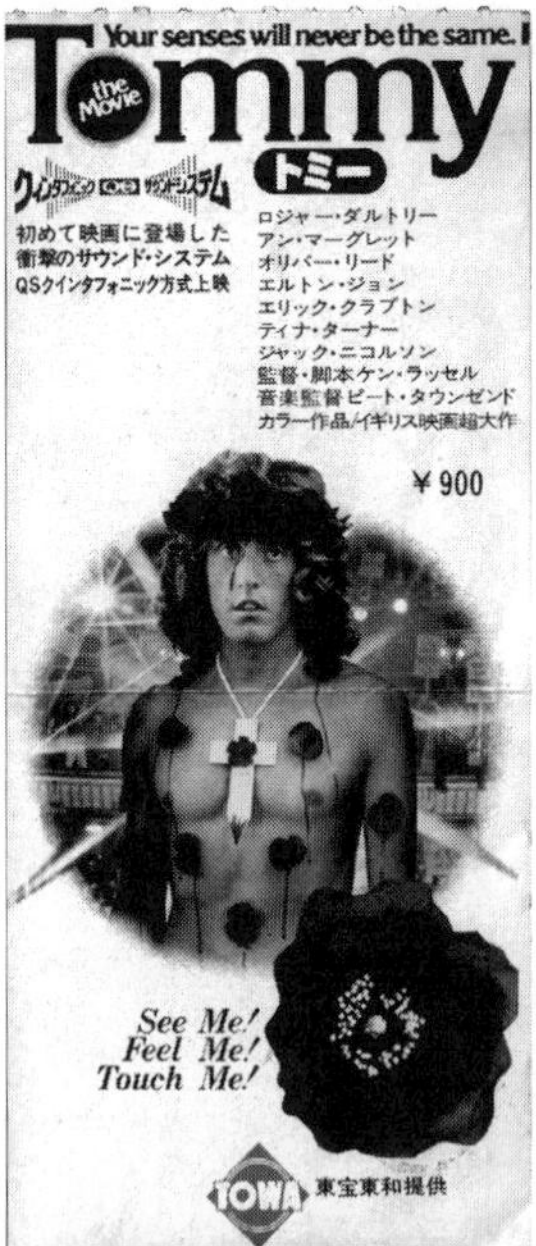

のであった。劇場内には特設のスピーカーが設置されて、セリフはすべて歌によるロックオペラが大音量で上映された。

一九九八年（平成一〇年）一月一八日、『エアフォース・ワン』（監督：ヴォルフガング・ペーターゼン、一九九七）の上映を最後に建替えのため閉館した。

スカラ座に初めて行ったのは一九六六年（昭和四一年）に再公開された七〇ミリ映画『南太平洋』（監督：ジョシュア・ローガン、一九五八）で、〝魅惑の宵〟〝バリ・ハイ〟〝ハッピー・トーク〟などのミュージカル・ナンバーは聴いたことのある曲が多くて楽しめた。大画面に現れてくるバリハイ島が幻想的な色彩で表現されていたのも印象に残っている。他にも『おしゃれ泥棒』（監督：ウィリアム・ワイラー、一九六六）、『悪魔のようなあなた』（監督：ジュリアン・デュヴィヴィエ、一九六七）、『個人教授』（監督：ミシェル・ボワロン、一九六八）、『アニー』（監督：ジョン・ヒューストン、一九八二）、『東京裁判』（監督：小林正樹、一九八三）、『バトルランナー』（監督：ポール・マイケル・グレイザー、一九八七）等、最後に観たのは『身代金』（監督：ロン・ハワード、一九九六）だった。

『東京裁判』は上映時間四時間三七分の長編記録映画だが、昭和史の本を読んでいた時期だったので内容が興味深くて長さを感じなかった。この映画のネガ編集は南とめが担当した。公開時は七三歳である。当時私はテレビCMのフィルム編集者だったので、高齢になってからも仕事をしていた南さんは将来の目標となる人だった。ところが世の流れはフィルム編集からビデオ編集に変わり、さらにデジタル編集の時代になってしまったので思い通りにはならなかった。

二〇〇〇年（平成一二年）一二月一六日、建替え後の地下一階にスカラ座1（654席）とスカラ座2（183席）が開館。二〇〇五年（平成一七年）三月、みゆき座が閉館したのでスカラ座2をみゆき座に改称した。スカラ座は二〇一八年（平成三〇年）三月二九日から新設されたTOHOシネマズ日比谷に組み込まれてスクリーン一二となった。

日本劇場（日劇）70　2618席（64）→2122席（65）

日本劇場、略称〝日劇〟はニューヨークにあったロキシー劇場（5920席）を模したとされる巨大劇場だった。当初の経営は日本映画劇場株式会社で、一九二九年（昭和四年）九月三日に着工したが建設中に資金難となって工事が中断した。一九三三年（昭和八年）の四月に工事再開となるまでは鉄骨が曝された状態で〝骸骨劇場〟と言われた。同年一二月二四日、映画と実演を組み合わせた興行形式の劇場として開場した。設計は渡邊仁建築工務所で、施工は大林組。建築面積は二八二九・五四平方メートル、延面積は一五六三七・七一平方メートル、地上七階、地下三階、舞台の間口は一四・五メートル、奥行一〇メートル、高さ九メートルであった。新聞の上演広告では〝陸の龍宮 日本劇場〟と称していた。

二四日は開館式で、二六日～二八日までは国防費献金のための

有料試写会がおこなわれた。番組は愛国映画『非常時日本』（監修：紀俊秀、一九三三）と日替わりで『無名戦士』（監督：ストリジェフスキー、一九三二）等の洋画各二本が上映された。一般公開は一二月三一日からで、映画は『大帝國行進曲（原名：カヴァルケード）』（監督：フランク・ロイド、一九三三）と『ゴールド・ディガース』（監督：マーヴィン・ルロイ、一九三三）、実演は川畑文子構成主演の『踊る１９３４年』（四景）だった。

しかし、経営会社の重役は財界人で興行の専門家がいなかったため、開館後は放漫経営によって経営不振になった。建物内の貸店舗はまだなく、一つの劇場だけで従業員三百名の人件費と大規模な建物の維持費を賄うことは難しかった。一九三四年（昭和九年）七月一八日の興行後に一時閉館し、九月一日より日活直営の封切館となる。上映作品は『愛憎峠』（監督：溝口健二、一九三四）と『唄祭三度笠』（監督：伊藤大輔、一九三四）であった。日活が経営するようになっても興行成績は改善せず、日活社内の人事問題で日劇との合併を考えていた社長が解任されたこともあって一二月二〇日に閉場した。

東宝は日本映画劇場株式会社と賃貸借契約を結び、一九三五年（昭和一〇年）一月一日より東宝の直営劇場となった。一月一日からの実演『パンテージ・ショウ』は元日活専務の鈴木要三郎が米国からボードビル・チームを招聘していたもので、日劇と東宝へも貸借料を払うことになった。しかし貸館料が滞って二月一五日に興行中止で明け渡すことになった。

東宝による興行の再開は三月一四日からで、番組は『キャラバン』（監督：エリック・シャレル、一九三四）と『坊っちゃん』（監督：山本嘉次郎、一九三五）の映画上映であった。実演と映画の併映興行は八月二一日の『ロイドの足が第一』（監督：クライド・ブラックマン、一九三〇）と『國境の町』（監督：アーチー・メイヨ、一九三五）、崔承喜の舞踊、丸山章治・福地悟朗のモダン漫才の実演からだ。料金は五〇銭均一だった。開場と同日に日比谷映画三階にあった東宝の本社事務所は日劇の四階に移転した。一二月一日には所有者の日本映画劇場株式会社を東宝（株式会社東京宝塚劇場）が吸収合併したので日劇は東宝の所有となった。一二月三〇日には地下にあった試写室を改造してニュース・短編映画

日本劇場　観覧席舞台

専門の第一地下劇場が開館した。

一九四一年（昭和一六年）二月一一日からの実演『歌ふ李香蘭』は満洲映画女優・李香蘭が出演した。開演日には入場待ちの群衆が日劇を囲んで大混乱となった。これが後に〝日劇七回り半事件〟と言われている。公演は三回あったので初回入場できなかった観客は次回を待っていた。当日は紀元節であり、宮城遥拝をした帰りの人波も合流したので大混雑となったのである。

一九四二年（昭和一七年）、戦時統制で映画配給系統が紅系と白系に分けられ、四月一日より日劇は紅系上映館となる。

一九四四年（昭和一九年）二月二五日、決戦非常措置要綱が閣議決定され、〝高級享楽ノ停止〟の項によって全国の一九劇場が閉鎖になった。日劇も高級劇場の対象で三月五日より劇場閉鎖になり、五月から客席を取り払って陸軍の風船爆弾工場になった。

日本劇場ニュース
146 号　1939 年 2 月 1 日

日本劇場ニュース
75 号　1937 年 3 月 1 日

終戦後は一九四五年（昭和二〇年）一一月二二日に『歌へ！太陽』（監督：阿部豊、一九四五）の上映と東宝舞踊団（ＴＤＡ）の第一回公演『ハイライト』（二〇景）で再開した。

一九五二年（昭和二七年）に立体映画第一作『ブワナの悪魔』がアメリカで公開され、日本では翌年五月に公開されたが、東宝はそれに先立って四月二二日に国産立体映画『飛び出した日曜日』（監督：村田武雄、一九五三）と『私は狙われている』（監督：田尻繁、一九五三）を日劇で公開した。東宝の立体映画はトービジョンと名付けられたが、この二本のみで製作は終った。

一九六四年（昭和三九年）の東京オリンピック開催期間はテレビ放送をトーホータラリア方式によってスクリーン投影した。

一九七八年（昭和五三年）六月六日から二三日まで七〇ミリ映写の設備を設置する改装休館の後、六月二四日から『スター・ウォーズ』（監督：ジョージ・ルーカス、一九七七）が上映された。

一九八〇年（昭和五五年）三月一九日の『原田直之オンステージ』の実演を最後に、三月二〇日からの『象物語』（監督：蔵原惟二、日野成道、一九八〇）以降は映画興行のみとなった。再開発のために日劇の解体が決まり、通常の映画上映は一九八〇年（昭和五五年）一二月一九日の『チャップリンの独裁者』（監督：チャールズ・チャップリン、一九四〇）と『ライムライト』（監督：チャールズ・チャップリン、一九五二）で終了した。

翌一九八一年（昭和五六年）二月一日、『青春グラフィティスニーカーぶるーす』（監督：河崎義祐）が封切特別上映されて最後の映画上映となった。最終番組は一月二八日から二月一五日まで日劇ダンシングチーム公演の『サヨナラ日劇フェスティバル』である。出演者は高英男、重山規子、西川純代、新倉まり子、真島茂樹、鹿島とも子、等であった。二月一五日の最終日には長谷川一夫、山口淑子、笠置シヅ子、灰田勝彦、トニー谷、等の日劇にゆかりの深い芸能人が登場した。

日劇には外国のタレントも多く出演した。一九三五年（昭和一〇年）の王勝龍らによる『満州国武技』、一九三六年（昭和一一年）のドイツのジャズ・バンド、伯林ワイントラウブス、一九三九年（昭和一四年）の金安羅『朝鮮ショウ』、一九四〇年（昭和一五年）のカール・ハルトマン『歌劇ローエングリーン』、一九五三年（昭和二八年）は後に映画監督のハーバート・ロス夫人となったバレエ・ダンサーのノラ・ケイによる『ジゼル・双曲線』、一九五九年（昭和三四年）ロカビリー歌手ジーン・ヴィンセントの『ビー・バップ・ア・ルーラ』、一九六一年（昭和三六年）ジャズシンガーのジューン・クリスティ『ジューン・クリスティ特別公演』、一九六三年（昭和三八年）サム・テーラー『サム・テーラーが日劇にやってきた』、一九六四年（昭和三九年）ペギー・マーチ『ペギー・マーチがやって

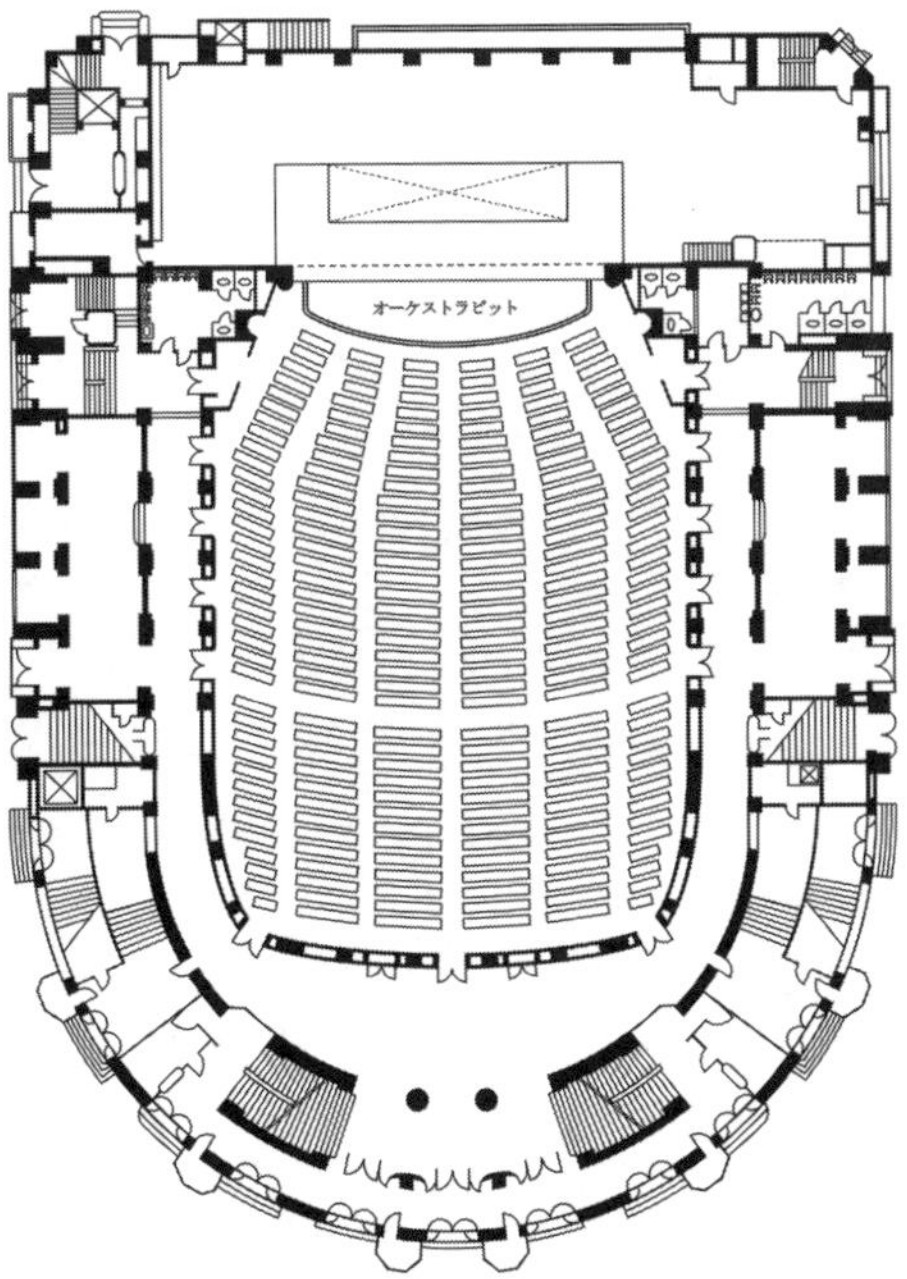

一階

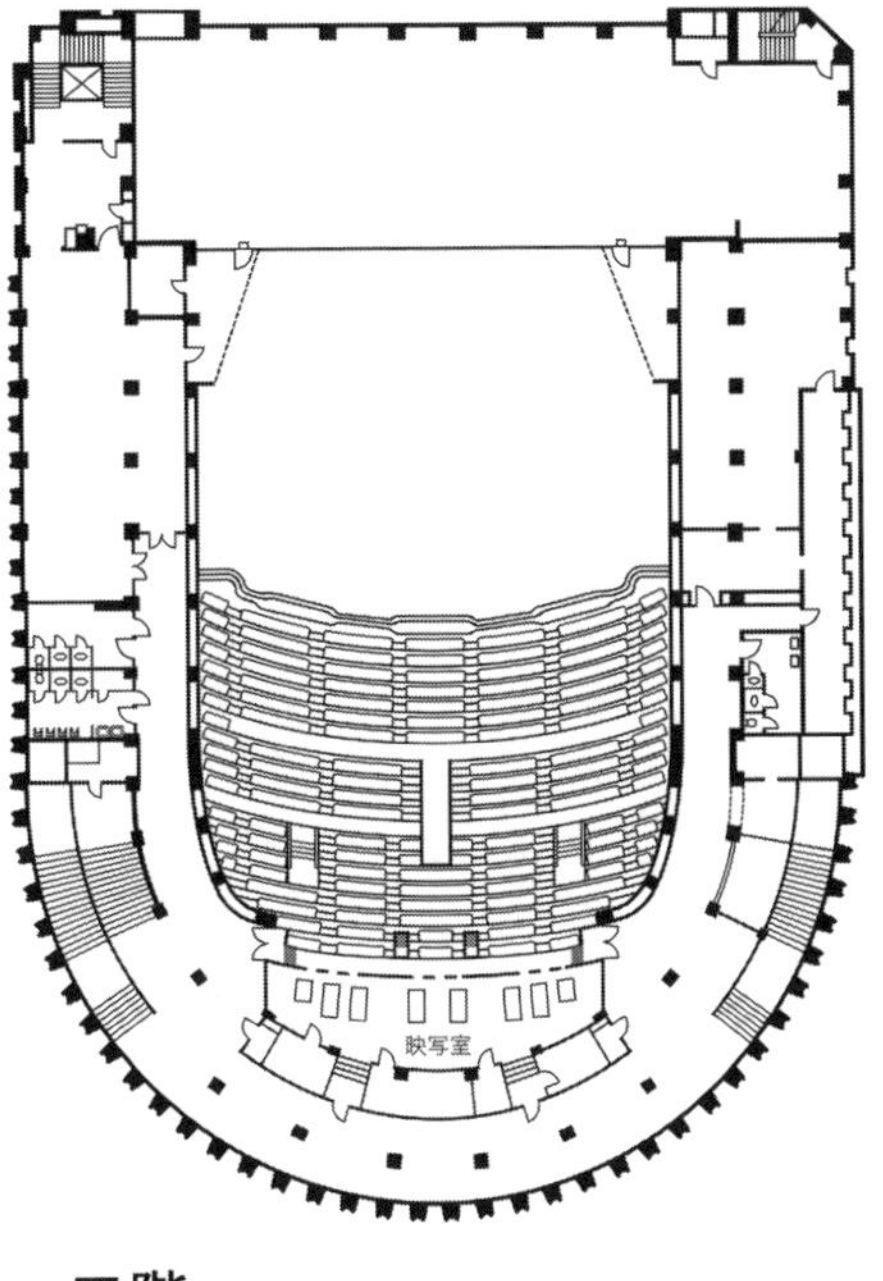

三階

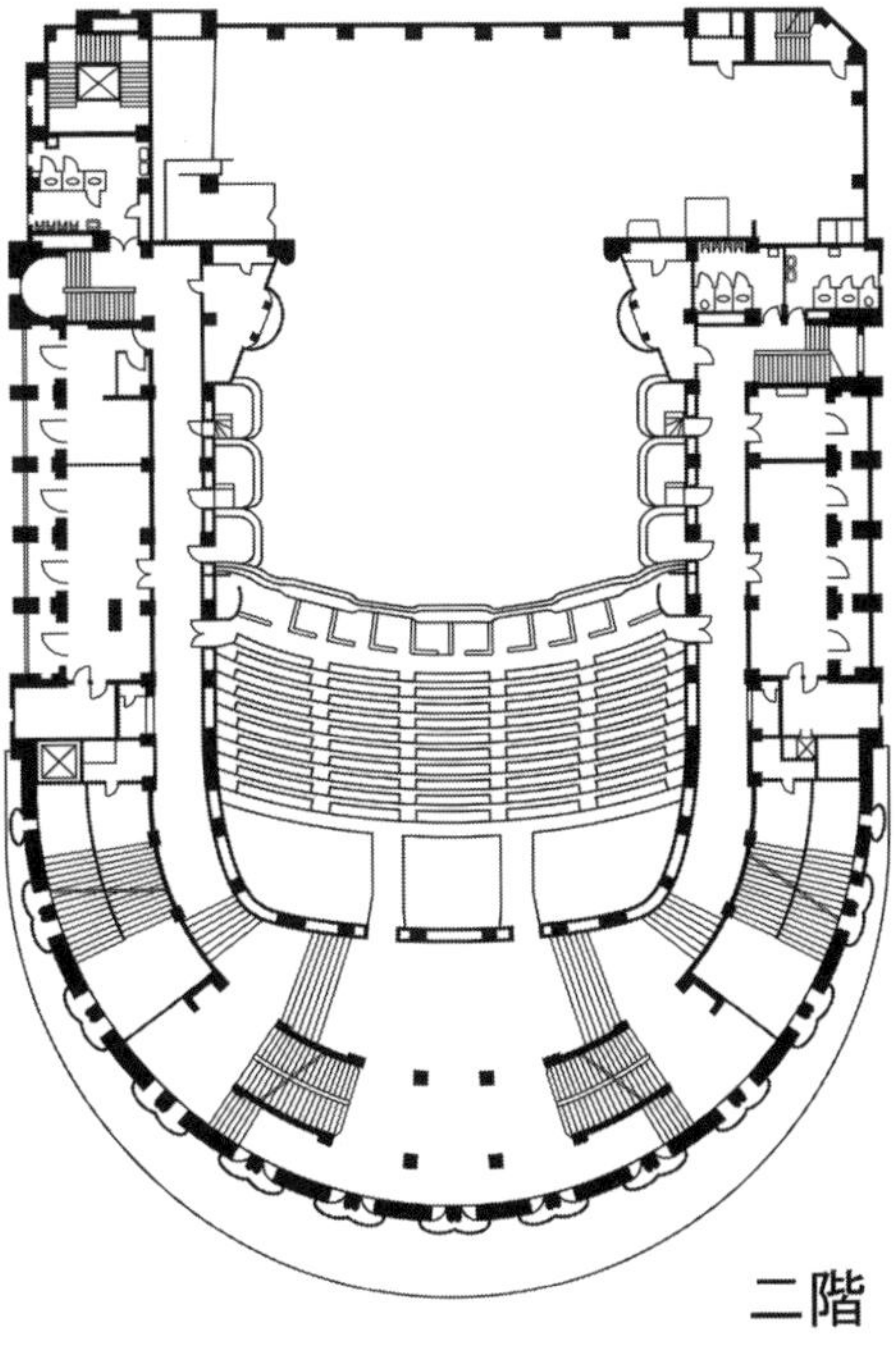

二階

日本劇場（日劇）「東都映画館建築」（1934 年）より

きた』等である。

一九六四年（昭和三九年）のペギー・マーチは実際に観ている。日劇恒例の『ウエスタン・カーニバル』にゲスト出演したものだった。私は一九六〇年代に実演を何度か観に行ったことがある。二階席で映画を観ると劇場が大きいからスクリーンまでの距離があり、それほど大画面には感じられなかった。この時はまだ七〇ミリ映画の映写設備はなかった。ステージの手前にはオーケストラピットがあった。いつの公演だったのか覚えていないが、アナウンスで楽団の紹介があってピットの下からバンドマスターのスマイリー小原が姿を現した。スポットライトが当たった顔は真っ白で太い眉が黒々としていたのが印象に残った。

撮影：杉本益規氏

日劇の建物上部に王冠の形をした東芝のネオン広告が設置され、点灯式がおこなわれたのは一九五八年（昭和三三年）一二月二三日の夕方であった。当日の朝日新聞記事には「周囲一一〇メートル・高さ九メートル・面積四五〇畳・ネオン管の長さ七キロメートル・費用は六千万円」と書かれていた。

一九八一年（昭和五六年）二月一五日に日劇が閉館して、二月二二日には地下にあった日劇文化劇場が『ツィゴイネル・ワイゼン』（監督：鈴木清順、一九八〇）で閉館。一九五五年（昭和三〇年）二月一〇日に開館した地下の丸の内東宝も『マッドストーン』（監督：サンディ・ハーバット、一九七四）の上映をもって閉館した。

日劇の五階には一九四一年（昭和一六年）一一月八日に日劇小劇場が洋画名画座として開館して、一九五二年（昭和二七年）三月一七日より日劇ミュージック・ホールとなっていたが、一九八〇年（昭和五五年）一二月二四日から翌年二月二四日までの松永てるほ、浅茅けいこ、蘭千子らが出演した『サヨナラ日劇ＰＡＲＴⅡ・新たなる愛の旅立ち』をもって閉館した。

一九八四年（昭和五九年）一〇月六日、日劇の跡地は有楽町マリオンになって、阪急と西武（現在はルミネ有楽町）が入った。一一階に日本劇場（1008席）、九階に日劇東宝（708席）と日劇プラザ（554席）、丸の内ピカデリー1（913席）、丸の内ピカデリー2（689席）が開館した。開館番組は日本劇場が『ワンス・アポン・ア・タイム・イン・アメリカ』（監督：セルジオ・レオーネ、一九八四）、日劇東宝が『おはん』（監督：市川崑、一九八四）、日劇プラザが『アンナ・パブロワ』（監督：エミーリ・ロチャヌー、一九八四）、丸の内ピカデリー1が『上海バンスキング』（監督：深作欣二、一九八四）、丸の内ピカデリー2が『ポリスアカデミー』（監督：ヒュー・ウィルソン、一九八四）だった。

二〇〇二年（平成一四年）に改装されて日劇PLEXと総称し、日本劇場は日劇1（944席）、日劇東宝は日劇2（666席）、日劇プラザは日劇3（522席）と改称された。二〇〇六年（平成一八年）一〇月、総称がTOHOシネマズ日劇に変わって、同じ三館で運営されるようになった。

二〇一八年（平成三〇年）になると日比谷にTOHOシネマズ日比谷が新設されてTOHOシネマズ日劇は二月四日に閉館した。最終上映は1が『もののけ姫』（監督：宮崎駿、一九九七）、2が『ゴジラ』（監督：本多猪四郎、一九五四）、3が『トップガン』（監督：トニー・スコット、一九八六）である。TOHOシネマズ日比谷は三月二九日の開場で、三信ビルと日比谷三井ビル跡地が再開発されて出来た商業施設〝東京ミッドタウン日比谷〟の四階にスクリーン一〜一一、東京宝塚ビル地下のスカラ座とみゆき座をそれぞれスクリーン一二〜一三とした合計一八三〇席のシネコンである。

テアトル東京　C 70　1278席（74）→1150席（75）

一九四六年（昭和二一年）一二月三一日、テアトル銀座が『わが心の歌』（監督：ジョー・グレアム、一九四二）の上映で開館。経営は東京興行株式会社で、「当時は〝銀座で映画館は成功しない〟と言われていたが、オープニング作品が異例の興行収入を記録したのをはじめ、立て続けにヒット作品を生み出した」と同社の沿革に記されている。一九五五年（昭和三〇年）に社名を東京興行株式会社から東京テアトル株式会社に変更した。この年に建替えられて一一月一日、テアトル東京が一階に開館。テアトル銀座（800席）は『ナポリの饗宴』（監督：エットーレ・ジャンニーニ、一九五四）の上映で名画座として地下に開館した。入場料は五〇円。テアトル東京の最初の番組はシネマスコープ作品『七年目の浮気』（監督：ビリー・ワイルダー、一九五五）で、入場料は一般二一〇円であった。建物の設計施工は竹中工務店である。

地上三階、地下一階で、土地面積は約二二五〇平方メートル、延べ面積は三一七三平方メートルで、六〇〇平方メートルの前庭があった。

一九五八年（昭和三三年）一二月一八日より東宝直営館となる。一九六二年（昭和三七年）一二月に帝劇でのシネラマ上映が終了するので、代わりの劇場としてテアトル東京がシネラマ劇場に改装された。スクリーンの大きさは縦八・三メートル、横二〇・八メートルとされる。

一九六二年（昭和三七年）一一月二九日よりシネラマ初の劇映画『西部開拓史』（監督：ヘンリー・ハサウェイ、ジョン・フォード、ジョージ・マーシャル、一九六二）が上映された。上映期間は四六三日であった。一九六五年（昭和四〇年）五月一日公開の『地中海の休日』（監督：ヘルマン・ライトナー、ルドルフ・ヌスグルーバー、一九六二）はＭＣＳ－70という方式で、七〇ミリフィルムを使った一台映写方式に変わった。以後は一台映写方式のシネラマや七〇ミリの大型映画を多く上映した。

テアトル銀座は一九八一年（昭和五六年）八月三一日に『ドラえもん ボク桃太郎のなんなのさ』（監督：神田武幸、一九八一）

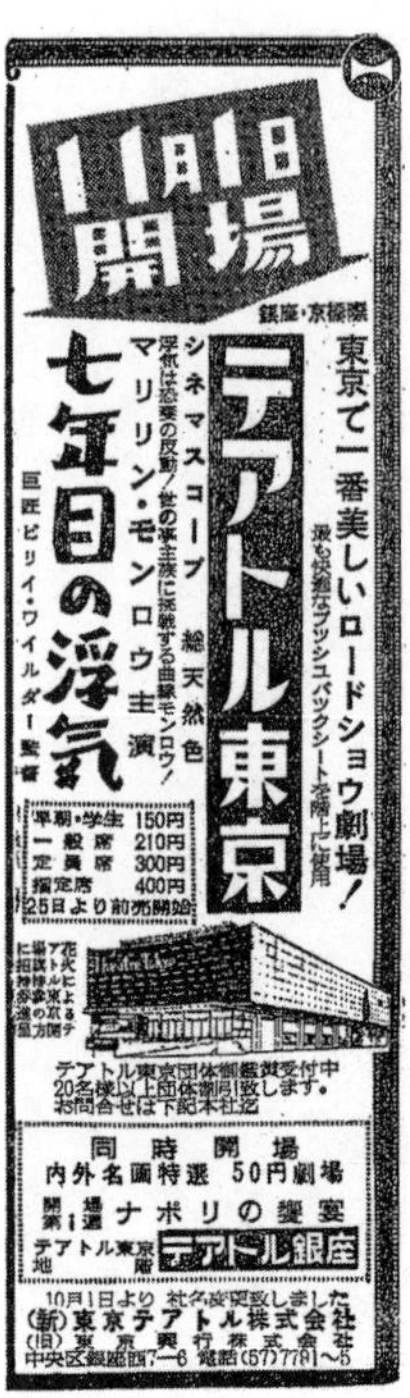

と『21エモン 宇宙へいらっしゃい！』（監督：芝山努、一九八一）の上映で閉館。テアトル東京も一〇月三一日に閉館した。最終日は『天国の門』（監督：マイケル・チミノ、一九八〇）の通常興行の後に『ディア・ハンター』（監督：マイケル・チミノ、一九七八）のオールナイト上映が翌朝七時三〇分まであったが、『天国の門』が追加上映され、終了したのは一一月一日の一〇時であった。

一九八七年（昭和六二年）一月三一日、跡地に銀座テアトルビルが竣工された。同年三月七日、五階に銀座テアトル西友（１６７席）が『ブラッドシンプル』（監督：ジョエル・コーエン、一九八四）の上映で開館したが、二〇〇〇年（平成一二年）三月一日より銀座テアトルシネマに改称。二〇一三年（平成二五年）五月三一日、銀座テアトルビルの売却に伴い、『天使の分け前』（監督：ケン・ローチ、二〇一二）の上映で閉館した。

テアトル東京の最長上映は『ベン・ハー』（監督：ウィリアム・ワイラー、一九五九）の四六九日間で、この頃は全席指定のため二〇人の案内嬢がいたという。

テアトル東京で最初に観たのは『風と共に去りぬ』（監督：ヴィクター・フレミング、一九三九）が一九六八年（昭和四三年）にリバイバル公開されたときだった。オリジナルはスタンダードサイズだが、上下を切って横長にブローアップした七〇ミリ版だった。オープニングでは右から左に流れる〝GONE WITH THE WIND〟のタイトルが湾曲したスクリーンによって回っているような効果があった。次の番組は『２００１年宇宙の旅』（監督：スタンリー・キューブリック、一九六八）を１６３日に渡って上映して

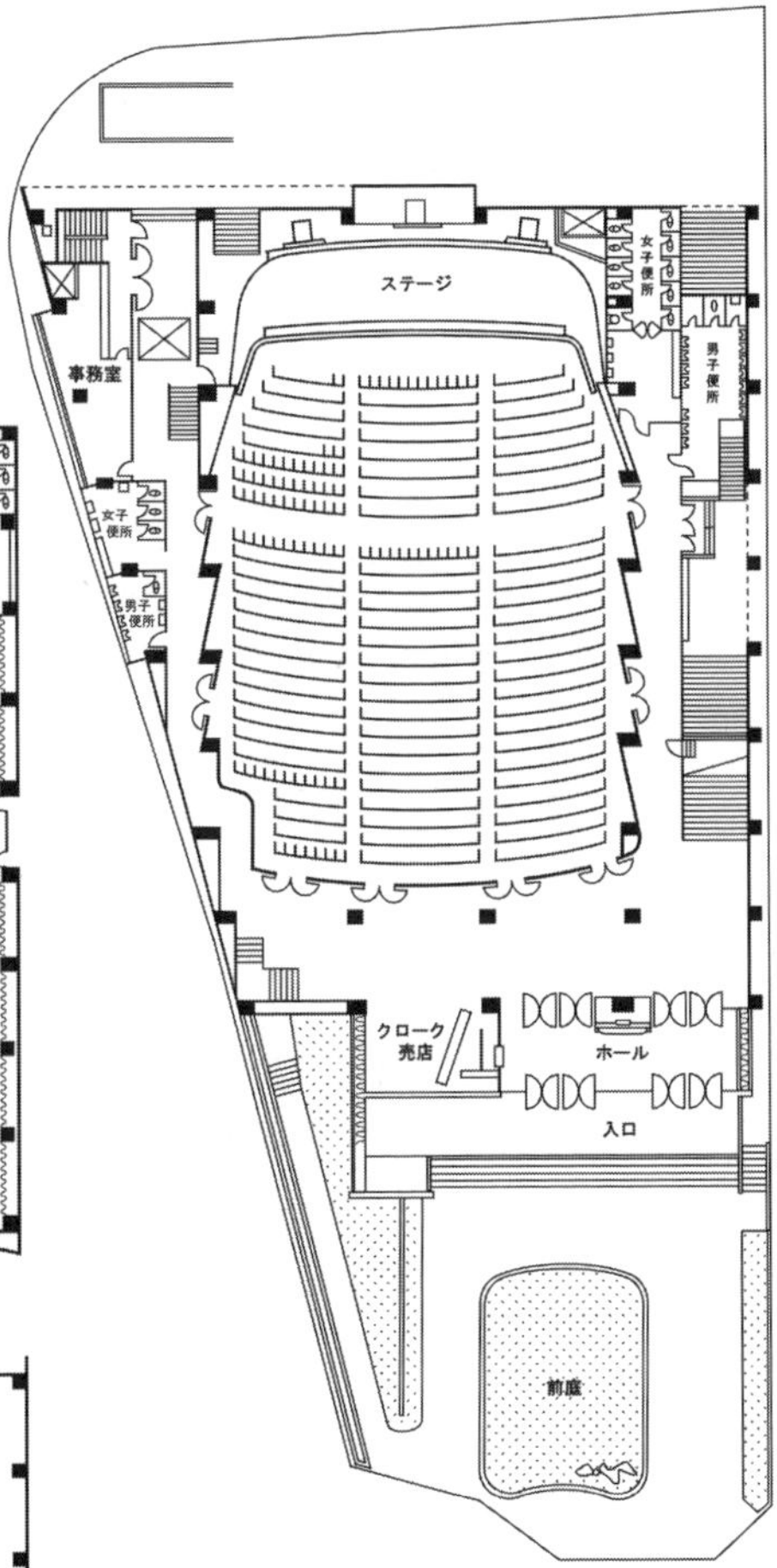

一階

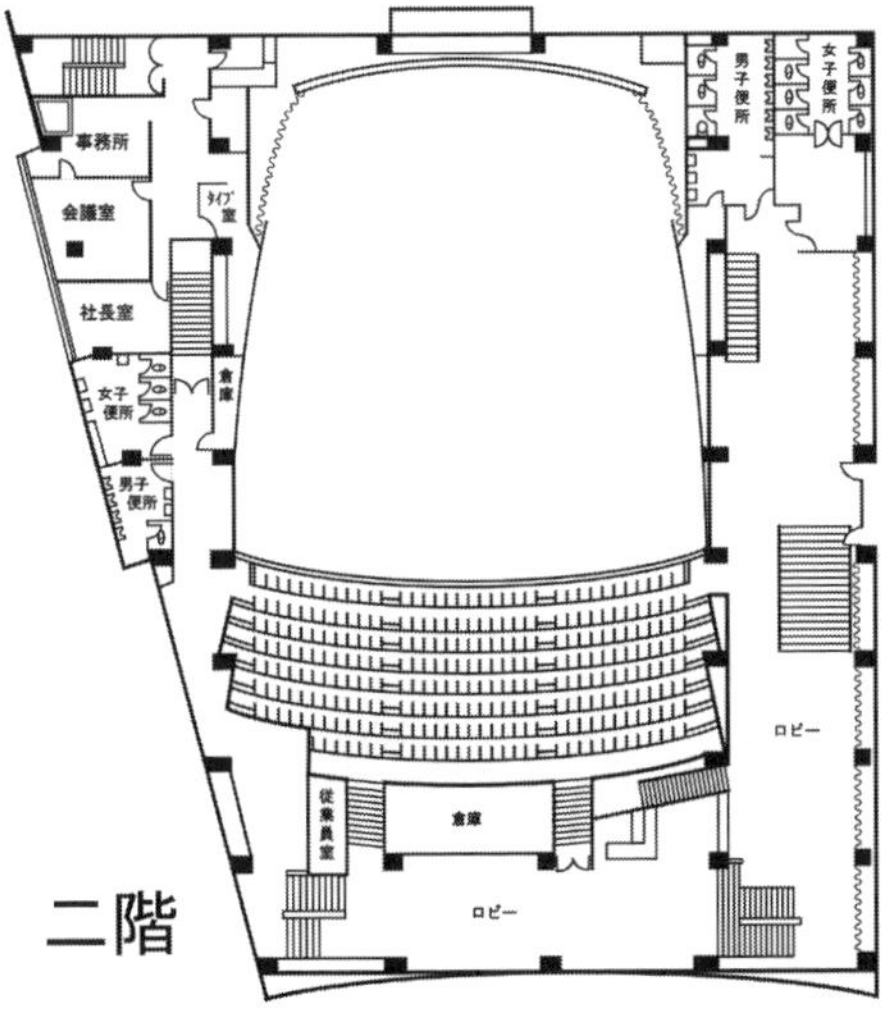

二階

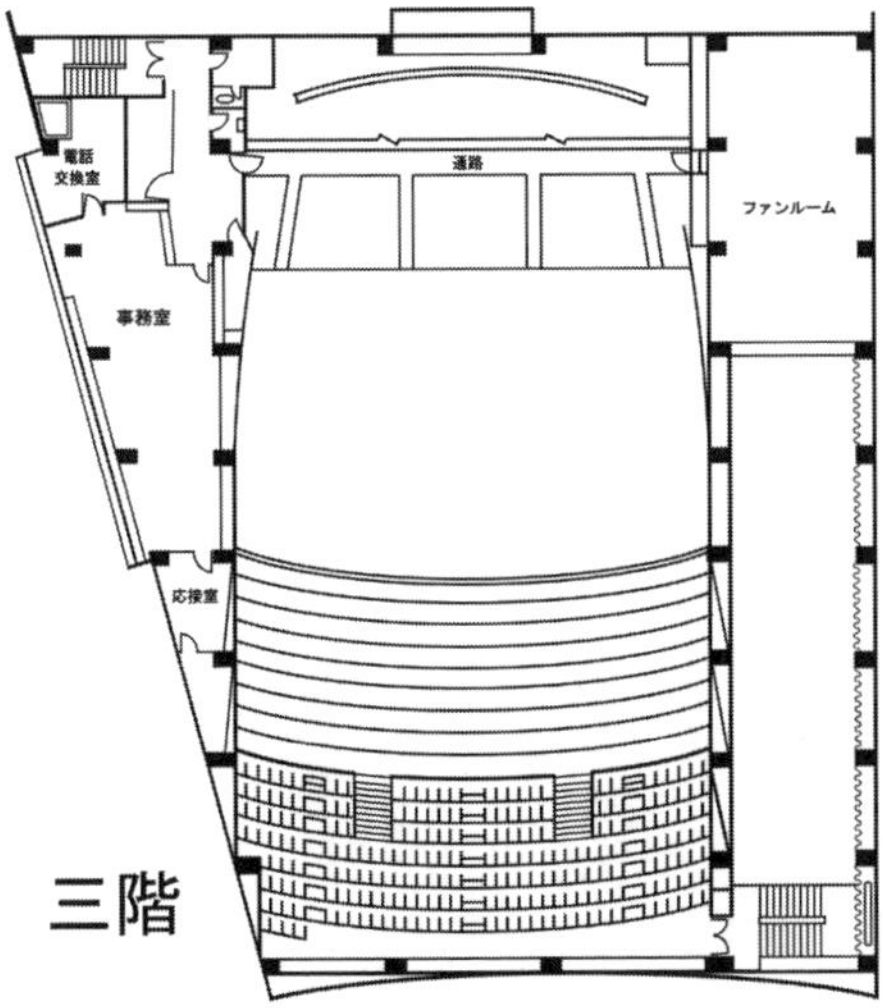

三階

テアトル東京 「建築写真文庫 80 映画館」より

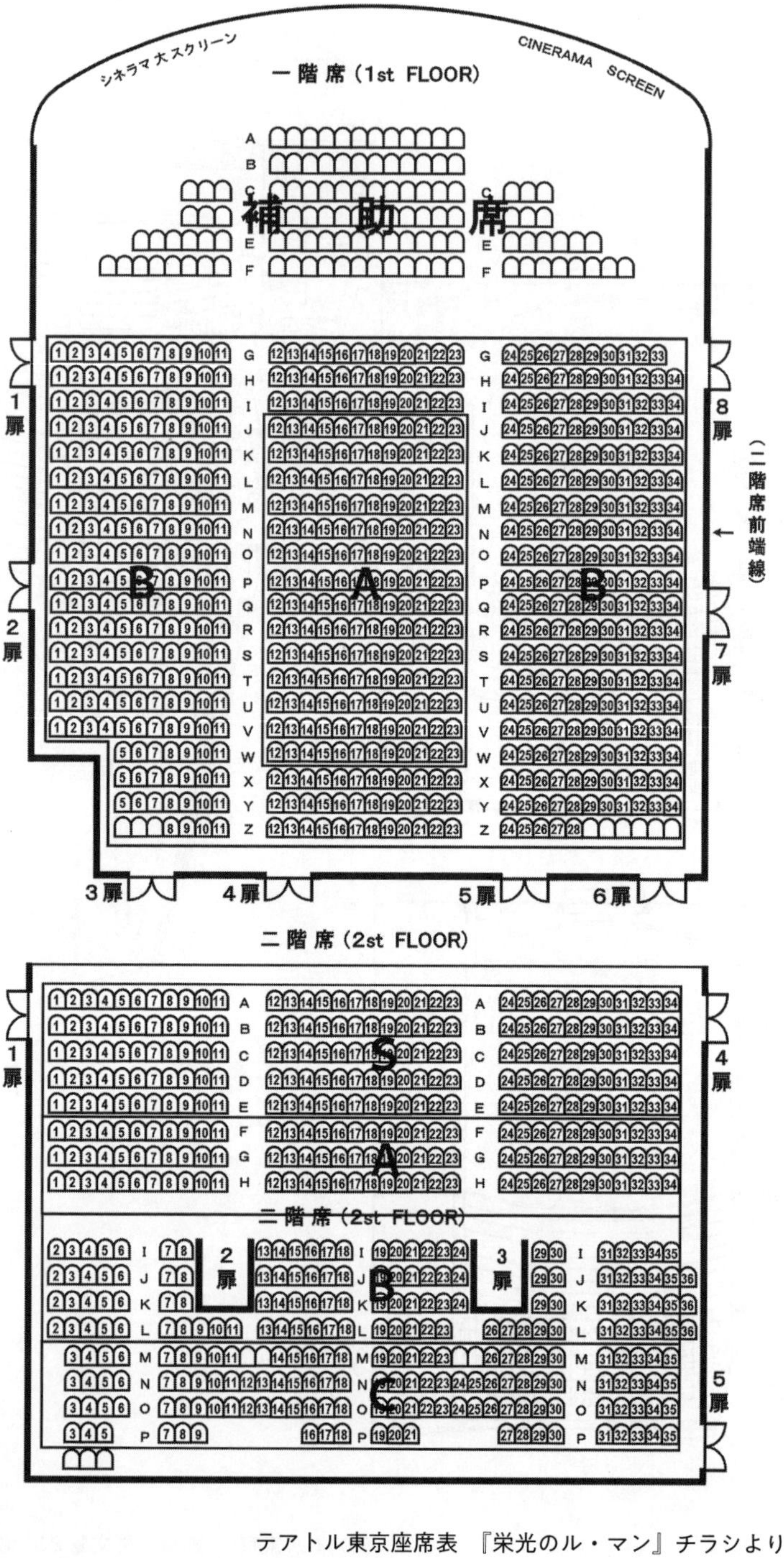

テアトル東京座席表　『栄光のル・マン』チラシより

© 東京テアトル株式会社

いたが観に行っていない。その後池袋スカラ座で観たのだがテアトル東京の大画面で観たかったと後悔した。他には『栄光のル・マン』（監督：リー・H・カッツィン、一九七一）や『失われた地平線』（監督：チャールズ・ジャロット、一九七二）などを観ているが、印象に残ったのは『スター・ウォーズ』（監督：ジョージ・ルーカス、一九七七）である。冒頭で巨大戦艦のスター・デストロイヤーが上方の宇宙空間からフレームインしてくるが、余りにも巨大なのでなかなか全貌が見えない。大画面ならではの迫力があって、この映画は今までのSF映画とは違うと実感したオープニングだった。一九八〇年（昭和五五年）一二月二〇日の公開初日に『ブラックホール』（監督：ゲイリー・ネルソン、一九七九）を観たのがテアトル東京へ行った最後となった。

東京劇場（東劇）70　1777席（67）→1353席（68）

歌舞伎座の先にある万年橋の下は築地川だったが一九六二年（昭和三七年）から高速道路になっている。万年橋を渡ると築地の地番になり、南角には一九七五年（昭和五〇年）に竣工された東劇ビルがある。このビルに建替えられる前の東京劇場（東劇）は西洋の城館のような石造りの重厚な建物だった。

松竹興業株式会社が歌舞伎や演劇の劇場として東京劇場を開場したのは一九三〇年（昭和五年）三月二九日である。松竹の直営館は既存の劇場を買収したものだったが、自社で建築した劇場は一九二三年（大正一二年）五月一七日に開場した大阪の道頓堀松竹座で、東京では東京劇場が初めての自社建築となった。

Greater Tokyo, Tokyo Theater at Tsukiji.　（大東京）築地東京劇場

建物の設計施工は大林組で、スパニッシュ式鉄骨鉄筋コンクリート建築である。敷地は約九〇〇坪（二九七五平方メートル）、総延坪は三二〇九坪（一〇六〇八平方メートル）、地上五階、地下一階、舞台の間口は一三間（約二三・六三メートル）、高さ二一尺（約六・三六メートル）、回り舞台は直径五二尺（約一五・七五メートル）とされている。開場時は二階に貴賓席、五階に大食堂と休憩室があった。三月二九日の開場式では六世梅幸の『翁』、十五世羽左衛門の『千歳』、六世菊五郎の『三番叟』が上演された。四月一日からの第一回興行は羽左衛門、梅幸、菊五郎、彦三郎一座の『義経千本桜』『色彩間苅豆』『京鹿子娘道成寺』『江戸育御祭佐七』であった。観劇料は八円、五円、三円五〇銭、二円、一円となっていた。

同年七月三日からは松竹少女歌劇大阪東京合同公演があり『アルルの女』（四景）、『近代見世物風景』（五景）、『ジュジュ』（四景）、『虎』（三場）、『松竹大レビュウ』（一七景）が上演された。一〇月二八日からは新劇の劇団新東京公演で『恐怖時代』（二幕五場）、『正方形』が上演され、東山千栄子、田村秋子らが出演した。一一月二日からは新派大合同として『富士に題す』（五幕八場）、『高野の義人』（五幕九場）が上演され、伊井蓉峰、井上正夫、梅島昇、河合武雄、喜多村緑郎、花柳章太郎、英太郎、水谷八重子らが出演した。以降も歌舞伎、松竹歌劇団、新劇、新派、新国劇、文楽など多彩な演劇が上演され、一九三一年（昭和六年）九月二六日から二九日までのヤシャ・ハイフェッツや一九三二年（昭和七年）九月二六日から三〇日のエフレム・ジンバリストによるバイオリン演奏会もあった。エフレム・ジンバリストは『暗くなるまで待って』（監督：テレンス・ヤング、一九六七）などに出演した俳優のエフレム・ジンバリスト・ジュニアの父である。

ときおり映画興行もおこなったが、一九三〇年（昭和五年）一一月二四日から二六日の『アジアの嵐』（監督：フセヴォロド・プドフキン、一九二八）、『ロイドの化物屋敷』（監督：アルフ・グールディング、ハル・ローチ、一九二〇）、『暁の偵察』（監督：ハワード・ホークス、一九三〇）が最初であろう。

一九三二年（昭和七年）一二月一日からはオール松竹顔見世映画の『忠臣蔵 前篇 赤穂京の巻 後編 江戸の巻』（監督：衣笠貞之助、一九三二）が上映された。前後篇二一二分のオールトーキー大作で坂東寿三郎、林長二郎、市川右太衛門、上山草人、高田浩吉、川田芳子、八雲恵美子、田中絹代、川崎弘子、岡田嘉子、柳さく子、飯田蝶子らが出演していた。

東劇グランドショウ　1939年12月

一九三五年（昭和一〇年）一二月の『松井翠声、大辻司郎、若水絹子、松竹歌劇団、松竹ショー・ボート一九三六年公演』ではレヴューの『ヤジキタ世界漫遊』と洋画や漫画映画が併映された。一九三七年（昭和一二年）の九月と一〇月は松竹映画の封切興行であった。

一九四〇年（昭和一五年）八月二九日からはオリンピック記録映画の『民族の祭典』（監督：レニ・リーフェンシュタール、一九三八）が上映された。

第二次大戦中の一九四四年（昭和一九年）二月には決戦非常措置によって一時閉館したが、翌年の五月六日に再開場した。戦災にも被害がなかったので、戦後は東京大空襲で焼失した歌舞伎座に代わって東京唯一の歌舞伎劇場となった。一九四七年（昭和二二年）一一月、戦後初の『忠臣蔵』通し上演を皇后と皇太后が観劇した。

戦後に映画が上映されたのは一九四六年（昭和二一年）三月二日から一五日までの『キューリー夫人』（監督：マーヴィン・ルロイ、一九四三）と一九四九年（昭和二四年）八月四日からの歌舞伎『三人片輪』と『大森彦七』に併映された『歌舞伎十八番の内勧進帳』（監督：マキノ正博、一九四三）である。

一九五〇年（昭和二五年）一二月三〇日に『摩天楼』（監督：キング・ヴィダー、一九四九）の特別有料試写会があり、翌三一日から東京劇場はロードショー館になった。これは歌舞伎座が再建されて一九五一年（昭和二六年）一月三日に開場することになったためであった。

一九五三年（昭和二八年）五月九日より偏光眼鏡方式の最初の立体カラー映画『ブワナの悪魔』（監督：アーチ・オボラア、一九五二）が公開されて立体映画の流行となり、その後も『肉の蝋人形』（監督：アンドレ・ド・トス、一九五三）や『タイコンデロガの砦』（監督：ウィリアム・キャッスル、一九五三）などの立体映画が上映された。

一九五四年（昭和二九年）三月一〇日から一九日まで休館してシネマスコープ設備を設置し、五月一日よりシネスコ作品の『円卓の騎士』（監督：リチャード・ソープ、一九五三）が公開された。同年一二月一七日からの『ホワイト・クリスマス』（監督：マイケル・カーティス、一九五四）はパラマウントが開発した新方式〝ビスタビジョン〟の本邦初公開だった。

映画館では様々なプロモーションをおこなったが、一九五四年（昭和二九年）一〇月の『掠奪された七人の花嫁』（監督：スタンリー・ドーネン、一九五四）の上映時には七人兄弟か姉妹が揃って来場し、証明出来るものを持参した場合は無料招待するという広告を出した。一九五六年（昭和三一年）の『白鳥』（監督：チャールズ・ヴィダー、一九五五）では皇太子と結婚するという内容と、主演のグレース・ケリーがモナコ公国の元首であるレーニエ三世と結婚して間もないときだったので、抽選

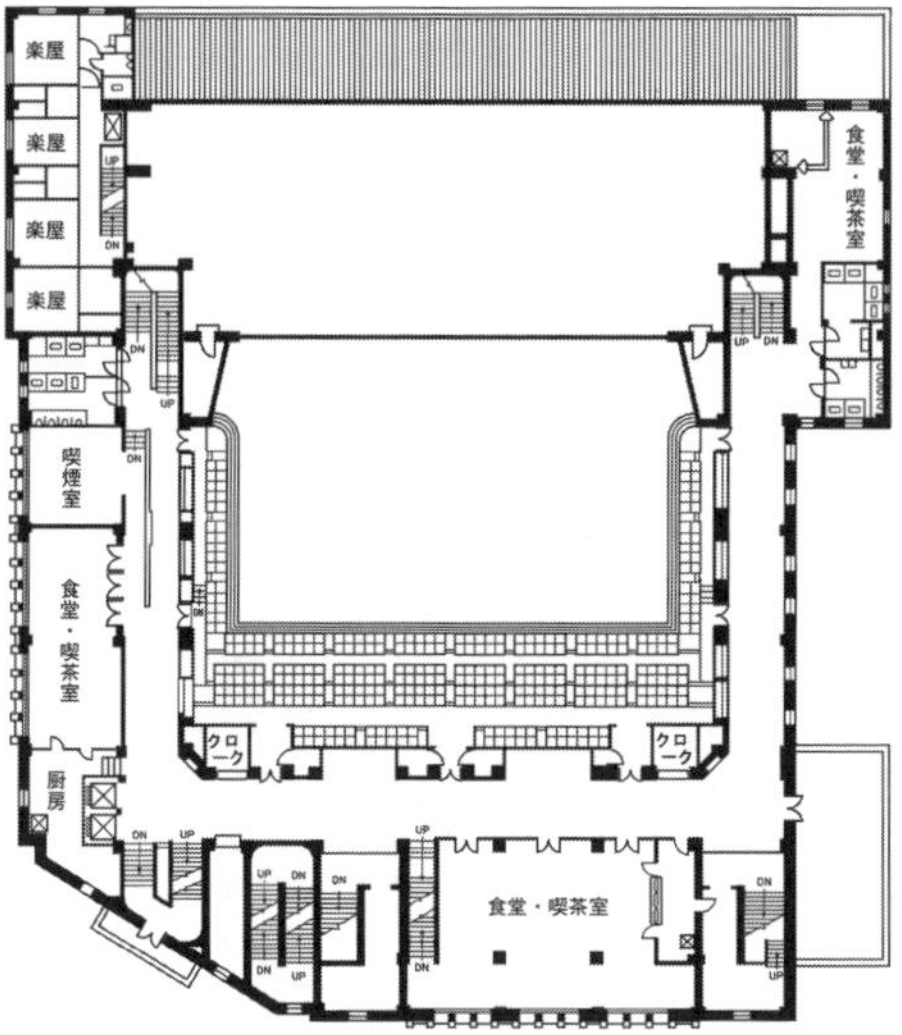

3階

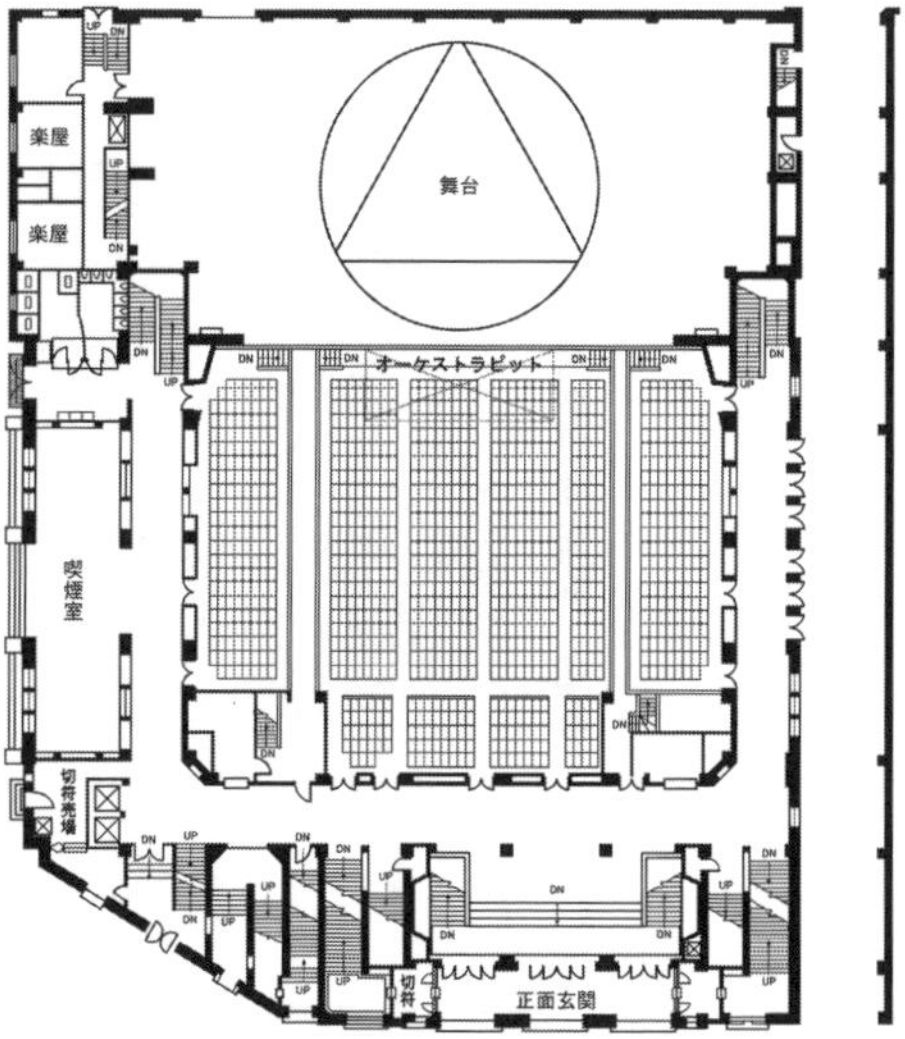

1階

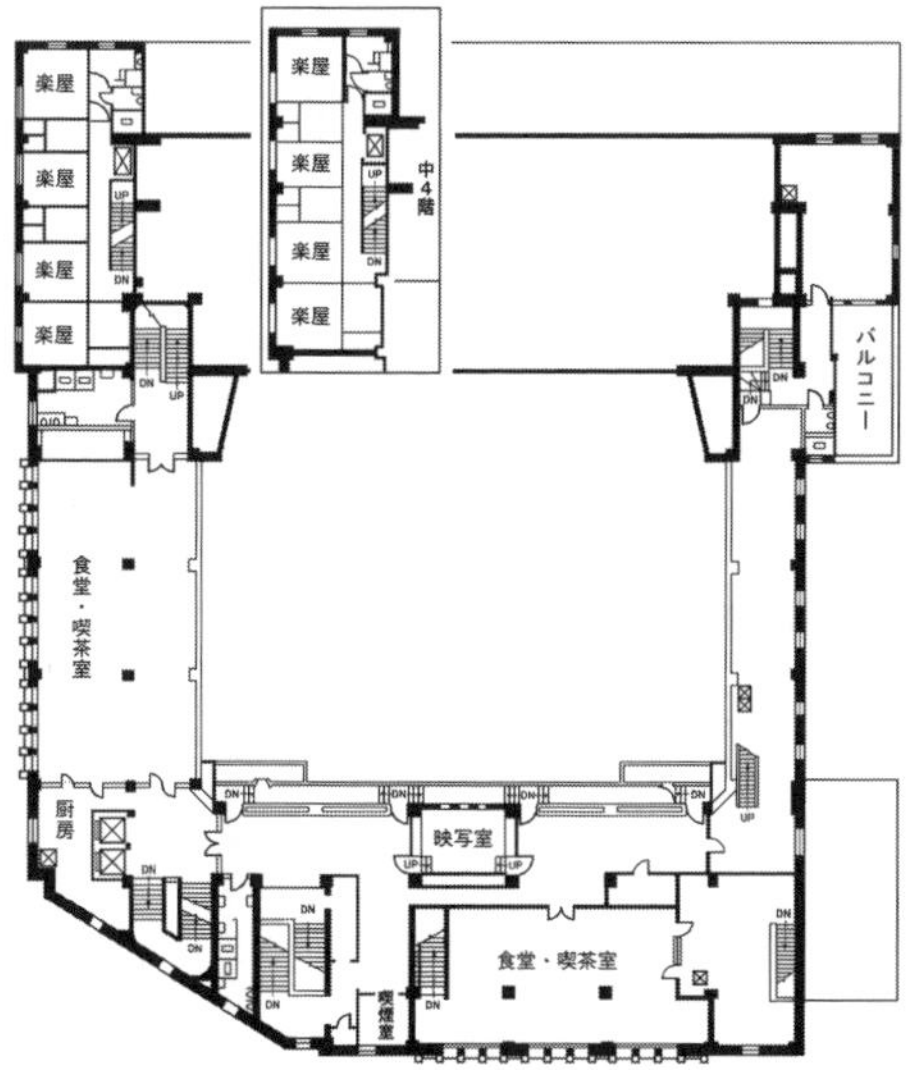

4階

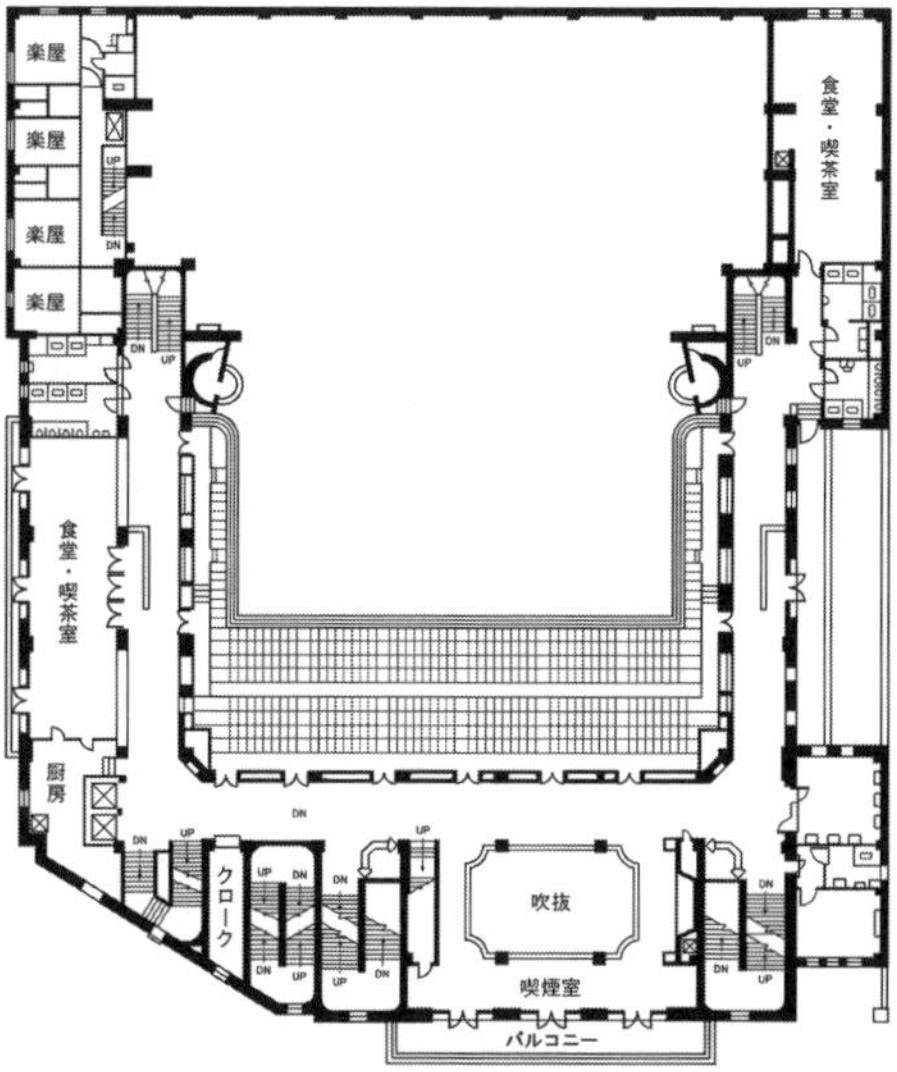

2階

東京劇場　「国際建築」1957年1月号より

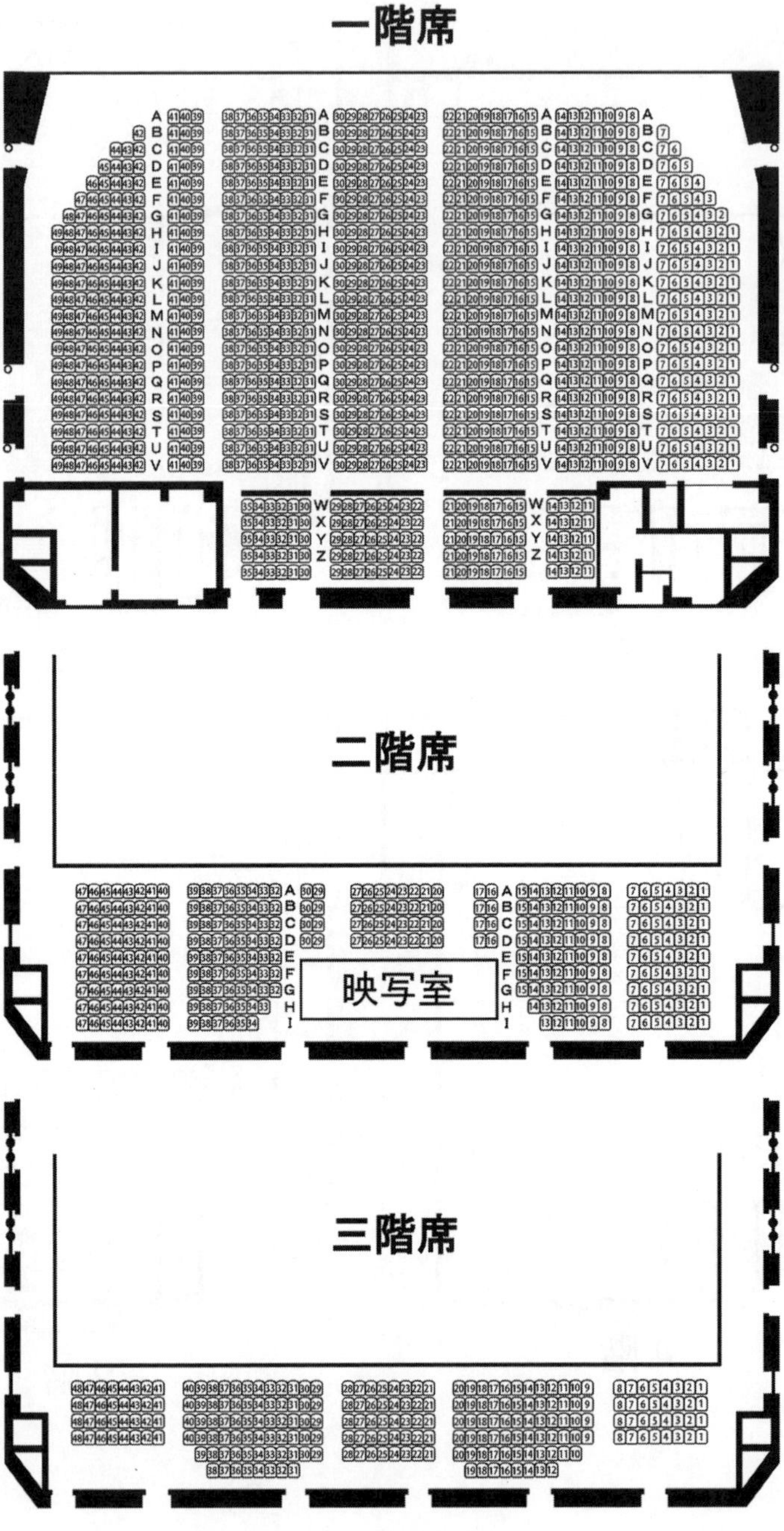

東京劇場　座席表　1962 年『ニュールンベルグ裁判』公開時のチラシより

によってウエディングドレスが贈られた。

一九七二年（昭和四七年）一一月一一日から二七日まで公開の『殺し』（監督：ロマン・ギャリー、一九七一）が東劇の通常興行最後の作品となった。翌日の二八日に〝ファン感謝招待特別試写会〟があり、一三時三〇分から七〇ミリ版で再公開の『十戒』（監督：セシル・B・デミル、一九五七）、一八時三〇分から『ザ・ビッグマン』（監督：ミケーレ・ルーポ、一九七二）の新春ロードショー作品二本をもって最終上映となった。

東劇で最初に観たのは『グレートレース』（監督：ブレイク・エドワーズ、一九六五）だった。平日だったからか、客席は空席も多かった。入口は築地川跡の高速道路側にあり、館内の階段手摺や各処には様々な彫刻などの装飾があって感心した。『愛染かつら（総集篇）』（監督：野村浩将、一九三九）の終盤で主人公（田中絹代）の独唱会が東劇で開催され、舞台と客席が写っている。『晩春』（監督：小津安二郎、一九四九）にはエレベーターホールで撮影された短いカットがある。芝居館として建造されたから舞台の横幅が広く、七〇ミリやシネマスコープの映画も余裕をもって上映されていた。客席は三階まであって、一階席は奥行と比べて横幅が同等程広いので大画面を堪能できた。建替え前の東劇では他に『ミクロの決死圏』（監督：リチャード・フライシャー、一九六六）と『ウイラード』（監督：ダニエル・マン、一九七一）を観ただけだった。

東劇の地下には銀座松竹（８４９席）、五階に傑作座（２７６席）という名画座があった。五階は東京中央劇場（定員２８８）という映画館だったが、一九五三年（昭和二七年）一二月三一日からバーレスク・ルームという劇場になった。最初の上演にはマヤ鮎川、フリーダ松木、ジプシー・ローズ、吾妻京子らが出演した。既に開場していた日劇ミュージックホールと同様のショウ劇場であったが、翌年の一九五四年（昭和二九年）一月に閉場した。一九五七年（昭和三二年）四月二九日からは『最後の０８／１５』（監督：パウル・マイ、一九五六）と『復讐の二挺拳銃』（監督：フランク・マクドナルド、一九五一）の上映で名画座の傑作座となった。一九六三年（昭和三八年）一〇月二七日から日活封切館になったが、一九六五年（昭和四〇年）二月一三日より名画座に戻った。東劇の建替えに伴い一九七二年（昭和四七年）一一月二六日に『マーフィーの戦い』（監督：ピーター・イエーツ、一九七一）と『新・猿の惑星』（監督：ドン・テイラー、一九七一）の上映を最後に閉館した。

東劇の建物は解体され、一九七五年（昭和五〇年）に高層ビルへと建替えられた。三階には劇場名を引き継いだ映画館の東劇（６００席）が入っている。築地にある映画館は現在この一館のみである。

銀座大映（旧・東劇地下劇場）
１０１７席（63）→銀座松竹 ８４９席（65）

一九三七年（昭和一二年）七月二九日、銀座ニュース劇場（定員２９１）として東劇の地下に開館した。

一九四五年（昭和二〇年）七月一日、築地東劇地下演芸場となって、落語、講談、浪曲、漫談を上演した。終戦で閉館したが、同年一二月に東劇地下劇場（350席）となった。

一九五五年（昭和三〇年）一二月、大映作品を上映していたので銀座大映（902席）に改称した。一九六二年（昭和三七年）九月一日には銀座スバル座に改称して洋画ロードショー館になった。これは築地中央劇場が洋画ロードショー館から松竹封切の銀座松竹になったため、代りの洋画上映館になったのであった。銀座スバル座として最初の上映は『101匹わんちゃん大行進』（監督：クライド・ジェロニミ、ハミルトン・ラスク、ウォルフガング・ライザーマン、一九六〇）と『金色の名馬ノーチカル号』（監督：ラリー・ランズバーグ、一九六〇）である。

翌一九六三年（昭和三八年）の一〇月四日に歌舞伎座前の銀座大映（旧・松竹アカデミー）が閉館したので、一〇月五日より銀座スバル座から再び銀座大映に改称した。

一九六五年（昭和四〇年）には松竹会館の松竹セントラルの地下にあった銀座松竹が閉館してボウリング場になったので、銀座大映が銀座松竹（849席）に改称されて松竹封切館になった。

一九七二年（昭和四七年）に東劇ビルが建替えとなるために閉館して、松竹会館二階の銀座ロキシーを銀座松竹とした。銀座ロキシーは松竹会館の地下に移転した。

東劇地下の銀座松竹では一九六七年（昭和四二年）五月に『愛の讃歌』（監督：山田洋次、一九六七）と『春日和』（監督：大庭秀雄、一九六七）を観たのが唯一だった。『春日和』を観たのは封切前の四月九日に開催された〝松竹大船まつり〟で、岩下志麻に貰ったサイン色紙に〝春日和〟と書かれていたからだ。この催しは新聞に告知があって、「見学歓迎！（入場無料）、スター交歓・仮装行列・新人撮影会・サイン会ほか」と記されていた。当時私は高校三年生だったが、撮影所を見たいと思い、カメラを持って大船撮影所まで行ったのだった。門を入ると前日に観ていた公開中の『宇宙大怪獣ギララ』（監督：二本松嘉瑞、一九六七）のギララ像が置かれていた。その先にはロッジのような木造の本館があり、一番奥のステージでは模擬撮影がおこなわれていた。胸にリボンを付けた新人女優らしき人たちが所内を歩いていたが、誰だか分かったのは尾崎奈々だけだった。サイン会では岩下志麻、栗塚旭、竹脇無我、香山美子にサインを貰った、という背景があった。

松竹セントラル **C** **70**

1961席（65）→1699席（66）→1400席（80）

一九五六年（昭和三一年）九月一四日、築地に松竹本社が入る松竹会館が落成して開館式がおこなわれた。会館の建坪は九九一坪（約三二七六平方メートル）、地下二階、地上九階の延床面積五八三八・七坪（約一九三〇一平方メートル）である。

松竹会館の一階には九月一五日に『山』（監督：エドワード・ドミトリク、一九五五）の上映で松竹セントラルが開館した。二階は築地東宝（５００席）、地下は松竹中央劇場（１２００席）と松竹名画座（２６９席）が開館した。

建物の正面は交差点の角に対してシネラマスクリーンのように湾曲した設計で、入口の右側に入場券売場があった。ロビーのモザイクタイルの壁面は岡本太郎がデザインした。緞帳は山下清が描いた両国の花火の絵だった。客席は一階と二、三階の二層になっていた。開館時の舞台間口は七〇尺（約二一・二メートル）、スクリーンはシネマスコープ時で二四尺（七・二七メートル）×六五尺（一九・七メートル）であった。

洋画ロードショー館だったが一九六〇年（昭和三五年）七月二九日より東京松竹劇場に改称して実演と松竹封切作品を併映するようになった。最初の番組は映画が『はったり二挺拳銃』（監督：福田晴一、一九六〇）と『日本よいとこ 無鉄砲旅行』（監督：生駒千里、一九六〇）で、実演は〝松竹スターまつり〟と題して佐田啓二、小坂一也、三上真一郎、岡田茉莉子、鰐淵晴子、高千穂ひづる、有馬稲子、などが交互出演し、松竹歌劇団も出演した。楽団はチャーリー石黒と東京パンチョスである。一九六二年（昭和三七年）三月二一日より松竹セントラルに館名が戻って再び洋画ロードショー館となる。上映作品は『ワン・ツー・スリー ラヴ・ハント作戦』（監督：ビリー・ワイルダー、一九六一）だった。

一九六三年（昭和三八年）一二月二一日から改装休館し、一二月二八日より『おかしなおかしなおかしな世界』（監督：スタンリー・クレイマー、一九六三）が上映されてシネラマ上映館となった。従来のシネラマは三台の映写機を使用したが、これは七〇ミリフィルムを使って一台の映写機で映写をする初のスーパーシネラマ方式である。さらに一九六五年（昭和四〇年）には湾曲スクリーンに改装してシネラマの『ビッグトレイル』（監督：ジョン・スタージェス、一九六五）が公開された。

一九六六年（昭和四一年）九月一七日の『ボージェスト』（監督：ダグラス・ヘイズ、一九六六）以降一九八七年（昭和六二年）までは渋谷パンテオン、新宿ミラノ座と同番組になった。

一九八八年（昭和六三年）八月六日から松竹セントラルは松竹セントラル１（１１５６席）に改称した。

一九九九年（平成一一年）二月一一日までの『ラッシュアワー』（監督：ブレット・ラトナー、一九九八）の上映をもって閉館した。建替え後は銀座松竹スクエアというオフィスと賃貸住宅が入った二三階のビルになった。

二階

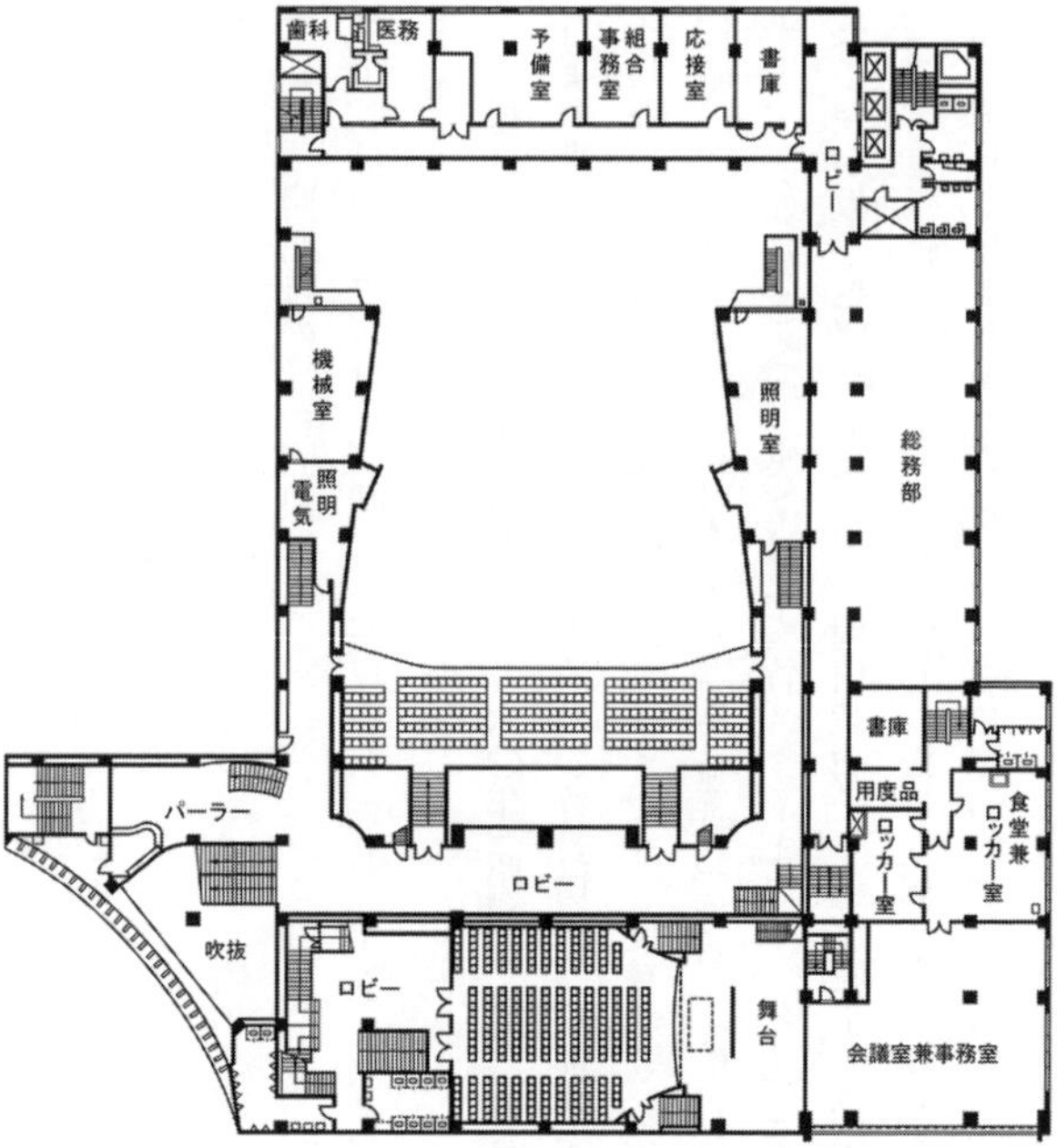

一階

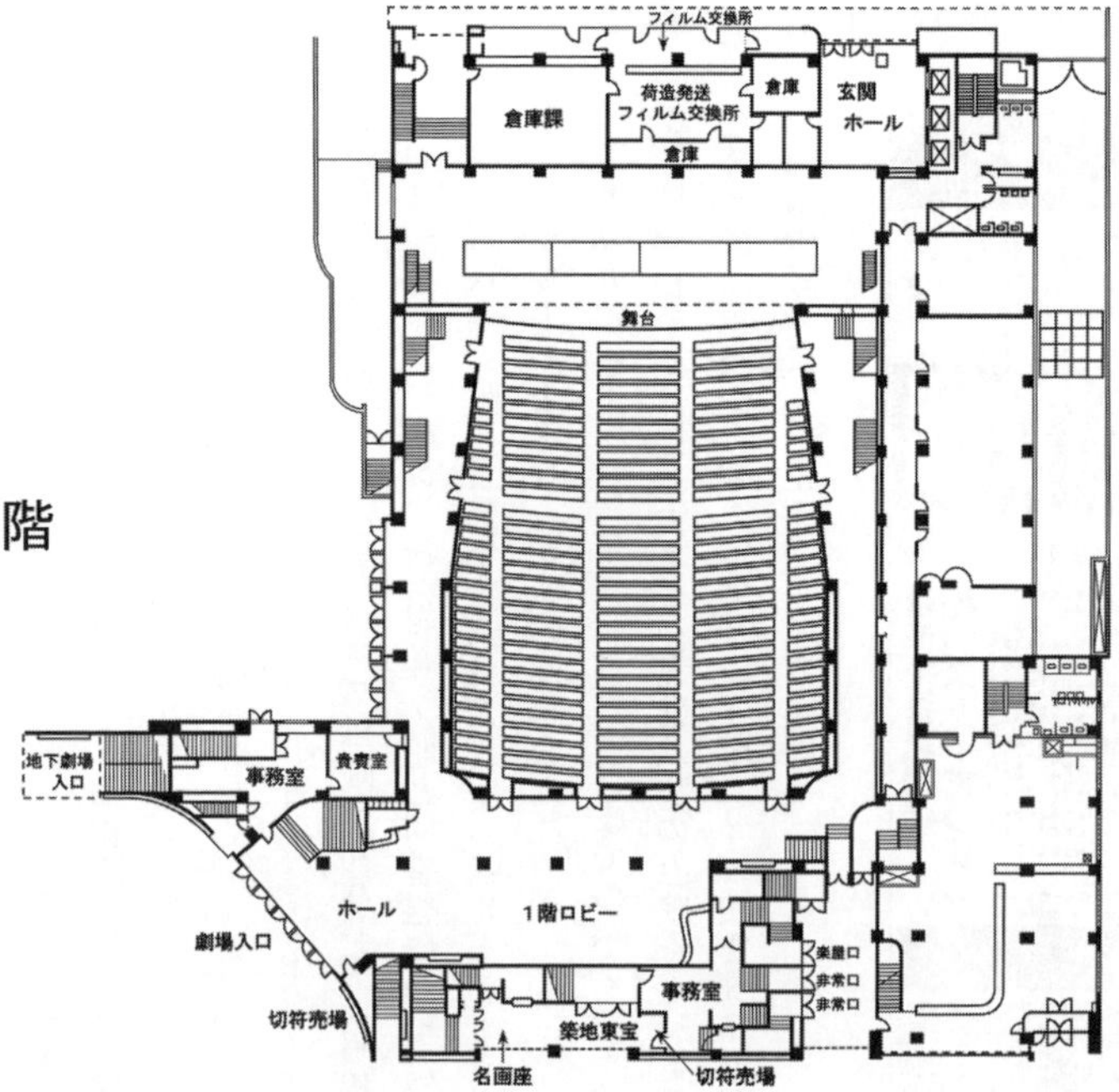

松竹セントラル「建築写真文庫 41　映画館と小劇場」より

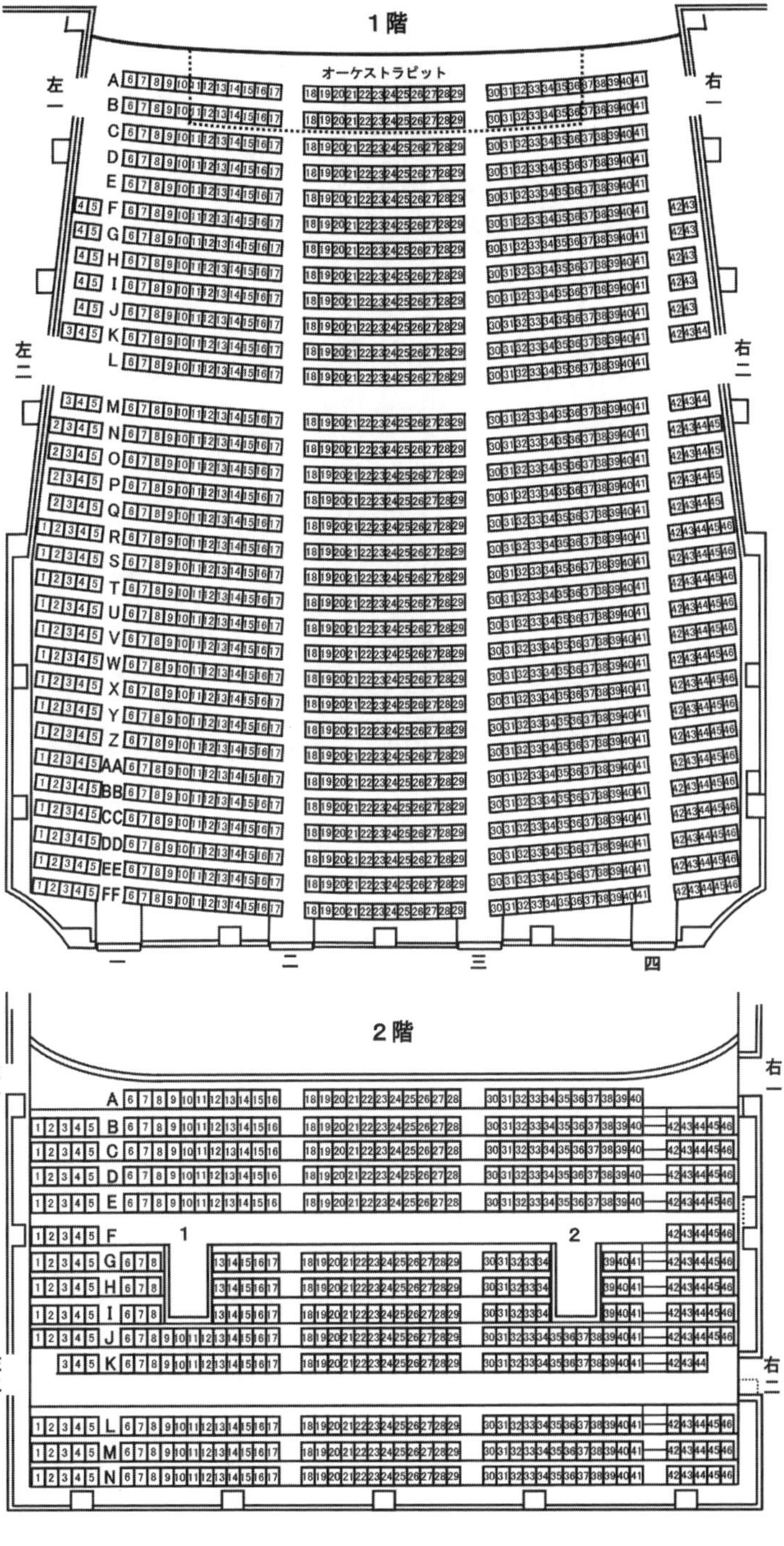

松竹セントラル　座席表　1959年公開『ワーロック』パンフレットより

私が松竹セントラルに初めて行ったのは一九六五年（昭和四〇年）で、グレタ・ガルボの特集上映が終わった後にリバイバル上映された『愛情物語』（監督：ジョージ・シドニー、一九五五）だった。既にシネラマ上映設備があったはずだがスクリーンは湾

曲していなかったように記憶している。その次は改装後で、シネラマ上映の『ウエスト・サイド物語』（監督：ロバート・ワイズ、ジェローム・ロビンス、一九六一）だった。スクリーンは床がスロープ状に少し上がったところからテープ状のものが垂直に何本も並んで張られ、曲面スクリーンを形成していた。『天地創造』（監督：ジョン・ヒューストン、一九六六）を観ようと切符売場の前で上映時間を確かめていたら老紳士から声をかけられた。「観るのだったら差し上げます」と言って指定席券を貰った。本人が観るつもりだったが都合が付かなくなったのか、連れの人が来られなくなったのかは不明だった。指定席番号は二階だったが、もし隣の席にその老紳士が座っていたら落ち着かないから指定席には行かなかった。画面の大きさを実感したいので自由席である一階の最前列で観た。

その後もここでは『猿の惑星』（監督：フランクリン・J・シャフナー、一九六八）、『パリの恋人』（監督：スタンリー・ドーネン、一九五七）、『バーバレラ』（監督：ロジェ・ヴァディム、一九六七）、『スター・トレック』（監督：ロバート・ワイズ、一九七九）などを観ている。最後に観たのは『許されざる者』（監督：クリント・イーストウッド、一九九二）だった。

銀座松竹（旧・松竹中央劇場）　１２００席（64）

一九五六年（昭和三一年）九月一五日に松竹中央劇場として

松竹セントラルの地下に開館した。開館番組は『忘れえぬ慕情』（監督：イヴ・シャンピ、一九五六）である。松竹封切館だったが、一九六〇年（昭和三五年）七月二九日よりロードショー館の松竹セントラルが東京松竹劇場に改称して松竹封切館となったため、松竹中央劇場も築地中央劇場に改称して日活封切館になった。上映作品は『東京の暴れん坊』（監督：斎藤武市、一九六〇）と『若い突風』（監督：西川克己、一九六〇）であった。

一九六一年（昭和三六年）四月二〇日、『ローヤル・バレエ』（監督：パウル・ツィンナー、一九六〇）の上映より洋画ロードショー劇場となる。

一九六二年（昭和三七年）三月二一日より東京松竹劇場が松竹セントラルに復帰して洋画ロードショー館となり、築地中央劇場は九月一日の『かあちゃん結婚しろよ』（監督：五所平之助、一九六二）と『学生芸者 恋と喧嘩』（監督：市村泰一、一九六二）より松竹封切館の銀座松竹に改称した。

一九六五年（昭和四〇年）に松竹会館の銀座松竹は閉館して、三月一一日に一二レーンのボウリング場になった。このボウリング場は一九九五年（平成七年）に閉鎖された。

丸の内ピカデリー ⑰⓪ １５０２席（64）→１３８６席（65）

一九二四年（大正一三年）七月一六日、芝居館であった有楽座の跡地に邦楽座（定員８５２）が開館。中村吉右衛門（初代）の『夏祭浪花鑑』『金閣寺』『勢獅子』で柿落しをした。八月二五日から二九日までは『納涼活動写真ニコニコ大会』として映画上映をしている。歌舞伎や新国劇等の演劇場だったが、一九二七年（昭和二年）四月二九日よりパラマウント社直営の洋画上映館になる。一九三一年（昭和六年）六月一〇日から松竹とパラマウント社の興行チェーンが合併したＳＰ（松竹パ社興行社）直営になり、一九三三年（昭和八年）六月一日よりパラマウント社との提携を解消したＳＹ（松竹洋画興行部）直営になる。一九三四年（昭和九年）六月一日からは丸の内松竹劇場に改称して松竹作品の上映館になった。開館上映は『地上の星座 後篇星座篇』（監督：野村芳亭、一九三四）と『街の飈風』（監督：秋山耕作、一九三四）で、八雲理恵子（八雲恵美子より改名）の舞踊『四君子』『祇園囃子』の実演もあった。

一九三七年（昭和一二年）は盧溝橋事件から日本と中国が戦闘状態に突入した。この情勢によってニュース映画の観客が増えたので、八月二七日から国際ニュース劇場に改称してニュース映画専門館となった。翌年六月一日より丸の内松竹劇場に戻り、軽演劇を上演した。

一九三九年（昭和一四年）八月から改築工事の後、一二月三〇日に邦楽座の館名に戻ってＳＹ系洋画と松竹歌劇団を併せて上演。一九四一年（昭和一六年）、歌舞伎と演劇の劇場になる。一九四三年（昭和一八年）一月からは演芸場になった。

戦後の一九四六年（昭和二一年）三月一日より公開の『キューリー夫人』（監督：マーヴィン・ルロイ、一九四三）からＳＹ系洋画上映館になったが、同年九月より進駐軍のイギリス軍に接収されて、劇場名はロンドンの繁華街の名称からピカデリー劇場に改称された。一九四九年(昭和二四年)二月に接収解除となって松竹に返還された。返還後最初の上映は三月一二日からの『ロンドン・オリンピック』(監督:キャスルトン・ナイト、一九四八)である。館名はピカデリー劇場のままとなった。五月二〇日から夜一回の実験劇場の公演が始まり、第一回は俳優座の『フィガロの結婚』で、一九五〇年(昭和二五年)一〇月三日から三一日の『ヘッダ・ガブラー』まで七回の公演で終了した。一〇月二八日より『ベーブ・ルース物語』(監督:ロイ・デル・ルース、一九四八)が上映されていたが、一一月からは映画専門劇場となった。一九五六年(昭和三一年)五月三〇日から六月五日までの『赤い砦』(監督:アンドレ・ド・トス、一九五五)の上映を最後に六月六日から休館して改築された。

一九五七年(昭和三二年)七月二〇日に地階の丸の内松竹劇場と同日にシネステージ・ピカデリー劇場として開館した。開館番組は『八十日間世界一周』(監督:マイケル・アンダーソン、一九五六)で、二一〇円~八〇〇円の全階指定席だった。その後の館名は丸の内ピカデリーと松竹ピカデリーを交互に称していたが、一九五九年(昭和三四年)一二月一日公開の『南太平洋』(監督:ジョシュア・ローガン、一九五八)の新聞広告から丸の内ピカデリーになった。『南太平洋』は七〇ミリ映画として日本で本格的に公開された最初の映画となった。有楽座の『ソロモンとシバの女王』(監督:キング・ヴィダー、一九五九)が七〇ミリで公開されたのは『南太平洋』より三週間後だった。最初の七〇ミリ映画『オクラホマ!』(監督:フレッド・ジンネマン、一九五五)は一九五六年(昭和三一年)に新宿コマ劇場で公開されていたがTODD-AO方式という表記のみで、ロードショー後の一般劇場ではシネスコ版で上映されていた。丸の内ピカデリーの七〇ミリ映写機は日本音響精器株式会社の国産機であった。

一九六一年(昭和三六年)一二月二三日から公開の『ウエスト・サイド物語』(監督:ロバート・ワイズ、ジェローム・ロビンス、一九六一)は一九六三年(昭和三八年)五月一七日まで五〇九日の上映となった。観客動員数は一五二万五一五〇人で、四億四九四七万円の興行収入は当時の最高記録だった。なお、上映期間は五一一日間だが、松竹の大谷博社長が示した六〇歳定年制を五五歳に変更する「定年切下げ案」に反発した組合が、一九六二年(昭和三七年)三月八日から二四時間ストを決行したので実際の上映は五〇九日となったのである。このストライキでは東西の撮影所、本社、支社、直営映画館四七館、演劇場七館が休業した。

一九八四年(昭和五九年)一〇月一日、再開発により『フットルース』(監督:ハーバート・ロス、一九八四)の上映で閉館した。地下の丸の内松竹も翌日の一〇月二日に閉館した。一九八四年(昭和五九年)一〇月六日、有楽町マリオンに丸の内ピカデリー1(802席)、丸の内ピカデリー2(586席)が開館。有楽町マリオン隣接の新館(元の場所)が竣工して一九八七年(昭和六二年)一〇月三日、七階に丸の内ルーブル(470席)と五階に丸の内

松竹（614席）が開館。一九九九年（平成一一年）六月一二日、丸の内松竹が丸の内プラゼール（552席）に改称。二〇〇八年（平成二〇年）、丸の内プラゼールが丸の内ピカデリー3（540席）となる。丸の内ルーブルは二〇一四年（平成二六年）八月三日に閉館した。

丸の内ピカデリーは入場券売り場左側にある入口から階段を上がった二階にモギリがあったが、幅広い階段から館内通路まで赤絨毯が敷かれていた。階段の横には国内の映画館内で初めて設置されたといわれるエスカレーターもあった。座席の座り心地も良くて観やすい大劇場であった。

最初に観に行った映画は『ハーロー』（監督：ゴードン・ダグラス、一九六五）だった。一九三〇年代の女優ジーン・ハーロウの伝記映画で、キャロル・ベイカーがハーロウを演じた。当時は昼間のテレビで一九三〇年代のアメリカ映画を放映することがあり、この時代のハリウッド映画界に興味があったので別の日にもう一度観に行ったことを覚えている。また、ニール・ヘフティによる音楽も好ましかった。ニール・ヘフティはカウント・ベイシー楽団のアレンジャーを経て『求婚専科』（監督：リチャード・クワイン、一九六四）、『女房の殺し方教えます』（監督：リチャード・クワイン、一九六五）、『裸足で散歩』（監督：ジーン・サックス、一九六七）、『おかしな二人』（監督：ジーン・サックス、一九六八）などの映画音楽を担当した。『ハーロー』の音楽のうち〝Girl Talk〟と名付けられた曲は、サントラ盤で〝女のおしゃべり〟という邦題がつ

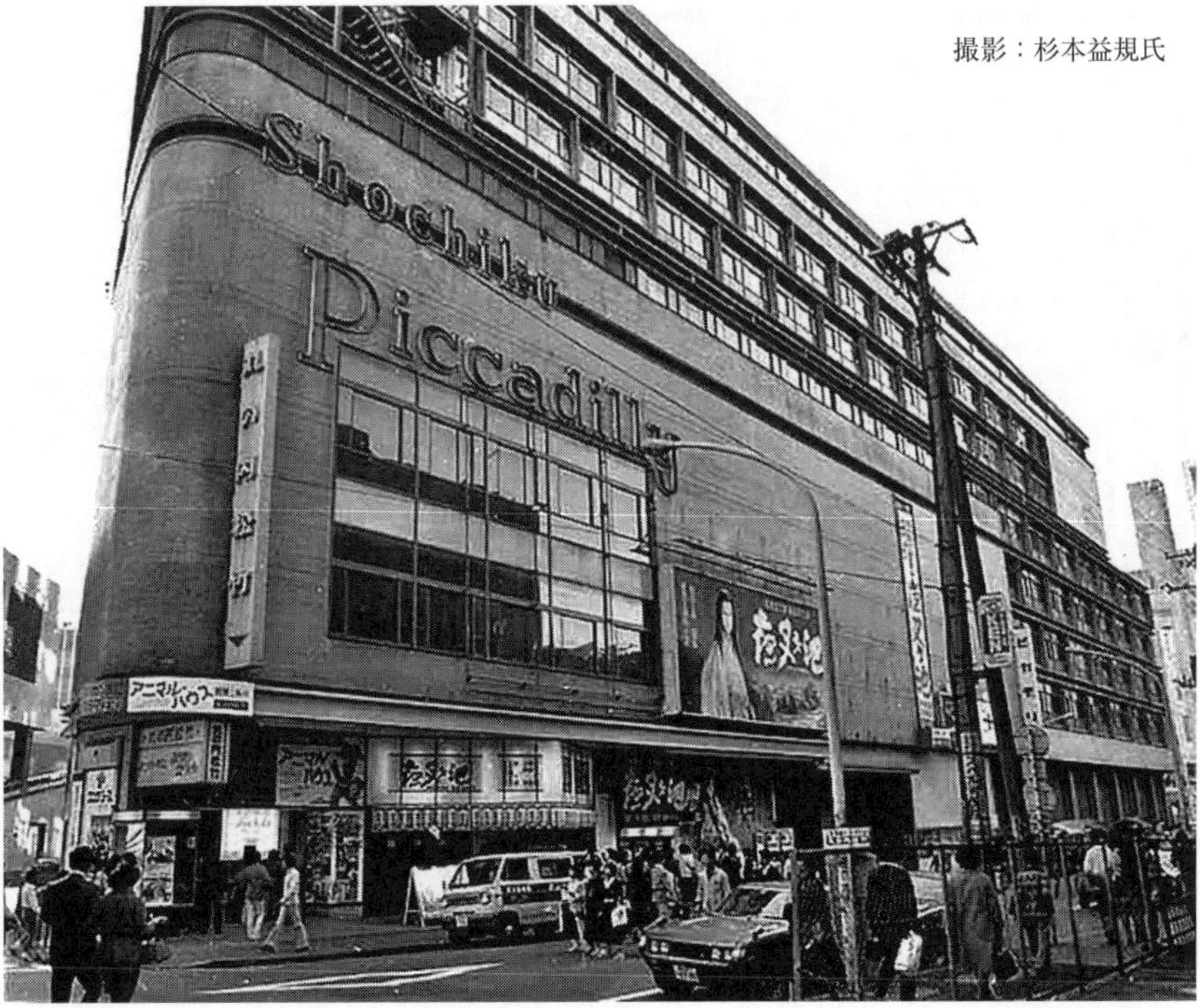

撮影：杉本益規氏

いていた。優雅な女性の会話が聞こえてくるような印象的な曲であった。オスカー・ピーターソンの演奏で同名タイトルのLPレコードが作られて有名になった。詞もつけられてスタンダードソングとなり、トニー・ベネットやジュリー・ロンドン、近年ではイリアーヌ・イリアスなどのアルバムに収録されている。映画の主題歌である〝Lonely Girl〟は劇中ではコーラスだったが、エンディングでは〝Mr. Lonely〟〝Blue Velvet〟のヒット曲で有名なボビー・ヴィントンが歌っていた。サントラ盤にはボビー・ヴィントンの歌は入っておらず、シングル盤で発売されていた。

『暗くなるまで待って』（監督：テレンス・ヤング、一九六七）も公開時にここで観た。オードリー・ヘップバーンが盲目の人妻役で、夫が空港で見知らぬ女から預けられた人形を持ち帰る。この人形には麻薬が隠されており、夫の留守中にこれを奪おうと三人の犯罪者たちが架空の人物になりすましてやって来る。やがて仕組まれた芝居だと分かり、危険を感じて部屋中の照明を破壊する。この場面から最後の8分間は映画館の非常口灯もすべて消え、観客も主人公と同じ暗闇の中に置かれることになって恐怖感が増幅した。暗闇の中での展開には観客席から叫び声が上がるほどの驚愕場面があった。これはアメリカでの上映方法にならったものだった。

『何かいいことないか子猫チャン』（監督：クライヴ・ドナー、一九六五）は爆笑コメディーだった。この映画の脚本を書いて出演もしているウディ・アレンは日本ではまだ知られていなかったので何者かと思ったが、その才能は後の監督作品で知られるよう

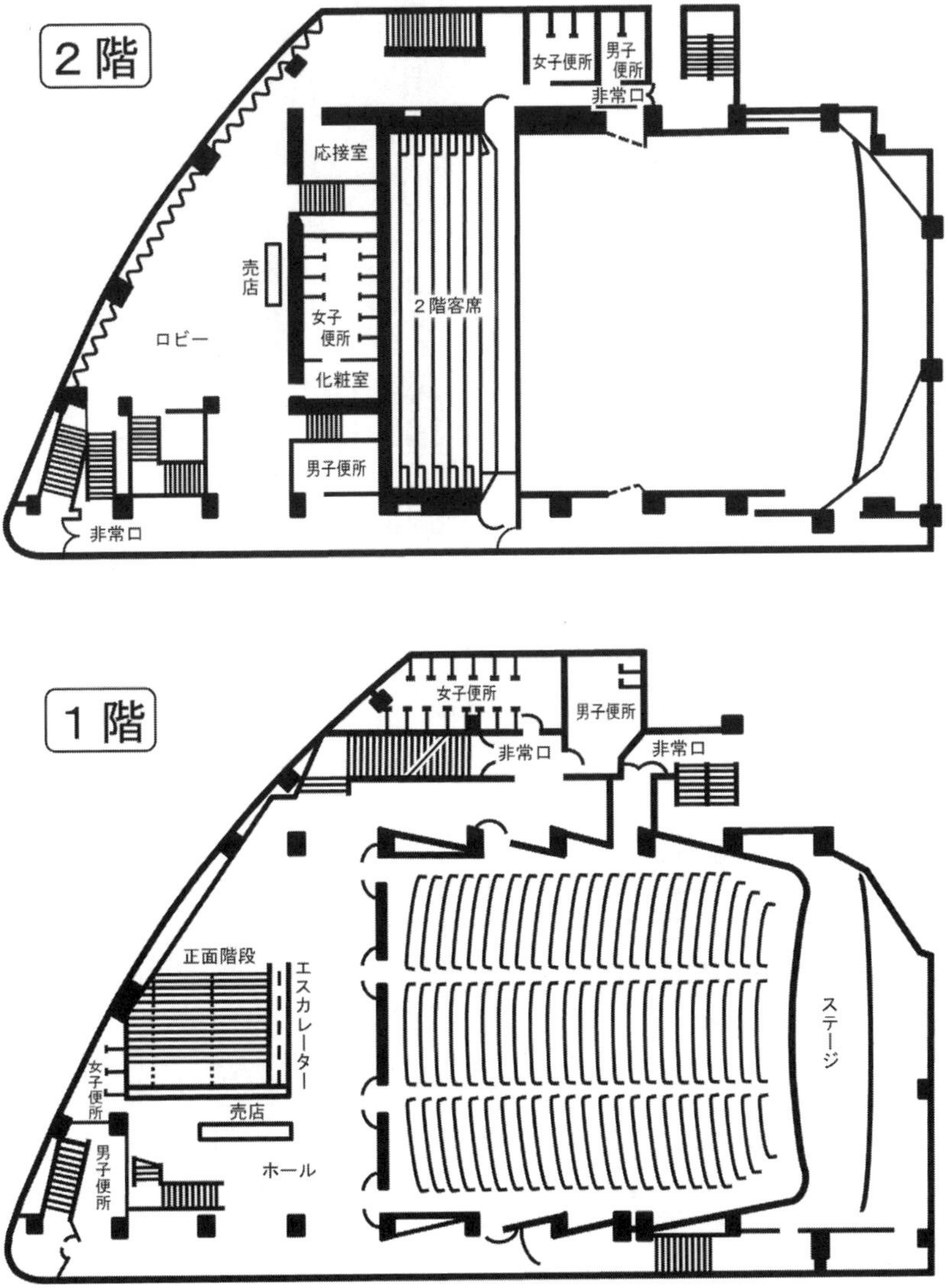

丸の内ピカデリー　館内図　1965 年のチラシより

になった。主題歌はトム・ジョーンズが歌った。音楽を担当したのはバート・バカラックだが、公開時のチラシにはバート・バチャラッチと表記されていた。

他に『砲艦サンパブロ』（監督：ロバート・ワイズ、一九六六）、『いつも2人で』（監督：スタンリー・ドーネン、一九六七）、『時計じかけのオレンジ』（監督：スタンリー・キューブリック、一九七一）、『ジーザス・クライスト・スーパースター』（監督：ノーマン・ジュイソン、一九七三）、『メイム』（監督：ジーン・サックス、一九七四）、『エクソシスト』（監督：ウィリアム・フリードキン、一九七三）などを観た。最後は『ザッツ・エンタテインメント』（監督：ジャック・ヘイリー・Jr、一九七四）だった。

丸ノ内日活　1511席（54）

デパートの有楽町そごうの向い側に毎日新聞社があった頃、新聞社の西隣に丸ノ内日活があった。

開館したのは一九五四年（昭和二九年）四月一日で、番組は『兄弟はみな勇敢だった』（監督：リチャード・ソープ、一九五三）のロードショー公開である。開館時パンフレットの表紙は猪熊弦一郎がデザインをした。猪熊弦一郎は三越の包装紙「華ひらく」をデザインしたことでも知られている洋画家だ。

建築総面積は五七六一・七九平方メートルで、設計施工は株式会社竹中工務店である。地下一階、地上四階の建物の北側正面は建築法上で通行の空間を取るために一階は内側に引き込まれていた。二階以上が張り出すので強度を保たせるように壁面を波形状にし、隣接した新聞社の輪転機音を防ぐため壁面の窓をなくし換気機械を完備したという。舞台手前にオーケストラピットがあり、客席は舞台に向って半円状に設置され、通路と客席すべてに絨緞が敷かれた。二階の客席は傾斜があり、最後部の扉は三階にあった。映写室は二階席の下部（中二階）に設置されていた。地階に高級レストラン「日活スナックバー」、最上階の四階には会員制のナイトクラブ「日活ファミリークラブ」が営業をしていた。当時、東京の日活直営館は浅草日活、上野日活、神田日活、新宿日活、池袋日活、両国日活、立川日活があったが、丸ノ内日活は最大規模の映画館であった。

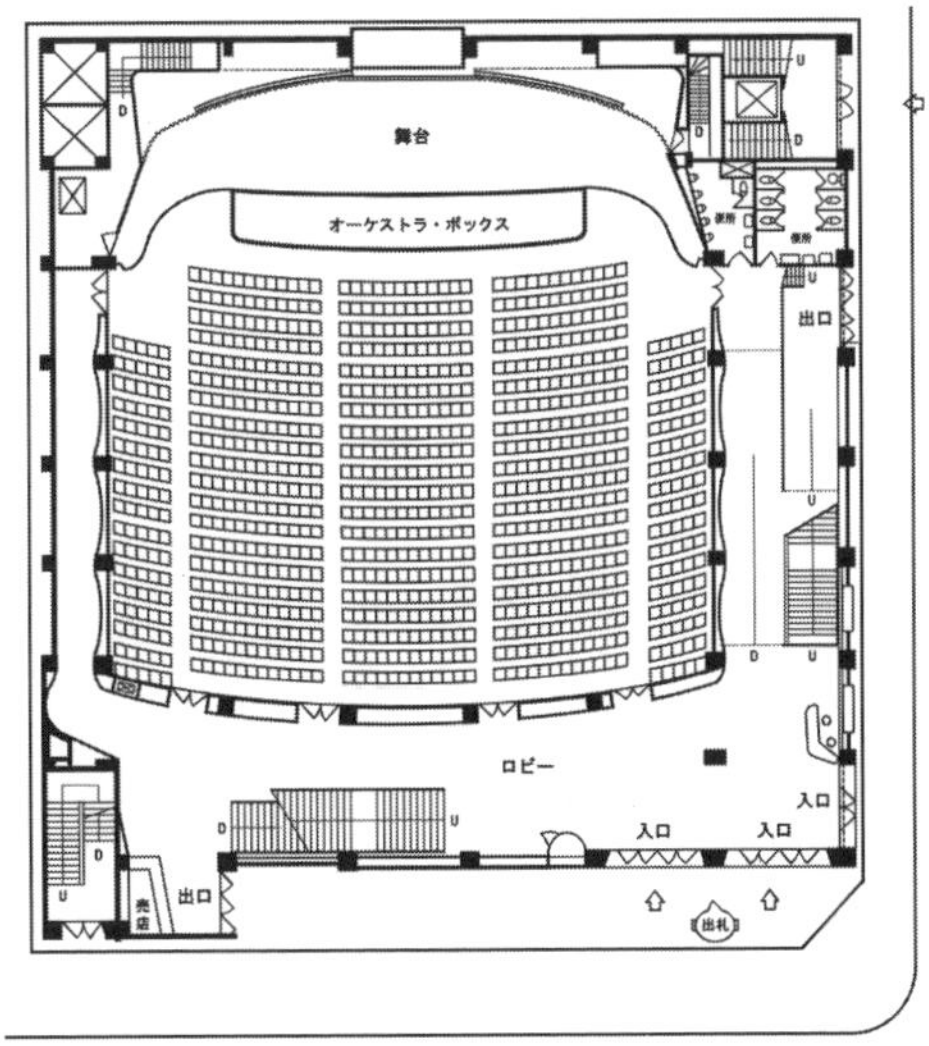

一階

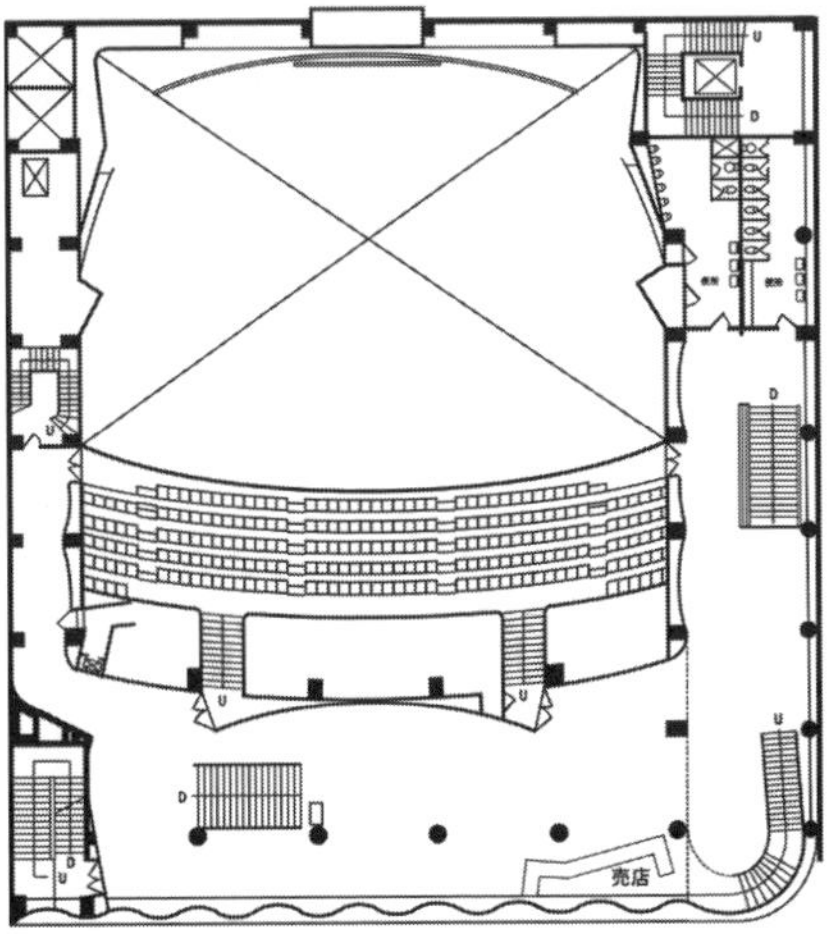

二階

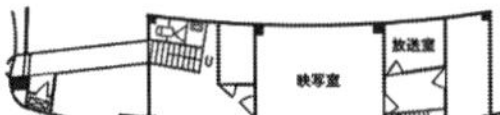

中二階

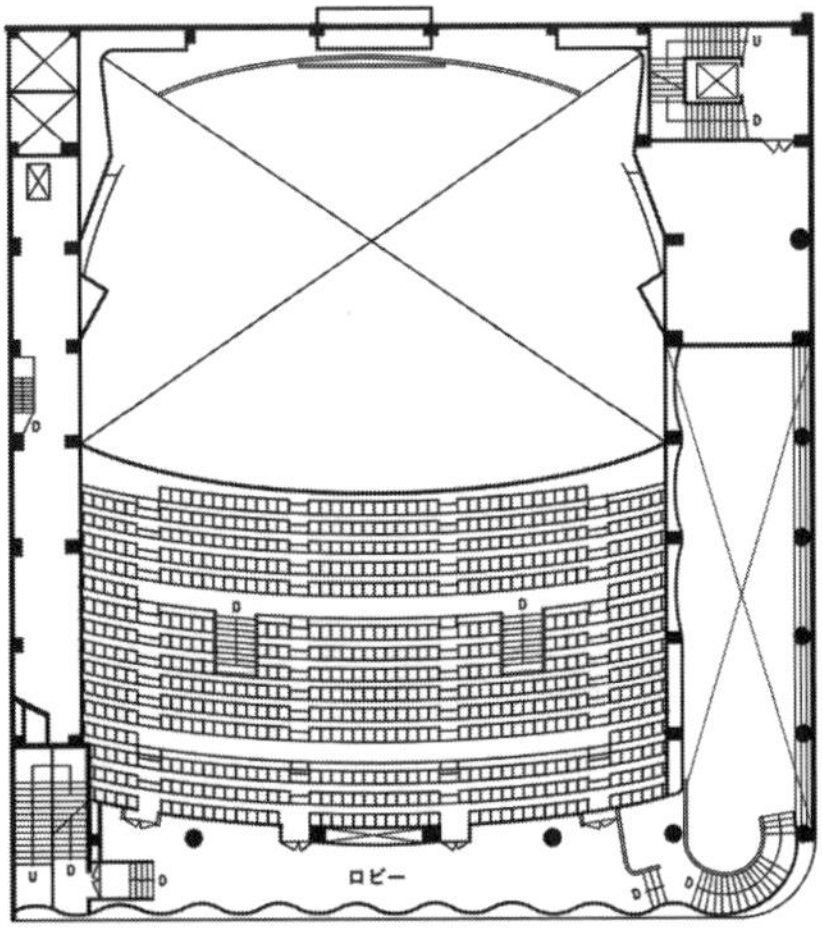

三階

丸ノ内日活　「国際建築」1954 年 5 月号より

初めは洋画ロードショー館だったが、実演付きで日活作品を上映したこともあった。一九五九年（昭和三四年）三月一〇日の『今日に生きる』（監督：舛田利雄、一九五九）と『おヤエのママさん女中』（監督：春原政久、一九五九）の二本立てから完全に日活封切館となった。

一九六四年（昭和三九年）九月三〇日、『愛と死をみつめて』（監督：斎藤武市、一九六四）と『殺人者を消せ』（監督：舛田利雄、一九六四）の上映を最後に閉館した。〝世界的高級設備を施した日本で唯一つの大劇場〟と謳って開館し、外国映画では『ダイヤルMを廻せ！』（監督：アルフレッド・ヒッチコック、一九五四）、『黄金の腕』（監督：オットー・プレミンジャー、一九五五）、『ヘッドライト』（監督：アンリ・ヴェルヌイユ、一九五六）、『地下水道』（監督：アンジェイ・ワイダ、一九五六）などの名作を公開して来た日活最大の直営館は僅か一〇年余りの存在だった。

三菱地所に一四億円で売却したのだが、その原因は不動産投資に失敗した債務償却のためだった。この年の日活の映画配給収入は東映に次ぐ五四億五一〇〇万円である。田中純一郎は「日本映画発達史」で「堀久作社長の経営方針の誤りであって、日活映画の従業員にとっては不本意な業績であった」と言っている。しかし「映画年鑑・一九六五年版」によると、丸ノ内日活の場所は〝ビジネスセンターにあるため客足がつかず一〇年余り赤字経営であった〟とも書かれている。

七月三一日に売却されたが九月三〇日まで営業し、一〇月二〇日に引渡された。建物が解体された後、隣接した毎日新聞社と農協会館も移転した。三菱地所により再開発されてオフィスビルの新有楽町ビルヂングになっている。

神田日活　１１４２席（63）→９８７席（65）

かつて神田、神保町界隈にも多くの映画館があった。明治から大正にかけて錦町にあった錦輝館は東京で初めてヴァイタスコープによる映画興行がおこなわれた劇場だった。一八九七年（明治三〇年）三月六日のことである。二日遅れの三月八日には三崎町の川上座でシネマトグラフの興行があった。川上座は川上音二郎が開場した新派劇の劇場である。

一九六〇年頃、神田川の昌平橋近くには一九三〇年（昭和五年）頃に開館したシネマパレス（３４５席）。すずらん通りの延長線上にあるさくら通りには一九二二年（大正一一年）一月開館の東洋キネマ（４７０席）、専修大学近くに神田東映（旧・銀映座、５２８席）、小川町に南明座（３１３席）、神田駅前に神田ニュース（２４０席）と神田アカデミー劇場（７５席）があった。私が神保町の古書店へ行くようになったのは一九六五年（昭和四〇年）

で、シネマパレスは少し前に閉館していたので記憶にないが、東洋キネマは建物が奇抜なデザインだったので覚えている。閉館後もしばらく残っていた。徳川夢声は一九二四年（大正一三年）に東洋キネマ株式会社から経営権を得たが、実務を支配人に任せたままでいたところ収益が上がらずに七カ月ほどで東亜キネマに経営を渡した。

南明座は名画座になっていたが、行く機会がなかった。

その頃の神田日活は日活封切館としてまだ存在していた。所在地は現在靖国通りにある書泉グランデの向い側である。

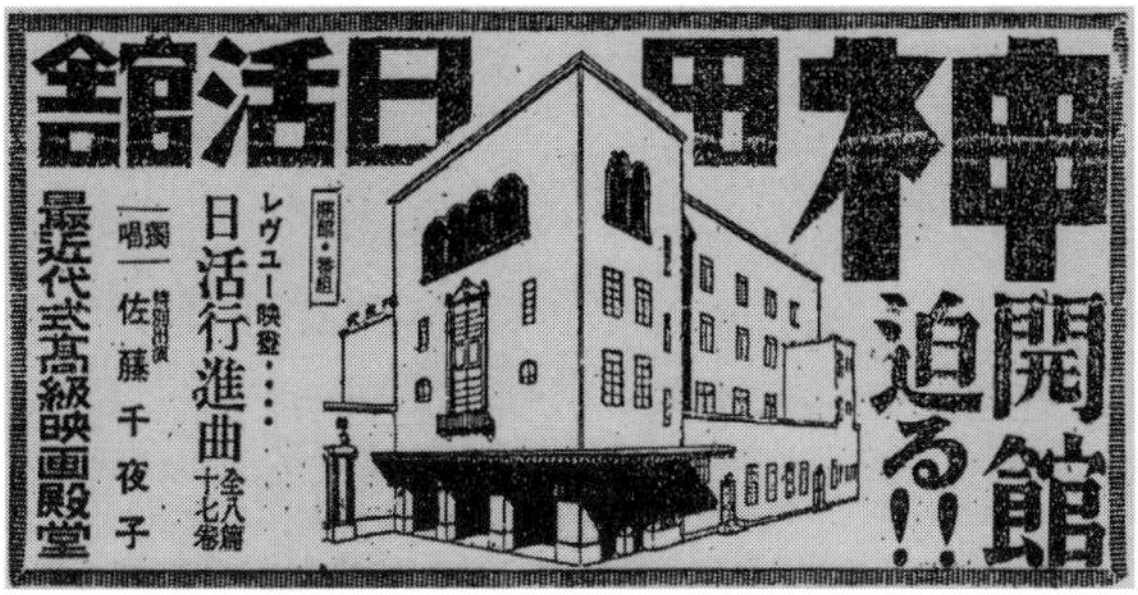

神田日活は一九二四年（大正一三年）五月一六日、日活直営の神田日活館として開館。『ドクタージャック』（監督：フレッド・ニューメイヤー、一九二二）、『戀に國境なし』（監督：シドニー・フランクリン、一九二二）、『紐育の寵兒』（監督：キング・バゴット、一九二三）が封切上映された。

一九二六年（大正一五年）五月からは日活映画封切館になった。五月二一日からの上映は『日輪 前篇』（監督：村田実、一九二六）だった。開館の五年後に鉄筋コンクリート造りに建替えられて一九二九年（昭和四年）六月二七日に新築開館した。開館特別番組として日活和洋大管弦団による奏楽『鶴龜』と佐藤千夜子の『戀はやさし』等の独唱があり、映画は『日活行進曲』（監督：田坂具隆、志波西果、内田吐夢、渡辺邦男、伊奈精一、佛生寺彌作、三枝源次郎、清瀬英次郎、一九二九）の全八篇が上映された。

一九六一年（昭和三六年）五月には麻雀荘の〝日活くらぶ〟（一二卓）が館内に開店した。

日活の業績悪化による資産売却で一九六九年（昭和四四年）一月二六日に閉館した。最終番組は『地獄の破門状』（監督：舛田利雄、一九六九）と『夜の牝 花と蝶』（監督：西河克己、一九六九）だった。

閉館後はタキイ種苗の園芸店になり、一九七九年（昭和五四年）に地上八階のタキイ東京ビルとなって一階にサイゼリヤと二階に石井スポーツが入っている。東洋キネマと南明座はどちらも一九七〇年（昭和四五年）頃に閉館している。

渋谷東宝（旧・東横映画劇場） 70
１３２６席（64）→ １１３３席（65）

一九三六年（昭和一一年）一一月三日、東宝直営館として東横映画劇場が開館。開館上映はＰ・Ｃ・Ｌ作品の『朝の並木路』（監督：成瀬巳喜男、一九三六）とユニヴァーサル映画『ショウボート』（監督：ジェームズ・ホエール、一九三六）であった。

戦時中は映画の製作本数も減少し、一九四四年（昭和一九年）四月から興行時間の制限も始まったので、九月一日より渋谷東宝劇場に改称して古川緑波一座の公演から演劇劇場に変わった。

戦後の興行は一九四七年（昭和二二年）一月一日からの映画『愛の宣言』（監督：渡辺邦男、一九四六）と灰田勝彦・清彦兄弟、荻野幸久とフォア・シスターズらが出演し、福地悟朗が司会をする実演が付いていた。

一九五二年（昭和二七年）一一月一七日、建物名が渋谷東宝会館となり、地階に渋谷文化劇場（４０４席）が『ホフマン物語』（監督：マイケル・パウエル、エメリック・プレスバーガー、一九五一）の上映で開館。

一九五六年（昭和三一年）一二月二九日に新装開館して、『空の大怪獣 ラドン』（監督：本多猪四郎、一九五六）と『眠狂四郎無頼控』（監督：日高繁明、一九五六）が上映された。同日には四階にＴＹ系洋画封切館の渋谷スカラ座（４９４席）も『果てしなき決斗』（監督：スチュアート・ヘイスラー、一九五六）と『真紅の盗賊』（監督：ロバート・シオドマク、一九五二）で開館した。

東横映画劇場ニュース
1942年3月27日

一九八九年（平成元年）二月二六日に渋谷東宝は『ダイ・ハード』（監督：ジョン・マクティアナン、一九八八）の上映を最後に閉館し、渋谷文化と渋谷スカラ座も同日に閉館して渋谷東宝会館は建替えとなった。

一九九一年（平成三年）七月六日に渋東シネタワーとなって竣工され、四スクリーンで開館した。二〇一一年（平成二三年）に名称をＴＯＨＯシネマズ渋谷に変更し、二スクリーン増設の六スクリーン（合計１２１２席）になっている。

渋谷松竹映画劇場（旧・渋谷東京映画劇場） 70
１４５３席（64）

渋谷の西武百貨店は井ノ頭通りを挟んでＡ館とＢ館に分かれ

ている。そのA館がある場所にかつての渋谷松竹があった。松竹映画劇場株式会社の経営で一九三八年（昭和一三年）四月七日、渋谷東京映画劇場として開場。番組は映画が『ワルツの季節』（監督：ハーバート・マイシュ、一九三五）と『月光瞑想曲』（監督：デヴィッド・バートン、一九三四）で、水の江瀧子やベティ・稲田らが出演する『春のスヰングショウ』と題した実演が付いていた。地下には銀星座（474席）が『モダン・タイムス』（監督：チャールズ・チャップリン、一九三六）、漫画映画の『ポパイのアイススケート』『ミッキーの鼻のお手柄』『ワン公とひな鳥』『兎の蹴球』『玩具の大競馬』と朝日ニュースの上映で同日開館した。

渋谷東京映画劇場は同年一二月二四日より渋谷松竹映画劇場に改称した。番組は実演の『クリスマスショウ』（出演：井草鈴子・他）と『テストパイロット』（監督：ヴィクター・フレミング、一九三八）の併映であった。

一九三九年（昭和一四年）四月一三日公開の『銭形平次捕物控』（監督：星哲六、一九三九）より松竹映画封切館となる。

一九五五年（昭和三〇年）一二月三〇日には渋谷松竹地下劇場（155席）が増設されて、『おとこ大学 新婚教室』（監督：野村芳太郎、一九五五）で開館した。入場料は五〇円均一だった。

渋谷松竹は一九四八年（昭和二三年）頃より洋画上映館になったが、一九五三年（昭和二八年）頃から松竹封切館となる。一九六二年（昭和三七年）九月二一日までの『切腹』（監督：小林正樹、一九六二）と『東京さのさ娘』（監督：酒井欣也、一九六二）の上映で休館し、改装後の九月二九日より新宿ピカデリーと同番組の洋画ロードショー館になった。松竹の封切館は銀星座に替わった。最初のロードショー作品は『ミンクの手ざわり』（監督：デルバート・マン、一九六二）であった。一九六三年（昭和三八年）九月二八日の『シエラザード』（監督：ピエール・ガスパール・ユイ、

渋谷松竹パンフレット 1942年6月
『梅里先生行状記 龍神剱』

一九六三）からは七〇ミリ上映館となっている。
一九六五年（昭和四〇年）、渋谷松竹地下劇場は『サンドカン総攻撃』（監督：ウンベルト・レンツィ、一九六四）で一月二〇日に閉館し、銀星座は『お座敷小唄』（監督：酒井欣也、一九六五）と『サラリーマンの勲章』（監督：堀内真直、一九六五）で二月一九日に閉館した。渋谷松竹は『シャイアン』（監督：ジョン・フォード、一九六四）で二月二六日に閉館した。

渋谷松竹の渋谷駅寄りに隣接してキャピタル座（７０９席）があった。一九四六年（昭和二一年）一二月三日に『感激の町』（監督：ノーマン・タウログ、一九四二）で開館したが、一九五六年（昭和三一年）一〇月三一日の『飢える魂』（監督：川島雄三、一九五六）と『感傷夫人』（監督：堀池清、一九五六）より渋谷日活に改称した。一九六一年（昭和三六年）四月二六日にニュー東映作品を上映する渋谷ニュー東映に改称した。開館番組は『アマゾン無宿 世紀の大魔王』（監督：小沢茂弘、一九六一）と『怪人まだら頭巾』（監督：小野登、一九六一）であるが、一九六二年（昭和三七年）七月に閉館した。最終番組は『橋蔵のやくざ判官』（監督：マキノ雅弘、一九六二）と『ギャング対ギャング』（監督：石井輝男、一九六二）であった。

渋谷国際劇場　１０６７席（64）

渋谷に西武百貨店が開業する以前、井ノ頭通りの入口付近は通称で国際通りと称されていた。現在の西武百貨店B館の辺りに渋谷国際劇場があったことによる。一九五二年（昭和二七年）三月二五日に『エロイカ』（監督：ヴァルテル・コルム・フェルテエ、一九五〇）の上映で開館した。当初は個人経営だが日活直営の洋画上映館と同番組だった。後に松竹映画劇場株式会社の経営になり、一九五八年（昭和三三年）頃はSY系だったが、一九六〇年（昭和三五年）一二月二七日からの『闘牛に賭ける男』（監督：舛田利雄、一九六〇）と『俺の故郷は大西部』（監督：西川克己、一九六〇）より日活封切館になった。一九六四年（昭和三九年）七月一五日に『ひとりローマと戦う』（監督：ハーバート・ワイス、一九六二）と『ランページ』（監督：フィル・カールソン、一九六三）の上映で閉館した。

建物は鉄筋四階・地下一階で、地下には一九五五年（昭和三〇年）一二月二八日に国際地下劇場（１４７席）も開館した。開館上映は『見知らぬ乗客』（監督：アルフレッド・ヒッチコック、一九五一）で、入場料は五〇円だった。地下劇場は一九六四年（昭和三九年）七月一四日に『白日夢』（監督：武智鉄二、一九六四）の上映で閉館した。

渋谷全線座　１０７８席（68）→８５０席（69）

活動弁士だった樋口旭琅（本名・樋口大祐）は一九三〇年（昭和五年）に神田南明座の経営を始め、一九三三年（昭和八年）に

撮影：著者

は早稲田全線座を開館し、一九三七年（昭和一二年）に中野映画劇場の開館と目黒キネマを経営する。一九三八年（昭和一三年）四月、銀座全線座（411席）を開館した。

一九五二年（昭和二七年）に全線座株式会社へ改組されて、一九五六年（昭和三一年）九月一四日に渋谷全線座が宮益坂下の明治通りに開館した。開館番組は『誇り高き男』（監督：ロバート・D・ウェッブ、一九五六）と『出獄』（監督：ヘンリー・ハサウェイ、一九四八）であった。当初は松竹洋画チェーンの封切館であったが、一九六一年（昭和三六年）八月五日の『荒野の七人』（監督：ジョン・スタージェス、一九六〇）と『暗黒街の罠』（監督：リチャード・ウィルソン、一九五七）からは東急シネスコチェーンに組み込まれた。チェーンの構成は他に新宿国際劇場、池袋劇場、上野パーク、浅草東映パラス、丸の内東急カジバシ座、川崎スカラ座、横浜東急である。

旧作洋画を二本立てで上映する名画座に変わったのは一九六五年（昭和四〇年）一〇月二〇日の『誰が為に鐘は鳴る』（監督：

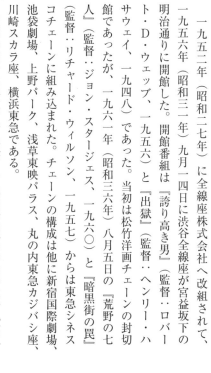

サム・ウッド、一九四三）と『第三の男』（監督：キャロル・リード、一九四九）からである。入場料は一〇〇円になった。

シネマスコープ対応の封切館として建てられたので名画座としては大きな映画館だった。『大脱走』（監督：ジョン・スタージェス、一九六三）や『シャイアン』（監督：ジョン・フォード、一九六四）なども大画面で観られた。急傾斜の階段状になった二階は五〇円の〝お直り券〟を追加購入する必要があった。

一九七七年（昭和五二年）五月五日、『ダーティハリー3』（監督：ジェームズ・ファーゴ、一九七六）と『F1グランプリ 栄光の男たち』（監督：クロード・デュボク、一九七五）の上映で閉館し、貸しビル・ホテル業に業態を替えた。現在建替えられた全線座ビルにはホテルの渋谷東急インが営業している。

渋谷パンテオン　C　70　１６４８席（64）→１３４４席（65）
渋谷東急　70　１０９４席（64）→９２９席（65）

一九五六年（昭和三一年）一二月一日、渋谷駅東口前に八階建ての東急文化会館が開場した。設計はフランスでル・コルビュジェに師事した坂倉準三で、清水建設が施工した。地階はニュース・短編映画上映の東急ジャーナル（５９０席）と食堂、一階にロードショー館のパンテオン（１６４８席）と東急不動産・三共薬局、二階は特選街、三階は理髪室と資生堂美容室、四階は東京田中千代服装学園、五階は洋画封切の渋谷東急（１０９４席）、六階は名画座の東急名画座（５２３席）、七階はゴールデンホールだった。八階の五島プラネタリウムは翌年四月一日に開場した。

開館番組はパンテオンが『放浪の王者』（監督：マイケル・カーティス、一九五六）、渋谷東急が『十人のならず者』（監督：H・ブルース・ハンバーストーン、一九五五）と『死刑囚２４５５号』（監督：フレッド・F・シアーズ、一九五五）、東急名画座は『スタア誕生』（監督：ジョージ・キューカー、一九五四）であった。東急名画座は一九八三年（昭和五八年）六月二五日からロードショー館になり、一九八七年（昭和六二年）九月二六日から渋谷東急2に改称した。

地下の東急ジャーナルは一九六七年（昭和四二年）二月一〇日から旧作を上映する名画座となり、一九六九年（昭和四四年）七月五日からロードショー劇場の東急レックス（４６６席）となって、一九九〇年（平成二年）には渋谷東急3に改称した。

パンテオンは新宿ミラノ座とほぼ同じ番組だった。一九六〇年（昭和三五年）一二月、ビクター音響興業株式会社が製作した国産の七〇ミリ映写機が設置され、二四日より『アラモ』（監督：ジョン・ウェイン、一九六〇）が上映された。

一九八五年（昭和六〇年）から二〇〇二年（平成一四年）までは毎年恒例となった東京国際ファンタスティック映画祭の会場となっていたが、閉館後は新宿ミラノ座が会場になった。私は一九八五年（昭和六〇年）の第一回目に『山中傳奇』（監督：キン・フー、一九七九）を観に行っている。仕事を終えてからだったので場内に入ったときは舞台上でキン・フー監督と宇田川幸洋氏の対談が始まっていた。

　パンテオンは円形神殿を由来とした名称のとおり、スクリーンに向って座席がアーチ形に並んでいたので観やすい大劇場であった。パンテオンで最初に観たのは『007 オクトパシー』（監督：ジョン・グレン、一九八三）で、他に『ネバーセイ・ネバーアゲイン』（監督：アーヴィン・カーシュナー、一九八三）、『始皇帝暗殺』（監督：チェン・カイコー、一九九八）、『6デイズ7ナイツ』（監督：アイヴァン・ライトマン、一九九八）など。最後はジョン・トラヴォルタが製作・主演した『バトルフィールド・アース』（監督：ロジャー・クリスチャン、二〇〇〇）だったが、観たことを後悔した映画の一本となった。

第一回ファンタスティック映画祭

　渋谷東急では『ジョーズ3』（監督：ジョー・アルヴス、一九八三）を最初に観た。他に『チャイニーズ・ゴースト・ストーリー2』（監督：チン・シウトン、一九九〇）や『エグゼクティブ・デシジョン』（監督：スチュアート・ベアード、一九九六）など。最

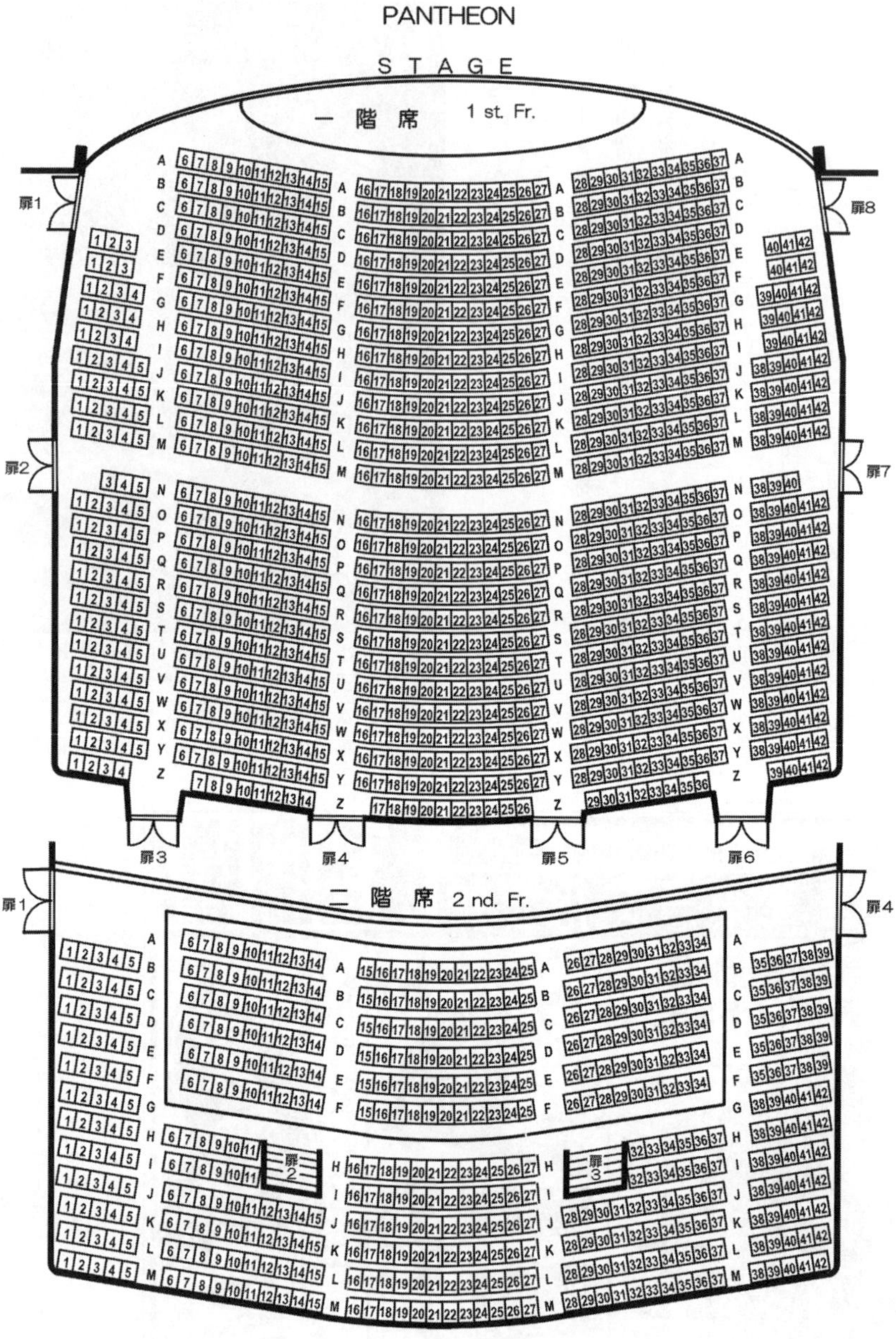

渋谷パンテオン　座席表　1962 年のパンフレット折込劇場案内より

後は『グリーン・デスティニー』（監督：アン・リー、二〇〇〇）だった。

東急文化会館は建替えのため、二〇〇三年（平成一五年）六月三〇日に閉館した。渋谷パンテオンの最終上映は『マトリックス・リローデッド』（監督：ラリー・ウォシャウスキー、アンディ・ウォシャウスキー、二〇〇三）で、渋谷東急が『恋愛寫眞 College of Our Life』（監督：堤幸彦、二〇〇三）、渋谷東急3が『略奪者』（監督：ルイ・パスカル・クヴレア、二〇〇二）であった。

元の東急名画座である渋谷東急2は六月二一日〜三〇日まで〝甦れ！東急名画座〟と題して日替わりで旧作を上映した。最終日は『ニュー・シネマ・パラダイス』（監督：ジュゼッペ・トルナトーレ、一九八九）だった。

二〇一二年（平成二四年）に建替えられた建物は商業施設の渋谷ヒカリエになった。

渋谷東急閉館後の二〇〇三年（平成一五年）七月一二日に金王坂下歩道橋を渡った所の渋谷クロスタワー内で同名の渋谷東急

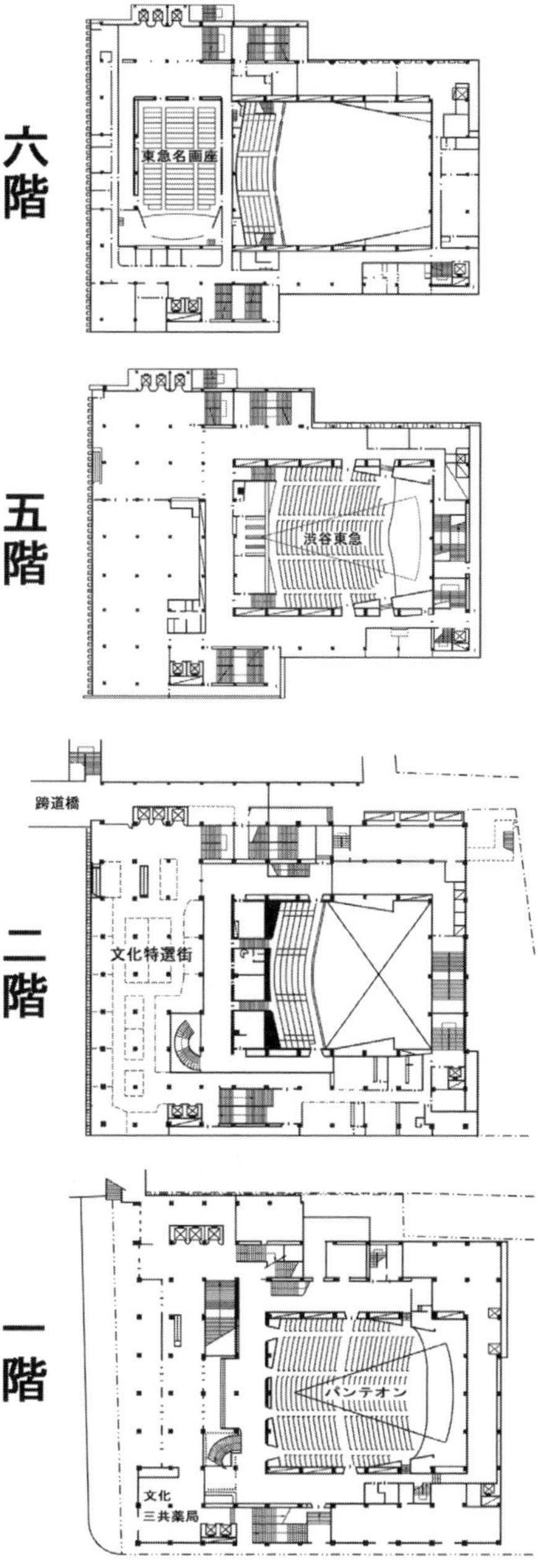

東急文化会館　「国際建築」
1957年1月号より

（300席）が開館した。『セブンソード』（監督：ツイ・ハーク、二〇〇五）や『明日への遺言』（監督：小泉堯史、二〇〇七）を観ている。この渋谷東急は二〇一三年（平成二五年）五月二三日に賃貸借契約の満了により閉館した。

新宿

新宿武蔵野館
1211席（64）→1115席（65）→500席（68）

一九二〇年（大正九年）六月三〇日に武蔵野館（定員600名）が開館した。二〇二〇年（令和二年）六月で開業一〇〇年となった。創業時の所在地は後に三越新宿店（現在はビックロ）となる場所だった。当時の新宿は東京の郊外で、街の発展を図った商店主たちが武蔵野館株式会社を立ち上げて三階建ての映画館を建設した。新宿駅周辺で最初に出来た映画館である。開館番組は『短夜物語』（監督：細山喜代松、一九二〇）と『嫉妬に燃える眼』（監督：デル・ヘンダースン、一九一九）である。開館初期は国活（国際活映）や大活（大正活映）作品を洋画と併映していたが、一九二一年（大正一〇年）二月一九日の『太陽児』（監督：エドワード・スローマン、一九二〇）、『アントニーとクレオパトラ』（監督：エンリコ・ガッツォーニ、一九一三）、『暗号の四美人 第三回』（監督：ベン・ウィルソン、一九二〇）の上映より洋画専門館となった。在籍した弁士（映画説明者）は大蔵貢、山野一郎、徳川夢声、福地悟朗、等で、徳川夢声は一九二五年（大正一四年）より一九三三年（昭和八年）の弁士全員解雇まで在籍していた。

武蔵野館の観客は常に満員で収容力の大きな劇場が必要となったため、一九二八年（昭和三年）七月五日で閉館し、土地を三越に売却して新宿駅前に新築移転した。設計者は明石信道で、施工は森田工務所である。建坪二七八・八五五坪（約九二二平方メートル）、客席（1155席）は一階から三階まであった。一二月一四日の開館番組は『街の天使』（監督：フランク・ボーゼージ、一九二八）と『密輸入者の恋』（監督：ジャック・コンウェイ、一九二七）を上映した。

翌年五月九日から『死の北極探検』（監督：H・A・スノウ、シドニー・スノウ、一九二八）、『巴里酔語』（監督：ハリー・ダバディ・ダラー、一九二八）が公開され、同時上映の短編『南海の唄』（監督：マルセル・シルヴァ、一九二九）と『進軍』（監督：マルセル・シルヴァ、一九二九）は本邦初のトーキー公開だった。

一九四五年（昭和二〇年）五月二五日の空襲により劇場内部を焼失し、一九四七年（昭和二二年）一二月二日に『ブーム・タウン』（監督：ジャック・コンウェイ、一九四〇）の上映で改装開館した。

一九四九年八月、武蔵野館株式会社は武蔵野映画劇場株式会社へ商号を変更した。

一九五六年（昭和三一年）一月一日、地下に洋画特選上映の武

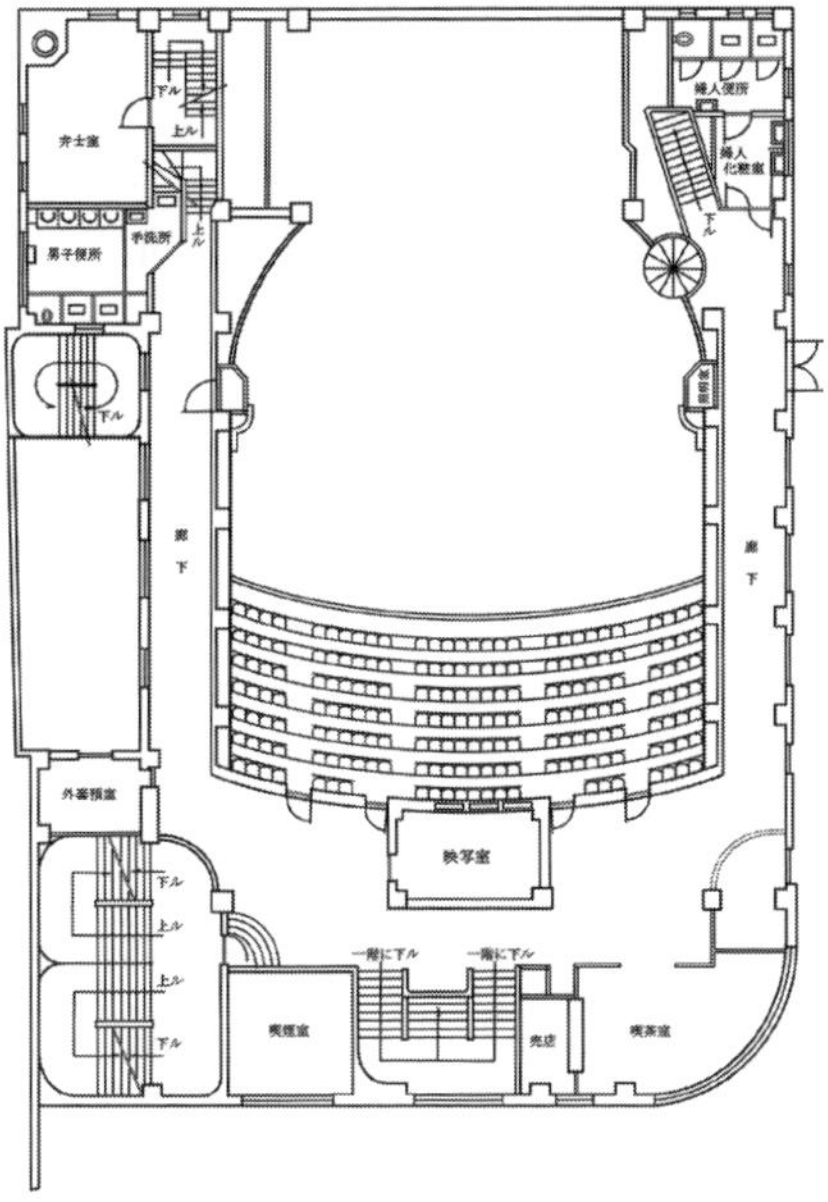

新宿武蔵野館　二階

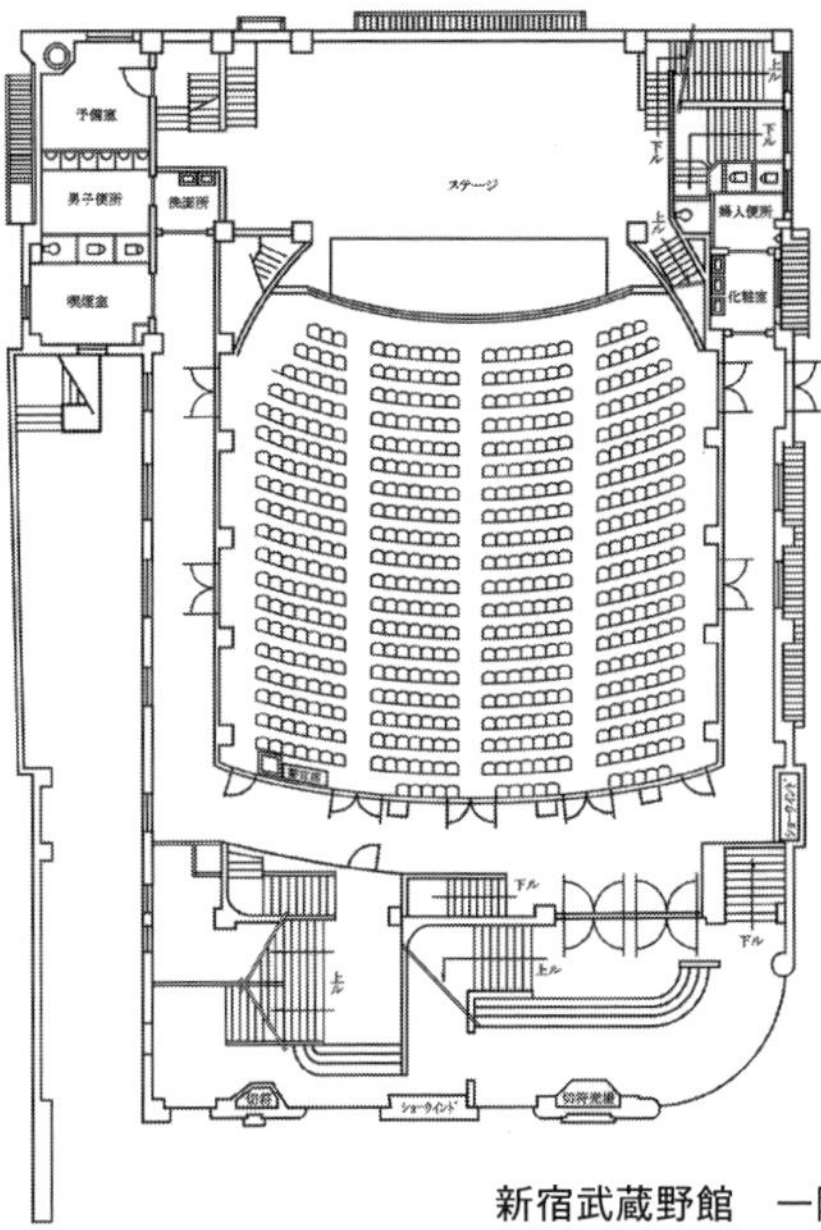

新宿武蔵野館　一階
（第二次建築 1928 ― 1966）
「東京横浜復興建築図集 1923-1930」より

蔵野地下劇場（４５０席）が『ウィンチェスター銃'73』（監督：アンソニー・マン、一九五〇）で開館。一九六四年（昭和三九年）頃に地下劇場は改称して推理劇場（４８１席）となった。

　武蔵野館は建て直しのために一九六六年（昭和四一年）一一月四日の『リンゴ・キッド』（監督：セルジオ・コルブッチ、一九六六）と『泥棒がいっぱい』（監督：アブナー・バイバーマン、一九六六）の上映をもって休館になった。推理劇場は一〇月三一日の『リオの男』（監督：フィリップ・ド・ブロカ、一九六三）と『第三の男』（監督：キャロル・リード、一九四九）の上映を最後に閉館した。

　一九六八年（昭和四三年）一二月二〇日、地下四階、地上八階建ての新宿武蔵野ビルに改築されて、七階に新宿武蔵野館が開館した。開館上映は『ベン・ハー』（監督：ウィリアム・ワイラー、一九五九）で、私が武蔵野館へ行ったのはこの番組からである。客席は５００席になったので大きな劇場という印象はなかった。カーテンを隠すためなのかスクリーンの上から左右へパネルのような装飾があった。ワク付きの画面はテレビのように感じられて上映中も気になった。他には『幸せはパリで』（監督：スチュアート・ローゼンバーグ、一九六九）、『恋のマノン』（監督：ジャン・オーレル、一九六七）、『ジョルスン物語』（監督：アルフレッド・E・グリーン、一九四六）を観ている。

　一九八六年（昭和六一年）一〇月、武蔵野映画劇場株式会社は武蔵野興業株式会社に商号変更した。

一九九四年（平成六年）一〇月、三階にシネマカリテ1（84席）・シネマカリテ2（84席）・シネマカリテ3（84席）が開館。二〇〇二年（平成一四年）一月、七階の武蔵野館を武蔵野館1、シネマカリテ1～3を武蔵野館2～4に変更。二〇〇三年（平成一五年）武蔵野館1が閉館して武蔵野館2～4を武蔵野館1（133席）、武蔵野館2（84席）、武蔵野館3（84席）に改称した。武蔵野館は三階のミニシアター三館だけとなった。

二〇一六年（平成二八年）一月三〇日から耐震補強の改装工事で休館し、一一月五日に開館した。座席数はスクリーン1が128席、スクリーン2が83席、スクリーン3が85席になった。

二〇一二年（平成二四年）一二月二二日、武蔵野興業の系列館として新宿東口の新宿NOWAビル地下一階にシネマカリテが96席と78席の2スクリーンで開館している。

新宿日活（旧・帝都座）　1066席（64）→960席（65）

新宿日活は帝都座として一九三一年（昭和六年）五月一日に開館した。設立は株式会社帝都座で、社長の高橋是福《これよし》は高橋是清の二男である。帝都座は日活と提携して日活直営封切館になった。敷地面積は約一一四三平方メートル、建築面積約八九五平方メートル、延床面積約四五四五平方メートル、建物の高さ約二五・七メートル、設計は浅草富士館や大勝館を手掛けて劇場建築を得意とする僊石政太郎、工事は大林組が請け負った。地上七階・地下二階のルネッサンス式建物だった。玄関の柱と壁にはフランス産の大理石が貼られ、階床は人造大理石を貼った。地下には大食堂も設けられた。開館番組は『日活アラモード』（監督：阿部豊、一九三一）と『元禄十三年』（監督：稲垣浩、一九三一）であった。五階はダンスホールだったが、一九四〇年（昭和一五年）ダンスホール閉鎖命令によって一〇月三一日で閉鎖された。一九四〇年（昭和一五年）一一月二六日より帝都座は東宝の経営に代わる。

一九四二年（昭和一七年）三月一一日から五階は帝都座演芸場になった。戦後は帝都座五階劇場として一九四七年（昭和二二年）一月一日から、『ヴヰナスの誕生』二〇景を上演した。〝額縁ショウ〟という日本初のヌードショーであり、上半身裸の女性が額縁の中で静止していることで芸術と主張した。一九四八年（昭

1933年1月

帝都座
「東都映画館建築」1934 年より

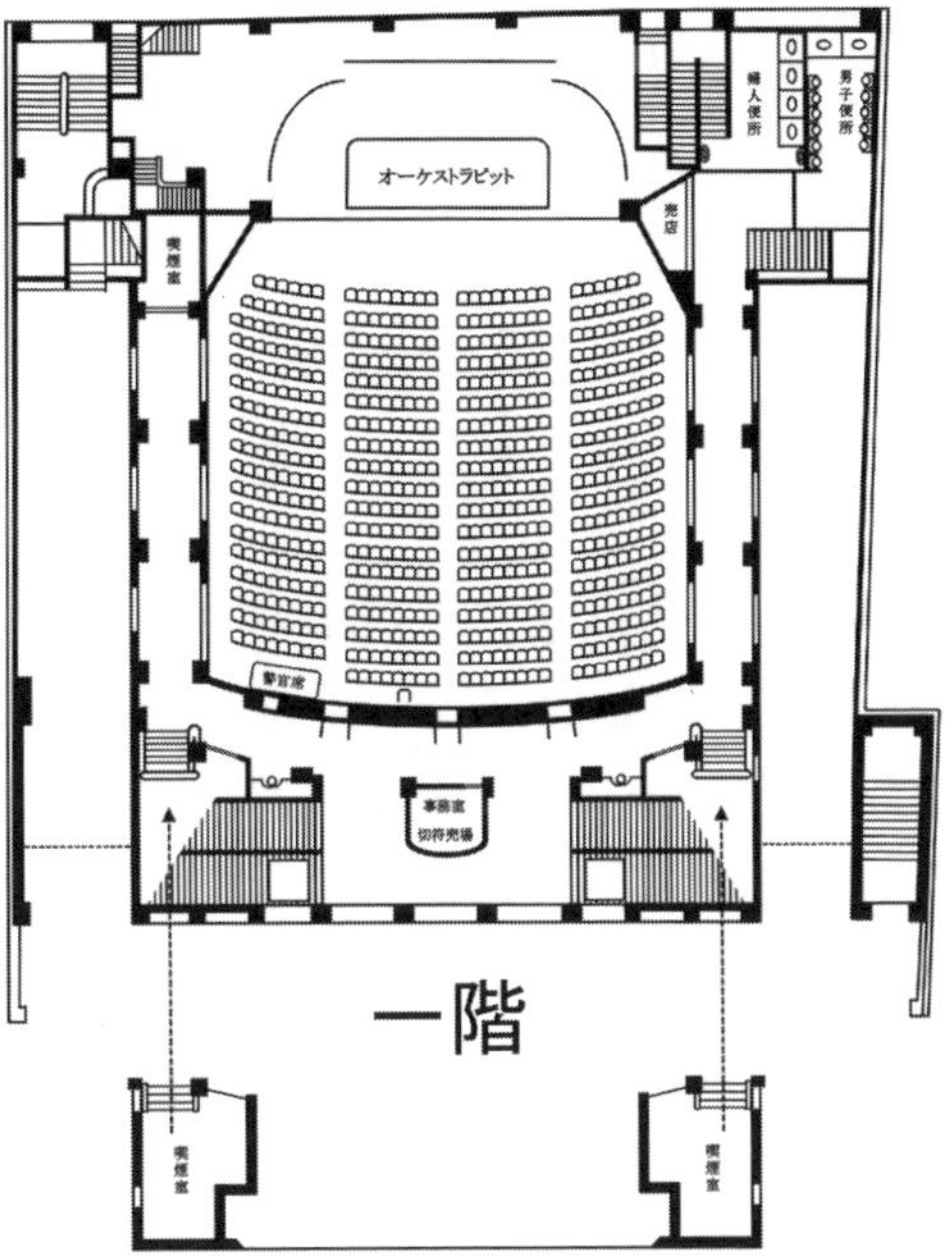

一階

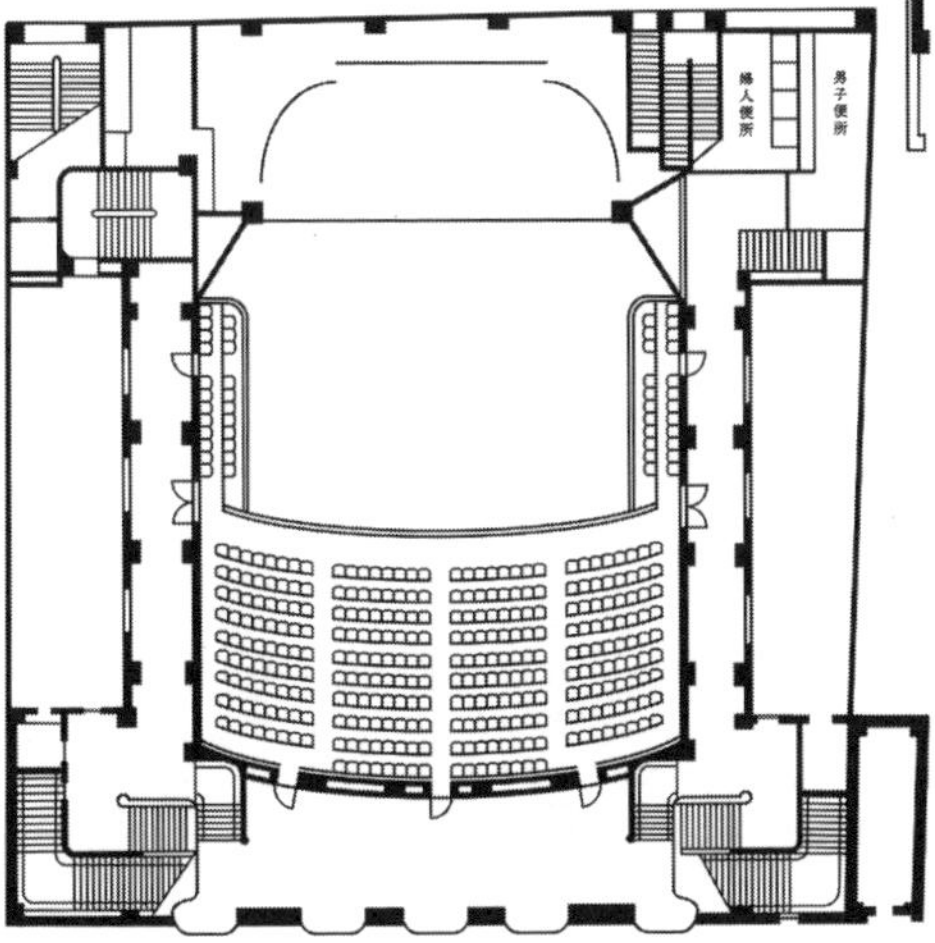

二階

三階

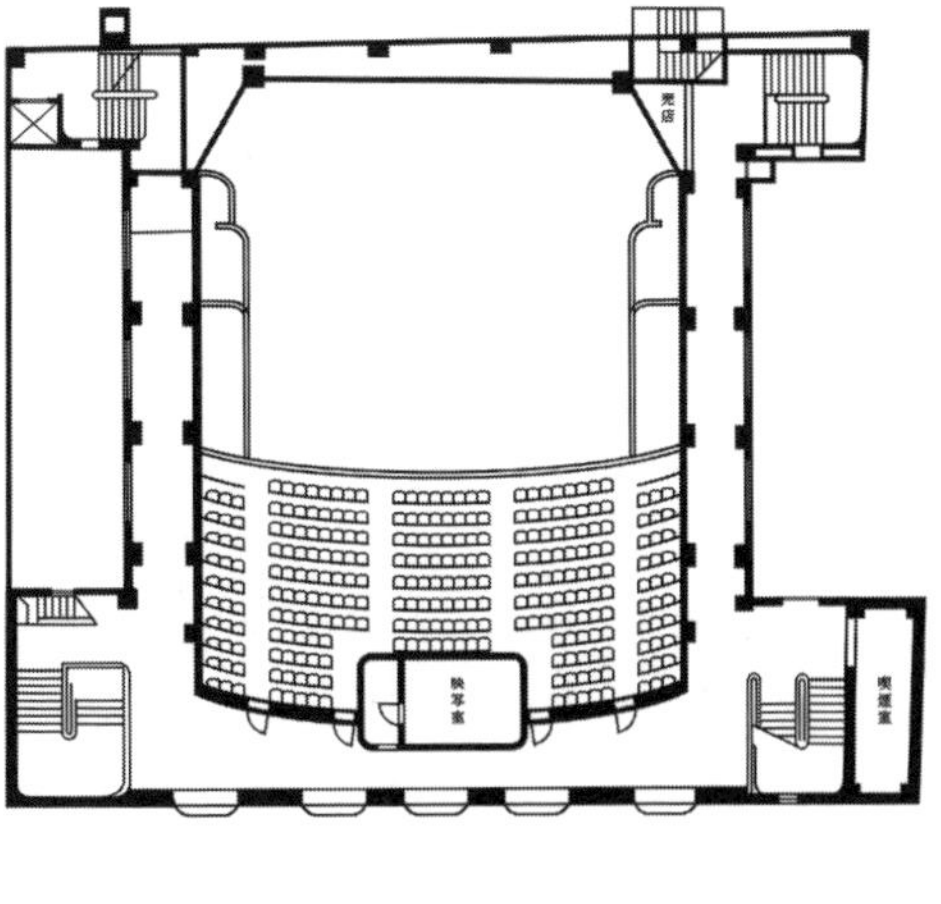

和二三年）一〇月一九日から映画館の帝都名画座（430席）となる。開館番組は『天の夕顔』（監督：阿部豊、一九四八）だった。この頃は日活の直営になっていた。

一九五一年（昭和二六年）九月一一日より帝都座は新宿日活に、帝都名画座は日活名画座と名称が変わる。新宿日活となって最初の上映は『月下の銃声』（監督：ロバート・ワイズ、一九四八）、日活名画座は『悲愁』（監督：ハーバート・ウィルコックス、一九四六）である。

一九六一年（昭和三六年）四月三〇日、地下に喫茶室と五階の名画座入口にスタンド喫茶を設けて改装開館した。帝都座以来の外装が平面の外観になったのは、この時の改装であるかは分からない。

一九七〇年（昭和四五年）五月三〇日、新宿日活は新宿オスカーに館名が変わり、一九七二年（昭和四七年）四月二〇日で新宿オスカーと日活名画座は閉館した。新宿オスカーの最終上映は『にっぽん昆虫記』（監督：今村昌平、一九六三）と『神々の深き欲望』（監督：今村昌平、一九六八）で、日活名画座は『アレンジメント 愛の旋律』（監督：エリア・カザン、一九六九）と『地獄に堕ちた勇者ども』（監督：ルキノ・ヴィスコンティ、一九六九）だった。新宿日活の不動産は丸井に売却された。

新宿日活では一九六九年（昭和四四年）に『荒い海』（監督：山崎徳次郎、一九六九）と『涙でいいの』（監督：丹野雄二、一九六九）の封切二本立てを観ただけだから、大きな映画館という印象だけ残っている。日活名画座へは何度か行っているので五階まで階段で上ることや、いつ行っても満員だったことを覚えている。最初は『緑の館』（監督：メル・ファーラー、一九五九）で『汚名』（監督：アルフレッド・ヒッチコック、一九四六）が最後に観た映画だった。グレタ・ガルボの『アンナ・カレニナ』（監督：クラレンス・ブラウン、一九三五）もここで観ている。

新宿東宝（旧・新宿大東京）　1072席（64）

新宿伊勢丹の明治通り側の向いに、新宿大東京という館名で開館したのは一九三五年（昭和一〇年）一一月二九日だった。設計は僊石政太郎である。開館番組は『暁の麗人 前篇 千賀子の巻』（監督：曽根千晴、一九三五）と『黄昏地蔵 前篇 疾風轉変の巻』（監督：振津嵐峡、一九三五）で、『暁の麗人』出演者の伏見信子、伏見直江、高津慶子、浦邊粂子、森静子、歌川八重子、霧立のぼる、山路ふみ子、高田稔、河津清三郎、月形龍之介らが舞台挨拶をした。

新興キネマの封切館だったが、一九三七年（昭和一二年）一二月一七日、『母の曲』（監督：山本薩夫、一九三七）と『画家とモデル』（監督：ラオール・ウォルシュ、一九三七）の上映より東宝直営劇場となった。

一九三八年（昭和一三年）九月一日の『牧場物語』（監督：木村荘十二、一九三八）と『綴方教室』（監督：山本嘉次郎、一九三八）から新宿東宝映画劇場に改称した。

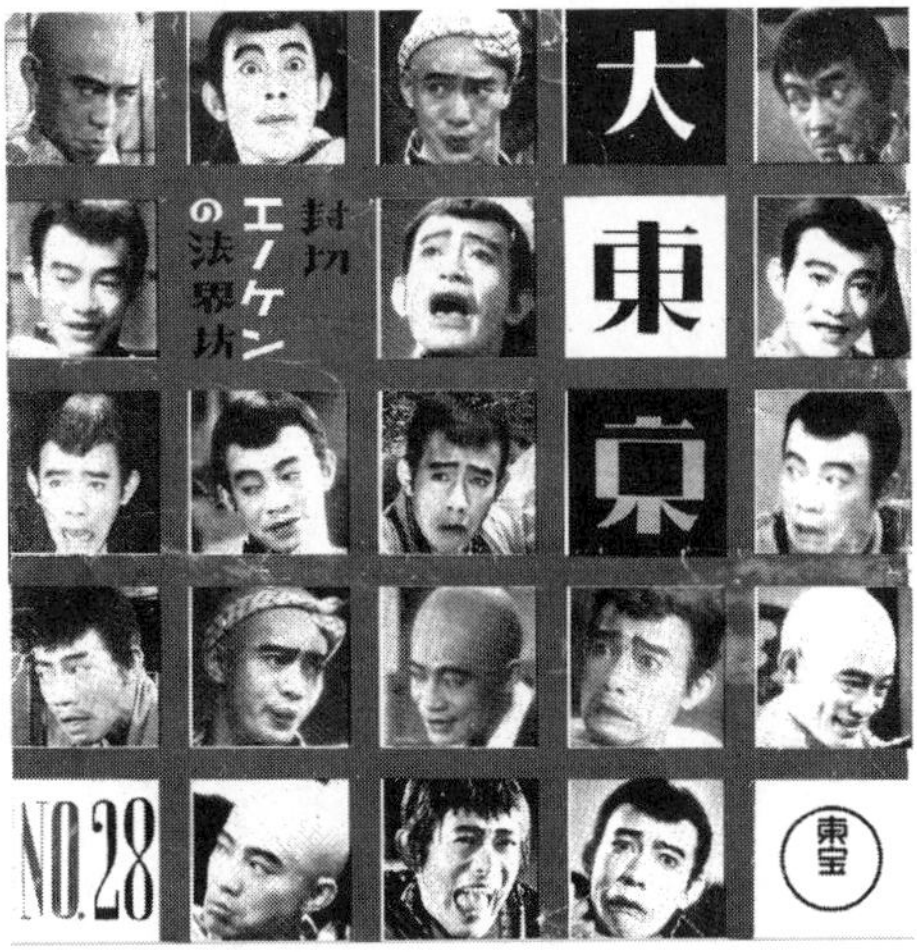

大東京 No.28　1938 年 6 月『エノケンの法界坊』

戦後になると地下に名画座の新東地下（１４４席）と新宿ニュース劇場（６０席）が増設された。新東地下は一九四七年（昭和二二年）七月八日にニュース映画館として開館し、後に名画座となった。一九六九年（昭和四四年）四月一一日より新宿メトロ劇場（定員１４４）と名称が変わって、洋画二本立の封切館となった。新宿ニュース劇場は一九五三年（昭和二八年）三月二〇日の開館で、ニュースや短編を上映した。一九六二年（昭和三七年）四月二五日からシネマ新宿に改称した。

五階には一九四九年（昭和二四年）三月一八日に新宿セントラル劇場が開場した。東宝系の三和興行の経営である。第一回公演の『セントラルショウ』は東郷青児が構成した〝名画アルバム誘惑〟（一一景）などで、帝都座のショウを受け継いだストリップショウを上演していた。一九五四年（昭和二九年）一一月一五日より映画館となった。開館番組は『シェーン』（監督：ジョージ・スティーヴンス、一九五三）で、入場料は五〇円だった。一九六四年（昭和三九年）一〇月二〇日の『昨日・今日・明日』（監督：ヴィットリオ・デ・シーカ、一九六三）と『接吻・接吻・接吻』（監督：ベルナール・トゥブラン・ミシェル、ヴェルトラン・タヴェルニエ、ジャン・フランソワ・オーデュロイ、シャルル・L・ビッチ、クロード・ペリ、一九六三）の上映から新宿スカラ座へ改称した。

一九七二年（昭和四七年）一月三一日、建替えのため館内全ての映画館が閉館。

© 新宿歴史博物館

最終上映は、新宿東宝が『座頭市御用旅』（監督：森一生、一九七二）と『子連れ狼 子を貸し腕貸しつかまつる』（監督：三隅研次、一九七二）、新宿スカラ座が『愛とさすらいの青春 ジョー・ヒル』（監督：ボー・ウィデルベルイ、一九七一）と『愛のために死す』（監督：アンドレ・カイヤット、一九七〇）、新宿メトロ劇場が『小さな目撃者』（監督：ジョン・ハフ、一九七〇）と『汚れなき旅情』（監督：パシリ・ジョルジアデス、一九六八）、シネマ新宿は『明日に向って撃て！』（監督：ジョージ・ロイ・ヒル、一九六九）であった。

一九七三年（昭和四八年）九月一五日、レインボービレッジビルに建替えられ、新宿スカラ座（620席）、ビレッジ1（286席）、ビレッジ2（254席）が開館したが、二〇〇七年（平成一九年）二月八日、三館共に閉館している。

地下の新東地下とシネマ新宿へは何度か行っているが新宿東宝で映画を観たことはなかった。近くにあった会社へ就職したときは既に閉館して建替え中だった。

新宿劇場　70　1509席

戦後、現在の歌舞伎町という名称の地区は空襲によって焼け野原となっていた。当時の角筈一丁目北町はその一部で、町会長の鈴木喜兵衛は歌舞伎の劇場や映画館、演芸場を建設し、興行街として復興する計画を立てた。しかし一九四六年（昭和二一年）五月に

〝臨時建築制限令〟が公布され、住宅用の建築資材を確保するために木造の娯楽用施設の建設が禁止された。東京府立第五高等女学校の跡地に歌舞伎の菊座、広場をはさんだ西側に新劇の自由劇場、広場の南北にも映画館などが建設されるはずであったが中止された。ただ、既に柱が建っていた広場南側の地球座（634席）は建築が続行されて歌舞伎町で最初の映画館となった。開館したのは一九四七年（昭和二二年）一二月二三日で、上映作品はソ連映画の『石の花』（監督：アレクサンドル・プトゥシコ、一九四六）である。

歌舞伎劇場は建設されなかったが、一九四八年（昭和二三年）四月一日より町名が歌舞伎町になった。一九五〇年（昭和二五年）四月一日から〝東京産業文化博覧会〟が開催され、広場を中心に建てられたパビリオン跡は後に劇場が建設されるようになった。地球座の経営は林以文が創業した恵通企業株式会社（後に株式会社ヒューマックスへ改称）であった。稲葉佳子・青池憲司著の「台湾人の歌舞伎町」によると、林以文は戦前に台湾から留学生として日本に来て、戦後も日本に残って製薬や不動産業に携わった人だという。戦災で焼失したレヴュー劇場のムーラン・ルージュを再興したのが林以文だった。ムーラン・ルージュは一九五一年（昭和二六年）五月に閉館したが、新たな演劇劇場として開場したのが新宿劇場だった。

新宿劇場の開館は一九五三年（昭和二八年）一月二日で、所在地は広場の北側角で地球座の斜め向かいである。鉄筋三階建てで屋上にはムーラン・ルージュを意味する赤い風車のモニュメントが立っていた。地球座は一九五八年（昭和三三年）に建替えられて地球会館となり、四階の地球座（548席）は一二月一三日に新開場した。七階・八階のキャバレーはムーラン・ルージュと言う店名であった。

新宿劇場の開場公演は『ギラム（土人の太鼓）』八景と『初笑彌次喜多道中』二〇景の二本。出演者は古川ロッパ、灰田勝彦、岸井明、キドシン（木戸新太郎）、並木路子、久保幸江、坊屋三郎、山茶花究、益田喜頓、本郷秀雄などであった。観劇料は一等四〇〇円、二等三〇〇円、三等二〇〇円である。映画上映は二カ月後の三月五日と六日からで、夕方の小牧バレエ団公演『白鳥の湖』の前に昼の部で『ホフマン物語』（監督：マイケル・パウエル、エメリック・プレスバーガー、一九五二）と舞踊短編『メフィストの踊り』（監督：レー・ヴァンテュラ、一九五一）が別興行で上映されてからである。同年六月一七日からは実演に新東宝作品を併映する興行形態に変わる。実演がデルタ・リズム・ボー

© 新宿歴史博物館

© 新宿歴史博物館

イズ公演と雪村いづみコンサート、映画は『刺青殺人事件』（監督：森一生、一九五三）の封切だった。

一九五四年（昭和二九年）二月、『風と共に去りぬ』（監督：ヴィクター・フレミング、一九三九）の上映から早朝料金一〇〇円の映画専門館になった。同年五月二三日からはシネマスコープ設備を設置し、有楽座でロードショーが終わった『聖衣』（監督：ヘンリー・コスター、一九五三）を上映した。有楽座での入場料は三〇〇円と四〇〇円だったが、新宿劇場は「一七〇円の大衆料金で御覧になれます」と広告を出した。もともと演劇劇場として建てられたので舞台の幅があり、シネマスコープ用のスクリーンに替えるには向いていたと言える。

一九六四年（昭和三九年）一〇月二九日に七〇ミリ劇場として改装開場し、七〇ミリ作品は一一月一九日からの『西部開拓史』（監督：ヘンリー・ハサウェイ、ジョン・フォード、ジョージ・マーシャル、一九六二）を始めに、『危険な道』（監督：オットー・プレミンジャー、一九六五）や『マイ・フェア・レディ』（監督：ジョージ・キューカー、一九六四）なども上映した。一九七〇年（昭和四五年）六月三〇日に『ワイルド・エンジェル』（監督：ロジャー・コーマン、一九六六）の上映で閉館した。

一九七一年（昭和四六年）一〇月、跡地に新宿ジョイパックビルが落成した。現在は名称が変わってヒューマックスパビリオン新宿歌舞伎町となっている。

新宿グランドオデヲン座　１２０６席（75）

東亜興行株式会社は一九四九年（昭和二四年）八月に阿佐ヶ谷駅前の阿佐ヶ谷オデヲン座（４９２席）を開館して映画館経営を始めた。新宿の歌舞伎町に進出したのは一九五一年（昭和二六年）一一月に地球座の隣に新宿オデヲン座（７８０席）を開館したのが始まりであった。これは前年に開催された〝東京産業文化博覧会〟の観光交通館のパビリオンだった。

また、この前後に中野オデヲン座（３２０席）・荏原オデヲン座（３６０席）・下北沢オデヲン座（３５２席）・吉祥寺オデヲン座（６０３席）・高円寺平和劇場（４４６席）を開館させた。

一九五五年（昭和三〇年）一二月三〇日、新宿オデヲン座の向い側にある新宿劇場の隣に五階建てのグランドビルを竣工し、新宿グランドオデヲン座（１２００席）と地下にニュー・オデヲン座（５００席）が開館した。グランドオデヲン座の開館番組は『海底二万哩』（監督：リチャード・フライシャー、一九五四）とディズニー・アニメ『プカドン交響楽』（監督：C・オーガスト・ニコルズ、ウォード・キンボール、一九五三）のロードショーだった。ニュー・オデヲン座の上映は『元禄美少年記』（監督：伊藤大輔、一九五五）と『二等兵物語 前篇女と兵隊 後篇蚤と兵隊』（監督：福田晴一、一九五五）であった。

グランドオデヲン座は一九五八年（昭和三三年）一〇月一四日から一か月余りの休館を余儀なくされた。この時は洋画上映から松竹封切館に変わっていた。休館の事情は「映画年鑑一九六〇年

版」によると「一〇月二八日に新宿松竹映画劇場（後の新宿ピカデリー）が松竹封切館として開館することになったので、一〇月一三日に松竹から配給停止を通告された。東亜興行の高橋康友社長は上映作品の斡旋を依頼していたが運営方針が立たないので無期限の休館を表明した。その後東映常務の伊勢憲三郎が仲介した東急・日活ロードショーチェーンの参加で解決した」という。再開場は一一月二〇日からで『パジャマゲーム』（監督：ジョージ・アボット、スタンリー・ドーネン、一九五七）を上映した。

ニュー・オデヲン座は一九五九年（昭和三四年）三月三一日に閉館した。地球座の隣にあった木造の新宿オデヲン座が閉館し、ニュー・オデヲン座の跡に入って新宿オデヲン座として再開館した。一九六四年（昭和三九年）一二月三一日からは新宿グランドオデヲンと東映新宿オデヲン座に改称した。上映作品は新宿グランドオデヲンが『7人の愚連隊』（監督：ゴードン・ダグラス、一九六三）、『633爆撃隊』（監督：ウォルター・E・グローマン、一九六四）、『X27号絶体絶命』（監督：ジャン・シャルル・デュドリュム、ミシェル・クザン、一九六三）の三本で、東映新宿オデヲン座は『くノ一化粧』（監督：中島貞夫、一九六四）、『大殺陣』（監督：工藤栄一、一九六四）他一本である。

一九七三年（昭和四八年）頃、東映新宿オデヲン座は新宿オデヲン座に改称。翌年は新宿日活オデヲンとなる。

© 新宿歴史博物館

グランドビルは建替えられて、一九七五年（昭和五〇年）一二月に第一東亜会館となり、新宿グランドオデヲン座（505席）が一階、新宿オデヲン座（418席）は地下一階、新たに新宿アカデミー（506席）が二階に開館した。一九八二年（昭和五七年）一二月、新宿オスカー（323席）が同ビル五階に開館。

二〇〇九年（平成二一年）九月二三日に新宿オスカーが閉館。同年一一月三〇日に建物内の映画館全てが閉館した。最終上映は新宿グランドオデヲン座が『沈まぬ太陽』（監督：若松節朗、二〇〇九）、新宿アカデミーが『ソウ6』（監督：ケヴィン・グルタート、二〇〇九）、新宿オデヲン座が『スペル』（監督：サム・ライミ、二〇〇九）だった。

跡地はアパホテル新宿歌舞伎町タワーになった。

新宿ミラノ座 C 70

1508席（56）→1492席（75）→1300席（95）

コマ劇場の正面。新宿東急文化会館内で一九五六年（昭和三一年）一二月一日に新宿東急と同日に開館した。

この場所は一九五〇年（昭和二五年）四月一日から開催された〝東京産業文化博覧会〟で衣食住をテーマにした生活文化館が建てられた所で、このパビリオンは翌年一一月一日に東京スケートリンクとして開業した。経営は東急電鉄系列の東京スケートリンク（一九五二年に東京製氷へ商号変更）であった。それから四カ月後の一九五二年（昭和二七年）三月二五日にはスケートリンク裏側に高田馬場から西武鉄道が延伸して西武新宿駅が開業された。スケートリンクに来る若者が増えたので喫茶店や食堂などの飲食店が出来て歌舞伎町が商業地として繁栄するようになった。東京スケートリンクは建替えられて一九五六年（昭和三一年）一二月一日に新宿東急文化会館となって三・四階でスケート場が開業された。スケートリンクは一九六七年（昭和四二年）に閉鎖されて新宿ミラノボウルとなった。

新宿東急文化会館の一階にはミラノ座が開館した。設計は久米建築事務所で、客席は後方が高く傾斜したワンフロア、延べ面積は三三三六平方メートルである。渋谷パンテオンと同日開館で、開館番組も同一の『放浪の王者』（監督：マイケル・カーティス、一九五六）だった。その後もミラノ座とパンテオンはほぼ同じ番組で上映していた。地階に同日開館した新宿東急の開館番組は『十人のならず者』（監督：H・ブルース・ハンバーストーン、一九五五）と『死刑囚2455号』（監督：フレッド・F・シアーズ、一九五五）である。

一九七一年（昭和四六年）一一月三〇日、四階に名画座ミラノ（224席）が開館

© 新宿歴史博物館

し、一九八七年（昭和六二年）九月からシネマミラノに改称した。

一九八一年（昭和五六年）一二月一一日、三階にシネマスクエアとうきゅう（224席）が開館した。

一九九六年（平成八年）一一月一五日より新宿東急文化会館はリニューアルして、新宿TOKYU MILANOに名称変更された。

二〇〇六年（平成一八年）六月一日、ミラノ座をミラノ1、新宿東急をミラノ2、シネマミラノをミラノ3に変更。

二〇一四年（平成二六年）一二月二六日にミラノ2、三一日にミラノ3とシネマスクエアとうきゅう、三〇日にミラノ座（閉館前にミラノ1から改称）が閉館した。最終上映はミラノ2が『インターステラー』（監督：クリストファー・ノーラン、二〇一四）、ミラノ3が『ハネムーン』（監督：リー・ジャニアク、二〇一四）、シネマスクエアとうきゅうが『ザ・レイドGOKUDO』（監督：ギャレス・エヴァンス、二〇一三）である。ミラノ座は〝新宿ミラノ座より愛をこめて～LAST SHOW～〟と題して『マトリックス』（監督：アンディ・ウォシャウスキー、ラリー・ウォシャウスキー、一九九九）や『アラビアのロレンス 完全版』（監督：デヴィッド・リーン、一九八八）、『タワーリング インフェルノ』（監督：ジョン・ギラーミン、一九七四）など二六本を入替制五〇〇円で上映し、『E．T． 20周年記念特別版』（監督：スティーヴン・スピルバーグ、二〇〇二）が最終上映となった。

すでに周辺の映画館も閉館していたので歌舞伎町に映画館がなくなったが、二〇一五年（平成二七年）になってコマ劇場跡地に

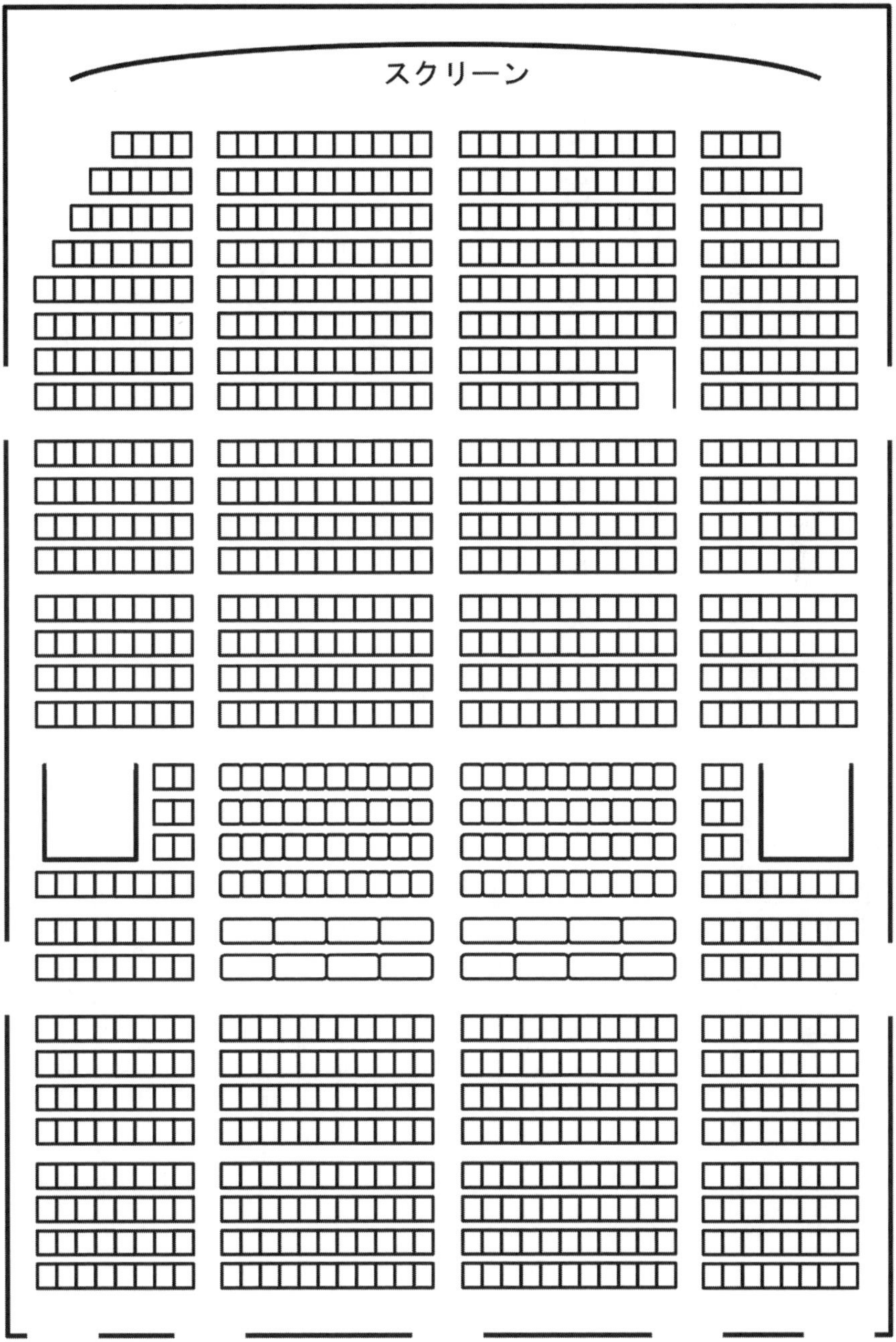

新宿ミラノ座　座席表　館内掲示より（座席番号省略）

TOHOシネマズ新宿が開館している。

ミラノ座での一日最大の入場者は一九八六年（昭和六一年）六月八日の『ロッキー4』（監督：シルヴェスター・スタローン、一九八五）で、二万二三二三人とされている。

ミラノ座には一九七〇年（昭和四五年）に『大脱走』（監督：ジョン・スタージェス、一九六三）を観に行ったのが最初だった。『大脱走』は渋谷の全線座で観ていたが、ミラノ座の前方座席で観ると大画面で、より迫力もあって映画に入り込めた。他に『ブレード・ランナー』（監督：リドリー・スコット、一九八二）、『ラスト・エンペラー』（監督：ベルナルド・ベルトルッチ、一九八七）、『ジェネレーションズ STAR TREK』（監督：デヴィッド・カーソン、一九九四）など。最後に観たのは『バトルシップ』（監督：ピーター・バーグ、二〇一二）だった。

新宿コマ劇場 70 2887席（57）→2088席（08）

コマ劇場は演劇や歌謡公演の殿堂であったが、一九五六年（昭和三一年）一二月二八日の開場時はTODD-AO方式による最初の七〇ミリ映画『オクラホマ！』（監督：フレッド・ジンネマン、一九五五）が上映されていた。

東宝傘下の株式会社新宿コマ・スタジアムが運営していた。大阪では先行して一一月一六日に株式会社梅田コマ・スタジアムが運営する梅田コマ劇場が開場している。一九六四年（昭和三九年）に両社は合併して株式会社コマ・スタジアムに改称した。新宿コマ劇場の設計は阿部建築事務所と竹中工務店、施工は竹中工務店であった。

劇場の特色は円形のコマのように上下動して回る舞台で、コマと称した所以であった。回転体は同心で中心から三・五メートル、九メートル、一四・四メートルの三重になっていた。

新宿コマ劇場の開館時は「それにふさわしい新形式の演し物が間に合わないので、わが国最初の七〇ミリ興行にふみ切った」と田中純一郎は「日本映画発達史」に書いている。また、スクリーンは左右三〇メートル、天地一五メートル、半円の深度三メートルであったという。

『オクラホマ！』と同時上映は『トッドAOの奇蹟』と『トンチンカン レスリングの巻』であったが詳細は不明である。『オクラホマ！』は一九五七年（昭和三二年）三月二四日まで上映された。次回興行は四月五日から五月八日までの新宿コマ・ミュージカル第一回公演としてコマ・スペクタクル『廻れ！コマ』二五景（演出：岡田恵吉）とコマ・ミュージカル『葉室烈人《ハムレット》の恋』一八場（演出：菊田一夫）で、榎本健一、トニー谷、古川ロッパ、扇千景、宮城まり子、草笛光子らが出演した。その次は五月一四日から二七

© 新宿歴史博物館

日までのコマ・グランドショウ『クルクルパレード』（出演：笠置シヅ子、青山京子、等）だが映画が併映されている。二一日までが『ロマンス誕生』（監督：瑞穂春海、一九五七）で二二日からは『おしどり喧嘩笠』（監督：萩原遼、一九五七）に変わった。その後は実演と映画を組合せた興行形態になり、七月一六日から二五日までは映画二本立のみの興行である。七月二二日までは『大当り三色娘』（監督：杉江敏男、一九五七）と『元禄忠臣蔵・大石最後の一日より 琴の爪』（監督：堀川弘通、一九五七）で、二三日から二五日は『裸の町』（監督：久松静児、一九五七）と『大当り三色娘』が続映された。七月二六日からの『デスティネ舞踊団公演』以降は映画上映がなく、実演のみの劇場となった。

二〇〇八年（平成二〇年）一二月三一日をもって閉館した。コマ・スタジアム主催最終公演が九月の「北島三郎特別公演」で、一二月二二日までのフジテレビが主催する「愛と青春の宝塚」が最終公演になった。最終日はテレビ番組の「第41回年忘れにっぽんの歌」で、テレビ東京とBSジャパンが中継放送した。出演者は北島三郎、坂本冬美、美川憲一、森進一、小林幸子、石川さゆり、朝丘雪路らで、扇ひろ子が「新宿ブルース」を歌い、トリの歌は八代亜紀の「舟唄」だった。

新宿のコマ・スタジアム館内地下にはコマ劇場と同日に開館した東宝封切館の新宿コマ東宝（972席）とコマシネマ（708席、一九六〇年頃閉館）があり、一九八二年（昭和五七年）八月一七日にシアターアプル（702席）が開館した。ミュージカルなどの演劇の劇場だったが、映画を上映するようになって一九八五年（昭和六〇年）四月一三日からMOVIEシアターアプルに改称していた。この地下の劇場もコマ劇場と同日に閉館した。

運営していた株式会社コマ・スタジアムは阪急阪神東宝グループに属していたが、二〇一四年（平成二六年）三月に東宝株式会社に吸収合併されて会社解散した。跡地は再開発による建て替えで新宿東宝ビルとなり、二〇一五年（平成二七年）四月一七日にTOHOシネマズ新宿が一二スクリーン合計2323席で開館した。

新宿ピカデリー 70 1427席（71）→820席（01）

一九五八年（昭和三三年）一〇月二八日、地上五階・地下二階で新築された新宿松竹センター内に新宿松竹映画劇場（1474席、松竹封切）と、地階に新宿松竹名画座（265席、優秀外国映画選抜上映、料金50円）・新宿松竹スター座（167席、外国活劇映画選抜上映、料金40円）・演芸の新宿松竹文化演芸場（定員500）の三館が開館した。新宿松竹映画劇場の開館番組は『この天の虹』（監督：木下恵介、一九五八）と『赤ちゃん台風』（監督：生駒千里、一九五八）で、名画座は『昼下りの情事』（監督：ビリー・ワイルダー、一九五七）、スター座は『必死の逃亡者』（監督：ウィリアム・ワイラー、一九五五）であった。

一九六二年（昭和三七年）、地上階の新宿松竹映画劇場を洋画ロードショー館にするため、八月一三日から九月二八日まで休館して改装し、九月二九日に松竹新宿ピカデリー（1427席）と地階の三館を一館に改造した新宿松竹映画劇場（1035席）が開館した。館内の映画館は二館になった。ピカデリーの開館番組は『ミンクの手ざわり』（監督：デルバート・マン、一九六二）である。

一九八七年（昭和六二年）七月四日、二階に新宿ピカデリー2（44席）が開館、新宿ピカデリーは新宿ピカデリー1となる。

二〇〇一年（平成一三年）三月七日から改装休館し、三月二四日にリニューアルオープンしたが、座席数は820席になった。この後は新聞広告に館番号の表示がなくなり、日によって上映作品を館内で入れ替えるシネコン方式になった。

二〇〇六年（平成一八年）五月一四日、全館が閉館した。館内で上映されていたのは『ナルニア国物語 第1章 ライオンと魔女』（監督：アンドリュー・アダムソン、二〇〇五）、『子ぎつねヘレン』（監督：河野圭太、二〇〇五）、『デュエリスト』（監督：イ・ミョンセ、二〇〇五）、『小さき勇者たち GAMERA』（監督：田崎竜太、二〇〇六）である。ピカデリー1は『ナルニア国物語 第1章 ライオンと魔女』を上映していたと思われるが、最終日は『小さき勇者たち GAMERA』を上映したようだ。

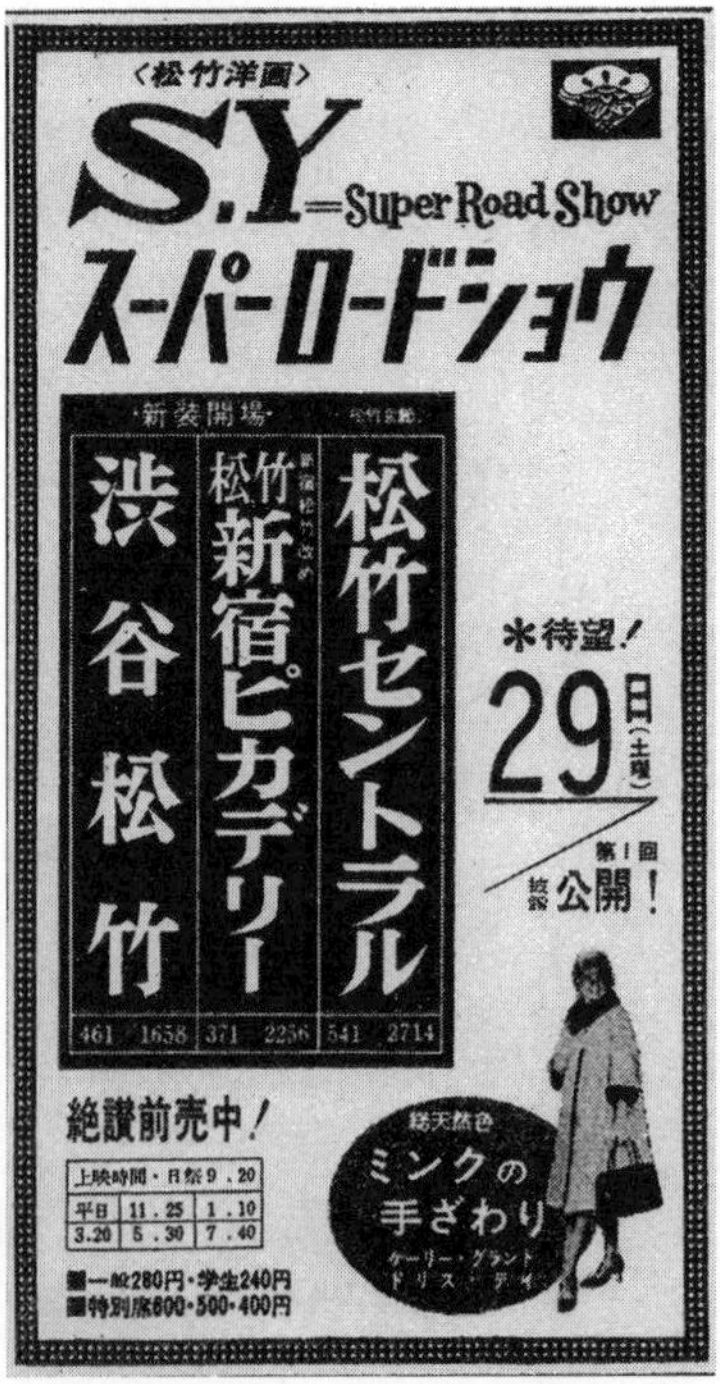

二〇〇八年（平成二〇年）に建替えられた新宿ピカデリーは一〇スクリーン合計2237席のシネコンになっている。

新宿ピカデリーは靖国通りに面しており、館内に入ると階段を上がった所がモギリとロビーになっていた。また、紀伊國屋書店の裏通り側にも入口があり、こちら側は土地が高くなっているので高低差がなく入場できた。劇場内はワンフロアだが座席の後半は階段状になっていて、最後部の扉は三階にあった。丸の内ピカデリーと同様に座り心地の良い座席だった。初めて観に行ったのは『燃えよドラゴン』（監督：ロバート・クローズ、一九七三）で、すでに就職した後だった。私は新宿にあったＣＭ制作会社で編集者になったが、担当した乳酸菌飲料の劇場用ＣＭが上映されたことがあり、スタッフと一緒に観に行った。色味や音声が問題なく上映されているかを確認するためである。ＣＭが終わって本編のアラン・ドロンが出演した『ル・ジタン』（監督：ジョゼ・ジョヴァンニ、一九七五）が始まったので引き続き観ていたら、同行したディレクターが促すので会社に戻ってしまった。一応勤務時間中だったのでのんびりはできなかった。映画の続きは未だに観ることができていない。

新宿ピカデリーでは他にも『ファニー・レディ』（監督：ハーバート・ロス、一九七五）、『華麗なる相続人』（監督：テレンス・ヤング、一九七九）、『ザナドゥ』（監督：ロバート・グリーンウォルド、一九八〇）、『Ｅ．Ｔ．』（監督：スティーヴン・スピルバーグ、一九八二）、『魚影の群れ』（監督：相米慎二、一九八三）、『ステイン・アライブ』（監督：シルヴェスター・スタローン、一九八三）、『アマデウス』（監督：ミロス・フォアマン、一九八四）、『砂の惑星』（監督：デヴィッド・リンチ、一九八四）、『刑事ジョン・ブック 目撃者』（監督：ピーター・ウィアー、一九八五）、『キリング・フィールド』（監督：ローランド・ジョフィ、一九八四）、『リトル・ショップ・オブ・ホラーズ』（監督：フランク・オズ、一九八六）を観ている。

新宿松竹映画劇場
1035席（67）→926席（70）→510席（88）

一九六二年（昭和三七年）九月二九日、新宿松竹センターの地階にある新宿松竹名画座、新宿松竹スター座、新宿松竹文化演芸場の三館を改装した新宿松竹映画劇場（1035席）が開館した。地上階にあった元の新宿松竹は新宿ピカデリーになった。新宿松竹の開館番組は『あの橋の畔で 第二部』（監督：野村芳太郎、一九六二）と『涙を、獅子のたて髪に』（監督：篠田正浩、一九六二）で、二九日〜三〇日は『北島三郎ショー』の実演付きだった。新宿松竹は新宿地区の松竹封切館であった。

一九八七年（昭和六二年）七月四日、二階に新宿ピカデリー2（44席）が増設された。ピカデリー2の入口は裏通りにある別階段にあった。一九八八年（昭和六三年）九月二六日から一二月二三日まで休館して改装し、新宿松竹を二館に分割して新宿松竹

（510席）と新宿ピカデリー2（230席）が開館した。従来の新宿ピカデリー2は新宿ピカデリー3となる。分割したので新宿松竹は客席が少なくなった。

一九九九年（平成一一年）六月一二日、新宿松竹が新宿ピカデリー2になり、元の新宿ピカデリー2は新宿ピカデリー3、新宿ピカデリー3は新宿ピカデリー4に改称された。

二〇〇六年（平成一八年）五月一四日、建物内の映画館全てが閉館し、シネコンとして建替えられた。

新宿松竹に初めて行ったのは新宿ピカデリーよりも前のことで、『智恵子抄』（監督：中村登、一九六七）と『女たちの庭』（監督：野村芳太郎、一九六七）の封切二本立だった。しかし次に行ったのは一六年後の『時代屋の女房』（監督：森崎東、一九八三）となった。

その他には『疑惑』（監督：野村芳太郎、一九八二）、『迷走地図』（監督：野村芳太郎、一九八三）、『海嶺』（監督：貞永方久、一九八三）、『キネマの天地』（監督：山田洋次、一九八六）、『ダウンタウンヒーローズ』（監督：山田洋次、一九八八）、『利休』（監督：勅使河原宏、一九八九）、『戦争と青春』（監督：今井正、一九九一）、『豪姫』（監督：勅使河原宏、一九九二）、『いつかギラギラする日』（監督：深作欣二、一九九二）、『忠臣蔵外伝 四谷怪談』（監督：深作欣二、一九九四）、『美味しんぼ』（監督：森崎東、一九九六）などで、最後に観たのは『BEAT』（監督：宮本亜門、一九九八）だった。

新宿東映　1296席（72）→786席（73）

新宿通りの追分交差点を四ツ谷方面に向かった右側にあった。一九四六年（昭和二一年）一二月に新宿東横映画劇場（950席）として開館。一九五二年（昭和二七年）四月一七日の『青空天使』（監督：斎藤寅次郎、一九五〇）と『おどろき一家』（監督：斎藤寅次郎、一九四九）の上映から新宿東映（737席）に改称した。一九五七年（昭和三二年）五月六日、『隼人族の叛乱』（監督：松田定次、一九五七）と『地獄岬の復讐』（監督：小林恒夫、一九五七）の上映を以て改築のために休館した。休館中の五月七

日からの『隼人族の叛乱』（続映）と『多情佛心』（監督：小沢茂弘、一九五七）より新宿ヒカリ座（500席）が東映作品を上映した。新宿ヒカリ座は紀伊國屋書店の向かい側を南口方面に進んだ所にあり、ヒカリ座の先を左折すると昭和館があるという角地である。一九四九年（昭和二四年）一二月二五日に『泣きぬれた天使』（監督：アンドレ・ベルトミュー、一九四二）で開館した。一九五三年（昭和二八年）二月二八日より経営会社のオリムピア映画を合併して東映の経営となっていた。木造一階の洋画上映館で、一九六〇年（昭和三五年）二月二九日に『或る殺人』（監督：オットー・プレミンジャー、一九五九）と『グランド・キャニオンの対決』（監督：ドン・シーゲル、一九五九）の上映をもって閉館した。

新宿東映は一九五八年（昭和三三年）三月一九日、鉄筋コンクリートの地下一階、地上四階建てに建替えられ、1434席となって新築開館した。開館番組は映画『丹下左膳』（監督：松田定次、一九五八）で、大川橋蔵・高倉健らが出演する実演が一九日から二一日まで付いていた。

地下の新宿東映地下（545席）は当初東映教育映画・内外ニュース・漫画・短編を上映していた。一九六〇年（昭和三五年）三月一日の『ヘラクレスの逆襲』（監督：ピエトロ・フランチーシ、一九五九）と『決戦珊瑚海』（監督：ポール・ウェンドコス、一九五九）の上映から館名が新宿東映パラスになった。

一九七三年（昭和四八年）五月二六日より新宿東映の二階席を改造して日活封切館の東映名画座（341席）が開館した。新宿

東映は二階席がなくなったので客席は減少した。翌年の四月一六日から東映名画座は新宿日活に改称した。二階の劇場は限られた空間に作られたために奥行きがなく、座席が急傾斜になっているので後頭部に後ろの人の膝があるほどだった。一九八〇年（昭和五五年）七月、新宿日活は東映ホールに改称し、ロビーの一角に東映ホール２（５９席）を増設した。東映ホール２は狭いのでスクリーンの裏から映写をしていた。一九八八年（昭和六三年）、東映ホールは東映パラス２、東映ホール２は東映パラス３と改称した。この東映会館内の映画館は二〇〇四年（平成一六年）一月九日、建替えのために全館閉館した。新宿東映の最終上映はアニメーションの『あたしンち』（監督：やすみ哲夫、二〇〇三）だった。現在は新宿三丁目イーストビルに建替えられて二〇〇七年（平成一九年）二月九日にシネコンの新宿バルト９（シアター１～９、合計１８２５席）が九階から一三階に開館している。

一九七三年（昭和四八年）に新宿御苑前にあった会社に就職した私は新宿東映の前を毎日のように通っていたが、実際に映画館に入ったのは八年後の『獣たちの熱い眠り』（監督：村川透、一九八一）と『ガキ帝国 悪たれ戦争』（監督：井筒和幸、一九八一）の二本立てからだった。閉館前は『突入せよ！「あさま山荘」事件』（監督：原田眞人、二〇〇二）が最後となったが、合計七三本を観ている。

新宿プラザ劇場　D70　１０４４席

東宝の直営館として一九六九年（昭和四四年）一〇月三一日に『ウエスタン』（監督：セルジオ・レオーネ、一九六八）の上映で開館した。縦七・五メートル横一八・一メートルのスクリーンが一五〇度に深く湾曲したディメンション１５０（D-150）という上映方式を採用した。客席数１０００を超す大劇場の新規開館は東京で最後だった。（一九八四年に開館した有楽町マリオン内の日本劇場は１００８席だったが改装により９４６席の日劇１となった）

『大地震』（監督：マーク・ロブソン、一九七四）の上映時には有楽座と同時にセンサラウンド方式を導入した。センサラウンドとは低周波を発生するスピーカーによって身体に振動を与えるというものであった。宣材の解説によると「センサラウンド方式は、MCAとユニヴァーサルが共同開発したものだが、特別な音響効果で観客を圧倒するだけでなく、従来の劇場のサウンド・システムでは、録音も、また再生することも不可能な、人間の耳に聞えない音波（超低周波）による効果で観客を包み込む。それは、センサラウンド方式のスピーカーに内造された強力なホーンが音波を発することにより、劇場内の空気が振動し、まるで本当の地震であるかのような錯覚を観客のからだに伝えるものである。しかし、この振動感はあくまでも空気を伝わる音波が起こすものであり、劇場とか、座席を物理的に振動させるものではないから、観客の身に一切危険はない。」と書かれている。センサラウンドのスピーカーはスクリーンの表側と左右、劇場後方部などに計16個設置されるのが原則だった。

一九八三年（昭和五八年）の『スター・ウォーズ ジェダイの復讐』（監督：リチャード・マーカンド、一九八三）を最後にディメンション150による上映もなくなり、一九八五年には湾曲スクリーンが平面スクリーンに変わったようだ。

一九九三年（平成五年）一二月四日から翌年三月一一日までの『クリフハンガー』（監督：レニー・ハーリン、一九九三）は、日本でロードショー公開された最後の七〇ミリフィルム上映であったと思われる。

施設の老朽化もあり、隣接したコマ劇場と同時に再開発されることになり、二〇〇八年（平成二〇年）一一月七日で閉館した。閉館前の一一月一日〜七日は〝新宿プラザ劇場ラストショー〟として『ベン・ハー』（監督：ウィリアム・ワイラー、一九五九）など八作品が上映され、『タイタニック』（監督：ジェームズ・キャメロン、一九九七）が最終上映だった。
新宿プラザ劇場へ最初に行ったのは一九八〇年（昭和五五年）の『未知との遭遇 特別編』（監督：スティーヴン・スピルバーグ、一九八〇）で、開館してから一〇年も経っていた。大画面のスクリーンで、傾斜のある客席は観やすかったが音響は少し硬く聞こえた。ここでは『レイダース 失われた聖櫃《アーク》』（監督：スティーヴン・スピルバーグ、一九八一）、『スター・ウォーズ ジェダイの復讐』（監督：リチャード・マーカンド、一九八三）、『ターミネーター』（監督：ジェームズ・キャメロン、一九八四）、『バック・トゥ・ザ・フューチャー』（監督：ロバート・ゼメキス、一九八五）、『ダ・ヴィンチ・コード』（監督：ロン・ハワード、二〇〇六）など四三本を観ている。最後に観たのは『ジャンパー』（監督：ダグ・リーマン、二〇〇八）だった。

錦糸町

江東劇場　1384席（64）→1162席（69）
本所映画館　1361席（68）→1166席（69）

一九七〇年頃までは錦糸町駅前の本所映画館と江東劇場の間の路地を入ると東京楽天地と名付けられた娯楽街で、錦糸町映画劇場（定員620）略称キンゲキ、江東東映（430席）、江東花月映画（247席）、江東文化（133席）、江東地下（132席）、リッツ劇場（650席）、江東名画座（264席）、江東スカラ座

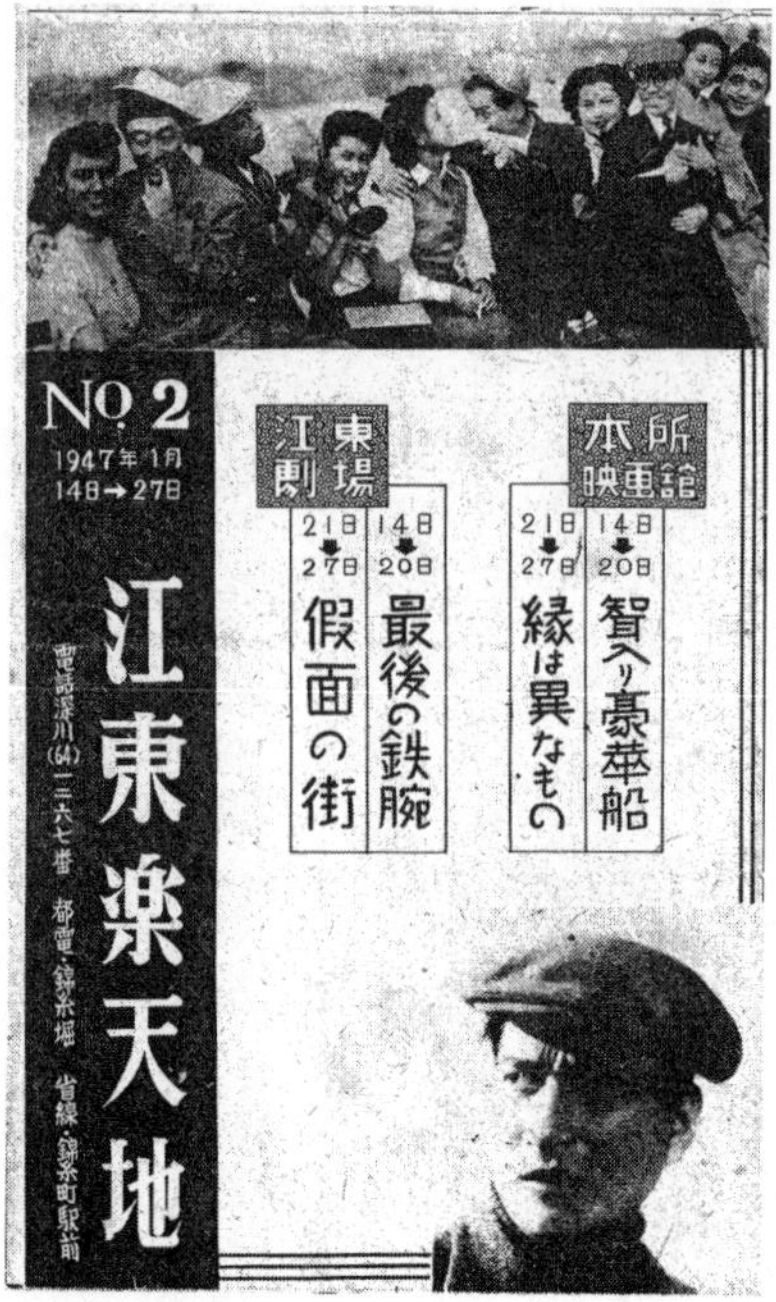

江東楽天地パンフレット　1947年1月

（171席）の映画館が並んでいた。その他にも仲見世、食堂、卓球場、ゴルフガーデン、遊園地、キャバレー、温泉などもあった。

一九三四年（昭和九年）一月、株式会社東京宝塚劇場（現在の東宝株式会社）は日比谷に東京宝塚劇場、同年二月に日比谷映画劇場、翌年六月には有楽座を開館した。一九三七年（昭和一二年）になると錦糸町駅前の空き地を娯楽施設とするため、二月二七日に運営会社の株式会社江東楽天地（のちに東京楽天地）を設立した。この地域は工業地帯であって労働者も多く交通の便も良かったので娯楽街の需要はあると考えたのだ。江東楽天地の設計は阿部美樹志建築事務所に所属して日比谷映画劇場と有楽座の建設に携わった友田薫で、当時は事務所を退職して独立していた。

江東劇場は一九三七年（昭和一二年）一二月三日に開館した。両館共定員1500名だった。江東劇場の開館時は演劇の劇場だったので、杮落しは東宝劇団による『壽式三番叟』と日吉良太郎一座の『銃後の護』『乃木将軍と一兵卒』『踊りの師匠』などが上演された。

一九三九年（昭和一四年）三月三一日より東宝映画封切館となる。一九四二年（昭和一七年）になると戦時統制で興行系統が紅系と白系に分けられ、江東劇場は紅系になった。

江東劇場は一九四五年（昭和二〇年）三月一〇日の東京大空襲で内部が焼失した。建物自体は残ったので復旧工事によって翌一九四六年（昭和二一年）一月一日に松竹と大映の封切館となって再開場した。一九四八年（昭和二三年）四月二九日から宝塚歌劇の公演がおこなわれ、春日野八千代、乙羽信子らの雪組が総出演した。連日超満員となり、一九五一年（昭和二六年）六月までに宝塚歌劇は八回の公演があった。これは日比谷の東京宝塚劇場が進駐軍に接収されてアーニー・パイル劇場となっており、日本の興行で使用することが出来なかったためである。また、日劇でも宝塚歌劇の公演をしていた。

一九四九年（昭和二四年）九月四日よりアメリカ映画封切館となる。同年一二月二七日からの『若草物語』（監督：マーヴィン・ルロイ、一九四九）は独占ロードショーとなった。一九五三年（昭和二八年）六月三日より縦四メートル横一〇メートルのワイドスクリーンに改装された。一九六三年（昭和三八年）五月から一〇月にかけて江東劇場の増改築がおこなわれ、一〇月三一日には五階建ての江劇ビルとなった。

一九八三年（昭和五八年）一〇月三〇日に再開発のため閉館し

た。最終番組は『逃がれの街』（監督：工藤栄一、一九八三）と『夜明けのランナー』（監督：中岡京平、一九八三）であった。江劇ビルでは閉館したが、隣に竣工された楽天地ビルの六階に移って江東劇場として一一月一日に開館した。

江劇ビルの江東劇場には一度だけ行ったことがある。一九六三年（昭和三八年）八月一五日から一九日まで上演された『スパーク3人娘ショウ』のチケットを親類から貰ったからだ。出演は中尾ミエ、伊東ゆかり、園まり、司会は世志凡太だったと覚えている。併映していた映画は『ハワイの若大将』（監督：福田純、一九六三）と『マタンゴ』（監督：本多猪四郎、一九六三）だった。

本所映画館は東宝映画封切館で、一九三七年（昭和一二年）一二月三日に隣の江東劇場と同日に開館した。開館番組は映画が『愛國六人娘』（監督：松井稔、一九三七）と『血路』（監督：渡辺邦男、一九三七）、実演が香島ラッキー、御園セブンの漫才だった。翌年の一九三八年（昭和一三年）六月二四日からは洋画上映館となる。一九四〇年（昭和一五年）四月一八日より日活映画封切館となる。一九四二年（昭和一七年）の戦時統制では白系の興行系統になった。本所映画館は一九四五年（昭和二〇年）三月一〇日の東京大空襲による被害は少なかったので、被災した太平警察署の臨時拠点となっていたが、六月二八日より『三十三間堂通し矢物語』（監督：成瀬巳喜男、一九四五）で映画興行を再開した。

一九五八年（昭和三三年）六月三日よりTY系の洋画上映館になった。

本所映画館　1951年頃

一九六三年（昭和三八年）二月から増改築工事に入り七月一五日に五階建ての本映ビルとなって完了した。一九七一年（昭和四六年）五月二六日に『ミクロの決死圏』（監督：リチャード・フライシャー、一九六六）の上映を最後に閉館した。閉館後はボウリング場に改造され、一二月一日に楽天地ヤングボウルが開場した。

一九八一年（昭和五六年）に本所映画ビルが解体されて再開発が始まり、建替え後の楽天地ビルには一九八三年（昭和五八年）一一月一日に江東劇場（474席）、本所映画（308席）、錦糸町リッツ（208席）、錦糸町キンゲキ（208席）が開館する。一九八六年（昭和六一年）一一月五日、楽天地ビルに隣接したザ・

プライム・ビル七階に錦糸町スカラ座（120席）とキネカ錦糸町（130席、のちに錦糸町スカラ座2に改称）が開館。

一九九九年（平成一一年）七月、江東劇場、本所映画、リッツ劇場、キンゲキ、錦糸町スカラ座、錦糸町スカラ座2を統合し、二館増設して八スクリーン、計1469席のシネコンである錦糸町シネマ8楽天地を開館したが、二〇〇六年（平成一八年）四月からは四スクリーンに縮小して楽天地シネマズ錦糸町（シネマ1：388席、シネマ2：165席、シネマ3：248席、シネマ4：165席）となっている。

上野・浅草

上野松竹　1152席（64）→990席（65）

一九五三年（昭和二八年）上野公園デパート（後に改称して上野松竹デパート）が開業。一一月三日、二階に上野松竹が開館した。番組は『東京物語』（監督：小津安二郎、一九五三）で、開館日には岸惠子、淡路恵子、北原三枝らが舞台挨拶をした。一九五四年（昭和二九年）六月一日には、上野名画座が『わが心に歌えば』（監督：ウォルター・ラング、一九五二）で開館。上野ニュース館も『インディアンの砦』（監督：ジャック・ショール、一九四五）とニュース、ポパイの漫画映画で同日に開館した。両館とも地階にあった。上野ニュース館は一九五七年（昭和三二年）七月二八日の『夜の蝶』（監督：吉村公三郎、一九五七）より上野大映に改称し、一九七二年（昭和四七年）一一月二七日より上野映画劇場に改称した。

一九五七年（昭和三二年）頃には二階に上野セントラルが開館。一九九八年（平成一〇年）八月一日より上野映画劇場が上野セントラル1、上野名画座が上野セントラル2、上野セントラルが上野セントラル3に改称した。

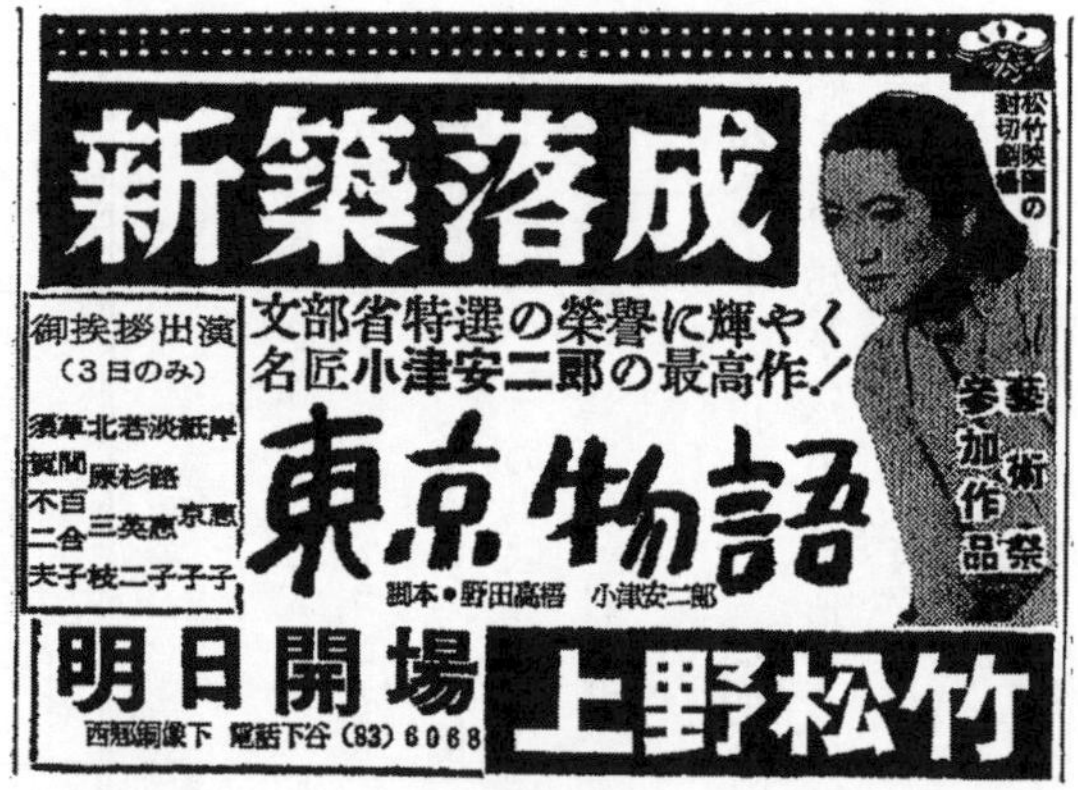

一九九九年（平成一一年）六月一二日からは上野松竹を上野セントラル1、それまでのセントラル1・2・3をセントラル2・3・4に変更した。

二〇〇六年（平成一八年）五月一四日に四館とも閉館。新宿ピカデリーがシネコンに建替えのために閉館したのと同日であった。建物では上野囲碁センターなどが営業を続けていたが、二〇一二年（平成二四年）八月三一日に全館閉鎖となった。建替えられて二〇一四年（平成二六年）四月二十六日にレストランなどが入る

〝上野の森さくらテラス〟が開業した。

浅草常盤座　1154席（68）→917席（69）

一八八七年（明治二〇年）一〇月一日、根岸濱吉が歌舞伎専門の劇場として常磐座（のちに常盤座）を開場した。牛込赤城下にあった赤城座を転座したもので、浅草公園六区で初めて建てられた劇場であった。始めは新富座で当った演目に倣って上演していた。一八九七年（明治三〇年）～一九〇四年（明治三七年）頃までは水野好美や河合武雄らの奨励会が定小屋としていた。一九〇八年（明治四一年）一月一七日に失火で焼失し、一一月二四日に再建開場されて連鎖劇や映画を上演するようになる。一九一一年（明治四四年）三月、根岸濱吉は南隣接地に金龍館を建設した。また、北側の隣接地にあった芝居茶屋の「喜の字」を映画館の東京倶楽部に改築した。この頃に経営会社の根岸興行部が発足して、左右の館と一階・二階を繋ぎ、一枚で三館共通の割安入場券を発売したのが人気となった。

一九一二年（大正元年）に横田商会、吉沢商店、福宝堂、M・パテー商会の映画製作四社が統合して日本活動写真株式会社（日活）が設立された。それまで常盤座では福宝堂作品を上映していたが、日活になってからは旧四社の作品が配給されるだけで日活の新作が来ない。この事情を福宝堂出身の小林喜三郎に相談した。小林喜三郎は日活では直営館係長となったが他社出身者と意見が合わずに退社していた。田中純一郎著「日本映画発達史」には小林の談話として「これから映画を作るから使ってくれるかというと、いつでも使うという。大阪方面では蘆辺倶楽部へ交渉するとここでも喜んで使うという。それならというので常盤座の常盤をとって商会名（常盤商会）とし、一気呵成に仕事をはじめたのです。」とある。一九一二年（大正元年）一二月より一週間で四、五本の映画を撮り常盤座と蘆辺倶楽部で興行をした。出演者は新派役者の水野好美や柴田善太郎、青木仙八郎などであった。ところが日活から苦情があって協議の結果、常盤商会は一カ月

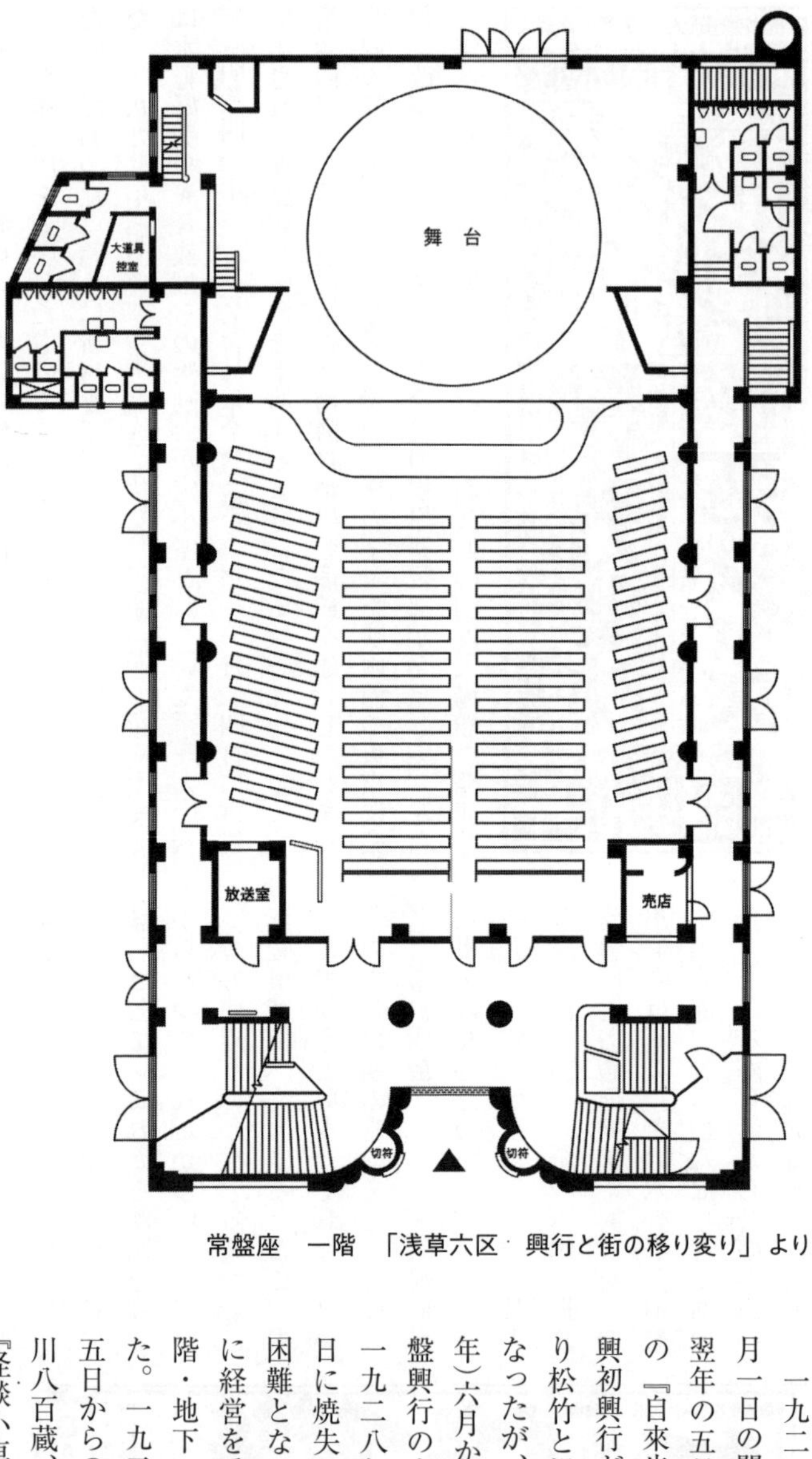

常盤座　一階　「浅草六区　興行と街の移り変り」より

ほどで解体した。
一九一七年（大正六年）一月二二日から上演された高木徳子の一座によるオペラ『女軍出征』から浅草オペラが流行したが、大正の終りに消滅した。しかしその後のレヴューへと受け継がれて行く。

一九二三年（大正一二年）九月一日の関東大震災でも被災し、翌年の五月八日に河合武雄一座の『自來也』『假名屋小梅』で復興初興行がおこなわれた。これより松竹と提携興行をするようになったが、一九二六年（大正一五年）六月からは提携を解消して常盤興行の直営となる。ところが一九二八年（昭和三年）五月五日に焼失し、不況のため再建が困難となった。そこで再び松竹に経営を委ねて再建され地上三階・地下一階の新築開場となった。一九二九年（昭和四年）七月五日からの初興行は市村亀蔵、市川八百蔵、喜多村緑郎らの出演で『怪談小車草紙』『娘道成寺』『雁金文七』等が上演された。芝居は次回の興行で終わり、九月一日から帝国キネマ作品の封切館になった。上映作品は『戀のジャズ』（監督：鈴木重吉、一九二九）、『傳奇刀葉林　白刄乱舞篇』（監督：渡辺新太郎、一九二九）、『白馬岳』（実写）で、実演の『紳士淑女狐踏曲《フォックストロット》』（演出：巖谷三一）は岡田嘉子、竹内良一、等が出演した。

一九三二年（昭和七年）八月三一日に上演された榎本健一と二村定一が出演する『弥次㐂夛 木曾街道』（一五景）からはレヴュー劇場となって翌年一月までエノケン一座が出演した。四月には古川緑波、徳川夢声らが軽演劇の劇団として笑の王国を常盤座で結成した。

一九三三年（昭和八年）八月からSY（松竹洋画興行社）の洋画系上映館となり、一九三四年（昭和九年）六月一日からは松竹映画上映館となった。同年一一月一日からは再び笑の王国の演劇を上演するようになった。

一九四五年（昭和二〇年）八月の終戦時は本郷秀雄・杉山昌三九一座の公演中であった。

一九四八年（昭和二三年）三月三日に佐山俊二・桜むつ子らが劇団新風俗を旗上げし、同時にヘレン滝らのストリップショウが上演された。この頃は桜むつ子をお気に入りだった永井荷風が楽屋に通っていた。

一九五〇年（昭和二五年）三月七日の『白晝の決鬪』（監督：佐伯清、一九五〇）から一九五六年（昭和三一年）の一〇月まで東映の封切館となっていた。一九五六年（昭和三一年）一一月一日に新装開館して、『松竹浅草ミュージカルス第一回公演』がおこなわれた。出演者は古川緑波、内海突破、桂小金治、美空ひばり、清川虹子、森川信、益田喜頓、伴淳三郎、笠置シヅ子らであった。以降は大江美智子・浅香光代などの女剣劇や歌謡ショーなどが上演されていた。

常盤座が映画上映館のトキワ座となったのは一九六五年（昭和

四〇年）八月一日からで、経営が松竹から関連会社の中映株式会社に代わり、邦画の旧作を上映する名画座になった。

一九八四年（昭和五九年）九月三〇日までの『化粧』（監督：池広一夫、一九八四）、『関東緋桜一家』（監督：マキノ雅弘、一九七二）、『乱れからくり』（監督：児玉進、一九七九）の上映をもって映画館は閉館になった。その後も演劇や音楽のライブ会場として使われることもあったのだが、再開発のため一九九一年（平成三年）に閉館した。

浅草の映画館へはトキワ座に一度行っただけだった。まだ並びの電気館や東京クラブも戦前からの建物のまま残っていた。それぞれの外観も古いが風格があった。トキワ座では二階席で観たのだが、館内の高い天井や装飾を見渡して、華やかな往時の情景を想像することができた。

トキワ座で観たのは『安藤組外伝 人斬り舎弟』（監督：中島貞夫、一九七四）、『お姐ちゃんお手やわらかに』（監督：坪島孝、一九七五）、『野獣死すべし 復讐のメカニック』（監督：須川栄三、一九七四）の三本立てだった。

浅草電気館　1462席（64）→1163席（65）

浅草六区の電気館は電気仕掛けやX線の実験を見せる興行をしていたが、一九〇三年（明治三六年）一〇月一日より日本初の活動写真常設館となって開館した。上映作品は『ロンドンの大火』である。上映フィルムの全篇を赤く着色しているので映写すると館内が赤くなり、そこへ効果音として半鐘を打ち鳴らしたので評判となった。映画館への転向は経営不振だったためである。電気の見世物で口上を述べていた染井三郎はそのまま活動弁士になった。電気館の名称は活動写真館の代名詞となって全国各地に電気館が開館した。

一九〇五年（明治三八年）二月より吉沢商店の直営となる。

一九一二年（大正元年）九月に吉沢商店、横田商会、福宝堂、M・パテー商会が合併して日活が創立されると日活作品や外国映画を上映した。一九二三年（大正一二年）六月二三日からの『三銃士』（監督：フレッド・ニブロ、一九二一）と『ナット』（監督：

電気館ニュース No.85
1928年8月『人の世の姿』

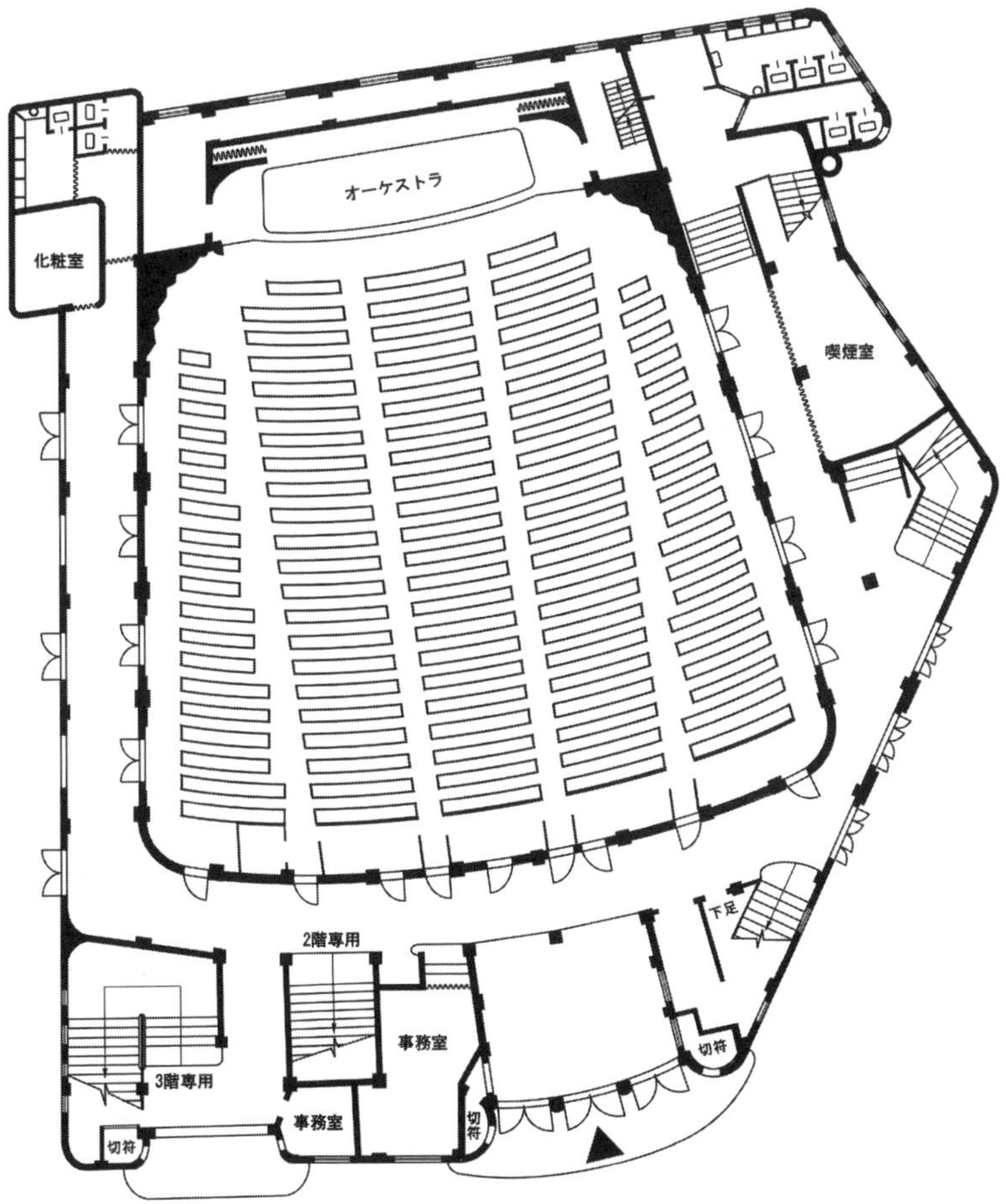

電気館　一階　「浅草六区　興行と街の移り変り」より

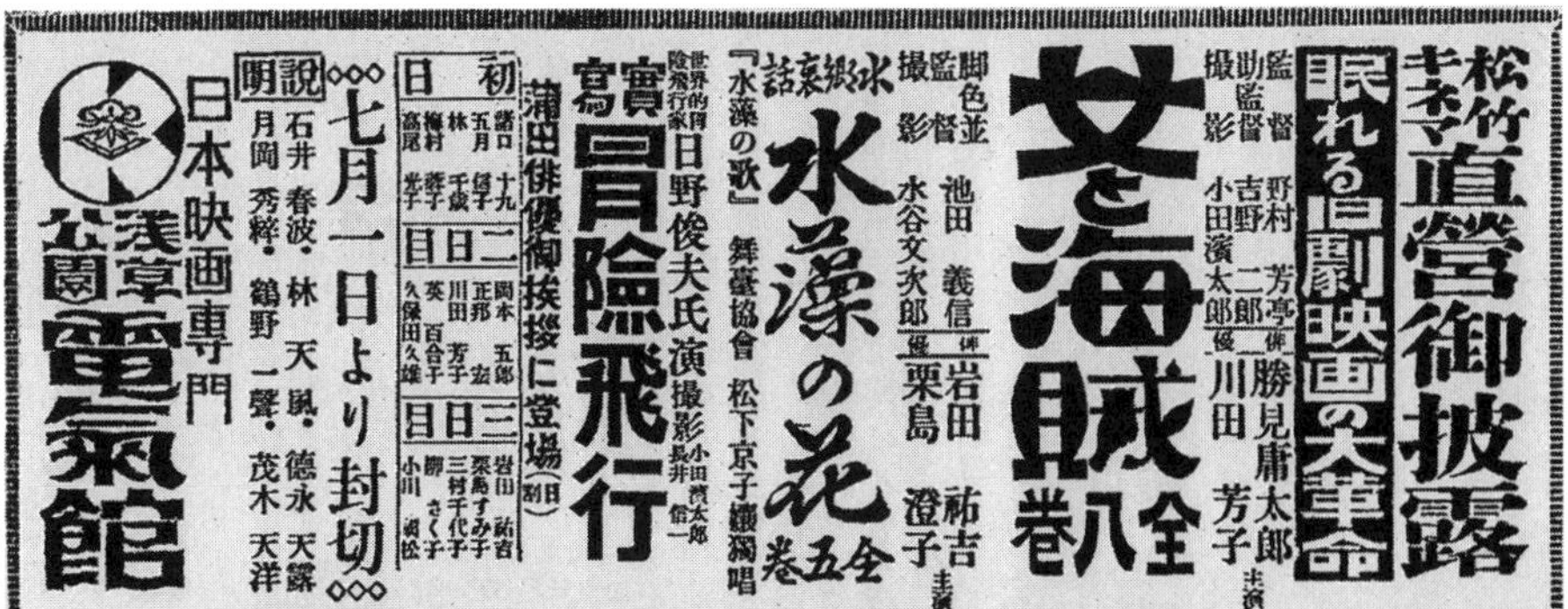

セオドア・リード、一九二一）を最後に、七月一日より松竹キネマの直営となる。初日より三日間は日替わりで松竹蒲田の俳優が舞台挨拶に立った。初日の出演は諸口十九、五月信子、林千歳、梅村蓉子、高尾光子で、上映作品は『女と海賊』（監督：野村芳亭、一九二三）、『水藻の花』（監督：池田義信、一九二三）、『實寫 冒險飛行』（出演：日野俊夫）だった。この年は九月一日に関東大震災があり電気館も被災したが一二月に復興開館した。その後、僊石政太郎の設計によって建て直しとなり、一九二六年（昭和元年）一二月三一日に新築開館した。建坪二五〇坪（約八二六平方メートル）の鉄筋三階建てで１４６２席、工費は五〇万円という。番組は『閃く刃』（監督：大久保忠素、一九二六）と『妖婦五人女』（監督：重宗務、島津保次郎、野村芳亭、池田義信、一九二六）である。

一九二八年（昭和三年）一二月、松竹の直営が廃止されて、替わりに浅草観音劇場が松竹封切館になった。

一九五〇年から一九六〇年代は大映作品の上映館となった。一九五七年（昭和三二年）七月二日から四日までは『弥太郎笠』（監督：森一生、一九五七）と『地獄花』（監督：伊藤大輔、一九五七）、ディズニー漫画『リスの山小屋合戦』（監督：ジャック・ハンナ、一九四六）の上映に実演が付いて市川雷蔵、浦路洋子、三田登喜子が出演した。一九七一年（昭和四六年）に大映が倒産した後は東映の封切館になった。

やがて観客が減少して二階と三階の客席は使用しなくなった。建物の老朽化もあって一九七六年（昭和五一年）二月二九日に閉館した。上映作品は『横浜暗黒街 マシンガンの竜』（監督：岡本明久、一九七六）と『暴走パニック 大激突』（監督：深作欣二、一九七六）だった。

大勝館 70 １０４０席（64）→８８６席（65）

大勝館を設立した大瀧勝三郎は元髪職人で、歌舞伎専門のかつら製造業〝大勝〟へ先代の勝次郎の養子に入った人物だ。その後浅草花屋敷の経営者となり、凌雲閣（浅草十二階）の建設にも資金を提供した。一九〇八年（明治四一年）七月一三日、青木一座の玉乗りを興行していた第一共盛館が大勝館に改称し、活動写真常設館として開館。開館番組は『大海賊』『日本の蝶』『馬關の花魁道中』『西洋の辨天小僧』（以上詳細不明）と余興『天女の舞』があり、入場料は特等一〇銭、並等五銭である。梅屋庄吉のM・パテー商会が提供する映画を上映していたが、M・パテー商会と横田商会、福宝堂、吉沢商店が合併して日本活動写真株式会社（日活）になると、日活作品の上映館になる。その後は天活、国活、松竹キネマ、帝キネと特約館を変遷

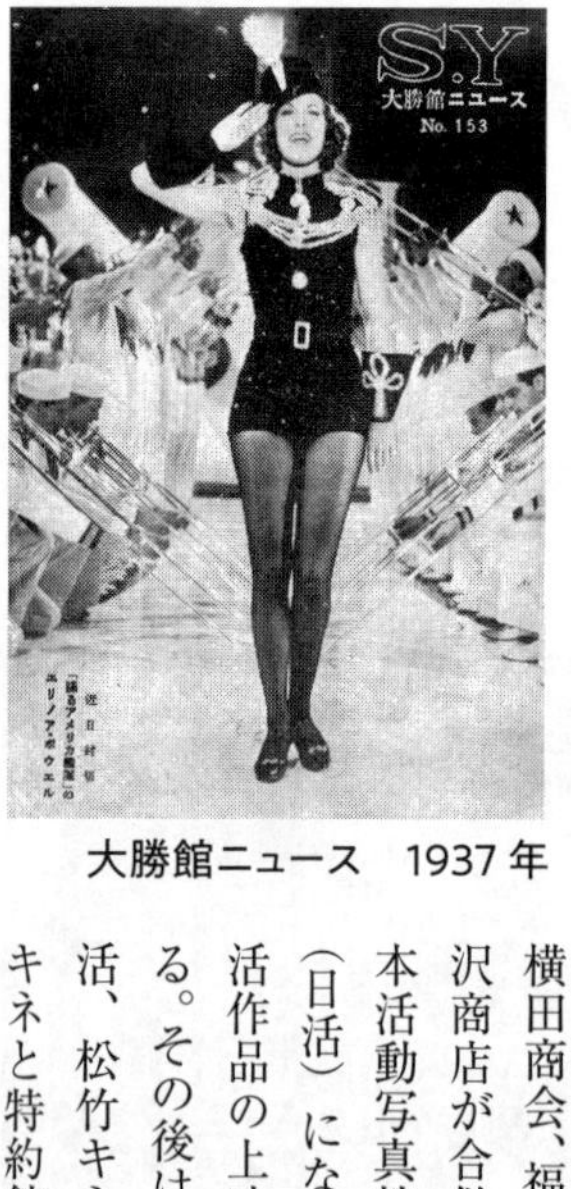

大勝館ニュース　1937年

し、一九三〇年（昭和五年）一月に隣接した世界館（元の第二共盛館）と共に休館した。

一九三〇年（昭和五年）一二月、世界館を合併して新築開館し、洋画封切館となる。一二月二八日が開館披露で、一二月三一日から営業を開始した。開館番組はサウンド版の『猛獸國世界横斷』（製作：マーティン・ジョンソン夫妻、一九三〇）、『戦線膝栗毛』（監督：ロイ・デル・ルース、一九二七）、『恋愛飛行一万哩』（監督：ハワード・ブレザートン、一九二八）で、高田舞踊團の実演があった。説明者は染井三郎ほかである。建築設計は僊石政太郎で、鉄筋コンクリート三階建て、冷暖房設備、ウエスターンエレクトリックの発声装置も備えて工費は約百万円であった。

一九三一年（昭和六年）五月よりSP系上映館となり、一九三三年（昭和八年）六月二二日の『ミス・ダイナマイト』（監督：ジョン・フランシス・ディロン、一九三二）と『鋪道』（監督：マリオン・ゲーリング、一九三三）よりSPからパラマウント社が抜けた後のSY系上映館になった。

一九四四年（昭和一九年）九月一〇日より演芸・軽演劇の興行

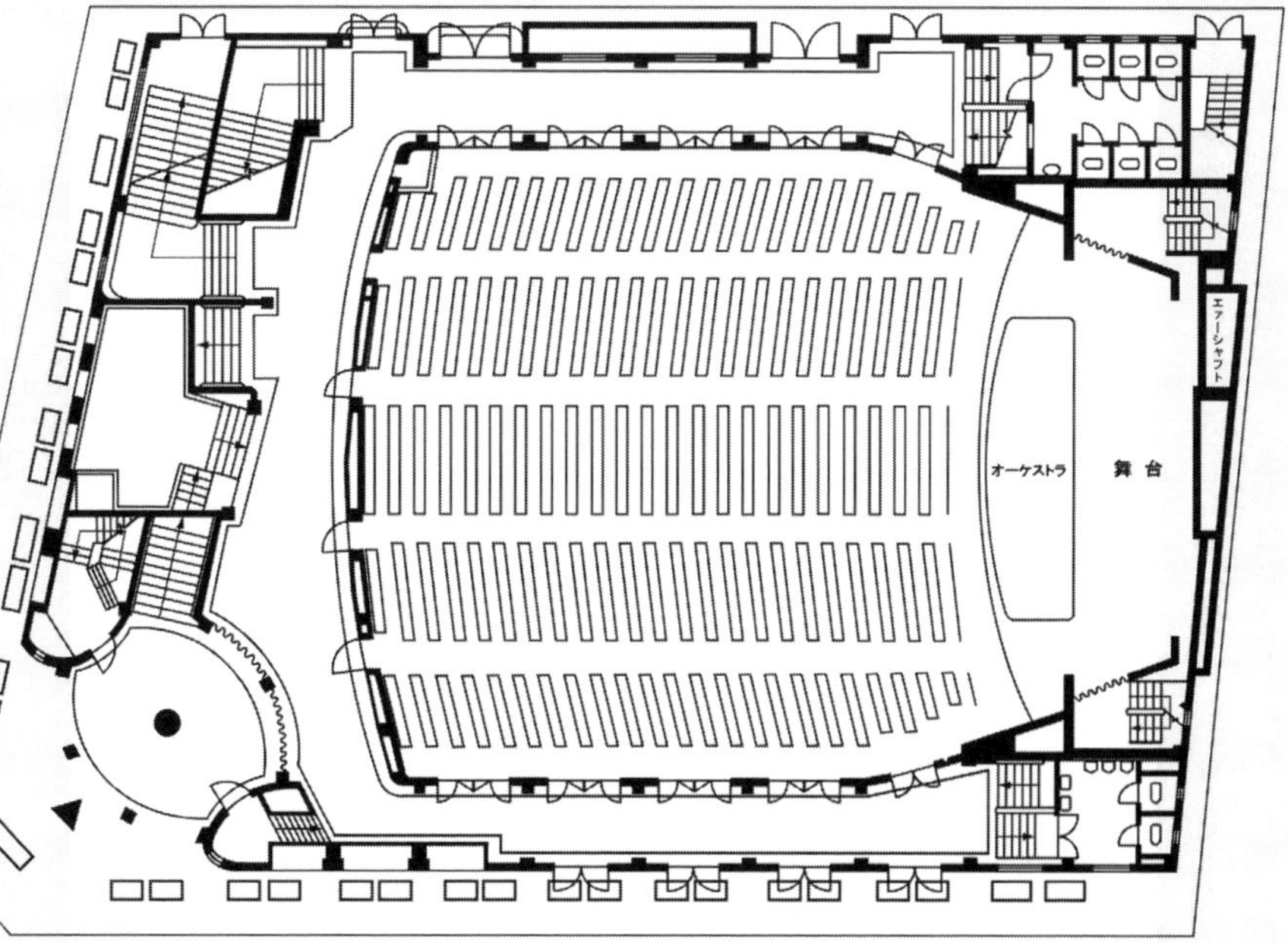

大勝館　一階　「浅草六区　興行と街の移り変り」より

© 台東区中央図書館所蔵
撮影：高相嘉男氏

に変更された。開館番組の出演者は劇団たんぽぽ水の江瀧子一座、有島一郎、田中実、桜井潔楽団である。

一九四五年（昭和二〇年）三月一〇日の東京大空襲で被災して休館したが、七月六日に再開し、一〇月二九日から松竹歌劇団の戦後第一回公演がおこなわれた。

一九四六年（昭和二一年）四月一日、映画館に復帰して、『黄金狂時代』（監督：チャールズ・チャップリン、一九二五）と短編映画『トスカニーニ』を上映した。

一九五二年（昭和二七年）四月三日よりTY系上映館となる。

一九六五年（昭和四〇年）二月二六日までの七〇ミリ上映作品『シャイアン』（監督：ジョン・フォード、一九六四）でロードショー館を終了して、翌日からは『大脱走』（監督：ジョン・スタージェス、一九六三）と『荒野の3軍曹』（監督：ジョン・スタージェス、一九六二）で名画座になった。

一九七一年（昭和四六年）一〇月一一日に『荒野の七人』（監督：ジョン・スタージェス、一九六〇）と『私は好奇心の強い女』（監督：ヴィルゴット・シェーマン、一九六七）他一本の上映で閉館した。

翌一九七二年（昭和四七年）一二月、跡地に浅草中映ボウルが建設されて、一九七六年（昭和五一年）一二月二七日には館内の二階にキャピタル（322席）とロマン（150席）が開館した。キャピタルは洋画名画座で開館番組は『ベンジー』（監督：ジョー・キャンプ、一九七四）と『大地震』（監督：マーク・ロブソン、一九七四）である。ロマンはピンク映画の二本立てだった。

一九八一年（昭和五六年）一二月二〇日には地下に洋画成人映画三本立てのアポロという映画館が開館した。

一九八五年（昭和六〇年）三月一日にアポロが閉館し、三月四日にキャピタルが『レイズ・ザ・タイタニック』（監督：ジェリー・ジェームソン、一九八〇）、『スーパー・ガン』（監督：ロバート・ハートフォード・デイヴィス、一九七二）、『ザ・テイク わいろ』（監督：ロバート・ハートフォード・デイヴィス、一九七四）で閉館。ロマンは三月五日に閉館した。

浅草日活映画劇場（旧・浅草富士館）
１２０６席（64）→１０２８席（65）

一九〇八年（明治四一年）に美音館と見世物館だった珍世界を合わせ、富士館として開館した。七月一四日付けの都新聞の広告には〝一四日より、珍世界あと富士館『喜劇嫉妬之妻君』『悲劇感《ママ》善懲悪之鑑』『幸福なる怠惰者』『風變りのイタヅラ』『ロテツサー大瀑布』『二人女優』『古今未曾有障害物大競馬會』其他〟とある。キネマ旬報「日本映画作品大鑑」では八月二日に横田商会提供の外国映画『嫉妬の發狂』が富士館で封切上映されたとしているが、『喜劇嫉妬之妻君』と同作品かも知れない。

一九一〇年（明治四三年）一二月三〇日に新築開館し、横田商会提供の史劇『源平盛衰記』、新派喜劇『村田式ピストル』、新派劇『みさを』、露国史劇『オバン三世と勇婦ボサトニザー』（以上詳細不明）が上映された。

富士館　富士週報　1934年9月

一九一二年（大正元年）一〇月一日封切の横田商会作品『春日局』（一九一二）と『仇』（一九一二）の後は、四社が合併されて日活となった作品の『誰が物』（一九一二）と『三代将軍家光と大久保彦左衛門』（一九一二）が一一月一日より封切上映された。

一九一八年（大正七年）二月九日より外国映画上映館となった。番組は『乗合馬車13號』（監督：アルベルト・カポッツィ、ジェロ・ザンブート、一九一七）と『マイ・リットル・ベビー』（監督：ジュゼッペ・デ・リグオーロ、一九一七）で、説明は染井三郎、生駒雷遊、泉天嶺だった。同年八月三一日からは尾上松之助の映画専門封切館となって、『幡随院長兵衛』（監督名不明、一九一八）が上映された。松之助映画は一九二六年（大正一五年）七月一四日封切の『侠骨三日月 前篇』（監督：池田富保、一九二六）が遺作となったが、以降も日活封切館であった。

一九二三年（大正一二年）九月一日の関東大震災で被災した建物を建直すことになり、一九二七年（昭和二年）四月一五日の『大久保彦左エ門』（監督：池田富保、一九二七）から観音劇場を借受けて、建設期間中は富士館として興行を続けた。

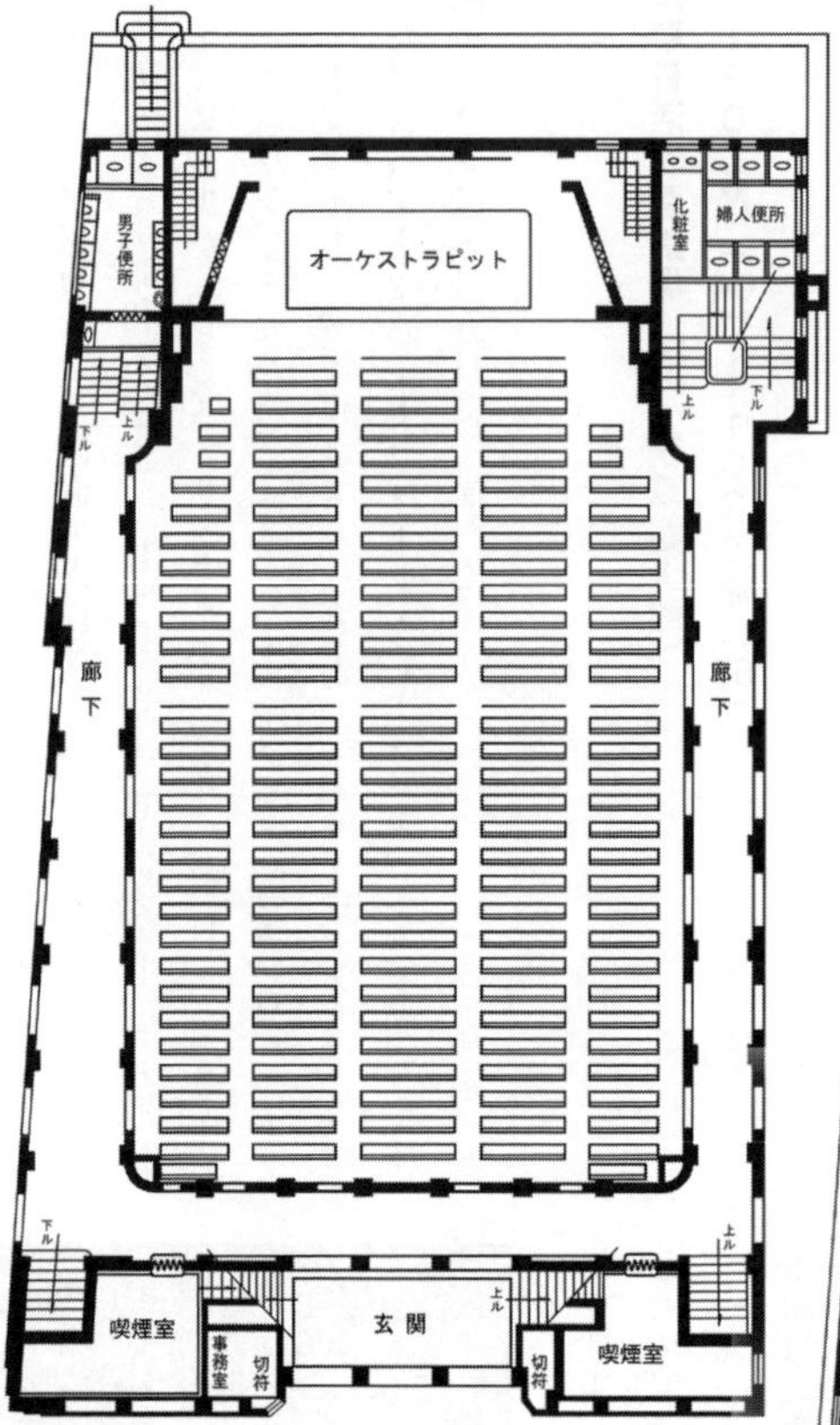

一階

二階

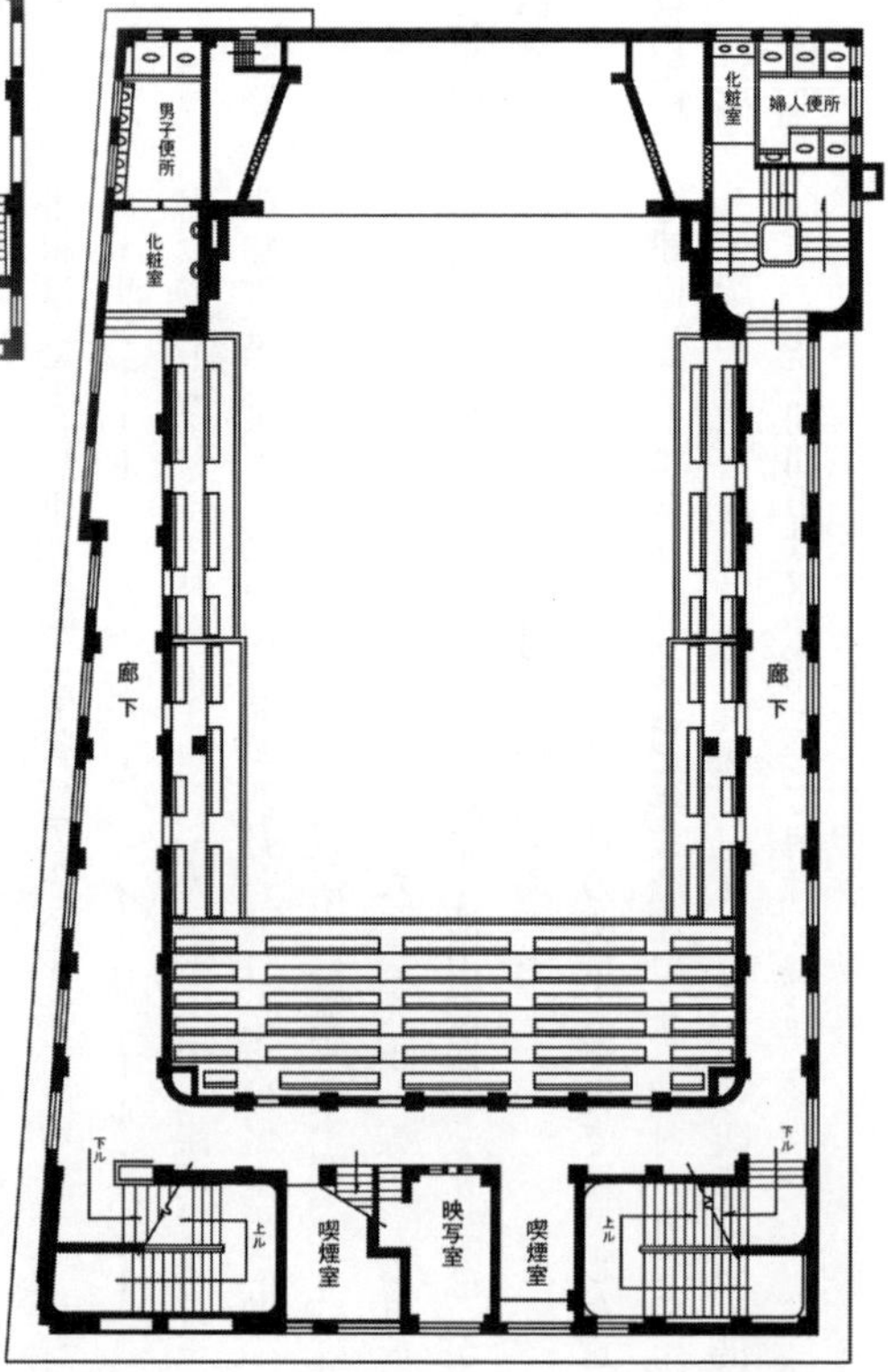

富士館
「東京横浜復興建築図集 1923-1930」より

倦石政太郎の設計により竣工されたのは一九二七年（昭和二年）一二月二五日である。建坪は五一五・七平方メートル、六階建ての一階から三階までが客席で、三階には喫茶室があった。オーケストラピットの昇降は電動である。一二月二七日からの開館上映は『忠次旅日記 第三部御用篇』（監督：伊藤大輔、一九二七）、『一劔横行』（監督：中山呑海、一九二七）、『女合戦』（監督：三枝源次郎、一九二七）の封切三本であった。

一九四二年（昭和一七年）四月、戦時統合によって日活の製作部門が大日本映画製作株式会社（大映）に統合されたため大映作品を上映した。

一九五一年（昭和二六年）九月一日、浅草日活に改称。一一日からの上映作品は『月下の銃声』（監督：ロバート・ワイズ、一九四八）であった。一九五四年（昭和二九年）に製作を再開するまでの日活は直営館で外国映画を上映していた。

一九七一年（昭和四六年）一〇月三一日に『海兵四号生徒』（監督：黒田義之、一九七一）と『陸軍落語兵』（監督：弓削太郎、一九七一）で閉館した。建物は一二月二八日よりキャバレーの新世界となった。

一九七四年（昭和九年）四月一六日より浅草東映名画座が浅草日活に改称された。

浅草松竹映画劇場（旧・帝国館）
１３１０席（64）→９２０席（69）

円形の建物内で風景や戦闘図を周囲に描き、中央から立体的に見せるという興行の日本パノラマ館が一九〇九年（明治四二年）に閉館し、跡地に活動写真専門劇場の帝国館が一九一〇年（明治四三年）四月一日に開館した。開館番組は吉沢商店製作で五味國太郎出演の『箱根の湯治』、柴田善太郎出演の『伯爵夫人』、M・パテー商会提供の新派劇『浪子嬢花子嬢』外国映画の『新帰朝者ジョンドル』と『水中の美人』（以上詳細不明）である。その後程なくして洋画封切館となったようだ。

一九二一年（大正一〇年）三月一二日からは松竹の直営館になった。これは当時浅草帝国館・赤坂帝国館・横浜角力常設館を所有していた小林喜三郎が社長だった帝国活動写真株式会社を松竹キネマ合名社（後に松竹キネマ株式会社〜松竹株式会社）が買収したためである。最初の番組はイタリア映画『毒蛇』（監督：G・アルベルト・カルタ、一九二〇）とアメリカ映画の『大空を仰ぎて』（監督：バートラム・ブラックン、一九一九）、『ならず者』（監督：

アイラ・M・ローリー、一九一九）である。

一九二九年（昭和四年）三月に僊石政太郎の設計による本建築となって落成され、松竹作品の封切館となる。それまで松竹封切館だった浅草観音劇場は契約を解除された。最初の上映作品は三月一五日からの『黄昏の誘惑』（監督：池田義信、一九二九）と『吹雪峠』（監督：冬島泰三、一九二九）である。

一九四一年（昭和一六年）三月、東宝映画の封切館となる。

一九四三年（昭和一八年）二月一一日封切の『歌行燈』（監督：成瀬巳喜男、一九四三）より浅草松竹映画劇場に改称した。

一九八四年（昭和五九年）四月一二日、『超人ロック』（監督：福富博、一九八四）と『未来少年コナン 特別編 巨大機ギガント

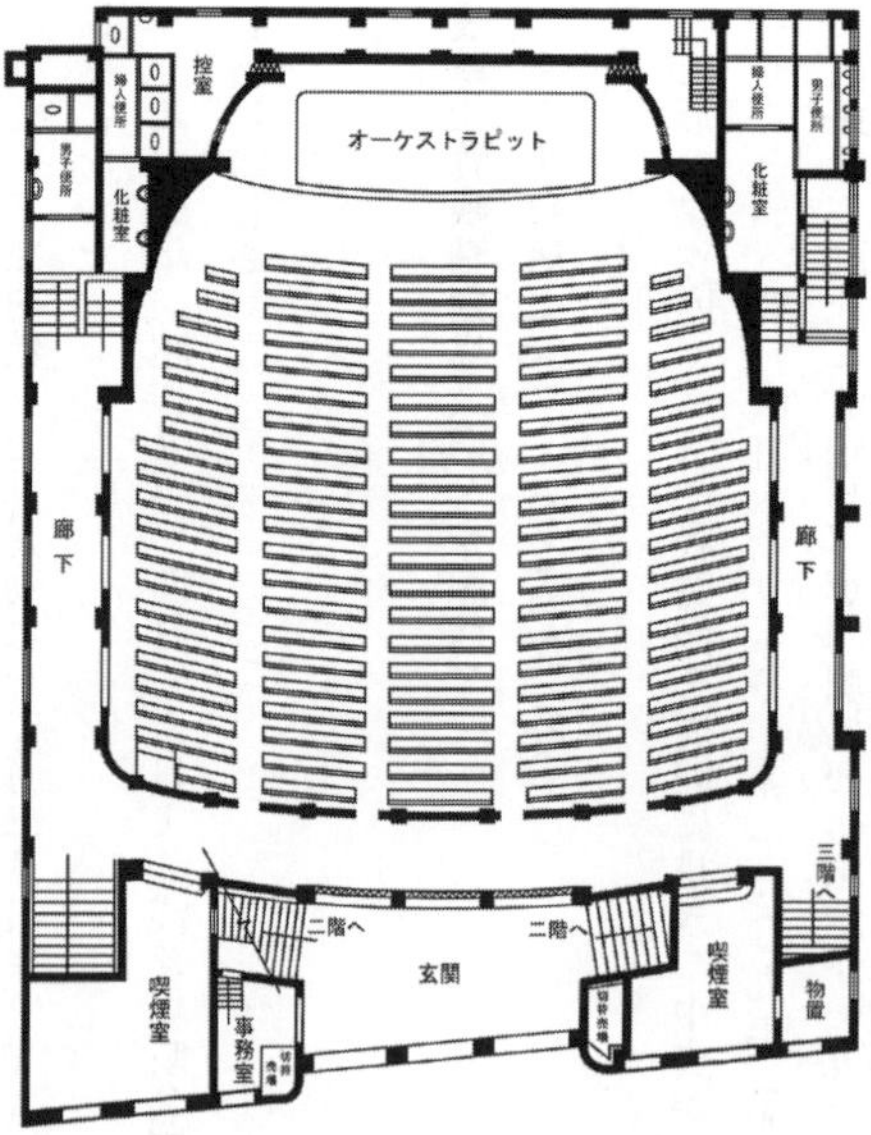

帝国館一階

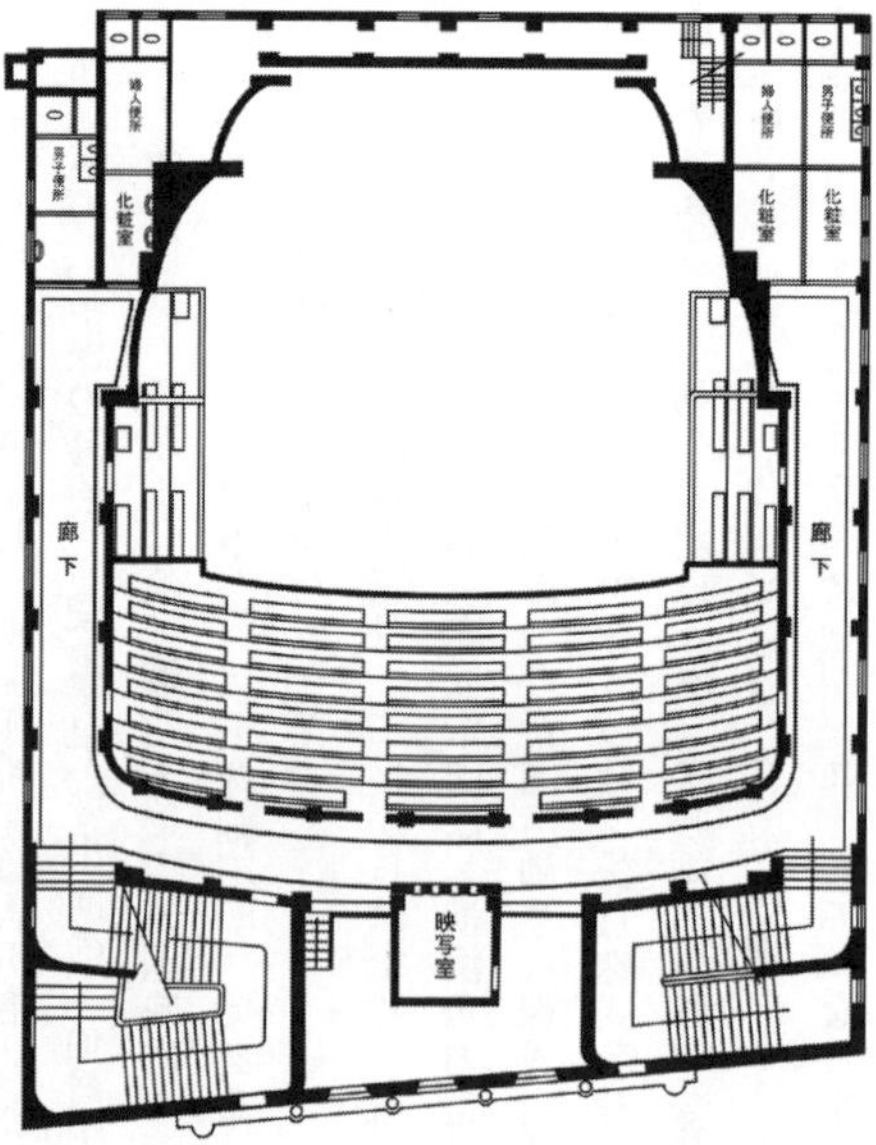

帝国館二階

「東京横浜復興建築図集 1923-1930」より

の復活』（監督：宮崎駿、一九八四）で閉館し、ロキシー映画劇場が館名変更して浅草松竹になった。

浅草松竹座　１０２３席（62）

一九一三年（大正二年）二月二九日、みくに座が芝居小屋として開場した。一九一八年（大正七年）一〇月一日より松竹直営となって御国座に改称した。一九二〇年（大正九年）一二月二九日、火災で焼失の後、一九二三年（大正一二年）の関東大震災でも焼失した。

一九二四年（大正十三年）四月五日に館名を浅草松竹座と改めて新築開場した。興行は昼の部が『菘種蒔』『一谷嫩軍記』『茶壷』『勾當内侍』、夜の部は『吉野山道行』『實録先代萩』『戀港博多諷』『石橋』で、歌右衛門、吉右衛門、三津五郎一座が出演した。その後は伊井蓉峰、喜多村緑郎、水谷八重子、井上正夫、栗島すみ子、柳さく子、花柳章太郎などの一座も出演した。

一九二八年（昭和三年）に改築されて外国映画常設館となり、八月三一日に開場した。客席はすべて椅子席で、休憩室、喫煙室、を設置。一階と三階に喫茶室、二階に食堂を設けた。上映作品は『キートンの船長』（別題：キートンの蒸気船、監督：チャールズ・F・ライズナー、一九二八）と『空行かば』（監督：ウィリアム・A・ウェルマン、一九二八）、また松竹楽劇部の一一〇人による『虹のおどり』が併演された。この公演中に楽劇部の生徒を募集して

娯しさ！スリル！完全立体音響で、さぁ夢の旅へ！
キネラマ誕生！
大いなる楽園
総天然色
日本語版
明1日より
東半球初の大公開！
浅草国際通り
松竹座

一六名が採用された。この中には水の江たき子（後に改名して水の江瀧子）も採用されていた。一〇月には浅草松竹座の稽古場に東京松竹楽劇部が設置され、洋画上映と松竹楽劇部の公演を併せて興行するようになった。

一九二九年（昭和四年）四月三日からは『メトロポリス』（監督：フリッツ・ラング、一九二六）と『カナリヤ殺人事件』（監督：マルコム・セントクレア、一九二九）が封切公開された。

松竹楽劇部は一九三〇年（昭和五年）四月一七日から第一回の『東京踊り』（一〇景）を上演した。『東京踊り』は舞台を変えて第五一回まで続く番組となる。

一九三一年（昭和六年）五月三一日からはレヴュウ専門の劇場に変わり、松竹レヴュウ劇場に改称された。第一回興行は松竹楽劇部による『夏のおどり』、川田芳子出演の舞踊劇『藪入り娘』などであった。松竹楽劇部は翌年松竹少女歌劇部と改称し、一九三三年（昭和八年）九月より松竹少女歌劇団（ＳＳＫ）となった。松竹座における松竹少女歌劇団の公演は一九三四年（昭和九年）四

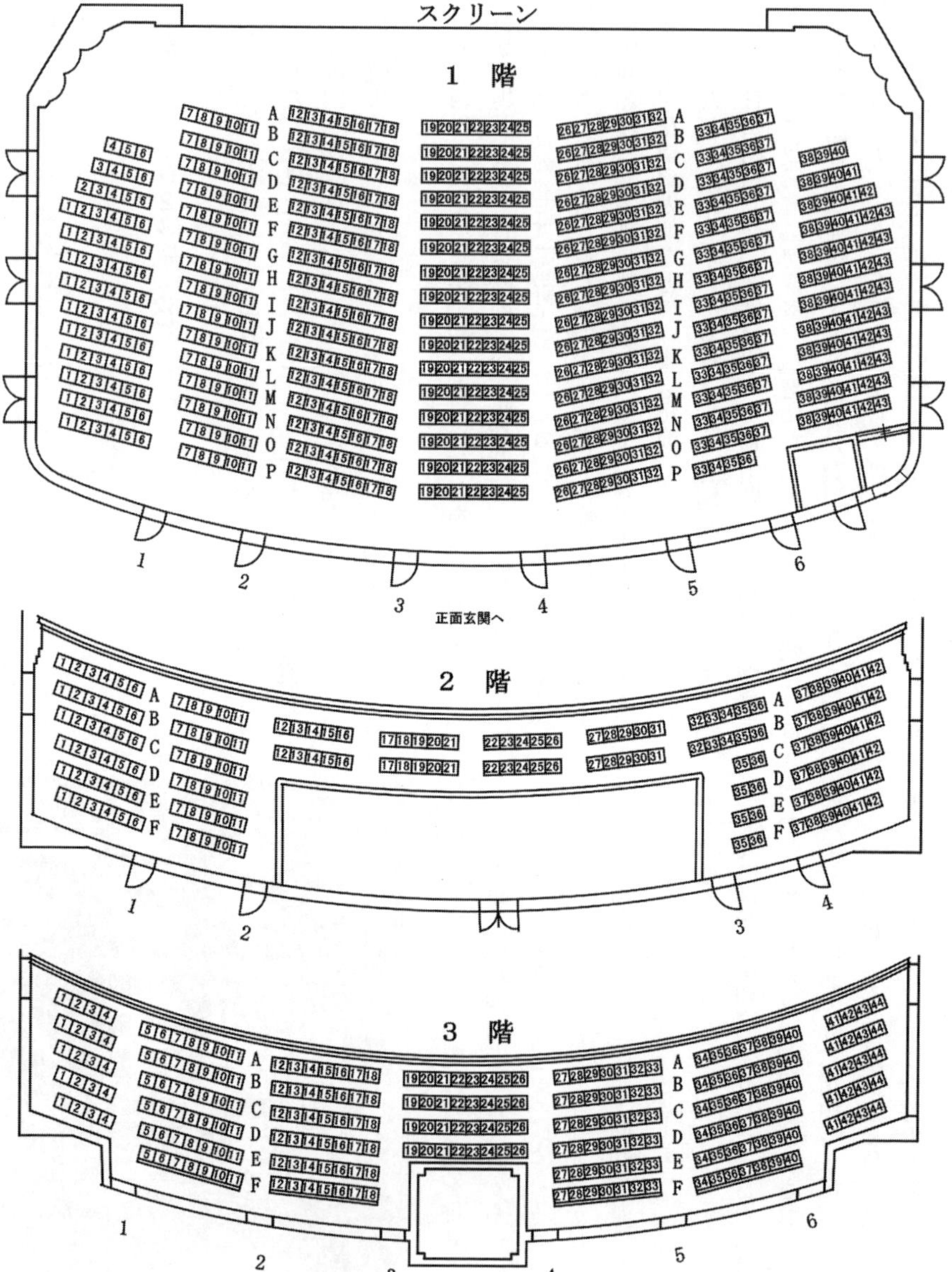

浅草松竹座　座席表
1962 年公開『大いなる楽園』のパンフレットより

月の公演を最後に、舞台を新宿第一劇場に移した。松竹少女歌劇団に代わり〝エノケン一座〟や〝笑いの王国〟などが出演するようになる。一九三八年（昭和一三年）四月一日から演芸慰問隊凱旋報告公演として『愛国ルポルタージュショウ』が上演され、各社ニュース映画が上映された。中国戦線が拡大していた時期のことである。

一九四五年（昭和二〇年）三月一〇日の東京大空襲で被災して休館し、再開したのは一二月三一日からの新生松竹歌劇団、淡谷のり子、坊屋三郎らが出演した『アメリカンスタイル・ダイナマイト・ショウ』であった。

一九四八年（昭和二三年）八月に改装休館し、九月二一日から映画上映館になった。上映作品は『ステート・フェア』（監督：ウォルター・ラング、一九四五）である。一九六二年（昭和三七年）七月一日から一〇月二九日までキネラマ作品『大いなる楽園』（監督：レオニード・クリスティ、V・カタヤン・エリクリスチ、エル・ベレネ、一九五九）を上映した。このキネラマはソ連で開発された大型画面の上映方式で、シネラマの欠点である三画面の接合部分に見える線を消しているものであった。当初はキネラマの上映館を東劇とする計画があったが、衰退している浅草が復興する助けになることを願って松竹座に決まったのだった。ソ連製のため客が入るか危ぶまれてもいたが、内容もソ連の風景を写した観光映画であったことから予想以下の不入りとなって一作だけで終了した。一〇月三一日からSY洋画系封切館に戻るも半年後の一九六三年（昭和三八年）五月一六日に閉館した。最終番組は『素肌のビーナス』（監督：O・H・シーステッド、一九六二）と『桃色株式会社』（監督：アンソニー・キミンズ、一九六二）だった。

閉館後の同年一二月からは浅草松竹ボーリング場になったが、一九七五年（昭和五〇年）三月に閉場した。一九八六年（昭和六一年）に建替えられて商業施設の浅草ROXとなっている。

浅草宝塚劇場　１２００席（59）→１０６０席（60）

一九五一年（昭和二六年）、浅草寺の戦災復興資金を得るために、六区にあった景勝地の瓢箪池が売却された。株式会社江東楽天地（現在の株式会社東京楽天地）は株式会社浅草楽天地を設立してこの地の半分である一千坪を得た。

池は埋め立てられ、東宝封切館の浅草宝塚劇場（１２００席）と洋画特選上映の浅草宝塚地下劇場（８００席）が一九五二年（昭和二七年）九月二日に開館した。これは東宝系劇場の浅草進出となった。浅草宝塚劇場では宝塚歌劇団の開場披露公演があり、九月四日からは『續 三等重役』（監督：鈴木英夫、一九五二）と『思春期』（監督：丸山誠治、一九五二）が上映された。地下劇場は『ベンガルの槍騎兵』（監督：ヘンリー・ハサウェイ、一九三五）である。一九六二年（昭和三七年）五月一一日より地下劇場は浅草テンプル劇場に改称してTY紅系の封切館になった。

一九六八年（昭和四三年）七月一二日、両館ともに閉館した。最終番組は浅草宝塚劇場が『サンセバスチャンの攻防』（監督：アンリ・ヴェルヌイユ、一九六八）と『機関銃戦線』（監督：ジョージ・P・ブレイクストン、一九六六）で、テンプル劇場は『招かれざる客』（監督：スタンリー・クレイマー、一九六七）と『いつも心に太陽を』（監督：ジェームズ・クラヴェル、一九六七）である。跡地には一九六九年（昭和四四年）七月にボウリング場の楽天地浅草ボウルが開業した。

© 台東区中央図書館所蔵　撮影：高相嘉男氏

浅草東宝　1014席（68）

一九六四年（昭和三九年）一〇月二九日、浅草楽天地スポーツランドの跡地に浅草東宝（1014席）と浅草スカラ座（800席）が同時に開館。浅草東宝の開館番組は、実演『こまどり姉妹ショウ』に映画『ホラ吹き太閤記』（監督：古沢憲吾、一九六四）が併映された。浅草スカラ座は『オ7の暁』（監督：ルイス・ギルバート、一九六四）で開館し、一一月一九日からは『西部開拓史』（監督：ヘンリー・ハサウェイ、ジョン・フォード、ジョージ・マーシャル、一九六二）を七〇ミリで上映した。浅草スカラ座は七〇ミリ劇場だが客席数は浅草東宝の方が多かった。浅草スカラ座は一九七〇年（昭和四五年）三月一六日に『ジョンとメリー』（監督：ピーター・イエーツ、一九六九）と『タッチャブル』（監督：ロバート・フリーマン、一九六八）の上映で閉館した。浅草東宝も閉館して元の浅草スカラ座が三月一八日より浅草東宝に改称した。三月二五日より改装休館して四月一八日に『無頼漢』（監督：篠田正浩、一九七〇）と『二人でひとり』（監督：青島幸男、一九七〇）で新装開館した。

東宝封切館であったが土曜日のオールナイトでは旧作の東宝作品を四〜五本立てで上映するようになった。二〇〇六年（平成一八年）一月三一日に閉館した。一月二八日から三一日まで〝さようなら浅草東宝〟と題して今までの上映作品から選んだ一〇本のヒット作を日替りで上映し、最終日は『東京オリンピック』（監

© 台東区中央図書館所蔵　撮影：高相嘉男氏

督：市川崑、一九六五）と『日本沈没』（森谷司郎、一九七三）であった。

浅草東映

1197席（64）→993席（65）→546席（73）

かつての凌雲閣（浅草十二階）の跡地で、その後吉本興業が経営した演劇場の昭和座があったが、一九四四年（昭和一九年）の建物疎開（空襲による延焼対策で防火帯を作るための強制的取り壊し）でなくなっていた。一九五六年（昭和三一年）一〇月一八日に東映直営の浅草東映が開館。開館番組は『曽我兄弟 富士の夜襲』（監督：佐々木康、一九五六）と実演の〝スターパレード〟で、片岡千恵蔵・中村錦之助・高千穂ひづる・中原ひとみ・小宮光江・高倉健・月形龍之介らが出演した。

地下には洋画上映館の浅草東映パラス（581席）があった。一九九一年（平成三年）一一月四日より浅草松竹に改称した。これはロキシーから改称した浅草松竹が閉館したので館名が移転したのである。

一九九九年（平成一一年）一一月一三日より浅草東映パラスに館名が戻るが、二〇〇三年（平成一五年）五月一七日に閉館した。

一九七三年（昭和四八年）頃に浅草東映の二階を改築して浅草東映名画座（264席）を増設した。浅草東映名画座は一九七四年（昭和四九年）四月一六日より浅草日活、その後は浅草東映ホー

© 台東区中央図書館所蔵　撮影：高相嘉男氏

ル、さらに浅草東映パラス2～浅草東映パラス～浅草東映パラス2に度々改称し、二〇〇三年（平成一五年）五月一七日に閉館した。

浅草東映は東映名画座の増設によって客席が546席になり、二〇〇三年（平成一五年）五月二二日までの『魔界転生』（監督：平山秀幸、二〇〇三）の封切上映で閉館した。

国際劇場（浅草国際劇場）
4017席（64）→3208席（80）

小林一三が創設した宝塚少女歌劇の初演は一九一四年（大正三年）であった。松竹合名社の社長白井松次郎はこれを参考にして一九二二年（大正一一年）四月、大阪天下茶屋の松竹合名社分室に松竹楽劇部生徒養成所を設立した。生徒による初演は一二月一六日と一七日に中之島公会堂でおこなわれた。翌一九二三年（大正一二年）五月一七日、道頓堀に大阪松竹座が開場し、松竹楽劇部の第一回公演で『アルルの女』が上演された。一九二八年（昭和三年）八月三一日の浅草松竹座が開場した際は『虹のおどり』を上演し、一〇月には浅草松竹座の稽古場に東京松竹楽劇部が設置された。浅草松竹座を常打ち劇場としながら東劇、歌舞伎座、新宿松竹座などでも公演した。一九三二年（昭和七年）一一月より松竹楽劇部は松竹少女歌劇部（略称ＳＳＫ）に改称された。翌年には松竹少女歌劇団となる。一九三四年（昭和九年）八月三一日の新宿第一劇場（旧・新宿歌舞伎座）の初日より松竹少女歌劇団の本拠を新宿第一劇場に移した。この後も京都南座、新橋演舞場などで公演をおこない、台湾へも巡回した。

浅草国際劇場が一九三七年（昭和一二年）七月三日に開場して、この日より松竹少女歌劇団の本拠地となった。敷地は六三〇〇平方メートル。建物の設計は成松勇で、四階建て鉄骨鉄筋コンクリート造りの施工は矢島組。舞台の間口は一五間（約二七メートル）、奥行き八間（約一四・五メートル）で、三重回り舞台、大小一六のセリ上げ、客席中央に花道が設置された。入場料は一等一円五〇銭、二等一円、三等五〇銭である。柿落しは松竹少女歌劇団による『壽三番』、オペレッタ『グリーン・アルバム』、第八回『東京踊り』を上演した。実演に映画を併映したのは八月二〇日から二九日まで、林長二郎の実演にグレタ・ガルボ主演の『椿姫』（監督：ジョージ・キューカー、一九三七）が封切公開されたのが最初であろう。一〇月九日から『踊らん哉』（監督：マーク・サンドリッ

チ、一九三七）、一〇月二三日から『第七天国』（監督：ヘンリー・キング、一九三七）が併映され、一九三八年（昭和一三年）四月二六日から五月二日までは〝レヴュウと名画祭〟と題して『東京踊り』の併映で『平原児』（監督：セシル・B・デミル、一九三六）、『海賊ブラッド』（監督：マイケル・カーティス、一九三五）、『踊るブロードウエイ』（監督：ロイ・デル・ルース、一九三五）、『進め龍騎兵』（監督：マイケル・カーティス、一九三六）、『ベンガルの槍騎兵』（監督：ヘンリー・ハサウェイ、一九三五）、『海の魂』（監督：ヘンリー・ハサウェイ、一九三七）、『メリイ・ウイドウ』（監督：エルンスト・ルビッチ、一九三四）が日替わり上映された。

一九三九年（昭和一四年）

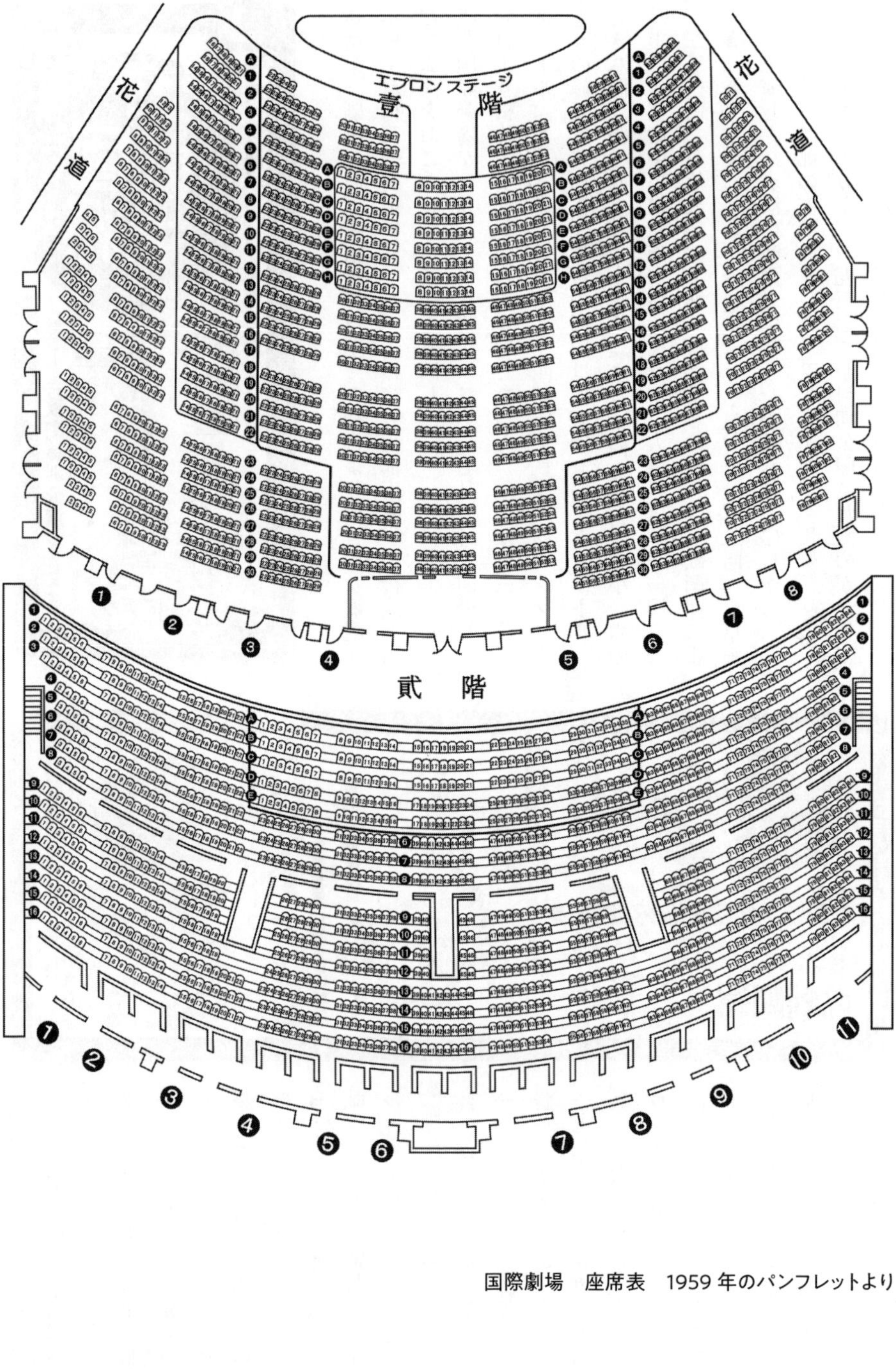

国際劇場　座席表　1959 年のパンフレットより

© 台東区中央図書館所蔵　撮影：高相嘉男氏

一二月三一日より映画の封切と歌劇団の併演を興行方針とした。最初の番組は松竹作品『新妻問答』（監督：野村浩将、一九三九）と実演『ライト・パレード』（二〇景）であった。一九四二年（昭和一七年）四月一日より映画統制によって配給が紅系と白系に分けられ、国際劇場は白系の封切劇場となる。四月一日からの上映作品は『父ありき』（監督：小津安二郎、一九四二）である。映画と歌劇の併演は一九四三年（昭和一八年）から中止され、一九四四年（昭和一九年）三月には決戦非常措置要綱により一時劇場閉鎖となった。歌劇団も三月三一日で一時解散となったが、一九四五年（昭和二〇年）一〇月より浅草大勝館で公演をおこない、松竹歌劇団（ＳＫＤ）に改称した。

一九四五年（昭和二〇年）三月一〇日の東京大空襲では一部を罹災したが、その後再建されて、一九四七年（昭和二二年）一一月二三日に劇場としての営業を再開した。復興興行の番組は松竹歌劇団の『ラッキー・スタート』と長谷川一夫・花柳小菊一座の『弁天小僧白浪狂騒曲』で、併映は『それでも私は行く』（監督：高木孝一、一九四七）である。実演と映画の組み合わせは以後も続いて興行され、一九五二年（昭和二七年）一月までは松竹映画の封切前に国際劇場で先行上映されることが多かった。

一九五〇年（昭和二五年）、国際劇場の四階映写室裏にあった部屋を改造して、バーレスク劇場の国際セントラル劇場（定員３００名）が『女の見世物』という番組名で四月二八日に開場した。この劇場の主な出演者は吾妻京子、ベティ丸山、オッパイ小僧、ヘレン滝、ヒロセ元美、ジプシー・ローズ等であったが、一九五一年（昭和二六年）一二月二日で閉場した。

一九四九年（昭和二四年）三月一九日から松竹歌劇団創立二〇周年記念公演として第一八回『東京踊り』が上演された。一九五一年（昭和二六年）一〇月七日からの第一六回『秋のおどり』では約四〇名の均整のとれた八頭身女性がラインダンスを踊る〝アトミック・ガールズ〟が初めて登場した。

一九五二年（昭和二七年）一一月、運営会社である国際劇場株式会社が親会社の松竹株式会社に合併された。一九五六年（昭和三一年）三月一六日からの第二五回『東京踊り』は〝地上最大の豪華グランド・レビュー〟として六月四日まで上演された。一九五九年（昭和三四年）六月二七日からの第二五回『夏のおどり』では舞台上に高さ一〇メートル横二〇メートルの大瀑布を作り、六段に水を落とした。これは地下に一五〇トンの水槽を置いて汲み上げたものであった。

この頃には『春のおどり』『東京踊り』『夏のおどり』『秋のおどり』が定例の公演となっており、大型バスで来場する団体客で賑わった。

SKD公演のほかには歌手によるショウもおこなわれた。戦後はレコード会社ごとに複数の歌手が出演していたが、美空ひばり、春日八郎、田端義夫、三橋美智也、三波春夫、村田英雄、島倉千代子などのワンマンショウになって行く。日劇や国際劇場でリサイタルをおこなうことが一流歌手の証と見なされた。

来日タレントの公演もあった。一九五三年（昭和二八年）一一月一五日～一九日のザビア・クガート、同年一二月七日のルイ・アームストロング、一九五六年（昭和三一年）九月一七日のペレス・プラード楽団で、ペレス・プラードは一九六〇年（昭和三五年）三月一二日にも公演している。一九五八年（昭和三三年）九月八日はポール・アンカの公演があった。一九七六年（昭和五一年）二月一日、内田裕也がプロデュースして『浅草最大のROCK SHOW』と題したロック・ギタリストのフランク・ザッパ来日公演が行われた。他の出演はコスモス・ファクトリー、四人囃子、井上堯之のウォーターバンド、内田裕也&1815スーパー・ロックンロール・バンドなどだった。また、ロック・バンドは一九八〇年（昭和五五年）一一月二八日～二九日のGIRL、一九八一年（昭和五六年）六月二二日のホワイトスネイク、一九八一年（昭和五六年）一二月一四日～一二月一六日のキング・クリムゾンが公演した。

一九八二年（昭和五七年）一月一五日から四月五日までの松竹歌劇団公演・第五一回『東京踊り』をもって国際劇場は閉館した。一九八三年（昭和五八年）四月三〇日より国際劇場の取壊し工事が始まり、一九八五年（昭和六〇年）九月、跡地に地上二八階建ての浅草ビューホテルが開業した。

松竹歌劇団はその後も歌舞伎座や池袋サンシャイン劇場で公演をおこなっていたが、一九九〇年（平成二年）二月一六日から二五日まで東京厚生年金会館大ホールで上演された『東京踊り』をもってレヴュー劇団を終了した。一九九二年（平成四年）三月一〇日から二四日まで池袋サンシャイン劇場での『賢い女の愚かな選択』よりミュージカル劇団となった。一九九六年（平成八年）六月三〇日に解団した。松竹歌劇団の出身者は水の江瀧子、逢初夢子、川路龍子、江戸川蘭子、並木路子、矢口陽子、幾野道子、桂木洋子、淡路恵子、草笛光子、長谷川待子、雪代敬子、野添ひとみ、芦川いづみ、姫ゆり子、瞳麗子、倍賞千恵子、榊ひろみ、倍賞美津子らがいる。

大阪の松竹楽劇部は一九三四年（昭和九年）に大阪松竹少女歌劇団（ＯＳＳＫ）となり、一九四三年（昭和一八年）に大阪松竹歌劇団（ＯＳＫ）へ改称した。一九五七年（昭和三二年）には松竹から独立して一九六三年（昭和三八年）に日本歌劇団（ＮＫＤ）となった。さらに一九七〇年（昭和四五年）よりＯＳＫ日本歌劇団となって現在も大阪松竹座や京都南座などで公演をおこなっている。ＯＳＫの出身者には高津慶子、笠置シヅ子、京マチ子、安西郷子らがいる。

私の従姉妹は松竹歌劇団に所属していたことがある。十代の時だから劇団員を養成する松竹音楽舞踊学校にいたのだろう。倍賞千恵子の少し後輩で同時期に在籍していた。その頃に国際劇場へ行っておけば良かったと思うのだが、小学生にはまだ興味が持てなかったのであった。

国際劇場開場時パンフレット

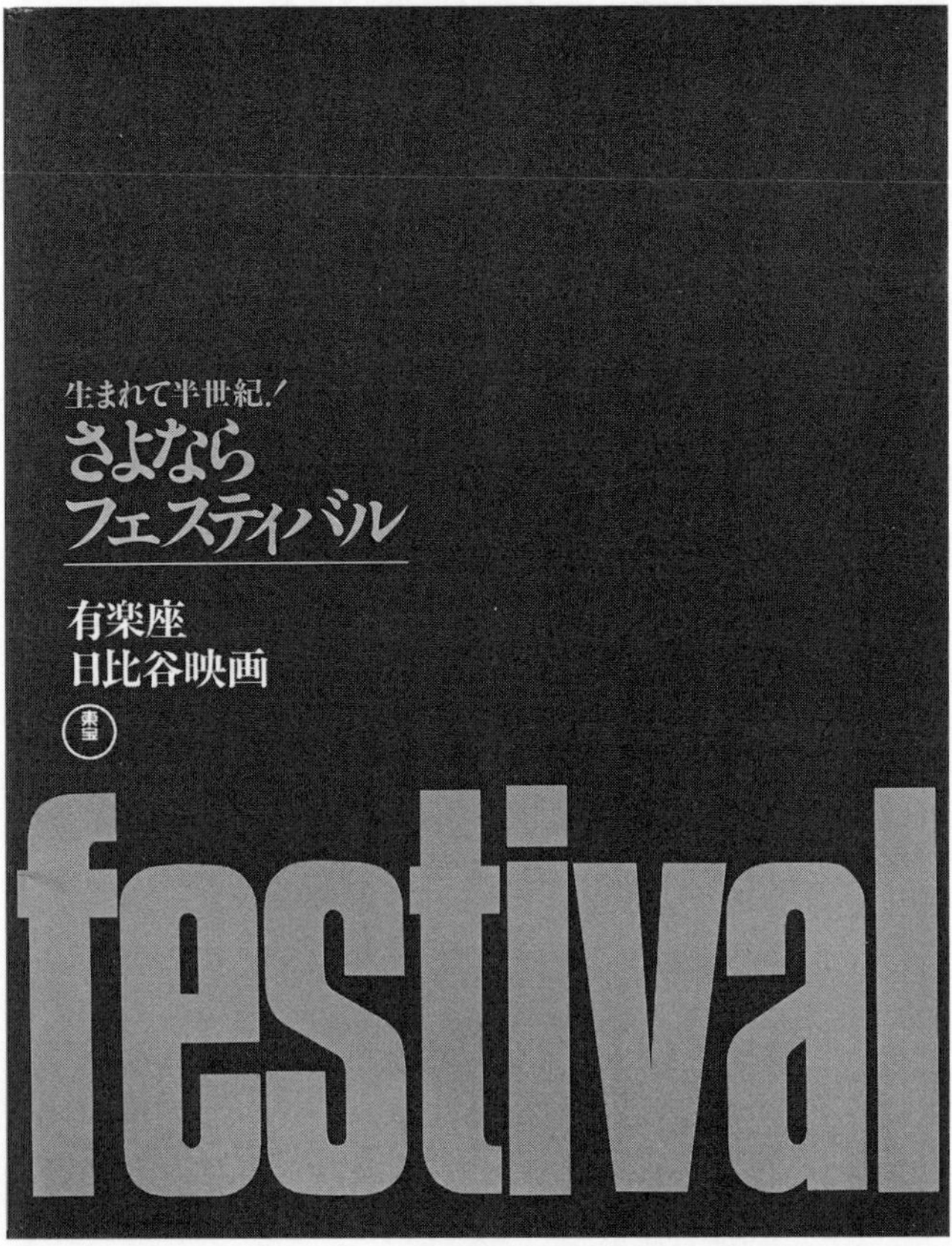

有楽座・日比谷映画　閉館時パンフレット

その他の主な映画館

（一九六〇年以降の主な映画館を付記する）

日比谷・有楽町・銀座・築地

丸の内東映　８４７席
丸の内東映パラス 70　５６５席

一九六〇年（昭和三五年）、外堀通りに東映会館が竣工し、東映本社ビルとなる。九月二〇日、一階に丸の内東映が開館した。開館番組は二〇日から二二日までは『海賊八幡船』（監督：沢島忠、一九六〇）と〝スター豪華実演〟で、二三日から実演の代わりに『つばくろ道中』（監督：河野寿一、一九六〇）の併映になった。九月二三日には地下に丸の内東映パラスが『アルプス征服軍 ハンニバル』（監督：エドガー・G・ウルマー、一九五九）で開館した。

一九六二年（昭和三七年）二月六日、丸の内東映においてカラー・アイドホールの公開実験がおこなわれた。東映の社史「東映の軌跡」の記述を要約すると、〝アイドホール（Eidophor）とは電波や有線で送られてきた映像を劇場に投影する装置で、スイスのグレダグ社とオランダのフィリップスが開発したもので、東映は日本ビクターに委嘱して実用化の研究を進めてきた。公開当日は丸の内東映パラスに造られたスタジオから歌謡曲や日舞の映像を有線で送って映写した。カラーは映画より鮮明ではないがモノクロは実用化できるところまで来ているとされて、四月七日と八日にプロ野球の東映対大毎戦が劇場公開された〟という。しかし、技術者が付いて調整をしなければならず、実用化にはさらに技術の向上が必要だった。二年後の一九六四年（昭和三九年）になって東宝が開発したトーホータラリア方式により日劇で東京オリンピックの実況放送が上映された。

丸の内東映パラスは一九六三年（昭和三八年）に七〇ミリ映写設備を設置し、一〇月二五日より『北京の55日』（監督：ニコラス・レイ、一九六三）が上映された。

一九八九年（平成元年）三月一一日から丸の内東映パラスが丸の内シャンゼリゼに改称。二〇〇四年（平成一六年）一〇月から一階が丸の内ＴＯＥＩ①（５０９席）、地下が丸の内ＴＯＥＩ②（３５０席）に改称した。

丸の内東映のときに『陽暉楼』（監督：五社英雄、一九八三）、『玄海つれづれ節』（監督：出目昌伸、一九八六）、『共犯者』（監督：きうちかずひろ、一九九九）、丸の内東映パラスでは『ときめきに死す』（監督：森田芳光、一九八四）、『アゲイン ＡＧＡＩＮ』（監督：矢作俊彦、一九八四）、『瀬戸内少年野球団』（監督：篠田正浩、一九八四）、『地獄のヒーロー』（監督：ジョセフ・ジトー、一九八四）、『男たちの挽歌』（監督：ジョン・ウー、一九八六）などを観た。

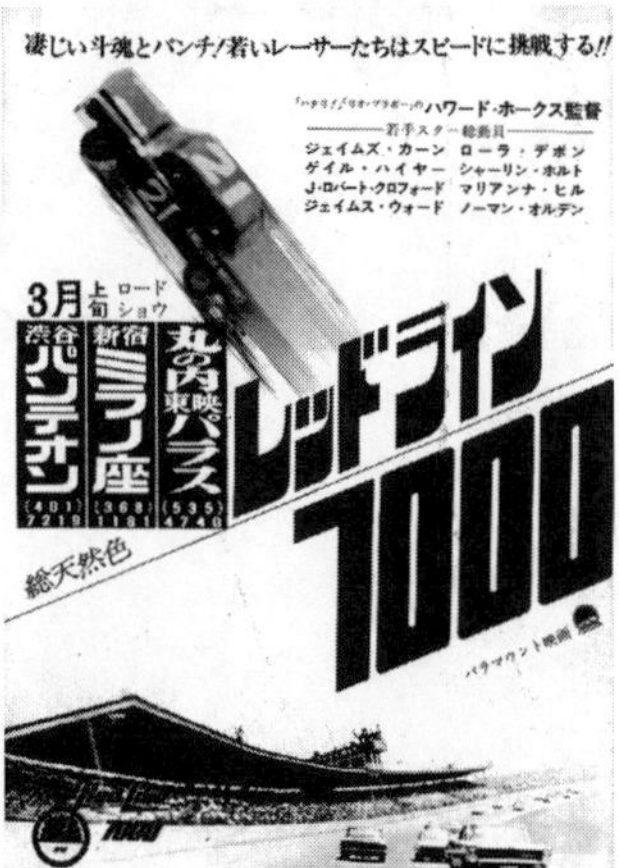

千代田劇場　720席

一九五七年（昭和三二年）四月一四日、竣工された東宝本社ビルの一階に『柳生武芸帳』（監督：稲垣浩、一九五七）の上映で開館した。東宝直営の旗艦となる封切館だった。一九八四年（昭和五九年）一〇月二七日より日比谷映画に改称して洋画上映館となった。閉館する日比谷映画劇場の館名を継承したのだ。上映作品は『魔界の大陸』（監督：アンジェロ・カスティリオーニ、アルフレッド・カスティリオーニ、一九八二）である。二〇〇五年（平成一七年）四月八日、東宝本社ビル建替えのため『オペラ座の怪人』（監督：ジョエル・シューマカー、二〇〇四）の上映で閉館

した。

千代田劇場だった時に『緯度0《ゼロ》大作戦』（監督：本多猪四郎、一九六九）と『ニュージーランドの若大将』（監督：福田純、一九六九）を観ている。『緯度0大作戦』はハリウッド俳優のジョセフ・コットン、シーザー・ロメロ、リチャード・ジェッケルが出演した特撮映画だった。

みゆき座　810席

一九五七年（昭和三二年）四月一四日、東宝本社ビルが竣工された際に地下に開館。みゆき通りに面していたのでみゆき座の館名となった。開館番組は『曙荘の殺人』（監督：野村浩将、一九五七）と『忘れじの午後8時13分』（監督：佐伯幸三、一九五七）で大映の封切館だった。一九六二年（昭和三七年）四月二〇日公開の『私生活』（監督：ルイ・マル、一九六二）から洋画ロードショー館になった。以後は文芸作品等を上映していたので女性客が多かった。一九七四年（昭和四九年）一二月二一日からの『エマニエル夫人』（監督：ジュスト・ジャカン、一九七四）はこの女性客を見込んでみゆき座で公開された。配給元の日本ヘラルド映画は女性が観やすいように修正を加えたので、女性観客が数多く入場して大きな興行収入を上げた。月興収の一億五、四六〇万円は日本の月計新記録となった。

二〇〇五年（平成一七年）三月三一日、東宝本社ビル建替えのため、みゆき座は『ナチュラル』（監督：バリー・レヴィンソン、一九八四）の上映をもって閉館し、東京宝塚劇場ビルのスカラ座2

をみゆき座と改称した。二〇〇九年（平成二一年）二月よりＴＯＨＯシネマズみゆき座として営業していたが、二〇一八年（平成三〇年）三月二九日からＴＯＨＯシネマズ日比谷のスクリーン一三となった。

一九六六年（昭和四一年）三月に『嵐が丘』（監督：ウィリアム・ワイラー、一九三九）のリバイバル上映を観たのが最初で、『西太后』（監督：リー・ハンシャン、一九八四）、『タンポポ』（監督：伊丹十三、一九八五）、『L.A.コンフィデンシャル』（監督：カーティス・ハンソン、一九九七）などを観た。最後に観たのは『スウィングガールズ』（監督：矢口史靖、二〇〇四）だ。

一九六六年（昭和四一年）一〇月一五日の『男と女』（監督：クロード・ルルーシュ、一九六六）の公開初日は高校で予定外の集会があり、校長の長い訓話で上映時間に遅れた。上映前のルルーシュ監督とジャン・ルイ・トランティニャンの舞台挨拶に間に合わなかったのが残念だった。

丸の内東宝　８７３席

一九五五年（昭和三〇年）二月一〇日、日本劇場（日劇）の地下に洋画ロードショー館として開館。地下劇場の建設には日劇を支える在来の柱二四本を切断して鉄骨アーチに替えた。これにより広い空間を得て、劇場の他に食堂などの商店街を設けることができた。開館番組は『高校三年』（監督：ルチアーノ・エンメル、一九五四）で入場料は一般二〇〇円だった。再開発のため、一九八一年（昭和五六年）二月二二日『マッドストーン』（監督：サンディ・ハーバット、一九七四）の上映で閉館した。実際に行ったのは『海底世界一周』（監督：アンドリュー・マートン、一九六五）と『私は好奇心の強い女（イエロー編）』（監督：ヴィルゴット・シェーマン、一九六七）の二回だけなので館内の記憶が殆どない。

日劇文化劇場　２１１席

一九三五年（昭和一〇年）一二月三〇日、日劇の地下に第一地下劇場（定員２８８）として開館した。ニュース映画と短編映画を上映していたが、一九四五年（昭和二〇年）一二月二七日、東宝封切館の日劇地下劇場（３４０席）となる。最初の番組は『婚約三羽烏』（監督：島津保次郎、一九三七）である。一九五一年（昭和二六年）ニュース上映館となって日劇ニュース劇場に改称。一九六一年（昭和三六年）に芸術的映画を配給するアートシアターギルド（ＡＴＧ）が設立されて、東京では新宿文化劇場（３９７

撮影：著者

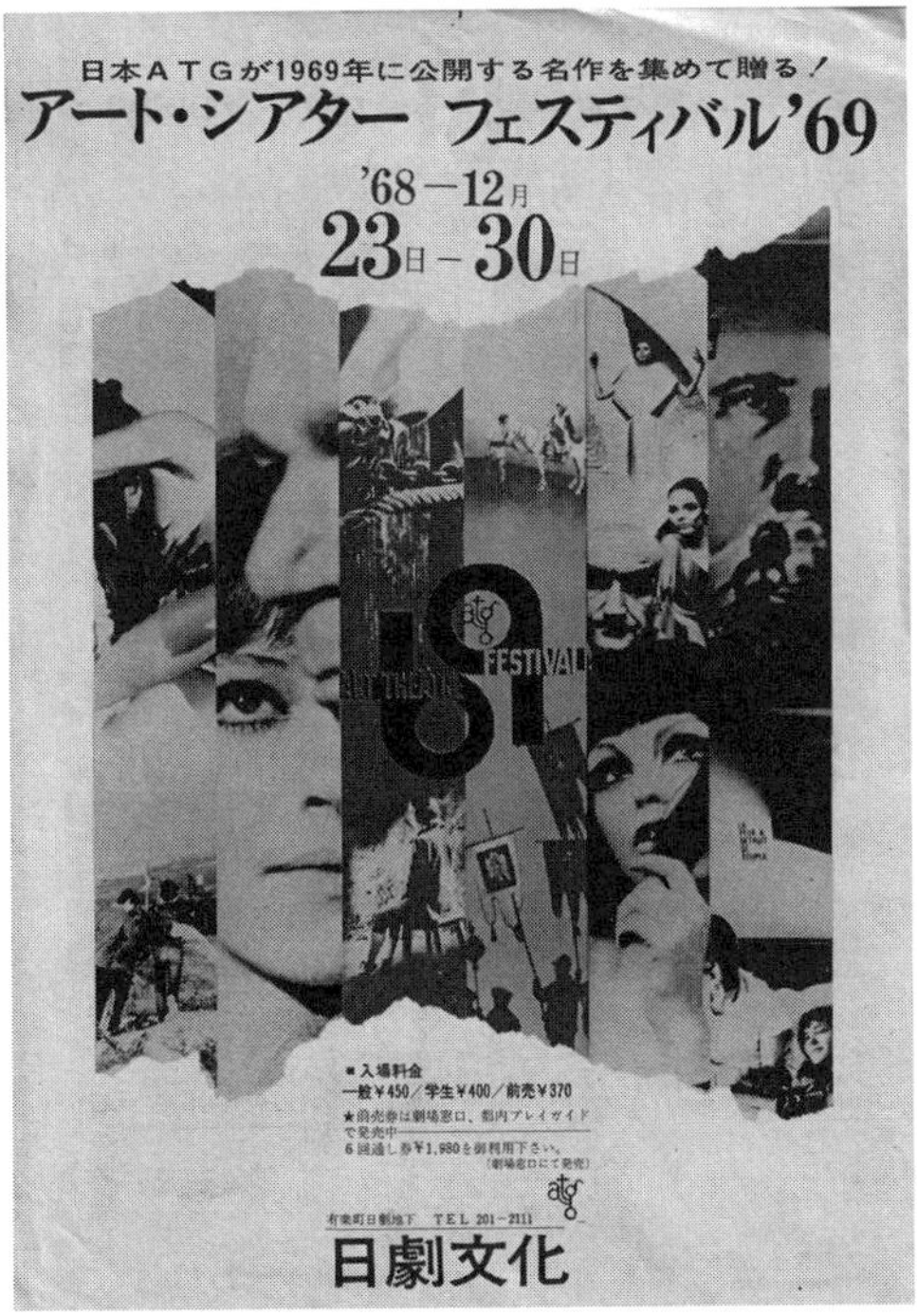

席）と後楽園アートシアター（２８０席）、日劇ニュースから館名を改めた日劇文化劇場の三館がＡＴＧ専門の上映館となった。

日劇文化となった四月二〇日の開館番組は『尼僧ヨアンナ』（監督：イエジー・カワレロウィッチ、一九六一）である。入口は日劇前の舗道に専用の階段があった。再開発のため、一九八一年（昭和五六年）二月二二日に『ツィゴイネルワイゼン』（監督：鈴木清順、一九八〇）の上映で閉館した。

一九六九年（昭和四四年）に『ウイークエンド』（監督：ジャン＝リュック・ゴダール、一九六七）と短編の『頭脳的美女』（監督：ペーテル・フォルデス、一九六七）の二本立てを観に行っただけだから映画館の詳細は記憶に残っていない。一九五五年（昭和三〇年）頃、父親に連れられて日劇の地下でディズニーの短編漫画映画を観たことがあった。それは日劇ニュース劇場だったのだろう。

ニュー東宝シネマ1（旧・ニュー東宝）70　814席
ニュー東宝シネマ2（旧・スキヤバシ映画）350席

一九五七年（昭和三二年）一〇月九日、数寄屋橋のニュートーキヨービル三階にロードショー館のニュー東宝（850席）と地下に洋画特選上映のスキヤバシ東宝（400席）が開館した。両館共東宝直営で、開館番組はニュー東宝が『虎の行動』（監督：テレンス・ヤング、一九五七）、スキヤバシ東宝は『道』（監督：フェデリコ・フェリーニ、一九五四）で入場料は五〇円だった。

スキヤバシ東宝は旧作洋画を上映していた。一九六二年（昭和三七年）四月一七日までの『ズール族の襲撃』（監督：ジョージ・シャーマン、一九六一）を最後に、翌四月一八日からの『閉店時間』（監督：井上梅次、一九六二）と『座頭市物語』（監督：三隅研次、一九六二）で大映封切のスキヤバシ映画（定員424）に改称した。一九七一年（昭和四六年）一二月四日からの『小さな恋のメロディ』（監督：ワリス・フセイン、一九七一）よりロードショー館になった。

一九七二年（昭和四七年）五月五日、三階をニュー東宝シネマ1（814席）、地下をニュー東宝シネマ2（350席）に改称した。

一九九五年（平成七年）六月三〇日、シネマ2が『マスク』（監督：チャールズ・ラッセル、一九九四）の上映をもって閉館して、三階のニュー東宝シネマ（780席）だけとなった。二〇〇五年（平成一七年）四月九日、ニュー東宝シネマの館名を有楽座に変更。二〇〇九年（平成二一年）二月一〇日からTOHOシネマズ有楽座（397席）へ改称。二〇一五年（平成二七年）二月二七日、ビル再開発のため閉館した。最終上映は『6才のボクが、大人になるまで。』（監督：リチャード・リンクレイター、二〇一四）だった。

ニュー東宝時代に初めて観に行ったのは一九六六年公開の『ビリー』（監督：ドン・ワイズ、一九六五）で、パティ・デュークが歌って踊る学園物だった。そのすぐ後に観たスペインのミュージカル映画『マリソルの初恋』（監督：ジョージ・シャーマン、一九六四）では主演のマリソルの舞台挨拶があった。英語堪能な三木鮎郎が司会を務めていた。地下では『キャバレー』（監督：ボブ・フォッシー、一九七二）が最初で、ニュー東宝シネマ2に

なってからだった。シネマ1では『ビリー・ホリデイ物語 奇妙な果実』（監督：シドニー・J・フューリー、一九七二）、『大逆転』（監督：ジョン・ランディス、一九八三）、『ランボー2 怒りの脱出』（監督：ジョルジュ・パン・コスマトス、一九八五）、『漂流教室』（監督：大林宣彦、一九八七）、『ヘブン・アンド・アース 天地英雄』（監督：ハー・ピン、二〇〇三）など、シネマ2では『カバーガール』（監督：チャールズ・ヴィダー、一九四四）、『評決』（監督：シドニー・ルメット、一九八二）、『続 西太后』（監督：リー・ハンシャン、一九八九）などを観た。

ニュー東宝シネマが館名を有楽座に変更したときは疑問が残った。かつての大劇場の名称を継ぐには大きな劇場であるべきで、ニュー東宝シネマが相応しいと思えなかったからだった。

シャンテシネ1　224席
シャンテシネ2　201席
シャンテシネ3　190席

一九八七年（昭和六二年）一〇月九日、日比谷シャンテの斜向かいにシャンテシネ1が『グッドモーニング・バビロン！』（監督：パオロ・タヴィアーニ、ヴィットリオ・タヴィアーニ、一九八七）、シャンテシネ2が『紳士協定』（監督：エリア・カザン、一九四七）で開館。一九九五年（平成七年）三月二五日にシャンテシネ3が『リトル・ビッグ・フィールド』（監督：アンドリュー・シェインマン、一九九四）で開館。二〇〇九年（平成二一年）二月三日よりTOHOシネマズシャンテとしてスクリーン1、2、3に改称されている。主にヨーロッパ映画を上映するミニシアターだが中国映画も上映されており、私はシネ1で『紅夢』（監督：チャン・イーモウ、一九九一）『ロアン・リンユイ 阮玲玉』（監督：スタンリー・クワン、一九九一）、シネ2で『戯夢人生』（監督：ホウ・シャオシェン、一九九三）『川の流れに草は青々』（監督：ホウ・シャオシェン、一九八二）などを観た。シネ3で観たのは『下妻物語』（監督：中島哲也、二〇〇四）だけだ。

丸の内松竹　456席

丸の内ピカデリー劇場（開館時はシネステージ・ピカデリー）が新築開館した一九五七年（昭和三二年）七月二〇日に地下で開館した洋画ロードショー館。開館番組は『揚子江死の脱走』（監督：マイケル・アンダーソン、一九五七）であった。有楽町マリオン建設の再開発により一九八四年（昭和五九年）一〇月二日をもって丸の内ピカデリー劇場と共に閉館した。通常興行は九月一四日までの『ストリート・オブ・ファイヤー』（監督：ウォルター・ヒル、一九八四）で終わり、九月一五日〜一〇月二日までは〝グレート・メモリーズ〟と題した上映イベントをおこなった。内容は九

月一五日～一七日『サウンド・オブ・ミュージック』（監督：ロバート・ワイズ、一九六五）、九月一八日～二一日『ある愛の詩』（監督：アーサー・ヒラー、一九七〇）『クレイマー、クレイマー』（監督：ロバート・ベントン、一九七九）、九月二二日～二四日『エデンの東』（監督：エリア・カザン、一九五四）『俺たちに明日はない』（監督：アーサー・ペン、一九六七）、九月二五日～二八日『JAWS ジョーズ』（監督：スティーヴン・スピルバーグ、一九七五）『タワーリング インフェルノ』（監督：ジョン・ギラーミン、一九七四）、九月二九日～一〇月二日『暗くなるまで待って』（監督：テレンス・ヤング、一九六七）『お熱いのがお好き』（監督：ビリー・ワイルダー、一九五九）である。

私が最初に行ったのは一九六六年（昭和四一年）一月で、丸の内ピカデリーのロードショーが終わって、引き継ぎ上映していた『サウンド・オブ・ミュージック』（監督：ロバート・ワイズ、一九六五）だった。一九七一年（昭和四六年）一二月はクリスマス公開の二本立て『ティファニーで朝食を』（監督：ブレイク・エドワーズ、一九六一）と『シャレード』（監督：スタンリー・ドーネン、一九六三）を観た。他には『フラッシュダンス』（監督：エイドリアン・ライン、一九八三）『シャイニング』（監督：スタンリー・キューブリック、一九八〇）などで、『ザ・デイ・アフター』（監督：ニコラス・メイヤー、一九八三）を観たのが最後だった。

銀座松竹（旧・銀座映画劇場、松竹アカデミー）700席

歌舞伎座の向い側にあった映画館で、一九三七年（昭和一二年）一二月三〇日、銀座映画劇場（定員710）として新築開館。開館上映は『歌へ歓呼の春』（監督：野村浩将、一九三七）と事変ニュース、短編だった。一九四三年（昭和一八年）頃に改称して銀座松竹映画劇場になった。

一九五六年（昭和三一年）一一月一日より松竹アカデミー（657席）に改称し、洋画ロードショー館となって新装開館した。開館番組は『攻撃』（監督：ロバート・アルドリッチ、一九五六）であった。一九五九年（昭和三四年）一〇月二四日より銀座松竹の館名に戻った。一九六〇年（昭和三五年）六月二一日から洋画再映二本立ての劇場となる。

銀座松竹 1953年6月

一九六一年（昭和三六年）三月一日から一年契約でジャズ喫茶「テネシー」になったが家賃より収益が低いため契約

を中途解除した。一一月一日に銀座松竹として再開館して、邦画と洋画の再映劇場になった。一九六二年（昭和三七年）三月二一日より松竹作品封切館となるが、九月一日より銀座大映（700席）に改称して大映作品封切館となった。一九六三年（昭和三八年）一〇月四日に『末は博士か大臣か』（監督：島耕二、一九六三）と『温泉巡査』（監督：原田治夫、一九六三）の上映を最後に閉館した。オフィスビルに建替えられて南海東京ビルディングになっている。

松竹セントラル２　４１７席
松竹セントラル３　１８５席

一九五六年（昭和三一年）に松竹会館が落成して、九月一五日に松竹セントラルと地下に松竹中央劇場が開館した。会館内の映画館は他に松竹名画座（269席）が地下、二階に築地東宝（500席）があった。

一九六〇年（昭和三五年）七月二九日より松竹中央劇場は築地中央劇場に改称。松竹名画座が築地名画座に改称する。一九六二年（昭和三七年）九月一日から築地中央劇場は銀座松竹、築地名画座は銀座名画座、築地東宝は銀座東宝に改称した。銀座松竹は一九六五年（昭和四〇年）に閉館して、一一月よりボウリング場になった。

銀座東宝は一九六五年（昭和四〇年）三月三一日で閉館し、銀座大映となり、一九七一年（昭和四六年）一二月二八日より洋画上映館の銀座ロキシー（470席）になった。開館番組は『ただれた関係』（監督：ジョー・サルノ、一九七一）と『完全なる結婚』（監督：フランツ・ヨセフ・ゴットリーブ、一九六八）で、洋物成人映画などを上映していた

銀座名画座は一九六五年（昭和四〇年）二月一三日より銀座日活に改称して日活封切館となる。一九七〇年（昭和四五年）六月一三日からは東映封切館の銀座東映となり、一九七二年（昭和四七年）一一月一七日に閉館し、二階の銀座ロキシーが移転した。地下階には東劇地下の銀座松竹が東劇建替えによって移転した。二の銀座ロキシー（182席）は一九七八年（昭和五三年）九月二日より名画座に変わった。最初の上映は『バリー・リンドン』（監督：スタンリー・キューブリック、一九七五）で入場料は開館特別料金の三〇〇円均一。次週九月九日の『アリスの恋』（監督：マーティン・スコセッシ、一九七四）と『おもいでの夏』（監督：ロバート・マリガン、一九七一）からは二本立てとなり、入場料が一般五〇〇円、学生四〇〇円となった。

一九八四年（昭和五九年）三月一日から銀座ロキシーは松竹シネサロン（185席）に改称した。最初の番組は特集の〝木下恵介フェア〟で、『花咲く港』（一九四三）や『カルメン故郷に帰る』（一九五一）等が上映された。

一九八八年（昭和六三年）八月六日から松竹セントラルは松竹セントラル1（1156席）、銀座松竹は松竹セントラル2（417席）、松竹シネサロンは松竹セントラル3（185席）となる。

一九九五年（平成七年）九月二三日から一一月一〇日まで、松竹セントラル3において〝松竹百年映画祭〟が開催され、『マダム

と女房』（監督：五所平之助、一九三一）などの名作映画一〇〇本が日替わりで上映された。

建替えのため一九九九年（平成一一年）二月一一日で三館共に閉館した。最終上映は松竹セントラル1が『ラッシュアワー』（監督：ブレット・ラトナー、一九九八）、松竹セントラル2が『ムトゥ 踊るマハラジャ』（監督：ケー・エス・ラヴィクマール、一九九五）、松竹セントラル3は木下恵介監督追悼上映の『喜びも悲しみも幾歳月』（監督：木下恵介、一九五七）と『二十四の瞳』（監督：木下恵介、一九五四）であった。建替え後の銀座松竹スクエアビルに映画館はない。

銀座東急　３５７席

元は銀座全線座（４１１席）だった建物で、外観は西洋の城のようであった。銀座全線座は一九三八年（昭和一三年）四月に活動弁士だった樋口大祐が開館した。

戦後は一時吉本興業が経営していたが、東京興行株式会社（後に東京テアトル株式会社へ改称）の経営となってセントラル映画社が配給するアメリカ映画の封切館になった。一九五四年（昭和二九年）頃からは株式会社に改組した全線座株式会社が経営するようになった。

一九五七年（昭和三二年）一〇月二八日までの『昼下りの情事』（監督：ビリー・ワイルダー、一九五七）と『パリからの手紙』（監督：今泉善珠、一九五七）を最後に閉館した。

一九七一年（昭和四六年）九月一一日から株式会社東急レクリエーションの経営となり、建物はそのままでロードショー館の銀座東急（３５７席）となった。開館時上映作品は『シシリアの恋人』（監督：ダミアーノ・ダミアーニ、一九七〇）であった。しかし、一九七八年（昭和五三年）三月三一日に『ワン・オン・ワン』（監督：ラモント・ジョンソン、一九七七）の上映で閉館した。翌年建替えられて全線座株式会社が経営する銀座国際ホテル

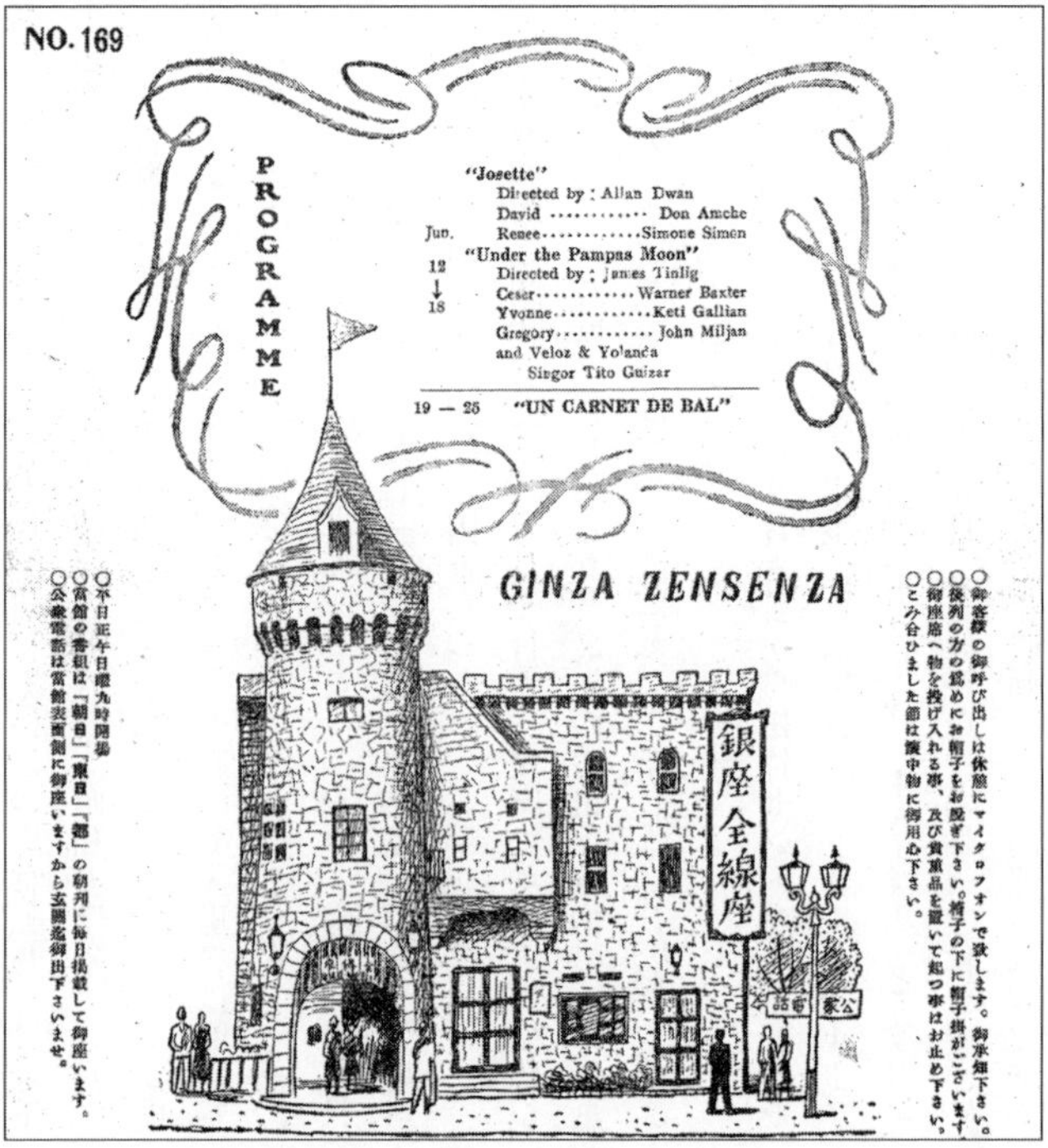

になっている。

　銀座東急では『哀愁のストックホルム』（監督：ベルナルド・ベルコヴィッチ、一九七〇）と『君に愛の月影を』（監督：フィリップ・ド・ブロカ、一九六九）を観ている。外観は古いが改装しているのでこぢんまりとした綺麗な劇場だった。

有楽町スバル座　374席（66）→270席（19）

　スバル興業株式会社は一九四六年（昭和二一年）九月一〇日に最初の映画館である丸の内名画座（450席）を有楽町駅前の毎日会館ビル地下に開館した。戦前はここに東日児童文化劇場という児童専門映画館があった。丸の内名画座では週替わりで上映される映画のパンフレットを作っていた。これによると開館番組は一〇日から二三日までの『邂逅（めぐりあひ）』（監督：レオ・マッケリー、一九三九）で、入場料は五円だが次週二四日からの『キューリー夫人』（監督：マーヴィン・ルロイ、一九四三）より四円となっている。三週目からの番組は一〇月一日から『或る夜の出来事』（監督：フランク・キャプラ、一九三四）、一〇月八日から『人生は四十二から』（監督：レオ・マッケリー、一九三五）、一〇月一五日から『燦めく銀星』（監督：ロイ・デル・ルース、一九三八）、一〇月二二日『ロミオとジュリエット』（監督：ジョージ・キューカー、一九三七）である。丸の内名画座は一九六六年（昭和四一年）に毎日新聞社が竹橋へ移転して旧ビルを解体するために閉館した。映画館の前を通って洋画の旧作が上映されていたのを見ていたが、入る機会がなかった。

　丸の内名画座が開館した三カ月後の一九四六年（昭和二一年）一二月一〇日、スバル興業は隣接地に丸の内オリオン座（550席）を『緑のそよ風』（監督：ロイ・ローランド、一九四五）の上映で開館する。一二月三一日にはオリオン座の隣に丸の内スバル座（804席）が開館した。スバル座の開館上映は『わが心の歌』（監督：ジョー・グレアム、一九四二）である。木造二階建ての一階は自由席だが立見席はなし、二階は指定席である。料金は

一階、二階共に一五円だった。

当時は連合軍の占領下にあり、総司令部傘下のセントラル映画社（Central Motion Picture Exchange）がアメリカ映画の対日配給権を持っていた。一九四六年（昭和二一年）九月にセントラル映画社は東宝・松竹の直営館での月二週上映を持ち掛けたが、両社は自社作品擁護のために断ったので、スバル興業と契約し、その後日活とも契約した。戦時統合で大映に製作部門を合併されていた日活は直営館でのアメリカ映画興行で会社を維持した。

セントラル映画社と契約したスバル座は一九四七年（昭和二二年）三月二五日から『アメリカ交響楽』（監督：アーヴィング・ラパー、一九四五）を公開し、〝日本初のロードショー劇場〟を標榜した。全館指定席入替制となり、最後列にはロマンスシートを配した。料金も二五円に改定された。『アメリカ交響楽』は一〇週（七〇日）の長期興行となり、続く『ガス燈』（監督：ジョージ・キューカー、一九四四）は八週、『心の旅路』（監督：マーヴィン・ルロイ、一九四二）は一〇週、翌年の『我等の生涯の最良の年』（監督：ウィリアム・ワイラー、一九四六）は一七週の上映となった。

その後アメリカ映画は各社が自主配給を希望するようになってセントラル映画社は一九五一年（昭和二六年）一二月三一日に解散した。スバル座は一九五二年（昭和二七年）四月四日公開の『暗黒の命令』（監督：ラオール・ウォルシュ、一九三九）よりＴＹ系封切館となった。

一九五三年（昭和二八年）九月六日、『宇宙戦争』（監督：バイロン・ハスキン、一九五三）の上映中に木造の建物は火災によって焼失し、閉館した。丸の内オリオン座も一九五六年（昭和三一年）九月三〇日に『裏切りの町角』（監督：ロバート・シオドマク、一九四九）と『拳銃の報酬』（監督：ジョセフ・ニューマン、一九五六）の上映をもって閉館した。

跡地に建設された有楽町ビルの三階で有楽町スバル座（４３２席）が復活したのは一九六六年（昭和四一年）四月二九日で、開館上映は『青春のお通り 愛して泣いて突っ走れ！』（監督：斎藤武市、一九六六）と『青春大統領』（監督：江崎実生、一九六六）だった。開館日には〝日活スターショウ〟の実演があり、浜田光夫、和泉雅子、高橋英樹、渡哲也、山本陽子が出演した。開館時は有楽町日活スバル座と称していた。日活との提携は一九六七年（昭和四二年）一二月九日から一五日までの『愛は惜しみなく』

（監督：森永健次郎、一九六七）と『関東刑務所帰り』（監督：武田一成、一九六七）で終り、同年一二月一六日の『足ながおじさん』（監督：ジーン・ネグレスコ、一九五五）からは東宝系の洋画ロードショー館となった。

長期興行の最長は一九七〇年（昭和四五年）一月二四日公開の『イージー・ライダー』（監督：デニス・ホッパー、一九六九）で、二三週上映、入場者一七七四七五人であった。

二〇〇八年（平成二〇年）より東宝洋画系から離れて独自の番組編成となって、邦画の単館上映もしていた。

二〇一二年（平成二四年）一一月一七日から公開中だった『その夜の侍』（監督：赤堀雅秋、二〇一二）がフィルム上映の最後となり、一二月より同作からデジタル上映に移行した。

二〇一九年（令和元年）、施設が老朽化し、改修には費用が多額となるため一〇月二〇日に閉館した。

通常興行は九月一三日から一〇月四日までの『みとりし』（監督：白羽弥仁、二〇一九）が最後で、一〇月五日から二〇日まで〝スバル座の輝き～メモリアル上映〟として『イージー・ライダー』や『スタンド・バイ・ミー』（監督：ロブ・ライナー、一九八六）などを上映し、最終日の上映は九時三〇分の『0・5ミリ』（監督：安藤桃子、二〇一三）と一四時三〇分の『花筐 HANAGATAMI』（監督：大林宣彦、二〇一七）であった。

スバル座で最初に観たのは一九八〇年（昭和五五年）の『悲愁』（監督：ビリー・ワイルダー、一九七九）で、スバル座が再開場してから一四年も経った後だった。他には『濹東綺譚』（監督：新藤兼人、一九九二）、『リプレイスメント・キラー』（監督：アントワーン・フークア、一九九八）、『ミンボーの女』（監督：伊丹十三、一九九二）、『のんちゃんのり弁』（監督：緒方明、二〇〇九）、『ロストクライム　閃光』（監督：伊藤俊也、二〇一〇）、などで、最後に行ったのは『かぞくわり』（監督：塩崎祥平、二〇一八）であった。

渋谷

渋谷東映　９００席（66）→４１０席（93）→渋谷ＴＯＥＩ１　２７０席（04）

渋谷エルミタージュ　３０２席（93）→渋谷ＴＯＥＩ２　１８９席（04）

宮益坂下交差点角に一九五三年（昭和二八年）一一月一八日、東映封切館の渋谷東映（９００席）が開館。開館上映は『日輪』（監督：渡辺邦男、一九五三）で、一八日～二四日までは〝コロムビア歌謡祭り〟の実演が付いた。出演者は日替わりで伊藤久男、並木路子、コロムビアローズ、高千穂ひづる、松島トモ子、などであった。一九九〇年（平成二年）九月一五日に『激動の１７５０日』（監督：中島貞夫、一九九〇）の上映を最後に建替えのため閉館した。

一九九三年（平成五年）一一月二〇日に渋谷東映プラザビルとなって、七階に東映封切館の渋谷東映（４１０席）と九階に洋画ロードショー館の渋谷エルミタージュ（302席）が開館した。開館上映は渋谷東映が『新極道の妻たち 覚悟しいや』（監督：山下耕作、一九九三）で、渋谷エルミタージュは『はるか、ノスタルジィ』（監督：大林宣彦、一九九二）である。二〇〇四年（平成一六年）一〇月九日より渋谷TOEI1（270席）と渋谷TOEI2（189席）に改称されている。

建替え前の渋谷東映で観たのは小林信彦原作の『唐獅子株式会社』（監督：曽根中生、一九八三）だけだった。渋谷エルミタージュでは『素顔のままで』（監督：アンドリュー・バーグマン、一九九六）、『もののけ姫』（監督：宮崎駿、一九九七）、『恋愛小説家』（監督：ジェームズ・L・ブルックス、一九九七）、『雨あがる』（監督：小泉堯史、一九九九）を観た。

渋谷松竹（旧・渋谷東映パラス） 402席

渋谷東映の地下に渋谷ニュース劇場（422席）として一九五三年（昭和二八年）一一月開館。一九五四年（昭和二九年）頃に渋谷東映地下劇場に改称。ニュース映画上映館であった。一九六三年（昭和三八年）九月一日に渋谷東映パラスと改称し、SY系の洋画上映館となる。最初の番組は『タミーとドクター』（監督：ハリー・ケラー、一九六三）と『恋のクレジット』（監督：マイケル・ゴードン、一九六三）だった。一九六六年（昭和四一年）七月一日の『大悪党作戦』（監督：石井輝男、一九六六）と『熱い血の男』（監督：梅津明治郎、一九六六）から松竹封切館の渋谷松竹になった。一九九〇年（平成二年）九月一四日に『クライシス2050』（監督：リチャード・C・サラフィアン、一九九〇）の上映で閉館した。渋谷東映の建物は建替えられて、一九九三年（平成五年）に渋谷東映プラザビルとなった。

渋谷宝塚 683席

一九五九年（昭和三四年）七月八日、渋谷駅ハチ公前交差点角に新築されたビルの四階に開館した。開館番組は『お嬢さん、お手やわらかに！』（監督：ミシェル・ボワロン、一九五九）と『地獄の高速道路《ハイウェイ》』（監督：ジル・グランジェ、一九五五）である。地下には洋画上映の東宝シネマ（定員508）が『決斗！一対三』（監督：ラオール・ウォルシュ、一九五二）で同時に開館しているが、一九六三年（昭和三八年）一一月一〇日に『底抜けてんやわんや』（監督：ジェリー・ルイス、一九六〇）の上映で閉館した。渋谷宝塚はTYチェーンの洋画上映館だったが、一九九七年（平成九年）五月三〇日に『恋は舞い降りた。』（監督：長谷川康夫、一九九七）の上映で閉館した。渋谷宝塚には『影武者』（監督：黒澤明、一九八〇）を封切時に観に行っただけだった。

一九九九年（平成一一年）、Q FRONTビルに建替えられ、地下二階から四階までSHIBUYA TSUTAYAが入り、七階には一二月一八日に映画館のシネフロント（245席）が『ターザン』（監督：ケヴィン・リマ、クリス・バック、一九九九）の上映で開館した。全席指定の定員制だった。二〇一〇年（平成二二年）一月二二日に「ウルルの森の物語」（監督：長沼誠、二〇〇九）と「カイジ 人生逆転ゲーム」（監督：佐藤東弥、二〇〇九）の入替上映を最後に閉館した。

渋谷大映　998席

現在SHIBUYA109から東急百貨店・本店に向う通りは文化村通りというが、この通りに渋谷大映があった頃は大映通りとも呼ばれていた。一九四七年（昭和二二年）六月二四日に『十三の眼』（監督：松田定次、一九四七）で開館した。東京興行株式会社（一九五五年に東京テアトル株式会社へ社名変更）が経営していた。木造二階建て（851席）だったが一九五三年（昭和二八年）一一月一七日に鉄筋三階建て（998席）で新築開館した。番組は『地獄門』（監督：衣笠貞之助、一九五三）、『魔剣』（監督：安達伸生、一九五三）とディズニーの短編アニメ『勇敢な機関士』（監督：ジャック・キニー、一九五〇）である。一九六二年（昭和三七年）頃には大映興行の経営となっていたが、一九七一年（昭和四六年）一一月二〇日から公開の『悪名尼』（監督：田中重雄、一九七一）と『蜘蛛の湯女』（監督：太田昭和、一九七一）が最後の上映となった。一二月の大映倒産とともに閉館したようだ。なお、一九五四年（昭和二九年）版の「映画年鑑・全国映画館総覧」では座席数1008となっているが、「建築文化」一九五四年三月号に掲載された渋谷大映の建築データによると一階594席・二階156席・三階248席で合計998席である。

渋谷パレス座（渋谷シネパレス）　425席

一九四八年（昭和二三年）の開館。のちに新宿パレス座や蒲田パレス座も開設した三葉興業株式会社の経営である。一九六六年（昭和四一年）七月九日に改装開館した。番組は『夜のバラを消せ』（監督：舛田利雄、一九六六）と『骨まで愛して』（監督：斎藤武市、一九六六）で日活封切作品を上映していたが、一九七〇年（昭和四五年）二月二八日までの『鉄火場慕情』（監督：小澤啓一、一九七〇）と『やくざ非情史 血の決着』（監督：萩原遼、一九七〇）で上映を終わり、翌三月一日の『栄光への5000キロ』（監督：蔵原惟繕、一九六九）と『少年』（監督：大島渚、一九六九）から名画座になる。一九七四年（昭和四九年）の番組は洋画二本立てで、一般映画と成人映画が週替わりで組まれていた。入場料は一五〇円均一である。その後ロードショー館になった。一九九〇年（平成二年）七月、建替えのため閉館し、一九九二年（平成四年）三月一四日より新築された渋谷三葉ビルで渋谷シネパレス（216席）となって開館した。二〇〇三年（平成一五年）にはシネパレス1（182席）、シネパレス2（115席）の2スクリーンに改装された。二〇〇九年（平成二一年）一〇月三一日よりデジタル3D上映システムを渋谷で初めて導入して、3Dの『ファイナル・デッドサーキット』（監督：デヴィッド・R・エリス、二〇〇九）を上映した。

シネコンが普及してコストパフォーマンスに見合わなくなったということで、二〇一八年（平成三〇年）五月二七日に閉館した。閉館に際して五月一九日〜二七日まで〝「70年に感謝」ワンコイン（500円）でお別れです〟という特別興行をおこなった。『犬神家の一族』（監督：市川崑、一九七六）や『戦国自衛隊』（監督：斎藤光正、一九七九）などの角川映画一〇本を日替わり四本の入替で入場料は五〇〇円とした。特別興行以外の最終上映は閉館日の二〇時から『ダンガル きっと、つよくなる』（監督：ニテーシュ・ティワーリー、二〇一六）であった。

跡地にはパルコの建替えで休館していたシネクイントが162席と115席の2スクリーンで七月六日に開館した。

シネパレスであったときに『地下鉄《メトロ》に乗って』（監督：篠原哲雄、二〇〇六）を観ただけだった。

テアトル渋谷　668席

道玄坂北側の百軒店に東京興行株式会社（現在は東京テアトル株式会社に社名変更）が経営する映画館が三館あった。テアトル渋谷は一九四七年（昭和二二年）一二月六日に『脱出』（監督：ハワード・ホークス、一九四四）で開館した。その後SY系洋画上映館から邦画各社の作品を上映するようになり、一九六五年（昭和四〇年）二月二七日、『美しさと哀しみと』（監督：篠田正浩、一九六五）と『背後の人』（監督：八木美津雄、一九六五）からは松竹封切館となった。一九六八年（昭和四三年）九月一五日、『徳川女系図』（監督：石井輝男、一九六八）と『女浮世風呂』（監督：井田探、一九六八）他一本で閉館した。

テアトルハイツ　767席

一九五〇年（昭和二五年）一〇月八日の開館、開館番組は『肉体の罠』（監督：アンリ・カレフ、一九四七）で、新東宝の封切館にもなったが、同年一二月二三日の『暁の出航』（監督：ロイ・ウォード・ベイカー、一九四九）から洋画封切館になる。後に東宝作品上映館になり、一九六八年（昭和四三年）三月三一日に『薮の中の黒猫』（監督：新藤兼人、一九六八）と『上意討ち　拝領妻始末』（監督：小林正樹、一九六七）で閉館した。

テアトルSS　260席

一九五一年（昭和二六年）一二月七日に『女豹の地圖』（監督：田中重雄、一九五一）で新東宝封切館として開館した。一九六〇年（昭和三五年）頃より一九六五年（昭和四〇年）頃まではストリップ劇場となっていた。一九七四年（昭和四九年）五月二四日にロマンポルノの『団地妻 奪われた夜』（監督：遠藤三郎、一九七三）、『濡れた欲情 特出し21人』（監督：神代辰巳、一九七四）、『㊙女郎責め地獄』（監督：田中登、一九七三）の三本立で閉館した。

渋谷松竹セントラル　414席

一九八五年（昭和六〇年）一〇月五日、道玄坂の商業施設であるザ・プライム渋谷の六階に『ザッツ・ダンシング！』（監督：ジャック・ヘイリー・ジュニア、一九八四）で開館。洋画ロードショー館だったが、松竹作品上映館となる。二〇〇三年（平成一五年）より渋谷ピカデリー（333席）に改称。二〇〇九年（平成二一年）一月三〇日に『ワールド・オブ・ライズ』（監督：リドリー・スコット、二〇〇八）の上映で閉館した。前年に新宿ピカデリーがシネコンとなって開館したことによって都内マーケットを再編したものだった。

シネセゾン渋谷　２１９席

一九八五年（昭和六〇年）一一月六日、『そして船は行く』（監督：フェデリコ・フェリーニ、一九八三）の上映で開館。道玄坂のザ・プライム渋谷の六階で渋谷松竹セントラルと同階である。東京テアトル株式会社のテアトルシネマグループであった。二〇一一年（平成二三年）二月二七日に『スラムドッグ$ミリオネア』（監督：ダニー・ボイル、二〇〇八）で閉館した。

渋谷ピカデリー　４０２席

一九八六年（昭和六一年）六月七日、スペイン坂のＲＩＳＥビル二階に松竹系のロードショー館として開館。開館番組は『暴走機関車』（監督：アンドレイ・コンチャロフスキー、一九八五）であった。一九九一年（平成三年）六月六日、『レナードの朝』（監督：ペニー・マーシャル、一九九〇）の上映で閉館。

シネマライズ渋谷　３０３席

一九八六年（昭和六一年）六月七日、スペイン坂のＲＩＳＥビル地下に洋画ロードショー館のシネマライズ渋谷（２２０席）が開館。開館番組は『プレンティ』（監督：フレッド・スケピシ、一九八五）であった。一九九六年（平成八年）、二階にあった渋谷ピカデリーの跡にシネマライズシアター１（３０３席）を開館。二〇〇四年（平成一六年）には地下にライズＸ（３８席）を増設して３スクリーンとなるが、二〇一〇年（平成二二年）に二階のシネマライズ（３０３席）一館だけの営業となる。二〇一六年（平成二八年）一月七日、『黄金のアデーレ 名画の帰還』（監督：サイモン・カーティス、二〇一五）の上映で閉館した。

新宿

新宿京王（新宿京王１）　６８７席
京王名画座（京王地下→新宿京王２）　２８５席

新宿京王は伊勢丹から明治通りを渡った右側の京王電鉄本社ビルにあって、地下の劇場共に京王映画株式会社が運営していた。戦前はこの場所が京王線の新宿駅だった。一九五六年（昭和三一年）一二月二五日に『わんわん物語』（監督：ハミルトン・Ｓ・ラスク、クライド・ジェロニミ、ウィルフレッド・ジャクソン、一九五五）と『民族と自然 スイス』（監督：ベン・シャープスティーン、一九五五）の上映で開館。一九八二年（昭和五七年）一〇月一日から新宿京王１へ改称する。地下の京王名画座も新宿京王と同日に『誰が為に鐘は鳴る』（監督：サム・ウッド、一九四三）で旧作上映の名画座として開館した。一九七三年（昭和四八年）九月からＴＹチェーンとなり、一九七六年（昭和五一年）三月一三日から京王地下に改称し、一九八二年（昭和五七年）一〇月一日からは新宿京王２と改称してロードショー館になった。一九八八年（昭和六三年）三月一一日、京王1と京王2は閉館した。京王1の最終上映は『ロッキー』（監督：ジョン・G・アヴィルドセン、一九七六）と『愛と青春の旅だち』（監督：テイラー・ハックフォード、一九八二）で、京王2は『黒い瞳』（監督：ニキータ・ミハルコフ、一九八七）で閉館した。閉館時の〝さよならフェスティバル〟の上映案内チラシによると、京王1の歴代興収一位は『フラッシュダンス』（監督：エイドリアン・ライン、一九八三）、京王2は『ロッキー4 炎の友情』（監督：シルヴェスター・スタローン、一九八五）であったという。

新宿京王では『夜をみつめて』（監督：ブライアン・G・ハットン、一九七三）と『暗黒街のふたり』（監督：ジョゼ・ジョヴァンニ、一九七三）の二本立てを観ただけだった。

新宿スカラ座　620席
ビレッジ1　286席
ビレッジ2　254席

伊勢丹の明治通り側の向いにあり、元は新宿東宝だった場所にあった。新宿東宝（1072席）は一九三五年（昭和一〇年）一一月二九日に新宿大東京という館名で開館し、一九三八年（昭和一三年）九月に新宿東宝映画劇場へ改称した。一九七二年（昭和四七年）一月三一日に閉館して建替えられた。

一九七三年（昭和四八年）九月一五日、建替え後のレインボービレッジビルには三階に『人間革命』（監督：舛田利雄、一九七三）で新宿スカラ座、地下に『ポセイドン・アドベンチャー』（監督：ロナルド・ニーム、一九七二）でビレッジ1、『街の灯』（監督：チャールズ・チャップリン、一九三一）でビレッジ2が開館する。後にスカラ1・スカラ2・スカラ3に改称された。

二〇〇七年（平成一九年）二月八日、三館共に閉館。最終上映はスカラ1『どろろ』（監督：塩田明彦、二〇〇七）、スカラ2『大奥』（監督：林徹、二〇〇六）、スカラ3『愛の流刑地』（監督：鶴橋康夫、二〇〇六）である。三和興行株式会社の経営だったが、三和興行は二〇一四年（平成二六年）八月、東宝に吸収合併されている。

新宿スカラ座があったレインボービレッジビルは外壁が虹色に装飾されていた。本編前には館内にあったサウナレインボーのCMが上映されていた。スカラ座の場内は客席がスロープ状で観やすい映画館だった。新宿の会社にいたときは徒歩五分の距離だったので帰りに行くことが多かった。一九七七年（昭和五二年）の『ダウンタウン物語』（監督：アラン・パーカー、一九七六）を初めとして四六本観ている。

新宿国際劇場　250席
新宿国際名画座　150席

一九五一年（昭和二六年）に閉館したムーランルージュ新宿座の跡地に、一九五五年（昭和三〇年）頃両館共に開館。開館時はどちらも洋画を上映していたが、邦画上映となり、近年は成人映画専門になった。新宿国際劇場は二階で成人洋画二本立、新宿国際名画座は地下でピンク映画三本立だった。二〇一二年（平成二四年）九月九日に閉館した。建替え後の国際会館ビルにはパチンコ店とドン・キホーテが営業をしている。

新宿コマ東宝劇場　９７２席→７０９席

コマ劇場の地下で一九五六年（昭和三一年）一二月二八日にコマ劇場と同日開館。番組は東宝封切の『空の大怪獣ラドン』（監督：本多猪四郎、一九五六）と『眠狂四郎無頼控』（監督：日高繁明、一九五六）である。再開発のため、二〇〇八年（平成二〇年）一二月三一日にコマ劇場と共に閉館した。閉館前の特集では〝さよならコマ東宝 ファンが選ぶ想い出の東宝名作映画フェア〟として一二月二〇日より三一日まで『雪国』（監督：豊田四郎、一九五七）等の一二作品が日替わりで上映された。最終日の上映は『ＡＬＷＡＹＳ 三丁目の夕日』（監督：山崎貴、二〇〇五）だった。

新宿東急（ミラノ２）　８７２席

一九五六年（昭和三一年）一二月一日に新宿東急文化会館の地下で開館した。一階のミラノ座と同日開館で、新宿東急の開館番組は『十人のならず者』（監督：Ｈ・ブルース・ハンバーストーン、一九五五）と『死刑囚２４５５号』（監督：フレッド・Ｆ・シアーズ、一九五五）だった。

二〇〇六年（平成一八年）六月一日、新宿東急文化会館内の映画館は名称変更された。ミラノ座はミラノ１、新宿東急はミラノ２、シネマミラノはミラノ３になった。

二〇一四年（平成二六年）一二月三〇日に『インターステラー』（監督：クリストファー・ノーラン、二〇一四）の上映で閉館した。一階のミラノ座は翌日の三一日に閉館した。

新宿東急へ最初に行ったのは一九六四年（昭和三九年）の東京オリンピックが開催されていた一〇月で、『戦争と平和』（監督：キング・ヴィダー、一九五六）だった。この映画によってオードリー・ヘップバーンの出演作を観るようになった。一九七〇年代に何本か製作された立体映画の内『悪魔のはらわた』（監督：ポール・モリセイ、一九七三）と『空飛ぶ十字剣』（監督：チャン・メイチュン、一九七七）をここで観た。空飛ぶ十字剣とは主人公が着ている鎖帷子《くさりかたびら》を頭上で振り回すと十字型になってブーメランのように飛ぶ武器になるという設定で、正面に飛んで来たときは他の観客と共に思わず首をすくめた。新宿東急で最後に観たのは『姑獲鳥《うぶめ》の夏』（監督：実相寺昭雄、二〇〇五）で、ミラノ２になってからは『カウボーイ＆エイリアン』（監督：ジョン・ファヴロー、二〇一一）だった。

歌舞伎町東映（新宿トーア）　４００席

地球会館の隣の東亜会館地下二階に歌舞伎町東映が開館したのは一九六九年（昭和四四年）四月一九日で、開館上映は『戦後最大の賭場』（監督：山下耕作、一九六九）と『緋牡丹博徒 二代目襲名』（監督：小沢茂弘、一九六九）である。東亜興行株式会社が経営していた。向いのグランドビルが第一東亜会館となったので建物は第二東亜会館に改称された。一九七六年（昭和五一年）、二階に歌舞伎町日活（２５０席）が開館。一九八八年（昭和六三年）

一二月一〇日より歌舞伎町日活が分割されてトーア1（132席）とトーア2（120席）が開館。一九九五年（平成七年）トーア1とトーア2が閉館し、翌年の一月に歌舞伎町東映は新宿トーア（355席）に改称した。二〇〇九年（平成二一年）四月一七日、新宿トーアは『ハゲタカ』（監督：大友啓史、二〇〇九）の上映で閉館した。

新宿地球座（歌舞伎町松竹→新宿ジョイシネマ2）　440席

歌舞伎町は戦後に開発された商業地区で、地球座（634席）はここで最初に出来た木造二階建ての映画館だった。一九四七年（昭和二二年）一二月二三日に『石の花』（監督：アレクサンドル・プトゥシコ、一九四六）で開館した。経営は恵通企業株式会社（現在は株式会社ヒューマックス）である。その後建替えとなって一九五八年（昭和三三年）に地球会館が落成した。新宿地球座（440席）は四階で、一二月一三日に『ふんだりけったり』（監督：ジョージ・マーシャル、一九五三）と『軍曹さんは暇がない』（監督：マーヴィン・ルロイ、一九五八）の上映で新開場した。入場料は一般五五円だった。一九七二年（昭和四七年）頃から成人洋画のロードショー館になった。一九八三年（昭和五八年）一二月一〇日、『海嶺』（監督：貞永方久、一九八三）の上映より歌舞伎町松竹に改称して松竹封切館になる。一九八七年（昭和六二年）四月一日から館名がジョイシネマ2に変わり、一九八八年（昭和六三年）からは松竹洋画系のロードショー館になる。一九九二年（平成四年）一月一九日に地下のジョイシネマ1が閉館したのでジョイシネマ1に改称するが、一九九五年七月二二日に地下の映画館が復活して館名がジョイシネマ2に戻る。

一九九八年（平成一〇年）六月一一日に『絶体×絶命』（監督：バーベット・シュローダー、一九九八）の上映をもって閉館し、七月一一日に『追跡者』（監督：スチュアート・ベアード、一九九八）の上映から三階に移転した。座席数は四階の378席から305席になった。二〇〇九年（平成二一年）五月三一日に『GOEMON』（監督：紀里谷和明、二〇〇八）の上映で閉館した。

地球座で最初に観たのは『パリで一緒に』（監督：リチャード・クワイン、一九六三）で、他には『80万年後の世界へ タイム・マシン』（監督：ジョージ・パル、一九六〇）、『失われた世界』（監督：アーウィン・アレン、一九六〇）、『脱走特急』（監督：マーク・ロブソン、一九六五）、『ローマの崩壊』（監督：アンソニー・マン、一九六二）など。当時上映されていたものは娯楽映画が殆どだった。『ヘラクレス サムソン ユリシーズ』（監督：ピエトロ・フランチーシ、一九六四）『黒い砦』（監督：リチャード・ソープ、一九六一）『キング・オブ・キングス』（監督：ニコラス・レイ、一九六一）の三本立てを最後に観た。

新宿座（新宿ジョイシネマ1）　418席

一九五八年（昭和三三年）一二月一三日、地球会館の落成で地下に開館した。開館上映は『裸の大将』（監督：堀川弘通、一九五八）と『フランキーの僕は三人前』（監督：瑞穂春海、一九五八）で入場料は五五円であった。恵通企業株式会社（現在の株式会社ヒューマックス）の経営で、旧作の邦画を上映していた。一九八三年（昭和五八年）、『時代屋の女房』（監督：森﨑東、一九八三）と『蒲田行進曲』（監督：深作欣二、一九八二）を上映中の四月一日より歌舞伎町松竹に改称して松竹封切館となる。同年一二月一〇日から新宿ジョイシネマに改称してロードショー館になった。『ラストエンペラー』（監督：ベルナルド・ベルトルッチ、一九八七）を上映中の一九八八年（昭和六三年）四月九日からジョイシネマ1（407席）に改称。

一九九二年（平成四年）一月一九日に『ラスト・ボーイスカウト』（監督：トニー・スコット、一九九一）の上映で閉館するが、一九九五年七月二二日に『アポロ13』（監督：ロン・ハワード、一九九五）で再び開館する。二〇〇九年（平成二一年）五月二三日〜三一日の〝さよならフェスティバル〟では『男はつらいよ 寅次郎忘れな草』（監督：山田洋次、一九七三）や『五瓣の椿』（監督：野村芳太郎、一九六四）など一八本が上映され、三一日の『ラスト サムライ』（監督：エドワード・ズウィック、二〇〇三）を最後に閉館した。

新宿名画座（新宿シネパトス→新宿ジョイシネマ5→新宿ジョイシネマ3） 335席

地球会館の横を入った新宿東急の隣にあり、恵通企業株式会社（現在の株式会社ヒューマックス）の経営であった。一九五六年（昭和三一年）三月一五日に『赤穂浪士 天の巻 地の巻』（監督：松田定次、一九五六）他の上映で開館した。開館時の入場料は五〇円である。一九七〇年代は邦画の旧作と成人映画の番組を交互に組んでいたが、次第に成人映画専門となった。一九八七年（昭和六二年）五月一〇日の『クロスロード』（監督：ウォルター・ヒル、一九八六）の上映から新宿シネパトスに改称し、ロードショー館となった。一九九六年（平成八年）二月一日より新宿ジョイシネマ5、一九九七年（平成九年）一一月二九日より新宿ジョイシネマ3に改称する。ジョイパックビルのジョイシネマ3が前日閉館したので館名が繰り上がったのだった。二〇〇九年（平成二一年）五月三一日に『60歳のラブレター』（監督：深川栄洋、二〇〇九）の上映で閉館した。

歌舞伎町シネマ1（新宿ジョイシネマ2→新宿ジョイシネマ3） 144席

歌舞伎町シネマ2（新宿ジョイシネマ3→新宿ジョイシネマ4） 132席

コマ劇場右前にあった新宿劇場（1509席）の跡地に一九七一年（昭和四六年）一〇月、新宿ジョイパックビルが建てられた。一九八三年（昭和五八年）一二月一七日、ジョイパックビルの二階に歌舞伎町シネマ1と歌舞伎町シネマ2が開館する。開館上映は歌舞伎町シネマ1が『ソフィーの選択』（監督：アラン・J・パクラ、一九八二）で、歌舞伎町シネマ2が『南極物語』（監督：蔵原惟繕、一九八三）である。経営は恵通企業の映画興行部門を独立分社したジョイパックシネマ株式会社（後に株式会社ヒューマックスピクチャーズに社名変更）であった。一九九二年（平成四年）

一月一九日に新宿ジョイシネマ1が閉館したので、歌舞伎町シネマ1が新宿ジョイシネマ2に、歌舞伎町シネマ2が新宿ジョイシネマ3に館名変更する。一九九五年（平成七年）七月二二日、2を4に変更する。一九九七年（平成九年）一一月二八日に両館共閉館した。最終上映はジョイシネマ3が『なにわ忠臣蔵』（監督：萩庭貞明、一九九七）、ジョイシネマ4は『コンタクト』（監督：ロバート・ゼメキス、一九九七）である。現在はヒューマックスパビリオン新宿歌舞伎町というレジャービルになっている。

新宿にっかつ（ロッポニカ新宿→新宿アニメッカ→シネマアルゴ新宿）　180席

一九八〇年（昭和五五年）一〇月二五日、新宿国際劇場の斜向かいの地下に開館。一九八八年（昭和六三年）六月三〇日でロマンポルノ路線が終了し、ロッポニカのブランドで一般映画製作となった。これにより七月一日からロッポニカ新宿に改称。一九八九年（平成元年）七月二〇日より新宿アニメッカと改称してアニメ上映館になる。一九九〇年（平成二年）五月二六日からシネマアルゴ新宿に改称し、プロデューサー集団が製作・自主配給する『12人の優しい日本人』（監督：中原俊、一九九一）や『死んでもいい』（監督：石井隆、一九九二）などのアルゴ・プロジェクトの上映館となった。石井輝男監督の劇場映画後期作『ゲンセンカン主人』（一九九三）もここで公開された。アジア映画や旧作の邦画も上映していたが、一九九五年（平成七年）一月二七日に閉館した。最終日の上映は昼興行が『ただひとたびの人』（監督：加藤哲、一九九五）で、二一時一〇分からのレイトショーが『夜の第三部分』（監督：アンジェイ・ズラウスキー、一九七一）だった。

ロッポニカ路線最後の作品『首都高速トライアル』（監督：金澤克次、一九八八）はロッポニカ新宿。『櫻の園』（監督：中原俊、一九九〇）や香港映画『黒薔薇VS黒薔薇』（監督：ジェフ・ラウ、一九九二）はシネマアルゴ新宿の時代に観た。

新宿文化　397席

一九三七年（昭和一二年）七月一四日に東宝直営の新宿映画劇場（定員706名）として開館した。開館番組は『白薔薇は咲けど』（監督：伏水修、一九三七）と『エノケンのちゃっきり金太第一話・まゝよ三度笠の巻』（監督：山本嘉次郎、一九三七）、『ブラウンの誕生日』（監督：ハリー・ボーモン、一九三七）である。同年一二月一七日から文化ニュース劇場に改称したが、一九四二年（昭和一七年）八月二〇日より新宿映画劇場の館名に戻った。

戦時中、空襲で新宿が焼け野原になった時にもこの並びの映画館は焼け残った。戦後は館名が新宿文化劇場になった。一九四九年（昭和二四年）に三和興行株式会社の経営に移った。一九六二年（昭和三七年）からはATG（日本アート・シアター・ギルド）が当時観ることが出来なかった外国の芸術的作品配給や自主製作映画を上映する映画館となって、後に館名をアートシアター新宿文化に改称した。

新宿文化は一九七五年（昭和五〇年）三月にATG劇場から洋画ロードショー劇場へ変わり、一九七七年（昭和五二年）九月一一日の『ベンジーの愛』（監督：ジョー・キャンプ、一九七七）の上映を最後に閉館となった。

　一九六七年（昭和四二年）六月三日、地下の空間を改装した小劇場のアンダーグラウンド蝎座（80席）が開館した。オープニングは小松原庸子のフラメンコリサイタルで、その後はコンサートや演劇、映画上映をおこなった。最初の映画上映は八月一一日からの『銀河系』（監督：足立正生、一九六七）だった。新宿文化と同日の一九七七年（昭和五二年）九月一一日に閉館した。

　一九七九年（昭和五四年）三月二日、建替えられて新宿文化ビルとなった四階に新宿文化シネマ1（408席）と六階に新宿文化シネマ2（428席）がロードショー館として開館した。開館番組はシネマ1が『くるみ割り人形』（監督：中村武雄、一九七九）、シネマ2が『ベルサイユのばら』（監督：ジャック・ドゥミー、一九七九）である。一九九三年（平成五年）七月一七日、七階にシネマ3（62席）が『幸福の条件』（監督：エイドリアン・ライン、一九九三）で開館。一九九八年（平成一〇年）一〇月三一日、五階にシネマ4（56席）が『ムーラン』（監督：トニー・バンクロフト、バリー・クック、一九九八）で開館した。

　二〇〇六年（平成一八年）一二月九日、六階のシネマ2と七階のシネマ3がシネマート新宿に改称し、シネマ2がスクリーン1（335席）、シネマ3がスクリーン2（62席）となる。開館番組は〝シネマート・シネマ・フェスティバル in 新宿〟として公開前のアジア映画『フライ・ダディ』（監督：チェ・ジョンテ、二〇〇六）『インビジブル・ウェーブ』（監督：ペンエーグ・ラッタナルアーン、二〇〇六）等を日替わりで一一作上映した。また、同日に四階のシネマ1と五階のシネマ4が新宿ガーデンシネマと改称して、シネマ1がスクリーン1（300席）、シネマ4がスクリーン2（56席）となった。開館番組は1が『王の男』（監督：イ・ジュンイク、二〇〇六）、2は『市川崑物語』（監督：岩井俊二、二〇〇六）であった。
　新宿ガーデンシネマは二〇〇八年（平成二〇年）六月一四日から角川シネマ新宿に改称してシネマ1（300席）とシネマ2（56席）になった。二〇一八年（平成三〇年）一二月二二日より角川シネマ新宿はEJアニメシアター新宿に改称してアニメーション専門劇場となった。

　新宿文化で観た映画は『夜のダイヤモンド』（監督：ヤン・ネメッツ、一九六四）、『灰とダイヤモン

ド』（監督：アンジェイ・ワイダ、一九五七）、『少年』（監督：大島渚、一九六九）、『書を捨てよ町へ出よう』（監督：寺山修司、一九七一）、『股旅』（監督：市川崑、一九七三）、『竜馬暗殺』（監督：黒木和雄、一九七四）で、新宿文化シネマ1では『オール・ザット・ジャズ』（監督：ボブ・フォッシー、一九七九）、新宿文化シネマ2では『フェーム』（監督：アラン・パーカー、一九八〇）を観ている。

テアトルタイムズスクエア（旧・東京IMAXシアター）　340席

一九九六年（平成八年）一〇月四日、新宿駅南口に百貨店の高島屋が開業した。同日に高島屋の一二階で東京IMAXシアター（344席）が開館した。開館番組は『遥かなる夢・ニューヨーク物語』（監督：スティーブン・ロウ、一九九六）と『ブルーオアシス』（監督：ハワード・ホール、一九九四）である。経営はソニー・ミュージック・グループで鑑賞時は液晶シャッター式3Dヘッドセットという小型スピーカー内蔵のゴーグル型装置を着用した。開館時の広告にはスクリーンの幅二五メートル、高さ一八メートルと書かれていた。二〇〇二年（平成一四年）二月一日までの『美女と野獣 ラージ・スクリーン・フォーマット完全版』の上映で閉館した。

二〇〇二年（平成一四年）四月二七日に東京テアトル株式会社の映画館としてテアトルタイムズスクエア（340席）の館名で開館した。開館番組は『DOG STAR』（監督：瀬々敬久、二〇〇二）で、初回上映終了後に瀬々監督と出演の豊川悦司、井川遥らの挨拶があった。映画館のスペースは一二階から一四階で、客席は弧を描いた急傾斜の階段状だった。スクリーンの大きさは縦八・五メートル横一六メートルとIMAXシアターのときより小さくなったが、新宿ピカデリーよりやや大きく、客席数と比較すればいかに巨大であるか分かる。

単館上映だったからシネコンのように入りの悪い作品を途中で入替が出来ず、効率的な営業が出来なくなってきたということで、二〇〇九年（平成二一年）八月三〇日に閉館した。

閉館前にウェブサイトの「シネマぴあ」と「ぴあ映画生活」で読者投票をおこない、八月二二日より〝閉館特別上映〟で『2001年宇宙の旅』（監督：スタンリー・キューブリック、一九六八）や『ダークナイト』（監督：クリストファー・ノーラン、二〇〇八）など一四本が上映された。最終日の上映は『WATARIDORI』（監督：ジャック・ペラン、二〇〇一）、『ベルヴィル・ランデブー』（監督：シルヴァン・ショメ、二〇〇二）、デジタルリマスター版の『ローマの休日』（監督：ウィリアム・ワイラー、一九五三）である。

テアトルタイムズスクエアでは『珈琲時光』（監督：ホウ・シャオシェン、二〇〇三）を観ただけだが、これほど大きな画面ではなく、ミニシアターで観るべき静かな映画だった。

池袋

池袋東急　457席

一九四七年（昭和二二年）九月二日、東洋映画劇場（630席）として開館。開館番組は『おスミの持参金』（監督：滝沢英輔、一九四七）で、東宝封切館だったが後にTY（東宝洋画系）の上映館になった。一九五六年（昭和三一年）一二月一日、『十人のならず者』（監督：H・ブルース・ハンバーストーン、一九五五）と『死刑囚2455号』（監督：フレッド・F・シアーズ、一九五五）の上映から池袋東急に改称。経営していた新日本興業株式会社が社名変更をして株式会社東急レクリエーションになったのは一九六九年（昭和四四年）である。一九八六年（昭和六一年）九月三〇日、『プライドワン』（監督：大坪善男、フランシスコ・C・ロドリゲス、他、一九八六）の上映で閉館した。

一九八八年（昭和六三年）、改築されたフィットネスクラブ等のレジャービル、池袋とうきゅうビルが竣工して、四月二九日に『太陽の帝国』（監督：スティーヴン・スピルバーグ、一九八七）で新装開館（308席）する。二〇一一年（平成二三年）一二月二五日、『アントキノイノチ』（監督：瀬々敬久、二〇一一）の上映で閉館した。

改築前の独立した映画館だったときに『0011ナポレオン・ソロ 地獄へ道づれ』（監督：ジョセフ・サージェント、一九六五）、『皆殺しのバラード』（監督：ドニス・ド・ラ・パトリエール、一九六六）、『恋人よ帰れ！わが胸に』（監督：ビリー・ワイルダー、一九六六）、『努力しないで出世する方法』（監督：デヴィッド・スウィフト、一九六七）、『巴里のアメリカ人』（監督：ヴィンセント・ミネリ、一九五一）などを観た。

池袋スカラ座　611席

一九三八年（昭和一三年）一二月三一日、池袋日勝館（定員685名）として開館。開館上映は新興キネマ封切の『怪猫赤壁大明神』（監督：森一生、一九三八）、『日の丸大行進』（監督：田中重雄、一九三八）、『孫悟空』（監督：寿々喜多呂九平、一九三八）

であった。

戦時中の休館を経て、戦後は一九四六年（昭和二一年）九月一〇日に大映封切館の池袋日勝映画劇場（定員705名）として『國定忠治』（監督：松田定次、一九四六）の上映で復興開館した。

一九五七年（昭和三二年）一二月三一日、池袋松竹劇場（705席）に改称した。開館番組は『喰いだおれ一代』（監督：磯田一雄、一九五七）と『娘三羽烏』（監督：穂積利昌、一九五七）である。

一九六四年（昭和三九年）一〇月一三日～二三日まで休館して改装し、二四日から池袋スカラ座に改称して二本立てのTY系洋画封切館となった。最初の番組は『昨日・今日・明日』（監督：ヴィットリオ・デ・シーカ、一九六三）と『接吻・接吻・接吻』（監督：ベルナール・トゥブラン・ミシェル、ヴェルトラン・タヴェルニエ、ジャン・フランソワ・オーデュロイ、シャルル・L・ビッチ、クロード・ペリ、一九六三）だった。一九九五年（平成七年）六月二五日に『プレタポルテ』（監督：ロバート・アルトマン、一九九四）の上映で閉館した。隣接した映画館の池袋日勝、日勝文化、日勝地下と同様、籏興行株式会社の経営だった。

私が最初に行ったのはスカラ座に改称した五カ月後で、『インスブルック 冬季オリンピック1964』（監督：テオ・ヘールマン、一九六四）と『ハムレット』（監督：グリゴーリ・コージンツェフ、一九六四）の二本立てであるが、中学校の鑑賞会だった。二階席で観た記憶がある。その後に一人で観に行ったのは『底抜け00の男』（監督：フランク・タシュリン、一九六五）と『麗しのサブリナ』（監督：ビリー・ワイルダー、一九五四）だ。高校からの帰

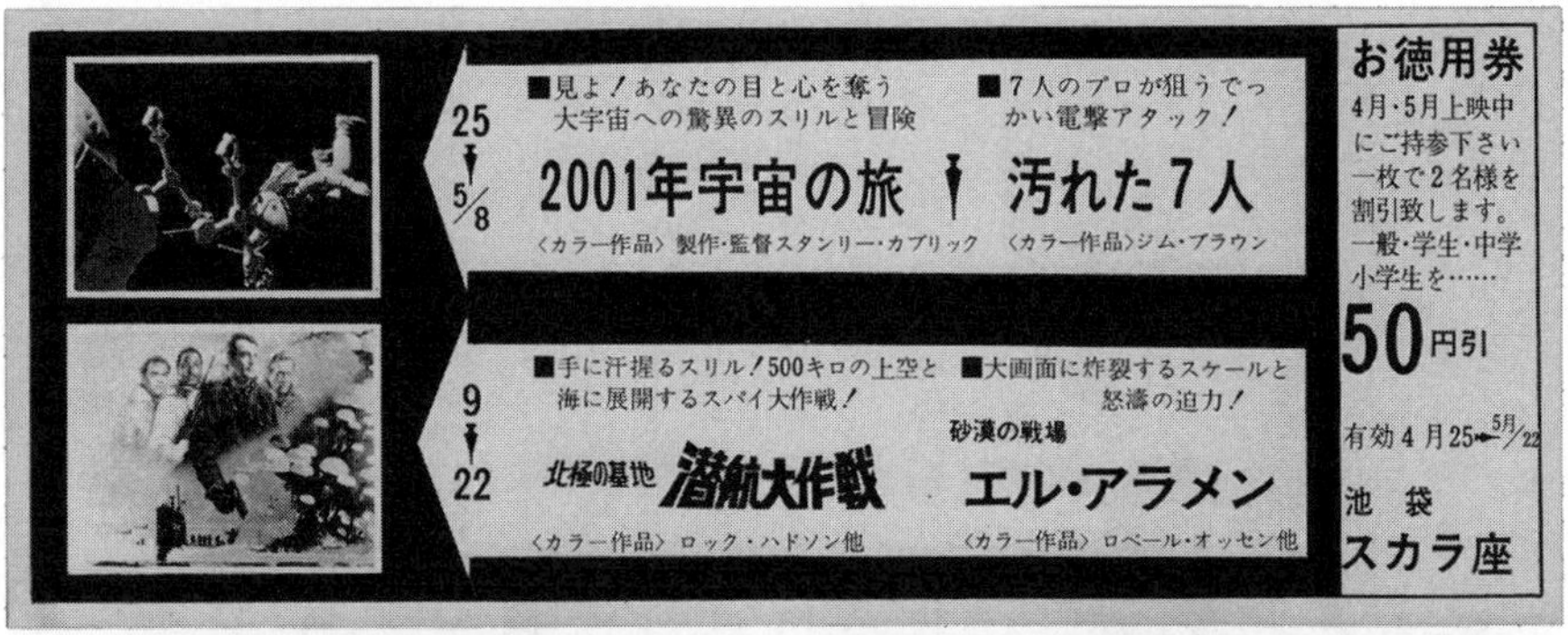

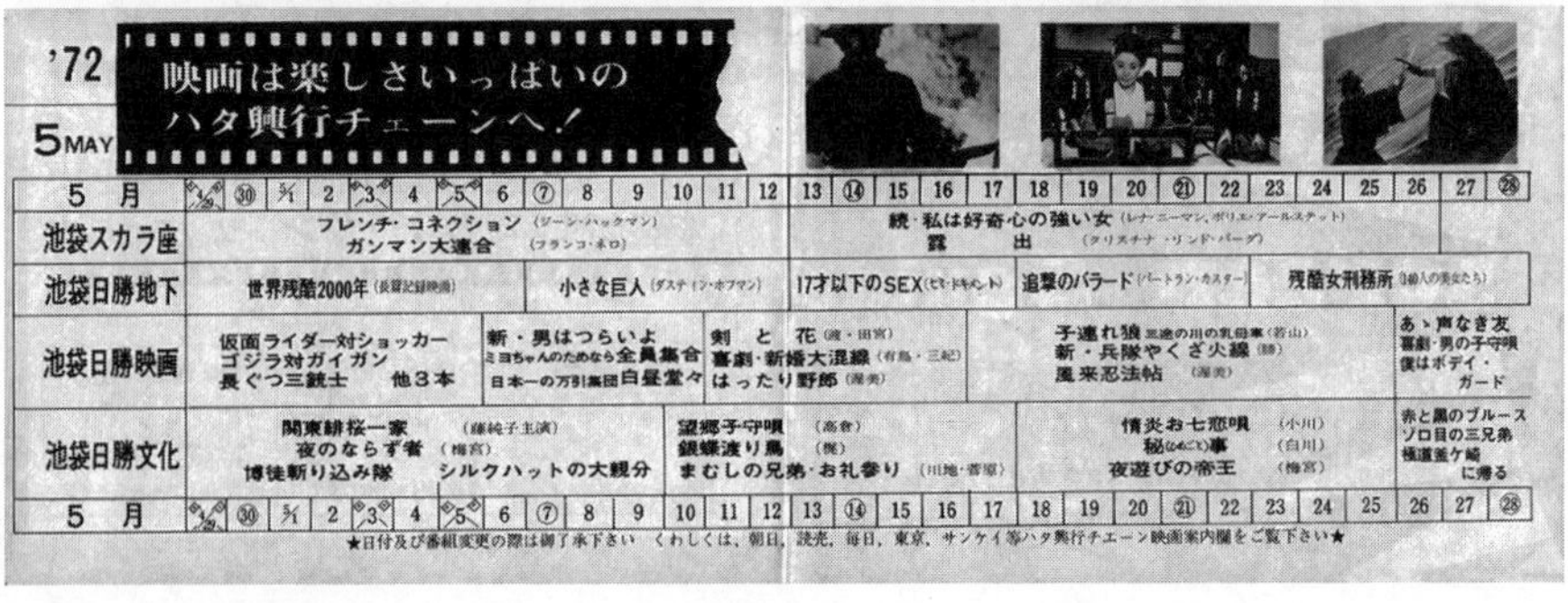

り道でバス乗り場がスカラ座の前にあった。その日は大雨が降っていて、スカラ座の入口に〝本日割引〟という表示があったので躊躇なく入った。『麗しのサブリナ』は洗練された映画で、観終わって映画の世界から現実に戻るのが惜しかった。映画をもっと観たいと思うようになったきっかけの一本だった。

　この他にも『コレクター』（監督：ウィリアム・ワイラー、一九六五）、『いそしぎ』（監督：ヴィンセント・ミネリ、一九六五）、『泥棒成金』（監督：アルフレッド・ヒッチコック、一九五五）、『夜の大捜査線』（監督：ノーマン・ジュイソン、一九六七）、『白い恋人たち グルノーブルの13日』（監督：クロード・ルルーシュ、フランソワ・レシャンバック、一九六八）、『2001年宇宙の旅』（監督：スタンリー・キューブリック、一九六八）などを観た。

池袋日勝映画劇場　305席

　一九五七年（昭和三二年）一二月三一日に池袋日勝映画劇場が池袋松竹劇場に改称し、隣に新築開館した映画館が池袋日勝映画劇場となった。邦画二本立ての二番館で、一九七四年（昭和四九年）の入場料は一般五〇〇円だった。後に封切館となり、一九九五年（平成七年）六月二五日に閉館した。最終上映は『WINDS OF GOD』（監督：奈良橋陽子、一九九五）である。

　ここで『人斬り』（監督：五社英雄、一九六九）を観ていたら、途中でフリーズしてフィルムの駒が中心から焼けて行ったことがあった。フィルムのパーフォレーション（送り穴）が毀損して正常に送れなくなったのかも知れない。不燃性のフィルムだから燃え上がることはなかった。

　他に『女賭博師奥ノ院開帳』（監督：井上芳夫、一九六八）、『天国と地獄』（監督：黒澤明、一九六三）、『どですかでん』（監督：黒澤明、一九七〇）、『昭和残侠伝 吼えろ唐獅子』（監督：佐伯清、一九七一）、『アフリカの光』（監督：神代辰巳、一九七五）などを観た。

日勝文化劇場　178席

池袋日勝映画の地下で一九五七年（昭和三二年）一二月三一日に池袋新東宝として開館。開館番組は『将軍家光と天下の彦左』（監督：中川信夫、一九五七）、『人形佐七捕物帖 花嫁殺人魔』（監

督：加戸野五郎、一九五七）、『スーパージャイアンツ 人工衛星と人類の破滅』（監督：石井輝男、一九五七）だった。一九五九年（昭和三四年）一一月一九日から日勝文化に改称した。邦画三本立ての二番館で、一九七四年（昭和四九年）の入場料は一般五〇〇円だった。後にロードショー館となり、一九九五年（平成七年）六月二五日、『ホーリー・ウェディング』（監督：レナード・ニモイ、一九九四）の上映で閉館した。

ここで観たのは『網走番外地 吹雪の斗争』（監督：石井輝男、一九六七）、『荒野の渡世人』（監督：佐藤純彌、一九六八）、『日本残侠伝』（監督：マキノ雅弘、一九六九）、『女の警察 国際線待合室』（監督：丹野雄二、一九七〇）、『現代やくざ 人斬り与太』（監督：深作欣二、一九七二）、『仁義なき戦い』（監督：深作欣二、一九七三）、『女囚さそり けもの部屋』（監督：伊藤俊也、一九七三）、『不良番長 一網打尽』（監督：野田幸男、一九七二）などである。

池袋東映　994席（53）→970席（69）→860席（80）

池袋東口には池袋東急や池袋スカラ座が片側に並ぶ映画館街があり、少し離れてテアトル池袋や池袋劇場のある通りは両側に映画館が並んでいた。ここで最初に開館したのが池袋東映（994席）と池袋名画座（256席）だった。一九五三年（昭和二八年）一二月二八日の開館で、地下一階、地上三階建てである。建物面積は約七三九・二平方メートルで、大成建設の設計施工、客席は一階538席・二階214席・三階242席であった。経営は佐々木興業株式会社で、当時は都内に品川プリンス座（300席）、池袋エトアール劇場（480席）、三之輪映画劇場（499席）、大山映画劇場（422席）、志村大映（391席）、平井エトアール（398席）、といった映画館を持っていた。東映の初日は『忠治旅日記 喧嘩太鼓』（監督：松田定次、一九五四）と『べらんめえ獅子』（監督：渡辺邦男、一九五四）で、伊藤久男等のコロムビアショウの実演が付いた。

池袋東映は東映の封切館で、同日地下に開館した池袋名画座は当初洋画特選の名画座だったが、一九六〇年代はピンク映画のOPチェーン上映館になった。一九七〇年（昭和四五年）には大映と日活作品を配給するダイニチ映配の封切館となって池袋ダイニチに改称された。翌年にはダイニチ映配が解消されたので池袋名画座に戻って日活封切館になり、後に池袋日活名画座となった。一九八三年（昭和五八年）一二月一日に池袋東映は『白蛇抄』（監督：伊藤俊也、一九八三）の上映を最後に閉館した。地下の池袋日活名画座もロマンポルノ三本立てで同日に閉館した。

一九八五年（昭和六〇年）七月六日、建替え後のビルにシネマサンシャイン池袋が1番館（257席）・2番館（197席）・3番館（165席）・4番館（310席）・5番館（470席）として開館した。シネコンのようであるが当初は入替上映のマルチプレックスではなかったようだ。一九九四年（平成六年）に増設されてシネマ1からシネマ6までの六スクリーン合計1357席となったが、二〇一九年（令和元年）七月一二日で閉館した。二〇一九年（令和元年）七月一九日、一二スクリーン、合計2443席のグランドシネマサンシャインが近い場所で開館している。

池袋東映では一九六七年（昭和四二年）に夏八木勲主演の『牙狼之介 地獄斬り』（監督：五社英雄、一九六七）と片岡千恵蔵の旧作『俺が地獄の手品師だ』（監督：小沢茂弘、一九六一）を観ただけだった。何故観に行ったのかと言えば、少し前に池袋のデパートであったチャリティーサイン会で夏八木勲にサインを貰っていたからだ。『牙狼之介 地獄斬り』はシリーズの第二作で、鉱山のある荒涼とした場所が舞台となっていて、マカロニウエスタンのようであった。五社英雄の豪快な演出に感心した。撮影は後に『仁義なき戦い』（監督：深作欣二、一九七三）を撮った吉田貞次だったが手持ちカメラは使っていなかった。

池袋劇場　70　770席

現在の〝サンシャイン60通り〟と呼ばれる通りは、映画館が多く並んだ映画街だった。池袋駅東口からこの通りに入って左側に池袋東映があり、その先の右側に池袋劇場があった。一九五五年（昭和三〇年）一一月一日に恵通企業株式会社（現在は株式会社ヒューマックス）の経営でシネマスコープ対応の劇場として開館した。開館番組はシネスコ作品『足ながおじさん』（監督：ジーン・ネグレスコ、一九五五）だった。一九六四年（昭和三九年）一〇月二二日から七〇ミリ設備のために改装休館し、『オ7の暁』（監督：ルイス・ギルバート、一九六四）で一〇月二九日に新装開館した。七〇ミリ上映は一一月一九日からの『西部開拓史』（監督：ヘンリー・ハサウェイ、ジョン・フォード、ジョージ・マーシャル、一九六二）で、池袋唯一の七〇ミリ上映設備のあるロードショー館となった。

一九八五年（昭和六〇年）九月一四日に池袋劇場は閉館して、裏側にジョイシネマ1（208席）が開館し、一二月二一日に池袋劇場を改装したジョイシネマ2（208席）が開館した。一九九八年（平成一〇年）四月一〇日に『ゲーム』（監督：デヴィッド・フィンチャー、一九九八）の上映で閉館した。ジョイシネマ1は三月二七日に閉館している。

二〇〇〇年（平成一二年）七月、ヒューマックスパビリオン池袋サンシャイン60通りというビルに建替えられた。現在は池袋HUMAXシネマズとして地下二階・六階・八階の六スクリーン合計1494席のシネコンになっている。

池袋劇場で最初に観たのは『0011ナポレオン・ソロ 消された顔』（監督：ジョン・ニューランド、一九六五）で、他に『サイレンサー 沈黙部隊』（監督：フィル・カールソン、一九六六）、『クイーン・メリー号襲撃』（監督：ジャック・ドノヒュー、一九六六）、『荒鷲の要塞』（監督：ブライアン・G・ハットン、一九六八）など。『トラ・トラ・トラ!』（監督：リチャード・フライシャー、舛田利雄、深作欣二、一九七〇）が最後に観た映画だった。

池袋東宝劇場　560席

一九五五年（昭和三〇年）一一月一日に池袋劇場が開館し、地階に池袋東宝（560席）も同日に開館した。開館番組は『ジャンケン娘』（監督：杉江敏男、一九五五）と『帰って来た若旦那』（監督：青柳信雄、一九五五）で、東宝の直営館だった。一九五八年（昭和三三年）頃よりSY系洋画上映館になった。SYチェーンの構成は池袋東宝の他に新宿武蔵野館、浅草松竹座、渋谷スカラ座、江東リッツ、上野スター、横浜相鉄映画であった。一九六一年（昭和三六年）一二月二六日の『空飛ぶ戦斗艦』（監督：ウィリアム・ウィットニー、一九六一）と『猛獣境 ゴロンゴロ』（監督：ベルンハルト・グルチメク、一九六〇）よりTYチェーン（白系）の洋画上映館となった。TYチェーン（白系）は他に渋谷スカラ座、新宿劇場、江東リッツ、浅草大勝館、上野宝塚、目黒スカラ座、川崎映画、横浜相鉄映画で、TYチェーン（紅系）が渋谷宝塚、新宿武蔵野館、池袋劇場、本所映画、浅草松竹座、上野スター座、川崎駅ビルホール、横浜宝塚という構成になった。

一九六八年（昭和四三年）一二月三一日から経営が館主の恵通企業株式会社に変わったので、館名が池袋地球座になり、OPチェーンのピンク映画三本立てと実演が付いた興行となる。

一九七三年（昭和四八年）三月六日から洋画二本立て一五〇円の名画座に変わり、『大脱走』（監督：ジョン・スタージェス、一九六三）と『夜の訪問者』（監督：テレンス・ヤング、一九七〇）が最初の上映であった。一九七五年（昭和五〇年）八月二日、から一五日までの『男はつらいよ 寅次郎相合い傘』（監督：山田洋次、一九七五）『ザ・ドリフターズのカモだ!!御用だ!!』（監督：瀬川昌治、一九七五）の松竹作品封切興行の後、八月一六日からの『バニシング IN 60″』（監督：H・B・ハリッキー、一九七四）でロードショー館になった。一九八〇年（昭和五五年）一一月二〇日の『古都』（監督：市川崑、一九八〇）の上映から館名が元の池袋東宝に戻った。

一九九五年（平成七年）八月五日、『学校の怪談』（監督：平山秀幸、一九九五）を上映中の池袋東宝がジョイシネマ3（512席）に改称した。一九九八年（平成一〇年）四月一〇日に『ドラえもん のび太の南海大冒険』（監督：芝山努、一九九八）、『ザ・ドラえもんズ ムシムシぴょんぴょん大作戦！』（監督：米谷良知、一九九八）、『帰ってきたドラえもん』（監督：渡辺歩、一九九八）の上映で閉館した。

二〇〇〇年（平成一二年）七月、〝ヒューマックスパビリオン池袋サンシャイン60通り〟というビルに建替えられて、池袋HUMAXシネマズとして六スクリーンが合計1494席で運営されている。

ここでは『太陽がいっぱい』（監督：ルネ・クレマン、一九六〇）、『昼下りの情事』（監督：ビリー・ワイルダー、一九五七）、『慕情』（監督：ヘンリー・キング、一九五五）、『唇からナイフ』（監督：ジョセフ・ロージー、一九六六）、『十戒』（監督：セシル・B・デミル、一九五七）など。地球座のときは『アパートの鍵貸します』

（監督：ビリー・ワイルダー、一九六〇）と『地球爆破作戦』（監督：ジョセフ・サージェント、一九七〇）、『電子頭脳人間』（監督：マイク・ホッジス、一九七四）の二本立て三本だけ観ている。地球座の前後の池袋東宝を含めると三三本を観た。

東宝の社長だった高井英幸氏の著書「映画館へは、麻布十番から都電に乗って。」によると東宝に入社して最初の配属先が池袋東宝で、一九六六年（昭和四一年）四月にスカラ座へ異動するまで勤務していたという。私はこの間に何度か行っているので、もしかしたら会っていた可能性もある。

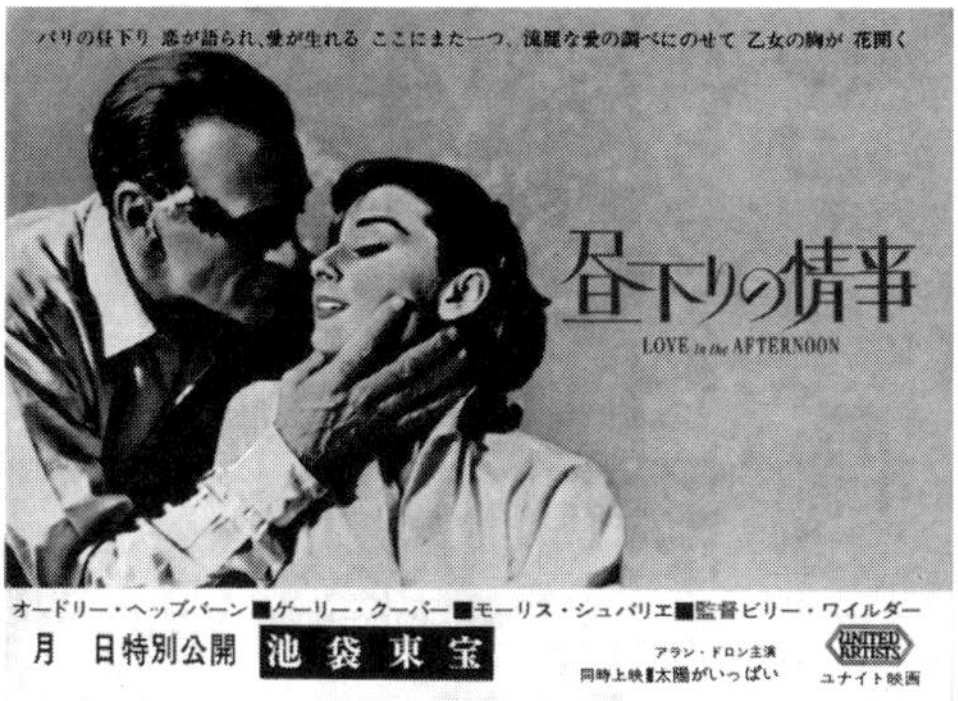

テアトル池袋　693席
テアトルダイヤ　250席

テアトル池袋（693席）と地下のテアトルダイヤ（250席）は池袋劇場の向かい側にあった。テアトル池袋は一九五六年（昭和三一年）一二月二六日に『狙われた女』（監督：ハリー・ケラー、一九五六）と『銃口を上に向けろ』（監督：アルフレッド・ワーカー、一九五五）の二本立てで開館した。TY系の洋画封切館から東宝の封切館になり、再び洋画上映館になった。一九七五年（昭和五〇年）には東宝作品のオールナイト上映をおこなった。このときはグループサウンズ映画特集や内藤洋子特集、『銀座のお姐ちゃん』（監督：杉江敏男、一九五九）などのお姐ちゃん特集を観に行った。通常興行では『佐々木小次郎』（監督：稲垣浩、一九六七）、『上意討ち 拝領妻始末』（監督：小林正樹、一九六七）、『隠し砦の三悪人』（監督：黒澤明、一九五八）、『日本沈没』（監督：森谷司郎、一九七三）、洋画上映になってからは『踊る大紐育』（監督：ジーン・ケリー、スタンリー・ドーネン、一九四九）や『アメリカ交響楽』（監督：アーヴィング・ラパー、一九四五）などで、通算三二本を観た。

一九八一年（昭和五六年）二月一九日、『マッドストーン』（監督：サンディ・ハーバット、一九七四）の上映で建替えのため閉館した。

テアトルダイヤはテアトル池袋と同日の一九五六年（昭和三一年）一二月二六日に開館した旧作上映館で入場料は五〇円。開館番組は『慕情』（監督：ヘンリー・キング、一九五五）である。両館共に東京テアトル株式会社が経営していた。

一九八一年（昭和五六年）二月一九日、『アメリカン・グラフィティ』（監督：ジョージ・ルーカス、一九七三）と『スティング』（監督：ジョージ・ロイ・ヒル、一九七三）の上映で閉館した。

テアトルダイヤでは『特攻大作戦』（監督：ロバート・アルドリッチ、一九六七）、『トパーズ』（監督：アルフレッド・ヒッチコック、一九六九）、『タクシー・ドライバー』（監督：マーティン・スコセッシ、一九七六）などを観た。

一九八〇年（昭和五五年）一二月二〇日に東口駅前でテアトル池袋2（241席）という映画館が『グローイング・アップ』（監督：ボアズ・デヴィッドソン、一九七八）『グローイング・アップ2 ゴーイングステディ』（監督：ボアズ・デヴィッドソン、一九七九）の上映で開館していた。テアトル池袋が閉館した後の一九八一年（昭和五六年）三月一一日からテアトル池袋（250席）に改称したが、二〇〇六年（平成一八年）八月三一日に閉館となった。

一九八二年（昭和五七年）一二月には元のテアトル池袋の跡に池袋ホテルテアトルというホテルが開業した。この地下で東急系洋画ロードショー館としてテアトルダイヤ（248席）が復活した。一二月一日の開館番組は『ワン・フロム・ザ・ハート』（監督：フランシス・フォード・コッポラ、一九八二）と『秋のソナタ』（監督：イングマール・ベルイマン、一九七八）である。二〇〇九年（平成二一年）八月、144席と72席の二つのスクリーンにリニューアルされてアニメ系の映画館になった。二〇一一年（平成二三年）五月二九日、ビルの老朽化による建替えに伴い閉館した。最終上映はスクリーン1が『ブラック★ロックシューター』（監督：吉岡忍、二〇一〇）『REDLINE』（監督：小池健、二〇〇九）『マルドゥック・スクランブル 圧縮』（監督：工藤進、二〇一〇）『センコロール』（監督：宇木敦哉、二〇〇九）『イヴの時間 劇場版』（監督：吉浦康裕、二〇一〇）、スクリーン2は『鬼神伝《おにがみでん》』（監督：川崎博嗣、二〇一〇）だった。

池袋松竹劇場　300席

一九四六年（昭和二一年）七月二八日に池袋山手映画劇場（658席）が開館した。開館番組は『お夏清十郎』（監督：木村恵吾、一九四六）と朝霧鏡子の実演である。一九六二年（昭和三七年）八月一四日～三一日まで改装休館して、九月一日より『赤い河』（監督：ハワード・ホークス、一九四八）と『巌窟王』（監督：クロード・オータン・ララ、一九六一）の上映で池袋スバル座（591席）に改称した。一九六四年（昭和三九年）九月二〇日の『殺人者に墓はない』（監督：ロベール・オッセン、一九六四）の上映を最後に閉館した。その後、緑屋のビルに建替えられて地下に松竹封切館の池袋松竹が開館した。緑屋は丸井と同形態の月賦販売店だった。一九六五年（昭和四〇年）一二月三一日の開館上映は『赤い鷹』（監督：井上梅次、一九六五）と『望郷と掟』（監督：野村芳太郎、一九六五）だった。一九八二年（昭和五七年）四月一六日、『機動戦士ガンダムⅢ めぐりあい宇宙《そら》』（総監督：富野喜幸、一九八二）で閉館した。

ここで最初に観た映画は『宴』（監督：五所平之助、一九六七）と『惜春』（監督：中村登、一九六七）の二本立て

だった。その頃観ていたのは洋画のみだったが『惜春』で映し出される日本の情景美は邦画も観るきっかけになった。他には伊丹十三主演の『金瓶梅』（監督：若松孝二、一九六八）、原田芳雄の映画デビュー作『復讐の歌が聞える』（監督：貞永方久、山根成之、一九六八）などの二〇本を観ている。中には『銀の長靴《ブーツ》』（監督：市村泰一、一九六七）、『宇宙大怪獣ギララ』（監督：二本松嘉瑞、一九六七）、『バットマン』（監督：レスリー・H・マーティンソン、一九六六）という三本立てもあった。『バットマン』は当時のテレビシリーズの映画版で、出演者やニール・ヘフティ作曲のテーマ曲もテレビ作品と同じだった。『宇宙大怪獣ギララ』の公開二週目から一部の映画館で三本立て上映になっていた。

池袋ピース座（池袋松竹名画座）　150席

池袋西口の西一番街にあった映画館で、一九五六年（昭和三一年）頃の開館。木造の建物だったが一九六一年（昭和三六年）頃に建替えられ、三階に池袋演芸場、地下にピース座が入り、客席数が200席から234席になった。一九七四年（昭和四九年）の時点では邦画各社の旧作三本立てで一般五〇〇円だった。一九八四年（昭和五九年）二月一八日から三月五日まで休館して改装。三月六日から池袋松竹名画座へ改称してロードショー館になった。一九九〇年（平成二年）二月二八日に改築のため閉館となった。閉館時はピンク映画三本立てになっていた。池袋演芸場は一九九三年（平成五年）に再開場している。

池袋北口日活　202席　↓　シネロマン池袋　152席

一九七七年（昭和五二年）一一月二日、日活直営封切館として池袋駅北口に開館。上映作品は『女教師』（監督：田中登、一九七七）と『肉体の悪魔』（監督：西村昭五郎、一九七七）であった。一九七八年（昭和五三年）六月二八日から月一回のオールナイト上映〝ウェンズデイ・シネカーニバル〟が始まる。初回は〝田中登監督特集〟で、以降は〝沢田幸弘と狂映社の集い〟〝小沼勝監督特集〟〝藤井克彦監督特集〟〝西村昭五郎監督特集〟と続き、ゲストに監督や女優を招いていた。同年八月二三日は〝11PMサマーカーニバル〟と題したオールナイト上映があった。八月二七日の読売新聞朝刊によると、大学の映研が製作した自主映画の上映会で、専修大、中央大、日大、明大、立教大、早大等が参加して八本のフィルムが上映されたという。

一九八八年（昭和六三年）、日活はロマンポルノ路線からロッポニカの名称で一般映画の製作と配給に転換した。ロマンポルノ上映館はロッポニカの館名に変更されたので、七月一日よりロッポニカ池袋に改称した。その後はアジア映画などを上映していたが、一九八九年（平成元年）にはロッポニカの路線も終了して、一九九〇年(平成二年)四月から成人映画館のシネロマン池袋に改称した。二〇〇八年（平成）四月より経営が酒井コーポレーションに替わり、現在もピンク映画にロマンポルノを組み込んだ三本立ての番組で継続している。

山城新伍が監督した『女猫《めねこ》』（一九八三）や『㊎(ビ)の 金魂巻』（監督：井筒和幸、一九八五）はここで観ている。

丸の内ピカデリー・丸の内松竹　閉館時パンフレット

上映作品

帝国劇場
日比谷映画劇場
有楽座
日比谷スカラ座
テアトル東京
東京劇場（東劇）
松竹セントラル
丸の内ピカデリー
丸ノ内日活
渋谷パンテオン
新宿ミラノ座
新宿ピカデリー
新宿プラザ劇場
日本劇場（日劇）

【表記順】

上映開始日→上映方式→題名→製作年→製作国→配給会社、製作会社→監督→出演者

【画面比率・上映方式の記号】

無印＝スタンダード　C＝シネラマ（スーパー・シネラマ方式を含む）　CS＝正規のシネマスコープ　SS＝スコープサイズ

VV＝正規のビスタビジョン　VS＝ビスタサイズ（ヨーロッパビスタ、アメリカンビスタを含む）　D＝DIMENSION 150

【製作国の略号】

米＝アメリカ　英＝イギリス　仏＝フランス　独＝ドイツ　東独＝東ドイツ　西独＝西ドイツ　伊＝イタリア　墺＝オーストリア　西＝スペイン

瑞典＝スウェーデン　蘭＝オランダ　印＝インド　豪＝オーストラリア　日＝日本（通常は表記なし）

【製作会社、配給会社の略称】

ACE＝L'Alliance Cinématographique Européenne　API＝Associati Produttori Indipendenti Film

BCFC＝英国映画協会　BIP＝British International Pictures　CIC＝Cinema International Corporation

CIPRA＝Compagnie Internationale de Productions Cinématographiques

ENIC＝Ente Nazionale Industrie Cinematografiche　FAF＝Les Films Artistiques Français

GFFA＝Gaumont - Franco - Film - Aubert

NCC＝ニッポンシネマコーポレーション（1948-1961）／ニュー・シネマ・コーポレーション（1960年代後半〜）

NDLS＝Neue Deutsch Lichtspiel - Syndikat Verleih　SEF＝フランス映画輸出組合日本事務所（後の新外映配給）

SELF＝Societe d'Edition et de Location de Films　SNC＝Société Nouvelle de Cinématographie

UDIF＝Union des Distributeurs Indépendants

【省略記号】

F＝Film distribution（配給会社）、P＝Production Companies（製作会社）、D＝Director（監督）、C＝Cast（出演者）、V＝Voice（声の出演者）

【作品名】

作品名は上映時広告の文字を基本としたが、通用字体を使用した場合もある。内容不明は題名のみ記す。

帝国劇場　上映作品（実演のみの番組名は省略）

【1911年（明治44年）】
▼3・1-3・2 開場式　実演『式三番』『頼朝』、喜劇『最愛の妻』、西洋舞踊『フラワーダンス』▼3・4・一般興行

【1913年（大正2年）】※1930年までの特記なきは無声映画
▼5・29-5・31 詩聖ダンテ13伊🄵日活🄳マリオ・カゼリーニ🄲オレステ・グランディ／人生の春12瑞典、仏🄵日活🄳ポール・ガバーニ🄲ヴィクトル・シェストレム▼10・21-10・25 クオ・ヴァヂス（何處へ行く）13伊🄿チネス🄳エンリコ・ガッツオーニ🄲アムレット・ノヴェリ▼12・6-12・7 キネトホン發聲活動寫眞（演説・歌劇・正劇・喜劇・独唱・舞踊等）🄿エジソン▼12・27-12・31 コウカサス紀行13仏🄿パテ（色彩記録映画）／ライオン狩（ハンター）13仏🄿ゴーモン🄳ルイ・フィヤルド🄲ルネ・ナヴァレ／他

【1914年（大正3年）】
▼1・2-1・11 ポンペイの最後の日13伊🄿パスクアリ🄳ウバルド・マリア・デル・コッレ、ジョヴァンニ・エンリコ・ヴィダリ🄲クリスティナ・ルスポオリ▼3・22 南極探検12🄿日活（新派劇）▼4・1-4・5 義經千本櫻14🄿天活🄳吉野二郎🄲坂東勝五郎（キネマカラーによる色彩映画）／半日ホテル14米🄿バイオグラフ🄳エドワード・ディロン🄲チャールス・マレイ／密書14デンマーク🄿ダンスク・ビオグラフ🄳ベンジャミン・クリステンセン🄲ベンジャミン・クリステンセン／百花爛漫14 P天活（キネマカラー）／美人と果物14 🄿天活（キネマカラー）／續凸坊の新書帖14英🄿アームストロング🄳チャールス・アームストロング（短編アニメーション）▼4・ 平家蟹14🄿日活🄳牧野省三🄲尾上松之助（浅草遊楽館で11月に公開された『平家の妖魔』は増補改題版）▼12・26-12・28 噫無情（レー・ミゼラーブル）12仏🄳アルベール・カペラーニ🄲アンリ・クロース

【1915年（大正4年）】
▼1・2-1・10 噫無情（レー・ミゼラーブル）（続映）▼1・15-1・17 ジャヌダーク15伊🄿サヴォイア🄳ウバルド・マリア・デル・コッレ🄲マリア・ヤコビイニ▼1・26-1・31 臨時お雇15仏🄿エクレール🄳ピエル・フェヴァ🄲ジャック・デ・フェラウディ／ジャヌダーク（続映）▼2・26-2・28 奈翁再度の旗揚（百日奈翁）14伊🄿ヴェレ🄳ロベルト・ダネシ、アルキータ・ヴァレンテ🄲エクトル・マッツァンチ／女の心（戸は開かれた）13伊🄿パスクアリ🄳ジョヴァンニ・エンリコ・ヴィダリ🄲マリア・ガンディーニ▼3・3-3・7 奈翁再度の旗揚（続映）／他喜劇▼7・15-7・17 冬物語14伊🄿ミラノ🄳バルダッサーレ・ネグローニ🄲ピナ・ファブリ／検事長15伊🄿サヴォヤ🄳ウバルド・マリア・デル・コッレ🄲アドリアナ・コスタマニア▼10・7-10・17 小公子14英🄿ナチュラル・カラー・キネマトグラフ🄳F・マーティン・ソーントン🄲ジェラルド・ロイストン▼12・26- ハムレット13英🄿ヘップウォース🄳ヘイ・プラム🄲サー・ジョンストン・フォーブス・ロバートソン

【1916年（大正5年）】
▼1・2-1・11 ハムレット（続映）▼1・26-1・31 アルマメーター（祖國の叫び又は絶對的平和論者）15伊🄿チネス🄳エンリコ・ガツォーニ🄲ピナ・メニケリ／サロメ10伊🄿フィルム・ディアート・イタリアーナ🄳ウーゴ・ファレーナ🄲ヴィットリア・レパント／ヰリアム・テル11独🄿ビオグラフ🄳ウーゴ・ファレーナ🄲ジュゼッペ・カシュマン▼2・20 歐州戰争實寫16仏🄵キネマ商会🄿フランス政府（記録映画）▼5・27-5・28 カビリヤ14伊🄿イタラ🄳ジョヴァンニ・パストローネ🄲リディア・クアランテ▼7・15-7・17 拳骨14米🄿パテ🄳レオポルド・D・ホワートン🄲パール・ホワイト／鮮血（黒梟旅館）伊🄿アムブロジオ🄲ルイジア・モラノ／マキシム（深夜のマクシム酒場）15米🄿カレム🄳ゲオ・L・サージェント🄲ロロ・ロイド▼7・26-7・31 アトランチス14デンマーク🄿ノルジスク🄳アウグスト・ブロム🄲アイダ・オルロフ／鐘の響14英🄿ヘプワース🄳トーマス・ベントリー🄲ワーウィック・バックランド／他喜劇▼8・26-8・31 美人島（水神）16米🄿ユニヴァーサル🄳ヘンリー・オット🄲アイダ・シュナル／拳骨大會（第五篇～第九篇）14米🄵天活小林興行部🄿パテ🄳レオポルド・D・ホワートン🄲パール・ホワイト 説明：染井三郎、他／トスカ▼9・22-9・24 拳骨大會（第一五篇～第一八篇）14米🄵小林興行部🄿パテ🄳レオポルド・D・ホワートン🄲パール・ホワイト／催眠鬼（可愛い少女）16米🄿ユニヴァーサル🄳ロバート・Z・レオナード🄲エラ・ホール▼10・23 歐州戰争實寫16仏（フランス大使館主催）▼10・25- グラフト 第一篇～第六篇15・16米🄵小林興行部🄿ユニヴァーサル🄳

リチャード・スタントン[C]ミナ・キューナード▼10・28・グラフト 第七篇〜第十三篇16米[P]ユニヴァーサル[D]リチャード・スタントン[C]ミナ・キューナード▼10・30・11・1 グラフト 第十四篇〜第二十篇16米[P]ユニヴァーサル[D]リチャード・スタントン[C]ミナ・キューナード▼12・2 歐州戰争實寫16仏▼12・26（14：00）歐州大戰活動寫眞 ソンムの大戰／充實せる軍備▼12・26（19：00）歐州大戰活動寫眞 充實せる軍備▼12・27（14：00）歐州大戰活動寫眞 充實せる軍備▼12・27（19：00）歐州大戰活動寫眞 ソンムの大戰▼12・ 女ロロー（名媛）第一篇〜第五篇16米[P]カレム[D]ジェームズ・W・ホーン[C]マリン・セイズ▼12・28・12・30 ［クリスマス娯楽会］活動写真数種／実演『猿蟹合戦』『お伽話口演』

【1917年（大正6年）】

▼1・2・1・7 ハムの發明16米[P]カレム[D]ロイド・ハミルトン[C]ロイド・ハミルトン／女ロロー（名媛）16米[P]カレム[D]ジェームズ・W・ホーン[C]マリン・セイズ／夢の樂園 米[F]エスケイ[P]ハリス／呪の籤／田舎詩人▼1・15・1・17 小チャップリン16米[P]ジュブナイル・フィルム[D]ジェームズ・A・フィッツパトリック[C]ジョセフ・モナハン／白蓮16米[P]カレム[D]ハリー・ミラード[C]アリス・ホリスター／女ロロー（名媛）16米[P]カレム[D]ジェームズ・W・ホーン[C]マリン・セイズ／まだまだ／漬物騒動▼2・26・マクベス16米[P]リライアンス[D]D・W・グリフィス、ジョン・エマーソン[C]ハーバート・ツリー▼3・26・3・29 平和？戰争？ シヴィリゼーション15米[F]日活[P]トライアングル[D]トーマス・H・インス、レジナルド・バーカー、レイモンド・B・ウエスト[C]ハーシャル・メイオール／雪療治16米[P]トライアングル[D]アービッド・E・ギルストロム[C]フォード・スターリング／デブ君の焼餅16米[P]キーストン[D]ロスコー・アーバックル[C]ロスコー・アーバックル／ライオンと家鴨（実写）▼8・27・8・31 潜航艇の秘密 第一篇〜第七篇15米[P]アメリカン・フィルム[D]ジョージ・サージェント[C]ジャニタ・ハンセン 説明：染井三郎▼9・20・9・24 潜航艇の秘密 第八篇〜第十五篇 15米[P]アメリカン・フィルム[D]ジョージ・サージェント[C]ジャニタ・ハンセン▼9・26・9・30 戰劇 國の光17米[P]ヴァイタグラフ[D]J・スチュアート・ブラックトン、ウィリアム・P・S・エール[C]アリス・ジョイス 説明：内藤無鳴／飛行娘17米[P]キーストン[D]ウォルター・ライト[C]オラ・カールウ／チャプリンの道具方14米[P]キーストン[D]チャールズ・チャップリン[C]チャールズ・チャップリン／夏の富士

【1918年（大正7年）】

▼1・28・1・31 蕃地より都へ12仏[P]パテフレール[D]アルフレッド・マシャン（短編記録映画）／乗合馬車13號 第一〜第四篇 17伊[P]アムブロジオ[F]根岸興行部[D]アルベルト・カポッツィ、ジェロ・ザンブート[C]エレナ・マコースカ／（1・28・1・29併映）結婚の夜 伊[F]根岸興行部[P]サヴォイア[C]リディア・カランタ／（1・30・1・31併映）マイ・リットル・ベビー17伊[P]カエザル[D]ジュゼッペ・デ・リグオーロ[C]フランチェスカ・ベルティニ▼2・13・2・18 阿弗利加猛獸大狩猟12米[P]ジャングル[C]ポール・J・レイニー▼3・26・3・31 海底六万里16米[P]ユニヴァーサル[D]スチュアート・ペイトン[C]アラン・ホルバー／クリスマスの前夜17米[P]ユニヴァーサル（ブルーバード）[D]エルシー・ジャン・ウィルソン[C]エラ・ホール▼7・26・7・31 神の娘14米[P]ユニヴァーサル[D]ハーバート・ブレノン[C]アンネット・ケラーマン▼8・26・8・31 好戰將軍18米[P]ユニヴァーサル（ジュエル）[D]ルパート・ジュリアン[C]エルモ・リンカーン／この姉妹17米[P]ユニヴァーサル（バタフライ）[D]ユージン・ムーア[C]ヴァイオレット・マクミラン／実写喜劇（題名不明）▼9・21・9・24 少年義勇軍17英[P]トランスアトランティック[F]ユニヴァーサル[D]パーシー・ナッシュ[C]ドレーク・ボディ▼10・17・10・20 危き中に米[P]ユニヴァーサル（ブルーバード）[C]リー・レイ／フィンレー氏天然画／ユニバーサル週報▼10・26・喜劇 猫の尻尾18米[P]ユニヴァーサル（スター）[D]エディ・ライオン、リー・モーラン[C]エディ・ライオン

【1919年（大正8年）】

▼3・16 活動写真（題名不明）▼3・30・3・31 イントレランス16米[F]小林商会[P]トライアングル[D]D・W・グリフィス[C]リリアン・ギッシュ▼6・26・6・29 ロミオとジュリエット16米[F]メトロ[P]クオリティ[D]ジョン・W・ノーブル、フランシス・X・ブッシマン[C]ベヴァリー・ベイネ／（6・26・6・28併映）アッチラ18伊[P]アンブロジオ[D]フェボ・マリ[C]フェボ・マリ／（6・29併映）第三マチステ 伊[P]イタラ[C]バルトロメオ・パガーノ

【1920年（大正9年）】

▼4・28・4・30 青い鳥18米[P]パラマウント[D]モー

リス・トゥールヌール🄲トゥラ・ベル▼9・1-9・5 海底の驚異17米🄵大正活映🄿ウィリアムソン🄳ウィンスロップ・ケリー🄲チェスター・バーネット／新カルメン（別題＝婦人と操り人形）20米🄵大正活映🄿ゴールドウィン🄳レジナルド・ベーカー🄲ジェラルディン・ファーラー▼9・6-9・9 戰争と平和19仏🄵国活🄿パテ🄳アベル・ガンス🄲セヴラン・マルス 説明：生駒雷遊、芳本濤華、玉井旭洋、松浦翠波／出張實寫 惨虐の尼港🄵国活 説明：林天風

【1921年（大正10年）】

▼1・26-1・31 ボルジア20伊🄿メッサ🄳ルイジ・カランバ🄲ユージェニオ・ジラルドニ 説明：染井三郎、月岡秀粋／開拓の勇者（別題＝西部の人々）19米🄳エドワード・スローマン🄲ロイ・スチュアート 説明：松浦翠波、佐々木雀葉

【1922年（大正11年）】

▼8・23-8・30 愚か者の樂園21米🄿パラマウント🄳セシル・B・デミル🄲ドロシー・ダルトン／シーク21米🄿パラマウント🄳ジョージ・メルフォード🄲ルドルフ・ヴァレンティノ／パラマウント見物（短編映画）▼8・31- 吾が妻を見よ20米🄿パラマウント🄳ジョージ・メルフォード🄲メーベル・ジュリエンヌ・スコット／アナトール21米🄿パラマウント🄳セシル・B・デミル🄲グロリア・スワンソン

【1923年（大正12年）】

▼3・24- 愛の導き23 🄿小笠原プロ🄳小笠原明峰🄲古川緑波▼4・26-4・30 ロビン・フッド22米🄿ユナイト🄳アラン・ドワン🄲ダグラス・フェアバンクス 説明：瀧田天籟、松井翠声▼7・26- 死の猛獸狩り（記録映画）／突貫主義22米🄿フィル・ゴールドストン🄳ジャック・ネルソン🄲リチャード・タルマッジ▼8・26- 幽霊巡廻23米🄿ユニヴァーサル🄳ナット・ロス🄲ラルフ・グレイヴス▼8・29- 深夜の來客23米🄿ユニヴァーサル🄳ジョージ・アーチェンボード🄲グレース・ダーモンド

【1924年（大正13年）】※映画興行なし

【1925年（大正14年）】

▼1・29-1・31 ダンテ地獄篇23米🄿FOX🄳ヘンリー・オット🄲ラルフ・ルイス 説明：徳川夢声／震天動地23米🄿FOX🄳バーナード・J・ダーニング🄲シャーリー・メイスン▼2・26-2・28 モンナ・ヴンナ22独🄿エメルカ🄳リヒャルト・アイヒベルク🄲パウル・ウェゲナー 説明：藤浪無鳴／罪と罰23独🄵イリス商会🄿ノイマン🄳ロベルト・ウィーネ🄲グレゴリ・クマラ 説明：徳川夢声▼3・20-3・24 ジークフリード24独🄵イリス映画部🄿ウーファ、デクラビオスコープ🄳フリッツ・ラング🄲パウル・リヒター／怪物団若返る24米🄿ハル・ローチ・スタジオ🄳テッド・ワイルド、フレッド・ギイオル🄲グレン・トライオン▼8・26-8・28 シー・ホーク24米🄿ファーストナショナル🄳フランク・ロイド🄲ミルトン・シルス／白蛾は舞ふ24米🄵ファーストナショナル🄳モーリス・トゥールヌール🄲バーバラ・ラ・マー▼8・29-8・31 ロストワールド25米🄿ファーストナショナル🄳ハリー・O・ホイト🄲ウォーレス・ビアリー／剣戟の雄23米🄿ファーストナショナル🄳ジョン・S・ロバートソン🄲リチャード・バーセルメス▼9・26-9・30 オペラの怪人25米🄿ユニヴァーサル（ジュエル）🄳ルパート・ジュリアン🄲ロン・チェイニー（テクニカラー）／鵞鳥飼ふ女25米🄿ユニヴァーサル（ジュエル）🄳クラレンス・ブラウン🄲ルイーズ・ドレッサー▼12・26-12・27 極樂嶋の女王25 🄿特作映画社🄳小笠原明峰🄲高島愛子（特作映画社第一回作品）説明：生駒雷遊、山野一郎（12・26）、徳川夢声、山野一郎（12・27）

【1926年（大正15年・昭和元年）】

▼1・26-1・28 ケェニクスマルク23仏🄿ラジア🄳レオン・ペレ🄲ユゲット・デュフロオ 説明：瀧田天籟／巴里娘23仏🄿アーガス🄳アルベルト・フランシス・ベルトニ🄲フェリシアン・トラメル 説明：渥美紫郎▼1・29-1・31 鐵路の白薔薇22仏🄿パテ（コンソルシオム）🄳アベル・ガンス🄲セヴラン・マルス 説明：生駒雷遊／翡翠の箱21仏🄿ゴーモン🄳レオン・ポアリエ🄲ロージェー・カルル 説明：吉野遊峯

【1927年（昭和2年）】

▼12・10（12：30-）映画試写会🄿ユナイト（題名不明）

【1928年（昭和3年）】

▼4・16（10：30-）［封切映画試写会］續水戸黄門28🄿日活🄳池田富保🄲山本嘉一▼9・27-9・30 維新の京洛28 🄿日活🄳池田富保🄲山本嘉一／日活時代劇俳優実演『高速度剣劇レビュウ』🄲大河内傳次郎、酒井米子、他

【1929年（昭和4年）】

▼11・16-11・18 不滅親鸞 時代篇 現代篇29 🄿大熊特作映画社🄳山上紀夫🄲茅野菊子 説明：國井紫香、生駒雷遊、他

【1930年（昭和5年）】

▼5・24-5・28 あら！その瞬間よ30 🄿松竹キネマ

ＤD斎藤寅次郎ＣＣ新井淳／女は何処へ行く30 Ｐ松竹キネマＤ池田義信Ｃ栗島すみ子／実演『知らないうちが花なのよ』（演出：大久保忠素）、『此の感激』（演出：池田義信）▼10・26－10・28ニコニコ大会（詳細不明）

【1931年（昭和6年）】11・1より松竹パラマウント社直営館となる

▼8・1－8・14 人生の風車31 Ｐ松竹キネマＤ清水宏Ｃ川崎弘子／マダムと女房31 Ｐ松竹キネマＤ五所平之助Ｃ渡辺篤（発声映画）／実演『風船玉とパジャマと恋』Ｃ川崎弘子▼8・15－8・30 東京の合唱31 Ｐ松竹キネマＤ小津安二郎Ｃ岡田時彦／浮気は汽車に乗つて31 Ｐ松竹キネマＤ成瀬巳喜男Ｃ山口勇／実演『かんしゃく玉』Ｃ田中絹代

※以降特記なきは発声映画

▼11・1－ 陽気な中尉さん31米Ｐパラマウント Ｄエルンスト・ルビッチＣモーリス・シュヴァリエ／アメリカの悲劇31米Ｆパラマウント Ｄジョセフ・フォン・スタンバーグＣフィリップス・ホームズ▼11・11－夜の天使31米Ｐパラマウント Ｄエドマンド・グールディングＣナンシー・キャロル／陽気な中尉さん（続映）／パラマウントニュース／パラマウントピクトリアル／子供のレヴューＰパラマウント（音楽短編）／ビンボーの引越しやＰパラマウント（アニメーション）▼11・17－ 王様ごっこ31米Ｐパラマウント Ｄノーマン・タウログＣミッチー・グリーン／ボルネオの東31米Ｐユニヴァーサル Ｄジョージ・メルフォードＣローズ・ホバート▼11・24－ 天國の一夜31米Ｐユナイト Ｄジョージ・フィッツモーリスＣイヴリン・レイ／ウオタルウ橋31米Ｐユニヴァーサル Ｄジェームズ・ホエールＣメイ・クラーク▼12・1－ 掻拂ひの一夜31仏Ｆヤマニ洋行Ｐフィルム・オッソＤカルミネ・ガローネＣアルベール・プレジャン／女学生日記31米Ｐパラマウント Ｄデヴィッド・バートンＣシルヴィア・シドニー▼12・8－ 時計の殺人31米Ｐパラマウント Ｄエドワード・スローマンＣウィリアム・ボイド／火の山31独、仏Ｆ三映社Ｐヴァンダル・デュラックＤルイス・トレンカーＣルイス・トレンカー▼12・15－ 蹴球大學（別題：ノートルデム大学精神）31米Ｐユニヴァーサル Ｄラッセル・マックＣリュー・エアーズ／素晴らしき嘘31米Ｐパラマウント Ｄベルトールト・フィーアテルＣルイス・チャタートン▼12・24－ 大飛行船31米Ｐコロムビア Ｄフランク・キャプラＣジャック・ホルト／腕白大将31米Ｐパラマウント Ｄノーマン・タウログＣジャッキー・クーガン▼12・31－龍の娘31米Ｐパラマウント Ｄロイド・コリガンＣアンナ・メイ・ウォン／栄冠涙あり31 Ｐ不二映画社Ｄ鈴木重吉Ｃ鈴木傳明（無声映画）／実演『栄冠涙なし』Ｃ鈴木傳明

【1932年（昭和7年）】

▼1・7－1・13 若き日の感激31 Ｐ松竹キネマＤ五所平之助Ｃ川崎弘子／ダグラスの月世界征服31米Ｐユナイト Ｄエドマンド・グールディングＣダグラス・フェアバンクス▼1・10（10：00）［日曜児童映画会］ランゴ31米Ｐパラマウント Ｄアーネスト・B・シュードサックＣクロード・キング／ニュース▼1・14－1・20 鐵壁の男31米Ｐパラマウント Ｄジョン・クロムウェルＣジョージ・バンクロフト／神々の寵兒30独Ｆ東和商事Ｐウーファ Ｄハンス・シュワルツＣエミール・ヤニングス▼1・17（10：00）［日曜児童映画会］足が第一30米Ｆパラマウント Ｄクライド・ブラックマンＣハロルド・ロイド▼1・21－1・27 沈默31米Ｐパラマウント Ｄマックス・マーシン、ルイ・ガスニエＣクライヴ・ブルック／少年時代31米Ｐワーナー Ｄウィリアム・ボーディンＣレオン・ジャニー／舞踊実演ＣF・ガーネット▼1・24（10：00）［日曜児童映画会］少年時代31米／短編映画▼1・28－2・3 フーピー30米Ｐユナイト Ｄソーントン・フリーランドＣエディ・カンター／旅愁31独Ｆ東和商事Ｐテラ Ｄクルト・ベルンハルトＣコンラット・ファイト▼1・31（10：00）［日曜児童映画会］フーピー30米／ニュース／マンガ▼2・4－2・10 いんちき商賣31米Ｐパラマウント Ｄノーマン・Z・マクロードＣグルーチョ・マルクス／小間使31米Ｐパラマウント Ｄモンタ・ベルＣナンシー・キャロル／ビン坊の假装舞踏會（アニメーション）／水兵夢騒動（短編喜劇）▼2・7（10：00）［日曜児童映画会］スキピイ31米Ｐパラマウント Ｄノーマン・タウログＣジャッキー・クーパー／ニュース／マンガ▼2・11－ 白銀の乱舞31独Ｆ三映社Ｐゾーカル Ｄアーノルド・ファンクＣレニ・リーフェンシュタール／ニュース／マンガ（ミッキー）／実演『河合ダンス公演』▼2・18－ 最後の偵察31米Ｆワーナー Ｐファーストナショナル Ｄウィリアム・ディターレＣリチャード・バーセルメス／パラマウント特別ニュース／喧嘩摩天樓（短編喜劇）／ビン坊主演自慢の漫画／実演『河合ダンス公演』（続演）▼2・25－ ダグラスの世界一周31米Ｐユナイト Ｄダグラス・フェアバンクスＣダグラス・フェ

アバンクス（記録映画）／貨物船と女31米🄿パラマウント🄳エドワード・スローマン🄲ゲイリー・クーパー▼3・3-愛国者31独🄵東和商事🄿ウーファ🄳グスタフ・ウチッキー🄲ブリギッテ・ヘルム／私の罪31米🄿パラマウント🄳ジョージ・アボット🄲タルラ・バンクヘッド▼3・10-タッチダウン31米🄿パラマウント🄳ノーマン・Z・マクロード🄲リチャード・アーレン／満洲行進曲32🄿松竹キネマ🄳清水宏、佐々木康🄲新井淳▼3・17-上海特急32米🄿パラマウント🄳ジョセフ・フォン・スタンバーグ🄲マレーネ・ディートリッヒ／ガソリン・ボーイ三人組31独🄵東和商事🄿ウーファ🄳ウィルヘルム・ティーレ🄲ヴィリ・フリッチュ▼3・25-天國の波止場32🄿不二映画社、岡田プロ、高田プロ🄳阿部豊🄲岡田時彦（無声映画）／上海特急（続映）▼3・31-ジキル博士とハイド32米🄿パラマウント🄳ルーベン・マムーリアン🄲フレドリック・マーチ／光に叛く者30米🄵パラマウント🄿コロムビア🄳ハワード・ホークス🄲ウォルター・ヒューストン▼4・7-ジキル博士とハイド（続映）／光に叛く者（続映）▼4・14-ラスト・パレード31米🄵パラマウント🄿コロムビア🄳アール・C・ケントン🄲ジャック・ホルト／上陸第一歩32🄿松竹キネマ🄳島津保次郎🄲岡讓二▼4・21-私の殺した男32米🄿パラマウント🄳エルンスト・ルビッチ🄲ライオネル・バリモア／街のをんな31米🄿パラマウント🄳ジョージ・キューカー🄲ケイ・フランシス▼4・27-人生案内31ソ連🄵扶桑商事🄳ニコライ・エック🄲ニコライ・バターロフ／春ひらく31米🄿パラマウント🄳ロイド・コリガン🄲ポール・ルーカス▼5・5-自由を我等に！31仏🄵東和商事🄿フィルムソノール・トビス🄳ルネ・クレール🄲レイモン・コルディ／僞りのマドンナ31米🄿パラマウント🄳スチュワート・ウォーカー🄲ケイ・フランシス▼5・12-スーキイ31米🄿パラマウント🄳ノーマン・タウログ🄲ジャッキー・クーパー／山猫酒場31米🄿パラマウント🄳エドワード・スローマン🄲リチャード・アーレン▼5・19-めくらの鼠31米🄿パラマウント🄳ドロシー・アーズナー🄲ポール・ルーカス／浪子32🄿オリエンタル発声🄳田中栄三🄲水谷八重子／生残った新撰組32🄿松竹キネマ🄳衣笠貞之助🄲坂東好太郎▼5・26-鉄窓と花束31米🄿パラマウント🄳マリオン・ゲーリング🄲シルヴィア・シドニー／希望の星32米🄵パラマウント🄿コロムビア🄳フランク・キャプラ🄲バーバラ・スタンウィック▼6・1-明暗二人女32米🄿パラマウント🄳ウィリアム・C・デミル🄲ミリアム・ホプキンス／天晴れウオング32米🄵ワーナー🄿ファーストナショナル🄳ウィリアム・ウェルマン🄲エドワード・G・ロビンソン▼6・8-人間廃業31独🄵東和商事🄿ウーファ🄳ロバート・シオドマク🄲ハインツ・リューマン／激流を横切る女31米🄿パラマウント🄳ガスリー・マクリンティック🄲ルス・チャタートン▼6・15-バッド・ガール31米🄿FOX🄳フランク・ボーゼージ🄲ジェームズ・ダン／頰は薔薇色32米🄿パラマウント🄳フランク・タトル🄲チャールス・ロジャース▼6・22-君とひとゝき32米🄿パラマウント🄳エルンスト・ルビッチ🄲モーリス・シュヴァリエ／借りた人生32米🄿パラマウント🄳ロタール・メンデス🄲フレドリック・マーチ▼6・30-國際盗賊ホテル31米🄿ユナイト🄳ジョージ・フィッツモーリス🄲ロナルド・コールマン／わがまゝ者32米🄿パラマウント🄳エドワード・スローマン🄲ナンシー・キャロル▼7・7-巴里の魔人31米🄿MGM🄳ジョン・S・ロバートソン🄲ジョン・ギルバート／印度の寵児31米🄿MGM🄳ジャック・フェーデ🄲ラモン・ナヴァロ▼7・14-チャンプ31米🄿MGM🄳キング・ヴィダー🄲ウォーレス・ビアリー／ミラクルマン32米🄿パラマウント🄳ノーマン・Z・マクロード🄲シルヴィア・シドニー▼7・21-チャンプ（続映）／ミラクルマン（続映）▼7・28-［ルビッチ名作集］陽気な中尉さん（再映）／私の殺した男（再映）▼7・31-［マムゥリアン傑作集］市街31米🄿パラマウント🄳ルーベン・マムーリアン🄲ゲイリー・クーパー／ジキル博士とハイド（再映）▼8・2-［スタンバーグ藝術集］間諜Ｘ２７ 31米🄿パラマウント🄳ジョセフ・フォン・スタンバーグ🄲マレーネ・ディートリッヒ／アメリカの悲劇31米🄿パラマウント🄳ジョセフ・フォン・スタンバーグ🄲フィリップス・ホームズ▼8・4-暗に踊る32米🄿パラマウント🄳デヴィッド・バートン🄲ミリアム・ホプキンス／恋を喰べる女32米🄿パラマウント🄳ロイド・コリガン🄲キャロル・ロンバード▼8・11-その夜32米🄿パラマウント🄳フランク・タトル🄲リリー・ダミタ／海底二千尺31米🄵パラマウント🄿コロムビア🄳ロイ・ウィリアム・ニール🄲ジャック・ホルト▼8・15（19：00）［有料試写会］太平洋爆撃隊31米🄿MGM🄳ジョージ・ヒル🄲ウォーレス・ビアリー▼8・18-太平洋爆撃隊（通常興行）／情人32🄿松竹キネマ🄳池田義信🄲栗島すみ子／翼破れて32米🄿パラマウント🄳ロイド・コリガン🄲ルーペ・ヴェレス／オリンピックニュース（パラマウント、東日）▼8・25・プレジャンの船唄31仏🄵三映社🄿オッソ🄳カルミネ・ガローネ🄲アルベール・プレジャン／進めオリムピック32米🄿パラマウント🄳エドワード・クライン🄲ジャック・オーキー／パラマウント・オリムピックニュース▼9・1・空の花嫁32米🄿パラマウント🄳スティーヴン・ロバーツ🄲リチャード・アーレン／北海の漁火31米🄿ユニヴァーサル🄳ウィリアム・ワイラー🄲ウォルター・ヒューストン▼9・8・パブストの炭坑31独🄵三映社🄿ネロ🄳G・W・パブスト🄲アレクサンダー・グラナッハ／百米恋愛自由型32米🄿パラマウント🄳スチュアート・ウォーカー🄲クローデット・コルベール／輝く青年日本（パラマウント・オリムピックニュース）▼9・15・ハリウッドは大騒ぎ32米🄿パラマウント🄳ウィリアム・ボーディン🄲ジョーン・ブロンデル／青の光31独🄵三映社🄿ゾーカル🄳レニ・リーフェンシュタール🄲レニ・リーフェンシュタール 解説：徳川夢声▼9・22・我等は樂しく地獄へ行く32米🄿パラマウント🄳ドロシー・アーズナー🄲シルヴィア・シドニー／ブレナー博士32米🄿ファーストナショナル🄳マイケル・カーティス🄲リチャード・バーセルメス／パラマウント秋の映画集（32・33年の新映画紹介）▼9・29・歡呼の涯32米🄿パラマウント🄳スティーヴン・ロバーツ🄲ジョージ・バンクロフト／マネキン英雄32米🄵ワーナー🄿ファーストナショナル🄳アルフレッド・E・グリーン🄲ダグラス・フェアバンクス・ジュニア／パラマウント秋の映画集（続映）▼10・6・ロビンソン・クルーソー32米🄿ユナイト🄳エドワード・サザーランド🄲ダグラス・フェアバンクス／明日は晴れ32米🄿パラマウント🄳アレクサンダー・ホール🄲キャロル・ロンバート▼10・13・今晩は愛して頂戴ナ32米🄿パラマウント🄳ルーベン・マムーリアン🄲モーリス・シュヴァリエ／アトランテイド（熱砂の女王）32独🄵東和商事🄿ネロ🄳G・W・パブスト🄲ブリギッテ・ヘルム▼10・20・今晩は愛して頂戴ナ（続映）／アトランテイド（熱砂の女王）（続映）▼10・27・悪魔と深海32米🄿パラマウント🄳マリオン・ゲーリング🄲タルラ・バンクヘッド／幻の小夜曲31仏🄵中央映画社🄿ヴァンダル・デュラック🄳ウィルヘルム・ティーレ🄲アルベール・プレジャン▼11・3・ロイドの活動狂32米🄿パラマウント🄳クライド・ブラックマン🄲ハロルド・ロイド 説明：松井翠声／ハリウッド・オン・パレード（レヴュー短篇）／短編漫画特撰集▼11・10・ロイドの活動狂（続映）／國際聯盟に與ふ 敢然承認へ🄿南満洲鉄道 外務省・陸軍省後援（記録映画）▼11・17・イレ・シャルマン（美はしの君）32仏🄵パラマウント🄳ルイ・メルカントン🄲アンリ・ギャラ／御冗談でショ32米🄿パラマウント🄳ノーマン・Z・マクロード🄲グルーチョ・マルクス▼11・24・御冗談でショ（続映）／十仙ダンス31米🄿コロムビア🄳ライオネル・バリモア🄲バーバラ・スタンウィック▼12・1・七万人の目撃者32米🄿パラマウント🄳ラルフ・マーフィー🄲フィリップス・ホームズ／拳闘のキャグネー32米🄿ワーナー🄳ロイ・デル・ルース🄲ジェームス・キャグニー▼12・8・女王様御命令31独🄵東和商事🄿ウーファ🄳ハンス・シュワルツ🄲ヴィリ・フリッチュ／地下の雷鳴32米🄿パラマウント🄳リチャード・ウォーレス🄲タルラ・バンクヘッド▼12・15・シマロン31米🄿RKO🄳ウェズリー・ラッグルス🄲リチャード・ディックス／北氷洋征服 ソ連🄵東京日日新聞社🄳シネイドルフ▼12・22・12・28［SP春の映画祭］（日替り）▼12・22ブロンド・ヴィナス32米🄿パラマウント🄳ジョセフ・フォン・スタンバーグ🄲マレーネ・ディートリッヒ／お化け大統領32米🄿パラマウント🄳ノーマン・タウログ🄲ジョージ・M・コーハン▼12・23 南海の劫火32米🄿RKO🄳キング・ヴィダー🄲ドロレス・デル・リオ／謎の眞空管32米🄿パラマウント🄳アール・C・ケントン🄲エドマンド・ロウ▼12・24 タイガーシャーク 虎鮫 32米🄵ワーナー🄿ファーストナショナル🄳ハワード・ホークス🄲エドワード・G・ロビンソン／夜毎来る女32米🄿パラマウント🄳アーチ・メイヨ🄲ジョージ・ラフト▼12・25 昭和新撰組32 🄿新映画社🄳村田実、田坂具隆🄲小杉勇／拳骨大売出し32米🄿パラマウント🄳ハリー・ジョー・ブラウン🄲ジャック・オーキー▼12・26 ラヂオは笑ふ32米🄿パラマウント🄳フランク・タトル🄲ビング・クロスビー／僞國旗の下に32独🄵三映社🄿トビス、ユニヴァーサル🄳ヨハネス・マイヤー🄲シャルロッテ・スーザ▼12・27 制服の處女31独🄵東和商事🄿トビス🄳レオンティーネ・サガン🄲ドロテア・ヴィーク／六月十三日の夜32米🄿パラマウント🄳スティーヴン・ロバーツ🄲クライヴ・ブルック▼12・28 極樂特急32米🄿パラマウント🄳エルンスト・ルビッチ🄲ミリアム・ホプキンス／ギャングの娘31米🄿コロムビア🄳ロイ・ウィリアム・ニール🄲メイ・

クラーク▼12・29‐ブロンド・ヴィナス（通常興行）／昭和新撰組（通常興行）

【1933年（昭和8年）】

▼1・5‐南海の劫火（通常興行）／極樂特急（通常興行）▼1・14‐虎鮫 タイガーシャーク（通常興行）／拳骨大賣出し（通常興行）▼1・20‐ラヂオは笑ふ（通常興行）／街の風景 ストリート・シーン31米[P]ユナイト[D]キング・ヴィダー[C]シルヴィア・シドニー／短編数種▼1・26‐六月十三日の夜（通常興行）／ミルトンの與太者32仏[F]日本映画配給社[P]ゴーモン・フランコ[D]レオン・マト[C]ジョルジュ・ミルトン▼2・1‐制服の處女（通常興行）／謎の眞空管（通常興行）▼2・11‐百万円貰ったら32米[P]パラマウント[D]エルンスト・ルビッチ[C]ゲイリー・クーパー／お化け大統領（通常興行）▼2・16‐制服の處女（再映）／百万円貰ったら（続映）▼2・23‐夜毎来る女（通常興行）／ミッキイマウス4本（ミッキイの子煩惱、トレーダー・ホーン、フーピーの巻、蹴球王）／極彩色お伽漫画＝蜂熊合戰、森の朝、人魚と海賊▼2・28‐パアミー・デイズ（突貫カンター）31米[F]ユナイト[P]サミュエル・ゴールドウィン[D]エドワード・サザーランド[C]エディ・カンター／未亡人倶楽部32米[P]パラマウント[D]スチュアート・ウォーカー[C]ハーバート・マーシャル／熱河事變（朝日発声ニュース）／パラマウントニュース（白木屋の大火、海軍機の母艦離着）／ベテイの発明博覧會（短編漫画）▼3・8‐暴君ネロ32米[P]パラマウント[D]セシル・B・デミル[C]フレドリック・マーチ／熱河討伐 皇軍躍進篇（朝日発声ニュース）▼3・15‐暴君ネロ（続映）／恋愛百科全書33米[P]パラマウント[D]ロイド・コリガン[C]スチュアート・アーウィン／熱河討伐（朝日発声ニュース）／短篇大会＝ミツキイの子煩惱、ベテイの運命判断、人魚と海賊、蜂熊合戦／天晴れ名犬（スポーツ短編）▼3・21‐獸人島33米[P]パラマウント[D]アール・C・ケントン[C]ベラ・ルゴシ／紐育の仇討32米[P]パラマウント[D]ジェームズ・フラッド[C]ジョージ・ラフト▼3・27（19：00）［有料試写会］お蝶夫人32米[P]パラマウント[D]マリオン・ゲーリング[C]シルヴィア・シドニー▼3・28‐白馬王国32米[P]パラマウント[D]ヘンリー・ハサウェイ[C]ランドルフ・スコット／［ニコニコ大会］アルゼリア見物[P]コロムビア（旅行映画）、漫画ミツキイ・マウスの鴨猟、ボスコの氣狂ひ列車、ボスコの水上マラソン／青葉の踊り[P]ワーナー、ファーストナショナル（レヴュー短編）／デブのお父っあん[P]ワーナー、ファーストナショナル[C]ロスコー・アーバックル／パラマウント発声ニュース▼4・1‐お蝶夫人（通常興行）／蛙三勇士（短編漫画）／短篇数種▼4・7‐お蝶夫人（続映）／爆走する悪魔32米[P]パラマウント[D]ベンジャミン・ストロフ[C]エドモンド・ロウ／短篇3本▼4・13‐暗黒街の顔役32米[P]ユナイト[D]ハワード・ホークス[C]ポール・ムニ／心の青空32米[P]パラマウント[D]ウェズリー・ラッグルス[C]クラーク・ゲーブル／短篇3本▼4・20‐巴里祭32仏[F]東和商事[P]トビス[D]ルネ・クレール[C]アナベラ／狂乱のアメリカ32米[F]パラマウント[P]コロムビア[D]フランク・キャプラ[C]ウォルター・ヒューストン▼4・29‐銀界縦走32独[F]三映社[P]ゾーカル[D]マックス・オバル[C]ワルター・リムル／たそがれの女32米[F]パラマウント[P]コロムビア[D]フランク・キャプラ[C]バーバラ・スタンウィック▼5・6‐七月の肌着32米[P]パラマウント[D]ウィリアム・A・サイター[C]ケイリー・グラント／チャンドウ32米[P]FOX[D]マルセル・ヴァーネル、ウィリアム・キャメロン・メンジース[C]エドモンド・ロウ／パラマウント発声ニュース（米國にて松岡全権の第一聲）▼5・11‐密林の王者33米[P]パラマウント[D]H・ブルース・ハンバーストン、マックス・マーシン[C]バスター・クラブ／漫画6本／実演『ふらんす人形』河合ダンスと松竹少女歌劇合同▼5・18‐密林の王者（続映）／叫ぶアジア33[P]塚本洋行[D]内田吐夢[C]藤原義江／実演『ふらんす人形』（続演）▼5・25‐競馬天國33米[P]パラマウント[D]アール・C・ケントン[C]キャロル・ロンバード／千万弗の醜聞33米[P]パラマウント[D]ハリー・ジョー・ブラウン[C]ロバート・アームストロング／此の一戦33[P]朝日新聞社 編集：鈴木重吉（記録映画）／パラマウントニュース▼6・1‐楠公父子33[P]太秦発声[D]池田富保[C]早川雪洲／動物園の殺人33米[P]パラマウント[D]エドワード・サザーランド[C]チャールズ・ラグルズ▼6・8‐春の驟雨32仏[F]東和商事[P]オッソ[D]パウル・フェヨス[C]アナベラ／シナラ32米[P]ユナイト[D]キング・ヴィダー[C]ロナルド・コールマン／ベティの誕生日（短編漫画）／パラマウントニュース▼6・15‐永遠に微笑む32米[P]MGM[D]シドニー・A・フランクリン[C]ノーマ・シアラー／極楽兵隊さん32米[P]MGM[D]ジョージ・マーシャル[C]スタン・ローレル、オリヴァ・ハーディ▼6・22‐ミス・ダイナマイト32米[P]FO

X🄳ジョン・フランシス・ディロン🄲クララ・ボウ／鋪道33米🄿パラマウント🄳マリオン・ゲーリング🄲シルヴィア・シドニー／ベティのピクニック米🄿フライシャー・スタジオ🄳デイヴ・フライシャー（短編漫画）／パラマウントニュース（4‐78）▼6・29‐四十二番街33米🄿ワーナー🄳ロイド・ベーコン🄲ワーナー・バクスター／婦人に御給仕32米🄿パラマウント🄳アレクサンダー・コルダ🄲レスリー・ハワード▼7・6‐恐怖の甲板33米🄿パラマウント🄳ポール・H・スローン🄲ジョン・ハリデイ／成吉斯汗の假面32米🄿MGM🄳チャールズ・ブレイビン🄲ボリス・カーロフ▼7・13‐戦場よさらば32米🄿パラマウント🄳フランク・ボーゼージ🄲ゲイリー・クーパー／［漫画祭り］ベテイのお伽の國訪問、ミッキイの太公望、ミッキイの空の英雄、ミッキイの騎士道、ミッキイの箱船（極彩色）、昆虫討伐隊（シリイ・シムホニイ）、童話行進曲（シリイ・シムホニイ）／実演『河合ダンス』▼7・20‐戦場よさらば（続映）／豪華船33米🄿パラマウント🄳ロウター・メンディス🄲ジョージ・ブレント▼7・27‐坊やはお寝み33米🄿パラマウント🄳ノーマン・タウログ🄲モーリス・シュヴァリエ／頬を寄すれば33 🄿松竹キネマ🄳島津保次郎🄲大日方傳／漫画（ミッキイ、ベティ）▼8・3‐散り行く魂32米🄿MGM🄳クラレンス・ブラウン🄲ラモン・ナヴァロ／快走艇32米🄿MGM🄳ハリー・ポラード🄲ウィリアム・ヘインズ／南海の夢（極彩色レヴュー映画）／突貫タキシー（喜劇）▼8・10‐暴風の處女33米🄿パラマウント🄳スティーヴン・ロバーツ🄲ミリアム・ホプキンス／金髪乱れて32米🄿FOX🄳ラオール・ウォルシュ🄲スペンサー・トレイシー／特選漫画短編集▼8・17‐男子戦はざる可らず33米🄿MGM🄳エドガー・セルウィン🄲ダイアナ・ウィンヤード／沙漠の遺産32米🄿パラマウント🄳ヘンリー・ハサウェイ🄲ランドルフ・スコット／短篇▼8・24‐ビール万歳33米🄿パラマウント🄳ラルフ・マーフィー🄲チャールズ・ビックフォード／海底33米🄵ヤマニ洋行🄿コロムビア🄳アルバート・ロジェル（記録映画）／漫画短編集▼8・31‐ヘル・ビロウ 別名世界大海戦33米🄿MGM🄳ジャック・コンウェイ🄲ロバート・モンゴメリー／蒼白い瞼33米🄿MGM🄳チャールス・プレビン🄲アイリーン・ダン／松竹発声ニュース▼9・7‐ヘル・ビロウ（続映）／蒼白い瞼（続映）／［漫画祭り］ミッキイのアナウンサー、ミッキイの海邊の騒動、冬の夜（シリイシンフォニー）、森の妖精（シリイシンフォニー）、小豚物語（極彩色お伽漫画）／パラマウントニュース▼9・14‐キングコング33米🄵千鳥興業🄿RKO🄳メリアン・C・クーパー🄲フェイ・レイ／絶対の秘密33米🄿パラマウント🄳ラルフ・マーフィー🄲マージョリー・ランボー▼9・21‐キングコング（続映）／４１９号室の女33米🄿パラマウント🄳ジョージ・サムンズ、アレクサンダー・ホール🄲ジェームズ・ダン／漫画（ベティ、ミッキー）▼9・28‐恋の凱歌33米🄿パラマウント🄳ルーベン・マムーリアン🄲マレーネ・ディートリッヒ／藪睨み武勇傳33米🄿FOX🄳ジョン・G・ブライストン🄲エドモンド・ロウ▼10・5‐モナリザの失踪31独🄵東和商事🄿トビス・スーパー🄳ゲザ・フォン・ボルヴァリー🄲ヴィリ・フォルスト／響け應援歌33米🄿パラマウント🄳ウェズリー・ラッグルス🄲ビング・クロスビー▼10・12‐グランド・ホテル32米🄿MGM🄳エドモンド・グールディング🄲グレタ・ガルボ／闇の口笛33米🄿MGM🄳エリオット・ニュージェント🄲アーネスト・トルエックス▼10・19‐ブダペストの動物園33米🄿FOX🄳ローランド・V・リー🄲ロレッタ・ヤング／ジェニイの一生33米🄿パラマウント🄳マリオン・ゲーリング🄲シルヴィア・シドニー▼10・26‐ジャズ・キング（一九三三年米国版キング・オブ・ジャズ）33米🄵ユニヴァーサル🄲ポール・ホワイトマン／紅塵32米🄿MGM🄳ヴィクター・フレミング🄲ジーン・ハーロウ▼11・1‐黒衣の處女32独🄵東和商事🄿トビス🄳フランク・ヴィスバール🄲ドロテア・ヴィーク／恋の日曜日32独🄵東和商事🄿トビス🄳ゲザ・フォン・ボルヴァリー🄲グスタフ・フレーリッヒ▼11・9‐新世紀33米🄿パラマウント🄳セシル・B・デミル🄲チャールズ・ビックフォード／國際㐂劇ホテル33米🄿パラマウント🄳エドワード・サザーランド🄲ペギー・ホプキンス・ジョイス／極彩色レヴュー映画 極樂島放送局、デパート奏鳴曲▼11・16‐海の生命線33 🄵三映社🄿横浜シネマ商会 指導：武富邦茂海軍大佐、柴田善次郎海軍中佐、編集：青地忠三（記録映画）／鷲と鷹33米🄿パラマウント🄳スチュアート・ウォーカー🄲フレドリック・マーチ▼11・23‐今日限りの命33米🄿MGM🄳ハワード・ホークス🄲ジョーン・クロフォード／ロシア探訪飛脚33米🄿MGM🄳ジョージ・ヒル🄲リー・トレイシー▼11・30‐アルプスの血煙33米🄿ユニヴァーサル🄳エドウィン・H・ノッフ、ルイス・トレンカー🄲ルイス・トレンカー

／暗夜行路33米🄿パラマウント🄳ハリー・ジョー・ブラウン🄲エドモンド・ロウ▼12・7‐近衛兵31米🄿MGM🄳シドニー・A・フランクリン🄲アルフレッド・ラント／青春罪あり33米🄿パラマウント🄳アール・C・ケントン🄲ヘレン・トゥエルヴトゥリーズ▼12・14‐ラッパと娘33 🄿松竹キネマ🄳島津保次郎🄲大塚君代／秘密33米🄿ユナイト🄳フランク・ボーゼージ🄲メリー・ピックフォード／漫画大会＝コング再來、森の夕、メキシコ踊り、カイロ見物▼12・21‐深夜の怪紳士33米🄿パラマウント🄳アレクサンダー・ホール、ジョージ・サムンズ🄲クライヴ・ブルック／彼女の用心棒33米🄿パラマウント🄳ウィリアム・ボーディン🄲エドモンド・ロウ▼12・28‐12・30休館▼12・31‐SOS氷山33米🄿ユニヴァーサル🄳ティー・ガーネット🄲ロッド・ラロック／キートンの麥酒王33米🄿MGM🄳エドワード・セジウィック🄲バスター・キートン／実演『牝犬も歩けば』蒲田俳優出演

【1934年（昭和9年）】

▼1・7‐恋の手ほどき33米🄿パラマウント🄳ノーマン・タウログ🄲モーリス・シュヴァリエ／女と生れたからにゃ34 🄿松竹キネマ🄳五所平之助🄲飯田蝶子／実演『二人道成寺』🄲八雲理恵子、筑波雪子▼1・14‐世界大洪水33米🄵千鳥興業🄿RKO🄳フェリックス・E・フィースト🄲ペギー・シャノン／狂乱のモンテカルロ31独🄵東和商事🄿ウーファ🄳ハンス・シュワルツ🄲アンナ・ステン／実演『春は朗らかに』乃川道子ほか蒲田俳優出演▼1・20‐ブルースを唄ふ女33米🄿パラマウント🄳アレクサンダー・ホール、ジョージ・サムンズ🄲クローデット・コルベール／我輩はカモである33米🄿パラマウント🄳レオ・マッケリー🄲グルーチョ・マルクス／実演『ドン・サリー舞踊団』▼1・27‐會議は踊る31独🄵東和商事🄿ウーファ🄳エリック・シャレル🄲リリアン・ハーヴェイ／海の密室33米🄿パラマウント🄳ルイ・ガスニエ、マックス・マーシン🄲ケイリー・グラント／実演『女心を誰か知る』🄲村田嘉久子▼2・1‐會議は踊る（続映）／東洋の母34 🄿松竹キネマ🄳清水宏🄲岡讓二▼2・8‐ホワイト・シスター33米🄿MGM🄳ヴィクター・フレミング🄲ヘレン・ヘイズ／無敵タルザン33米🄿プリンシパル🄳ロバート・ヒル🄲バスター・クラブ／実演『ポンポン・ルージユ』松竹少女歌劇レヴュー▼2・15‐メキシコの嵐33米🄿プリンシパル🄳セルゲイ・M・エイゼンシュテイン🄲マルティン・エルナンデス／皇輝日本34 🄿松竹キネマ 監修：今村貞雄（記録映画）／実演『ポンポン・ルージユ』（続演）▼2・22‐ヒットラー青年33独🄵東和商事🄿ウーファ🄳ハンス・シュタインホフ🄲ハインリヒ・ゲオルゲ／青春の頬杖33米🄿パラマウント🄳アール・C・ケントン🄲リカルド・コルテス／実演『ブルウ・ハワイ』松竹少女歌劇レヴュー▼3・1‐妾は天使ぢやない33米🄿パラマウント🄳ウェズリー・ラッグルス🄲メエ・ウェスト／ゆりかごの唄33米🄿パラマウント🄳ミッチェル・ライゼン🄲ドロテア・ヴィーク／実演『ブルウ・ハワイ』（続演）▼3・8‐南風33米🄿MGM🄳キング・ヴィダー🄲ライオネル・バリモア／妾は天使ぢやない（続映）／実演『アメリカン・バラエティイ』▼3・15‐僕はカウボーイ33米🄿パラマウント🄳ポール・スローン🄲ジャッキー・クーパー／独裁大統領33米🄿MGM🄳グレゴリー・ラ・カヴァ🄲ウォルター・ヒューストン／実演『鷺娘』🄲藤間勘素娥▼3・21‐世界大戦を語る33米🄵三映社🄿ジュエル・プロ 編集：サムエル・カミンス、日本語版製作指揮：四王天延孝中将（記録映画）／紐育・ハリウッド33米🄿MGM🄳ウイラード・マック🄲アリス・ブラディ▼3・29‐透明人間33米🄿ユニヴァーサル🄳ジェームズ・ホエール🄲クロード・レインズ／妾の弱點33米🄿FOX🄳デヴィッド・バトラー🄲リリアン・ハーヴェイ／実演『ウインナ芸術舞踊団』▼4・5‐不思議の国のアリス33米🄿パラマウント🄳ノーマン・Z・マクロード🄲シャーロット・ヘンリー／真夜中の處女33米🄿MGM🄳ウィリアム・A・ウェルマン🄲ロレッタ・ヤング／大火山クラカトア33米🄿FOX 製作：ジョー・ロック（記録映画）／実演『ウインナ芸術舞踊団』（続演）▼4・12‐エスキモー34米🄿MGM🄳W・S・ヴァン・ダイク🄲ピーター・フロイヘン／勝利者32独🄵東和商事🄿ウーファ🄳ハンス・ハインリッヒ、パウル・マーティン🄲ハンス・アルバース／実演『ウインナ芸術舞踊団』（続演）▼4・19‐激情の嵐32独🄵東和商事🄿ウーファ🄳ロバート・シオドマク🄲アンナ・ステン／キャバレエの鍵穴33米🄵ユナイト🄿20世紀映画🄳ローウェル・シャーマン🄲コンスタンス・カミングス／実演『ウインナ芸術舞踊団』（続演）▼4・26‐晩餐八時34米🄿MGM🄳ジョージ・キューカー🄲マリー・ドレスラー／當つて砕けろ33米🄿パラマウント🄳ローレンス・シュウォヴ、モンテ・ブライス🄲ジェームズ・ダン▼5・3‐にんじん32仏🄵東和商事🄿ヴァンダル・デュラック🄳ジュリアン・デュヴィ

ヴィエ🄲ロベール・リナン／麦畑を荒す者33米🄿パラマウント🄳ラルフ・マーフィー🄲リチャード・アーレン▼5・10-にんじん（続映）／ヒヨツトコ夫妻33米🄿パラマウント🄳フランシス・マーティン🄲W・C・フィールズ／謎の國エチオピヤ▼5・17-魔獣タイガー34米🄿FOX🄳クライド・E・エリオット🄲マリオン・バーンズ／流れる青空33米🄿FOX🄳ハリー・ラクマン🄲ジャネット・ゲイナー▼5・24-朝やけ32独🄵東和商事🄿ウーファ🄳グスタフ・ウチツキー🄲ルドルフ・フォルスター／林檎の頬33米🄵ユナイト🄿20世紀映画🄳グレゴリー・ラ・カヴァ🄲アン・ハーディング▼5・31-世界拳闘王33米🄿MGM🄳W・S・ヴァン・ダイク🄲マーナ・ロイ／青空天國33米🄿コロムビア🄳フランク・ボーゼージ🄲スペンサー・トレイシー▼6・7-ドン・キホーテ33仏🄵東和商事🄿ヴァンドール🄳G・W・パプスト🄲フェオドール・シャリアピン／お酒落王國33独🄵東和商事🄿ウーファ🄳ラインホルト・シュンツェル🄲ケーテ・フォン・ナギー▼6・14-ドン・キホーテ（続映）／お酒落王國（続映）▼6・21-ドン・キホーテ（続映）／胡蝶となるまで33米🄿MGM🄳チャールズ・ブレイビン🄲アリス・ブラディ／響けワン公 米🄿MGM／極彩色漫画 勇敢な錫の兵隊さん／パラマウントニュース▼6・28-女入禁制31独🄵東和商事🄿ウーファ🄳アナトール・リトヴァク🄲リリアン・ハーヴェイ／愛の鳴咽32米🄵千鳥興業🄿RKO🄳ジョージ・キューカー🄲ジョン・バリモア／パラマウントニュース▼7・5-舗道の雨33米🄿MGM🄳エドワード・H・グリフィス🄲ヘレン・ヘイズ／愛の鳴咽（続映）

／女入禁制（続映）▼7・12-バンジャ34米🄿RKO🄳アーマンド・デニス（猛獣生捕り記録映画）／[漫画祭] ベティ・ブープ 鏡の國訪問、強力ポパイ飛入曲藝、ミツキー・マウス ワン公大暴れ、極彩色漫画 ホッバ地獄廻り、フリップ蛙 音樂苦行、テリイ漫画 女と與太獅子、クレエジイカット ピアノ昇天、スクラッピイベビイ 動物デパート、オスワルド おもちや合戰、ブーチ 犬猫蹴球戰▼7・19-バンジャ（続映）／豚兒賣出す33米🄿MGM🄳チャールズ・ライズナー🄲エド・ウィン／[漫画祭]（続映）▼7・26-カルネラ対ベア34米🄿RKO（ボクシング試合の記録映画）／爆彈の頬紅33米🄿MGM🄳ヴィクター・フレミング🄲ジーン・ハーロウ／原始人34米🄿RKO🄳J・ウォルター・ルーベン🄲フランシス・レデラー▼8・1-流行の王様34米🄵ワーナー🄿ファーストナショナル🄳ウィリアム・ディターレ🄲ウィリアム・パウエル／續篇 只野凡児34🄵東和商事🄿PCL🄳木村荘十二🄲藤原釜足／カルネラ対ベア（続映）／ニュース▼8・13-夜間飛行33米🄿MGM🄳クラレンス・ブラウン🄲ジョン・バリモア／栄光のハリウッド32米🄿RKO🄳ジョージ・キューカー🄲コンスタンス・ベネット／喰ふか喰はれるか 別名キングスネーク33米🄵三映社🄿リアル・ライフ🄳ハロルド・オースティン（動物記録映画）／絶景に釣る▼8・23-咆えろ!ヴォルガ34仏🄵東和商事🄿シャルル・フィリップ🄳ヴィクトル・トゥールジャンスキー🄲アルベール・プレジャン／わが心の灯33米🄿MGM🄳ロバート・Z・レオナード🄲マリオン・デイヴィス▼8・30-或る夜の出來事34米🄿コロムビア🄳フランク・キャプラ🄲

クラーク・ゲーブル／若きハイデルベルヒ30独🄵東和商事🄿ウーファ🄳カール・ハートル🄲ヴィリ・フォルスト▼9・6-肉彈鬼中隊 ロスト・パトロール34米🄿RKO🄳ジョン・フォード🄲ヴィクター・マクラグレン／メリケン万才34米🄿RKO🄳マーク・サンドリッチ🄲バート・フィーラー／罐詰音頭 米🄿RKO（2巻喜劇）▼9・13-ワンダ・バー34米🄵ワーナー🄿ファーストナショナル🄳ロイド・ベーコン🄲アル・ジョルスン／彼の第六感34米🄿ワーナー🄳マーヴィン・ルロイ🄲ポール・ムニ▼9・20-類猿人ターザンの復讐33米🄿MGM🄳セドリック・ギボンズ🄲ジョニー・ワイズミューラー／極樂女難剣難 米🄿MGM🄲スタン・ローレル、オリヴァ・ハーディ（3巻喜劇）／ホッパの関取 米🄿MGM（色彩漫画）／珍優大賣出し 米🄿MGM（色彩レヴュー短篇）▼9・27-ジーグフリード（大交響楽版）24独🄿ウーファ、デクラビオスコープ🄳フリッツ・ラング🄲パウル・リヒター 演奏：伯林国立歌劇交響楽団／時計は踊る33米🄿MGM🄳エドガー・セルウィン🄲リー・トレイシー▼10・4-若草物語33米🄿RKO🄳ジョージ・キューカー🄲キャサリン・ヘップバーン／海軍士官候補生33米🄿RKO🄳クリスティー・キャバンヌ🄲ブルース・キャボット▼10・11-トンネル33独🄵三映社🄿バヴァリア・ヴァンドール🄳クルト・ベルンハルト🄲パウル・ハルトマン／カロライナ 心の綠野34米🄿FOX🄳ヘンリー・キング🄲ジャネット・ゲイナー▼10・18-白蛾34米🄿ユニヴァーサル🄳ウィリアム・ワイラー🄲コンスタンス・カミングス／第三階級34米🄿ユニヴァーサル🄳フランク・ボーゼージ🄲マーガレット・サラヴァン▼10・23-今宵こそは32独[F]東和商事[P]シネアリアンツ[D]アナトール・リトヴァク[C]ヤン・キープラ／勝利の朝33米[P]RKO[D]ローウェル・シャーマン[C]キャサリン・ヘップバーン▼11・1-商船テナシチー34仏[F]東和商事[P]ヴァンダル・デュラック[D]ジュリアン・デュヴィヴィエ[C]マリー・グローリー／母の手32仏[F]三映社[P]フォトソノール[D]ジャン・ブノア・レヴィ、マリー・エプスタン[C]マドレーヌ・ルノー▼11・8-商船テナシチー（続映）／母の手（続映）▼11・14-北の生命線 北進日本34[F]三映社[P]東日大毎、横浜シネマ商会 指導：武富邦茂海軍大佐、柴田善次郎海軍中佐、編集：青地忠三（樺太・千島の記録映画）／友情の曲線33米[P]FOX[D]ライアン・ジェームス[C]バディー・ロジャース／［漫画祭り］ベティ シンデレラ姫（極彩色、パラマウント提供）、強力ポパイ 敵なし、スクラッピー・ベビー 頓馬消防隊、クレージーカット 地下鐵騒動、フリップ蛙 快賊ガウチョ、オスワルド 村祭り、メトロ極彩色第一回作品 唄を忘れたカナリヤ、極彩色 ハートの女王▼11・22-雁來紅《かりそめのくちべに》34[P]入江ぷろだくしょん[F]新興キネマ[D]鈴木重吉[C]入江たか子／クカラチャ34米[P]RKO[D]ロイド・コリガン[C]ステフィ・デュナ（テクニカラーによる音楽短篇）／泰西侠盗伝34米[P]RKO[D]ウィリアム・A・ウェルマン[C]アイリーン・ダン（手彩色カラー）▼11・29-クリスチナ女王33米[P]MGM[D]ルーベン・マムーリアン[C]グレタ・ガルボ／今日の男性34米[P]ワーナー[D]G・W・パプスト[C]リチャード・バーセルメス／クカラチャ（続映）▼12・6-黒騎士32独[F]東和商事[P]ウーファ[D]ゲルハルト・ランプレヒト[C]コンラート・ファイト／ブロンドの夢32独[F]東和商事[P]ウーファ[D]パウル・マーティン[C]リリアン・ハーヴェイ／［ウーファ文化映画］[F]東和商事 材木の誕生[D]ウルリッヒ・シュルツ、鐵の流れ[D]コンラート・ベルンハルト、動物の百態▼12・13-ハリウッドパーティ 別名征服王大脱線34米[P]MGM[D]ハワード・ディーツ[C]スタン・ローレル、オリヴァ・ハーディ／合點!!承知!! 34米[P]パラマウント[D]ウェズリー・ラッグルス[C]ジャック・オーキー▼12・18-銀嶺に帰れ34独[F]ユニヴァーサル[D]ルイス・トレンカー[C]ルイス・トレンカー／オ三の恋33米[P]MGM[D]リチャード・ボレスラウスキー[C]マッジ・エヴァンス▼12・25-クレオパトラ34米[P]パラマウント[D]セシル・B・デミル[C]クローデット・コルベール／唄で暮せば 米[P]RKO[C]フィル・ハリス（3巻喜劇）／［パラマウント漫画短編］ポパイの夢遊病御難、ベティのランデブー、スピード時代▼12・31-コングの復讐33米[P]RKO[D]アーネスト・B・シュードサック[C]ロバート・アームストロング／クレオパトラ（続映）

【1935年（昭和10年）】

▼1・9-ＦＰ一號應答なし32独[F]東和商事[P]ウーファ[D]カール・ハートル[C]ハンス・アルバース／朱金昭《チュウチンチャウ》34英[F]東和商事[P]ゴーモン・ブリティッシュ[D]ウォルター・フォード[C]ジョージ・ロビー▼1・16-羅馬太平記33米[P]ユナイト[D]フランク・タトル[C]エディ・カンター／三日姫君34米[P]パラマウント[D]マリオン・ゲーリング[C]シルヴィア・シドニー▼1・23-女の心31独[F]三映社[P]ネロ[D]パウル・ツィンナー[C]エリザベート・ベルクナー／ますらを34米[P]コロムビア[D]フランク・ボーゼージ[C]ジョージ・ブレイクストン▼1・30-罪ぢやないわよ34米[P]パラマウント[D]レオ・マッケリー[C]メエ・ウェスト／泥酔夢《ディム》34米[P]ワーナー[D]レイ・エンライト[C]ジョーン・ブロンデル▼2・6-恋の一夜34米[P]コロムビア[D]ヴィクター・シャーツィンガー[C]グレース・ムーア／銀鼠流線型34米[P]パラマウント[D]ラルフ・マーフィー[C]ガートルード・マイケル▼2・13-最後の億万長者34仏[F]東和商事[P]パテ・ナタン[D]ルネ・クレール[C]マックス・デアリー／モンブランの王者34独[F]東和商事[P]シネアリアンツ[D]アーノルド・ファンク[C]ゼップ・リスト▼2・21-女優ナナ34米[P]ユナイト[D]ドロシー・アーズナー[C]アンナ・ステン／電話新撰組34米[P]ユナイト[D]ウィリアム・A・ウェルマン[C]スペンサー・トレイシー▼2・28-怪人マブゼ博士33独[F]三映社[P]ネロ[D]フリッツ・ラング[C]ルドルフ・クライン・ロッゲ／痴人の愛34米[P]RKO[D]ジョン・クロムウェル[C]レスリー・ハワード▼3・7-未完成交響樂33墺[F]東和商事[P]シネアリアンツ[D]ヴィリ・フォルスト[C]ハンス・ヤーライ／カイロの結婚33独[F]東和商事[P]ウーファ[D]ラインホルト・シュンツェル[C]レナーテ・ミュラー▼3・14-未完成交響樂（続映）／ながれ34チェコ[F]東和商事[P]エレクタ[D]ヨゼフ・ロヴェンスキー[C]ヴァシャ・ヤロヴェク▼3・21-ロスチャイルド34米[P]ユナイト[D]アルフレッド・ワーカー[C]ロレッタ・ヤング／麥秋《むぎのあき》34米[P]ユナイト[D]キング・ヴィダー[C]カレン・モーリー▼3・28-寶島34米[P]MGM[D]ヴィクター・フレミング[C]ウォー

レス・ビアリー／可愛いマーカちゃん34米🄿パラマウント🄳アレクサンダー・ホール🄲シャーリー・テンプル▼4・4・寶島（続映）／可愛いマーカちゃん（続映）▼4・11・世界の終り34仏🄵千鳥興業🄿レクラン・ダール🄳アベル・ガンス🄲アベル・ガンス／模倣の人生34米🄿ユニヴァーサル🄳ジョン・M・スタール🄲クローデット・コルベール▼4・18・小牧師34米🄿RKO🄳リチャード・ウォーレス🄲キャサリン・ヘップバーン／コンチネンタル34米🄿RKO🄳マーク・サンドリッチ🄲フレッド・アステア、ジンジャー・ロジャース／米國大学校歌集 米🄿RKO▼4・25・巖窟王34米🄿ユナイト🄳ローランド・V・リー🄲ロバート・ドーナット／濁流34米🄿ユナイト🄳ローウェル・シャーマン🄲ロレッタ・ヤング▼5・2・砲煙と薔薇34米🄿MGM🄳リチャード・ボレスラウスキー🄲ゲイリー・クーパー／お姫様大行進34米🄵ワーナー🄿ファーストナショナル🄳フランク・ボーゼージ🄲ディック・パウエル▼5・9・外人部隊33仏🄵三映社🄿レ・フイルム・ド・フランス🄳ジャック・フェーデ🄲マリー・ベル／男の世界34米🄿MGM🄳W・S・ヴァン・ダイク🄲クラーク・ゲーブル▼5・9・外人部隊（続映）／男の世界（続映）▼5・23・家なき兒34仏🄵東和商事🄿ピエール・ブローンベルジェ🄳マルク・アレグレ🄲ヴァンニ・マルクー／永遠の緑34英🄵東和商事🄿ゴーモン・ブリティッシュ🄳ヴィクター・サヴィル🄲ジェシー・マシューズ／［音楽短篇］カルメン、天國と地獄 独🄿トビス 演奏：伯林フィルハーモニック管弦楽団▼5・30・メリイ・ウイドウ34米🄿MGM🄳エルンスト・ルビッチ🄲モーリス・シュヴァリエ／接吻とお化粧34米🄿パラマウント🄳ハーラン・トンプソン🄲ケイリー・グラント▼6・6・メリイ・ウイドウ（続映）／椿姫34仏🄵千鳥興業🄿ディストリビュツール・フランセエ🄳フェルナン・リヴェ🄲イヴォンヌ・プランタン▼6・13・別れの曲34仏🄵東和商事🄿トビス・ボストン🄳ゲザ・フォン・ボルヴァリー🄲ジャン・セルヴェ／花咲く頃34英🄵東和商事🄿ブリティッシュ・インターナショナル🄳ポール・L・スタイン🄲リヒャルト・タウバー▼6・20・私のダイナ34米🄿MGM🄳クラレンス・ブラウン🄲ジョーン・クロフォード／私は畫あなたは夜34独🄵東和商事🄿ウーファ🄳ルドウィッヒ・ベルガー🄲ケーテ・フォン・ナギー▼6・27・復活34米🄵ユナイト🄿サミュエル・ゴールドウィン🄳ルーベン・マムーリアン🄲アンナ・ステン／ソレルと其の子34英🄵ユナイト🄳ジャック・レイモンド🄲H・B・ワーナー▼7・4・金の氷河32独🄵地上映画🄿バヴァリア・ゲフィ🄳アントン・クッター🄲グスタフ・ディースル／紅雀34米🄿RKO🄳ジョージ・ニコルズ・ジュニア🄲アン・シャーリー／ロス対マクラーニン 米🄵朝日新聞社🄿RKO（ボクシング試合の記録映画）／スポーツ日本🄿朝日新聞社▼7・11・玩具の國34米🄿MGM🄳ガス・マインス、チャールス・ロジャース🄲スタン・ローレル、オリヴァー・ハーディ／フランケンシュタインの花嫁35米🄿ユニヴァーサル🄳ジェームズ・ホエール🄲ボリス・カーロフ▼7・18・白い蘭34米🄿MGM🄳シドニー・フランクリン🄲ノーマ・シアラー／春の調べ31チェコ🄵東和商事🄿エレクタ🄳グスタフ・マハティ🄲ヘディ・キースラー／色彩交響樂 独🄵東和商事（短編）▼7・25・影なき男34米🄿MGM🄳W・S・ヴァン・ダイク🄲ウィリアム・パウエル、マーナ・ロイ／お人好しの仙女35米🄿ユニヴァーサル🄳ウィリアム・ワイラー🄲マーガレット・サラヴァン▼8・1・百万弗小憎34米🄿ユナイト🄳ロイ・デル・ルース🄲エディ・カンター／ウインナの花嫁31独🄵東和商事🄿トビス・スーパー🄳ゲザ・フォン・ボルヴァリー🄲ヴィリ・フォルスト▼8・8・青空《そら》を衾《しとね》に34墺🄵ユニヴァーサル🄿アトランティス・フィルム🄳カール・ラマック🄲ヤルミラ・ノヴォトナ／不景気さよなら34仏🄵三映社🄿ネロ🄳ロバート・シオドマク🄲アルベール・プレジャン／アンガ 🄵千鳥興業🄳ジェオ・M・メールリック▼8・15・乙女の湖33仏🄵東和商事🄿トビス・ソプラ🄳マルク・アレグレ🄲ジャン・ピエール・オーモン／夕暮れの歌34英🄵東和商事🄿ゴーモン・ブリティッシュ🄳ヴィクター・サヴィル🄲イヴリン・レイ▼8・22・シーコウヤ34米🄿MGM🄳チェスター・M・フランクリン🄲ジーン・パーカー／ハンネレの昇天34独🄵小林鉄二🄿トビス🄳テア・フォン・ハルボウ🄲インゲ・ランドグート／ニュース・カメラマン冒険集 米🄿FOX（内容：空の征服、生命を懸けて、自動車競走、自然の脅威）▼8・29・空の軍隊35米🄿MGM🄳リチャード・ロッスン🄲ウォーレス・ビアリー／愛の隠れ家34米🄿MGM🄳W・S・ヴァン・ダイク🄲ロバート・モンゴメリー▼9・5・ホワイト・パレード34米🄿FOX🄳アーヴィング・カミングス🄲ロレッタ・ヤング／バブーナ35米🄿FOX🄳マーティン・ジョンソン夫妻（中央アフリカの記録映画）／［極彩色漫画祭り］🄵ユナイト[P]ウォルト・ディズニー・プロ 黄金の王様、ミッキーの大演奏會、ロビンは誰が殺した?、不思議の國のミッキー、蓮池の赤ん坊達▼9・12‐ たそがれの維納34墺[F]東和商事[P]サッシャ・トビス[D]ヴィリ・フォルスト[C]パウラ・ヴェセリー／チャルダス姫34独[F]東和商事[P]ウーファ[D]ゲオルグ・ヤコビー[C]マルタ・エッゲルト▼9・19‐ ペエテルの歓び34ハンガリー[F]ユニヴァーサル[D]ヘルマン・コステルリッツ[C]フランチェスカ・ガール／ゴルダー30仏[F]東和商事[P]ヴァンダル・デュラック[D]ジュリアン・デュヴィヴィエ[C]アリ・ボール／伊エ紛争時局ニュース▼9・26‐ レ・ミゼラブル 噫無情35米[P]ユナイト[D]リチャード・ボレスラウスキー[C]フレドリック・マーチ／わたし純なのよ34米[P]MGM[D]ジャック・コンウェイ[C]ジーン・ハーロウ▼10・3‐ 男の敵34米[P]RKO[D]ジョン・フォード[C]ヴィクター・マクラグレン／洞窟の女王34米[P]RKO[D]アーヴィング・ピチェル、L・C・ホルデン[C]ヘレン・ガヘーガン▼10・10‐ シュヴァリエの巴里ツ子35米[F]ユナイト[P]20世紀映画[D]ロイ・デル・ルース[C]モーリス・シュヴァリエ／悪夢34米[P]MGM[D]ウィリアム・K・ハワード[C]ウィリアム・パウエル▼10・17‐ 結婚の夜34米[P]ユナイト[D]キング・ヴィダー[C]ゲイリー・クーパー／薔薇色遊覧船34米[P]ユナイト[D]ベンジャミン・ストロフ[C]ジーン・レイモンド▼10・24‐ ワルツ合戦33独[F]東和商事[P]ウーファ[D]ルドウィッヒ・ベルガー[C]アドルフ・ウォールブリュック／沐浴《ゆあみ》34仏[F]東和商事[P]キャピトル[D]ヴィクトル・トゥールヤンスキー[C]マルセル・シャンタル▼10・31‐ 結婚十分前34米[P]MGM[D]W・S・ヴァン・ダイク[C]ジョーン・クロフォード／彩られし女性34米[P]MGM[D]リチャード・ボレスラウスキー[C]グレタ・ガルボ▼11・7‐ 私のテムプル35米[P]FOX[D]ジョン・S・ロバートソン[C]シャーリー・テンプル／ジヨージ・ホワイツ スキャンダルス1935年35米[F]FOX[D]ジョージ・ホワイト[C]アリス・フェイ／生かすか殺すか34米[F]朝日新聞社[P]FOX（ディーン対ロベツのレスリング選手権実況）▼11・14‐ コスモポリス34独[F]東和商事[P]ウーファ[D]カール・ハートル[C]ハンス・アルバース／ゴールドデイガース36年35米[P]ワーナー[D]バスビー・バークレイ[C]ディック・パウエル／［科学映画］海の怪物34独[F]東和商事[P]ウーファ[D]ウルリッヒ・K・シュルツ／生存の闘争32独[F]東和商事[P]ウーファ[D]ニコラス・カウフマン▼11・21‐ 三銃士35米[P]RKO[D]ローランド・V・リー[C]ウォルター・エイベル／心の傷手34米[P]RKO[D]フィリップ・モイラー[C]キャサリン・ヘップバーン／ルイス、ベアを打倒す 白対黒35米[P]RKO（ボクシング試合記録）／カリオカ35米[P]RKO[C]フレッド・アステア、ジンジャー・ロジャース（『空中レヴュー時代』より抜粋）▼11・28‐ 男性NO・1 35米[P]MGM[D]J・ウォルター・ルーベン[C]ライオネル・バリモア／或夜の特ダネ35米[P]MGM[D]ロバート・Z・レオナード[C]コンスタンス・ベネット▼12・5‐ リリオム34仏[F]FOX[D]フリッツ・ラング[C]シャルル・ボワイエ／コプラタンゴ35米[P]FOX[D]ジェームス・ティンリング[C]ワーナー・バクスター▼12・12‐ モンパルナスの夜33仏[F]東和商事[P]ヴァンダル・デュラック[D]ジュリアン・デュヴィヴィエ[C]アリ・ボール／暗殺者の家34英[F]東和商事[P]ゴーモン・ブリティッシュ[D]アルフレッド・ヒッチコック[C]ペーター・ローレ／黒人帝國エチオピア34独[F]東和商事[P]ウーファ[D]マルティン・リークリ、指揮：ニコラス・カウフマン（記録映画）▼12・19‐ ダイヤモンド・ジム35米[P]ユニヴァーサル[D]エドワード・サザーランド[C]エドワード・アーノルド／僞むらさき32独[F]東和商事[P]シネアリアンツ[D]カール・ハートル[C]ブリギッテ・ヘルム／キャメラの戦慄 米[P]ユニヴァーサル▼12・24‐ ポンペイ最後の日35米[P]RKO[D]アーネスト・B・シューザック[C]プレストン・フォスター／はだかの女王34仏[F]東和商事[P]アリス[D]マルク・アレグレ[C]ジョセフィン・ベーカー▼12・31‐ ポンペイ最後の日（続映）／テムプルちゃんお芽出度う35米[P]FOX[D]アーヴィング・カミングス[C]シャーリー・テンプル

【1936年（昭和11年）】

▼1・7‐ トップ・ハット35米[P]RKO[D]マーク・サンドリッチ[C]フレッド・アステア、ジンジャー・ロジャース／桃源郷《トウランドット》34独[F]東和商事[P]ウーファ[D]ゲルハルト・ランプレヒト[C]ケーテ・フォン・ナギー▼1・15‐ 野性の叫び35米[P]20世紀映画[D]ウィリアム・A・ウェルマン[C]クラーク・ゲーブル／頑張れキャグニー35米[F]ワーナー[P]ファーストナショナル[D]ロイド・ベーコン[C]ジェームス・キャグニー／キートンの脱線水兵35米[P]FOX[D]チャールズ・ラモント[C]バスター・キートン（短編）▼1・22‐ 海國の譽れ35英[F]東和商事[P]ゴーモン・ブリティッシュ[D]ウォルター・フォード[C]ジョン・ミルズ／［短篇漫画豪華

船〕極彩色漫画＝ミツキーのアイス・スケート、音樂合戰、お菓子の國、兎の一年生、鶯歸る、猫のお留守、スポーツ映画＝白銀の魅惑🄵朝日新聞社、学術映画＝萌え出づる力（植物の一生）独🄿ウーファ、電波に聴く🄿朝日新聞社、大海の怪魚マンダ（海のマルガ）、キートンのレスリング 米🄲バスター・キートン▼1・29-ミモザ館35仏🄵東和商事🄿トビス🄳ジャック・フェーデ🄲フランソワーズ・ロゼー／恋は終りぬ35墺🄵東和商事🄿サッシャ🄳フリッツ・シュルツ🄲田中路子／光の交響樂（ハンガリアンダンス五番）▼2・6-モスコウの一夜34仏🄵三映社🄿G・G・フィルム🄳アレクシス・グラノフスキー🄲アナベラ／ドン・ファン34英🄵ユナイト🄿ロンドン・フィルム🄳アレクサンダー・コルダ🄲ダグラス・フェアバンクス▼2・13-東への道35米🄿FOX🄳ヘンリー・キング🄲ヘンリー・フォンダ／ダアク・エンゼル35米🄿ユナイト🄳シドニー・フランクリン🄲フレドリック・マーチ▼2・20-コンゴウ部隊35英🄵ユナイト🄿ロンドン・フィルム🄳ゾルタン・コルダ🄲ポール・ロブスン／あたいは街の人気者35米🄿FOX🄳ルイス・セイラー🄲ジェーン・ウィザース▼2・27-白き處女地34仏🄵東和商事🄿SNC🄳ジュリアン・デュヴィヴィエ🄲マドレーヌ・ルノー／君を夢みて34独🄵東和商事🄿ボストン🄳ゲザ・フォン・ボルヴァリー🄲ヴィリ・フォルスト▼2・27-2・29迄、二・二六事件のため興行停止。3・1より興行再開▼3・5-白き處女地（続映）／三十九夜35英🄵東和商事🄿ゴーモン・ブリティッシュ🄳アルフレッド・ヒッチコック🄲ロバート・ドーナット▼3・12-バーバリ・コースト35米🄿ユナイト🄳ハワード・ホークス🄲ミリアム・ホプキンス／乙女よ嘆くな35米🄿RKO🄳ジョージ・スティーヴンス🄲キャサリン・ヘップバーン▼3・19-黒い瞳35仏🄵三映社🄿ミロ・フィルム🄳ヴィクトル・トゥールジャンスキー🄲アリ・ボール／猛獸師《つかい》の子35米🄿MGM🄳リチャード・ボレスラウスキー🄲ウォーレス・ビアリー▼3・26-ジャングルの王35米🄿RKO🄳フランク・バック（記録映画）／大自然は招く🄿FOX🄲ハワード・ヒル（弓術選手権記録）／ニュースカメラマンの新冒險集🄿FOX／色彩漫画＝ミッキー、ポパイ、シリーシンフォニー▼4・2-おもかげ35伊🄵東和商事🄳カルミネ・ガローネ🄲マルタ・エッゲルト／鄉愁35墺🄵東和商事🄿サッシャ🄳エリッヒ・エンゲル🄲ルドルフ・フォルスター▼4・9-テムプルの愛國者35米🄿20世紀FOX🄳デヴィッド・バトラー🄲シャーリー・テンプル／人形の母34ハンガリー🄵ユニヴァーサル🄳ヘルマン・コステルリッツ🄲フランチェスカ・ガール／〔漫画傑作封切大会〕強力ポパイ冒険談、ベティ忠犬ハチ公、ミッキイ名優對抗試合、シリーシムフォニー家なき仔猫▼4・16-米國の機密室35米🄿MGM🄳ウィリアム・K・ハワード🄲ウィリアム・パウエル／春の宵35米🄿MGM🄳ダッドリー・マーフィー🄲ラモン・ナヴァロ／飛び出す映画35米🄿MGM🄳ジェイコブ・レヴェンタール（赤青二色のメガネを使用するアナグリフの立体映像短編）／モダン東京🄿MGM（東京の色彩実写）▼4・23-榮光の道35仏🄵東和商事🄳マルセル・レルビエ🄲ケーテ・フォン・ナギー／アンナ・カレニナ35米🄿MGM🄳クラレンス・ブラウン🄲グレタ・ガルボ／飛び出す映画（続映）▼4・30-オペラは踊る35米🄿MGM🄳サム・ウッド🄲グルーチョ・マルクス／噫初恋35米🄿MGM🄳クラレンス・ブラウン🄲ウォーレス・ビアリー／極彩色漫画シリイシムフォニー捨てられた人形／パラマウントニュース7-48▼5・6（21：30）〔有料試写会〕幽靈西へ行く35英🄵ユナイト🄿ロンドン・フィルム🄳ルネ・クレール🄲ロバート・ドーナット▼5・7-幽靈西へ行く（通常興行）／紅はこべ34英🄵ユナイト🄿ロンドン・フィルム🄳ハロルド・ヤング🄲レスリー・ハワード／ミツキイのグランドオペラ／理想的なフォーム（文化映画）／パラマウントニュース▼5・14-マヅルカ35独🄵東和商事🄿シネアリアンツ🄳ヴィリ・フォルスト🄲ポーラ・ネグリ／上から下まで33仏🄵東和商事🄿トビス🄳G・W・パプスト🄲ジャン・ギャバン／チューリンゲンの硝子工業（短編映画）／ベテイの勸善懲惡／パラマウントニュース7-56▼5・21-装へる夜33仏🄵東和商事🄿ヴァンダル・デュラック🄳ジャン・エプスタン🄲マリー・ベル／ロマンス乾盃36米🄿20世紀FOX🄳アルフレッド・E・グリーン🄲ニノ・マルティニ／ドレスデン（文化映画）／ポパイの體操學校／パラマウントニュース7-58▼5・28-戦ひの前夜35仏🄵三映社🄿アンペリアル🄳マルセル・レルビエ🄲アナベラ／街の果報者35米🄿MGM🄳チャールズ・F・ライズナー🄲レオ・カリーロ▼6・4-情無用ッ！35米🄿20世紀FOX🄳ジョージ・マーシャル🄲ロチェル・ハドソン／歌へ今宵を34独🄵シネアリアンツ🄳カルミネ・ガローネ🄲ヤン・キープラ／短編映画▼

6・11・南海のペーガン35米[P]MGM[D]リチャード・ソープ[C]マーラ／私の行状記35米[P]MGM[D]W・S・ヴァン・ダイク[C]ジョーン・クロフォード／オリムピックの鐘は呼ぶ（短編映画）／朝日世界ニュース▼6・18・サンクス・ミリオン35米[P]20世紀FOX[D]ロイ・デル・ルース[C]ディック・パウエル／諾《イエス》？否《ノウ》？35米[P]MGM[D]サム・ウッド[C]マーナ・ロイ／花咲く樂園（音楽映画）／ウイツグマンの舞踊／朝日世界ニュース▼6・25・ジャンダーク35独[F]東和商事[P]ウーファ[D]グスタフ・ウチツキー[C]アンゲラ・ザローカー／青春の海33独[F]東和商事[P]ウーファ[D]エリッヒ・ワシュネック[C]カリン・ハルト／フープ体操 独（短編）／ハンガリアン狂想曲二番／朝日世界ニュース１２３▼7・2・モンテカルロの銀行破り35米[P]20世紀FOX[D]スティーヴン・ロバーツ[C]ロナルド・コールマン／サンモリッツの乙女達33独[F]小林鉄二[P]テラ・トビス[D]ハーバート・ゼルピン[C]ゼップ・リスト／秘境熱河36[F]東和商事[P]満鉄弘報部 編集：芥川光蔵（記録映画）／山は招く[F]鉄道省（文化映画）／スポーツの神秘[P]パラマウント（短編）／跳躍の種々相／朝日世界ニュース▼7・9・僕の脱走記36米[P]MGM[D]チェスター・M・フランクリン[C]ジャッキー・クーパー／可愛いいオデイ35米[P]20世紀FOX[D]ルイス・セイラー[C]ジェーン・ウィザース／秘境熱河 第二篇／跳躍の種々相／陽の恵み（文化映画）／朝日世界ニュース▼7・15・第二情報部35仏[F]三映社[D]ピエール・ビヨン[C]ジャン・ミュラー／極楽浪人天國36米[P]MGM[D]ジェームス・W・ホーン、チャールス・ロジャース[C]スタン・ローレル、オリヴァ・ハーディ／ニンフェンドゥルクの陶器人形／動物の友情（短編）／朝日世界ニュース▼7・22・大空の驚異34独[F]東和商事[P]ウーファ[D]フランク・ヴィスバール[C]ヴォルフガング・リーベンアイナー／懐しのケンタッキー35米[P]20世紀FOX[D]ジョージ・マーシャル[C]ウィル・ロジャース／黒い太陽（文化映画）／靜寂／朝日世界ニュース▼7・29・何が彼をそうさせたか36米[P]20世紀FOX[D]ロイ・デル・ルース[C]ジョージ・ラフト／港に異狀なし36米[P]MGM[D]J・ウォルター・ルーベン[C]ジーン・ハーロウ／水上ニッポン[P]日大芸術科／朝日世界ニュース▼8・5・戦ふ巨象35米[P]ユナイト[P]20世紀映画[D]リチャード・ボレスラウスキー[C]ロナルド・コールマン／紳士渡世36英[F]ユナイト[P]クライテリオン[D]ソーントン・フリーランド[C]ダグラス・フェアバンクス・ジュニア／南海の脅威 米[F]大同商事 監修：アル・ヤング（記録映画）▼8・11・ローズ・マリイ36米[P]MGM[D]W・S・ヴァン・ダイク[C]ジャネット・マクドナルド／カルメン狂想曲34独[F]東和商事[P]ウーファ[D]ラインホルト・シュンツェル[C]レナーテ・ミュラー／秋の名畫紹介集[F]東和商事／オリムピック速報（朝日世界ニュース）▼8・18・最後の戰鬪機35仏[F]東和商事[P]パテ・ナタン[D]アナトール・リトヴァク[C]アナベラ／ヴエニスの船唄34独[F]東和商事[P]ウーファ[D]ゲルハルト・ランプレヒト[C]グスタフ・フレーリッヒ／花のお手柄（色彩漫画）／オリムピック速報（朝日世界ニュース）▼8・25・小公子36米[P]ユナイト[D]ジョン・クロムウェル[C]フレディー・バーソロミュー／五ツ児誕生36米[P]20世紀FOX[D]ヘンリー・キング[C]ジーン・ハーショルト／ミツキイの闘牛士／オリムピック速報（朝日世界ニュース）▼9・1・妻と女秘書36米[P]MGM[D]クラレンス・ブラウン[C]クラーク・ゲーブル／虎鮫島《シャーク・アイランド》脱獄36米[P]20世紀FOX[D]ジョン・フォード[C]ワーナー・バクスター／メキシコ情緒／オリムピック速報／パラマウントニュース▼9・11・地の果てを行く35仏[F]東和商事[P]SNC[D]ジュリアン・デュヴィヴィエ[C]アナベラ／この三人36米[P]ユナイト[D]ウィリアム・ワイラー[C]ミリアム・ホプキンス／オリムピック特別版パラマウントニュース／動亂のスペイン（朝日世界ニュース）▼9・22・ロビンフッドの復讐36米[P]MGM[D]ウィリアム・A・ウェルマン[C]ワーナー・バクスター／ガルシアの傳令36米[P]20世紀FOX[D]ジョージ・マーシャル[C]ウォーレス・ビアリー／ミツキーのサーカス／動亂のスペイン（朝日世界ニュース）／パラマウントニュース▼9・29・二國旗の下に36米[P]20世紀FOX[D]フランク・ロイド[C]ロナルド・コールマン／バーレスクの王様36米[P]20世紀FOX[D]シドニー・ランフィールド[C]ワーナー・バクスター／朝日世界ニュース／パラマウントニュース▼10・7・みどりの園35仏[F]東和商事[P]フラグ・フィルム[D]マルク・アレグレ[C]シモーヌ・シモン／小都會の女36米[P]MGM[D]ウィリアム・A・ウェルマン[C]ジャネット・ゲイナー／朝日世界ニュース／パラマウントニュース▼10・14・テムプルの燈台守36米[P]20世紀FOX[D]デヴィッド・バトラー[C]シャーリー・テンプル／世界を敵として35独[F]三映社[P]ヒザ・ヘルツオグ[D]チャールズ・ウィル・カイザー[C]エルンスト・リュッカート／キートンの自由結婚35米🄳チャールズ・ラモン🄲バスター・キートン（短編）／朝日世界ニュース／パラマウントニュース／フォックス・ムービートーンニュース／巨星ジーグフエルド豫告編▼10・21・隊長ブーリバ35仏🄵三映社🄿G・G・フィルム🄳アレクシス・グラノフスキー🄲アリ・ボール／地獄への挑戦36米🄿MGM🄳リチャード・ボレスラウスキー🄲チェスター・モリス／［短編］南欧情緒、田園の美、愛蘭の風景、カメラマンの冒険集（死の離れ業、世界の飛行記録）／パラマウントニュース▼10・28・罪と罰35仏🄵東和商事🄿ジェネラル🄳ピエール・シュナール🄲ピエール・ブランシャール／夜の鶯34独🄵東和商事🄿シネアリアンツ🄳ヨハンネス・マイヤー🄲マルタ・エッゲルト／朝日世界ニュース／パラマウントニュース／巨星ジーグフエルド豫告編▼11・3・モヒカン族の最後36米🄿ユナイト🄳ジョージ・B・サイツ🄲ランドルフ・スコット／人妻の戒律36米🄿MGM🄳サム・ウッド🄲ロレッタ・ヤング／朝日世界ニュース／パラマウントニュース／巨星ジーグフエルド豫告編▼11・10・巨星ジーグフエルド36米🄿MGM🄳ロバート・Z・レオナード🄲ウィリアム・パウエル／海賊は躍る35米🄿MGM🄲チャールス・バディ・ロジャース（短編）／実演『マリオネツト・ショウ』▼11・17・巨星ジーグフエルド（続映）／極樂モダン騒動35米🄵MGM🄿ハル・ローチ・スタジオ🄳チャールス・ロジャース🄲スタン・ローレル、オリヴァ・ハーディ（短篇喜劇）／実演『マリオネツト・ショウ』（續演）▼11・24・ゴルゴタの丘35仏🄵東和🄿イクティス・フィルム🄳ジュリアン・デュヴィヴィエ🄲アリ・ボール／愛の花籠36米🄿20世紀FOX🄳ロイ・デル・ルース🄲ロバート・テイラー／海軍少年航空兵🄿朝日新聞社／朝日世界ニュース／パラマウントニュース▼11・26・新興獨逸34独🄵東和商事（アドルフ・ヒットラーの演説）／ゴルゴタの丘（続映）▼12・1・巴里の女35仏🄵ユナイト🄿ACE🄳イーヴ・ミランド🄲マルセル・シャンタル／丘の彼方へ36米🄿20世紀FOX🄳ユージーン・フォード🄲ロチェル・ハドソン／西の銀嶺（短編）／朝日世界ニュース／パラマウントニュース／実演『邦正美舞踊公演』▼12・8・浮き雲33独🄵東和🄿ウーファ🄳リヒアルト・シュナイダー・エデンコーベン🄲フリーデル・ピゼッタ／私の太陽よ35英🄵三映社🄿BIP🄳ポール・L・スタイン🄲リヒャルト・タウバー／草原バルガ36🄵東和商事🄿満鉄弘報部🄳芥川光蔵／朝日世界ニュース／パラマウントニュース▼12・12・浮き雲（続映）／未完成交響樂33独🄵東和商事🄿シネアリアンツ🄳ヴィリ・フォルスト🄲ハンス・ヤーライ／草原バルガ36🄵東和🄿満鉄弘報部🄳芥川光蔵／朝日世界ニュース／パラマウントニュース▼12・14（20：00）［有料試写会］夜の空を行く36仏🄵東和商事🄿オーレア🄳レイモン・ベルナール🄲アナベラ▼12・15・夜の空を行く（通常興行）／國際間諜團33独🄵東和商事🄿ウーファ🄳ゲルハルト・ランプレヒト🄲ハンス・アルバース／朝日世界ニュース／パラマウントニュース▼12・22・テムプルの福の神36米🄿20世紀FOX🄳アーヴィング・カミングス🄲シャーリー・テンプル／奇蹟人間36英🄵ユナイト🄿ロンドン・フィルム🄳ロタール・メンデス🄲ローランド・ヤング／狼は笑ふ（シリイ・シムフォニー）／朝日世界ニュース＝1936年！今年の動き／パラマウントニュース▼12・31・桑港《サンフランシスコ》36米🄿MGM🄳W・S・ヴァン・ダイク🄲クラーク・ゲーブル／シュヴァリエの放浪兒36英🄵東和🄿テブリッツ🄳クルト・ベルンハルト🄲モーリス・シュヴァリエ

【1937年（昭和12年）】

▼1・7・禁男の家35仏🄵三映社🄿SELF🄳ジャック・ドゥヴァル🄲ダニエル・ダリュー／紅天夢35独🄵東和商事🄿ウーファ🄳ラインホルト・シュンツェル🄲ヴィリ・フリッチュ▼1・14・曉の爆撃隊36米🄿MGM🄳ジョージ・フィッツモーリス🄲ジーン・ハーロウ／極楽双児合戦36米🄿MGM🄳ハリー・ラクマン🄲スタン・ローレル、オリヴァ・ハーディ／実演『ハリウッド・ノヴエルテイ』▼1・21・永遠の戦場36米🄿20世紀FOX🄳ハワード・ホークス🄲フレドリック・マーチ／極地の青春36米🄿MGM🄳ジョージ・フィッツモーリス🄲ロバート・モンゴメリー／キートンの大放送36米🄵20世紀FOX🄳チャールズ・ラモン🄲バスター・キートン／朝日世界ニュース／パラマウントニュース▼1・28・流血船エルシノア36仏🄵三映社🄿ジェネラル🄳ピエール・シュナール🄲ジャン・ミュラー／ヒマラヤに挑戦して36独🄵東和商事🄿デーリンク🄳フランク・レベレヒト（記録映画）／パラマウント・スクリーン・レヴュウ／蘇聯邦の軍備／再建獨逸陸軍／朝日世界ニュース▼2・3［試写会］新しき土（伊丹監督版）37独、日🄵東和商事🄿アーノルド・ファンク・フィルム、JOスタヂオ、東和商事🄳アーノルド・ファンク、伊丹万作🄲原節子

／［舞台挨拶］アーノルド・ファンク、原節子、市川春代▼2・4・新しき土（伊丹監督版）（通常興行）／春のいざなひ33独🄵東和商事🄿シネアリアンツ🄳ヨーエ・マイ🄲ヤン・キープラ▼2・11・新しき土独乙版（アーノルド・ファンク監督版）／ハンガリイ夜曲35独🄵東和商事🄿ジンジカート🄳ヴィクトル・トゥールジャンスキー🄲マルタ・エッゲルト／パラマウント・ショート・アトラクション／パラマウントニュース▼2・18・新しき土 独乙版（続映）／女ひとり35墺🄵東和商事🄿サッシャ🄳ウォルター・ライシュ🄲パウラ・ヴェセリー／ニュース・レヴュウ▼2・25・嵐の三色旗35米🄿MGM🄳ジャック・コンウェイ🄲ロナルド・コールマン／逢瀬いま一度35米🄿MGM🄳ロバート・Z・レオナード🄲ウィリアム・パウエル／パラマウントニュース／朝日世界ニュース▼3・4・歌へ！陽気に36米🄿ユナイト🄳ルーベン・マムーリアン🄲ニノ・マルティニ／タンネンベルグ大会戦32独🄵三映社🄿プレゼンス・フィルム🄳ハインツ・パウル🄲ケーテ・ハーク／不滅乃木37🄵三映社🄿セカイ・フィルム 監修：松井真二（記録映画、サウンド版）▼3・11・女だけの都35仏🄵東和商事🄿トビス🄳ジャック・フェーデ🄲フランソワーズ・ロゼー／ジプシイ男爵35独🄵東和商事🄿ウーファ🄳カール・ハートル🄲アドルフ・ウォールブリュック／ターザンの逆襲予告編▼3・18・ターザンの逆襲36米🄿MGM🄳リチャード・ソープ🄲ジョニー・ワイズミューラー／愛怨二重奏36米🄿MGM🄳W・S・ヴァン・ダイク🄲バーバラ・スタンウィック／大坂夏の陣予告編／実演『大橋徳江舞踊公演』▼3・25・ターザンの逆襲（続映）／腕白時代36米🄿MGM🄳W・S・ヴァン・ダイク🄲フレディ・バーソロミュー／大坂夏の陣予告編／朝日世界ニュース▼4・1・大坂夏の陣37🄿松竹キネマ🄳衣笠貞之助🄲林長二郎／テムプルちゃんのゑくぼ36米🄿20世紀FOX🄳ウィリアム・A・サイター🄲シャーリー・テンプル／極楽幽霊船34米🄵MGM🄿ハル・ローチ・スタジオ🄳チャールス・ロジャース🄲スタン・ローレル、オリヴァ・ハーディ▼4・8・沙漠の花園36米🄿ユナイト🄳リチャード・ボレスラウスキー🄲マレーネ・ディートリッヒ／描かれた人生36英🄵ユナイト🄿ロンドン・フィルム🄳アレクサンダー・コルダ🄲チャールス・ロートン／躍進・伊太利軍🄿朝日新聞社▼4・15・豪華一代娘36米🄵MGM🄳クラレンス・ブラウン🄲ジョーン・クロフォード／結婚クーデター36米🄿MGM🄳ジャック・コンウェイ🄲ジーン・ハーロウ／西班牙舞曲 米🄵MGM🄲ゲイリー・クーパー（音楽短編）▼4・22・かりそめの幸福35仏🄵東和商事🄿パテ・ナタン🄳マルセル・レルビエ🄲ギャビー・モルレー／ラモナ36米🄿20世紀FOX🄳ヘンリー・キング🄲ロレッタ・ヤング／パラマウント・スクリーン・レヴュウ／朝日世界ニュース 169▼4・26（19：30）［有料試写会］楽聖ベートーヴェン36仏🄵三映社🄿ジェネラル🄳アベル・ガンス🄲アリ・ボール▼4・29・我等の仲間36仏🄵東和商事🄿シネ・アリス🄳ジュリアン・デュヴィヴィエ🄲ジャン・ギャバン／楽聖ベートーヴェン（通常興行）▼5・6・楽聖ベートーヴエン（続映）／我等の仲間（続映）▼5・13・ロミオとジュリエット36米🄿MGM🄳ジョージ・キューカー🄲レスリー・ハワード／拾萬弗玉手箱36米🄿MGM🄳J・ウォルター・ルーベン🄲ウォーレス・ビアリー▼5・20・空駈ける恋36米🄿MGM🄳W・S・ヴァン・ダイク🄲ジョーン・クロフォード／恋人の日記35墺🄵東和商事🄿トビス・サッシャ🄳ヘルマン・コステルリッツ（ヘンリー・コスター）🄲リリ・ダルヴァシュ／夜遊び子鼠（極彩色漫画）▼5・27・無敵艦隊37英🄵ユナイト🄿ロンドン・フィルム🄳ウィリアム・K・ハワード🄲ローレンス・オリヴィエ／港の掠奪者35仏🄵東和商事🄿パテ🄳モーリス・トゥールヌール🄲アントニン・ベルヴァル／現代日本 都会篇・子供篇・婦人篇🄵東和商事🄿東亜発声ニュース🄳藤田嗣治（短編映画）／朝日世界ニュース（ヒンデンブルグ號大爆破の實況）▼6・3・四つの恋愛36米🄿20世紀FOX🄳エドワード・H・グリフィス🄲ジャネット・ゲイナー／暗黒街の弾痕36米🄿ユナイト🄳フリッツ・ラング🄲ヘンリー・フォンダ／朝日世界ニュース（英國觀艦式、英帝戴冠式）▼6・9（21：00）［有料試写会］愛怨峡37🄿新興キネマ🄳溝口健二🄲山路ふみ子▼6・10・踊るアメリカ艦隊36米🄿MGM🄳ロイ・デル・ルース🄲エリナー・パウエル／或る雨の午後36米🄿ユナイト🄳ローランド・V・リー🄲アイダ・ルピノ／靴のむつごと（音楽短編）▼6・17・愛怨峡37（通常興行）／五つ児王國36米🄿20世紀FOX🄳ノーマン・タウログ🄲ジーン・ハーショルト／実演『大橋徳江新作舞踊公演』▼6・24・はだしの少女35チェコ🄵東和商事🄿モノポール🄳ヨゼフ・ロヴェンスキー🄲イルシーナ・シュテプニコワ／お気に召すまゝ36米🄿20世紀FOX🄳パウル・ツィンナー🄲エリザベート・ベルグナー／パラマウントニュース（英帝戴冠式實況）▼7・1‐會議は踊る（再映）／未完成交響樂（再映）／実演『上海ラプソディ』[C]リリアン・チャイ（翟蕊蕊）▼7・8‐熱風34仏[F]東和商事[P]パテ・ナタン[D]フェオドル・オツェプ[C]マルセル・シャンタル／男は神に非ず36英[F]ユナイト[P]ロンドン・フィルム[D]ワルター・ライシュ[C]ミリアム・ホプキンス／ルイス、ブラドツクをKO《ノックアウト》す37米[P]RKO（ボクシング試合の記録映画）／獨逸海軍の精鋭 独[F]東和商事[P]ウーファ[D]マルティン・リクリ▼7・15‐巨人ゴーレム36チェコ[F]東和商事[D]ジュリアン・デュヴィヴィエ[C]アリ・ボール／ツンドラ36米[F]エムパイヤ商事[P]バロウス・ターザン・ピクチャー[D]ノーマン・ドーン[C]アルフレッド・デルキャンブレ／北支事變ニュース／実演『リリアン・チャイ』▼7・22‐夕陽特急36米[P]MGM[D]W・S・ヴァン・ダイク[C]ウィリアム・パウエル／魂を失へる男36瑞典[F]東和商事[D]ウェルナー・ホホバウム[C]ペーター・ペーターゼン／白雪地獄[D]アーノルド・ファンク、G・W・パプスト[C]レニ・リーフェンシュタール／北支事變ニュース 戦雲北支に張る！[P]同盟通信社／朝日世界ニュース▼7・29‐不良青年36仏[F]三映社[P]ACE[D]ジャン・ボワイエ[C]ダニエル・ダリュー／密林の復讐36米[P]20世紀FOX[D]アーヴィング・カミングス[C]ワーナー・バクスター／Gメンを語る 保険魔篇[P]MGM▼8・5‐座り込み結婚37米[P]MGM[D]W・S・ヴァン・ダイク[C]ジーン・ハーロウ／眞珠と未亡人37米[P]MGM[D]リチャード・ボレスラウスキー[C]ジョーン・クロフォード／踊る人魚達 米[P]MGM（音楽映画）／北支事變ニュース／同盟北支ニュース▼8・12‐カラナグ37英[F]ユナイト[P]ロンドン・フィルム[D]ロバート・フラハティ、ゾルタン・コルダ[C]サブウ／海底下の科学戦36米[F]欧米映画社[P]リパブリック[D]B・リーヴス・イーソン、ジョセフ・ケーン[C]レイ・コリガン／正義日本 北支第一線[F]大毎・東日／朝日世界ニュース／同盟通信ニュース▼8・19‐シュヴァリエの流行児36仏[F]東和商事[P]ジョゼ・マルキ[D]ジュリアン・デュヴィヴィエ[C]モーリス・シュヴァリエ／南方飛行37仏[F]東和商事[P]パン・シネ[D]ピエール・ビヨン[C]ピエール・リシャール・ウィルム／世界の奇觀／動物の不思議／上海事件・北支事變特報（朝日、同盟）▼8・25‐銀盤の女王37米[P]20世紀FOX[D]シドニー・ランフィールド[C]ソニア・ヘニー／勝鬨36米[P]20世紀FOX[D]ヘンリー・キング[C]タイロン・パワー／北支・上海戦況（朝日、同盟）▼9・1‐旅順港36仏、チェコ[F]東和商事[D]ニコラス・ファルカシュ[C]ダニエル・ダリュー／勇壮無敵皇軍[P]同盟通信社／同盟事變ニュース／朝日日支事變戦況▼9・9‐旅順港（続映）／テムプルちゃんの上海脱出36米[P]20世紀FOX[D]ウィリアム・A・サイター[C]シャーリー・テンプル／膺懲の聖戦[P]朝日新聞社／朝日世界ニュース／同盟ニュース▼9・16‐椿姫37米[P]MGM[D]ジョージ・キューカー[C]グレタ・ガルボ／白鳥の舞ひ35独[F]東和商事[P]ウーファ[D]パウル・マーティン[C]リリアン・ハーヴェイ／支那事變ニュース（朝日、同盟）▼9・23‐歴史は夜作られる37米[P]ユナイト[D]フランク・ボーゼージ[C]シャルル・ボワイエ／血に笑ふ男37米[F]ユナイト[P]トラファルガー・フィルム[D]ローランド・V・リー[C]アン・ハーディング／戦火の上海[P]朝日新聞社／支那事變ニュース（朝日、同盟）▼10・1‐我は海の子37米[P]MGM[D]ヴィクター・フレミング[C]フレディー・バーソロミュー／アカデミイ・ショウ36米[P]ユナイト[P]ウォルト・ディズニー・プロ（アカデミー賞を受賞した5本の短編を編集したもの＝森の朝、小豚物語、もしもし亀よ、家なき仔猫、赤毛布の忠さん）／精鋭兵器日本／朝日、同盟支那事變ニュース▼10・7（19：30）「有料試写会」君若き頃37米[P]MGM[D]ロバート・Z・レオナード[C]ジャネット・マクドナルド▼10・8‐君若き頃（通常興行）／人妻日記36米[P]20世紀FOX[D]ジョン・クロムウェル[C]マーナ・ロイ／支那事變ニュース（朝日、同盟）▼10・15‐スパイ戦線を衝く36独[F]東和商事[P]ウーファ[D]カール・リッター[C]ウィリー・ベルゲル／深海の野獣37米[P]グランド・ナショナル[D]レイ・フリードゲン[C]ウォーレス・カズウェル／支那事變ニュース（朝日、同盟）▼10・22‐スパイ戦線を衝く（続映）／深海の野獣（続映）／空襲十字軍 伊[P]伊太利航空省後援／今日のソヴイエート 軍備動力篇／支那事變ニュース（朝日、同盟）／大地豫告篇▼10・27‐生けるパスカル37仏[F]三映社[P]ジェネラル[D]ピエール・シュナール[C]ピエール・ブランシャール／恋愛交叉点 35仏[F]エムパイヤ商事[P]メトローバ[D]レオ・ジョアノン[C]アルベール・プレジャン／支那事變ニュース（朝日、同盟）▼11・3‐大地37米[P]MGM[D]シドニー・フランクリン[C]ポール・ムニ／スタアの大饗宴[P]MGM（極彩色音楽短編）／兎の蹴球（極彩色漫画）／上海に於ける支那戦線 同盟、朝日支那事變ニュース／▼11・10・大地（続映）／極樂貰子騒動32米🄿MGM🄳ジョージ・マーシャル🄲スタン・ローレル、オリヴァ・ハーディ（短編映画）／スタアと舞踊祭35米🄿MGM🄳ナタリー・ナルマス🄲レジナルド・デニー（テクニカラーの音楽短編）／玩具の大競馬／南京政府のデマ工作「抗日映畫を曝く」🄿同盟通信社／支那事變ニュース（同盟特報ニュース、朝日世界ニュース）▼11・17・第七天國37米🄿20世紀FOX🄳ヘンリー・キング🄲ジェームズ・スチュアート／近代脱線娘35米🄿ユナイト🄳シドニー・ランフィールド🄲バーバラ・スタンウィック／支那事變ニュース（朝日、同盟）／実演『小林千代子情熱の独唱』▼11・23・どん底36仏🄵東和商事🄿アルバトロス🄳ジャン・ルノワール🄲ジャン・ギャバン／間諜37英🄵ユナイト🄿ロンドン・フィルム🄳ヴィクター・サヴィル🄲ヴィヴィアン・リー／疾風の進軍🄵朝日新聞社／支那事變ニュース（朝日、同盟）▼12・2・サラトガ37米🄿MGM🄳ジャック・コンウェイ🄲ジーン・ハーロウ／悔悟37米🄿MGM🄳J・ウォルター・ルーベン🄲ウォーレス・ビアリー／世界の奇観 奇現象・珍現象🄿ユニヴァーサル／支那事變戦況（朝日、同盟）▼12・9・陽気な街37米🄿20世紀FOX🄳ロイ・デル・ルース🄲ディック・パウエル／巴里の暗黒街32仏🄵東和商事🄿パテ・ナタン🄳モーリス・トゥールヌール🄲マルセル・シャンタル／支那事變ニュース（朝日、同盟）／実演『牧野周一君上海戦線實感報告』▼12・16・天國漫歩37米🄿MGM🄳ノーマン・Z・マクロード🄲ケイリー・グラント／再び戦場へ37英🄵ユナイト🄿ロンドン・フィルム🄳ティム・ウィーラン🄲レスリー・バンクス／朝日、同盟支那事變ニュース（南京戰勝の皇軍、戦況續々來る、世界平和の礎 防共アジア）▼12・23・海のつはもの36仏🄵東和商事🄳マルセル・レルビエ🄲マルセル・シャンタル／スキーの寵児37🄵東和商事🄿東京文化映画研究所🄳福岡孝行（記録映画）／時計の大掃除🄿RKO（極彩色漫画）／［第一回國産漫画コンテスト］だんごの行方🄿千代紙映画社 作画：大藤信郎、マー坊の東京オリムピック大會36🄿佐藤線画映画製作所 作画：佐藤吟次郎、森の妖精35🄿政岡映画美術研究所🄳政岡憲三／朝日支那事變ニュース 南京入城第二報▼12・30・軍使37米🄿20世紀FOX🄳ジョン・フォード🄲シャーリー・テンプル／宝の山36米🄿MGM🄳ジェームズ・W・ホーン🄲スタン・ローレル、オリヴァ・ハーディ

【1938年（昭和13年）】

▼1・7・赤ちゃん36仏🄵東和商事🄿グレイ・フィルム🄳レオニード・モギー🄲リュシアン・バルウ／微笑む人生36仏🄵エムパイヤ商事🄿マルキ🄳モーリス・トゥールヌール🄲モーリス・シュヴァリエ▼1・14・踊る不夜城37米🄿MGM🄳ロイ・デル・ルース🄲エリナー・パウエル／狙はれたお嬢さん（別題＝恋は特ダネ）37米🄿20世紀FOX🄳ティー・ガーネット🄲ロレッタ・ヤング▼1・22・雪煙38🄵東京日日新聞社🄿横浜シネマ商会 監修：各務良幸（記録映画）／捷ちたる新婚 米🄿グランドナショナル🄳ルーク・ブラウン🄲セシリア・パーカ／鎧なき騎士37英🄵ユナイト🄿ロンドン・フィルム🄳ジャック・フェーデ🄲マレーネ・ディートリッヒ▼2・1・ひめごと36独🄵東和商事🄿シネアリアンツ🄳ヴィリ・フォルスト🄲アドルフ・ウォールブリュック／拾三番目の椅子37米🄿MGM🄳ジョージ・B・サイツ🄲ルイス・ストーン▼2・9・モダン・タイムス37米🄿ユナイト🄳チャールズ・チャップリン🄲チャールズ・チャップリン／世紀の美と力 輝く肉体美🄿国光映画社 総指揮：レニ・リーフェンシュタール／Gメンを語る 仮面のギャング 米🄿MGM🄳エロール・タガート▼2・16・モダン・タイムス（続映）／膝にバンジョウ36米🄿20世紀FOX🄳ジョン・クロムウェル🄲バーバラ・スタンウィック▼2・23・モダン・タイムス（続映）／アカデミイシヨウ（ディズニー傑作漫画集＝森の朝32、三匹の子豚33、もしもし亀よ34、家なき子猫35、赤毛布の忠さん36）／実演『狂熱のデュエット』🄲小林千代子（唄）、石井みどり（踊り）▼3・2・北京の嵐37独🄿テラ🄳ハーバート・ゼルピン🄲グスタフ・フレーリッヒ／南十字星は招く38🄵三映社🄿横浜シネマ🄳佐伯永輔（記録映画）▼3・9・或る映画監督の一生35仏🄵東和商事🄿ACE🄳エドモン・T・グレヴィル🄲ジャン・ギャラン／夜は必ず來る37米🄿MGM🄳リチャード・ソープ🄲ロバート・モンゴメリー▼3・16・戦友37米🄿MGM🄳W・S・ヴァン・ダイク🄲スペンサー・トレイシー／からくり花形37米🄿MGM🄳エドワード・セジウィック🄲パッシー・ケリー▼3・24・愛國の騎士35独🄵東和商事🄿ウーファ🄳メール・ハートル🄲ウィリー・ベルゲル／マルクス一番乗り37米🄿MGM🄳サム・ウッド🄲グルーチョマルクス▼3・30［招待試写会］東洋平和の道38🄿東和商事🄳鈴木重吉🄲徐聰（シー・コォン）、白光（バイ・

クァン）▼3・31・東洋平和の道（通常興行）／村の水車🄵RKO🄿ウォルト・ディズニー・プロ（短編漫画）、社長教育《おやぢ》🄿MGM🄲ジョージ・マーフィー（短編）／仔犬は微笑む 独🄵東和商事🄿ウーファ🄳ウルリッヒ・シュルツ（短編）／ナチスの美と力への道 独🄿ウーファ／朝日世界ニュース▼4・7・木に攀る女37米🄿ユナイト🄳ジョン・G・ブリストーン🄲ミリアム・ホプキンス／ワルツの季節35独🄵東和商事🄿ウーファ🄳ハーバート・マイシュ🄲ヴィリ・フォルスト／働く手 Schaffend Hande 38 🄿国光映画🄳リヒャルト・アングスト（記録映画）▼4・14・レッド・ワゴン34英🄵ミツバ貿易🄿BIP🄳ポール・L・スタイン🄲グレタ・ニッセン／スタア誕生37米🄿ユナイト🄳ウィリアム・A・ウェルマン🄲ジャネット・ゲイナー▼4・21・暁の翼37英🄿ニュー・ワールド🄵20世紀FOX🄳ハロルド・シュスター🄲アナベラ／花嫁は紅衣裳37米🄿MGM🄳ドロシー・アーズナー🄲ジョーン・クロフォード▼4・28・新婚道中記37米🄿コロムビア🄳レオ・マッケリー🄲ケイリー・グラント／ホフマンの船唄🄿20世紀FOX（色彩音楽短編）／白馬岳（山岳短編）／朝日世界ニュース／実演：松竹楽劇団旗上げ公演『スヰング・アルバム』▼5・5・結婚十字路37米🄿MGM🄳リチャード・ソープ🄲ウィリアム・パウエル／山の峠🄿20世紀FOX（色彩音楽短編）／十和田湖🄿鉄道省／朝日世界ニュース／実演『スヰング・アルバム』（続演）▼5・12・誘拐者37米🄿20世紀FOX🄳ジョージ・マーシャル🄲ヴィクター・マクラグレン／男の魂38 🄿新興キネマ🄳曽根千晴🄲河津清三郎／実演『踊るリズム』🄲中川三郎▼5・19・月光の曲37英🄵ユナイト🄿ポール・モール🄳ロウター・メンディス🄲ヤン・パデレフスキー／未完成交響樂🄿20世紀FOX（音楽短篇）／アヴェ・マリア🄲ドンコサック合唱団／実演『踊るリズム』（続演）▼5・26・ジェニイの家36仏🄵東和商事🄳マルセル・カルネ🄲フランソワーズ・ロゼー／南海征服35米🄿MGM🄳フランク・ロイド🄲クラーク・ゲーブル（検閲で13巻が9巻にカットされた。ノーカット版は『戦艦バウンティ号の叛乱』として1952年に公開）／徐州攻略の戦況（ニュース）／国民の誓 豫告編▼6・2・舞踏會の手帖37仏🄵三映社🄿フィルム・ヴォグ🄳ジュリアン・デュヴィヴィエ🄲マリー・ベル／徐州大殲滅戦々況ニュース／実演：SSKダンシングチーム『ブルー・スカイ』▼6・11・国民の誓38 🄵松竹🄿国光映画🄳野村浩将🄲ゼップ・リスト、佐野周二／氷上乱舞37米🄿20世紀FOX🄳シドニー・ランフィールド🄲ソニア・ヘニー▼6・18・国民の誓（続映）／氷上乱舞（続映）／皇軍安慶攻略戦況ニュース▼6・24・姫君ご満足36米🄿MGM🄳J・ウォルター・ルーベン🄲ロザリンド・ラッセル／歌ふ密使37米🄿MGM🄳ロバート・Z・レオナード🄲ジャネット・マクドナルド／短編／同盟ニュース▼7・2・実演：松竹少女歌劇グラン・ギヤラ『シヤポー・プランタン』『夏姿白井権八』『ストロー・ハット』▼7・14・ボルネオ37米🄿20世紀FOX 監修：トルーマン・タリー（記録映画）／キートンの魔術師36米🄿20世紀FOX🄳レイモンド・ケーン🄲バスター・キートン（短篇）／吼えろ白狼36米🄿20世紀FOX🄳デヴィッド・バトラー🄲マイケル・ワーレン／実演『らぽんば』🄲松竹歌劇団▼7・21・ボルネオ（続映）／キートンの魔術師（続映）／［漫画祭］パパになったミッキイ🄵ユナイト、快賊ガウチョ🄵RKO、ポパイのS・O・S🄵パラマウント、犬の五ツ児🄵RKO、ベテイの名市長🄵パラマウント、ガビーの大競馬🄵RKO／実演『らぽんば』（続演）▼7・28・あたし貴婦人よ35米🄿パラマウント🄳アレクサンダー・ホール🄲メエ・ウェスト／春愁36伊🄵エムパイヤ商事🄳グスタフ・マハティ🄲シルヴァーナ・ジャキーノ／実演『スヰート・ライフ』🄲笠置シズ子、松竹楽劇団▼8・4・アルプス槍騎隊37独、伊🄵国光映画🄳ルイス・トレンカー、ヴェルナー・クリングラー🄲ルイス・トレンカー／起ち上る蒙古38 🄵三和商事🄿愛国映画社 指導：簡牛耕三郎、編集：小澤得二、解説：竹脇昌作（記録映画）／実演『スヰート・ライフ』（続演）▼8・11・コロナアド35米🄿パラマウント🄳ノーマン・Z・マクロード🄲ジョニー・ダウンス／今宵こそは32独🄵東和商事🄿シネアリアンツ🄳アナトール・リトヴァク🄲ヤン・キープラ（再映）／実演『愛國旗』🄲SSKセコンダリース▼8・18・乞食学生36独🄵東和商事🄿ウーファ🄳ゲオルグ・ヤコビー🄲カローラ・ヘーン／怒濤万里38 🄵東和商事🄿大洋捕鯨社（南氷洋捕鯨の短編記録映画）／実演『愛國旗』（続演）▼8・25・シピオネ37伊🄵三和商事🄳カルミネ・ガローネ🄲アンニバレ・ニンキ／実演『トーキー・アルバム』🄲松竹楽劇団▼9・4・舞踏會の手帖（再映）／実演『トーキー・アルバム』（続演）▼9・11・今宵は二人で35米🄿パラマウント🄳フランク・タトル🄲ビング・クロスビー／舞踏會の手帖（続映）▼9・15‐ 暗黒街の顔役32米[P]ユナイト[D]ハワード・ホークス[C]ポール・ムニ（再映）／シャム大野象狩 クロングチャング38 [P]合同商事映画部[D]山本弘之解説：関屋五十二（記録映画）／実演『ジプシー・カーニバル』▼9・22‐ 第九交響樂35独[F]東和商事[P]ウーファ[D]デトレフ・ジールク（ダグラス・サーク）[C]ヴィリ・ビルゲル／（9・23より）実演『踊るブルース』[C]松平晃▼9・29‐ 紅薔薇行進曲37米[P]コロムビア[D]エドワード・H・グリフィス[C]グレース・ムーア／第九交響樂（続映）／戦況ニュース 皇軍漢口に迫る▼10・6‐ 盗賊交響樂35英[F]エムパイヤ商事[P]コンコルディア[D]フリードリッヒ・フェーエル[C]ハンス・フェーエル／コンチネンタル34米[P]RKO[D]マーク・サンドリッチ[C]フレッド・アステア、ジンジャー・ロジャース▼10・13‐ モスコオの夜は更けて36独[F]東和商事[P]ウーファ[D]グスタフ・ウチッキー[C]ハンス・アルバース／故郷の廃家38 [P]松竹[D]佐々木康[C]高峰三枝子▼10・20‐ M 31独[F]地上映画[P]ネロ[D]フリッツ・ラング[C]ペーター・ローレ／第一線の人々38 [P]松竹[D]深田修造[C]夏川大二郎／実演：江口宮舞踊劇場『麥と兵隊』[C]江口隆哉、宮操子▼10・27‐ ジャンバルジャン（レ・ミゼラブル第一篇）33仏[F]東和商事[P]パテ・ナタン[D]レイモン・ベルナール[C]アリ・ボール／大都會の歡呼36米[F]欧米映画社[P]リパブリック[D]ジョセフ・サントリー[C]フィル・リーガン／皇軍大捷ニュース▼11・3‐ 地獄の天使30米[P]ユナイト[D]ハワード・ヒューズ[C]ジーン・ハーロウ／陽気な姫君36米[P]コロムビア[D]ジョセフ・フォン・スタンバーグ[C]グレース・ムーア／武漢三鎮陥落戦報▼11・10‐ コゼットの恋（レ・ミゼラブル第二篇）33仏[F]東和商事[P]パテ・ナタン[D]レイモン・ベルナール[C]アリ・ボール／チロルの晩鐘36米[P] 20世紀FOX[D]オットー・ブラワー、グレゴリー・ラトフ[C]ジーン・ハーショルト／皇軍進撃戦報▼11・16‐ 天晴れ着陸38米[P] 20世紀FOX[D]ロイ・デル・ルース[C]ソニア・ヘニー／ミルトンの幸運児37仏[F]国光映画[D]レオン・マトオ[C]ジョルジュ・ミルトン▼11・24‐ 大都會37米[P]MGM[D]フランク・ボーゼージ[C]ルイゼ・ライナー／聖戦38 [P]東京日日新聞社、大阪毎日新聞社、横浜シネマ 監修：青地忠三（記録映画）／実演『戦捷の花束』[C]松竹少女歌劇▼12・2‐ 大都會（続映）／青年マリウス（レ・ミゼラブル第三篇）33仏[F]東和商事[P]パテ・ナタン[D]レイモン・ベルナール[C]アリ・ボール／実演『戦捷の花束』（続演）▼12・9‐ ステラダラス37米[P]ユナイト[D]キング・ヴィダー[C]バーバラ・スタンウィック／キートンの顔役（別題＝キートンの爆弾成金）34仏[P]ネロ[D]マックス・ノセック[C]バスター・キートン▼12・16‐ 吼えろ密林37米[P]コロムビア[D]ジョージ・メルフォード、ハリー・フレイザー[C]フランク・バック／ミッキイのお化ケ退治37米[F]RKO[P]ウォルト・ディズニー・プロ[D]バート・ジレット（短篇漫画）▼12・20‐12・22［名画スーヴェニール］＝▼12・20 舞踏會の手帖37仏[F]三映社フィルム・ヴォグ[D]ジュリアン・デュヴィヴィエ[C]マリー・ベル／音楽短編▼12・21 沙漠の花園36米[F]ユナイト[D]リチャード・ボレスラウスキー[C]マレーネ・ディートリッヒ／新婚道中記37米コロムビア[D]レオ・マッケリー[C]ケイリー・グラント▼12・22 鎧なき騎士37英[F]ユナイトロンドン・フィルム[D]ジャック・フェーデ[C]マレーネ・ディートリッヒ／ジェニイの家36仏[F]東和商事[D]マルセル・カルネ[C]フランソワーズ・ロゼー▼12・23［有料試写会］颱風《ハリケーン》37米[P]ユナイト[D]ジョン・フォード[C]ドロシー・ラムーア▼12・24‐ テスト・パイロット38米[P]MGM[D]ヴィクター・フレミング[C]クラーク・ゲーブル／殺人麻酔37米[P]MGM／親爺の朝寝坊 米[P]MGM（漫画）▼12・31‐ テスト・パイロット（続映）／アメリカーナの少女36米[P]MGM[D]フェリックス・E・フェイスト[C]ジュディ・ガーランド、ディアナ・ダービン（短編）／実演『ミュージック・パレード』[C]松竹楽劇団

【1939年（昭和14年）】

▼1・7‐ 颱風（通常興行）／シンデレラの車36米[F]東和商事[P]フライシャー・スタジオ[D]マックス・フライシャー（極彩色漫画）／踊る水兵[P]エデュケーショナル／実演『ミュージック・パレード』（続演）▼1・14‐ 颱風（続映）／ポパイのアリババ退治37米[F]パラマウント[P]フライシャー・スタジオ[D]デイヴ・フライシャー（長編漫画）▼1・21‐ 潜水艦D一號37米[P]ワーナー[D]ロイド・ベーコン[C]パット・オブライエン／ボッカチオ35独[F]東和商事[P]ウーファ[D]ハーバート・マイシュ[C]ヴィリ・フリッチュ▼1・28‐ 子供の四季 春夏篇39 [P]松竹[D]清水宏[C]河村黎吉／テムプルの ハイデイ37米[P] 20世紀FOX[D]アラン・ドワン[C]シャーリー・テンプル／ドナルドの駅長さん37米[P]ウォルト・ディズニー・プロ[D]ジャック・キング（短篇漫画）▼2・2‐ 子供の四季 秋冬の巻39 [P]松竹[D]清水宏[C]河村黎吉／テムプルの ハイ

デイ（続映）▼2・7‐2・8［子供の四季大会］子供の四季 春夏の巻／子供の四季 秋冬の巻（再映）▼2・9‐望郷37仏🄵東和商事🄿パリ・フィルム🄳ジュリアン・デュヴィヴィエ🄲ジャン・ギャバン／エリアーヌ・セリの南歐の想ひ出 仏🄵東和商事🄿アトランティック🄳モーリス・クロッシュ（「Piroulirouli」を歌うエリアーヌ・セリの音楽短編）／ジャック・ティボオのマラグエニャ 仏🄵東和商事🄿国際大芸術家協会🄲ジャック・ティボー（バイオリン演奏の音楽短編）／クロチルド・サカロフの庭の乙女🄵東和🄳ディミトリ・キルサノフ▼2・16‐望郷（続映）／エリアーヌ・セリの南歐の想ひ出（続映）／ジャック・ティボオのマラグエニャ（続映）／クロチルド・サカロフの庭の乙女（続映）／実演『シンギング・ファミリイ』🄲笠置シズ子、松竹楽劇団▼2・23‐シカゴ38米🄿20世紀FOX🄳ヘンリー・キング🄲タイロン・パワー／実演『シンギング・ファミリイ』（続演）▼3・2‐シカゴ（続映）／大学三人男38米🄿20世紀FOX🄳ウィリアム・A・サイター🄲リッツ・ブラザース▼3・9‐最後のギャング37米🄿MGM🄳エドワード・ルドウィッグ🄲エドワード・G・ロビンソン／海の若人37米🄿MGM🄳サム・ウッド🄲ジェームズ・スチュアート▼3・16‐とらんぷ譚《ものがたり》36仏🄵東和商事🄿トビス🄳サッシャ・ギトリー🄲サッシャ・ギトリー／躍り込み花嫁37米🄿ワーナー🄳マイケル・カーティス🄲ジョーン・ブロンデル▼3・23‐大ターザン38米🄿20世紀FOX🄳D・ロス・レダーマン🄲グレン・モリス／魔城脱走記38米🄿20世紀FOX🄳アルフレッド・ワーカー🄲ワーナー・バクスター／実演：松竹楽劇団第一回桜をどり『スプリング・ゴーズ・ラウンド』🄲笠置シズ子▼3・30‐地球を駈ける男38米🄿MGM🄳ジャック・コンウェイ🄲クラーク・ゲーブル／実演『スプリング・ゴーズ・ラウンド』（続演）▼4・6‐地球を駈ける男（続映）／独逸防空戰線独🄿ウーファ（文化映画）／実演『スプリング・ゴーズ・ラウンド』（続演）▼4・13‐わが家の楽園38米🄿コロムビア🄳フランク・キャプラ🄲ジーン・アーサー／［春の傑作マンガ祭］南海スヰング（極彩色音楽漫画）、春の歌聲（極彩色音楽漫画）、わんわん騒動▼4・20‐わが家の楽園（続映）／嵐の十字路38米🄿コロムビア🄳D・ロス・レダーマン🄲リタ・ヘイワース▼4・27‐響け凱歌38米🄿MGM🄳ジャック・コンウェイ🄲ロバート・テイラー／極楽オペレッタ38米🄿MGM🄳ジョン・G・ブリストーン🄲スタン・ローレル、オリヴァ・ハーディ／実演『カレッヂ・スヰング』🄲松竹楽劇団▼5・4‐アリババ女の都へ行く38米🄿20世紀FOX🄳デヴィッド・バトラー🄲エディ・カンター／黄金の夢38米🄿20世紀FOX🄳モンティ・バンクス🄲グレイシー・フィールズ／実演『カレッヂ・スヰング』（続演）▼5・11‐グレート・ワルツ38米🄿MGM🄳ジュリアン・デュヴィヴィエ🄲ルイゼ・ライナー／ミツキイの造船技師🄵RKO（短編漫画）／ドナルドの北極探險🄵RKO（短編漫画）／ウインナ風景 独🄵東和商事🄿トビス▼5・18‐四人の姉妹38米🄿ワーナー🄳マイケル・カーティス🄲プリシラ・レーン／思ひ出の曲36独🄵東和商事🄿ウーファ🄳デトレフ・ジールク🄲マルタ・エッゲルト▼5・25‐グレート・ワルツ（再映）／艦隊出動 独🄵東和商事🄿トビス🄳マルセル・クライノブ（短編）／極楽拳闘王 米🄿MGM🄲スタン・ローレル、オリヴァ・ハーディ（短編）／獅子に化けて 米🄿MGM／おやぢの假病／夏場所大角力實況▼6・1‐青春女學生日記38米🄿コロムビア🄳ジョン・ブラーム🄲アン・シャーリー／グレート・ワルツ（続映）／驚異のアルバム（短編）▼6・8‐早春 むすめごころ36独🄵東和商事🄿ウーファ🄳ラインホルト・シュンツェル🄲リル・ダゴファー／ジョゼット38米🄿20世紀FOX🄳アラン・ドワン🄲シモーヌ・シモン／実演『ホット・ミュージック』🄲松竹楽劇団▼6・15‐踊るホノルル39米🄿MGM🄳エドワード・バゼル🄲エリナー・パウエル／ブラウンの山賊狩38米🄿MGM🄳フランク・マクドナルド🄲ジョー・E・ブラウン／実演『ジヤズ・スター』🄲松竹楽劇団▼6・22‐結婚スクラム38米🄿ワーナー🄳マイケル・カーティス🄲オリヴィア・デ・ハヴィランド／夜は巴里で38米🄿ワーナー🄳レイ・エンライト🄲ルディー・ヴァレー／実演『ジヤズ・スター』（続演）▼6・29‐燦めく銀星38米🄿20世紀FOX🄳ロイ・デル・ルース🄲ソニア・ヘニー／炎え上るバルカン36独🄵東和商事🄿ウーファ🄳ヴィクトル・トゥールジャンスキー🄲ブリギッテ・ホルナイ／ヒットラー總統傳🄵東京日日新聞社▼7・6‐ポルカの歌姫38米🄿MGM🄳ロバート・Z・レオナード🄲ジャネット・マクドナルド／早春 むすめごころ（再映）▼7・13‐四人の復讐38米P 20世紀FOX🄳ジョン・フォード🄲ロレッタ・ヤング／天晴れテムプル38米🄿20世紀FOX🄳アーヴィング・カミングス🄲シャーリー・テンプル／実演『グリーン・シヤドウ』🄲松竹楽劇団

▼7・20‐四人の復讐（続映）／天晴れテムプル（続映）／実演『グリーン・シャドウ』（続演）▼7・25‐生活の悦び38米🄿RKO🄳ティー・ガーネット🄲アイリーン・ダン／黄昏《たそがれ》38米🄿ワーナー🄳アナトール・リトヴァク🄲エロール・フリン／実演『グリーン・シャドウ』（続演）▼8・1‐三文オペラ31独🄵ミツバ貿易🄿トビス、ネロ🄳G・W・パプスト🄲ルドルフ・フォルスター／暗黒王マルコ38米🄵ワーナー🄿ファーストナショナル🄳ロイド・ベーコン🄲エドワード・G・ロビンソン▼8・8‐氷上リズム38米🄿RKO🄳エドワード・クライン🄲ボビー・ブリーン／赤ちゃん教育38米🄿RKO🄳ハワード・ホークス🄲キャサリン・ヘップバーン／日本に於けるキリストの遺跡を探る38🄿国策文化映画協会 企画：仲木貞一、構成：東隆史（短編記録映画）▼8・15［ロードショウ］世紀の楽團38米🄿20世紀FOX🄳ヘンリー・キング🄲タイロン・パワー▼8・16‐美しき青春37仏🄵東和商事🄿マルキ🄳ジャン・ブノア・レヴィ、マリー・エプスタン🄲マドレーヌ・ルノー／猫橋38独🄵日本映画貿易🄿トビス🄳フリッツ・ペーターブーフ🄲ブリギッテ・ホルナイ▼8・23‐群集は叫ぶ38米🄵MGM🄳リチャード・ソープ🄲ロバート・テイラー／悪漢の町37米🄿MGM🄳J・ウォルター・ルーベン🄲ウォーレス・ビアリー▼8・30‐世紀の楽團（通常興行）／実演『秋のプレリユード』🄲松竹楽劇団▼9・6‐世紀の楽團（続映）／実演『秋のプレリユード』（続演）▼9・13‐気儘時代《ケアフリー》38米🄿RKO🄳マーク・サンドリッチ🄲フレッド・アステア、ジンジャー・ロジャース／アステーア・ロヂャース舞踊傑作集🄿RKO 南部圭之助編輯／科學は挑戦す🄿都文化／朝日ニュース、東日ニュース▼9・21‐地中海36仏🄵東和商事🄿メガフィルム🄳ジャック・ド・バロンセリ🄲マルセル・シャンタル／ブラウンのGメン38米🄿コロムビア🄳カート・ニューマン🄲ジョー・E・ブラウン／戦況ニュース▼9・28‐ブルグ劇場37独🄵東和商事🄿トビス🄳ヴィリ・フォルスト🄲ウェルナー・クラウス／［音楽短編］搖籃の唄🄲ニノン・ヴァラン、アダヂオとロンド🄲ビアティ・ゴルスキイ、華麗なるワルツ🄲ブライロフスキイ▼10・5‐ブルグ劇場（続映）／狂奔する赤色ルート🄵日本短篇映画社🄿松竹 監修：陸軍情報部（短編記録映画）▼10・12‐サブマリン爆撃隊38米🄿20世紀FOX🄳ジョン・フォード🄲リチャード・グリーン／大進軍 伊🄵中川商会映画部🄿ルーチェ協会／忍術の本態 心靈術を暴く🄵日本短篇映画社🄿日協文化映画社（甲賀流第十四世藤田西湖実験）▼10・19‐少年の町38米🄿MGM🄳ノーマン・タウログ🄲スペンサー・トレイシー／実演『おほぞら』🄲松竹楽劇団▼10・26‐少年の町（続映）／大學の顔役38米🄿コロムビア🄳アルバート・S・ロジェル🄲チャールス・スターレット／実演『おほぞら』（続演）▼11・1 不思議なヴィクトル氏38仏🄵日本映画貿易🄿ACE🄳ジャン・グレミヨン🄲レイミュ／長江譜🄵日本短篇映画社🄿愛国銃後会本部／実演：新交響楽団演奏・山田耕筰指揮『未完成交響樂』『明治頌歌』▼11・2‐不思議なヴィクトル氏（続映）／長江譜（続映）／実演『東欧舞踊』🄲松竹少女歌劇▼11・8‐黒蘭の女38米🄿ワーナー🄳ウィリアム・ワイラー🄲ベティ・デイヴィス／婚約リレー38米🄿ワーナー🄳マーヴィン・ルロイ🄲キャロル・ロンバード／実演『東欧舞踊』（続演）▼11・15‐汚れた顔の天使38米🄿ワーナー🄳マイケル・カーティス🄲ジェームス・キャグニー▼11・23‐スエズ38米🄿20世紀FOX🄳アラン・ドワン🄲タイロン・パワー／水鳥の生活39🄵日本短篇映画社🄿理研科学映画🄳下村兼史（記録映画）／ドナルドの俄か伯父さん38米🄿ウォルト・ディズニー・プロ🄳ジャック・キング（短篇漫画）▼12・1‐スエズ（続映）／サブマリン爆撃隊（再映）▼12・7‐南の誘惑37独🄵東和商事🄿ウーファ🄳デトレフ・ジールク🄲ツァラー・レアンダー／スパイは暗躍する39米🄿コロムビア🄳ティム・ウィーラン🄲ローレンス・オリヴィエ▼12・14‐汚れた顔の天使（再映）／マヂノ要塞とフランス國防 仏🄵東和商事🄿レアリテ 編集：ジャン・ルバニャック（短編記録映画）▼12・20 ターザンの猛襲39米🄿MGM🄳リチャード・ソープ🄲ジョニー・ワイズミューラー▼12・21 背信37仏🄵東和商事🄿UDIF🄳アンリ・ドコアン🄲ダニエル・ダリュー▼12・22 牧童と貴婦人38米🄿ユナイト🄳H・C・ポッター🄲ゲイリー・クーパー▼12・23 ジャングルの戀38米🄿パラマウント🄳ジョージ・アーチェインボード🄲ドロシー・ラムーア▼12・24‐ターザンの猛襲（通常興行）／ドイツを駛る／焔の舞（ディズニー色彩漫画）▼12・31‐ターザンの猛襲（続映）／実演『初春コンサート』🄲松竹楽劇団

【1940年（昭和15年）】

▼1・7‐テムプルの農園の寵兒38米🄿20世紀FOX🄳アラン・ドワン🄲シャーリー・テンプル／紅の翼39米🄿20世紀FOX🄳ロイ・デル・ルース🄲アリ

ス・フェイ／実演『初春コンサート』（続演）▼1・15-ジャングルの恋（通常興行）／ポパイの動物園荒し36米[P]フライシャー・スタジオ[D]デイヴ・フライシャー（短編漫画）／空のアメリカ（短編）▼1・23-1・30［スタアセレクト十四年度傑作大会］＝▼1・23 望郷37仏[F]東和商事[P]パリ・フィルム[D]ジュリアン・デュヴィヴィエ[C]ジャン・ギャバン／庭の乙女（芸術家シリーズ）／未完成交響樂（トーキー名曲アルバム）／ドンキホーテ（トーキー名曲アルバム）▼1・24 兄とその妹39[P]松竹[D]島津保次郎[C]佐分利信／デッドエンド37米[P]ユナイト[D]ウィリアム・ワイラー[C]シルヴィア・シドニー▼1・25 早春36独[F]東和商事[P]ウーファ[D]ラインホルト・シュンツェル[C]リル・ダゴファー／花ある雑草39[P]松竹[D]清水宏[C]田中絹代▼1・26 わが家の楽園38米[P]コロムビア[D]フランク・キャプラ[C]ジーン・アーサー／南欧の思ひ出（芸術家シリーズ）／朱金昭（トーキー名曲アルバム）／今宵こそは（トーキー名曲アルバム）▼1・27 ブルグ劇場36独[F]東和商事[P]トビス[D]ヴィリ・フォルスト[C]ウェルナー・クラウス／アダヂオとロンド（芸術家シリーズ）／會議は踊る（トーキー名曲アルバム）／工匠と藝術▼1・28 残菊物語39[P]松竹[D]溝口健二[C]花柳章太郎／搖籃の歌（芸術家シリーズ）／ドン・コサック▼1・29 暖流 前篇 啓子の巻・後篇 銀の巻39[P]松竹[D]吉村公三郎[C]高峰三枝子▼1・30 土（前・後篇）39[P]日活[D]内田吐夢[C]小杉勇／日本に於けるキリストの遺跡を探る38[P]国策文化映画協会 企画：仲木貞一、構成：東隆史（短編記録映画）▼1・31-ジャングルの戀（再映）／背信（再映）／実演：SSK『スキング・パーテイ』▼2・8-最後の一兵まで37独[F]東和商事[P]ウーファ[D]カール・リッター[C]ハインリヒ・ゲオルゲ／森永科學教室[F]東和商事文化映画部[P]理研科学映画（文化映画）／実演：SSK『スキング・パーテイ』（続演）▼2・15-2・20 最後の一兵まで（続映）／太平洋の翼（別題＝海の荒鷲）39米[P]ワーナー[D]ロイド・ベーコン[C]ジョージ・ブレント

※2月20日限りで東宝からの賃貸契約を終了し松竹の直営解除

▼3・1再開場、実演：宝塚少女歌劇雪組公演、グランドショウ『宝塚パレード』▼この間の実演興行名省略▼9・1-9・15 実演：新国劇『西郷隆盛』『解決《おとしまえ》』『改訂髪』

※10月1日より情報局庁舎として徴用

【1942年（昭和17年）】 ※3月20日情報局より返還

【1944年（昭和19年）】 ※3月1日、決戦非常時措置要綱により閉鎖

【1945年（昭和20年）】 ※以降の実演興行名は省略

▼10・3-再開場（尾上菊五郎一座『銀座復興』『鏡獅子』）

【1948年（昭和23年）】

▼1・2-1・26（歌舞伎・中村吉右衛門一座）▼2・10-3・13 悲恋44仏[F]SEF、東宝[D]ジャン・ドラノワ[C]マドレーヌ・ソローニュ▼3・5-5・31（藤原歌劇団、新派、琴演奏会、舞踊、貝谷バレエ団、等、9公演）▼6・1-6・28 ゾラの生涯37米[F]セントラル[D]ウィリアム・ディターレ[C]ポール・ムニ▼6・29-7・26 剃刀の刃46米[F]セントラル[D]エドモンド・グールディング[C]タイロン・パワー▼7・27-8・10 聖《セント》メリーの鐘45米[F]RKO、セントラル[D]レオ・マッケリー[C]ビング・クロスビー▼9・1-9・27（藤原歌劇団、新協劇団、2公演）▼9・28-10・25 ヘンリイ五世45英[F]BCFC[D]ローレンス・オリヴィエ[C]ローレンス・オリヴィエ▼11・5-11・24 海の牙47仏[F]SEF、東宝[D]ルネ・クレマン[C]マルセル・ダリオ▼11・26-12・12 シベリヤ物語47ソ連[F]日ソ映画社、東宝[D]イワン・プイリエフ[C]ウラジミール・ドルージニコフ▼12・14-12・27（藤原歌劇団公演）▼12・15-12・27 シベリヤ物語（続映）▼12・28-12・30 トスカ44仏[F]SEF、東宝[D]カルロ・コック[C]インペリオ・アルヘンティーナ

【1949年（昭和24年）】

▼1・2-1・12（東京バレエ団公演）▼1・3-1・10 トスカ（続映）▼1・15-1・28（藤原歌劇団公演）▼1・16-1・28 自由を我等に31仏[F]東和商事[D]ルネ・クレール[C]レイモン・コルディ▼1・29-2・14 大いなる遺産46英[F]BCFC、NCC[D]デヴィッド・リーン[C]ジョン・ミルズ▼2・15-2・24 幻の馬45仏[F]SEF、東宝[D]クリスチャン・ジャック[C]マドレーヌ・ロバンソン▼2・25-3・10 しのび泣き45仏[F]SEF、東宝[D]ジャン・ドラノワ[C]エドウィジュ・フィエール▼3・12-3・25（藤原歌劇団公演）▼3・27-4・11 ラ・ボエーム44仏[F]SEF、東宝[D]マルセル・レルビエ[C]ルイ・ジュールダン▼4・12-4・25 幻想交響楽44仏[F]SEF、東宝[D]クリスチャン・ジャック[C]ルネ・サン・シール▼4・29-5・20 ルイ・ブラス47仏[F]SEF、東宝[D]

ピエール・ビヨン🄲ダニエル・ダリュー▼5・21‐6・6 大いなる幻影37仏🄵三映社🄳ジャン・ルノワール🄲ジャン・ギャバン▼6・15‐7・3（藤原歌劇団公演）▼7・4‐7・11 聖バンサン47仏🄵SEF、東宝🄳モーリス・クロシュ🄲ピエール・フレネー▼7・12‐7・21 カチアの恋38仏🄵SEF、東宝🄳モーリス・トゥールヌール🄲ダニエル・ダリュー▼7・22‐7・31 恐るべき親達47仏🄵SEF、東宝🄳ジャン・コクトー🄲ジャン・マレー▼8・2‐8・24（藤原歌劇団公演）▼8・3‐8・24［想い出の名画祭］＝▼8・3 地の果てを行く35仏🄿SNC🄳ジュリアン・デュヴィヴィエ🄲ジャン・ギャバン▼8・4 白鳥の死37仏🄿シネアトランティカ🄳ジャン・ブノア・レヴィ🄲イヴェット・ショーヴィレ▼8・5 かりそめの幸福34仏🄿パテ・ナタン🄳マルセル・レルビエ🄲シャルル・ボワイエ▼8・6‐8・7 旅路の果て36仏🄿フランシネックス🄳ジュリアン・デュヴィヴィエ🄲ヴィクトル・フランサン▼8・8 未完成交響楽33独、墺🄿シネアリアンツ🄳ヴィリ・フォルスト🄲ハンス・ヤーライ▼8・9 巴里の屋根の下30仏🄿トビス🄳ルネ・クレール🄲アルベール・プレジャン▼8・10 たそがれの維納34墺🄿サッシャ🄳ヴィリ・フォルスト🄲オルガ・チェホーワ▼8・11 にんじん32仏🄿ヴァンダル・デュラック🄳ジュリアン・デュヴィヴィエ🄲ロベール・リナン▼8・12 格子なき牢獄38仏🄿A・プレスビュルジェ🄳レオニード・モギー🄲アニー・デュコオ▼8・13‐8・14 望郷37仏🄿パリ・フィルム🄳ジュリアン・デュヴィヴィエ🄲ジャン・ギャバン▼8・15 舞踏会の手帖37仏🄿フィルム・ヴォグ🄳ジュリアン・デュヴィヴィエ🄲マリー・ベル▼8・16 別れの曲34仏🄿トビス・ボストン🄳ゲザ・フォン・ボルヴァリー🄲ジャン・セルヴェ▼8・17 維納物語40墺🄿ウィーン・フィルム🄳ヴィリ・フォルスト🄲ヴィリ・フォルスト▼8・18 我等の仲間36仏🄿シネ・アリス🄳ジュリアン・デュヴィヴィエ🄲ジャン・ギャバン▼8・19 巴里祭32仏🄿トビス🄳ルネ・クレール🄲アナベラ▼8・20‐8・21 外人部隊33仏🄿フィルム・ド・フランス🄳ジャック・フェデー🄲マリー・ベル▼8・22 商船テナシチー34仏🄿ヴァンダル・デュラック🄳ジュリアン・デュヴィヴィエ🄲アルベール・プレジャン▼8・23 乙女の湖33仏🄿トビス・ソプラ🄳マルク・アレグレ🄲ジャン・ピエール・オーモン▼8・24 ジェニイの家36仏🄿ゴーモン・フランコ🄳マルセル・カルネ🄲フランソワーズ・ロゼー▼8・26‐12・24（音楽・舞踊、狂言、浄瑠璃、新国劇、藤原歌劇団、貝谷バレエ団、6公演）

【1950年（昭和25年）】

▼1・1‐9・25（宝塚歌劇、9公演）▼9・26‐10・16 白雪姫37米🄵大映🄿ウォルト・ディズニー・プロ🄳デイヴィッド・ハンド、他🅅五十嵐喜芳（日本語版）▼10・18‐12・29（宝塚歌劇、新劇、藤原歌劇団、4公演）

【1951年（昭和26年）】

▼1・1‐1・31（宝塚歌劇、東宝名人会、2公演）▼2・1‐2・4［特別試写会］悲恋37仏🄵SEF、東宝🄳ジャン・ドラノワ🄲ジャン・マレー／舞踏会の手帖37仏🄵三映社🄳ジュリアン・デュヴィヴィエ🄲マリー・ベル▼2・6‐12・30（コミックオペラ、宝塚歌劇、東宝名人会、等、25公演）

【1952年（昭和27年）】

▼1・1‐12・28（宝塚歌劇、東宝名人会、音楽会、舞踊、等、21公演）▼12・7［特別招待試写会］超音ジェット機52 英🄵東和映画🄿ロンドン・フィルム🄳デヴィッド・リーン🄲ラルフ・リチャードソン／原子狂時代 51英🄵東和映画🄳ピーター・フォルデス、ジョーン・フォルデス（短編アニメーション）▼12・21（東宝名人会）

【1953年（昭和28年）】

▼1・1‐6・29（宝塚歌劇、東宝名人会、小唄、浪曲、舞踊、ザヴィア・クガート楽団、等、23公演）▼6・15［特別招待試写会］アナタハン53 日🄵東和映画🄿大和プロダクション🄳ジョセフ・フォン・スタンバーグ🄲根岸明美▼6・30‐7・13 風と共に去りぬ39米🄵MGM🄳ヴィクター・フレミング🄲ヴィヴィアン・リー▼7・14‐7・17［帝劇パリー祭］＝▼7・14 巴里のアメリカ人51 米🄵MGM🄳ヴィンセント・ミネリ🄲ジーン・ケリー／北ホテル38仏🄿アンペリアル🄳マルセル・カルネ🄲アナベラ／巴里千一夜53 仏🄵新外映🄳ジャン・クロード・ベルナール🄲パタシュー（短編）▼7・15 犯罪河岸47 仏🄿マジェスティック🄳アンリ・ジョルジュ・クルーゾー🄲ルイ・ジューヴェ／巴里の屋根の下30仏🄿トビス🄳ルネ・クレール🄲アルベール・プレジャン／巴里千一夜（続映）▼7・16 巴里の空の下セーヌは流れる51 仏🄵東和映画🄿レジナ🄳ジュリアン・デュヴィヴィエ🄲ブリジット・オーベール／幸福の設計47 仏🄿ゴーモン🄳ジャック・ベッケル🄲クレール・マッフェ／ピカソ訪問50 仏🄿アール・エ・シネマ🄳ポール・エゼール 解説：ジェラー

ル・フィリップ▼7・17巴里祭32仏🄿トビス🄳ルネ・クレール🄲アナベラ／偽れる装い45仏🄿レソオル🄳ジャック・ベッケル🄲ミシュリーヌ・プレール／巴里千一夜（再映）▼7・18-10・20（宝塚歌劇、東宝名人会、バレエ、邦楽・邦舞、現代劇、等、11公演）▼10・20-10・23［完成記念特別有料試写会］地獄門53🄵大映🄳衣笠貞之助🄲長谷川一夫▼10・24-12・30（関西歌舞伎、東宝名人会、バレエ、帝劇ミュージカル、等、5公演）

【1954年（昭和29年）】

▼1・1-5・20（関西歌舞伎、宝塚歌劇、東宝名人会、バレエ、舞踊、ジョセフィン・ベーカー、等、14公演）▼5・21-5・27［世界芸術映画週間］＝▼5・21罪と罰35米🄵コロムビア🄳ジョセフ・フォン・スタンバーグ🄲ピーター・ローレ／欲望という名の電車51米🄵ワーナー🄳エリア・カザン🄲ヴィヴィアン・リー▼5・22欲望という名の電車（続映）／どん底35仏🄵東和映画🄳ジャン・ルノワール🄲ジャン・ギャバン▼5・23どん底（続映）／探偵物語51米🄵パラマウント🄳ウィリアム・ワイラー🄲カーク・ダグラス▼5・24探偵物語（続映）／セールスマンの死51米🄵コロムビア🄳ラズロ・ベネデク🄲フレドリック・マーチ▼5・25逢びき45英🄵BCFC、NCC🄳デヴィッド・リーン🄲シリア・ジョンソン／陽のあたる場所51米🄵パラマウント🄳ジョージ・スティーヴンス🄲モンゴメリー・クリフト▼5・26陽のあたる場所（続映）／輪舞50仏🄵新外映、NCC🄳マックス・オフュルス🄲アントン・ウォルブルック▼5・27輪舞（続映）／ガラスの動物園50米🄵ワーナー🄳アーヴィング・ラパー🄲カーク・ダグラス▼5・28-9・1（邦舞、新派、宝塚歌劇、現代劇、等、9公演）▼8・9-8・26［世界音楽名画祭］＝▼8・9-8・10カーネギーホール47米🄵ユナイト🄳エドガー・G・ウルマー🄲マーシャ・ハント／大音楽会51ソ連🄵松竹洋画部🄳ヴェラ・ストローエワ🄲イフゲニア・スモーレンスカヤ▼8・11-8・12ユーモレスク46米🄵ワーナー🄳ジーン・ネグレスコ🄲ジョーン・クロフォード／巴里のアメリカ人51米🄵MGM🄳ヴィンセント・ミネリ🄲ジーン・ケリー▼8・16-8・17アメリカ交響楽45米🄵ワーナー🄳アーヴィング・ラパー🄲ロバート・アルダ／バンド・ワゴン53米🄵MGM🄳ヴィンセント・ミネリ🄲フレッド・アステア▼8・18-8・19未完成交響楽33独、墺🄵東和映画🄳ヴィリ・フォルスト🄲ハンス・ヤーライ／リリー53米🄵MGM🄳チャールズ・ウォルターズ🄲レスリー・キャロン▼8・23-8・24情熱の狂想曲49米🄵ワーナー🄳マイケル・カーティス🄲カーク・ダグラス／雨に唄えば52米🄵MGM🄳ジーン・ケリー、スタンリー・ドーネン🄲ジーン・ケリー▼8・25-8・26皇帝円舞曲48米🄵パラマウント🄳ビリー・ワイルダー🄲ビング・クロスビー／ホフマン物語51英🄵東和、東宝🄳マイケル・パウエル、エメリック・プレスバーガー🄲ロバート・ラウンズヴィル▼9・3-11・30（バレエ、宝塚歌劇、東宝名人会、常磐津、関西歌舞伎、等、15公演）

▼12・1-1・3改装休館

【1955年（昭和30年）】※映写機3台によるシネラマ劇場として開場

▼1・4（18：30）［招待者披露上映会］Cこれがシネラマだ52米🄵ロビン・インターナショナル、東宝🄳メリアン・C・クーパー、ギュンター・フォン・フリッチュ🄲ナレーター：ローウェル・トーマス▼1・5（10：30業界人招待試写会、14：00一般公開）これがシネラマだ（上映期間350日）▼1・6-12・18これがシネラマだ（通常興行）▼12・20-3・14 Cシネラマ・ホリデー55米🄵ロビン・インターナショナル、東宝🄳ロバート・ベンディック、フィリップ・ド・レーシイ🄲ジョン・マーシュ（上映期間451日）

【1956年（昭和31年）】

シネラマ・ホリデー（翌年3・14迄続映）

【1957年（昭和32年）】

▼3・15-5・31 C世界の七不思議56米🄵ロビン・インターナショナル、東宝🄳ティー・ガーネット、ポール・マンツ、アンドリュー・マートン、テッド・テズラフ、ウォルター・トンプソン🄲ナレーター：プロスパー・ブラネリ（上映期間443日）

【1958年（昭和33年）】

▼6・1-4・24 C世界の楽園57米🄵東宝🄳オットー・ラング🄲ジェームス・S・パーカー（上映期間328日）

【1959年（昭和34年）】

▼4・25-6・30 C南海の冒険58米🄵東宝🄳カール・ダドリー、リチャード・ゴールドストーン、フランシス・D・ライオン、ウォルター・トンプソン、ベイジル・ランゲル🄲ダイアン・ビアードモア（上映期間433日）

【1960年（昭和35年）】

▼7・1-12・28 Cシネラマ・ホリデー55米🄵ロビン・

インターナショナル、東宝🄳ロバート・ベンディック、フィリップ・デラシー🄲ジョン・マーシュ（上映期間181日）▼12・29‐7・31 c世界の七不思議56 米🄵ロビン・インターナショナル、東宝🄳ティー・ガーネット、ポール・マンツ、アンドリュー・マートン、テッド・テズラフ、ウォルター・トンプソン🄲ナレーター：プロスパー・ブラネリ（上映期間215日）

【1961年（昭和36年）】

▼8・1‐12・21 c世界の楽園57 米🄵東宝🄳オットー・ラング🄲ジェームス・S・パーカー（上映期間143日）▼12・22‐4・28 cこれがシネラマだ52 米🄵ロビン・インターナショナル、東宝🄳メリアン・C・クーパー、ギュンター・フォン・フリッチュ🄲ナレーター：ローウェル・トーマス（上映期間127日）

【1962年（昭和37年）】

▼4・29‐12・16 c大西洋2万哩58 米🄵東宝🄳ビル・コララン、ルイ・ド・ロシュモント三世🄲アルネ・アンダーセン（上映期間238日）▼12・17‐12・21（改装休館）21日は天皇・皇后と皇族を招待した『戦艦バウンティ』の特別試写会▼12・22‐7・12 70 戦艦バウンティ62 米🄵MGM🄳ルイス・マイルストーン🄲マーロン・ブランド（上映期間203日）

【1963年（昭和38年）】

▼7・13‐9・26 VSチコと鮫62 伊、仏🄵日本ヘラルド🄳フォルコ・クイリチ🄲アル・カウエ、マルレーヌ・アマング（上映期間76日）▼9・27‐1・31 70 アラビアのロレンス62 英🄵コロムビア🄳デヴィッド・リーン🄲ピーター・オトゥール（上映期間127日）

【1964年（昭和39年）】

1・31迄 アラビアのロレンス（続映）
2月1日より建替え休館

日比谷映画劇場　上映作品

【1934年（昭和9年）】2月1日開場

▼2・1‐ ウヰンナ・ワルツ（蒼き幻想）32英🄵ユナイト🄳ハーバート・ウィルコックス🄲アンナ・ニーグル／南の哀愁30独🄵東和商事🄳カルミネ・ガローネ🄲ブリギッテ・ヘルム／ミッキーのキングコング討伐33米🄿ウォルト・ディズニー・プロ🄳ウィルフレッド・ジャクソン（短編漫画）▼2・8‐ アフリカは笑ふ33米🄿コロムビア🄳エドワード・クライン🄲バート・ウイーラー／神風連34 🄿新興キネマ🄳溝口健二🄲入江たか子／東寶發聲ニュース 第一號🄿東京朝日新聞社、東京宝塚劇場▼2・15‐ 只野凡児 人生勉强34 🄵東和商事🄿PCL🄳木村荘十二🄲藤原釜足／鋼鐵32伊🄵東和商事🄿チネス・ピッタルーガ🄳ワルター・ルットマン🄲ピエトロ・パストーレ／お猿三吉防空戦33 🄵東和商事🄿日本漫画フヰルム研究所🄳瀬尾光世、川口長八／異兄弟（シリーシンフォニー）／光の踊り（音楽映画）／東寶發聲ニュース▼2・22‐ 魔の海底33米🄿コロムビア🄳アル・ベラミー🄲ラルフ・ベラミー／踊り子日記34 🄵東和商事🄿PCL🄳矢倉茂雄🄲千葉早智子／寶塚音樂歌劇學校の生活（実写）／東寶發聲ニュース 全日本対濠洲学生ラグビー戦▼2・26 皇國の榮34 🄿文部省（記録映画）▼3・1‐ 薔薇の母の微笑34 🄿日活🄳渡辺邦男🄲山路ふみ子／薔薇のワルツ33英🄵ユナイト🄿ブリティッシュ・アンド・ドミニオンズ🄳ハーバート・ウィルコックス🄲アンナ・ニーグル／ミッキーの巨人征服🄵ユナイト／シリーシンフォニー 坊やのお目醒め／満洲國皇帝陛下御即位御大典🄿東京朝日新聞社▼3・8‐ さくら音頭 涙の母34 🄵東和商事🄿PCL🄳木村荘十二🄲英百合子／カンチェンジュンガの登高31独🄵小林鉄二🄳ギュンター・オスカー・ディレンフルト（記録映画）／東寶發聲ニュース／お伽王國（シリーシンフォニー）▼3・21‐ 轟く天地33米🄿パラマウント🄳ヘンリー・ハサウェイ🄲ランドルフ・スコット／［ヒビヤ漫画大會］＝蛙の勲章🄵MGM、ベテイのキングコング退治🄵パラマウント、ミッキーの海賊退治🄵ユナイト、ホツパの名投手🄵MGM、眞夜中の舞踏會🄵ユナイト、［短編］＝犬部戦線異常なし🄵MGM、名選手行進🄵パラマウント、デブのうどん粉騒動🄵ワーナー▼3・29‐ 浮かれ巴里32仏🄵三映社🄿メトロポール🄳エドモン・T・グレヴィル🄲アリス・ティソ／丹下左膳第二篇 劍戟の巻34 🄿日活🄳伊藤大輔🄲大河内傳次郎／東寶發聲ニュース▼4・5‐ 旦那様お留守31米🄿RKO・パテ🄳ラッセル・マック🄲エドワード・エヴァレット・ホートン▼4・12‐ 坊やが盗まれた34米🄿パラマウント🄳アレクサンダー・ホール🄲ドロテア・ヴィーク／バワリイ（阿修羅街）33米🄵ユナイト🄿20世紀映画🄳ラオール・ウォルシュ🄲ウォーレス・ビアリー／京都のさくら（実写）／東宝発声ニュース▼4・26‐ 生活の設計33米🄿パラマウント🄳エルンスト・ルビッチ🄲ゲイリー・クーパー／羽越の風物（実写）、［漫画］ボス公氷滑り、蜂くも合戦、ミツキー

のピクニック御難、こほろぎと蟻／東寶發聲ニュース 第十二輯▼5・3- エノケンの青春醉虎傳34 🄵東和商事🄿PCL🄳山本嘉次郎🄲榎本健一／生活の設計（續映）▼5・10- 頓珍外交ゼネバ行33米🄿RKO🄳ウィリアム・A・サイター🄲バート・ウィーラー／爆撃飛行隊34 🄿JOスタヂオ、太秦発声映画🄳三枝源次郎、根津新🄲早川雪洲／東寶發聲ニュース 第十四輯▼5・19- ボレロ34米🄵パラマウント🄳ウエズリー・ラッグルス🄲ジョージ・ラフト／死線突破33米🄵千鳥興業🄿RKO🄳オットー・ブラワー🄲ウィリアム・ガーガン／輝く陸戰隊／東寶發聲ニュース 第十五輯▼5・24- 女難アパート33米🄿パラマウント🄳ラルフ・マーフィー🄲チャールス・ファーレル／ボレロ（續映）／榮ある三笠（実写短編）／東寶發聲ニュース 第十六輯▼5・31- 曉の砂漠33米🄿FOX🄳ウィリアム・ディターレ🄲ロレッタ・ヤング／可愛いアンニー33米🄵千鳥興業🄿RKO🄳ジョン・S・ロバートスン🄲ミッチ・グリーン／巨人ジョーンズ33米🄿ユナイト🄳ダッドリー・マーフィー🄲ポール・ロブスン／東寶發聲ニュース 第十七輯▼6・7- わたしの凡てを34米🄿パラマウント🄳ジェームス・フラッド🄲フレドリック・マーチ／社長様のお出で33英🄵ユナイト🄿ブリティッシュ・アンド・ドミニオン🄳ジャック・ブキャナン🄲ジャック・ブキャナン／東寶發聲ニュース 第十八輯▼6・14（18：00）［有料試写会］直八子供旅34 🄵日活🄿千恵蔵プロ🄳稲垣浩🄲片岡千恵蔵／わたしの凡てを（續映）▼6・15- 直八子供旅（通常興行）／わたしの凡てを（續映）／東寶發聲ニュース 第十九輯▼6・21- 恐怖の四人

34米🄿パラマウント🄳セシル・B・デミル🄲クロデット・コルベール／めりけん音頭33米🄿パラマウント🄳ハリー・J・ブラウン🄲ジャック・オーキー／東寶發聲ニュース 第二十輯▼6・27（19：30）［有料試写会］路傍34米🄿パラマウント🄳マリオン・ゲーリング🄲シルヴィア・シドニー／めりけん音頭／東寶發聲ニュース▼6・28- 浪子の一生34 🄵東和商事🄿PCL🄳矢倉茂雄🄲伏見信子／路傍（通常興行）／東寶發聲ニュース 第二一輯▼7・5-7・11 女は要らねえ34米🄵パラマウント🄳アルバート・ロジェル🄲ヴィクター・マクラグレン／［ヒビヤ納涼漫画大會］ボス公の武者修行、怪傑ホッパ、一撲無念流（ポパイ）、妖婆の森、ベティーの出世物語、虹のお國の兎さん、日本アルプスの樂園（実写）、大魚狂亂（実写）、思ひ出の寶塚 ブーケ・ダムール／朝日・ウーファニュース▼7・12- 若夫婦試驗別居34 🄿日活🄳阿部豊🄲鈴木傳明／美人探し34米🄿パラマウント🄳アール・C・ケントン🄲バスター・クラブ／虹のお國の兎さん（極彩色漫画）／朝日・ユニヴァーサルニュース▼7・19- 失戀相談所33米🄵ユナイト🄿20世紀映画🄳アルフレッド・ワーカー🄲リー・トレイシー／南歐横斷列車32英🄵FOX🄿ゴーモン・ブリティッシュ🄳ウォルター・フォード🄲コンラート・ファイト／朝日世界ニュース 第二十輯▼7・26- キング・コング33米🄵千鳥興業🄿RKO🄳メリアン・C・クーパー🄲フェイ・レイ／街の灯31米🄿ユナイト🄳チャールズ・チャップリン🄲チャールズ・チャップリン 説明：徳川夢声／朝日世界ニュース 第二一輯▼8・2-8・8 荒馬スモーキィ33米🄿FOX🄳ユージン・フォード🄲ヴィクター・ジョリー／［第三回ヒビヤ納涼御家族週間］天草島33 🄿鉄道省運輸局旅客課（実写）、北の寶庫カムチヤツカ（実写）、水上の妙技🄿パラマウント（スポーツ短編）、無軌道親爺坊やの巻 🄿コロムビア（短編喜劇）、漫画＝赤頭巾さん（シリー・シンフォニー）、譽の消防夫🄿FOX、ポパイの鍛冶屋🄿パラマウント、ミッキーの道路工事／朝日世界ニュース 第二二輯▼8・9- ヒョットコ六人組34米🄿パラマウント🄳レオ・マッケリー🄲チャールズ・ラグルズ／頓珍漢丸儲け31米🄿RKO🄳ウィリアム・A・サイター🄲ロバート・ウールジー／朝日世界ニュース 第二三輯▼8・16- 裸女と蠅32米🄵千鳥興業🄿RKO🄳エドワード・サザーランド🄲グウィリ・アンドレ／冷藏庫の赤ん坊34米🄿パラマウント🄳ラルフ・マーフィー🄲リチャード・アーレン／ミッキーの小人島探險（漫画）／阿寒國立公園🄿鉄道省（実写）／朝日世界ニュース 第二四輯▼8・23- 水曜日の戀33米🄿FOX🄳ヘンリー・キング、ウィリアム・キャメロン・メンジース🄲エリッサ・ランディ／波上場の天使34米🄿パラマウント🄳ウィリアム・キャメロン・メンジース、ジョージ・サムンズ🄲ヴィクター・マクラグレン／朝日民謡集 第四輯／乗馬術🄿パラマウント（スポーツ短編）／朝日世界ニュース 第二五輯▼8・30- 裏切る唇33米🄿FOX🄳ジョン・ブライストン🄲リリアン・ハーヴェイ／人生の高度計33米🄿RKO🄳ドロシー・アーズナー🄲キャサリン・ヘップバーン／朝日世界ニュース 第二六輯▼9・6- ムーラン・ルージュ34米🄵ユナイト🄿20世紀映画🄳シドニー・ランフィールド🄲コンスタンス・

ベネット／漫画＝ポパイの强壮剤、ミツキーの芝居見物、悧巧な鶏さん（シリー・シンフォニー）／趣味の魚釣り[P]パラマウント（短編）／絢爛たる殺人・豫告編／朝日世界ニュース 第二七輯 ▼9・13‐絢爛たる殺人34米[P]パラマウント[D]ミッチェル・ライゼン[C]ヴィクター・マクラグレン／戀の鋪道34 [F]千鳥興業[P]JOスタヂオ、太秦発声[D]田中栄三[C]伏見信子／朝日世界ニュース 第二八輯 ▼9・20‐風の接吻34米[P]パラマウント[D]ノーマン・Z・マクロード[C]ラニー・ロス／絢爛たる殺人（続映）／秋の日本（実写）／朝日世界ニュース 第二九輯 ▼9・27‐空襲と毒瓦斯33英[F]FOX[P]ゴーモン・ブリティッシュ[D]ヴィクター・サヴィル[C]マデリーン・キャロル／実写＝寶塚運動會、傳書鳩、演藝吹きよせ、四國巡り・徳島篇、牛乳の科學、動物ア・ラ・モード（動物短編）／漫画＝ベテイのスピード違反、ポパイの幽靈船、空飛ぶ鼠／朝日世界ニュース 第三〇輯 ▼10・4‐猫眼石怪事件34米[P]パラマウント[D]ヘンリー・ハサウェイ[C]トム・ブラウン／喇叭は響く34米[P]パラマウント[D]スティーヴン・ロバーツ[C]ジョージ・ラフト／空飛ぶ鼠（漫画）／朝日世界ニュース 第三一輯 ▼10・11‐乾杯の唄34米[P]FOX[D]ソーントン・フリーランド、ハリー・ラクマン[C]ルディ・ヴァレー／喇叭は響く（続映）／朝日世界ニュース 第三二輯 ▼10・17‐南瓜とお姫様34米[P]パラマウント[D]アール・C・ケントン[C]W・C・フィールズ／乾杯の唄（続映）／日本民謡集 第五巻／朝日世界ニュース 第三三輯 ▼10・24（19：30）［有料試写会］ダンシング・レディ33米[P]MGM[D]ロバート・Z・レオナード[C]ジョーン・クロフォード▼10・25‐頓馬パルーカ34米[F]ユナイト[P]エドワード・スモール・プロ[D]ベンジャミン・ストロフ[C]ジミー・デュランテ／エノケンの魔術師34[P]PCL[D]木村荘十二[C]榎本健一／朝日世界ニュース 第三四輯 ▼11・1‐ダンシング・レディ33米[P]MGM[D]ロバート・Z・レオナード[C]ジョーン・クロフォード／戀と胃袋34米[P]パラマウント[D]ノーマン・タウログ[C]ビング・クロスビー／朝日世界ニュース 第三五輯 ▼11・8‐宿命の窓33米[P]MGM[D]W・S・ヴァン・ダイク[C]ワーナー・バクスター／ダンシング・レディ（続映）／朝日世界ニュース 第三六輯 ▼11・15‐歓呼の嵐34米[P]FOX[D]ハミルトン・マクファーデン[C]ワーナー・バクスター／あるぶす大将34 [P]PCL[D]山本嘉次郎[C]伊東薫／朝日世界ニュース 第三七輯 ▼11・22‐宣伝第一32米[F]千鳥興業[P]RKO[D]グレゴリー・ラ・カヴァ[C]ルーペ・ヴェレス／ジャズは踊る33英[F]ユナイト[P]ブリティッシュ・アンド・ドミニオンズ[D]ジャック・レイモンド[C]パーシー・マーモント／朝日世界ニュース 第三八輯 ▼11・29‐限りなき世界34米[P]FOX[D]ジョージ・マーシャル[C]ジョージ・オブライエン／虹の都へ33米[P]MGM[D]ラオール・ウォルシュ[C]ビング・クロスビー／朝日世界ニュース 第三九輯 ▼11・6‐女装陸戰隊34米[P]パラマウント[D]ヘンリー・ハサウェイ[C]リチャード・アーレン／かたみの傑作33米[P]MGM[D]サム・ウッド[C]マリー・ドレスラー／朝日世界ニュース 第四〇輯 ▼12・12（19：15）［有料試写会］ベビイお目見得34米[P]FOX[D]ハリー・ラクマン[C]シャーリー・テンプル▼12・13‐影を慕ひて33米[P]MGM[D]ジョージ・B・サイツ[C]オットー・クルーガー／ハリウッド征服34米[P]FOX[D]デヴィッド・バトラー[C]スペンサー・トレイシー／朝日世界ニュース 第四一輯 ▼12・20‐ロイドの大勝利34米[P]FOX[D]サム・テイラー[C]ハロルド・ロイド／冬季スポーツ祭 ソ連[F]日蘇商会／漫画＝河豚とペンギン[F]ユナイト（極彩色漫画、シリー・シンフォニー）、鼠の會議は踊る[F]FOX、パパになったミツキイ[F]ユナイト／朝日世界ニュース 第四二輯 ▼12・25‐ベビイお目見得（通常興行）／ロイドの大勝利（続映）／朝日世界ニュース 第四三輯

【1935年（昭和10年）】

▼1・1‐キートンの頓馬同盟34米[P]エデュケーショナルフィルム[D]チャールス・ラモント[C]バスター・キートン（短編）／ロイドの大勝利（続映）／世界大海軍[P]FOX（実写）／パパになったミツキー（漫画）／朝日世界ニュース 第四四輯 ▼1・7‐ベビイお目見得（再映）／ロイドの大勝利（続映）／朝日世界ニュース 第四五輯 ▼1・10‐ベビイお目見得（続映）／ロイドの大勝利（続映）／朝日世界ニュース 第四六輯 ▼1・13‐彼女の奥の手33米[F]パラマウント[P]コロムビア[D]エドワード・クライン[C]メイ・クラーク／百万人の合唱35 [P]JOスタヂオ、日本ビクター[D]富岡敦雄[C]夏川静江／今月の東寶劇場（実写）／朝日世界ニュース 第四六輯 ▼1・24‐これぞ幸運（別題＝からくり競馬大会）34米[P]FOX[D]ジェームス・ティンリング[C]パット・ペイターソン／俺は水兵35 [P]JOスタヂオ[D]永富映次郎[C]柳家金語楼／今月の東寶劇場（実写）／朝日世界ニュース 第四八輯 ▼1・31‐久遠の誓ひ34米[P]パラマウント[D]ヘン

リー・ハサウェイ🄲ゲイリー・クーパー／実写＝冬の日本、楠公史蹟、東寶名人會／漫画＝ミツキーの坊やが盗まれた、春の女神（シリー・シンフォニー）／朝日世界ニュース 第四九輯▼2・7・絹の泥靴35🄿PCL🄳矢倉茂雄🄲千葉早智子／久遠の誓ひ（続映）／嚴冬の白頭山征服（記録映画）／朝日世界ニュース 第五〇輯▼2・14・かぼちゃ太夫34米🄿パラマウント🄳ウィリアム・ボーディン🄲W・C・フィールズ／猫と提琴《ヴァイオリン》34米🄿MGM🄳ウィリアム・K・ハワード🄲ラモン・ナヴァロ／今月の東寶劇場 第二輯／朝日世界ニュース 第五一輯▼2・21・私と女王様33独🄵東和商事🄿ウーファ🄳フリードリッヒ・ホレンダー🄲リリアン・ハーヴェイ／水兵萬歳34米🄿FOX🄳ジョージ・マーシャル🄲リュー・エアーズ／今月の東寶劇場 第二輯（続映）／朝日世界ニュース 第五二輯▼2・28・白衣の騎士34米🄿MGM🄳リチャード・ボレスラウスキー🄲クラーク・ゲーブル／私と女王様（続映）／東寶名人會 第二輯／朝日世界ニュース 第五三輯▼3・7・花嫁は泣きました34米🄿パラマウント🄳エドワード・セジウィック🄲ジャック・ヘイリー／國定忠治35🄿日活🄳山中貞雄🄲大河内傳次郎／躍進三十年🄿朝日映画社 指導：松井眞二（陸軍記念日映画）／東寶名人會 第二輯（続映）／朝日世界ニュース 第五四輯▼3・14・世界は動く34米🄿FOX🄳ジョン・フォード🄲マデリーン・キャロル／利根の川霧35🄵日本映画配給社🄿千惠蔵プロ🄳稲垣浩🄲片岡千惠蔵／東寶日記 第二輯／朝日世界ニュース 第五五輯▼3・20（19：00）［有料試写会］アラン34英🄵東和商事🄿ゴーモン・ブリティッシュ🄳ロバート・フラハティ🄲コルマン・キング▼3・21・女優と詩人35 F東宝🄿PCL🄳成瀬巳喜男🄲夏目初子／明日なき抱擁34米🄿パラマウント🄳ミッチェル・ライゼン🄲フレドリック・マーチ／朝日世界ニュース 第五六輯／実演『三遊亭金馬特別口演』▼3・28・アラン（通常興行）／モード巴里32独🄵東和商事🄿ウーファ🄳フランツ・ウェンツラー🄲レナーテ・ミュラー／アメリカン・フットボール／朝日世界ニュース▼4・4・颱風34米🄿MGM🄳エドマンド・グールディング🄲ノーマ・シアラー／アラン（続映）／朝日世界ニュース▼4・11・南國の河唄34米🄿MGM🄳ジョージ・B・サイツ🄲ジーン・パーカー／黒鯨亭33米🄵東和商事🄿リトン🄳フリッツ・ヴェンドハウゼン🄲エミール・ヤニングス／朝日世界ニュース▼4・18・紐育の口笛34米🄿FOX🄳ジョン・G・ブリストーン🄲ジャネット・ゲイナー／黒鯨亭（続映）／朝日世界ニュース▼4・25・お嬢様お耳拝借34米🄿パラマウント🄳フランク・タトル🄲ケイリー・グラント／黒鯨亭（続映）／朝日世界ニュース▼5・1・最初の接吻34米🄿ワーナー🄳アーチ・メイヨ🄲ジーン・ミューア／彼女は僕を愛さない34米🄿パラマウント🄳エリオット・ニュージェント🄲ミリアム・ホプキンス／朝日世界ニュース▼5・11・情熱なき犯罪34米🄿パラマウント🄳ベン・ヘクト、チャールズ・マッカーサー🄲クロード・レインズ／サラリーマン34米🄿MGM🄳チャールズ・F・ライズナー🄲スペンサー・トレイシー／少年幌馬車🄿コロムビア／東日トーキーニュース▼5・13（19：30）［有料試写会］春のパレイド34米🄿ユニヴァーサル🄳ゲザ・フォン・ボルヴァリー🄲フランチェスカ・ガール▼5・18・野に咲く金色の花34米🄿FOX🄳ジョージ・マーシャル🄲ジョン・ボールズ／情熱なき犯罪（続映）▼5・20（19：30）［有料試写会］泉34米🄿RKO🄳ジョン・クロムウェル🄲アン・ハーディング／カビーのラヂオ放送／朝日世界ニュース▼5・21・海を嫌ふ船長34米🄿コロムビア🄳ルイス・マイルストン🄲ヴィクター・マクラグレン／野に咲く金色の花（続映）／朝日世界ニュース▼5・26・大陸非常線34米🄿MGM🄳リチャード・ボレスラウスキー🄲ロバート・モンゴメリー／海を嫌ふ船長（続映）／朝日世界ニュース▼6・1・放浪記35🄿PCL🄳木村荘十二🄲夏川静江／生活と恋愛34米🄵ワーナー🄿ファーストナショナル🄳アルフレッド・E・グリーン🄲フランチョット・トーン／チョコレート（実写）／朝日世界ニュース▼6・11・世界一の金持娘34米🄿RKO🄳ウィリアム・A・サイター🄲ミリアム・ホプキンス／恋のセレナーデ34米🄿FOX🄳ジェームス・ティンリング🄲パット・パターソン／チョコレート（続映）／朝日世界ニュース▼6・21・僕は藝人34米🄿パラマウント🄳アルフレッド・ワーカー🄲リー・トレイシー／パーロの嫁取り33デンマーク🄵東和商事🄳フリードリッヒ・ダルスハイム🄲（グリーンランドのイヌイット）／クカラチャ34米🄵RKO🄿パイオニア・ピクチャース🄳ロイド・コリガン🄲ステフィ・デュナ（短編）▼7・1・彼女の家出34米🄿FOX🄳フランク・ロイド🄲ジャネット・ゲイナー／泉（通常興行）／漫画＝バデイの運轉手🄵ワーナー、水上競技會🄵ワーナー、ミツキーの二丁拳銃🄵ユナイト／朝日世界ニュース▼

7・11・曲藝團34米[F]ユナイト[P]20世紀映画[D]ウォルター・ラング[C]ウォーレス・ビアリー／陽氣な連中35ソ連[F]三映社[P]モスクワ・キノコンビナート[D]G・V・アレキサンドロフ[C]レオニード・ウチョーソフ／バデイのサーカス（漫画）／朝日世界ニュース▼7・21・国境の狼群34米[P]パラマウント[D]ヘンリー・ハサウェイ[C]ランドルフ・スコット／［納涼漫画大会］実写＝樺太の旅 夏の巻、大鮫狩り、漫画＝お化け屋敷、ミツキーのガソリンボーイ、正直靴屋、ミツキーとカンガルー、仔猫の武勇傳（シリー・シンフォニー）、世界音楽行脚 密林の國／フォックスニュース／朝日世界ニュース▼8・1・ロバータ35米[P]RKO[D]ウィリアム・A・サイター[C]フレッド・アステア、ジンジャー・ロジャース／嫌疑者34米[P]パラマウント[D]ラルフ・マーフィー[C]ザス・ピッツ／鯨群を追ふて[F]朝日新聞社／今様夢の浦島（漫画）／朝日世界ニュース▼8・11・客間の燭台33米[P]ユニヴァーサル[D]ジェームス・ホエール[C]エリッサ・ランディ／わが胸は高鳴る34米[P]パラマウント[D]フランク・タトル[C]ビング・クロスビー／パアヂャロ[P]PCL編集：松崎啓次（記録映画）／朝日世界ニュース▼8・15・舞台に立つ妻34米[P]パラマウント[D]ラルフ・マーフィー[C]エリッサ・ランディ／わが胸は高鳴る（続映）／朝日世界ニュース▼8・21・輝ける百合35米[P]パラマウント[D]ウェズリー・ラッグルス[C]クローデット・コルベール／今宵も樂しく35米[P]コロムビア[D]ヴィクター・シャーツィンガー[C]リリアン・ハーヴェイ▼9・1・カレッヂ・リズム34米[P]パラマウント[D]ノーマン・タウログ[C]ジョー・ベナー／俺は善人だ35米[P]コロムビア[D]ジョン・フォード[C]エドワード・G・ロビンソン▼9・11・虚榮の市35米[P]RKO[D]ルーベン・マムーリアン[C]ミリアム・ホプキンス／ロマンスの街35米[P]RKO[D]スティーヴン・ロバーツ[C]フランシス・レデラー▼9・18・深夜の星35米[P]RKO[D]スティーヴン・ロバーツ[C]ウィリアム・パウエル／虚榮の市（続映）▼9・25・あらし34ポーランド[F]千鳥興業[D]ユリウス・ガルダン[C]ヤーツィア・アンドルゼイエウスカ／霧に立つ影34米[F]ユナイト[P]20世紀映画[D]ロイ・デル・ルース[C]ロナルド・コールマン▼10・2・Gメン35米[F]ワーナー[P]ファーストナショナル[D]ウィリアム・ケイリー[C]ジェームス・キャグニー／泣き笑ひ千法札34仏[F]三映社[P]フォレステル・パラン[D]マルク・ディディエ、ジャック・フォレステル[C]ピエール・アルコヴェー▼10・9・聖林三百六十五夜話（ハリウッドデカメロン）34米[P]FOX[D]ジョージ・マーシャル[C]アリス・フェイ／野いばら34米[P]RKO[D]ジョン・クロムウェル[C]キャサリン・ヘップバーン▼10・16・歌の翼35米[P]コロムビア[D]ヴィクター・シャーツィンガー[C]グレース・ムーア／必勝の鍵[F]パラマウント（スポーツ短編）／ベテイとグランピー／ポパイの潜水屋／お菓子祭り（シリー・シンフォニー）／東宝日記 マリオネット／朝日世界ニュース▼10・23・吾が妻を見よ35米[P]パラマウント[D]ミッチェル・ライゼン[C]シルヴィア・シドニー／歌の翼（続映）▼10・30・白い友情34米[P]パラマウント[D]グレゴリー・ラ・カヴァ[C]クローデット・コルベール／西班牙狂想曲35米[P]パラマウント[D]ジョセフ・フォン・スタンバーグ[C]マレーネ・ディートリッヒ▼11・13・羽の生えた唄34英[F]ユナイト[P]ブリティッシュ・アンド・ドミニオンズ[D]ジャック・ブキャナン[C]ジャック・ブキャナン／逃げちゃ嫌よ35英[F]ユナイト[P]ブリティッシュ・アンド・ドミニオンズ[D]パウル・ツィンナー[C]エリザベート・ベルクナー／朝日世界ニュース▼11・20・フランダースの犬35米[P]RKO[D]エドワード・スローマン[C]フランキー・トーマス／三陸沿岸（実写）／漫画＝バデイの歯醫者、ポパイの蹴球選手、蓮池の赤ん坊、ベテイの日本訪問、カルメン（影絵）、生命の悦び（映画詩）／白夜 豫告編▼11・27・社長は奥様がお好き35米[P]コロムビア[D]グレゴリー・ラ・カヴァ[C]クローデット・コルベール／白夜35ソ連[F]三映社[P]モスクワ・キノコンビナート[D]グレゴーリ・ロッシャーリ、ヴェラ・ストローエワ[C]P・ドヴロンラウオルフ▼12・4・生きてゐるモレア35米[P]パラマウント[D]ベン・ヘクト、チャールス・マッカーサー[C]ノエル・カワード／モロッコ30米[P]パラマウント[D]ジョセフ・フォン・スタンバーグ[C]ゲイリー・クーパー／朝日世界ニュース▼12・11・旅鴉子供連れ34米[P]RKO[D]ジョージ・スティーヴンス[C]バート・ウィーラー／春の夜明け34米[F]ワーナー[P]ファーストナショナル[D]マーヴィン・ルロイ[C]ディック・パウエル▼12・18・八點鐘35米[P]コロムビア[D]ロイ・ウィリアム・ニール[C]アン・サザーン／ミシシッピ35米[P]パラマウント[D]エドワード・サザーランド[C]ビング・クロスビー／朝日世界ニュース▼12・24・タムタム姫35仏[F]三映社[P]アリス[D]エドモン・T・グレヴィル[C]ジョセフィン・ベーカー／さらば海軍兵學校35米[P]パラマウント[D]

アレクサンダー・ホール[C]サー・ガイ・スタンディング▼12・31・最後の駐屯兵35米[P]パラマウント[D]ルイ・ガスニエ、チャールズ・バートン[C]ケイリー・グラント／第二回バード少將南極探検35米[P]パラマウント[D]ダリオ・ファラーラ（記録映画）

【1936年（昭和11年）】

▼1・7・白き王者32独[F]PCL[P]バワリア[D]アントン・クッター[C]ヘルタ・ティーレ／エノケンのどんぐり頓兵衛35[P]PCL[D]山本嘉次郎[C]榎本健一▼1・14・男子牽制35米[P]MGM[D]エドワード・H・グリフィス[C]ジョーン・クロフォード／僕は軍人35米[P]ワーナー[D]D・ロス・レダーマン、ハワード・ブレザートン[C]ジャッキー・クーパー／スキーの妙技／ウインナの森の話（極彩色漫画）▼1・21・ギャングの花嫁34米[P]MGM[D]ジャック・コンウェイ[C]キャロル・ロンバード／ピストルと音樂35米[P]パラマウント[D]アルフレッド・ワーカー[C]ジョージ・ラフト／歌劇 カルメン▼1・28・上海35米[P]パラマウント[D]ジェームス・フラッド[C]ロレッタ・ヤング／巴里《バリー》は夜もすがら35米[P]パラマウント[D]ルイス・マイルストン[C]メアリー・エリス／朝日世界ニュース▼2・4・支那ランプの石油35米[P]ワーナー[D]マーヴィン・ルロイ[C]パット・オブライエン／迷優ナポレオン35米[P]コロムビア[D]エドワード・バゼル[C]アン・サザーン▼2・11・無軌道行進曲35米[P]MGM[D]ヴィクター・フレミング[C]ジーン・ハーロウ／１９３６年の大放送35米[P]パラマウント[D]ノーマン・タウログ[C]ジャック・オーキー▼2・19・街で拾つた女34米[P]コロムビア[D]デヴィッド・バートン[C]キャロル・ロンバード／罪と罰35米[P]コロムビア[D]ジョセフ・フォン・スタンバーグ[C]ペーター・ローレ▼2・26・雪山の騎士30仏[F]東和商事[P]ヴァンダル・デュラック[D]マリオ・ボンナルド[C]ルイス・トレンカー／歡樂の女王35米[P]MGM[D]ジョージ・B・サイツ[C]ロバート・テイラー／盗まれた心臓（影絵）▼［※「東宝五十年史」に〝二・二六事件勃発、諸興行は二十六日から二十八日まで三日間休場〟とある」▼3・4・眞夏の夜の夢35米[P]ワーナー[D]ウィリアム・ディターレ、マックス・ラインハルト[C]ジェームス・キャグニー▼3・11・モダン騎士道35米[P]コロムビア[D]ティー・ガーネット[C]ジョージ・ラフト／晩春35米[P]MGM[D]エドマンド・グールディング[C]アン・ハーディング▼3・18・ラヴ・パレード29米[P]パラマウント[D]エルンスト・ルビッチ[C]モーリス・シュヴァリエ／永遠《とは》に愛せよ35米[P]パラマウント[D]ヘンリー・ハサウェイ[C]ゲイリー・クーパー▼3・25・ロイドの牛乳屋36米[P]パラマウント[D]レオ・マッケリー[C]ハロルド・ロイド／キートンの野球大當り35米[F]FOX[D]チャールズ・ラモント[C]バスター・キートン（短編）／お化け退治（極彩色漫画）▼4・1・セロ彈く乙女34独[F]PCL[P]ファナール[D]エリッヒ・ワシュネック[C]レオ・スレザーク／春を手さぐる35米[P]パラマウント[D]ミッチェル・ライゼン[C]キャロル・ロンバード▼4・8・鋪道の殺人35米[P]MGM[D]ティム・ウィーラン[C]スペンサー・トレイシー／人生は四《や》十二《く》から35米[P]パラマウント[D]レオ・マッケリー[C]チャールズ・ロートン▼4・15・夢の並木路35米[P]コロムビア[D]ウィリアム・A・サイター[C]ハーバート・マーシャル／愛と光35米[P]ユニヴァーサル[D]ジョン・M・スタール[C]アイリーン・ダン／朝日世界ニュース▼4・22・夜毎八時に35米[P]パラマウント[D]ラオール・ウォルシュ[C]ジョージ・ラフト／花嫁の感情35米[P]パラマウント[D]ウェズリー・ラッグルス[C]クローデット・コルベール▼4・25（21：30）［有料試写会］恋の歌35米[P]RKO[D]ジョン・クロムウェル[C]リリー・ポンス／ダンス実演：名和双葉、萩野美代子▼4・29・ある女の一生34米[P]RKO[D]アルフレッド・サンテル[C]アン・ハーディング／恋の歌（通常興行）▼5・6・かぼちゃ大当り34米[P]パラマウント[D]ノーマン・Z・マクロード[C]W・C・フィールズ／小さい親分35米[P]ワーナー[D]マイケル・カーティス[C]シビル・ジェーソン／東寶名人會 第三輯／極彩色漫画＝ボンボンパレード、家鴨親爺の遠足騒ぎ、開拓爺さん▼5・13・海は桃色36米[P]パラマウント[D]ルイス・マイルストン[C]ビング・クロスビー／薔薇はなぜ紅い35米[P]パラマウント[D]キング・ヴィダー[C]マーガレット・サラヴァン／朝日世界ニュース▼5・20・青春争覇戦34米[P]MGM[D]チャールズ・F・ライズナー[C]ジミー・デュランテ／恋のナポリ36米[P]パラマウント[D]アレクサンダー・ホール[C]ヤン・キープラ／歌劇 リゴレット▼5・27・スヰート・ミュージック35米[P]ワーナー[D]アルフレッド・E・グリーン[C]ルディ・ヴァレー／生活への道35米[F]ユナイト[P]サミュエル・ゴールドウィン[D]エリオット・ニュージェント[C]ミリアム・ホプキンス▼6・3・女學生大行進36米[P]パラマウント[D]ラルフ・マーフィー[C]ジョー・ペナー／眞珠の頸飾36米[P]パラマウント[D]

フランク・ボーゼージ[C]マレーネ・ディートリッヒ▼6・10・青春の溜息35米[P]パラマウント[D]ウェズリー・ラッグルス[C]シルヴィア・シドニー／眞珠の頸飾（続映）▼6・17・愛の彈丸35米[P]RKO[D]ジョージ・スティーヴンス[C]バーバラ・スタンウィック／本人出現35米[P]RKO[D]ウィリアム・A・サイター[C]ジンジャー・ロジャース▼6・23（19：00）［有料試写会］艦隊を追つて36米[P]RKO[D]マーク・サンドリッチ[C]フレッド・アステア、ジンジャー・ロジャース▼6・24・片道切符35米[P]コロムビア[D]ハーバート・J・ビーバーマン[C]ロイド・ノーラン／アメリカの恐怖36米[P]パラマウント[D]ラオール・ウォルシュ[C]ケイリー・グラント▼7・1・忘れじの歌35米[P]ユナイト[D]デヴィッド・バートン[C]ジョセフィン・ハッチンスン／青春の抗議36米[P]ワーナー[D]アルフレッド・E・グリーン[C]ベティ・デイヴィス▼7・8・青春万歳35米[P]RKO[D]ウォルター・ラング[C]アン・サザーン／空飛ぶ音樂34米[P]FOX[D]ヨーエ・マイ[C]グロリア・スワンソン▼7・15・ギャングの家35米[P]ワーナー[D]ウィリアム・ディターレ[C]ポール・ムニ／黄金36米[P]ユニヴァーサル[D]ジェームズ・クルーズ[C]エドワード・アーノルド▼7・22・少年ドン・キホーテ36米[P]パラマウント[D]チャールズ・バートン[C]ディッキー・ムーア／蒼空一萬哩36米[P]パラマウント[D]オソー・ラヴァリング[C]ジミー・アレン／翼の選手（学術短編）／漫画＝夢は正夢、ポパイの友愛双紙、ベテイのあわてもの／朝日世界ニュース▼7・29・南瓜サラリーマン35米[P]パラマウント[D]クライド・ブラックマン[C]W・C・フィールズ／惡魔の空襲36米[P]コロムビア[D]アール・C・ケントン[C]リチャード・ディックス／ハーモニカは唄ふ 独（短編）／譽れのチンピラ選手[P]コロムビア（彩色漫画）▼8・5・森の勇者35米[P]RKO[D]エドワード・キリー[C]トム・ブラウン／處女散歩36米[P]ユニヴァーサル[D]ウォルター・ラング[C]キャロル・ロンバード／ルイス対シュメリング36米[P]RKO（ボクシング試合の記録映画）／オリムピック速報ニュース▼8・12・人生の行路33米[F]RKO[P]パンドロ・S・バーマン・プロ[D]ジョン・S・ロバートソン[C]ライオネル・バリモア／空中非常線36米[P]パラマウント[D]オッソ・ラヴァリング[C]フランセス・ファーマー／奇蹟の五ツ兒 米[P]RKO（実写）／オリムピックニュース／大朝東朝ニュース▼8・19・母の素顔35米[F]ワーナー[P]ファーストナショナル[D]マーヴィン・ルロイ[C]ケイ・フランシス／カリアンテ35米[F]ワーナー[P]ファーストナショナル[D]ロイド・ベーコン[C]ドロレス・デル・リオ／チューリンゲンの硝子工業（短編）／オリムピックニュース 陸上競技実況▼8・26・月は我が家36米[P]パラマウント[D]ウィリアム・A・サイター[C]マーガレット・サラヴァン／再び逢ふ日36米[P]パラマウント[D]ロバート・フローレイ[C]ガートルード・マイケル／オリムピックニュース 水上競技実況▼9・2・眞夏の夜の夢（再映）／聯隊の娘36米[P]ワーナー[D]ボビー・コノリー[C]シビル・ジェーソン（短編）／オランダ人形（極彩色漫画）／オリムピックニュース▼9・9・男装35米[P]RKO[D]ジョージ・キューカー[C]キャサリン・ヘップバーン／一對二36米[P]RKO[D]スティーヴン・ロバーツ[C]ウィリアム・パウエル／パラマウントニュース 日本語版第四報／朝日世界ニュース▼9・16・ロジタ36米[P]パラマウント[D]マリオン・ゲーリング[C]ジョン・ボールズ／忘れられた顔36米[P]パラマウント[D]E・A・デュポン[C]ハーバート・マーシャル▼9・23・ヴァリエテ36独、仏[F]東宝[P]バヴァリア、ヴァンドール[D]ニコラス・ファルカシュ[C]ハンス・アルバース／姫君海を渡る36米[P]パラマウント[D]ウィリアム・K・ハワード[C]キャロル・ロンバード▼9・30・コリーン36米[P]ワーナー[D]アルフレッド・E・グリーン[C]ディック・パウエル／化石の森36米[P]ワーナー[D]アーチ・L・メイヨ[C]レスリー・ハワード／パラマウントニュース／朝日世界ニュース▼10・7・寶石と女賊36米[P]パラマウント[D]ジョージ・アーチェンボード[C]ガートルード・マイケル／愛情無限36米[P]RKO[D]スティーヴン・ロバーツ[C]アン・ハーディング▼10・14・放送豪華版35米[P]パラマウント[D]レオ・マッケリー[C]ジョン・ハワード／テキサス決死隊36米[P]パラマウント[D]キング・ヴィダー[C]フレッド・マクマレイ▼10・21・南瓜おやぢ36米[P]パラマウント[D]A・エドワード・サザーランド[C]W・C・フィールズ／テキサス決死隊（続映）▼10・27・舗道の青春36米[P]コロムビア[D]アルフレッド・E・グリーン[C]フェイ・レイ／科學者の道36米[F]ワーナー[P]ファーストナショナル[D]ウィリアム・ディターレ[C]ポール・ムニ▼11・3・我家の誇り34米[P]ユニヴァーサル[D]エドワード・スローマン[C]フランク・モーガン／シヨウボート36米[P]ユニヴァーサル[D]ジェームズ・ホエール[C]アイリーン・ダン▼11・10・マンハッタン夜話36米[P]コロムビア

🄳エドワード・ルドウィッグ🄲ジーン・アーサー／艦褸《つゞれ》と宝石36米🄿ユニヴァーサル🄳グレゴリー・ラ・カヴァ🄲ウィリアム・パウエル▼11・17（21：30）［有料試写会］踊る海賊36米🄿RKO🄳ロイド・コリガン🄲チャールズ・コリンズ▼11・18‐若き日34仏🄵PCL🄿エポック🄳ジョルジュ・ラコンブ🄲リゼット・ランヴァン／白衣の天使36米🄿ワーナー🄳ウィリアム・ディターレ🄲ケイ・フランシス▼11・25‐浪費者36米🄿パラマウント🄳ラオール・ウォルシュ🄲ヘンリー・フォンダ／樂天伯爵36米🄿パラマウント🄳ハロルド・ヤング🄲フランシス・レデラー▼12・2‐親分はお人好し36米🄿パラマウント🄳アレキサンダー・ホール🄲ジョージ・ラフト／結婚設計圖36米🄿ユニヴァーサル🄳エドワード・H・グリフィス🄲マーガレット・サラヴァン／パラマウントニュース／朝日世界ニュース▼12・9‐彼女の戰術33米🄵RKO🄿RKO🄳ウィリアム・A・サイター🄲ジンジャー・ロジャース／クレイグの妻36米🄿コロムビア🄳ドロシー・アーズナー🄲ロザリンド・ラッセル／銀界の亂舞（スキー映画）🄳アーノルド・ファンク▼12・16‐火の鳥34米🄿ワーナー🄳ウィリアム・ディターレ🄲ヴェリー・ティーズデール／ペーア・ギント34独🄵東宝🄿バヴァリア🄳フリッツ・ヴェンドハウゼン🄲ハンス・アルバース▼12・23‐12・29［名画祭］＝▼12・23ベンガルの槍騎兵35米🄿パラマウント🄳ヘンリー・ハサウェイ🄲ゲイリー・クーパー／或る夜の出來事34米🄿コロムビア🄳フランク・キャプラ🄲クラーク・ゲーブル▼12・24トップ・ハット35米🄿RKO🄳マーク・サンドリッチ🄲フレッド・アステア、ジンジャー・ロジャース／商船テナシチー34仏🄵東和商事🄿ヴァンダル・デュラック🄳ジュリアン・デュヴィヴィエ🄲アルベール・プレジャン▼12・25眞珠の頸飾り36米🄿パラマウント🄳フランク・ボーゼージ🄲マレーネ・ディートリッヒ／たそがれの維納34墺🄵東和商事🄿サッシャ・トビス🄳ヴィリ・フォルスト🄲アドルフ・ウォールブリュック▼12・26オペラ・ハット36米🄿コロムビア🄳フランク・キャプラ🄲ゲイリー・クーパー／地の果てを行く35仏🄵東和商事🄿SNC🄳ジュリアン・デュヴィヴィエ🄲アナベラ▼12・27Gメン35米🄿ファーストナショナル🄳ウィリアム・ケイリー🄲ジェームス・キャグニー／支那海35米🄿MGM🄳ティー・ガーネット🄲クラーク・ゲーブル▼12・28會議は踊る31独🄵東和商事🄿ウーファ🄳エリック・シャレル🄲リリアン・ハーヴェイ／未完成交響樂33墺🄵東和商事🄿ツィネ・アリアンツ🄳ヴィリ・フォルスト🄲ハンス・ヤーライ▼12・29生活の設計33米🄿パラマウント🄳エルンスト・ルビッチ🄲フレドリック・マーチ／幽靈西へ行く35英🄿ロンドンフィルム🄳ルネ・クレール🄲ロバート・ドーナット▼12・30‐有頂天時代《スヰングタイム》36米🄿RKO🄳ジョージ・スティーヴンス🄲フレッド・アステア、ジンジャー・ロジャース／豪傑ポパイの船乗りシンドバッド36米🄵パラマウント🄿フライシャー・スタジオ🄳デイヴ・フライシャー（彩色漫画）／家鴨の鉛管屋（彩色漫画）

【1937年（昭和12年）】

▼1・6‐愉快なリズム36米🄿パラマウント🄳ノーマン・タウログ🄲ビング・クロスビー／ジャングルの女王36米🄿パラマウント🄳ヴィルヘルム・ティーレ🄲ドロシー・ラムーア／パラマウントニュース／朝日世界ニュース▼1・13‐花嫁凱旋36米🄿コロムビア🄳リチャード・ボレスラウスキー🄲アイリーン・ダン／一九三七年の大放送36米🄿パラマウント🄳ミッチェル・ライゼン🄲ジャック・ベニー▼1・20‐幸福は空から36米🄿ユニヴァーサル🄳アルフレッド・E・グリーン🄲ジョーン・ベネット／シャムパン・ワルツ36米🄿パラマウント🄳エドワード・サザーランド🄲グラディス・スウォザウト▼1・27‐空中散歩36米🄿RKO🄳ジョセフ・サントリー🄲アン・サザーン／黄金の雨36米🄿コロムビア🄳ノーマン・Z・マクロード🄲ビング・クロスビー▼2・3‐結婚の贈物36米🄿パラマウント🄳リチャード・ウォーレス🄲ケイリー・グラント／息子の顔36米🄿パラマウント🄳E・A・デュポン🄲メアリー・ボーランド▼2・10‐彼氏と女秘書36米🄿コロムビア🄳アルフレッド・E・グリーン🄲ジーン・アーサー／女性の反逆36米🄿RKO🄳マーク・サンドリッチ🄲キャサリン・ヘップバーン▼2・17‐日かげの花（別題＝街の花嫁）35米🄵ワーナー🄿ファーストナショナル🄳アルフレッド・E・グリーン🄲ベティ・デイヴィス／風雲児アドヴァース36米🄿ワーナー🄳マーヴィン・ルロイ🄲フレドリック・マーチ／パラマウントニュース／朝日世界ニュース▼2・24‐令嬢見學36米🄿ユニヴァーサル🄳エドワード・バゼル🄲ジェーン・ワイヤット／巴里の唄34仏🄵PCL🄿FAF🄳ジャック・ド・バロンセリ🄲ジョルジュ・テイル／パラマウント創立廿五周年記念陽春六大作の優秀場面集▼3・3‐ハリウッド大通り36米🄿パラマウント🄳ロバート・フローレイ🄲ジョ

ン・ハリデイ／平原兒37米🄿パラマウント🄳セシル・B・デミル🄲ゲイリー・クーパー▼3・6（9：30）［有料試写会］目撃者36米🄿RKO🄳アルフレッド・サンテル🄲バージェス・メレディス▼3・10-ローズ・ボール36米🄿パラマウント🄳チャールズ・バートン🄲エリノア・ウィットニー／平原兒（続映）／パラマウント廿五年史▼3・17-踊る三十七年36米🄵ワーナー🄿ファーストナショナル🄳ロイド・ベーコン🄲ディック・パウエル／世界の歌姫37米🄿RKO🄳リリー・ジェースン🄲リリー・ポンス／パラマウントニュース／朝日世界ニュース▼3・24-限りなき旅36米🄿ワーナー🄳ティー・ガーネット🄲ウィリアム・パウエル／目撃者（通常興行）▼4・1-結婚劇場36米🄿ユニヴァーサル🄳ラルフ・マーフィー🄲ドリス・ノーラン／進め龍騎兵36米🄿ワーナー🄳マイケル・カーティス🄲エロール・フリン▼4・7-修學旅行32チェコ🄵東宝🄳スヴァトプルク・インネマン、ヴラヂスラフ・ヴァンチュラ🄲インジフ・プラフタ／天使の花園36米🄿ユニヴァーサル🄳ヘンリー・コスター🄲ディアナ・ダービン▼4・14-春の流れ34墺🄵東宝🄳グスタフ・マハティ🄲マリア・レイ／間奏樂37米🄿コロムビア🄳ロバート・リスキン🄲グレース・ムーア▼4・21-彼女の男34米🄿ワーナー🄳ロイド・ベーコン🄲ジェームス・キャグニー／綠の灯36米🄵ワーナー🄿コスモポリタン、ファーストナショナル🄳フランク・ボーゼージ🄲エロール・フリン／キャメラで描く世界廿五年史🄵RKO（記録映画）／パラマウントニュース／朝日世界ニュース▼4・28-失はれた地平線37米🄿コロムビア🄳フランク・キャプラ🄲ロナルド・コールマン／脱線迷探偵（短編喜劇）／骸骨の踊り（極彩色漫画）▼5・5-闇夜の颱風37米🄿コロムビア🄳D・ロス・レダーマン🄲チェスター・モリス／失はれた地平線（続映）▼5・12-麗人遁走曲36米🄿パラマウント🄳ジョージ・アーチェンボード🄲マーサ・レイ／セイルムの娘37米🄿パラマウント🄳フランク・ロイド🄲クローデット・コルベール／Gメンの行動🄵ユニヴァーサル▼5・19-武侠少年37米🄵ワーナー🄿ファーストナショナル🄳ウィリアム・マクガン🄲ビリー・モウチ／地に潜るギャング37米🄿コロムビア🄳C・C・コールマン・ジュニア🄲ポール・ケリー／封切漫画＝ミッキーの化學博士、家鴨の伊達男、ポパイの彫刻家、ベテイのお掃除▼5・26-花嫁の秘密36米🄿RKO🄳レイ・ジェイスン🄲バーバラ・スタンウィック／海の巨人37米🄿RKO🄳ベン・ストロフ🄲ヴィクター・マクラグレン／朝日世界ニュース（ヒンデンブルグ號爆破實況、神風號東京凱旋實況、神風號東京より倫敦着まで）▼6・2-夜霧の怪盜37米🄿パラマウント🄳ジェームズ・P・ホーガン🄲レイ・ミランド／札つき女37米🄵ワーナー🄿ファーストナショナル🄳ロイド・ベーコン🄲ベティ・デイヴィス／英帝戴冠式實況▼6・9-結婚氣象台37米🄿コロムビア🄳アルフレッド・E・グリーン🄲アイダ・ルピノ／明朗色時代37米🄿ユニヴァーサル🄳ラルフ・マーフィー🄲ドリス・ノーラン▼6・16-青春ホテル36米🄿パラマウント🄳フランク・タトル🄲ジャック・ベニー／スヰング37米🄿パラマウント🄳ミッチェル・ライゼン🄲キャロル・ロンバード▼6・23-男の純情32米🄿ワーナー🄳ウィリアム・ディターレ🄲ジョーン・ブロンデル／情熱への反抗36米🄿パラマウント🄳ウェズリー・ラッグルス🄲グラディス・ジョージ／パラマウントニュース（ケンタッキーダービー他）／朝日世界ニュース（イタリー艦隊の大デモンストレーション）▼6・30-町一番のちやつかり娘36米🄿RKO🄳ジョセフ・サントリー🄲アン・サザーン／僞裝の女37米🄿RKO🄳ジョージ・スティーヴンス🄲キャサリン・ヘップバーン／無軌道仔猫／観光ニュース▼7・7-スタア行進曲37米🄿ユニヴァーサル🄳ハル・モーア🄲ヴァージニア・ブルース／流行の女王37米🄵ワーナー🄿ファーストナショナル🄳マイケル・カーティス🄲ケイ・フランシス／水底の女學生▼7・14-ブラウンの誕生日37米🄿RKO🄳ハリー・ボーモン🄲ジョー・E・ブラウン／紐育の顔役37米🄿パラマウント🄳アルフレッド・サンテル🄲ジョエル・マクリー▼7・21-オペラ・ハット36米🄿コロムビア🄳フランク・キャプラ🄲ゲイリー・クーパー／或る夜の出來事34米🄿コロムビア🄳フランク・キャプラ🄲クラーク・ゲーブル▼7・28-夜の鍵37米🄿ユニヴァーサル🄳ロイド・コリガン🄲ボリス・カーロフ／犯罪王37米🄿パラマウント🄳ロバート・フローリー🄲クレア・トレヴァー▼8・4-命を賭ける男37米🄿パラマウント🄳エドワード・ルドウィック🄲ゲイル・パトリック／ワイキキの結婚37米🄿パラマウント🄳フランク・タトル🄲ビング・クロスビー／朝日世界ニュース（北支事變特報）▼8・11-狙撃兵32ソ連🄵日蘇商会🄿ソユーズ・フィルム🄳セミョン・ティモシェンコ🄲ボリス・シュクリクティング／霧笛《きりぶえ》34仏🄵東宝🄿マントール🄳ディミトリ・キルサノフ🄲ディタ・パルロ／ソ聯機北極探検第一報／敵機来りなば／朝日ニュース 北支事變特報▼8・18・ボビーの初舞台36米🄿RKO🄳カート・ニューマン🄲ボビー・ブリーン／倒れるまで37米🄿ワーナー🄳マイケル・カーティス🄲エドワード・G・ロビンソン／朝日ニュース 上海北支事變特報▼8・25・沙漠の朝37米🄿ワーナー🄳ウィリアム・ディターレ🄲ケイ・フランシス／人情紙風船37 🄵東宝🄿PCL🄳山中貞雄🄲河原崎長十郎／北支事變新着特報／北平籠城恐怖の七日間▼9・1・ジャズと艦隊35米🄿ワーナー🄳レイ・エンライト🄲ジョーン・ブロンデル／巴里で逢った彼37米🄿パラマウント🄳ウェズリー・ラッグルス🄲クローデット・コルベール／ミツキーの魔術師／森の舞踊會／日支事變特報▼9・8・就職戰術37米🄿ワーナー🄳バスビー・バークレイ🄲ジョージ・ブレント／明日は來らず37米🄿パラマウント🄳レオ・マッケリー🄲ヴィクター・ムーア／パラマウントニュース／朝日世界ニュース／支那事變新着特報▼9・15・雁（かりがね）35米🄿RKO🄳ジョン・クロムウェル🄲ケイ・ジョンソン／ホノルル航空隊37米🄿ユニヴァーサル🄳H・C・ポッター🄲レイ・ミランド▼9・22・月を消しましョ37米🄿パラマウント🄳ルイス・サイラー🄲チャールズ・ラグルズ／たくましき男37米🄿パラマウント🄳ルーベン・マムーリアン🄲アイリーン・ダン／支那事變ニュース▼9・29・君と踊れば36英🄵三和商事🄿ゴーモン・ブリティッシュ🄳ヴィクター・サヴィル🄲ジェシー・マシューズ／プラーグの大學生35独🄵国光映画🄿シネアリアンツ🄳アルトゥール・ロビソン🄲アドルフ・ウォールブリュック▼10・9・踊らん哉37米🄿RKO🄳マーク・サンドリッチ🄲フレッド・アステア、ジンジャー・ロジャース／五ツ兒成長／パテートピックス／米国野球選手妙技公開／パラマウントニュース／朝日世界ニュース 事變特報▼10・20・海の魂37米🄿パラマウント🄳ヘンリー・ハサウェイ🄲ゲイリー・クーパー／ワイオミングの丘（短編）／ベテイの消防士／ペンギン鳥の冒險▼10・27・箱入り亭主37米🄿パラマウント🄳ジョージ・アーチェンボード🄲レオ・カリーロ／海の魂（続映）／豚は豚（極彩色漫画）／パラマウントニュース／朝日世界ニュース▼11・3・プラチナ・ブロンド31米🄿コロムビア🄳フランク・キャプラ🄲ジーン・ハーロウ／緑の牧場36米🄿ワーナー🄳マーク・コネリー、ウィリアム・ケイリー🄲レックス・イングラム／上海に於ける支那戰線▼11・10・新妻はタイピストから37米🄿ユニヴァーサル🄳エドワード・バゼル🄲ドリス・ノーラン／孔雀夫人36米🄿ユナイト🄳ウィリアム・ワイラー🄲ウォルター・ヒューストン／科學短編 地震研究の巻／猫の寝た間（極彩色漫画）／氷歌手／朝日事變特報ニュース▼11・17・黎明の丘37米🄿パラマウント🄳ロバート・フローリー🄲ウォーレン・ウィリアム／若い人37 🄵東宝🄿東京発声🄳豊田四郎🄲大日方傳▼11・24・題名のない映画35独🄵国光映画🄿トビス🄳カール・フレーリッヒ🄲アドルフ・ウォールブリュック／武士《サムラヒ》の娘37日、独🄵東和商事🄿アーノルド・ファンク・フィルム、JOスタヂオ、東和商事🄳アーノルド・ファンク、伊丹万作🄲原節子（『新しき土』ベルリン封切版「過日上映ドイツ版に非ず」と広告記載）／躍進伊太利（東日短編）／防共十字軍（東日短編）／パラマウントニュース／朝日事變特報▼12・1・作家と御婦人37米🄵ワーナー🄿ファーストナショナル🄳ロイド・ベーコン🄲マリオン・デイヴィス／山は笑ふ37米🄿パラマウント🄳ロベール・フローレイ🄲ボブ・バーンズ▼12・8・ギャングの罠37米🄿ユニヴァーサル🄳ルイス・R・フォスター、ミルトン・カーラス🄲タラ・ビレル／夜間裁判37米🄿ワーナー🄳フランク・マクドナルド🄲アン・ヴォーザーク／ナチスの馬術教練／蝉の一生／ポパイのアイススケート／パラマウントニュース／朝日世界ニュース▼12・15・二人のメロディ37米🄿ワーナー🄳ルイ・キング🄲ジェームス・メルトン／画家とモデル37米🄿パラマウント🄳ラオール・ウォルシュ🄲ジャック・ベニー／パラマウントニュース 南京爆撃／朝日世界ニュース▼12・22・或る父の横顔36米🄿コロムビア🄳ジョン・ブラーム🄲オットー・クルーガー／久遠の誓ひ34米🄿パラマウント🄳ヘンリー・ハサウェイ🄲シャーリー・テンプル（再映）／科學映画 美人創造の巻／メリー・Xマス（極彩色漫画）／パラマウントニュース／朝日世界ニュース▼12・29・オーケストラの少女37米🄿ユニヴァーサル🄳ヘンリー・コスター🄲ディアナ・ダービン／近代スタヂオを覗く（短編）／無軌道仔猫／朝日世界ニュース

【1938年（昭和13年）】

▼1・6・オーケストラの少女（続映）▼1・19・恋のみちぐさ37米🄿コロムビア🄳エリオット・ニュージェント🄲マデリーン・キャロル／ロイドの活動狂32米🄿パラマウント🄳クライド・ブラックマン🄲ハ

ロルド・ロイド／パネー號事件實況／パラマウントニュース／朝日世界ニュース▼1・26・お山の大将36米[P]パラマウント[D]ノーマン・Z・マクロード[C]チャールズ・ラグルズ／S・O・S氷山33米[P]ユニヴァーサル[D]ティー・ガーネット[C]レニ・リーフェンシュタール／回顧映画三十年史37米[P]コロムビア（短編映画）▼2・2・愛の岐路《わかれぢ》34米[P]ワーナー[D]ウィリアム・ケイリー[C]ケイ・フランシス／ボレロ（再映）／外国版 日本の瞥見[P]東宝▼2・9・特種漁り37米[F]ワーナー[P]ファーストナショナル[D]レイ・エンライト[C]パット・オブライエン／ビッグ・ゲーム（大試合）36米[P]RKO[D]ジョージ・ニコルス・ジュニア[C]フィリップ・ヒューストン／化粧品の出來るまで（科学映画）／離れ業百態（スポーツ短編）／朝日世界ニュース▼2・16・ほろ苦き祝宴37米[P]コロムビア[D]ハリー・ラクマン[C]リチャード・ディックス／金髪騒動37米[P]パラマウント[D]ジョージ・アーチェンボード[C]エリノア・ホイットニー／太陽の利用（科学映画）／支那事變／朝日世界ニュース▼2・23・ベンガルの槍騎兵35米[P]パラマウント[D]ヘンリー・ハサウェイ[C]ゲイリー・クーパー／銃彈の挑戦33米[P]コロムビア[D]フィリップ・E・ローゼン[C]ティム・マッコイ▼3・2・ドッド君乗出す37米[F]ワーナー[P]ファーストナショナル[D]アルフレッド・E・グリーン[C]ケニー・ベイカー／新人豪華版37米[P]RKO[D]レイ・ジェイスン[C]ジョー・ペナー▼3・9・間諜最後の日35英[F]三和商事[P]ゴーモン・ブリティッシュ[D]アルフレッド・ヒッチコック[C]マデリーン・キャロル／絢爛たる殺人34米[P]パラマウント[D]ミッチェル・ライゼン[C]カール・ブリッスン▼3・17・泣蟲小僧38 [F]東宝[P]東京発声[D]豊田四郎[C]林文雄／或る女37米[F]ワーナー[P]ファーストナショナル[D]エドマンド・グールディング[C]ベティ・デイヴィス▼3・24・未完成交響樂33独[F]東和商事[P]シネアリアンツ[D]ヴィリ・フォルスト[C]ハンス・ヤーライ／モロッコ30米[P]パラマウント[D]ジョセフ・フォン・スタンバーグ[C]ゲイリー・クーパー▼3・31・天使の花園36米[P]ユニヴァーサル[D]ヘンリー・コスター[C]ディアナ・ダービン／オーケストラの少女（再映）／朝日世界ニュース▼4・7・モダン・タイムス36米[P]ユナイト[D]チャールズ・チャップリン[C]チャールズ・チャップリン 説明：松井翠声／オーケストラの少女（続映）▼4・14・制服の處女31独[F]東和商事[P]トビス[D]レオンティーネ・ザガン[C]ドロテア・ヴィーク／オーケストラの少女（続映）▼4・21・十三日の金曜日33英[F]三和商事[P]ゴーモン・ブリティッシュ[D]ヴィクター・サヴィル[C]ジェシー・マシューズ／富豪一代37米[P]RKO[D]ローランド・V・リー[C]エドワード・アーノルド▼4・28・都會の雷鳴37英[F]ユナイト[P]アトランティック[D]マリオン・ゲーリング[C]エドワード・G・ロビンソン／誘拐團37米[P]パラマウント[D]ルイ・キング[C]エドワード・エヴァレット・ホートン／最新式競馬場／ポパイの武勇傳／朝日世界ニュース▼5・5・春のパレード34ハンガリー[F]ユニヴァーサル[D]ゲザ・フォン・ボルヴァリー[C]フランツィスカ・ガール／ボビーの凱歌36米[P]RKO[D]カート・ニューマン[C]ボビー・ブリーン▼5・12・心の傷手35米[P]RKO[D]フィリップ・モイラー[C]キャサリン・ヘップバーン／歴史は夜作られる37米[P]ユナイト[D]フランク・ボーゼージ[C]シャルル・ボワイエ▼5・18・太陽の子38 [F]東宝[P]東京発声[D]阿部豊[C]大日方傳／戀愛合戰37米[P]ワーナー[D]アーチー・L・メイヨ[C]レスリー・ハワード▼6・1・巴里祭32仏[F]東和商事[P]トビス[D]ルネ・クレール[C]アナベラ／真珠の頸飾36米[P]パラマウント[D]フランク・ボーゼージ[C]マレーネ・ディートリッヒ▼6・8・深夜のマドンナ37米[P]パラマウント[D]ジェームズ・フラッド[C]ウォーレン・ウィリアム／戀の挽歌37米[P]MGM[D]ジョン・M・スタール[C]クラーク・ゲーブル▼6・15・殺したのは俺だ37米[P]ユニヴァーサル[D]ルイス・R・フォスター[C]ルイス・ストーン／スタアと殺人鬼37米[P]RKO[D]ベン・ストロフ[C]ジャック・オーキー／陸の荒鷲／沈みゆく小河内村[F]東和商事文化映画部[P]日本大学芸術科（記録映画）▼6・22・心の青空32米[P]パラマウント[D]ウェズリー・ラッグルス[C]クラーク・ゲーブル／情怨33米[P]RKO[D]アルフレッド・サンテル[C]アン・ハーディング／銃後の長期戦38 [F]文部省[P]朝日映画（記録映画）▼6・29・山の法律37米[F]ワーナー[P]ファーストナショナル[D]マイケル・カーティス[C]ジョセフィン・ハッチンスン／醫者の日記37米[P]パラマウント[D]チャールズ・ヴィダー[C]ジョージ・バンクロフト／鍵盤に競ふ38 [P]東京日日新聞社（国際ピアノコンクールの記録映画）／パラマウント・スクリーンレヴュー▼7・6・兵學校の花形37米[P]RKO[D]クリスティー・キャバンヌ[C]ジェームズ・エリスン／大地（新編輯版）37米[P]MGM[D]シドニー・A・フランクリン[C]ポール・ムニ▼

7・13‐ブルースを唄ふ女33米[P]パラマウント[D]アレクサンダー・ホール[C]クローデット・コルベール／乙女の湖33仏[F]東和[P]トビス・ソプラ[D]マルク・アレグレ[C]ジャン・ピエール・オーモン▼7・20‐スタア誕生37米[P]ユナイト[D]ウィリアム・A・ウェルマン[C]ジャネット・ゲイナー／君と暮らせば33独、墺[F]東宝[P]メトロポール[D]パウル・フェヨス[C]アナベラ▼7・27‐可愛いマーカちゃん34米[P]パラマウント[D]アレクサンダー・ホール[C]シャーリー・テンプル／ペエテルの歓び34ハンガリー[F]ユニヴァーサル[D]ヘルマン・コステルリッツ[C]フランチェスカ・ガール▼8・3‐波止場女35米[P]パラマウント[D]ロベール・フローレイ[C]カール・ブリッスン／幽霊西へ行く35英[F]ユナイト[P]ロンドン・フィルム[D]ルネ・クレール[C]ロバート・ドーナット▼8・10‐ヂンギスカンの後裔（『アジアの嵐』トーキー版）28ソ連[F]三映社[P]メジラブポム[D]フセヴォロド・プドフキン[C]インキジノフ／あかつき33独[F]東和[P]ウーファ[D]グスタフ・ウチツキー[C]ケーテ・フォン・ナギー／実演『坂東蓑助蒙古土産話 明け行く蒙古を語る』▼8・17‐僞物紳士34米[P]ワーナー[D]マイケル・カーティス[C]ジェームス・キャグニー／夕陽特急36米[P]MGM[D]W・S・ヴァン・ダイク[C]ウィリアム・パウエル、マーナ・ロイ／世界の動き38[P]東京日日新聞社、大阪毎日新聞社（短編記録映画）／ニュース▼8・24‐靴を脱いだ女37米[P]RKO[D]ウィリアム・A・サイター[C]ジョー・ペナー／北京38[P]東宝[D]亀井文夫[C]解説：松井翠声（記録映画）／日本の小學校38[P]国際文化振興会（記録映画）▼8・23（18：30）［特別大試写会］

牧場物語38[P]東宝[D]木村荘十二[C]高田稔／舞台挨拶：大日方傳／朝日世界ニュース▼8・31‐ギャングの子36米[P]パラマウント[D]エドウィン・L・マリン[C]トム・ブラウン／證人席36米[P]RKO[D]ジョージ・ニコルス・ジュニア[C]アン・ハーディング▼9・7‐春の調べ31チェコ[F]東和[P]エレクタ[D]グスタフ・マハティ[C]ヘディ・キースラー／巴里の屋根の下30仏[F]三映社[P]トビス[D]ルネ・クレール[C]アルベール・プレジャン▼9・14‐綴方教室38[P]東宝[D]山本嘉次郎[C]高峰秀子／オーケストラの少女（再映）▼9・21‐社長は奥様がお好き35米[P]コロムビア[D]グレゴリー・ラ・カヴァ[C]クローデット・コルベール／頓珍漢ミイラ取り36米[P]RKO[D]フレッド・ガイオル[C]バート・ウィーラー／透明家屋（短編）▼9・28‐紳士ギャング37米[P]ユニヴァーサル[D]アルフレッド・ワーカー[C]サリー・アイラース／女を捜せ37米[P]パラマウント[D]チャールズ・F・ライズナー[C]リン・オヴァーマン／噫！南郷少佐38[P]新興キネマ[D]曽根千晴[C]藤井貢／女性健康美（體育グラフ第一輯）38[F]パラマウント[P]東亜文化協会映画部 製作：村田達三（記録映画）／ベテイの笑へや笑へ（漫画）／ポパイの體操學校（漫画）／朝日世界ニュース▼10・5‐夢みる唇32独[F]三映社[P]マタドール[D]パウル・ツィンナー[C]エリザベート・ベルクナー／冬の宿38[F]東宝[P]東京発声[D]豊田四郎[C]原節子▼10・12‐暗黒街の彈痕37米[P]ユナイト[D]フリッツ・ラング[C]ヘンリー・フォンダ／死刑か無罪か36米[P]パラマウント[D]ウィリアム・A・サイター[C]マデリーン・キャロル▼10・19‐探偵合戦36米[P]RKO[D]エドワード・キリー[C]ジェーム

ズ・グリースン／浮氣名女優37米[P]パラマウント[D]ヘンリー・ハサウェイ[C]メエ・ウェスト／鍛錬小學校（體育グラフ第三篇）38[F]パラマウント、わかもと本舗[P]東亜文化協会映画部（記録映画）／高速度カメラ／ハイル寶塚／朝日世界ニュース▼10・26‐外人部隊33仏[F]三映社[P]フィルム・ド・フランス[D]ジャック・フェーデ[C]マリー・ベル／若きエリカの悲しみ34独[F]東宝[P]ロイド[D]アルトゥール・マリア・ラーベナルト[C]レヴァ・ホルゼイ▼11・2‐民衆の為めに37米[P]ユニヴァーサル[D]ハロルド・ヤング[C]ジョン・ハワード／第二の女37米[P]パラマウント[D]リチャード・ウォーレス[C]フランシーヌ・ラリモア／輝く軍艦旗[P]海軍省（短編記録映画）／護れ傷兵[P]東京朝日新聞社（記録映画）▼11・9‐鶯38[F]東宝[P]東京発声[D]豊田四郎[C]霧立のぼる／若い人37[F]東宝[P]東京発声[D]豊田四郎[C]大日方傳（再映）▼11・16‐踊る騎士《ナイト》37米[P]RKO[D]ジョージ・スティーヴンス[C]フレッド・アステア／戦慄の狩獵[P]コロムビア（スポーツ短編）／深夜の白馬[P]コロムビア（極彩色漫画）／ポパイの闘犬[F]パラマウント▼11・23‐新天地37米[P]パラマウント[D]フランク・ロイド[C]ジョエル・マクリー／ポパイの豆選手／狼退治（極彩色漫画）▼11・30‐花婿は夢遊病36米[P]パラマウント[D]ノーマン・Z・マクロード[C]チャールズ・ラグルズ／新天地（続映）▼12・7‐輝く榮冠37米[P]ユニヴァーサル[D]ミルトン・カーラス[C]ウィリアム・ガーガン／ラヂオの歌姫37米[P]RKO[D]ラオール・ウォルシュ[C]リリー・ポンス／野球を説く38[F]パラマウント、わかもと本舗[P]東亜文化協会映画部（記録映画）／雪のアルバム／大陸行進曲／朝日世界ニュース▼12・14・死の警告37米[P]パラマウント[D]チャールズ・ヴィダー[C]エイキム・タミロフ／武器密輸船37米[P]RKO[D]ユーイング・スコット[C]ジョージ・オブライエン／建設の力38[F]パラマウント、わかもと本舗[P]東亜文化協会映画部（記録映画）／ルイス對ファー拳闘選手権／朝日世界ニュース▼12・21・アヴェ・マリア38米[P]ユニヴァーサル[D]ノーマン・タウログ[C]ディアナ・ダービン／ポパイの戀患ひ[F]パラマウント／魚の學校[F]パラマウント（極彩色漫画）／朝日世界ニュース

【1939年（昭和14年）】

▼1・4・アヴェ・マリア（続映）／漫画／ニュース▼1・11・ロイドのエヂプト博士38米[P]パラマウント[D]エリオット・ニュージェント[C]ハロルド・ロイド／ポパイの大工／ベテイの漂流記／朝日世界ニュース▼1・18・喧嘩商會37米[P]RKO[D]エドワード・クライン[C]バート・ウィーラー／スヰングの女王37米[P]ユニヴァーサル[D]デヴィッド・バトラー[C]アリス・フェイ／スケートを説く[P]パラマウント／朝日世界ニュース▼1・25・犯罪集團37米[P]コロムビア[D]ルイズ・D・コリンス[C]ジャック・ホルト／地獄街38米[P]ユニヴァーサル[D]レイ・マッケリー[C]ヴィクター・マクラグレン／サーカスシリーズ 第一部・曲馬團の娘たち、第二部・動物の世界、第三部・青春サーカス[F]国光映画[C]シバタ・サーカス▼2・1・むかしの歌39[P]東宝[D]石田民三[C]花井蘭子／たそがれの維納34墺[F]東和商事[P]サッシヤ・トビス[D]ヴィリ・フォルスト[C]パウラ・ヴェセリー▼2・8・海賊38米[P]パラマウント[D]セシル・B・デミル[C]フレドリック・マーチ／雪に鍛へよ[P]文部省[D]雨夜全／ベテイのモダン・ホテル（漫画）／朝日世界ニュース▼2・15・友情と兵隊37英[F]萬国商事[P]ゴーモン・ブリティッシュ[D]ラオール・ウォルシュ[C]ウォーレス・フォード／御夫婦円満哲學37米[P]コロムビア[D]マリオン・ゲーリング[C]ジョン・ボールズ▼2・22・可愛い餓鬼娘38米[P]コロムビア[D]オーブリー・スコット[C]エディス・フェロウス／素晴らしき休日38米[P]コロムビア[D]ジョージ・キューカー[C]ケイリー・グラント▼3・1・奥さんは嘘つき38米[P]コロムビア[D]アレクサンダー・ホール[C]ジョーン・ブロンデル／素晴らしき休日（続映）▼3・8・過去から來た男35米[P]パラマウント[D]ハロルド・ヤング[C]エリッサ・ランディ／眞實の告白37米[P]パラマウント[D]ウェズリー・ラッグルス[C]キャロル・ロンバード▼3・15・ステージ・ドア37米[P]RKO[D]グレゴリー・ラ・カヴァ[C]キャサリン・ヘップバーン／スキーのアルバム／ポパイの泣虫小僧／ベテイのステージショウ／パラマウントニュース／朝日世界ニュース▼3・22・北海の子38米[P]パラマウント[D]ヘンリー・ハサウェイ[C]ジョージ・ラフト／グライダー日本[F]国光映画[P]深田商会映画部 構成：西村正美（記録映画）／ロバ物語／ポパイよお前は强かった／朝日世界ニュース▼3・31・マルコポーロの冒險38米[F]ユナイト[P]サミュエル・ゴールドウィン[D]アーチー・L・メイヨ[C]ゲイリー・クーパー／伸びよ若人／工匠と藝術 独[F]東和商事（短編記録映画）／ベテイの地下鐵騒動／朝日世界ニュース▼4・7・巴里の評判女38米[P]ユニヴァーサル[D]ヘンリー・コスター[C]ダニエル・ダリュー／キャメラの昂奮／苦悶するヨーロッパ▼4・14・巴里の評判女（続映）／歌ふダニエル・ダリユウ／キャメラの昂奮（続映）／お池のギャング（漫画）／朝日子供ニュース／朝日世界ニュース▼4・21・踊るジヤズ38米[F]万国商事[P]リバティ[D]レナード・ヒギンス[C]チャールス・ロジャース／干潮37米[P]パラマウント[D]ジェームズ・P・ホーガン[C]オスカー・ホモルカ▼4・28・ノン・ストップ紐育37英[F]萬国商事[P]ゴーモン・ブリティッシュ[D]ロバート・スティーヴンソン[C]アンナ・リー／ステージ・ドア（再映）▼5・4・密告者37英[F]ユナイト[P]ロンドン・フィルム[D]ウィリアム・K・ハワード[C]エドモンド・ロウ／海と青年38米[P]ユニヴァーサル[D]アーチー・L・メイヨ[C]ジョエル・マクリー／南支派遣軍39[P]大阪毎日新聞社、東京日日新聞社（短編記録映画）▼5・11・青髯八人目の妻38米[P]パラマウント[D]エルンスト・ルビッチ[C]ゲイリー・クーパー／呪はれた女36米[P]パラマウント[D]エドワード・ルドウィック[C]ルース・ドネリー／映畫大相撲日報▼5・18・處女讀本38米[P]RKO[D]アルフレッド・サンテル[C]ジンジャー・ロジャース／忘れがたみ38米[P]ユニヴァーサル[D]ジョン・M・スタール[C]アドルフ・マンジュウ／大相撲日報／朝日世界ニュース▼5・25・曉に歸る38仏[F]三映社[D]アンリ・ドコアン[C]ダニエル・ダリュー／大相撲日報（26日迄）／寶塚振袖使節道中記[P]宝塚映画（記録映画）／ポパイの紳士修行／我等の艦隊[P]東日大毎映画部 構成：渥美輝男（記録映画）／朝日子供グラフ／朝日世界ニュース▼5・31・

上海陸戰隊39 [P]東宝[D]熊谷久虎[C]大日方傳／大相撲日報夏場所熱戰集／水底のロマンス／海洋の子／朝日世界ニュース▼6・7- 茶碗の中の嵐37英[F]ユナイト[P]ロンドン・フィルム[D]ヴィクター・サヴィル[C]ヴィヴィアン・リー／間諜X27 31米[P]パラマウント[D]ジョセフ・フォン・スタンバーグ[C]マレーネ・ディートリッヒ▼6・14- 百万弗大放送38米[P]パラマウント[D]ミッチェル・ライゼン[C]W・C・フィールズ／見えざる脅威38米[P]ワーナー[D]ジョン・ファロウ[C]ボリス・カーロフ▼6・21- デッド・エンド（どん詰り）37米[F]ユナイト[P]サミュエル・ゴールドウィン[D]ウィリアム・ワイラー[C]シルヴィア・シドニー／雪国39 [F]東宝[P]芸術映画社[D]石本統吉（短編記録映画）／せともの（文化映画）／猫ぢや猫ぢや（極彩色漫画）／朝日世界ニュース▼6・28- 間諜船34米[P]モノグラム[D]ウィリアム・ナイ[C]ノア・ビアリー／デッド・エンド（続映）／生糸（文化映画）／朝日世界ニュース▼7・5- 初恋39 [P]東宝、新協劇団[D]村山知義[C]滝沢修／支配者36独[F]国光映画[P]トビス[D]ファイト・ハーラン[C]エミール・ヤニングス▼7・12- テスト・パイロット38米[P]MGM[D]ヴィクター・フレミング[C]クラーク・ゲーブル／ハリケーン颱風37米[P]ユナイト[D]ジョン・フォード[C]ドロシー・ラムーア▼7・19- 漢江39 [P]半島映画製作所[D]方漢駿[C]李錦龍／わが家の樂園38米[P]コロムビア[D]フランク・キャプラ[C]ジーン・アーサー▼7・26- 火星地球を攻撃す38米[P]ユニヴァーサル[D]フォード・ビーブ、ロバート・F・ヒル[C]バスター・クラブ／世界の奇觀／蟻の生活39 [P]東宝文化映画部 指導：農林省、木下周太（文化映画）／海の若鷲／南大西洋／水上のスリル／ポパイの引越屋／田園狂騒曲（極彩色漫画）▼8・1- 狂亂のモンテカルロ31独[F]東和商事[P]ウーファ[D]ハンス・シュワルツ[C]ハンス・アルバース／結婚の断層38米[P]コロムビア[D]アール・C・ケントン[C]ラニー・ロス▼8・8- 結婚十字路37米[P]MGM[D]リチャード・ソープ[C]マーナ・ロイ／グレート・ワルツ38米[P]MGM[D]ジュリアン・デュヴィヴィエ[C]ルイゼ・ライナー▼8・15- 花婿往來38米[P]ユニヴァーサル[D]ガス・マインス[C]チャールズ・ラグルズ／オーケストラの少女（再映）▼8・22- 踊るロマンス38米[P]ユナイト[D]ソーントン・フリーランド[C]パトリシア・エリス／隊長ブーリバ36仏[F]三映社[P]GGフィルム、トビス[D]アレクシス・グラノフスキー[C]アリ・ボール▼8・29- 暗黒街の彈痕37米[P]ユナイト[D]フリッツ・ラング[C]ヘンリー・フォンダ／紐育の顔役37米[P]パラマウント[D]アルフレッド・サンテル[C]ジョエル・マクリー▼9・5- キャベツ畑のをばさん38米[P]パラマウント[D]ノーマン・タウログ[C]ポーリン・ロード／セニヨリタ38米[P]パラマウント[D]セオドア・リード[C]ドロシー・ラムーア▼9・12- かりそめの幸福34仏[P]パテ・ナタン[D]マルセル・レルビエ[C]シャルル・ボワイエ／商船テナシチー34仏[F]東和[P]ヴァンダル・デュラック[D]ジュリアン・デュヴィヴィエ[C]アルベール・プレジャン▼9・19- モロッコ30米[P]パラマウント[D]ジョセフ・フォン・スタンバーグ[C]ゲイリー・クーパー／未完成交響樂33独[F]東和商事[P]シネアリアンツ[D]ヴィリ・フォルスト[C]ハンス・ヤーライ▼9・26- 友吉と馬39 [F]東宝[P]大日本児童映画協会[D]八田尚之[C]浜野夏次郎／子供と兵隊39 [F]東宝[P]大日本児童映画協会[D]阿部豊[C]藤原釜足／雪の結晶39 [F]東宝文化映画部[D]吉野馨治（文化映画）、山の地形圖39 [F]東宝文化映画部[D]奥田秀彦（文化映画）、マネキン誕生（文化映画）／女軍奮戰（スポーツ短編）／漫画＝あきれた博覧會、春の歌聲、ベテイの魔法犬、空中見物、生ちやん大工／朝日子供グラフ／朝日世界ニュース／東日国際ニュース／年ごろ 豫告篇▼10・1- 年ごろ38米[P]ユニヴァーサル[D]エドワード・ルドウィック[C]ディアナ・ダービン／唸る鉄拳／ベテイの音楽會／朝日世界ニュース▼10・10- 青春問答38米[P]ユニヴァーサル[D]ローランド・V・リー[C]コンスタンス・ベネット／年ごろ（続映）▼10・17- 舞姫ザザ39米[P]パラマウント[D]ジョージ・キューカー[C]クローデット・コルベール▼10・24- 我が家の天使34英[F]三映社[P]ゴーモン・ブリティッシュ[D]ベルトルト・フィアテル[C]ノヴァ・ピルビーム／ナポリのそよ風37伊[F]三映社[P]アストラ[D]マリオ・カメリーニ[C]ヴィットリオ・デ・シーカ▼10・31- 眞人間38米[P]パラマウント[D]フリッツ・ラング[C]シルヴィア・シドニー／ポパイの闘牛／ベテイの迷い猫／種子は風に乗つて／東日、朝日ニュース▼11・7- 家族一聯隊36米[P]パラマウント[D]ロバート・F・マクガワン[C]レスター・マシューズ／眞人間（続映）▼11・14- 人生の馬鹿37墺[F]国光映画[P]サッシャ[D]カール・フレーリッヒ[C]パウラ・ヴェセリー／たのしきカンペイ君39 [F]東宝[P]東京日日新聞社、大阪毎日新聞社[D]渥美輝男[C]貴家昭司（短編）／蓄音機祭り（文化映画）／流線型超特急（漫画）／アサヒホームグラフ／東日国際ニュース／朝日世界ニュース▼11・22‐女の心31独🄵三映社🄿ネロ🄳パウル・ツィンナー🄲エリザベート・ベルクナー／別れの曲34仏🄵東和商事🄿トビス・ボストン🄳ゲザ・フォン・ボルヴァリー🄲ジャン・セルヴェ▼11・29‐12・5「日比谷想ひ出の名画大會」＝▼11・29 我等の仲間36仏🄵東和商事🄿シネアリス🄳ジュリアン・デュヴィヴィエ🄲ジャン・ギャバン／目撃者36米🄿RKO🄳アルフレッド・サンテル🄲バージェス・メレディス▼11・30 ジェニイの家36仏🄵東和商事🄿GFFA🄳マルセル・カルネ🄲フランソワーズ・ロゼー／不良青年36仏🄵三映社🄿ACE🄳ジャン・ボワイエ🄲ダニエル・ダリュー▼12・1 外人部隊33仏🄵三映社🄿レ・フィルム・ドゥ・フランス🄳ジャック・フェデー🄲マリー・ベル／春の驟雨32仏🄵東和商事🄿オッソ🄳パウル・フェヨス🄲アナベラ▼12・2 禁男の家36仏🄵三映社🄿SELF🄳ジャック・ドゥヴァル🄲ダニエル・ダリュー／どん底36仏🄵東和商事🄿アルバトロス🄳ジャン・ルノワール🄲ジャン・ギャバン▼12・3 望郷37仏🄵東和商事🄿パリ・フィルム🄳ジュリアン・デュヴィヴィエ🄲ジャン・ギャバン／沙漠の花園36米🄿ユナイト🄳リチャード・ボレスラウスキー🄲マレーネ・ディートリッヒ▼12・4 自由を我等に31仏🄵東和商事🄿フィルムソノール、トビス🄳ルネ・クレール🄲レイモン・コルディ／早春36独🄿ウーファ🄳ラインホルト・シュンツェル🄲リル・ダゴファー▼12・5 巴里祭32仏🄵東和商事🄿トビス🄳ルネ・クレール🄲アナベラ／痴人の愛34米🄿RKO🄳ジョン・クロムウェル🄲ベティ・デイヴィス▼12・6‐ 透視人間35英🄵万国商事🄿ゲインズボロウ🄳モーリス・エルヴィ🄲クロード・レインズ／裏街六人組38米🄿ユニヴァーサル🄳アール・C・ケントン🄲ミシャ・オウア／実演『ステージ・ミュージック』🄲ディキシーランダース▼12・13‐ 誘拐魔36米🄵ミツバ貿易🄿チェスターフィールド🄳フィル・ローゼン🄲ロジャー・プライヤー／ラ・ボエーム36英🄵ミツバ貿易🄿BIP🄳ポール・L・スタイン🄲ガートルード・ローレンス／実演『ステージ・ミュージック』（続演）▼12・20‐ 格子なき牢獄38仏🄵三映社🄿CIPRA🄳レオニード・モギー🄲コリンヌ・リュシェール／結晶の科學39 🄿東宝文化映画部 監修：太田仁吉（文化映画）／ポパイの音樂狂／動物園大行進 お猿の巻／朝日ニュース／庭の千草 豫告編▼12・27‐ 庭の千草39米🄿ユニヴァーサル🄳ヘンリー・コスター🄲ディアナ・ダービン／鶴の仙境39 🄿十字屋映画部 監修：村上良哉（文化映画）／白熊物語（極彩色漫画）／朝日ニュース

【1940年（昭和15年）】

▼1・2‐ 庭の千草（続映）／ベテイの鷲鳥狩り／時計が止つたら／朝日ニュース▼1・12‐ 格子なき牢獄（再映）／大相撲日報／春の呼び聲40 🄵東宝🄿十字屋映画部 監修：太田仁吉（記録映画）／幼きつはもの40 🄵パラマウント、わかもと本舗栄養と育児の会🄿東亜文化協会映画部 監修：厚生省／朝日ニュース▼1・25‐ 多甚古村40 🄿東宝🄳今井正🄲清川荘司／銀界縦走32独🄵三映社🄿ゾーカル🄳マックス・オバル🄲ワルター・リムル▼2・1‐ コンドル39米🄿コロムビア🄳ハワード・ホークス🄲ケイリー・グラント／ポパイの怪投手（漫画）／動物園大行進イロイロ部隊の巻40 🄿国光映画 構成：岩田西介、解説：松井翠声（記録映画）／朝日ニュース▼2・8‐ コンドル（続映）／大相撲春場所熱戦集／愛國と體育／地蜂40 🄵東宝🄿十字屋映画部 監修：太田仁吉（記録映画）／朝日ニュース▼2・15‐ 眞紅の森39米🄿コロムビア🄳チャールズ・ヴィダー🄲ジーン・パーカー／コンドル（続映）▼2・22‐ 格子なき牢獄（再映）／大相撲春場所熱戦集／飛行機は何故飛ぶか40 🄿東宝文化映画部 指導：熊谷陸軍飛行学校（記録映画）／アサヒホームグラフ／ベテイの御難／朝日・東日ニュース▼2・29‐ マルコ・ポーロの冒険38米🄵ユナイト🄿サミュエル・ゴールドウィン🄳アーチー・L・メイヨ🄲ゲイリー・クーパー／巴里で逢った彼37米🄿パラマウント🄳ウェズリー・ラッグルス🄲クローデット・コルベール▼3・7‐ 第九交響樂35独🄵東和商事🄿ウーファ🄳デトレフ・ジールク（ダグラス・サーク）🄲ヴィリ・ビルゲル／未完成交響樂33独🄵東和商事🄿シネアリアンツ🄳ヴィリ・フォルスト🄲ハンス・ヤーライ▼3・13‐ 庭の千草（再映）／花と受粉40 🄿十字屋映画部 監修：竹内義男／三千米滑降 独🄿ドイツ国有鉄道（短編記録映画）／街のイカサマ師／ポパイのS・O・S▼3・20‐ 嫁ぐ日まで40 🄿東宝🄳島津保次郎🄲原節子／庭の千草（続映）▼3・27‐ 暗黒街の顔役32米🄿ユナイト🄳ハワード・ホークス🄲ポール・ムニ／汚れた顔の天使38米🄵ワーナー🄿ファーストナショナル🄳マイケル・カーティス🄲ジェームス・キャグニー▼4・3‐ 唄は星空39米🄿ユニヴァーサル🄳デヴィッド・バトラー🄲ビング・クロスビー／巴里の評判女38米🄿ユニヴァーサル🄳

ヘンリー・コスター[C]ダニエル・ダリュー▼4・10-あきれたサーカス39米[P]ユニヴァーサル[D]ジョージ・マーシャル[C]W・C・フィールズ／金語樓のむすめ物語40[P]東宝[D]中川信夫[C]柳家金語楼▼4・17-ゴールデン・ボーイ（黄金兒）38米[P]コロムビア[D]ルーベン・マムーリアン[C]ウィリアム・ホールデン／シューベルトの故郷／燕の愛情40[F]東宝[P]十字屋映画部 監修：太田仁吉（記録映画）／美しき争ひ豫告篇／朝日ニュース▼4・24-ゴールデン・ボーイ（続映）／葦笛の唄40[P]国光映画[C]葦原邦子（音楽短編）／生活と體育 漁村の巻40[F]パラマウント、わかもと本舗栄養と育児の会[P]東亜文化協会映画部（記録映画）／相撲基本體操40[F]萬国映画、東宝文化映画部[P]大日本相撲協会 指導実演：佐渡ヶ嶽高一郎（記録映画）／お化けパーテイ（極彩色漫画）▼5・1-美しき争ひ仏[F]三映社[P]A・ブレスビュルジェ[D]レオニード・モギー[C]コリンヌ・リュシェール／ロンドン爆撃38英[F]日本映画貿易[P]アソシエイテッド・ブリティッシュ[D]オーブレイ・バーリン（短編映画）／ベテイの山羊騒動／お菓子サーカス／朝日ニュース▼5・8-美しき争ひ（続映）／動物を喰ふ植物／動物園大行進 學藝會の巻40[P]国光映画 構成：岩田酉介 解説：松井翠声／ポパイの入院／朝日ニュース／（10日より）大相撲日報▼5・15-忘却の沙漠へ38仏、独[F]東和商事[P]ACE、ウーファ[D]ジャック・ド・バロンセリ[C]シャルル・ヴァネル／赤ちゃん36仏[F]東和商事[P]グレイ[D]レオニード・モギー[C]リュシアン・バルウ／大相撲日報▼5・22-ゴールデン・ボーイ（再映）／素晴らしき休日38米[P]コロムビア

[D]ジョージ・キューカー[C]キャサリン・ヘップバーン／大相撲日報（24日迄）▼5・29-カプリチオ37独[F]日本映画貿易[P]ウーファ[D]カール・リッター[C]リリアン・ハーヴェイ／道場永平寺40[F]東宝[P]KSトーキー[D]松本酉三（記録映画）／蛾の復讐（極彩色漫画）／日本ニュース▼6・5-或る女熱帯へ行く38独[F]日本映画貿易[P]テラ[D]ハラルト・パウルゼン[C]ヴァルデマール・ライトゲブ／カプリチオ（続映）▼6・12-黒い瞳35仏[F]三映社[P]ミロ[D]ヴィクトル・トゥールジャンスキー[C]アリ・ボール／美しき争ひ（再映）／醫者のゐない村40[F]東宝[P]東宝文化映画部[D]伊東壽恵男（文化映画）▼6・19-ボートの8人娘32独[F]東和商事[P]ファナル[D]エリッヒ・ワシュネック[C]カリン・ハルト／旅する人々38独[F]東和商事[P]トビス[D]ジャック・フェーデ[C]ハンス・アルバース▼6・26-奥村五百子40[F]東宝[P]東京発声、新日本映画研究所[D]豊田四郎[C]杉村春子／てんぐさ40[F]東宝文化映画部[P]十字屋映画部 監修：竹内義男（文化映画）▼7・3-奥村五百子（続映）／親代《おやしろ》40[F]東宝[P]KST文化映画部 構成：小泉淳（文化映画）／日本ニュース▼7・10-奥村五百子（続映）／山小鐵《やまこがね》40[F]東宝[P]東宝文化映画部[D]萩原耐（文化映画）／日本ニュース▼7・17-青春女學生日記38米[P]コロムビア[D]ジョン・ブラーム[C]アン・シャーリー／オペラ・ハット（新版）36米[P]コロムビア[D]フランク・キャプラ[C]ゲイリー・クーパー▼7・24-バーバリー・コースト35米[P]ユナイト[D]ハワード・ホークス[C]ミリアム・ホプキンス／暗黒街の彈痕37米[P]ユナイト[D]フリッツ・ラング[C]ヘンリー・フォンダ▼7・26-ワルツ

合戰33独[F]東和商事[P]ウーファ[D]ルドウィッヒ・ベルガー[C]アドルフ・ウォールブリュック／未完成交響樂33独[F]東和商事[P]シネアリアンツ[D]ヴィリ・フォルスト[C]ハンス・ヤーライ▼7・28-街の灯31米[P]ユナイト[D]チャールズ・チャップリン[C]チャールズ・チャップリン／モダン・タイムス36米[P]ユナイト[D]チャールズ・チャップリン[C]チャールズ・チャップリン▼7・31-望郷37仏[F]東和商事[P]パリ・フィルム[D]ジュリアン・デュヴィヴィエ[C]ジャン・ギャバン／春の調べ31チェコ[F]東和商事[P]エレクタ[D]グスタフ・マハティ[C]ヘディ・キースラー▼8・2-麥秋《むぎのあき》34米[P]ユナイト[D]キング・ヴィダー[C]カレン・モーリー／歴史は夜作られる37米[P]ユナイト[D]フランク・ボーゼージ[C]シャルル・ボワイエ▼8・5-心の傷手35米[P]RKO[D]フィリップ・モイラー[C]キャサリン・ヘップバーン／曉に歸る38仏[F]三映社[P]ベルショルズ[D]アンリ・ドコアン[C]ダニエル・ダリュー▼8・7-朝やけ32独[F]東和商事[P]ウーファ[D]グスタフ・ウチツキー[C]ルドルフ・フォルスター／最後の一兵まで37独[F]東和商事[P]ウーファ[D]カール・リッター[C]ハインリヒ・ゲオルゲ▼8・11-夢の並木路35米[P]コロムビア[D]ウィリアム・A・サイター[C]ハーバート・マーシャル／或る夜の出来事34米[P]コロムビア[D]フランク・キャプラ[C]クラーク・ゲーブル▼8・14-歌へ陽氣に36米[P]ユナイト[D]ルーベン・マムーリアン[C]ニノ・マルティニ／朱金昭《チュウチンチャウ》34英[F]東和商事[P]ゴーモン・ブリティッシュ[D]ウォルター・フォード[C]アンナ・メイ・ウォン▼8・16-地の果てを行く35仏[F]東和商事[P]SNC[D]ジュリアン・デュヴィヴィエ[C]アナベ

ラ／幽霊西へ行く35英[F]ユナイト[P]ロンドン・フィルム[D]ルネ・クレール[C]ロバート・ドーナット▼8・18・白い友情34米[P]パラマウント[D]グレゴリー・ラ・カヴァ[C]クローデット・コルベール／絢爛たる殺人34米[P]パラマウント[D]ミッチェル・ライゼン[C]ヴィクター・マクラグレン▼8・21・會議は踊る31独[F]東和商事[P]ウーファ[D]エリック・シャレル[C]リリアン・ハーヴェイ／防疫陣に働く人々40[P]東宝文化映画部[D]相原久（文化映画）／日本泳法40[F]パラマウント、わかもと本舗栄養と育児の会[P]東亜文化協会映画部 監修：厚生省／日本ニュース／パラマウントニュース▼8・26・コンドル39米[P]コロムビア[D]ハワード・ホークス[C]ケイリー・グラント／（29日迄）防疫陣に働く人々（続映）／日本泳法（続映）／日本ニュース、（28日より）海中を覗く40構成：赤佐正治（文化映画）／日本ニュース▼9・1・新婚道中記36米[P]コロムビア[D]レオ・マッケリー[C]ケイリー・グラント／肇國奉公隊40[F]パラマウント、わかもと本舗栄養と育児の会[P]東亜文化協会映画部 監修：厚生省／海中を覗く（続映）／ベティの銀狐騒動／ポパイの空中戰／日本ニュース／パラマウントニュース▼9・4・新婚道中記（続映）／郵便従業員40[P]十字屋映画部[D]野田真吉（文化映画）／ポパイの志願兵／日本ニュース（海外版）／日本ニュース▼9・6・三文オペラ31独[F]地上映画[P]トビス、ワーナー[D]G・W・パプスト[C]ルドルフ・フォルスター／郵便従業員（続映）／ポパイの志願兵（続映）／日本ニュース（続映）▼9・11・舞踏會の手帖37仏[F]三映社[P]フィルム・ヴォグ[D]ジュリアン・デュヴィヴィエ[C]マリー・ベル／活魚列車40[P]十字屋映画部 監修：太田仁吉（文化映画）／ボートを説く40[F]パラマウント、わかもと本舗栄養と育児の会[P]東亜文化協会映画部 監修：厚生省（文化映画）／ポパイの窓拭き▼9・16・椿姫37米[P]MGM[D]ジョージ・キューカー[C]グレタ・ガルボ／武器なき敵40[P]理研科学映画社 構成：吉村操 指導：憲兵司令部／ポパイの彫刻家／ニュース▼9・21・巨星ジーグフエルド36米[P]MGM[D]ロバート・Z・レオナード[C]ウィリアム・パウエル／（24日迄）少年飛行兵40[P]東宝文化映画部[D]安達伸男／日本ニュース、（25日より）伊那節40[P]東宝文化映画部[D]亀井文夫 解説：中村伸郎（文化映画）▼9・26・ミモザ館35仏[F]東和商事[P]トビス[D]ジャック・フェーデ[C]フランソワーズ・ロゼー／伊那節（続映）／ポパイの武勇傳／ベテイのお掃除／日本ニュース／パラマウントニュース▼10・1・不思議なヴィクトル氏38仏[F]日本映画貿易[P]ACE[D]ジャン・グレミヨン[C]レイミュ／ロンドン爆撃／短編／日映海外ニュース／日本ニュース▼10・6・祖國に告ぐ37独[F]日本映画貿易[P]ウーファ[D]カール・リッター[C]マチアス・ヴィーマン／（8日迄）冷凍40[P]東宝文化映画部[D]岩淵喜一 解説：中村伸郎（文化映画）／（9日より）南部鑄造工業40[P]十字屋映画部[D]岩佐氏寿（文化映画）／日本ニュース／日映海外ニュース▼10・11・祖國に告ぐ（続映）／南部鑄造工業（続映）／日本ニュース／日映海外ニュース／実演『祖国への歌』演奏：原千恵子▼10・16・祖國に告ぐ（続映）／南の太陽40[P]日本映画文化研究所 構成：岸松雄、野村聖（文化映画）／貝塚40[P]東宝文化映画部[D]下村兼史（文化映画）／日本ニュース／実演『祖国への歌』（続演）▼10・21・ヴァリエテの乙女37独[F]日本映画貿易[P]トビス[D]カルミネ・ガローネ[C]アンネリーゼ・ウーリッヒ／祖國に告ぐ（続映）／短編／ニュース▼10・26・グレート・ワルツ38米[P]MGM[D]ジュリアン・デュヴィヴィエ[C]ルイゼ・ライナー／（29日迄）わが海軍40[P]東宝 指導：海軍軍事普及部（文化映画）／（30日より）知られざる人々40[P]藝術映画社[D]浅野辰雄（文化映画）／日本ニュース／日映海外ニュース▼11・1・ターザンの逆襲36米[P]MGM[D]リチャード・ソープ[C]ジョニー・ワイズミューラー／知られざる人々（続映）／ピストン・ポパイ（漫画）／日本ニュース／日映海外ニュース▼11・6・テスト・パイロット38米[P]MGM[D]ヴィクター・フレミング[C]クラーク・ゲーブル／移動耕作班40[P]十字屋映画部[D]桑野茂（文化映画）／日本ニュース／日映海外ニュース▼11・11・モロッコ30米[P]パラマウント[D]ジョセフ・フォン・スタンバーグ[C]ゲイリー・クーパー／日本ニュース／日映海外ニュース／実演：ティボーのヴァイオリン独奏『マラグエーニア』、ブライロフスキーのピアノ独奏『華麗なるワルツ』▼11・16・モロッコ（続映）／（19日迄）天気豫報40[P]東宝文化映画部[D]伊東壽恵男（文化映画）／（20日より）北支の古都40[P]東宝文化映画部 指導：国際観光局（文化映画）／日本ニュース／日映海外ニュース▼11・21・格子なき牢獄38仏[P]CIPRA[D]レオニード・モギー[C]コリンヌ・リュシェール／北支の古都（続映）▼11・26・テキサス決死隊36米[P]パラマウント[D]キング・ヴィダー[C]フレッド・マクマレイ／ベテイの歌合戦／北支の古都（26日迄続映）／（27日より）玉蜀黍の村40［P］東宝文化映画部（文化映画）／ニュース▼12・1・オーケストラの少女37米［P］ユニヴァーサル［D］ヘンリー・コスター［C］ディアナ・ダービン／玉蜀黍の村（3日迄続映）／（4日より）八幡平（文化映画）／実演：ピアチゴルスキーのセロ『アンダンテとロンド』、ニノン・バランの独唱『搖籃』▼12・6・孔雀夫人36米［P］ユナイト［D］ウィリアム・ワイラー［C］ウォルター・ヒューストン／八幡平（続映）／ポパイの拳骨樂長／日本ニュース／日映海外ニュース▼12・10・大平原39米［P］パラマウント［D］セシル・B・デミル［C］ジョエル・マクリー／実演『ハンガリー音樂』［C］櫻井潔とその楽団▼12・17・第三の影39米［P］MGM［D］W・S・ヴァン・ダイク［C］ウィリアム・パウエル、マーナ・ロイ／伊・英海戰記録 イオニア海の決戰40伊（短編記録映画）／日本ニュース／実演『ハンガリー音樂』（続演）▼12・30・ノートルダムの傴僂男39米［P］RKO［D］ウィリアム・ディターレ［C］チャールズ・ロートン／伊・英海戰記録 イオニア海の決戰（続映）

【1941年（昭和16年）】

▼1・6・新ロビンソン漂流記40米［P］RKO［D］エドワード・ルドウィグ［C］トーマス・ミッチェル／アルプス戦線四日間／日本ニュース▼1・13・想ひ出の円舞曲《ワルツ》38独［F］日本映画貿易［P］ウーファ［D］ヴィクトル・トゥールジャンスキー［C］ブリギッテ・ホルナイ／実演『南米音樂の旅』［C］田中福夫とその管弦楽団、橘薫▼1・29・ノートルダムの傴僂男（再映）▼2・4・来るべき世界36英［F］ユナイト［P］ロンドン・フィルム［D］ウィリアム・キャメロン・メンジース［C］レイモンド・マッセイ／ポパイの鬼ヶ島征伐▼2・11・故郷《ふるさと》38独［F］日本映画貿易［P］ウーファ［D］カール・フレーリッヒ［C］ツァラ・レアンダー▼2・21・美の祭典 オリンピア映画第二部38独［F］東和商事［P］オリンピア［D］レニ・リーフェンシュタール（ベルリン・オリンピックの記録映画）／信濃風土記より 小林一茶41［P］東宝文化映画部［D］亀井文夫 解説：徳川夢声／実演『リズムの饗宴』［C］飯山茂雄とその楽団、清水悦子▼2・28・シー・ホーク40米［P］ワーナー［D］マイケル・カーティス［C］エロール・フリン／K・D・Fの産業體育 独［F］東和商事［P］アルバイツ宣伝局（文化映画）／日本ニュース▼3・8・歴史は夜作られる37米［P］ユナイト［D］フランク・ボーゼージ［C］シャルル・ボワイエ／ニュース映画発達史 躍進のあと41［F］東宝［P］朝日新聞社、朝日映画［D］山本紀夫／戦陣訓41［P］日本ニュース映画社（記録映画）▼3・14・銀の靴39米［P］ユニヴァーサル［D］ヘンリー・コスター［C］ディアナ・ダービン／実演［C］櫻井潔とその楽団、池眞理子▼3・21・心の青春38米［P］ユナイト［D］リチャード・ウォーレス［C］ジャネット・ゲイナー／実演［C］櫻井潔とその楽団、東洋子▼3・28・ウガンダ40米［P］コロムビア［D］オサ・ジョンソン（動物記録映画）／［特選漫画集］ドナルドの少年團長、ポパイのアイススケート、ベテイの料理番、肉彈ポパイ▼4・4・歌によせて40英［F］東和、三和商事［P］ゴーモン・ブリティッシュ［D］モーリス・エルヴィ［C］ヤン・キープラ（『春のいざなひ』の英語リメイク版）／アラン34英［F］東和商事［P］ゴーモン・ブリティッシュ［D］ロバート・フラハティ［C］コルマン・キング▼4・10・夫婦太鼓40［P］新興キネマ［D］森一生［C］花柳章太郎／漁村41［F］大日本文化映画協会［P］東宝文化映画部［D］高橋秀一（文化映画）／日本ニュース▼4・15・大紐育40米［P］20世紀FOX［D］ヘンリー・キング［C］アリス・フェイ／浮かれ水兵［P］20世紀FOX／ポパイの大奮戰／文化映画／ニュース▼4・23・消え行く灯39米［P］パラマウント［D］ウィリアム・A・ウェルマン［C］ロナルド・コールマン／実演『スペインの想出』［C］田中福夫とその楽団▼5・6・青春38独［F］東和商事［P］トビス［D］ファイト・ハーラン［C］クリスティーナ・ゼーダーバウム／冬期漁業41［F］大日本文化映画協会［P］十字屋映画部［D］桑野茂（文化映画）／ポパイの大平原／お伽の郷土▼5・14・僞れる唇32仏［F］エムパイヤ商事［D］フェルナン・リヴェルス［C］ギャビー・モルレエ／実演［C］田中福夫とその楽団、松島詩子▼5・20・砂塵39米［P］ユニヴァーサル［D］ジョージ・マーシャル［C］マレーネ・ディートリッヒ／美しき國スイス［P］トビス／艦隊訓練 黒潮躍る太平洋［P］海軍省▼5・31・勝利の歴史41独［F］東和商事［P］独国防軍司令部 撮影：独軍司令部映画班、宣伝中隊、陸軍映画班（戦闘記録映画）／ポパイの寶島／実演『日獨行進曲交歡』［C］東宝軽音楽團▼6・10・白鳥の死37仏［F］三映社［P］シネアトランティカ［D］ジャン・ブノア・レヴィ［C］ミア・スラヴェンスカ／実演『玩具の音樂隊』［C］東宝軽音楽団▼6・17・6・23［優秀映画鑑賞会］＝▼6・17 民族の祭典 オリンピア映画第一部38独［F］東和商事［P］オリンピア［D］レニ・リーフェンシュタール（ベルリン・オリンピックの記録映画）▼6・18 スタンレー探検記39米［P］20世紀FOX［D］ヘンリー・キング［C］スペンサー・トレイシー▼6・19 コンドル39米［P］コロムビア［D］ハワード・

ホークス🄲ケイリー・グラント▼6・20 最後の一兵まで37独🄵東和商事🄿ウーファ🄳カール・リッター🄲ハインリヒ・ゲオルゲ▼6・21 驛馬車39米🄿ユナイト🄳ジョン・フォード🄲ジョン・ウェイン▼6・22 カッスル夫妻39米🄿RKO🄳H・C・ポッター🄲フレッド・アステア、ジンジャー・ロジャース▼6・23 幻の馬車39米🄵コロムビア🄿トランスコンチネンタル🄳ジュリアン・デュヴィヴィエ🄲ピエール・フレネー▼6・24‐ 邂逅《めぐりあひ》39米🄿RKO🄳レオ・マッケリー🄲シャルル・ボワイエ／実演🄲櫻井潔とその楽団▼7・1‐ 明日への戰ひ40米🄿コロムビア🄳フランク・ロイド🄲ケイリー・グラント／獨逸の快走道路37独🄿トビス・メロフィルム🄳リヒアルト・シャインフルーグ（記録映画）／ポパイのカウボーイ▼7・8‐ 空征かば38伊🄵ミツバ貿易🄿アクイラ🄳ゴッフレード・アレッサンドリーニ🄲アメディオ・ナザーリ／獨逸の快走道路（9日迄続映）／（10日より）水の旅41🄿中央文化映画製作所🄳中野孝夫（文化映画）▼7・15‐ 夜のタンゴ37独🄵東和商事🄿テラ🄳フリッツ・キルヒホッフ🄲ポーラ・ネグリ／海員養成所41 🄿皇国映画社🄳森江章浩（文化映画）／シュワルツワルトの民藝を訪ねて 独🄿ドイツ国有鉄道🄳ウィルヘルム・マルツァー（文化映画）▼7・22‐ 密林の王者33米🄿パラマウント🄳H・ブルース・ハンバーストーン🄲バスター・クラブ／日本の氷河41 🄿松竹文化映画製作所🄳恒吉忠康（文化映画）／ポパイの子守唄／ポパイの大殺陣／ポパイの拳骨床屋／魚釣四人組▼7・29‐ ジェロニモ39米🄿パラマウント🄳ポール・H・スローン🄲プレストン・フォスター／実演『日比谷軽音楽 ナンバー・ワン・プレヤー競演』🄲清水悦子、東宝声楽隊▼8・9‐ 若い科學者40米🄿MGM🄳ノーマン・タウログ🄲ミッキー・ルーニー／（12日迄）日本の椎茸41 🄿十字屋映画部🄳太田仁吉（文化映画）／（13日より）鋼を削る娘達41 🄿東宝文化映画部🄳藤本修一郎（文化映画）／ポパイの海底王／日本ニュース 皇軍佛印増駐▼8・16‐ 七つ擲る37米🄵日本映画貿易🄿ウーファ🄳パウル・マルティン🄲リリアン・ハーヴェイ／鋼を削る娘達（20日迄続映）／（21日より）日本紙の驚異41 🄿東亜発声ニュース映画製作所🄳村田達二（文化映画）／実演『服部富子ステージミュウジック』▼8・23‐ 青い制服39米🄿ユニヴァーサル🄳リチャード・ウォーレス🄲グロリア・ジーン／日本紙の驚異（26日迄続映）／（27日より）音聲の構造41 🄿理研科学映画社🄳服部正夫（文化映画）／実演『中南米の思ひ出』🄲東宝軽音楽団▼9・1‐ 偉人エーリッヒ博士40米🄿ワーナー🄳ウィリアム・ディターレ🄲エドワード・G・ロビンソン▼9・8‐ ツンドラ36米🄵エムパイヤ商事🄿バロウズ・ターザン映画🄳ノーマン・ドーン🄲デル・キャンブレ／実演『西村樂天口演 慰問隊物語』／（10日より）海外ニュース最終號 大陸資源石炭篇▼9・15‐ 世界の涯てに36独🄵東和商事🄿ウーファ🄳デトレフ・ジールク（ダグラス・サーク）🄲ツァラ・レアンダー／実演🄲櫻井潔／（17日より）新しき翼41 🄿東宝文化映画部構成：米山疆（文化映画）▼9・24‐ 人間エヂソン40米🄿MGM🄳クラレンス・ブラウン🄲スペンサー・トレイシー／蜜蜂の集團生活 独🄵東和商事🄿ウーファ🄳ウルリッヒ・ミュルツ（文化映画）▼10・1‐ 仏蘭西座38仏、独🄵東和商事🄿ACE、ウーファ🄳マルセル・レルビエ🄲イヴォンヌ・プランタン／実演🄲杉原泰藏とその楽団、ヘレン本田▼10・9‐ 野鴨（無声映画）25独🄿ウーファ、レックス🄳ループ・ピック🄲ウェルナー・クラウス／説明：徳川夢声、丸山章治演奏指揮：宇賀神味津男／音楽漫談：徳川夢声▼10・12‐ シラノ・ド・ベルジュラック（無声映画）23伊🄿ウニオネ🄳アウグスト・ジェニーナ🄲ピエール・マニエ／説明：徳川夢声、丸山章治 演奏指揮：宇賀神味津男／音楽漫談：徳川夢声▼10・15‐ 雨ぞ降る39米🄿20世紀FOX🄳クラレンス・ブラウン🄲マーナ・ロイ／実演🄲杉原泰蔵とその楽団▼10・24‐10・31「特選名画週間」＝▼10・24‐25 格子なき牢獄38仏🄵三映社🄿CIPRA🄳レオニード・モギー🄲コリンヌ・リュシェール▼10・26‐27 曉に歸る38仏🄵三映社🄿ベルショルズ🄳アンリ・ドコアン🄲ダニエル・ダリュー▼10・28‐29 舞踏會の手帖37仏🄵三映社🄿フィルム・ヴォグ🄳ジュリアン・デュヴィヴィエ🄲マリー・ベル▼10・30‐31 目撃者36米🄿RKO🄳アルフレッド・サンテル🄲バージェス・メレディス／実演（10・24‐28）🄲長内端とその楽団／（10・29‐31）🄲灰田勝彦・晴彦とモアナ・グリー・クラブ▼11・1‐ スミス都へ行く39米🄿コロムビア🄳フランク・キャプラ🄲ジェームズ・スチュアート／実演🄲田中福夫とその楽団▼11・12‐ 春愁36伊🄵エムパイヤ商事🄿API🄳グスタフ・マハティ🄲シルヴァーナ・ジャキーノ／実演『東宝軽音樂』🄲櫻井潔とその楽団、長内端▼11・19‐ 空の要塞41 米🄿パラマウント🄳ミッチェル・ライゼン🄲レイ・ミランド／実演『日比谷軽音樂』🄲櫻井潔とその楽団▼11・28-椿姫34仏[F]千鳥興業[P]ディストリビュツール・フランセエ[D]フェルナン・リヴェール、アベル・ガンス[C]イヴォンヌ・プランタン／実演[C]田中福夫とその楽団、芝恵津子▼12・5-靑春亂舞39仏[P]グロブス・フィルム[D]クリスチャン・ジャック、アンリ・ゾーカル[C]アンリ・プレール／実演『名曲独奏鑑賞会』[C]永田哲夫▼12・12-南歐千一夜35独[F]日本映画社[P]トビス・サッシャ[D]フィル・ユッツイ[C]ヤルミラ・ノヴォトナ／夜ひらく33独[F]日本映画社[P]テラ[D]リヒアルト・オスワルド[C]ヨゼフ・シュミット／実演[C]杉原泰蔵とその楽団▼12・18-次郎物語41[P]日活[D]島耕二[C]杉裕之／ニュース 香港大猛爆▼12・24-我が家は樂し41[P]東宝[D]青柳信雄[C]柳家金語楼▼12・28-蘇州の夜41[P]松竹[D]野村浩将[C]佐野周二／ハワイ大海戰實況ニュース

【1942年（昭和17年）】 4月1日より白系封切劇場となる

▼1・8-舞姫記38独[F]東和商事[P]ウーファ[D]パウル・マルティン[C]リリアン・ハーヴェイ／バルカン電撃戦▼1・15-西班牙の夜37独[F]東和商事[P]ウーファ[D]ヘルバート・マイシュ[C]インペリオ・アルヘンティーナ／実演[C]櫻井潔とその楽団、東洋子▼1・24-戀愛交叉点35仏[F]エムパイヤ商事[P]メトローパ[D]レオ・ジョアノン[C]アルベール・プレジャン／実演『ヒビヤ軽音樂』[C]田中福夫とその楽団、（30日より）灰田勝彦とモアナ・グリー・クラブ▼2・4-さすらひ37独[F]東和商事[P]ウーファ[D]エリッヒ・ワシュネック[C]リル・ダゴファー／聖紀の體育祭典 冬季篇42[P]厚生省、日本映画社／実演[C]奥田良三、（9日より）奥田彩子▼2・11-元祿忠臣藏 後篇42[P]松竹[D]溝口健二[C]市川右太衛門／ニュース＝シンガポール總攻擊開始、モールメン突入▼2・18-荒天飛行37独[F]東和商事[P]ウーファ[D]エリッヒ・ワシュネック[C]ヴィリ・フリッチュ／大東亞戰争 擊滅戰記42[P]日本映画社 監修：情報局（記録映画）▼2・25-女の心31独[F]三映社[P]ネロ[D]パウル・ツィンナー[C]エリザベート・ベルクナー／ナチスの新女性（文化映画）／実演[C]杉原泰蔵とその楽団▼3・1-カプリチオ38独[F]日本映画貿易[P]ウーファ[D]カール・リッター[C]リリアン・ハーヴェイ／ナチスの新女性（続映）／実演[C]杉原泰蔵とその楽団（続演）▼3・6-スパイ戰線を衝く36独[F]東和商事[P]ウーファ[D]カール・リッター[C]ヴィリ・ビルゲル／戰ふ兵團42[P]中華電影、日本映画社 指導：長沙作戰最高司令部報道部／実演[C]杉原泰蔵とその楽団（続演）▼3・10-ジャン・ダーク35独[F]東和商事[P]ウーファ[D]グスタフ・ウチツキー[C]アンゲラ・ザローカー／戰ふ兵團（続映）／実演[C]杉原泰蔵とその楽団（続演）▼3・13-3・19［優秀名畫大會］＝▼3・13 江戸最後の日41[P]日活[D]稲垣浩[C]阪東妻三郎／藝道一代男41[P]松竹[D]溝口健二[C]中村扇雀▼3・14 愛の一家41[P]日活[D]春原政久[C]小杉勇／海を渡る祭禮41[P]日活[D]稲垣浩[C]市川春代▼3・15 戸田家の兄妹41[P]松竹[D]小津安二郎[C]藤野秀夫／愛の一家（続映）▼3・16 舞ひ上る情熱41[P]新興キネマ[D]小石栄一[C]若原雅夫／馬41[P]東宝[D]山本嘉次郎[C]高峰秀子▼3・17 みかへりの塔41[P]松竹[D]清水宏[C]笠智衆／次郎物語41[P]日活[D]島耕二[C]井染四郎▼3・18 海を渡る祭禮（再映）／戸田家の兄妹（再映）▼3・19 馬（再映）／戸田家の兄妹（続映）／実演（18日より）[C]藤山一郎▼3・20-火の夜37仏[F]エムパイヤ商事[P]シネアリアンツ[D]マルセル・レルビエ[C]ギャビー・モルレー／実演[C]東京協奏室内楽団▼4・1-父ありき42[P]松竹[D]小津安二郎[C]笠智衆▼4・16-第五列の恐怖42[P]日活[D]山本弘之[C]永田靖▼4・23-待つて居た男42[P]東宝[D]マキノ正博[C]長谷川一夫▼4・30-朱と綠37[P]松竹[D]島津保次郎[C]高杉早苗▼5・7-むすめ七人39伊[F]ミツバ貿易[P]ＥＮＩＣ[D]ヌンツィオ・マラソンマ[C]ニノ・ベゾッツイ▼5・14-高原の月42[F]映画配給社[P]松竹[D]佐々木啓祐[C]坂本武／陸軍落下傘部隊戰闘篇42[P]日本映画社 監修：陸軍航空本部（記録映画）▼5・21-虹の道42[P]大映[D]伊賀山正徳[C]天中軒雲月／海鷲42[P]藝術映画社[D]井上莞（文化映画）／ニュース＝コレヒドール島陷落▼5・28-清水港39[P]日活[D]マキノ正博[C]片岡千恵蔵／無線電信42[P]松竹文化映画製作所[D]大屋善三（文化映画）▼6・4-母子草42[P]松竹[D]田坂具隆[C]風見章子／旅行く養蜂隊42[P]新世紀映画製作所 構成：森江章浩（文化映画）／國技大相撲42[P]大日本相撲協会映画部▼6・11-大阪町人42[P]大映[D]森一生[C]羅門光三郎／軍艦旗南へ行く42[P]大毎東日映画部[D]野口徳次（文化映画）▼6・18-日本の母42[P]松竹[D]原研吉[C]葛城文子／砲彈 我等の兵器陣42[P]理研科学映画社[D]安積幸二（文化映画）▼6・25-荒城の月37[P]松竹[D]佐々木啓祐[C]佐野周二／北洋日記42[P]朝日映画社 構成：岩下正美（文化映画）▼7・2-水滸傳42[P]東宝[D]岡田敬[C]榎本健一／戰ひはこれからだ42[P]日本

映画社🄳羽間盈（文化映画）▼7・9・宮本武蔵（總輯篇）42🄿日活🄳稲垣浩🄲片岡千恵蔵／壊滅する重慶陣営▼7・16・兄妹会議42🄿松竹🄳清水宏🄲斎藤達雄／海の民 沖縄島物語42🄿東亜発声ニュース映画製作所🄳村田達二（文化映画）▼7・23・木蘭従軍42🄵東和商事、中華電影支社🄿上海華成電影公司🄳ト万蒼🄲陳雲裳／赤外線寫眞42🄿理研科学映画社🄳服部正夫（文化映画）▼7・30・久遠の笑顔42🄿東宝🄳渡辺邦男🄲轟夕起子／國営開墾地42🄿十字屋映画部🄳小林米作（文化映画）▼8・6・思出の記42🄿大映🄳小崎政房🄲井染四郎／國民職業指導所42🄿日本映画社🄳坂斎小一郎（文化映画）▼8・13・小春狂言42🄿東宝🄳青柳信雄🄲山根寿子／電氣兵器 我等の兵器陣42🄿理研科学映画社🄳安積幸二（文化映画）▼8・20・波濤39🄿松竹🄳原研吉🄲桑野通子▼8・27・お京の初恋 八處女の歌42🄿大映🄳小石栄一、古野栄作🄲眞山くみ子／今日の戰ひ42🄿藝術映画社🄳中山良夫（文化映画）▼9・3・すみだ川42🄿松竹🄳井上金太郎🄲川崎弘子／鐵壁の國防産業42🄿日本映画社 構成：太田皓一（文化映画）▼9・10・西遊記（原題＝鐵扇公主）41 中国🄿中國聯合影業公司🄳萬籟鳴、萬古蟾 日本語版演出：徳川夢声（東洋初の長編アニメーション）／空の神兵42🄵映画配給社🄿日本映画社🄳渡邊義美、平川篤 監修：陸軍航空本部（記録映画）▼9・17・南の風42🄿松竹🄳吉村公三郎🄲佐分利信／空の教室42🄿朝日映画社🄳岩下正美（文化映画）▼9・24・江戸の朝霧42🄿大映🄳仁科紀彦🄲市川右太衛門／唯一人ではない42🄿日本映画社🄳加藤武雄（文化映画）▼10・1・新雪42🄿大映🄳五所平之助🄲月丘夢路／とんぼ38独🄵東和商事🄿ウーファ🄳ウォルフラム・ユンハンス（短編記録映画）▼10・8・海の豪族42🄿日活🄳荒井良平🄲嵐寛寿郎／はらから42🄿理研科学映画社🄳山下武郎（文化映画）▼10・15・翼の凱歌42🄿東宝🄳山本薩夫🄲岡譲二／鬪ふ農村42🄿都映画社🄳東隆史（文化映画）▼10・22・續 南の風42🄿松竹🄳吉村公三郎🄲佐分利信／勝利への生産42🄿藝術映画社🄳水木荘也（文化映画）▼10・29・鞍馬天狗42🄿大映🄳伊藤大輔🄲嵐寛寿郎／船を造らう42🄿日本映画社🄳根岸濱男（文化映画）▼11・5・歌ふ狸御殿42🄿大映🄳木村恵吾🄲高山広子▼11・12・おもかげの街42🄿東宝🄳萩原遼🄲長谷川一夫▼11・19・女の手42🄿松竹🄳瑞穂春海🄲水戸光子／戰ひの力42🄿日本映画社🄳伊勢長之助（文化映画）▼11・26・あなたは狙はれてゐる42🄿大映🄳山本弘之🄲水島道太郎／北の同胞（アイヌ）42🄿理研科学映画社、北海タイムス社🄳坂根田鶴子 監修：金田一京助、高倉新一郎（文化映画）▼11・30［特別試写会］ハワイ・マレー沖海戦42🄿東宝🄳山本嘉次郎🄲伊東薫▼12・3・東洋の凱歌 バタアン・コレヒドール攻略戰42🄿日本映画社、比島派遣軍報道部 監修：陸軍省（記録映画）／空を守る少年兵🄳渡辺孝（文化映画）▼12・11・三代の盃42🄿大映🄳森一生🄲片岡千恵蔵／道路42🄿十字屋映画部🄳田村潔（文化映画）▼12・19・二人姿42🄿松竹🄳大庭秀雄🄲水戸光子／水中測的兵42🄿理研科学映画社🄳後藤誠（文化映画）▼12・26・幽靈大いに怒る42🄿松竹🄳渋谷実🄲佐分利信

【1943年（昭和18年）】

▼1・3・伊那の勘太郎43🄿東宝🄳滝沢英輔🄲長谷川一夫▼1・8・虚無僧系圖43🄿大映🄳押本七之輔🄲羅門光三郎／我等は日本少國民43🄿日本映画社🄳丹生正（文化映画）▼1・14・阿片戰争43🄿東宝🄳マキノ正博🄲市川猿之助▼1・28・愛の世界 山猫とみの物語43🄿東宝🄳青柳信雄🄲高峰秀子／工場看護婦43🄿劦映社🄳川出秀治（文化映画）／大相撲日報 鍛錬成果篇、（31日より）必勝敢鬪篇▼1・21・青空交響樂43🄿満洲映画協会🄳芥川光蔵（文化映画）▼2・4・ロッパの大久保彦左衛門39🄿東宝🄳斎藤寅次郎🄲古川緑波／エノケンの誉れの土俵入40🄿東宝🄳中川信夫🄲榎本健一▼2・11・戰ひの街43🄿松竹🄳原研吉🄲李香蘭／牛飼ふ村43🄿都映画社🄳東隆史、切刀淳夫（文化映画）▼2・18・祖先お誕生36伊🄿ENIC🄳グイド・ブリニョーネ🄲アントニオ・ガンドウジオ▼2・25・御存じ右門 護る影43🄿大映🄳西原孝🄲嵐寛寿郎／棉花（文化映画）▼2・26休場▼3・4・陸軍航空戰記43🄿日本映画社🄳柳川武男、平井英路、鈴木重一 解説：徳川夢声／撃ちてし止まむ43🄿日本映画社（文化映画）▼3・11・風雪の春43🄿大映🄳落合吉人🄲丸山定夫／鹽都運城43🄿日本映画社 構成：高木俊朗、山中眞男（文化映画）▼3・18・雪之丞変化（總輯篇）35・36🄿松竹🄳衣笠貞之助🄲林長二郎▼3・25・桃太郎の海鷲43🄿芸術映画社🄳瀬尾光世 企画：海軍省報道部（アニメーション）／鬪ふ護送船團43🄿藝術映画社🄳中山良夫 企画：海務院（記録映画）▼4・1・兵六夢物語43🄿東宝🄳青柳信雄🄲榎本健一／驥北の仔 生ひ立ちの記

43[P]朝日映画社[D]三枝源次郎（文化映画）▼4・8・敵機空襲43[P]松竹[D]野村浩将、吉村公三郎、渋谷実[C]上原謙／放送演奏室43[P]理研科学映画社[D]西尾佳雄（文化映画）▼4・15・家43[P]松竹[D]倉谷勇[C]小杉勇／くもとちゅうりっぷ43[P]松竹動画研究所[D]政岡憲三（アニメーション）▼4・22・望樓の決死隊43[P]東宝[D]今井正[C]高田稔▼4・29・シンガポール總攻撃43[P]大映[D]島耕二[C]村田宏寿▼5・6・あさぎり軍歌43[P]東宝[D]石田民三[C]坂東好太郎／山西の土地と民43[P]日本映画社[D]太田仁吉、奥山大六郎、橋本正（文化映画）／日本ニュース第一五二號▼5・13・むすめ43[P]松竹[D]大庭秀雄[C]上原謙／高原の村43[P]旭日映画社[D]東隆史（文化映画）／日本ニュース第一五三號▼5・20・宮本武蔵 二刀流開眼43[P]大映[D]伊藤大輔[C]片岡千恵蔵／新生廣東43[P]朝日新聞社[D]木村次郎（文化映画）／日本ニュース第一五四號▼5・27・海軍戰記43[P]日本映画社 監修：海軍省（記録映画）／ニッポンバンザイ43[P]朝日映画社 構成：三上良二、永富映次郎（アニメーション）／日本ニュース第一五五號▼6・3・海ゆかば43[P]大映[D]伊賀山正徳[C]水島道太郎／ニッポンバンザイ（続映）／大相撲映画／日本ニュース第一五六號▼6・10・男43[P]東宝[D]渡辺邦男[C]岡譲二／勝利への輸送43[P]日本映画社 監修：情報局（文化映画）／日本ニュース第一五七號▼6・17・若き日の歡び43[P]東宝[D]佐藤武[C]原節子／大型焼夷彈43[P]理研科学映画社[D]服部眞砂雄（文化映画）／日本ニュース第一五八號▼6・24・暖き風43[P]松竹[D]大庭秀雄[C]風見章子／法隆寺43[P]日本映画社[D]下村健二（文化映画）／日本ニュース第一五九號▼7・1・大陸新戰場43[P]日本映画社、中華電影公司 監修：陸軍省報道部（記録映画）／仔馬43[P]山口シネマ 構成：森山一雄（文化映画）／［マンガ決戦大会］フクチャンの増産部隊、マー坊の落下傘部隊、ナカヨシ行進曲、お猿三吉 闘ふ潜水艦、お山の防空陣／日本ニュース第一六〇號▼7・8・サヨンの鐘43[P]松竹、満洲映画協会、台湾総督府[D]清水宏[C]李香蘭／空襲と救護43[P]朝日映画社[D]中山良夫（文化映画）／日本ニュース第一六一號▼7・15・決闘般若坂43[P]大映[D]伊藤大輔[C]片岡千恵蔵／上海海軍特別陸戰隊43（文化映画）／日本ニュース第一六二號▼7・22・名人長次彫43[P]東宝[D]萩原遼[C]長谷川一夫／わが本土を狙ふもの43[P]朝日映画社 構成：河東与志（文化映画）／日本ニュース第一六三號▼7・29・我が家の風43[P]大映[D]田中重雄[C]月丘夢路／女子青年隊の報告43[P]日本文化映画社[D]木村普門（文化映画）／日本ニュース第一六四號▼8・8・花咲く港43[P]松竹[D]木下恵介[C]上原謙／公魚43[P]三幸商会 構成：久保田晴生（文化映画）▼8・5・急降下爆撃隊41 独[F]外映[P]ウーファ[D]カール・リッター[C]カール・ラダッツ▼8・12・誓ひの合唱43[P]東宝[D]島津保次郎[C]李香蘭／常に戰場に在り43[P]日本映画社 監修：情報局（文化映画）／日本ニュース第一六六號▼8・19・をぢさん43[P]松竹[D]渋谷実、原研吉[C]河村黎吉／必勝への誓ひ43[P]理研科学映画社[D]服部眞砂雄（文化映画）／日本ニュース第一六七號▼8・26・北方に鐘が鳴る43[P]松竹[D]大曾根辰夫[C]笠智衆／税と生活43[P]藝術映画社[D]森井輝雄（文化映画）／日本ニュース第一六八號▼9・2・マリア・ルーズ號事件 奴隷船43[P]大映[D]丸根賛太郎[C]市川右太衛門／山に戰ふ43[P]電通映画社[D]赤佐正浩（文化映画）／日本ニュース第一六九號▼9・9・世界に告ぐ41 独[F]外映[P]トビス[D]ハンス・シュタインホフ[C]エミール・ヤニングス／北の健兵43[P]藝術映画社[D]井上莞（文化映画）／日本ニュース第一七〇號▼9・16・愛機南へ飛ぶ43[P]松竹[D]佐々木康[C]佐分利信／生駒山滑空場43[P]加治商会[D]相良久、萩村正光（文化映画）／日本ニュース第一七一號▼9・23・決戰の大空へ43[P]東宝[D]渡辺邦男[C]原節子／空征く少年通信兵43[P]朝日映画社 解説：徳川夢声（文化映画）／日本ニュース第一七二號▼9・30・少年漂流記43[P]東宝[D]矢倉茂雄[C]横山運平／菊水とはに43[P]興亜商事[D]中西卯之助、長尾史録[C]川田芳子／戰ふ少國民43[P]電通映画社[D]笠木完一（文化映画）／日本ニュース第一七三號▼10・7・熱風43[P]東宝[D]山本薩夫[C]藤田進／あなたの力43[P]日本映画社 監修：情報局（文化映画）／日本ニュース第一七四號▼10・14・富士に誓ふ 少年戰車兵訓練の記録43[P]日本映画社[D]小畑長蔵 監修：陸軍機甲本部（記録映画）／石油のボルネオ 海軍報道班員現地報告第二輯43[P]日本映画社 監修：大本營海軍報道部（記録映画）▼10・21・火砲の響43[P]大映[D]野淵昶[C]嵐寛寿郎／愛馬譜43[P]劦映社 監修：中支派遣軍栄第1643部隊（文化映画）／日本ニュース第一七六號▼10・28・假面の舞踏43[P]松竹[D]佐々木啓祐[C]佐分利信／田植競爭43[P]朝日映画社[D]岩下正巳（文化映画）／日本ニュース第一七七號▼11・4・無法松の一生43[P]大映[D]稲垣浩[C]阪東妻

三郎／水防43[P]東亜発声映画[D]赤佐正治（文化映画）／日本ニュース第一七八號

▼11・11・母の記念日43[P]松竹[D]佐々木康[C]佐分利信／武蔵野に鍛ふ43[P]電通映画社 監修：通信兵監部（文化映画）／日本ニュース第一七九號

▼11・18・秘めたる覚悟43[P]東宝[D]滝沢英輔[C]長谷川一夫／防空讀本 救護篇43[P]日本映画社 監修：東京市防衛局（文化映画）／日本ニュース第一八〇號

▼11・25・生きてゐる孫六43[P]松竹[D]木下恵介[C]上原謙／勝つために43[P]旭日映画社 企画：大政翼賛会（文化映画）／日本ニュース第一八一號

▼12・1・出征前十二時間43[P]大映[D]島耕二[C]水島道太郎／決戰衣生活43[P]日本映画社[D]松村清四郎（文化映画）／マレー沖海戰43[P]横浜シネマ商会[D]大藤信郎（影絵映画）／日本ニュース第一八二號

▼12・8・海軍43[P]松竹[D]田坂具隆[C]山内明／今ぞ一億戰闘配置へ 戰ふ日本43[P]日本映画社 監修：情報局（文化映画）／日本ニュース第一八三號

▼12・15・海軍（続映）／今ぞ一億戰闘配置へ 戰ふ日本（続映）／日本ニュース第一八四號

▼12・22・海賊旗吹ッ飛ぶ43[P]松竹[D]マキノ正博[C]高田浩吉／春に備へて43[P]藝術映画社[D]今泉善珠 解説：山本安英（文化映画）／日本ニュース第一八五號

▼12・29・坊ちゃん土俵入り43[P]松竹[D]マキノ正博[C]佐分利信／木造船43[P]日本国策映画社[D]赤澤大助（文化映画）／日本ニュース第一八六號

【1944年（昭和19年）】

▼1・3・剣風練兵館44[P]大映[D]牛原虚彦[C]阪東妻三郎／空中航法43[P]朝日映画社[D]岩下正巳（文化映画）／日本ニュース第一八七號

▼1・8・モンペさん44[P]大映[D]田中重雄[C]月丘夢路／赤ちゃん隣組44[P]都商会文化映画部[D]長尾史録（文化映画）／日本ニュース第一八八號

▼1・14・韋駄天街道44[P]東宝[D]萩原遼[C]長谷川一夫／国土の固め44[P]理研科学映画社[D]山口順弘（文化映画）／日本ニュース第一八九號

▼1・20・菊池千本槍 シドニー特別攻撃隊44[P]大映[D]池田富保、白井戰太郎[C]市川右太衛門／新しき郷土44[P]朝日映画社[D]永富映次郎（文化映画）／日本ニュース第一九〇號

▼1・27・愉しき哉人生44[P]東宝[D]成瀬巳喜男[C]柳家金語楼／飛行機を造れ44[P]日本映画社[D]藤本修一郎（文化映画）／國技大相撲・前篇／日本ニュース第一九一號

▼2・3・雛鷲の母44[P]大映[D]吉村廉[C]杉村春子／新しき郷土（再映）／國技大相撲／日本ニュース第一九二號

▼2・10・天狗倒し44[P]松竹[D]井上金太郎[C]佐分利信／日本ニュース第一九三號 ムッソリーニ統帥救出

▼2・17・あの旗を撃て44[P]東宝[D]阿部豊[C]大河内傳次郎／爆風と彈片44[P]理研科学映画社[D]佐々木富美男（文化映画）／日本ニュース第一九四號

▼2・24・決戰44[P]松竹[D]吉村公三郎、萩山輝男[C]安部徹／土に闘ふ（文化映画）／日本ニュース第一九五號

▼3・2・お馬は七十七萬石44[P]大映[D]安田公義[C]戸上城太郎／見えざる戰力44[P]理研科学映画社[D]福田寅次郎（文化映画）／日本ニュース第一九六號

▼3・9・加藤隼戰闘隊44[P]東宝[D]山本嘉次郎[C]藤田進／風雪四十年44[P]満洲映画協会 構成：大岡紀、藤井静（文化映画）／日本ニュース第一九七號

▼3・15・加藤隼戰闘隊（続映）／今ぞ征かん44[P]日本映画社[D]竹内信次（文化映画）／日本ニュース第一九八號

▼3・23・父子櫻44[P]大映[D]小石栄一[C]水島道太郎／皇民高砂族44[P]春秋映画社[D]マキノ眞三（文化映画）／日本ニュース第一九九號

▼3・30・偉大なる王者40独[F]外国映画社[P]トビス[D]ファイト・ハーラン[C]オットー・ゲビュール／感謝の教室44[P]日本商事[D]新井博（文化映画）／日本ニュース第二〇〇號

▼4・6・土俵祭44[P]大映[D]丸根賛太郎[C]片岡千恵蔵／ラバウル前線報告44[P]日本映画社（記録映画）／日本ニュース第二〇一號

▼4・13・一番美しく44[P]東宝[D]黒澤明[C]矢口陽子／戰ふ少國民 感謝篇44[P]電通映画社[D]西尾佳雄（文化映画）／日本ニュース第二〇二號

▼4・20・女性航路44[P]松竹[D]佐々木啓祐[C]高峰三枝子／決戰輸送44[P]日本映画社[D]安積幸二（文化映画）／日本ニュース第二〇三號

▼4・27・轟沈44[P]日本映画社[D]渡辺義美、北村道沖（文化映画）／轉換工場44[P]朝日映画社[D]森永健次郎（文化映画）／日本ニュース第二〇四號

▼5・4・血の爪文字44[P]大映[D]千葉泰樹[C]宇佐美淳／轉換工場（続映）／日本ニュース第二〇五號

▼5・11・芝居道44[P]東宝[D]成瀬巳喜男[C]長谷川一夫／決戰に立つ山國／日本ニュース第二〇六號

▼5・18・国際密輸團44[P]大映[D]伊藤大輔[C]市川右太衛門／決戰に立つ山國（続映）／日本ニュース第二〇七號

▼5・25・水兵さん44[P]松竹[D]原研吉[C]星野和正／高等商船學校44[P]電通映画社[D]田崎浩一 解説：東野英治郎（文化映画）／日本ニュース第二〇八號

▼6・1・怒りの海44[P]東宝[D]今井正[C]大河内傳次郎／勤労と女性44[P]理研科学映画社[D]東隆史（文化映画）／日本ニュース第二〇九號

▼6・8・歡呼の町

44[P]松竹[D]木下恵介[C]上原謙／木船建造44[P]朝日映画社[D]内村禄哉（文化映画）／夏場所國技大相撲 鍛錬成果篇／日本ニュース第二一〇號▼6・15・命の港44[P]東宝[D]渡辺邦男[C]長谷川一夫／必中彈を44[P]電通映画社[D]中川紫朗（文化映画）／夏場所國技大相撲 必勝敢闘篇／日本ニュース第二一一號▼6・22・高田馬場前後44[P]大映[D]松田定次[C]嵐寛寿郎／焼夷彈爆撃44[P]理研科学映画社[D]和田敏三（文化映画）／日本ニュース第二一二號▼6・29・團十郎三代44[P]松竹[D]溝口健二[C]坂東好太郎／征け應徴戰士44[P]日本映画社[D]沢田浩（文化映画）／日本ニュース第二一三號▼7・6・三太郎頑張る44[P]松竹[D]野村浩将[C]小高まさる／決戰疎開（文化映画）／日本ニュース第二一四號▼7・13・三尺左吾平44[P]東宝[D]石田民三[C]榎本健一／リュッツォ爆撃隊41 独[F]外国映画社[P]トビス[D]ハンス・ベルトラム[C]ヘルマン・ブラウン／治水記44[P]朝日映画社[D]坂本爲之（文化映画）／日本ニュース第二一五號▼7・20・ベンガルの嵐44[P]大映[D]野淵昶[C]羅門光三郎／若人よ海へ44[P]日本映画社[D]安藤由紀光（文化映画）／日本ニュース第二一六號▼7・27・セレベス44[P]日本映画社[D]秋元憲（記録映画）／実演[C]山根寿子、灰田勝彦▼8・3・日常の戰ひ44[P]東宝[D]島津保次郎[C]藤田進／生産防空44[P]理研科学映画社[D]山下元廣（文化映画）／日本ニュース第二一八號▼8・10・小太刀を使ふ女44[P]大映[D]丸根賛太郎[C]水谷八重子／（12日迄）萬世流芳43[P]満洲映画協会[D]張善琨、卜万蒼、朱石麟、馬徐維邦、楊小沖[C]李香蘭／治水記（再映）／日本ニュース第二一九號▼8・17・五重塔44[P]大映[D]五所平之助[C]花柳章太郎／在支米空軍撃滅の記録44[P]日本映画社、中華電影連合公司[D]桑野茂、斉藤久（記録映画）／日本ニュース第二二〇號▼8・24・激流44[P]松竹[D]家城巳代治[C]小沢栄太郎／海洋教室 44[P]朝日映画社[D]坂本爲之（文化映画）／日本ニュース第二二一號▼8・31・敵は幾万ありとても44[P]東宝[D]斎藤寅次郎[C]古川緑波／修練道場44（文化映画）／六百五十萬の感激44[P]台湾映画協会（記録映画）／日本ニュース第二二二號▼9・7・河童大將44[P]大映[D]松田定次[C]嵐寛寿郎／翼への轉進44[P]理研科学映画社[D]山口順弘（文化映画）／海を耕す44[P]理研科学映画社[D]中西卯之助44（文化映画）／日本ニュース第二二三號▼9・14・君こそ次の荒鷲だ44[P]松竹[D]佐々木康、瑞穂春海、穂積利昌[C]上原謙／航空青年隊44（文化映画）／學生航空隊44[P]理研科学映画社[D]村上潤（文化映画）／日本ニュース第二二四號▼9・21・印緬航空作戦 大いなる翼44[P]南方軍航空部隊[D]関川秀雄（記録映画）／闘球肉彈戰43[P]松竹動画研究所[D]桑田良太郎（漫画）／學園から大空へ44[P]朝日映画社[D]井上莞（文化映画）／日本ニュース第二二五號▼9・28・歸郷41 独[P]ウィーンフィルム[D]グスタフ・ウチツキー[C]パウラ・ヴェセリー／戰ふ少國民 農村篇44[P]電通映画社（文化映画）／日本ニュース第二二六號▼10・5・四つの結婚44[P]東宝[D]青柳信雄[C]入江たか子／戰ふ少國民 都會篇44[P]電通映画社（文化映画）／日本ニュース第二二七號▼10・12・決戰の大空へ43[P]東宝[D]渡辺邦男[C]高田稔／北風44[P]理研科学映画社[D]入江勝（文化映画）／日本ニュース第二二八號▼10・19・海行かば（『海ゆかば』43大映と同作品か不明）／北風44[P]理研科学映画社[D]入江勝（文化映画）／日本ニュース第二二九號▼10・26・お馬は七十七萬石44[P]大映[D]安田公義[C]戸上城太郎／再起の職場44[P]朝日映画社[D]三枝源次郎（文化映画）／日本ニュース第二三〇號▼11・2・維納物語41 墺[P]ウィーンフィルム[D]ヴィリ・フォルスト[C]ヴィリ・フォルスト／石炭列車44[P]朝日映画社[D]中山良夫（文化映画）／日本ニュース第二三一號▼11・9・フクチャンの潜水艦44[P]朝日映画社[D]関屋五十二、横山隆一[V]古川緑波（中編漫画）／陸鷲誕生44[P]朝日映画社[D]京極高映（文化映画）▼11・16・かくて神風は吹く44[P]大映[D]丸根賛太郎[C]阪東妻三郎／將校生徒の手記44[P]理研科学映画社[D]東隆史、山下元廣（文化映画）／陸軍豫科士官學校（文化映画）／日本ニュース第二三三號▼11・23・野戰軍樂隊44[P]松竹[D]マキノ正博[C]佐分利信／在支米空軍撃滅の記録（再映）／大陸横断二千粁（文化映画）／日本ニュース第二三四號▼11・30・父子櫻44[P]大映[D]小石栄一[C]水島道太郎／ニワトリ[P]電通映画社（文化映画）／日本ニュース第二三五號▼12・7・雷撃隊出動44[P]東宝[D]山本嘉次郎[C]藤田進／大東亞陸軍戰記 突撃44[P]日本映画社[D]大畑長蔵（文化映画）▼12・14・陸軍44[P]松竹[D]木下恵介[C]笠智衆／征け豫科練44[P]日本映画社 監修：大本営海軍報道部（文化映画）▼12・21・雷撃隊出動（再映）／突撃（再映）／日本ニュース第二三八號▼12・28・狼火は上海に揚る44[P]大映、中華電影公司[D]稲垣浩、岳楓、胡心靈[C]阪東妻三郎／戰ふ藁行進44（文化映画）／大相撲前半戰／日本

ニュース第二三九號

【1945年（昭和20年）】

▼1・4・宮本武蔵44[P]松竹[D]溝口健二[C]河原崎長十郎／印緬補給戰44[P]日本映画社[D]桑野茂（文化映画）／秋場所大相撲 必勝敢闘篇／日本ニュース第二四〇號▼1・11・天晴れ一心太助45[P]東宝[D]佐伯清[C]榎本健一／征く血液 輸血と血漿45[P]理研科学映画社[D]佐々木富美男（文化映画）／日本ニュース第二四一號▼1・18・龍の岬45[P]大映[D]白井戦太郎[C]片岡千恵蔵／翼に生きる45[P]電通映画社[D]神脇満（文化映画）／日本ニュース第二四三號▼1・25・姿なき敵45[P]大映[D]千葉泰樹[C]宇佐美淳／生産と郵便45[P]朝日映画社（文化映画）／日本ニュース第二四三號▼2・1・勝利の日まで45[P]東宝[D]成瀬巳喜男[C]徳川夢声／翼に生きる（再映）／日本ニュース第二四四號▼2・8・名刀美女丸45[P]松竹[D]溝口健二[C]花柳章太郎／日本刀45[P]理研科学映画社[D]東隆史（文化映画）／日本ニュース第二四五號▼2・15・海の虎45[P]大映[D]春原政久[C]小杉勇／全身を顔にせよ45[P]振進キネマ[D]井上麗吉（文化映画）／日本ニュース第二四五號▼2・22・間諜海の薔薇45[P]東宝[D]衣笠貞之助[C]藤田進／爆弾と待避所45[P]日本映画社[D]松村清四郎（文化映画）／日本ニュース第二四六號▼3・1・必勝歌45[P]松竹[D]清水宏、マキノ正博、田坂具隆、溝口健二[C]佐野周二／北鎮部隊（文化映画）／日本ニュース第二四六號▼3・8・陸軍特別攻撃隊45[P]日本映画社（記録映画）／闘ふ木材45[P]理研科学映画社[D]山口順弘（文化映画）／上の空博士45[P]朝日映画社[D]前田一、浅野恵（漫画）／日本ニュース第二四七號▼3・22・後に續くを信ず45[P]東宝[D]渡辺邦男[C]長谷川一夫／闘ふ木材（続映）／上の空博士（続映）／日本ニュース第二四七號▼3・29・突貫驛長45[P]東宝[D]斎藤寅次郎[C]古川緑波／陸軍幼年學校45[P]理研科学映画社[D]東隆史（文化映画）／日本ニュース第二四八號▼4・5・撃滅の歌45[P]松竹[D]佐々木康[C]高峰三枝子／待避は何時すればよいか（文化映画）／日本ニュース第二四八號▼4・12・桃太郎 海の神兵45[P]松竹動画研究所[D]瀬尾光世（中編漫画）／神風特別攻撃隊45[P]日本映画社[D]大峰淑生（記録映画）／日本ニュース第二四九號▼4・19・紅顔鼓笛隊45[P]大映[D]木村恵吾[C]市川右太衛門（改題版『暁の鼓笛隊』は一九五三年公開）／神風特別攻撃隊（続映）／日本ニュース第二五〇號▼4・26・續 姿三四郎45[P]東宝[D]黒澤明[C]藤田進／教室工場45[P]理研科学映画社[D]山口順弘（文化映画）／日本ニュース第二五〇號▼5・3・續 姿三四郎（続映）／教室工場（続映）／日本ニュース第二五〇號▼5・10・續 姿三四郎（続映）／大豆の参戰[P]電通映画社（文化映画）／日本ニュース第二五〇號▼5・17・日本剣豪傳 第一篇 新月寶藏院流45[P]東宝[D]滝沢英輔[C]大河内傳次郎／山と水45[P]理研科学映画社[D]下村兼史（文化映画）／日本ニュース第二五一號▼5・24・生ける椅子45[P]大映[D]野淵昶[C]阪東妻三郎／どんな敵機が来るか45[P]日本映画社[D]荒井英郎（文化映画）／日本ニュース第二五一號▼6・28・ことぶき座45[P]松竹[D]原研吉[C]高田浩吉／大豆の参戰45[P]電通映画社（文化映画）／日本ニュース第二五三號▼7・5・三十三間堂通し矢物語45[P]東宝[D]成瀬巳喜男[C]長谷川一夫／私達はこんなに働いてゐる45[P]朝日映画社[C]水木荘也（文化映画）／日本ニュース第二五三號▼7・12・東海水滸傳45[P]大映[D]伊藤大輔、稲垣浩[C]阪東妻三郎／大空に續く（文化映画）／日本ニュース第二五三號▼7・19・海峡の風雲児43[P]大映[D]仁科熊彦[C]嵐寛寿郎／大空に續く（続映）／日本ニュース第二五四號▼7・26・愛と誓ひ45[P]東宝、朝鮮映画[D]今井正[C]高田稔▼8・2・最後の歸郷45[P]大映[D]田中重雄、吉村廉[C]宇佐美淳▼8・9・北の三人45[P]東宝[D]佐伯清[C]原節子

※8月15日、終戦

▼8・16・激流44[F]松竹[D]渋谷実、家城巳代治[C]高峰三枝子▼8・30・花婿太閤記45[F]大映[D]丸根賛太郎[C]嵐寛寿郎▼9・6・伊豆の娘たち45[F]松竹[D]五所平之助[C]佐分利信▼10・18・そよかぜ45[F]松竹[D]佐々木康[C]並木路子▼10・25・千日前附近45[F]松竹[D]マキノ正博[C]小杉勇▼11・1・海の呼ぶ聲45[F]大映[D]伊賀山正徳[C]高山徳右衛門▼11・8・狐の呉れた赤ん坊45[F]大映[D]丸根賛太郎[C]阪東妻三郎▼11・15・金語楼の大番頭39[F]東宝[D]岡田敬[C]柳家金語楼▼11・22・限りなき前進37[F]日活[D]内田吐夢[C]小杉勇▼11・29・歌へ！太陽45[F]東宝[D]阿部豊[C]榎本健一▼12・6・ユーコンの叫び38米[F]日本映画貿易[D]B・リーブス・イースン[C]リチャード・アーレン▼12・13・あきれた連中36[F]P・C・L[D]岡田敬、伏水修[C]横山エンタツ、花菱アチャコ▼12・20・ウエヤ殺人事件38英[F]日本映画貿易[D]ロバート・スティーヴンソン[C]クライヴ・ブルック▼12・27・犯罪者は

誰か45🄵大映🄳田中重雄🄲阪東妻三郎

【1946年（昭和21年）】

▼1・3・東京五人男45🄵東宝🄳斎藤寅次郎🄲古川緑波／秋場所大角力▼1・10・東京の女性39🄵東宝🄳伏水修🄲原節子▼1・17・檜舞台46🄵東宝🄳豊田四郎🄲長谷川一夫／秋場所國技大相撲／あなたの議會46🄿理研科学映画🄳菅沼完二（短編）▼1・24・瓢箪から出た駒46🄵大映🄳千葉泰樹🄲柳家金語楼▼1・31・待って居た男42🄵東宝🄳マキノ正博🄲長谷川一夫▼2・7・若い人37🄵東宝🄿東京発声映画製作所🄳豊田四郎🄲大日方傳▼2・21・ヨシワラ36仏🄵三映社、東宝🄳マックス・オフュルス🄲ピエール・リシャール・ウィルム、早川雪洲▼2・28・春の序曲43米🄵セントラル🄿ユニヴァーサル🄳フランク・ボーゼージ🄲ディアナ・ダービン▼3・28・ラインの監視43米🄵セントラル🄿ワーナー🄳ハーマン・シュムリン🄲ベティ・デイヴィス▼4・18・迷へる天使43米🄵セントラル🄿MGM🄳ロイ・ローランド🄲マーガレット・オブライエン／よりよき明日 米🄵CIE（短編教育映画）▼5・2・王国の鍵44米🄵セントラル🄿20世紀FOX🄳ジョン・M・スタール🄲グレゴリー・ペック▼5・16・ルパン登場44米🄵セントラル🄿ユニヴァーサル🄳フォード・ビーブ🄲チャールズ・コービン／摩天楼夜曲（音楽短編）▼5・30・嘆きの白薔薇41米🄵セントラル🄿コロムビア🄳グレゴリー・ラトフ🄲ロレッタ・ヤング▼6・13・淑女と拳骨43米🄵セントラル🄿パラマウント🄳ミッチェル・ライゼン🄲クローデット・コルベール／ポパイの四つ児（アニメーション）▼6・27・呪ひの家44米🄵セントラル🄿パラマウント🄳ルイス・アレン🄲レイ・ミランド▼7・4・天使《エンゼル》37米🄵セントラル🄿パラマウント🄳エルンスト・ルビッチ🄲マレーネ・ディートリッヒ▼7・18・銀嶺セレナーデ41米🄵セントラル🄿20世紀FOX🄳H・ブルース・ハンバーストーン🄲ソニア・ヘニー▼8・1・追憶41米🄵セントラル🄿20世紀FOX🄳ヘンリー・キング🄲クローデット・コルベール▼8・15・悪魔の金41米🄵セントラル🄿RKO🄳ウィリアム・ディターレ🄲エドワード・アーノルド▼8・27・旋風大尉45米🄵セントラル🄿20世紀FOX🄳ロイド・ベーコン🄲フレッド・マクマレイ▼9・10・運命の饗宴42米🄵セントラル🄿20世紀FOX🄳ジュリアン・デュヴィヴィエ🄲シャルル・ボワイエ▼10・1・我が道を往く46米🄵セントラル🄿パラマウント🄳レオ・マッケリー🄲ビング・クロスビー▼（10・15・12・9ゼネストのため休館）▼12・10・巴里祭32仏🄵東和商事🄳ルネ・クレール🄲アナベラ▼12・17・恋三味線46🄵大映🄳野淵昶🄲嵐寛寿郎▼12・24・盗まれかけた音楽祭46🄵大映🄳久松静児🄲折原啓子▼12・31・七つの顔46🄵大映🄳松田定次🄲片岡千恵蔵

【1947年（昭和22年）】

▼1・7・踊子物語47🄵大映🄳小石栄一🄲三條美紀▼1・14・海の狼47🄵大映🄳丸根賛太郎🄲市川右太衛門▼1・21・笑ふ狸御殿（旧題：狸御殿）39🄵大映🄿新興キネマ🄳木村恵吾🄲高山広子▼1・28・にんじん32仏🄵東和商事🄳ジュリアン・デュヴィヴィエ🄲アリ・ボール▼2・4・東京ブルース39🄵東宝🄳斎藤寅次郎🄲川田義雄▼2・11・象を喰った連中47🄵松竹🄳吉村公三郎🄲笠智衆▼2・18・巴里よいとこ29米🄵外映、東宝🄿フォックス・フィルム🄳ラオール・ウォルシュ🄲ヴィクター・マクラグレン▼2・25・東宝千一夜47🄵東宝🄿新東宝🄳中村福（市川崑）🄲藤田進▼3・4・舞踏会の手帖37仏🄵三映社🄳ジュリアン・デュヴィヴィエ🄲マリー・ベル▼3・11・四つの恋の物語47🄵東宝🄳豊田四郎、成瀬巳喜男、山本嘉次郎、衣笠貞之助🄲池部良▼3・25・さくら音頭 今日は踊って47🄵東宝🄿新東宝🄳渡辺邦男🄲長谷川一夫▼4・1・今ひとたびの47🄵東宝🄳五所平之助🄲高峰三枝子▼4・29・情炎47🄵松竹🄳渋谷実🄲佐野周二▼5・6・壮士劇場47🄵大映🄳稲垣浩🄲阪東妻三郎▼5・13・花咲く家族47🄵大映🄳千葉泰樹🄲瀧花久子▼5・20・かりそめの幸福35仏🄵東和商事🄳マルセル・レルビエ🄲シャルル・ボワイエ▼6・17・恋愛交叉点35仏🄵エムパイヤ商事🄳レオ・ジョアノン🄲アルベール・プレジャン▼7・1・白鳥の死37仏🄿シネアトランティカ🄳ジャン・ブノア・レヴィ🄲ミア・スラヴェンスカ▼7・9・戦争と平和47🄵東宝🄳山本薩夫、亀井文夫🄲池部良▼7・15・かけ出し時代47🄵東宝🄿新東宝🄳佐伯清🄲藤田進▼7・29・どん底36仏🄵東和商事🄳ジャン・ルノワール🄲ジャン・ギャバン▼8・26・今ひとたびの47🄵東宝🄳五所平之助🄲高峰三枝子（再映）▼9・2・未完成交響楽33墺🄵東和商事🄳ヴィリ・フォルスト🄲ハンス・ヤーライ▼9・23・ちどり47🄵東宝🄳下村兼史（教育映画）▼9・30・モスクワの音楽娘41ソ連🄿レンフィルム🄳アレクサンドル・イワノフスキー🄲ニコライ・コノワーロフ▼10・14・我等の仲間36

仏[F]東和商事[D]ジュリアン・デュヴィヴィエ[C]ジャン・ギャバン▼11・4・石の花46ソ連[P]モスフィルム[D]アレクサンドル・プトゥシコ[C]ウラジミール・ドルージニコフ▼11・25・春の目ざめ47[F]東宝[D]成瀬巳喜男[C]久我美子▼12・2・第七のヴェール45英[F]BCFC、NCC[D]コンプトン・ベネット[C]ジェームズ・メイソン▼12・23・妖婦46英[F]BCFC、NCC[D]レスリー・アーリス[C]マーガレット・ロックウッド／エリザベス姫エヂンバラ公御成婚の盛儀（短編映画）

【1948年（昭和23年）】

▼1・6・キャラバン46英[F]BCFC、NCC[D]アーサー・クラブトリー[C]スチュワート・グレンジャー▼1・24・美女と野獣46仏[F]SEF、東宝[D]ジャン・コクトー[C]ジャン・マレー▼2・10・魔法の楽弓46英[F]BCFC、NCC[D]バーナード・ノウルズ[C]スチュワート・グレンジャー▼2・24・七つの月のマドンナ45英[F]BCFC、NCC[D]アーサー・クラブトリー[C]フィリス・カルヴァート▼3・9・旅路の果て36仏[F]東和商事[D]ジュリアン・デュヴィヴィエ[C]ミシェル・シモン▼3・23・捕われた心46英[F]BCFC、NCC[D]ベイジル・ディアデン[C]マイケル・レッドグレーブ▼4・6・山師ボオトラン44仏[F]SEF、東宝[D]ピエール・ビヨン[C]ミシェル・シモン▼4・20・愛の海峡45英[F]BCFC、NCC[D]チャールズ・フレンド[C]フランソワーズ・ロゼー▼5・4・カルメン46仏[F]SEF、東宝[D]クリスチャン・ジャック[C]ヴィヴィアーヌ・ロマンス▼5・25・逢びき45英[F]BCFC、NCC[D]デヴィッド・リーン[C]シリア・ジョンソン▼6・15・あらし39仏[F]SEF、東宝[D]ベルナール・デシャン[C]エリッヒ・フォン・シュトロハイム▼6・29・青の恐怖46英[F]BCFC、NCC[D]シドニー・ギリアット[C]アラステア・シム▼7・13・渦巻45英[F]BCFC、NCC[D]マイケル・パウエル、エメリック・プレスバーガー[C]ウェンディ・ヒラー▼7・27・奥様は唄に首ったけ46仏[F]SEF、東宝[D]ジル・グランジェ[C]ルイス・マリアノ▼8・10・鉄拳紳士36英[F]ユナイト[D]ソーントン・フリーランド[C]ダグラス・フェアバンクス・ジュニア▼8・17・高原の情熱43仏[F]SEF、東宝[D]ジャン・グレミヨン[C]マドレーヌ・ルノー▼8・24・蜂の巣の子供たち48[F]東宝[D]清水宏[C]岩波大介▼8・31・愛慾37仏[P]ACE[D]ジャン・グレミヨン[C]ジャン・ギャバン▼9・14・灰色の男42英[F]BCFC、NCC[D]レスリー・アーリス[C]マーガレット・ロックウッド▼9・28・リゴレット44仏[F]SEF、東宝[D]マリオ・ボンナルド[C]ミシェル・シモン▼10・12・生きている画像48[F]東宝[P]新東宝[D]千葉泰樹[C]大河内傳次郎▼10・19・グリンカ46ソ連[F]日ソ映画、東宝[D]レフ・アルンシュタム[C]ボリス・チルコフ▼10・26・オヴァランダース46豪、英[F]BCFC、NCC[D]ハリー・ワット[C]チップス・ラファティ▼11・9・イワン雷帝46ソ連[F]日ソ映画、東宝[D]セルゲイ・M・エイゼンシュテイン[C]ニコライ・チェルカーソフ▼11・23・情炎の島47英[F]BCFC、NCC[D]デイヴィッド・マクドナルド[C]パトリシア・ロック▼12・7・船団最後の日43英[F]BCFC、NCC[D]チャールズ・フレンド[C]ウォルター・フィッツジェラルド▼12・14・間諜M1号46英[F]BCFC、NCC[D]ローレンス・ハンチントン[C]ロバート・ニュートン▼12・28・弾痕46仏[F]SEF、東宝[D]アンリ・ドコワン[C]ピエール・フレネー

【1949年（昭和24年）】

▼1・11・ベデリア46英[F]BCFC、NCC[D]ランス・コンフォート[C]マーガレット・ロックウッド▼1・25・狂乱の狼火47英[F]BCFC、NCC[D]ブライアン・デズモンド・ハースト[C]マーガレット・ロックウッド▼2・1・愛の調べ47米[F]セントラル[P]MGM[D]クラレンス・ブラウン[C]キャサリン・ヘップバーン▼3・1・二重生活47米[F]セントラル[P]ユニヴァーサル[D]ジョージ・キューカー[C]ロナルド・コールマン▼3・22・打撃王42米[F]セントラル[P]サミュエル・ゴールドウィン[D]サム・ウッド[C]ゲイリー・クーパー▼4・26・ママの想い出48米[F]セントラル[P]RKO[D]ジョージ・スティーヴンス[C]アイリーン・ダン▼5・10・ミニヴァー夫人41米[F]セントラル[P]MGM[D]ウィリアム・ワイラー[C]グリア・ガースン▼5・24・黄金48米[F]セントラル[P]ワーナー[D]ジョン・ヒューストン[C]ハンフリー・ボガート▼6・21・秘めたる心46米[F]セントラル[P]MGM[D]ロバート・Z・レオナード[C]クローデット・コルベール▼7・5・楽聖ショパン45米[F]セントラル[P]コロムビア[D]チャールズ・ヴィダー[C]コーネル・ワイルド▼8・2・楽し我が道47米[F]セントラル[P]パラマウント[D]エリオット・ニュージェント[C]ビング・クロスビー▼8・16・ドーヴァーの白い崖44米[F]セントラル[P]MGM[D]クラレンス・ブラウン[C]アイリーン・ダン▼8・30・ジョニイ・ベリンダ48米[F]セントラル

[P]ワーナー[D]ジーン・ネグレスコ[C]ジェーン・ワイマン▼9・17・善人サム48米[F]セントラル[P]RKO[D]レオ・マッケリー[C]ゲイリー・クーパー▼10・4・怒濤の果て48米[F]セントラル[P]リパブリック[D]エドワード・ルドウィグ[C]ジョン・ウェイン▼10・18・ユーモレスク46米[F]セントラル[P]ワーナー[D]ジーン・ネグレスコ[C]ジョーン・クロフォード▼11・8・ニノチカ39米[F]セントラル[P]MGM[D]エルンスト・ルビッチ[C]グレタ・ガルボ▼11・29・暴力行為48米[F]セントラル[P]MGM[D]フレッド・ジンネマン[C]ロバート・ライアン▼12・13・愉快な家族48米[F]セントラル[P]20世紀FOX[D]ウォルター・ラング[C]ロバート・ヤング▼12・27・腰抜け二挺拳銃48米[F]セントラル[P]パラマウント[D]ノーマン・Z・マクロード[C]ボブ・ホープ

【1950年（昭和25年）】

▼1・12・海賊バラクーダ45米[F]セントラル[P]RKO[D]フランク・ボーゼージ[C]ポール・ヘンリード▼1・31・2・13窓49米[F]セントラル[P]RKO[D]テッド・テズラフ[C]ボビー・ドリスコル▼2・8（18：00）［有料試写会］イースター・パレード48米[F]セントラル[P]MGM[D]チャールズ・ウォルターズ[C]フレッド・アステア▼2・14・イースター・パレード（通常興行）▼3・7・蛇の穴48米[F]セントラル[P]20世紀FOX[D]アナトール・リトヴァク[C]オリヴィア・デ・ハヴィランド▼3・21・アラビアン・ナイト42米[F]セントラル[P]ユニヴァーサル[D]ジョン・ローリンス[C]ジョン・ホール▼4・11・春の珍事49米[F]セントラル[P]20世紀FOX[D]ロイド・ベーコン[C]レイ・ミランド▼4・25・サン・アントニオ45米[F]セントラル[P]ワーナー[D]デイヴィッド・バトラー[C]エロール・フリン▼5・19・私は殺される48米[F]セントラル[P]パラマウント[D]アナトール・リトヴァク[C]バーバラ・スタンウィック▼6・2・山荘物語49米[F]セントラル[P]MGM[D]リチャード・ソープ[C]ジャネット・マクドナルド▼6・23・海の征服者42米[F]セントラル[P]20世紀FOX[D]ヘンリー・キング[C]タイロン・パワー▼7・14・帰郷48米[F]セントラル[P]MGM[D]マーヴィン・ルロイ[C]クラーク・ゲーブル▼8・4・カリフォルニア47米[F]セントラル[P]パラマウント[D]ジョン・ファーロウ[C]レイ・ミランド▼8・22・欲望の砂漠49米[F]セントラル[P]パラマウント[D]ウィリアム・ディターレ[C]バート・ランカスター▼9・5・バクダット49米[F]セントラル[P]ユニヴァーサル[D]チャールズ・ラモント[C]モーリン・オハラ▼9・26・ママは大学一年生49米[F]セントラル[P]20世紀FOX[D]ロイド・ベーコン[C]ロレッタ・ヤング▼10・10・ドン・ファンの冒険48米[F]セントラル[P]ワーナー[D]ヴィンセント・シャーマン[C]エロール・フリン▼10・31・狐の王子49米[F]セントラル[P]20世紀FOX[D]ヘンリー・キング[C]タイロン・パワー▼11・8（18：30）［特別有料試写会］頭上の敵機50米[F]セントラル[P]20世紀FOX[D]ヘンリー・キング[C]グレゴリー・ペック▼11・14・頭上の敵機（通常興行）▼12・5・天國の怒り41米[F]セントラル[P]MGM[D]W・S・ヴァンダイク2世[C]ロバート・モンゴメリー▼12・14・月光の女40米[F]セントラル[P]ワーナー[D]ウィリアム・ワイラー[C]ベティ・デイヴィス▼12・28・西部の王者44米[F]セントラル[P]20世紀FOX[D]ウィリアム・A・ウェルマン[C]ジョエル・マクリー

【1951年（昭和26年）】

▼1・11・夜も昼も46米[F]セントラル[P]ワーナー[D]マイケル・カーティス[C]ケイリー・グラント▼2・6・赤きダニューブ49米[F]セントラル[P]MGM[D]ジョージ・シドニー[C]ウォルター・ピジョン▼2・22・情炎の海44米[F]セントラル[P]パラマウント[D]ミッチェル・ライゼン[C]ジョーン・フォンテーン▼3・6・若草の頃44米[F]セントラル[P]MGM[D]ヴィンセント・ミネリ[C]ジュディ・ガーランド▼3・16（18：40）［特別有料試写会］征服されざる人々47米[F]セントラル[P]パラマウント[D]セシル・B・デミル[C]ゲイリー・クーパー▼3・20・征服されざる人々（通常興行）▼4・10・夢の宮廷49米[F]セントラル[P]パラマウント[D]ティー・ガーネット[C]ビング・クロスビー▼4・17（19：00）［披露大試写会］レベッカ40米[F]セルズニック、東宝[P]RKO[D]アルフレッド・ヒッチコック[C]ジョーン・フォンテーン▼4・24・レベッカ（通常興行）▼5・22・われら自身のもの50米[F]大映洋画部[P]サミュエル・ゴールドウィン[D]デヴィッド・ミラー[C]アン・ブライス▼6・12・ジャングルブック42英[F]東和映画、東宝[P]アレクサンダー・コルダ・フィルム[D]ゾルタン・コルダ[C]サブウ▼7・3・鎧なき騎士37英[F]東和映画、東宝[P]ロンドン・フィルム[D]ジャック・フェーデ[C]マレーネ・ディートリッヒ▼7・21・陽気な幽霊45英[F]BCFC、NCC[D]デヴィッド・リーン[C]レックス・ハリソン▼8・7・ファビオラ49伊、仏[F]映配[D]アレッサンドロ・ブ

ラゼッティ🄲ミシェル・モルガン▼8・28・邪魔者は殺《け》せ47英🄵BCFC、NCC🄳キャロル・リード🄲ジェームズ・メイソン▼9・18・白晝の決闘46米🄵東宝🄿セルズニック🄳キング・ヴィダー🄲ジェニファー・ジョーンズ▼10・23・絶壁の彼方に50英🄵東和映画、東宝🄿ロンドン・フィルム🄳シドニー・ギリアット🄲ダグラス・フェアバンクス・ジュニア▼11・6・暁の討伐隊39米🄵大映洋画部🄿サミュエル・ゴールドウィン🄳ヘンリー・ハサウェイ🄲ゲイリー・クーパー▼11・23・白い恐怖45米🄵東宝🄿セルズニック🄳アルフレッド・ヒッチコック🄲グレゴリー・ペック▼12・7・ヒット・パレード48米🄵大映洋画部🄿サミュエル・ゴールドウィン🄳ハワード・ホークス、🄲ダニー・ケイ▼12・27・二世部隊51米🄵MGM🄳ロバート・ピロッシュ🄲ヴァン・ジョンソン

【1952年（昭和27年）】

▼1・3・世紀の女王44米🄵MGM🄳ジョージ・シドニー🄲エスター・ウィリアムス▼1・17・無頼漢43米🄵コロムビア🄳チャールズ・ヴィダー🄲ランドルフ・スコット▼1・31・三銃士48米🄵MGM🄳ジョージ・シドニー🄲ジーン・ケリー▼2・21・千一夜物語 魔法のランプ45米🄵コロムビア🄳アルフレッド・E・グリーン🄲コーネル・ワイルド▼2・28・キング・ソロモン50米🄵MGM🄳コンプトン・ベネット🄲デボラ・カー▼3・20・我が心の呼ぶ声51米🄵RKO🄿サミュエル・ゴールドウィン🄳マーク・ロブソン🄲ダナ・アンドリュース▼4・3・ショウボート51米🄵MGM🄳ジョージ・シドニー🄲キャスリン・グレイソン▼4・18・會議は踊る31独🄵東和映画🄿ウーファ🄳エリック・シャレル🄲リリアン・ハーヴェイ▼5・1・勇者のみ51米🄵ワーナー🄳ゴードン・ダグラス🄲グレゴリー・ペック▼5・14（19：30）［前夜祭特別有料試写会］ヴァレンチノ51米🄵コロムビア🄳ルイス・アレン🄲アンソニー・デクスター▼5・15・ヴァレンチノ（通常興行）▼5・24・水着の女王49米🄵MGM🄳エドワード・バゼル🄲エスター・ウィリアムス▼6・7・二人でお茶を50米🄵ワーナー🄳デイヴィッド・バトラー🄲ドリス・デイ▼6・19・硫黄島の砂49米🄵NCC🄿リパブリック🄳アラン・ドワン🄲ジョン・ウェイン▼6・26・ウィンチェスター銃'73 50米🄵ユニヴァーサル🄳アンソニー・マン🄲ジェームズ・スチュアート▼7・15・榮光の星の下に51米🄵MGM🄳ヴィンセント・シャーマン🄲クラーク・ゲーブル▼7・29・青いヴェール51米🄵RKO🄳カーティス・バーンハート🄲ジェーン・ワイマン▼8・12・アフリカの女王51英、米🄵BCFC、NCC🄳ジョン・ヒューストン🄲ハンフリー・ボガート▼8・29（19：00）［有料試写会］君去りし後44米🄵SRO、東宝🄿セルズニック🄳ジョン・クロムウェル🄲クローデット・コルベール▼9・2・君去りし後（通常興行）▼9・16・第三の男49英🄵東和映画、東宝🄿ロンドン・フィルム🄳キャロル・リード🄲ジョセフ・コットン▼10・1・誰が為に鐘は鳴る43米🄵パラマウント🄳サム・ウッド🄲ゲイリー・クーパー▼10・29・闘牛の女王47米🄵MGM🄳リチャード・ソープ🄲エスター・ウィリアムス▼11・7（19：00）［前夜祭］肉体の悪魔47仏🄵東和映画🄳クロード・オータン・ララ🄲ジェラール・フィリップ▼11・8・肉体の悪魔（通常興行）▼11・22・怒りの河51米🄵ユニヴァーサル🄳アンソニー・マン🄲ジェームズ・スチュアート▼12・10（19：00）［有料試写会］別離39米🄵SRO、東宝🄿セルズニック🄳グレゴリー・ラトフ🄲レスリー・ハワード▼12・11・別離（通常興行）▼12・25・ポーリンの冒険47米🄵パラマウント🄳ジョージ・マーシャル🄲ベティ・ハットン

【1953年（昭和28年）】

▼1・4・世界を彼の腕に52米🄵ユニヴァーサル🄳ラオール・ウォルシュ🄲グレゴリー・ペック▼1・14・廃墟の守備隊52米🄵コロムビア🄳アンドレ・ド・トス🄲ブロデリック・クロフォード▼1・24・底抜け艦隊51米🄵パラマウント🄳ハル・ウォーカー🄲ディーン・マーティン、ジェリー・ルイス▼1・31・フォーサイト家の女49米🄵MGM🄳コンプトン・ベネット🄲グリア・ガースン▼2・14・花咲ける騎士道52仏、伊🄵東和映画🄳クリスチャン・ジャック🄲ジェラール・フィリップ▼2・24・パラダイン夫人の恋47米🄵東宝🄿セルズニック🄳アルフレッド・ヒッチコック🄲グレゴリー・ペック▼3・7・血ぬられし欲情52米🄵ワーナー🄳ゴードン・ダグラス🄲アラン・ラッド▼3・16（19：00）［特別有料試写会］文化果つるところ51英🄵東和映画🄿ロンドン・フィルム🄳キャロル・リード🄲トレヴァー・ハワード▼3・17・文化果つるところ（通常興行）／世紀の戴冠式53英🄵東和映画🄳ダイアン・バイン（短編記録映画）▼4・1・雨に唄えば52米🄵MGM🄳ジーン・ケリー、スタンリー・ドーネン🄲ジーン・ケリー▼

4・17・かくて我が恋は終りぬ52 英🄵BCFC、NC🄳コンプトン・ベネット🄲マリア・シェル／巴里千一夜（記録映画）▼4・25・地上最大のショウ52 米🄵パラマウント🄳セシル・B・デミル🄲チャールトン・ヘストン▼5・9・見知らぬ乗客51 米🄵ワーナー🄳アルフレッド・ヒッチコック🄲ファーリー・グレンジャー▼5・20・三人の名付親48 米🄵MGM🄳ジョン・フォード🄲ジョン・ウェイン▼6・3・ガラスの城53 仏🄵東和映画🄳ルネ・クレマン🄲ミシェル・モルガン／カンヌ映画の祭典52 仏🄵東和映画🄳エディー・ペトロシアン（短編記録映画）▼6・16・腰抜け二挺拳銃の息子52 米🄵パラマウント🄳フランク・タシュリン🄲ボブ・ホープ▼7・4・ゼンダ城の虜52 米🄵MGM🄳リチャード・ソープ🄲スチュワート・グレンジャー▼7・14・錨を上げて45 米🄵MGM🄳ジョージ・シドニー🄲フランク・シナトラ▼7・28・8・3 改装休館▼8・4・情炎の女サロメ53 米🄵コロムビア🄳ウィリアム・ディターレ🄲リタ・ヘイワース▼8・23・拾った女53 米🄵 20世紀FOX🄳サミュエル・フラー🄲リチャード・ウィドマーク▼9・6・禁じられた遊び52 仏🄵東和映画🄳ルネ・クレマン🄲ブリジット・フォッセー▼9・18・スプリングフィールド銃52 米🄵ワーナー🄳アンドレ・ド・トス🄲ゲイリー・クーパー▼10・3・世紀の祭典52 フィンランド🄵欧米映画（ヘルシンキ・オリンピック記録映画）▼10・4・愛しのシバよ帰れ52 米🄵パラマウント🄳ダニエル・マン🄲バート・ランカスター▼10・16・黄昏《たそがれ》51 米🄵パラマウント🄳ウィリアム・ワイラー🄲ローレンス・オリヴィエ▼10・18・地上《ここ》より永遠《とわ》に53 米🄵コロムビア🄳フレッド・ジンネマン🄲バート・ランカスター▼10・25・雷鳴の湾53 米🄵ユニヴァーサル🄳アンソニー・マン🄲ジェームズ・スチュアート▼11・6（19：00）［前夜祭］悲恋の王女エリザベス53 米🄵MGM🄳ジョージ・シドニー🄲ジーン・シモンズ▼11・7・悲恋の王女エリザベス（通常興行）▼11・18・綱渡りの男53 米🄵 20世紀FOX🄳エリア・カザン🄲フレドリック・マーチ▼12・2・浮気なカロリーヌ53 仏🄵新外映🄳ジャン・ドヴェヴル🄲マルティーヌ・キャロル▼12・13・真紅の女53 米🄵 20世紀FOX🄳ヘンリー・レヴィン🄲スーザン・ヘイワード／ヴィナスの誕生（美術映画）▼12・26・バンド・ワゴン53 米🄵MGM🄳ヴィンセント・ミネリ🄲フレッド・アステア

【1954年（昭和29年）】

▼1・4・楽しき我が家53 米🄵パラマウント🄳ノーマン・タウログ🄲ローズマリー・クルーニー（1・4・1・5江利チエミ実演付）▼1・14・二つの世界の男53 英🄵東和映画🄳キャロル・リード🄲ジェームズ・メイソン▼1・28・歴史は夜作られる37米🄵ユナイト🄳フランク・ボーゼージ🄲シャルル・ボワイエ▼2・6・素晴らしき哉、人生！46 米🄵RKO🄳フランク・キャプラ🄲ジェームズ・スチュアート▼2・15・デカメロン夜話53 米🄵RKO🄳ヒューゴー・フレゴネーズ🄲ジョーン・フォンテーン▼2・23・第十七捕虜収容所53 米🄵パラマウント🄳ビリー・ワイルダー🄲ウィリアム・ホールデン▼3・5・愛すべき御婦人たち52 仏🄵東宝🄳クリスチャン・ジャック🄲ダニエル・ジェラン▼3・12・ダンボ41 米🄵大映洋画部🄿ウォルト・ディズニー・プロ🄳ベン・シャープスティーン（アニメーション）／大自然の片隅51 米🄵大映洋画部🄿ウォルト・ディズニー・プロ🄳ジェームズ・アルガー（記録映画）▼4・9・モガンボ53 米🄵MGM🄳ジョン・フォード🄲クラーク・ゲーブル▼4・27・ローマの休日53 米🄵パラマウント🄳ウィリアム・ワイラー🄲オードリー・ヘップバーン▼6・4・山河遥かなり49 米🄵MGM🄳フレッド・ジンネマン🄲モンゴメリー・クリフト▼6・19・陽気なドン・カミロ52 仏、伊🄵東和映画🄳ジュリアン・デュヴィヴィエ🄲フェルナンデル▼7・3・忘れじの面影48 米🄵国際映画、東宝🄳マックス・オフュルス🄲ジョーン・フォンテーン▼7・13・スミス都へ行く39米🄵コロムビア🄳フランク・キャプラ🄲ジェームズ・スチュアート▼7・20（19：30）［有料試写会］恐怖の報酬52 仏、伊🄵東和映画🄳アンリ・ジョルジュ・クルーゾー🄲イヴ・モンタン▼7・25・恐怖の報酬（通常興行）▼8・22・豪傑カサノヴァ54 米🄵パラマウント🄳ノーマン・Z・マクロード🄲ボブ・ホープ▼8・30・巨象の道54 米🄵パラマウント🄳ウィリアム・ディターレ🄲エリザベス・テイラー▼9・17・麗しのサブリナ54 米🄵パラマウント🄳ビリー・ワイルダー🄲オードリー・ヘップバーン▼10・22・コレヒドール戦記45 米🄵MGM🄳ジョン・フォード🄲ロバート・モンゴメリー▼10・29・CS悪の花園54 米🄵 20世紀FOX🄳ヘンリー・ハサウェイ🄲ゲイリー・クーパー▼11・18（19：00）［特別有料試写会］出演：雪村いづみ／CS愛の泉54 米🄵 20世紀FOX🄳ジーン・ネグレスコ🄲ドロシー・マクガイア▼11・20・CS愛の泉（通

常興行）／CSチャイコフスキー交響曲第四番（音楽短編）▼12・13・テオドラ54伊、仏🄵イタリフィルム、NCC🄳リカルド・フレーダ🄲ジョルジュ・マルシャル▼12・24・CSブリガドーン54米🄵MGM🄳ヴィンセント・ミネリ🄲ジーン・ケリー

【1955年（昭和30年）】

▼1・4・CS長い灰色の線54米🄵コロムビア🄳ジョン・フォード🄲タイロン・パワー▼1・29・VS裏窓54米🄵パラマウント🄳アルフレッド・ヒッチコック🄲ジェームズ・スチュアート▼2・22・妄執の影54仏🄵東和映画🄳ジャン・ドラノワ🄲ミシェル・モルガン▼3・8・VSユリシーズ54伊、仏、米🄵イタリフィルム、NCC🄿パラマウント他🄳マリオ・カメリーニ🄲カーク・ダグラス▼3・29・バルテルミーの大虐殺54仏、伊🄵泰西、新外映🄳ジャン・ドレヴィル🄲ジャンヌ・モロー▼4・6・CS太鼓の響き54米🄵ワーナー🄳デルマー・デイヴィス🄲アラン・ラッド▼4・16・VS雨の朝巴里に死す54米🄵MGM🄳リチャード・ブルックス🄲エリザベス・テイラー▼5・5・CS日本人の勲章55米🄵MGM🄳ジョン・スタージェス🄲スペンサー・トレイシー▼5・25・CS緑の火 エメラルド54米🄵MGM🄳アンドリュー・マートン🄲スチュワート・グレンジャー▼6・10・青春の果実54仏、西独🄵外国映画、映配 🄳レイモン・ベルナール🄲エドウィジュ・フィエール▼6・18・女優ナナ55仏🄵新外映、映配 🄳クリスチャン・ジャック🄲シャルル・ボワイエ▼7・9・パンと恋と夢53伊🄵イタリフィルム、NCC🄳ルイジ・コメンチーニ🄲ジーナ・ロロブリジーダ▼7・26・悪魔のような女55仏🄵東和映画🄳アンリ・ジョルジュ・クルーゾー🄲シモーヌ・シニョレ▼8・26・VS暴力教室55米🄵MGM🄳リチャード・ブルックス🄲グレン・フォード▼9・16・CS男の魂55米🄵ワーナー🄳ジョン・ファーロウ🄲ジョン・ウェイン▼9・30・CSプロディガル55米🄵MGM🄳リチャード・ソープ🄲ラナ・ターナー／ロマンの香り（音楽短編）▼10・14・CS地獄の戦線55米🄵ユニヴァーサル🄳ジェシー・ヒッブス🄲オーディ・マーフィー▼10・24・緑の魔境53伊、ブラジル🄵NCC、エイショウ・トレイディング🄳ジャン・ガスパレ・ナポリターノ（記録映画）▼11・19・VSガラスの靴55米🄵MGM🄳チャールズ・ウォルターズ🄲レスリー・キャロン▼12・9・VS顔役時代55米🄵ユニヴァーサル🄳ルドルフ・マテ🄲トニー・カーティス▼12・18・チャタレイ夫人の恋人55仏🄵NCC、ユニオン🄳マルク・アレグレ🄲ダニエル・ダリュー

【1956年（昭和31年）】

▼1・3・VSベニイ・グッドマン物語55米🄵ユニヴァーサル🄳ヴァレンタイン・デイヴィス🄲スティーヴ・アレン▼2・4・VS四角いジャングル55米🄵ユニヴァーサル🄳ジェリー・ホッパー🄲トニー・カーティス／CS歌うキング・コール▼2・17・CS征服者55米🄵RKO🄳ディック・パウエル🄲ジョン・ウェイン▼3・16・VV必死の逃亡者55米🄵パラマウント🄳ウィリアム・ワイラー🄲ハンフリー・ボガート▼4・5・CS理由なき反抗55米🄵ワーナー🄳ニコラス・レイ🄲ジェームス・ディーン▼5・3・VV画家とモデル55米🄵パラマウント🄳フランク・タシュリン🄲ディーン・マーティン、ジェリー・ルイス▼5・17・VS六番目の男55米🄵ユニヴァーサル🄳ジョン・スタージェス🄲リチャード・ウィドマーク▼5・29・CS瓶の底56米🄵20世紀FOX🄳ヘンリー・ハサウェイ🄲ヴァン・ジョンソン▼6・7（19：00）［有料試写会］VS女の平和53仏、伊🄵東和映画🄳クリスチャン・ジャック🄲マルティーヌ・キャロル／空と海の間に55仏🄵東和映画🄳クリスチャン・ジャック🄲アンドレ・ヴァルミー／舞台挨拶：マルティーヌ・キャロル、クリスチャン・ジャック▼6・8・女の平和（通常興行）／白夜の果てに39墺🄵東和映画🄿ウィーン・フィルム🄳グスタフ・ウツィッキ🄲ハインリッヒ・ゲオルゲ▼6・12・カラコルム カラコルム・ヒンズークシ学術探検記録56 🄵東宝🄿日映新社 編集：伊勢長之助、中村敏郎（記録映画）／リスの手袋騒動50米🄿ウォルト・ディズニー・プロ🄳チャールズ・A・ニコルズ（短編アニメーション）▼6・19（20：00）［前夜祭］CS他国者は殺せ56仏、伊🄵NCC、ユニオン🄳ロベール・ダレーン🄲ジャン・マレー／舞台挨拶：ジャン・マレー▼6・20・他国者は殺せ（通常興行）▼6・30・CS地獄の埠頭55米🄵ワーナー🄳フランク・タトル🄲アラン・ラッド▼7・12・VV知りすぎていた男56米🄵パラマウント🄳アルフレッド・ヒッチコック🄲ジェームズ・スチュアート▼8・2・殺意の瞬間56仏🄵東和映画🄳ジュリアン・デュヴィヴィエ🄲ジャン・ギャバン▼8・23・VV捜索者56米🄵ワーナー🄳ジョン・フォード🄲ジョン・ウェイン▼9・25・標高八、一二五メートル マナスルに立つ56 🄵映配 🄿毎日新聞社、映配 🄳山本嘉次郎（記録映画）／海底の驚異55米🄵映配 🄳ベン・チャップマン（記録映画）▼10・

11（19：00）［前夜祭］VS白鯨56 米🄵ワーナー🄳ジョン・ヒューストン🄲グレゴリー・ペック▼10・12・白鯨（通常興行）▼11・14・CS夜の乗合自動車《ナイト・バス》56 米🄵コロムビア🄳ディック・パウエル🄲ジューン・アリソン／VSロック・アンド・ロール 狂熱のジャズ56 米🄵コロムビア🄳フレッド・F・シアーズ🄲ビル・ヘイリー＆ザ・コメッツ▼12・7・VS風と共に散る56 米🄵ユニヴァーサル🄳ダグラス・サーク🄲ロック・ハドソン▼12・22・ジャイアンツ56 米🄵ワーナー🄳ジョージ・スティーヴンス🄲エリザベス・テイラー

【1957年（昭和32年）】

▼2・16・VSサンチャゴ55 米🄵ワーナー🄳ゴードン・ダグラス🄲アラン・ラッド▼3・3・SS硝煙56 米🄵RKO🄳ジャック・ターナー🄲ヴァージニア・メイヨ▼3・15・CS生命の神秘56 米🄵大映🄿ウォルト・ディズニー・プロ🄳ジェームズ・アルガー（記録映画）／ラテンアメリカの旅43 米🄵大映🄿ウォルト・ディズニー・プロ🄳ウィルフレッド・ジャクソン他（アニメーション）▼4・12・荒鷲の翼57 米🄵MGM🄳ジョン・フォード🄲ジョン・ウェイン▼5・5・CS機関車大追跡56 米🄵大映🄿ウォルト・ディズニー・プロ🄳フランシス・D・ライオン🄲ジェフリー・ハンター／CS民族と自然 北極圏の人々56 米🄵大映🄿ウォルト・ディズニー・プロ🄳ウィンストン・ヒブラー（記録映画）▼5・21・東京上空三十秒45 米🄵ブレイクストン、映配 🄿MGM🄳マーヴィン・ルロイ🄲ヴァン・ジョンソン▼5・31（17：00）［前夜祭］日本南極地域観測隊の記録 南極大陸57 🄵東宝🄿日映新社（記録映画）編集：伊勢長之助▼6・1・日本南極地域観測隊の記録 南極大陸（通常興行）▼6・9・鮮血の午後56 西🄵東和映画🄳ラディスラオ・バホダ🄲ドミンゴ・オルテガ▼6・19・VS間違えられた男56 米🄵ワーナー🄳アルフレッド・ヒッチコック🄲ヘンリー・フォンダ／太陽を求めて🄵ワーナー（観光映画）▼7・3・VVOK牧場の決斗56 米🄵パラマウント🄳ジョン・スタージェス🄲バート・ランカスター▼8・7・CS東京特ダネ部隊57 米🄵ユニヴァーサル🄳ジェシー・ヒッブス🄲オーディ・マーフィー▼8・17・VVロンリーマン57 米🄵パラマウント🄳ヘンリー・レヴィン🄲ジャック・パランス▼9・7・CS出撃命令56 伊🄵イタリフィルム、新外映🄳アントニオ・ムーズ🄲ガブリエレ・フェルゼッティ▼9・17・SS夜の道57 米🄵ユニヴァーサル🄳ジェームズ・ニールソン🄲ジェームズ・スチュアート▼10・5・王子と踊り子57 米🄵ワーナー🄳ローレンス・オリヴィエ🄲マリリン・モンロー▼11・1・眞昼の暴動47 米🄵ブレイクストン、映配🄿マーク・ヘリンジャー・プロ、ユニヴァーサル🄳ジュールス・ダッシン🄲バート・ランカスター▼11・20・VSジェット・パイロット56 米🄵RKO🄳ジョセフ・フォン・スタンバーグ🄲ジョン・ウェイン▼12・11・目撃者57 仏🄵ユニオン、NCC🄳イヴ・アレグレ🄲アントネラ・ルアルディ▼12・25・CS戦場にかける橋57 米🄵コロムビア🄳デヴィッド・リーン🄲ウィリアム・ホールデン

【1958年（昭和33年）】

▼3・5・SS海の壁57 伊、米🄵コロムビア🄳ルネ・クレマン🄲シルヴァーナ・マンガーノ▼4・1・CS僕はツイてる58 米🄵MGM🄳マイケル・キッド🄲ダニー・ケイ▼4・22・VS特攻決死隊58 米🄵ワーナー🄳ウィリアム・A・ウェルマン🄲ジェームズ・ガーナー▼5・3・CS縄張り58 米🄵MGM🄳ジョージ・マーシャル🄲グレン・フォード▼5・17・VSスパイ57 仏🄵東和映画🄳アンリ・ジョルジュ・クルーゾー🄲クルト・ユルゲンス▼6・7・CS向う見ずの男58 米🄵20世紀FOX🄳ヘンリー・ハサウェイ🄲ドン・マレー▼6・26・CS月夜の宝石58 仏、米🄵コロムビア🄳ロジェ・ヴァディム🄲ブリジット・バルドー▼7・15・CSゴーストタウンの決斗58 米🄵MGM🄳ジョン・スタージェス🄲ロバート・テイラー▼8・9・VS激戦ダンケルク58 英🄵MGM🄳レスリー・ノーマン🄲ジョン・ミルズ▼8・22・VV先生のお気に入り58 米🄵パラマウント🄳ジョージ・シートン🄲クラーク・ゲーブル▼8・29・CS悪人の土地58 米🄵MGM🄳デルマー・デイヴィス🄲アラン・ラッド▼9・13・VV底抜け 楽じゃないデス58 米🄵パラマウント🄳フランク・タシュリン🄲ジェリー・ルイス▼9・26・VS死刑台のエレベーター58 仏🄵ユニオン、映配 🄳ルイ・マル🄲モーリス・ロネ▼10・17・VSパジャマゲーム57 米🄵ワーナー🄳ジョージ・アボット、スタンリー・ドーネン🄲ドリス・デイ▼10・26・VVめまい58 米🄵パラマウント🄳アルフレッド・ヒッチコック🄲ジェームズ・スチュアート▼12・8・12・27 改装休館▼12・28・VSくたばれ！ヤンキース58 米🄵ワーナー🄳ジョージ・アボット、スタンリー・ドーネン🄲タブ・ハンター

【1959年（昭和34年）】

▼1・6・CS大戦争58 米🄵20世紀FOX🄳フィリップ・ダン🄲ロバート・ワグナー▼1・22・絶体絶命《ピンチ》

58 仏[F]新外映、泰西[D]エドゥアール・モリナロ[C]ジャンヌ・モロー▼2・5・拳銃の罠59 米[F]パラマウント[D]ノーマン・パナマ[C]リチャード・ウィドマーク▼2・20・VS縛り首の木59 米[F]ワーナー[D]デルマー・デイヴィス[C]ゲイリー・クーパー▼3・14・VS危険な曲り角58 仏[F]東和映画[D]マルセル・カルネ[C]パスカル・プティ▼4・22・VSリオ・ブラボー59 米[F]ワーナー[D]ハワード・ホークス[C]ジョン・ウェイン▼6・10・狂った本能58 仏[F]映配[D]エドモン・T・グレヴィル[C]ロッサナ・ポデスタ▼6・27・第三独房 地獄の待合室59 米[F]映配 [D]ハワード・W・コッチ[C]ミッキー・ルーニー▼7・7・VS灰とダイヤモンド58 ポーランド[F]NCC[D]アンジェイ・ワイダ[C]ズビグニエフ・チブルスキー▼7・17・VS親指トム58 米[F]MGM[D]ジョージ・パル[C]ラス・タンブリン▼7・28・殺《や》られる59 仏[F]新外映[D]エドゥアール・モリナロ[C]ロベール・オッセン▼8・11・CSビッグ・サーカス59 米[F]アライド・アーチスツ[D]ジョゼフ・M・ニューマン[C]ヴィクター・マチュア▼8・22・VS尼僧物語59 米[F]ワーナー[D]フレッド・ジンネマン[C]オードリー・ヘップバーン▼9・26・VV北北西に進路を取れ59 米[F]MGM[D]アルフレッド・ヒッチコック[C]ケイリー・グラント▼11・4・VVガンヒルの決斗59 米[F]パラマウント[D]ジョン・スタージェス[C]カーク・ダグラス▼12・4・野獣は放たれた59 仏[F]東和映画[D]モーリス・ラブロ[C]リノ・ヴァンチュラ▼12・19・白銀は招くよ! ザイラーと12人の娘59 墺[F]東和映画[D]ハンス・キェスト[C]トニー・ザイラー▼12・26・VS連邦警察59 米[F]ワーナー[D]マーヴィン・ルロイ[C]ジェームズ・スチュアート

【1960年(昭和35年)】

▼1・30・CS夜を楽しく59 米[F]ユニヴァーサル[D]マイケル・ゴードン[C]ロック・ハドソン▼2・27・橋59 西独[F]東和映画[D]ベルンハルト・ヴィッキ[C]フォルカー・ボーネット/スキーの王者58 墺[F]東和映画[D]ブルーノ・レッチ(短編記録映画)▼3・19・SS肉体の遺産60 米[F]MGM[D]ヴィンセント・ミネリ[C]ロバート・ミッチャム▼4・1・激しい季節59 伊[F]イタリフィルム[D]ヴァレリオ・ズルリーニ[C]エレオノラ・ロッシ・ドラゴ▼4・19・VS奥様ごめんなさい60 米[F]コロムビア[D]ジョージ・シドニー[C]トニー・カーティス▼5・3・SSフランス桃色風流譚 青い女馬59 仏[F]映配 [D]クロード・オータン・ララ[C]ブールヴィル▼5・31・VS最後の航海60 米[F]MGM[D]アンドリュー・L・ストーン[C]ロバート・スタック▼6・10・SSローマの旗の下に59 伊、仏、西独、ユーゴスラヴィア[F]中央映画貿易[D]グイド・ブリニョーネ[C]アニタ・エクバーグ▼6・23・刑事59 伊[F]NCC[D]ピエトロ・ジェルミ[C]クラウディア・カルディナーレ▼7・20・VS五人の札つき娘60 伊、米[F]パラマウント[D]マーティン・リット[C]ヴァン・ヘフリン▼8・3・CS恋の売込み作戦59 米[F]MGM[D]チャールズ・ウォルターズ[C]デヴィッド・ニーヴン▼8・13・VSバファロー大隊60 米[F]ワーナー[D]ジョン・フォード[C]ジェフリー・ハンター▼9・17・VSサイコ60 米[F]パラマウント[D]アルフレッド・ヒッチコック[C]アンソニー・パーキンス▼11・19・VS黒い肖像60 米[F]ユニヴァーサル[D]マイケル・ゴードン[C]ラナ・ターナー▼12・1・SSママは腕まくり60 米[F]MGM[D]チャールズ・ウォルターズ[C]ドリス・デイ▼12・13・VVナポリ湾60 米[F]パラマウント[D]メルヴィル・シェイヴルソン[C]クラーク・ゲーブル▼12・27・VS若者のすべて60 伊、仏[F]イタリフィルム[D]ルキノ・ヴィスコンティ[C]アラン・ドロン

【1961年(昭和36年)】

▼1・22・CSシマロン60 米[F]MGM[D]アンソニー・マン[C]グレン・フォード▼2・5・わが闘争60 瑞典[F]東和[D]エルウィン・ライザー(記録映画)▼2・24・SSバレン60 英、仏、伊[F]NCC[D]ニコラス・レイ[C]アンソニー・クイン、谷洋子▼3・5・SS恋はすばやく59 伊、仏[F]ヘラルド映画[D]レジナルド・デンハム[C]ジーナ・ロロブリジーダ▼3・15・SSぺぺ60 米[F]コロムビア[D]ジョージ・シドニー[C]カンティンフラス▼5・24・VS馬上の二人61 米[F]コロムビア[D]ジョン・フォード[C]ジェームズ・スチュアート▼7・8・VV片目のジャック60 米[F]パラマウント[D]マーロン・ブランド[C]マーロン・ブランド▼9・9・VSガン・ファイター61 米[F]ユニヴァーサル[D]ロバート・アルドリッチ[C]ロック・ハドソン▼10・24・CS嬉し泣き61 米[F]コロムビア[D]ジョージ・マーシャル[C]グレン・フォード▼11・3・CS価値ある男61 メキシコ[F]東和、東宝[D]イスマエル・ロドリゲス[C]三船敏郎▼11・14・CS独立騎兵隊61 米[F]MGM[D]ジョゼフ・M・ニューマン[C]リチャード・ブーン▼11・25・世界の独裁者たち61 西独[F]映配[D]フェリックス・フォン・ポドマニツキー(記録映画)/左手の幻想[D]パーペル・ホブル[C]演奏:オタカル・ホルマン(音楽短編)

▼12・5・CS何がなんでも首ったけ61 仏F東和Dロジェ・ヴァディムCブリジット・バルドー▼12・20・CSコマンチェロ61 米F 20世紀FOXDマイケル・カーティスCジョン・ウェイン

【1962年（昭和37年）】

▼2・21・VS四時の悪魔61 米FコロムビアDマーヴィン・ルロイCスペンサー・トレイシー▼3・7・駅馬車39米F映配 Dジョン・フォードCジョン・ウェイン▼4・11・シェーン53 米FパラマウントDジョージ・スティーヴンスCアラン・ラッド▼5・12・SSブルー・ハワイ61 米FパラマウントDノーマン・タウログCエルヴィス・プレスリー▼7・21・黄色いリボン49 米F映配 Dジョン・フォードCジョン・ウェイン▼8・7・VSリバティ・バランスを射った男62 米FパラマウントDジョン・フォードCジェームズ・スチュアート▼9・11・白昼の決闘46 米F日本ヘラルドDキング・ヴィダーCジェニファー・ジョーンズ▼9・22・VSロリータ62 英、米FMGMDスタンリー・キューブリックCスー・リオン▼10・12・ロープ48 米FMGMPワーナー他Dアルフレッド・ヒッチコックCジェームズ・スチュアート▼10・27・VSハタリ！62 米FパラマウントDハワード・ホークスCジョン・ウェイン▼12・26・VSチャップマン報告《レポート》62 米FパラマウントDジョージ・キューカーCエフレム・ジンバリスト・ジュニア

【1963年（昭和38年）】

▼1・9・SSジプシー62 米FワーナーDマーヴィン・ルロイCナタリー・ウッド▼1・19・VSイタリア式離婚狂想曲61 伊F東和Dピエトロ・ジェルミCマルチェロ・マストロヤンニ▼2・12・VS電話にご用心62 米FユニヴァーサルDヘンリー・レヴィンCサンドラ・ディー▼2・26・続・わが闘争 勝者と敗者61 瑞典F東和Dトーレ・シェーベルイ（記録映画）／閃光56 英F東和Dジョーン・フォルデス、ピーター・フォルデス（短編アニメーション）▼3・9・世界女族物語62 伊F東和Dグァルティエロ・ヤコペッティ（記録映画）▼4・29・VSガール！ガール！ガール！62 米FパラマウントDノーマン・タウログCエルヴィス・プレスリー▼6・11・SS悪徳の栄え63 仏、伊FMGMDロジェ・ヴァディムCカトリーヌ・ドヌーヴ▼6・25・地上より永遠に53 米FコロムビアDフレッド・ジンネマンCバート・ランカスター▼7・19・VSドノバン珊瑚礁63 米FパラマウントDジョン・フォードCジョン・ウェイン▼8・17・SS地下室のメロディー63 仏F東和、松竹映配、日本ヘラルドDアンリ・ヴェルヌイユCアラン・ドロン▼11・2・SSハッド63 米FパラマウントDマーティン・リットCポール・ニューマン▼11・16・VSいぬ63 仏、伊F東和Dジャン・ピエール・メルヴィルCジャン・ポール・ベルモンド▼12・3・SSヤング・ヤング・パレード63 米FMGMDノーマン・タウログCエルヴィス・プレスリー▼12・21・VSテキサスの四人63 米FワーナーDロバート・アルドリッチCフランク・シナトラ

【1964年（昭和39年）】

▼1・18・CS山猫63 伊、仏F 20世紀FOXDルキノ・ヴィスコンティCバート・ランカスター▼2・8・SS逆転63 米FMGMDマーク・ロブソンCポール・ニューマン▼2・29・SSピンクの豹63 米FユナイトDブレイク・エドワーズCデヴィッド・ニーヴン▼3・20・VSアカプルコの海64 米FパラマウントDリチャード・ソープCエルヴィス・プレスリー▼4・24・VS5月の7日間63 米FパラマウントDジョン・フランケンハイマーCバート・ランカスター▼5・16・トム・ジョーンズの華麗な冒険63 英FユナイトDトニー・リチャードソンCアルバート・フィニー▼6・13・SS危険がいっぱい64 仏FMGMDルネ・クレマンCアラン・ドロン▼8・1・SS昨日 今日 明日63 伊、仏F日本ヘラルドDヴィットリオ・デ・シーカCソフィア・ローレン▼10・1・VVOK牧場の決斗57 米FパラマウントDジョン・スタージェスCバート・ランカスター▼10・25・VSリオの男63 仏、伊F東和Dフィリップ・ド・ブロカCジャン・ポール・ベルモンド▼12・18・VSトプカピ64 米FユナイトDジュールス・ダッシンCメリナ・メルクーリ

【1965年（昭和40年）】

▼1・15・SSダンケルク64 仏、伊F日本ヘラルドDアンリ・ヴェルヌイユCジャン・ポール・ベルモンド▼2・26・SS黄色いロールスロイス64 英FMGMDアンソニー・アスキスCレックス・ハリソン▼4・1・VS007 ゴールドフィンガー64 英FユナイトDガイ・ハミルトンCショーン・コネリー▼5・27・SS黄金の男64 仏、伊、西、西独F東和Dジャン・ベッケルCジャン・ポール・ベルモンド▼6・19・SS太平洋奇跡の作戦 キスカ65 F東宝D丸山誠治C三船敏郎▼6・29・VSシェナンドー河65 米FユニヴァーサルDアンドリュー・V・マクラグレンCジェームズ・スチュアート▼7・17・クワヘリ64 米F東和Dミ

キ・カーター（記録映画）／宇宙を歩く65 ソ連[F]東和（記録映画）▼8・13・SS戦場にながれる歌65 [F]東宝[D]松山善三[C]児玉清▼8・18・VS反撥65 英[F]東和[D]ロマン・ポランスキー[C]カトリーヌ・ドヌーヴ▼9・15・VS南太平洋爆破作戦 モリツリ65 米[F]20世紀FOX[D]ベルンハルト・ヴィッキ[C]マーロン・ブランド▼10・1・SSエルダー兄弟65 米[F]パラマウント[D]ヘンリー・ハサウェイ[C]ジョン・ウェイン▼11・12・VS駆逐艦ベッドフォード作戦65 米[F]コロムビア[D]ジェームズ・B・ハリス[C]リチャード・ウィドマーク▼11・27・SS第三の日65 米[F]ワーナー[D]ジャック・スマイト[C]ジョージ・ペパード▼12・11・SS００７サンダーボール作戦65 英[F]ユナイト[D]テレンス・ヤング[C]ショーン・コネリー

【1966年（昭和41年）】

▼2・19・VV北北西に進路をとれ（初公開時邦題『北北西に進路を取れ』）59 米[F]東和[P]MGM[D]アルフレッド・ヒッチコック[C]ケーリー・グラント▼3・5・SSメイド・イン・パリ66 米[F]MGM[D]ボリス・シーガル[C]アン・マーグレット▼3・19・VS黄金の七人65 伊[F]東和[D]マルコ・ヴィカリオ[C]ロッサナ・ポデスタ▼4・23・CS駅馬車66 米[F]20世紀FOX[D]ゴードン・ダグラス[C]アン・マーグレット▼5・14・VSカトマンズの男65 仏、伊[F]ユナイト[D]フィリップ・ド・ブロカ[C]ジャン・ポール・ベルモンド▼6・4・SSリオの嵐66 仏、伊[F]東和[D]アンドレ・ユヌベル[C]フレデリック・スタフォード▼6・18・VS砦の29人66 米[F]ユナイト[D]ラルフ・ネルソン[C]ジェームズ・ガーナー▼7・22・SS巨大なる戦場66 米[F]ユナイト[D]メルヴィル・シェイヴルソン[C]カーク・ダグラス▼8・19・SSアラベスク66 米[F]ユニヴァーサル[D]スタンリー・ドーネン[C]グレゴリー・ペック▼9・23・VS続 荒野の用心棒66 伊、西[F]東和[D]セルジオ・コルブッチ[C]フランコ・ネロ▼10・22・VS引き裂かれたカーテン66 米[F]ユニヴァーサル[D]アルフレッド・ヒッチコック[C]ポール・ニューマン▼12・1・SSテキサス66 米[F]ユニヴァーサル[D]マイケル・ゴードン[C]ディーン・マーティン▼12・16・VS続 黄金の七人 レインボー作戦66 伊、仏、西[F]東和[D]マルコ・ヴィカリオ[C]ロッサナ・ポデスタ

【1967年（昭和42年）】

▼1・20・SS夕陽のガンマン65 伊、西[F]ユナイト[D]セルジオ・レオーネ[C]クリント・イーストウッド▼3・21・SSタヒチの男66 仏、伊[F]東和[D]ジャン・ベッケル[C]ジャン・ポール・ベルモンド▼4・8・SS続 荒野の七人66 米、西[F]ユナイト[D]バート・ケネディ[C]ユル・ブリンナー▼5・19・SS冒険者たち67 仏、伊[F]大映洋画部[D]ロベール・アンリコ[C]アラン・ドロン▼6・17・SS００７は二度死ぬ67 英[F]ユナイト[D]ルイス・ギルバート[C]ショーン・コネリー、浜美枝▼8・26・SSさすらいのガンマン66 伊、西[F]ユナイト[D]セルジオ・コルブッチ[C]バート・レイノルズ▼9・16・SS太陽のならず者67 仏[F]東和[D]ジャン・ドラノワ[C]ジャン・ギャバン▼10・10・SS墓石と決闘67 米[F]ユナイト[D]ジョン・スタージェス[C]ジェームズ・ガーナー▼11・3・SS奇襲戦隊67 仏、伊[F]ユナイト[D]コスタ・ガヴラス[C]ミシェル・ピッコリ▼11・18・SS夕陽よ急げ67 米[F]パラマウント[D]オットー・プレミンジャー[C]マイケル・ケイン▼12・5・VS傷だらけのアイドル67 英[F]ユニヴァーサル[D]ピーター・ワトキンス[C]ポール・ジョーンズ▼12・15・SS大進撃66 仏、英[F]東和[D]ジェラール・ウーリー[C]ルイ・ド・フュネス

【1968年（昭和43年）】

▼1・26・VSサハリ！67 英[F]パラマウント[D]ヘンリー・ハサウェイ[C]カズ・ガラス▼2・17・SS黒部の太陽68 [F]日活[P]三船プロ、石原プロ[D]熊井啓[C]三船敏郎、石原裕次郎▼3・1・SS野性の眼67 伊[F]東和[D]パオロ・カヴァラ[C]フィリップ・ルロワ▼3・16・VSサムライ67 仏[F]日本ヘラルド[D]ジャン・ピエール・メルヴィル[C]アラン・ドロン▼4・20・SSインディアン狩り68米[F]ユナイト[D]シドニー・ポラック[C]バート・ランカスター▼5・11・SS冷血67 米[F]コロムビア[D]リチャード・ブルックス[C]スコット・ウィルソン▼5・31・VS奴らを高く吊るせ！68 米[F]ユナイト[D]テッド・ポスト[C]クリント・イーストウッド▼6・25・VS華麗なる賭け68 米[F]ユナイト[D]ノーマン・ジュイソン[C]スティーヴ・マックイーン▼8・6・VSジャングル・ブック67 米[F]ディズニー[D]ウォルフガング・ライザーマン（アニメーション）／ディズニーランド 春から冬まで▼9・10・SSコマンド戦略67 米[F]ユナイト[D]アンドリュー・V・マクラグレン[C]ウィリアム・ホールデン▼10・12・白銀のシュプール67 米[F]MGM[D]ウォーレン・ミラー[C]ジャン・クロード・キリー（記録映画）▼10・29・VSさらば友よ68 仏、伊[F]日本ヘラルド[D]ジャン・エルマン[C]アラン・ドロン▼12・14・VSあの胸にもういちど68 英、仏[F]東和

🄳ジャック・カーディフ🄲マリアンヌ・フェイスフル

【1969年（昭和44年）】

▼2・1・SS風林火山69 🄵東宝🄳稲垣浩🄲三船敏郎▼2・25・SS大侵略68 英🄵ユナイト🄳アンドレ・ド・トス🄲マイケル・ケイン▼3・15・SS新 黄金の七人7×7 68 伊🄵東和🄳マルコ・ヴィカリオ🄲ガストーネ・モスキン▼4・29・SS新 荒野の七人 馬上の決闘68 米🄵ユナイト🄳ポール・ウェンドコス🄲ジョージ・ケネディ▼5・24・VSオー！68 仏🄵日本ヘラルド🄳ロベール・アンリコ🄲ジャン・ポール・ベルモンド▼6・21・SSレッド・ムーン68 米🄵東和🄳ロバート・マリガン🄲グレゴリー・ペック▼7・12・SSゲバラ！69 米🄵 20世紀FOX🄳リチャード・フライシャー🄲オマー・シャリフ▼8・1・SS日本海大海戦69 🄵東宝🄳丸山誠治🄲三船敏郎▼8・9・SS大頭脳69 仏、伊🄵パラマウント🄳ジェラール・ウーリー🄲デヴィッド・ニーヴン▼9・6・SSジャガー 豹68 伊、西🄵ユナイト🄳セルジオ・コルブッチ🄲フランコ・ネロ▼9・26・SS空軍大戦略69 英🄵ユナイト🄳ガイ・ハミルトン🄲マイケル・ケイン▼11・21・スパイ大作戦 薔薇の秘密指令69 米🄵パラマウント🄳ポール・スタンリー🄲ピーター・グレイヴス▼12・5・SS新選組69 🄵東宝🄳沢島忠🄲三船敏郎▼12・13・SS女王陛下の007 69 英🄵ユナイト🄳ピーター・ハント🄲ジョージ・レーゼンビー

【1970年（昭和45年）】

▼2・21・SS明日に向って撃て！69 米🄵 20世紀FOX🄳ジョージ・ロイ・ヒル🄲ポール・ニューマン、ロバート・レッドフォード▼4・4・SSシシリアン69 仏、米🄵 20世紀FOX🄳アンリ・ヴェルヌイユ🄲ジャン・ギャバン▼5・30・SSクレムリンレター70 米🄵 20世紀FOX🄳ジョン・ヒューストン🄲ビビ・アンデルソン▼6・13・VSボルサリーノ70 仏、伊🄵パラマウント🄳ジャック・ドレー🄲ジャン・ポール・ベルモンド、アラン・ドロン▼8・1・SS続 猿の惑星70 米🄵 20世紀FOX🄳テッド・ポスト🄲チャールトン・ヘストン▼9・30・VS要塞70 伊、米🄵ユナイト🄳フィル・カールソン🄲ロック・ハドソン／世界の大捜査網🄲シドニー・ポワチエ（短編映画）▼10・24・VS続 夜の大捜査線70 米🄵ユナイト🄳ゴードン・ダグラス🄲シドニー・ポワチエ▼11・25・SSモンテ・ウォルシュ70 米🄵東和🄳ウィリアム・A・フレイカー🄲リー・マーヴィン▼12・12・VS仁義70 仏、伊🄵東和🄳ジャン・ピエール・メルヴィル🄲アラン・ドロン

【1971年（昭和46年）】

▼1・23・VSケマダの戦い69 伊、仏🄵ユナイト🄳ジロ・ポンテコルヴォ🄲マーロン・ブランド▼2・11・SS空爆大作戦70 伊、仏、西🄵MGM🄳エンツォ・G・カステラーリ🄲フレデリック・スタフォード▼2・25・SSお前と俺70 米🄵CIC🄿パラマウント他🄳シドニー・J・フューリー🄲ロバート・レッドフォード▼3・12・VS流れ者70 仏、伊🄵ユナイト🄳クロード・ルルーシュ🄲ジャン・ルイ・トランティニャン▼4・10・VS夜の訪問者70 仏、伊、ベルギー🄵東和🄳テレンス・ヤング🄲チャールズ・ブロンソン▼5・29・SSガラスの墓標70 仏、伊、西独🄵日本ヘラルド🄳ピエール・コラルニック🄲セルジュ・ゲンズブール▼6・19・VS追跡者71 米🄵ユナイト🄳マイケル・ウィナー🄲バート・ランカスター▼7・3・VS007ゴールドフィンガー64 英🄵ユナイト🄳ガイ・ハミルトン🄲ショーン・コネリー▼7・17・SS激動の昭和史 沖縄決戦71 🄵東宝🄳岡本喜八🄲小林桂樹▼7・31・SS新 猿の惑星71 米🄵 20世紀FOX他🄳ドン・テイラー🄲ロディ・マクドウォール▼9・4・VSさらば荒野71 米🄵ユナイト🄳ドン・メドフォード🄲オリヴァー・リード▼9・24・VS傷だらけの挽歌71 米🄵 20世紀FOX🄳ロバート・アルドリッチ🄲キム・ダービー▼10・8・VS小さな目撃者71 英🄵大映第一フィルム🄳ジョン・ハウ🄲マーク・レスター▼12・4・VS追撃のバラード71 米🄵ユナイト🄳エドウィン・シーリン🄲バート・ランカスター▼12・18・SS007 ダイヤモンドは永遠に71 英、米🄵ユナイト🄳ガイ・ハミルトン🄲ショーン・コネリー

【1972年（昭和47年）】

▼2・26・VSフレンチ・コネクション71 米🄵 20世紀FOX🄳ウィリアム・フリードキン🄲ジーン・ハックマン▼4・8・VS黒いジャガー71 米🄵MGM🄳ゴードン・パークス🄲リチャード・ラウンドトゥリー▼4・22・VS黄金の7人 1+6 エロチカ大作戦71 伊、仏🄵東和🄳マルコ・ヴィカリオ🄲ロッサナ・ポデスタ▼5・13・VSドク・ホリデイ71 米🄵ユナイト🄳フランク・ペリー🄲ステイシー・キーチ▼5・27・VS夜の大捜査線 霧のストレンジャー71 米🄵ユナイト🄳ドン・メドフォード🄲シドニー・ポワチエ▼6・10・SSホット・ロック71 米🄵 20世紀FOX🄳ピーター・イェーツ🄲ロバート・レッドフォード▼6・24・VSチャトズ・ランド72 英、西、米🄵ユナイト🄳マイケ

ル・ウィナー🄲チャールズ・ブロンソン▼7・8・SSブラック・エース71米🄵東和🄳マイケル・リッチー🄲リー・マーヴィン▼7・22・SS猿の惑星 征服72米🄵20世紀FOX🄳J・リー・トンプソン🄲ロディ・マクドウォール▼8・26・SSハイジャック72米🄵MGM🄳ジョン・ギラーミン🄲チャールトン・ヘストン▼10・10・VS荒野の七人 真昼の決闘72米🄵ユナイト🄳ジョージ・マッコーワン🄲リー・ヴァン・クリーフ▼10・28・SSジュニア・ボナー 華麗なる挑戦72米🄵20世紀FOX🄳サム・ペキンパー🄲スティーヴ・マックイーン▼12・9・VSバラキ72伊、仏、米🄵日本ヘラルド🄳テレンス・ヤング🄲チャールズ・ブロンソン

【1973年（昭和48年）】

▼3・16・SSゲッタウェイ72米🄵東和🄳サム・ペキンパー🄲スティーヴ・マックイーン▼6・9・SSソイレント・グリーン73米🄵MGM🄳リチャード・フライシャー🄲チャールトン・ヘストン▼7・14・VS007 死ぬのは奴らだ73英🄵ユナイト🄳ガイ・ハミルトン🄲ロジャー・ムーア▼10・6・SSビリー・ザ・キッド 21才の生涯73米🄵MGM🄳サム・ペキンパー🄲ジェームズ・コバーン▼11・1・VSビッグ・ガン73伊、仏🄵東和🄳ドゥッチョ・テッサリ🄲アラン・ドロン▼12・8・VSスコルピオ73米🄵ユナイト🄳マイケル・ウィナー🄲バート・ランカスター

【1974年（昭和49年）】

▼1・19・VSダラスの熱い日73米🄵日本ヘラルド🄳デヴィッド・ミラー🄲バート・ランカスター▼3・16・SSエスピオナージ73仏🄵日本ヘラルド🄳アンリ・ヴェルヌイユ🄲ユル・ブリンナー▼4・6・ドーベルマンギャング72🄵東和🄳バイロン・ロス・チャドナウ🄲バイロン・メイブ▼4・27・VS暗黒街のふたり73仏、伊🄵日本ヘラルド🄳ジョゼ・ジョヴァンニ🄲アラン・ドロン▼6・22・VS重犯罪特捜班 ザ・セブンアップス73米🄵20世紀FOX🄳フィリップ・ダントニ🄲ロイ・シャイダー▼7・13・VSセルピコ73米、伊🄵パラマウント、CIC🄳シドニー・ルメット🄲アル・パチーノ▼8・10・チャップリンの黄金狂時代25米🄵東和🄳チャールズ・チャップリン🄲チャールズ・チャップリン／犬の生活18米🄵東和🄳チャールズ・チャップリン🄲チャールズ・チャップリン▼10・5・SSサンダーボルト74米🄵ユナイト🄳マイケル・チミノ🄲クリント・イーストウッド▼11・9・VSマジェスティック74米🄵ユナイト🄳リチャード・フライシャー🄲チャールズ・ブロンソン▼11・23・VS大本命74英🄵ユナイト🄳トニー・リチャードソン🄲スコット・アントニー▼12・14・VS007 黄金銃を持つ男74英🄵ユナイト🄳ガイ・ハミルトン🄲ロジャー・ムーア

【1975年（昭和50年）】

▼2・8・VSボルサリーノ２ 74仏🄵日本ヘラルド🄳ジャック・ドレー🄲アラン・ドロン▼3・21・VSジャガーノート74英🄵ユナイト🄳リチャード・レスター🄲リチャード・ハリス▼4・26・SSヤコペッティの大残酷75伊🄵東和🄳グァルティエロ・ヤコペッティ🄲クリストファー・ブラウン▼5・17・VSオリエント急行殺人事件74英🄵パラマウント、CIC🄳シドニー・ルメット🄲アルバート・フィニー▼7・5・VSアランドロンのゾロ75伊、仏🄵東宝東和🄳ドゥッチョ・テッサリ🄲アラン・ドロン▼9・6・VSフレンチ・コネクション２ 75米🄵20世紀FOX🄳ジョン・フランケンハイマー🄲ジーン・ハックマン▼10・4・SS弾丸を噛め75米🄵コロムビア🄳リチャード・ブルックス🄲ジーン・ハックマン▼10・25・VS怒りの日75米🄵東宝東和🄳ドン・シャープ🄲ロッド・スタイガー▼11・15・VSブルーエンゼル75米🄵東宝東和🄳ポール・マーロー🄲ナレーター：レスリー・ニールセン（記録映画）▼12・6・VS謎の完全殺人75米🄵日本ヘラルド🄳レイ・ダントン🄲ジム・ハットン▼12・20・SS続 エマニエル夫人75仏🄵日本ヘラルド🄳フランシス・ジャコベッティ🄲シルビア・クリステル

【1976年（昭和51年）】

▼2・14・SS軍用列車75米🄵ユナイト🄳トム・グリース🄲チャールズ・ブロンソン▼3・13・VSO嬢の物語75仏、西独🄵東宝東和🄳ジュスト・ジャカン🄲コリンヌ・クレリー▼4・24・SSキラーエリート75米🄵ユナイト🄳サム・ペキンパー🄲ジェームズ・カーン▼5・8・SS荒野の七人60米🄵ユナイト🄳ジョン・スタージェス🄲ユル・ブリンナー▼5・29・SSスカイ・ハイ75香港、豪🄵東宝東和🄳ブライアン・トレンチャード・スミス🄲ジミー・ウォング（王羽）▼6・19・VSオスロ国際空港 ダブル・ハイジャック75英🄵20世紀FOX🄳キャスパー・リード🄲ショーン・コネリー▼7・3・SSグリズリー76米🄵コロムビア🄳ウィリアム・ガードラー🄲クリストファー・ジョージ▼8・14・不毛地帯76 🄵東宝🄳山本薩夫🄲仲代達矢▼8・28・VSヒッチコックの ファミリー・プロット76米🄵ユニヴァーサル、CIC🄳アルフレッド・

ヒッチコック[C]カレン・ブラック▼9・25・SSワールド・バイ・ナイトTODAY76伊[F]日本ヘラルド[D]ジャンニ・プロイア（記録映画）▼10・16・VS犬神家の一族76[F]東宝[P]角川春樹事務所[D]市川崑[C]石坂浩二▼11・20・VS候補者ビル・マッケイ72米[F]日本ヘラルド[D]マイケル・リッチー[C]ロバート・レッドフォード▼12・18・SSカサンドラ・クロス76英、伊、西独[F]日本ヘラルド[D]ジョルジュ・パン・コスマトス[C]バート・ランカスター

【１９７７年（昭和52年）】

▼3・19・SSパニック・イン・スタジアム76米[F]ユニヴァーサル、CIC[D]ラリー・ピアース[C]チャールトン・ヘストン▼4・23・VS友よ静かに死ね76仏、伊[F]東宝東和[D]ジャック・ドレー[C]アラン・ドロン▼5・21・VS合衆国最後の日77米、西独[F]日本ヘラルド[D]ロバート・アルドリッチ[C]バート・ランカスター▼6・25・SSサスペリア77伊[F]東宝東和[D]ダリオ・アルジェント[C]ジェシカ・ハーパー▼8・13・SS鷲は舞いおりた76英[F]東宝東和[D]ジョン・スタージェス[C]マイケル・ケイン▼9・10・SS史上最大の作戦62米[F]東宝東和[D]ケン・アナキン、アンドリュー・マートン、ベルンハルト・ヴィッキ[C]ジョン・ウェイン▼10・8・VS人間の証明77[F]東映[P]角川春樹事務所[D]佐藤純彌[C]岡田茉莉子▼12・10・SS００７私を愛したスパイ77英[F]ユナイト[D]ルイス・ギルバート[C]ロジャー・ムーア（上映期間１２６日）

【１９７８年（昭和53年）】

▼4・15・SSブルース・リー 死亡遊戯78香港、米[F]東宝東和[D]ロバート・クローズ[C]ブルース・リー▼6・3・SSお吟さま78[F]東宝[D]熊井啓[C]中野良子▼6・24・VSホワイト・バッファロー77米[F]東宝東和[D]J・リー・トンプソン[C]チャールズ・ブロンソン▼7・15・キタキツネ物語78[F]東宝東和[P]サンリオ・フィルム[D]蔵原惟繕▼9・2・VSザ・ドライバー78米[F]日本ヘラルド[D]ウォルター・ヒル[C]ライアン・オニール▼10・7・SS野性の証明78[F]日本ヘラルド、東映[P]角川春樹事務所[D]佐藤純彌[C]高倉健▼12・9・VSナイル殺人事件78米、英[F]東宝東和[D]ジョン・ギラーミン[C]ピーター・ユスティノフ

【１９７９年（昭和54年）】

▼3・3・VSベルサイユのばら79日、仏[F]東宝[D]ジャック・ドゥミー[C]カトリオーナ・マッコール▼4・28・VSレガシー78英、米[F]東宝東和[D]リチャード・マーカンド[C]キャサリン・ロス▼5・26・VSリベンジャー79英[F]東宝東和[D]マイケル・ウィナー[C]ソフィア・ローレン▼6・30・VSあゝ野麦峠79[F]東宝[D]山本薩夫[C]大竹しのぶ▼7・14・SSリトル・ロマンス79仏、米[F]東宝東和[D]ジョージ・ロイ・ヒル[C]ダイアン・レイン▼9・1・VSロッキー２79米[F]ユナイト[D]シルヴェスター・スタローン[C]シルヴェスター・スタローン▼11・3・VSファンタズム79米[F]東宝東和[D]ドン・コスカレリ[C]マイケル・ボールドウィン▼12・8・SS００７ムーンレイカー79英[F]ユナイト[D]ルイス・ギルバート[C]ロジャー・ムーア

【１９８０年（昭和55年）】

▼3・1・SSテン79米[F]ワーナー[D]ブレイク・エドワーズ[C]ダドリー・ムーア▼3・29・VS悪魔の棲む家79米[F]日本ヘラルド[D]スチュアート・ローゼンバーグ[C]ジェームズ・ブローリン▼4・26・VS影武者80[F]東宝[D]黒澤明[C]仲代達矢▼7・19・アフリカ物語80日[P]サンリオ・フィルム[D]羽仁進、サイモン・トレバー[C]ジェームズ・スチュアート▼9・6・SSバトルクリーク・ブロー80香港[F]東宝東和[P]ゴールデン・ハーヴェスト[D]ロバート・クローズ[C]ジャッキー・チェン（成龍）▼10・10・SSアーバン・カウボーイ80米[F]パラマウント、CIC[D]ジェームズ・ブリッジス[C]ジョン・トラヴォルタ▼10・25・SSテス79仏、英[F]日本ヘラルド[D]ロマン・ポランスキー[C]ナスターシャ・キンスキー▼11・8・VSブルベイカー80米[F]20世紀FOX[D]スチュアート・ローゼンバーグ[C]ロバート・レッドフォード▼12・6・SSレイズ・ザ・タイタニック80米[F]東宝東和[D]ジェリー・ジェームソン[C]ジェイソン・ロバーズ

【１９８１年（昭和56年）】

▼1・31・VSラフ・カット80米[F]パラマウント、CIC[D]ドン・シーゲル[C]バート・レイノルズ▼2・14・VSレイジング・ブル80米[F]ユナイト[D]マーティン・スコセッシ[C]ロバート・デ・ニーロ▼3・21・SSヤング・マスター 師弟出馬80香港[F]東宝東和[P]ゴールデン・ハーヴェスト[D]ジャッキー・チェン（成龍）[C]ジャッキー・チェン▼4・25・VSマルホランド・ランド 王者の道81米[F]東宝東和[D]ノエル・ノセック[C]ハリー・ハムリン▼5・23・SSニューヨーク１９９７81米[F]日本ヘラルド[D]ジョン・カーペンター[C]カート・ラッセル▼6・20・VSゾンゲリア80米[F]日本ヘラルド[D]ゲイリー・A・シャーマン[C]ジェームズ・ファレンティーノ▼7・4・SS００７ユア・ア

イズ・オンリー81 英🄵ユナイト🄳ジョン・グレン🄲ロジャー・ムーア▼10・3・VS悪霊島81 🄵東映、日本ヘラルド 🄿角川春樹事務所🄳篠田正浩🄲鹿賀丈史▼11・28・VS郵便配達は二度ベルを鳴らす81 米🄵日本ヘラルド🄳ボブ・ラフェルソン🄲ジャック・ニコルソン▼12・19・VSキャノンボール81 香港、米🄵東宝東和🄳ハル・ニーダム🄲ジャッキー・チェン

【1982年（昭和57年）】

▼3・6・VS戦場の小さな恋人たち82 米、日🄵サンリオ映画🄿サンリオフィルム🄳ピーター・ワーナー🄲デニス・クリストファー▼3・20・SSミッドナイトクロス81 米🄵日本ヘラルド🄳ブライアン・デ・パルマ🄲ジョン・トラヴォルタ▼4・17・SSドラゴンロード82 香港🄵東宝東和🄳ジャッキー・チェン🄲ジャッキー・チェン▼5・15・VSヘルナイト81 米🄵東宝東和🄳トム・デ・シモーネ🄲リンダ・ブレア▼6・12・SSボーダー81 米🄵ユニヴァーサル、CIC🄳トニー・リチャードソン🄲ジャック・ニコルソン▼6・26・SSエレファント・マン80 英、米🄵東宝東和🄳デヴィッド・リンチ🄲ジョン・ハート▼7・10・VSメガフォース82 米、香港🄵東宝東和🄳ハル・ニーダム🄲バリー・ボストウィック▼8・14・SSロアーズ81 米🄵日本ヘラルド🄳ノエル・マーシャル🄲ティッピー・ヘドレン▼9・15・VS未完の対局82 🄵東宝🄳佐藤純彌、段吉順🄲三國連太郎▼11・3・SS少林寺82 中国、香港🄵東宝東和🄳チャン・シンイエン（張鑫炎）🄲リー・リンチェイ（李連杰）▼12・18・SSランボー82 米🄵東宝東和🄳テッド・コッチェフ🄲シルベスター・スタローン

【1983年（昭和58年）】

▼1・29・SS少林寺への道81 香港、台湾🄵日本ヘラルド🄳ジョセフ・クオ（郭南宏）🄲テン・ポン（田鵬）▼2・11・VSバトルトラック82 ニュージーランド🄵東宝東和🄳ハーレー・コックリス🄲マイケル・ベック▼3・12・VS幻魔大戦83 🄵東宝東和🄿角川春樹事務所🄳りんたろう🅅古谷徹（アニメーション）▼4・29・VSプロ野球を10倍楽しく見る方法83 🄵東宝東和🄳芝山努、鈴木清🅅みのもんた（アニメーション）▼6・11・VSシャドー82 伊🄵日本ヘラルド🄳ダリオ・アルジェント🄲アンソニー・フランシオーサ▼7・2・VS刑事物語2 りんごの詩83 🄵東宝🄳杉村六郎🄲武田鉄矢／VSプルメリアの伝説 天国のキッス83 🄵東宝🄳河崎義祐🄲松田聖子▼7・23・VS南極物語83 🄵日本ヘラルド、東宝🄳蔵原惟繕🄲高倉健▼10・29・VS48時間82 米🄵パラマウント、CIC🄳ウォルター・ヒル🄲ニック・ノルティ▼12・10・VS里見八犬伝83 🄵東映🄿角川春樹事務所🄳深作欣二🄲薬師丸ひろ子

【1984年（昭和59年）】

▼2・11・SS水滸伝83 中国🄵日本ヘラルド🄳エディ・マ（馬成）🄲チー・ウェイフー（穆懐虎）▼3・17・SSジョーズ3 83 米🄵ユニヴァーサル、CIC🄳ジョー・アルヴス🄲デニス・クエイド（アリビジョン3D方式の立体映画）▼4・28・SSスカーフェイス83 米🄵ユニヴァーサル、CIC🄳ブライアン・デ・パルマ🄲アル・パチーノ▼5・26・ミスター・マム83 米🄵東宝東和🄳スタン・ドラゴッティ🄲マイケル・キートン▼6・23・VSチャンピオンズ84 英🄵東宝東和🄳ジョン・アーヴィン🄲ジョン・ハート▼7・21・VS13日の金曜日 完結篇84 米🄵パラマウント、CIC🄳ジョセフ・ジトー🄲キンバリー・ベック／SSザ・キープ 古城の悪霊83 英、米🄵ユニヴァーサル、CIC🄳マイケル・マン🄲スコット・グレン▼8・11・VSストリート・オブ・ファイヤー84 米🄵パラマウント、CIC🄳ウォルター・ヒル🄲マイケル・パレ▼9・8・10・12 VSスプラッシュ84 米🄵東宝🄳ロン・ハワード🄲ダリル・ハンナ▼10・13・11・11［生まれて半世紀！さよならフェスティバル」＝▼10・13・10・16 VS死刑台のエレベーター57 仏🄿ヌーヴェル・エディティオン・ド・フィルム🄳ルイ・マル🄲モーリス・ロネ／第三の男49 英🄿ロンドン・フィルム🄳キャロル・リード🄲ジョセフ・コットン▼10・17・10・20 ショウ・ボート51 米🄿MGM🄳ジョージ・シドニー🄲キャスリン・グレイソン／イースター・パレード48 米🄿MGM🄳チャールズ・ウォルターズ🄲フレッド・アステア▼10・21・10・24 VSリオ・ブラボー59 米🄿ワーナー他🄳ハワード・ホークス🄲ジョン・ウェイン▼10・25・10・28 ミモザ館35 仏🄿トビス🄳ジャック・フェーデ🄲フランソワーズ・ロゼー／歴史は夜作られる37 米🄿ウォルター・ウェンジャー・プロ🄳フランク・ボーゼージ🄲シャルル・ボワイエ▼10・29・11・1 舞踏会の手帖37仏🄿シグマ🄳ジュリアン・デュヴィヴィエ🄲マリー・ベル／ある夜の出来事34米🄿コロムビア🄳フランク・キャプラ🄲クラーク・ゲーブル▼11・2・11・4 レベッカ40米🄿セルズニック・インターナショナル🄳アルフレッド・ヒッチコック🄲ジョーン・フォンテーン／赤い靴48 英🄿アーチャーズ🄳マイケル・パウエル、エメリック・プレスバーガー🄲モイラ・

シアラー▼11・5・11・8 VS熱いトタン屋根の猫58米🄿エイヴォン・プロ🄳リチャード・ブルックス🄲エリザベス・テイラー／ローマの休日53米🄿パラマウント🄳ウィリアム・ワイラー🄲オードリー・ヘップバーン▼11・9・11・11 SS風林火山69 🄿三船プロ🄳稲垣浩🄲三船敏郎

※11月11日をもって閉館

有楽座 上映作品

【1935年（昭和10年）】 6月7日、演劇劇場として開場

▼6・7・6・30 開場時上演番組『壽曾我三番』『人間萬事金世中』『盲目の兄とその妹』『シューベルトの戀』

【1937年（昭和12年）】

▼10・1・10・8 海の魂37米🄿パラマウント🄳ヘンリー・ハサウェイ🄲ゲイリー・クーパー／支那事變特報（東日ニュース）／家鴨と電氣人形（漫画）／森の小勇者（漫画）／実演『秋のタップ・リズム』🄲日劇ダンシングチーム▼10・9・10・13［有樂座映画大博覽會 第一部 名畫スーヴニール］（サイレント映画）＝▼10・9 キートンの酋長22米🄿バスター・キートン・プロ🄳バスター・キートン🄲バスター・キートン（弁士・武井秀輔）／ジゴマ 前篇11仏🄿エクレール🄳ヴィクトラン・ジャッセ🄲アルキイエール（弁士・山野一郎）／プラーグの大學生26独🄿ゾーカル・フィルム🄳ヘンリック・ガレーン🄲コンラート・ファイト（弁士・牧野周一）／アスファルト29独🄿ウーファ🄳ヨーエ・マイ🄲ベティ・アマン（弁士・泉虎夫、徳川夢声）／山野一郎『活動大寫眞渡來發達漫談』▼10・10 新馬鹿大将 空中の巻 仏🄲アンドレ・ディード（弁士・武井秀輔）／ジゴマ 後篇11仏🄿エクレール🄳ヴィクトラン・ジャッセ🄲アルキイエール（弁士・山野一郎）／幌馬車23米🄿パラマウント🄳ジェームズ・クルーズ🄲J・ウォーレン・ケリガン（弁士・玉井旭洋、山形天洋）／カリガリ博士19独🄿デクラ・ビオスコープ🄳ロベルト・ヴィーネ🄲ウェルナー・クラウス（弁士・泉虎夫、徳川夢声）／山野一郎『活動大寫眞渡來發達漫談』▼10・11 キッド21米🄿ファーストナショナル🄳チャールズ・チャップリン🄲チャールズ・チャップリン（弁士・大辻司郎）／靈魂の不滅20瑞典🄳ヴィクトル・シェーストレム🄲ヴィクトル・シェーストレム（弁士・牧野周一）／ドンQ25米🄿ユナイト🄳ドナルド・クリスプ🄲ダグラス・フェアバンクス（弁士・池田照勝、山形天洋、泉虎夫）／大辻司郎『辨士變遷漫談』▼10・12 ロイドの印度征伐 米🄲ハロルド・ロイド（弁士・大辻司郎）／怪盗ファントマ（弁士・染井三郎）／ハンガリア狂想曲29独🄿ウーファ🄳ハンス・シュワルツ🄲ディタ・パルロ（弁士・武井秀輔）／歸郷28独🄿ウーファ🄳ヨーエ・マイ🄲グスタフ・フレーリッヒ（弁士・池田照勝、丸山章治）／大辻司郎『辨士變遷漫談』▼10・13 家鴨の惨死29仏🄳A・シルカ🄲ピエール・ブロンベルジェ（弁士・泉虎夫）／珍カルメン15米🄳チャールズ・チャップリン🄲チャールズ・チャップリン（弁士・大辻司郎）／悲歌（エレヂー）29独🄿ウーファ🄳ハンス・シュワルツ🄲ディタ・パルロ（弁士・武井秀輔、池田照勝）／首の座29 🄿マキノプロ🄳マキノ正博🄲谷崎十郎（弁士・丸山章治）／大辻司郎『辨士變遷漫談』▼10・14・10・21［有樂座映画大博覽會 第二部 スタア代表作週間］＝▼10・14（11：30）影なき男34米🄿MGM🄳W・S・ヴァン・ダイク🄲ウィリアム・パウエル、マーナ・ロイ／ラヴ・パレード29米🄿パラマウント🄳エルンスト・ルビッチ🄲モーリス・シュヴァリエ▼10・15（11：30）限りなき旅32米🄿ワーナー🄳ティー・ガーネット🄲ケイ・フランシス／影なき男（続映）▼10・16（11：30）踊るブロードウェイ35米🄿MGM🄳ロイ・デル・ルース🄲エリナー・パウエル／メリー・ウヰドウ34米🄿MGM🄳エルンスト・ルビッチ🄲ジャネット・マクドナルド▼10・17（9：30）制服の処女32独🄿トービス🄳レオンティーネ・サガン🄲ドロテア・ウィーク／踊るブロードウェイ（続映）▼10・18（11：30）平原児36米🄿パラマウント🄳セシル・B・デミル🄲ゲイリー・クーパー／最後の戦闘機35仏🄿パテ・ナタン🄳アナトール・リトヴァク🄲アナベラ▼10・19（11：30）男の敵35米🄿RKO🄳ジョン・フォード🄲ヴィクター・マクラグレン／平原児（続映）▼10・20（11：30）トップ・ハット35米🄿RKO🄳マーク・サンドリッチ🄲フレッド・アステア、ジンジャー・ロジャース／鄕愁35墺🄿サッシャ🄳エリッヒ・エンゲル🄲ルドルフ・フォルスター▼10・21（11：30）乙女の湖33仏🄿トビス・ソプラ🄳マルク・アレグレ🄲シモーヌ・シモン／トップ・ハット（続映）▼10・22・10・26［有樂座映画大博覽會 第三部 國際映畫オリムピアード］＝▼10・22（11：30）會議は踊る31独🄿

ウーファ🄳エリック・シャレル🄲リリアン・ハーヴェイ／有頂天時代36米🄿RKO🄳ジョージ・スティーヴンス🄲フレッド・アステア、ジンジャー・ロジャース▼10・23（11：30）兄いもうと36 🄿PCL🄳木村荘十二🄲丸山定夫／生きてゐるモレア35米🄿パラマウント🄳ベン・ヘクト、チャールズ・マッカーサー🄲ノエル・カワード▼10・24（9：30）リビヤ白騎隊36伊🄿ローマ・フィルム🄳アウグスト・ジェニーナ🄲フルビア・ランツィ／たそがれの維納34墺🄿サッシャ🄳ヴィリ・フォルスト🄲パウラ・ヴェセリー▼10・25（11：30）商船テナシティ34仏🄿ヴァンダル・ドゥラック🄳ジュリアン・デュヴィヴィエ🄲アルベール・プレジャン／マヅルカ35独🄿シネ・アリアンツ🄳ヴィリ・フォルスト🄲ポーラ・ネグリ▼10・26（11：30）春の調べ31チェコ🄿エレクタ🄳グスタフ・マハティ🄲ヘディ・キースラー／三十九夜35英🄿ゴーモン・ブリティッシュ🄳アルフレッド・ヒッチコック🄲ロバート・ドーナット▼10・27（12：27、14：56）［特別有料試写会］若い人37 🄵東宝🄿東京発声🄳豊田四郎🄲大日方傳／東日事変ニュース／（13：59）実演『上海戰線縦横談』🄲坂東蓑助▼10・27（17：39、20：11）［特別有料試写会］キング・ソロモン37英🄿ゴーモン・ブリティッシュ🄳ロバート・スティーヴンソン🄲ポール・ロブソン／東日事変ニュース／（19：14）実演『上海戰線縦横談』🄲坂東蓑助▼11・29-12・15［有樂座映畫祭］＝▼11・29-12・2（11：30）暗黒街の彈痕37米🄿ユナイト🄳フリッツ・ラング🄲ヘンリー・フォンダ／スパイ戰線を衝く36独🄿ウーファ🄳カール・リッター🄲ヴィリー・ビルゲル▼12・3-12・4（11：30）、12・5（9：30）禁男の家36仏🄿SELF🄳ジャック・ドゥヴァル🄲ダニエル・ダリュー／椿姫37米🄿MGM🄳ジョージ・キューカー🄲グレタ・ガルボ▼12・6-12・9（11：30）かりそめの幸福35仏🄿パテ・ナタン🄳マルセル・レルビエ🄲シャルル・ボワイエ／女だけの都35仏🄿トビス🄳ジャック・フェーデ🄲フランソワーズ・ロゼー▼12・10-12・11（11：30）、12・12（9：30）沙漠の花園36米🄿ユナイト🄳リチャード・ボレスラウスキー🄲マレーネ・ディートリッヒ／歴史は夜作られる37米🄿ユナイト🄳フランク・ボーゼージ🄲シャルル・ボワイエ▼12・13-12・15（11：30）空駈ける戀36米🄿MGM🄳W・S・ヴァン・ダイク🄲ジョーン・クロフォード／踊るアメリカ艦隊36米🄿MGM🄳ロイ・デル・ルース🄲エリナー・パウエル

【1938年（昭和13年）】

▼5・26-5・30［シネ・スーヴニール］＝▼5・26（11：30）嘆きの天使30独🄿ウーファ🄳ジョセフ・フォン・スタンバーグ🄲マレーネ・ディートリッヒ／結婚の夜35米🄿ユナイト🄳キング・ヴィダー🄲ゲイリー・クーパー▼5・27（11：30）今日限りの命33米🄿MGM🄳ハワード・ホークス🄲ジョーン・クロフォード／春の驟雨32仏🄿オッソ🄳パウル・フェヨス🄲アナベラ▼5・28（11：30）男の世界34米🄿MGM🄳W・S・ヴァン・ダイク🄲クラーク・ゲーブル／情熱なき犯罪34米🄿パラマウント🄳ベン・ヘクト、チャールズ・マッカーサー🄲クロード・レインズ▼5・29（9：00）戰場よさらば32米🄿パラマウント🄳フランク・ボーゼージ🄲ゲイリー・クーパー／私の殺した男32米🄿パラマウント🄳エルンスト・ルビッチ🄲フィリップス・ホームス▼5・30（11：30）南風33米🄿MGM🄳キング・ヴィダー🄲ミリアム・ホプキンス／麥秋《むぎのあき》34米🄿ユナイト🄳キング・ヴィダー🄲カレン・モーリー

【1939年（昭和14年）〜1948年（昭和23年）】

※映画上映なし

【1949年（昭和24年）】　8月5日より映画上映館となる

▼8・4［披露試写会］狂恋47 仏🄵SEF、東宝🄳ジョルジュ・ラコンブ🄲マレーネ・ディートリッヒ▼8・5-狂恋（通常興行）▼8・20-北ホテル38仏🄵SEF、東宝🄳マルセル・カルネ🄲アナベラ▼9・6-戦火のかなた46 伊🄵イタリフィルム、東宝🄳ロベルト・ロッセリーニ🄲カルメラ・サツィオ▼10・4-平和に生きる47 伊🄵イタリフィルム、東宝🄳ルイジ・ザンパ🄲アルド・ファブリッツィ▼10・18-10・27 二つの顔47 仏🄵SEF、東宝🄳ジャン・ドレヴィル🄲ルイ・ジューヴェ▼10・26（19：00）［特別有料試写会］バラ色の人生48 仏🄵SEF、東宝🄳ジャン・フォーレエ🄲フランソワ・ペリエ▼10・28-バラ色の人生（通常興行）▼11・12-青い珊瑚礁48 英🄵BCFC、NCC🄳フランク・ローンダー🄲ジーン・シモンズ▼12・10-泣きぬれた天使42 仏🄵SEF、東宝🄳ベルトミウ🄲ジャン・ルイ・バロー▼12・20-僞れる結婚48 英🄵BCFC、NCC🄳ハロルド・フレンチ🄲マイケル・デニソン

【1950年（昭和25年）】

▼1・1-エノケン劇団実演▼2・1-東京バレエ団公演▼2・15-藤原歌劇団公演▼2・16-2・28［懐

しの欧州名画祭」＝▼2・16（10：00-2回）たそがれの維納34墺[D]ヴィリ・フォルスト[C]パウラ・ヴェセリー▼2・17（10：00-2回）外人部隊33仏[D]ジャック・フェーデ[C]マリー・ベル▼2・18（10：00-2回）美女と野獣46 仏[D]ジャン・コクトー[C]ジャン・マレー▼2・19（10：00-2回）格子なき牢獄38仏[D]レオニード・モギー[C]コリンヌ・リュシェール▼2・20（10：00-2回）乙女の湖33仏[D]マルク・アレグレ[C]ジャン・ピエール・オーモン▼2・21（10：00-2回）地の果てを行く35仏[D]ジュリアン・デュヴィヴィエ[C]アナベラ▼2・22（10：00-4回）別れの曲34仏[D]ゲザ・フォン・ボルヴァリー[C]ジャン・セルヴェ▼2・23（10：00-4回）白鳥の死37仏[D]ジャン・ブレア・レヴィ[C]ミア・スラヴェンスカ▼2・25（10：00-2回）舞踏會の手帖37仏[D]ジュリアン・デュヴィヴィエ[C]マリー・ベル▼2・26（10：00-2回）悲戀44仏[D]ジャン・ドラノワ[C]ジャン・マレー▼2・27（10：00-2回）禁男の家36仏[D]ジャック・ドゥヴァル[C]ダニエル・ダリュー▼2・28（10：00-2回）未完成交響楽33墺[D]ヴィリ・フォルスト[C]ハンス・ヤーライ▼3・1-赤い靴48 英[F]BCFC、NCC[D]マイケル・パウエル、エメリック・プレスバーガー[C]モイラ・シアラー▼4・28-海のGメン 玄海灘の狼50 [F]東宝[P]新東宝[D]志村敏夫[C]藤田進／実演『有楽まつり』▼5・7-續向う三軒両隣り 第四話 恋の三毛猫50 [F]東宝[P]新東宝[D]斎藤寅次郎[C]柳家金語楼／素晴らしき求婚50 [F]東宝[D]小田基義[C]古川緑波▼5・14- 怒りの街50 [F]東宝[D]成瀬巳喜男[C]宇野重吉 ▼5・20- シミキンの無敵競輪王50 [F]東宝[D]西村元男[C]清水金一▼5・30-大岡政談 将軍は夜踊る50 [F]東宝[D]丸根賛太郎[C]笠置シヅ子／実演『白い脚線美』日劇ダンシングチーム▼6・2（19：00）実演『王様の夕』渡邊弘とスターダスターズ／王様49 [F]SEF、東宝[D]マルク・ジルベール・ソヴァジョン[C]モーリス・シュヴァリエ▼6・3- 荒野の抱擁47 伊[F]イタリフィルム、東宝[D]ジュゼッペ・デ・サンティス[C]マッシモ・ジロッティ／実演『白い脚線美』（続演）▼6・11 藤原歌劇団公演『トスカ』▼6・12- 日本戦歿学生の手記 きけ、わだつみの声50 [F]東京映画配給[P]東横[D]関川秀雄[C]伊豆肇▼6・17 藤蔭美代枝創作舞踊発表会▼6・20-スペードの女王48 英[F]BCFC、NCC[D]ソロルド・ディッキンソン[C]アントン・ウォルブルック／併演『タンゴの饗宴』▼6・30- ジャンヌ・ダーク48米[F]セントラル[D]ヴィクター・フレミング[C]イングリッド・バーグマン▼8・4- 逃亡者44 米[F]セントラル[P]ユニヴァーサル[D]ジュリアン・デュヴィヴィエ[C]ジャン・ギャバン▼8・14- ボヴァリー夫人49 米[F]セントラル[P]MGM[D]ヴィンセント・ミネリ[C]ジェニファー・ジョーンズ▼8・25-（10：00-2回）ハムレット47 英[F]BCFC、NCC[D]ローレンス・オリヴィエ[C]ローレンス・オリヴィエ▼8・25-（15：30、19：00）小牧バレエ団『白鳥の湖』▼9・1-シーザーとクレオパトラ45 英[F]BCFC、NCC[D]ガブリエル・パスカル[C]クロード・レインズ▼9・19（18：30）［特別有料試写会］ジョルスン物語46 米[F]セントラル[P]コロムビア[D]アルフレッド・E・グリーン[C]ラリー・パークス▼9・22- ジョルスン物語（通常興行）▼9・29（19：00）［特別有料試写会］戦場49 米[F]セントラル[P]MGM[D]ウィリアム・A・ウェルマン[C]ヴァン・ジョンソン▼10・6- 戦場（通常興行）▼10・27- わが心は君に50 英[F]BCFC、NCC[D]ハロルド・フレンチ[C]デニス・プライス▼11・10- 宝石館46 仏[F]SEF、東宝[D]マルセル・プリスティーヌ、ジャック・フェーデ[C]フランソワーズ・ロゼー▼11・17-（10：00、12：30）赤い靴48 英[F]BCFC、NCC[D]マイケル・パウエル、エメリック・プレスバーガー[C]モイラ・シアラー▼11・17-11・27（16：00、18：30）小牧バレエ団公演『ペトルウシュカ』▼12・1- 嵐が丘39米[F]大映洋画部[P]ゴールドウィン[D]ウィリアム・ワイラー[C]マール・オベロン

【1951年（昭和26年）】 1月1日より映画専門劇場となる

▼1・1- 死せる恋人に捧ぐる悲歌《エレジー》49 英[F]BCFC、NCC[D]バジル・ディアデン[C]スチュワート・グレンジャー▼1・18- 想い出の瞳48 仏[F]新外映、東宝[D]ジャン・ドラノワ[C] ミシェル・モルガン▼1・26（19：00）［有料試写会］パルムの僧院48 仏[F]新外映、東宝[D]クリスチャン・ジャック[C]ジェラール・フィリップ▼1・27- 四重奏48 英[F]BCFC、NCC[D]ラルフ・スマート、ハロルド・フレンチ、アーサー・クラブトリー、ケン・アナキン[C]ベイジル・ラドフォード▼2・6- パルムの僧院（通常興行）▼3・1- 黒水仙46 英[F]BCFC、NCC[D]マイケル・パウエル、エメリック・プレスバーガー[C]デボラ・カー▼4・5- 姫君と海賊44 米[F]大映洋画部[P]ゴールドウィン[D]デイヴィッド・バトラー[C]ボブ・ホープ▼4・27（19：00）［フランス名画とコンチネンタルタンゴの夕］

北村雅章と東京シンフォニックオーケストラ、淡谷のり子／神々の王国49仏F新外映、東宝Dジュリアン・デュヴィヴィエCセルジュ・レジアニ▼5・3・神々の王国（通常興行）▼5・22・レベッカ40米Fセルズニック、東宝PRKODアルフレッド・ヒッチコックCジョーン・フォンテーン▼6・1・オルフェ50仏F新外映、東宝Dジャン・コクトーCジャン・マレー▼6・15・群衆41米FNCCDフランク・キャプラCゲイリー・クーパー▼7・3・ジェニイの肖像47米F東宝PセルズニックDウィリアム・ディターレCジェニファー・ジョーンズ▼8・7・第三の接吻39仏FNCCDレイモン・ベルナールCミシェル・シモン▼8・17・チャンピオン49米F大映洋画部Dマーク・ロブソンCカーク・ダグラス▼8・28（19：00）［有料試写会］アンナ・カレニナ48英F東和映画、東宝Dジュリアン・デュヴィヴィエCヴィヴィアン・リー▼9・11・アンナ・カレニナ（通常興行）▼10・9・パンドラ51英FBCFC、NCCDアルバート・リューインCジェームズ・メイソン▼10・30・賭はなされた47仏F新外映、東宝Dジャン・ドラノワCミシュリーヌ・プレール▼11・10・情炎47英FBCFC、NCCDマルク・アレグレCスチュワート・グレンジャー▼11・20（19：00）［現代フランス最高芸術映画の夕］悪魔の美しさ49仏F東和映画、東宝Dルネ・クレールCミシェル・シモン／ピカソ訪問50仏F東和映画Dポール・エゼールC解説：ジェラール・フィリップ（記録映画）▼11・24・赤い百合47英FBCFC、NCCDバーナード・ノウルズCマーガレット・ロックウッド▼12・4・悪魔の美しさ（通常興行）／ピカソ訪問（通常興行）▼12・22・バグダッドの盗賊40英F東和映画、東宝Pロンドン・フィルムDルドウィッヒ・ベルガー、マイケル・パウエルCサブウ

【1952年（昭和27年）】

▼1・5・四枚の羽根39英F東和映画、東宝Pロンドン・フィルムDゾルタン・コルダCジョン・クレメンツ▼1・19・オペラの怪人43米FユニヴァーサルDアーサー・ルービンCネルソン・エディ▼2・1・ファウスト（悪魔篇）50伊FコロムビアDカルミネ・ガローネCジノ・マッテラ▼2・9・ほら男爵の冒険42独F映配PウーファDヨゼフ・フォン・バギーCハンス・アルバース▼2・19（18：00）［披露試写会］ホフマン物語52英F東和映画、東宝Pロンドン・フィルムDマイケル・パウエル、エメリック・プレスバーガーCロバート・ラウンズヴィル▼2・20・天井桟敷の人々44仏F東和映画Dマルセル・カルネCアルレッティ▼3・1・ホフマン物語（通常興行）▼4・11（19：00）［前夜祭特別有料試写会］カルメン48米FコロムビアDチャールズ・ヴィダーCリタ・ヘイワース▼4・12・カルメン（通常興行）▼4・25（19：00）［前夜祭］巴里の空の下セーヌは流れる51仏F東和映画、東宝Dジュリアン・デュヴィヴィエCブリジット・オーベール▼4・26・巴里の空の下セーヌは流れる（通常興行）▼5・10・老兵は死なず43英FBCFC、NCCDマイケル・パウエル、エメリック・プレスバーガーCロジャー・リヴシー▼5・20（19：00）［有料試写会］欲望という名の電車51米FワーナーDエリア・カザンCヴィヴィアン・リー▼5・22・欲望という名の電車（通常興行）▼6・12・激情の断崖51米FコロムビアDフィル・カールソンCリチャード・グリーン▼6・22・美女ありき40英F東和映画、東宝Dアレクサンダー・コルダCヴィヴィアン・リー▼7・15・題名のない映画48西独F北欧映画、欧米映画Dルドルフ・ユーゲルトCヒルデガルド・ネフ▼7・25・輪舞50仏F新外映、NCCDマックス・オフュルスCアントン・ウォルブルック▼8・15・令嬢ジュリー51瑞典F北欧映画、欧米映画Dアルフ・シェーベルイCアニタ・ビョルク▼8・29・9・2三馬鹿大将 スパイの巻Cシェンプ、ラリー、モー／漫画映画5本／ニュース2本▼9・3（18：00）［前夜祭］風と共に去りぬ39米FMGMPセルズニック、MGMDヴィクター・フレミングCヴィヴィアン・リー▼9・4・風と共に去りぬ（通常興行）▼11・29・セールスマンの死51米FコロムビアDラズロ・ベネデクCフレドリック・マーチ

【1953年（昭和28年）】

▼1・4・血闘52米FMGMDジョージ・シドニーCスチュワート・グレンジャー▼1・13・キリマンジャロの雪52米F20世紀FOXDヘンリー・キングCグレゴリー・ペック▼1・28（19：10）［有料試写会］探偵物語51米FパラマウントDウィリアム・ワイラーCカーク・ダグラス▼2・4・探偵物語（通常興行）▼2・25・快楽52仏F東宝Dマックス・オフュルスCクロード・ドーファン▼3・8・鷲の谷51英F欧米映画Dテレンス・ヤングCジャック・ウォーナー／白銀に競う 第六回冬季オリンピック大会の記録52F北欧映画Dタンクレッド・イプセン（記録映画）▼3・11・静かなる男52米Fリパブリック、NCCD

ジョン・フォード🄲ジョン・ウェイン▼4・1・七つの大罪52 仏🄵東和映画🄳エドゥアルド・デ・フィリッポ、ジャン・ドレヴィル、イヴ・アレグレ、ロベルト・ロッセリーニ、カルロ・リム、クロード・オータン・ララ、ジョルジュ・ラコンブ🄲ジェラール・フィリップ▼4・18・ナイアガラ53 米🄵20世紀FOX🄳ヘンリー・ハサウェイ🄲ジョセフ・コットン▼5・3・三つの恋の物語53 米🄵MGM🄳ゴットフリート・ラインハルト、ヴィンセント・ミネリ🄲ジェームズ・メイソン▼5・28・赤い風車52 英🄵BCFC、NCC🄳ジョン・ヒューストン🄲ホセ・ファーラー▼6・15・女王戴冠53 英🄵BCFC、NCC🄳キャスルトン・ナイト（記録映画）／赤い風車（続映）▼6・20・人生模様53 米🄵20世紀FOX🄳ヘンリー・コスター、ヘンリー・ハサウェイ、ジーン・ネグレスコ、ハワード・ホークス、ヘンリー・キング🄲マリリン・モンロー▼7・4・双頭の鷲47 仏🄵新外映🄳ジャン・コクトー🄲エドウィジュ・フィエール▼7・14・わが心に歌えば52米🄵20世紀FOX🄳ウォルター・ラング🄲スーザン・ヘイワード▼7・28・オリヴァ・ツイスト48 英🄵BCFC、NCC🄳デヴィッド・リーン🄲ジョン・ハワード・デイヴィス▼8・7・落ちた偶像48 英🄵東和映画🄿ロンドン・フィルム🄳キャロル・リード🄲ラルフ・リチャードソン▼8・19・紳士は金髪がお好き53 米🄵20世紀FOX🄳ハワード・ホークス🄲ジェーン・ラッセル、マリリン・モンロー▼9・9・クオ・ヴァディス52 米🄵MGM🄳マーヴィン・ルロイ🄲ロバート・テイラー▼10・7・リリー53 米🄵MGM🄳チャールズ・ウォルターズ🄲レスリー・キャロン／ハリウッドの皇太子さま53 米🄵MGM（短編記録映画）▼10・17・11・9 改装休館▼11・10・三文オペラ53 英🄵東和映画🄿ロンドン・フィルム🄳ピーター・ブルック🄲ローレンス・オリヴィエ▼11・22・黄昏51 米🄵パラマウント🄳ウィリアム・ワイラー🄲ローレンス・オリヴィエ▼12・6・ジュリアス・シーザー53 米🄵MGM🄳ジョセフ・L・マンキーウィッツ🄲マーロン・ブランド▼12・23（19：30）［有料試写会］CS聖衣53 米🄵20世紀FOX🄳ヘンリー・コスター🄲リチャード・バートン▼12・26・聖衣（通常興行）

【1954年（昭和29年）】

▼3・11・CS百万長者と結婚する方法53 米🄵20世紀FOX🄳ジーン・ネグレスコ🄲マリリン・モンロー▼4・23・CS壮烈カイバー銃隊54 米🄵20世紀FOX🄳ヘンリー・キング🄲タイロン・パワー▼5・22・CS十二哩の暗礁の下に53 米🄵20世紀FOX🄳ロバート・D・ウェッブ🄲ロバート・ワグナー▼6・19・CS地獄と高潮54 米🄵20世紀FOX🄳サミュエル・フラー🄲リチャード・ウィドマーク▼7・15・CS夜の人々54 米🄵20世紀FOX🄳ナナリー・ジョンソン🄲グレゴリー・ペック／CSプリンス・イゴール（音楽短編）▼8・13・CS帰らざる河54 米🄵20世紀FOX🄳オットー・プレミンジャー🄲マリリン・モンロー／（9・7・9・13）CS水中レヴュー▼9・14・CS紅の翼54 米🄵ワーナー🄳ウィリアム・A・ウェルマン🄲ジョン・ウェイン▼10・9・CS炎と剣54 米🄵20世紀FOX🄳ヘンリー・ハサウェイ🄲ロバート・ワグナー／CSピアノ四重奏▼10・27・CSディミトリアスと闘士54 米🄵20世紀FOX🄳デルマー・デイヴィス🄲ヴィクター・マチュア／CSロジャー・ワグナーの聖歌隊▼11・19・CS折れた槍54 米🄵20世紀FOX🄳エドワード・ドミトリク🄲スペンサー・トレイシー／CSヴェスビアス特急（短編映画）▼12・14・CS異教徒の旗印54 米🄵ユニヴァーサル🄳ダグラス・サーク🄲ジャック・パランス／プリテンド🄲ナット・キング・コール

【1955年（昭和30年）】

▼1・2・CS恐怖のサーカス54 米🄵ワーナー🄳ジェームズ・エドワード・グラント🄲パット・オブライエン▼1・13（19：00）［有料試写会］CSエジプト人54 米🄵20世紀FOX🄳マイケル・カーティス🄲ジーン・シモンズ▼1・14・エジプト人（通常興行）▼2・8・CS欲望の谷54 米🄵FGEC、東宝🄿コロムビア🄳ルドルフ・マテ🄲グレン・フォード▼2・24・CS私の夫は二人いる55 米🄵コロムビア🄳H・C・ポッター🄲ベティー・グレイブル▼3・15・CSララミーから来た男55 米🄵コロムビア🄳アンソニー・マン🄲ジェームズ・スチュアート▼4・5・CSデジレ54 米🄵20世紀FOX🄳ヘンリー・コスター🄲マーロン・ブランド／CSピアノ・アンコール▼4・22・CSショウほど素敵な商売はない54 米🄵20世紀FOX🄳ウォルター・ラング🄲エセル・マーマン▼5・13・CSスピードに命を賭ける男55 米🄵20世紀FOX🄳ヘンリー・ハサウェイ🄲カーク・ダグラス／CS曲乗飛行士（短編映画）▼6・3・蝶々夫人55 伊、日🄵東宝🄳カルミネ・ガローネ🄲八千草薫▼7・15・CS恐怖の土曜日55 米🄵20世紀FOX🄳リチャード・フライシャー🄲ヴィクター・マチュア▼7・30・CS白い羽根55 米🄵20世

紀FOX[D]ロバート・D・ウェッブ[C]ロバート・ワグナー▼8・12・CS一獲千金を夢みる男55 米[F] 20世紀FOX[D]エドワード・ドミトリク[C]クラーク・ゲーブル▼8・26・フレンチ・カンカン54 仏[F]東和映画[D]ジャン・ルノワール[C]ジャン・ギャバン▼9・23・ファンタジア40米[F]大映洋画部、ウォルト・ディズニー映画[D]ベン・シャープスティーン他（アニメーション）▼11・4・CSいつも上天気55 米[F]MGM[D]ジーン・ケリー、スタンリー・ドーネン[C]ジーン・ケリー▼11・18・CS慕情55 米[F] 20世紀FOX[D]ヘンリー・キング[C]ジェニファー・ジョーンズ▼12・30・CSたくましき男たち55 米[F] 20世紀FOX[D]ラオール・ウォルシュ[C]クラーク・ゲーブル

【1956年（昭和31年）】

▼1・20・CS夢去りぬ55 米[F] 20世紀FOX[D]リチャード・フライシャー[C]ジョーン・コリンズ▼2・3・CSトロイのヘレン55 米[F]ワーナー[D]ロバート・ワイズ[C]ロッサナ・ポデスタ▼3・9・CSピクニック55 米[F]コロムビア[D]ジョシュア・ローガン[C]ウィリアム・ホールデン▼4・7・CS野郎どもと女たち55 米[F]MGM[D]ジョセフ・L・マンキーウィッツ[C]マーロン・ブランド▼5・5・CS失われた大陸55 伊[F]イタリフィルム、NCC[D]エンリコ・グラス、ジョルジョ・モーゼル（記録映画）▼6・1・CS軍法会議56 米[F]ワーナー[D]オットー・プレミンジャー[C]ゲイリー・クーパー▼6・15・ナポレオン55 仏[F]東和映画[D]サッシャ・ギトリー[C]ダニエル・ジェラン▼7・1・CS回転木馬56 米[F] 20世紀FOX[D]ヘンリー・キング[C]ゴードン・マックレー▼7・20・CS灰色の服を着た男56 米[F] 20世紀FOX[D]ナナリー・ジョンソン[C]グレゴリー・ペック▼8・14・CSフルフル55 仏、伊[F]泰西、新外映[D]アウグスト・ジェニーナ[C]ダニー・ロバン▼8・24・沈黙の世界56 仏[F]東和映画[D]ジャック・イヴ・クーストー、ルイ・マル（記録映画）／赤い風船56 仏[F]東和映画[D]アルベール・ラモリス[C]パスカル・ラモリス▼9・21・CSラスヴェガスで逢いましょう55 米[F]MGM[D]ロイ・ローランド[C]ダン・デイリー▼10・5・CSあの日あのとき55 米[F] 20世紀FOX[D]ヘンリー・コスター[C]ロバート・テイラー▼10・25（19：00）［有料試写会］CS王様と私56 米[F] 20世紀FOX[D]ウォルター・ラング[C]デボラ・カー▼10・26・王様と私（通常興行）▼11・22・CSバス停留所56 米[F] 20世紀FOX[D]ジョシュア・ローガン[C]マリリン・モンロー▼12・20・CS熱砂の舞56 米[F]コロムビア[D]テレンス・ヤング[C]ヴィクター・マチュア

【1957年（昭和32年）】

▼1・4・CS八月十五夜の茶屋56 米[F]MGM[D]ダニエル・マン[C]マーロン・ブランド、京マチ子▼2・21・CS大空の凱歌56 米[F]ユニヴァーサル[D]ダグラス・サーク[C]ロック・ハドソン▼3・16・CS人間と狼56 伊[F]コロムビア[D]ジュゼッペ・デ・サンティス[C]シルヴァーナ・マンガーノ▼4・13・CS悪人への貢物56 米[F]MGM[D]ロバート・ワイズ[C]ジェームズ・キャグニー▼4・27・ベビイドール56 米[F]ワーナー[D]エリア・カザン[C]キャロル・ベイカー▼5・21・CS素直な悪女56 仏[F]コロムビア[D]ロジェ・ヴァディム[C]ブリジット・バルドー▼6・18・CS島の女57 米[F] 20世紀FOX[D]ジーン・ネグレスコ[C]ソフィア・ローレン▼7・11・CS葡萄の季節57 米[F]MGM[D]ジェフリー・ヘイドン[C]ピア・アンジェリ▼8・1・CSオクラホマ！55 米[F] 20世紀FOX[D]フレッド・ジンネマン[C]ゴードン・マクレー▼8・15・CS翼よ！あれが巴里の灯だ56 米[F]ワーナー[D]ビリー・ワイルダー[C]ジェームズ・スチュアート▼9・21・VS女ひとり57 米[F]コロムビア[D]ジョージ・シドニー[C]キム・ノヴァク▼10・6・リラの門57 仏[F]東和映画[D]ルネ・クレール[C]ピエール・ブラッスール▼10・23・CSめぐり逢い57 米[F] 20世紀FOX[D]レオ・マッケリー[C]ケイリー・グラント▼11・27・CS陽はまた昇る57 米[F] 20世紀FOX[D]ヘンリー・キング[C]タイロン・パワー▼12・20・SSサヨナラ57 米[F]ワーナー[D]ジョシュア・ローガン[C]マーロン・ブランド、ナンシー梅木

【1958年（昭和33年）】

▼1・28・CS眼下の敵57 米[F] 20世紀FOX[D]ディック・パウエル[C]ロバート・ミッチャム▼2・28・VSカラマゾフの兄弟57 米[F]MGM[D]リチャード・ブルックス[C]ユル・ブリンナー▼4・18・CSにがい勝利57 西独、仏[F]映配[D]ニコラス・レイ[C]クルト・ユルゲンス▼5・9・CSこの神聖なお転婆娘56 仏[F]NCC[D]ミシェル・ボワロン[C]ブリジット・バルドー▼5・28・鮫と小魚 大西洋上の大決戦57 西独[F]NCC、リパブリック[D]フランク・ヴィスバール[C]ハンスイヨルグ・フェルミー▼6・11・CS再会58 米[F] 20世紀FOX[D]ヘンリー・コスター[C]ダナ・ウィンター▼7・1・女優志願58 米[F]RKO[D]シドニー・ルメット[C]スーザン・ストラスバーグ▼7・29・VV先生のお気

に入り58 米🄵パラマウント🄳ジョージ・シートン🄲クラーク・ゲーブル▼8・22・CS秘めたる情事58 米🄵20世紀FOX🄳フィリップ・ダン🄲ゲイリー・クーパー▼9・12・SS河は呼んでる58 仏🄵新外映🄳フランソワ・ヴィリエ🄲パスカル・オードレ▼9・30・VSモンパルナスの灯58 仏🄵東和映画🄳ジャック・ベッケル🄲ジェラール・フィリップ／美と自由のパリ56 仏🄵東和🄳J・C・ベルナール（記録映画）▼10・17・CSある微笑58 米🄵20世紀FOX🄳ジーン・ネグレスコ🄲ジョーン・フォンテーン▼11・1・VS無分別58 米🄵ワーナー🄳スタンリー・ドーネン🄲ケイリー・グラント▼12・24・VS熱いトタン屋根の猫58 米🄵MGM🄳リチャード・ブルックス🄲エリザベス・テイラー

【1959年（昭和34年）】

▼2・11・VS旅58 米🄵MGM🄳アナトール・リトヴァク🄲デボラ・カー▼3・13・VV大海賊58 米🄵パラマウント🄳アンソニー・クイン🄲チャールトン・ヘストン▼4・24・SS恋人たち58 仏🄵映配 🄳ルイ・マル🄲ジャンヌ・モロー▼5・20・CS緑の館59 米🄵MGM🄳メル・ファーラー🄲オードリー・ヘップバーン▼6・11・CS休暇はパリで59 米🄵ユニヴァーサル🄳ブレイク・エドワーズ🄲トニー・カーティス▼6・24・SSレ・ミゼラブル57 仏、伊🄵中央映画貿易🄳ジャン・ポール・ル・シャノワ🄲ジャン・ギャバン▼7・21・VS年上の女59 英🄵東和映画🄳ジャック・クレイトン🄲ローレンス・ハーヴェイ▼8・15・SS黄色い大地58 伊🄵東和映画🄳カルロ・リッツァーニ（記録映画）／ジプシー・ダンス ハンガリー🄵東和映画🄳タマーシュ・バノビッチ🄲ハンガリー国立バレエ団（短編映画）▼8・22・黄色い大地58（続映）／生まれくる者のために58 英🄵東和映画🄳リンゼー・アンダーソン（短編記録映画）▼9・1・SS私の体に悪魔がいる59 仏🄵ユナイト🄳ジュリアン・デュヴィヴィエ🄲ブリジット・バルドー▼9・21・11・21 改装休館▼11・22・70 ソロモンとシバの女王59 米🄵ユナイト🄳キング・ヴィダー🄲ユル・ブリンナー

【1960年（昭和35年）】

▼3・15・VS去年の夏突然に59 米🄵コロムビア🄳ジョセフ・L・マンキーウィッツ🄲エリザベス・テイラー▼4・16・CS戦争 はだかの兵隊59 伊🄵東和映画🄳マリオ・モニチェリ🄲ヴィットリオ・ガスマン▼5・10・二重の鍵59 仏🄵東和映画🄳クロード・シャブロル🄲マドレーヌ・ロバンソン▼5・21・SS娘・妻・母60 🄵東宝🄳成瀬巳喜男🄲高峰秀子▼5・26・70 カルタゴ60 伊🄵イタリフィルム🄳カルミネ・ガローネ🄲ピエール・ブラッスール▼7・7・黒いオルフェ59 仏🄵東和映画🄳マルセル・カミュ🄲ブレノ・メロ／ガラスはジャズる58 蘭🄵東和映画🄳ベルト・ハーンストラ（短編記録映画）▼9・1・SSマラソンの戦い59 伊、仏🄵MGM🄳ジャック・ターナー🄲スティーヴ・リーヴス▼9・15・SS悪い奴ほどよく眠る60 🄵東宝🄳黒澤明🄲三船敏郎▼9・20・SS甘い生活60 伊、仏🄵イタリフィルム🄳フェデリコ・フェリーニ🄲マルチェロ・マストロヤンニ▼10・22・チャップリンの独裁者40米🄵東和🄳チャールズ・チャップリン🄲チャールズ・チャップリン▼12・15・70 スパルタカス60 米🄵ユニヴァーサル🄳スタンリー・キューブリック🄲カーク・ダグラス

【1961年（昭和36年）】

▼3・15・70 ポギーとベス59 米🄵大映🄳オットー・プレミンジャー🄲シドニー・ポワチエ▼5・1・VS危険な関係59 仏🄵新外映🄳ロジェ・ヴァディム🄲ジェラール・フィリップ▼6・24・70 ブラック・タイツ60 仏🄵東和🄳テレンス・ヤング🄲ジジ・ジャンメール▼8・15・CSナバロンの要塞61 米🄵コロムビア🄳J・リー・トンプソン🄲グレゴリー・ペック▼11・1・70 釈迦61 🄵大映🄳三隅研次🄲本郷功次郎（邦画初の70ミリ映画）

【1962年（昭和37年）】

▼1・20・70 戦場61 ソ連🄵日本ヘラルド🄳ユーリア・ソーンツェワ🄲ニコライ・ヴィングラノフスキー▼3・9・SS黙示録の四騎士61 米🄵MGM🄳ヴィンセント・ミネリ🄲グレン・フォード▼4・1・ガガーリン チトフ 宇宙への挑戦 地球は青かった61 ソ連🄵東和🄳D・ボゴレポフ（記録映画）／赤い風船56 仏🄵東和🄳アルベール・ラモリス🄲パスカル・ラモリス▼4・17・CS夜は帰って来ない61 米🄵20世紀FOX🄳ヘンリー・キング🄲ジェニファー・ジョーンズ▼4・27・70 エル・シド61 米🄵コロムビア🄳アンソニー・マン🄲チャールトン・ヘストン（上映期間126日）▼8・31・70 バラバ62 伊、米🄵コロムビア🄳リチャード・フライシャー🄲アンソニー・クイン▼11・1・70 秦・始皇帝62 🄵大映🄳田中重雄🄲勝新太郎▼12・27・SSダイアモンド・ヘッド62 米🄵コロムビア🄳ガイ・グリーン🄲チャールトン・ヘストン

【1963年（昭和38年）】

▼1・24・SS新・七つの大罪62 仏🄵東和🄳シルヴァ

ン・ドム、エドゥアール・モリナロ、フィリップ・ド・ブロカ、ジャック・ドゥミー、ジャン＝リュック・ゴダール、ロジェ・ヴァディム、クロード・シャブロル🄲マリー・ジョゼ・ナット▼2・14・70アラビアのロレンス62 英🄵コロムビア🄳デヴィッド・リーン🄲ピーター・オトゥール（上映期間225日）▼9・27・CSマリリン・モンローの世界63 米🄵 20世紀FOX🄳ヘンリー・コスター🄲マリリン・モンロー／CSゴルフ王 サム・スニード 米🄵 20世紀FOX▼10・18・70バイ・バイ・バーディー63 米🄵コロムビア🄳ジョージ・シドニー🄲アン・マーグレット▼11・26・70クレオパトラ63 米🄵 20世紀FOX🄳ジョセフ・L・マンキーウィッツ🄲エリザベス・テイラー（上映期間280日）

【1964年（昭和39年）】

▼9・1・70不沈のモリー・ブラウン64 米🄵MGM🄳チャールズ・ウォルターズ🄲デビー・レイノルズ▼9・25・70ベケット64 英、米🄵パラマウント🄳ピーター・グレンヴィル🄲リチャード・バートン▼10・25・SS鎖の大陸63 伊🄵日本ヘラルド🄳フォルコ・クイリチ、マレノ・マレノッティ、ロベルト・マレノッティ（記録映画）▼12・1・70マイ・フェア・レディ64 米🄵ワーナー🄳ジョージ・キューカー🄲オードリー・ヘップバーン（上映期間294日）

【1965年（昭和40年）】

▼9・21・70眠れる森の美女64 ソ連🄵東和🄳コンスタンチン・セルゲイエフ他🄲アラ・シゾーワ▼10・1・70ロード・ジム65 英、米🄵コロムビア🄳リチャード・ブルックス🄲ピーター・オトゥール▼11・13・VS HELP! 4人はアイドル65 英🄵ユナイト🄳リチャード・レスター🄲ジョン・レノン、ポール・マッカートニー、リンゴ・スター、ジョージ・ハリソン▼11・26・70華麗なるバレエ65 ソ連🄵東和🄳レオニード・ラヴロフスキー、アレクサンドル・シェレンコフ🄲ナターリヤ・ベッスメルトノーワ／ふたり65 ソ連🄵東和🄳ミハイル・ボーギン🄲ヴィクトリア・フョードロワ（短編映画）▼12・10・VSメリー・ポピンズ64 米🄵ブエナビスタ🄿ウォルト・ディズニー・プロ🄳ロバート・スティーヴンソン🄲ジュリー・アンドリュース（上映期間183日）

【1966年（昭和41年）】

▼6・10貸館休業▼6・11・70ドクトル・ジバゴ65 英、米、伊🄵MGM🄳デヴィッド・リーン🄲オマー・シャリフ（上映期間193日）▼12・21・70パリは燃えているか66 米🄵パラマウント🄳ルネ・クレマン🄲ジャン・ポール・ベルモンド

【1967年（昭和42年）】

▼3・11・VS伯爵夫人66 米🄵ユニヴァーサル🄳チャールズ・チャップリン🄲マーロン・ブランド▼5・27・SS上意討ち 拝領妻始末67 🄵東宝🄳小林正樹🄲三船敏郎▼6・1・VSモダンミリー67 米🄵ユニヴァーサル🄳ジョージ・ロイ・ヒル🄲ジュリー・アンドリュース▼7・20・SSトッポ・ジージョのボタン戦争67 日、伊🄵東和🄳市川崑🅅中村メイコ／ウッドペッカーのお家さがし（短編アニメーション）／クマさんのおさかな騒動（短編アニメーション）▼8・3・SS日本のいちばん長い日67 🄵東宝🄳岡本喜八🄲三船敏郎▼8・8・70ロシュフォールの恋人たち66 仏🄵東和、タイヘイフィルム🄳ジャック・ドゥミー🄲カトリーヌ・ドヌーヴ▼10・20・SS華岡青洲の妻67 🄵大映🄳増村保造🄲市川雷蔵／奥の細道67 🄿中日映画社🄳岸光男（短編映画）▼10・25・VS夜の大捜査線67 米🄵ユナイト🄳ノーマン・ジュイソン🄲シドニー・ポワチエ▼12・15・70ドリトル先生不思議な旅67 米🄵 20世紀FOX🄳リチャード・フライシャー🄲レックス・ハリソン

【1968年（昭和43年）】

▼3・2・VSウィル・ペニー67 米🄵パラマウント🄳トム・グリース🄲チャールトン・ヘストン▼4・6・VS招かれざる客67 米🄵コロムビア🄳スタンリー・クレイマー🄲シドニー・ポワチエ▼5・25・70アンナ・カレーニナ67 ソ連🄵東和🄳アレクサンドル・ザルヒ🄲タチアナ・サモイロワ（上映期間105日）▼9・7・VSめざめ68 仏🄵パラマウント🄳ミシェル・ドヴィル🄲ミシェル・モルガン▼10・5・SS若者よ挑戦せよ68 🄵東宝🄳千葉泰樹🄲竜雷太▼10・8貸切▼10・9・70オリバー！68 英🄵コロムビア🄳キャロル・リード🄲マーク・レスター（上映期間108日）

【1969年（昭和44年）】

▼1・25・70ヘルファイター68 米🄵ユニヴァーサル🄳アンドリュー・V・マクラグレン🄲ジョン・ウェイン▼2・22・70ファニー・ガール68 米🄵コロムビア🄳ウィリアム・ワイラー、ハーバート・ロス🄲バーブラ・ストライサンド▼5・1・SS御用金69 🄵東宝🄳五社英雄🄲仲代達矢▼5・17・70スイート・チャリティ68 米🄵ユニヴァーサル🄳ボブ・フォッシー🄲シャーリー・マクレーン▼7・12・70カラマーゾフ

の兄弟68 ソ連[F]東和[D]イワン・プィリエフ[C]ミハイル・ウリヤノフ▼10・15・SS荒い海69 [F]日活[D]山崎徳次郎[C]渡哲也▼10・25・SS太陽のオリンピア ―メキシコ1968―69 メキシコ[F]東和[D]アルベルト・イサーク（記録映画）▼12・6・70 白鳥の湖68 ソ連[F]東和[D]アッポリナリー・ドゥドコ、コンスタンチン・セルゲーエフ[C]エレーナ・エフチェーエワ／70 ボリショイバレエ・コンサート▼12・19・70 ハロー・ドーリー！69 米[F] 20世紀ＦＯＸ[D]ジーン・ケリー[C]バーブラ・ストライサンド

【１９７０年（昭和45年）】

▼2・14・SS幕末70 [F]東宝[D]伊藤大輔[C]中村錦之助▼2・26・SS暗くなるまでこの恋を69 仏[F]ユナイト[D]フランソワ・トリュフォー[C]ジャン・ポール・ベルモンド▼4・18・VS雨の訪問者70 仏[F]日本ヘラルド[D]ルネ・クレマン[C]チャールズ・ブロンソン▼6・19・VSトパーズ69 米[F]ユニヴァーサル[D]アルフレッド・ヒッチコック[C]フレデリック・スタフォード▼7・17・VS王女メディア69 伊、仏、西独[F]東和[D]ピエル・パオロ・パゾリーニ[C]マリア・カラス▼8・11・SS激動の昭和史 軍閥70 [F]東宝[D]堀川弘通[C]小林桂樹▼9・8・70 ＳＯＳ北極… 赤いテント70 ソ連、伊[F]日本ヘラルド[D]ミハイル・カラトーゾフ[C]ショーン・コネリー▼11・14・SS大洋のかなたに70 米[F]ユナイト[D]トム・グリース[C]チャールトン・ヘストン▼12・12・70 チャイコフスキー70 ソ連[F]日本ヘラルド[D]イーゴリ・タランキン[C]インノケンティ・スモクトゥノフスキー（上映期間１３３日）

【１９７１年（昭和46年）】

▼4・24・70 ライアンの娘70 英[F]ＭＧＭ[D]デヴィッド・リーン[C]ロバート・ミッチャム▼7・3・CS青い海と白い鮫71 米[F]東和[D]ピーター・ギンベル、ジェームズ・ピップスコーム（記録映画）▼8・28・SS小さな巨人70 米[F]東和[D]アーサー・ペン[C]ダスティン・ホフマン▼10・9・70 夕陽の挽歌71 米[F]ＭＧＭ[D]ブレイク・エドワーズ[C]ウィリアム・ホールデン▼10・30・VS愛とさすらいの青春 ジョー・ヒル71 瑞典、米[F]日本ヘラルド[D]ボー・ヴィデルベルイ[C]トミー・ベルグレン▼12・4・70 屋根の上のバイオリン弾き71 米[F]ユナイト[D]ノーマン・ジュイソン[C]トポル（上映期間１４０日）

【１９７２年（昭和47年）】

▼4・22・70 ニコライとアレクサンドラ71 英、米[F]コロムビア[D]フランクリン・Ｊ・シャフナー[C]マイケル・ジェイストン▼5・20・VSラムの大通り71 仏、伊、西[F]日本ヘラルド[D]ロベール・アンリコ[C]ブリジット・バルドー▼6・10・70 帰郷71 ソ連[F]日本ヘラルド[D]アレクサンドル・アロフ、ウラジミール・ナウモフ[C]リュドミラ・サベーリエワ▼7・22・VSフレンジー72 英、米[F]ＣＩＣ[P]ユニヴァーサル[D]アルフレッド・ヒッチコック[C]ジョン・フィンチ▼9・9・70 情熱の生涯 ゴヤ71 ソ連、東独[F]日本ヘラルド[D]コンラート・ヴォルフ[C]ドナタス・バニオニス▼10・14・70 ヨハン・シュトラウス 白樺のワルツ71 ソ連[F]東和[D]ヤン・フリード[C]ギルト・ヤコブレフ▼11・18・12・15 モダン・タイムス36米[F]東和[D]チャールズ・チャップリン[C]チャールズ・チャップリン▼12・9（22：10）［特別披露ナイトショー］街の灯31米[F]東和[D]チャールズ・チャップリン[C]チャールズ・チャップリン／モダン・タイムス36米[F]東和[D]チャールズ・チャップリン[C]チャールズ・チャップリン▼12・16・70 ラ・マンチャの男72 伊[F]ユナイト[D]アーサー・ヒラー[C]ピーター・オトゥール

【１９７３年（昭和48年）】

▼3・17・70 ポセイドン・アドベンチャー72 米[F] 20世紀ＦＯＸ[D]ロナルド・ニーム[C]ジーン・ハックマン（上映期間１１９日）▼7・14・街の灯31米[F]東和[D]チャールズ・チャップリン[C]チャールズ・チャップリン▼9・8・SS人間革命73 [F]東宝[D]舛田利雄[C]丹波哲郎▼10・6・チャップリンの独裁者40米[F]東和[D]チャールズ・チャップリン[C]チャールズ・チャップリン▼12・15・VSシンジケート73 米[F]東和[D]マイケル・ウィナー[C]チャールズ・ブロンソン

【１９７４年（昭和49年）】

▼1・26・SS華麗なる一族74 [F]東宝[D]山本薩夫[C]佐分利信▼3・1・ライムライト52 米[F]東和[D]チャールズ・チャップリン[C]チャールズ・チャップリン▼4・27・70 三銃士74 英[F] 20世紀ＦＯＸ[D]リチャード・レスター[C]オリヴァー・リード▼6・8・SSイルカの日73 米[F]日本ヘラルド[D]マイク・ニコルズ[C]ジョージ・Ｃ・スコット▼8・3・VS華麗なるギャツビー74 米[F]ＣＩＣ[D]ジャック・クレイトン[C]ロバート・レッドフォード▼11・9・チャップリンの殺人狂時代47 米[F]東和[D]チャールズ・チャップリン[C]チャールズ・チャップリン▼12・14・70 大地震74 米[F]ユニヴァーサル、ＣＩＣ[D]マーク・ロブソン[C]チャールトン・ヘストン（上映期間１０５日）

【1975年（昭和50年）】

▼3・29・キッド21米🄵東和🄳チャールズ・チャップリン🄲チャールズ・チャップリン／チャップリンのゴルフ狂時代（旧題：のらくら）21米🄵東和🄿ファーストナショナル🄳チャールズ・チャップリン🄲チャールズ・チャップリン▼4・26・VSゴッドファーザーPARTⅡ74米🄵パラマウント、CIC🄳フランシス・フォード・コッポラ🄲アル・パチーノ▼7・5・チャップリンのサーカス28米🄵東宝東和🄳チャールズ・チャップリン🄲チャールズ・チャップリン／チャップリンの兵隊さん（旧題：担へ銃）18米🄵東宝東和🄿ファーストナショナル🄳チャールズ・チャップリン🄲チャールズ・チャップリン▼8・2・70デルス・ウザーラ75ソ連🄵日本ヘラルド🄳黒澤明🄲ユーリー・サローミン▼10・18・VSマンディンゴ75米🄵東宝東和🄳リチャード・フライシャー🄲ジェームズ・メイソン▼11・29・VSフリックストーリー75仏🄵東宝東和🄳ジャック・ドレー🄲アラン・ドロン

【1976年（昭和51年）】

▼1・17・VS四銃士74英🄵20世紀FOX🄳リチャード・レスター🄲オリヴァー・リード▼2・14・ニューヨークの王様57英🄵東宝東和🄳チャールズ・チャップリン🄲チャールズ・チャップリン▼3・13・70ラッキー・レディ75米🄵20世紀FOX🄳スタンリー・ドーネン🄲ライザ・ミネリ▼4・17・VSシャーク！76伊、日🄵東宝東和🄳ブルーノ・ヴァイラーティ（記録映画）▼5・22・VSミラノの恋人75伊🄵東宝東和🄳ルイジ・コメンチーニ🄲ジュリアーノ・ジェンマ▼7・3・SSミッドウェイ76米🄵ユニヴァーサル、CIC🄳ジャック・スマイト🄲チャールトン・ヘストン▼8・28・VSミズーリ・ブレイク76米🄵ユナイト🄳アーサー・ペン🄲マーロン・ブランド▼10・2・SSオーメン76米🄵20世紀FOX🄳リチャード・ドナー🄲グレゴリー・ペック▼12・18・SSキングコング76米🄵東宝東和🄳ジョン・ギラーミン🄲ジェシカ・ラング

【1977年（昭和52年）】

▼2・26・SS大いなる決闘76米🄵20世紀FOX🄳アンドリュー・V・マクラグレン🄲チャールトン・ヘストン▼3・26・VSマラソン マン76米🄵パラマウント、CIC🄳ジョン・シュレシンジャー🄲ダスティン・ホフマン▼4・29・VS大陸横断超特急76米🄵20世紀FOX🄳アーサー・ヒラー🄲ジーン・ワイルダー▼6・11・SSテンタクルズ77伊🄵日本ヘラルド🄳オリヴァー・ヘルマン🄲ジョン・ヒューストン／ザ・スーパーカー これがその全貌だ！伊🄵日本ヘラルド（短編記録映画・第一回目のみ併映）▼7・16・70ジェット・ローラー・コースター77米🄵ユニヴァーサル、CIC🄳ジェームズ・ゴールドストーン🄲ジョージ・シーガル▼8・13・SSザ・カー77米🄵ユニヴァーサル、CIC🄳エリオット・シルヴァースタイン🄲ジェームズ・ブローリン▼8・27・VSさすらいの航海76英、米🄵日本ヘラルド🄳スチュアート・ローゼンバーグ🄲フェイ・ダナウェイ▼11・19・VSドラム76米🄵東宝東和🄳スティーヴ・カーヴァー🄲ケン・ノートン▼12・17・SSオルカ77米、伊、英、蘭🄵東宝東和🄳マイケル・アンダーソン🄲リチャード・ハリス

【1978年（昭和53年）】

▼2・4・VSドミノ・ターゲット76米🄵日本ヘラルド🄳スタンリー・クレイマー🄲ジーン・ハックマン▼2・25・70未知との遭遇77米🄵コロムビア🄳スティーヴン・スピルバーグ🄲リチャード・ドレイファス（上映期間105日）▼6・10・白き氷河の果てに78🄵東宝東和🄳門田龍太郎🄲ナレーション：中村吉右衛門（記録映画）▼8・12・火の鳥78🄵東宝🄳市川崑🄲草刈正雄▼9・23・SS聖職の碑78🄵東宝🄳森谷司郎🄲鶴田浩二▼10・21・VSミッドナイト・エクスプレス78英、米🄵コロムビア🄳アラン・パーカー🄲ブラッド・デイヴィス▼11・3・70２００１年宇宙の旅68米🄵MGM、CIC🄳スタンリー・キューブリック🄲ケア・デュリア▼12・16・70グリース78米🄵パラマウント、CIC🄳ランダル・クレイザー🄲ジョン・トラヴォルタ

【1979年（昭和54年）】

▼2・10・SSオーメン2 ダミアン78米🄵20世紀FOX🄳ドン・テイラー🄲ウィリアム・ホールデン▼3・10・VSゾンビ78米、伊🄵日本ヘラルド🄳ジョージ・A・ロメロ🄲デイヴィッド・エンゲ▼4・21・VSエーゲ海に捧ぐ79日、伊🄵東宝東和🄳池田満寿夫🄲クラウディオ・アリオッティ▼6・16・SSアバランチ・エクスプレス79米、アイルランド🄵日本ヘラルド🄳マーク・ロブソン🄲リー・マーヴィン▼7・7・VSラスト・シューティスト76米🄵東宝東和🄳ドン・シーゲル🄲ジョン・ウェイン▼7・21・70エイリアン79米🄵20世紀FOX🄳リドリー・スコット🄲シガニー・ウィーヴァー▼9・15・VSチャイナ・シンドローム79米🄵コロムビア🄳ジェームズ・ブリッジス🄲ジェーン・フォンダ▼10・27・70星のオルフェウス79日、

米[F]サンリオ[D]吉田喜重、タカシ[C]ナレーション：伊丹十三（アニメーション）／マジック・カプセル ゴダイゴ79 [F]サンリオ[D]岡本弘（記録映画）▼12・15・VS戦国自衛隊79 [F]東宝[P]角川春樹事務所[D]斎藤光正[C]千葉真一

【1980年（昭和55年）】

▼2・16・70地獄の黙示録79 米[F]日本ヘラルド[D]フランシス・フォード・コッポラ[C]マーロン・ブランド（上映期間105日）▼5・31・SSザ・フォッグ79 米[F]日本ヘラルド[D]ジョン・カーペンター[C]エイドリアン・バーボー▼6・28・VS復活の日80 [F]東宝[D]深作欣二[C]草刈正雄▼9・20・SS未知との遭遇 特別編80 米[F]コロムビア[D]スティーヴン・スピルバーグ[C]リチャード・ドレイファス▼10・25・VSミュージック・ミュージック80 米[F]東宝東和[D]ナンシー・ウォーカー[C]ヴァレリー・ペリン▼12・6・古都80 [F]東宝[D]市川崑[C]山口百恵▼12・20・70ブラックホール79 米[F]東宝[P]ウォルト・ディズニー・プロ[D]ゲイリー・ネルソン[C]マクシミリアン・シェル

【1981年（昭和56年）】

▼1・17・VSピラミッド80 米、英[F]東宝東和[D]マイク・ニューウェル[C]チャールトン・ヘストン▼2・21・SSフラッシュ・ゴードン80 米、英[F]20世紀FOX[D]マイク・ホッジス[C]サム・ジョーンズ▼3・28・VS戦争の犬たち80 英[F]ユナイト[D]ジョン・アーヴィン[C]クリストファー・ウォーケン▼4・18・SSスフィンクス80 米[F]ワーナー[D]フランクリン・J・シャフナー[C]レスリー・アン・ダウン▼5・23・SSエレファント・マン80 米、英[F]東宝東和[D]デヴィッド・リンチ[C]ジョン・ハート▼7・11・SSポパイ80 米[F]東宝[P]ウォルト・ディズニー・プロ、パラマウント[D]ロバート・アルトマン[C]ロビン・ウィリアムズ／左手でつかんだ青春 レフティ79 米[F]東宝[P]ウォルト・ディズニー・プロ[D]ジェームズ・トンプソン[C]キャロル・ジョンストン（中編映画）▼8・8・VS連合艦隊81 [F]東宝[D]松林宗恵[C]小林桂樹▼10・10・VSエクスカリバー81 米[F]ワーナー[D]ジョン・ブアマン[C]ナイジェル・テリー▼11・7・VS駅 STATION 81 [F]東宝[D]降旗康男[C]高倉健▼12・5・70レイダース 失われた聖櫃《アーク》81 米[F]パラマウント、CIC[D]スティーヴン・スピルバーグ[C]ハリソン・フォード

【1982年（昭和57年）】

▼2・11・SSブッシュマン81 南アフリカ[F]東宝東和[D]ジャミー・ユイス[C]ニカウ（上映期間100日）▼5・22・VSタップス81 米[F]20世紀FOX[D]ハロルド・ベッカー[C]ジョージ・C・スコット▼6・12・70未知との遭遇 特別編77 米[F]コロムビア[D]スティーヴン・スピルバーグ[C]リチャード・ドレイファス▼6・26・VSひめゆりの塔82 [F]東宝[D]今井正[C]栗原小巻▼7・17・SSコナン・ザ・グレート82 米[F]20世紀FOX[D]ジョン・ミリアス[C]アーノルド・シュワルツェネッガー▼8・14・ワン・フロム・ザ・ハート82 米[F]東宝東和[D]フランシス・フォード・コッポラ[C]フレデリック・フォレスト▼10・2・VSゾロ81 米[F]東宝東和[D]ピーター・メダック[C]ジョージ・ハミルトン▼10・16・VS海峡82 [F]東宝[D]森谷司郎[C]高倉健▼12・4・VS地中海殺人事件82 英[F]東宝東和[D]ガイ・ハミルトン[C]ピーター・ユスティノフ

【1983年（昭和58年）】

▼1・22・VS処刑教室82 カナダ[F]日本ヘラルド[D]マーク・L・レスター[C]ペリー・キング▼2・19・70スター・トレック2 カーンの逆襲82 米[F]パラマウント、CIC[D]ニコラス・メイヤー[C]ウィリアム・シャトナー▼3・19・VS5人のテーブル83 米[F]日本ヘラルド[D]ロバート・リーバーマン[C]ジョン・ヴォイト▼4・16・70ガンジー82 英、印、米[F]コロムビア[D]リチャード・アッテンボロー[C]ベン・キングズレー▼5・28・VSハイ・ロード83 米、ユーゴスラヴィア、香港[F]東宝東和[D]ブライアン・G・ハットン[C]トム・セレック▼6・18・VSもどり川83 [F]東宝東和[D]神代辰巳[C]萩原健一▼7・2・70スター・ウォーズ ジェダイの復讐83 米[F]20世紀FOX[D]リチャード・マーカンド[C]マーク・ハミル▼10・1・SSブルーサンダー83 米[F]コロムビア[D]ジョン・バダム[C]ロイ・シャイダー▼11・19・SS2001年宇宙の旅68 米[F]MGM、CIC[D]スタンリー・キューブリック[C]ケア・デュリア▼12・17・VSキャノンボール2 84 米、香港[F]東宝東和[D]ハル・ニーダム[C]バート・レイノルズ

【1984年（昭和59年）】

▼2・25・SSプロジェクトA 83 香港[F]東宝東和[P]ゴールデン・ハーヴェスト[D]ジャッキー・チェン（成龍）[C]ジャッキー・チェン▼3・17・VSさよならジュピター84 [F]東宝[D]小松左京、橋本幸治[C]三浦友和▼4・14・70ブレインストーム83 米[F]MGM、ユナイト、CIC[D]ダグラス・トランブル[C]クリストファー・ウォーケン▼5・12・VSロンリーウェイ83 カナダ[F]東宝東和[D]ドナルド・S・エヴェレット[C]ロビー・ベ

ンソン▼6・9‐SSスター・トレック3 ミスター・スポックを探せ！84 米[F]パラマウント、CIC[D]レナード・ニモイ[C]ウィリアム・シャトナー▼7・7‐70インディ・ジョーンズ 魔宮の伝説84 米[F]パラマウント、CIC[D]スティーヴン・スピルバーグ[C]ハリソン・フォード（上映期間105日）▼10・20‐11・11「生まれて半世紀！さよならフェスティバル」＝▼10・20‐10・22 70アラビアのロレンス62 英[P]サム・スピーゲル、デヴィッド・リーン・プロ[D]デヴィッド・リーン[C]ピーター・オトゥール▼10・23‐10・25 CS王様と私56米[P]20世紀FOX[D]ウォルター・ラング[C]デボラ・カー▼10・26‐10・28 天井桟敷の人々44 仏[P]S・N・パテ[D]マルセル・カルネ[C]アルレッティ▼10・29‐10・31 CS翼よ！あれが巴里の灯だ56 米[P]ワーナー[D]ビリー・ワイルダー[C]ジェームズ・スチュアート▼11・1‐11・3 70クレオパトラ63 米[P]20世紀FOX[D]ジョセフ・L・マンキーウィッツ[C]エリザベス・テイラー▼11・4‐11・7 美女と野獣46 仏[P]ディシナ[D]ジャン・コクトー[C]ジャン・マレー▼11・8‐11・11 風と共に去りぬ39米[P]セルズニック、MGM[D]ヴィクター・フレミング[C]ヴィヴィアン・リー

※11月11日をもって閉館

日比谷スカラ座 上映作品

【1955年（昭和30年）】7月14日開館

▼7・14‐VV戦略空軍命令55 米[F]パラマウント[D]アンソニー・マン[C]ジェームズ・スチュアート▼7・31‐VV追われる男55 米[F]パラマウント[D]ニコラス・レイ[C]ジェームズ・キャグニー▼8・13‐CS荒野の貴婦人55 米[F]ワーナー[D]マーヴィン・ルロイ[C]グリア・ガースン▼8・23‐SS水色の夜会服55 仏[F]ユニオン、映配 [D]ワルター・カップス[C]ジゼール・パスカル▼8・27‐CS東京暗黒街 竹の家55 米[F]20世紀FOX[D]サミュエル・フラー[C]ロバート・ライアン、山口淑子▼9・14‐CS足ながおじさん55 米[F]20世紀FOX[D]ジーン・ネグレスコ[C]フレッド・アステア▼10・18‐悪の決算55 仏[F]新外映[D]イヴ・シャンピ[C]イヴ・モンタン▼11・1‐ローマの女54 伊[F]イタリフィルム、NCC[D]ルイジ・ザンパ[C]ジーナ・ロロブリジーダ▼11・15‐VSやさしい狼犬部隊55 米[F]コロムビア[D]リチャード・マーフィー[C]アルド・レイ▼11・25‐VVお若いデス55 米[F]パラマウント[D]ノーマン・タウログ[C]ディーン・マーティン、ジェリー・ルイス▼12・10‐SS黄金の銃座55 米[F]RKO[D]ジョージ・シャーマン[C]ロリー・カルホーン▼12・24‐VVダニー・ケイの 黒いキツネ56 米[F]パラマウント[D]ノーマン・パナマ、メルヴィン・フランク[C]ダニー・ケイ

【1956年（昭和31年）】

▼1・6‐河の女54 伊[F]コロムビア[D]マリオ・ソルダーティ[C]ソフィア・ローレン▼2・9‐CS海賊島54 米、豪[F]ユニオン、NCC[D]バイロン・ハスキン[C]ロバート・ニュートン▼2・25‐CS去り行く男56 米[F]コロムビア、東宝[D]デルマー・デイヴィス[C]グレン・フォード▼3・10‐CS歴史は女で作られる55 仏、西独[F]新外映[D]マックス・オフュルス[C]マルティーヌ・キャロル▼4・1‐わが青春のマリアンヌ55 仏、西独[F]東和映画[D]ジュリアン・デュヴィヴィエ[C]マリアンヌ・ホルト／線と色の即興詩54 カナダ[F]東和映画[D]ノーマン・マクラレン（短編アニメーション）▼4・22‐夜の騎士道55 仏、伊[F]東和映画[D]ルネ・クレール[C]ミシェル・モルガン／公園にて55 仏[F]東和映画[D]ポール・パヴィオ[C]マルセル・マルソー（短編映画）▼5・10‐VS明日泣く55 米[F]MGM[D]ダニエル・マン[C]スーザン・ヘイワード▼5・31‐悪者は地獄へ行け56 仏[F]映配 [D]ロベール・オッセン[C]マリナ・ヴラディ／世紀の王妃56 [F]映配 [C]グレース・ケリー（短編記録映画）▼6・22‐白夫人の妖恋56 日、香港[F]東宝[D]豊田四郎[C]山口淑子▼6・26‐VS戦塵56 米[F]RKO[D]ルイス・R・フォスター[C]ウェンデル・コーリー▼7・10‐空と海の間に55 仏[F]東和映画[D]クリスチャン・ジャック[C]アンドレ・ヴァルミー▼7・31‐侵略者54 伊、仏[F]イタリフィルム、NCC[D]ピエトロ・フランシスキ[C]アンソニー・クイン▼8・17‐VV全艦発進せよ56 米[F]ユニヴァーサル[D]ジョゼフ・ペヴニー[C]ジェフ・チャンドラー▼9・11‐巴里野郎《パリ・カナイユ》56 仏[F]ユニオン、NCC[D]ピエール・ガスパール・ユイ[C]ダニー・ロバン▼9・27‐VV誇りと冒涜56 米[F]パラマウント[D]ジョージ・シートン[C]ウィリアム・ホールデン▼10・16‐VS純金のキャデラック56 米[F]コロムビア[D]リチャード・クワイン[C]ジュディ・ホリディ▼10・26‐CS水田地帯56 伊[F]イタリフィルム、新外映[D]ラファエロ・マタラッツォ[C]エルザ・マルティネリ▼11・9‐VS狙われた女56 米[F]ユニヴァーサル[D]ハリー・ケラー[C]エスター・ウィリアムス▼11・23‐CS黒い牡牛56 米[F]RKO[D]アーヴィ

ング・ラパー[C]マイケル・レイ▼12・14-最後の橋54墺、ユーゴスラヴィア[F]NCC、北欧[D]ヘルムート・コイトナー[C]マリア・シェル▼12・28-VSデイビー・クロケット 鹿革服の男55 米[F]大映[P]ウォルト・ディズニー・プロ[D]ノーマン・フォスター[C]フェス・パーカー／羊をまもる犬55 米[P]ウォルト・ディズニー・プロ[D]ラリー・ランズバーグ（短編）

【1957年（昭和32年）】

▼1・15-屋根56 伊[F]イタリフィルム、NCC[D]ヴィットリオ・デ・シーカ[C]ガブリエラ・パロッタ▼2・5-夏の夜は三たび微笑む55 瑞典[F]東和映画、東宝[D]イングマール・ベルイマン[C]ウラ・ヤコブソン／ユトリロの世界54 仏[F]東和映画[D]ジョルジュ・レニエ（短編映画）▼2・19-CSお茶と同情56 米[F]MGM[D]ヴィンセント・ミネリ[C]デボラ・カー▼3・15-CS反乱56 仏、西独、伊、ユーゴスラヴィア[F]NCC、ユニオン[D]カルミネ・ガローネ[C]クルト・ユルゲンス▼4・4-VS悪い種子《たね》56 米[F]ワーナー[D]マーヴィン・ルロイ[C]ナンシー・ケリー▼4・20-VVのるかそるか56 米[F]パラマウント[D]フランク・タシュリン[C]ディーン・マーティン、ジェリー・ルイス▼5・8-VS黒い牙57 米[F]MGM[D]リチャード・ブルックス[C]ロック・ハドソン▼5・25-道54 伊[F]イタリフィルム、NCC[D]フェデリコ・フェリーニ[C]アンソニー・クイン▼7・3-VSハッピーロード57 米[F]MGM[D]ジーン・ケリー[C]ジーン・ケリー▼7・20-抵抗《レジスタンス》死刑囚の手記より56 仏[F]新外映[D]ロベール・ブレッソン[C]フランソワ・ルテリエ▼8・16-CS太陽の帝国56 伊[F]イタリフィルム、新外映[D]エンリコ・グラス（記録映画）▼9・10-恋多き女56 仏、伊[F]東和映画[D]ジャン・ルノワール[C]イングリッド・バーグマン▼9・28-VVパリの恋人57 米[F]パラマウント[D]スタンリー・ドーネン[C]オードリー・ヘップバーン▼11・9-カビリアの夜57 伊[F]イタリフィルム、NCC[D]フェデリコ・フェリーニ[C]ジュリエッタ・マシーナ▼12・21-殿方ご免遊ばせ57 仏、伊[F]東和映画[D]ミシェル・ボワロン[C]ブリジット・バルドー／珍説・世界映画史の巻56 英[F]東和映画[D]ジョン・ハラス[C]日本語版解説：フランキー堺（短編アニメーション）

【1958年（昭和33年）】

▼2・1-SS愛情の花咲く樹57 米[F]MGM[D]エドワード・ドミトリク[C]モンゴメリー・クリフト（2月1日、東京宝塚劇場の火災によりスカラ座休映。上映作品は2月3日~10日まで千代田劇場で代替上映し、2月11日再開）▼4・1-VS白夜57 伊、仏[F]イタリフィルム、NCC[D]ルキノ・ヴィスコンティ[C]マリア・シェル▼4・29-CS悲しみよこんにちは58 米、英[F]コロムビア[D]オットー・プレミンジャー[C]ジーン・セバーグ▼6・24-芽ばえ57 伊[F]イタリフィルム、NCC[D]アルベルト・ラトゥアーダ[C]ジャクリーヌ・ササール▼7・26-SS最後の楽園55 伊[F]イタリフィルム、NCC[D]フォルコ・クイリチ（記録映画）▼8・23-野ばら57 墺[F]東和映画[D]マックス・ノイフェルト[C]ミヒャエル・アンデ▼10・18-鉄道員56 伊[F]イタリフィルム、NCC[D]ピエトロ・ジェルミ[C]ピエトロ・ジェルミ▼11・22-VS制服の処女58 西独、仏[F]映配[D]ゲザ・フォン・ラドヴァニ[C]ロミー・シュナイダー▼12・7-ハイジ アルプスの少女52 スイス[F]映配、東映[D]ルイジ・コメンチーニ[C]エルスベート・ジグムント▼12・26-奥様ご用心57 仏、伊[F]イタリフィルム[D]ジュリアン・デュヴィヴィエ[C]ジェラール・フィリップ

【1959年（昭和34年）】

▼1・23-VS可愛い悪魔58 仏、伊[F]東和映画[D]クロード・オータン・ララ[C]ブリジット・バルドー／シャンソン・ド・パリ 第2部57 仏[F]東和映画[C]イヴ・モンタン（記録映画）▼2・25-三月生れ58 伊[F]イタリフィルム[D]アントニオ・ピエトランジェリ[C]ジャクリーヌ・ササール▼3・27-CS走り来る人々58 米[F]MGM[D]ヴィンセント・ミネリ[C]フランク・シナトラ▼4・12-さすらい57 伊[F]イタリフィルム、新外映[D]ミケランジェロ・アントニオーニ[C]スティーヴ・コクラン▼4・23-お嬢さん、お手やわらかに!59 仏、伊[F]東和映画[D]ミシェル・ボワロン[C]アラン・ドロン▼6・9-CS青い大きな海57 伊、仏、西独、ユーゴスラヴィア[F]東和映画[D]ジロ・ポンテコルヴォ[C]イヴ・モンタン／シャンソン・ド・パリ 唄う・イヴ・モンタン[F]東和映画[C]イヴ・モンタン▼6・26-挑戦58 伊、西[F]イタリフィルム[D]フランチェスコ・ロージ[C]ロザンナ・スキャフィーノ▼7・11-SS南十字星の下59 伊[F]イタリフィルム[D]フォルコ・クイリチ[C]マルコ・パオレッティ▼8・4-掟58 伊、仏[F]イタリフィルム[D]ジュールス・ダッシン[C]ジーナ・ロロブリジーダ▼8・28-アルピニスト 岩壁に登る59 仏[F]映配[D]マルセル・イシャック（記録映画）▼10・6-みんなが恋してる58 伊、仏[F]イタリフィルム[D]ジュゼッペ・オルランディーニ[C]ジャクリーヌ・ササー

ル▼10・18・恋ひとすじに58 仏、伊🄵東和映画🄳ピエール・ガスパール・ユイ🄲アラン・ドロン▼11・3・わらの男57 伊🄵イタリフィルム🄳ピエトロ・ジェルミ🄲ピエトロ・ジェルミ▼11・23・非情の青春59 米🄵MGM🄳チャールズ・ハース🄲マミー・ヴァン・ドーレン▼12・1・VS学生たちの道59 仏、伊🄵映配🄳ミシェル・ボワロン🄲フランソワーズ・アルヌール▼12・19・白銀は招くよ！ザイラーと12人の娘59 墺🄵東和🄳ハンス・クヴェスト🄲トニー・ザイラー

【1960年（昭和35年）】

▼1・30・VV5つの銅貨59 米🄵パラマウント🄳メルヴィル・シェイヴルソン🄲ダニー・ケイ▼3・22・VSロベレ将軍59 伊、仏🄵イタリフィルム🄳ロベルト・ロッセリーニ🄲ヴィットリオ・デ・シーカ▼4・12・VS美しき冒険59 西独🄵中央映画貿易🄳クルト・ホフマン🄲リゼロッテ・プルファー／氷上の乱舞 ソ連🄵東和映画🄳Z・フォミナ（短編記録映画）▼4・28・VS避暑地の出来事59 米🄵ワーナー🄳デルマー・デイヴィス🄲サンドラ・ディー▼5・17・VS熱い手59 仏、伊🄵映配 🄳ジェラール・ウーリー🄲ジャック・シャリエ▼5・28・VSのっぽ物語60 米🄵ワーナー🄳ジョシュア・ローガン🄲アンソニー・パーキンス▼6・11・VS太陽がいっぱい60 仏、伊🄵新外映🄳ルネ・クレマン🄲アラン・ドロン▼8・5・VSねずみの競争60 米🄵パラマウント🄳ロバート・マリガン🄲トニー・カーティス▼8・17・スリ59 仏🄵映配 🄳ロベール・ブレッソン🄲マルタン・ラサール▼9・17・SS逢う時はいつも他人60 米🄵コロムビア🄳リチャード・クワイン🄲カーク・ダグラス▼10・20・CSわが恋は終りぬ60 米🄵コロムビア🄳チャールズ・ヴィダー、ジョージ・キューカー🄲ダーク・ボガード▼11・17・VSフランス女性と恋愛60 仏、伊🄵映配 🄳アンリ・ドコアン、ジャン・ドラノワ、ミシェル・ボワロン、ルネ・クレール、アンリ・ヴェルヌイユ、クリスチャン・ジャック、ジャン・ポール・ル・シャノワ🄲ジャクリーヌ・ポレル▼12・3・危険な階段60 仏🄵NCC🄳ロベール・オッセン🄲ミシェル・モルガン▼12・22・SSバタフィールド8 60 米🄵MGM🄳ダニエル・マン🄲エリザベス・テイラー

【1961年（昭和36年）】

▼1・13・VSGIブルース60 米🄵パラマウント🄳ノーマン・タウログ🄲エルヴィス・プレスリー▼1・25・VSスージー・ウォンの世界60 米🄵パラマウント🄳リチャード・クワイン🄲ナンシー・クワン▼2・15・SS芝生は緑60 英、米🄵ユニヴァーサル🄳スタンリー・ドーネン🄲ケーリー・グラント▼3・11・VS並木道60 仏🄵映配、東映🄳ジュリアン・デュヴィヴィエ🄲ジャン・ピエール・レオ▼3・21・SS素晴らしい風船旅行60 仏🄵東和🄳アルベール・ラモリス🄲パスカル・ラモリス／チャップリンのスケート16米🄳チャールズ・チャップリン🄲チャールズ・チャップリン（日本語版解説：牧野周一）▼5・2・CSボーイハント60 米🄵MGM🄳ヘンリー・レヴィン🄲ドロレス・ハート▼5・27・SS歌え！太陽60 伊🄵東和🄳マリオ・マットリ🄲ドメニコ・モドゥーニョ▼6・21・さよならパリ60 仏🄵東和🄳ジャン・ヴァレール🄲ジーン・セバーグ／野生の馬60 仏🄵東和🄳ドニ・コロン・ド・ドーナン（短編記録映画）▼7・1・SS香港の夜61 🄵東宝🄳千葉泰樹🄲宝田明、尤敏（ユーミン）▼7・4・VSふたりの女60 伊🄵MGM🄳ヴィットリオ・デ・シーカ🄲ソフィア・ローレン▼7・18・SS世界の夜61 伊🄵東和🄳ルイジ・バンツィ（記録映画）▼8・18・ローマ・オリンピック1960 60 伊🄵東和🄳ロモロ・マルチェリーニ（記録映画）▼9・19・CS九月になれば61 米🄵ユニヴァーサル🄳ロバート・マリガン🄲ロック・ハドソン▼10・24・VS鞄を持った女61 伊🄵映配 🄳ヴァレリオ・ズルリーニ🄲クラウディア・カルディナーレ▼11・4・VSティファニーで朝食を61 米🄵パラマウント🄳ブレイク・エドワーズ🄲オードリー・ヘップバーン▼12・23・哀愁40米🄵東和🄿MGM🄳マーヴィン・ルロイ🄲ヴィヴィアン・リー

【1962年（昭和37年）】

▼1・27・SS白銀に躍る61 西独🄵東和🄳ゲザ・フォン・ツィフラ🄲イナ・バウアー▼2・24・VS恋人よ帰れ61 米🄵ユニヴァーサル🄳デルバート・マン🄲ロック・ハドソン▼3・24・VSファニー61 米🄵ワーナー🄳ジョシュア・ローガン🄲レスリー・キャロン▼5・8・VS太陽にかける橋61 仏、米🄵MGM🄳エティエンヌ・ペリエ🄲キャロル・ベイカー▼5・15・SSフラワー・ドラム・ソング61 米🄵ユニヴァーサル🄳ヘンリー・コスター🄲ナンシー・クワン▼5・29・VSパリジェンヌ61 仏、伊🄵東和🄳ジャック・ポワトルノー、ミシェル・ボワロン、クロード・バルマ、マルク・アレグレ🄲ダニー・サヴァル▼6・19・SS青い目の蝶々さん61 米🄵パラマウント🄳ジャック・カーディフ🄲シャーリー・マクレーン▼6・26・CS誘惑の夜62 米🄵20世紀FOX🄳レオ・マッケリー🄲ウィリアム・ホールデ

ン▼7・6・CSプレイボーイ62 米[F]MGM[D]マイケル・ゴードン[C]キム・ノヴァク▼8・1・SSアイ・ラブ、ユー・ラブ61伊、仏[F]コロムビア[D]アレッサンドロ・ブラゼッティ（セミ・ドキュメンタリー）▼8・22・ほがらかに鐘は鳴る59 墺[F]東和[D]エドゥアルト・フォン・ボルゾディ[C]ミヒャエル・アンデ▼9・12・世界残酷物語62 伊[F]東和[D]グァルティエロ・ヤコペッティ、パオロ・カヴァラ、フランコ・プロスペリ（記録映画）（上映期間100日）▼12・21・SSジャンボ62 米[F]MGM[D]チャールズ・ウォルターズ[C]ドリス・デイ

【1963年（昭和38年）】

▼1・11・VS偽の売国奴62 米[F]パラマウント[D]ジョージ・シートン[C]ウィリアム・ホールデン▼2・1・VS悪名高き女62 米[F]コロムビア[D]リチャード・クワイン[C]キム・ノヴァク▼2・19・VS可愛い妖精61 英[F]ワーナー[D]ピーター・グレンヴィル[C]ローレンス・オリヴィエ▼3・5・SS 40ポンドのトラブル62 米[F]ユニヴァーサル[D]ノーマン・ジュイソン[C]トニー・カーティス▼3・19・VSわんぱく戦争61 仏[F]日本ヘラルド[D]イヴ・ロベール[C]アンドレ・トルトン▼5・18・ローマの休日53 米[F]パラマウント[D]ウィリアム・ワイラー[C]オードリー・ヘップバーン▼7・17・SS渚のデイト63 米[F]MGM[D]リチャード・ソープ[C]コニー・フランシス▼7・31・魔の大岩壁に挑む62 チェコスロヴァキア[F]東和[D]カロル・スクジプスキー（記録映画）／アイガー氷壁 決死の救援62 西独[F]東和[D]ルイス・トレンカー[C]トニー・ザイラー▼9・1・SS予期せぬ出来事63 英[F]MGM[D]アンソニー・アスキス[C]エリザベス・テイラー▼10・26・VS奇跡の人62 米[F]東和[D]アーサー・ペン[C]アン・バンクロフト▼12・28・SS地球の皮を剥ぐ63 伊[F]東和[D]ジャンニ・プロイア（記録映画）

【1964年（昭和39年）】

▼2・1・SS突然炎のごとく62 仏[F]日本ヘラルド[D]フランソワ・トリュフォー[C]ジャンヌ・モロー▼2・20・SS三文オペラ63 西独[F]東和[D]ヴォルフガング・シュタウテ[C]クルト・ユルゲンス▼3・7・わんぱく旋風63 仏[F]日本ヘラルド[D]イヴ・ロベール[C]プチ・ジュビス▼4・18・70黒いチューリップ63 仏、伊、西[F]日本ヘラルド[D]クリスチャン・ジャック[C]アラン・ドロン▼5・30・VSパリで一緒に63 米[F]パラマウント[D]リチャード・クワイン[C]オードリー・ヘップバーン▼6・30・CS恋愛留学生63 米[F] 20世紀FOX[D]ヘンリー・コスター[C]サンドラ・ディー▼7・10・CSサミー南へ行く63 英[F]東和[D]アレクサンダー・マッケンドリック[C]ファーガス・マクリーランド／がんばれ日本64[F]東和[P]東和映画（ベルリン・オリンピックにおける日本選手の活躍を『民族の祭典』から抜き出して再編集した短編、監修：川本信正）▼8・18・SSわれ一粒の麦なれど64[F]東宝[D]松山善三[C]小林桂樹▼8・28・VSイグアナの夜64 米[F]MGM[D]ジョン・ヒューストン[C]リチャード・バートン▼9・18・SSスエーデンの城62 仏[F]東和[D]ロジェ・ヴァディム[C]モニカ・ヴィッティ▼10・4・VSシェルブールの雨傘64 仏[F]東和[D]ジャック・ドゥミー[C]カトリーヌ・ドヌーヴ／海賊63 英[F]東和[D]アンソニー・アスキス、アンソニー・ハヴロック・アラン[C]ルドルフ・ヌレエフ（短編バレエ映画）▼11・28・バルセロナ物語63 西[F]東和[D]フランシスコ・ロヴィラ・ベレタ[C]カルメン・アマヤ▼12・12・SS青春カーニバル64 米[F]パラマウント[D]ジョン・リッチ[C]エルヴィス・プレスリー

【1965年（昭和40年）】

▼1・6・SS怪談64[F]東宝[D]小林正樹[C]新珠三千代▼2・13・SSファントマ 危機脱出64 仏[F]東和[D]アンドレ・ユヌベル[C]ジャン・マレー▼3・13・VS女房の殺し方教えます64 米[F]ユナイト[D]リチャード・クワイン[C]ジャック・レモン▼4・3・SS赤ひげ65[F]東宝[D]黒澤明[C]三船敏郎▼4・20・SS皇帝のビーナス62 伊[F]東和[D]ジャン・ドラノワ[C]ジーナ・ロロブリジーダ▼4・27・SS頭上の脅威64 仏[F]東和[D]イヴ・シャンピ[C]アンドレ・スマッグ▼5・20・VSあゝ結婚64 伊[F]日本ヘラルド[D]ヴィットリオ・デ・シーカ[C]ソフィア・ローレン▼6・12・VS太陽がいっぱい60 仏、伊[F]日本ヘラルド[D]ルネ・クレマン[C]アラン・ドロン▼7・10・SS東京オリンピック〈海外版〉65[F]東宝[D]市川崑（記録映画）▼7・24・70危険な道65 米[F]パラマウント[D]オットー・プレミンジャー[C]ジョン・ウェイン▼8・21・SSいそしぎ65 米[F]MGM[D]ヴィンセント・ミネリ[C]エリザベス・テイラー▼10・2・VSゴールデン・ハンター65 伊[F]日本ヘラルド[D]マリオ・モニチェリ[C]マルチェロ・マストロヤンニ▼10・27・VV泥棒成金55 米[F]パラマウント[D]アルフレッド・ヒッチコック[C]ケーリー・グラント▼11・6・CS慕情55 米[F]東和[P] 20世紀FOX[D]ヘンリー・キング[C]ジェニファー・ジョーンズ▼12・25・SS荒野の用心棒64 伊、西、西独[F]東和[D]セルジオ・レオー

ネ🄲クリント・イーストウッド

【1966年（昭和41年）】

▼1・15・70王様と私56 米🄵20世紀FOX🄳ウォルター・ラング🄲デボラ・カー▼2・12・70華麗なる激情65 米、伊🄵20世紀FOX🄳キャロル・リード🄲チャールトン・ヘストン▼4・23・SSさらばアフリカ65 伊🄵東和🄳グァルティエロ・ヤコペッティ（記録映画）▼6・18・70南太平洋58 米🄵大映🄿20世紀FOX🄳ジョシュア・ローガン🄲ロッサノ・ブラッツィ▼9・3・SSマーメイド作戦66 米🄵MGM🄳フランク・タシュリン🄲ドリス・デイ▼9・15・CSブルー・マックス66 英、米🄵20世紀FOX🄳ジョン・ギラーミン🄲ジョージ・ペパード▼10・6・SSカリフォルニア万才66 米🄵MGM🄳ノーマン・タウログ🄲エルヴィス・プレスリー▼10・20・赤と黒54 仏🄵東和🄳クロード・オータン・ララ🄲ジェラール・フィリップ▼11・12・SSおしゃれ泥棒66 米🄵20世紀FOX🄳ウィリアム・ワイラー🄲オードリー・ヘップバーン

【1967年（昭和42年）】

▼2・4・VS夜のたわむれ66 瑞🄵MGM🄳マイ・ゼッタリング🄲イングリッド・チューリン▼2・19・SS千曲川絶唱67 🄵東宝🄳豊田四郎🄲北大路欣也▼2・22・SS獲物の分け前66 仏🄵コロムビア🄳ロジェ・ヴァディム🄲ジェーン・フォンダ▼3・15・VV5つの銅貨59 米🄵パラマウント🄳メルヴィル・シェイヴルソン🄲ダニー・ケイ▼4・7・70風と共に去りぬ39米🄵MGM🄳ヴィクター・フレミング🄲ヴィヴィアン・リー（上映期間119日）▼8・4・VSシャム猫FBI ニャンタッチャブル65 米🄵ディズニー🄳ロバート・スティーヴンソン🄲ヘイリー・ミルズ▼8・22・VV十戒56 米🄵パラマウント🄳セシル・B・デミル🄲チャールトン・ヘストン▼9・30・VS昼顔67 仏🄵東和🄳ルイス・ブニュエル🄲カトリーヌ・ドヌーヴ▼11・25・VS華やかな魔女たち67 伊🄵ユナイト🄳ルキノ・ヴィスコンティ、マウロ・ボロニーニ、ピエル・パオロ・パゾリーニ、フランコ・ロッシ、ヴィットリオ・デ・シーカ🄲シルヴァーナ・マンガーノ▼12・6・ポーリンの大冒険67 米🄵ユニヴァーサル🄳ハーバート・B・レオナード🄲パット・ブーン▼12・16・SS危険な旅路67 米🄵MGM🄳ピーター・グレンヴィル🄲エリザベス・テイラー

【1968年（昭和43年）】

▼1・13・SS誇り高き戦場67 米🄵ユニヴァーサル🄳ラルフ・ネルソン🄲チャールトン・ヘストン▼2・10・70遥か群衆を離れて67 英🄵MGM🄳ジョン・シュレシンジャー🄲ジュリー・クリスティ／超高層のあけぼの67 🄿日本技術映画社、三井プロ🄳板谷紀之、石松直和（短編記録映画）▼3・9・VS最高にしあわせ67 米🄵ディズニー🄳ノーマン・トーカー🄲トミー・スティール▼5・4・VS悪魔のようなあなた67 仏🄵東和🄳ジュリアン・デュヴィヴィエ🄲アラン・ドロン▼5・25・続 鎖の大陸 苦いパン67 伊🄵日本ヘラルド🄳ジュゼッペ・M・スコテーゼ（記録映画）▼6・29・70スパルタカス60 米🄵ユニヴァーサル🄳スタンリー・キューブリック🄲カーク・ダグラス▼7・20・70心を繋ぐ6ペンス67 英🄵パラマウント🄳ジョージ・シドニー🄲トミー・スティール▼8・17・VSしのび逢い68 英🄵コロムビア🄳ケヴィン・リビングトン🄲オスカー・ウェルナー▼10・19・SSペルーの鳥68 仏🄵ユニヴァーサル🄳ロマン・ギャリー🄲ジーン・セバーグ▼11・9・VS白い恋人たち グルノーブルの13日68 仏🄵東和🄳クロード・ルルーシュ、フランソワ・レシャンバック（記録映画）▼12・18・70チキ・チキ・バン・バン68 英🄵ユナイト🄳ケン・ヒューズ🄲ディック・ヴァン・ダイク（上映期間119日）

【1969年（昭和44年）】

▼4・16・SS素敵な年頃68 米🄵MGM🄳マイケル・ゴードン🄲デヴィッド・ニーヴン▼4・26・個人教授68 仏🄵東和🄳ミシェル・ボワロン🄲ルノー・ヴェルレー▼6・14・VS約束69 米🄵MGM🄳シドニー・ルメット🄲オマー・シャリフ▼8・2・VSifもしも…68 英🄵パラマウント🄳リンゼイ・アンダーソン🄲マルコム・マクダウェル▼8・23・VS別離68 仏、伊🄵ユナイト🄳アラン・カヴァリエ🄲カトリーヌ・ドヌーヴ▼9・20・SS地獄変69 🄵東宝🄳豊田四郎🄲中村錦之助▼9・23・SS屋根の上の赤ちゃん69 米🄵東和🄳マーク・ロブソン🄲キャロル・ホワイト▼10・9・真夜中のカーボーイ69 米🄵ユナイト🄳ジョン・シュレシンジャー🄲ジョン・ヴォイト▼11・15・SSアレキサンドリア物語69 米🄵20世紀FOX🄳ジョージ・キューカー🄲アヌーク・エーメ▼11・29・SS女と男と金65 伊🄵MGM🄳ルチアーノ・サルチェ、マルコ・フェレーリ、エドゥアルド・デ・フィリッポ🄲マルチェロ・マストロヤンニ▼12・13・VSクリスマス・ツリー69 仏、伊🄵東和🄳テレンス・ヤング🄲ウィリアム・ホールデン

【1970年（昭和45年）】

▼3・7・ナタリーの朝69米[F]東和[D]フレッド・コー[C]パティ・デューク▼3・28・VSカトマンズの恋人69仏、伊[F]大映第一フィルム[D]アンドレ・カイヤット[C]ルノー・ヴェルレー▼4・25・SS砂丘70米[F]MGM[D]ミケランジェロ・アントニオーニ[C]マーク・フレチェット▼5・23・VSあの愛をふたたび69仏、伊[F]ユナイト[D]クロード・ルルーシュ[C]ジャン・ポール・ベルモンド▼6・27・70サウンド・オブ・ミュージック65米[F]20世紀FOX[D]ロバート・ワイズ[C]ジュリー・アンドリュース▼9・30・VSひまわり70伊[F]ブエナビスタ[D]ヴィットリオ・デ・シーカ[C]ソフィア・ローレン▼12・19・70クリスマス・キャロル70英[F]東和[D]ロナルド・ニーム[C]アルバート・フィニー

【1971年（昭和46年）】

▼2・11・VS哀愁のパリ70仏、伊[F]東和[D]ジョルジュ・ファレル[C]ルノー・ヴェルレー▼3・27・SS罪と罰70ソ連[F]東和[D]レフ・クリジャーノフ[C]ゲオルギー・タラトルキン▼5・22・SSおしゃれ泥棒66米[F]20世紀FOX[D]ウィリアム・ワイラー[C]オードリー・ヘップバーン▼6・19・70ソング・オブ・ノルウェー70米[F]20世紀FOX[D]アンドリュー・L・ストーン[C]フローレンス・ヘンダーソン▼7・17・70ウエスト・サイド物語61米[F]ユナイト[D]ロバート・ワイズ、ジェローム・ロビンス[C]ナタリー・ウッド▼9・11・VS雨のエトランゼ71仏、伊[F]日本ヘラルド[D]セルジオ・ゴビ[C]シャルル・アズナヴール▼10・9・VS悲しみの青春70伊[F]東和[D]ヴィットリオ・デ・シーカ[C]ドミニク・サンダ▼11・3・沈黙SILENCE71[F]東宝[D]篠田正浩[C]デイヴィド・ランプソン▼12・1・VS美しき愛のかけら70米[F]ユナイト[D]ダニエル・ホーラー[C]ロバート・フォスター▼12・11・VSパリは霧にぬれて71仏、伊[F]東和[D]ルネ・クレマン[C]フェイ・ダナウェイ

【1972年（昭和47年）】

▼1・22・VS雨のパスポート71英、仏[F]日本ヘラルド[D]ディック・クレメント[C]カーク・ダグラス▼2・19・VS恋人たちのメロディー71仏[F]東和[D]クロード・ルルーシュ[C]シャルル・ジェラール▼3・11・VSおしゃれキャット70米[F]ブエナビスタ[D]ウォルフガング・ライザーマン（アニメーション）／大自然の片隅51米[P]ウォルト・ディズニー・プロ[D]ジェームズ・アルガー（短編記録映画）▼4・15・VS永遠のエルザ71英[F]コロムビア[D]ジャック・コーファー[C]スーザン・ハンプシャー▼5・20・VS哀愁のシェリー71米[F]東和[D]ジョージ・マッコーワン[C]トルディー・ヤング▼6・17・SS遥かなる青い海71伊[F]東和[D]フォルコ・クイリチ[C]ウィリアム・M・レノ▼7・22・VSひきしお71伊、仏[F]日本ヘラルド[D]マルコ・フェレーリ[C]カトリーヌ・ドヌーヴ▼10・7・VS冒険また冒険72仏[F]ユナイト[D]クロード・ルルーシュ[C]リノ・ヴァンチュラ▼11・11・VS愛のふれあい69英[F]日本ヘラルド[D]ワリス・フセイン[C]サンディ・デニス／生命創造71仏[D]クロード・エデルマン（短編記録映画）▼12・1・70風と共に去りぬ39米[F]MGM[D]ヴィクター・フレミング[C]ヴィヴィアン・リー▼12・16・VSリスボン特急72仏[F]東和[D]ジャン・ピエール・メルヴィル[C]アラン・ドロン

【1973年（昭和48年）】

▼2・17・70アラビアのロレンス62英[F]コロムビア[D]デヴィッド・リーン[C]ピーター・オトゥール▼3・10・VSベッドかざりとほうき71米、英[F]ブエナビスタ[D]ロバート・スティーヴンソン[C]アンジェラ・ランズベリー／ウォルト・ディズニー・ワールド（短編記録映画）▼4・7・VS110番街交差点72米[F]ユナイト[D]バリー・シアー[C]アンソニー・クイン▼4・28・SS陽は沈み陽は昇る73[F]日活[D]蔵原惟繕[C]ローズマリー・デクスター、大林丈史▼6・2・70ウエスト・サイド物語61米[F]ユナイト[D]ロバート・ワイズ、ジェローム・ロビンス[C]ナタリー・ウッド▼6・23・VSラストタンゴ・イン・パリ72仏、伊[F]ユナイト[D]ベルナルド・ベルトルッチ[C]マーロン・ブランド▼8・18・VSショック療法72仏[F]20世紀FOX[D]アラン・ジェシュア[C]アラン・ドロン▼9・22・VS時よとまれ君は美しいミュンヘンの17日73米、西独[F]東和[D]ユーリー・オゼロフ、マイ・ゼッタリング、ミハエル・プレガー、市川崑、ミロス・フォアマン、クロード・ルルーシュ、アーサー・ペン、ジョン・シュレシンジャー（記録映画）▼10・13・SSレディ・カロライン72英、伊[F]東京第一フィルム[D]ロバート・ボルト[C]サラ・マイルズ▼11・17・VSクリスマス・ツリー69仏、伊[F]東和[D]テレンス・ヤング[C]ウィリアム・ホールデン▼12・15・VSモン・パリ73仏、伊[F]東和[D]ジャック・ドゥミー[C]カトリーヌ・ドヌーヴ

【1974年（昭和49年）】

▼1・26・2・22 70アラビアのロレンス62英[F]コロムビア[D]デヴィッド・リーン[C]ピーター・オトゥール

▼2・2（17：00の回終了後）［スニーク・プレビュー］SS追憶73 米[F]コロムビア[D]シドニー・ポラック[C]バーブラ・ストライサンド▼2・23・わが闘争60 瑞典[F]東和[D]エルウィン・ライザー（記録映画）▼3・16・SS続フレンズ ポールとミシェル74 英、仏[F]パラマウント、CIC[D]ルイス・ギルバート[C]アニセー・アルヴィナ▼4・13・SS追憶73 米[F]コロムビア[D]シドニー・ポラック[C]バーブラ・ストライサンド▼7・6・VSペイネ 愛の世界旅行74 仏、伊[F]日本ヘラルド[D]チェザーレ・ペルフェット（アニメーション）▼7・27・70マイ・フェア・レディ64 米[F]東和[D]ジョージ・キューカー[C]オードリー・ヘップバーン▼9・21・VSまたまたおかしな大追跡74 米[F]コロムビア[D]ピーター・イエーツ[C]バーブラ・ストライサンド▼10・19・VS旅路74 伊[F]ユナイト[D]ヴィットリオ・デ・シーカ[C]ソフィア・ローレン▼11・23・SSゴールデン・ボーイ 危機また危機73 伊[F]日本ヘラルド[D]ルチアーノ・エルコリ[C]ジュリアーノ・ジェンマ▼12・7・VS個人生活74 仏[F]東和[D]ピエール・グラニエ・ドフェール[C]アラン・ドロン

【1975年（昭和50年）】

▼2・15・VS赤いブーツの女74 仏、伊[F]日本ヘラルド[D]ホアン・ルイス・ブニュエル[C]カトリーヌ・ドヌーヴ▼3・21・雨のアムステルダム Two in the Amsterdam Rain 75 [F]東宝[D]蔵原惟繕[C]萩原健一▼4・5・VS愛人関係74 仏[F]東和[D]ジョルジュ・ロートネル[C]アラン・ドロン▼5・17・VSガンモール おかしなギャングと可愛い女75 伊、仏[F]ユナイト[D]ジョルジオ・カピターニ[C]ソフィア・ローレン▼6・21・70ウエスト・サイド物語61 米[F]ユナイト[D]ロバート・ワイズ、ジェローム・ロビンス[C]ナタリー・ウッド▼7・19・VS星の王子さま74 英、米[F]パラマウント、CIC[D]スタンリー・ドーネン[C]リチャード・カイリー▼9・6・70サウンド・オブ・ミュージック65 米[F]20世紀FOX[D]ロバート・ワイズ[C]ジュリー・アンドリュース▼11・1・VSシャンプー75 米[F]コロムビア[D]ハル・アシュビー[C]ウォーレン・ベイティ▼12・6・70テレマークの要塞65 英[F]コロムビア[D]アンソニー・マン[C]カーク・ダグラス▼12・20・VSマイ・ウェイ72 南アフリカ、英[F]コロムビア[D]エミール・ノファル、ロイ・サージャント[C]ジョー・スチュワードソン

【1976年（昭和51年）】

▼3・13・VS追想75 仏[F]ユナイト[D]ロベール・アンリコ[C]フィリップ・ノワレ▼4・24・70 Tommy トミー75 英[F]東宝東和[D]ケン・ラッセル[C]ロジャー・ダルトリー▼5・22・VS危険なめぐり逢い75 仏、伊[F]東宝東和[D]ルネ・クレマン[C]シドニー・ローム▼6・12・VSさらば愛《いと》しき女《ひと》よ75 米[F]ユナイト[D]ディック・リチャーズ[C]ロバート・ミッチャム▼7・3・SS青い鳥76 米、ソ連[F]東宝東和[D]ジョージ・キューカー[C]エリザベス・テイラー▼8・14・VSロビンとマリアン76 英[F]コロムビア[D]リチャード・レスター[C]オードリー・ヘップバーン▼9・11・VSリップスティック76 米[F]東宝東和[D]ラモント・ジョンソン[C]マーゴ・ヘミングウェイ▼10・16・VSうず潮75 仏[F]20世紀FOX[D]ジャン・ポール・ラプノー[C]カトリーヌ・ドヌーヴ▼11・20・SS面影76 米[F]ユニヴァーサル、CIC[D]シドニー・J・フューリー[C]ジェームズ・ブローリン▼12・11・VSがんばれ！ベアーズ76 米[F]パラマウント、CIC[D]マイケル・リッチー[C]ウォルター・マッソー

【1977年（昭和52年）】

▼2・26・70ザッツ・エンタテイメント PART2 76 米[F]MGM、CIC[D]ジーン・ケリー[C]フレッド・アステア▼3・26・SSシンデレラ76 英[F]東宝東和[D]ブライアン・フォーブス[C]ジェマ・クレイヴン▼5・21・VS愛よもう一度76 仏[F]ユナイト[D]クロード・ルルーシュ[C]カトリーヌ・ドヌーヴ▼6・11・VSセンチネル77 米[F]ユニヴァーサル、CIC[D]マイケル・ウィナー[C]クリス・サランドン▼6・25・SS八甲田山77 [F]東宝[D]森谷司郎[C]高倉健▼7・2・ローマの休日53 米[F]パラマウント、CIC[D]ウィリアム・ワイラー[C]オードリー・ヘップバーン▼7・23・SSザ・ディープ77 米[F]コロムビア[D]ピーター・イエーツ[C]ジャクリーン・ビセット▼9・10・VSシビルの部屋76 仏[F]日本ヘラルド[D]ネリー・カプラン[C]アン・ザカリアス▼10・15・VSビリティス77 仏[F]東宝東和[D]デヴィッド・ハミルトン[C]パティ・ダーバンヴィル▼11・12・70マイ・フェア・レディ76 米[F]東宝東和[D]ジョージ・キューカー[C]オードリー・ヘップバーン▼12・10・VSジョーイ77 米[F]日本ヘラルド[D]ルー・アントニオ[C]ジェフリー・ライナス

【1978年（昭和53年）】

▼3・18・VS真夜中の向う側77 米[F]20世紀FOX[D]チャールズ・ジャロット[C]マリー・フランス・ピジエ▼4・15・SSマニトウ78 米[F]日本ヘラルド[D]ウィリアム・ガードラー[C]トニー・カーティス▼4・29

・VS愛と喝采の日々77 米F 20世紀FOXDハーバート・ロスCシャーリー・マクレーン▼6・17・VSジュリア77 米F 20世紀FOXDフレッド・ジンネマンCジェーン・フォンダ▼7・22・VSサタデー・ナイト・フィーバー77 米Fパラマウント、CICDジョン・バダムCジョン・トラヴォルタ▼10・14・VSアイズ78 米Fコロムビア Dアーヴィン・カーシュナーCフェイ・ダナウェイ▼11・11・VSチェイサー78 仏F日本ヘラルドDジョルジュ・ロートネルCアラン・ドロン▼12・23・VS燃える秋77 F東宝D小林正樹C真野響子

【1979年（昭和54年）】

▼3・3・くるみ割り人形79 Fサンリオ、日本ヘラルドD中村武雄V杉田かおる（人形アニメーション）▼4・28・リトル・モー78 米Fジョイパック Dダニエル・ホーラーCグリニス・オコナー▼6・9・70 サージャント・ペッパー78 米Fパラマウント、CICDマイケル・シュルツCピーター・フランプトン▼6・23・VSサタデー・ナイト・フィーバー77 米Fパラマウント、CICDジョン・バダムCジョン・トラヴォルタ／SSグリース78 米Fパラマウント、CICDランダル・クレイザーCジョン・トラヴォルタ▼7・7・VSチャンプ79 米FMGM、CICDフランコ・ゼフィレッリCジョン・ヴォイト▼9・22・VS新・明日に向って撃て！79 米F 20世紀FOXDリチャード・レスターCウィリアム・カット▼10・13・SSドラキュラ79 米Fユニヴァーサル、CICDジョン・バダムCフランク・ランジェラ▼10・27・70 2001年宇宙の旅68 米、英FMGM、CICDスタンリー・キューブリックCケア・デュリア▼11・17・VSパワープレイ78 英、カナダFワールド映画Dマーティン・バークCピーター・オトゥール▼12・8・マイ・ライフ78 米F東宝東和Dリチャード・T・ヘフロンCジョアン・ウッドワード／東山魁夷の世界 旅・風景・人生79 F東宝東和P朝日映像、企画：集英社D竹内啓治（短編記録映画）

【1980年（昭和55年）】

▼2・16・SSオフサイド7 79 英F東宝東和Dジョルジュ・パン・コスマトスCロジャー・ムーア▼3・15・VS火の鳥2772 愛のコスモゾーン80 F東宝D手塚治虫、杉山卓V塩沢兼人（アニメーション）▼4・12・VSラブ・バッグ モンテカルロ大爆走79 米F東宝Pウォルト・ディズニー・プロDヴィンセント・マックヴィーティCディーン・ジョーンズ／ペリー物語（旧邦題・ペリ）57 米F東宝Pウォルト・ディズニー・プロDN・ポール・ケンワージー・ジュニア、ラルフ・ライト（動物映画）▼5・3・がんばれ!!タブチくん!! 激闘ペナントレース80 F東宝東和P東京ムービー新社D芝山努V西田敏行（アニメーション）▼6・7・VS少年と鮫79 米F 20世紀FOXDフランク・C・クラークCデイトン・ケイン▼6・14・SS南太平洋58 米F東宝東和Dジョシュア・ローガンCミッチー・ゲイナー▼7・5・70 屋根の上のバイオリン弾き71 米FユナイトDノーマン・ジュイソンCトポル▼7・26・桜―さくら―79 中国F東宝東和Dチャン・シンチー（詹相持）、ハン・シャオレイ（韓小磊）Cチェン・シャオイン（程暁英）▼8・23・VSチェンジリング79 カナダFジョイパックDピーター・メダックCジョージ・C・スコット▼9・20・VS夕暮まで80 F東宝D黒木和雄C桃井かおり▼10・18・VSカリギュラ79 米F日本ヘラルドDティント・ブラス、ジャンカルロ・ルイCマルコム・マクダウェル▼12・13・VSフェーム80 米FMGM、CICDアラン・パーカーCアイリーン・キャラ

【1981年（昭和56年）】

▼1・24・VS夢・夢のあと81 F東宝東和D高田賢三Cアニセー・アルヴィナ▼2・15・VS帰ってきた若大将81 F東宝D小谷承靖C加山雄三／VS青春グラフィティ スニーカーぶるーす81 F東宝D河崎義祐C田原俊彦、近藤真彦、野村義男▼3・7・VSスローなブギにしてくれ81 F東映P角川春樹事務所、東映D藤田敏八C浅野温子▼4・18・SS殺しのドレス80 米F日本ヘラルドDブライアン・デ・パルマCナンシー・アレン▼5・23・SSオーメン 最後の闘争81 米F 20世紀FOXDグラハム・ベイカーCサム・ニール▼6・20・VSタイムズ・スクエア80 米F東宝東和Dアラン・モイルCティム・カリー▼7・11・SSエレファント・マン80 米、英F東宝東和Dデヴィッド・リンチCジョン・ハート▼7・18・VSシリウスの伝説81 Fサンリオ、日本ヘラルドD波多正美V古谷徹（アニメーション）▼9・5・アメリカン・バイオレンス81 日、米F東宝東和Dシェルドン・レナン（記録映画）▼10・17・VS針の眼81 英FユナイトDリチャード・マーカンドCドナルド・サザーランド▼10・31・VSリリー・マルレーン81 西独F日本ヘラルドDライナー・ヴェルナー・ファスビンダーCハンナ・シグラ▼11・28・街の灯31米F東宝東和Dチャール

ズ・チャップリン[C]チャールズ・チャップリン／ライムライト52 米[F]東宝東和[D]チャールズ・チャップリン[C]チャールズ・チャップリン▼12・12・VSエンドレス・ラブ81 米[F]東宝東和[D]フランコ・ゼフィレッリ[C]ブルック・シールズ

【1982年（昭和57年）】

▼2・13・VSベストフレンズ81 米[F]MGM、CIC[D]ジョージ・キューカー[C]ジャクリーン・ビセット▼3・13・VSリトル・プリンス80 英[F]東宝東和[D]ジャック・ゴールド[C]リッキー・シュローダー▼4・3・VSザ・カンニング［IQ＝0］80 仏[F]東宝東和[D]クロード・ジディ[C]ダニエル・オートゥイユ▼5・8・VSチャタレイ夫人の恋人81 英、仏[F]東宝東和[D]ジュスト・ジャカン[C]シルヴィア・クリステル▼6・19・VSフォー・フレンズ 4つの青春81 米[F]20世紀FOX[D]アーサー・ペン[C]クレイグ・ワッソン▼7・3・VS青い珊瑚礁80 米[F]コロムビア[D]ランダル・クレイザー[C]ブルック・シールズ／VSグローイング・アップ3 恋のチューインガム81 イスラエル[F]コロムビア[D]ボアズ・デヴィッドソン[C]イフタク・カツール▼7・17・70ポルターガイスト82 米[F]MGM、CIC[D]トビー・フーパー[C]クレイグ・T・ネルソン▼8・28・SSアドベンチャー・ロード80 豪、米[F]東宝東和[D]ピーター・コリンソン[C]ウィリアム・ホールデン▼9・15・70トロン82 米[F]東宝[P]ウォルト・ディズニー・プロ[D]スティーヴン・リズバーガー[C]ジェフ・ブリッジス▼10・30・70エンティティー 霊体82 米[F]20世紀FOX[D]シドニー・J・フューリー[C]バーバラ・ハーシー▼11・20・SS遊星からの物体X82 米[F]ユニヴァーサル、CIC[D]ジョン・カーペンター[C]カート・ラッセル▼12・18・70アニー82 米[F]コロムビア[D]ジョン・ヒューストン[C]アイリーン・クイン

【1983年（昭和58年）】

▼1・22・SSラグタイム81 米[F]東宝東和[D]ミロス・フォアマン[C]エリザベス・マクガヴァン▼2・5・VSフライングハイ2 危険がいっぱい月への旅82 米[F]パラマウント、CIC[D]ケン・フィンクルマン[C]ロバート・ヘイズ▼3・5・SSダーククリスタル82 英、米[F]ユニヴァーサル、CIC[D]ジム・ヘンソン、フランク・オズ[C]スティーヴン・ガーリック▼4・2・VSザ・カンニング アルバイト情報82 仏[F]東宝東和[D]クロード・ジディ[C]ダニエル・オートゥイユ▼4・29・だいじょうぶマイ・フレンド83 [F]東宝[D]村上龍[C]広田玲央名、ピーター・フォンダ▼6・4・東京裁判83 [F]東宝東和[D]小林正樹[C]ナレーター：佐藤慶（記録映画）▼8・6・VSグローイングアップ4 渚でデート83 イスラエル[F]コロムビア[D]ボアズ・デヴィッドソン[C]イフタク・カツール▼8・27・SSアウトサイダー83 米[F]東宝東和[D]フランシス・フォード・コッポラ[C]C・トーマス・ハウエル▼10・1・VSロングウェイ・ホーム81 米[F]東宝東和[D]ロバート・マーコウィッツ[C]ティモシー・ハットン▼11・3・VS積木くずし83 [F]東宝[D]斎藤光正[C]渡辺典子▼12・10・VSウォー・ゲーム81 米[F]MGM、CIC[D]ジョン・バダム[C]マシュー・ブロデリック

【1984年（昭和59年）】

▼2・11・VS残酷を超えた驚愕ドキュメント カランバ83 伊[F]東宝東和[D]アントニオ・クリマティ、マリオ・モッラ（記録映画）▼3・17・VSおしん84 [F]サンリオ[D]山本暎一[V]小林綾子（アニメーション）▼4・21・プロ野球を10倍楽しく見る方法 PART2 84 [F]東宝東和[D]鈴木清[V]みのもんた（アニメーション）▼5・19・VSフェーム80 米[F]MGM、CIC[D]アラン・パーカー[C]アイリーン・キャラ／VSサタデー・ナイト・フィーバー77 米[F]パラマウント、CIC[D]ジョン・バダム[C]ジョン・トラヴォルタ▼6・1・VSビッグウェイブ84 米、日[F]日本ヘラルド[D]ウォルター・マルコネリー（記録映画）▼7・7・VS夏服のイヴ84 [F]東宝[D]西村潔[C]松田聖子／VS刑事物語3 潮騒の詩84 [F]東宝[D]杉村六郎[C]武田鉄矢▼7・14・VS愛情物語84 [F]東映[P]角川春樹事務所[D]角川春樹[C]原田知世／VSメイン・テーマ84 [F]東映[P]角川春樹事務所[D]森田芳光[C]薬師丸ひろ子▼9・8・70ライトスタッフ83 米[F]ワーナー[D]フィリップ・カウフマン[C]サム・シェパード▼10・20・SSロマンシング・ストーン 秘宝の谷84 米、メキシコ[F]20世紀FOX[D]ロバート・ゼメキス[C]キャスリーン・ターナー▼11・23・SSゴールド・パピヨン84 仏[F]日本ヘラルド[D]ジュスト・ジャカン[C]タウニー・キティン▼12・6・12・14 改装休館▼12・15・VSスパルタンX84 香港[F]東宝東和[D]サモ・ハン・キンポー（洪金寶）[C]ジャッキー・チェン

【1985年（昭和60年）】

▼1・26・VS愛・旅立ち85 [F]東宝[D]舛田利雄[C]近藤真彦、中森明菜▼3・2・お葬式84 [F]ATG[D]伊丹十三[C]山﨑努▼3・16・70 2010年84 米[F]MGM、CIC[D]ピーター・ハイアムズ[C]ロイ・シャイダー▼5・3・VS眠れぬ夜のために84 米[F]ユニヴァーサル、

CIC[D]ジョン・ランディス[C]ミシェル・ファイファー▼5・25・VSパリ警視J83仏[F]東宝東和[D]ジャック・ドレー[C]ジャン・ポール・ベルモンド▼6・22・ペンギンズ・メモリー 幸福《しあわせ》物語85 [F]東宝東和[D]木村俊士[V]佐藤浩市（アニメーション）▼8・10・SSスペースバンパイア85英、米[F]日本ヘラルド[D]トビー・フーパー[C]スティーヴ・レイルズバック▼9・21・VSスキャンダル 愛の罠85伊[F]日本ヘラルド[D]ジュゼッペ・パトローニ・グリッフィ[C]ラウラ・アントネッリ▼10・10・VS山下少年物語85 [F]東宝東和[D]松林宗恵[C]右田賢一／VSきみが輝くとき85 [F]東宝東和[D]森川時久[C]西山剛史▼11・9・トラヴィアータ1985・椿姫82伊[F]東宝東和[D]フランコ・ゼフィレッリ[C]テレサ・ストラータス▼12・7・SSサンタクロース85米[F]日本ヘラルド、東北新社[D]ヤノット・シュワルツ[C]ダドリー・ムーア

【1986年（昭和61年）】

▼1・25・VS幕末青春グラフィティ Ronin 坂本竜馬86 [F]東宝[D]河合義隆[C]武田鉄矢▼3・1・70シルバラード85米[F]コロムビア[D]ローレンス・カスダン[C]ケヴィン・クライン▼3・21・SS阿羅漢《あらはん》86中国、香港[F]東宝東和[D]リュー・チャーリァン（劉家良）[C]リー・リンチェイ（李連杰）▼4・26・VSキャバレー86 [F]東宝[P]角川春樹事務所[D]角川春樹[C]野村宏伸／VS彼のオートバイ、彼女の島86 [F]東宝[P]角川春樹事務所[D]大林宣彦[C]原田貴和子▼6・7・VSビギナーズ86英[F]日本ヘラルド[D]ジュリアン・テンプル[C]エディ・オコネル▼6・28・SSロマンシング・アドベンチャー キング・ソロモンの秘宝85米[F]日本ヘラルド[D]J・リー・トンプソン[C]リチャード・チェンバレン▼7・12・VS子猫物語86 [F]東宝[D]畑正憲[C]ナレーション：露口茂▼10・10・時計 Adieu l'Hiver 86 [F]日本ヘラルド[D]倉本聰[C]中嶋朋子▼12・6・70トップガン86米[F]パラマウント、UIP[D]トニー・スコット[C]トム・クルーズ

【1987年（昭和62年）】

▼1・17・VS首都消失86 [F]東宝[D]舛田利雄[C]名取裕子▼2・21・SSクロコダイル・ダンディー86豪[F]20世紀FOX[D]ピーター・フェイマン[C]ポール・ホーガン▼4・18・70ミッション86英[F]日本ヘラルド[D]ローランド・ジョフィ[C]ロバート・デ・ニーロ▼6・13・VSエンゼル・ハート87米[F]東宝東和[D]アラン・パーカー[C]ミッキー・ローク▼7・25・VSラッコ物語87 [F]東宝[D]永田貴士[C]斉藤由貴▼9・5・VS火龍87香港、中国[F]東宝東和[D]リー・ハンシャン（李翰祥）[C]リャン・シャーホー（梁家輝）▼10・10・SSケニー87米、日、カナダ[F]東宝東和[D]クロード・ガニオン[C]ケニー・イースタディ▼11・14・VSサンタリア 魔界怨霊87米[F]ワーナー[D]ジョン・シュレシンジャー[C]マーティン・シーン▼12・11貸館▼12・12・VSバトルランナー87米[F]日本ヘラルド[D]ポール・マイケル・グレイザー[C]アーノルド・シュワルツェネッガー

【1988年（昭和63年）】

▼1・30・VS帝都物語88 [F]東宝[D]実相寺昭雄[C]嶋田久作▼3・19・VS長くつ下ピッピの冒険物語87米、瑞典[F]東宝東和[D]ケン・アナキン[C]タミー・エリン▼4・2・VSロボコップ87米[F]ワーナー[D]ポール・ヴァーホーヴェン[C]ピーター・ウェラー▼4・16・VSウォール街87米[F]20世紀FOX[D]オリヴァー・ストーン[C]マイケル・ダグラス▼6・25・VS敦煌88 [F]東宝[D]佐藤純彌[C]佐藤浩市▼7・23・VS優駿 ORACION 88 [F]東宝[D]杉田成道[C]斉藤由貴▼10・8・VSグッドモーニング・ベトナム87米[F]ワーナー[D]バリー・レヴィンソン[C]ロビン・ウィリアムズ▼11・12・SSフライトナイト2 バンパイアの逆襲88米[F]コロムビア[D]トミー・リー・ウォーレス[C]ロディ・マクドウォール▼12・3・VSムーンウォーカー88米[F]東宝東和[D]ジェリー・クレイマー、コリン・シルヴァース[C]マイケル・ジャクソン▼12・10・VS孔雀王88日、香港[F]東宝東和[D]ラン・ナイチョイ[C]三上博史、ユン・ピョウ

【1989年（昭和64年・平成元年）】

▼1・28・SSゼイリブ88米[F]東宝東和[D]ジョン・カーペンター[C]ロディ・パイパー▼2・24休館▼2・25・VSレインマン88米[F]ユナイト、UIP[D]バリー・レヴィンソン[C]ダスティン・ホフマン（上映期間140日）▼7・15・SS子熊物語88仏[F]東宝東和[D]ジャン・ジャック・アノー[C]チェッキー・カリョ▼9・15・VS帝都大戦89 [F]東宝[D]一瀬隆重、藍乃才（ラン・ナイチョイ）[C]加藤雅也▼11・3・VSジョニー・ハンサム89米[F]東宝東和[D]ウォルター・ヒル[C]ミッキー・ローク▼12・9・VSバック・トゥ・ザ・フューチャー PART2 89米[F]ユニヴァーサル、UIP[D]ロバート・ゼメキス[C]マイケル・J・フォックス▼12・23・VSハーレム・ナイト89米[F]パラマウント、UIP[D]エディ・マーフィ[C]エディ・マーフィ

【1990年（平成2年）】

▼2・17・70 7月4日に生まれて89米[F]ユニヴァー

サル、UIPⒹオリヴァー・ストーンⒸトム・クルーズ▼5・12・VSチャイナシャドー89日、米Ⓕ日本ヘラルドⒹ柳町光男Ⓒジョン・ローン、佐藤浩市▼6・15・VSトレマーズ90米Ⓕユニヴァーサル、UIPⒹロン・アンダーウッドⒸケヴィン・ベーコン▼7・13・70レッド・オクトーバーを追え！90米Ⓕパラマウント、UIPⒹジョン・マクティアナンⒸショーン・コネリー▼9・21・SSダイ・ハード2 90米Ⓕ20世紀FOXⒹレニー・ハーリンⒸブルース・ウィリス▼12・7・VSプリティ・ウーマン90米Ⓕタッチストーン、ワーナーⒹゲイリー・マーシャルⒸリチャード・ギア（上映期間104日）

【1991年（平成3年）】

▼3・21・70ハバナ90米Ⓕユニヴァーサル、UIPⒹシドニー・ポラックⒸロバート・レッドフォード▼4・27・SSハード・ウェイ91米Ⓕユニヴァーサル、UIPⒹジョン・バダムⒸマイケル・J・フォックス▼6・8・VSゴースト ニューヨークの幻90米Ⓕパラマウント、UIPⒹジェリー・ザッカーⒸデミ・ムーア／VSプリティ・ウーマン90米Ⓕタッチストーン、ワーナーⒹゲイリー・マーシャルⒸリチャード・ギア▼6・22・VSホーム・アローン90米Ⓕ20世紀FOXⒹクリス・コロンバスⒸマコーレー・カルキン（上映期間112日）▼10・12・SSハートブルー91米Ⓕ日本ヘラルドⒹキャスリン・ビグローⒸキアヌ・リーヴス▼12・14・VS曼荼羅 若き日の弘法大師・空海91日、中国Ⓕ東宝東和Ⓓテン・ウェンジャⒸ永島敏行

【1992年（平成4年）】

▼1・25・VS恋のためらい フランキーとジョニー91米Ⓕパラマウント、UIPⒹゲイリー・マーシャルⒸアル・パチーノ▼3・7・VSシティ・スリッカーズ91米Ⓕ東宝東和Ⓓロン・アンダーウッドⒸビリー・クリスタル▼4・11・SSフリージャック92米Ⓕ東宝東和Ⓓジョフ・マーフィーⒸエミリオ・エステヴェス▼5・16・VSミンボーの女92 Ⓕ東宝Ⓓ伊丹十三Ⓒ宮本信子▼7・18・70遥かなる大地へ92米Ⓕユニヴァーサル、UIPⒹロン・ハワードⒸトム・クルーズ▼9・12・VSブーメラン92米Ⓕパラマウント、UIPⒹレジナルド・ハドリンⒸエディ・マーフィ▼10・10・SSプリティ・リーグ92米ⒻコロムビアⒹペニー・マーシャルⒸトム・ハンクス▼11・21・SSダイ・ハード88米Ⓕ20世紀FOXⒹジョン・マクティアナンⒸブルース・ウィリス／SSダイ・ハード2 90米Ⓕ20世紀FOXⒹレニー・ハーリンⒸブルース・ウィリス▼12・5・VS永遠《とわ》に美しく…91米Ⓕユニヴァーサル、UIPⒹロバート・ゼメキスⒸメリル・ストリープ

【1993年（平成5年）】

▼2・11・VSスニーカーズ92米Ⓕユニヴァーサル、UIPⒹフィル・アルデン・ロビンソンⒸロバート・レッドフォード▼3・27・VSトイズ92米Ⓕ20世紀FOXⒹバリー・レヴィンソンⒸロビン・ウィリアムズ▼4・17・VS天使にラブ・ソングを…92米ⒻブエナビスタⒹエミール・アルドリーノⒸウーピー・ゴールドバーグ▼6・5・VSウインズ92米、日Ⓕ日本ヘラルドⒹキャロル・バラードⒸマシュー・モディーン▼7・3・VSスーパーマリオ 魔界帝国の女神93米Ⓕ日本ヘラルドⒹロッキー・モートン、アナベル・ヤンケルⒸボブ・ホスキンス▼8・7・VSアラジン92米ⒻブエナビスタⒹジョン・マスカー、ロン・クレメンツ（アニメーション）▼11・6・VSライジング・サン93米Ⓕ20世紀FOXⒹフィリップ・カウフマンⒸショーン・コネリー▼12・11・VSめぐり逢えたら93米Ⓕコロムビア、トライスターⒹノーラ・エフロンⒸメグ・ライアン

【1994年（平成6年）】

▼2・26・VSシンドラーのリスト93米Ⓕユニヴァーサル、UIPⒹスティーヴン・スピルバーグⒸリーアム・ニーソン（上映期間105日）▼6・11・VS天使にラブ・ソングを2 93米ⒻブエナビスタⒹビル・デュークⒸウーピー・ゴールドバーグ▼7・23・VSメジャーリーグ2 94米Ⓕ東宝東和Ⓓデヴィッド・S・ウォードⒸトム・ベレンジャー▼7・30・フリントストーン モダン石器時代94米Ⓕユニヴァーサル、UIPⒹブライアン・レヴァントⒸジョン・グッドマン▼9・23・VSビバリーヒルズ・コップ3 94米Ⓕパラマウント、UIPⒹジョン・ランディスⒸエディ・マーフィ▼11・12・VS薔薇の素顔94米Ⓕ東宝東和Ⓓリチャード・ラッシュⒸブルース・ウィリス▼12・23・VSジュニア94米Ⓕユニヴァーサル、UIPⒹアイヴァン・ライトマンⒸアーノルド・シュワルツェネッガー

【1995年（平成7年）】

▼2・11・VSフランケンシュタイン94米Ⓕコロムビア、トライスターⒹケネス・ブラナーⒸロバート・デ・ニーロ▼4・1・SSスターゲイト94米Ⓕ東宝東和Ⓓローランド・エメリッヒⒸカート・ラッセル▼5・6・SSストリートファイター94米Ⓕコロムビア、トラ

イスター🄳スティーヴン・E・デ・スーザ🄲ジャン・クロード・ヴァン・ダム▼5・27・VS雲の中で散歩95米🄵20世紀FOX🄳アルフォンソ・アラウ🄲キアヌ・リーヴス▼7・1・SSダイ・ハード3 95米🄵20世紀FOX🄳ジョン・マクティアナン🄲ブルース・ウィリス（上映期間105日）▼10・14・SSブレイブハート95米🄵20世紀FOX🄳メル・ギブソン🄲メル・ギブソン▼11・18・SSフレンチ・キス95米🄵UIP🄳ローレンス・カスダン🄲メグ・ライアン▼12・16・SSショーガール95米🄵東宝東和🄳ポール・ヴァーホーヴェン🄲エリザベス・バークレイ

【1996年（平成8年）】

▼1・27・SSセブン95米🄵ギャガ、ヒューマックス🄳デヴィッド・フィンチャー🄲ブラッド・ピット▼4・20・SSカジノ95米🄵ユニヴァーサル、UIP🄳マーティン・スコセッシ🄲ロバート・デ・ニーロ▼5・25・SSヒート95米🄵日本ヘラルド🄳マイケル・マン🄲アル・パチーノ▼7・13・SSミッション・インポッシブル96米🄵パラマウント、UIP🄳ブライアン・デ・パルマ🄲トム・クルーズ（上映期間105日）▼10・26・SSザ・ファン96米🄵日本ヘラルド🄳トニー・スコット🄲ロバート・デ・ニーロ▼12・7・SSインデペンデンス・デイ96米🄵20世紀FOX🄳ローランド・エメリッヒ🄲ウィル・スミス▼12・21・VSデイライト96米🄵ユニヴァーサル、UIP🄳ロブ・コーエン🄲シルヴェスター・スタローン

【1997年（平成9年）】

▼2・15・VS身代金96米🄵ブエナビスタ🄳ロン・ハワード🄲メル・ギブソン▼4・12・SSスリーパーズ96米🄵日本ヘラルド🄳バリー・レヴィンソン🄲ブラッド・レンフロ▼5・31・SSスター・ウォーズ 特別篇97米🄵20世紀FOX🄳ジョージ・ルーカス🄲マーク・ハミル▼7・5・SSスター・ウォーズ 帝国の逆襲 特別篇97米🄵20世紀FOX🄳アーヴィン・カーシュナー🄲マーク・ハミル▼7・26・SSスター・ウォーズ ジェダイの復讐 特別篇97米🄵20世紀FOX🄳リチャード・マーカンド🄲マーク・ハミル▼8・16・SSスピード2 97米🄵20世紀FOX🄳ヤン・デ・ボン🄲サンドラ・ブロック▼10・25・SSコン・エアー97米🄵ブエナビスタ🄳サイモン・ウェスト🄲ニコラス・ケイジ▼12・20・1・18 SSエアフォース・ワン97米🄵ブエナビスタ🄳ヴォルフガング・ペーターゼン🄲ハリソン・フォード

【1998年（平成10年）】

▼エアフォース・ワン（1・18迄続映）、1月18日をもって休館

テアトル東京 上映作品

【1955年（昭和30年）】 11月1日開館

▼11・1・CS七年目の浮気55 米🄵20世紀FOX🄳ビリー・ワイルダー🄲マリリン・モンロー▼11・29・洪水の前54 仏🄵新外映🄳アンドレ・カイヤット🄲マリナ・ヴラディ▼12・14・魔人スヴェンガリ54 英🄵BCFC、コロムビア🄳ノエル・ラングレー🄲ヒルデガルド・ネフ／CSジャズの祭典55 英🄿ハマー・フィルム🄳マイケル・カレラス🄲エリック・ウィンストン楽団（音楽短編映画）▼12・23（19：00）［前夜祭］CSピラミッド55 米🄵ワーナー🄳ハワード・ホークス🄲ジョーン・コリンズ▼12・24・ピラミッド（通常興行）

【1956年（昭和31年）】

▼1・14・CSシャロンの屠殺者55 米🄵コロムビア🄳アンソニー・マン🄲ヴィクター・マチュア▼2・4・CSナイルを襲う嵐55 英🄵東和映画🄳ゾルタン・コルダ、テレンス・ヤング🄲アンソニー・スティール▼2・28・カービン銃第一号52 米🄵大映🄳リチャード・ソープ🄲ジェームズ・スチュアート／西海国立公園▼3・13・デンヴァーの狼55 米🄵リパブリック、NCC🄳ジョセフ・ケイン🄲ジョン・ペイン▼3・27・前世紀は生きていた！53 伊🄵映配 🄳アントニオ・ネディアーニ（記録映画）／バード少将南極探検30米🄵映配 編集：エマニュエル・コーエン、日本語版解説：徳川夢声（記録映画）▼4・10（19：00）［プレミアショウ］アメリカの戦慄55 米🄵MGM🄳マーク・ロブソン🄲グレン・フォード▼4・11・アメリカの戦慄（通常興行）▼4・27・偉大なる野獣52 メキシコ🄵ユニオン、NCC🄳チャーノ・ウルエータ🄲クロックス・アルバラード▼5・5・CS野郎どもと女たち55 米🄵MGM🄳ジョセフ・L・マンキウィッツ🄲マーロン・ブランド▼5・26・CSスカートをはいた中尉さん56 米🄵20世紀FOX🄳フランク・タシュリン🄲トム・イーウェル／カリプソ巡遊🄵20世紀FOX▼6・16・嵐の女56 仏🄵映配🄳シャルル・ブラバン🄲マドレーヌ・ロバンソン▼7・7・VV夜は夜もすがら56 米🄵パラマウント🄳ロバート・ルイス🄲ビング・クロスビー▼

7・29- CS美わしのロザリンダ55 英🄵東和映画🄳マイケル・パウエル、エメリック・プレスバーガー🄲アントン・ウォルブルック▼8・15- オセロ55 ソ連🄵ソ連映画輸出協会、国際映画、独立映画センター🄳セルゲイ・ユトケヴィチ🄲セルゲイ・ボンダルチュク▼9・19- 首輪のない犬55 仏🄵東和映画🄳ジャン・ドラノワ🄲ジャン・ギャバン／戦争と女53 仏🄵東和映画🄳マルセル・パリエロ🄲クローデット・コルベール▼10・3- VV陽気のせいデス56 米🄵パラマウント🄳ノーマン・タウログ🄲ジョージ・ゴベル▼10・17- マリー・アントワネット56 仏、伊🄵映配 🄳ジャン・ドラノワ🄲ミシェル・モルガン▼10・31- わたしは夜を憎む55 仏🄵ユニオン、映配 🄳ジョルジュ・ラコンブ🄲レイモン・ペルグラン▼11・14- 過去をもつ愛情54 仏🄵東和映画🄳アンリ・ヴェルヌイユ🄲フランソワーズ・アルヌール▼12・1- VV放浪の王者56 米🄵パラマウント🄳マイケル・カーティス🄲キャスリン・グレイソン▼12・15- VV底抜け西部へ行く56 米🄵パラマウント🄳ノーマン・タウログ🄲ディーン・マーティン、ジェリー・ルイス▼12・29- CSならず者部隊56 米🄵20世紀FOX🄳リチャード・フライシャー🄲ロバート・ワグナー

【1957年（昭和32年）】

▼1・15- 汚れなき悪戯55 西🄵東和映画、東宝🄳ラディスラオ・ヴァホダ🄲パブリート・カルボ／ジャックと豆の木56 英🄵東和映画🄳ロッテ・ライニガー（短編アニメーション）▼1・29- SSリスボン56 米🄵リパブリック、NCC🄳レイ・ミランド🄲レイ・ミランド▼2・12- VS春来りなば56 米🄵リパブリック、NCC🄳R・G・スプリングスティーン🄲アン・シェリダン▼2・23- 打撃王 ゲーリッグ物語42 米🄵セントラル🄳サム・ウッド🄲ゲイリー・クーパー／プルートの二等兵／ドナルドの黄金狂🄵大映（ディズニー漫画映画）▼3・9- 海棠紅《かいどうこう》55 香港、日🄵東和映画🄳易文（イー・ウェン）🄲李麗華（リー・リーホァ）／水鏡 オランダ風物詩50 英🄵東和映画🄳ベルト・ハーンストラ（短編記録映画）▼3・16- VS波止場の鼠56 米🄵コロムビア、東宝🄳フレッド・F・シアーズ🄲ジェームズ・ダーレン▼3・30- 乙女の館56 仏🄵東和映画、東宝🄳ラルフ・アビブ🄲ニコール・クールセル▼4・19- VSロケットパイロット57 米🄵ワーナー🄳マーヴィン・ルロイ🄲ウィリアム・ホールデン▼5・10- VS影なき恐怖56 米🄵MGM🄳アンドリュー・L・ストーン🄲ドリス・デイ▼5・25- ピカソ 天才の秘密56 仏🄵東和映画🄳アンリ・ジョルジュ・クルーゾー🄲パブロ・ピカソ（記録映画）／メルボルン・オリンピックの記録 美と力の祭典57 仏🄵東和映画🄳ルネ・リュコ（記録映画）▼6・25（19：00）［特別有料試写会］CS女はそれを我慢できない56 米🄵20世紀FOX🄳フランク・タシュリン🄲ジェーン・マンスフィールド▼6・26- 女はそれを我慢できない（通常興行）▼7・17- 巴里の不夜城《フォリー・ベルジェール》57 仏🄵映配 🄳アンリ・ドコアン🄲ジジ・ジャンメール▼8・7- SS女と男57 ユーゴスラヴィア、西独、伊🄵NCC、ユニオン🄳フランツ・カップ🄲マルチェロ・マストロヤンニ▼8・24- 殺人狂想曲57 仏🄵東和映画🄳ジュリアン・デュヴィヴィエ🄲フェルナンデル▼9・14- VS群集の中の一つの顔56 米🄵ワーナー🄳エリア・カザン🄲パトリシア・ニール▼10・5- VS船の女57 英🄵東和映画🄳ガイ・ハミルトン🄲トレヴァー・ハワード▼10・15- 親分《ボス》56 仏🄵大和フィルム、映配 🄳ラルフ・アビブ🄲ルイ・ジュールダン▼10・29- SS二人の可愛い逃亡者57 米🄵RKO🄳アーサー・ルービン🄲テレサ・ライト、藤田進▼11・19- 戦場の叫び55 西独、墺🄵東映、映配 🄳ラズロ・ベネデク🄲テレーゼ・ギーゼ▼12・3- CSめぐり逢い57 米🄵20世紀FOX🄳レオ・マッケリー🄲ケイリー・グラント▼12・21- CSZ旗あげて57 米🄵MGM🄳チャールズ・ウォルターズ🄲グレン・フォード

【1958年（昭和33年）】

▼1・18- VS光は愛とともに56 英🄵東和映画🄳デヴィッド・ミラー🄲ジョーン・クロフォード▼2・1- 広場の天使56 西🄵東和映画、東宝🄳ラディスラオ・ヴァホダ🄲アントニオ・ビコ／ベツレヘムの星56 英🄵東和映画🄳ロッテ・ライニガー、ヴィヴィアン・ミルロイ 日本語版解説：久我美子（短編アニメーション）▼3・8- VSこの目で見たソ連57 西独🄵NCC構成：ハインツ・クンツェ・ユースト 日本語版解説：芥川比呂志（記録映画）／宇宙サーカス🄵NCC（人形劇映画）▼4・1- 底抜けコンビのやぶれかぶれ53 米🄵パラマウント🄳ノーマン・タウログ🄲ディーン・マーティン、ジェリー・ルイス▼4・19- VV抱擁57 米🄵パラマウント🄳チャールズ・ヴィダー🄲フランク・シナトラ▼5・16- 怪盗ルパン57 仏🄵東宝🄳ジャック・ベッケル🄲ロベール・ラムール／SSサッポロ物語58（サッポロビールPR映画）▼5・31- VS潜航雷撃隊58 英🄵東和映画🄳ウィリアム・フェアチャ

イルド[C]ローレンス・ハーヴェイ／民族の河メコン日本民族の源流を探る58 [F]東和映画[P]読売映画社 構成：中村正（記録映画）▼6・27・VS軍曹さんは暇がない58 米[F]ワーナー[D]マーヴィン・ルロイ[C]アンディ・グリフィス▼7・15・SS大遠征軍57 米[F]イタリフィルム、NCC[D]カルロ・L・ブラガリア[C]シルヴァ・コシナ▼8・2・VS吸血鬼ドラキュラ58 英[F]東和映画[D]テレンス・フィッシャー[C]クリストファー・リー▼8・26・戦争と貞操57 ソ連[F]新東宝[D]ミハイル・カラトーゾフ[C]タチアナ・サモイロワ▼10・1・CS偽将軍58 米[F]MGM[D]ジョージ・マーシャル[C]グレン・フォード▼10・29・VS白い丘57 米[F]RKO[D]アレン・レイズナー[C]キャメロン・ミッチェル▼11・15・VSニューヨークの顔役57 米[F]映配、アライド・アーチスツ[D]ロバート・スティーヴンソン[C]ジョン・ドリュー・バリモア▼11・28・VSSOSタイタニック 忘れえぬ夜58 英[F]東和映画[D]ロイ・ウォード・ベイカー[C]ケネス・モア▼12・16・12・26 その窓の灯は消えない57 ソ連[F]大映[D]レフ・クリジャーノフ、ヤコフ・セゲリ[C]ウラジミール・ソムリャーキン▼12・24（22：00）［特別有料試写会］アダムとイヴ56 メキシコ[F]東宝[D]アルベルト・グート[C]カルロス・バエナ▼12・27・アダムとイヴ（通常興行）／ミクロの世界 結核菌を追って58 [P]東京シネマ[D]大沼鉄郎、杉山正美（短編科学映画）

【1959年（昭和34年）】

▼1・13・オーケストラの少女37米[F]ユニヴァーサル[D]ヘンリー・コスター[C]ディアナ・ダービン▼2・3・正午に銃殺の鐘が鳴る58 仏[F]映配、大和フィルム[D]エドモン・T・グレヴィル[C]ダニー・ロバン▼2・14・VS恐怖の砂58 英[F]東和映画[D]J・リー・トンプソン[C]シルヴィア・シムズ／馬術の妙技 墺[F]東和映画[D]カール・スタンツル（短編記録映画）▼3・7・CS大酋長54 メキシコ[F]ヘラルド映画[D]シドニー・サルコウ[C]デイル・ロバートソン／人形は生きている[F]ヘラルド映画[D]イジー・トルンカ（人形アニメーション）▼3・21・VV黒い蘭58 米[F]パラマウント[D]マーティン・リット[C]ソフィア・ローレン▼4・4・ソロモン王の宝庫58 米[F]MGM[D]カート・ニューマン[C]ジョージ・モンゴメリー▼4・19・SS潜望鏡を上げろ59 米[F]ワーナー[D]ゴードン・ダグラス[C]ジェームズ・ガーナー▼5・9・VS鍵穴57 仏[F]NCC[D]シャルル・ブラバン[C]シャルル・ヴァネル▼5・23・VSやくざ特急57 英[F]ヘラルド映画[D]ケン・ヒューズ[C]ヴィクター・マチュア／パリのお嬢さん58 仏[F]ヘラルド映画[D]ピエール・フーコー[C]アグネス・ローラン▼6・9・お嬢さん、お手やわらかに！58 仏[F]東和映画[D]ミシェル・ボワロン[C]アラン・ドロン▼6・16・VS大学は花ざかり58 英[F]東和映画[D]ウォルフ・リラ[C]ハーディ・クリューガー／潮の合い間59 英[F]東和映画[D]ラルフ・キーン（短編記録映画）▼6・30・花嫁の峰 チョゴリザ59 [F]東宝[P]日映新社 構成・編集：伊勢長之助、解説：芥川比呂志（記録映画）／バチスカーフの記録 深海三千米の神秘59 [F]東宝[P]日映新社[D]林田重男、山口武郎（短編記録映画）／CSクマ公のクズ拾い56 米[P]ウォルト・ディズニー・プロ[D]ジャック・ハンナ（短編アニメーション）▼7・10・VV野性の息吹き57 米[F]パラマウント[D]ジョージ・キューカー[C]アンソニー・クイン▼7・17・SSレ・ミゼラブル57 仏、伊[F]中央映画貿易[D]ジャン・ポール・ル・シャノワ[C]ジャン・ギャバン▼7・24・危険な遊び58 仏[F]東和映画[D]ピエール・シュナール[C]パスカル・オードレ／のど自慢特急58 英[F]東和映画[D]アルフレッド・ショーネシー[C]ダイアン・トッド▼8・7・海底探検世界一周59 仏[F]東和映画[D]ベルナール・ゴルキ、ピエール・パスキエ、ロジェ・ルザージュ、セルジュ・アルヌー（記録映画）／鍵なき扉57 英[F]東和映画[D]ジェラルド・トーマス[C]ロバート・ビーティー▼9・8・口笛吹けば56 伊[F]東和映画[D]ファビオ・デ・アゴスティーニ[C]シルヴァーノ・オルランド／セーヌの詩《うた》58 仏[F]東和映画[D]ヨリス・イヴェンス[C]解説：セルジュ・レジアニ（短編記録映画）▼9・22・天使の家57 アルゼンチン[F]中央映画貿易[D]レオポルド・トーレ・ニルセン[C]エルザ・ダニエル▼9・29・SS狂乱のボルジア家59 仏、西独[F]映配[D]セルジオ・グリエコ[C]ジャック・セルナス▼10・15・CSそれはキッスで始まった59 米[F]MGM[D]ジョージ・マーシャル[C]デビー・レイノルズ▼11・1・VV北北西に進路を取れ59 米[F]MGM[D]アルフレッド・ヒッチコック[C]ケイリー・グラント▼12・1・SSエロデ大王59 伊、スイス[F]イタリフィルム、日活[D]ヴィクトル・トルヤンスキー[C]エドマンド・パードム▼12・19・VSペティコート作戦59 米[F]ユニヴァーサル[D]ブレイク・エドワーズ[C]ケイリー・グラント

【1960年（昭和35年）】

▼1・30・火山の驚異59 仏[F]東和[D]アルーン・タジェフ（記録映画）▼2・16・SS情報《ねた》は俺が貰った58 仏

🄵映配🄳ベルナール・ボルドリー🄲リノ・ヴァンチュラ▼3・1-白鳥の湖58ソ連🄵NC🄲🄳Z・トゥルビエワ🄲マイヤ・プリセツカヤ／VSカチューシャ物語58西独、伊、仏🄵NC🄲🄳ロルフ・ハンゼン🄲ホルスト・ブッフホルツ▼4・1-7・13 70ベン・ハー59米🄵MGM🄳ウィリアム・ワイラー🄲チャールトン・ヘストン（上映期間469日）

【1961年（昭和36年）】

▼7・14休館▼7・15-SS風と共に去りぬ39米🄵MGM🄳ヴィクター・フレミング🄲ヴィヴィアン・リー（上映期間151日）▼12・14休館▼12・15-70キング・オブ・キングス61米🄵MGM🄳ニコラス・レイ🄲ジェフリー・ハンター（上映期間107日）

【1962年（昭和37年）】

▼4・1-若草物語49米🄵MGM🄳マーヴィン・ルロイ🄲ジューン・アリソン▼6・1-VS裏窓54米🄵パラマウント🄳アルフレッド・ヒッチコック🄲ジェームズ・スチュアート／VVハワイの旅（短編映画）▼6・29-VSボッカチオ'70 62伊、仏🄵MGM🄳マリオ・モニチェリ、フェデリコ・フェリーニ、ルキノ・ヴィスコンティ、ヴィットリオ・デ・シーカ🄲アニタ・エクバーグ▼8・18-70戦場を駆ける女61仏・伊、西🄵MGM🄳クリスチャン・ジャック🄲ソフィア・ローレン／動くカクテルブック62🄿岩波映画、企画：寿屋🄳羽仁進、的場晴（短編産業映画）▼9・25-11・28シネラマ劇場に改装のため休館▼11・29-C西部開拓史62米🄵東宝🄳ヘンリー・ハサウェイ、ジョン・フォード、ジョージ・マーシャル🄲キャロル・ベイカー（上映期間463日）

【1963年（昭和38年）】

▼西部開拓史（64年3月5日迄継続上映）

【1964年（昭和39年）】

▼3・6-C不思議な世界の物語62米🄵東宝🄳ヘンリー・レヴィン🄲ローレンス・ハーヴェイ（上映期間240日）▼11・1-Cこれがシネラマだ52米🄵東宝🄳メリアン・C・クーパー、ギュンター・フォン・フリッチュ🄲（ナレーター）ローウェル・トーマス▼12・1-C世界の七不思議56米🄵ロビン・インターナショナル、東宝🄳ティー・ガーネット、ポール・マンツ、アンドリュー・マートン、テッド・テズラフ、ウォルター・トンプソン🄲（ナレーター）プロスパー・ブラネリ

【1965年（昭和40年）】

▼1・1-Cシネラマ・ホリデー55米🄵東宝🄳ロバート・L・ベンディック、フィリップ・ド・レーシイ🄲ジョン・マーシュ▼2・1-C大西洋2万哩58米🄵東宝🄳ビル・コララン、ルイ・ド・ロシュモント三世🄲アルネ・アンダーセン▼3・1-C世界の楽園57米🄵東宝🄳オットー・ラング🄲ジェームス・S・パーカー▼4・1-C南海の冒険58米🄵東宝🄳カール・ダドリー、リチャード・ゴールドストーン、フランシス・D・ライオン、ウォルター・トンプソン、ベイジル・ランゲル🄲ダイアン・ビアードモア▼5・1-C地中海の休日62西独🄵東和🄳ヘルマン・ライトナー、ルドルフ・ヌスグルーバー（記録映画）（上映期間125日）▼9・3休館▼9・4-C偉大な生涯の物語65米🄵ユナイト🄳ジョージ・スティーヴンス🄲マックス・フォン・シドー（上映期間209日）

【1966年（昭和41年）】

▼4・1-Cバルジ大作戦65米🄵ワーナー🄳ケン・アナキン🄲ヘンリー・フォンダ（上映期間209日）▼10・28-Cカーツーム66英🄵ユナイト🄳ベイジル・ディアデン🄲チャールトン・ヘストン

【1967年（昭和42年）】

▼2・1-Cグラン・プリ66米🄵MGM🄳ジョン・フランケンハイマー🄲ジェームズ・ガーナー（上映期間245日）▼10・5休館▼10・6-C特攻大作戦67米🄵MGM🄳ロバート・アルドリッチ🄲リー・マーヴィン（上映期間134日）

【1968年（昭和43年）】

▼2・17-蝶々夫人55伊、日🄵東和、東宝🄳カルミネ・ガローネ🄲八千草薫／オーロラ姫の結婚式63英🄵東和🄳アンソニー・アスキス🄲マーゴット・フォンテーン（短編舞踊映画）▼3・16-70風と共に去りぬ39米🄵MGM🄳ヴィクター・フレミング🄲ヴィヴィアン・リー▼4・9・4・10休館▼4・11-C2001年宇宙の旅68米、英🄵MGM🄳スタンリー・キューブリック🄲ケア・デュリア（上映期間163日）▼9・20-Cベン・ハー59米🄵MGM🄳ウィリアム・ワイラー🄲チャールトン・ヘストン▼12・20休館▼12・21-C北極の基地 潜航大作戦68米🄵MGM🄳ジョン・スタージェス🄲ロック・ハドソン

【1969年（昭和44年）】

▼3・1-C2001年宇宙の旅68米、英🄵MGM🄳スタンリー・キューブリック🄲ケア・デュリア▼4・5-Cマッケンナの黄金69米🄵コロムビア🄳J・リー・トンプソン🄲グレゴリー・ペック（上映期間

105日）▼7・19・Cモンテカルロ・ラリー69 英🄵パラマウント🄳ケン・アナキン🄲トニー・カーティス▼10・18・Cアルフレッド大王69 英🄵MGM🄳クライヴ・ドナー🄲デヴィッド・ヘミングス▼12・19チャリティショウ（映画興行なし）▼12・20・Cチップス先生さようなら69 米🄵MGM🄳ハーバート・ロス🄲ピーター・オトゥール（上映期間112日）

【1970年（昭和45年）】

▼4・11・C宇宙からの脱出69 米🄵コロムビア🄳ジョン・スタージェス🄲グレゴリー・ペック▼6・27・Cパットン大戦車軍団70 米🄵20世紀FOX🄳フランクリン・J・シャフナー🄲ジョージ・C・スコット▼7・18・C暁の出撃70 米🄵パラマウント🄳ブレイク・エドワーズ🄲ジュリー・アンドリュース▼8・28・C天地創造66 米、伊🄵20世紀FOX🄳ジョン・ヒューストン🄲マイケル・パークス▼9・25・Cトラ・トラ・トラ！70 米、日🄵20世紀FOX🄳リチャード・フライシャー、舛田利雄、深作欣二🄲マーティン・バルサム、山村聡（上映期間149日）

【1971年（昭和46年）】

▼2・20・Cアラビアのロレンス62 英🄵コロムビア🄳デヴィッド・リーン🄲ピーター・オトゥール（上映期間148日）▼7・16試写のため休館▼7・17・C栄光のル・マン71 米🄵東和🄳リー・J・カッツィン🄲スティーヴ・マックィーン（上映期間132日）▼11・26・Cレッド・サン71 仏、伊、西🄵東和🄳テレンス・ヤング🄲アラン・ドロン、三船敏郎（上映期間134日）

【1972年（昭和47年）】

▼4・8・C偉大な生涯の物語65 米🄵ユナイト🄳ジョージ・スティーヴンス🄲マックス・フォン・シドー▼5・13・C巨象の大陸71 米🄵東和🄳サイモン・トレヴァー（記録映画）▼6・17・Cグラン・プリ66 米🄵MGM🄳ジョン・フランケンハイマー🄲ジェームズ・ガーナー▼7・15・Cゴッドファーザー72 米🄵パラマウント、CIC🄳フランシス・フォード・コッポラ🄲マーロン・ブランド（上映期間161日）▼12・23・Cエルビス・オン・ツアー72 米🄵MGM🄳ピエール・アディジ、ロバート・アベル🄲エルヴィス・プレスリー（記録映画）

【1973年（昭和48年）】

▼3・10・C美しく青きドナウ72 米🄵MGM🄳アンドリュー・L・ストーン🄲ホルスト・ブッフホルツ▼4・14・C戦場にかける橋57 米🄵コロムビア🄳デヴィッド・リーン🄲ウィリアム・ホールデン▼6・2・C戦争と冒険72 英🄵コロムビア🄳リチャード・アッテンボロー🄲サイモン・ウォード▼7・7・C失われた地平線73 米🄵コロムビア🄳チャールズ・ジャロット🄲ピーター・フィンチ▼9・15・Cジャッカルの日73 英、仏🄵ユニヴァーサル、CIC🄳フレッド・ジンネマン🄲エドワード・フォックス▼12・15・Cウエストワールド73 米🄵MGM🄳マイケル・クライトン🄲ユル・ブリンナー

【1974年（昭和49年）】

▼2・9・C組織73 米🄵MGM🄳ジョン・フリン🄲ロバート・デュヴァル▼3・16・Cパピヨン73 仏🄵東和🄳フランクリン・J・シャフナー🄲スティーヴ・マックィーン（上映期間147日）▼8・10・C未来惑星ザルドス74 英🄵20世紀FOX🄳ジョン・ブアマン🄲ショーン・コネリー▼9・21・C栄光のル・マン71 米🄵東和🄳リー・J・カッツィン🄲スティーヴ・マックィーン▼11・9・Cウエスト・サイド物語61 米🄵ユナイト🄳ロバート・ワイズ、ジェローム・ロビンス🄲ナタリー・ウッド▼12・14・C大地震74 米🄵ユニヴァーサル、CIC🄳マーク・ロブソン🄲チャールトン・ヘストン（上映期間133日）

【1975年（昭和50年）】

▼4・26・VSゴッドファーザーPARTⅡ74 米🄵パラマウント、CIC🄳フランシス・フォード・コッポラ🄲アル・パチーノ▼7・5・VSオリエント急行殺人事件74 英🄵パラマウント、CIC🄳シドニー・ルメット🄲アルバート・フィニー▼7・26・Cローラーボール75 米🄵ユナイト🄳ノーマン・ジュイソン🄲ジェームズ・カーン▼9・20・七人の侍54 🄵東宝🄳黒澤明🄲志村喬▼11・29・Cコンドル75 米🄵東宝東和🄳シドニー・ポラック🄲ロバート・レッドフォード

【1976年（昭和51年）】

▼1・31・Cローズバッド75 米🄵ユナイト🄳オットー・プレミンジャー🄲ピーター・オトゥール▼3・13・Cチキ・チキ・バン・バン68 英🄵ユナイト🄳ケン・ヒューズ🄲ディック・ヴァン・ダイク▼5・1・VS太陽にかける橋 ペーパー・タイガー75 英🄵東宝東和🄳ケン・アナキン🄲デヴィッド・ニーヴン、三船敏郎▼5・29・C天地創造66 米、伊🄵20世紀FOX🄳ジョン・ヒューストン🄲マイケル・パークス▼7・3・SSミッドウェイ76 米🄵ユニヴァーサル、CIC🄳

ジャック・スマイト🄲チャールトン・ヘストン▼9・18-C屋根の上のバイオリン弾き71 米🄵ユナイト🄳ノーマン・ジュイソン🄲トポル▼10・16-CF1グランプリ 栄光の男たち75 米🄵ジョイパック🄳クロード・デュボック🄲ニキ・ラウダ（記録映画）▼11・23-Cドクトル・ジバゴ65 米、伊🄵CIC🄳デヴィッド・リーン🄲オマー・シャリフ▼12・18-SSキングコング76 米🄵東宝東和🄳ジョン・ギラーミン🄲ジェシカ・ラング

【1977年（昭和52年）】

▼1・22-C巨大生物の島76 米🄵東宝東和🄳バート・I・ゴードン🄲マージョー・ゴートナー▼2・19-Cクレオパトラ63 米🄵 20世紀FOX🄳ジョセフ・L・マンキウィッツ🄲エリザベス・テイラー▼3・19-Cザ・メッセージ76 モロッコ、クウェート、リビア、サウジアラビア🄵日本ヘラルド🄳ムスタファ・アッカド🄲アンソニー・クイン▼4・16-C２３００年未来への旅76 米🄵MGM、CIC🄳マイケル・アンダーソン🄲マイケル・ヨーク▼5・21-VSスクワーム76 米🄵東宝東和🄳ジェフ・リーバーマン🄲ドン・スカーディノ▼6・18-VS未来世界76 米🄵東宝東和🄳リチャード・T・ヘフロン🄲ピーター・フォンダ▼7・23-SSザ・ディープ77 米🄵コロムビア🄳ピーター・イエーツ🄲ロバート・ショウ▼9・10-C世界が燃えつきる日77 米🄵 20世紀FOX🄳ジャック・スマイト🄲ジョージ・ペパード▼10・22-SSエルビス オンステージ70 米🄵CIC🄳デニス・サンダース🄲エルヴィス・プレスリー▼11・23-CF1グランプリ 栄光の男たち75 米🄵ジョイパック🄳クロード・デュボック🄲ニキ・ラウダ（記録映画）▼12・17-SSカプリコン・1《ワン》77 米、英🄵東宝東和🄳ピーター・ハイアムズ🄲エリオット・グールド

【1978年（昭和53年）】

▼1・28-モダン・タイムス36米🄵東宝東和🄳チャールズ・チャップリン🄲チャールズ・チャップリン／犬の生活18米🄵東宝東和🄳チャールズ・チャップリン🄲チャールズ・チャップリン▼2・25-70未知との遭遇77 米🄵コロムビア🄳スティーヴン・スピルバーグ🄲リチャード・ドレイファス（上映期間119日）▼6・24-Cスター・ウォーズ77 米🄵 20世紀FOX🄳ジョージ・ルーカス🄲マーク・ハミル（上映期間126日）▼10・28-C２００１年宇宙の旅68 米、英🄵MGM、CIC🄳スタンリー・キューブリック🄲ケア・デュリア▼12・16-Cグリース78 米🄵パラマウント、CIC🄳ランダル・クレイザー🄲ジョン・トラヴォルタ

【1979年（昭和54年）】

▼2・10-SSナバロンの嵐78 英🄵コロムビア🄳ガイ・ハミルトン🄲ロバート・ショウ▼3・17-Cディア・ハンター78 米🄵ユナイト🄳マイケル・チミノ🄲ロバート・デ・ニーロ▼6・2-VS地獄79 🄵東映🄳神代辰巳🄲原田美枝子▼6・23-C天地創造66 米、伊🄵 20世紀FOX🄳ジョン・ヒューストン🄲マイケル・パークス▼7・21-Cエイリアン79 米🄵 20世紀FOX🄳リドリー・スコット🄲シガニー・ウィーヴァー▼9・8-VSザ・シンガー79 米🄵東宝東和🄳ジョン・カーペンター🄲カート・ラッセル▼10・6-Cウイズ78 米🄵ユニヴァーサル、CIC🄳シドニー・ルメット🄲ダイアナ・ロス▼11・3-Alice THE MOVIE 美しき絆79 🄵東宝🄳坪島孝🄲谷村新司、堀内孝雄、矢沢透（記録映画）▼11・17-C２００１年宇宙の旅68 米、英🄵MGM、CIC🄳スタンリー・キューブリック🄲ケア・デュリア▼12・8-SS００７ ムーンレイカー79 英🄵ユナイト🄳ルイス・ギルバート🄲ロジャー・ムーア

【1980年（昭和55年）】

▼2・9-Cディア・ハンター78 米🄵ユナイト🄳マイケル・チミノ🄲ロバート・デ・ニーロ▼3・15-C地獄の黙示録79 米🄵日本ヘラルド🄳フランシス・フォード・コッポラ🄲マーロン・ブランド（上映期間105日）▼6・28-Cスター・ウォーズ 帝国の逆襲80 米🄵 20世紀FOX🄳アーヴィン・カーシュナー🄲マーク・ハミル（上映期間119日）▼10・25-C未知との遭遇 特別編80 米🄵コロムビア🄳スティーヴン・スピルバーグ🄲リチャード・ドレイファス▼11・22-VS華麗なる賭け68 米🄵ユナイト🄳ノーマン・ジュイソン🄲スティーヴ・マックィーン／SS卒業67 米🄵ユナイト🄳マイク・ニコルズ🄲ダスティン・ホフマン▼12・13-ビートルズ レット・イット・ビー70 英🄵ユナイト🄳マイケル・リンゼイ・ホッグ🄲ジョン・レノン、ポール・マッカートニー、ジョージ・ハリソン、リンゴ・スター／ザ・ビートルズ グレイテスト・ストーリー78 米🄵IP、集英社🄳ロジャー・グロット🄲ザ・ビートルズ（記録映画）▼12・20-Cブラックホール79 米🄵東宝🄿ウォルト・ディズニー・プロ🄳ゲイリー・ネルソン🄲マクシミリアン・シェル

【1981年（昭和56年）】

▼2・21・SSフラッシュ・ゴードン80米F20世紀FOXDマイク・ホッジスCサム・ジョーンズ▼3・21・VSメリー・ポピンズ64米F東宝Pウォルト・ディズニー・プロDロバート・スティーヴンソンCジュリー・アンドリュース▼4・25・VS戦争の犬たち80米FユナイトDジョン・アーヴィンCクリストファー・ウォーケン／VSマン・ハンティング 人間狩り81米FユナイトDロバート・L・コリンズCトム・スケリット▼5・23・VSハウリング81米F日本ヘラルドDジョー・ダンテCディー・ウォーレス▼6・6・VS真夜中のアウトロー ザ・クラッカー81米FユナイトDマイケル・マンCジェームズ・カーン▼7・4・SSマイ・フェア・レディ64米F東宝東和Dジョージ・キューカーCオードリー・ヘップバーン▼8・8・SSポパイ80米F東宝Pパラマウント、ウォルト・ディズニー・プロDロバート・アルトマンCロビン・ウィリアムズ／左手でつかんだ青春 レフティ80米F東宝Pウォルト・ディズニー・プロDジェームズ・トンプソン、ジーナ・レスターCキャロル・ジョンストン▼8・15・ポール・マッカートニー&ウイングスROCK SHOW 79米FジョイパックDクリス・トーマスCポール・マッカートニー（コンサート・フィルム）▼9・12・VS13日の金曜日 PART2 81米Fパラマウント、CICDスティーヴ・マイナーCエイミー・スティール▼9・26・10・31 70天国の門80米FユナイトDマイケル・チミノCクリス・クリストファーソン▼9・26オールナイト（22：00・）①小森和子テアトル東京想い出話②想い出の予告篇大会／（23：00・）70天国の門／（1：35・）Cディア・ハンター78米FユナイトDマイケル・チミノCロバート・デ・ニーロ▼10・31オールナイト（22：00・）Cディア・ハンター／（7：30・）70天国の門（10：00迄）終了後閉館

東京劇場（東劇）上映作品

【1930年（昭和5年）】

▼3・29 開場式（六世梅幸『翁』、十五世羽左衛門『千歳』、六世菊五郎『三番叟』）▼4・1・（『義經千本櫻』『色彩間苅豆』『京鹿子娘道成寺』『江戸育御祭佐七』羽左衛門、梅幸、菊五郎、彦三郎一座）▼11・24・11・26 アジアの嵐28ソ連PメジラブポムDフセヴォロド・プドフキンCインキジノフ／ロイドの化物屋敷20米PロリンフィルムDアルフ・グールディング、ハル・ローチCハロルド・ロイド／曉の偵察30米PファーストナショナルDハワード・ホークスCリチャード・バーセルメス

【1931年（昭和6年）】

▼1・1・1・7 キートンのエキストラ30米PMGMDエドワード・セジウィックCバスター・キートン／黎明の剣士30米PMGMDシドニー・A・フランクリンCラモン・ナヴァロ▼1・27・1・29キング・オブ・ジャズ30米PユニヴァーサルDジョン・マレイ・アンダーソンCポール・ホワイトマン／月世界の女29独F東和商事PウーファDフリッツ・ラングCヴィリ・フリッチュ▼3・26・3・30 ビッグ・トレイル30米PFOXDラオール・ウォルシュCジョン・ウェイン／肉体の呼ぶ聲30米PMGMDチャールズ・ブレイビンCラモン・ナヴァロ

【1932年（昭和7年）】

▼12・1・12・12 忠臣蔵 前篇 赤穂京の巻 後編 江戸の巻32 F松竹キネマD衣笠貞之助C坂東寿三郎、林長二郎、市川右太衛門

【1935年（昭和10年）】

▼12・1・ターザンの新冒険35米Pバロース・ターザン・エンタープライズDエドワード・カルCブルース・ベネット／実演『ワールド・レヴュー ヤジキタ世界漫遊』▼12・11・ダンテの地獄篇35米PFOXDハリー・ラクマンCスペンサー・トレイシー／実演『ヤジキタ世界漫遊』（續演）▼12・20・12・27 スーダン35米F大同商事PJ・H・ホフバーグDC・コート・トリート少佐（記録映画）／［極彩色漫画大会］お伽行進曲／三匹のお猿さん／玩具の國の放送／迷ひ子のヒヨツコ／実演『漫画歌舞伎』八場／『ヤジキタ世界漫遊』（続演）

【1936年（昭和11年）】

▼8・29・8・30 黒豹脱走曲36 P松竹キネマD斎藤寅次郎C山田長正（サウンド版）／男性対女性36 P松竹キネマD島津保次郎C佐分利信／たばこたばこ（文化映画）／オリムピックニュース／実演『雪子の立場』三幕C高杉早苗、他大船俳優

【1937年（昭和12年）】

▼8・27・男の償ひ 後篇37 P松竹キネマD野村浩将C佐分利信／時局ニュース速報（東朝世界ニュース、東日国際ニュース、讀賣ニュース）▼9・2・若葉の夢37 P松竹キネマD佐々木康C川崎弘子／ミッキーの闘牛士（漫画）／時局ニュース▼9・9・マ

マの縁談37 [P]松竹キネマ[D]渋谷実[C]三宅邦子／南京豆賣り32米[P]パラマウント[D]デイヴ・フライシャー[C]アルミダ（短編映画）／時局ニュース（朝日世界ニュース、東日国際ニュース、讀賣ニュース、同盟ニュース）▼9・16‐水郷情歌 湖上の靈魂37 [P]松竹キネマ[D]宗本英男[C]徳大寺伸／造物主の惡戯 世界の奇觀 米[P]ユニヴァーサル／動物音樂隊（色彩漫画）／時局ニュース（朝日世界、東日国際、讀賣、同盟、パラマウントニュース）▼9・23‐9・30 愛国抒情詩 軍國子守歌37 [P]松竹キネマ[D]原研吉[C]坪内美子／音樂クーデター 米[P]MGM（音楽映画）／蜜蜂の空襲（色彩漫画）／ニュース（朝日世界、東日国際、讀賣、同盟、パラマウント）▼10・1‐蒙古襲來 敵國降伏37 [P]松竹キネマ[D]秋山耕作[C]林長二郎／美しき鷹37 [P]新興キネマ[D]田中重雄[C]志賀暁子／ニュース（朝日世界、東日国際、讀賣、同盟）▼10・7‐10・8 蒙古襲來 敵國降伏（続映）／美しき鷹（続映）／ニュース（朝日世界、東日国際、讀賣、同盟）／実演『アクロバチックダンス』[C]岡本八重子姉妹▼10・9‐花形選手37 [P]松竹キネマ[D]清水宏[C]佐野周二／蒙古襲來 敵國降伏（続映）／ニュース（朝日世界、東日国際、讀賣、同盟）／実演『アクロバチックダンス』（続演）▼10・14‐男の償ひ 前篇・後篇／ニュース（朝日世界、東日国際、讀賣、同盟）／実演『崔承喜公演』[C]崔承喜▼10・21‐10・27 進軍の歌37 [P]松竹[D]佐々木康[C]佐分利信／からくり女庭訓37 [P]松竹[D]岩田英二[C]久松美津枝／ニュース（朝日世界、東日国際、讀賣、同盟）／実演『ビクター・ミュージカルショウ 進軍譜』▼10・26（18：30）［有料試写会］静御前37 [P]新興キネマ[D]野淵昶[C]山田五十鈴

【1938年（昭和13年）】

▼3・26‐3・27（14：00、18：00）［有料試写会］怪談鴛鴦帳38 [P]新興キネマ[D]木藤茂[C]鈴木澄子／愛國行進曲38 [P]新興キネマ[D]曽根千晴[C]河津清三郎／実演[C]宮田東峰ハーモニカバンド、霧島昇

【1939年（昭和14年）】

▼3・30（15：00、18：00）［有料試写会］わが家の楽園38米[P]コロムビア[D]フランク・キャプラ[C]ジェームズ・スチュアート／実演[C]渡辺はま子、笠置シヅ子▼12・26‐12・28［東劇グランドショウ］実演『朝鮮楽劇団』／映画併映＝▼12・26 太平洋の翼（別題＝海の荒鷲）39米[F]ワーナー[D]ロイド・ベーコン[C]ジョージ・ブレント／▼12・27 ジャングルの恋38米[F]パラマウント[D]ジョージ・アーチェインボード[C]ドロシー・ラムーア／▼12・28 紅の翼39米[F]20世紀FOX[D]ロイ・デル・ルース[C]アリス・フェイ

【1940年（昭和15年）】

▼8・29‐9・30 民族の祭典38独[F]東和商事[P]オリンピア・フィルム[D]レニ・リーフェンシュタール（ベルリン・オリンピックの記録映画）▼11・1‐11・3 民族の祭典（再映）▼12・7‐12・8（12：30）［特別試写会］オリンピア第二部 美の祭典38独[F]東和商事[P]オリンピア・フィルム[D]レニ・リーフェンシュタール

【1941年（昭和16年）】

▼2・26 新生の歌41 [P]新興キネマ[D]沼波功雄[C]眞山くみ子／鉄火ぐるま41 [P]新興キネマ[D]神脇満[C]大友柳太郎▼2・27 晴小袖40 [P]新興キネマ[D]牛原虚彦[C]花柳章太郎

【1946年（昭和21年）】

▼3・2‐3・15 キューリー夫人43 米[F]セントラル[D]マーヴィン・ルロイ[C]グリア・ガースン

【1949年（昭和24年）】

▼8・4‐8・15 歌舞伎十八番の内 勧進帳43 [P]松竹[D]マキノ正博[C]十五世・市村羽左衛門、六代目・尾上菊五郎／ニュース／歌舞伎実演『三人片輪』『大森彦七』

【1950年（昭和25年）】 12月31日より映画上映館となる

▼5・13（9：00）［特別試写会］母50 [F]松竹[D]佐々木啓祐[C]水谷八重子▼5・30、5・31［完成記念特別披露興行］群盗南蛮船 ぎやまんの宿50 [F]新東宝[D]稲垣浩[C]尾上梅幸▼6・30（15：00、18：00）［完成披露有料試写会］婚約指環《エンゲージリング》50 [F]松竹[P]田中絹代プロ[D]木下惠介[C]田中絹代／実演『サンマーリズム』[C]グラマシーシックス▼12・30（18：00）［特別有料試写会］摩天樓49 米[F]セントラル[D]キング・ヴィダー[C]ゲイリー・クーパー▼12・31‐1・14 摩天樓（通常興行）

【1951年（昭和26年）】

▼1・15‐荒原の征服者48 米[F]松竹洋画部[D]アルバート・S・ロジェル[C]ジョーン・レスリー▼1・29‐シンゴアラ49 仏、瑞典[F]NCC[D]クリスチャン・ジャック[C]ミシェル・オークレール▼2・8‐花嫁賣ります49 米[F]セントラル[D]ウィリアム・D・ラッセル[C]クローデット・コルベール▼2・20‐死闘の銀山48 米[F]セントラル[D]レイ・エンライト[C]ランドルフ・スコット▼3・6‐月世界征服50 米[F]松竹[D]

アーヴィング・ピチェル🄲ジョン・アーチャー▼3・21・カルメン故郷に帰る51🄵松竹🄳木下恵介🄲高峰秀子▼4・4・純愛の誓い42米🄵セントラル🄳アナトール・リトヴァク🄲タイロン・パワー▼4・15・紀元前百万年40米🄵松竹洋画部🄳ハル・ローチ、ハル・ローチ・ジュニア🄲ヴィクター・マチュア▼4・29・駅馬車39米🄵映配🄳ジョン・フォード🄲ジョン・ウェイン▼5・23・白痴51🄵松竹🄳黒澤明🄲森雅之▼5・26・バンビ42米🄵大映洋画部🄿ウォルト・ディズニー・プロ🄳デヴィッド・ハンド（アニメーション）▼6・5・モナリザの微笑48米🄵セントラル🄳ゾルタン・コルダ🄲シャルル・ボワイエ▼6・15・落日の決闘45米🄵セントラル🄳スチュアート・ギルモア🄲ジョエル・マクリー▼6・30・シーラ山の狼49伊🄵イタリフィルム、松竹洋画部🄳ドゥイリオ・コレッティ🄲シルヴァーナ・マンガーノ▼7・13・タルサ49米🄵松竹洋画部🄳スチュアート・ハイスラー🄲スーザン・ヘイワード▼7・27・テキサス決死隊49米🄵セントラル🄳レスリー・フェントン🄲ウィリアム・ホールデン▼8・10・船乗りシンバッドの冒険46米🄵セントラル🄳リチャード・ウォーレス🄲ダグラス・フェアバンクス・ジュニア▼8・24・踊る大紐育49米🄵セントラル🄳ジーン・ケリー、スタンリー・ドーネン🄲ジーン・ケリー▼9・7・大城塞50米🄵セントラル🄳ウィル・プライス🄲ジョン・ペイン▼9・21・折れた矢50米🄵セントラル🄳デルマー・デイヴィス🄲ジェームズ・スチュアート▼10・5・アニーよ銃をとれ50米🄵セントラル🄳ジョージ・シドニー🄲ルイス・カルハーン▼10・19・無法者の群39米🄵セントラル🄳マイケル・カーティス🄲エロール・フリン▼11・2・黄色いリボン49米🄵セントラル🄳ジョン・フォード🄲ジョン・ウェイン▼11・20・今宵よ永遠に45米🄵セントラル🄳ヴィクター・サヴィル🄲リタ・ヘイワース▼11・30・塵に咲く花41米🄵セントラル🄳マーヴィン・ルロイ🄲グリア・ガースン▼12・14・彼女は二挺拳銃50米🄵セントラル🄳リチャード・セイル🄲アン・バクスター▼12・27・ダラス50米🄵ワーナー🄳スチュアート・ヘイスラー🄲ゲイリー・クーパー

【1952年（昭和27年）】

▼1・5・赤い河48米🄵ユナイト、松竹洋画部🄳ハワード・ホークス🄲ジョン・ウェイン▼1・13・北西騎馬警官隊40米🄵パラマウント🄳セシル・B・デミル🄲ゲイリー・クーパー▼1・28・虹の女王49米🄵ワーナー🄳デヴィッド・バトラー🄲ジューン・ヘイヴァー▼2・9・愛と血の大地48米🄵ユニヴァーサル🄳ジョージ・マーシャル🄲スーザン・ヘイワード▼2・23・カーネギーホール47米🄵ユナイト、松竹洋画部🄳エドガー・G・ウルマー🄲ハンス・ヤーライ▼2・27・サムソンとデリラ49米🄵パラマウント🄳セシル・B・デミル🄲ヘディ・ラマール▼3・26・ダニー・ケイの 天国と地獄45米🄵大映洋画部🄳H・ブルース・ハンバーストン🄲ダニー・ケイ▼4・9・タイクーン47米🄵RKO🄳リチャード・ウォーレス🄲ジョン・ウェイン▼4・22・印度の放浪児50米🄵MGM🄳ヴィクター・サヴィル🄲エロール・フリン▼5・1（18：00・前夜祭）巴里のアメリカ人51米🄵MGM🄳ヴィンセント・ミネリ🄲ジーン・ケリー▼5・2・巴里のアメリカ人（通常興行）▼5・23・井戸51米🄵ユナイト、松竹洋画部🄳レオ・ポプキン、ラッセル・ラウズ🄲リチャード・ローバー▼6・3・歌劇王カルーソ51米🄵MGM🄳リチャード・ソープ🄲マリオ・ランザ▼6・17・山のロザンナ49米🄵大映洋画部🄳アーヴィング・ライス🄲ジョーン・エヴァンス▼7・1・白銀の嶺50米🄵RKO🄳テッド・テズラフ🄲グレン・フォード▼7・14・絶海の嵐42米🄵パラマウント🄳セシル・B・デミル🄲レイ・ミランド▼7・25・巌窟の野獣39英🄵ユナイト、松竹洋画部🄳アルフレッド・ヒッチコック🄲チャールズ・ロートン▼8・6・その男を逃すな51米🄵ユナイト、松竹洋画部🄳ジョン・ベリー🄲ジョン・ガーフィールド▼8・14・検察官閣下49米🄵ワーナー🄳ヘンリー・コスター🄲ダニー・ケイ▼9・2・チャップリンの殺人狂時代47米🄵ユナイト、松竹洋画部🄳チャールズ・チャップリン🄲チャールズ・チャップリン▼9・16・眞晝の決闘52米🄵ユナイト、松竹洋画部🄳フレッド・ジンネマン🄲ゲイリー・クーパー▼10・1・黒騎士アイヴァンホウ52米🄵MGM🄳リチャード・ソープ🄲ロバート・テイラー▼10・18・反逆51英🄵BCFC、NCC🄳ロイ・ボールティング🄲ライアム・レッドモンド▼10・31・艦長ホレーショ51英🄵ワーナー🄳ラオール・ウォルシュ🄲グレゴリー・ペック▼11・18・カナダ平原49米🄵映配🄳エドウィン・L・マリン🄲ランドルフ・スコット▼12・2・ベルリン陥落49ソ連🄵ジャパン映画、松竹、欧米映画社🄳ミハイル・チアウレリ🄲ボリス・アンドレーエフ▼12・23・（披露公開2日間）ダニー・ケイの牛乳屋46米🄵大映洋画部🄳ノーマン・Z・マクロード🄲ダニー・ケイ▼

12・25・遠い太鼓51 米🄵ワーナー🄳ラオール・ウォルシュ🄲ゲイリー・クーパー

【1953年（昭和28年）】

▼1・5・ダニー・ケイの牛乳屋（通常興行）▼1・18・マレー・ゲリラ戦52 米🄵ユナイト、松竹洋画部🄳ケン・アナキン🄲クローデット・コルベール／白井義男對ダド・マリノ53 提供：読売映画社▼1・31・罪ある女50 西独🄵泰西映画、松竹洋画部🄳ヴィリ・フォルスト🄲ヒルデガルド・ネフ▼2・12・2・17 熱砂の戦い51 米🄵松竹洋画部🄳アーヴィング・ライス🄲リュー・エアーズ▼2・12（18：30）［特別有料試写会］チャップリンのライムライト52 米🄵ユナイト、松竹洋画部🄳チャールズ・チャップリン🄲チャールズ・チャップリン▼2・18・3・12 チャップリンのライムライト（通常興行）▼3・3（18：50）［特別有料試写会］シンデレラ姫50 米🄵RKO🄿ウォルト・ディズニー・プロ🄳ウィルフレッド・ジャクソン、ハミルトン・S・ラスク、クライド・ジェロニミ（アニメーション）▼3・13・4・2 シンデレラ姫（通常興行）▼3・27（19：30）［特別有料試写会］ガンガ・ディン39米🄵松竹🄳ジョージ・スティーヴンス🄲ケイリー・グラント▼4・3・ガンガ・ディン（通常興行）▼4・15・百万弗の人魚52 米🄵MGM🄳マーヴィン・ルロイ🄲エスター・ウィリアムズ▼4・29［試写会］ブワナの悪魔52 米🄵ユナイト、松竹洋画部🄳アーチ・オーボラー🄲ロバート・スタック（立体映画）▼4・30・ハリケーン37米🄵ユナイト🄳ジョン・フォード、スチュアート・ヘイスラー🄲ドロシー・ラムーア▼5・9・ブワナの悪魔（通常興行）▼5・26・花婿物語44 米🄵アライド、映配🄳サム・ウッド🄲ゲイリー・クーパー▼6・9・肉の蝋人形53 米🄵ワーナー🄳アンドレ・ド・トス🄲ヴィンセント・プライス（立体映画）／懐しの活動狂時代 サイレント名画劇篇（ワーナー短編）▼7・10・機動部隊49 米🄵ワーナー🄳デルマー・デイヴィス🄲ゲイリー・クーパー▼7・19・タイコンデロガの砦53 米🄵コロムビア🄳ウィリアム・キャッスル🄲ジョージ・モンゴメリー（立体映画）／あきれた迷探偵53 米🄵コロムビア🄳ジュールス・ホワイト🄲シェンプ・ハワード、ラリー・ファイン、モー・ハワード（短編立体映画）▼8・9・大音楽會51 ソ連🄵松竹洋画部🄳ヴェラ・ストロエヴァ🄲マリナ・セミョノワ▼8・22・不思議の国のアリス51 米🄵RKO🄿ウォルト・ディズニー・プロ🄳ウィルフレッド・ジャクソン、ハミルトン・S・ラスク、クライド・ジェロニミ（アニメーション）／水鳥の生態52 🄵RKO🄿ウォルト・ディズニー・プロ🄳ジェームズ・アルガー 日本語版解説：徳川夢声（記録映画）▼9・12・眞夜中の愛情53 仏🄵映配 🄳ロジェ・リシュベ🄲ダニー・ロバン／巴里の歓び41 米🄵ワーナー🄳ジーン・ネグレスコ🄲バレエ・ルス・ド・モンテカルロ（短編バレエ映画）▼9・23・夜も昼も46 米🄵ワーナー、セントラル🄳マイケル・カーティス🄲ケイリー・グラント／巴里の歓び（続映）▼10・1・シェーン53 米🄵パラマウント🄳ジョージ・スティーヴンス🄲アラン・ラッド▼11・1・アンデルセン物語52 米🄵RKO🄳チャールズ・ヴィダー🄲ダニー・ケイ▼11・15・楽園に帰る53 米🄵ユナイト、松竹洋画部🄳マーク・ロブソン🄲ゲイリー・クーパー▼11・29・アンナ51 伊🄵イタリフィルム、松竹洋画部🄳アルベルト・ラトゥアーダ🄲シルヴァーナ・マンガーノ▼12・13・第二の機会《チャンス》53 米🄵RKO🄳ルドルフ・マテ🄲ロバート・ミッチャム（立体映画）▼12・23・グレン・ミラー物語53 米🄵ユニヴァーサル🄳アンソニー・マン🄲ジェームズ・スチュアート▼12・25・バリ島珍道中52 米🄵パラマウント🄳ハル・ウォーカー🄲ビング・クロスビー、ボブ・ホープ

【1954年（昭和29年）】

▼1・4・グレン・ミラー物語（通常興行）▼2・3・バラントレイ卿53 米🄵ワーナー🄳ウィリアム・キーリー🄲エロール・フリン▼2・17・雨に濡れた欲情53 米🄵コロムビア🄳カーティス・バーンハート🄲リタ・ヘイワース（立体映画）▼3・10・3・19改装休館（シネスコ設備新設）▼3・20・想い出53 米🄵ユナイト、松竹洋画部🄳アナトール・リトヴァク🄲カーク・ダグラス▼4・1・サスカチワンの狼火54 米🄵ユニヴァーサル🄳ラオール・ウォルシュ🄲アラン・ラッド▼4・13・春風と百万紙幣54 米🄵ユナイト、松竹洋画部🄳ロナルド・ニーム🄲グレゴリー・ペック▼5・1・CS円卓の騎士53 米🄵MGM🄳リチャード・ソープ🄲ロバート・テイラー／CSウインザーの陽気な女房たち53 米🄵MGM🄲ジョニー・グリーン指揮・MGMシンフォニー・オーケストラ（音楽短編）▼6・5・土曜は貴方に50 米🄵MGM🄳リチャード・ソープ🄲フレッド・アステア▼6・19・南の誘惑51 西、仏🄵コロムビア🄳ロベルト・ヴェルネイ🄲ルイス・マリアノ▼6・21（18：30）［有料試写会］波止場54 米🄵コロムビア🄳エリア・カザン🄲マーロン・ブラン

ド▼6・22・波止場（通常興行）▼7・13・黒い絨氈54米🄵パラマウント🄳バイロン・ハスキン🄲チャールトン・ヘストン▼7・27・VSカーニバルの女54米🄵RKO🄳カート・ニューマン🄲アン・バクスター▼8・6・こぐま物語 第一話・がんばれパンゴ 第二話・巨人征服47米🄵大映🄿ウォルト・ディズニー・プロ🄳ベン・シャープスティーン（アニメーション）／ビーバーの谷50米🄿ウォルト・ディズニー・プロ🄳ジェームズ・アルガー（動物映画）▼8・27・ケイン号の叛乱54米🄵コロムビア🄳エドワード・ドミトリク🄲ハンフリー・ボガート▼9・25・チャップリンのモダンタイムス36米🄵ユナイト🄳チャールズ・チャップリン🄲チャールズ・チャップリン▼10・19・VS王家の谷54米🄵MGM🄳ロバート・ピロッシュ🄲ロバート・テイラー▼10・26・CS掠奪された七人の花嫁54米🄵MGM🄳スタンリー・ドーネン🄲ハワード・キール▼11・19・CSフォルウォスの黒楯54米🄵ユニヴァーサル🄳ルドルフ・マテ🄲トニー・カーティス▼12・7・12・16改装休館▼12・17・1・21VVホワイト・クリスマス54米🄵パラマウント🄳マイケル・カーティス🄲ビング・クロスビー（ビスタビジョン方式第一作）

【1955年（昭和30年）】

▼1・22・VV底抜け最大のショウ54米🄵パラマウント🄳ジョセフ・ペヴニー🄲ディーン・マーティン、ジェリー・ルイス／ポパイの海賊シンドバッド（短編アニメーション）▼2・12・トコリの橋54米🄵パラマウント🄳マーク・ロブソン🄲ウィリアム・ホールデン▼3・9・ピーター・パン53米🄵RKO🄿ウォルト・ディズニー・プロ🄳ハミルトン・S・ラスク、クライド・ジェロニミ、ウィルフレッド・ジャクソン（アニメーション）／熊の楽園53米🄿ウォルト・ディズニー・プロ🄳ジェームズ・アルガー（動物映画）▼4・6・SSヴェラクルス54米🄵ユナイト、松竹🄳ロバート・アルドリッチ🄲ゲイリー・クーパー（スーパースコープ方式第一作）▼5・3・VS情事の終り54英🄵コロムビア🄳エドワード・ドミトリク🄲デボラ・カー▼5・21・CS野性の女55米🄵20世紀FOX🄳ヘンリー・キング🄲スーザン・ヘイワード／CSローズ・ボール（短編）▼6・15・7・13改装休館▼7・14・VV戦略空軍命令55米🄵パラマウント🄳アンソニー・マン🄲ジェームズ・スチュアート▼7・31・CS艦隊は踊る54米🄵MGM🄳ロイ・ローランド🄲トニー・マーティン▼8・11・CSケンタッキー人55米🄵ユナイト、松竹🄳バート・ランカスター🄲バート・ランカスター／SSレビュー誕生55🄵松竹🄳弓削進、総指揮：浅尾忠義🄲松竹歌劇団（松竹グランドスコープの試作品）▼8・25・VV遙かなる地平線55米🄵パラマウント🄳ルドルフ・マテ🄲フレッド・マクマレイ▼9・4・CS紳士はブルーネット娘と結婚する55米🄵ユナイト、松竹🄳リチャード・セイル🄲ジェーン・ラッセル／レビュー誕生（再映）▼9・16・9・18［日替りプレミアショウ］＝▼9・16男の争い55仏🄵東和映画🄳ジュールス・ダッシン🄲ジャン・セルヴェ▼9・17VV泥棒成金55米🄵パラマウント🄳アルフレッド・ヒッチコック🄲ケイリー・グラント▼9・18見知らぬ人でなく55米🄵ユナイト、松竹🄳スタンリー・クレイマー🄲オリヴィア・デ・ハヴィランド▼9・19・9・21改装休館▼9・22・男の争い（通常興行）▼10・13休館▼10・14・泥棒成金（通常興行）▼11・8・見知らぬ人でなく（通常興行）▼11・29・VVエディ・フォイ物語55米🄵パラマウント🄳メルヴィル・シェイヴルソン🄲ボブ・ホープ／VVメキシコの旅（短編）▼12・13・12・22［東劇の名画祭］＝▼12・13・12・14シェーン53米🄵パラマウント🄳ジョージ・スティーヴンス🄲アラン・ラッド／ザヴィエ・クガート楽団（音楽短編）▼12・15・12・16ローマの休日53米🄵パラマウント🄳ウィリアム・ワイラー🄲オードリー・ヘップバーン／ハリイ・ジェームス楽団（音楽短編）▼12・17・12・18赤と黒54仏🄵東和映画🄳クロード・オータン・ララ🄲ジェラール・フィリップ／水鏡オランダ風物詩50英🄵東和映画🄳ベルト・ハーンストラ（短編記録映画）▼12・19・12・20地上《ここ》より永遠《とわ》に53米🄵コロムビア🄳フレッド・ジンネマン🄲バート・ランカスター／ジャズ王ドーシー楽団（音楽短編）▼12・21・12・22終着駅53米、伊🄵松竹洋画部🄳ヴィットリオ・デ・シーカ🄲ジェニファー・ジョーンズ／白鳥の湖（バレエ短編）▼12・23・1・31CS海底二万哩54米🄵大映🄿ウォルト・ディズニー・プロ🄳リチャード・フライシャー🄲カーク・ダグラス／CSプカドン交響楽53米🄵大映🄿ウォルト・ディズニー・プロ🄳C・オーガスト・ニコルズ、ウォード・キンボール（短編アニメーション）

【1956年（昭和31年）】

▼2・1・恋愛準決勝戦51米🄵MGM🄳スタンリー・ドーネン🄲フレッド・アステア▼2・11・ロメオとジュリエット物語54ソ連🄵松竹🄳レフ・アルンシュタム、レオニード・ラブロフスキー🄲ガリーナ・ウラ

ノワ／青春の祭典▼3・3-VV悪魔の島55 米🄵パラマウント🄳フィル・カールソン🄲ジョン・ペイン／夜の紳士▼3・15-VVリチャード三世55 英🄵東和映画🄳ローレンス・オリヴィエ🄲ローレンス・オリヴィエ▼4・19-CS赤い砦55 米🄵ユナイト、松竹🄳アンドレ・ド・トス🄲カーク・ダグラス▼5・3-CS愛情物語56 米🄵コロムビア🄳ジョージ・シドニー🄲タイロン・パワー▼6・1-6・29 CS白鳥《スワン》55 米🄵MGM🄳チャールズ・ヴィダー🄲グレース・ケリー▼6・27（19：00）［有料試写会］CSアレキサンダー大王55 米🄵ユナイト、松竹🄳ロバート・ロッセン🄲リチャード・バートン▼6・30-アレキサンダー大王（通常興行）▼7・25-誘拐56 米🄵MGM🄳アレックス・シーガル🄲グレン・フォード▼8・8-CS空中ぶらんこ56 米🄵ユナイト、松竹🄳キャロル・リード🄲バート・ランカスター▼9・27-10・17 CS叛逆者の群れ56 米🄵セレクト、松竹🄳リチャード・フライシャー🄲ロバート・ミッチャム▼10・15（19：00）［有料試写会］居酒屋56 米🄵東和映画🄳ルネ・クレマン🄲マリア・シェル▼10・18-居酒屋（通常興行）▼11・22-CSボワニー分岐点56 米、英🄵MGM🄳ジョージ・キューカー🄲エヴァ・ガードナー▼12・15-VS傷だらけの栄光56 米🄵MGM🄳ロバート・ワイズ🄲ポール・ニューマン

【1957年（昭和32年）】

▼1・4-VS友情ある説得56 米🄵MGM、アライド🄳ウィリアム・ワイラー🄲ゲイリー・クーパー▼1・26-戦艦シュペー号の最後56 英🄵BCFC、コロムビア🄳マイケル・パウエル、エメリック・プレスバーガー🄲ピーター・フィンチ▼2・19-始めに罪あり54 西独、ユーゴスラヴィア🄵松竹🄳フランツ・カップ🄲ルース・ニーハウス／光と悪魔（バレエ映画）▼3・1-CSノートルダムのせむし男56 仏🄵東和映画🄳ジャン・ドラノワ🄲アンソニー・クイン▼4・26-罪と罰56 仏🄵映配🄳ジョルジュ・ランパン🄲ロベール・オッセン▼5・24-VS枯葉57 西独🄵NCC、ユニオン🄳ヴォルフガング・シュタウテ🄲マリア・シェル▼6・21-CSわかれ57 英🄵20世紀FOX🄳ボブ・マクノート🄲リチャード・バートン▼7・5-大荒原57 米🄵ワーナー🄳ゴードン・ダグラス🄲アラン・ラッド▼7・26-動物たちは何処へ行く56 西独🄵松竹🄳ベルンハルト・グルツィメーク、ミヒャエル・グルツィメーク（記録映画）／青い目のロバ56 ソ連🄵松竹🄳レゾ・チケイジェ、テンギズ・アブラゼ🄲デュデュクハン・ツェロージェ▼8・16-VS潮風のいたづら57 英🄵MGM🄳マーク・ロブソン🄲エヴァ・ガードナー▼8・31-CS日のあたる島57 米🄵20世紀FOX🄳ロバート・ロッセン🄲ジェームズ・メイソン▼9・22-バレエへの招宴56 英🄵東和映画🄳パウル・ツインナー🄲ガリーナ・ウラノワ▼10・19-CS宿命57 仏🄵東和映画🄳ジュールス・ダッシン🄲ジャン・セルヴェ▼11・13-CS朝やけ雲57 英🄵コロムビア🄳ジョン・ギリング🄲レイ・ミランド▼12・1-CS気まぐれバス57 米🄵20世紀FOX🄳ヴィクトル・ヴィカス🄲ジョーン・コリンズ▼12・21-CSよろめき休暇57 米🄵20世紀FOX🄳スタンリー・ドーネン🄲ケイリー・グラント

【1958年（昭和33年）】

▼1・10-VS夜の豹57 米🄵コロムビア🄳ジョージ・シドニー🄲フランク・シナトラ▼2・14-レニングラード交響楽57 ソ連🄵中央映画貿易、松竹🄳ザハール・アグラネンコ🄲ニコライ・クリューチコフ▼3・1-VS情婦57 米🄵ユナイト、松竹🄳ビリー・ワイルダー🄲タイロン・パワー▼3・20-CS青春物語57 米🄵20世紀FOX🄳マーク・ロブソン🄲ラナ・ターナー▼4・12-SSパリの休日58 米🄵セレクト、松竹🄳ガード・オズワルド🄲ボブ・ホープ▼5・3-VS女は一回勝負する57 仏🄵映配🄳アンリ・ヴェルヌイユ🄲アンリ・ヴィダル▼5・30-VS深く静かに潜航せよ58 米🄵ユナイト、松竹🄳ロバート・ワイズ🄲クラーク・ゲーブル▼6・26-VS二都物語57 英🄵東和映画🄳ラルフ・トーマス🄲ダーク・ボガード▼7・15-8・8 VS最后の接吻58 米🄵ユナイト、松竹🄳デルマー・デイヴィス🄲フランク・シナトラ▼8・7［特別招待試写会］静かなるドン（黎明篇）57 ソ連🄵松竹🄳セルゲイ・ゲラーシモフ🄲エリナ・ビストリスカヤ▼8・9-静かなるドン（黎明篇）（通常興行）▼9・7-彼岸花58 🄵松竹🄳小津安二郎🄲佐分利信▼9・13-SS八十日間世界一周56 米🄵ユナイト、松竹🄳マイケル・アンダーソン🄲デヴィッド・ニーヴン▼10・11-VS手錠のまゝの脱獄58 米🄵松竹、ユナイト🄳スタンリー・クレイマー🄲トニー・カーティス▼11・1-CS西部の人58 米🄵松竹、セレクト🄳アンソニー・マン🄲ゲイリー・クーパー▼11・29-VV底抜け一等兵57 米🄵パラマウント🄳ジョージ・マーシャル🄲ジェリー・ルイス／ポパイの魔術師（短編アニメーション）／ポパイの求婚競争（短編アニメーション）▼12・

20・女の一生58 仏🄵東和映画🄳アレクサンドル・アストリュック🄲マリア・シェル／イヴ・モンタンシャンソン・ド・パリ 第一部57 仏、ソ連🄵東和映画🄲イヴ・モンタン（記録映画）

【1959年（昭和34年）】

▼1・23・VS黒い瞳58 西独🄵映配、大和フィルム🄳パウル・マルティン🄲ヨハンナ・フォン・コチアン／世界絵画大芸術家シリーズ 第一部 生の喜び（ルノアール作品）、開幕の知らせ（ドガ作品）▼2・7・白痴58 ソ連🄵独立映画🄳イワン・プイリエフ🄲ユーリア・ボリソワ▼2・25・熱砂の風雲児58 米🄵松竹、ユナイト🄳ジャック・ターナー🄲ヴィクター・マチュア▼3・12・CS自由の大地58 米🄵 20世紀FOX🄳ジョン・ヒューストン🄲エロール・フリン▼4・1・VS黒い稲妻58 西独🄵大映🄳ハンス・グリム🄲トニー・ザイラー▼4・29・SS裸のマヤ58 米🄵MGM🄳ヘンリー・コスター、マリオ・ルッソ🄲エヴァ・ガードナー▼5・16・CSフォート・ブロックの決斗58 米🄵 20世紀FOX🄳リチャード・フライシャー🄲ドン・マレー▼5・30・青春群像53 伊、仏🄵新外映🄳フェデリコ・フェリーニ🄲フランコ・ファブリッツィ▼6・13・CS恋の手ほどき58 米🄵MGM🄳ヴィンセント・ミネリ🄲レスリー・キャロン▼7・15・VS腰抜け列車強盗59 米🄵ユナイト🄳ノーマン・Z・マクロード🄲ボブ・ホープ▼8・12・VS地獄で握手しろ59 米🄵ユナイト🄳マイケル・アンダーソン🄲ジェームズ・キャグニー▼8・31・VS前線命令59 米🄵松竹セレクト🄳アーサー・ドレイファス🄲ヴァン・ジョンソン▼9・15・CS太陽の谷59 米🄵ユニヴァーサル🄳ヘンリー・キング🄲ロック・ハドソン▼10・3・CSバベット戦争へ行く59 仏🄵コロムビア🄳クリスチャン・ジャック🄲ブリジット・バルドー▼10・22・VV今晩おひま？59 仏🄵新外映🄳ジャン・ピエール・モッキー🄲ジャック・シャリエ／十代の夏58 仏🄵新外映🄳ジャック・ロジェ🄲ルネ・フェロ（短編映画）▼11・14・VS或る殺人59 米🄵コロムビア🄳オットー・プレミンジャー🄲ジェームズ・スチュアート▼12・12・VSU47出撃せよ58 西独🄵NCC、日活🄳ハラルト・ラインル🄲ディーター・エッペラー▼12・27・VSザイラーの初恋物語58 墺🄵松竹セレクト🄳ルドルフ・ユーゲルト🄲トニー・ザイラー／ザイラーの世界選手権 大回転58（記録映画）

【1960年（昭和35年）】

▼1・1・1・5［ザイラーの新年御挨拶］トニー・ザイラー舞台挨拶（映画続映1・7迄）▼1・8・CS大都会の女たち59 米🄵 20世紀FOX🄳ジーン・ネグレスコ🄲ホープ・ラング▼1・23・VSネバダの決闘59 米🄵松竹セレクト🄳ポール・ウェンドコス🄲フレッド・マクマレイ▼2・6・脱走兵58 ポーランド🄵松竹セレクト🄳ウィトルト・レシェウィッチ🄲ユーゼフ・ノワーク▼2・20・白い荒野58 米🄵大映🄿ウォルト・ディズニー・プロ🄳ジェームズ・アルガー（記録映画）／イソップからアンデルセンまで59 米🄵大映🄿ウォルト・ディズニー・プロ🄳クライド・ジェロニミ🄲ウォルト・ディズニー（アニメーション）▼3・23・四つの願い59 米🄵RKO🄿ウォルト・ディズニー・プロ🄳ロバート・スティーヴンソン🄲アルバート・シャープ／CSグランド・キャニヨン59 米🄵RKO🄿ウォルト・ディズニー・プロ🄳ジェームズ・アルガー（記録映画）▼4・12・SS鉄腕ゴライアス 蛮族の恐怖59 伊🄵松竹セレクト🄳カルロ・カンポガリアーニ🄲スティーヴ・リーヴス▼4・28・CS地底探検59 米🄵 20世紀FOX🄳ヘンリー・レヴィン🄲パット・ブーン▼5・20・女59 伊、西独🄵松竹セレクト🄳ヴィクトル・ヴィカス🄲ジュリエッタ・マシーナ▼6・4・CS賭場荒し59 米🄵 20世紀FOX🄳ヘンリー・ハサウェイ🄲エドワード・G・ロビンソン▼6・22・ハバナの男59 英🄵松竹セレクト🄳キャロル・リード🄲アレック・ギネス▼7・10・第一空挺兵団46 英🄵RKO🄳ブライアン・デズモンド・ハースト（セミ・ドキュメンタリー）▼7・23・SS眠れる森の美女59 米🄵RKO🄿ウォルト・ディズニー・プロ🄳クライド・ジェロニミ（アニメーション）／これがあなたのディズニーランド！60 米🄵RKO🄿ウォルト・ディズニー・プロ🄲ウォルト・ディズニー（短編記録映画）▼9・23・CSアッシャー家の惨劇60 米🄵松竹セレクト🄳ロジャー・コーマン🄲ヴィンセント・プライス／ドナルドのボロ飛行機43 米🄿ウォルト・ディズニー・プロ🄳ディック・ランディー（短編アニメーション）／リスの大逆襲55 米🄿ウォルト・ディズニー・プロ🄳ジャック・ハンナ（短編アニメーション）▼10・5・SS許されざる者59 米🄵ユナイト🄳ジョン・ヒューストン🄲オードリー・ヘップバーン▼11・3・人間の運命59 ソ連🄵松竹セレクト🄳セルゲイ・ボンダルチュク🄲セルゲイ・ボンダルチュク▼11・26・CS地獄へ片足60 米🄵 20世紀FOX🄳ジェームズ・B・クラーク🄲アラン・ラッド▼12・10・橋頭堡を攻撃せ

よ54 米🄵ユナイト🄳スチュアート・ヘイスラー🄲トニー・カーティス／VS大怪獣出現57 米🄵ユナイト🄳アーノルド・レイヴェン🄲ティム・ホルト▼12・24・4・21 70 アラモ60 米🄵ユナイト🄳・🄲ジョン・ウェイン（上映期間119日）

【1961年（昭和36年）】

▼4・22・VSエルマー・ガントリー 魅せられた男60 米🄵ユナイト🄳リチャード・ブルックス🄲バート・ランカスター▼5・3・SS荒野の七人60 米🄵ユナイト🄳ジョン・スタージェス🄲ユル・ブリンナー▼7・14・70 栄光への脱出60 米🄵ユナイト🄳オットー・プレミンジャー🄲ポール・ニューマン▼9・23・VS六年目の疑惑61 米🄵ユナイト🄳マイケル・アンダーソン🄲ゲイリー・クーパー▼10・11・CS地球の危機61 米🄵20世紀FOX🄳アーウィン・アレン🄲ウォルター・ピジョン▼10・26・CSフランダースの犬59 米🄵20世紀FOX🄳ジェームズ・B・クラーク🄲デヴィッド・ラッド▼11・17・VS草原の輝き61 米🄵ワーナー🄳エリア・カザン🄲ナタリー・ウッド▼12・12・SS恐怖の振子61 米🄵松竹セレクト🄳ロジャー・コーマン🄲ヴィンセント・プライス／CS小人プロレス 激斗肉弾戦▼12・27・SS南海漂流60 米🄵RKO🄿ウォルト・ディズニー・プロ🄳ケン・アナキン🄲ドロシー・マクガイア／ドナルド・ダックの がんばれ部隊長！49 米🄿ウォルト・ディズニー・プロ🄳ジャック・ハンナ（短編アニメーション）

【1962年（昭和37年）】

▼1・27・SS素晴らしき恋人たち61 仏🄵日本ヘラルド🄳ミシェル・ボワロン🄲ジャン・ポール・ベルモンド▼3・3・CS断崖の河57 米🄵昭映フィルム🄳アラン・ドワン🄲レイ・ミランド／グーフィーの三等社員53 米🄿ウォルト・ディズニー・プロ🄳ジャック・キニー（短編アニメーション）／ドナルドの魔法の泉53 米🄿ウォルト・ディズニー・プロ🄳ジャック・ハンナ（短編アニメーション）／ケイシーの野球チーム46 米🄿ウォルト・ディズニー・プロ🄳ジャック・キニー（短編アニメーション）▼3・17・VS荒野を歩け61 米🄵コロムビア🄳エドワード・ドミトリク🄲ローレンス・ハーヴェイ／VS狂熱のツイスト61 米🄵コロムビア🄳オスカー・ルドルフ🄲チャビー・チェッカー▼4・7・70 太平洋戦争と姫ゆり部隊62 🄵大映🄿大蔵映画🄳小森白🄲南原宏治▼4・28・VSニュールンベルグ裁判61 米🄵ユナイト🄳スタンリー・クレイマー🄲スペンサー・トレイシー▼6・16・SS脱獄62 米🄵ユニヴァーサル🄳デヴィッド・ミラー🄲カーク・ダグラス▼7・7・VSローマの哀愁61 米🄵ワーナー🄳ホセ・クィンテーロ🄲ヴィヴィアン・リー▼7・28・ 赤い靴48 英🄳マイケル・パウエル、エメリック・プレスバーガー🄲モイラ・シアラー▼8・25・CS脱走62 米🄵20世紀FOX🄳フィリップ・ダン🄲スティーヴン・ボイド▼9・12・70 カンカン60 米🄵20世紀FOX🄳ウォルター・ラング🄲シャーリー・マクレーン▼9・22・CS青年62 米🄵20世紀FOX🄳マーティン・リット🄲リチャード・ベイマー▼10・20・ヒマラヤK2征服55 伊🄵イタリフィルム🄳マルチェロ・バルディ（記録映画）／女王蜂の神秘62 🄿桜映画社、企画:中外製薬🄳樋口源一郎(短編記録映画)▼11・17・機動部隊49 米🄵ワーナー🄳デルマー・デイヴィス🄲ゲイリー・クーパー▼12・6・VS汚れなき瞳60 英🄵RKO🄳ブライアン・フォーブス🄲ヘイリー・ミルズ▼12・22・2・20 70 隊長ブーリバ62 米🄵ユナイト🄳J・リー・トンプソン🄲ユル・ブリンナー（4・27・7・12を除く）

【1963年（昭和38年）】※新宿ピカデリーと同番組

▼2・21・CS闘将スパルタカス62 伊🄵MGM🄳セルジオ・コルブッチ🄲スティーヴ・リーヴス▼3・7・VS恋のKOパンチ62 米🄵ユナイト🄳フィル・カールソン🄲エルヴィス・プレスリー▼3・21・VSポリアンナ60 米🄵RKO🄿ウォルト・ディズニー・プロ🄳デヴィッド・スウィフト🄲ヘイリー・ミルズ／夜のディズニーランド60 米🄵RKO🄿ウォルト・ディズニー・プロ🄳ハミルトン・ラスク、ウィリアム・ボーディン🄲ルイ・アームストロング（記録映画）▼4・17・肉弾騎兵大隊（旧邦題：アパッチ族の最後）50 米🄵松竹映配🄳サム・ウッド🄲ロバート・テイラー▼4・27・狼王ロボ62 米🄵RKO🄿ウォルト・ディズニー・プロ🄳ジェームズ・アルガー（動物映画）／山火事に挑む61 米🄵RKO🄿ウォルト・ディズニー・プロ🄳ジェームズ・アルガー（記録映画）▼6・1・7・12 改装休館▼7・13・SS夏物語58 仏、伊🄵松竹映配🄳ジャンニ・フランチョリーニ🄲ミシェル・モルガン▼7・20・SSウエスト・サイド物語61 米🄵ユナイト🄳ロバート・ワイズ、ジェローム・ロビンス🄲ナタリー・ウッド▼8・10・SS魚雷艇109 63 米🄵ワーナー🄳レスリー・H・マーティンソン🄲クリフ・ロバートソン▼8・29・新残酷物語63 伊🄵松竹映配🄳ロベルト・ビアンキ・モンテーロ（記録映画）／岩壁への

挑戦54 仏F映配 Dエレヌ・ダソンヴィル、ルネ・ベルトダイ（短編記録映画）▼9・14・VSミサイル空爆戦隊63 米Fユニヴァーサル Dデルバート・マンCロック・ハドソン▼9・28・70シエラザード63仏、伊、西F松竹映配 Dピエール・ガスパール・ユイCアンナ・カリーナ▼10・26・CS戦場にかける橋57 米FコロムビアDデヴィッド・リーンCウィリアム・ホールデン▼11・14・SS逃げる男63 英Fコロムビア Dキャロル・リードCローレンス・ハーヴェイ▼11・23・ライムライト52 米F松竹Dチャールズ・チャップリンCチャールズ・チャップリン▼12・1・VS腰抜けアフリカ博士63 米FユナイトDゴードン・ダグラスCボブ・ホープ▼12・13・VS世界の夜の歴史63 伊F東京第一フィルムDマルチェロ・マルチネリ（記録映画）▼12・28・2・7 SS勝利者63 米Fコロムビア Dカール・フォアマンCヴィンス・エドワーズ

【1964年（昭和39年）】※新宿ピカデリーと同番組

▼2・8・VSアルゴ探検隊の大冒険63 英FコロムビアDドン・チャフィCトッド・アームストロング／激動する世界▼2・22・VSパームスプリングの週末63 米FワーナーDノーマン・タウログCトロイ・ドナヒュー▼3・14・4・21 VS難破船62 米FRKOPウォルト・ディズニー・プロDロバート・スティーヴンソンCヘイリー・ミルズ／ウェスタン・カーニバルPウォルト・ディズニー・プロ▼4・21（19：00）［前夜祭］70 長い船団63 米、英、ユーゴスラヴィアFコロムビアDジャック・カーディフCリチャード・ウィドマーク▼4・22・長い船団（通常興行）▼5・20・SS遠い喇叭63 米FワーナーDラオール・ウォルシュCトロイ・ドナヒュー▼6・10・SSズール戦争63 英Fパラマウント Dサイ・エンドフィールドCマイケル・ケイン▼7・4・VS誰が私を殺したか？64 米FワーナーDポール・ヘンリードCベティ・デイヴィス▼7・18・70ローマ帝国の滅亡64 米Fコロムビア Dアンソニー・マンCソフィア・ローレン▼9・26・SS侵略戦線64 米FユナイトDロジャー・コーマンCスチュワート・グレンジャー▼10・17・VSさすらいの狼64 仏FMGMDアラン・カヴァリエCアラン・ドロン▼11・14・SS太陽の下の10万ドル64 仏F松竹映配 Dアンリ・ヴェルヌイユCジャン・ポール・ベルモンド▼12・5・VSO．S．S．117 63 仏、伊FMGMDアンドレ・ユヌベルCカーウィン・マシューズ▼12・19・3・12 70 シャイアン64 米FワーナーDジョン・フォードCリチャード・ウィドマーク

【1965年（昭和40年）】※新宿ピカデリーと同番組

▼3・13・VSがちょうのおやじ64 米FユニヴァーサルDラルフ・ネルソンCケイリー・グラント▼3・27・VS気ままな情事64 伊、仏F日本ヘラルドDアントニオ・ピエトランジェリCクラウディア・カルディナーレ▼4・8・地獄の戦場50 米F20世紀FOXDルイス・マイルストンCリチャード・ウィドマーク▼4・17・SSサタンバグ64 米FユナイトDジョン・スタージェスCジョージ・マハリス▼5・5・CSマドリードで乾杯64 米F20世紀FOXDジーン・ネグレスコCアン・マーグレット▼5・16・VS歓び64 瑞典F松竹映配 Dラーシュ・マグヌス・リンドグレンCクリスティーナ・ショリン▼6・15・VS卑怯者の勲章64 米FMGMDアーサー・ヒラーCジェームズ・ガーナー▼6・25・太陽のとどかぬ世界64 仏、伊FコロムビアDジャック・イヴ・クストー（記録映画）／チビッコの大脱走64 英FコロムビアDジム・オコノリーCダドリー・フォスター（中編映画）▼7・30・SSクロスボー作戦65 米FMGMDマイケル・アンダーソンCジョージ・ペパード▼8・28・VSリオ・ブラボー59 米FワーナーDハワード・ホークスCジョン・ウェイン▼9・18・70アンクルトム65 西独、仏、伊F松竹映配 Dゲザ・フォン・ラドヴァニCジョン・キッツミラー▼10・9・VSガンヒルの決斗59 米FパラマウントDジョン・スタージェスCカーク・ダグラス▼10・23・秘密大戦争65 仏、伊F松竹映配 Dテレンス・ヤング、クリスチャン・ジャック、カルロ・リッツァーニCロバート・ライアン▼11・13・70サウンド・オブ・ミュージック65 米F20世紀FOXDロバート・ワイズCジュリー・アンドリュース▼12・25・70グレートレース65 米FワーナーDブレイク・エドワーズCトニー・カーティス

【1966年（昭和41年）】※新宿ピカデリーと同番組

▼3・5・SS大将軍65 米FユニヴァーサルDフランクリン・J・シャフナーCチャールトン・ヘストン▼3・26・SS大追跡65 仏、伊F松竹映配 Dジェラール・ウーリーCブールヴィル▼4・9・SS空爆作戦命令 赤いマフラー64 韓国F松竹D申相玉C申栄均▼4・23・VSハワイアン・パラダイス66 米FパラマウントDマイケル・D・ムーアCエルヴィス・プレスリー▼5・14・SS大いなる西部58 米FユナイトDウィリアム・ワイラーCグレゴリー・ペック▼6・4・VS幸福《しあわせ》64 仏F日本ヘラルドDアニエス・ヴァルダCジャ

ン・クロード・ドルオー▼7・9・SS栄光の丘66米[F]パラマウント[D]ダニエル・マン[C]ソフィア・ローレン▼7・22・SS名誉と栄光のためでなく66米[F]コロムビア[D]マーク・ロブソン[C]アラン・ドロン▼8・20・VS悪のシンフォニー66米[F]松竹映配[D]テレンス・ヤング[C]ユル・ブリンナー▼9・10・VS騎兵隊59米[F]松竹映配[D]ジョン・フォード[C]ジョン・ウェイン▼9・23・CSミクロの決死圏66米[F]20世紀FOX[D]リチャード・フライシャー[C]スティーヴン・ボイド▼11・5・VS目をさまして殺せ66伊、仏[F]松竹映配[D]カルロ・リッツァーニ[C]ロベルト・ホフマン▼11・12・SSシェラマドレの決斗66米[F]ユニヴァーサル[D]シドニー・J・フューリー[C]マーロン・ブランド▼11・23・SSアメリカ上陸作戦66米[F]ユナイト[D]ノーマン・ジュイソン[C]カール・ライナー▼12・7・SS077地獄のカクテル65伊、西、仏[F]NIC[D]テレンス・ハサウェイ[C]ケン・クラーク▼12・17・VSエル・ドラド66米[F]パラマウント[D]ハワード・ホークス[C]ジョン・ウェイン／インディアナポリス500 66米（記録映画）

【1967年（昭和42年）】※新宿ピカデリーと同番組

▼1・21・70戦争と平和（第一部）65ソ連[F]日本ヘラルド[D]セルゲイ・ボンダルチュク[C]リュドミラ・サベーリエワ▼2・11・SSさすらいの一匹狼66伊、西[F]松竹映配[D]トニーノ・ヴァレリー[C]クレイグ・ヒル▼2・25・VS恐竜100万年66英[F]20世紀FOX[D]ドン・チャフィ[C]ラクエル・ウェルチ▼3・25・SS帰って来たガンマン66伊[F]ユナイト[D]リー・W・ビーヴァー（カルロ・リッツァーニ）[C]トーマス・ハンター▼4・21・VS殺人鯨ナム66米[F]ユナイト[D]ラズロ・ベネディク[C]ロバート・ランシング▼4・28・VSトリプルクロス66英、仏[F]ワーナー[D]テレンス・ヤング[C]クリストファー・プラマー▼5・20・SSガンマン無頼66伊、西[F]日本ヘラルド[D]フェルディナンド・バルディ[C]フランコ・ネロ▼6・10・VSホテル66米[F]ワーナー[D]リチャード・クワイン[C]ロッド・テイラー▼6・23・CSおしゃれスパイ危機連発67米[F]20世紀FOX[D]フランク・タシュリン[C]ドリス・デイ▼7・1・SSジェリコ67米[F]ユニヴァーサル[D]アーノルド・レイヴェン[C]ディーン・マーティン▼7・15・VS突撃隊62米[F]パラマウント[D]ドン・シーゲル[C]スティーヴ・マックィーン▼7・26・7・28（9：00、10：30）VS天と地の間に61仏[F]日本ヘラルド[D]ガストン・レビュファ（記録映画）▼7・26・7・28（12：00・）突撃隊（続映）▼7・29・SSマシンガンシティ 聖バレンタインの虐殺67米[F]20世紀FOX[D]ロジャー・コーマン[C]ジェイソン・ロバーズ▼8・19・SS太陽の恋人 クール・ワンズ67米[F]ワーナー[D]ジーン・ネルソン[C]デビー・ワトソン▼8・26・SS続 殺しのテクニック 人間標的67伊[F]松竹映配[D]ハル・ブラディ[C]ヘンリー・シルヴァ▼9・14・SS続 さすらいの一匹狼65伊、西、仏[F]松竹映配[D]ジョージ・フィンレイ[C]ジュリアーノ・ジェンマ▼9・24・VSダブルマン67米、英[F]ワーナー[D]フランクリン・J・シャフナー[C]ユル・ブリンナー▼10・5・ロミオとジュリエット54英[F]日本ヘラルド[D]レナート・カステラーニ[C]ローレンス・ハーヴェイ▼10・22・11・4 VSナポリと女と泥棒たち66伊[F]日本ヘラルド[D]ディーノ・リージ[C]センタ・バーガー▼11・4［前夜祭オールナイト］SS 70億の強奪作戦67伊[F]松竹映配[D]ピット・アルベルティーニ[C]ダナ・アンドリュース▼11・5・70億の強奪作戦（通常興行）▼11・18・VSビーチレッド戦記67米[F]ユナイト[D]コーネル・ワイルド[C]コーネル・ワイルド▼12・2・VS捜査網せばまる67伊、仏[F]松竹映配[D]フランク・シャノン[C]ロバート・ウェッバー▼12・12・VS宝石を狙え！ゴールデン・ブル作戦67米[F]パラマウント[D]ラッセル・ラウズ[C]スティーヴン・ボイド▼12・23・SS続 夕陽のガンマン 地獄の決斗66伊[F]ユナイト[D]セルジオ・レオーネ[C]クリント・イーストウッド

【1968年（昭和43年）】※新宿ピカデリーと同番組（5・11・5・24を除く）

▼2・24・VS俺たちに明日はない67米[F]ワーナー[D]アーサー・ペン[C]ウォーレン・ベイティ▼3・16・SS戦争プロフェッショナル68英、米[F]MGM[D]ジャック・カーディフ[C]ロッド・テイラー▼3・30・SSマッチレス 殺人戦列67伊[F]ユナイト[D]アルベルト・ラトゥアーダ[C]パトリック・オニール▼4・7・VS大強盗団67英、西独[F]松竹映配[D]シリル・フランケル[C]スチュワート・グレンジャー▼4・20・SS新・夕陽のガンマン 復讐の旅67伊[F]ユナイト[D]ジュリオ・ペトローニ[C]ジョン・フィリップ・ロー▼5・15・5・24 改装休館▼5・25・VSある戦慄67米[F]20世紀FOX[D]ラリー・ピアース[C]トニー・ムサンテ▼6・2・SSファイヤークリークの決斗68米[F]ワーナー[D]ヴィンセント・マクヴィーティ[C]ジェームズ・スチュアート▼6・9・SS夜は盗みのために67伊[F]松竹映

配[D]ジョルジオ・カピターニ[C]カトリーヌ・スパーク▼6・22-幸福《しあわせ》の行方67仏[F]パラマウント[D]セルジオ・ゴッビ[C]マリー・フランス・ボワイエ／JAL空の旅シリーズ 新・南十字星は招く67 [P]日本ドキュメントフィルム、企画：日本航空[D]亀井文夫（短編記録映画）▼7・6-SS10億ドルの頭脳67英[F]ユナイト[D]ケン・ラッセル[C]マイケル・ケイン▼7・20-SSグリーンベレー68米[F]ワーナーセブンアーツ[D]ジョン・ウェイン、レイ・ケロッグ[C]ジョン・ウェイン▼9・7-若い狼たち67仏、伊[F]松竹映配[D]マルセル・カルネ[C]エデ・ポリトフ▼9・18-SSアフリカ最後の残酷67伊[F]日本ヘラルド[D]スタニス・ニエヴォ（記録映画）▼10・10-SS女と女67仏[F]松竹映配[D]ラドリー・メッガー[C]エシー・ペルソン▼10・26-SSアルデンヌの戦い68伊[F]松竹映配[D]アルベルト・デ・マルチーノ[C]フレデリック・スタフォード▼11・9-VS砂漠の潜航艇68英[F]ユナイト[D]ドン・チャフィ[C]リチャード・ジョンソン▼11・16-暴力波止場57米[F]MGM[D]マーティン・リット[C]ジョン・カサヴェテス▼11・23-SS復讐のガンマン68伊、西[F]コロムビア[D]セルジオ・ソリーマ[C]リー・ヴァン・クリーフ▼12・7-VSナチ帝国大戦秘録 勝利と敗北66西独[F]日本ヘラルド[D]ヘルガ・ベルネッチ（記録映画）▼12・21-VSブリット68米[F]ワーナー[D]ピーター・イエーツ[C]スティーヴ・マックィーン

【1969年（昭和44年）】※新宿ピカデリーと同番組

▼3・15-70ナバロンの要塞61米[F]コロムビア[D]J・リー・トンプソン[C]グレゴリー・ペック▼4・8-VSサイレンサー第4弾 破壊部隊68米[F]コロムビア[D]フィル・カールソン[C]ディーン・マーティン▼4・25-VSバスタード68伊、仏、西独[F]ワーナーセブンアーツ[D]ドゥッチョ・テッサリ[C]ジュリアーノ・ジェンマ▼5・16-70大虐殺68西独[F]MGM[D]ハラルト・ラインル[C]ハーバート・ロム▼5・30-VS世界殺人公社69英[F]パラマウント[D]ベイジル・ディアデン[C]オリヴァー・リード▼6・7-SSいれずみの男68米[F]ワーナーセブンアーツ[D]ジャック・スマイト[C]ロッド・スタイガー▼6・21-VS勇気ある追跡69米[F]パラマウント[D]ヘンリー・ハサウェイ[C]ジョン・ウェイン▼7・8-VS賭けの報酬69米[F]ユナイト[D]アーノルド・レイヴェン[C]バート・レイノルズ▼7・19-VS恐竜グワンジ69米[F]ワーナーセブンアーツ[D]ジェームズ・オコノリー[C]ジェームズ・フランシスカス▼8・9-70ワイルドバンチ69米[F]ワーナーセブンアーツ[D]サム・ペキンパー[C]ウィリアム・ホールデン▼9・20-VSふたつの太陽68西独[F]松竹映配[D]ヒューバート・フランク[C]マリー・リシュダール▼10・1-VSマルキ・ド・サドのジュスティーヌ68西独、伊[F]日本ヘラルド[D]ジェス・フランコ[C]ロミナ・パワー▼10・22-生まれる権利69西独、スイス、米[F]松竹、コロムビア[D]アレクサンドル・フォルド、F・マター[C]タデウツ・ロニッキ▼11・1-SS大反撃69米[F]コロムビア[D]シドニー・ポラック[C]バート・ランカスター／蒸気機関車▼11・22-SS炎69伊[F]松竹映配[D]ラドリー・メッガー[C]ダニエル・ゴーベール▼12・9-VS夕陽に立つ保安官68米[F]ユナイト[D]バート・ケネディ[C]ジェームズ・ガーナー▼12・20-1・14ジェフ69仏[F]ワーナー[D]ジャン・エルマン[C]アラン・ドロン

【1970年（昭和45年）】※新宿ピカデリーと同番組

▼1・14［前夜祭オールナイト］VS白銀のレーサー69米[F]パラマウント[D]マイケル・リッチー[C]ロバート・レッドフォード▼1・15-白銀のレーサー（通常興行）▼1・31-SS激戦地68伊[F]松竹映配[D]ウンベルト・レンツィ[C]ジャック・パランス▼2・21-SSジュリアス・シーザー69米[F]松竹映配[D]スチュアート・バージ[C]チャールトン・ヘストン▼4・11-VS地獄に堕ちた勇者ども69伊、西独[F]ワーナー[D]ルキノ・ヴィスコンティ[C]ダーク・ボガード▼5・5-SSフォーミュラ・ワン70伊[F]松竹映配[D]ジェームズ・リード[C]ブラッド・ハリス／再び月面に立つ（アポロ12号の記録映画）▼5・21-スタントマン69伊[F]パラマウント[D]マルチェロ・バルディ[C]ジーナ・ロロブリジーダ▼5・30-70バルジ大作戦65米[F]ワーナー[D]ケン・アナキン[C]ヘンリー・フォンダ▼6・20-VS鷲と鷹69米[F]ユナイト[D]ゴードン・ダグラス[C]リー・ヴァン・クリーフ▼6・30-VSブリット68米[F]ワーナー[D]ピーター・イエーツ[C]スティーヴ・マックィーン▼7・11-70ヨーロッパの解放 第1部 クルスク大戦車戦・第2部 ドニエプル渡河大作戦70ソ連[F]松竹映配[D]ユーリー・オーゼロフ[C]ニコライ・オリャーリン▼9・12-シェーン53米[F]パラマウント[D]ジョージ・スティーヴンス[C]アラン・ラッド▼10・31-SSチザム70米[F]ワーナー[D]アンドリュー・V・マクラグレン[C]ジョン・ウェイン▼11・21-SS冒険者70米[F]CIC[D]ルイス・ギルバート[C]ベキム・フェーミュ▼12・19-70ワーテルロー69伊、ソ連[F]コロムビア[D]セルゲイ・ボンダルチュク[C]ロッド・スタイガー

【1971年（昭和46年）】 ※新宿ピカデリーと同番組
▼1・23・SS大脱獄70米Fワーナー Dジョセフ・L・マンキウィッツCカーク・ダグラス▼2・6・SS真昼の死闘70米Fユニヴァーサル、CIC Dドン・シーゲルCクリント・イーストウッド▼2・27・VS甦える大地71 F松竹映配 D中村登C石原裕次郎▼3・20・VS恐竜時代70 英Fワーナー Dヴァル・ゲストCヴィクトリア・ヴェトリ／チロルの四季 ▼4・7・70グレートレース65 米Fワーナー Dブレイク・エドワーズCトニー・カーティス▼4・29・SSツェッペリン70 英Fワーナー Dエチエンヌ・ペリエCマイケル・ヨーク▼5・15・SS大悪党 ジンギス・マギー70 米F MGM Dバート・ケネディCフランク・シナトラ▼5・22・SS暁の挑戦71 F松竹D舛田利雄C中村錦之助▼6・12・SSロンメル軍団を叩け70 米Fユニヴァーサル、CIC Dヘンリー・ハサウェイCリチャード・バートン▼6・26・結婚宣言70 伊Fワーナー Dディーノ・リージCソフィア・ローレン▼7・10・SSデザーター71 伊、米、ユーゴスラヴィアFパラマウント、CIC Dバート・ケネディCベキム・フェーミュ▼7・31・70 ヨーロッパの解放 第3部＝大包囲撃滅作戦71 ソ連F松竹映配 Dユーリー・オーゼロフCニコライ・オリャーリン▼8・26・SSホースメン71 米Fコロムビア Dジョン・フランケンハイマーCオマー・シャリフ▼9・11・SS課外教授71 米F MGM Dロジェ・ヴァディムCロック・ハドソン▼9・24・SSラスト・ラン71 米F MGM Dリチャード・フライシャーCジョージ・C・スコット▼10・2・70 危険な道65 米Fパラマウント、CIC Dオットー・プレミンジャーCジョン・ウェイン▼10・16・VSショーン・コネリー 盗聴作戦71 米Fコロムビア Dシドニー・ルメットCショーン・コネリー▼10・30・SS肉体の悪魔71 英Fワーナー Dケン・ラッセルCヴァネッサ・レッドグレイヴ▼11・11・SS警視の告白71 伊F松竹映配 Dダミアーノ・ダミアーニCフランコ・ネロ▼11・23・VS暗くなるまで待って67 米Fワーナー Dテレンス・ヤングCオードリー・ヘップバーン▼12・4・SS八点鐘が鳴るとき71 英F松竹映配 Dエチエンヌ・ペリエCアンソニー・ホプキンス▼12・18・VSウイラード71 米F松竹映配 Dダニエル・マンCブルース・デイヴィソン

【1972年（昭和47年）】 ※11・24迄、新宿ピカデリーと同番組
▼1・15・SSネバダ・スミス66 米F CIC Dヘンリー・ハサウェイCスティーヴ・マックィーン▼2・1・SS西部無法伝71 米Fワーナー Dポール・ボガートCジェームズ・ガーナー▼2・11・SSダーティハリー71 米Fワーナー Dドン・シーゲルCクリント・イーストウッド▼3・18・70 アントニーとクレオパトラ71 米F松竹映配 Dチャールトン・ヘストンCチャールトン・ヘストン▼4・29・70 11人のカウボーイ71 米Fワーナー Dマーク・ライデルCジョン・ウェイン▼5・20・VS狼の賭け69 仏F日本ヘラルド Dセルジオ・ゴビCロベール・オッセン▼6・3・70 北京の55日63 米F CIC Dニコラス・レイCチャールトン・ヘストン▼6・17・VSさらば美しき人71 伊F松竹映配 Dジュゼッペ・パトローニ・グリッフィCシャーロット・ランプリング▼7・1・SS荒野に生きる71 米Fワーナー Dリチャード・C・サラフィアンCリチャード・ハリス▼7・8・VSおかしなおかしな大追跡72 米Fワーナー Dピーター・ボグダノヴィッチCバーブラ・ストライサンド▼8・12・70 ベルリン大攻防戦71 ソ連F松竹映配 Dユーリー・オーゼロフCニコライ・オリャーリン▼9・15・70 ロシュフォールの恋人たち66 仏Fワーナー Dジャック・ドゥミーCフランソワーズ・ドルレアック▼9・30・VS華麗なる対決71 仏、伊、西F松竹映配 Dクリスチャン・ジャックCブリジット・バルドー▼10・14・SS脱出72 米Fワーナー Dジョン・ブアマンCジョン・ヴォイト▼10・24・VS太陽の200万ドル71 仏、伊F松竹映配 Dジャン・エルマンCクラウディア・カルディナーレ▼11・3・SS大いなる勇者72 米Fワーナー Dシドニー・ポラックCロバート・レッドフォード▼11・17・11・27 VS殺し71 仏、伊、西、西独F松竹映配 Dロマン・ギャリーCジーン・セバーグ▼11・28「東劇ファン感謝招待試写会」（13：30）70 十戒56 米F CIC Dセシル・B・デミルCチャールトン・ヘストン／（18：30）SSザ・ビッグマン72 伊F松竹映配 Dミケーレ・ルーポCカーク・ダグラス
※11月27日をもって通常興行終了。11月28日の試写会後に建替休館。

松竹セントラル　上映作品

【1956年（昭和31年）】 9月15日、開館
▼9・15・VV山55 米Fパラマウント Dエドワード・ドミトリクCスペンサー・トレイシー▼10・10・SS

太陽に向って走れ56 米Fユナイト、松竹Dロイ・ボールティングCリチャード・ウィドマーク▼10・20・VV上流社会56 米FMGMDチャールズ・ウォルターズCビング・クロスビー▼11・14・CS最後の銃軎56 米FMGMDリチャード・ブルックスCロバート・テイラー▼12・1・CS襲われた幌馬車56 米F 20世紀FOXDデルマー・デイヴィスCリチャード・ウィドマーク／CS森の交響楽（アニメーション）▼12・22・VV戦争と平和56 米、伊FパラマウントDキング・ヴィダーCオードリー・ヘップバーン

【1957年（昭和32年）】

▼2・16・CSラブ・ミー・テンダー やさしく愛して56 米F 20世紀FOXDロバート・D・ウェッブCエルヴィス・プレスリー▼3・9・VS歓びの街角56 米FRKODノーマン・タウログCデビー・レイノルズ／エクアドルの旅▼4・2・CS追想56 米F 20世紀FOXDアナトール・リトヴァクCイングリッド・バーグマン／砂漠の夢（短編）▼5・1・VV雨を降らす男56 米FパラマウントDジョセフ・アンソニーCバート・ランカスター▼5・25・VS最前線57 米Fセレクト、松竹Dアンソニー・マンCロバート・ライアン▼6・15・VV将軍月光に消ゆ56 英F東和映画Dマイケル・パウエル、エメリック・プレスバーガーCダーク・ボガード▼6・29・SSモンテカルロ物語57 伊、米F松竹、ユナイトDサミュエル・A・テイラーCマレーネ・ディートリッヒ▼7・18・VS美女の中の美女55 伊F東和映画Dロバート・Z・レオナードCジーナ・ロロブリジーダ▼8・15・VS昼下りの情事57 米F松竹、セレクトDビリー・ワイルダーCオードリー・ヘップバーン▼10・5・VS誇りと情熱57 米F松竹、ユナイトDスタンリー・クレイマーCケイリー・グラント▼11・2・CS千の顔を持つ男57 米FユニヴァーサルDジョセフ・ペヴニーCジェームズ・キャグニー▼11・19・VS地球で一番早い男57 米FパラマウントDコーネル・ワイルドCコーネル・ワイルド▼12・6・虐殺の砦57 米Fアライド、映配DR・ジョン・ヒューCジェームズ・クレイグ／VS歌はカリプソ57 米Fアライド、映配Dエドワード・デインCハーブ・ジェフリーズ▼12・20・SS失われたものゝ伝説57 米、伊F松竹、ユナイトDヘンリー・ハサウェイCジョン・ウェイン

【1958年（昭和33年）】

▼1・15・百獣の王ライオン55 米F大映Pウォルト・ディズニー・プロDジェームズ・アルガー（記録映画）／ピーターと狼46 米F大映Pウォルト・ディズニー・プロDクライド・ジェロニミ（短編アニメーション）／勇敢なりょう犬57 米F大映Pウォルト・ディズニー・プロDラリー・ランズバーグ（短編記録映画）▼2・19・突撃57 米Fユナイト、松竹Dスタンリー・キューブリックCカーク・ダグラス▼3・5・VV眼には眼を57 仏、伊F東和映画Dアンドレ・カイヤットCクルト・ユルゲンス▼4・5・CS武器よさらば57 米F大映Dチャールズ・ヴィダーCロック・ハドソン▼5・29・VV楡の木蔭の欲望58 米FパラマウントDデルバート・マンCアンソニー・パーキンス▼6・20・アンデスを越えて 南米の日本人たち58 日Fパラマウント 構成：佐伯啓三郎、解説：宇野重吉（記録映画）／金髪姫55 チェコスロヴァキアF独立映画Pチェコ国立映画Dヘルミーナ・ティールロヴァー、ヤン・ドゥシェク（アニメーション）▼6・28・CS若き獅子たち58 米F 20世紀FOXDエドワード・ドミトリクCマーロン・ブランド▼8・19・初恋58 米FワーナーDアーヴィング・ラパーCナタリー・ウッド▼9・11・CS無頼の群58 米F 20世紀FOXDヘンリー・キングCグレゴリー・ペック▼10・4・CS追撃機58 米F 20世紀FOXDディック・パウエルCロバート・ミッチャム▼10・30・SS裸者と死者58 米FRKODラオール・ウォルシュCアルド・レイ▼11・29・VS風は知らない58 英F東和映画Dラルフ・トーマスCダーク・ボガード、谷洋子／花の都 水の都57 英F東和映画Dハロルド・ベーム（短編記録映画）▼12・25・2・25 SS大いなる西部58 米FユナイトDウィリアム・ワイラーCグレゴリー・ペック

【1959年（昭和34年）】

▼1・30（17：00）［キネマ旬報1958年ベストテン第一位映画鑑賞会及表彰式］挨拶：木下恵介、田中絹代、市川雷蔵、橋本忍／SS楢山節考58 F松竹D木下恵介C田中絹代（日本映画第一位）／SS大いなる西部（外国映画第一位）▼2・26・CS恋愛候補生58 米F 20世紀FOXDエドマンド・グールディングCクリスティーヌ・カレル▼3・13・VS旅路58 米Fユナイト、松竹Dデルバート・マンCバート・ランカスター▼4・3・VS媚薬58 米FコロムビアDリチャード・クワインCジェームズ・スチュアート▼5・1・CS白い砂57 米F 20世紀FOXDジョン・ヒューストンCロバート・ミッチャム▼5・15・VSめざめ58 西独F松竹Dアルフレッド・フォーレルCコルニー・コ

リンズ▼5・29・VS悲しみは空の彼方に59 米[F]ユニヴァーサル[D]ダグラス・サーク[C]ラナ・ターナー▼6・20・CS暗黒街の女58 米[F]大映[D]ニコラス・レイ[C]シド・チャリシー▼7・4・CSワーロック59 米[F]20世紀FOX[D]エドワード・ドミトリク[C]リチャード・ウィドマーク▼8・20・CSコルドラへの道59 米[F]コロムビア[D]ロバート・ロッセン[C]ゲイリー・クーパー▼9・19・VS騎兵隊59 米[F]ユナイト[D]ジョン・フォード[C]ジョン・ウェイン▼12・5・VS誇り高き反逆者58 米[F]ワーナー[D]マイケル・カーティス[C]アラン・ラッド▼12・24・VSボクはむく犬59 米[F]RKO[P]ウォルト・ディズニー・プロ[D]チャールズ・バートン[C]フレッド・マクマレイ／豆象武勇伝59 米[P]ウォルト・ディズニー・プロ[D]ウォルフガング・ライザーマン（短編アニメーション）

【1960年（昭和35年）】 7月29日より「東京松竹劇場」に改称し、松竹作品封切館となる

▼1・23・SS波も涙も暖かい59 米[F]ユナイト[D]フランク・キャプラ[C]フランク・シナトラ▼2・10・VS渚にて59 米[F]ユナイト[D]スタンリー・クレイマー[C]グレゴリー・ペック▼4・9・CSカルメン54 米[F]20世紀FOX[D]オットー・プレミンジャー[C]ドロシー・ダンドリッジ▼4・27・CS悲愁59 米[F]20世紀FOX[D]ヘンリー・キング[C]グレゴリー・ペック▼5・21・VS悪魔の弟子 不死身の暴れ者59 英、米[F]ユナイト[D]ガイ・ハミルトン[C]バート・ランカスター▼6・11・CSビスマルク号を撃沈せよ！59 米[F]20世紀FOX[D]ルイス・ギルバート[C]ケネス・モア▼7・3・SSポンペイ最後の日59 伊、西、西独、モナコ[F]松竹セレクト[D]マリオ・ボンナルド[C]スティーヴ・リーヴス◆7月29日〜「東京松竹劇場」に改称＝▼7・29・SSはったり二挺拳銃60 [F]松竹[D]福田晴一[C]伴淳三郎／SS日本よいとこ 無鉄砲旅行60 [F]松竹[D]生駒千里[C]桑野みゆき／実演（8・4迄）『松竹スターまつり』松竹歌劇団、佐田啓二、岡田茉莉子、他交互出演▼8・9・SS太陽の墓場60 [F]松竹[D]大島渚[C]炎加世子／SS鑑賞用男性60 [F]松竹[D]野村芳太郎[C]有馬稲子／実演[C]住吉敏とワゴン・スターズ、林洋介、竹田公彦（16日〜）ロジェ滋野とセブン・サンズ▼8・21・SS続 番頭はんと丁稚どん60 [F]松竹[D]的井邦雄[C]大村崑／太陽の墓場（続映）／実演[C]ロジェ滋野とセブン・サンズ▼8・23・SSお夏捕物帖 通り魔60 [F]松竹[D]萩原遼[C]嵯峨三智子／続 番頭はんと丁稚どん（続映）／実演[C]テキサス・ロッカーズ▼8・30・SS乾いた湖60 [F]松竹[D]篠田正浩[C]三上真一郎／SS離愁60 [F]松竹[D]大庭秀雄[C]岡田茉莉子／実演『ニュー・ウェスタン・ショウ』[C]ワゴン・スターズ、テキサス・ロッカーズ▼9・11・SS親バカ子バカ60 [F]松竹[D]酒井欣也[C]渋谷天外／SS敵は本能寺にあり60 [F]松竹[D]大曾根辰保[C]松本幸四郎／実演[C]ロジェ滋野とセブン・サンズ▼9・20・SS悪人志願60 [F]松竹[D]田村孟[C]炎加世子／SS最後の切札60 [F]松竹[D]野村芳太郎[C]佐田啓二／実演[C]テキサス・ロッカーズ▼9・29・SS俺たちに太陽はない60 [F]松竹[D]池田博[C]山本豊三／SS白い肌と黄色い隊長60 [F]松竹[D]堀内真直[C]大木実／実演（29日のみ）[C]大木実、リー・スミス、エリース・リクター▼10・9・SS血は渇いてる60 [F]松竹[D]吉田喜重[C]佐田啓二／SS日本の夜と霧60 [F]松竹[D]大島渚[C]渡辺文雄／実演『ファンキー・ジャズ・フェスティバル』▼10・13・10・18 SSわが愛60 [F]松竹[D]五所平之助[C]有馬稲子／血は渇いてる（続映）／実演『ファンキー・ジャズ・フェスティバル』（18日迄続演）▼10・17（18：30）［特別有料試写会］挨拶：木下恵介、高峰秀子、田村高廣、市川染五郎／SS笛吹川60 [F]松竹[D]木下恵介[C]田村高廣▼10・19・笛吹川（通常興行）／SS中乗り新三 天竜鴉60 [F]松竹[D]山田達雄[C]三波春夫▼10・30・SS太陽が目にしみる60 [F]松竹[D]大野敏夫[C]高千穂ひづる／SS波の塔60 [F]松竹[D]中村登[C]有馬稲子▼11・6・SSこつまなんきん60 [F]松竹[D]酒井辰雄[C]嵯峨三智子／波の塔（続映）▼11・13・秋日和60 [F]松竹[D]小津安二郎[C]原節子／SS明日はいっぱいの果実60 [F]松竹[D]斎藤正夫[C]鰐淵晴子▼11・30・SS浮気のすすめ 女の裏窓60 [F]松竹[D]番匠義彰[C]伴淳三郎／秋日和（続映）▼12・6・SS武士道無残60 [F]松竹[D]森川英太朗[C]森美樹／浮気のすすめ 女の裏窓（続映）▼12・11・SS天下御免60 [F]松竹[D]渡辺邦男[C]松本幸四郎／浮気のすすめ 女の裏窓（続映）▼12・18・SS真昼の罠60 [F]松竹[D]八木美津雄[C]佐々木功／天下御免（続映）▼12・25・［完成記念特別披露公開］SS猟銃60 [F]松竹[D]五所平之助[C]山本富士子▼12・26・［完成記念特別披露公開］SSもず60 [F]松竹[D]渋谷実[C]淡島千景▼12・27・SSあんみつ姫の武者修行60 [F]松竹[D]大曾根辰保[C]鰐淵晴子／SS旗本愚連隊60 [F]松竹[D]福田晴一[C]田村高廣

【1961年（昭和36年）】

▼1・3・SS続々 番頭はんと丁稚どん61 [F]松竹[D]的井邦男[C]大村崑／猟銃（通常興行）／実演（1・1・1・5）『松竹スタア大行進』[C]岡田茉莉子、岩下志

麻、鰐淵晴子、牧紀子、津川雅彦、川津祐介、佐々木功、チャーリー石黒と東京パンチョス、松竹歌劇団、他▼1・15・SS渦61 [F]松竹[D]番匠義彰[C]佐田啓二／SS新二等兵物語 めでたく凱旋の巻61 [F]松竹[D]酒井欣也[C]伴淳三郎、花菱アチャコ／実演（1・15－1・17）『ハナ肇とクレージーキャッツショウ』▼1・22・SS悪の華61 [F]松竹[D]井上和男[C]桑野みゆき／SS愛する61 [F]松竹[D]上村力[C]田村高廣▼1・28・SS人間の条件 完結篇61 [F]松竹[D]小林正樹[C]仲代達矢／SS痛快太郎61 [F]松竹[D]池田博[C]山下洵一郎▼2・14・SS甘い夜の果て61 [F]松竹[D]吉田喜重[C]嵯峨三智子／人間の条件 完結篇（続映）▼2・19・SS夕陽に赤い俺の顔61 [F]松竹[D]篠田正浩[C]川津祐介／SS兵六大臣行状記61 [F]松竹[D]森美智夫[C]伴淳三郎▼3・1・SS斑女《はんにょ》61 [F]松竹[D]中村登[C]岡田茉莉子／SSもず61 [F]松竹[D]渋谷実[C]有馬稲子▼3・19・SSゼロの焦点61 [F]松竹[D]野村芳太郎[C]久我美子／SS続 こつまなんきん お香の巻61 [F]松竹[D]酒井辰雄[C]嵯峨三智子▼4・1・SS快人 黄色い手袋61 [F]松竹[D]市村泰一[C]伴淳三郎／SS続々番頭はんと丁稚どん チャンポン旅行61 [F]松竹[D]的井邦男[C]大村崑▼4・9・SS水溜り61 [F]松竹[D]井上和男[C]岡田茉莉子／SS蒼い海流61 [F]松竹[D]堀内真直[C]佐田啓二▼4・15（18：30）［特別有料試写会］SSあの波の果てまで61 [F]松竹[D]八木美津雄[C]岩下志麻▼4・16・あの波の果てまで（通常興行）／SS抱いて頂戴61 [F]松竹[D]岩城其美夫[C]桑野みゆき▼4・28・SS女舞61 [F]松竹[D]大庭秀雄[C]岡田茉莉子／SS恋とのれん61 [F]松竹[D]番匠義彰[C]淡島千景／実演（28日のみ15：00、19：00）岡田茉莉子（花茉莉之）名取記念公演『藤娘』▼5・9・SS図々しい奴61 [F]松竹[D]生駒千里[C]杉浦直樹／SS大阪野郎61 [F]松竹[D]大曾根辰保[C]大木実▼5・16・SSわが恋の旅路61 [F]松竹[D]篠田正浩[C]岩下志麻／SS千両鴉61 [F]松竹[D]萩原遼[C]三波春夫▼5・26・SSかあちゃんしぐのいやだ61 [F]松竹[D]川頭義郎[C]有馬稲子／SS花扉61 [F]松竹[D]田畠恒男[C]初名美香▼6・9・SS女の橋61 [F]松竹[D]中村登[C]嵯峨三智子／SS引越やつれ61 [F]松竹[D]堀内真直[C]津川雅彦▼6・21・SSスパイ・ゾルゲ 真珠湾前夜61 日、仏[F]松竹[P]松竹、テラ・フィルム[D]イヴ・シャンピ[C]トーマス・ホルツマン、岸惠子／SS恋の画集61 [F]松竹[D]野村芳太郎[C]桑野みゆき▼6・30・SSあの波の果てまで 後篇61 [F]松竹[D]八木美津雄[C]岩下志麻／SS秀才はんと鈍才どん61 [F]松竹[D]的井邦男[C]大村崑▼7・9・SS雲がちぎれる時61 [F]松竹[D]五所平之助[C]佐田啓二／SS母と娘61 [F]松竹[D]川頭義郎[C]鰐淵晴子▼7・26・SS河口61 [F]松竹[D]中村登[C]岡田茉莉子／SSサラリーマン手帖 夢を失わず61 [F]松竹[D]斎藤正夫[C]三上真一郎▼8・6・SS背徳のメス61 [F]松竹[D]野村芳太郎[C]久我美子／SSひとり寝61 [F]松竹[D]酒井辰雄[C]嵯峨三智子▼8・13・SS好人好日61 [F]松竹[D]渋谷実[C]笠智衆／SS白い南風61 [F]松竹[D]生駒千里[C]倍賞千恵子▼8・29・SS風来先生61 [F]松竹[D]市村泰一[C]津川雅彦／SS熱愛者61 [F]松竹[D]井上和男[C]岡田茉莉子／実演（9・1のみ昼・夜）スタア挨拶＝佐田啓二、有馬稲子（昼）倍賞千恵子、五所平之助▼9・9・SS寛美の三等社員61 [F]松竹[D]酒井欣也[C]藤山寛美／SS伴淳・森繁の おったまげ村物語61 [F]松竹[D]堀内真直[C]伴淳三郎、森繁久彌▼9・16・SS永遠の人61 [F]松竹[D]木下恵介[C]高峰秀子／SSふりむいた花嫁61 [F]松竹[D]番匠義彰[C]倍賞千恵子▼10・1・SS禁猟区61 [F]松竹[D]内川清一郎[C]高千穂ひづる／SSめぐり逢う日まで 純白の巻61 [F]松竹[D]田畠恒男[C]山下洵二▼10・11・SS三味線とオートバイ61 [F]松竹[D]篠田正浩[C]桑野みゆき／SSママおうちが燃えてるの61 [F]松竹[D]川頭義郎[C]淡島千景▼10・25・SSサラリーマン手帖 坊ちゃん社員とぼんぼん社員61 [F]松竹[D]酒井欣也[C]北上弥太郎／SS喜劇 金の実《な》る樹に恋が咲く61 [F]松竹[D]福田晴一[C]三上真一郎▼11・1・SS妻あり子あり友ありて61 [F]松竹[D]井上梅次[C]佐田啓二／SSあの波の果てまで 完結篇61 [F]松竹[D]八木美津雄[C]岩下志麻▼11・15・SS学生重役61 [F]松竹[D]堀内真直[C]川津祐介／妻あり子あり友ありて（続映）▼11・22・SS愛情の系譜61 [F]松竹[D]五所平之助[C]岡田茉莉子／SS京化粧61 [F]松竹[D]大庭秀雄[C]山本富士子▼12・7・SSご機嫌はりきり娘61 [F]松竹[D]斎藤正夫[C]香山美子／SSめぐり逢う日まで 真紅の巻61 [F]松竹[D]田畠恒男[C]山下洵二▼12・15・SS小さな花の物語61 [F]松竹[D]川頭義郎[C]川津祐介／SS二階の他人61 [F]松竹[D]山田洋次[C]小坂一也▼12・24・SS大当り三代記61 [F]松竹[D]的井邦男[C]藤山寛美／SSのれんと花嫁61 [F]松竹[D]番匠義彰[C]倍賞千恵子／池田首相歴訪東南アの国々（記録映画）

【1962年（昭和37年）】

▼1・3・SS喜劇 にっぽんのお婆ぁちゃん62 [F]松竹[D]今井正[C]ミヤコ蝶々／SS千客万来62 [F]松竹[D]中村登[C]佐田啓二▼1・14・SS今年の恋62 [F]松竹[D]木下恵介[C]岡田茉莉子／SS充たされた生活62 [F]松竹[D]羽

仁進🄲有馬稲子▼1・25‐SS喜劇 団地親分62 🄵松竹🄳市村泰一🄲伴淳三郎／今年の恋（続映）▼1・29‐SS寛美の 我こそは一等社員62 🄵松竹🄳生駒千里🄲藤山寛美／喜劇 団地親分（続映）▼2・4‐SS酔っぱらい天国62 🄵松竹🄳渋谷実🄲津川雅彦／SS雁ちゃんの 警察日記62 🄵松竹🄳酒井欣也🄲芦屋雁之助／（2・4‐2・9）実演『歌の祭典』（4日、5日）北原謙二・他、（6日、7日）近藤圭子・他、（8日、9日）富永ユキ・他▼2・17‐SS春の山脈62 🄵松竹🄳野村芳太郎🄲鰐淵晴子／SSからみ合い62 🄵松竹🄳小林正樹🄲岸惠子▼3・3‐SS川は流れる62 🄵松竹🄳市村泰一🄲桑野みゆき／SS流し雛62 🄵松竹🄳大槻義一🄲倍賞千恵子▼3・11‐SS湖愁62 🄵松竹🄳田畠恒男🄲嵯峨三智子／SS男の歌62 🄵松竹🄳高橋治🄲吉田輝雄▼3・20 休館◆3・21‐松竹セントラルに館名変更▼3・21‐SSワン・ツー・スリー ラヴ・ハント作戦61 米🄵ユナイト🄳ビリー・ワイルダー🄲ジェームズ・キャグニー▼4・21‐VS噂の二人61 米🄵ユナイト🄳ウィリアム・ワイラー🄲オードリー・ヘップバーン▼4・30‐ウィンチェスター銃'73 50 米🄵ユニヴァーサル🄳アンソニー・マン🄲ジェームズ・スチュアート▼6・27‐赤い河48 米🄵ユナイト、松竹🄳ハワード・ホークス🄲ジョン・ウェイン▼7・21‐SSザーレンからの脱出61 米🄵パラマウント🄳ロナルド・ニーム🄲ユル・ブリンナー▼8・14‐VSよろめき珍道中60 米🄵松竹セレクト🄳メルヴィン・フランク🄲ボブ・ホープ▼8・25‐VS恋愛専科62 米🄵ワーナー🄳デルマー・デイヴィス🄲トロイ・ドナヒュー▼9・29‐SSミンクの手ざわり62 米🄵ユニヴァーサル🄳デルバート・マン🄲ケイリー・グラント▼10・20‐情婦マノン48 仏🄵松竹映配🄳アンリ・ジョルジュ・クルーゾー🄲ミシェル・オークレール▼10・28‐SS世界のセクシー・ナイト62 伊🄵松竹映配🄳ミーノ・ロイ（記録映画）／若者の詩《うた》（短編映画）▼11・10‐アパッチ砦48 米🄵RKO🄳ジョン・フォード🄲ジョン・ウェイン▼11・22‐VS死んでもいい62 米、仏、ギリシャ🄵ユナイト🄳ジュールス・ダッシン🄲メリナ・メルクーリ▼12・15‐CS史上最大の作戦62 米🄵20世紀FOX🄳ケン・アナキン、ベルンハルト・ヴィッキ、アンドリュー・マートン🄲ジョン・ウェイン（上映期間119日）

【1963年（昭和38年）】

▼4・13‐SSベラクルス54 米🄵ユナイト、松竹🄳ロバート・アルドリッチ🄲ゲイリー・クーパー▼4・27‐70 黄金の矢63 伊🄵MGM🄳アントニオ・マルゲリーティ🄲ロッサナ・ポデスタ▼5・18‐VS前進か死か62 伊、西独、西🄵松竹映配🄳フランク・ヴィスバール🄲スチュワート・グレンジャー▼6・1‐VS祖国は誰れのものぞ62 伊🄵MGM🄳ナンニ・ロイ🄲レジーナ・ビアンキ▼6・22‐グレン・ミラー物語54 米🄵ユニヴァーサル🄳アンソニー・マン🄲ジェームズ・スチュアート▼7・13‐VSタミーとドクター63 米🄵ユニヴァーサル🄳ハリー・ケラー🄲サンドラ・ディー▼7・27‐VS恋のクレジット63 米🄵ユニヴァーサル🄳マイケル・ゴードン🄲カーク・ダグラス▼8・15‐SS世界の歌物語62 伊🄵松竹映配🄳ヴィットリオ・サラ🄲ミーナ（記録映画）▼9・5‐SSスペンサーの山63 米🄵ワーナー🄳デルマー・デイヴィス🄲ヘンリー・フォンダ▼10・12‐VSソドムとゴモラ61 米、伊🄵日本ヘラルド🄳ロバート・アルドリッチ🄲スチュワート・グレンジャー▼11・28‐SS翼のリズム63 米🄵MGM🄳ヘンリー・レヴィン🄲ドロレス・ハート▼12・21‐12・27 改装休館▼12・28‐6・10 Cおかしなおかしなおかしな世界63 米🄵ユナイト🄳スタンリー・クレイマー🄲スペンサー・トレイシー（上映期間166日）

【1964年（昭和39年）】

▼6・11‐6・12 休館▼6・13‐SSハートでキッス64 米🄵MGM🄳ドン・ウェイス🄲コニー・フランシス▼6・21‐70 枢機卿63 米🄵コロムビア🄳オットー・プレミンジャー🄲トム・トライオン▼7・4‐VS人間の絆64 英、米🄵MGM🄳ケネス・ヒューズ🄲ローレンス・ハーヴェイ▼8・1‐VSビートルズがやって来る ヤァ！ヤァ！ヤァ！63 英🄵ユナイト🄳リチャード・レスター🄲ザ・ビートルズ▼8・20‐SSミスタアパルバー64 米🄵ワーナー🄳ジョシュア・ローガン🄲ロバート・ウォーカー・ジュニア▼9・3‐SS7人の愚連隊64 米🄵ワーナー🄳ゴードン・ダグラス🄲フランク・シナトラ▼10・3‐SSキッスン・カズン64 米🄵MGM🄳ジーン・ネルソン🄲エルヴィス・プレスリー▼10・27‐CS不時着64 米🄵20世紀FOX🄳ラルフ・ネルソン🄲グレン・フォード▼11・14‐70 トロイカ63 ソ連🄵NIC🄳ロマン・チホミーロフ🄲タマーラ・ショーミナ▼12・12‐タルファ駐屯兵51 米🄵コロムビア🄳ウィリス・ゴールドベック🄲バート・ランカスター▼12・26‐SS暴行63 米🄵MGM🄳マーティン・リット🄲ポール・ニューマン

【1965年（昭和40年）】

▼1・3・1・10（9：00）ビートルズがやって来る ヤァ！ヤァ！ヤァ！（再映）▼1・3・1・10（13：00・）暴行（続映）▼1・11・暴行（続映）▼1・14・SS僕のベッドは花ざかり63米[F]パラマウント[D]ダニエル・マン[C]ディーン・マーティン▼1・28・VS求婚専科64米[F]ワーナー[D]リチャード・クワイン[C]ナタリー・ウッド▼2・27・CS訪れ64西独、仏、伊、米[F]20世紀FOX[D]ベルンハルト・ヴィッキ[C]イングリッド・バーグマン▼3・13・タブウ62伊[F]日本ヘラルド[D]ロモロ・マルチェリーニ（記録映画）▼4・8・CS四月の恋57米[F]20世紀FOX[D]ヘンリー・レヴィン[C]パット・ブーン▼4・24・VSアカプルコの出来事65米[F]コロムビア[D]アレクサンダー・シンガー[C]ラナ・ターナー▼5・15・70アラビアのロレンス62英[F]コロムビア[D]デヴィッド・リーン[C]ピーター・オトゥール▼5・29・6・11VSクレイジー・ジャンボリー64米[F]MGM[D]シドニー・ミラー[C]マリー・アン・モブリー、ジ・アニマルズ▼6・9（15：00、19：00）ジ・アニマルズ公演／クレイジー・ジャンボリー（併映）▼6・12・SSシーサイドの男64米[F]ワーナー[D]ウィリアム・コンラッド[C]トロイ・ドナヒュー▼6・30休館▼7・1・8・19「ガルボ・フェスティバル」▼7・1・アンナ・カレニナ35米[F]MGM[D]クラレンス・ブラウン[C]グレタ・ガルボ▼7・8・クリスチナ女王33米[F]MGM[D]ルーベン・マムーリアン[C]グレタ・ガルボ▼7・15・ニノチカ39米[F]MGM[D]エルンスト・ルビッチ[C]グレタ・ガルボ▼7・22・征服 マリー・ワレウスカ64米[F]MGM[D]クラレンス・ブラウン[C]グレタ・ガルボ▼7・29・椿姫37米[F]MGM[D]ジョージ・キューカー[C]グレタ・ガルボ▼8・5・アンナ・カレニナ（再映）▼8・12・椿姫（再映）▼8・20・CS愛情物語56米[F]コロムビア[D]ジョージ・シドニー[C]タイロン・パワー▼10・2・VSデーブ・クラーク・ファイブ 5人の週末65米[F]ワーナー[D]ジョン・ブアマン[C]デーブ・クラーク・ファイブ／SSリバプール・エレキ・ショウ ポップ・ギア64英[F]松竹映配 [D]フレドリック・ゴード[C]ザ・ビートルズ▼10・18・10・22改装休館▼10・23・Cビッグトレイル65米[F]ユナイト[D]ジョン・スタージェス[C]バート・ランカスター

【１９６６年（昭和41年）】※9・17以降、渋谷パンテオン、新宿ミラノ座と同番組

▼1・29・Cウエスト・サイド物語61米[F]ユナイト[D]ロバート・ワイズ、ジェローム・ロビンス[C]ナタリー・ウッド▼4・9・SS死刑台への招待65英[F]ユナイト[D]J・リー・トンプソン[C]マクシミリアン・シェル▼4・28・VVパリの恋人57米[F]パラマウント[D]スタンリー・ドーネン[C]オードリー・ヘップバーン▼5・19・SS歌え！ドミニク66米[F]MGM[D]ヘンリー・コスター[C]デビー・レイノルズ▼6・4・Cスペインの休日60米[F]シネラマ[D]ジャック・カーディフ[C]デンホルム・エリオット／C平和の砦65米（短編記録映画）▼6・25・70騎兵隊最後の砦63西独[F]MGM[D]ヒューゴ・フレゴネーズ[C]レックス・バーカー▼7・23・SSネバダ・スミス66米[F]パラマウント[D]ヘンリー・ハサウェイ[C]スティーヴ・マックィーン▼9・17・SSボージェスト66米[F]ユニヴァーサル[D]ダグラス・ヘイズ[C]ガイ・ストックウェル▼10・8・70天地創造66米、伊[F]20世紀FOX[D]ジョン・ヒューストン[C]マイケル・パークス（上映期間１０５日）

【１９６７年（昭和42年）】※渋谷パンテオン、新宿ミラノ座と同番組

▼1・21・VSサイレンサー 殺人部隊66米[F]コロムビア[D]ヘンリー・レヴィン[C]ディーン・マーティン▼2・11・70エル・シド61米[F]コロムビア[D]アンソニー・マン[C]チャールトン・ヘストン▼2・25・VSアルジェの戦い66伊、アルジェリア[F]松竹映配 [D]ジロ・ポンテコルヴォ[C]ジャン・マルタン▼3・25・VS地球は燃える66仏[F]日本ヘラルド[D]アルーン・タジェフ（記録映画）▼4・11・VSスインガー66米[F]パラマウント[D]ジョージ・シドニー[C]アン・マーグレット▼4・22・CS電撃フリント アタック作戦67米[F]20世紀FOX[D]ゴードン・ダグラス[C]ジェームズ・コバーン▼5・13・SSキッスは殺しのサイン66英[F]ユニヴァーサル[D]ラルフ・トーマス[C]リチャード・ジョンソン▼5・27・SS将軍たちの夜66米[F]コロムビア[D]アナトール・リトヴァク[C]ピーター・オトゥール▼6・17・SS二匹の流れ星67伊[F]松竹映配 [D]ロモロ・グエリエリ[C]ゲイリー・ハドソン▼7・1・VS天と地の間に61仏[F]日本ヘラルド[D]ガストン・レビュファ（記録映画）▼7・15・SSサンダーバード66英[F]ユナイト[D]デヴィッド・レイン（人形アニメ）▼8・12・SS大西部への道67米[F]ユナイト[D]アンドリュー・V・マクラグレン[C]カーク・ダグラス▼9・9・SS空から赤いバラ67米[F]20世紀FOX[D]レスリー・H・マーティンソン[C]ラクエル・ウェルチ▼9・19・VS野獣狩り カウボーイ・スタイル67米、英[F]パラマウント

[D]アンドリュー・マートン[C]ヒュー・オブライエン▼9・28・CSアパッチ63 西独[F]コロムビア[D]ハラルト・ラインル[C]レックス・バーカー▼10・7・70アラモ60 米[F]ユナイト[D]ジョン・ウェイン[C]ジョン・ウェイン▼10・28・SSセシルの歓び67 仏[F]松竹映配[D]セルジュ・ブールギニョン[C]ブリジット・バルドー▼11・11・CSワーロック59 米[F]20世紀FOX[D]エドワード・ドミトリク[C]リチャード・ウィドマーク▼11・23・2・23 70戦争と平和 完結篇67 ソ連[F]日本ヘラルド[D]セルゲイ・ボンダルチュク[C]リュドミラ・サベーリエワ

【1968年（昭和43年）】※2・24以降、渋谷パンテオン、新宿ミラノ座と同番組

▼2・24・Cカスター将軍67 米[F]松竹映配[D]ロバート・シオドマク[C]ロバート・ショウ▼4・20・SS猿の惑星68 米[F]20世紀FOX[D]フランクリン・J・シャフナー[C]チャールトン・ヘストン▼6・22・SSトニー・ローム 殺しの追跡67 米[F]20世紀FOX[D]ゴードン・ダグラス[C]フランク・シナトラ▼7・6・70 80日間世界一周56 米[F]ユナイト[D]マイケル・アンダーソン[C]デヴィッド・ニーヴン▼8・3・SSサンダーバード6号68 英[F]ユナイト[D]デヴィッド・レイン（人形アニメ）／VS大怪獣メギラ57 米[F]ユナイト[D]アーノルド・レイヴェン[C]ティム・ホルト（『大怪獣出現』の短縮版）／いじわるヒョウ デパートの巻65 米[F]ユナイト[D]フリッツ・フレレング（短編アニメーション）／いじわるヒョウ ペンキ屋の巻64 米[F]ユナイト[D]フリッツ・フレレング（短編アニメーション）▼8・17・SS遥かなる戦場68 英[F]ユナイト[D]トニー・リチャードソン[C]デヴィッド・ヘミングス▼8・31・SS血と怒りの河68 米[F]パラマウント[D]シルヴィオ・ナリッツァーノ[C]テレンス・スタンプ▼9・10・SSバンドレロ68 米[F]20世紀FOX[D]アンドリュー・V・マクラグレン[C]ラクエル・ウェルチ▼9・21・70史上最大の作戦62 米[F]20世紀FOX[D]ケン・アナキン、ベルンハルト・ヴィッキ、アンドリュー・マートン[C]ジョン・ウェイン▼10・26・SSバーバレラ68 仏、伊、米[F]パラマウント[D]ロジェ・ヴァディム[C]ジェーン・フォンダ▼11・23・SS祇園祭68 [F]松竹映配[D]山内鉄也[C]中村錦之助

【1969年（昭和44年）】※渋谷パンテオン、新宿ミラノ座と同番組

▼1・11・Cジャワの東68 米[F]松竹映配[D]バーナード・L・コワルスキー[C]マクシミリアン・シェル▼2・15・VSマンハッタン無宿68 米[F]ユニヴァーサル[D]ドン・シーゲル[C]クリント・イーストウッド▼3・1・VS空爆特攻隊68 米[F]ユナイト[D]ボリス・セイガル[C]クリストファー・ジョージ▼3・15・VS脱走山脈68 英[F]ユナイト[D]マイケル・ウィナー[C]マイケル・J・ポラード▼4・5・70栄光の座68 英[F]MGM[D]マイケル・アンダーソン[C]アンソニー・クイン▼4・15・VS片目のジャック60 米[F]パラマウント[D]マーロン・ブランド[C]マーロン・ブランド▼4・26・VS太陽が知っている68 仏、伊[F]日本ヘラルド[D]ジャック・ドレー[C]アラン・ドロン▼6・14・SS千夜一夜物語69 [F]日本ヘラルド[P]虫プロダクション[D]山本暎一[V]青島幸男（アニメーション）▼7・19・SS栄光への5000キロ69 [F]松竹映配[P]石原プロ[D]蔵原惟繕[C]石原裕次郎▼10・10・VS猫69 米[F]ユニヴァーサル[D]デヴィッド・ローウェル・リッチ[C]マイケル・サラザン▼10・25・SSレーサー69 米[F]ユニヴァーサル[D]ジェームズ・ゴールドストーン[C]ポール・ニューマン▼12・6・VS白昼の死刑台68 米[F]松竹映配[D]チャールズ・マーティン[C]レイモン・サン・ジャック▼12・20・70ネレトバの戦い69 ユーゴスラヴィア、伊、西独、米[F]日本ヘラルド[D]ヴェリコ・ブライーチ[C]ユル・ブリンナー

【1970年（昭和45年）】※渋谷パンテオン、新宿ミラノ座と同番組

▼2・14・VS地獄の艦隊69 米[F]ユナイト[D]ポール・ウェンドコス[C]ジェームズ・フランシスカス▼2・28・VS富士山頂70 [F]日活[P]石原プロ[D]村野鉄太郎[C]石原裕次郎▼3・21・SSレマゲン鉄橋69 米[F]ユナイト[D]ジョン・ギラーミン[C]ジョージ・シーガル▼4・25・SS大脱走63 米[F]ユナイト[D]ジョン・スタージェス[C]スティーヴ・マックィーン▼6・6・SSある兵士の賭け70 [F]松竹映配[P]石原プロ[D]キース・エリック・バート、千野皓司、白井伸明[C]石原裕次郎▼7・18・SSエベレスト大滑降70 [F]松竹映配[P]石原プロ 監修：銭谷功[C]三浦雄一郎（記録映画）▼8・8・VS荒野の大活劇69 伊、西[F]日本ヘラルド[D]ドゥッチョ・テッサリ[C]ジュリアーノ・ジェンマ▼8・22・SSアドベンチャー70 米[F]コロムビア[D]ピーター・コリンソン[C]トニー・カーティス▼9・15・VSクレオパトラ70 [P]虫プロダクション[F]日本ヘラルド[D]手塚治虫、山本暎一[V]中山千夏（アニメーション）▼11・3・SSコンドルの砦70 米[F]ユナイト[D]ポール・ウェンドコス

🄲ジョージ・ペパード▼11・21・VS掠奪戦線70 米🄵ユナイト🄳ウォルター・グローマン🄲スチュアート・ホイットマン▼12・5・SS暗黒街の特使70 米🄵MGM🄳リチャード・クワイン🄲リチャード・ウィドマーク▼12・19・SS狼の挽歌70 伊🄵日本ヘラルド🄳セルジオ・ソリーマ🄲チャールズ・ブロンソン

【1971年（昭和46年）】※渋谷パンテオン、新宿ミラノ座と同番組

▼2・13・SSソルジャーブルー70 米🄵アブコ・エンバシー、ブエナビスタ🄳ラルフ・ネルソン🄲キャンディス・バーゲン▼3・13・VSマッケンジー脱出作戦70 米🄵ユナイト🄳ラモント・ジョンソン🄲ブライアン・キース▼3・27・SS荒野の七人60 米🄵ユナイト🄳ジョン・スタージェス🄲ユル・ブリンナー▼5・22・SS西部番外地70 米🄵ブエナビスタ🄳バーナード・L・コワルスキー🄲デヴィッド・ジャンセン▼6・1・SS最後の手榴弾70 英🄵松竹映配 🄳ゴードン・フレミング🄲スタンリー・ベイカー▼6・12・SS戦争と人間 第二部 愛と悲しみの山河71 🄵日活🄳山本薩夫🄲北大路欣也▼8・7・VS扉の影に誰かいる70 仏🄵松竹映配 🄳ニコラス・ジェスネール🄲チャールズ・ブロンソン▼8・28・70アンドロメダ…71 米🄵CIC🄳ロバート・ワイズ🄲アーサー・ヒル▼10・1・Cクロムウェル70 英🄵コロムビア🄳ケン・ヒューズ🄲リチャード・ハリス▼10・16・SS大西部無頼列伝70 伊🄵ユナイト🄳フランク・クレイマー🄲ユル・ブリンナー▼10・26・SS最後の脱出70 英🄵MGM🄳コーネル・ワイルド🄲ナイジェル・ダヴェンポート▼11・6・VSコニャックの男71 仏、伊🄵日本ヘラルド🄳ジャン・ポール・ラプノー🄲ジャン・ポール・ベルモンド▼11・20・70デッドヒート マシンに賭ける男の詩《うた》71 英🄵日本ヘラルド🄳デヴィッド・ウィンターズ🄲ポール・ニューマン（記録映画）▼12・4・SSロンドン大捜査線71 英🄵MGM🄳マイケル・タックナー🄲リチャード・バートン▼12・18・SS華麗なる大泥棒71 仏🄵コロムビア🄳アンリ・ヴェルヌイユ🄲ジャン・ポール・ベルモンド

【1972年（昭和47年）】※渋谷パンテオン、新宿ミラノ座と同番組

▼1・22・SSマーフィの戦い71 英🄵大映第一フィルム🄳ピーター・イエーツ🄲ピーター・オトゥール▼2・11・C風と共に去りぬ39米🄵MGM🄳ヴィクター・フレミング🄲ヴィヴィアン・リー▼4・22・SS夕陽のギャングたち71 伊🄵ユナイト🄳セルジオ・レオーネ🄲ロッド・スタイガー▼5・5・VS死刑台のメロディ71伊、仏🄵日本ヘラルド🄳ジュリアーノ・モンタルド🄲ジャン・マリア・ヴォロンテ▼6・3・SSシャラコ68 英🄵松竹映配 🄳エドワード・ドミトリク🄲ショーン・コネリー▼6・24・70南太平洋58 米🄵NCC🄳ジョシュア・ローガン🄲ロッサノ・ブラッツィ▼8・5・VS滅びゆく野生の詩67 西独🄵MGM🄳オイゲン・シューマッハー（記録映画）▼8・26・VS007 ロシアより愛をこめて（旧邦題：007／危機一発）63 英🄵ユナイト🄳テレンス・ヤング🄲ショーン・コネリー▼10・7・VSバンクジャック71 米🄵コロムビア🄳リチャード・ブルックス🄲ウォーレン・ベイティ▼10・21・SSシノーラ72 米🄵CIC🄳ジョン・スタージェス🄲クリント・イーストウッド▼11・11・VSさらば友よ68 仏🄵日本ヘラルド🄳ジャン・エルマン🄲アラン・ドロン▼12・16・VS007 ドクター・ノオ（旧邦題：007は殺しの番号）62 英🄵ユナイト🄳テレンス・ヤング🄲ショーン・コネリー

【1973年（昭和48年）】※渋谷パンテオン、新宿ミラノ座と同番組

▼1・20・SSセンチュリアン72 米🄵コロムビア🄳リチャード・フライシャー🄲ジョージ・C・スコット▼2・10・SSプロフェッショナル66 米🄵コロムビア🄳リチャード・ブルックス🄲バート・ランカスター▼3・3・VS硫黄島73 🄵NCC 構成：須藤出穂、編集：御法川清一、ナレーション：中西龍（記録映画）▼3・31・フリッツ・ザ・キャット72 米🄵東和🄳ラルフ・バクシ（アニメーション）／アニメ新画帖72 🄵東和🄿日本動画🄳藪下泰次（短編アニメーション）▼4・14・SSサンタマリア特命隊72 米🄵MGM🄳ラルフ・ネルソン🄲ロバート・ミッチャム▼4・28・Cベン・ハー59 米🄵MGM🄳ウィリアム・ワイラー🄲チャールトン・ヘストン▼6・30・VSメカニック72 米🄵ユナイト🄳マイケル・ウィナー🄲チャールズ・ブロンソン▼7・28・SS特攻大作戦67 米🄵MGM🄳ロバート・アルドリッチ🄲リー・マーヴィン▼8・11・VS戦争と人間 完結編73 🄵日活🄳山本薩夫🄲北大路欣也▼10・27・VSロイビーン72 米🄵東和🄳ジョン・ヒューストン🄲ポール・ニューマン▼11・10・70風雪の太陽73 ユーゴスラヴィア🄵日本ヘラルド🄳スティペ・デリッチ🄲リチャード・バートン▼12・1・SS007 ダイヤモンドは永遠に71 英🄵ユナイト🄳ガイ・ハミルトン🄲ショーン・コネリー▼12・15・70アマゾネス73

伊、仏、西[F]日本ヘラルド[D]テレンス・ヤング[C]アレナ・ジョンストン

【1974年（昭和49年）】※渋谷パンテオン、新宿ミラノ座と同番組（6・14の試写会はセントラルのみ）

▼2・9‐SSダーティハリー2 73 米[F]ワーナー[D]テッド・ポスト[C]クリント・イーストウッド▼4・28‐VSコーザ・ノストラ73 伊、仏、米[F]東映洋画[D]フランチェスコ・ロージ[C]ジャン・マリア・ヴォロンテ▼5・25‐6・14 VSバッジ373 73 米[F]CIC[D]ハワード・W・コッチ[C]ロバート・デュヴァル▼6・14（18：30）［試写会］VSスティング73 米[F]CIC[D]ジョージ・ロイ・ヒル[C]ロバート・レッドフォード、ポール・ニューマン▼6・15‐スティング（通常興行、上映期間126日）▼10・19‐SS砂の器74 [F]松竹[D]野村芳太郎[C]加藤剛▼11・23‐VSマルセイユ特急74 英、仏[F]ワーナー[D]ロバート・パリッシュ[C]マイケル・ケイン▼12・21‐SSザ・ヤクザ74 米[F]ワーナー[D]シドニー・ポラック[C]ロバート・ミッチャム、高倉健

【1975年（昭和50年）】※渋谷パンテオン、新宿ミラノ座と同番組

▼1・25‐SS最後のブルース・リー ドラゴンへの道72 香港[F]東映洋画[D]ブルース・リー[C]ブルース・リー▼4・12‐SSチャイナ・タウン74 米[F]パラマウント、CIC[D]ロマン・ポランスキー[C]ジャック・ニコルソン▼5・17‐VSロンゲスト・ヤード74 米[F]パラマウント、CIC[D]ロバート・アルドリッチ[C]バート・レイノルズ▼6・28‐SSタワーリング・インフェルノ74 米[F]ワーナー、20世紀FOX[D]ジョン・ギラーミン、アーウィン・アレン[C]ポール・ニューマン（上映期間140日）▼11・15‐70ローマ帝国の滅亡64 米[F]コロムビア[D]アンソニー・マン[C]ソフィア・ローレン▼12・6‐SS JAWS ジョーズ74 米[F]ユニヴァーサル、CIC[D]スティーヴン・スピルバーグ[C]ロイ・シャイダー（上映期間140日）

【1976年（昭和51年）】※渋谷パンテオン、新宿ミラノ座と同番組

▼4・24‐70風とライオン75 米[F]コロムビア[D]ジョン・ミリアス[C]ショーン・コネリー▼6・12‐VS暁の7人75 米[F]ワーナー[D]ルイス・ギルバート[C]ティモシー・ボトムズ▼7・10‐SSヒンデンブルグ75 米[F]ユニヴァーサル、CIC[D]ロバート・ワイズ[C]ジョージ・C・スコット▼8・7‐SSアウトロー76 米[F]ワーナー[D]クリント・イーストウッド[C]クリント・イーストウッド▼9・4‐VSダイヤモンドの犬たち75 米、英[F]東映洋画[D]ヴァル・ゲスト[C]ピーター・フォンダ／ザ・サファリ'76 勇気ある男たちの5000キロ▼9・23‐名探偵登場76 米[F]コロムビア[D]ロバート・ムーア[C]ピーター・セラーズ▼11・6‐SSゲイター76 米[F]ユナイト[D]バート・レイノルズ[C]バート・レイノルズ▼11・20‐SSニューヨーク 一攫千金76 米[F]コロムビア[D]マーク・ライデル[C]ジェームズ・カーン▼12・4‐12・24 CSミクロの決死圏66 米[F]松竹、富士映画[D]リチャード・フライシャー[C]スティーヴン・ボイド▼12・24（17：20‐）［特別試写会］SSダーティハリー3 76 米[F]ワーナー[D]ジェームズ・ファーゴ[C]クリント・イーストウッド▼12・25‐ダーティハリー3（通常興行）

【1977年（昭和52年）】※渋谷パンテオン、新宿ミラノ座と同番組（7・2‐8・19を除く）

▼2・11‐70サウス・ダコタの戦い76 米[F]ユナイト[D]アーヴィン・カーシュナー[C]リチャード・ハリス▼3・5‐VSキャリー76 米[F]ユナイト[D]ブライアン・デ・パルマ[C]シシー・スペイセク▼4・23‐SSエアポート'77 バミューダからの脱出77 米[F]ユニヴァーサル、CIC[D]ジェリー・ジェームソン[C]ジャック・レモン▼6・18‐7・15 70ベン・ハー59 米[F]MGM、CIC[D]ウィリアム・ワイラー[C]チャールトン・ヘストン▼7・16‐8・19 VSエクソシスト2 77 米[F]ワーナー[D]ジョン・ブアマン[C]リンダ・ブレア▼8・20‐VSシンドバッド虎の目大冒険77 英、米[F]コロムビア[D]サム・ワナメイカー[C]パトリック・ウェイン▼9・23‐VS八つ墓村77 [F]松竹[D]野村芳太郎[C]萩原健一▼10・29‐VSスラップ・ショット77 米[F]ユニヴァーサル、CIC[D]ジョージ・ロイ・ヒル[C]ポール・ニューマン▼12・17‐SSガントレット77 米[F]ワーナー[D]クリント・イーストウッド[C]クリント・イーストウッド

【1978年（昭和53年）】※渋谷パンテオン、新宿ミラノ座と同番組（5・9‐5・10、11・29‐12・1を除く）

▼1・28‐SS黄金のランデブー77 英、南アフリカ[F]日本ヘラルド[D]アシュレイ・ラザルス[C]リチャード・ハリス▼2・25‐VSマッハ'78 78 日[F]富士映画[D]スタンリー・ウィルソン、三保敬太郎[C]大友千秋▼3・25‐VS恐怖の報酬77 米[F]CIC[D]ウィリアム・フリードキン[C]ロイ・シャイダー▼4・22‐VSベッツィー78 米[F]ユナイト[D]ダニエル・ペトリ[C]ローレンス・オリヴィエ▼5・13‐VSアニー・ホール77 米[F]ユナ

イト🄳ウディ・アレン🄲ダイアン・キートン▼6・10・SSコンボイ78米🄵日本ヘラルド🄳サム・ペキンパー🄲クリス・クリストファーソン▼8・5・VSワイルド・ギース78英🄵富士映画🄳アンドリュー・V・マクラグレン🄲リチャード・バートン▼9・15・VSポール・ポジション78伊🄵東映洋画🄳マリオ・モッラ🄲インタビュアー：シドニー・ローム（記録映画）▼10・14・VSフィスト78米🄵ユナイト🄳ノーマン・ジュイソン🄲シルヴェスター・スタローン▼11・3・11・28SSロジャー・ムーア冒険野郎76英🄵松竹、富士映画🄳ピーター・ハント🄲ロジャー・ムーア▼11・29・12・1休館▼12・2・SSジョーズ2 78米🄵ユニヴァーサル、CIC🄳ジュノー・シュウォーク🄲ロイ・シャイダー

【1979年（昭和54年）】※渋谷パンテオン、新宿ミラノ座と同番組（3・17・3・20を除く）

▼1・27・SS宇宙空母ギャラクティカ78米🄵ユニヴァーサル、CIC🄳リチャード・A・コーラ🄲リチャード・ハッチ▼3・3・SSアシャンティ78スイス🄵コロムビア🄳リチャード・フライシャー🄲マイケル・ケイン▼3・17・VSウルトラマン79🄵富士映画🄳実相寺昭雄、下村善二🄲黒部進▼4・7・SS白昼の死角79🄵東映🄳村川透🄲夏木勲▼4・28・SSハリケーン79米🄵日本ヘラルド🄳ヤン・トロエル🄲ミア・ファーロー▼6・2・VSパラダイス・アレイ78米🄵ユニヴァーサル、CIC🄳シルヴェスター・スタローン🄲シルヴェスター・スタローン▼6・30・70スーパーマン78米🄵ワーナー🄳リチャード・ドナー🄲クリストファー・リーヴ▼9・29・SSポセイドン・アドベンチャー2 79米🄵ワーナー🄳アーウィン・アレン🄲マイケル・ケイン▼10・27・SSメテオ79米🄵日本ヘラルド🄳ロナルド・ニーム🄲ショーン・コネリー▼12・15・VSエアポート'80 79米🄵ユニヴァーサル、CIC🄳デヴィッド・ローウェル・リッチ🄲アラン・ドロン

【1980年（昭和55年）】※渋谷パンテオン、新宿ミラノ座と同番組

▼1・19・SSノース・ダラス40 79米🄵パラマウント、CIC🄳テッド・コッチェフ🄲ニック・ノルティ▼2・2・SSオーロラ殺人事件79英、カナダ🄵コロムビア🄳ドン・シャープ🄲ドナルド・サザーランド▼2・23・70十戒56米🄵CIC🄳セシル・B・デミル🄲チャールトン・ヘストン▼3・8・70 1941 79米🄵コロムビア🄳スティーヴン・スピルバーグ🄲ジョン・ベルーシ、三船敏郎▼4・26・SSトム・ホーン80米🄵ワーナー🄳ウィリアム・ウィヤード🄲スティーヴ・マックィーン▼5・24・VS北海ハイジャック80米🄵ユニヴァーサル、CIC🄳アンドリュー・V・マクラグレン🄲ロジャー・ムーア▼5・31・70 2001年宇宙の旅68米🄵CIC🄳スタンリー・キューブリック🄲ケア・デュリア▼6・14・SSリトル・ダーリング80米🄵パラマウント、CIC🄳ロナルド・F・マクスウェル🄲テイタム・オニール▼7・12・SSスター・トレック79米🄵パラマウント、CIC🄳ロバート・ワイズ🄲ウィリアム・シャトナー▼9・13・VSポール・ポジション2 80伊🄵松竹、富士映画🄳マリオ・モッラ🄲ポール・ニューマン（記録映画）▼10・18・70アラビアのロレンス62英🄵コロムビア🄳デヴィッド・リーン🄲ピーター・オトゥール▼11・8・SSワイオミング80米🄵コロムビア🄳リチャード・ラング🄲チャールトン・ヘストン▼11・22・VSユーズド・カー80米🄵コロムビア🄳ロバート・ゼメキス🄲カート・ラッセル▼12・13・VSハンター80米🄵パラマウント、CIC🄳バズ・キューリック🄲スティーヴ・マックィーン

【1981年（昭和56年）】※渋谷パンテオン、新宿ミラノ座（9・14前夜祭を除く）と同番組

▼1・31・VSダーティファイター燃えよ鉄拳80米🄵ワーナー🄳バディ・ヴァン・ホーン🄲クリント・イーストウッド▼2・21・VS海よお前が・帆船日本丸の青春・81🄵レオ・エンタープライズ🄳蜷川幸雄🄲田村高廣（記録映画）▼3・7・VSブルース・ブラザース80米🄵ユニヴァーサル、CIC🄳ジョン・ランディス🄲ジョン・ベルーシ、ダン・エイクロイド▼5・16・SS砂漠のライオン81リビア、米🄵松竹、富士映画🄳ムスタファ・アッカド🄲アンソニー・クイン▼6・13・VS宇宙空母ギャラクティカ サイロン・アタック79米🄵ユニヴァーサル、CIC🄳ヴィンス・エドワーズ🄲リチャード・ハッチ▼6・27・70スーパーマンⅡ冒険篇81米🄵ワーナー🄳リチャード・レスター🄲クリストファー・リーヴ▼9・15・10・9 70ウルフェン81米🄵東映洋画🄳マイケル・ウォドレー🄲アルバート・フィニー▼10・9（21：30・）［前夜祭オールナイト］VSアパッチ砦ブロンクス81米🄵東映、松竹🄳ダニエル・ペトリ🄲ポール・ニューマン▼10・10・アパッチ砦ブロンクス（通常興行）▼11・14・VS恐るべき訪問者81米🄵日本ヘラルド🄳ピアス・ハガー

ド🄲クラウス・キンスキー▼11・28‐70 アラビアのロレンス62 米🄵コロムビア🄳デヴィッド・リーン🄲ピーター・オトゥール▼12・12‐SS勝利への脱出81 米🄵富士映画🄳ジョン・ヒューストン🄲シルヴェスター・スタローン

【1982年（昭和57年）】※渋谷パンテオン、新宿ミラノ座と同番組

▼1・23‐VSU・ボート81 西独🄵日本ヘラルド🄳ウォルフガング・ペーターゼン🄲ユルゲン・プロフノウ▼3・20‐VSネイバーズ81 米🄵コロムビア🄳ジョン・G・アヴィルドセン🄲ジョン・ベルーシ▼4・17‐VS化石の荒野82 🄵東映🄳長谷部安春🄲渡瀬恒彦▼5・22‐70 人類創世81 仏、カナダ🄵東映洋画🄳ジャン・ジャック・アノー🄲エヴァレット・マクギル▼6・19‐VS世界の空軍 AIRFORCE'82 ドッグファイト82 日🄵東映ユニバースフィルム🄳河辺和夫🄲ナレーター：J.ZUCCATTI（記録映画）▼7・10‐SSブレードランナー82 米🄵ワーナー🄳リドリー・スコット🄲ハリソン・フォード▼8・21‐VSジャンクマン82 米🄵日本ヘラルド🄳H・B・ハリッキー🄲H・B・ハリッキー▼9・11‐70 地獄の黙示録79 米🄵日本ヘラルド🄳フランシス・フォード・コッポラ🄲マーロン・ブランド▼9・25‐VS誘拐報道82 🄵東映🄳伊藤俊也🄲萩原健一▼10・23‐VSザ・ソルジャー82 米🄵日本ヘラルド🄳ジェームズ・グリッケンハウス🄲ケン・ウォール▼11・20‐SS愛と哀しみのボレロ81 仏🄵日本ヘラルド🄳クロード・ルルーシュ🄲ロベール・オッセン▼12・4‐VSE.T. 82 米🄵ユニヴァーサル、CIC🄳スティーヴン・スピルバーグ🄲ヘンリー・トーマス（上映期間175日）

【1983年（昭和58年）】※渋谷パンテオン、新宿ミラノ座と同番組（11・5‐11・18を除く）

▼5・28‐VS戦場のメリークリスマス83 英、日🄵松竹富士🄳大島渚🄲デヴィッド・ボウイ、坂本龍一▼7・2‐SS007 オクトパシー83 英🄵MGM、ユナイト、CIC🄳ジョン・グレン🄲ロジャー・ムーア▼10・8‐VSウイニングラン83 伊🄵日本ヘラルド🄳マリオ・モッラ（記録映画）▼11・19‐VS危険なささやき81 仏🄵地産🄳アラン・ドロン🄲アラン・ドロン▼12・10‐SSネバーセイ・ネバーアゲイン83 米🄵日本ヘラルド🄳アーヴィン・カーシュナー🄲ショーン・コネリー

【1984年（昭和59年）】※渋谷パンテオン（7・21‐8・3、8・5、11・10‐12・7）、新宿ミラノ座（11・10‐12・7を除く）と同番組

▼2・18‐VSトワイライトゾーン 超次元の体験83 米🄵ワーナー🄳ジョン・ランディス、スティーヴン・スピルバーグ、ジョー・ダンテ、ジョージ・ミラー🄲バージェス・メレディス▼4・14‐VSダーティハリー4 84 米ワーナー🄳クリント・イーストウッド🄲クリント・イーストウッド▼6・2‐VS地獄の7人83 米🄵パラマウント、CIC🄳テッド・コッチェフ🄲ジーン・ハックマン▼7・14‐8・17 70 グレイストーク・類人猿の王者・ターザンの伝説83 英🄵ワーナー🄳ヒュー・ハドソン🄲クリストファー・ランバート▼8・18‐VS炎の少女チャーリー84 米🄵ユニヴァーサル、CIC🄳マーク・L・レスター🄲ドリュー・バリモア▼9・8‐SS2001年宇宙の旅68 米、英🄵CIC🄳スタンリー・キューブリック🄲ケア・デュリア▼9・22‐VSタイトロープ84 米🄵ワーナー🄳リチャード・タッグル🄲クリント・イーストウッド▼10・27‐12・2 VSフィラデルフィア・エクスペリメント84 米🄵松竹富士、東北新社🄳スチュアート・ラフィル🄲マイケル・パレ▼12・3‐12・7改装休館▼12・8‐70 グレムリン84 米🄵ワーナー🄳ジョー・ダンテ🄲ザック・ギャリガン

【1985年（昭和60年）】※渋谷パンテオン（5・31‐6・7、9・14‐9・20を除く）、新宿ミラノ座（5・31‐6・7を除く）と同番組

▼3・2‐VSコットンクラブ84 米🄵松竹富士🄳フランシス・フォード・コッポラ🄲リチャード・ギア▼4・27‐6・28 VSビバリーヒルズ・コップ84 米🄵パラマウント、CIC🄳マーティン・ブレスト🄲エディ・マーフィ▼6・29‐SSマッドマックス サンダードーム85豪🄵ワーナー🄳ジョージ・ミラー、ジョージ・オギルヴィー🄲メル・ギブソン▼8・17‐VSイウォーク・アドベンチャー84 米🄵20世紀FOX🄳ジョン・コーティ🄲エリック・ウォーカー▼8・31‐70 レディホーク85米🄵20世紀FOX🄳リチャード・ドナー🄲マシュー・ブロデリック▼9・14‐VSインドへの道84 英🄵松竹富士🄳デヴィッド・リーン🄲ジュディ・デイヴィス▼9・21‐SSペイルライダー85米🄵ワーナー🄳クリント・イーストウッド🄲クリント・イーストウッド▼10・19‐SS80日間世界一周56 米🄵ワーナー🄳マイケル・アンダーソン🄲デヴィッド・ニーヴン▼11・9‐VSそれから85 🄵東映🄳森田芳光🄲松田優作▼12・7‐70 グーニーズ85米🄵ワーナー🄳リチャー

ド・ドナー[C]ショーン・アスティン

【1986年（昭和61年）】※（9・13‐11・14を除き）渋谷パンテオン、新宿ミラノ座と同番組

▼2・8‐SSイヤー・オブ・ザ・ドラゴン85米[F]松竹富士[D]マイケル・チミノ[C]ジョン・ローン▼3・21‐VSファンダンゴ85米[F]日本ヘラルド[D]ケヴィン・レイノルズ[C]ケヴィン・コスナー▼4・19‐VSアイアン・イーグル86米[F]コロムビア[D]シドニー・J・フューリー[C]ルイス・ゴセット・ジュニア▼5・17‐VS PARIS‐DAKAR 15,000 栄光への挑戦86 [F]松竹富士[D]原田眞人[C]ナレーション：宇崎竜童（記録映画）▼5・24‐SSアマデウス84 米[F]松竹富士[D]ミロシュ・フォアマン[C]F・マーリー・エイブラハム▼6・7‐VSロッキー4 炎の友情85米[F]UIP[D]シルヴェスター・スタローン[C]シルヴェスター・スタローン▼9・13‐VSコブラ86米[F]ワーナー[D]ジョージ・P・コスマトス[C]シルヴェスター・スタローン▼10・18‐VSジェニファーの恋愛同盟86米[F]ワーナー[D]リンダ・フィファーマン[C]ジェニファー・コネリー／VS上海サプライズ86英[F]ワーナー[D]ジム・ゴダード[C]ショーン・ペン▼11・15‐VS F／X 引き裂かれたトリック86米[F]ワーナー[D]ロバート・マンデル[C]ブライアン・ブラウン▼12・6‐70 ハワード・ザ・ダック 暗黒魔王の陰謀86米[F]UIP[D]ウィラード・ハイク[C]リー・トンプソン

【1987年（昭和62年）】※渋谷パンテオン（8・12‐9・11、9・26‐12・4を除く）、新宿ミラノ座（8・1‐8・7、9・26‐12・4を除く）と同番組

▼1・31‐VSハートブレイク・リッジ 勝利の戦場86米[F]ワーナー[D]クリント・イーストウッド[C]クリント・イーストウッド▼3・7‐4・28 VSゴールデン・チャイルド86米[F]パラマウント、UIP[D]マイケル・リッチー[C]エディ・マーフィ▼4・28（21：00‐）［先行オールナイト］70 プラトーン86米[F]ワーナー[D]オリヴァー・ストーン[C]チャーリー・シーン▼4・29‐プラトーン（通常興行）▼6・13‐70 リーサル・ウェポン87米[F]ワーナー[D]リチャード・ドナー[C]メル・ギブソン▼7・4‐VS恐怖のヤッちゃん87 [F]東映[D]金子修介[C]山本陽一／VS新宿純愛物語87 [F]東映[D]那須博之[C]仲村トオル▼8・1‐VSハチ公物語87 [F]松竹富士[D]神山征二郎[C]仲代達矢▼8・8‐SSロストボーイ87米[F]ワーナー、松竹富士[D]ジョエル・シューマッカー[C]ジェイソン・パトリック▼9・12‐VSさらば愛しき人よ 87 [F]松竹[D]原田眞人[C]郷ひろみ▼10・2‐VSグッバイ・ヒーロー87日、米、伊[F]日本ヘラルド[D]マリオ・モッラ、クロード・デュボック、マサオ・ナガイ（記録映画）▼10・31‐VSトリナクリア ポルシェ959 87 [F]日本ヘラルド[D]村野鐵太郎[C]仲代達矢▼11・14‐VS愛はクロスオーバー87 [F]東映クラシックフィルム[D]栗原剛志[C]名取裕子／VSアラカルトカンパニー87 [F]東映クラシックフィルム[D]太田圭[C]尾美としのり▼12・5‐70 インナースペース87米[F]ワーナー[D]ジョー・ダンテ[C]デニス・クエイド

【1988年（昭和63年）】 8月6日より松竹セントラル1に改称

▼1・9‐VSエルム街の悪夢3 惨劇の館87米[F]ワーナー[D]チャック・ラッセル[C]ヘザー・ランゲンカンプ▼1・23‐SSラストエンペラー87伊、英、中国[F]松竹富士[D]ベルナルド・ベルトルッチ[C]ジョン・ローン▼3・5‐VSラブ・ストーリーを君に88 [F]東映[D]澤井信一郎[C]後藤久美子▼4・9‐VSブラドック 地獄のヒーロー3 88米[F]日本ヘラルド[D]アーロン・ノリス[C]チャック・ノリス▼4・23‐VSレンタ・コップ87米[F]ベストロン映画[D]ジェリー・ロンドン[C]バート・レイノルズ▼5・14‐VS容疑者87米[F]コロムビア[D]ピーター・イエーツ[C]シェール▼5・28‐ラストエンペラー（再映）▼7・2‐VSまたまたあぶない刑事88 [F]東映[D]一倉治雄[C]舘ひろし、柴田恭兵／VS・ふ・た・り・ぼ・っ・ち・88 [F]東映[D]榎戸耕史[C]古村比呂▼8・13‐VSスリーメン＆ベビー87米[F]ワーナー[D]レナード・ニモイ[C]トム・セレック▼10・8‐VS刑事ニコ 法の死角88米[F]ワーナー[D]アンドリュー・デイヴィス[C]スティーヴン・セガール▼10・29‐VSヒドゥン87米[F]ジョイパックフィルム[D]ジャック・ショルダー[C]マイケル・ヌーリー▼11・19‐SS天国の門 完全版81 米[F]ユナイト[D]マイケル・チミノ[C]クリス・クリストファーソン▼12・3‐SSディア・ハンター78 米[F]ユナイト[D]マイケル・チミノ[C]ロバート・デ・ニーロ▼12・10‐VS悲しい色やねん88 [F]東映[D]森田芳光[C]仲村トオル／VSガラスの中の少女88 [F]東映[D]出目昌伸[C]後藤久美子

【1989年（昭和64年・平成元年）】

▼1・28‐SSチャイニーズ・ゴースト・ストーリー87香港[F]ベストロン映画[D]チン・シウトン（程小東）[C]ジョイ・ウォン（王祖賢）▼2・11‐SSオペラ座 血の喝采88伊[F]ワーナー[D]ダリオ・アルジェント[C]クリスティナ・マルシラック／VSモンキー・シャイン

88米[F]ワーナー[D]ジョージ・A・ロメロ[C]ジェイソン・ベギー▼2・25・VSイマジン88米[F]ワーナー[D]アンドリュー・ソルト[C]ジョン・レノン（記録映画）▼3・11・VS風の又三郎 ガラスのマント89[F]日本ヘラルド[D]伊藤俊也[C]早勢美里▼4・22・VSもっともあぶない刑事89[F]東映[D]村川透[C]舘ひろし、柴田恭兵▼6・3・VS花嫁はエイリアン88米[F]コロムビア、トライスター[D]リチャード・ベンジャミン[C]キム・ベイシンガー▼6・22・VSチャイルドプレイ88米[F]ユナイト、UIP[D]トム・ホランド[C]キャサリン・ヒックス▼6・24・VSタップ89米[F]コロムビア、トライスター[D]ニック・キャッスル[C]グレゴリー・ハインズ▼7・8・VSメジャーリーグ89米[F]日本ヘラルド[D]デヴィッド・S・ウォード[C]チャーリー・シーン▼7・29・VS魔女の宅急便89[F]東映[D]宮崎駿[V]高山みなみ（アニメーション）▼10・14・VSベスト・キッド3 最後の挑戦89米[F]コロムビア、トライスター[D]ジョン・G・アヴィルドセン[C]ラルフ・マッチオ▼11・11・VSピンク・キャデラック89米[F]ワーナー[D]バディ・ヴァン・ホーン[C]クリント・イーストウッド▼12・2・70バットマン89米[F]ワーナー[D]ティム・バートン[C]マイケル・キートン

【1990年（平成2年）】

▼1・27・VSパニッシャー89豪[F]日本ヘラルド[D]マーク・ゴールドブラット[C]ドルフ・ラングレン▼2・17・VSテキーラ・サンライズ88米[F]ワーナー[D]ロバート・タウン[C]メル・ギブソン▼3・10・VSターナー&フーチ すてきな相棒89米[F]ワーナー[D]ロジャー・スポティスウッド[C]トム・ハンクス▼4・7・VSランバダ 青春に燃えて90米[F]松竹富士[D]ジョエル・シルバーグ[C]J・エディ・ペック▼4・28・VSブルースチール90米[F]ベストロン映画[D]キャスリン・ビグロー[C]ジェイミー・リー・カーティス▼5・25・VSエルム街の悪夢5 ザ・ドリームチャイルド89米[F]ギャガ・コミュニケーションズ[D]スティーヴン・ホプキンス[C]ロバート・イングランド▼6・9・VSバーニーズ あぶない!?ウイークエンド89米[F]ギャガ・コミュニケーションズ[D]テッド・コッチェフ[C]アンドリュー・マッカーシー▼6・23・VS天と地と90[F]東映[P]角川春樹事務所[D]角川春樹[C]榎木孝明▼10・5・VSネイビー・シールズ90米[F]オライオン、ワーナー[D]ルイス・ティーグ[C]チャーリー・シーン▼11・3・SSチャイニーズ・ゴースト・ストーリー2 90香港[F]アスキーベストロン映画[D]チン・シウトン（程小東）[C]ジョイ・ウォン（王祖賢）▼11・30・VSハード・トゥ・キル90米[F]ワーナー[D]ブルース・マルムース[C]スティーヴン・セガール▼12・15・VS BEST GUY 90[F]東映[D]村川透[C]織田裕二

【1991年（平成3年）】

▼1・19・VS逃亡者90米[F]日本ヘラルド[D]マイケル・チミノ[C]ミッキー・ローク▼2・15・SSルーキー90米[F]ワーナー[D]クリント・イーストウッド[C]クリント・イーストウッド▼3・16・VS天河伝説殺人事件91[F]東映[D]市川崑[C]榎木孝明▼5・3・VSハートに火をつけて89米[F]アスキー[D]アラン・スミシー[C]デニス・ホッパー▼5・25・6・13 VSペンタグラム 悪魔の烙印90米[F]東映クラシックフィルム[D]ロバート・レズニコフ[C]ルー・ダイアモンド・フィリップス▼6・8（21：25）［先行オールナイト］VS羊たちの沈黙91米[F]ワーナー[D]ジョナサン・デミ[C]ジョディ・フォスター▼6・14・VS羊たちの沈黙（通常興行）▼9・14・VSスリーメン&リトルレディ90米[F]タッチストーン、ワーナー[D]エミール・アルドリーノ[C]トム・セレック▼10・10・VS K2 ハロルドとテイラー91米[F]日本ヘラルド[D]フランク・ロダム[C]マイケル・ビーン▼11・9・VSあなたに恋のリフレイン91米[F]ワーナー[D]ジュリー・リース[C]キム・ベイシンガー▼11・23・VS風、スローダウン91[F]東映アストロフィルム[D]島田紳助[C]石田靖▼11・30・VSオルゴール89[F]東映[D]黒土三男[C]長渕剛／風、スローダウン（続映）▼12・14・VSカーリー・スー91米[F]ワーナー[D]ジョン・ヒューズ[C]アリサン・ポーター

【1992年（平成4年）】

▼2・11・VSアザー・ピープルズ・マネー91米[F]ワーナー[D]ノーマン・ジュイソン[C]ダニー・デヴィート▼2・22・VS女神がそっと微笑んで91伊、仏、カナダ[F]アスキー[D]スティーヴン・H・スターン[C]エリック・ストルツ▼3・7・SSチャイニーズ・ゴースト・ストーリー3 91香港[F]アスキー[D]チン・シウトン（程小東）[C]ジョイ・ウォン（王祖賢）▼3・21・VSバグジー91米[F]コロムビア・トライスター[D]バリー・レヴィンソン[C]ウォーレン・ベイティ▼4・25・VS炎の大捜査線91香港、台湾[F]日本ヘラルド[D]チュー・イェンピン（朱延平）[C]ジャッキー・チェン（成龍）▼5・16・VSツイン・ピークス ローラ・パーマー最後の7日間92米[F]日本ヘラルド[D]デヴィッド・リンチ[C]カイル・マクラクラン▼7・18・VSバーチャル・ウォー

ズ92米[F]松竹富士[D]ブレット・レナード[C]ピアース・ブロスナン▼8・8・VS花嫁のパパ91米[F]ワーナー[D]チャールズ・シャイア[C]スティーヴ・マーティン▼9・15・SS落陽92 [F]にっかつ、東映[D]伴野朗[C]加藤雅也、ダイアン・レイン▼10・24・SSディレクターズカット ブレードランナー 最終版92米、香港[F]ワーナー[D]リドリー・スコット[C]ハリソン・フォード▼11・21・VSストーリービル 秘められた街92米[F]アスキー[D]マーク・フロスト[C]ジェームズ・スペイダー▼12・12・VSダンシング・ヒーロー92豪[F]日本ヘラルド[D]バズ・ラーマン[C]ポール・マーキュリオ

【1993年（平成5年）】

▼1・15・VSボディガード92米[F]ワーナー[D]ミック・ジャクソン[C]ケヴィン・コスナー▼1・30・VSハネムーン・イン・ベガス92米[F]アスキー[D]アンドリュー・バーグマン[C]ジェームズ・カーン▼3・6・VSプライベート・レッスン93日、米[F]ワーナー[D]和泉聖治[C]稲垣吾郎、ジョアンナ・パクラ▼3・27・SSバニシング・レッド93米[F]日本ヘラルド[D]ヴィク・アームストロング[C]ドルフ・ラングレン▼4・17・SS許されざる者92米[F]ワーナー[D]クリント・イーストウッド[C]クリント・イーストウッド▼6・19・SSアサシン93米[F]ワーナー[D]ジョン・バダム[C]ブリジット・フォンダ▼7・10・VSメイド・イン アメリカ93米[F]ワーナー[D]リチャード・ベンジャミン[C]ウーピー・ゴールドバーグ▼7・24・SSジャック・サマースビー93米[F]ワーナー[D]ジョン・アミエル[C]リチャード・ギア▼8・14・VSデーヴ93米[F]ワーナー[D]アイヴァン・ライトマン[C]ケヴィン・クライン▼9・18・VSボクシング・ヘレナ93米[F]ヒューマックス、ギャガ・コミュニケーションズ[D]ジェニファー・リンチ[C]シェリリン・フェン▼10・9・VS秘密の花園93米[F]ワーナー[D]アニエシュカ・ホランド[C]ケイト・メイバリー▼11・6・VSフォートレス92米[F]アスキー[D]スチュアート・ゴードン[C]クリストファー・ランバート▼11・27・SSディレクターズカット ブレードランナー 最終版92米、香港[F]ワーナー[D]リドリー・スコット[C]ハリソン・フォード▼12・11・VSＣｏｏ 遠い海から来たクー93 [F]東映[D]今沢哲男[V]山崎裕太（アニメーション）

【1994年（平成6年）】

▼1・22・SSトゥルー・ロマンス93米[F]松竹富士[D]トニー・スコット[C]クリスチャン・スレーター▼3・12・VSベートーベン２93米[F]ユニヴァーサル、UIP[D]ロッド・ダニエル[C]チャールズ・グローディン▼4・9・VSラブリー・オールドメン93米[F]ワーナー[D]ドナルド・ペトリ[C]ジャック・レモン▼4・23・VSマザーズボーイ 危険な再会93米[F]松竹富士[D]イヴ・シモノー[C]ジェイミー・リー・カーティス▼5・21・VS蜘蛛女93米[F]日本ヘラルド[D]ピーター・メダック[C]ゲイリー・オールドマン▼6・11・VS白銀に燃えて93米[F]ブエナビスタ[D]チャールズ・ハイド[C]マッケンジー・アスティン▼6・25・VS冷たい月を抱く女93米[F]ヒューマックス、ギャガ・コミュニケーションズ[D]ハロルド・ベッカー[C]ニコール・キッドマン▼8・6・VSストリートファイターⅡ94 [F]東映[D]杉井ギサブロー[V]清水宏次朗（アニメーション）▼9・17・VSクロウ 飛翔伝説94米[F]日本ヘラルド[D]アレックス・プロヤス[C]ブランドン・リー▼10・15・VSあなたに降る夢94米[F]コロムビア・トライスター[D]アンドリュー・バーグマン[C]ニコラス・ケイジ▼11・12・SSパルプ・フィクション94米[F]松竹富士[D]クエンティン・タランティーノ[C]ジョン・トラヴォルタ▼12・10・VS河童94 [F]日本ヘラルド[D]石井竜也[C]陣内孝則

【1995年（平成7年）】

▼1・21・VSＤ２ マイティ・ダック94米[F]ブエナビスタ[D]サム・ワイズマン[C]エミリオ・エステヴェス▼2・4・VSナチュラル・ボーン・キラーズ94米[F]ワーナー[D]オリヴァー・ストーン[C]ウディ・ハレルソン▼3・25・VSリッチー・リッチ94米[F]ワーナー[D]ドナルド・ペトリ[C]マコーレー・カルキン▼4・15・VSＪＭ95米[F]ヒューマックス、ギャガ・コミュニケーションズ[D]ロバート・ロンゴ[C]キアヌ・リーヴス▼6・3・VSショーシャンクの空に94米[F]松竹富士[D]フランク・ダラボン[C]ティム・ロビンス▼7・8・SSジャングル・ブック94米[F]ギャガ・コミュニケーションズ、ヒューマックス[D]スティーヴン・ソマーズ[C]ジェイソン・スコット・リー▼8・12・SSフリー・ウィリー２95米[F]ワーナー[D]ドワイト・H・リトル[C]ジェイソン・ジェームズ・リクター▼9・2・SSボーイズ・オン・ザ・サイド95米[F]ワーナー[D]ハーバート・ロス[C]ウーピー・ゴールドバーグ▼9・23・VS君を忘れない FLY BOYS, FLY! 95 [F]日本ヘラルド[D]渡邊孝好[C]唐沢寿明▼11・25・VSクォーターバック94米[F]日本ヘラルド[D]デヴィッド・S・ウォード[C]クレイグ・シェファー▼12・9・VSフォー・ルームス95米[F]松竹富士[D]アリソン・アンダース、アレクサンダー・ロックウェル、ロバート・ロドリゲス、クエンティン・タ

ランティーノ🄲ティム・ロス

【1996年（平成8年）】

▼2・3・VS暗殺者95米🄵ワーナー🄳リチャード・ドナー🄲シルヴェスター・スタローン▼3・16・VS花嫁のパパ2 95米🄵ブエナビスタ🄳チャールズ・シャイア🄲スティーヴ・マーティン▼3・30・VSジュマンジ95米🄵コロムビア・トライスター🄳ジョー・ジョンストン🄲ロビン・ウィリアムズ▼4・20・VSフェア・ゲーム95米🄵ワーナー🄳アンドリュー・サイプス🄲ウィリアム・ボールドウィン▼5・18・VSヘブンズ・プリズナー96米🄵ギャガ・コミュニケーションズ、ヒューマックス🄳フィル・ジョアノー🄲アレック・ボールドウィン▼6・8・SSバーチュオ・シティ95米🄵パラマウント、UIP🄳ブレット・レナード🄲デンゼル・ワシントン▼6・29・VS狼たちの街96米🄵日本ヘラルド🄳リー・タマホリ🄲ニック・ノルティ▼7・20・VS野獣教師96米🄵日本ヘラルド🄳ロバート・マンデル🄲トム・ベレンジャー▼8・3・VS X 96🄵東映🄳りんたろう🅅関智一（アニメーション）／VSスレイヤーズ RETURN 96🄵東映🄳湯山邦彦🅅林原めぐみ（アニメーション）▼9・14・VSスワロウテイル96🄵日本ヘラルド、エースピクチャーズ🄳岩井俊二🄲三上博史▼11・23・SSエグゼクティブ・デシジョン96米🄵ワーナー🄳スチュアート・ベアード🄲カート・ラッセル▼12・21・VS天使の贈りもの96米🄵ブエナビスタ🄳ペニー・マーシャル🄲デンゼル・ワシントン

【1997年（平成9年）】

▼1・18・VSグリマーマン96米🄵ワーナー🄳ジョン・グレイ🄲スティーヴン・セガール▼2・15・シェイド96米🄵ギャガ・コミュニケーションズ、ゼアリズ🄳サロメ・ブレジナー🄲トム・ベレンジャー▼3・1・VSザ・クロウ96米🄵松竹富士🄳ティム・ポープ🄲ヴァンサン・ペレーズ▼3・15・VS新世紀エヴァンゲリオン劇場版 シト新生97 🄵東映🄳庵野秀明、摩砂雪、鶴巻和哉🅅林原めぐみ（アニメーション）▼5・3・SS MISTY 97 🄵ギャガ・コミュニケーションズ、ヒューマックス🄳三枝健起🄲天海祐希▼5・24・SSマキシマム・リスク96米🄵コロムビア・トライスター🄳リンゴ・ラム🄲ジャン・クロード・ヴァン・ダム▼6・14・SSロスト・ハイウェイ97米🄵松竹富士🄳デヴィッド・リンチ🄲ビル・プルマン▼7・5・SSクローンズ96米🄵コロムビア・トライスター🄳ハロルド・ライミス🄲マイケル・キートン▼7・18（21：30）［前夜祭レイトショー］VS新世紀エヴァンゲリオン劇場版 Air／まごころを、君に97 🄵東映🄳庵野秀明、鶴巻和哉🅅林原めぐみ（アニメーション）▼7・19・新世紀エヴァンゲリオン劇場版 Air／まごころを、君に（通常興行）▼9・13・SSアナコンダ97米🄵ソニー・ピクチャーズ🄳ルイス・ロッサ🄲ジェニファー・ロペス▼10・10・VSグリム・ブラザーズ スノーホワイト97米🄵ギャガ・コミュニケーションズ、ヒューマックス🄳マイケル・コーン🄲モニカ・キーナ▼11・8・VS沈黙の断崖97米🄵ワーナー🄳フェリックス・エンリケス・アルカラ🄲スティーヴン・セガール▼11・29・VSブラッド&ワイン96米🄵パイオニアLDC🄳ボブ・ラフェルソン🄲ジャック・ニコルソン▼12・20・VSるろうに剣心 明治剣客浪漫譚 維新志士への鎮魂歌97🄵ソニー・ピクチャーズ🄳辻初樹🅅涼風真世（アニメーション）

【1998年（平成10年）】

▼1・24・VSミミック97米🄵松竹富士🄳ギレルモ・デル・トロ🄲ミラ・ソルヴィーノ▼2・14・VSスポーン97米🄵ギャガ・コミュニケーションズ、ヒューマックス🄳マーク・ディッペ🄲マイケル・ジェイ・ホワイト▼3・21・ビーン97英🄵ギャガ・コミュニケーションズ、ヒューマックス🄳メル・スミス🄲ローワン・アトキンソン▼5・16・VSナッシング・トゥ・ルーズ97米🄵ブエナビスタ🄳スティーヴ・オーデカーク🄲ティム・ロビンス▼5・30・SSラストサマー97米🄵ソニー・ピクチャーズ🄳ジム・ギレスピー🄲ジェニファー・ラヴ・ヒューイット▼6・27・VS不夜城98🄵東映、アスミック・エース🄳李志毅（リー・チーガイ）🄲金城武▼8・15・SSスクリーム2 97米🄵アスミック🄳ウェス・クレイヴン🄲ネーヴ・キャンベル▼10・3・VSアベンジャーズ98米🄵ワーナー🄳ジェレマイア・チェチック🄲レイフ・ファインズ▼10・24・VSダイヤルM98米🄵ワーナー🄳アンドリュー・デイヴィス🄲マイケル・ダグラス▼11・28・SSダークシティ98米🄵ギャガ・コミュニケーションズ、ヒューマックス🄳アレックス・プロヤス🄲ルーファス・シーウェル▼12・12・SSロスト・イン・スペース98米🄵日本ヘラルド🄳スティーヴン・ホプキンス🄲ウィリアム・ハート

【1999年（平成11年）】

▼1・22-2・11 SSラッシュアワー98米🄵ギャガ・コミュニケーションズ、ヒューマックス🄳ブレット・ラトナー🄲ジャッキー・チェン、クリス・タッカー

2月11日をもって閉館

丸の内ピカデリー 上映作品

【1957年（昭和32年）】 7月20日、建替え開館

▼7・20・SS八十日間世界一周56 米🄵ユナイト🄳マイケル・アンダーソン🄲デヴィッド・ニーヴン（上映期間238日）

【1958年（昭和33年）】

▼3・15・VV十戒56 米🄵パラマウント🄳セシル・B・デミル🄲チャールトン・ヘストン（上映期間188日）▼9・20・SSヴァイキング58 米🄵松竹🄳リチャード・フライシャー🄲カーク・ダグラス▼11・22・静かなるドン 憂愁篇58 ソ連🄵松竹🄳セルゲイ・ゲラシーモフ🄲エリナ・ビストリスカヤ▼12・7・晩鐘56 墺🄵松竹、ユニオン🄳ルドルフ・ユーゲルト🄲ルドルフ・プラック▼12・25・ペリ57 米🄵大映🄿ウォルト・ディズニー・プロ🄳N・ポール・ケンワージー・ジュニア、ラルフ・ライト（記録映画）／CSポルトガル57 米🄿ウォルト・ディズニー・プロ🄳ドワイト・ハウザー（短編記録映画）

【1959年（昭和34年）】

▼2・3・CS黒船58 米🄵20世紀FOX🄳ジョン・ヒューストン🄲ジョン・ウェイン、安藤永子▼2・27・CS六番目の幸福58 米🄵20世紀FOX🄳マーク・ロブソン🄲イングリッド・バーグマン▼3・20・VS私は死にたくない58 米🄵ユナイト、松竹🄳ロバート・ワイズ🄲スーザン・ヘイワード▼4・17・VS真昼の欲情58 米🄵ユナイト、松竹🄳アンソニー・マン🄲ロバート・ライアン▼4・29・VSお熱いのがお好き59 米🄵ユナイト🄳ビリー・ワイルダー🄲ジャック・レモン▼6・12・VS真夜中59 米🄵コロムビア🄳デルバート・マン🄲キム・ノヴァク▼7・8・SSテンペスト59 米、伊、ユーゴスラヴィア🄵パラマウント🄳アルベルト・ラトゥアーダ🄲シルヴァーナ・マンガーノ▼8・21・セクシー・ガール59 西独🄵松竹セレクト🄳ロルフ・ティーレ🄲ロミー・シュナイダー▼9・4・CSアンネの日記59 米🄵20世紀FOX🄳ジョージ・スティーヴンス🄲ミリー・パーキンス▼10・15・CSひとこと云って59 米🄵20世紀FOX🄳フランク・タシュリン🄲ビング・クロスビー▼10・29・10・30 休館▼10・31 招待試写会▼11・1・70南太平洋58 米🄵20世紀FOX🄳ジョシュア・ローガン🄲ロッサノ・ブラッツィ▼12・27・CS戦雲59 米🄵MGM🄳ジョン・スタージェス🄲フランク・シナトラ

【1960年（昭和35年）】

▼1・15・VS山の上の第三の男59 米🄵大映🄿ウォルト・ディズニー・プロ🄳ケン・アナキン🄲マイケル・レニー／メロディー53 米🄿ウォルト・ディズニー・プロ🄳ウォード・キンボール、チャールズ・A・ニコルス（短編アニメーション）▼2・23・70南太平洋58 米🄵20世紀FOX🄳ジョシュア・ローガン🄲ロッサノ・ブラッツィ▼6・2・70カンカン60 米🄵20世紀FOX🄳ウォルター・ラング🄲フランク・シナトラ▼8・18・VS蛇皮の服を着た男60 米🄵ユナイト🄳シドニー・ルメット🄲マーロン・ブランド▼9・3・CS砂漠の女王60 米🄵20世紀FOX🄳ヘンリー・コスター🄲スチュアート・ホイットマン▼9・21・CS息子と恋人60 米🄵20世紀FOX🄳ジャック・カーディフ🄲トレヴァー・ハワード▼10・8・SSアパートの鍵貸します60 米🄵ユナイト🄳ビリー・ワイルダー🄲ジャック・レモン▼11・23・CS孤独な関係60 米🄵20世紀FOX🄳マーク・ロブソン🄲ポール・ニューマン▼12・27・CS恋をしましょう60 米🄵20世紀FOX🄳ジョージ・キューカー🄲マリリン・モンロー

【1961年（昭和36年）】

▼1・27・CSペルシャ大王60 米、伊🄵20世紀FOX🄳ラオール・ウォルシュ🄲ジョーン・コリンズ▼2・11・CSアラスカ魂60 米🄵20世紀FOX🄳ヘンリー・ハサウェイ🄲ジョン・ウェイン▼4・8・VS真実60 仏🄵コロムビア🄳アンリ・ジョルジュ・クルーゾー🄲ブリジット・バルドー▼5・3・VS日曜はダメよ60 ギリシャ🄵ユナイト🄳ジュールス・ダッシン🄲メリナ・メルクーリ▼5・31・CS七面鳥艦隊61 米🄵20世紀FOX🄳ノーマン・タウログ🄲パット・ブーン▼6・14・VS荒馬と女61 米🄵ユナイト🄳ジョン・ヒューストン🄲クラーク・ゲイブル▼7・19・SSコンスタンチン大帝60 伊、ユーゴ🄵松竹セレクト🄳リオネロ・デ・フェリス🄲コーネル・ワイルド▼7・29・VSうっかり博士の大発明 フラバァ61 米🄵RKO🄿ウォルト・ディズニー・プロ🄳ロバート・スティーヴンソン🄲フレッド・マクマレイ／宇宙の眼59 米🄿ウォルト・ディズニー・プロ🄳ウォード・キンボール（短編アニメーション）▼9・23・70ハネムーン59 英、西🄵昭映フィルム🄳マイケル・パウエル🄲アンソニー・スティール▼11・1・アメリカの夜61 伊🄵松竹セレ

ト🄳ジュゼッペ・M・スコテーゼ🄲ライオネル・ハンプトン（記録映画）▼12・23・70 ウエスト・サイド物語61 米🄵ユナイト🄳ロバート・ワイズ、ジェローム・ロビンス🄲ナタリー・ウッド（上映期間511日）

【1962年（昭和37年）】

▼ウエスト・サイド物語（1963年5月17日まで続映）

【1963年（昭和38年）】

▼5・18・VS真夜中へ5哩62 米🄵ユナイト🄳アナトール・リトヴァク🄲アンソニー・パーキンス／サッチモ🄲ルイ・アームストロング（音楽短編映画）▼6・7・VS太陽の下の18才62 伊🄵松竹映配 🄳カミロ・マストロチンクエ🄲カトリーヌ・スパーク▼7・5・VS鳥63 米🄵ユニヴァーサル🄳アルフレッド・ヒッチコック🄲ティッピー・ヘドレン▼10・5・女王蜂63 伊🄵松竹映配 🄳マルコ・フェレーリ🄲マリナ・ヴラディ▼11・2・SSあなただけ今晩は63 米🄵ユナイト🄳ビリー・ワイルダー🄲ジャック・レモン▼12・7・CS殿方ごろし55 伊🄵大映🄳ディノ・リージ🄲ソフィア・ローレン▼12・20・VSシャレード63 米🄵ユニヴァーサル🄳スタンリー・ドーネン🄲オードリー・ヘップバーン

【1964年（昭和39年）】

▼3・7・春のめざめ63 ギリシャ🄵松竹映配 🄳ニコス・コンドゥロス🄲クレオパトラ・ロータ▼3・28・SSあしやからの飛行64 米🄵大映🄳マイケル・アンダーソン🄲ユル・ブリンナー▼5・1・SSラスベガス万才64 米🄵MGM🄳ジョージ・シドニー🄲エルヴィス・プレスリー▼6・6・6・19 70 枢機卿63 米🄵コロムビア🄳オットー・プレミンジャー🄲トム・トライオン▼6・18（23：20）［特別有料試写会］SS白日夢64 🄵松竹🄳武智鉄二🄲路加奈子▼6・20・SS恋のなぎさ64 伊🄵松竹映配 🄳フロレスタノ・ヴァンチーニ🄲カトリーヌ・スパーク▼7・11・VSフリッパー63 米🄵松竹映配 🄳ジェームズ・B・クラーク🄲チャック・コナーズ／［トムとジェリーの大行進］透明ネズミの巻・ゴルフ狂の巻・イカレ鳥の巻・ボーリング騒動の巻・星条旗永遠の巻（短編アニメーション）▼8・8・VSマンハッタン物語63 米🄵パラマウント🄳ロバート・マリガン🄲ナタリー・ウッド▼9・12・VSブーベの恋人63 伊、仏🄵松竹映配 🄳ルイジ・コメンチーニ🄲クラウディア・カルディナーレ▼11・7・VS4次元の情事64 伊、仏🄵MGM🄳マッシモ・ミーダ、ジャック・ロマン、ジャンニ・プッチーニ、ミーノ・グェルリーニ🄲シルヴァ・コシナ▼11・21・VS491 64 瑞典🄵松竹映配 🄳ヴィルゴット・シェーマン🄲レイフ・ニーマルク▼12・26・SS輪舞64 仏、伊🄵日本ヘラルド🄳ロジェ・ヴァディム🄲ジェーン・フォンダ

【1965年（昭和40年）】

▼1・30・VSハイウェイ64 米🄵コロムビア🄳ロバート・マリガン🄲スティーヴ・マックィーン▼2・20・恋人のいる時間64 仏🄵松竹映配 🄳ジャン＝リュック・ゴダール🄲マーシャ・メリル▼3・18・SS愛してご免なさい64 伊、仏🄵松竹映配 🄳レナート・カステラーニ、ルイジ・コメンチーニ、フランコ・ロッシ🄲カトリーヌ・スパーク▼4・2・SSねえ！キスしてよ64 米🄵ユナイト🄳ビリー・ワイルダー🄲キム・ノヴァク▼4・15・VS彼氏はトップレディ64 米🄵ワーナー🄳カーティス・バーンハート🄲フレッド・マクマレイ▼4・24・SS泥棒を消せ64 米、仏🄵MGM🄳ラルフ・ネルソン🄲アラン・ドロン▼5・15・VS女が愛情に渇くとき64 英🄵コロムビア🄳ジャック・クレイトン🄲アン・バンクロフト▼5・25・VSダイナミック作戦61 英🄵NIC🄳シリル・フランケル🄲アルフレッド・リンチ▼6・5・SSある晴れた朝突然に64 仏、西、伊🄵松竹映配 🄳ジャック・ドレー🄲ジャン・ポール・ベルモンド▼6・26・70 サウンド・オブ・ミュージック65 米🄵20世紀FOX🄳ロバート・ワイズ🄲ジュリー・アンドリュース（上映期間139日）▼11・13・SSハーロー65 米🄵パラマウント🄳ゴードン・ダグラス🄲キャロル・ベイカー▼11・27・SSモール・フランダースの愛の冒険65 英🄵パラマウント🄳テレンス・ヤング🄲キム・ノヴァク▼12・18・VS何かいいことないか子猫チャン65 英🄵ユナイト🄳クライヴ・ドナー🄲ピーター・オトゥール

【1966年（昭和41年）】

▼1・9・SSレディL65 英🄵MGM🄳ピーター・ユスティノフ🄲ソフィア・ローレン▼1・29・SS結婚専科65 米🄵ワーナー🄳ジャック・ドノヒュー🄲フランク・シナトラ▼2・12・SS目かくし65 米🄵ユニヴァーサル🄳フィリップ・ダン🄲ロック・ハドソン▼3・5・マンハッタンの哀愁65 仏🄵松竹映配 🄳マルセル・カルネ🄲アニー・ジラルド▼4・7・VS国境は燃えている65 伊🄵日本ヘラルド🄳ヴァレリオ・ズルリーニ🄲マリー・ラフォレ▼4・22・SSビバ！マリア65 仏🄵ユナイト🄳ルイ・マル🄲ブリジット・バルドー▼5・28・VS寒い国から帰ったスパイ65 米🄵

パラマウント🄳マーティン・リット🄲リチャード・バートン▼6・18・太陽が目にしみる65 西、仏🄵松竹映配🄳ファン・アントニオ・バルデム🄲メリナ・メルクーリ▼7・6・VSグループ66 米🄵ユナイト🄳シドニー・ルメット🄲キャンディス・バーゲン▼7・23・70 戦争と平和〈第1部〉65 ソ連🄵日本ヘラルド🄳セルゲイ・ボンダルチュク🄲リュドミラ・サベーリエワ（上映期間140日）▼12・10・SSハワイ66 米🄵ユナイト🄳ジョージ・ロイ・ヒル🄲ジュリー・アンドリュース

【1967年（昭和42年）】

▼2・4・恋人たちの世界66 仏、伊🄵ユナイト🄳ヴィットリオ・デ・シーカ🄲ニーノ・カステルヌオーヴォ／展覧会の絵67 🄿虫プロダクション🄳大貫信夫（アニメーション）▼2・18・70 サウンド・オブ・ミュージック65 米🄵20世紀FOX🄳ロバート・ワイズ🄲ジュリー・アンドリュース▼2・25・SSさらばベルリンの灯66 英🄵20世紀FOX🄳マイケル・アンダーソン🄲ジョージ・シーガル▼3・18・70 砲艦サンパブロ66 米🄵20世紀FOX🄳ロバート・ワイズ🄲スティーヴ・マックィーン▼6・3・SS智恵子抄67 🄵松竹🄳中村登🄲岩下志麻▼6・10・SSじゃじゃ馬ならし67 米、伊🄵コロムビア🄳フランコ・ゼフィレッリ🄲エリザベス・テイラー▼7・15・SSいつも2人で67 米🄵20世紀FOX🄳スタンリー・ドーネン🄲オードリー・ヘップバーン▼10・7・SS努力しないで出世する方法67 米🄵ユナイト🄳デヴィッド・スウィフト🄲ロバート・モース▼10・29・エヴァの恋人66 仏🄵松竹映配🄳ピエール・ガスパール・ユイ🄲ミレーユ・ダルク▼11・18・VSジブラルタルの追想67 英🄵ユナイト🄳トニー・リチャードソン🄲ジャンヌ・モロー▼12・2・VS城の生活66 仏🄵コロムビア🄳ジャン・ポール・ラプノー🄲カトリーヌ・ドヌーヴ▼12・10・SSサンタモニカの週末67 米🄵MGM🄳アレクサンダー・マッケンドリック🄲トニー・カーティス▼12・21・70 キャメロット67 米🄵ワーナー🄳ジョシュア・ローガン🄲フランコ・ネロ

【1968年（昭和43年）】

▼3・16・パリのめぐり逢い67 仏、伊🄵ユナイト🄳クロード・ルルーシュ🄲キャンディス・バーゲン▼5・1・VS暗くなるまで待って67 米🄵ワーナー🄳テレンス・ヤング🄲オードリー・ヘップバーン▼8・1・SS哀愁の花びら67 米🄵20世紀FOX🄳マーク・ロブソン🄲バーバラ・パーキンス▼8・17・70 スター！68 米🄵20世紀FOX🄳ロバート・ワイズ🄲ジュリー・アンドリュース▼11・16・VS夜空に星のあるように68 英🄵日本ヘラルド🄳ケン・ローチ🄲テレンス・スタンプ▼12・8・SS人間の条件（全篇上映）59・61 🄵松竹🄳小林正樹🄲仲代達矢▼12・20貸切▼12・21・70 太平洋の地獄68 米🄵松竹映配🄳ジョン・ブアマン🄲リー・マーヴィン、三船敏郎

【1969年（昭和44年）】

▼2・11・SSグランド・バカンス67 仏🄵ディズニー🄳ジャン・ジロー🄲ルイ・ド・フュネス▼3・4・3・14 SS人間の条件（全篇上映）▼3・15・70 フィニアンの虹68 米🄵ワーナーブラザース・セブンアーツ🄳フランシス・フォード・コッポラ🄲フレッド・アステア▼4・5・VS先生67 仏🄵日本ヘラルド🄳アンドレ・カイヤット🄲ジャック・ブレル▼4・26・SSうたかたの恋68 英、米🄵コロムビア🄳テレンス・ヤング🄲カトリーヌ・ドヌーヴ▼5・31・6・13 VS悪魔のような恋人69 英🄵ユナイト🄳トニー・リチャードソン🄲ニコル・ウィリアムソン▼6・7、6・14、6・21（各23：30）［オールナイト］SS人間の条件（全篇上映）▼6・14・7・4 VSプレイタイム67 仏🄵松竹映配🄳ジャック・タチ🄲ジャック・タチ▼6・28・7・4 SS人間の条件（全篇上映）：6・28のみオールナイト▼7・5・70 ウエスト・サイド物語61 米🄵ユナイト🄳ロバート・ワイズ、ジェローム・ロビンス🄲ナタリー・ウッド▼11・1・SS枯葉の街68 仏、伊🄵日本ヘラルド🄳ジョルジオ・ボンテンピ🄲ミレーユ・ダルク／パリの一日▼11・22・VSさらば恋の日69 伊🄵ユナイト🄳マウロ・ボロニーニ🄲ジーナ・ロロブリジーダ▼12・3・12・12 SS人間の条件（全篇上映）▼12・13・70 マイ・フェア・レディ64 米🄵ワーナー🄳ジョージ・キューカー🄲オードリー・ヘップバーン

【1970年（昭和45年）】

▼2・21・SSアレンジメント 愛の旋律69 米🄵ワーナー🄳エリア・カザン🄲カーク・ダグラス▼3・28・SSサンタ・ビットリアの秘密69 米🄵ユナイト🄳スタンリー・クレイマー🄲アンソニー・クイン▼4・25・70 大空港70 米🄵ユニヴァーサル🄳ジョージ・シートン🄲バート・ランカスター▼6・6・SS影の車69 🄵松竹🄳野村芳太郎🄲岩下志麻／チェコスロバキア'18・'68 69 米🄳ロバート・M・フレスコ、デニス・サンダース（短編記録映画）▼6・13・VSガラスの部屋69 伊🄵日本ヘラルド🄳セルジオ・カポーニャ🄲レイモンド・ラヴロック▼7・25・ウッドストック

愛と平和と音楽の3日間70 米ＦワーナーＤマイケル・ウォドレーＣジョーン・バエズ（記録映画）▼9・12・VSキャンディ68 伊、仏、米Ｆ松竹映配 Ｄクリスチャン・マルカンＣエヴァ・オーリン▼9・26・70 1000日のアン69 米ＦＣＩＣＤチャールズ・ジャロットＣジュヌヴィエーヴ・ビジョルド▼10・24・SS家族70 Ｆ松竹Ｄ山田洋次Ｃ倍賞千恵子▼11・7・さよならを言わないで69 伊ＦコロムビアＤレナート・カステラーニＣクリストファー・ジョーンズ▼11・28・VS怒りを胸にふり返れ！70 米ＦユナイトＤポール・ボガートＣカルヴィン・ロックハート／ミュージカルの世界（短編映画）▼12・19・SS知られざるアフリカ69 伊ＦコロムビアＤグイド・グェラッシオ（記録映画）

【1971年（昭和46年）】

▼1・3・SS晴れた日に永遠が見える70 米Ｆパラマウント、ＣＩＣＤヴィンセント・ミネリＣバーブラ・ストライサンド▼1・29・VSナンバーワン物語69 米Ｆ松竹映配 Ｄトム・グライスＣチャールトン・ヘストン▼2・11・70 エルビス・オン・ステージ70 米ＦＭＧＭＤデニス・サンダースＣエルヴィス・プレスリー▼3・20・VSある愛の詩70 米ＦパラマウントＤアーサー・ヒラーＣアリ・マッグロー▼8・28・70 エルビス・オン・ステージ70 米ＦＭＧＭＤデニス・サンダースＣエルヴィス・プレスリー▼10・2・SSベニスに死す71 伊、仏ＦワーナーＤルキノ・ヴィスコンティＣダーク・ボガード▼10・23・VS栗色のマッドレー71 仏Ｆ松竹映配 Ｄロジェ・カーヌＣミレーユ・ダルク▼11・6・VS朝やけの空70 米ＦＣＩＣＤジェームズ・ゴールドストーンＣリチャード・トーマス▼11・20・SS男はつらいよ 寅次郎恋歌71 Ｆ松竹Ｄ山田洋次Ｃ渥美清▼12・25・SS地球最後の男 オメガマン71 米ＦワーナーＤボリス・セーガルＣチャールトン・ヘストン

【1972年（昭和47年）】

▼1・15・VS哀しみの終るとき71 仏ＦＣＩＣＤナディーヌ・トランティニャンＣカトリーヌ・ドヌーヴ▼2・5・SSリア王70 ソ連Ｆ松竹映配Ｄグリゴーリ・コージンツェフＣユーリー・ヤルヴェト▼2・26・70 ボーイフレンド71 英ＦＭＧＭＤケン・ラッセルＣツイッギー▼3・11・CSエデンの東55 米ＦワーナーＤエリア・カザンＣジェームズ・ディーン▼3・18・70 戦争と平和 総集篇65・67 ソ連Ｆ日本ヘラルドＤセルゲイ・ボンダルチュクＣリュドミラ・サベーリエワ▼4・29・VS時計じかけのオレンジ71 英ＦワーナーＤスタンリー・キューブリックＣマルコム・マクダウェル▼6・3・70 エルビス・オン・ステージ70 米ＦＭＧＭＤデニス・サンダースＣエルヴィス・プレスリー▼6・24・70 クイン・メリー 愛と悲しみの生涯71 米Ｆユニヴァーサル、ＣＩＣＤチャールズ・ジャロットＣヴァネッサ・レッドグレイヴ▼7・15・SS男はつらいよ 柴又慕情72 Ｆ松竹Ｄ山田洋次Ｃ渥美清▼8・5・9・1 SSフランツ・リスト 愛の夢70 ソ連、ハンガリーＦ日本ヘラルドＤマルトン・ケレチＣイムレ・シンコヴィッチ▼8・19、8・26（各22：30）［オールナイト］SS人間の条件（全篇上映）59・61 Ｆ松竹Ｄ小林正樹Ｃ仲代達矢▼9・2・9・22 SSオレゴン大森林 わが緑の大地71 米ＦＣＩＣＤポール・ニューマンＣポール・ニューマン▼9・2、9・9、9・16（各22：30）［オールナイト］SS人間の条件（全篇上映）▼9・23・10・20 VSある愛の詩70 米ＦパラマウントＤアーサー・ヒラーＣアリ・マッグロー▼9・23、9・29（各22：30）［オールナイト］SS人間の条件（全篇上映）▼10・21・11・2 VSおませなツインキー69 英、伊Ｆ松竹映配 Ｄリチャード・ドナーＣスーザン・ジョージ▼10・27（18：30）［特別有料試写会］VS故郷72 Ｆ松竹Ｄ山田洋次Ｃ井川比佐志▼11・3・11・22 VSナイト・チャイルド72 英、伊、西、西独ＦブエナビスタＤジェームズ・ケリーＣマーク・レスター▼11・18（22：30）［オールナイト］SS人間の条件（全篇上映）▼11・23・12・6 パリは気まぐれ70 仏ＦＣＩＣＤギイ・カザリルＣブリジット・バルドー▼11・25、12・2（各22：30）［オールナイト］SS人間の条件（全篇上映）▼12・7・12・15［現代に生きる小津安二郎映画祭］東京物語53 Ｆ松竹Ｄ小津安二郎Ｃ笠智衆／彼岸花58 Ｆ松竹Ｄ小津安二郎Ｃ佐分利信▼12・9（22：30）［オールナイト］SS人間の条件（全篇上映）▼12・16・70 十戒56 米ＦＣＩＣＤセシル・Ｂ・デミルＣチャールトン・ヘストン

【1973年（昭和48年）】

▼3・3・3・23 VS水の中の小さな太陽71 仏ＦブエナビスタＤジャック・ドレーＣクローディーヌ・オージェ▼2・17、2・24、3・3、3・10、3・17（各22：30）［オールナイト］SS人間の条件（全篇上映）▼3・24・4・20 野性の叫び72 米Ｆ松竹映配Ｄケン・アナキンＣチャールトン・ヘストン▼3・24、3・31、4・7（各22：30）［オールナイト］SS人間の条

件（全篇上映）▼4・21-VSふたり72米[F]ユニヴァーサル、CIC[D]ロバート・ワイズ[C]ピーター・フォンダ▼5・12-5・25VSお熱い夜をあなたに72米[F]ユナイト[D]ビリー・ワイルダー[C]ジャック・レモン▼5・12［オールナイト］お熱い夜をあなたに／SSアパートの鍵貸します60米[F]ユナイト[D]ビリー・ワイルダー[C]ジャック・レモン▼5・26-ジョニー・オン・ステージ72仏[F]東京第一フィルム[D]フランソワ・レシャンバック[C]ジョニー・アリディ▼6・9-SSボッカチオ72伊[F]コロムビア[D]ブルーノ・コルブッチ[C]エンリコ・モンテサノ▼6・23-7・27VSブラザー・サン シスター・ムーン72伊、英[F]CIC[D]フランコ・ゼフィレッリ[C]グレアム・フォークナー▼6・23、6・30、7・7、7・14、7・21（各21：30）［オールナイト］SS人間の条件（全篇上映）▼7・28-8・3SS男はつらいよ 寅次郎忘れな草73[F]松竹[D]山田洋次[C]渥美清▼7・28（21：30）［オールナイト］SS人間の条件（全篇上映）▼8・4-8・24 70トム・ソーヤーの冒険73米[F]ユナイト[D]ドン・テイラー[C]ジョニー・ホイッテカー▼8・4、8・11、8・18（各21：30）［オールナイト］SS人間の条件（全篇上映）▼8・25-9・21 VV戦争と平和56米[F]CIC[D]キング・ヴィダー[C]オードリー・ヘップバーン▼8・25、9・1（各21：30）［オールナイト］SS人間の条件（全篇上映）▼9・22-SSスケアクロウ73米[F]ワーナー[D]ジェリー・シャッツバーグ[C]ジーン・ハックマン▼11・17-VSオー！ラッキーマン73英[F]ワーナー[D]リンゼイ・アンダーソン[C]マルコム・マクダウェル▼12・1-VS黄金の指73米[F]ユナイト[D]ブルース・ゲラー[C]ジェームズ・コバーン▼12・16-SS男はつらいよ 私の寅さん73[F]松竹[D]山田洋次[C]渥美清▼12・22-70ジーザス・クライスト・スーパースター73米[F]CIC[D]ノーマン・ジュイソン[C]テッド・ニーリー

【1974年（昭和49年）】

▼2・16-VS戒厳令72仏、伊[F]富士映画[D]コスタ・ガヴラス[C]イヴ・モンタン▼3・9-VSペーパー・ムーン73米[F]CIC[D]ピーター・ボグダノヴィッチ[C]ライアン・オニール▼4・27-SSメイム73米[F]ワーナー[D]ジーン・サックス[C]ルシル・ボール▼6・8-VSクレイジーボーイ 突撃大作戦71仏[F]富士映画[D]クロード・ジディ[C]ジャン・ギイ・フェシュネール▼6・22-VSおかしなおかしな大冒険73仏、伊[F]ワーナー[D]フィリップ・ド・ブロカ[C]ジャン・ポール・ベルモンド▼7・13-VSエクソシスト73米[F]ワーナー[D]ウィリアム・フリードキン[C]マックス・フォン・シドー▼11・9（22：30）［オールナイト］SS人間の条件（全篇上映）▼11・16-VSフェリーニのアマルコルド73伊、仏[F]ワーナー[D]フェデリコ・フェリーニ[C]ブルーノ・ザニン▼11・16、11・23、12・7（各22：30）［オールナイト］SS人間の条件（全篇上映）▼12・14-70エアポート'75 73米[F]ユニヴァーサル、CIC[D]ジャック・スマイト[C]チャールトン・ヘストン

【1975年（昭和50年）】※3・1以降、新宿ピカデリーと同番組（11・1、11・8のオールナイトなし）

▼3・1-SSオデッサ・ファイル74英、西独[F]コロムビア[D]ロナルド・ニーム[C]ジョン・ヴォイト▼3・21-70ザッツ・エンタテインメント74米[P]MGM[F]松竹、富士映画[D]ジャック・ヘイリー・ジュニア[C]フレッド・アステア▼6・7-70レニングラード攻防戦74ソ連[F]東映洋画[D]ミハイル・エルショフ[C]ユーリー・サローミン▼6・28-SSタワーリング・インフェルノ74米[F]ワーナー、20世紀FOX[D]ジョン・ギラーミン[C]ポール・ニューマン▼8・16-SSファニー・レディ75米[F]コロムビア[D]ハーバート・ロス[C]バーブラ・ストライサンド▼9・13-70風と共に去りぬ39米[F]富士映画[D]ヴィクター・フレミング[C]ヴィヴィアン・リー▼9・27-10・24SSいくたびか美しく燃え75米[F]パラマウント、CIC[D]ガイ・グリーン[C]カーク・ダグラス▼10・11、10・18（各22：30）［オールナイト］SS人間の条件（全篇上映）▼10・25-10・31VS同胞《はらから》75[F]松竹[D]山田洋次[C]倍賞千恵子▼10・25（22：30）［オールナイト］SS人間の条件（全篇上映）▼11・1-SSアイガー・サンクション75米[F]ユニヴァーサル、CIC[D]クリント・イーストウッド[C]クリント・イーストウッド▼11・1、11・8、11・15、11・22、11・29（各22：30）［オールナイト］SS人間の条件（全篇上映）▼12・6-SSJAWS ジョーズ75米[F]ユニヴァーサル、CIC[D]スティーヴン・スピルバーグ[C]ロイ・シャイダー

【1976年（昭和51年）】※新宿ピカデリーと同番組（8・28、9・4のオールナイトなし）

▼2・28-SSブレージングサドル74米[F]ワーナー[D]メル・ブルックス[C]ジーン・ワイルダー▼3・13-SS華麗なるヒコーキ野郎75米[F]ユニヴァーサル、CIC[D]ジョージ・ロイ・ヒル[C]ロバート・レッドフォード▼4・24-VSル・ジタン75仏、伊[F]東映洋画[D]ジョゼ・ジョヴァンニ[C]アラン・ドロン▼6・12-SS王

になろうとした男75米[F]コロムビア[D]ジョン・ヒューストン[C]ショーン・コネリー▼7・3・VSバリー・リンドン75英[F]ワーナー[D]スタンリー・キューブリック[C]ライアン・オニール▼8・7・VS大統領の陰謀76米[F]ワーナー[D]アラン・J・パクラ[C]ダスティン・ホフマン▼8・28、9・4、9・11、9・18、9・25、10・2、10・9、10・16、10・23、10・30（各22：20）［オールナイト］SS人間の条件（全篇上映）▼10・16・VS夜明けのマルジュ76仏[F]松竹、東北新社[D]ヴァレリアン・ボロヴズィック[C]シルヴィア・クリステル▼10・30・70十戒56米[F]CIC[D]セシル・B・デミル[C]チャールトン・ヘストン▼12・4・SS弾丸特急ジェット・バス76米[F]パラマウント、CIC[D]ジェームズ・フローリー[C]ジョセフ・ボローニャ▼12・25・SSブーメランのように76仏[F]東映洋画[D]ジョゼ・ジョヴァンニ[C]アラン・ドロン

【1977年（昭和52年）】※新宿ピカデリーと同番組

▼1・29・SSネットワーク76米[F]ユナイト[D]シドニー・ルメット[C]ウィリアム・ホールデン▼3・12・70スター誕生76米[F]ワーナー[D]フランク・ピアソン[C]バーブラ・ストライサンド▼6・18・VSビリー・ジョー 愛のかけ橋76米[F]ワーナー[D]マックス・ベア[C]ロビー・ベンソン▼7・2・SS遠すぎた橋77英、仏[F]富士映画[D]リチャード・アッテンボロー[C]ダーク・ボガード▼8・13・10・8VSニューヨーク・ニューヨーク77米[F]ユナイト[D]マーティン・スコセッシ[C]ライザ・ミネリ▼9・24、10・1（各22：20）［オールナイト］SS人間の条件（全篇上映）▼10・8・10・28VSロッキー76米[F]ユナイト[D]ジョン・G・アヴィルドセン[C]シルヴェスター・スタローン▼10・8、10・15、10・22（各22：20）［オールナイト］SS人間の条件（全篇上映）▼10・29・SS王子と乞食77米、英[F]ワーナー[D]リチャード・フライシャー[C]マーク・レスター▼10・29、11・5（各22：20）［オールナイト］SS人間の条件（全篇上映）▼11・26・VSアウトローブルース77米[F]ワーナー[D]リチャード・T・ヘフロン[C]ピーター・フォンダ▼12・17・VSがんばれベアーズ！特訓中77米[F]パラマウント、CIC[D]マイケル・プレスマン[C]ウィリアム・ディヴェイン

【1978年（昭和53年）】※新宿ピカデリーと同番組

▼1・21・VSマッカーサー77米[F]ユニヴァーサル、CIC[D]ジョセフ・サージェント[C]グレゴリー・ペック▼2・18・SSボビー・デアフィールド77米[F]ワーナー[D]シドニー・ポラック[C]アル・パチーノ▼3・18・VSミスター・グッドバーを探して77米[F]パラマウント、CIC[D]リチャード・ブルックス[C]ダイアン・キートン▼4・22・SS原子力潜水艦浮上せず78米[F]ユニヴァーサル、CIC[D]デヴィッド・グリーン[C]チャールトン・ヘストン▼5・20・SS燃えよドラゴン73香港、米[F]ワーナー[D]ロバート・クローズ[C]ブルース・リー▼6・10・SSコンボイ78米[F]日本ヘラルド[D]サム・ペキンパー[C]クリス・クリストファーソン▼7・22・SS男はつらいよ 寅次郎わが道をゆく78[F]松竹[D]山田洋次[C]渥美清▼8・5・SSスウォーム78米[F]ワーナー[D]アーウィン・アレン[C]マイケル・ケイン▼8・26・VSイッツ・フライデー78米[F]コロムビア[D]ロバート・クレイン[C]ヴァレリー・ランズバーグ▼9・9・VSストレート・タイム78米[F]ワーナー[D]ウール・グロスバード[C]ダスティン・ホフマン▼9・23・SSダイアン・キートン 可愛い女76米[F]松竹、富士映画[D]ノーマン・パナマ[C]ダイアン・キートン▼10・7・VS鬼畜78[F]松竹[D]野村芳太郎[C]岩下志麻▼10・28・VSグッバイガール77米[F]ワーナー[D]ハーバート・ロス[C]リチャード・ドレイファス▼12・2・SSジョーズ2 78米[F]ユニヴァーサル、CIC[D]ヤノット・シュワルツ[C]ロイ・シャイダー

【1979年（昭和54年）】※新宿ピカデリーと同番組

▼1・20・VS天国から来たチャンピオン78米[F]パラマウント、CIC[D]ウォーレン・ベイティ、バック・ヘンリー[C]ウォーレン・ベイティ▼2・24・VSブリンクス78米[F]日本ヘラルド[D]ウィリアム・フリードキン[C]ピーター・フォーク▼4・7・天国から来たチャンピオン（再映）／VSファール・プレイ78米[F]パラマウント、CIC[D]コリン・ヒギンズ[C]ゴールディ・ホーン▼4・21・VS復讐するは我にあり79[F]松竹[D]今村昌平[C]緒形拳▼4・28・VSカリフォルニア・スイート78米[F]コロムビア[D]ハーバート・ロス[C]マイケル・ケイン▼5・26・SSコンコルド79米、伊[F]松竹、ジョイパック、富士映画[D]ルッジェロ・デオダート[C]ジェームズ・フランシスカス▼6・16・SS闇の狩人79[F]松竹[D]五社英雄[C]仲代達矢▼6・30・70スーパーマン78米[F]ワーナー[D]リチャード・ドナー[C]クリストファー・リーヴ▼9・15・VS幸せを世界の友へ79[F]富士映画[D]斎藤耕一[C]西村由紀江（記録映画）▼10・6・VS配達されない三通の手紙79[F]松竹[D]野村芳太郎[C]佐分利信▼10・20・VS夜叉ケ池79[F]松竹[D]篠田正浩[C]坂東玉三郎▼11・17・VSさら

ば青春の光79 英[F]松竹、富士映画[D]フランク・ロッダム[C]フィル・ダニエルズ▼12・15・VSメーン・イベント79 米[F]ワーナー[D]ハワード・ジーフ[C]バーブラ・ストライサンド

【1980年（昭和55年）】※新宿ピカデリーと同番組

▼1・12・VSあきれたあきれた大作戦79 米[F]ワーナー[D]アーサー・ヒラー[C]ピーター・フォーク▼1・26・VS華麗なる相続人79 米[F]パラマウント、CIC[D]テレンス・ヤング[C]オードリー・ヘップバーン▼2・23・VS復讐するは我にあり79 [F]松竹[D]今村昌平[C]緒形拳▼3・8・70 1941 79 米[F]コロムビア[D]スティーヴン・スピルバーグ[C]ジョン・ベルーシ、三船敏郎▼4・5・VSクレイマー、クレイマー79 米[F]コロムビア[D]ロバート・ベントン[C]ダスティン・ホフマン▼8・14・VS青い珊瑚礁80 米[F]コロムビア[D]ランダル・クレイザー[C]ブルック・シールズ▼9・27・VS第２章79 米[F]コロムビア[D]ロバート・ムーア[C]ジェームズ・カーン▼10・25・SS忍冬の花のように80 米[F]ワーナー[D]ジェリー・シャッツバーグ[C]ウィリー・ネルソン▼11・8・クレイマー、クレイマー（再映）／VSチャンプ77 米[F]MGM、CIC[D]フランコ・ゼフィレッリ[C]ジョン・ヴォイト▼12・13・VSシャイニング80 米[F]ワーナー[D]スタンリー・キューブリック[C]ジャック・ニコルソン

【1981年（昭和56年）】※新宿ピカデリーと同番組

▼1・31・VSチャンス79 米[F]松竹、富士映画[D]ハル・アシュビー[C]ピーター・セラーズ▼2・21・VSザナドゥ80 米[F]ユニヴァーサル、CIC[D]ロバート・グリーンウォルド[C]オリヴィア・ニュートン・ジョン▼3・14・VSええじゃないか81 [F]松竹[D]今村昌平[C]桃井かおり▼4・18・VSコンペティション80 米[F]コロムビア[D]ジョエル・オリアンスキー[C]リチャード・ドレイファス▼5・16・VSプライベイトレッスン81 米[F]松竹、富士映画[D]アラン・マイヤーソン[C]シルヴィア・クリステル▼6・13・VSリトルチャンピオン81 日、米[F]富士映画[D]グウェン・アーナー[C]島田陽子、クリス・ミッチャム▼6・27・70 スーパーマンII 冒険篇81 米[F]ワーナー[D]リチャード・レスター[C]クリストファー・リーヴ▼8・8・VSスター・クレイジー80 米[F]コロムビア[D]シドニー・ポワチエ[C]ジーン・ワイルダー▼9・12・VS北斎漫画81 [F]松竹[D]新藤兼人[C]緒形拳▼10・10・SS愛と哀しみのボレロ81 仏[F]日本ヘラルド[D]クロード・ルルーシュ[C]ロベール・オッセン▼11・28・「ロッキー・フェスティバル」VSロッキー76 米[F]ユナイト[D]ジョン・G・アヴィルドセン[C]シルヴェスター・スタローン／VSロッキー２78 米[F]ユナイト[D]シルヴェスター・スタローン[C]シルヴェスター・スタローン▼12・19・VSタイタンの戦い81 米[F]MGM、CIC[D]デズモンド・デイヴィス[C]ハリー・ハムリン

【1982年（昭和57年）】※新宿ピカデリーと同番組

▼1・23・VSパラダイス・アーミー81 米[F]コロムビア[D]アイヴァン・ライトマン[C]ビル・マーレイ▼2・20・VSスクープ 悪意の不在81 米[F]コロムビア[D]シドニー・ポラック[C]ポール・ニューマン▼3・20・VSこの生命《いのち》誰のもの81 米[F]MGM、ユナイト、CIC[D]ジョン・バダム[C]リチャード・ドレイファス▼4・1・SSレイダース 失われた聖櫃《アーク》81 米[F]パラマウント、CIC[D]スティーヴン・スピルバーグ[C]ハリソン・フォード／VSタイタンの戦い81 米[F]MGM、CIC[D]デズモンド・デイヴィス[C]ハリー・ハムリン▼4・17・VS窓からローマが見える82 日、伊[F]富士映画[D]池田満寿夫[C]中山貴美子▼5・15・風と共に去りぬ39米[F]MGM、CIC[D]ヴィクター・フレミング[C]ヴィヴィアン・リー▼6・26・VSマイライバル82 米[F]ワーナー[D]ロバート・タウン[C]マリエル・ヘミングウェイ▼7・3・SSスーパーマン78 米[F]ワーナー[D]リチャード・ドナー[C]クリストファー・リーヴ／SSスーパーマンII 冒険篇81 米[F]ワーナー[D]リチャード・レスター[C]クリストファー・リーヴ▼7・17・SSファイヤーフォックス82 米[F]ワーナー[D]クリント・イーストウッド[C]クリント・イーストウッド▼9・11・VS疑惑82 [F]松竹、富士映画[D]野村芳太郎[C]岩下志麻▼10・30・VSミッシング82 米[F]ユニヴァーサル、CIC[D]コスタ・ガヴラス[C]ジャック・レモン▼11・20・SSポルターガイスト82 米[F]MGM、CIC[D]トビー・フーパー[C]クレイグ・T・ネルソン／VSキャット・ピープル81 米[F]ユニヴァーサル、CIC[D]ポール・シュレイダー[C]ナスターシャ・キンスキー▼12・4・VSE．T．82 米[F]ユニヴァーサル、CIC[D]スティーヴン・スピルバーグ[C]ヘンリー・トーマス

【1983年（昭和58年）】※新宿ピカデリーと同番組

▼3・12・VSラ・ブーム２82 仏[F]松竹、富士映画[D]クロード・ピノトー[C]ソフィー・マルソー▼4・23・SSトッツィー82 米[F]コロムビア[D]シドニー・ポラック[C]ダスティン・ホフマン▼6・25・70 ザ・ローリングストーンズ82 米[F]松竹富士[D]ハル・アシュビー

🄲ミック・ジャガー（記録映画）▼7・16・SSスーパーマンⅢ 電子の要塞83 米🄵ワーナー🄳リチャード・レスター🄲クリストファー・リーヴ▼9・3・VSプライベイト スクール83 米🄵松竹富士🄳ノエル・ブラック🄲フィービー・ケイツ▼10・1・VS愛の7日間83 米🄵コロムビア🄳ディック・リチャーズ🄲マーティン・シーン▼10・15・VS戦場のメリークリスマス83 英、日🄵松竹富士🄳大島渚🄲デヴィッド・ボウイ、坂本龍一▼10・29・VS魚影の群れ83 🄵松竹富士🄳相米慎二🄲緒形拳▼12・10・VSステイン・アライブ83 米🄵パラマウント、CIC🄳シルヴェスター・スタローン🄲ジョン・トラヴォルタ

【1984年（昭和59年）】 ※10・1迄、新宿ピカデリーと同番組

▼2・18・SS銀河伝説クルール83 米🄵コロムビア🄳ピーター・イエーツ🄲ケン・マーシャル▼3・10・SSサハラ83 米🄵コロムビア🄳アンドリュー・V・マクラグレン🄲ブルック・シールズ▼4・7・VSクジョー83 米🄵松竹富士🄳ルイス・ティーグ🄲ディー・ウォーレス▼4・14・VS戦場のメリークリスマス83 英、日🄵松竹富士🄳大島渚🄲デヴィッド・ボウイ、坂本龍一▼4・28・VS愛のイエントル83 米🄵MGM、ユナイト、CIC🄳バーブラ・ストライサンド🄲バーブラ・ストライサンド▼5・19・VSキング・オブ・コメディ83 米🄵松竹富士🄳マーティン・スコセッシ🄲ロバート・デ・ニーロ▼6・9・VSセカンド・チャンス83 米🄵20世紀FOX🄳ジョン・ハーツフェルド🄲ジョン・トラヴォルタ▼7・14・SSスーパーガール84 英🄵フジテレビ、東北新社、松竹富士🄳ヤノット・シュワルツ🄲ヘレン・スレイター▼7・28・10・1VSフットルース84 米🄵パラマウント、CIC🄳ハーバート・ロス🄲ケヴィン・ベーコン

10月1日をもって閉館

丸ノ内日活 上映作品

【1954年（昭和29年）】 4月1日開館

▼4・1・兄弟はみな勇敢だった53 米🄵MGM🄳リチャード・ソープ🄲ロバート・テイラー▼4・15・私は告白する53 米🄵ワーナー🄳アルフレッド・ヒッチコック🄲モンゴメリー・クリフト／子供たちの世界 ワーナー（短編映画）▼4・29・ブラボー砦の脱出53 米🄵MGM🄳ジョン・スタージェス🄲ウィリアム・ホールデン▼5・13・愛情の瞬間52 仏🄵東和映画🄳ジャン・ドラノワ🄲ジャン・ギャバン／白い馬52 仏🄵東和映画🄳アルベール・ラモリス🄲アラン・エムリー（短編映画）▼5・28・ホンドー53 米🄵ワーナー🄳ジョン・ファーロウ🄲ジョン・ウェイン（立体映画）▼6・15・浮気は巴里で53 英🄵BCFC、NCC🄳ゴードン・パリイ🄲クレア・ブルーム／セヴィラの祭り（短編映画）▼6・23・謎のモルグ街54 米🄵ワーナー🄳ロイ・デル・ルース🄲カール・マルデン▼7・13・VSダニー・ケイの あの手この手54 米🄵パラマウント🄳ノーマン・パナマ🄲ダニー・ケイ▼8・7・コンクリートの中の男49 英🄵BCFC、NCC🄳エドワード・ドミトリク🄲サム・ワナメーカー▼8・14・ラプソディー54 米🄵MGM🄳チャールズ・ヴィダー🄲エリザベス・テイラー／チャイコフスキーのイタリヤ綺想曲（音楽短編）▼9・14・青い麦53 仏🄵東和映画🄳クロード・オータン・ララ🄲ニコール・ベルジェ▼10・5・ダイヤルMを廻せ！54 米🄵ワーナー🄳アルフレッド・ヒッチコック🄲レイ・ミランド▼10・19・遠い国54 米🄵ユニヴァーサル🄳アンソニー・マン🄲ジェームズ・スチュアート▼10・29・狂熱の孤独53 仏、メキシコ🄵東和映画🄳イヴ・アレグレ🄲ミシェル・モルガン／水鏡 —オランダ風物詩—50 英🄵東和映画🄳ベルト・ハーンストラ（短編記録映画）▼11・13・ロミオとジュリエット54 英🄵BCFC、NCC🄳レナート・カステラーニ🄲ローレンス・ハーヴェイ▼12・22・12・24 月は上りぬ55 🄵日活🄳田中絹代🄲山根寿子▼12・25・赤と黒54 仏🄵東和映画🄳クロード・オータン・ララ🄲ジェラール・フィリップ

【1955年（昭和30年）】

▼2・5・VS心のともしび54 米🄵ユニヴァーサル🄳ダグラス・サーク🄲ジェーン・ワイマン▼2・19・彩られし幻想曲54 英🄵東和映画🄳ハロルド・フレンチ🄲モイラ・シアラー／パシフィック2・3・1 48 仏🄵東和映画🄳ジャン・ミトリ（短編記録映画）▼3・5・ホブスンの婿選び54 英🄵東和映画🄳デヴィッド・リーン🄲チャールズ・ロートン／フランス近代絵画史50 仏🄵東和映画🄳ポール・エゼール（美術短編）▼3・17・ダニー・ケイの新兵さん43 米🄵大映🄳エリオット・ニュージェント🄲ダニー・ケイ▼4・5・埋れた青春54 仏🄵東和映画🄳ジュリアン・デュヴィヴィエ🄲マドレーヌ・ロバンソン／ペンギ

ンの国を訪ねて53 仏🄵東和映画🄳マリオ・マレ（短編記録映画）▼4・26‐ マンボ54 米🄵パラマウント🄳ロバート・ロッセン🄲シルヴァーナ・マンガーノ▼5・10‐ 若い恋人たち54 英🄵BCFC、NCC🄳アンソニー・アスキス🄲オディール・ヴェルソワ／踊るファッション▼5・28‐ 完全なる良人54 英🄵東和映画🄳シドニー・ギリアット🄲レックス・ハリソン／巴里のバレエ教室52 仏🄵東和映画🄳ジャック・バラティエ（舞踊短編）▼6・9‐ VS奥様はジャズがお好き55 米🄵ユニヴァーサル🄳エドワード・バゼル🄲パイパー・ローリー／美女とメロディ53 米🄳ジェシー・ヒッブス🄲トニー・カーティス（短編記録映画）▼6・23‐ もず55 米🄵ユニヴァーサル🄳ホセ・ファーラー🄲ジューン・アリソン／歌うフォア・エイセス🄲フォア・エイセス四重唱▼7・12‐ 青い大陸54 伊🄵東和映画🄳フォルコ・クイリチ（記録映画）／フランスの曲芸師52 仏🄵東和映画🄳ジャック・バラティエ🄲ミシェル・シモン（短編記録映画）▼8・12‐ わが心に君深く55 米🄵MGM🄳スタンリー・ドーネン🄲ホセ・ファーラー▼9・2‐ SS風と共に去りぬ39米🄵MGM🄳ヴィクター・フレミング🄲ヴィヴィアン・リー（メトロスコープ、パースペクタ立体音響によるワイド版）▼9・23‐ VS重役室54 米🄵MGM🄳ロバート・ワイズ🄲ウィリアム・ホールデン▼10・7［特別有料試写会］ 沙羅の花の峠55 🄵日活🄳山村聡🄲南田洋子▼10・8‐ 夏の嵐 官能の夜54 伊🄵イタリフィルム、NCC🄳ルキノ・ヴィスコンティ🄲アリダ・ヴァリ▼10・29‐ CS愛情は深い海のごとく55 英🄵東和映画🄳アナトール・リトヴァク🄲ヴィヴィアン・リー／シュヴァリエと子供たち53 仏🄵東和映画🄳ジャック・バラティエ🄲モーリス・シュヴァリエ（短編記録映画）▼11・19‐ CS蜘蛛の巣55 米🄵MGM🄳ヴィンセント・ミネリ🄲リチャード・ウィドマーク▼12・1‐ 子鹿物語46 米🄵MGM🄳クラレンス・ブラウン🄲グレゴリー・ペック▼12・9‐ 天井桟敷の人々44 仏🄵東和映画🄳マルセル・カルネ🄲アルレッティ▼12・23‐ CSミスタア・ロバーツ55 米🄵ワーナー🄳ジョン・フォード🄲ヘンリー・フォンダ

【1956年（昭和31年）】

▼1・14‐ われら巴里ッ子55 仏🄵東和映画🄳マルセル・カルネ🄲ジャン・ギャバン／マルセル・マルソオのパントマイム54 仏🄵東和映画🄳ポール・パヴィオ（舞踊短編）▼2・11‐ ホフマン物語52 英🄵東和映画、東宝🄳マイケル・パウエル、エメリック・プレスバーガー🄲ロバート・ラウンズヴィル／マルセル・マルソオのパントマイム（続映）▼2・18‐2・20 神阪四郎の犯罪56 🄵日活🄳久松静児🄲森繁久彌／絵を描く子どもたち56 🄵日活🄿岩波映画🄳羽仁進（短編記録映画）／2・18のみ実演付🄲森繁久彌、左幸子、高田敏江、新珠三千代▼2・21‐ 若い河55 英🄵東和映画🄳フランク・ローンダー🄲アラステア・シム／オリンピック日本選手活躍のあと56 🄵東和映画🄿日本体育協会、編集:川本信正、野口久光（短編映画）▼3・9‐ シューベルト物語 愛の交響楽55 伊🄵イタリフィルム、NCC🄳グラウコ・ペレグリーニ🄲クロード・レーデュ▼4・3‐ CS雨のランチプール55 米🄵20世紀FOX🄳ジーン・ネグレスコ🄲ラナ・ターナー／CS空の旅 ニューヨークから東京へ▼4・19（19：30）［特別有料試写会］ CS美わしき思い出55 米🄵20世紀FOX🄳ヘンリー・コスター🄲ジェニファー・ジョーンズ▼4・20‐ 美わしき思い出（通常興行）／月の涙（真珠物語）▼5・12‐ CS情欲の悪魔55 米🄵MGM🄳チャールズ・ヴィダー🄲ドリス・デイ▼5・29‐ 黄金の腕55 米🄵松竹🄳オットー・プレミンジャー🄲フランク・シナトラ▼6・26‐ 恋愛時代56 伊🄵イタリフィルム、NCC🄳ジュゼッペ・デ・サンティス🄲マルチェロ・マストロヤンニ▼7・17‐ 白昼の脱走56 米🄵日活、映配🄳ジョージ・ブレイクストン🄲ジョン・ベントリー／海底の驚異55 米🄵映配🄳ベン・チャップマン、日本語版解説：青木一雄（記録映画）▼7・27‐ CS男の世界56 仏、伊🄵新東宝、映配🄳イヴ・アレグレ🄲ジェラール・フィリップ／サラブレッド🄵映配、日本語版解説：青木一雄▼8・5‐8・9 太陽の季節56 🄵日活🄳古川卓巳🄲長門裕之／狂った果実56 🄵日活🄳中平康🄲石原裕次郎▼8・10‐ CSわんわん物語55 米🄵大映🄿ウォルト・ディズニー・プロ🄳ハミルトン・ラスク、クライド・ジェロニミ、ウィルフレッド・ジャクソン（アニメーション）／CS民族と自然 スイス55 米🄿ウォルト・ディズニー・プロ🄳ベン・シャープスティーン（短編記録映画）▼10・5‐ ヘッドライト56 仏🄵新外映🄳アンリ・ヴェルヌイユ🄲ジャン・ギャバン／双生児学級56 🄵日活🄿岩波映画🄳羽仁進（短編記録映画）▼10・19‐ CS恋は巴里で56 米🄵松竹、セレクト🄳ノーマン・クラスナ🄲オリヴィア・デ・ハヴィランド▼10・29‐10・31 ビルマの竪琴56 🄵日活🄳市川崑🄲安井昌二▼11・1‐ 動物の世界56 米🄵ワーナー🄳アーウィン・アレン（記

録映画）／大アマゾンを征く55 米[F]ワーナー[D]トム・マクガウアン[C]ジョン・サットン（短編映画）▼11・12（20：00）［有料試写会］乳母車56 [F]日活[D]田坂具隆[C]芦川いづみ▼11・13-乳母車（通常興行）／愛は降る星のかなたに56 [F]日活[D]斎藤武市[C]森雅之▼11・20-沖縄の民56 [F]日活[D]古川卓巳[C]左幸子／乳母車（続映）▼11・28-CS明日なき愛情56 伊[F]イタリフィルム、NCC[D]ジョルジョ・モーゼル[C]ガブリエレ・フェルゼッティ／ピカソ この天才を見よ54 伊[F]イタリフィルム、新外映[D]ルチアーノ・エンメル[C]パブロ・ピカソ（短編記録映画）▼12・12-VS外国の陰謀56 米[F]松竹、ユナイト[D]シェルダン・レイノルズ[C]ロバート・ミッチャム▼12・26-若ノ花物語 土俵の鬼56 [F]日活[D]森永健次郎[C]若ノ花勝治／人間魚雷出撃す56 [F]日活[D]古川卓巳[C]石原裕次郎

【1957年（昭和32年）】 ※7・29よりパンテオン、ミラノ座と同番組

▼1・1-お転婆三人姉妹 踊る太陽57 [F]日活[D]井上梅次[C]芦川いづみ／川上哲治物語 背番号16 57 [F]日活[D]滝沢英輔[C]川上哲治／実演『歌うお転婆三人姉妹』[C]ペギー葉山、芦川いづみ、浅丘ルリ子、石原裕次郎、岡田眞澄▼1・9-哀愁の園57 [F]日活[D]吉村廉[C]南田洋子／お転婆三人姉妹 踊る太陽（続映）／実演『ビクター・ヒットソングパレード』[C]三浦洸一、葉山良二▼1・12-孤独の人57 [F]日活[D]西川克己[C]津川雅彦／哀愁の園（続映）／われらの皇太子さま57 [F]日活[P]毎日映画社、構成：伊勢寅彦（短編記録映画）▼1・15-フランキー・ブーチャンのあゝ軍艦旗57 [F]日活[D]春原政久[C]フランキー堺／孤独の人（続映）／われらの皇太子さま（続映）／実演『ブーチャンのステージ・ドア』[C]市村俊幸、東郷たまみ▼1・22-最後の突撃57 [F]日活[D]阿部豊[C]水島道太郎／孤独の人（続映）／昭和32年初場所大相撲 前半戦[F]日活[P]日本相撲協会映画部▼1・29-復讐は誰がやる57 [F]日活[D]野口博志[C]三橋達也／髑髏銭38 [F]日活[D]辻吉郎[C]嵐寛寿郎（『前篇 風の巻』『後篇 雪の巻』の総集篇新版）／昭和32年初場所大相撲後半戦[F]日活[P]日本相撲協会映画部▼2・6-女子寮祭57 [F]日活[D]斎藤武市[C]轟夕起子／復讐は誰がやる（続映）▼2・13-恋と浮気の青春手帖 街燈57 [F]日活[D]中平康[C]月丘夢路／唄祭り喧嘩旅57 [F]日活[D]関喜誉仁[C]長門裕之▼2・20-ライムライト52 米[F]松竹洋画部[D]チャールズ・チャップリン[C]チャールズ・チャップリン▼3・6-不滅の守備隊56 ソ連[F]中央映画社、日活、映配[D]ザハール・アグラネンコ[C]ワシーリ・マカーロフ／皇帝に捧げし命52 ソ連[F]中央映画貿易[D]アレクサンドル・イワノフスキー、ゲルベルト・ラパポールト[C]マクシム・ミハイロフ▼3・23-雪は汚れていた52 仏[F]北欧映画、NCC[D]ルイス・サスラフスキー[C]ダニエル・ジェラン▼4・10-VV愛は惜しみなく56 伊[F]イタリフィルム、NCC[D]クレメンテ・フラカッシ[C]アントネラ・ルアルディ▼5・1-VV仮面の追撃56 英[F]東和映画[D]ガイ・グリーン[C]マイケル・クレイグ／日本刀物語57 [F]東和映画[D]浅野辰雄、若井基成、安藤巌（短編映画）▼5・15-赤い靴48 英[F]BCFC、NCC[D]マイケル・パウエル、エメリック・プレスバーガー[C]モイラ・シアラー／蒼風とオブジェ いけばな57 [F]青年プロ[D]勅使河原宏（短編記録映画）▼5・29-VV栄光の旅路57 米[F]パラマウント[D]ロバート・マリガン[C]アンソニー・パーキンス／VV世界めぐり ハワイの旅▼6・15-VV戦争と平和56 米[F]パラマウント[D]キング・ヴィダー[C]オードリー・ヘップバーン▼6・29-すべてを五分で56 ソ連[F]独立映画センター[D]エリダル・リャザーノフ[C]リュドミラ・グルチェンコ／生きている人形57 [F]独立映画[D]小林千種、武田敦[C]桐竹紋十郎、ナレーション：山田五十鈴▼7・13-VVバスター・キートン物語56 米[F]パラマウント[D]シドニー・シェルダン[C]ドナルド・オコナー／傑作マンガ大会▼7・29-青い潮56 墺[F]NCC、北欧映画[D]ヴィクトル・ヴィカス[C]マリア・シェル／コルシカの休日54 英[F]NCC[D]ダグラス・ランキン[C]シルヴィア・チャプマン（短編映画）▼8・8-バンビ42 米[F]大映[D]デヴィッド・ハンド（アニメーション）／ディズニーの宇宙旅行55 米[F]大映[D]ウォード・キンボール（アニメーション）▼8・29-SS金髪の悪魔57 米[F]RKO[D]ジョン・V・ファロー[C]ダイアナ・ドース▼9・12-CS夜を逃れて57 米[F]20世紀FOX[D]フレッド・ジンネマン[C]ドン・マレー▼9・23-VS赤い矢57 米[F]RKO[D]サミュエル・フラー[C]ロッド・スタイガー▼10・9（19：00）［特別有料試写会］CSわが愛は終りなし55 米[F]大映[D]カーティス・バーンハート[C]エリナー・パーカー▼10・10-わが愛は終りなし（通常興行）▼10・24-VS成功の甘き香り57 米[F]ユナイト、松竹[D]アレクサンダー・マッケンドリック[C]トニー・カーティス▼11・7-VS南部の反逆者57 米[F]ワーナー[D]ラオール・ウォルシュ[C]クラーク・ゲイブル▼11・23

・小さな無法者55 米🄵大映🄳ロベルト・ガヴァルドン🄲ペドロ・アルメンダリス／アラスカのエスキモー53 米🄵大映🄳ジェームズ・アルガー（短編記録映画）▼12・14・CS宇宙原水爆戦 人工衛星X号56 英、スイス🄵NCC、永昌トレイディング🄳ポール・ディクソン🄲キーロン・ムーア▼12・27・VV胸に輝く星57 米🄵パラマウント🄳アンソニー・マン🄲ヘンリー・フォンダ／ペドロと牡牛／お化けの子供（アニメーション）

【1958年（昭和33年）】※パンテオン、ミラノ座と同番組（4・26、12・23の有料試写を除く）

▼1・10・地下水道56 ポーランド🄵NCC、日活🄳アンジェイ・ワイダ🄲テレサ・イゼウスカ／銀嶺に生きる 墺（山岳映画）▼1・29・CSいとしの殿方57 米🄵ユニヴァーサル🄳ヘンリー・コスター🄲デヴィッド・ニーヴン▼2・13・CS絹の靴下57 米🄵大映🄿MGM🄳ルーベン・マムーリアン🄲シド・チャリシー▼3・1・SS対決の一瞬55 米🄵RKO🄳アラン・ドワン🄲ジョン・ペイン▼3・12・CS翼に賭ける命57 米🄵ユニヴァーサル🄳ダグラス・サーク🄲ロバート・スタック▼3・23・VSカウボーイ58 米🄵コロムビア🄳デルマー・デイヴィス🄲グレン・フォード▼4・6・CS魅惑の巴里57 米🄵MGM🄳ジョージ・キューカー🄲ジーン・ケリー▼4・26（19：00）［特別有料試写会］SS明日は明日の風が吹く58 🄵日活🄳井上梅次🄲石原裕次郎▼4・27・VVさまよう青春57 米🄵パラマウント🄳ハル・カンター🄲エルヴィス・プレスリー▼5・11・アリババの復讐52 米🄵ユニヴァーサル🄳カート・ニューマン🄲トニー・カーティス／西部の支配者44 米🄵ユニヴァーサル🄳ウォリス・W・フォックス🄲ロッド・キャメロン▼5・21・CS今は死ぬ時でない58 米🄵コロムビア🄳テレンス・ヤング🄲ヴィクター・マチュア▼6・7・CS世界を駆ける恋58 米🄵ユニヴァーサル🄳ジャック・アーノルド🄲ジェフ・チャンドラー▼6・15・CS０番号の家57 米🄵大映🄿MGM🄳ラッセル・ラウス🄲ジャック・パランス▼6・25・CS生れながらの無宿者58 米🄵ユニヴァーサル🄳ジョージ・シャーマン🄲ジャック・マホニー／殴り込み牧場45 米🄵ユニヴァーサル🄳ランバート・ヒルヤー🄲ロッド・キャメロン▼7・5・黒い罠58 米🄵ユニヴァーサル🄳オーソン・ウェルズ🄲チャールトン・ヘストン▼7・19・SSモスクワ・ボリショイ・サーカス サーカスの芸人たち57 ソ連🄵大映🄳レオニード・クリスティ（記録映画）／氷の大陸57 ソ連🄵トリアングル映画社🄳第一部『オビ号の冒険』B・エシューリン、第二部『南極の奇蹟』G・ニフォントフ（記録映画）▼7・29・白雪姫37米🄵大映🄿ウォルト・ディズニー・プロ🄳デヴィッド・ハンド（アニメーション）／夢の国ディズニーランド 米🄿ウォルト・ディズニー・プロ▼8・19・CS幌馬車隊西へ！57 米🄵大映🄳ウィリアム・ボーダイン🄲フェス・パーカー／CS民族と自然 ラプランド57 米🄵大映🄿ウォルト・ディズニー・プロ🄳ベン・シャープスティーン（短編記録映画）▼8・31・平和の谷56 ユーゴスラヴィア🄵NCC、日活🄳フランツェ・シュティグリッチ🄲ジョン・キッツミラー▼9・13・CS鍵58 英🄵コロムビア🄳キャロル・リード🄲ウィリアム・ホールデン▼10・4・CS愛する時と死する時58 米🄵ユニヴァーサル🄳ダグラス・サーク🄲ジョン・ギャヴィン▼10・25・VS老人と海58 米🄵ワーナー🄳ジョン・スタージェス🄲スペンサー・トレイシー▼11・15・CS年頃ですモノ！58 米🄵ユニヴァーサル🄳ブレイク・エドワーズ🄲デビー・レイノルズ▼11・27・VSダニイ・ケイの戦場のドン・キホーテ58 米🄵コロムビア🄳ピーター・グレンヴィル🄲ダニー・ケイ▼12・9・CS風雲の鬼将軍 四角い帆54 仏🄵昭映フィルム🄳ベルナール・ボルドリー🄲ペドロ・アルメンダリス／柔道殺人事件55 英🄵BCFC🄳ケン・ヒューズ🄲ジル・ベネット（短編映画）▼12・23（18：30）［有料試写会］SS紅の翼58 🄵日活🄳中平康🄲石原裕次郎▼12・24・VSシンバッド 七回目の航海58 米🄵コロムビア🄳ネイサン・ジュラン🄲カーウィン・マシューズ／近眼のマグー 珍闘牛士57 米（短編アニメーション）

【1959年（昭和34年）】※3・10より日活封切館となる

▼1・11・VV月夜の出来事58 米🄵パラマウント🄳メルヴィル・シェイブルソン🄲ケーリー・グラント／歌のかけ橋 ハワイ大学合唱団 🄵パラマウント🄿朝日新聞社▼1・13（19：00）［有料試写会］SS若い川の流れ59 🄵日活🄳田坂具隆🄲石原裕次郎▼1・27・空挺部隊55 伊、西🄵東急、協映🄳ドゥイリオ・コレッティ🄲ファウスト・トッツィ▼2・8・最後の歓呼58 米🄵コロムビア🄳ジョン・フォード🄲スペンサー・トレイシー▼2・21・VSマルセーユ死の突破 七つの雷鳴57 英🄵昭映🄳ヒューゴ・フレゴネーズ🄲スティーヴン・ボイド／オーケストラ少年50 英🄳ファーガス・マクドネル🄲ジェレミー・スペンサー▼2・28・CS

悪党カシム59 英[F]コロムビア[D]ジョン・ギリング[C]ヴィクター・マチュア／１００万弗のリズム58 米[F]コロムビア[D]ハリー・フォスター[C]ポール・アンカ▼3・10・SS今日に生きる59 [F]日活[D]舛田利雄[C]石原裕次郎／SSおヤエのママさん女中59 [F]日活[D]春原政久[C]若水ヤエ子▼3・18・SS群衆の中の太陽59 [F]日活[D]井上梅次[C]小林旭／今日に生きる（続映）▼3・25・SS逃亡者59 [F]日活[D]古川卓巳[C]長門裕之／群衆の中の太陽（続映）／昭和34年大相撲春場所 新鋭・古豪の激闘59 [F]日活[P]日本相撲協会映画部▼4・1・SS傷つける野獣59 [F]日活[D]野口博志[C]二谷英明／SSおヤエの 家つき女中59 [F]日活[D]春原政久[C]若水ヤエ子▼4・8・SS俺は挑戦する59 [F]日活[D]松尾昭典[C]小林旭／SS狂った脱獄59 [F]日活[D]小杉勇[C]岡田眞澄▼4・15・SS才女気質《かたぎ》59 [F]日活[D]中平康[C]轟夕起子／SSだから言ったじゃないの59 [F]日活[D]堀池清[C]安井昌二／ 皇太子殿下 世紀の御成婚[F]日活[P]毎日映画社▼4・21・SS二連銃の鉄59 [F]日活[D]阿部豊[C]小林旭／才女気質（続映）／皇太子殿下 世紀の御成婚（続映）▼4・28・SS男が爆発する59 [F]日活[D]舛田利雄[C]石原裕次郎／SS拳銃0号《ゼロ》59 [F]日活[D]山崎徳次郎[C]川地民夫▼5・5・SS絞首台の下59 [F]日活[D]西河克己[C]長門裕之／男が爆発する（続映）▼5・12・SS東京の孤独59 [F]日活[D]井上梅次[C]小林旭／SS夜霧に消えたチャコ59 [F]日活[D]森永健次郎[C]筑波久子／昭和34年大相撲夏場所 前半戦59 [F]日活[P]日本相撲協会映画部▼5・19・SS暗黒の旅券59 [F]日活[D]鈴木清順[C]葉山良二／SSおヤエの 身替り女中59 [F]日活[D]春原政久[C]若水ヤエ子／（20日～） 昭和34年大相撲夏場所 後半戦59 [F]日活[P]日本相撲協会映画部▼5・24・SS街が眠る時59 [F]日活[D]野口博志[C]長門裕之／SS迫り来る危機59 [F]日活[D]井田探[C]水島道太郎▼5・31・SS山と谷と雲59 [F]日活[D]牛原陽一[C]石原裕次郎／SS俺は淋しいんだ59 [F]日活[D]小杉勇[C]安井昌二▼6・9・SS海は狂っている59 [F]日活[D]古川卓巳[C]川地民夫／山と谷と雲（続映）▼6・16・SS若い豹のむれ59 [F]日活[D]松尾昭典[C]小林旭／SSおヤエの あんま天国59 [F]日活[D]春原政久[C]若水ヤエ子▼6・23・SSその壁を砕け59 [F]日活[D]中平康[C]小高雄二／SSかわいい女59 [F]日活[D]斎藤武市[C]中原早苗▼6・30・SS若い傾斜59 [F]日活[D]西河克己[C]川地民夫／その壁を砕け（続映）▼7・5・SS爆薬《ダイナマイト》に火をつけろ59 [F]日活[D]蔵原惟繕[C]小林旭／SS事件記者59 [F]日活[D]山崎徳次郎[C]沢本忠雄▼7・12・SS世界を賭ける恋59 [F]日活[D]滝沢英輔[C]石原裕次郎／SSおヤエの 女中と幽霊59 [F]日活[D]小杉勇[C]若水ヤエ子▼7・21・SS海の罠59 [F]日活[D]井田探[C]水島道太郎／世界を賭ける恋（続映）／（22日～） 昭和34年大相撲熱戦名古屋場所59 [F]日活[P]日本相撲協会映画部▼7・28・SSゆがんだ月59 [F]日活[D]松尾昭典[C]長門裕之／世界を賭ける恋（続映）▼8・2・SS南国土佐を後にして59 [F]日活[D]斎藤武市[C]小林旭／SS事件記者 真昼の恐怖59 [F]日活[D]山崎徳次郎[C]沢本忠雄▼8・9・SS男なら夢をみろ59 [F]日活[D]牛原陽一[C]石原裕次郎／南国土佐を後にして（続映）▼8・26・SS浮気の季節59 [F]日活[D]阿部豊[C]益田喜頓／SS東京警部59 [F]日活[D]野口博志[C]水島道太郎▼8・30・SS青春蛮歌59 [F]日活[D]井上梅次[C]長門裕之／SS裕次郎の欧州駈けある記59 [F]日活 監修・出演：石原裕次郎▼9・8・SS人形の歌59 [F]日活[D]斎藤武市[C]中原早苗／SS素ッ裸の年令59 [F]日活[D]鈴木清順[C]赤木圭一郎／裕次郎の欧州駈けある記（続映）▼9・13・SS風のある道59 [F]日活[D]西河克己[C]芦川いづみ／SS海底から来た女59 [F]日活[D]蔵原惟繕[C]筑波久子▼9・20・SS銀座旋風児《ギンザマイトガイ》59 [F]日活[D]野口博志[C]小林旭／SS事件記者 仮面の脅迫59 [F]日活[D]山崎徳次郎[C]沢本忠雄／（22日～） 大相撲秋場所 前半戦59 [F]日活[P]日本相撲協会映画部▼9・27・SS清水の暴れん坊59 [F]日活[D]松尾昭典[C]石原裕次郎／銀座旋風児（続映）▼9・30・SS夜霧の空港《エアーターミナル》59 [F]日活[D]堀池清[C]沢本忠雄／清水の暴れん坊（続映）／大相撲秋場所 後半戦59 [F]日活[P]日本相撲協会映画部▼10・6・SS地獄の曲り角59 [F]日活[D]蔵原惟繕[C]葉山良二／清水の暴れん坊（続映）▼10・11・SSギターを持った渡り鳥59 [F]日活[D]斎藤武市[C]小林旭／清水の暴れん坊（続映）▼10・14・SS事件記者 姿なき狙撃者59 [F]日活[D]山崎徳次郎[C]沢本忠雄／ギターを持った渡り鳥（続映）▼10・21・SS硫黄島59 [F]日活[D]宇野重吉[C]大坂志郎／ギターを持った渡り鳥（続映）▼10・28・SSにあんちゃん59 [F]日活[D]今村昌平[C]長門裕之／SSおヤエの もぐり医者59 [F]日活[D]春原政久[C]若水ヤエ子▼11・1・SS天と地を駈ける男59 [F]日活[D]舛田利雄[C]石原裕次郎／にあんちゃん（続映）▼11・11・SS密会59 [F]日活[D]中平康[C]桂木洋子／天と地を駈ける男（続映）▼11・15・SS波止場の無法者59 [F]日活[D]斎藤武市[C]小林旭／天と地を駈ける男（続映）▼11・18・SS大学の暴れん坊59 [F]日活[D]古川卓巳[C]赤木圭一郎／波止場の無法者（続映）▼

11・25・SSわれらの時代59 F日活D蔵原惟繕C長門裕之／SS事件記者 影なき男59 F日活D山崎徳次郎C沢本忠雄／（26日〜）大相撲福岡本場所実況59 F日活P日本相撲協会映画部▼12・1・SS少年鑑別所 無言の乱斗59 F日活D西河克己C和田浩治／SSおヤエの初恋先生59 F日活D春原政久C若水ヤエ子／自由中国の顔▼12・6・SS銀座旋風児 黒幕は誰だ59 F日活D野口博志C小林旭／少年鑑別所 無言の乱斗（続映）▼12・9・SS事件記者 深夜の目撃者59 F日活D山崎徳次郎C沢本忠雄／銀座旋風児 黒幕は誰だ（続映）▼12・16・SS昼下りの暴力59 F日活D野口博志C川地民夫／SS危険な女59 F日活D若杉光夫C渡辺美佐子▼12・23・にあんちゃん（再映）／南国土佐を後にして（再映）▼12・27・SS男が命を賭ける時59 F日活D松尾昭典C石原裕次郎／SS「黒い落葉」より 青春を吹き鳴らせ59 F日活D舛田利雄C和田浩治

【1960年（昭和35年）】

▼1・3・SS口笛が流れる港町60 F日活D斎藤武市C小林旭／男が命を賭ける時（続映）▼1・9・SS傷だらけの掟60 F日活D阿部豊C長門裕之／口笛が流れる港町（続映）／昭和34年度九州場所熱戦譜 新大関若羽黒優勝十五番60 F日活P日本相撲協会映画部▼1・15・SS鉄火場の風60 F日活D牛原陽一C石原裕次郎／SS事件記者 時限爆弾60 F日活D山崎徳次郎C沢本忠雄▼1・21・SS雑草のような命60 F日活D滝沢英輔C浅丘ルリ子／鉄火場の風（続映）／35年初場所大相撲 前半戦60 F日活P日本相撲協会映画部▼1・27・SS 13号待避線より その護送車を狙え60 F日活D鈴木清順C水島道太郎／SS街に出た野獣60 F日活D山内亮一C小高雄二／35年初場所大相撲 後半戦60 F日活P日本相撲協会映画部▼1・31・SSやくざの詩《うた》60 F日活D舛田利雄C小林旭／その護送車を狙え（続映）▼2・3・SS事件記者 狙われた十代60 F日活D山崎徳次郎C沢本忠雄／やくざの詩（続映）▼2・7・SS俺は欺されない60 F日活D古川卓巳C小高雄二／やくざの詩（続映）▼2・14・SS拳銃無頼帖 抜き射ちの竜60 F日活D野口博志C赤木圭一郎／SS刑事物語 殺人者《ころし》を挙げろ60 F日活D小杉勇C益田喜頓／（15日〜）日本民謡風土記 企画・提供：リッカーミシン▼2・21・SS「キャンパス110番」より 学生野郎と娘たち60 F日活D中平康C中原早苗／拳銃無頼帖 抜き射ちの竜（続映）▼2・24・SS影のない妖婦60 F日活D井田探C水島道太郎／学生野郎と娘たち（続映）▼2・28・SS海から来た流れ者60 F日活D山崎徳次郎C小林旭／学生野郎と娘たち（続映）▼3・2・SS十代の娘60 F日活D若杉光夫C青山恭二／海から来た流れ者（続映）▼3・6・SS白銀城の対決60 F日活D斎藤武市C石原裕次郎／海から来た流れ者（続映）▼3・9・SS刑事物語 灰色の暴走60 F日活D小杉勇C益田喜頓／白銀城の対決（続映）▼3・13・SS六三制愚連隊60 F日活D西河克己C和田浩治／白銀城の対決（続映）▼3・16・SS香港秘令0号60 F日活D吉村廉C水島道太郎／六三制愚連隊（続映）▼3・20・SS打倒《ノック・ダウン》60 F日活D松尾昭典C赤木圭一郎／六三制愚連隊（続映）▼3・23・SSある脅迫60 F日活D蔵原惟繕C金子信雄／打倒（続映）▼3・26・SS銀座旋風児 目撃者は彼奴だ60 F日活D野口博志C小林旭／打倒（続映）▼3・30・SS闇に光る眼60 F日活D春原政久C川地民夫／銀座旋風児 目撃者は彼奴だ（続映）▼4・2・SSあじさいの歌60 F日活D滝沢英輔C石原裕次郎／銀座旋風児 目撃者は彼奴だ（続映）▼4・6・SS今夜の恋に生きるんだ60 F日活D山内亮一C沢本忠雄／あじさいの歌（続映）▼4・9・SSけものの眠り60 F日活D鈴木清順C長門裕之／あじさいの歌（続映）▼4・16・SS邪魔者は消せ60 F日活D牛原陽一C赤木圭一郎／あじさいの歌（続映）▼4・19・SSトップ屋取材帖 影を捨てた男60 F日活D井田探C水島道太郎／邪魔者は消せ（続映）▼4・23・SS渡り鳥いつまた帰る60 F日活D斎藤武市C小林旭／邪魔者は消せ（続映）▼4・27・SS白い閃光60 F日活D古川卓巳C小高雄二／渡り鳥いつまた帰る（続映）▼4・29・SS青年の樹60 F日活D舛田利雄C石原裕次郎／渡り鳥いつまた帰る（続映）▼5・3・SS素っ飛び小僧60 F日活D西河克己C和田浩治／青年の樹（続映）▼5・14・SS拳銃無頼帖 電光石火の男60 F日活D野口博志C赤木圭一郎／SS素晴らしき遺産60 F日活D春原政久C二谷英明／（18日〜）35年大相撲夏場所 前半戦60 F日活P日本相撲協会映画部▼5・21・SS静かな脱獄者60 F日活D阿部豊C小高雄二／拳銃無頼帖 電光石火の男（続映）／35年大相撲夏場所 前半戦（続映）▼5・25・SS僕は泣いちっち60 F日活D堀池清C川地民夫／静かな脱獄者（続映）／35年大相撲夏場所 後半戦実況60 F日活P日本相撲協会映画部▼5・28・SS海を渡る波止場の風60 F日活D山崎徳次郎C小林旭／SSトップ屋取材帖 消えた弾痕60 F日

活[D]井田探[C]水島道太郎▼6・4・SS俺は銀座の騎兵隊60[F]日活[D]野口博志[C]和田浩治／海を渡る波止場の風（続映）▼6・8・SS君は狙われている60[F]日活[D]井田探[C]小高雄二／俺は銀座の騎兵隊（続映）▼6・11・SS地図のない町60[F]日活[D]中平康[C]葉山良二／俺は銀座の騎兵隊（続映）▼6・14・SS刑事物語 前科なき拳銃60[F]日活[D]小杉勇[C]益田喜頓／地図のない町（続映）▼6・18・SS男の怒りをぶちまけろ60[F]日活[D]松尾昭典[C]赤木圭一郎／SS俺は流れ星60[F]日活[D]野口博志[C]川地民夫▼6・25・SS密航0《ゼロ》ライン60[F]日活[D]鈴木清順[C]長門裕之／男の怒りをぶちまけろ（続映）▼6・29・SSお嬢さんの散歩道60[F]日活[D]堀池清[C]笹森礼子／密航0ライン（続映）▼7・1・SS赤い夕陽の渡り鳥60[F]日活[D]斎藤武市[C]小林旭／密航0ライン（続映）▼7・5・SS刑事物語 小さな目撃者60[F]日活[D]小杉勇[C]益田喜頓／赤い夕陽の渡り鳥（続映）／（6日～）35年大相撲名古屋場所 前半戦60[F]日活[P]日本相撲協会映画部▼7・9・SS霧笛が俺を呼んでいる60[F]日活[D]山崎徳次郎[C]赤木圭一郎／赤い夕陽の渡り鳥（続映）／35年大相撲名古屋場所 前半戦（続映）▼7・13・SS天下を取る60[F]日活[D]牛原陽一[C]石原裕次郎／霧笛が俺を呼んでいる（続映）／（13日迄続映）35年大相撲名古屋場所 前半戦／（14日～）35年大相撲名古屋場所 後半戦60[F]日活[P]日本相撲協会映画部▼7・20・SS若い突風60[F]日活[D]西河克己[C]和田浩治／天下を取る（続映）▼7・27・SS爆破命令60[F]日活[D]野村孝[C]二谷英明／若い突風（続映）▼7・29・SS東京の暴れん坊60[F]日活[D]斎藤武市[C]小林旭／若い突風（続映）▼8・2・SS野郎！地獄へ行け60[F]日活[D]井田探[C]小高雄二／東京の暴れん坊（続映）▼8・6・SS拳銃無頼帖 不敵に笑う男60[F]日活[D]野口博志[C]赤木圭一郎／東京の暴れん坊（続映）▼8・10・SS喧嘩太郎60[F]日活[D]舛田利雄[C]石原裕次郎／拳銃無頼帖 不敵に笑う男（続映）▼8・16・SS金語楼の俺は殺し屋だ60[F]日活[D]小杉勇[C]柳家金語楼／喧嘩太郎（続映）▼8・21・SS疾風小僧60[F]日活[D]西河克己[C]和田浩治／喧嘩太郎（続映）▼8・27・SS一匹狼60[F]日活[D]牛原陽一[C]小高雄二／疾風小僧（続映）▼8・31・SS小雨の夜に散った恋60[F]日活[D]吉村廉[C]川地民夫／一匹狼（続映）▼9・3・SS南海の狼火60[F]日活[D]山崎徳次郎[C]小林旭／SS狂熱の季節60[F]日活[D]蔵原惟繕[C]川地民夫▼9・14・SS摩天楼の男60[F]日活[D]野村孝[C]二谷英明／SS借りは返すぜ60[F]日活[D]古川卓巳[C]青山恭二▼9・17・SS海の情事に賭けろ60[F]日活[D]野口博志[C]赤木圭一郎／摩天楼の男（続映）▼9・21・SSやくざ先生60[F]日活[D]松尾昭典[C]石原裕次郎／海の情事に賭けろ（続映）／35年大相撲秋場所 前半戦60[F]日活[P]日本相撲協会映画部▼9・28・SS闇を裂く口笛60[F]日活[D]森永健次郎[C]沢本忠雄／やくざ先生（続映）／35年大相撲秋場所後半戦60[F]日活[P]日本相撲協会映画部▼10・1・SS十六歳60[F]日活[D]滝沢英輔[C]浅丘ルリ子／やくざ先生（続映）▼10・5・SSある恋の物語60[F]日活[D]中島義次[C]小高雄二／十六歳（続映）▼10・8・SS英雄候補生60[F]日活[D]牛原陽一[C]和田浩治／十六歳（続映）▼10・12・SS大草原の渡り鳥60[F]日活[D]斎藤武市[C]小林旭／英雄候補生（続映）▼10・19・SS刑事物語 知り過ぎた奴は殺す60[F]日活[D]小杉勇[C]益田喜頓／大草原の渡り鳥（続映）▼10・22・SS幌馬車は行く60[F]日活[D]野口博志[C]赤木圭一郎／大草原の渡り鳥（続映）▼10・26・SSあした晴れるか60[F]日活[D]中平康[C]石原裕次郎／幌馬車は行く（続映）▼11・1・SS竜巻小僧60[F]日活[D]西河克己[C]和田浩治／あした晴れるか（続映）▼11・9・SSガラスの中の少女60[F]日活[D]若杉光夫[C]吉永小百合／あした晴れるか（続映）▼11・12・SS錆びた鎖60[F]日活[D]斎藤武市[C]赤木圭一郎／SS情熱の花60[F]日活[D]堀池清[C]沢本忠雄▼11・16・SS大暴れ風来坊60[F]日活[D]山崎徳次郎[C]小林旭／錆びた鎖（続映）▼11・23・SSくたばれ愚連隊60[F]日活[D]鈴木清順[C]和田浩治／大暴れ風来坊（続映）▼11・30・SS雨に咲く花60[F]日活[D]中島義次[C]川地民夫／くたばれ愚連隊（続映）▼12・3・SS拳銃無頼帖 明日なき男60[F]日活[D]野口博志[C]赤木圭一郎／くたばれ愚連隊（続映）／大相撲九州場所 新鋭古豪熱戦集60[F]日活[P]日本相撲協会映画部▼12・7・SS都会の空の用心棒60[F]日活[D]野村孝[C]小林旭／拳銃無頼帖 明日なき男（続映）▼12・14・SS善人残酷物語60[F]日活[D]春原政久[C]益田喜頓／都会の空の用心棒（続映）▼12・21・SSコルトが背中を狙ってる60[F]日活[D]古川卓巳[C]葉山良二／SS美しき抵抗60[F]日活[D]森永健次郎[C]北沢彪▼12・27・SS闘牛に賭ける男60[F]日活[D]舛田利雄[C]石原裕次郎／SS俺の故郷は大西部《ウエスタン》60[F]日活[D]西河克己[C]和田浩治

【1961年（昭和36年）】

▼1・3・SS波涛を越える渡り鳥61[F]日活[D]斎藤武市[C]小林旭／闘牛に賭ける男（続映）▼1・9・SS

俺の血が騒ぐ61 🄵日活🄳山崎徳次郎🄲赤木圭一郎／波涛を越える渡り鳥（続映）▼1・14・SS街から街へつむじ風61 🄵日活🄳松尾昭典🄲石原裕次郎／俺の血が騒ぐ（続映）▼1・21・SS豚と軍艦61 🄵日活🄳今村昌平🄲長門裕之／街から街へつむじ風（続映）／36年大相撲初場所 前半戦61 🄵日活🄿日本相撲協会映画部▼1・27・SS太平洋のかつぎ屋61 🄵日活🄳松尾昭典🄲小林旭／SS夜の挑戦者61 🄵日活🄳野口博志🄲長門裕之／36年大相撲初場所 後半戦61 🄵日活🄿日本相撲協会映画部▼2・1・SS東京騎士隊《ナイト》61 🄵日活🄳鈴木清順🄲和田浩治／太平洋のかつぎ屋（続映）▼2・8・SS俺はトップ屋だ 顔のない美女61 🄵日活🄳井田探🄲二谷英明／東京騎士隊（続映）▼2・11・SS紅の拳銃61 🄵日活🄳牛原陽一🄲赤木圭一郎／SS破れかぶれ61 🄵日活🄳蔵原惟繕🄲川地民夫／自動車時代 提供：いすゞ自動車▼2・18・SS処刑前夜61 🄵日活🄳滝沢英輔🄲川地民夫／紅の拳銃（続映）▼2・22・SS俺はトップ屋だ 才二の顔61 🄵日活🄳井田探🄲二谷英明／処刑前夜（続映）▼2・25・SS銀座旋風児 嵐が俺を呼んでいる61 🄵日活🄳野口博志🄲小林旭／SS一石二鳥61 🄵日活🄳井田探🄲長門裕之▼3・5・SS大暴れマドロス野郎61 🄵日活🄳山崎徳次郎🄲和田浩治／銀座旋風児 嵐が俺を呼んでいる（続映）▼3・6・SS花と娘と白い道61 🄵日活🄳森永健次郎🄲吉永小百合／大暴れマドロス野郎（続映）▼3・12・SSろくでなし稼業61 🄵日活🄳斎藤武市🄲宍戸錠／SS東京のお転婆娘61 🄵日活🄳吉村廉🄲中原早苗▼3・19・SSでかんしょ風来坊61 🄵日活🄳斎藤武市🄲小林旭／ろくでなし稼業（続映）▼3・22・SS無情の夢61 🄵日活🄳中島義次🄲小高雄二／でかんしょ風来坊（続映）▼3・26・SS生きていた野良犬61 🄵日活🄳舛田利雄🄲二谷英明／でかんしょ風来坊（続映）▼3・27・SS警察日記 ブタ箱は満員61 🄵日活🄳若杉光夫🄲嵯峨善兵／生きていた野良犬（続映）▼4・1・SS宍戸錠《エースのジョー》の 早射ち野郎61 🄵日活🄳野村孝🄲宍戸錠／生きていた野良犬（続映）／〝柏鵬〟相搏つ！大相撲春場所61 🄵日活🄿日本相撲協会映画部▼4・3・SS機動捜査班61 🄵日活🄳小杉勇🄲青山恭二／宍戸錠の 早射ち野郎（続映）▼4・9・SS風に逆らう流れ者61 🄵日活🄳山崎徳次郎🄲小林旭／宍戸錠の 早射ち野郎（続映）▼4・10・SS胸の中の火61 🄵日活🄳森永健次郎🄲川地民夫／風に逆らう流れ者（続映）▼4・16・SS無鉄砲大将61 🄵日活🄳鈴木清順🄲和田浩治／風に逆らう流れ者（続映）▼4・19・SSボスを追え！明日に向って突走れ61 🄵日活🄳古川卓巳🄲小高雄二／無鉄砲大将（続映）▼4・23・SS用心棒稼業61 🄵日活🄳舛田利雄🄲宍戸錠／SS大当り百発百中61 🄵日活🄳春原政久🄲小沢昭一▼4・29・SS大海原を行く渡り鳥61 🄵日活🄳斎藤武市🄲小林旭／用心棒稼業（続映）▼5・3・SS有難や節 あゝ有難や有難や61 🄵日活🄳西河克己🄲和田浩治／大海原を行く渡り鳥（続映）▼5・8・SS青い芽の素顔61 🄵日活🄳堀池清🄲吉永小百合／有難や節 あゝ有難や有難や（続映）▼5・13・SSろくでなし野郎61 🄵日活🄳松尾昭典🄲二谷英明／SS東京ドドンパ娘61 🄵日活🄳井田探🄲渡辺マリ▼5・21・SS三つの竜の刺青《ほりもの》61 🄵日活🄳野口博志🄲宍戸錠／ろくでなし野郎（続映）／36年大相撲夏場所 前半戦61 🄵日活🄿日本相撲協会映画部▼5・22・SS北上夜曲61 🄵日活🄳中島義次🄲川地民夫／三つの竜の刺青（続映）／大相撲夏場所前半戦（23日迄続映）、（24日〜）36年大相撲夏場所 後半戦61 🄵日活🄿日本相撲協会映画部▼5・28・SS闇に流れる口笛61 🄵日活🄳牛原陽一🄲和田浩治／三つの竜の刺青（続映）▼5・31・SS機動捜査班 罠のある街61 🄵日活🄳小杉勇🄲青山恭二／闇に流れる口笛（続映）▼6・4・SS散弾銃《ショットガン》の男61 🄵日活🄳鈴木清順🄲二谷英明／SSこの若さある限り61 🄵日活🄳蔵原惟繕🄲浜田光夫▼6・11・SS助っ人稼業61 🄵日活🄳斎藤武市🄲宍戸錠／散弾銃の男（続映）▼6・12・SSお父ちゃんは大学生61 🄵日活🄳吉村廉🄲小沢昭一／助っ人稼業（続映）▼6・18・SS都会の空の非常線61 🄵日活🄳野村孝🄲小林旭／助っ人稼業（続映）▼6・19・SS舞妓の上京61 🄵日活🄳森永健次郎🄲田代みどり／都会の空の非常線（続映）▼6・25・SS俺は死なないぜ61 🄵日活🄳滝沢英輔🄲和田浩治／都会の空の非常線（続映）▼6・28・SS機動捜査班 秘密会員章61 🄵日活🄳小杉勇🄲青山恭二／俺は死なないぜ（続映）▼7・1・SS海の勝負師61 🄵日活🄳蔵原惟繕🄲宍戸錠／俺は死なないぜ（続映）▼7・3・SSいのちの朝61 🄵日活🄳阿部豊🄲芦川いづみ／海の勝負師（続映）▼7・9・SS七人の挑戦者61 🄵日活🄳松尾昭典🄲二谷英明／海の勝負師（続映）▼7・10・SS青い狩人《ハンター》61 🄵日活🄳井田探🄲川地民夫／七人の挑戦者（続映）▼7・15・SS太陽、海を染めるとき61 🄵日活🄳舛田利雄🄲小林旭／七人の挑戦者（続映）▼7・17・SS大人と子供のあいの子だい61 🄵日活🄳若杉光夫🄲浜田光夫／太陽、海を染めるとき（続映）／36年大相撲名古屋場所61 F日活P日本相撲協会映画部▼7・23・SS闘いつゞける男61 F日活D西河克己C和田浩治／太陽、海を染めるとき（続映）▼7・24・SS恋をするより得をしろ61 F日活D春原政久C小沢昭一／闘いつゞける男（続映）▼7・30・SS赤い荒野61 F日活D野口博志C宍戸錠／SS天に代わりて不義を討つ61 F日活D吉村廉C長門裕之▼8・6・SS拳銃横丁61 F日活D山崎徳次郎C二谷英明／赤い荒野（続映）▼8・7・SSヨットとお転婆野郎61 F日活D堀池清C沢本忠雄／拳銃横丁（続映）▼8・13・SS髙原児61 F日活D斎藤武市C小林旭／拳銃横丁（続映）▼8・16・SS太陽は狂ってる61 F日活D舛田利雄C浜田光夫／髙原児（続映）▼8・23・SS銀座ジャングル娘61 F日活D春原政久C沢本忠雄／太陽は狂ってる（続映）▼8・27・SS峠を渡る若い風61 F日活D鈴木清順C和田浩治／太陽は狂ってる（続映）▼8・28・SS兇悪の波止場61 F日活D古川卓巳C青山恭二／峠を渡る若い風（続映）▼9・2・SSノサップの銃《ガン》61 F日活D松尾昭典C宍戸錠／SSセールスマン物語 男にゃ男の夢がある61 F日活D井田探C長門裕之▼9・10・SSあいつと私61 F日活D中平康C石原裕次郎／SS追跡61 F日活D西河克己C二谷英明▼9・20・SS白い雲と少女61 F日活D森永健次郎C田代みどり／あいつと私（続映）▼9・23・SS大森林に向って立つ61 F日活D野村孝C小林旭／あいつと私（続映）／（25日～）36年大相撲秋場所 前半戦61 F日活P日本相撲協会映画部▼9・27・SS機動捜査班 東京危険地帯61 F日活D小杉勇C青山恭二／大森林に向って立つ（続映）▼10・1・SS俺は地獄へ行く61 F日活D野口博志C宍戸錠／SS海峡、血に染めて61 F日活D鈴木清順C和田浩治／（2日～）36年大相撲秋場所 後半戦61 F日活P日本相撲協会映画部▼10・11・SS真昼の誘拐61 F日活D若杉光夫C川地民夫／海峡、血に染めて（続映）▼10・14・SS暗黒街の静かな男61 F日活D舛田利雄C二谷英明／SS波止場気質《かたぎ》61 F日活D山崎徳次郎C川地民夫▼10・22・SS堂堂たる人生61 F日活D牛原陽一C石原裕次郎／暗黒街の静かな男（続映）▼10・25・SS草を刈る娘61 F日活D西河克己C吉永小百合／堂堂たる人生（続映）▼11・1・SS嵐を突っ切るジェット機61 F日活D蔵原惟繕C小林旭／堂堂たる人生（続映）▼11・8・SS都会の魔窟61 F日活D中島義次C川地民夫／嵐を突っ切るジェット機（続映）▼11・12・SS紅の銃帯《ガンベルト》61 F日活D小杉勇C宍戸錠／SS街に気球があがる時61 F日活D井田探C長門裕之▼11・19・SS母ぁちゃん、海が知ってるよ61 F日活D斎藤武市C浜田光夫／紅の銃帯（続映）▼11・22・SSどじょっこの歌61 F日活D滝沢英輔C浅丘ルリ子／母ぁちゃん、海が知ってるよ（続映）▼11・26・SS野獣の門61 F日活D古川卓巳C二谷英明／どじょっこの歌（続映）▼12・1・SS百万弗を叩き出せ61 F日活D鈴木清順C和田浩治／野獣の門（続映）▼12・6・SS早射ち無頼 大平原の男61 F日活D野口博志C宍戸錠／百万弗を叩き出せ（続映）／36年大相撲九州場所 新横綱柏鵬の対決61 F日活P日本相撲協会映画部▼12・10・SS黒い傷あとのブルース61 F日活D野村孝C小林旭／早射ち無頼 大平原の男（続映）▼12・20・SS機動捜査班 暴力61 F日活D小杉勇C青山恭二／黒い傷あとのブルース（続映）▼12・24・SSアラブの嵐61 F日活D中平康C石原裕次郎／SSずらり俺たちゃ用心棒61 F日活D松尾昭典C二谷英明

【1962年（昭和37年）】

▼1・3・SS渡り鳥北へ帰る62 F日活D斎藤武市C小林旭／SSメキシコ無宿62 F日活D蔵原惟繕C宍戸錠▼1・14・SS男と男の生きる街62 F日活D舛田利雄C石原裕次郎／SSさようならの季節62 F日活D滝沢英輔C吉永小百合▼1・23・SS人間狩り62 F日活D松尾昭典C長門裕之／男と男の生きる街（続映）／SS 37年大相撲初場所 前半戦62 F日活P日本相撲協会映画部▼1・27・SS兄貴62 F日活D山崎徳次郎C二谷英明／SSひとつのいのち62 F日活D森永健次郎C高橋英樹／（31日～）SS 37年大相撲初場所 後半戦62 F日活P日本相撲協会映画部▼2・3・SSさすらい62 F日活D野口博志C小林旭／SS君恋し62 F日活D森永健次郎C小高雄二▼2・11・SS天使と野郎ども62 F日活D松尾昭典C和田浩治／さすらい（続映）▼2・14・豚と軍艦（再映）／天使と野郎ども（続映）▼2・18・SS気まぐれ渡世62 F日活D西河克己C宍戸錠／SS事件記者 拳銃貸します62 F日活D山崎徳次郎C沢本忠雄▼2・25・SS姿なき追跡者62 F日活D古川卓巳C二谷英明／SS機動捜査班 無法地帯62 F日活D小杉勇C青山恭二▼3・4・SS銀座の恋の物語62 F日活D蔵原惟繕C石原裕次郎／SS上を向いて歩こう62 F日活D舛田利雄C坂本九▼3・18・SS抜き射ち風来坊62 F日活D小杉勇C宍戸錠／SS闇に消えた使者62 F日活D山内亮一C小高雄二▼3・25・SS黒いダイス62 F日活D牛原陽一C二谷英明／抜き射ち風来坊（続映）▼3・28・SS花の才月62 F日

活[D]中島義次[C]川地民夫／黒いダイス（続映）▼4・1・SS夢がいっぱい暴れん坊62[F]日活[D]松尾昭典[C]小林旭／黒いダイス（続映）／SS37年大相撲春場所 大鵬の五連覇に挑む熱戦譜62[F]日活[P]日本相撲協会映画部▼4・2・SS事件記者 影なき侵入者62[F]日活[D]山崎徳次郎[C]沢本忠雄／夢がいっぱい暴れん坊（続映）▼4・8・SS青年の椅子62[F]日活[D]西河克己[C]石原裕次郎／SSキューポラのある街62[F]日活[D]浦山桐郎[C]吉永小百合▼4・22・SS大氷原62[F]日活[D]斎藤武市[C]宍戸錠／SS週末屋繁昌記62[F]日活[D]井田探[C]小沢昭一／鉄ものがたり62[F]日活[P]岩波映画[D]前田一（短編アニメーション）▼5・1・SS雲に向かって起つ62[F]日活[D]滝沢英輔[C]石原裕次郎／SS激流に生きる男62[F]日活[D]野村孝[C]高橋英樹▼5・13・SS青い街《ブルー・タウン》の狼62[F]日活[D]古川卓巳[C]二谷英明／雲に向かって起つ（続映）▼5・16・SS太陽のように明るく62[F]日活[D]森永健次郎[C]川地民夫／青い街の狼（続映）▼5・20・SS惜別の歌62[F]日活[D]野口博志[C]小林旭／SS機動捜査班 東京午前零時62[F]日活[D]小杉勇[C]青山恭二／SS37年大相撲夏場所 前半戦62[F]日活[P]日本相撲協会映画部▼5・27・SS若者に夢あり62[F]日活[D]松尾昭典[C]高橋英樹／惜別の歌（続映）／SS37年大相撲夏場所 後半戦62[F]日活[P]日本相撲協会映画部▼5・30・あいつと私（再映）／若者に夢あり（続映）▼6・3・SS抜き射ち三四郎62[F]日活[D]山崎徳次郎[C]和田浩治／若者に夢あり（続映）▼6・6・SS目をつぶって突っ走れ62[F]日活[D]堀池清[C]香月美奈子／抜き射ち三四郎（続映）▼6・10・SS帰って来た旋風児62[F]日活[D]野口博志[C]小林旭／SS赤い蕾と白い花62[F]日活[D]西河克己[C]吉永小百合▼6・24・SSひとり旅62[F]日活[D]斎藤武市[C]宍戸錠／SS英語に弱い男 東は東 西は西62[F]日活[D]春原政久[C]小沢昭一▼7・1・SS太陽と星62[F]日活[D]牛原陽一[C]二谷英明／ひとり旅（続映）▼7・4・ソ満国境2号作戦 消えた中隊55[F]日活[D]三村明[C]辰巳柳太郎（旧作）／太陽と星（続映）▼7・8・SS憎いあンちくしょう62[F]日活[D]蔵原惟繕[C]石原裕次郎／SS霧の夜の男62[F]日活[D]松尾昭典[C]高橋英樹▼7・15・SS遥かなる国の歌62[F]日活[D]野村孝[C]小林旭／憎いあンちくしょう（続映）／37年大相撲名古屋場所 五大関柏鵬に挑む62[F]日活[P]日本相撲協会映画部▼7・25・SS機動捜査班 港の掠奪者62[F]日活[D]小杉勇[C]青山恭二／遥かなる国の歌（続映）▼7・29・SS燃える南十字星62[F]日活[D]斎藤武市[C]宍戸錠／力道山物語 怒涛の男55[F]日活[D]森永健次郎[C]武藤章生（旧作）▼8・5・SS星の瞳をもつ男62[F]日活[D]西河克己[C]高橋英樹／燃える南十字星（続映）▼8・8・SS泣くんじゃないぜ62[F]日活[D]森永健次郎[C]川地民夫／星の瞳をもつ男（続映）▼8・12・SS零戦黒雲一家62[F]日活[D]舛田利雄[C]石原裕次郎／SS渡り鳥故郷へ帰る62[F]日活[D]牛原陽一[C]小林旭▼8・26・SS当りや大将62[F]日活[D]中平康[C]長門裕之／零戦黒雲一家（続映）▼8・29・SSサラリーマン物語 新入社員オ一課62[F]日活[D]井田探[C]山田吾一／当りや大将（続映）▼9・2・SS銃弾の嵐62[F]日活[D]古川卓巳[C]宍戸錠／SS錆びたナイフ58[F]日活[D]舛田利雄[C]石原裕次郎（旧作）▼9・9・SS若くて、悪くて、凄いこいつら62[F]日活[D]中平康[C]高橋英樹／SSあすの花嫁62[F]日活[D]野村孝[C]吉永小百合▼9・22・SS地獄の夜は真紅《まっか》だぜ62[F]日活[D]野口博志[C]小林旭／SS機動捜査班 東京暴力地図62[F]日活[D]小杉勇[C]青山恭二／SS37年大相撲秋場所 前半戦62[F]日活[P]日本相撲協会映画部▼9・30・SS硝子のジョニー 野獣のように見えて62[F]日活[D]蔵原惟繕[C]宍戸錠／SSサラリーマン物語 敵は幾万ありとても62[F]日活[D]吉村廉[C]山田吾一／SS37年大相撲秋場所 後半戦62[F]日活[P]日本相撲協会映画部▼10・6・SS若い人62[F]日活[D]西河克己[C]石原裕次郎／SS激しい河62[F]日活[D]牛原陽一[C]高橋英樹▼10・17・SS車掌物語 旅は道づれ62[F]日活[D]春原政久[C]小沢昭一／若い人（続映）▼10・21・SS望郷の海62[F]日活[D]古川卓巳[C]小林旭／SS拳銃《ガン》は淋しい男の歌さ62[F]日活[D]山崎徳次郎[C]二谷英明▼10・31・SS若い旋風62[F]日活[D]堀池清[C]杉山俊夫／望郷の海（続映）▼11・3・SS金門島にかける橋62[F]日活[P]日活、中央電影公司[D]松尾昭典[C]石原裕次郎／SSひとりぼっちの二人だが62[F]日活[D]舛田利雄[C]高橋英樹▼11・14・SSポンコツおやじ62[F]日活[D]春原政久[C]小沢昭一／金門島にかける橋（続映）▼11・21・SS愛と死のかたみ62[F]日活[D]斎藤武市[C]浅丘ルリ子／SSしろばんば62[F]日活[D]滝沢英輔[C]芦川いづみ▼11・28・SS十代の河62[F]日活[D]森永健次郎[C]清水まゆみ／愛と死のかたみ（続映）▼12・1・SS危《やば》いことなら銭になる62[F]日活[D]中平康[C]宍戸錠／SS機動捜査班 群狼の街62[F]日活[D]小杉勇[C]青山恭二／SS37年大相撲九州場所 新鋭・柏鵬の堅塁に迫る62[F]日活[P]日本相撲協会映画部▼12・9・SS俺に賭けた奴ら62[F]日活[D]鈴木清順[C]和田浩治／危いことなら銭になる（続映）▼12・12・SS殺人者《ころし》を追え62 [F]日活[D]前田満州夫[C]小高雄二／俺に賭けた奴ら（続映）▼12・16・SS危険な商売 鉛をぶちこめ62 [F]日活[D]斎藤武市[C]宍戸錠／SS惚れたって駄目よ62 [F]日活[D]井田探[C]桂小金治▼12・26・SS花と竜62 [F]日活[D]舛田利雄[C]石原裕次郎／SS歌う暴れん坊62 [F]日活[D]松尾昭典[C]小林旭

【1963年（昭和38年）】

▼1・3・SS青い山脈63 [F]日活[D]西河克己[C]吉永小百合／花と竜（続映）▼1・11・SSいつでも夢を63 [F]日活[D]野村孝[C]吉永小百合／SS海の鷹63 [F]日活[D]古川卓巳[C]高橋英樹▼1・23・SS灼熱の椅子63 [F]日活[D]野口博志[C]和田浩治／いつでも夢を（続映）▼1・27・SS探偵事務所２３《ツースリー》 くたばれ悪党ども63 [F]日活[D]鈴木清順[C]宍戸錠／灼熱の椅子（続映）／SS38年大相撲初場所 前半戦63 [F]日活[P]日本相撲協会映画部▼1・30・SS機動捜査班 裸の眼63 [F]日活[D]小杉勇[C]青山恭二／探偵事務所２３ くたばれ悪党ども（続映）／38年大相撲初場所 前半戦（続映）▼2・3・SSさすらいのトランペット63 [F]日活[D]野口博志[C]高橋英樹／探偵事務所２３ くたばれ悪党ども（続映）／SS38年大相撲初場所 後半戦63 [F]日活[P]日本相撲協会映画部▼2・6・SS都会の奔流63 [F]日活[D]井田探[C]川地民夫／さすらいのトランペット（続映）／38年大相撲初場所 後半戦（続映）▼2・10・SS泥だらけの純情63 [F]日活[D]中平康[C]吉永小百合／勝利者57 [F]日活[D]井上梅次[C]石原裕次郎（旧作）▼2・17・SS波止場の賭博師63 [F]日活[D]山崎徳次郎[C]小林旭／泥だらけの純情（続映）▼2・20・SSサラリーマン物語 大器晩成63 [F]日活[D]春原政久[C]桂小金治／波止場の賭博師（続映）▼2・24・SSサムライの子63 [F]日活[D]若杉光夫[C]浜田光夫／SS空の下遠い夢63 [F]日活[D]牛原陽一[C]和田浩治▼3・3・SS何か面白《おもろ》いことないか63 [F]日活[D]蔵原惟繕[C]石原裕次郎／SS悪名高きろくでなし63 [F]日活[D]斎藤武市[C]宍戸錠▼3・13・SS若旦那日本晴れ63 [F]日活[D]山内亮一[C]山田吾一／何か面白いことないか（続映）▼3・17・SS雨の中に消えて63 [F]日活[D]西河克己[C]吉永小百合／SS非行少女63 [F]日活[D]浦山桐郎[C]和泉雅子▼3・31・SS夜の勲章63 [F]日活[D]松尾昭典[C]小林旭／SS機動捜査班 警視十三号応答なし63 [F]日活[D]小杉勇[C]上野山功一／38年大相撲大阪場所 大鵬の宿願に挑む五大関の闘志63 [F]日活[P]日本相撲協会映画部▼4・7・SS俺の背中に陽が当る63 [F]日活[D]中平康[C]浜田光夫／SS鷲と鷹57 [F]日活[D]井上梅次[C]石原裕次郎（旧作）▼4・14・SSアカシアの雨がやむとき63 [F]日活[D]吉村廉[C]浅丘ルリ子／俺の背中に陽が当る（続映）▼4・17・SS川っ風野郎たち63 [F]日活[D]若杉光夫[C]山内賢／アカシアの雨がやむとき（続映）▼4・21・SS野獣の青春63 [F]日活[D]鈴木清順[C]宍戸錠／SS腰抜けガン・ファイター63 [F]日活[D]野口博志[C]桂小金治▼4・28・SS太陽への脱出63 [F]日活[D]舛田利雄[C]石原裕次郎／SS俺は地獄の部隊長63 [F]日活[D]古川卓巳[C]小林旭▼5・12・SS結婚の条件63 [F]日活[D]斎藤武市[C]浅丘ルリ子／SS青春を返せ63 [F]日活[D]井田探[C]芦川いづみ▼5・19・SS赤い靴とろくでなし63 [F]日活[D]牛原陽一[C]宍戸錠／結婚の条件（続映）▼5・22・SSサラリーマン物語 勝ってくるぞと勇ましく63 [F]日活[D]吉村廉[C]小沢昭一（1月封切作品）／赤い靴とろくでなし（続映）▼5・26・SS交換日記63 [F]日活[D]森永健次郎[C]和泉雅子／陽のあたる坂道58 [F]日活[D]田坂具隆[C]石原裕次郎（旧作）／38年大相撲夏場所 前半戦63 [F]日活[P]日本相撲協会映画部▼6・2・SS伊豆の踊子63 [F]日活[D]西河克己[C]吉永小百合／SS銀座の次郎長63 [F]日活[D]井田探[C]小林旭／38年大相撲夏場所 後半戦63 [F]日活[P]日本相撲協会映画部▼6・16・SS午前零時の出獄63 [F]日活[D]山崎徳次郎[C]二谷英明／伊豆の踊子（続映）▼6・19・SS機動捜査班 静かなる暴力63 [F]日活[D]小杉勇[C]内田良平／午前零時の出獄（続映）▼6・23・SS煙の王様63 [F]日活[D]樋口弘美[C]浜田光夫／ビルマの竪琴56 [F]日活[D]市川崑[C]安井昌二（旧作）▼6・30・SS夜霧のブルース63 [F]日活[D]野村孝[C]石原裕次郎／煙の王様（続映）▼7・7・SS探偵事務所２３ 銭と女に弱い男63 [F]日活[D]柳瀬観[C]宍戸錠／夜霧のブルース（続映）▼7・14・SS若い東京の屋根の下63 [F]日活[D]斎藤武市[C]吉永小百合／SS男の紋章63 [F]日活[D]松尾昭典[C]高橋英樹／38年大相撲名古屋場所 大鵬七連覇に挑む５大関63 [F]日活[P]日本相撲協会映画部▼7・28・日本の戦争63 [F]日活[P]毎日映画社 解説：宮田輝（記録映画）／SS現代っ子63 [F]日活[D]中平康[C]中山千夏▼8・11・SS美しい暦63 [F]日活[D]森永健次郎[C]吉永小百合／SS関東遊侠伝63 [F]日活[D]松尾昭典[C]小林旭▼8・25・SS霧子のタンゴ63 [F]日活[D]滝沢英輔[C]松原智恵子／SSアリバイ63 [F]日活[D]牛原陽一[C]二谷英明▼8・31・SSエデンの海63 [F]日活[D]西河克己[C]高橋英樹／SS嵐が呼んでる旋風児 銀座無頼帖63 [F]日活[D]野口博志[C]

小林旭▼9・11・SS丘は花ざかり63 [F]日活[D]堀池清[C]浅丘ルリ子／SS虎の子作戦63 [F]日活[D]柳瀬観[C]宍戸錠▼9・21・SS波浮の港63 [F]日活[D]斎藤武市[C]吉永小百合／SS悪太郎63 [F]日活[D]鈴木清順[C]山内賢／SS38年大相撲秋場所 前半戦63 [F]日活[P]日本相撲協会映画部▼9・29・SS銀座の次郎長 天下の一大事63 [F]日活[D]井田探[C]小林旭／波浮の港（続映）／SS38年大相撲秋場所 後半戦63 [F]日活[P]日本相撲協会映画部▼10・4・SS狼の王子63 [F]日活[D]舛田利雄[C]高橋英樹／銀座の次郎長 天下の一大事（続映）▼10・13・SS遊侠無頼63 [F]日活[D]野口晴康[C]宍戸錠／SS競輪上人行状記63 [F]日活[D]西村昭五郎[C]小沢昭一▼10・27・SS太平洋ひとりぼっち63 [F]日活[P]石原プロモーション[D]市川崑[C]石原裕次郎／SSその人は遠く63 [F]日活[D]堀池清[C]芦川いづみ▼11・1・SS真白き富士の嶺《ね》63 [F]日活[D]森永健次郎[C]芦川いづみ／太平洋ひとりぼっち（続映）▼11・10・SS続 男の紋章63 [F]日活[D]松尾昭典[C]高橋英樹／真白き富士の嶺（続映）▼11・16・SSにっぽん昆虫記63 [F]日活[D]今村昌平[C]左幸子／続 男の紋章（続映）▼11・23・SS関東無宿63 [F]日活[D]鈴木清順[C]小林旭／にっぽん昆虫記（続映）▼12・8・SS地獄の祭典63 [F]日活[D]牛原陽一[C]宍戸錠／にっぽん昆虫記（続映）▼12・15・SS学園広場63 [F]日活[D]山崎徳次郎[C]山内賢／地獄の祭典（続映）▼12・21・SS霧に消えた人63 [F]日活[D]吉村廉[C]浅丘ルリ子／学園広場（続映）▼12・26・SS光る海63 [F]日活[D]中平康[C]吉永小百合／SS男の紋章 風雲双つ竜63 [F]日活[D]松尾昭典[C]高橋英樹

【1964年（昭和39年）】

▼1・3・SS赤いハンカチ64 [F]日活[D]舛田利雄[C]石原裕次郎／光る海（続映）▼1・12・SS東海遊侠伝64 [F]日活[D]井田探[C]小林旭／赤いハンカチ（続映）▼1・15・SS成熟する季節64 [F]日活[D]斎藤武市[C]浜田光夫／東海遊侠伝（続映）▼1・25・SSこんにちは、20歳64 [F]日活[D]森永健次郎[C]吉永小百合／SS駈けだし刑事64 [F]日活[D]前田満州夫[C]長門裕之／天皇家の生活64 [F]日活[P]毎日映画社（記録映画）／39年大相撲初場所 前半戦64 [F]日活[P]日本相撲協会映画部▼2・1・SS拳銃残酷物語64 [F]日活[D]古川卓巳[C]宍戸錠／こんにちは、20歳（続映）／天皇家の生活（続映）／39年大相撲初場所 後半戦64 [F]日活[P]日本相撲協会映画部▼2・8・SS花と怒涛64 [F]日活[D]鈴木清順[C]小林旭／SS美しい十代64 [F]日活[D]吉村廉[C]浜田光夫▼2・23・SS人生劇場64 [F]日活[D]舛田利雄[C]高橋英樹／SSこんにちは赤ちゃん64 [F]日活[D]井田探[C]吉永小百合▼3・4・SS月曜日のユカ64 [F]日活[D]中平康[C]加賀まりこ／にっぽん昆虫記（再映）▼3・14・SS浅草の灯 踊子物語64 [F]日活[D]斎藤武市[C]吉永小百合／SS仲間たち64 [F]日活[D]柳瀬観[C]浜田光夫▼3・25・SS無頼無法の徒 さぶ64 [F]日活[D]野村孝[C]小林旭／SS花嫁は十五才64 [F]日活[D]江崎実生[C]和泉雅子▼4・4・SS抜き射ちの竜 拳銃の歌64 [F]日活[D]野口晴康[C]高橋英樹／SS出撃64 [F]日活[D]滝沢英輔[C]浜田光夫▼4・12・SS帝銀事件 死刑囚64 [F]日活[D]熊井啓[C]信欣三／抜き射ちの竜 拳銃の歌（続映）▼4・14・SS噂の風来坊64 [F]日活[D]野口晴康[C]二谷英明／帝銀事件 死刑囚（続映）▼4・19・SS猟人日記64 [F]日活[D]中平康[C]仲谷昇／帝銀事件 死刑囚（続映）▼4・24・SS黒い太陽64 [F]日活[D]蔵原惟繕[C]川地民夫／猟人日記（続映）▼4・29・SS夕陽の丘64 [F]日活[D]松尾昭典[C]石原裕次郎／SS潮騒64 [F]日活[D]森永健次郎[C]吉永小百合▼5・13・SS河内ぞろ どけち虫64 [F]日活[D]舛田利雄[C]宍戸錠／SS若い港64 [F]日活[D]柳瀬観[C]和泉雅子／あるマラソンランナーの記録64 [F]日活[P]東京シネマ、企画：富士写真フィルム[D]黒木和雄[C]君原健二（記録映画）▼5・23・SS生きている狼64 [F]日活[D]井田探[C]小林旭／SS怪談 白夜の妖女57 [F]日活[D]滝沢英輔[C]月丘夢路（旧作）／（24日～）39年大相撲夏場所 前半戦64 [F]日活[P]日本相撲協会映画部▼5・31・SS肉体の門64 [F]日活[D]鈴木清順[C]野川由美子／SS間諜中野学校 国籍のない男たち64 [F]日活[D]野口晴康[C]二谷英明／39年大相撲夏場所 後半戦64 [F]日活[P]日本相撲協会映画部▼6・7・SSやめないで、もっと！63 米[F]日活[D]ウィリアム・アッシャー[C]フランキー・アヴァロン／肉体の門（続映）▼6・18・SS何処《いづこ》へ64 [F]日活[D]西河克己[C]高橋英樹／SS太陽西から昇る64 [F]日活[D]江崎実生[C]浅丘ルリ子▼6・28・SS赤い殺意64 [F]日活[D]今村昌平[C]春川ますみ／動くカクテルブック62 提供：サントリー株式会社[P]岩波映画[D]的場清（短編記録映画）▼7・12・SS鉄火場破り64 [F]日活[D]斎藤武市[C]石原裕次郎／SS風と樹と空と64 [F]日活[D]松尾昭典[C]吉永小百合／（15日～）39年大相撲 波乱の名古屋場所64 [F]日活[P]日本相撲協会映画部▼7・26・SS鉄腕アトム 宇宙の勇者64 [F]日活[P]虫プロダクション[D]山本暎一、林重行、高木厚[V]清水マリ（アニメーション）／ぼくらの冒険旅行63 ユーゴスラヴィア[F]日活[D]マテ・レリア[C]マリンコ・

チョシッチ▼8・1-SS新 男の紋章 度胸一番64 [F]日活[D]滝沢英輔[C]高橋英樹／鉄腕アトム 宇宙の勇者（続映）▼8・5-SSさすらいの賭博師《ギャンブラー》64 [F]日活[D]牛原陽一[C]小林旭／新 男の紋章 度胸一番（続映）▼8・14-SS帰郷64 [F]日活[D]西河克己[C]吉永小百合／SS海賊船 海の虎64 [F]日活[D]井田探[C]宍戸錠▼8・29-SS砂の上の植物群64 [F]日活[D]中平康[C]仲谷昇／SS人間に賭けるな64 [F]日活[D]前田満州夫[C]渡辺美佐子▼9・9-SS東京五輪音頭64 [F]日活[D]小杉勇[C]三波春夫／SSあゝ青春の胸の血は64 [F]日活[D]森永健次郎[C]山内賢▼9・19-SS愛と死をみつめて64 [F]日活[D]斎藤武市[C]吉永小百合／SS殺人者を消せ64 [F]日活[D]舛田利雄[C]石原裕次郎／39年大相撲秋場所 前半戦64 [F]日活[P]日本相撲協会映画部

9月30日をもって閉館

渋谷パンテオン　上映作品

【1956年（昭和31年）】 12月1日開館　※新宿ミラノ座と同番組

▼12・1-VV放浪の王者56 米[F]パラマウント[D]マイケル・カーティス[C]キャスリン・グレイソン▼12・15-CS哀愁物語56 米[P]MGM[F]ブレイクストン、映配[D]カーティス・バーンハート[C]レスリー・キャロン▼12・29-VVロマンス・ライン56 英[F]BCFC、コロムビア[D]ラルフ・トーマス[C]キャサリン・ヘップバーン

【1957年（昭和32年）】 ※新宿ミラノ座と同番組（1・24の試写会を除く）、7・29より丸ノ内日活と同番組

▼1・12-1・25 SS幸福への招待56 仏[F]東和映画[D]アンリ・ヴェルヌイユ[C]シャルル・ボワイエ▼1・24（18：00）［特別有料試写会］思春期の感情56 英[F]BCFC、コロムビア[D]シリル・フランケル[C]ジョン・ミルズ▼1・26-思春期の感情（通常興行）▼2・9-CS西部の三人兄弟56 米[F]ユニヴァーサル[D]アブナー・バイバーマン[C]フレッド・マクマレイ▼2・23-遙かなる国から来た男56 仏[F]東和映画[D]マルセル・カルネ[C]ジルベール・ベコー／線と色の即興詩55 カナダ[D]ノーマン・マクラレン（短編アニメーション）▼3・9-女狙撃兵 マリュートカ56 ソ連[F]独立映画センター[D]グリゴーリ・チュフライ[C]イゾルダ・イズヴィツカヤ／仲間はずれの人形51 チェコスロヴァキア[D]ヘルミーナ・ティールロヴァー（人形アニメ）▼3・20-VVすてきな気持56 米[F]パラマウント[D]ノーマン・パナマ、メルヴィン・フランク[C]ボブ・ホープ▼4・1-CS野望に燃える男56 米[F]ユニヴァーサル[D]ブレイク・エドワーズ[C]トニー・カーティス／フレディ・マーティン楽団（音楽短編）▼4・12-CS旅券《パスポート》八二四一の女57 米[F]コロムビア[D]ジョン・ギリング[C]ヴィクター・マチュア▼4・22-VS二十七人の漂流者56 英[F]コロムビア[D]リチャード・セイル[C]タイロン・パワー▼5・3-CS無法の王者 ジェシイ・ジェイムス57 米[F]20世紀FOX[D]ニコラス・レイ[C]ロバート・ワグナー▼5・17-VS縮みゆく人間57 米[F]ユニヴァーサル[D]ジャック・アーノルド[C]グラント・ウィリアムズ／野外動物園▼5・31-CSながれ者56 米[F]ユナイト、松竹[D]ラオール・ウォルシュ[C]クラーク・ゲイブル▼6・14-CS海の荒くれ57 米[F]コロムビア[D]ロバート・パリッシュ[C]ロバート・ミッチャム▼6・28-CS悪魔に支払え！57 米[F]ユニヴァーサル[D]ジャック・アーノルド[C]ジェフ・チャンドラー／CSローマの旅▼7・12-SSカルタゴの女奴隷57 伊[F]イタリフィルム、NCC[D]グイド・ブリニョーネ[C]ジャンナ・マリア・カナーレ▼7・29-丸ノ内日活と同番組

【1958年（昭和33年）】 ※丸の内日活（4・26、12・23の有料試写を除く）、新宿ミラノ座（4・27-5・10と12・24以降を除く）と同番組

【1959年（昭和34年）】 ※新宿ミラノ座と同番組（4・10迄と12・24の併映を除く）

▼2・27迄丸ノ内日活と同番組（1・13の試写会を除く）▼2・28-チャップリンの ニューヨークの王様57 英[F]東急、大和フィルム[D]チャールズ・チャップリン[C]チャールズ・チャップリン▼4・11-CS青銅の顔57 スイス[F]NCC[D]ベルナール・テザン（記録映画）／花と昆虫59 [P]日映科学[D]諸岡青人（短編記録映画）▼4・25-VS最后の一人まで58 米[F]RKO[P]ウォルト・ディズニー・プロ[D]ルイス・R・フォスター[C]サル・ミネオ／CS常夏の楽園サモア56 米[P]ウォルト・ディズニー・プロ[D]ベン・シャープスティーン（短編記録映画）▼5・9-SSヘラクレス57 伊[F]大映[D]ピエトロ・フランシスキ[C]スティーヴ・リーヴス▼5・27-VS暗黒の大統領カポネ59 米[F]アライド・アーチスツ[D]リチャード・ウィルソン[C]ロッド・スタイガー▼6・11-すずらん祭58 仏、伊[F]東急、泰西映画[D]ル

イス・サスラフスキー[C]イヴ・モンタン／CSリスの船長さん56 米[P]ウォルト・ディズニー・プロ[D]ジャック・キニー（短編アニメーション）／CSクマ公の魚釣り56 米[P]ウォルト・ディズニー・プロ[D]ジャック・ハンナ（短編アニメーション）▼6・20・チャップリンのニューヨークの王様57 英[F]東急、大和フィルム[D]チャールズ・チャップリン[C]チャールズ・チャップリン／ロビンフッド物語54 英[F]東急[D]ヴァル・ゲスト[C]ドン・テイラー▼7・11・VS勝利なき戦い59 米[F]ユナイト[D]ルイス・マイルストン[C]グレゴリー・ペック▼8・1・ピノキオ40 米[F]RKO[P]ウォルト・ディズニー・プロ[D]ベン・シャープスティーン、ハミルトン・ラスク（アニメーション）／CSアラスカのそり犬57 米[P]ウォルト・ディズニー・プロ[D]ベン・シャープスティーン（短編映画）▼8・18・VS地獄へつゞく部屋59 米[F]アライド・アーチスツ[D]ウィリアム・キャッスル[C]ヴィンセント・プライス▼8・28・VVわたしのお医者さま55 英[F]東急、大和フィルム[D]ラルフ・トーマス[C]ダーク・ボガード／ディズニーまんが▼9・9・VS決断59 米[F]パラマウント[D]マイケル・カーティス[C]ロバート・テイラー▼9・20・SS大海戦史59 米[F]ワーナー[D]ジョン・ファロー[C]ロバート・スタック▼10・3・壮烈第六軍！最後の戦線59 西独[F]NCC[D]フランク・ウィスバール[C]ヨアヒム・ハンセン▼10・17・娼婦ローズマリーの真相59 西独[F]映配[D]ルドルフ・ユーゲルト[C]ベリンダ・リー▼10・31・CS嘆きの天使59 米[F]20世紀FOX[D]エドワード・ドミトリク[C]マイ・ブリット▼11・14・大いなる神秘 第一部 王城の掟59 西独[F]NCC[D]フリッツ・ラング[C]デブラ・パジェット／大いなる神秘 第二部 情炎の砂漠59 西独[F]NCC[D]フリッツ・ラング[C]デブラ・パジェット▼11・28・VS三十九階段59 英[F]RKO[D]ラルフ・トーマス[C]ケネス・モア／北極の怪獣57 米[F]RKO（短編記録映画）▼12・10・CS野獣部隊59 米[F]20世紀FOX[D]ジェームズ・クラヴェル[C]ネヴィル・ブランド▼12・24・SSヘラクレスの逆襲59 伊[F]大映[D]ピエトロ・フランシスキ[C]スティーヴ・リーヴス／男性美を競う日本のヘラクレスたち（初日二回目限り）

【1960年（昭和35年）】※新宿ミラノ座と同番組

▼1・8・CSメリーディア号の難破59 英、米[F]MGM[D]マイケル・アンダーソン[C]ゲイリー・クーパー▼1・22・上と下59 英[F]RKO[D]ラルフ・トーマス[C]ミレーヌ・ドモンジョ▼2・7・SS奇蹟59 米[F]ワーナー[D]アーヴィング・ラパー[C]キャロル・ベイカー▼2・21・CS赤い崖56 米[F]NCC[D]ガード・オズワルド[C]ロバート・ワグナー▼3・2・VS死の船59 西独[F]NCC[D]ゲオルク・トレスラー[C]ホルスト・ブッフホルツ▼3・12・CS恋に税金はかゝらない59 米[F]MGM[D]ジョージ・マーシャル[C]デビー・レイノルズ▼3・25・SS聖なる漁夫59 米[F]RKO[D]フランク・ボーゼージ[C]ハワード・キール▼4・22・彼奴《きゃつ》を殺《け》せ59 仏[F]東急、泰西映画[D]エドゥアール・モリナロ[C]リノ・ヴァンチュラ▼5・3・VS戦略爆破部隊60 米[F]コロムビア[D]ダニエル・マン[C]ジェームズ・スチュアート▼5・17・SS野郎！拳銃で来い54 米[F]ユニヴァーサル[D]ジョージ・マーシャル[C]オーディ・マーフィ▼5・28・SSソロモンとシバの女王59 米[F]ユナイト[D]キング・ヴィダー[C]ジーナ・ロロブリジーダ▼6・18・VS警部物語60 米[F]アライド・アーチスツ[D]リチャード・ウィルソン[C]アーネスト・ボーグナイン▼6・28・旅路はるか59 伊[F]イタリフィルム[D]グラウコ・ペレグリーニ[C]エドアルド・ネヴォラ／ふしぎな森の物語56 伊[F]イタリフィルム[D]アルベルト・アンチロット（記録映画）▼7・10・VS底抜け宇宙旅行59 米[F]パラマウント[D]ノーマン・タウログ[C]ジェリー・ルイス／VS宇宙の子供57 米[F]パラマウント[D]ジャック・アーノルド[C]アダム・ウィリアムズ▼7・23・SS眠れる森の美女59 米[F]RKO[P]ウォルト・ディズニー・プロ[D]クライド・ジェロニミ（アニメーション）／これがあなたのディズニー・ランド！60 米[F]RKO[P]ウォルト・ディズニー・プロ[C]ウォルト・ディズニー（短編記録映画）▼9・24・VS犯罪部隊９９９ 59 西独[F]大映[D]ハラルト・フィリップ[C]ゲオルグ・トーマス▼10・6・SS許されざる者59 米[F]ユナイト[D]ジョン・ヒューストン[C]オードリー・ヘップバーン▼11・10・SSサランボー60 仏、伊[F]松竹セレクト[D]セルジオ・グリエコ[C]ジャンヌ・ヴァレリー▼11・22・VSジャングル・キャット60 米[F]RKO[P]ウォルト・ディズニー・プロ[D]ジェームズ・アルガー（動物映画）／ドナルド・ダックの算術教室60 米[F]RKO[P]ウォルト・ディズニー・プロ[D]ハミルトン・S・ラスク（アニメーション）▼12・15・VS家なき子58 仏、伊[F]大映[D]アンドレ・ミシェル[C]ジョエル・フラトー▼12・24・70アラモ60 米[F]ユナイト[D]ジョン・ウェイン[C]ジョン・ウェイン

【1961年（昭和36年）】※新宿ミラノ座と同番組

▼3・18・サーカス小僧60 米FRKOPウォルト・ディズニー・プロDチャールズ・バートンCケヴィン・コーコラン／ロンドン橋由来記57 米Pウォルト・ディズニー・プロDビル・ジャスティス、ウォルフガング・ライザーマン（短編アニメーション）▼4・15・CS燃える平原児60 米F 20世紀FOXDドン・シーゲルCエルヴィス・プレスリー▼4・22・VSエルマー・ガントリー 魅せられた男60 米FユナイトDリチャード・ブルックスCバート・ランカスター▼5・3・SS荒野の七人60 米FユナイトDジョン・スタージェスCユル・ブリンナー▼7・14・70 栄光への脱出60 米FユナイトDオットー・プレミンジャーCポール・ニューマン▼9・23・VS六年目の疑惑61 米FユナイトDマイケル・アンダーソンCゲイリー・クーパー▼10・11・CS地球の危機61 米F 20世紀FOXDアーウィン・アレンCウォルター・ピジョン▼10・25・VSさよならをもう一度61 米FユナイトDアナトール・リトヴァクCイングリッド・バーグマン▼11・22・ワイルド・ドッグ61 米FRKODジャック・コーファー、ドン・ホルダーンCジーン・クーツ／深海の謎59 米FRKOPウォルト・ディズニー・プロDロイ・エドワード・ディズニー（記録映画）▼12・27・SS南海漂流60 米FRKOPウォルト・ディズニー・プロDケン・アナキンCジョン・ミルズ／ドナルド・ダックの がんばれ部隊長！49 米Pウォルト・ディズニー・プロDジャック・ハンナ（短編アニメーション）

【1962年（昭和37年）】※新宿ミラノ座と同番組（12・15以降を除く）

▼1・27・VS非情の町61 米FユナイトDゴットフリード・ラインハルトCカーク・ダグラス▼2・15・SSポケット一杯の幸福《しあわせ》61 米FユナイトDフランク・キャプラCグレン・フォード▼3・10・VS罠にかかったパパとママ61 米FRKOPウォルト・ディズニー・プロDデヴィッド・スウィフトCヘイリー・ミルズ／水上スキー狂時代61 米Pウォルト・ディズニー・プロDウォルフガング・ライザーマン（短編アニメーション）▼4・7・70 太平洋戦争と姫ゆり部隊62 F大映P大蔵映画D小森白C南原宏治▼4・28・VSニュールンベルグ裁判61 米FユナイトDスタンリー・クレイマーCスペンサー・トレイシー▼6・9・VS追跡62 米FコロムビアDブレイク・エドワーズCグレン・フォード▼6・30・カサブランカ42 米FワーナーDマイケル・カーティスCハンフリー・ボガート▼7・21・101匹わんちゃん大行進61 米FRKOPウォルト・ディズニー・プロDウォルフガング・ライザーマン、ハミルトン・S・ラスク、クライド・ジェロニミ（アニメーション）／金色の名馬ノーチカル号60 米FRKOPウォルト・ディズニー・プロDラリー・ランズバーグ（記録映画）▼9・4・SS夢の渚62 米FユナイトDゴードン・ダグラスCエルヴィス・プレスリー▼9・26・VS終身犯61 米FユナイトDジョン・フランケンハイマーCバート・ランカスター▼10・13・SS荒野の3軍曹62 米FユナイトDジョン・スタージェスCフランク・シナトラ▼11・27・VS恐怖の岬62 米FユニヴァーサルDJ・リー・トンプソンCグレゴリー・ペック▼12・22・70 隊長ブーリバ62 米FユナイトDJ・リー・トンプソンCユル・ブリンナー

【1963年（昭和38年）】※新宿ミラノ座と同番組（4・26迄を除く）

▼2・21・CS闘将スパルタカス62 伊FMGMDセルジオ・コルブッチCスティーヴ・リーヴス▼3・7・VS恋のKOパンチ62 米FユナイトDフィル・カールソンCエルヴィス・プレスリー▼3・21・VSポリアンナ60 米FRKOPウォルト・ディズニー・プロDデヴィッド・スウィフトCヘイリー・ミルズ／夜のディズニーランド60 米FRKOPウォルト・ディズニー・プロDハミルトン・ラスク、ウィリアム・ボーディンCルイ・アームストロング（記録映画）▼4・27・狼王ロボ62 米FRKOPウォルト・ディズニー・プロDジェームズ・アルガー（動物映画）／山火事に挑む61 米FRKOPウォルト・ディズニー・プロDジェームズ・アルガー（記録映画）▼6・1・VS007は殺しの番号62 英FユナイトDテレンス・ヤングCショーン・コネリー▼6・22・SSプレイ・ガール陥落す62 米FユナイトDデヴィッド・スウィフトCホープ・ラング▼7・6・CS H氏のバケーション62 米F 20世紀FOXDヘンリー・コスターCジェームズ・スチュアート▼7・20・ピーター・パン53 米FRKOPウォルト・ディズニー・プロDハミルトン・ラスク、クライド・ジェロニミ、ウィルフレッド・ジャクソン（アニメーション）／VS青きドナウ62 米FRKOPウォルト・ディズニー・プロDスティーヴ・プレヴィンCヴィンセント・ウィンター▼8・3・SS大脱走63 米FユナイトDジョン・スタージェスCスティーヴ・マックィーン▼10・12・VSパリよ、こんにちは！62 米FRKOPウォルト・ディズニー・プロDジェームズ・ニールソンCフレッド・マクマレイ

／ドナルド・ダックの不作法教室61 米🄿ウォルト・ディズニー・プロ🄳ハミルトン・ラスク（短編アニメーション）▼10・25・70 北京の55日63 米🄵アライド・アーチスツ🄳ニコラス・レイ🄲チャールトン・ヘストン

【1964年（昭和39年）】※新宿ミラノ座と同番組

▼1・3・SS太陽の帝王63 米🄵ユナイト🄳J・リー・トンプソン🄲ユル・ブリンナー▼2・8・SSマクリントック63 米🄵ユナイト🄳アンドリュー・V・マクラグレン🄲ジョン・ウェイン▼3・14・男性の好きなスポーツ64 米🄵ユニヴァーサル🄳ハワード・ホークス🄲ロック・ハドソン▼4・1・VS雨の中の兵隊63 米🄵アライド・アーチスツ🄳ラルフ・ネルソン🄲スティーヴ・マックィーン▼4・25・VS007／危機一発63 英🄵ユナイト🄳テレンス・ヤング🄲ショーン・コネリー▼7・4・VSゼロの世代64 伊🄵日本ヘラルド🄳パオロ・カヴァラ（記録映画）▼7・25・SS633爆撃隊64 英、米🄵ユナイト🄳ウォルター・グローマン🄲ジョージ・チャキリス▼8・29・VSマーニー64 米🄵ユニヴァーサル🄳アルフレッド・ヒッチコック🄲ティッピ・ヘドレン▼10・10・CS何という行き方！64 米🄵20世紀FOX🄳J・リー・トンプソン🄲シャーリー・マクレーン▼11・25・70 クレオパトラ63 米🄵20世紀FOX🄳ジョセフ・L・マンキウィッツ🄲エリザベス・テイラー▼11・21・VS日曜日には鼠を殺せ64 米🄵コロムビア🄳フレッド・ジンネマン🄲グレゴリー・ペック▼12・19・70 サーカスの世界64 米🄵コロムビア🄳ヘンリー・ハサウェイ🄲ジョン・ウェイン

【1965年（昭和40年）】※新宿ミラノ座と同番組

▼2・13・VSジャイアンツ56 米🄵ワーナー🄳ジョージ・スティーヴンス🄲エリザベス・テイラー▼3・6・VS女と男のある限り63 西独🄵東急文化🄳アルフレッド・ワイデンマン🄲リリー・パルマー▼3・20・SSフロリダ万才65 米🄵MGM🄳ボリス・セイガル🄲エルヴィス・プレスリー▼4・17・SSダンディー少佐65 米🄵コロムビア🄳サム・ペキンパー🄲チャールトン・ヘストン▼6・5・SS大いなる野望64 米🄵パラマウント🄳エドワード・ドミトリク🄲ジョージ・ペパード▼7・3・VS丘65 米🄵MGM🄳シドニー・ルメット🄲ショーン・コネリー▼7・17・名犬ラッシーの大冒険63 米🄵東急文化、新日本興業🄳ウィリアム・ボーディン🄲ジョン・プロヴォスト／VSヨギ・ベア物語 クマゴローの大冒険64 米🄵コロムビア🄳ウィリアム・ハンナ、ジョセフ・バーベラ（アニメーション）▼8・7・CS脱走特急65 米🄵20世紀FOX🄳マーク・ロブソン🄲フランク・シナトラ▼10・9・70 素晴らしきヒコーキ野郎65 米🄵20世紀FOX🄳ケン・アナキン🄲ジェームズ・フォックス▼11・30・CS眼下の敵57 米🄵20世紀FOX🄳ディック・パウエル🄲ロバート・ミッチャム▼12・24・70 テレマークの要塞65 英、米🄵コロムビア🄳アンソニー・マン🄲カーク・ダグラス

【1966年（昭和41年）】※新宿ミラノ座、松竹セントラル（9・17以降）と同番組

▼2・12・VS0011ナポレオン・ソロ 地獄へ道づれ65 米🄵MGM🄳ジョセフ・サージェント🄲ロバート・ヴォーン▼3・26・VSレッドライン7000 65 米🄵パラマウント🄳ハワード・ホークス🄲ジェームズ・カーン▼4・23・CS電撃フリントGO！GO作戦66 米🄵20世紀FOX🄳ダニエル・マン🄲ジェームズ・コバーン▼5・21・SSイスタンブール66 米🄵コロムビア🄳アントニオ・イサシ🄲ホルスト・ブッフホルツ▼6・18・VS飛べ！フェニックス65 米🄵20世紀FOX🄳ロバート・アルドリッチ🄲ジェームズ・スチュアート▼7・2・SS殺しのテクニック66 伊🄵松竹映配🄳フランク・シャノン🄲ロバート・ウェッバー▼7・23・SSネバダ・スミス66 米🄵パラマウント🄳ヘンリー・ハサウェイ🄲スティーヴ・マックィーン▼9・17・以降は松竹セントラルと同番組＝松竹セントラルを参照

【1967年（昭和42年）】※松竹セントラル、新宿ミラノ座と同番組

【1968年（昭和43年）】※松竹セントラル（2・22・2・23を除く）、新宿ミラノ座と同番組

▼2・22・2・23シネラマ設備工事のため休館

【1969年（昭和44年）】※松竹セントラル、新宿ミラノ座と同番組

【1970年（昭和45年）】※松竹セントラル、新宿ミラノ座と同番組

【1971年（昭和46年）】※松竹セントラル、新宿ミラノ座と同番組

【1972年（昭和47年）】※松竹セントラル、新宿ミラノ座と同番組

【1973年（昭和48年）】※松竹セントラル、新宿ミラノ座と同番組

【1974年（昭和49年）】※松竹セントラル、新宿ミ

ラノ座と同番組（6・14の試写会はセントラルのみ）

【1975年（昭和50年）】※松竹セントラル、新宿ミラノ座と同番組

【1976年（昭和51年）】※松竹セントラル、新宿ミラノ座と同番組

【1977年（昭和52年）】※松竹セントラル、新宿ミラノ座と同番組（7・2-8・19迄を除く）

▼7・2-8・19 SS遠すぎた橋77 英[F]富士映画[D]リチャード・アッテンボロー[C]ダーク・ボガード

【1978年（昭和53年）】※松竹セントラル（5・9-5・10、11・29-12・1を除く）、新宿ミラノ座と同番組

▼5・9-5・10休館

▼11・3-12・1 SSロジャー・ムーア 冒険野郎76 英[F]松竹、富士映画[D]ピーター・ハント[C]ロジャー・ムーア

【1979年（昭和54年）】※松竹セントラル（3・17-4・6を除く）、新宿ミラノ座と同番組

▼3・3- SSアシャンティ78 スイス[F]コロムビア[D]リチャード・フライシャー[C]マイケル・ケイン▼3・21-4・6 VS笑う大捜査線76 伊[F]コロムビア[D]E・B・クラッチャー[C]テレンス・ヒル

【1980年（昭和55年）】※松竹セントラル、新宿ミラノ座と同番組

【1981年（昭和56年）】※松竹セントラル、新宿ミラノ座（9・14前夜祭を除く）と同番組

【1982年（昭和57年）】※松竹セントラル、新宿ミラノ座と同番組

【1983年（昭和58年）】※松竹セントラル、新宿ミラノ座と同番組（11・5-11・18を除く）

▼11・5- 70 宇宙戦艦ヤマト 完結篇83 [F]東映[D]西崎義展、勝間田具治[V]富山敬（アニメーション）▼11・14-11・18改装休館

【1984年（昭和59年）】※松竹セントラル（7・21-8・3、8・5、11・10-12・7を除く）、新宿ミラノ座（7・21-8・3、8・5を除く）と同番組

▼7・14-8・17 70 グレイストーク -類人猿の王者・ターザンの伝説83 英[F]ワーナー[D]ヒュー・ハドソン[C]クリストファー・ランバート▼7・21-8・3早朝のみ（8：30-）バース84 [P]あいどる、カナメプロ[D]貞光紳也[V]冨永みーな（アニメーション）▼8・5早朝のみ（8：00-）VS風の谷のナウシカ84 [F]東映洋画[D]宮崎駿[V]島本須美（アニメーション）／名探偵ホームズ 青い紅玉の巻・海底の財宝の巻84 [F]東映洋画[D]宮崎駿[V]柴田てる彦（短編アニメーション）

▼11・10- SSレイダース 失われたアーク81 米[F]パラマウント、CIC[D]スティーヴン・スピルバーグ[C]ハリソン・フォード▼11・26-12・7休館

【1985年（昭和60年）】※松竹セントラル（5・31-6・7、8・8-8・16、9・14-9・20を除く）、新宿ミラノ座（5・31-6・7、8・8-8・16を除く）と同番組

▼5・31-6・7 東京国際映画祭・TAKARAファンタスティック映画祭

▼5・31（19：00）開会式／VSフェノミナ85伊[D]ダリオ・アルジェント[C]ジェニファー・コネリー▼6・1（12：30）VSファイヤー&アイス82 米[D]ラルフ・バクシ（アニメーション）▼6・1（14：50）VS 13日の金曜日80 米[D]ショーン・S・カニンガム[C]エイドリアン・キング▼6・1（17：10）VS蜀山（公開時邦題：蜀山奇傳 天空の剣）84 香港[D]ツイ・ハーク（徐克）[C]ユン・ピョウ（元彪）▼6・1（19：30）コールド・ルーム83 英[D]ジェームズ・ディアデン[C]アマンダ・ペイズ▼6・1（22：00）SSクリープショー85 米[D]ジョージ・A・ロメロ[C]エド・ハリス／SS最後の戦い83 仏[D]リュック・ベッソン[C]ピエール・ジョリヴェ／VSエルム街の悪夢84 米[D]ウェス・クレイヴン[C]ヘザー・ランゲンカンプ／VSデッドゾーン83 カナダ[D]デヴィッド・クローネンバーグ[C]クリストファー・ウォーケン▼6・2（12：30）2つの頭脳を持つ男83 米[D]カール・ライナー[C]スティーブ・マーチン▼6・2（15：30）SSレイザーバック84 豪[D]ラッセル・マルケイ[C]グレゴリー・ハリソン▼6・2（18：00）対談：リオネル・シュシャン、小松沢陽一／（19：00）SSレディホーク85米[D]リチャード・ドナー[C]マシュー・ブロデリック▼6・3（12：30）最後の戦い（再映）▼6・3（15：30）VS悪魔の密室83 蘭[D]ディック・マース[C]フープ・スタペル▼6・3（18：00）対談：ジェームズ・ディアデン、アマンダ・ペイズ、筈見有弘／（19：00）コールド・ルーム（再映）▼6・4（12：30）ファイヤー&アイス（再映）▼6・4（15：30）エルム街の悪夢（再映）▼6・4（18：00）対談：クリストファー・リー、森卓也／（19：00）VSハウリング2 85英[D]フリップ・モーラ[C]クリストファー・リー▼6・5（12：30）VS XYZマーダーズ85米[D]サム・ライミ[C]リード・バーニー▼6・5（15：30）蜀山（再映）▼6・5（18：00）対談：キン・フー（胡金銓）、宇

田川幸洋／（19：00）SS山中傳奇79 香港、台湾[D]キン・フー（胡金銓）[C]シュー・フォン（徐楓）▼6・6（12：30）山中傳奇（再映）▼6・6（15：30）XYZマーダーズ（再映）▼6・6（18：00）対談：デヴィッド・クローネンバーグ、手塚真／（19：00）デッドゾーン（再映）▼6・7（12：30）レイザーバック（再映）▼6・7（15：30）VS銀河鉄道の夜85 [D]杉井ギサブロー（アニメーション）▼6・7（18：00）閉会式／クリープショー（再映）

▼8・8‐8・16［第一回スプラッタームービー・フェスティバル」連日21：40‐オールナイト▼8・8 VSザッツ・ショック84米[F]松竹富士[D]アンドリュー・J・キューン[C]ドナルド・プレザンス／VSゾンビ78米、伊[F]日本ヘラルド[D]ジョージ・A・ロメロ[C]デヴィッド・エムゲ／VS悪魔のいけにえ74米[F]日本ヘラルド[D]トビー・フーパー[C]マリリン・バーンズ▼8・9 VS 13日の金曜日80米[F]ワーナー[D]ショーン・S・カニンガム[C]ベッツィ・パルマー／VS 13日の金曜日 PART2 81米[F]パラマウント、CIC[D]スティーヴ・マイナー[C]エイミー・スティール／VS 13日の金曜日 PART3 82米[F]パラマウント、CIC[D]スティーヴ・マイナー[C]ダナ・キンメル／ザッツ・ショック（再映）▼8・10 VS狼男アメリカン81米[F]日本ヘラルド[D]ジョン・ランディス[C]デヴィッド・ノートン／VSハウリング81米[F]日本ヘラルド[D]ジョー・ダンテ[C]ディー・ウォーレス▼8・11 VSローズマリー81米[F]ジョイパックフィルム[D]ジョセフ・ジトー[C]ヴィッキー・ドーソン／VSマニアック81米[F]日本ヘラルド[D]ウィリアム・ラスティグ[C]ジョー・スピネル▼8・12 VSシャドー82伊[F]日本ヘラルド[D]ダリオ・アルジェント[C]アンソニー・フランシオーサ／VS地獄の謝肉祭80伊[F]日本ヘラルド[D]アンソニー・ドーソン[C]ジョン・サクソン▼8・13 VS悪魔のはらわた73仏、伊[F]日本ヘラルド[D]ポール・モリセイ[C]ウド・キア／VSゾンゲリア80米[F]日本ヘラルド[D]ゲイリー・A・シャーマン[C]ジェームズ・ファレンティーノ▼8・14 VS死霊伝説80米[F]日本ヘラルド[D]トビー・フーパー[C]デヴィッド・ソウル／SS悪魔の受胎80英[F]日本ヘラルド[D]ノーマン・J・ウォーレン[C]ジュディ・ギーソン／ザッツ・ショック（再映）▼8・15 SSザ・フォッグ80米[F]日本ヘラルド[D]ジョン・カーペンター[C]ジェイミー・リー・カーティス／VS悪魔の棲む家79米[F]日本ヘラルド[D]スチュアート・ローゼンバーグ[C]ジェームズ・ブローリン▼8・16 ゾンビ（再映）／死霊のはらわた（再映）／悪魔のいけにえ（再映）

▼6・8‐ビバリーヒルズ・コップ（続映）▼8・31‐70 レディホーク85米[F] 20世紀FOX[D]リチャード・ドナー[C]マシュー・ブロデリック

【1986年（昭和61年）】※松竹セントラル（9・13‐11・14を除く）、新宿ミラノ座（10・17‐10・24を除く）と同番組

▼9・13‐9・17 VSカラーパープル85米[F]ワーナー[D]スティーヴン・スピルバーグ[C]ダニー・グローヴァー

▼10・17‐10・24 東京国際ファンタスティック映画祭'86＝10・17（18：20）開会式／（19：00）VSポルターガイスト2 86米[D]ブライアン・ギブソン[C]ジョベス・ウィリアムス▼10・18（12：30）VSクリッター86米[D]スティーブン・ヘレク[C]ディー・ウォレス・ストーン▼10・18（15：30）ザ・ラスト・ウェーブ77豪[D]ピーター・ウィアー[C]リチャード・チェンバレン▼10・18（18：20）対談：ロイド・カウフマン／（19：00）VS悪魔の毒々モンスター84 米[D]マイケル・ハーツ[C]アンドリー・マランダ▼10・18（21：30）［ファンタスティック・ナイト（エンパイア・ピクチャーズ特集）」＝ゲスト対談：藤岡弘・他／予告篇大会／VSゾンバイオ・死霊のしたたり（公開時邦題：ZOMBIO 死霊のしたたり）85米[D]スチュアート・ゴードン[C]ジェフリー・コムス／VS SFソードキル84 米[D]J・ラリー・キャロル[C]藤岡弘、ジョン・カルヴィン／予告篇大会／VSクロールスペース86米[D]デヴィッド・シュモーラー[C]クラウス・キンスキー／テラービジョン86米[D]テッド・ニコラウ[C]ダイアン・フランクリン▼10・19（12：00）VS奇縁85香港[D]チン・シウトン（程小東）[C]チョウ・ユンファ（周潤發）▼10・19（14：30）VS死霊の谷76 米[D]アベリー・クロウンス[C]デニス・リップスコーム▼10・19（17：00）VSアドベンチャーズ・オブ・マーク・トウェイン86米[D]ウィル・ビントン（人形アニメ）▼10・19（19：20）SSストレンジ・インベーダーズ83 米[D]マイケル・ローリン[C]ナンシー・アレン▼10・20（12：30）VSテラービジョン86米[D]テッド・ニコラウ[C]ダイアン・フランクリン▼10・20（15：30）SS赤死病の仮面64米、英[D]ロジャー・コーマン[C]ヴィンセント・プライス▼10・20（18：20）対談：ロジャー・コーマン／（19：00）VSスペース・レイダース83 米[D]ハワード・R・コーエン[C]ヴィンセント・エドワーズ▼10・21（12：30）VSエレメント・オブ・クライム84 デンマーク[D]ラース・フォン・トリアー[C]マイケル・

エルフィック▼10・21（15：30）VSノマッズ85米🄳ジョン・マクティアナン🄲レスリー・アン・ダウン▼10・21（18：20）対談：泉谷しげる／（19：00）SSクリーチャー85米🄳ウィリアム・マローン🄲クラウス・キンスキー▼10・22（12：30）VSデッドタイム・ストーリー おとぎ話は血の匂い86米🄳ジェフリー・S・デルマン🄲ニコル・ピカード▼10・22（15：30）VSリンク86英🄳リチャード・フランクリン🄲テレンス・スタンプ▼10・22（18：20）対談：トビー・フーパー／（19：00）VS悪魔のいけにえ2 86米🄳トビー・フーパー🄲デニス・ホッパー▼10・23（12：30）赤死病の仮面（再映）▼10・23（15：30）VS7番目の呪い（公開時邦題：セブンス・カース）86香港🄳ラン・ナイチョイ（藍乃才）🄲チョウ・ユンファ（周潤發）▼10・23（18：20）対談：手塚真／（19：00）VSクリープス86米🄳フレッド・デッカー🄲ジェイソン・ライヴリー▼10・24（12：30）エル・トポ70メキシコ🄳アレハンドロ・ホドロフスキー🄲ブロンティス・ホドロフスキー▼10・24（15：30）VS死神レーサー（公開時邦題：処刑ライダー）86米🄳マイク・マーヴィン🄲チャーリー・シーン▼10・24（18：20）SSゴースト・ハンターズ86米🄳ジョン・カーペンター🄲カート・ラッセル／（19：00）閉会式

▼10・25-11・14カラーパープル（続映）

【1987年（昭和62年）】※松竹セントラル（8・12-9・11、9・26-12・4）、新宿ミラノ座（8・1-8・7、8・12-9・11、9・26-10・2を除く）と同番組

▼8・12-9・11ハチ公物語（再映）

▼9・26東京国際ファンタスティック映画祭'87「香港ファンタスティックナイト」＝（23：00）ゲスト挨拶、ゴールデン・ハーベスト予告篇特集／（23：20）VSサイキックアクション 復讐は夢からはじまる87香港🄳ラウ・カーウィン（劉家榮）🄲ミウ・キウワイ（苗僑偉）／（1：00）VS香港トワイライト・ゾーン摩訶不思議物語86香港🄳エリック・ツァン（曾志偉）🄲エリック・ツァン（曾志偉）／（2：45）VS近未来バイオレンス 爆裂戦士87香港🄳ロー・キン（盧堅）🄲ヴァイ・ティンチ（惠天賜）／（4：20）SSミラクル・ファイター82香港🄳ユエン・ウーピン（袁和平）🄲サイモン・ユエン・ジュニア（袁日初）

▼9・26-10・2第2回東京国際映画祭「インターナショナル・コンペティション」

▼9・26（15：30）VS古井戸87中国🄳ウー・ティエンミン（呉天明）🄲チャン・イーモウ（張芸謀）▼9・26（19：30）夢を追う人々87イスラエル🄳ユーリー・バーバッシュ🄲ケリー・マクギリス▼9・27（15：30）白いたてがみのライオン86チェコスロヴァキア🄳ヤロミール・イレシュ🄲ルディック・ムンツァー▼9・27（19：30）VS希望と栄光の日々（公開時題名＝戦場の小さな天使たち）87英🄳ジョン・ブアマン🄲サラ・マイルズ▼9・28（15：30）VS光る女87日🄵東宝🄳相米慎二🄲武藤敬司▼9・28-19：30VSダンサー87米🄳ハーバート・ロス🄲ミハイル・バリシニコフ▼9・29（15：30）VS旅人は休まない87韓国🄳イ・チャンホ🄲キム・ミョンゴン▼9・29（19：30）転回86ソ連🄳ラナ・ゴゴベリーゼ🄲レイラ・アバシーゼ▼9・30（15：30）パンチュバティ86印🄳バス・バッタチャリア🄲スレシュ・オベロイ▼9・30（19：30）VS普通の女87豪🄳ケン・キャメロン🄲レイチェル・ウォード▼10・1（15：30）VSシルビーの帰郷87カナダ🄳ビル・フォーサイス🄲クリスティン・ラーティ▼10・1（19：30）右側に気をつけろ87仏🄳ジャン＝リュック・ゴダール🄲ジャン＝リュック・ゴダール▼10・2（15：30）VSソフィア87アルゼンチン🄳アレハンドロ・ドリア🄲ドーラ・バレット▼10・2（19：30）VSザ・デッド／死者（公開時題名＝ザ・デッド「ダブリン市民」より）87米、英🄳ジョン・ヒューストン🄲アンジェリカ・ヒューストン

▼10・3-SSイーストウィックの魔女たち87米🄵ワーナー🄳ジョージ・ミラー🄲ジャック・ニコルソン▼10・31-VSフーズ・ザット・ガール87米🄵ワーナー🄳ジェームズ・フォーリー🄲マドンナ▼11・14-12・4 70プラトーン86米🄵ワーナー🄳オリヴァー・ストーン🄲チャーリー・シーン

【1988年（昭和63年）】※新宿ミラノ座と同番組（10・21-10・28を除く）

▼1・23-70ラストエンペラー87英、伊、中国、仏🄵松竹富士🄳ベルナルド・ベルトルッチ🄲ジョン・ローン▼3・19-VSフルメタル・ジャケット87米🄵ワーナー🄳スタンリー・キューブリック🄲マシュー・モディーン▼4・29-70太陽の帝国87米🄵ワーナー🄳スティーヴン・スピルバーグ🄲クリスチャン・ベール▼6・11-SSシシリアン87米🄵松竹富士🄳マイケル・チミノ🄲クリストファー・ランバート▼7・9-VSフランティック88米🄵ワーナー🄳ロマン・ポランスキー🄲ハリソン・フォード▼8・6-SSプレシディオの男た

ち88米🄵UIP🄳ピーター・ハイアムズ🄲ショーン・コネリー▼9・23‐VSシェイクダウン88米🄵日本ヘラルド🄳ジェームズ・グリッケンハウス🄲ピーター・ウェラー▼10・8‐VSカラーズ 天使の消えた街88米🄵ワーナー🄳デニス・ホッパー🄲ショーン・ペン▼10・21‐10・28東京国際ファンタスティック映画祭'88（上映作品は年度末尾に記載）▼10・29‐VS存在の耐えられない軽さ87米🄵松竹富士🄳フィリップ・カウフマン🄲ダニエル・デイ・ルイス▼12・10‐VSミッドナイト・ラン88米🄵ユニヴァーサル、UIP🄳マーティン・ブレスト🄲ロバート・デ・ニーロ

▼10・21‐10・28東京国際ファンタスティック映画祭'88＝10・21（18：30）開会式／［ツイ・ハーク・スペシャル］＝舞台挨拶：ツイ・ハーク／VSチャイニーズ・ゴースト・ストーリー87香港🄳チン・シウトン（程小東）🄲レスリー・チャン（張國榮）／VS上海ブルース84香港🄳ツイ・ハーク（徐克）🄲シルヴィア・チャン（張艾嘉）▼10・22（13：00）VSアメリカン・ゴシック88英🄳ジョン・ハフ🄲ロッド・スタイガー▼10・22（16：00）VSランページ（公開時邦題：ランページ 裁かれた狂気）87米🄳ウィリアム・フリードキン🄲マイケル・ビーン▼10・22（19：00）VSヒドゥン87米🄳ジャック・ショルダー🄲カイル・マクラクラン▼10・23（10：20）未来忍者 慶雲機忍外伝88 🄳雨宮慶太🄲牧冬吉▼10・23（13：00）悪魔の毒々プラトーン88米🄳マイケル・ハーツ、サミュエル・ウェイル🄲キャロリン・ビーチャンプ▼10・23（16：00）VS満月のくちづけ88 🄳金田龍🄲高原里絵（深津絵里）▼10・23（19：00）VS危険な天使87米🄳トム・ホランド🄲ウーピー・ゴールドバーグ▼10・24（13：00）VSバッド・テイスト87ニュージーランド🄳ピーター・ジャクソン🄲テリー・ポッター▼10・24（16：00）VSワックス・ワーク88米🄳アンソニー・ヒコックス🄲ザック・ギャリガン▼10・24（19：00）VSパスカリの島87英🄳ジェームズ・ディアデン🄲ベン・キングズレー▼10・25（13：00）ファンタスティック・ロマンス88伊🄳フランコ・アムリ🄲レナート・ポッツェット▼10・25（16：00）VSメイド・トゥ・オーダー（公開時邦題：星に願いを）87米🄳エイミー・ジョーンズ🄲ヴァレリー・ペリン▼10・25（19：00）VSメイド・イン・ヘブン87米🄳アラン・ルドルフ🄲ティモシー・ハットン▼10・26（13：00）VSプリズン88米🄳レニー・ハーリン🄲レーン・スミス▼10・26（16：00）VSニア・ダーク 月夜の出来事87米🄳キャスリン・ビグロー🄲エイドリアン・パスダー▼10・26（19：00）SSオペラ（公開時邦題：オペラ座 血の喝采）88伊🄳ダリオ・アルジェント🄲クリスティーナ・マルシリャチ▼10・27（13：00）VSブレイン・ダメージ87米🄳フランク・ヘネンロッター🄲リック・ハースト▼10・27（16：00）VSザ・コップ87米🄳ジェームズ・B・ハリス🄲ジェームズ・ウッズ▼10・27（19：00）VSルージュ87香港🄳スタンリー・クワン（關錦鵬）🄲レスリー・チャン（張國榮）▼10・28（16：00）VSモンキー・シャイン88米🄳ジョージ・A・ロメロ🄲ジェイソン・ベギー▼10・28（18：30）VSビートルジュース88米🄳ティム・バートン🄲マイケル・キートン／閉会式

【1989年（昭和64年・平成元年）】※新宿ミラノ座と同番組（9・29‐10・6を除く）

▼1・28‐VSレッド・スコルピオン88米🄵日本ヘラルド🄳ジョセフ・ジトー🄲ドルフ・ラングレン▼3・4‐VS風の惑星 スリップストリーム89英🄵松竹富士🄳スティーヴン・リズバーガー🄲マーク・ハミル▼3・25‐VSBAT★21 バット21 88米🄵松竹富士🄳ピーター・マークル🄲ジーン・ハックマン▼4・15‐VS愛は霧のかなたに88米🄵ユニヴァーサル、ワーナー🄳マイケル・アプテッド🄲シガニー・ウィーヴァー▼5・13‐SSリバイアサン89米🄵松竹富士🄳ジョージ・P・コスマトス🄲ピーター・ウェラー▼6・24‐VSメジャーリーグ89米🄵日本ヘラルド🄳デヴィッド・ワード🄲チャーリー・シーン▼8・5‐VSツインズ88米🄵ユニヴァーサル、UIP🄳アイヴァン・ライトマン🄲アーノルド・シュワルツェネッガー▼9・29‐10・6 ジャックスカード東京国際ファンタスティック映画祭'89（上映作品は年度末尾に記載）▼10・7‐VSツインズ（続映）▼10・14‐70リーサル・ウェポン2 炎の約束89米🄵ワーナー🄳リチャード・ドナー🄲メル・ギブソン▼12・2‐70バットマン89米🄵ワーナー🄳ティム・バートン🄲マイケル・キートン

▼9・29‐10・6 ジャックスカード東京国際ファンタスティック映画祭'89＝（18：30）開会式／サルート・オブ・ザ・ジャガー89米🄳デヴィッド・ウェッブ・ピープルズ🄲ルトガー・ハウアー▼9・30（13：00）VSエトワール88伊🄳ピーター・デル・モンテ🄲ジェニファー・コネリー▼9・30（16：00）VSケン・ラッセルの 白蛇伝説88英🄳ケン・ラッセル🄲ヒュー・グラント▼9・30（19：00）VS急凍奇俠89香港🄳クラレンス・フォク（霍耀良）🄲ユン・ピョウ（元彪）▼9・30（22：30）［スクリーミング・オールナイト］＝ゲ

スト挨拶：トム・バーマン他／ライフ・オン・ジ・エッジ88米[D]トム・バーマン[C]ジョン・グロヴァー／VSソサエティー89米[D]ブライアン・ユズナ[C]ビリー・ワーロック／孔雀王2 幻影城89日[D]板野一郎（アニメーション）／VSアリーナ89米[D]ピーター・マヌージアン[C]ポール・サタフィールド▼10・1（10：20）VSキングサイズ87ポーランド[D]ジュリアス・マチュルスキー[C]ジャック・チェミルニク▼10・1（13：00）VSバトルヒーター89日[D]川島透、飯田譲治[C]パッパラー河合▼10・1（16：00）VSライン・ワン88西独[D]ラインハルト・ハウフ[C]トーマス・アーレンス▼10・1（19：00）SSデッド・カーム88豪[D]フィリップ・ノイス[C]ニコール・キッドマン▼10・2（13：00）VSマルキ89仏、ベルギー[D]アンリ・グゾヌー（動物仮面劇）▼10・2（16：00）VSサイボーグ88米[D]アルバート・ピュン[C]ジャン・クロード・ヴァン・ダム▼10・2（19：00）VSビースト・オブ・ウォー・レッド・アフガン88米[D]ケビン・レイノルズ[C]ジョージ・ズンダ▼10・3（13：00）キッス・オブ・ザ・タイガー88仏、西独[D]ペトラ・ハフター[C]ステファヌ・フェラーラ▼10・3（16：00）VSデビルジャンク89米[D]ジェームズ・アイザック[C]ランス・ヘンリクセン▼10・3（19：00）VSバンパイア・キッス88米[D]ロバート・ビアマン[C]ニコラス・ケイジ▼10・4（15：30）ジョルジュ・メリエス大回顧16mmプログラム（15本）弁士：マリ・エレーヌ・メリエス▼10・4（19：00）ジョルジュ・メリエス大回顧35mmプログラム（16本）弁士：マリ・エレーヌ・メリエス▼10・5（12：20）VSシルバー・グローブ87ポーランド[D]アンジェイ・ズラウスキー[C]アンジェイ・セヴェリン▼10・5（16：00）ミス・ユニコーン89韓国[D]イ・チャンホ[C]チョン・ギュス▼10・5（19：00）VSミレニアム89英[D]マイケル・アンダーソン[C]クリス・クリストファーソン▼10・6（13：00）VSバクステール88仏[D]ジェローム・ボワヴァン[C]リーズ・ドラマール▼10・6（16：00）VSペアレンツ88米[D]ボブ・バラバン[C]ランディ・クエイド▼10・6（19：00）VSティニー・ウィニーズ89米[D]ジョー・ジョンストン[C]リック・モラニス／閉会式

【1990年（平成2年）】※新宿ミラノ座と同番組（3・2、9・28‐10・5を除く）▼3・2 VSテキーラ・サンライズ88米[F]ワーナー[D]ロバート・タウン[C]メル・ギブソン▼3・3‐SSデッドフォール89米[F]ワーナー[D]アンドレイ・コンチャロフスキー[C]シルヴェスター・スタローン▼4・7‐VS見ざる聞かざる目撃者89米[F]コロムビア、トライスター[D]アーサー・ヒラー[C]リチャード・プライヤー▼4・20‐VSグローリー89米[F]コロムビア、トライスター[D]エドワード・ズウィック[C]マシュー・ブロデリック▼5・19‐VSミディアン90米[F]日本ヘラルド[D]クライヴ・バーカー[C]クレイグ・シェファー▼6・8‐VSクラス・オブ 1999 90米[F]ベストロン映画[D]マーク・L・レスター[C]ブラッドリー・グレッグ▼6・29‐SSデイズ・オブ・サンダー90米[F]パラマウント、UIP[D]トニー・スコット[C]トム・クルーズ▼9・14‐SSバード・オン・ワイヤー90米[F]ユニヴァーサル、UIP[D]ジョン・バダム[C]メル・ギブソン▼9・28‐10・5 東京国際ファンタスティック映画祭'90（上映作品は年度末尾に記載）▼10・6‐バード・オン・ワイヤー（続映）▼10・19‐VSグッドフェローズ90米[F]ワーナー[D]マーティン・スコセッシ[C]ロバート・デ・ニーロ▼11・23‐VS天と地と 特別編90[F]東映[P]角川春樹事務所[D]角川春樹[C]榎木孝明▼12・7‐VSロッキー5 最後のドラマ90米[F]ユナイト[D]ジョン・G・アヴィルドセン[C]シルヴェスター・スタローン▼9・28‐10・5 東京国際ファンタスティック映画祭'90＝9・28（18：30）開会式／（19：00）70ディック・トレイシー90米[D]ウォーレン・ベイティ[C]ウォーレン・ベイティ▼9・29（13：00）VSバーバリアン・ブラザーズのシンクビッグ90米[D]ジョン・タートルトーブ[C]アリ・メイヤーズ▼9・29（16：00）VSゴッド・ギャンブラー89香港[D]バリー・ウォン（王晶）[C]チョウ・ユンファ（周潤發）▼9・29（19：00）SSフォード・フェアレーンの冒険90米[D]レニー・ハーリン[C]アンドリュー・ダイス・クレイ▼9・29（22：30）［ハロウィン・オールナイト・カーニバル」＝VSハロウィン4 ブギーマン復活88米[D]ドワイト・H・リトル[C]ドナルド・プレザンス／VSマスターズ・オブ・ホラー死霊の黙示録90伊、米[D]ジョージ・A・ロメロ、ダリオ・アルジェント[C]エイドリアン・バーボー／VSハロウィン5 ブギーマン逆襲89米[D]ドミニク・オセニン・ジラール[C]ドナルド・プレザンス／ベイビー・ブラッド90仏[D]アラン・ロバック[C]エマニュエル・エスクルー▼9・30（12：30）VS KABUKI-MAN カブキマン90米[D]ロイド・カウフマン、マイケル・ハーツ[C]リック・ジアナシー▼9・30（16：00）VS櫻の園90日[D]中原俊[C]中島ひろ子▼9・30（19：00）SSテラコッタ・ウォリア（公開時邦題：テラコッタ・ウォリア 秦俑）

89香港、中国Ⓓチン・シウトン（程小東）Ⓒチャン・イーモウ（張芸謀）▼10・1（13：00）レッド・ブラッド・ガール89カナダⒹデヴィッド・ブライスⒸヘザー・トーマス▼10・1（16：00）VS新・三銃士 華麗なる勇者の冒険89米Ⓓリチャード・レスターⒸマイケル・ヨーク▼10・1（19：00）ミート・ザ・フィーブルズ（公開時邦題：ミート・ザ・フィーブル 怒りのヒポポタマス）89ニュージーランドⒹピーター・ジャクソン（パペット映画）▼10・2（13：00）VSフレッシュ・ゴードンⅡ90カナダⒹハワード・T・ジームⒸヴィンス・マードッコ▼10・2（16：00）VS飛ぶ夢をしばらく見ない90日Ⓓ須川栄三Ⓒ細川俊之▼10・2（19：00）VSデルタ・フォース2 90米Ⓓアーロン・ノリスⒸチャック・ノリス▼10・3［ファンタスティック活動大写眞館］活弁：澤登翠（15：30）豪傑児雷也21 Ⓟ日活 Ⓓ牧野省三Ⓒ尾上松之助／渋川伴五郎22 Ⓟ日活Ⓓ築山光吉Ⓒ尾上松之助▼（19：00）弥次喜多・岡崎の猫騒動（弥次喜多 岡崎猫退治）37 Ⓟ大都映画Ⓓ吉村操Ⓒ大岡怪童／右門捕物帖六番手柄 仁念寺奇談30 Ⓟ亜東キネマ活Ⓓ仁科熊彦Ⓒ嵐寛寿郎▼10・4（13：00）VSグノームボクの素敵なパートナー90米Ⓓスタン・ウィンストンⒸアンソニー・マイケル・ホール▼10・4（16：00）VSハマースミスの6日間90英、米Ⓓバーナード・ローズⒸキーファー・サザーランド▼10・4（19：00）VSもういちど殺して89米Ⓓジョン・ダールⒸヴァル・キルマー▼10・5（13：00）VSトムとローラ90仏Ⓓベルトラン・アルテュイスⒸニール・スタッブス▼10・5（16：00）VSシンジェノア90米Ⓓジョージ・エランジャン・ジュニアⒸスター・アンドレフ▼10・5（19：00）VSアラクノフォビア90米Ⓓフランク・マーシャルⒸジェフ・ダニエルズ／閉会式

【1991年（平成3年）】 ※新宿ミラノ座と同番組（9・27-10・4を除く）

▼2・8- 70 メンフィス・ベル90米ⒻワーナーⒹマイケル・ケイトン・ジョーンズⒸマシュー・モディン▼3・30- VSシェルタリング・スカイ90英Ⓕテレビ朝日、松竹富士Ⓓベルナルド・ベルトルッチⒸデブラ・ウィンガー▼4・26- SSイントルーダー 怒りの翼90米Ⓕパラマウント、UIP Ⓓジョン・ミリアスⒸダニー・グローヴァー▼5・25- SSロシア・ハウス90米Ⓕ松竹富士Ⓓフレッド・スケピシⒸショーン・コネリー▼6・28- VS虚栄のかがり火90米ⒻワーナーⒹブライアン・デ・パルマⒸトム・ハンクス▼7・19- VSロビン・フッド91米ⒻワーナーⒹケヴィン・レイノルズⒸケヴィン・コスナー▼9・27-10・4 東京国際ファンタスティック映画祭'91（上映作品は年度末尾に記載）▼10・5- VSドク・ハリウッド91米ⒻワーナーⒹマイケル・ケイトン・ジョーンズⒸマイケル・J・フォックス▼11・9- VSイヤー・オブ・ザ・ガン91米Ⓕアスキー映画Ⓓジョン・フランケンハイマーⒸアンドリュー・マッカーシー▼12・7- SSロケッティア91米ⒻワーナーⒹジョー・ジョンストンⒸビル・キャンベル

▼9・27-10・4 東京国際ファンタスティック映画祭'91＝9・27（18：30）開会式／（19：00）VSインディアン・ランナー91米Ⓓショーン・ペンⒸデヴィッド・モース▼9・28（12：30）VS紅い婚礼 アンダルシア物語（公開時邦題：アンダルシアの恋物語）89西Ⓓヴィセンテ・エスクリバⒸクリスティーナ・オイヨス▼9・28（15：30）VS猫 NINE LIVES 91日、香港Ⓓ羽仁未央、総監督：ラン・ナイチョイ（藍乃才）Ⓒ赤井英和、グロリア・イップ（葉蘊儀）▼9・28（18：30）VS七小福88香港Ⓓアレックス・ロウ（羅啓鋭）Ⓒサモ・ハン・キンポー（洪金寶）▼9・28（23：00）オールナイト［伝説のスプラッター・ムービー・フェスティバル］VSナイト・オブ・ザ・リビングデッド 死霊創世紀90米Ⓓトム・サヴィーニⒸトニー・トッド／VS悪魔のいけにえ3 レザーフェイス逆襲89米Ⓓジェフ・バーⒸケイト・ホッジ／VSペンデュラム 悪魔のふりこ91米Ⓓスチュアート・ゴードンⒸランス・ヘンリクセン／VSポップコーン91米Ⓓマーク・ヘリアーⒸジル・シュエレン▼9・29（12：30）VSゼイラム91日Ⓓ雨宮慶太Ⓒ森山祐子▼9・29（15：30）VSよるべなき男の仕事 殺し91日Ⓓ村川透Ⓒ根津甚八▼9・29（18：30）VS無能の人91日Ⓓ竹中直人Ⓒ竹中直人▼9・30（12：30）VSマイアミ・ムーン91米Ⓓエドワード・ビアンキⒸシンディ・ローパー▼9・30（15：30）タイム・トゥ・カム88アルゼンチンⒹグスタホ・モスケラⒸヒューゴ・ソトー▼9・30（18：30）VS遊びの時間は終らない91日Ⓓ萩庭貞明Ⓒ本木雅弘▼9・30（21：30）VSダリ天才日記90西Ⓓアントニー・リバスⒸロレンツォ・クイン▼10・1（12：30）VSリトル・モンスター88米Ⓓリチャード・グリーンバーグⒸフレッド・サヴェージ▼10・1（15：30）ワンダーアーム・ストーリー91米Ⓓアダム・リフキンⒸジャド・ネルソン▼10・1（18：30）VSウェドロック91米Ⓓルイス・ティーグⒸルトガー・ハウアー▼10・1（21：30）VSガーウィン（公

開時邦題：ラストファンタジー）91仏[D]アルノー・セリニャック[C]ジャン・ユーグ・アングラード▼10・2［ジャック・ドゥミと女優たち］（12：30）SSローラ60仏[D]ジャック・ドゥミー[C]アヌーク・エーメ▼10・2（15：30）シェルブールの雨傘63 仏[D]ジャック・ドゥミー[C]カトリーヌ・ドヌーヴ▼10・2（18：30）VS都会のひと部屋82 仏[D]ジャック・ドゥミー[C]ドミニク・サンダ▼10・2（21：30）VSパーキング オルフェとエウリディス（公開時邦題：パーキング）85仏[D]ジャック・ドゥミー[C]フランシス・ユステール、伊藤景衣子▼10・3（12：30）VS悪魔の毒々ハイスクール2 ヒューマノイド・パニック91米[D]エリック・ロージル[C]ブリック・ブロンスキー▼10・3（15：30）VSホワイトルーム90カナダ[D]パトリシア・ロゼマ[C]ケイト・ネリガン▼10・3（18：30）ウィングス・オブ・フェイム90蘭[D]オタカー・ヴォトチェック[C]ピーター・オトゥール▼10・3（21：30）VSアフレイド・オブ・ザ・ダーク91英[D]マーク・ペプロー[C]ジェームズ・フォックス▼10・4（12：30）VSミス・ファイヤークラッカー88米[D]トーマス・シュラム[C]ホリー・ハンター▼10・4（15：30）ザ・テレフォン88米[D]リップ・トーン[C]ウーピー・ゴールドバーグ▼10・4（18：30）SSロケッティア91米[D]ジョー・ジョンストン[C]ビル・キャンベル／（21：30）閉会式

【1992年（平成4年）】※新宿ミラノ座と同番組（9・25-10・2、10・23、11・11を除く）

▼1・25-SSリコシェ91米[F]松竹富士[D]ラッセル・マルケイ[C]デンゼル・ワシントン▼2・22-VSバグジー91米[F]コロムビア、トライスター[D]バリー・レヴィンソン[C]ウォーレン・ベイティ▼3・21-SS JFK91米[F]ワーナー[D]オリヴァー・ストーン[C]ケヴィン・コスナー▼7・11-VSバットマン リターンズ92米[F]ワーナー[D]ティム・バートン[C]マイケル・キートン▼9・5-VS愛という名の疑惑92米[F]ワーナー[D]フィル・ジョアノー[C]リチャード・ギア▼9・25-10・2 東京国際ファンタスティック映画祭'92（上映作品は年度末尾に記載）▼10・3-SSリーサル・ウェポン3 92米[F]ワーナー[D]リチャード・ドナー[C]メル・ギブソン▼12・5-VSボディガード92米[F]ワーナー[D]ミック・ジャクソン[C]ケヴィン・コスナー（上映期間147日）

▼9・25-10・2 東京国際ファンタスティック映画祭'92＝9・25（18：30）開会式／SSワンス・アポン・ア・タイム・イン・チャイナⅡ 天地大乱（公開時邦題：ワンス・アポン・ア・タイム 天地大乱）92香港[D]ツイ・ハーク（徐克）[C]リー・リンチェイ（李連杰）▼9・26（12：30）VSひき逃げファミリー92日[D]水谷俊之[C]長塚京三▼9・26（15：30）VS復讐は俺がやる92日、米[D]村川透[C]菅原文太、ジョージ・ケネディ▼9・26（18：30）VSハード・ボイルド（公開時邦題：ハード・ボイルド 新・男たちの挽歌）92香港[D]ジョン・ウー（呉宇森）[C]チョウ・ユンファ（周潤發）▼9・26（23：30）［オールナイト］地下幻燈劇画 少女椿92日[D]絵津久秋（アニメーション）／VSヘルレイザー3 92英[D]アンソニー・ヒコックス[C]テリー・ファレル／ステップ・ファザー3 92米[D]ガイ・メイガー[C]ロバート・ワイトマン／VSネメシス92米[D]アルバート・ピュン[C]オリヴィエ・グラナー▼9・27（12：30）SSコイサンマン キョンシーアフリカへ行く91香港[D]ビリー・チャン（陳會毅）[C]ニカウ▼9・27（15：30）スパイメーカー90米[D]フェルディナンド・フェアファクス[C]ジェイソン・コネリー▼9・27（18：30）カサノバ スコア・バージョン27仏[D]アレクサンドル・ヴォルコフ[C]イワン・モジューヒン▼9・28（12：30）VSマイキー91米[D]デニス・ディムスター・デンク[C]ブライアン・ボンソール▼9・28（15：30）VSインターセプター92米[D]マイケル・コーン[C]ユルゲン・プロフノウ▼9・28（18：30）VSバッフィ ザ・バンパイア・キラー92米[D]フラン・ルーベル・クズイ[C]クリスティ・スワンソン▼9・28（21：20）VS Talking Head トーキング・ヘッド92日[D]押井守（アニメーション）▼9・29（12：30）SSアフター・ダーク90米[D]ジェームズ・フォーリー[C]ジェイソン・パトリック▼9・29（15：30）VSミッドナイトチェイサー91米[D]アンソン・ウィリアムズ[C]クリストファー・ウォーケン▼9・29（18：30）ライブ・ワイヤー92米[D]クリスチャン・デュゲイ[C]ピアース・ブロスナン▼9・29（21：20）おばあちゃん南に向かう91スロヴェニア[D]ヴィンチ・ヴォーグ・アンズロバール[C]マジョルカ・シュクルジェ▼9・30（12：30）VSボディヒート92米[D]カット・シア・ルーベン[C]ドリュー・バリモア▼9・30（15：30）VSワン・フルムーン91英[D]エンダヴ・エムリン[C]ダーヴァン・ロバーツ▼9・30（18：30）SSディレクターズ・カット ブレードランナー最終版92米、香港[D]リドリー・スコット[C]ハリソン・フォード▼9・30（21：20）VS押繪と旅する男92日[D]川島透[C]浜村純▼10・1（12：30）VS法王さまご用心91英[D]ピーター・リチャードソン[C]ロビー・コルトレー

ン▼10・1（15：30）VSゴー・トラビ・ゴー90独[D]ペーター・ティム[C]ウォルフガング・シュトゥンフ▼10・1（18：30）VSくまちゃん92日[D]小中和哉[C]草刈正雄▼10・1（21：20）真夜中の殺人コール91米[D]アラン・ホルツマン[C]デボラ・ハリー▼10・2（12：30）ダイアリー・オブ・ア・ヒットマン91米[D]ロイ・ロンドン[C]フォレスト・ウィテカー▼10・2（15：30）VSヴァージニア92日、英[D]佐藤嗣麻子[C]ジュリアン・サンズ▼10・2（18：30）SSリーサル・ウェポン3 92米[F]ワーナー[D]リチャード・ドナー[C]メル・ギブソン／（21：20）閉会式

【1993年（平成5年）】※新宿ミラノ座と同番組（9・24-10・1と10・16-10・29を除く）

▼5・15・VS沈黙の戦艦92米[F]ワーナー[D]アンドリュー・デイヴィス[C]スティーヴン・セガール▼7・3・VSわんぱくデニス92米[F]ワーナー[D]ニック・キャッスル[C]クリストファー・ロイド▼7・24・SSフォーリング・ダウン93米[F]ワーナー[D]ジョエル・シューマッカー[C]マイケル・ダグラス▼8・14・SSシュワルツェネッガー ラスト・アクション・ヒーロー93米[F]コロムビア[D]ジョン・マクティアナン[C]アーノルド・シュワルツェネッガー▼9・24-10・1 東京国際ファンタスティック映画祭'93（上映作品は年度末尾に記載）▼10・2・VS T－NA ティナ93米[F]ブエナビスタ[D]ブライアン・ギブソン[C]アンジェラ・バセット▼10・30・VSスリー・リバーズ93米[F]コロムビア[D]ローディ・ヘリントン[C]ブルース・ウィリス▼12・11・SSパーフェクトワールド93米[F]ワーナー[D]クリント・イーストウッド[C]ケヴィン・コスナー

▼9・24-10・1 東京国際ファンタスティック映画祭'93▼9・24（18：30）開会式／VS眠らない街 新宿鮫93日[D]滝田洋二郎[C]真田広之▼9・25（12：30）VSビジター 欲望の死角93米[D]ジョフ・マーフィ[C]ルトガー・ハウアー▼9・25（15：30）VSアモス＆アンドリュー93米[D]E・マックス・フライ[C]ニコラス・ケイジ▼9・25（18：30）VS秘密の花園93米[D]アグニェシュカ・ホランド[C]ケイト・メイバリー▼9・25（23：30）［ホーンテッド・オールナイト］VSダーク・ハーフ93米[D]ジョージ・A・ロメロ[C]ティモシー・ハットン／SS未来世紀ミュータント93西[D]アレックス・デ・ラ・イグレシア[C]アントニオ・レシネス／ティックス93米[D]トニ・ランデル[C]ロザリンド・アレン／SS Dr．ギグルス92米[D]マニー・コト[C]ラリー・ドレイク▼9・26（12：30）タイムアクセル12：01 93米[D]ジャック・ショルダー[C]ジョナサン・シルヴァーマン▼9・26（15：30）VSぼのぼの93日[D]いがらしみきお、武藤裕治[V]藤田淑子（アニメーション）▼9・26（18：30）SSアビス 完全版93米[D]ジェームズ・キャメロン[C]エド・ハリス▼9・27（12：30）VSキャプテン・ロン92米[D]トム・エバーハード[C]カート・ラッセル▼9・27（15：30）VSミュータント・フリークス93米[D]トム・スターン、アレックス・ウィンター[C]ブルック・シールズ▼9・27（18：30）SSダンス・ウィズ・ウルブズ（4時間アナザーバージョン）90米[D]ケヴィン・コスナー[C]ケヴィン・コスナー▼9・28（12：30）VSガンクレイジー92米[D]タムラ・デイヴィス[C]ドリュー・バリモア▼9・28（15：30）VSドッペルゲンガー 憎悪の化身93米[D]アヴィ・ネッシャー[C]ドリュー・バリモア▼9・28（18：30）淑女と髯31日[D]小津安二郎[C]岡田時彦（小津安二郎生誕90年フェア記念企画）▼9・28（21：20）VS屋根裏の散歩者 インターナショナル・ヴァージョン92日[D]実相寺昭雄[C]三上博史▼9・29（12：30）金星人地球を征服56米[D]ロジャー・コーマン[C]ピーター・グレイヴズ／巨人獣58米[D]バート・I・ゴードン[C]サリー・フレイザー▼9・29（18：30）ワハハ本舗シネマ・パフォーマンス・ライブ『2001年宇宙の旅芸人』構成：喰始[C]佐藤正宏▼9・29（21：20）VSヌードの夜93日[D]石井隆[C]竹中直人▼9・30（12：30）［スター伝説：アンディ・ラウ］VS天若有情90香港[D]ベニー・チャン（陳木勝）[C]アンディ・ラウ（劉徳華）▼9・30（15：30）VSアンディ・ラウ 神鳥聖剣92香港[D]コリー・ユン（元奎）、デヴィッド・ライ（黎大煒）[C]アンディ・ラウ（劉徳華）▼9・30（18：30）VS神鳥伝説91香港[D]コリー・ユン（元奎）、デヴィッド・ライ（黎大煒）[C]アンディ・ラウ（劉徳華）▼9・30（21：20）VS天長地久（公開時邦題：アンディ・ラウのスター伝説）93香港[D]ジェフ・ラウ（劉鎮偉）[C]アンディ・ラウ（劉徳華）▼10・1（12：30）VSザ・ハルマゲドン ワーロック・リターンズ93米[D]アンソニー・ヒコックス[C]ジュリアン・サンズ▼10・1（15：30）VSブロンディー 女銀行強盗93米[D]ラッセル・マルケイ[C]キム・ベイシンガー▼10・1（18：30）SS黒豹のバラード93米[D]マリオ・ヴァン・ピーブルズ[C]マリオ・ヴァン・ピーブルズ／（21：20）閉会式

【1994年（平成6年）】※新宿ミラノ座と同番組（6・17と8・13-10・7を除く）

▼2・11-SSデモリションマン93米[F]ワーナー[D]マルコ・ブランビヤ[C]シルヴェスター・スタローン▼3・26-SSフリー・ウィリー93米[F]ワーナー[D]サイモン・ウィンサー[C]ジェーソン・ジェームズ・リクター▼4・23-SSカリートの道93米[F]UIP[D]ブライアン・デ・パルマ[C]アル・パチーノ▼5・21-7・1SS沈黙の要塞94米[F]ワーナー[D]スティーヴン・セガール[C]スティーヴン・セガール▼6・17（22：00）「秋まで待てない!!ファンタスティックナイト」SSボディ・スナッチャーズ93米[D]アベル・フェラーラ[C]ガブリエル・アンウォー／VSラブ・ポーションNO.9 92米[D]デイル・ローナー[C]サンドラ・ブロック／SSフリー・フォール93米[D]ジョン・アーヴィン[C]エリック・ロバーツ／ジェノ・サイバー 虚界の魔獣94日[D]大畑晃一[V]平松晶子（アニメーション）▼7・2-SSワイアット・アープ94米[F]ワーナー[D]ローレンス・カスダン[C]ケヴィン・コスナー▼8・13-SSマーヴェリック94米[F]ワーナー[D]リチャード・ドナー[C]メル・ギブソン▼9・30-10・7 東京国際ファンタスティック映画祭'94（上映作品は年度末尾に記載）▼10・8-SSパルプ・フィクション94米[F]松竹富士[D]クエンティン・タランティーノ[C]ジョン・トラヴォルタ▼11・12-SSタイムコップ 近未来時空犯罪捜査官94米[F]UIP[D]ピーター・ハイアムズ[C]ジャン・クロード・ヴァン・ダム▼12・10-VSインタビュー・ウィズ・ヴァンパイア94米[F]ワーナー[D]ニール・ジョーダン[C]トム・クルーズ

▼9・30-10・7 東京国際ファンタスティック映画祭'94＝9・30（18：30）開会式／VSナイトメアー・ビフォア・クリスマス93米[D]ヘンリー・セリック（ティム・バートン製作のアニメーション）▼9・30（23：00）オールナイト「香港電影狂熱不夜城」VS新難兄難弟（公開時邦題：月夜の願い 新難兄難弟）93香港[D]ピーター・チャン（陳可辛）、リー・チーガイ（李志毅）[C]トニー・レオン（梁朝偉）／VS方世玉Ⅱ（公開時邦題：格闘飛龍 方世玉）92香港[D]コリー・ユン（元奎）[C]リー・リンチェイ（李連杰）／SS青蛇転生93香港[D]ツイ・ハーク（徐克）[C]ジョイ・ウォン（王祖賢）／VS東方三侠93香港[D]ジョニー・トー（杜琪峰）▼10・1（12：30）SSデス・マシーン94英[D]スティーヴン・ノリントン[C]ブラッド・ドゥーリフ▼10・1（15：30）VSエース・ベンチュラ94米[D]トム・シャドヤック[C]ジム・キャリー▼10・1（18：30）VSバッド・ガールズ94米[D]ジョナサン・カプラン[C]マデリーン・ストウ▼10・1（23：00）「闇の帝王復活！ゾンビ・オールナイト」VSゾンビ（ディレクターズカット完全版）78米、伊[D]ジョージ・A・ロメロ[C]デヴィッド・エムゲ／VSデモンズ'95 94伊、仏[D]ミケーレ・ソアヴィ[C]ルパート・エヴェレット／VSゾンビ（ダリオ・アルジェント監修版）77米、伊[D]ジョージ・A・ロメロ[C]デヴィッド・エムゲ▼10・2（11：30）VS復讐の天使 カミカゼタクシー（公開時邦題：KAMIKAZE TAXI）94日[D]原田眞人[C]役所広司▼10・2（15：30）VSゼイラム2 94日[D]雨宮慶太[C]森山祐子▼10・2（18：30）VSナチュラル・ボーン・キラーズ94米[D]オリヴァー・ストーン[C]ウディ・ハレルソン▼10・2（21：20）レイジング・エンジェルス94米[D]クリス・クリスチャンセン[C]ショーン・パトリック・フラネリー▼10・3（12：30）VS羊たちの沈没93伊、米[D]エッジオ・グレッジオ[C]エッジオ・グレッジオ▼10・3（15：30）VSデス・ウィッシュ5 93米[D]アラン・A・ゴールドスタイン[C]チャールズ・ブロンソン▼10・3（18：30）VS居酒屋ゆうれい94日[D]渡邊孝好[C]萩原健一▼10・3（21：20）SS白髪魔女伝93香港[D]ロニー・ユー（于仁泰）[C]ブリジット・リン（林青霞）▼10・4（12：30）VSモスキート94米[D]ゲイリー・ジョーンズ[C]ガンナー・ハンセン▼10・4（15：30）VSマックス（公開時邦題：未確認生命体 M.A.X マックス）93米[D]ジョン・ラフィア[C]アリー・シーディ▼10・4（18：30）70アラビアのロレンス 完全版88英[D]デヴィッド・リーン[C]ピーター・オトゥール▼10・5（12：30）VSヴァイラス93米[D]レイチェル・タラレイ[C]カレン・アレン▼10・5（15：30）SSザ・ハイクルセイダー94米[D]クラウス・クネーゼル、ホルガー・ニューハウザー[C]リック・オーヴァートン▼10・5（18：30）VSシリアル・ママ94米[D]ジョン・ウォーターズ[C]キャスリーン・ターナー▼10・5（21：20）VS八仙飯店之人肉饅頭93香港[D]ハーマン・ヤウ（邱禮濤）[C]アンソニー・ウォン（黄秋生）▼10・6（12：30）VS殺人者の童話94香港[D]ヴェロニカ・チャン（陳静儀）[C]アンディ・ラウ（劉徳華）／VSサンダーボルト 如来神掌90香港[D]テイラー・ウォン（黄泰來）[C]アンディ・ラウ（劉徳華）▼10・6（18：30）VSハードロック・ハイジャック94米[D]マイケル・レーマン[C]ブレンダン・フレイザー▼10・6（21：20）SSマウス・オブ・マッドネス94米[D]ジョン・カーペンター[C]サム・ニール▼10・7（12：30）シャドー・チェイサー2 94米[D]ジョ

ン・エアーズ[C]フランク・ザカリーノ▼10・7（15：30）SSフィラデルフィア・エクスペリメント2 93米[D]スティーヴン・コーンウェル[C]ブラッド・ジョンソン▼10・7（18：30）VSシャドー94米[D]ラッセル・マルケイ[C]アレック・ボールドウィン／（21：20）閉会式

【1995年（平成7年）】※新宿ミラノ座と同番組（9・15-9・29を除く）

▼1・28-SSターミナル・ベロシティ94米[F]ブエナビスタ[D]デラン・サラフィアン[C]チャーリー・シーン▼3・4-VSスペシャリスト94米[F]ワーナー[D]ルイス・ロッサ[C]シルヴェスター・スタローン▼4・29-VSアウトブレイク95米[F]ワーナー[D]ウォルフガング・ペーターゼン[C]ダスティン・ホフマン▼6・16（22：00）［前夜祭オールナイト］VSバットマン フォーエヴァー95米[F]ワーナー[D]ジョエル・シューマッカー[C]ヴァル・キルマー▼6・17-バットマン フォーエヴァー（通常興行）▼7・29-VSキャスパー95米[F]UIP[D]ブラッド・シルバーリング[C]クリスティーナ・リッチ▼9・15-VSマディソン郡の橋95米[F]ワーナー[D]クリント・イーストウッド[C]クリント・イーストウッド▼9・22-9・29 東京国際ファンタスティック映画祭'95（上映作品は年度末尾に記載）▼9・30-マディソン郡の橋（続映）▼12・23-SSジェネレーションズ STAR TREK 95米[F]パラマウント、UIP[D]デヴィッド・カーソン[C]パトリック・スチュワート

▼9・22-9・29 東京国際ファンタスティック映画祭'95＝9・22（18：30）開会式／VS暴走特急95米[D]ジョフ・マーフィ[C]スティーヴン・セガール▼9・23（12：30）VS MACROSS PLUS MOVIE EDITION 95日[D]河森正治、渡辺信一郎[V]山崎たくみ（アニメーション）▼9・23（15：30）VS GHOST IN THE SHELL 攻殻機動隊95日[D]押井守[V]田中敦子（アニメーション）▼9・23（18：30）VS MEMORIES 95日[D]大友克洋、森本晃司、岡村天斎[V]高島雅羅（アニメーション）▼9・23（23：00）オールナイト［ホラーマニアは眠らない］VSキャンディマン2 95米[D]ビル・コンドン[C]トニー・トッド／VSチルドレン・オブ・ザ・コーン3（公開時邦題：スティーブン・キング アーバン・ハーベスト）95米[D]ジェームズ・ヒコックス[C]ロン・メレンデス／VSアタック・オブ・キラートマト 完璧版95米[D]ジョン・デ・ベロ[C]デヴィッド・ミラー／VS悪魔のいけにえ レジェンド・オブ・レザーフェイス95米[D]キム・ヘンケル[C]レニー・ゼルウィガー▼9・24（12：30）SSシャドウ・オブ・ウルフ92カナダ、仏[D]ジャック・ドルフマン[C]ルー・ダイアモンド・フィリップス、三船敏郎▼9・24（15：30）VSダブルドラゴン94米[D]ジェームズ・ユキッチ[C]ロバート・パトリック▼9・24（18：30）SS光る眼95米[D]ジョン・カーペンター[C]クリストファー・リーヴ▼9・24（21：20）VS TOKYO FIST 東京フィスト95日[D]塚本晋也[C]塚本晋也▼9・25（12：30）SS天と地93米[D]オリヴァー・ストーン[C]ヘップ・ティー・リー／VS雷洛伝・炎の青春91香港[D]ローレンス・アモン（劉國昌）[C]アンディ・ラウ（劉徳華）▼9・25（18：30）VSマッド・ラブ95米[D]アントニア・バード[C]ドリュー・バリモア▼9・25（21：20）VS勝手に死なせて！95日[D]水谷俊之[C]名取裕子▼9・26（12：30）VS ００６１ 北京より愛をこめて!? 94香港[D]リー・リクチー（李力持）、チャウ・シンチー（周星馳）[C]チャウ・シンチー（周星馳）／VS暴風眼94香港[D]リ・キンシャン（李健生）[C]アニタ・ユン（袁詠儀）▼9・26（18：30）キングダム 第1章94デンマーク[D]ラース・フォン・トリアー[C]エルンスト・フーゴ・イエアゴー▼9・26（21：20）VS走らなあかん 夜明けまで95日[D]萩庭貞明[C]萩原聖人▼9・27（12：30）VS冷たい夜は死の匂い95米[D]ダニー・ヒューストン[C]バート・レイノルズ▼9・27（15：30）エッジ・オブ・ダークネス95米[D]ジョン・エアーズ[C]サム・ボトムス▼9・27（18：30）70サウンド・オブ・ミュージック65米[D]ロバート・ワイズ[C]ジュリー・アンドリュース▼9・28（12：30）SSファイナル・アプローチ91米[D]エリック・スティーヴン・スタール[C]ヘクター・エリソンド▼9・28（15：30）マッシュルーム95豪[D]アラン・マッデン[C]ジュリア・ブレイク▼9・28（18：30）VSフランク アンド オーリー95米[D]セオドア・トーマス[C]フランク・トーマス（記録映画）／70眠れる森の美女59米[D]クライド・ジェロニミ（アニメーション）▼9・29（12：30）VSラスト・ヒーロー・イン・チャイナ 烈火風雲93香港[D]バリー・ウォン（王晶）[C]リー・リンチェイ（李連杰）／VSターゲット・ブルー94香港[D]コリー・ユン（元奎）[C]リー・リンチェイ（李連杰）▼9・29（18：30）VSデスペラード95米[D]ロバート・ロドリゲス[C]アントニオ・バンデラス／閉会式

【1996年（平成8年）】※新宿ミラノ座と同番組（9・27-10・4を除く）

▼1・20-VS暴走特急95米[F]ワーナー[D]ジョフ・マーフィー[C]スティーヴン・セガール▼2・24-SSニクソン95米[F]ブエナビスタ[D]オリヴァー・ストーン[C]ア

ンソニー・ホプキンス▼3・20-VSジュマンジ95米[F]コロムビア、トライスター[D]ジョー・ジョンストン[C]ロビン・ウィリアムズ▼5・18-SS白い嵐96米[F]日本ヘラルド[D]リドリー・スコット[C]ジェフ・ブリッジス▼6・15-VSフロム・ダスク・ティル・ドーン96米[F]松竹富士[D]ロバート・ロドリゲス[C]ジョージ・クルーニー▼8・3-SSイレイザー96米[F]ワーナー[D]チャールズ・ラッセル[C]アーノルド・シュワルツェネッガー▼9・27-10・4東京国際ファンタスティック映画祭'96（上映作品は年度末尾に記載）▼10・19-SS**D.N.A.**96米[F]ギャガ、ヒューマックス[D]ジョン・フランケンハイマー[C]ヴァル・キルマー▼11・23-SS**エスケープ・フロム・L.A.**95米[F]UIP[D]ジョン・カーペンター[C]カート・ラッセル▼12・14-VSバードケージ96米[F]UIP[D]マイク・ニコルズ[C]ロビン・ウィリアムズ

▼9・27-10・4東京国際ファンタスティック映画祭'96＝9・27（23：00）オールナイト［前夜祭！香港電影冒険不夜城］SS冒険王96香港[D]チン・シウトン（程小東）[C]リー・リンチェイ（李連杰）／VS古惑仔《こわくちゃい》（公開時邦題：欲望の街 古惑仔I銅鑼湾（コーズウェイベイ）の疾風）95香港[D]アンドリュー・ラウ（劉偉強）[C]イーキン・チェン（鄭伊健）／VS大冒険家（公開時邦題：復讐のプレリュード 大冒険家）95香港[D]リンゴ・ラム（林嶺東）[C]アンディ・ラウ（劉徳華）／VSハイリスク95香港[D]バリー・ウォン（王晶）[C]リー・リンチェイ（李連杰）▼9・28（12：30）SSハロウィン78米[D]ジョン・カーペンター[C]ドナルド・プレザンス／VSハロウィン6 最後の戦い95米[D]ジョー・チャペル[C]ドナルド・プレザンス▼9・28（18：30）開会式／VSジャイアント・ピーチ96米[D]ヘンリー・セリック（アニメーション）／ヴィンセント82米[D]ティム・バートン（短編アニメーション）▼9・28（23：00）オールナイト［真夜中の怪人たち～ホラーモンスターは眠らない］VSレスリー・ニールセンのドラキュラ95米[D]メル・ブルックス[C]レスリー・ニールセン／VSデイ・オブ・ザ・ビースト（公開時邦題：ビースト 獣の日）95西[D]アレックス・デ・ラ・イグレシア[C]アレックス・アングロ／ザ・フェイス95米[D]ジム・ウィノースキー[C]ジェニファー・ルービン／VSヘルレイザー**4** 96米[D]ケヴィン・イエーガー[C]ブルース・ラムゼイ▼9・29（12：30）覚悟のススメ96日[D]平野俊弘[V]山寺宏一（アニメーション）▼9・29（15：30）VSモスラ96日[D]米田興弘[C]山口紗弥加▼9・29（18：30）SS俺たちは天使だ95仏[D]ジャン・マリー・ポワレ[C]ジェラール・ドパルデュー▼9・29（21：20）VSアディクション94米[D]アベル・フェラーラ[C]リリ・テイラー▼9・30（12：30）VS弾丸ランナー96日[D]サブ[C]田口トモロヲ▼9・30（15：30）ファイナルカット95米[D]ロジャー・クリスチャン[C]サム・エリオット▼9・30（18：30）VSアンフォゲタブル96米[D]ジョン・ダール[C]レイ・リオッタ▼9・30（21：20）VSザ・ブレード（公開時邦題：ブレード 刀）95香港[D]ツイ・ハーク（徐克）[C]ウィン・ツァオ（趙文卓）▼10・1（12：30）オルガン 超過激ロングバージョン（完全版）（公開時邦題：オルガン ORGAN）96日[D]不二稿京[C]不二稿京▼10・1（15：30）SSサイバーネット95米[D]イアン・ソフトリー[C]ジョニー・リー・ミラー▼10・1（18：30）SSワイルドバンチ ディレクターズカット69米[D]サム・ペキンパー[C]ウィリアム・ホールデン▼10・1（21：30）R.E.M. コンサートツアー ロード・ムーヴィー95米[D]ピーター・ケア[C]R.E.M.（記録映画）▼10・2（12：30）VS BUGS バグ96日[D]錦織良成[C]高橋かおり▼10・2（15：30）SSアドレナリン96米[D]アルバート・ピュン[C]クリストファー・ランバート▼10・2（18：30）しずかなあやしい午後に96日[D]太田和彦、和田誠、椎名誠[C]野田知佑▼10・2（20：50）スピリチュアル・精霊たちの恋95アルゼンチン[D]エリセオ・スビエラ[C]ダリオ・グレンディネッティ▼10・3（12：30）魔界ドラゴンファイター（公開時邦題：マッドモンク 魔界ドラゴンファイター）93香港[D]ジョニー・トー（杜琪峰）[C]チャウ・シンチー（周星馳）／VS008《ゼロゼロバー》ウー（公開時邦題：008皇帝ミッション）96香港[D]チャウ・シンチー（周星馳）、ヴィンセント・コク（谷徳昭）[C]チャウ・シンチー（周星馳）▼10・3（18：30）VSザ・クラフト96米[D]アンドリュー・フレミング[C]ロビン・タネイ▼10・3（21：20）SSスペーストラッカーズ（公開時邦題：スペース・トラッカー）96英、米、アイルランド[D]スチュアート・ゴードン[C]デニス・ホッパー▼10・4（12：30）VSクリスマス黙示録 Christmas Apocalypse 96日[D]キオニ・ワックスマン[C]天海祐希▼10・4（15：30）SSクライング・フリーマン96日、仏[D]クリストフ・ガンズ[C]マーク・ダカスコス▼10・4（18：30）閉会式／SSエグゼクティブ・デシジョン96米[D]スチュアート・ベアード[C]カート・ラッセル

【1997年（平成9年）】※新宿ミラノ座と同番

組（1・17前夜祭、3・14前夜祭と6・25・6・27、10・31・11・7を除く）

▼1・18・SSフェノミナン96米🄵ブエナビスタ🄳ジョン・タートルトーブ🄲ジョン・トラヴォルタ▼2・15・SSさまよう魂たち96米、ニュージーランド🄵UIP🄳ピーター・ジャクソン🄲マイケル・J・フォックス▼3・8・5・2SSダンテズ・ピーク97米🄵UIP🄳ロジャー・ドナルドソン🄲ピアース・ブロスナン▼4・26（21：10）［先行オールナイト］VSイングリッシュ・ペイシェント96米🄵松竹富士🄳アンソニー・ミンゲラ🄲レイフ・ファインズ▼5・3・6・24イングリッシュ・ペイシェント（通常興行）▼6・21（22：15）［先行オールナイト］SSセイント97米🄵UIP🄳フィリップ・ノイス🄲ヴァル・キルマー▼6・25・6・27休館▼6・28・セイント（通常興行）▼7・26・VSヘラクレス97米🄵ブエナビスタ🄿ウォルト・ディズニー・ピクチャーズ🄳ジョン・マスカー、ロン・クレメンツ（アニメーション）▼8・23・SSスクリーム96米🄵アスミック🄳ウェス・クレイヴン🄲ドリュー・バリモア▼9・13・SSフィフス・エレメント97仏、米🄵日本ヘラルド🄳リュック・ベッソン🄲ブルース・ウィリス▼10・31・11・7東京国際ファンタスティック映画祭'97（上映作品は年度末尾に記載）▼11・8・フィフス・エレメント（続映）▼12・6・VSメン・イン・ブラック97米🄵ソニー・ピクチャーズ🄳バリー・ゾネンフェルド🄲トミー・リー・ジョーンズ、ウィル・スミス

▼10・31・11・7東京国際ファンタスティック映画祭'97＝10・31（23：00）前夜祭［香港電影玉手箱］VS MY DAD IS A JERK 97香港🄳ジョー・チョン（張同祖）🄲ラウ・チンワン（劉青雲）／VSチャイニーズ・ゴースト・ストーリー 小倩《スーシン》97香港、日🄳アンドリュー・チェン（陳偉文）🅅アニタ・ユン（袁詠儀）（アニメーション）／VSスタントウーマン 夢の破片《かけら》96香港🄳アン・ホイ（許鞍華）🄲ミシェル・ヨー（楊紫瓊）／VSファイナル・ファイター 鉄拳英雄88香港🄳リー・リンチェイ（李連杰）🄲リー・リンチェイ（李連杰）▼11・1（18：30）開会式／SSイベント・ホライゾン97米🄳ポール・アンダーソン🄲ローレンス・フィッシュバーン▼11・1（23：00）［ダークホラーオールナイト］VSミミック97米🄳ギレルモ・デル・トロ🄲ミラ・ソルヴィーノ／VS肉の蝋人形97伊🄳セルジオ・スティヴァレッティ🄲ロミーナ・モンデロ／VSヘモグロビン96米、カナダ🄳ピーター・スヴァテク🄲ルトガー・ハウアー／VSエコエコアザラクⅢ MISA THE DARK ANGEL 97日🄳上野勝仁🄲佐伯日菜子▼11・2（11：30）SS迎春閣之風波73香港🄳キン・フー（胡金銓）🄲アンジェラ・マオ（茅瑛）▼11・2（14：30）VS王立宇宙軍・オネアミスの翼（ドルビーデジタル版）97日🄳山賀博之🅅森本レオ（アニメーション）／VS音響生命体ノイズマン97日🄳森本晃司🅅小桜エツ子（アニメーション）▼11・2（19：30）VSタオの月97日🄳雨宮慶太🄲吉野紗香▼11・3（11：30）VSラーマーヤナ ラーマ王子伝説93印、日🄳ラーム・モハン、佐々木皓一、酒向雄豪（アニメーション）▼11・3（15：00）ラジュー出世する92印🄳アジズ・ミルザー🄲シャー・ルク・カーン▼11・3（19：00）ムトゥ 踊るマハラジャ95印🄳ケー・エス・ラヴィクマール🄲ラジニカーント▼11・4（12：30）VSハイスクール・ハイ96米🄳ハート・ボックナー🄲ジョン・ロヴィッツ▼11・4（15：30）VSオーガズモ97米🄳トレイ・パーカー🄲トレイ・パーカー▼11・4（18：30）VSD坂の殺人事件97日🄳実相寺昭雄🄲真田広之▼11・4（21：20）VS PERFECT BLUE 97日🄳今敏🅅岩男潤子▼11・5（12：30）VSナイトフライヤー（公開時邦題：スティーヴン・キング ナイトフライヤー）97米🄳マーク・パヴィア🄲ミゲル・ファーラー▼11・5（15：30）ザ・ハンガー トリロジー97英、カナダ🄳トニー・スコット🄲バルサザール・ゲティ▼11・5（18：30）ゴッドファーザー 25周年記念バージョン72米🄳フランシス・フォード・コッポラ🄲マーロン・ブランド▼11・6（12：30）ラベジャー97米🄳ジェームズ・D・デック🄲ブルース・ペイン▼11・6（15：30）VS Touch タッチ96米🄳ポール・シュレイダー🄲ブリジット・フォンダ▼11・6（18：30）VS東京龍 TOKYO DRAGON 97日🄳片岡敬司🄲椎名桔平▼11・6（21：20）VS THE BIG FIGHT（公開時邦題：SCORE2 THE BIG FIGHT）97日🄳小沢仁志🄲小沢仁志▼11・7（12：30）ダブルタップ（公開時邦題：ザ・クリーナー）97米🄳グレッグ・ヤイタネス🄲ヘザー・ロックリア▼11・7（15：30）SSワイルド・ガン97米🄳アルバート・ピュン🄲クリストファー・ランバート▼11・7（18：30）閉会式／SSドーベルマン97仏🄳ヤン・クーネン🄲ヴァンサン・カッセル

【1998年（平成10年）】※新宿ミラノ座と同番組（10・2前夜祭と10・31・11・6を除く）

▼2・28・SSフェイス／オフ97米🄵ブエナビスタ🄳ジョン・ウー🄲ニコラス・ケイジ▼4・25・VSジャッ

キー・ブラウン97米[F]松竹富士[D]クエンティン・タランティーノ[C]パム・グリアー▼5・23・SSスフィア98米[F]ワーナー[D]バリー・レヴィンソン[C]ダスティン・ホフマン▼6・20・SSディープ・インパクト98米[F]UIP[D]ミミ・レダー[C]ロバート・デュヴァル（上映期間112日）▼10・2（22：00）［プレミア前夜祭］VSアベンジャーズ98米[F]ワーナー[D]ジェレマイア・チェチック[C]ユマ・サーマン▼10・10・SSマーキュリー・ライジング98米[F]UIP[D]ハロルド・ベッカー[C]ブルース・ウィリス▼10・31・11・6東京国際ファンタスティック映画祭'98（上映作品は年度末尾に記載）▼11・7・マーキュリー・ライジング（続映）▼11・14・VS始皇帝暗殺98日、中国、仏[F]日本ヘラルド[D]チェン・カイコー（陳凱歌）[C]コン・リー（鞏俐）▼12・19・SS6デイズ／7ナイツ98米[F]ブエナビスタ[D]アイヴァン・ライトマン[C]ハリソン・フォード

▼10・31・11・6 東京国際ファンタスティック映画祭'98＝10・31（18：30）開会式／SSヴァンパイア 最後の聖戦98米[D]ジョン・カーペンター[C]ジェームズ・ウッズ▼10・31（23：00）［ダークサイド・オールナイト 闇のカーニバル］VS富江 Tomie 98日[D]及川中[C]菅野美穂／SSダークシティ98米[D]アレックス・プロヤス[C]ルーファス・シーウェル／カルミーナ96カナダ[D]ガブリエル・ペルティエ[C]イザベル・シール／SSタロス・ザ・マミー 呪いの封印98米[D]ラッセル・マルケイ[C]ジェイソン・スコット・リー▼11・1（11：00）［ワーナー映画75 周年記念スペシャル］SS燃えよドラゴン（ディレクターズ・カット25周年記念版）73香港、米[D]ロバート・クローズ[C]ブルース・リー▼11・1（15：30）VSエクソシスト（デジタル・リミックス 25周年記念版）73 米[D]ウィリアム・フリードキン[C]マックス・フォン・シドー▼11・1（19：30）SSプラクティカル・マジック98米[D]グリフィン・ダン[C]サンドラ・ブロック▼11・2（11：30）SSナイトウォッチ97米[D]オーレ・ボールネダル[C]ユアン・マクレガー▼11・2（15：00）VSアレクサンダー戦記98日[D]兼森義則[V]関俊彦（アニメーション）▼11・2（18：00）火聖旅団ダナサイト999.9 98日[D]小島正幸[V]緒方恵美（アニメーション）▼11・2（20：20）VSキャメロット・ガーデンの少女97英、米[D]ジョン・ダイガン[C]サム・ロックウェル▼11・2（23：30）［東京ファンタまんがまつり スーパーロボット大決戦！ 永井豪漫画家生活30周年記念オールナイト］真（チェンジ!!）ゲッターロボ 世界最後の日98日[D]今川泰宏[V]関智一（アニメーション）／VSマジンガーZ対デビルマン73 日[D]勝間田具治[V]石丸博也（アニメーション）／VSマジンガーZ対暗黒大将軍74 日[D]西沢信孝[V]石丸博也（アニメーション）／SSグレートマジンガー対ゲッターロボ75 日[D]明比正行[V]野田圭一（アニメーション）／VSグレートマジンガー対ゲッターロボG 空中大激突75 日[D]明比正行[V]野田圭一（アニメーション）／宇宙円盤大戦争75 日[D]芹川有吾[V]ささきいさお（アニメーション）／UFOロボ グレンダイザー対グレートマジンガー76 日[D]葛西治[V]富山敬（アニメーション）／VSグレンダイザー ゲッターロボG グレートマジンガー 決戦！大海獣76 日[D]明比正行[V]富山敬（アニメーション）▼11・3（11：20）［大インド極楽映画桃源郷］マドラスカレッジ大通り96印[D]カデール[C]アバス▼11・3（15：20）ヤジャマン 踊るマハラジャ2 93印[D]R・V・ウダヤクマール[C]ラジニカーント▼11・3（19：30）SS DDLJ 花嫁は僕の胸に（公開時邦題：シャー・ルク・カーンのDDLJ ラブゲット大作戦）95印[D]アディティヤ・チョープラー[C]シャー・ルク・カーン▼11・4（11：30）［ビデオ・DVDでーたスペシャル ファンタスティック・ショーケース］VSデッドボディ95独[D]ライナー・マッタニ[C]クリストフ・M・オールト／VSクリティカルケア97豪、米[D]シドニー・ルメット[C]ジェームズ・スペイダー▼11・4（18：30）SSランナウェイ98米[D]ブレット・ラトナー[C]クリス・タッカー▼11・4（21：20）VSビッグ・ヒット98米[D]カーク・ウォン[C]マーク・ウォールバーグ▼11・5（11：30）［ビデオ・DVDでーたスペシャル ファンタスティック・ショーケース］VSシックス・ストリング・サムライ98米[D]ランス・マンギア[C]ジェフリー・ファルコン／キリング・タイム96英[D]バハラット・ナルルーリ[C]クレイグ・フェアブラス▼11・5（18：30）SSワイルドシングス98米[D]ジョン・マクノートン[C]ケヴィン・ベーコン▼11・5（21：20）愛のトリートメント98米[D]ジョナサン・ジェムズ[C]ジュリー・デルピー▼11・6（11：30）［ジェット・リー］SSワンス・アポン・ア・タイム・イン・チャイナ・アンド・アメリカ（公開時邦題：ワンス・アポン・ア・タイム・イン・チャイナ・アンド・アメリカ 天地風雲）98香港[D]サモ・ハン・キンポー（洪金寶）[C]リー・リンチェイ（李連杰）／VSブラック・マスク 黒侠96香港[D]ダニエル・リー（李仁港）[C]リー・リンチェイ（李連杰）▼11・

6（18：30）SSアルナーチャラム 踊るスーパースター97印Dスンダル・C Cラジニカーント

【1999年（平成11年）】※新宿ミラノ座と同番組（10・29-11・5と11・27-12・3を除く）

▼2・11・SSユー・ガット・メール98米FワーナーDノーラ・エフロンCメグ・ライアン▼4・10・SSシン・レッド・ライン98米F松竹富士Dテレンス・マリックCショーン・ペン▼5・29・SS RONIN99米F UIP Dジョン・フランケンハイマーCロバート・デ・ニーロ▼7・3・SS交渉人98米FワーナーDF・ゲイリー・グレイCサミュエル・L・ジャクソン▼7・31・VSアイズ ワイド シャット99米FワーナーDスタンリー・キューブリックCトム・クルーズ▼10・9・SSディープ・ブルー99米FワーナーDレニー・ハーリンCサフロン・バロウズ▼10・29-11・5東京国際ファンタスティック映画祭'99（上映作品は年度末尾に記載）▼11・6-12・3 VSアナライズ・ミー99米F日本ヘラルドDハロルド・レイミスCロバート・デ・ニーロ▼11・27（21：30）［先行オールナイト］VSワイルド・ワイルド・ウエスト99米FワーナーDバリー・ソネンフェルドCウィル・スミス▼12・4-ワイルド・ワイルド・ウエスト（通常興行）▼10・29-11・5 東京国際ファンタスティック映画祭'99＝10・29（23：30）［前夜祭・アジア映画深夜秘宝館］VSフォーエバー・フィーバー98シンガポールDグレン・ゴーイCエイドリアン・パン／VS地獄99日D石井輝男C佐藤美樹／SSボンベイtoナゴヤ97印Dチャンチャル・クマールCアニル・バクシー／エクストラ・リーガル バンコク大捜査線（公開時邦題：デッド・アウェイ バンコク大捜査線）99タイDチャルーム・ウォンピムCドーム・ヘータクン▼10・30（11：50）SSゴージャス99香港Dヴィンセント・コク（谷徳昭）Cジャッキー・チェン（成龍）▼10・30（15：00）SS風雲 ストームライダーズ98香港Dアンドリュー・ラウ（劉偉強）Cアーロン・クォック（郭富城）▼10・30（18：30）開会式／SS GEN-X COPS 特警新人類（公開時邦題：ジェネックス・コップ）99香港Dベニー・チャン（陳木勝）Cニコラス・ツェー（謝霆鋒）▼10・30（23：30）［ゾンビリベンジ ホラー・オールナイト］SSハロウィンH20 98米Dスティーヴ・マイナーCジェイミー・リー・カーティス／ナイト・オブ・ザ・リビング・デッド99米Dジョージ・A・ロメロCジュディス・オディア／VSファンタズムⅣ 98米Dドン・コスカレリCアンガス・スクリム／VSダリオ・アルジェント オペラ座の怪人98伊Dダリオ・アルジェントCジュリアン・サンズ▼10・31（11：00）［コロンビア映画75周年記念SFスペシャル］SS未知との遭遇 ディレクターズカット完全版77米Dスティーヴン・スピルバーグCリチャード・ドレイファス▼10・31（15：00）VSアルゴ探検隊の大冒険63英Dドン・チャフィCトッド・アームストロング▼10・31（18：30）SS 13F 99米Dジョセフ・ラスナックCクレイグ・ビアーコ▼10・31（21：20）SS地獄60日D中川信夫C天知茂▼11・1（12：00）ルート9 98米Dデヴィッド・マッケイCカイル・マクラクラン▼11・1（15：00）VS発狂する唇99日D佐々木浩久C三輪ひとみ▼11・1（18：10）VS地雷を踏んだらサヨウナラ99日D五十嵐匠C浅野忠信▼11・1（21：20）VVめまい 完全復元版58米Dアルフレッド・ヒッチコックCジェームズ・スチュアート▼11・2（12：20）VS深海からの物体X94伊Dアル・パッセリCクレイ・ロジャース▼11・2（15：00）THUMB WARS 親指スター・ウォーズ99米Dスティーヴ・オーデカークCスティーヴ・オーデカーク／THUMBTANIC 親指タイタニック99米Dトッド・ポルトガルCスティーヴ・オーデカーク▼11・2（18：30）SSやればやれるぜ全員集合!! 68日D渡辺祐介Cいかりや長介／VS誰かさんと誰かさんが全員集合!! 70日D渡辺祐介Cいかりや長介▼11・2（24：00）オールナイト［ヌーベル・イマージュ／東京ファンタ・デジタルナイト］VS D 99日D岡部暢哉C長倉大介／VS A・LI・CE 99日D前島健一V清水香里（アニメーション）／太陽の船 Sol Bianca 99日D越智博之V松本梨香（アニメーション）／永久家族97日D森本晃司（アニメーション）／VSハッスル！とき玉くん98日D森本晃司V伊藤栄治（アニメーション）／VS鉄コン筋クリート 3DCGパイロット版99日D森本晃司（アニメーション）／PiNMeN 99日D池田爆発郎（アニメーション）▼11・3（10：50）［大インド極楽映画桃源郷PARTⅢ］SSアンジャーム 復讐の女神94印Dラーフル・ラワイルCマードゥリー・ディークシト▼11・3（15：00）バブーをさがせ！98印Dグナシェーカルcチランジーヴィ▼11・3（18：50）イエス・ボス97印Dアズィーズ・ミルザーCシャー・ルク・カーン▼11・4（12：20）VS美少年の恋98香港Dヨン・ファン（楊凡）Cスティーヴン・フォン（馮徳倫）▼11・4（15：30）［サクラ大戦 活動写真会］サクラ大戦 桜華絢爛98日D工藤進、

石山タカ明🅅横山智佐（アニメーション）／サクラ大戦 轟華絢爛99日🄳工藤進🅅横山智佐（アニメーション）▼11・4（21：30）VSオーディション99日🄳三池崇史🄲石橋凌▼11・5（11：50）SHOGUN COP 99米、日🄳フレデリック・ベイリー🄲ブルース・ライト▼11・5（14：50）キッドナッパー98仏🄳グレアム・ギット🄲メルヴィル・プポー▼11・5（18：30）SSストレイト・ストーリー99米🄳デヴィッド・リンチ🄲リチャード・ファーンズワース／閉会式

【２０００年（平成12年）】※新宿ミラノ座と同番組（10・27－11・3を除く）

▼1・22－VSシュリ99韓国🄵シネカノン、アミューズ🄳カン・ジェギュ🄲ハン・ソッキュ▼1・29－SSラブ・オブ・ザ・ゲーム99米🄵ＵＩＰ🄳サム・ライミ🄲ケヴィン・コスナー▼2・26－SSマグノリア99米🄵日本ヘラルド🄳ポール・トーマス・アンダーソン🄲トム・クルーズ▼4・1－SSスクリーム３ 00米🄵アスミック・エース🄳ウェス・クレイヴン🄲ネーヴ・キャンベル▼4・15－SSボーン・コレクター99米🄵ソニー・ピクチャーズ🄳フィリップ・ノイス🄲デンゼル・ワシントン▼5・27－VSエリン・ブロコビッチ00米🄵ソニー・ピクチャーズ🄳スティーヴン・ソダーバーグ🄲ジュリア・ロバーツ▼7・1－SSレインディア・ゲーム00米🄵松竹🄳ジョン・フランケンハイマー🄲ベン・アフレック▼7・29－SSパーフェクト ストーム00米🄵ワーナー🄳ウォルフガング・ペーターゼン🄲ジョージ・クルーニー▼9・23－SSパトリオット00米🄵ソニー・ピクチャーズ🄳ローランド・エメリッヒ🄲メル・ギブソン▼10・21－SSバトルフィールド・アース00米🄵ギャガ、ヒューマックス🄳ロジャー・クリスチャン🄲ジョン・トラヴォルタ▼10・27－11・3東京国際ファンタスティック映画祭２０００（上映作品は年度末尾に記載）▼11・4－バトルフィールド・アース（続映）▼11・11－SSシャフト00米🄵ＵＩＰ🄳ジョン・シングルトン🄲サミュエル・Ｌ・ジャクソン▼12・9－VSバーティカル・リミット00米🄵ソニー・ピクチャーズ🄳マーティン・キャンベル🄲クリス・オドネル

▼10・27－11・3 東京国際ファンタスティック映画祭２０００＝10・27（21：50）［前夜祭ホラーオールナイト・死人の闇のカーニバル］VS死びとの恋わずらい00日🄳渋谷和行🄲後藤理沙／VSブラッダ00米🄳エロリー・エルカイェム🄲トーマス・キャラブロ／BIOHAZARD 4D－EXECUTER 00日🄳大畑晃一🄲相沢まさき／VSフロム・ダスク・ティル・ドーン２ 99米🄳スコット・スピーゲル🄲ロバート・パトリック／SSセブンＤ00独🄳セバスチャン・ニューマン🄲アマンダ・プラマー▼10・28（12：40）［オープニングデイ英雄伝説イーキン・チェン］猛龍特技 香港アクション伝説00香港🄳ン・オイピン（呉愛平）🄲ブルース・ロウ（羅禮賢）（記録映画）／VS決戦・紫禁城00香港🄳アンドリュー・ラウ（劉偉強）🄲イーキン・チェン（鄭伊健）／VS超速伝説 ミッドナイト・チェイサー99香港🄳アンドリュー・ラウ（劉偉強）🄲イーキン・チェン（鄭伊健）▼10・28（18：30）オープニングセレモニー／VS漂流街 THE HAZARD CITY 00日🄳三池崇史🄲TEAH、ミシェル・リー（李嘉欣）▼10・28（23：00）［大インド娯楽映画深夜館］SS心のままに（公開時邦題：ミモラ 心のままに）99印🄳サンジャイ・リーラー・バンサーリー🄲アイシュワリヤー・ライ／タイガー 炎の３兄弟91印🄳ムクル・Ｓ・アーナンド🄲アミターブ・バッチャン▼10・29（10：10開場・入場無料）自由にならないもの～プーチとわたし物語00日🄳大林宣彦🄲勝野雅奈恵（短編映画）▼10・29（12：30）［ガンダム・デジタル元年スペシャル］機動戦士ガンダムⅠ 特別版81 日🄳富野喜幸、藤原良二🅅古谷徹（アニメーション）▼10・29（16：50）SS処刑人99米🄳トロイ・ダフィー🄲ウィレム・デフォー▼10・29（20：20）VS VERSUS 00日🄳北村龍平🄲坂口拓▼10・30（12：30）［デジタルムービー・スペシャル］デコトラ外伝 男人生夢一路00日🄳OZAWA🄲菅原加織▼10・30（15：30）VSトワイライトシンドローム 卒業00日🄳舞原賢🄲酒井若菜▼10・30（18：30）SS悪いことしましョ！00米🄳ハロルド・ライミス🄲ブレンダン・フレイザー▼10・30（21：20）［恋にがんばるあなたにドスコイNight!］VS恋はハッケヨイ！00英🄳イモジェン・キンメル🄲シャーロット・ブリテン▼10・31（12：00）VS聖石傳説 ディレクターズカット版00台湾🄳ホワン・チアンホワ（黄強華）（人形劇）▼10・31（14：50）VSレスリー・ニールセンの２００１年宇宙への旅00米、カナダ🄳アラン・Ａ・ゴールドスタイン🄲レスリー・ニールセン▼10・31（17：20）VSファイナル・デスティネーション00米🄳ジェームズ・ウォン🄲デヴォン・サワ▼10・31（22：00）［PANTHEON 20th CENTURY LAST FILM LIVE ISHII SOGO+MACH1.67］▼11・1（12：30）VSどついてるねん99西🄳アレックス・デ・ラ・イグ

レシア🄲サンチャゴ・セグラ▼11・1（15：30）［円谷英二生誕100年前年祭］ウルトラQ カネゴンの繭66 日🄳中川晴之助🄲渡辺文雄／ウルトラQ ガラモンの逆襲66 日🄳野長瀬三摩地🄲佐原健二▼11・1（18：30）［チームオクヤマ・スペシャル］VS天国までの百マイル00日🄳早川喜貴🄲時任三郎▼11・1（21：20）［韓国発 発禁シアター］VS LIES 嘘99韓国🄳チャン・ソヌ🄲イ・サンヒョン▼11・2（上映時間不明）GHOSTS 96米🄳スタン・ウィンストン🄲マイケル・ジャクソン（短編映画）▼11・2（15：20）［コリアン・ムービー・ルネッサンス］VSガソリンスタンド襲撃事件（公開時邦題：アタック・ザ・ガス・ステーション！）99韓国🄳キム・サンジン🄲イ・ソンジェ▼11・2（18：20）VSカル99韓国🄳チャン・ユニョン🄲ハン・ソッキュ▼11・2（21：20）ユリョン99韓国🄳ミン・ビョンチョン🄲チェ・ミンス▼11・3（0：20）［Digital@ファンタ！］招待作品：アリーテ姫00日🄳片渕須直（アニメーション）／BLOOD THE LAST VAMPIRE 00日🄳北久保弘之🅅工藤夕貴（アニメーション）他に一般公募作品上映▼11・3（12：30）［Gに挑戦！ミレニアム怪獣大決戦］VSヤンガリー（公開時邦題：怪獣大決戦 ヤンガリー）99韓国🄳シム・ヒョンレ🄲ハリソン・ヤング▼11・3（15：20）BANG 95米🄳アッシュ🄲ダーリン・ナリタ▼11・3（18：30）［追悼スタンリー・キューブリック］70 2001年宇宙の旅 ニュープリント・バージョン68 米🄳スタンリー・キューブリック🄲ケア・デュリア／クロージング・セレモニー

【2001年（平成13年）】 ※新宿ミラノ座と同番組（10・26-11・2を除く）

▼2・10-SSアンブレイカブル00米🄵ブエナビスタ🄳M・ナイト・シャマラン🄲ブルース・ウィリス▼4・7-VSハンニバル00米🄵ギャガ、ヒューマックス🄳リドリー・スコット🄲アンソニー・ホプキンス▼6・9-VSデンジャラス・ビューティー01米🄵ワーナー🄳ドナルド・ペトリー🄲サンドラ・ブロック▼6・29（21：45）［前夜祭プレミアナイト］VS A．I．00米🄵ワーナー🄳スティーヴン・スピルバーグ🄲ハーレイ・ジョエル・オスメント▼6・30-A．I．（通常興行）▼9・22-SSラッシュアワー2 01米🄵ギャガ、ヒューマックス🄳ブレット・ラトナー🄲ジャッキー・チェン▼10・26-11・2東京国際ファンタスティック映画祭2001（上映作品は年度末尾に記載）▼11・3-SSソードフィッシュ01米🄵ワーナー🄳ドミニク・セナ🄲ヒュー・ジャックマン▼12・1-SSハリー・ポッターと賢者の石01米🄵ワーナー🄳クリス・コロンバス🄲ダニエル・ラドクリフ▼12・29-SSバンディッツ01米🄵20世紀FOX🄳バリー・レヴィンソン🄲ブルース・ウィリス

▼10・26-11・2 東京国際ファンタスティック映画祭2001＝10・26（22：20）前夜祭オールナイト［ホラーの秋だよ！最恐×絶叫×失恐ナイト］SSロード・キラー01米🄳ジョン・ダール🄲ポール・ウォーカー／VS最新絶叫計画01米🄳キーナン・アイボリー・ウェイアンズ🄲アンナ・ファリス／VSジーパーズ・クリーパーズ01米🄳ヴィクター・サルヴァ🄲ジーナ・フィリップス／VSファウスト01西🄳ブライアン・ユズナ🄲マーク・フロスト▼10・27（12：30）［チャールトン・ヘストン俳優50周年 オリジナルプリント上映］70 ベン・ハー59 米🄳ウィリアム・ワイラー🄲チャールトン・ヘストン▼10・27（18：30）VSスパイキッズ01米🄳ロバート・ロドリゲス🄲アントニオ・バンデラス／開会式▼10・27（22：20）［蘇える最も危険な男 松田優作13回忌］探偵物語（スペシャルセレクション2話＝『夜汽車で来たあいつ』『ダウンタウン・ブルース』）79 日🄳村川透🄲松田優作／VS蘇える金狼79 日🄳村川透🄲松田優作／SSブラック・レイン89米🄳リドリー・スコット🄲マイケル・ダグラス▼10・28［感じる香港シネマスペシャル］（11：20）SSパレット・オブ・ラブ01香港🄳アンドリュー・ラウ（劉偉強）🄲レオン・ライ（黎明）、瀬戸朝香▼10・28（15：00）VSウソからはじまる恋の話01香港🄳バリー・ウォン（王晶）🄲レオン・ライ（黎明）▼10・28（17：50）VS恋愛ベーカリー00香港🄳スティーブン・ロウ（羅傑承）🄲ミッシェル・リー（李嘉欣）▼10・28（20：30）VSファイナル・ロマンス 天若有情Ⅲ01香港🄳アラン・マック（麥兆輝）🄲エディソン・チャン（陳冠希）▼10・29（12：20）VSホーム・スウィート・ホーボーケン99米🄳細谷ヨシフミ🄲ベン・ギャザラ▼10・29（15：30）［頑張れ！Nippon 映画］釈由美子inメイキング・オブ 修羅雪姫01日🄳樋口真嗣🄲釈由美子（メイキング映像）▼10・29（18：30）∀ガンダムⅠ地球光01日🄳富野由悠季🅅朴路美（アニメーション）▼10・29（21：40）VS自殺サークル01日🄳園子温🄲石橋凌▼10・30（12：20）VS ON AIR オンエアー01日🄳牛山真一🄲鶴見辰吾▼10・30（16：00）VSシャドーフューリー アルティメット・クローン（公開時邦題：シャドー・フューリー）01日、米🄳横山誠🄲サム・ボトムズ、船木誠勝▼10・30

(19：00) SSサベイランス 01米🄳ピーター・ハウイット🄲ライアン・フィリップ▼10・30 (21：40) SSアナトミー00独🄳ステファン・ルツォヴィツキー🄲フランカ・ポテンテ▼10・31 (12：20) VSクィーン&ウォリアー00西🄳ダニエル・モンソン🄲フェルナンド・ラマーロ▼10・31 (15：20) [デジタル・シアター] アッチとシパック00韓国🄳キム・ジェヒ (アニメーション) ／PiNMeN 99日🄳池田爆発郎 (アニメーション) ／Super Sexy Androids 01日🄳 WATT (亘理明生) ／アミテージ デュアルマトリックス01日🄳秋山勝仁🅅柚木涼香 (アニメーション) ／VSアキラ SPECIAL EDITION 88日🄳大友克洋🅅岩田光央 (アニメーション) ▼10・31 (21：30) VSWXⅢ機動警察パトレイバー01日🄳高山文彦、遠藤卓司🅅綿引勝彦 (アニメーション) ▼11・1 (12：30) QFRONTムービー製作発表会 (入場無料) ▼11・1 (15：30) VSモンキーボーン01米🄳ヘンリー・セリック🄲ブレンダン・フレイザー▼11・1 (18：50) VSリベラ・メ00韓国🄳ヤン・ユノ🄲チェ・ミンス▼11・1 (21：50) VSバンジージャンプする01韓国🄳キム・デスン🄲イ・ビョンホン▼11・2 (12：20) 悪魔の毒々モンスター4 (公開時邦題：悪魔の毒々モンスター 新世紀絶叫バトル) 00米🄳ロイド・カウフマン🄲デヴィッド・マッテイ▼11・2 (15：20) SSミルクのお値段00ニュージーランド🄳ハリー・シンクレア🄲ダニエル・コーマック▼11・2 (19：00) 13 Ghosts 01米🄳スティーヴ・ベック🄲トニー・シャルーブ／閉会式

【2002年(平成14年)】※新宿ミラノ座と同番組(10・25‐11・1を除く)

▼2・2‐ SSオーシャンズ11 01米🄵ワーナー🄳スティーヴン・ソダーバーグ🄲ジョージ・クルーニー▼4・20‐ VSコラテラル・ダメージ01米🄵ワーナー🄳アンドリュー・デイヴィス🄲アーノルド・シュワルツェネッガー▼5・18‐7・5 SSパニック・ルーム02米🄵ソニー・ピクチャーズ🄳デヴィッド・フィンチャー🄲ジョディ・フォスター▼7・5 (21：40) [前夜祭オールナイト] VSメン・イン・ブラック2 02米🄵ソニー・ピクチャーズ🄳バリー・ソネンフェルド🄲トミー・リー・ジョーンズ、ウィル・スミス▼7・6‐ メン・イン・ブラック2 (通常興行) ▼8・24‐ SSウィンドトーカーズ01米🄵 20世紀FOX🄳ジョン・ウー🄲ニコラス・ケイジ▼9・28‐10・18 SSジャスティス01米🄵ギャガ、ヒューマックス🄳グレゴリー・ホブリット🄲ブルース・ウィリス▼10・12 (19：30) [先行プレミアム上映] SS9デイズ02米🄵ブエナビスタ🄳ジョエル・シューマッカー🄲アンソニー・ホプキンス▼10・19‐11・15 9デイズ (通常興行) ▼10・25‐11・1東京国際ファンタスティック映画祭2002(上映作品は年度末尾に記載) ▼11・16‐ SSショウタイム02米🄵ワーナー🄳トム・ダイ🄲エディ・マーフィ▼11・23‐12・20 SSハリー・ポッターと秘密の部屋02米🄵ワーナー🄳クリス・コロンバス🄲ダニエル・ラドクリフ▼12・14 (19：30) [先行オールナイト] SSギャング・オブ・ニューヨーク02米、伊🄵松竹、日本ヘラルド🄳マーティン・スコセッシ🄲レオナルド・ディカプリオ▼12・21‐2・21 ギャング・オブ・ニューヨーク (通常興行)

▼10・25‐11・1 東京国際ファンタスティック映画祭2002 (オールナイト上映のみ) ▼10・25 (19：30) オープニングムービー&セレモニー／VS火山高01韓国🄳キム・テギュン🄲チャン・ヒョク▼10・25 (22：30) [アジアンまつり] SSダブル・ビジョン02香港、台湾🄳チェン・クォフー🄲レオン・カーフェイ (梁家輝) ／VSビッグ・ショット・フューネラル02中国、香港🄳フェン・シャオギャン (馮小剛) 🄲グォ・ヨウ (葛優)、ドナルド・サザーランド／VS Phone (公開時邦題：ボイス) 02韓国🄳アン・ビョンギ🄲ハ・ジウォン／KILLER TATTOO 01タイ🄳ユッタルート・シパパック🄲ソムチャイ・ケムクラット▼10・26 (22：30) [モンスター・パニックまつり] SSスパイダー・パニック02米🄳エロリー・エルカイエム🄲デヴィッド・アークェット／VSネズラ02日🄳田川幹太🄲隆大介／VSブラッディ・マロリー02仏🄳ジュリアン・マグナ🄲オリヴィア・ボナミー／VSフランケンシュタインの逆襲57 英🄳テレンス・フィッシャー🄲ピーター・カッシング▼10・27 (22：30) [祝！エモーション20周年愛と平和のモアイ像まつり] VSマクロスゼロ02日🄳河森正治🅅鈴村健一 (アニメーション) ／未発表新作上映ウルトラマンコスモス (未放送作品) 02日🄲杉浦太陽／攻殻機動隊 STAND ALONE COMPLEX 02日🄳神山健治🅅田中敦子 (アニメーション) ／THEビッグオー02日🄳片山一良🅅宮本充(アニメーション) ／ジャングルはいつもハレのちグゥ デラックス02日🄳水島努🅅愛河里花子 (アニメーション) ／イベント：世界にはばたくバンダイビジュアル!! 予告編 人狼 JIN‐ROH 99日🄳沖浦啓之🅅藤木義勝 (アニメーション) ／予告編 メトロポリス01日🄳りんたろう🅅

井元由香（アニメーション）／20周年記念上映 VS人狼 JIN‐ROH 99日[D]沖浦啓之[V]藤木義勝（アニメーション）▼10・28（22：30）［ばかちんまつり］SSクン・パオ！燃えよ鉄拳02米[D]スティーヴ・オーデカーク[C]スティーヴ・オーデカーク／親指ゴッドファーザー01米[D]デヴィッド・ボウラ[C]スティーヴ・オーデカーク／親指フランケン01米[D]デヴィッド・ボウラ[C]スティーヴ・オーデカーク／SSミッション・クレオパトラ02仏[D]アラン・シャバ[C]モニカ・ベルッチ／VSアンツ・イン・ザ・パンツ00独[D]マルク・ローテムント[C]トビアス・シェンケ▼10・29（22：30）［はらわたロックまつり］VSファントム・オブ・パラダイス74米[D]ブライアン・デ・パルマ[C]ポール・ウィリアムズ／SSフィアー・ドット・コム02米[D]ウィリアム・マローン[C]スティーブン・ドーフ／VS Dog Soldiers 01英[D]ニール・マーシャル[C]ショーン・パートウィー／SS 20周年アニバーサリー 死霊のはらわた81米[D]サム・ライミ[C]ブルース・キャンベル（サウンド・リマスター版）▼10・30（22：30）［決闘！堤幸彦VS北村龍平］VS 2LDK02日[D]堤幸彦[C]野波麻帆／VS荒神02日[D]北村龍平[C]大沢たかお／VS EGG02日[D]堤幸彦[C]チョ・ヘヨン／イベント：北村龍平監督最新＆蔵出し映像特集▼10・31（22：10）［「映画秘宝」まつり］VS龍虎兄弟02日[D] OZAWA（小沢仁志）[C]哀川翔／SSジェイ＆サイレント・ボブ 帝国への逆襲01米[D]ケヴィン・スミス[C]ジェイソン・ミューズ／VS FOXY BROWN 74米[D]ジャック・ヒル[C]パム・グリアー▼11・1（19：30）クロージングムービー＆セレモニー SSアレックス02仏[D]ギャスパー・ノエ[C]モニカ・ベルッチ

【２００３年（平成15年）】 ※6・30迄、新宿ミラノ座と同番組

▼2・15（19：30）［先行オールナイト］SSロード・オブ・ザ・リング 二つの塔02米、ニュージーランド[F]日本ヘラルド、松竹[D]ピーター・ジャクソン[C]イライジャ・ウッド▼2・22‐ロード・オブ・ザ・リング 二つの塔（通常興行）▼3・8‐SS００７ ダイ・アナザー・デイ02米、英[F]20世紀ＦＯＸ[D]リー・タマホリ[C]ピアース・ブロスナン▼4・19‐SSドリームキャッチャー03米[F]ワーナー[D]ローレンス・カスダン[C]モーガン・フリーマン▼5・17‐SS TAXi３ 03仏[F]アスミック・エース[D]ジェラール・クラウジック[C]サミー・ナセリ▼6・7‐6・30 SSマトリックス リローデッド03米[F]ワーナー[D]ラリー・ウォシャウスキー、アンディ・ウォシャウスキー[C]キアヌ・リーヴス

［閉館イベント］

▼5・16オールナイト［イヤー・オブ・ザ・マトリックス スペシャルＮＩＧＨＴ］SSマトリックス リローデッド03米[F]ワーナー[D]ラリー・ウォシャウスキー、アンディ・ウォシャウスキー[C]キアヌ・リーヴス／SSマトリックス99米[F]ワーナー[D]ラリー・ウォシャウスキー、アンディ・ウォシャウスキー[C]キアヌ・リーヴス／SSアニマトリックス03米[F]ワーナー[D]アンディー・ジョーンズ、前田真宏、渡辺信一郎、川尻善昭、小池健、森本晃司、ピーター・チョン（アニメーション）▼5・23（21：30）70プレイタイム〈新世紀修復版〉67仏[D]ジャック・タチ[C]ジャック・タチ▼5・30（22：00）オールナイト［ミッドナイトシネマフェス］SS略奪者02仏[D]ルイ・パスカル・クーヴレール[C]ジャン・ユーグ・アングラード／VS ALIVE 02日[D]北村龍平[C]榊英雄／VSナイン・ソウルズ03日[D]豊田利晃[C]原田芳雄▼6・13（23：00）東京国際ファンタスティック映画祭プレイベント［あばよ＆ありがとう パンテオン！〜東京ファンタ大同窓会〜］VSデッドコースター03米[D]デヴィッド・リチャード・エリス[C]アリ・ラーター／VSゾンビ（ダリオ・アルジェント監修版）78米、伊[D]ジョージ・A・ロメロ[C]デヴィッド・エムゲ▼6・20ル・コルビュジェ緞帳公開▼6・30 70サウンド・オブ・ミュージック65米[D]ロバート・ワイズ[C]ジュリー・アンドリュース（抽選による招待者限定）

6月30日をもって閉館

新宿ミラノ座 上映作品

【１９５６年（昭和31年）】 12月1日開館 ※渋谷パンテオンと同番組

【１９５７年（昭和32年）】 ※渋谷パンテオンと同番組（1・24の試写会なし）、7・29より丸ノ内日活と同番組

【１９５８年（昭和33年）】 ※丸ノ内日活（4・26、12・23の有料試写を除く）、渋谷パンテオン（4・27‐5・10と12・24以降を除く）と同番組

▼4・27‐荒野の追跡54米[F]ユニヴァーサル[D]ジェシー・ヒッブス[C]オーディ・マーフィ／あの馬車を

畫て！44米Fユニヴァーサル Dレイ・テイラー Cロッド・キャメロン（短縮版上映）
▼12・24-2・27 VV十戒56米Fパラマウント Dセシル・B・デミル Cチャールトン・ヘストン
【1959年（昭和34年）】
▼2・27迄丸ノ内日活と同番組▼2・28- CS悪党カシム59英Fコロムビア Dジョン・ギリング Cヴィクター・マチュア／１００万弗のリズム58米Fコロムビア Dハリー・フォスター Cポール・アンカ▼3・21-ペリ57米F大映 Pウォルト・ディズニー・プロ DN・ポール・ケンワージー・ジュニア（動物映画）／CSポルトガル57米Pウォルト・ディズニー・プロ Dドワイト・ハウザー（短編記録映画）▼3・31-反逆57チェコスロバキアF独立映画センター Dパリョ・ビエリック Cユライ・サルワシ▼4・11より渋谷パンテオンと同番組（12・24の併映なし）
【1960年（昭和35年）】※渋谷パンテオンと同番組
【1961年（昭和36年）】※渋谷パンテオンと同番組
【1962年（昭和37年）】※渋谷パンテオンと同番組（12・15以降を除く）
▼12・15-4・12 CS史上最大の作戦62米F20世紀FOX Dケン・アナキン、ベルンハルト・ヴィッキ、アンドリュー・マートン Cジョン・ウェイン（上映期間118日）
【1963年（昭和38年）】※渋谷パンテオンと同番組（4・26迄を除く）
▼4・13-4・26 SSベラクルス54米Fユナイト、松竹 Dロバート・アルドリッチ Cゲイリー・クーパー
【1964年（昭和39年）】※渋谷パンテオンと同番組
【1965年（昭和40年）】※渋谷パンテオンと同番組
【1966年（昭和41年）】※渋谷パンテオン、松竹セントラル（9・17以降）と同番組
【1967年（昭和42年）】※松竹セントラル、渋谷パンテオンと同番組
【1968年（昭和43年）】※松竹セントラル（2・22-2・23を除く）、渋谷パンテオンと同番組
▼2・22-2・23シネラマ設備工事のため休館
【1969年（昭和44年）】※松竹セントラル、渋谷パンテオンと同番組
【1970年（昭和45年）】※松竹セントラル、渋谷パンテオンと同番組
【1971年（昭和46年）】※松竹セントラル、渋谷パンテオンと同番組
【1972年（昭和47年）】※松竹セントラル、渋谷パンテオンと同番組
【1973年（昭和48年）】※松竹セントラル、渋谷パンテオンと同番組
【1974年（昭和49年）】※松竹セントラル、渋谷パンテオンと同番組
【1975年（昭和50年）】※松竹セントラル、渋谷パンテオンと同番組
【1976年（昭和51年）】※松竹セントラル、渋谷パンテオンと同番組
【1977年（昭和52年）】※松竹セントラル、渋谷パンテオン（7・2-8・19を除く）と同番組
▼6・18-7・15 70ベン・ハー59米FMGM、CIC Dウィリアム・ワイラー Cチャールトン・ヘストン
▼7・16-8・19 VSエクソシスト２77米Fワーナー Dジョン・ブアマン Cリンダ・ブレア
【1978年（昭和53年）】※松竹セントラル（11・29-12・1を除く）、渋谷パンテオン（5・9-5・10を除く）と同番組
▼4・22-5・12 VSベッツィー78米Fユナイト Dダニエル・ペトリ Cローレンス・オリヴィエ
▼11・3-12・1 SSロジャー・ムーア 冒険野郎76英F松竹、富士映画 Dピーター・ハント Cロジャー・ムーア
【1979年（昭和54年）】※松竹セントラル（3・17-3・20を除く）、渋谷パンテオンと同番組
【1980年（昭和55年）】※松竹セントラル、渋谷パンテオンと同番組
【1981年（昭和56年）】※9・14前夜祭以外、松竹セントラル、渋谷パンテオンと同番組
▼9・14（21：30-）［前夜祭オールナイト］70ウルフェン81米F東映洋画 Dマイケル・ウォドレー Cアルバート・フィニー
【1982年（昭和57年）】※松竹セントラル、渋谷パンテオンと同番組
【1983年（昭和58年）】※（11・5-11・18を除き）松竹セントラル、渋谷パンテオンと同番組
▼5・28- VS戦場のメリークリスマス83英、日F松竹富士 D大島渚 Cデヴィッド・ボウイ、坂本龍一▼7・2- SS００７ オクトパシー83英FMGM、ユナイト、CIC Dジョン・グレン Cロジャー・ムーア▼10・8- VSウイニングラン83伊F日本ヘラルド Dマリオ・モッラ（記録映画）▼11・12-11・18改装休館
▼11・19- VS危険なささやき81仏F地産 Dアラン・

ドロン🄲アラン・ドロン▼12・10-SSネバーセイ・ネバーアゲイン83米🄵日本ヘラルド🄳アーヴィン・カーシュナー🄲ショーン・コネリー

【1984年（昭和59年）】※松竹セントラル（11・10-12・7を除く）、渋谷パンテオン（7・21-8・3、8・5を除く）と同番組

▼7・14-8・17 70グレイストーク -類人猿の王者-ターザンの伝説83英🄵ワーナー🄳ヒュー・ハドソン🄲クリストファー・ランバート

▼11・10-SSレイダース 失われたアーク81米🄵パラマウント、CIC🄳スティーヴン・スピルバーグ🄲ハリソン・フォード▼11・26-12・7休館

【1985年（昭和60年）】※松竹セントラル（9・14-9・20を除く）、渋谷パンテオン（5・31-6・7、8・8-8・16を除く）と同番組

▼4・27-6・28 VSビバリーヒルズ・コップ84米🄵パラマウント、CIC🄳マーティン・ブレスト🄲エディ・マーフィ

【1986年（昭和61年）】※松竹セントラル（9・13-11・14を除く）、渋谷パンテオン（10・17-10・24を除く）と同番組

▼9・13-11・14 VSカラーパープル85米🄵ワーナー🄳スティーヴン・スピルバーグ🄲ダニー・グローヴァー

【1987年（昭和62年）】※松竹セントラル（8・1-8・7、9・26-12・4を除く）、渋谷パンテオン（8・1-8・7、8・12-9・11、9・26-10・2を除く）と同番組

▼8・1-8・7 SSビバリーヒルズコップ2 87米🄵パラマウント、UIP🄳トニー・スコット🄲エディ・マーフィ▼8・8-SSロストボーイ87米🄵ワーナー、松竹富士🄳ジョエル・シューマッカー🄲ジェイソン・パトリック▼9・12-VSさらば愛しき人よ87 🄵松竹🄳原田眞人🄲郷ひろみ

【1988年（昭和63年）】※渋谷パンテオンと同番組（10・21-10・28を除く）

▼10・8-10・28 VSカラーズ 天使の消えた街88米🄵ワーナー🄳デニス・ホッパー🄲ショーン・ペン

【1989年（昭和64年・平成元年）】※渋谷パンテオンと同番組（9・29-10・6を除く）

▼8・5-10・13 VSツインズ88米🄵ユニヴァーサル、UIP🄳アイヴァン・ライトマン🄲アーノルド・シュワルツェネッガー

【1990年（平成2年）】※渋谷パンテオンと同番組（3・2、9・28-10・5を除く）

▼9・14-10・18 SSバード・オン・ワイヤー90米🄵ユニヴァーサル、UIP🄳ジョン・バダム🄲メル・ギブソン

【1991年（平成3年）】※渋谷パンテオンと同番組（9・27-10・4を除く）

▼7・19-10・4 VSロビン・フッド91米🄵ワーナー🄳ケヴィン・レイノルズ🄲ケヴィン・コスナー

【1992年（平成4年）】※渋谷パンテオンと同番組（9・25-10・2、10・23、11・11を除く）

▼9・5-10・2 VS愛という名の疑惑92米🄵ワーナー🄳フィル・ジョアノー🄲リチャード・ギア▼10・3-12・4 SSリーサル・ウェポン3 92米🄵ワーナー🄳リチャード・ドナー🄲メル・ギブソン

▼10・23（21：50）〔前夜祭オールナイト〕SSブレードランナー ディレクターズカット 最終版92米、香港🄵ワーナー🄳リドリー・スコット🄲ハリソン・フォード

▼11・11（22：30）〔前夜祭オールナイト〕VSダンシング・ヒーロー92豪🄵日本ヘラルド🄳バズ・ラーマン🄲ポール・マーキュリオ

【1993年（平成5年）】※渋谷パンテオンと同番組（9・24-10・1と10・16-10・29を除く）

▼8・14-10・1 SSシュワルツェネッガー ラスト・アクション・ヒーロー93米🄵コロムビア🄳ジョン・マクティアナン🄲アーノルド・シュワルツェネッガー

▼10・16-10・29 VSブラッド・イン ブラッド・アウト93米🄵ブエナビスタ🄳テイラー・ハックフォード🄲ダミアン・チャパ

【1994年（平成6年）】※渋谷パンテオンと同番組（6・17と8・13-10・7を除く）

▼5・21-7・1 SS沈黙の要塞94米🄵ワーナー🄳スティーヴン・セガール🄲スティーヴン・セガール▼7・2-9・29 SSワイアット・アープ94米🄵ワーナー🄳ローレンス・カスダン🄲ケヴィン・コスナー▼9・30-10・7 SSマーヴェリック94米🄵ワーナー🄳リチャード・ドナー🄲メル・ギブソン

【1995年（平成7年）】※渋谷パンテオンと同番組（9・15-9・29を除く）

▼7・29-9・21 VSキャスパー95米🄵UIP🄳ブラッド・シルバーリング🄲クリスティーナ・リッチ▼9・22-12・22 VSマディソン郡の橋95米🄵ワーナー🄳クリント・イーストウッド🄲クリント・イーストウッド

【1996年（平成8年）】※渋谷パンテオンと同番組

（9・27・10・4を除く）

▼8・3・10・18 SSイレイザー96米🄵ワーナー🄳チャールズ・ラッセル🄲アーノルド・シュワルツェネッガー

【1997年（平成9年）】※渋谷パンテオンと同番組（1・17前夜祭、3・14前夜祭と6・25・6・27、10・31・11・7を除く）

▼1・17［前夜祭レイトショー］SSフェノミナン96米🄵ブエナビスタ🄳ジョン・タートルトーブ🄲ジョン・トラヴォルタ▼1・18・2・14 フェノミナン（通常興行）

▼3・8・5・2 SSダンテズ・ピーク97米🄵UIP🄳ロジャー・ドナルドソン🄲ピアース・ブロスナン

▼3・14（22：00）［前夜祭オールナイト］VS新世紀エヴァンゲリオン劇場版 シト新生97 🄵東映🄳庵野秀明、摩砂雪、鶴巻和哉🅅林原めぐみ（アニメーション）

▼5・3・6・27 VSイングリッシュ・ペイシェント96米🄵松竹富士🄳アンソニー・ミンゲラ🄲レイフ・ファインズ▼6・21（22：15）［先行オールナイト］SSセイント97米🄵UIP🄳フィリップ・ノイス🄲ヴァル・キルマー

▼9・13・12・5 SSフィフス・エレメント97仏、米🄵日本ヘラルド🄳リュック・ベッソン🄲ブルース・ウィリス

【1998年（平成10年）】※渋谷パンテオンと同番組（10・2前夜祭と10・31・11・6を除く）

▼6・20・10・9 SSディープ・インパクト98米🄵UIP🄳ミミ・レダー🄲ロバート・デュヴァル（上映期間112日）▼10・10・11・13 SSマーキュリー・ライジング98米🄵UIP🄳ハロルド・ベッカー🄲ブルース・ウィリス

【1999年（平成11年）】※渋谷パンテオンと同番組（10・29・11・5と11・27・12・3を除く）

▼10・9・11・5 SSディープ・ブルー99米🄵ワーナー🄳レニー・ハーリン🄲サフロン・バロウズ▼11・6・11・26 VSアナライズ・ミー99米🄵日本ヘラルド🄳ハロルド・レイミス🄲ロバート・デ・ニーロ▼11・27・12・3改装休館▼11・27（21：40）［先行オールナイト］VSワイルド・ワイルド・ウエスト99米🄵ワーナー🄳バリー・ソネンフェルド🄲ウィル・スミス

【2000年（平成12年）】※渋谷パンテオンと同番組（10・27・11・3を除く）

▼10・21・11・10 SSバトルフィールド・アース00米🄵ギャガ、ヒューマックス🄳ロジャー・クリスチャン🄲ジョン・トラヴォルタ

【2001年（平成13年）】※渋谷パンテオンと同番組（10・26・11・2を除く）

▼9・22・11・2 SSラッシュアワー2 01米🄵ギャガ、ヒューマックス🄳ブレット・ラトナー🄲ジャッキー・チェン

【2002年（平成14年）】※渋谷パンテオンと同番組（10・25・11・1を除く）

▼10・12（19：15）［先行プレミアム上映］SS9デイズ02米🄵ブエナビスタ🄳ジョエル・シューマッカー🄲アンソニー・ホプキンス▼10・19・11・15 9デイズ（通常興行）

【2003年（平成15年）】※6・30迄、渋谷パンテオンと同番組

▼6・7・ SSマトリックス リローデッド03米🄵ワーナー🄳ラリー・ウォシャウスキー、アンディ・ウォシャウスキー🄲キアヌ・リーヴス▼8・16・ SSHERO英雄02中国、香港🄵ワーナー🄳チャン・イーモウ（張藝謀）🄲ジェット・リー（李連杰）▼10・4・11・5 SSマッチスティック・メン03米🄵ワーナー🄳リドリー・スコット🄲ニコラス・ケイジ▼10・30・11・3東京国際ファンタスティック映画祭2003（上映作品は年度末尾に記載）▼11・5（22：30）舞台挨拶：キアヌ・リーヴス、ジェイダ・ピンケット・スミス、ジョエル・シルバー（23：00）［先行上映］SSマトリックス レボリューションズ03米🄵ワーナー🄳アンディ・ウォシャウスキー、ラリー・ウォシャウスキー🄲キアヌ・リーヴス▼11・6・ マトリックス レボリューションズ（通常興行）

▼10・30・11・3東京国際ファンタスティック映画祭2003＝10・30（22：30）オールナイト［ハロウィン大感謝祭 泣ける!?新世代ホラー最恐ナイト］恋する幼虫03日🄳井口昇🄲荒川良々／VSメイ（公開時邦題：MAY－メイ－）02米🄳ラッキー・マッキー🄲アンジェラ・ベティス／SSアナトミー2 03独🄳ステファン・ルツォヴィツキー🄲フランカ・ポテンテ／VSツイ・ハークの霊戦英雄伝02香港🄳ウェルソン・チン（銭昇瑋）🄲ユー・ロングァン（于榮光）▼10・31（18：20）オープニングムービー&セレモニー＝VSロスト・メモリーズ02韓国🄳イ・シミョン🄲チャン・ドンゴン、仲村トオル▼10・31（22：00）［デジタルショートアワード600秒「笑い」］＝招待作品：頭角戦隊アタマイザー5 03日🄳酒徳ごうわく🄲酒徳ごうわく／

ババアゾーン04日[D]山口雄大[C]根岸季衣／一般公募作品：個人／何も始まらなかった一日の終りに／白夜ノ狂イ／いとうせいこう、山口雄大トークイベント▼10・31（24：00）［特選！香港×韓国×タイ アジアン坩堝ナイト］VS妖夜廻廊03香港[D]ジュリアン・リー（李志超）[C]ダニエル・ウー（呉彦祖）／VS悪夢（公開時邦題：友引忌《ともびき》）00韓国[D]アン・ビョンギ[C]ハ・ジウォン／VS GAME KING 高橋名人VS毛利名人激突！大決戦86日[D]神澤信一[C]高橋俊幸、毛利公信／ワン・テイク・オンリー01タイ[D]オキサイド・パン[C]パワリット・モングコンピシット▼11・1（12：00）SSシャレード02米[D]ジョナサン・デミ[C]マーク・ウォールバーグ▼11・1（15：00）SSドラムライン02米[D]チャールズ・ストーン三世[C]ニック・キャノン▼11・1（18：00）VS東京原発03日[D]山川元[C]役所広司▼11・1（21：00）［デジタルショートアワード600秒「泣き」］＝一般公募作品：真夜中の散歩／植物採集／ハルモニ／［刑事まつりファンタ版］刑事発狂／中身刑事▼11・1（23：30）［復活！スプラッタームービー ゴア・ゴア・ナイト］VSレコニング・デイ 血まみれドッグ02英[D]ジュリアン・ギルビー[C]ローマン・カーパイネック／VSブラッド・フィースト 血の祝祭日2 02米[D]ハーシェル・ゴードン・ルイス[C]ジョン・マコーネル／VSヘルレイザー ヘルシーカー02米[D]リック・ボータ[C]ディーン・ウィンタース／怪談新耳袋（TVシリーズより2話上映）▼11・2（11：30）［ファンタ・クラシック・コレクション 追悼チャールズ・ブロンソン］SS大脱走63 米[D]ジョン・スタージェス[C]スティーヴ・マックイーン▼11・2（15：30）［映画秘宝スペシャル ギロチンまつり］SS片腕カンフー対空とぶギロチン75 香港[D]ジミー・ウォング（王羽）[C]ジミー・ウォング／SS怒れるドラゴン 不死身の四天王73 台湾[D]ジミー・ウォング（王羽）[C]ジミー・ウォング▼11・2（20：00）［デジタルショートアワード600秒「驚き」］＝招待作品：穴奴隷伝説03日[D]山田広野／世界はときどき美しい03日[D]御法川修／一般公募作品：CLOSE TO YOU／↓／たがをり▼11・2（23：30）［ラス・メイヤーVS毛皮族 女性上位ナイト］舞台公演『ケガワゾク・オーレ！アンマ・エイガ・ミンナ』演出：江本純子[C]毛皮族／ファスター・プシィキャット！キル！キル！65 米[D]ラス・メイヤー[C]トゥラ・サターナ／VSヴィクセン（初公開時邦題：女豹ビクセン）68 米[D]ラス・メイヤー[C]エリカ・ギャヴィン／VSウルトラヴィクセン（初公開時邦題：ウルトラ・ビクセン大巨乳たち）79 米[D]ラス・メイヤー[C]アン・マリー▼11・3（10：30）［ファンタ・アニメセレクション］VS DEAD LEAVES 03日[D]今石洋之[V]山口勝平／マクロスゼロ 最新エピソード03日[D]河森正治[C]鈴村健一／ジャングルはいつもハレのちグゥ FINAL 03日[D]水島努[V]愛河里花子／プラネテス03日[D]谷口悟朗[V]田中一成／Synapi - The First Half - 02日[D]池田爆発郎▼11・3（15：30）緊急逃亡02米[D]リチャード・ゲイル[C]カー・スミス▼11・3（18：30）クロージング・ムービー&セレモニー SSバレット モンク03米[D]ポール・ハンター[C]チョウ・ユンファ（周潤發）

【2004年（平成16年）】

▼1・24 - SSハリウッド的殺人事件03米[F]ブエナビスタ[D]ロン・シェルトン[C]ハリソン・フォード▼2・6 - 2・13改装休館▼2・14 - SSロード・オブ・ザ・リング 王の帰還03米、ニュージーランド[F]日本ヘラルド、松竹[D]ピーター・ジャクソン[C]イライジャ・ウッド▼3・6 - SSレジェンド・オブ・メキシコ デスペラード03米、メキシコ[F]ソニー・ピクチャーズ[D]ロバート・ロドリゲス[C]アントニオ・バンデラス▼3・27 - VS恋愛適齢期03米[F]ワーナー[D]ナンシー・マイヤーズ[C]ジャック・ニコルソン▼4・17 - 5・21 SSオーシャン・オブ・ファイヤー04米[F]ブエナビスタ[D]ジョー・ジョンストン[C]ヴィゴ・モーテンセン▼5・15（19：00）［先行上映］SSトロイ04米[F]ワーナー[D]ウォルフガング・ペーターゼン[C]ブラッド・ピット▼5・22 - トロイ（通常興行）▼7・3 - 7・23 SSハリー・ポッターとアズカバンの囚人04米、英[F]ワーナー[D]アルフォンソ・キュアロン[C]ダニエル・ラドクリフ▼7・17（19：00）、7・18（19：00）［先行上映］SSキング・アーサー04米[F]ブエナビスタ[D]アントワン・フークア[C]クライヴ・オーウェン▼7・24 - キング・アーサー（通常興行）▼8・28 - SSＬＯＶＥＲＳ04中国、香港[F]ワーナー[D]チャン・イーモウ（張芸謀）[C]金城武、チャン・ツィイー（章子怡）▼10・14 - 10・17東京国際ファンタスティック映画祭2004（上映作品は年度末尾に記載）▼10・18 - SSエクソシスト ビギニング04米[F]ギャガ、ヒューマックス[D]レニー・ハーリン[C]ステラン・スカルスゲールド▼11・3 - SSキャット・ウーマン04米[F]ワーナー[D]ピトフ[C]ハル・ベリー▼11・27 - SSポーラー・エクスプレス04米[F]ワーナー[D]ロバート・ゼメキス[V]トム・ハンクス（アニメーション）▼12・18 - SSＭｒ．インクレディブル04米[F]ブエナビスタ

スタDブラッド・バード（アニメーション）▼10・14－10・17東京国際ファンタスティック映画祭2004＝10・14（18：30）［ナイトメアー・ビフォア・ファンタ アトラクション劇場Ⅰ・Ⅱ］VSナイトメアー・ビフォア・クリスマス（デジタル・リマスター版）93米Dヘンリー・セリックVクリス・サランドン（アニメーション）▼10・14（21：20）地下幻燈劇画 少女椿92日D絵津久秋V中美奈子（アニメーション）▼10・14（23：50）［ファンタ・ミーツ・ノンフィクション 20周年新機軸 ドキュ・ファンタ］REASON behind the story of dj honda C dj honda／VSメイヤー・オブ・サンセット・ストリップ03米Dジョージ・ヒッケンルーパーCロドニー・ビンゲンハイマー／シリアル・キラー アイリーン「モンスター」と呼ばれた女03米、英Dニック・ブルームフィールド、ジョーン・チャーチルCアイリーン・ウォーノス／VSポルノ☆スター ロン・ジャーミーの伝説01米Dスコット・J・ジルCロン・ジャーミー▼10・15（11：00）［デジタルショートアワード600秒「笑い」］＝招待作品：留守番ビデオ04日D篠崎誠C藤田陽子／一般公募作品：あんみつ戦争／真・地方戦隊キタカントー／リバーサイド物語！または、から騒ぎ未満！／桃太郎ロボ子のやり方／［ジョージ・ルーカス作品プレミアム上映］SS THX－1138 ディレクターズカット71米Dジョージ・ルーカスCロバート・デュヴァル▼10・15（18：30）オープニング・セレモニー／SSキャットウーマン04米DピトフCハル・ベリー▼10・15（21：50）［激突‼亜細亜颱風 韓流VSタイ道］SS TUBE（公開時邦題：TUBE チューブ）03韓国Dペク・ウナクCキム・ソックン／VSボーン・トゥ・ファイト（公開時邦題：七人のマッハ！！！！！！！）04タイDパンナー・リットグライCダン・チューポン／VSガルーダ04タイDモントン・アラヤンクンCソンラン・テピタック／VSリザレクション02韓国Dチャン・ソヌCイム・ウンギョン▼10・16（10：50）［デジタルショートアワード600秒「泣き」］＝招待作品：直線の迷路04日D坂元鬼啓二C町田彦衛／一般公募作品：窓女／洗ったのに臭い／女は風林火山／ハナガサイタラ／オンナはハラでカンガエル▼10・16（13：30）［映画秘宝スペシャル 秘宝ジャッカス祭り 世界のバカ大集合］VS jackass：the movie 日本特別版02米Dジェフ・トレメインCジョニー・ノックスヴィル／VSヘブンズ7（公開時邦題：バトル7）02タイDチャルーム・ウォンピムCポンパット・ワチラバンジョン▼10・16（19：00）［東京ファンタ20周年記念上映］VS鉄人28号インターナショナル・ヴァージョン04日D冨樫森C池松壮亮▼10・16（22：30）［恐怖！恒例！プレミアムホラーナイト 20周年特別版］VSソウ04米Dジェームズ・ワンCケイリー・エルウィズ／VSスピーシーズ3（公開時邦題：スピーシーズ3 禁断の種）04米Dブラッド・ターナーCサニー・メイブリー／SSハウス・オブ・ザ・デッド03米、独、カナダDウーヴェ・ボルCジョナサン・チェリー▼10・17（10：20）［デジタルショートアワード600秒「驚き」］＝招待作品：VSカクレンボ04日D森田修平V竹内順子（アニメーション）／一般公募作品：カガミルコ／ブラッディ・ナイト・ア・ゴーゴー／誕生日／だるまさんがころんだ／HANDS▼10・17（12：50）VS機動戦士Zガンダム 星を継ぐ者04日D富野由悠季V池田秀一（アニメーション）▼10・17（15：20）［庵野秀明×樋口真嗣 Presents 東京ファンタまんがまつり外伝］SSガンマー第3号 宇宙大作戦68 日D深作欣二Cロバート・ホートン／スパイダーマン78 日D竹本弘一C香山浩介▼10・17（19：00）クロージング・セレモニー／VSコックリさん04韓国Dアン・ビョンギCキム・ギュリ

【2005年（平成17年）】

▼1・1－1・21 SSカンフー・ハッスル04香港、中国Fソニー・ピクチャーズDチャウ・シンチー（周星馳）Cチャウ・シンチー（周星馳）▼1・15（19：30）［先行オールナイト］SSオーシャンズ12 04米FワーナーDスティーヴン・ソダーバーグCジョージ・クルーニー▼1・22－ オーシャンズ12（通常興行）▼3・5－ VSシャーク・テイル04米Fアスミック・エースDビボ・バージェロン、ヴィッキー・ジェンソン、ロブ・レターマンVウィル・スミス（アニメーション）▼3・26－ SSアビエイター04米F松竹、日本ヘラルドDマーティン・スコセッシCレオナルド・ディカプリオ▼5・3－ VSレモニー・スニケットの 世にも不幸せな物語04米Fアスミック・エースDブラッド・シルバーリングCジム・キャリー▼5・28－ SSマイ・ブラザー04韓国FUIPDアン・クォンテCウォンビン▼6・4－ SSホステージ05米F松竹Dフローラン・シリCブルース・ウィリス▼7・2－ SSマラソン05韓国Fシネカノン、松竹Dチョン・ユンチョルCチョ・スンウ▼7・23－ SSアイランド05米FワーナーDマイケル・ベイCユアン・マクレガー▼8・27－ VS奥さまは魔女05米Fソニー・ピクチャーズDノーラ・エフロ

ン[C]ニコール・キッドマン▼10・1‐VSシン・シティ05米[F]ギャガ・コミュニケーションズ[D]フランク・ミラー、ロバート・ロドリゲス、クエンティン・タランティーノ[C]ブルース・ウィリス▼10・13‐10・16東京国際ファンタスティック映画祭2005（上映作品は年度末尾に記載）▼10・18‐シン・シティ（続映）▼11・3‐11・25ブラザーズ・グリム05米[F]東芝エンタテインメント[D]テリー・ギリアム[C]マット・デイモン▼11・18（23：00）世界のCMフェスティバル2005▼11・26‐VSハリー・ポッターと炎のゴブレット05米[F]ワーナー[D]マイク・ニューウェル[C]ダニエル・ラドクリフ▼12・10‐VSザスーラ05米[F]ソニー・ピクチャーズ[D]ジョン・ファヴロー[C]ジョシュ・ハッチャーソン

▼10・13‐10・16東京国際ファンタスティック映画祭2005＝10・13（19：00）［恒例‼亜細亜颱風 韓流VSタイ道2」VS天国からのメッセージ04韓国[D]キム・サンジン[C]チャ・スンウォン／VSデッドライン04タイ[D]タニット・チッタヌクン[C]チャッチャイ・ブレンパー▼10・13（24：00）VS 4400（第1シーズン）04米[D]イヴ・シモノー[C]ジョエル・グレッチ（招待者のみ）▼10・14（11：00）［デジタルショートアワード600秒「笑い」］＝招待作品：Vision 05日[D]岡田信也／2004年度「600秒：WORDS」グランプリ作品映像化：オー・マイ・ゴッド！05日[D]神田比呂志／一般公募作品：討ち入りだョ！全員集合／空想癖の女／フルフェイス家族／解けない結び目▼10・14（14：30）VSスパイモンキー03カナダ[D]ロバート・ヴィンス[C]クリス・ポッター▼10・14（19：00）VSトム・ヤム・クン！05タイ[D]プラッチャヤー・ピンゲーオ[C]トニー・ジャー▼10・14（22：30）［超！ストレンジ・ムービーナイト］SS変態村04仏、ベルギー、ルクセンブルグ[D]ファブリス・ドゥ・ヴェルツ[C]ローラン・リュカ／MEATBALL MACHINE 05日[D]山口雄大[C]高橋一生／Strange Circus 奇妙なサーカス04[D]園子温[C]宮崎ますみ▼10・15（11：00）［デジタルショートアワード600秒「泣き」］＝招待作品：ヒロイン05日[D]大森美香[C]奥田恵梨華／一般公募作品：寿ネバーダイ／夏と空と僕らの未来／真昼のコメット／Hitokake▼10・15（13：20）SSスケルトン・キー05米[D]イアン・ソフトリー[C]ケイト・ハドソン▼10・15（16：00）SSカースド05独、米[D]ウェス・クレイヴン[C]クリスティーナ・リッチ▼10・15（19：00）VS蝋人形の館05米[D]ジャウム・コレット・セラ[C]エリシャ・カスバート▼10・15（22：30）オールナイト［映画秘宝10周年記念企画 追悼！石井輝男］SS直撃地獄拳 大逆転74日[F]東映[D]石井輝男[C]千葉真一／SSやさぐれ姐御伝 総括リンチ73日[F]東映[D]石井輝男[C]池玲子／SS狂った野獣76日[F]東映[D]中島貞夫[C]渡瀬恒彦／VS狂い咲きサンダーロード80日[F]東映セントラル[D]石井聰亙[C]山田辰夫▼10・16（10：30）［デジタルショートアワード600秒「驚き」］＝招待作品：惑星大怪獣ネガドン05日[D]粟津順／一般公募作品：海とユニットバス／BARDO No.1／ゆうれい／マンイーター・イン・ザ・ウッズ▼10・16（12：50）SSフリーズ・フレーム04英、アイルランド[D]ジョン・シンプソン[C]リー・エヴァンス▼10・16（15：30）VS機動戦士ZガンダムⅡ 恋人たち05日[D]富野由悠季[V]飛田展男（アニメーション）▼10・16（18：30）VSナイト・ウォッチ（公開時邦題：ナイト・ウォッチ NOCHNOI DOZOR）04ロシア[D]ティムール・ベクマンベトフ[C]コンスタンチン・ハベンスキー

【2006年（平成18年）】 6月1日より「ミラノ1」に改称

▼1・14‐SSスタンドアップ05米[F]ワーナー[D]ニキ・カーロ[C]シャーリーズ・セロン▼1・28‐VSハリー・ポッターと炎のゴブレット05米[F]ワーナー[D]マイク・ニューウェル[C]ダニエル・ラドクリフ（再映）▼2・11‐3・17 SS PROMISE プロミス05中国、日、韓国[F]ワーナー[D]チェン・カイコー（陳凱歌）[C]真田広之、チャン・ドンゴン▼3・4‐3・17（11：00の回のみ）VS博士の愛した数式05日[F]アスミック・エース[D]小泉堯史[C]寺尾聰▼3・18‐SS SPIRIT スピリット06香港、中国[F]ワーナー[D]ロニー・ユー（于仁泰）[C]ジェット・リー（李連杰）、中村獅童▼4・1‐SSファイヤーウォール06米[F]ワーナー[D]リチャード・ロンクレイン[C]ハリソン・フォード▼4・22‐SSニュー・ワールド05米[F]松竹[D]テレンス・マリック[C]コリン・ファレル▼5・17‐SS Vフォー・ヴェンデッタ05米、英、独[F]ワーナー[D]ジェームズ・マクティーグ[C]ナタリー・ポートマン▼5・23‐5・24 VS心霊写真04タイ[F]クロックワークス、メディア・スーツ[D]パークプム・ウォンプム、バンジョン・ピサヤタナクーン[C]アナンダ・エヴァリンハム▼5・25‐5・26 VSトム・ヤム・クン！05タイ[F]クロックワークス、ギャガ・コミュニケーションズ[D]プラッチャヤー・ピンゲーオ[C]トニー・ジャー▼5・27‐6・2 SS GOAL！ ゴール05米、英[F]東

芝エンタテインメント[D]ダニー・キャノン[C]クノ・ベッカー

◆6月1日より新宿TOKYU MIRANO館内の映画館が名称変更され、「ミラノ座→ミラノ1」「新宿東急→ミラノ2」「シネマミラノ→ミラノ3」となる。

▼6・3-7・6 SSポセイドン06米[F]ワーナー[D]ウォルフガング・ペーターゼン[C]カート・ラッセル▼7・7 GOAL！ ゴール（再映）▼7・7（16：30）SSトランスポーター2 05仏、米[F]アスミック・エース[D]ルイ・レテリエ[C]ジェイソン・ステイサム▼7・8-VSブレイブ ストーリー06日[F]ワーナー[D]千明孝一[V]松たか子（アニメーション）▼7・15-7・21 VS不撓不屈06日[F]角川ヘラルド映画[D]森川時久[C]滝田栄▼7・15-7・17（16：45）［先行上映］SSパイレーツ・オブ・カリビアン デッドマンズ・チェスト06米[F]ブエナビスタ[D]ゴア・ヴァービンスキー[C]ジョニー・デップ▼7・22-パイレーツ・オブ・カリビアン デッドマンズ・チェスト（通常興行）▼8・12-8・13 ブレイブ ストーリー（再映）▼8・12-8・13（17：00）［先行上映］SSスーパーマン リターンズ06米[F]ワーナー[D]ブライアン・シンガー[C]ブランドン・ラウス▼8・14-パイレーツ・オブ・カリビアン デッドマンズ・チェスト（再映）▼8・19-スーパーマン リターンズ（通常興行）▼9・23-SSイルマーレ06米[F]ワーナー[D]アレハンドロ・アグレスティ[C]キアヌ・リーヴス▼9・30-VSレディ・イン・ザ・ウォーター06米[F]ワーナー[D]M・ナイト・シャマラン[C]ポール・ジアマッティ▼10・14-SS 16ブロック06米[F]ソニー・ピクチャーズ[D]リチャード・ドナー[C]ブルース・ウィリス▼10・28-SS父親たちの星条旗06米[F]ワーナー[D]クリント・イーストウッド[C]ライアン・フィリップ▼11・3-VS手紙06日[F]ギャガ・コミュニケーションズ[D]生野慈朗[C]山田孝之▼11・17、11・18 世界のCMフェスティバル2006 in Tokyo▼11・23-11・26 東京国際シネシティフェスティバル2006（上映作品は年度末尾に記載）▼11・27-手紙（続映）▼12・1-SS007 カジノ・ロワイヤル06英、米[D]マーティン・キャンベル[C]ダニエル・クレイグ▼12・9-SS硫黄島からの手紙06米[F]ワーナー[D]クリント・イーストウッド[C]渡辺謙

▼11・23-11・26 東京国際シネシティフェスティバル2006▼11・23（12：00）オープニング作品＝SS 007 カジノ・ロワイヤル06英、米[D]マーティン・キャンベル[C]ダニエル・クレイグ▼11・23（16：00）VSめぐみ -引き裂かれた家族の30年05米[D]クリス・シェリダン、パティ・キム[C]横田滋（記録映画）▼11・23（19：00）SS幸福な食卓06日[D]小松隆志[C]北乃きい▼11・24（11：30）［フレディ・マーキュリー没後15年メモリアル・フィルム・コンサート～QUEEN ROCK IN SHINJUKU～］Live In Budapest 86ハンガリー[D]ヤノーシュ・ソンブリアイ[C]クイーン▼11・24（15：00）［デジPOPコンペティション］招待作品：VSユメ十夜 第三夜06日[D]清水崇[C]堀部圭亮／鋼ちゃん06日[D]井口昇[C]菜葉菜／応募作品▼11・24（18：30）［SKIPシティ国際Dシネマ映画祭コラボ・プログラム］プレイ05チリ、仏、アルゼンチン[D]アリシア・シェルソン[C]アライン・カッペンハイム▼11・24（22：00）オールナイト［松本大洋〝まるかじり〟ナイト］鉄コン筋クリート06日[D]マイケル・アリアス[V]二宮和也（アニメーション）／VS青い春01日[D]豊田利晃[C]松田龍平／ピンポン02日[D]曽利文彦[C]窪塚洋介▼11・25（10：00）I am 日本人06日[D]月野木隆[C]森本クリスティーナ▼11・25（13：00）国境の南（公開時邦題：約束）06韓国[D]アン・パンソク[C]チャ・スンウォン▼11・25（16：00）SSモンスター・ハウス（日本語吹替版）06米[D]ギル・キーナン（アニメーション）▼11・25（19：00）SSパフューム（公開時邦題：パフューム ある人殺しの物語）06仏、西、独[D]トム・ティクヴァ[C]ベン・ウィショー▼11・25（23：00）オールナイト［映画における表現の自由を考える夕べ］殺しのはらわた06日[D]篠崎誠[C]嶋田久作（短編映画）／トークショー：篠崎誠、清水崇、山口雄大、佐藤佐吉、高橋ヨシキ／VSスキャナー・ダークリー06米[D]リチャード・リンクレイター[C]キアヌ・リーヴス／SS The Ringer（公開時邦題：リンガー！替え玉★選手権）05米[D]バリー・W・ブラウステイン[C]ジョニー・ノックスヴィル▼11・26（10：30）SS名犬ラッシー（日本語吹替版）05アイルランド、英、仏、米[D]チャールズ・スターリッジ[C]ピーター・オトゥール▼11・26（13：30）SS LOVEDEATH（公開時邦題：ラブデス LOVEDEATH）06日[D]北村龍平[C]武田真治▼11・26（18：00）SSディパーテッド06米[D]マーティン・スコセッシ[C]レオナルド・ディカプリオ

【2007年（平成19年）】

▼1・20-SSディパーテッド06米[F]ワーナー[D]マーティン・スコセッシ[C]レオナルド・ディカプリオ▼2・7-SS墨攻06中国、日、香港、韓国[F]キュービカル・

エンタテインメント、松竹[D]ジェイコブ・チャン（張之亮）[C]アンディ・ラウ（劉徳華）▼3・3-SS蒼き狼 地果て海尽きるまで06 [F]松竹[D]澤井信一郎[C]反町隆史▼4・7-SSブラッド・ダイヤモンド06米[F]ワーナー[D]エドワード・ズウィック[C]レオナルド・ディカプリオ▼4・28-VSゲゲゲの鬼太郎06 [F]松竹[D]本木克英[C]ウエンツ瑛士▼5・20-5・24 SSリーピング07米[F]ワーナー[D]スティーヴン・ホプキンス[C]ヒラリー・スワンク▼5・24（20:00）［前夜祭］SSパイレーツ・オブ・カリビアン ワールド・エンド07米[F]ブエナビスタ[D]ゴア・ヴァービンスキー[C]ジョニー・デップ▼5・25-パイレーツ・オブ・カリビアン ワールド・エンド（通常興行）▼6・30-7・13 VSシュレック３ 07米[F]アスミック・エース、角川エンタテインメント[D]クリス・ミラー、ラマン・ホイ（アニメーション）▼6・30-7・6（20:40）大日本人07 [F]松竹[D]松本人志[C]松本人志▼7・14 SS３００ スリーハンドレッド07米[F]ワーナー[D]ザック・スナイダー[C]ジェラルド・バトラー▼7・14（22:35）-7・16［先行上映］SSハリー・ポッターと不死鳥の騎士団07英、米[F]ワーナー[D]デヴィッド・イェーツ[C]ダニエル・ラドクリフ▼7・17 シュレック３（再映）▼7・18-7・19 ３００ スリーハンドレッド（続映）▼7・20-8・9 ハリー・ポッターと不死鳥の騎士団（通常興行）▼8・4（15:30）［先行上映］SSオーシャンズ13 07米[F]ワーナー[D]スティーヴン・ソダーバーグ[C]ジョージ・クルーニー▼8・10-オーシャンズ13（通常興行）▼9・1-VSヱヴァンゲリヲン新劇場版：序07 [F]クロック・ワークス、カラー[D]庵野秀明、摩砂雪、鶴巻和哉[V]緒方恵美（アニメーション）▼9・29-SS幸せのレシピ07米[F]ワーナー[D]スコット・ヒックス[C]キャサリン・ゼタ・ジョーンズ▼10・6-ヱヴァンゲリヲン新劇場版：序（再映）▼10・27-11・22 VS象の背中07 [F]松竹[D]井坂聡[C]役所広司▼11・23-11・25東京国際シネシティフェスティバル２００７（上映作品は年度末尾に記載）▼11・26-SSミッドナイトイーグル07 [F]松竹[D]成島出[C]大沢たかお▼12・6 SSブレイブワン07米、豪[F]ワーナー[D]ニール・ジョーダン[C]ジョディ・フォスター▼12・7-ミッドナイトイーグル（続映）▼12・14-SSアイ・アム・レジェンド07米[F]ワーナー[D]フランシス・ローレンス[C]ウィル・スミス▼12・22-VS魍魎の匣07 [F]ショウゲート[D]原田眞人[C]堤真一▼12・30-アイ・アム・レジェンド（再映）

▼11・23-11・25 東京国際シネシティフェスティバル２００７=11・23（15:30）オープニング・セレモニー（中山弘子新宿区長）、ゲスト：矢野沙織、ジョシュ・ハッチャーソン、アナソフィア・ロブ／オープニング作品=VSテラビシアにかける橋07米[D]ガボア・クスポ[C]ジョシュ・ハッチャーソン▼11・23（22:00）オールナイト［世界のCMフェスティバル 2007 in Tokyo］▼11・24（11:30）VSスーパー・ノイピー06フィリピン[D]クァーク・ヘナレス[C]サンダラ・パク▼11・24（14:30）VSシャシャ・ザトゥーナ06フィリピン[D]ジョエル・ラマンガン[C]シャシャ・パディラ▼11・24（17:30）SSデイ・ウォッチ06ロシア[D]ティムール・ベクマンベトフ[C]コンスタンチン・ハベンスキー▼11・24（22:00）オールナイト［世界のCMフェスティバル 2007 in Tokyo］▼11・25（11:30）「矢野沙織ファミリーシネマJAZZコンサート」[C]矢野沙織、新宿区立牛込第二中学校吹奏楽部▼11・25（14:20）SS X エクスクロス 魔境伝説07日[D]深作健太[C]松下奈緒▼11・25（17:30）クロージング上映=SSウォーター・ホース07米、英、ニュージーランド[D]ジェイ・ラッセル[C]アレックス・エテル

【２００８年（平成20年）】

▼1・19-VSスウィーニー・トッド フリート街の悪魔の理髪師07米[F]ワーナー[D]ティム・バートン[C]ジョニー・デップ▼2・23-2・24［先行上映］SSライラの冒険 黄金の羅針盤07米[F]ギャガ・コミュニケーションズ、松竹[D]クリス・ワイツ[C]ニコール・キッドマン▼2・25-スウィーニー・トッド フリート街の悪魔の理髪師（続映）▼3・1-4・18 ライラの冒険 黄金の羅針盤（通常興行）▼3・29（23:00）第1回デジタルショートアワード=応募作品コンペティション／グランプリ=「笑い」部門：秘仏[D]モッカモッカ／「泣き」部門：黄金[D]永野宗典／「驚き」部門：Tokyo Street [D]岡村裕太／他▼4・19-VS銀幕版 スシ王子！ ニューヨークへ行く08 [F]ワーナー[D]堤幸彦[C]堂本光一▼4・26-SS紀元前1万年08米、ニュージーランド[F]ワーナー[D]ローランド・エメリッヒ[C]スティーヴン・ストレイト▼5・21-SSナルニア国物語 第2章 カスピアン王子の角笛08米[F]ディズニー[D]アンドリュー・アダムソン[C]ジョージー・ヘンリー▼7・5-SSスピード・レーサー08米[F]ワーナー[D]アンディ・ウォシャウスキー、ラリー・ウォシャウスキー[C]エミール・ハーシュ▼7・13-VS GHOST IN

THE SHELL 攻殻機動隊2．０ 08 [F]ワーナー[D]押井守[V]田中敦子（アニメーション）▼7・26世界のCMフェスティバル▼8・2－VSスカイ・クロラ08[F]ワーナー[D]押井守[V]菊地凛子（アニメーション）▼8・16（10：00）スピードレーサー（再映）▼8・16（12：50－）－8・17（終日）［先行上映］SSスター・ウォーズ クローンウォーズ08米[F]ワーナー[D]デイヴ・フィローニ（アニメーション）▼8・18スカイ・クロラ（続映）▼8・19スピードレーサー（再映）▼8・23－スター・ウォーズ クローンウォーズ（通常興行）▼9・27－SS最後の初恋08米、豪[F]ワーナー[D]ジョージ・C・ウルフ[C]リチャード・ギア▼10・25－11・21VS ICHI 市08 [F]ワーナー[D]曽利文彦[C]綾瀬はるか▼10・31－11・3歌舞伎町フェスタ2008（内容は年度末尾に記載）▼11・22－SS1408号室07米[F]ムービーアイ[D]ミカエル・ハフストローム[C]ジョン・キューザック▼11・29－SSデス・レース08米[F]東宝東和[D]ポール・W・S・アンダーソン[C]ジェイソン・ステイサム▼12・6－1・16VS252 生存者あり08 [F]ワーナー[D]水田伸生[C]伊藤英明

▼10・31－11・3歌舞伎町フェスタ2008＝10・31（17：00）［よしもと若手だらけのバカNo.1決定戦！～若手で一番頭がいいのは誰だ！一番バカなのは誰だ！～］[C]平成ノブシコブシ▼10・31（22：00）世界のCMフェスティバル▼11・1（10：30）／（14：00）［歌声喫茶ともしびin歌舞伎町］▼11・1（22：00）世界のCMフェスティバル▼11・2（11：00）ラテン文化との出会い〈ラテン祭〉ピエロと遊ぼう！▼11・2（15：00）伝統的なラテン音楽とダンス〈第一部〉▼11・2（19：00）伝統的なラテン音楽とダンス〈第二部〉▼11・2（22：30）フィルムコンサート The first page of the legend Peace&Smile Carnival [C]雅－miyavi－

【2009年（平成21年）】

▼1・17－1・18［先行上映］SS007 慰めの報酬08英、米[F]ソニー・ピクチャーズ[D]マーク・フォースター[C]ダニエル・クレイグ▼1・19－252 生存者あり（続映）▼1・24－007 慰めの報酬（通常興行）▼3・14－3・15VS映画は映画だ08韓国[F]ブロードメディア・スタジオ[D]チャン・フン[C]ソ・ジソプ▼3・16－3・19（10：30）SSチェ 28歳の革命08米、仏、西[F]ギャガ・コミュニケーションズ、日活[D]スティーヴン・ソダーバーグ[C]ベニチオ・デル・トロ▼3・16－3・19（13：20）VSチェ 39歳別れの手紙08米、仏、西[F]ギャガ・コミュニケーションズ、日活[D]スティーヴン・ソダーバーグ[C]ベニチオ・デル・トロ▼3・16－3・19（16：15）SSストリートファイター ザ・レジェンド・オブ・チュンリー09米[F]ギャガ・コミュニケーションズ[D]アンジェイ・バートコウィアク[C]クリスティン・クルック▼3・20－VS昴 スバル09日、中国、シンガポール、韓国[F]ワーナー[D]リー・チーガイ（李志毅）、谷桃子[C]黒木メイサ▼3・25（10：30）SSチェンジリング08米[F]東宝東和[D]クリント・イーストウッド[C]アンジェリーナ・ジョリー▼3・25（16：40）SSマンマ・ミーア！08米[F]東宝東和[D]フィリダ・ロイド[C]メリル・ストリープ▼3・26 007 慰めの報酬（続映）▼3・27（11：30）007 慰めの報酬（続映）▼3・27（16：30）チェ 28歳の革命（続映）▼3・27（19：30）チェ 39歳別れの手紙（続映）▼3・28－4・24SSウォッチメン09米[F]パラマウント[D]ザック・スナイダー[C]マリン・アッカーマン▼4・25－SSレイン・フォール 雨の牙08日[F]ソニー・ピクチャーズ[D]マックス・マニックス[C]椎名桔平▼5・9－SSスラムドッグ$ミリオネア08英、米[F]ギャガ・コミュニケーションズ[D]ダニー・ボイル[C]デヴ・パテル▼5・29－SSスター・トレック09米[F]パラマウント[D]J・J・エイブラムス[C]クリス・パイン▼6・13－SSターミネーター4 09米[F]ソニー・ピクチャーズ[D]マックG[C]クリスチャン・ベイル▼6・27－VSヱヴァンゲリヲン新劇場版：破09 [F]クロックワークス、カラー[D]庵野秀明、摩砂雪、鶴巻和哉[V]緒方恵美（アニメーション）▼9・12－VS TAJOMARU［タジョウマル］09 [F]ワーナー[D]中野裕之[C]小栗旬▼10・10－VSエスター09米[F]ワーナー[D]ジャウマ・コレット・セラ[C]ヴェラ・ファーミガ▼10・23 VS悪夢のエレベーター09 [F]日活[D]堀部圭亮[C]内野聖陽▼10・23（23：00）、10・24（23：00）世界のCMフェスティバル 2009 in Tokyo▼10・24－10・29SSきみがぼくを見つけた日09米[F]ワーナー[D]ロベルト・シュヴェンケ[C]ミシェル・ノルデン▼10・30 悪夢のエレベーター（続映）▼10・31－SSホワイトアウト09米[F]ワーナー[D]ドミニク・セナ[C]ケイト・ベッキンセイル▼11・14－VSマイケル・ジャクソン THIS IS IT 09米[F]ソニー・ピクチャーズ[D]ケニー・オルテガ[C]マイケル・ジャクソン（記録映画）▼11・21－1・14SS2012 09米[F]ソニー・ピクチャーズ[D]ローランド・エメリッヒ[C]ジョン・キューザック

【2010年（平成22年）】

▼1・15‐SSかいじゅうたちのいるところ09米[F]ワーナー[D]スパイク・ジョーンズ[C]マックス・レコーズ▼1・23‐3・11VS魔法少女リリカルなのは The MOVIE 1st 09 [F]アニプレックス[D]草川啓造[V]田村ゆかり（アニメーション）▼2・12‐VSバレンタインデー10米[F]ワーナー[D]ゲイリー・マーシャル[C]ジェシカ・アルバ▼3・6‐3・11（10：40‐2回）SSオーシャンズ09仏[F]ギャガ[D]ジャック・ペラン、ジャック・クルーゾ（記録映画）／（15：50‐3回）バレンタインデー（続映）▼3・12‐VSシャーロック・ホームズ09米[F]ワーナー[D]ガイ・リッチー[C]ロバート・ダウニー・Jr▼4・17‐VSアリス・イン・ワンダーランド10米[F]ウォルト・ディズニー・スタジオ・ジャパン[D]ティム・バートン[C]ミア・ワシコウスカ▼6・12‐SSアウトレイジ10 [F]ワーナー、オフィス北野[D]北野武[C]ビートたけし▼7・17‐SSエアベンダー10米[F]パラマウント[D]M・ナイト・シャマラン[C]ノア・リンガー▼8・21‐VSキャッツ&ドッグス 地球最大の肉球大戦争10米[F]ワーナー[D]ブラッド・ペイトン[C]クリス・オドネル▼9・11‐SSインセプション10米[F]ワーナー[D]クリストファー・ノーラン[C]レオナルド・ディカプリオ▼10・1‐SSガフールの伝説10米、豪[F]ワーナー[D]ザック・スナイダー[C]ジム・スタージェス▼10・16‐VSアバター 特別編10米[F] 20世紀ＦＯＸ[D]ジェームズ・キャメロン[C]サム・ワーシントン▼10・30‐11・5SSトワイライト―初恋―08米[F]アスミック・エース、角川エンタテインメント[D]キャサリン・ハードウィック[C]クリステン・スチュワート／SSトワイライトサーガ ニュームーン09米[F]アスミック・エース、角川エンタテインメント[D]クリス・ワイツ[C]クリステン・スチュワート▼11・6‐12・17SSエクリプス トワイライトサーガ10米[F]角川映画[D]デヴィッド・スレイド[C]クリステン・スチュワート▼11・19（22：30）、11・20（22：30）世界のＣＭフェスティバル 2010 in Tokyo▼12・18‐SSバーレスク10米[F]ソニー・ピクチャーズ[D]スティーヴン・アンティン[C]クリスティーナ・アギレラ

※「ミラノ１」「ミラノ２」「ミラノ３」と改称してからは三館で上映作品の入替が日によっておこなわれることがあった。新聞の上映広告や映画案内欄は１、２、３の表記がない「ミラノ」だけになり、後には映画案内欄への掲載がなくなった。これにより２０１１年（平成23年）より閉館までは興行状況が不明確なため上映記録を省略した。

【２０１４年（平成26年）】

◆11月21日「ミラノ１」から「ミラノ座」に改称

▼11・21（22：30）、11・22（22：30）さよなら新宿ミラノ座～世界のＣＭフェスティバル 2014 in Tokyo▼12・12（21：30）［東京ファンタ復活２０１４］SS死霊のはらわた13米[D]フェデ・アルバレス[C]ジェーン・レヴィ／VSエクステ13日[D]園子温[C]栗山千明／SS片腕ドラゴン72 香港[D]ジミー・ウォング（王羽）[C]ジミー・ウォング（王羽）

▼12・20‐12・31［新宿ミラノ座より愛をこめて～LAST SHOW～］入替制・５００円均一＝12・20（11：00）VSＥ．Ｔ．20周年記念特別版82 米[D]スティーヴン・スピルバーグ[C]ヘンリー・トーマス▼12・20（15：00）VS戦場のメリークリスマス83 日、英[D]大島渚[C]デヴィッド・ボウイ、坂本龍一▼12・20（19：00）SS荒野の七人60 米[D]ジョン・スタージェス[C]ユル・ブリンナー▼12・21（11：00）SSマトリックス99米[D]アンディ・ウォシャウスキー、ラリー・ウォシャウスキー[C]キアヌ・リーヴス▼12・21（15：00）VS新世紀エヴァンゲリオン劇場版 Ａｉｒ／まごころを、君に97日[D]庵野秀明[V]林原めぐみ（アニメーション）▼12・21（19：00）SSエグゼクティブ・デシジョン96米[D]スチュワート・ベアード[C]カート・ラッセル▼12・22（11：00）VS銀河鉄道９９９ 79 日[D]りんたろう[V]野沢雅子（アニメーション）▼12・22（15：00）VSさよなら銀河鉄道９９９‐アンドロメダ終着駅‐81 日[D]りんたろう[V]野沢雅子（アニメーション）▼12・22（19：00）SSアラビアのロレンス 完全版62 英[D]デヴィッド・リーン[C]ピーター・オトゥール▼12・23（11：00）VSセーラー服と機関銃81 日[D]相米慎二[C]薬師丸ひろ子▼12・23（15：00）VS時をかける少女83 日[D]大林宣彦[C]原田知世▼12・23（19：00）VS探偵物語83日[D]根岸吉太郎[C]薬師丸ひろ子▼12・24（11：00）VS男たちの挽歌86香港[D]ジョン・ウー（呉宇森）[C]チョウ・ユンファ（周潤發）▼12・24（15：00）VSエクソシスト ディレクターズ・カット版73 米[D]ウィリアム・フリードキン[C]マックス・フォン・シドー▼12・24（19：00）SSタワーリング・インフェルノ74 米[D]ジョン・ギラーミン[C]ポール・ニューマン▼12・25（11：00）SSポーラー・エクスプレス04米[D]ロバート・ゼメキス[C]トム・ハンクス▼12・25（15：00）戦場のメリークリスマス（再映）▼12・25（19：00）新世紀エヴァンゲリオン劇場版 Ａｉｒ／まごころを、君に（再映）

▼12・26（11：00）VS青いパパイヤの香り93仏、ベトナム[D]トラン・アン・ユン[C]トラン・ヌー・イェン・ケー▼12・26（15：00）SS仕立て屋の恋89仏[D]パトリス・ルコント[C]ミシェル・ブラン▼12・27（10：00）荒野の七人（再映）▼12・27（13：00）銀河鉄道999（再映）▼12・27（16：00）さよなら銀河鉄道999 アンドロメダ終着駅・（再映）▼12・27（19：00）アラビアのロレンス 完全版（再映）▼12・28（10：00）SSインファナル・アフェア02香港[D]アンドリュー・ラウ（劉偉強）、アラン・マック（麥兆輝）[C]アンディ・ラウ（劉徳華）▼12・28（13：00）SSインファナル・アフェア 無間序曲03香港、中国、シンガポール[D]アンドリュー・ラウ（劉偉強）、アラン・マック（麥兆輝）[C]エディソン・チャン（陳冠希）▼12・28（16：00）SSインファナル・アフェアⅢ 終極無間03香港[D]アンドリュー・ラウ（劉偉強）、アラン・マック（麥兆輝）[C]トニー・レオン（梁朝偉）▼12・28（19：00）SSディパーテッド06米[D]マーティン・スコセッシ[C]レオナルド・ディカプリオ▼12・29（10：00）VSハンニバル00米[D]リドリー・スコット[C]アンソニー・ホプキンス▼12・29（13：00）男たちの挽歌（再映）▼12・29（16：00）エクソシスト ディレクターズ・カット版（再映）▼12・29（19：00）VSスワロウテイル96日[D]岩井俊二[C]三上博史▼12・30（10：00）マトリックス（再映）▼12・30（13：00）青いパパイヤの香り（再映）▼12・30（16：00）新世紀エヴァンゲリオン劇場版 Air／まごころを、君に（再映）▼12・30（19：00）タワーリング・インフェルノ（再映）▼12・31（10：00）荒野の七人（再映）▼12・31（13：00）E.T. 20周年記念特別版（再映）

12月31日閉館

新宿ピカデリー 上映作品

【1962年（昭和37年）】 9月29日開館

▼9・29・SSミンクの手ざわり62米[F]ユニヴァーサル[D]デルバート・マン[C]ケイリー・グラント▼9・29・12・14迄、松竹セントラルと同番組（4・27・7・12を除く）▼11・22・VS死んでもいい62米、仏、ギリシャ[F]ユナイト[D]ジュールス・ダッシン[C]メリナ・メルクーリ▼12・22・70隊長ブーリバ62米[F]ユナイト[D]J・リー・トンプソン[C]ユル・ブリンナー

【1963年（昭和38年）】 ※東劇と同番組（4・27・7・12を除く）

▼4・27・70黄金の矢63伊[F]MGM[D]アントニオ・マルゲリーティ[C]ロッサナ・ポデスタ▼5・18・VS前進か死か62伊、西独、西[F]松竹映配[D]フランク・ヴィスバール[C]スチュワート・グレンジャー▼6・1・VS祖国は誰れのものぞ62伊[F]MGM[D]ナンニ・ロイ[C]レジーナ・ビアンキ▼6・22・7・12グレン・ミラー物語54米[F]ユニヴァーサル[D]アンソニー・マン[C]ジェームズ・スチュアート

【1964年（昭和39年）】 ※東劇と同番組

【1965年（昭和40年）】 ※東劇と同番組

【1966年（昭和41年）】 ※東劇と同番組（4・9・4・22を除く）

▼4・9・4・22 70ビッグトレイル65米[F]ユナイト[D]ジョン・スタージェス[C]バート・ランカスター

【1967年（昭和42年）】 ※東劇と同番組

【1968年（昭和43年）】 ※東劇と同番組（4・20・5・24を除く）

▼4・20・SS新・夕陽のガンマン 復讐の旅67伊[F]ユナイト[D]ジュリオ・ペトローニ[C]ジョン・フィリップ・ロー▼5・11・5・24パリのめぐり逢い67仏、伊[F]ユナイト[D]クロード・ルルーシュ[C]キャンディス・バーゲン

【1969年（昭和44年）】 ※東劇と同番組

【1970年（昭和45年）】 ※東劇と同番組

【1971年（昭和46年）】 ※東劇と同番組

【1972年（昭和47年）】 ※11・24迄、東劇と同番組

▼11・25・SS花と夕日とライフルと…風来坊70伊[F]ブエナビスタ[D]E・B・クラッチャー[C]テレンス・ヒル▼12・2・VS新・ガンヒルの決斗71米[F]CIC[D]ヘンリー・ハサウェイ[C]グレゴリー・ペック▼12・12・VS汚れた刑事《でか》70仏[F]日本ヘラルド[D]イヴ・ボワッセ[C]ミシェル・ブーケ▼12・23・SSザ・ビッグマン72伊[F]松竹映配[D]ミケーレ・ルーポ[C]カーク・ダグラス

【1973年（昭和48年）】

▼1・13・VS激突！72米[F]CIC[D]スティーヴン・スピルバーグ[C]デニス・ウィーバー▼2・10・VSスーパーフライ72米[F]ワーナー[D]ゴードン・パークス・ジュニア[C]ロン・オニール▼2・24・シェーン53米[F]CIC[D]ジョージ・スティーヴンス[C]アラン・ラッド▼3・17・SS大列車強盗72米[F]ワーナー[D]バート・ケネディ[C]ジョン・ウェイン▼4・7・VSハンマー

72米[F]ユナイト[D]ブルース・クラーク[C]フレッド・ウィリアムソン▼4・14‐SSワイルドバンチ69米[F]ワーナー[D]サム・ペキンパー[C]ウィリアム・ホールデン▼4・21‐VSおかしなおかしな大泥棒73米[F]ワーナー[D]バッド・ヨーキン[C]ライアン・オニール▼5・19‐VSワイルド・アパッチ72米[F]CIC[D]ロバート・アルドリッチ[C]バート・ランカスター▼6・2‐SS荒野のストレンジャー72米[F]CIC[D]クリント・イーストウッド[C]クリント・イーストウッド▼6・16‐VSラ・スクムーン72仏[F]NCC[D]ジョゼ・ジョヴァンニ[C]ジャン・ポール・ベルモンド▼6・23、6・30（22：20）［オールナイト］SS人間の条件（全篇上映）▼7・7‐7・27 SSブルー・ハワイ61米[F]松竹映配[D]ノーマン・タウログ[C]エルヴィス・プレスリー▼7・7、7・14、7・21（22：20）［オールナイト］SS人間の条件（全篇上映）▼7・28‐8・24 VSクレイジー・ボーイ 金メダル大作戦72仏[F]松竹[D]クロード・ジディ[C]ジャン・ギイ・フェシュネール▼7・28、8・4、8・11、8・18（22：20）［オールナイト］SS人間の条件（全篇上映）▼8・25‐SS爆走！72米[F]パラマウント、CIC[D]マイケル・タクナー[C]バリー・ニューマン▼8・25、9・1（22：20）［オールナイト］SS人間の条件（全篇上映）▼9・14‐VSシーラ号の謎73米[F]ワーナー[D]ハーバート・ロス[C]ジェームズ・コバーン▼9・29‐VS結婚の創造72西独[F]NCC[D]アレクシス・ネーフェ[C]ハイディ・マイエン▼10・13‐VSブラック・デカメロン72伊[F]富士映画[D]ピエロ・ヴィヴァレッリ[C]ベリル・カニンガム▼10・27‐SSビッグケーヒル73米[F]ワーナー[D]アンドリュー・V・マクラグレン[C]ジョン・ウェイン▼11・3‐11・22 70十戒56米[F]CIC[D]セシル・B・デミル[C]チャールトン・ヘストン▼11・10、11・17（各23：00）［オールナイト］SS若者たち67[P]俳優座、新星映画社[D]森川時久[C]田中邦衛／SS若者はゆく 続若者たち69[F]松竹[D]森川時久[C]田中邦衛／SS若者の旗70[F]［若者たち］全国上映委員会[D]森川時久[C]田中邦衛▼11・23‐12・10 VS黒い警察71伊[F]NCC[D]ステファノ・バンツィーナ[C]エンリコ・マリア・サレルノ▼11・24、12・1（各23：00）［オールナイト］若者たち／若者はゆく 続若者たち／若者の旗▼12・11‐12・21 SSダイナマイト諜報機関 クレオパトラ危機突破73米[F]ワーナー[D]ジャック・スターレット[C]タマラ・ドブソン▼12・21（18：00、20：00）［特別有料試写会］SS燃えよドラゴン73米、香港[F]ワーナー[D]ロバート・クローズ[C]ブルース・リー▼12・22‐5・31燃えよドラゴン（通常興行、上映期間161日）

【1974年（昭和49年）】

▼6・1‐SSマックQ73米[F]ワーナー[D]ジョン・スタージェス[C]ジョン・ウェイン▼6・22‐VS突破口！73米[F]ユニヴァーサル、CIC[D]ドン・シーゲル[C]ウォルター・マッソー▼7・5‐VSクレイジー・ボーイ 突撃大作戦73仏[F]富士映画[D]クロード・ジディ[C]ジャン・ギイ・フェシュネール▼7・13‐11・15 VSエクソシスト73米[F]ワーナー[D]ウィリアム・フリードキン[C]マックス・フォン・シドー（上映期間126日）▼11・9（22：30）SS人間の条件（全篇上映）59・61[F]松竹[D]小林正樹[C]仲代達矢▼11・16‐VSブリット68米[F]ワーナー[D]ピーター・イエーツ[C]スティーヴ・マックィーン▼11・16、11・23、11・30、12・7（各22：30）SS人間の条件（全篇上映）▼12・10‐VS死神の骨をしゃぶれ73伊[F]富士映画[D]エンツォ・G・カステラッリ[C]フランコ・ネロ▼12・21‐SSフリービーとビーン 大乱戦74米[F]ワーナー[D]リチャード・ラッシュ[C]アラン・アーキン

【1975年（昭和50年）】※3・1以降、丸の内ピカデリーと同番組（11・1、11・8のオールナイトなし）

▼1・15‐70ゴールド74英[F]松竹、富士映画[D]ピーター・ハント[C]ロジャー・ムーア▼2・15‐2・28 VS華麗なる復讐74伊[F]CIC[D]ミケーレ・ルーポ[C]リー・ヴァン・クリーフ

▼11・1、11・8、11・15、11・22、11・29（各22：30）［オールナイト］SS人間の条件（全篇上映）

【1976年（昭和51年）】※丸の内ピカデリーと同番組（8・28、9・4のオールナイトなし）

【1977年（昭和52年）】※丸の内ピカデリーと同番組

【1978年（昭和53年）】※丸の内ピカデリーと同番組

【1979年（昭和54年）】※丸の内ピカデリーと同番組

【1980年（昭和55年）】※丸の内ピカデリーと同番組

【1981年（昭和56年）】※丸の内ピカデリーと同番組

【1982年（昭和57年）】※丸の内ピカデリーと同番組

【1983年（昭和58年）】※丸の内ピカデリーと同番

組

【1984年（昭和59年）】※10・1迄、丸の内ピカデリーと同番組

▼7・28‐10・5 VSフットルース84米[F]パラマウント、CIC[D]ハーバート・ロス[C]ケヴィン・ベーコン▼10・6‐VSポリス・アカデミー84米[F]ワーナー[D]ヒュー・ウィルソン[C]スティーヴ・グッテンバーグ▼12・3‐12・7改装休館▼12・8‐70グレムリン84米[F]ワーナー[D]ジョー・ダンテ[C]ザック・ギャリガン

【1985年（昭和60年）】

▼2・2‐70アマデウス84米[F]松竹富士[D]ミロス・フォアマン[C]F・マーレイ・エイブラハム▼3・21‐SS砂の惑星84米[F]ユニヴァーサル、CIC[D]デヴィッド・リンチ[C]カイル・マクラクラン▼4・27‐VSシティヒート84米[F]ワーナー[D]リチャード・ベンジャミン[C]クリント・イーストウッド▼5・18‐アマデウス（再映）▼6・8‐VS刑事ジョン・ブック 目撃者85米[F]パラマウント、UIP[D]ピーター・ウィアー[C]ハリソン・フォード▼7・13‐VSポリス・アカデミー2 全員出動！85米[F]ワーナー[D]ジェリー・パリス[C]スティーヴ・グッテンバーグ▼8・31‐VSキリング・フィールド85英[F]ワーナー[D]ローランド・ジョフェ[C]サム・ウォーターストン▼10・10‐VS恋におちて84米[F]ユニヴァーサル[D]ウール・グロスバード[C]ロバート・デ・ニーロ／刑事ジョン・ブック 目撃者（再映）▼11・2‐VS食卓のない家85[F]松竹富士[D]小林正樹[C]仲代達矢▼11・23‐アマデウス（再映）▼12・14‐70コーラスライン85米[F]松竹富士[D]リチャード・アッテンボロー[C]マイケル・ブレヴィンス

【1986年（昭和61年）】

▼3・8‐70ヤング・シャーロック ピラミッドの謎85米[F]パラマウント、UIP[D]バリー・レヴィンソン[C]ニコラス・ロウ▼4・29‐VSホワイトナイツ 白夜85米[F]コロムビア[D]テイラー・ハックフォード[C]ミハイル・バリシニコフ▼6・7‐VS暴走機関車85米[F]松竹富士[D]アンドレイ・コンチャロフスキー[C]ジョン・ヴォイト▼7・12‐VSE．T．82米[F]ユニヴァーサル、CIC[D]スティーヴン・スピルバーグ[C]ヘンリー・トーマス▼8・9‐VSコブラ86米[F]ワーナー[D]ジョージ・P・コスマトス[C]シルヴェスター・スタローン▼10・18‐VSジェニファーの恋愛同盟86米[F]ワーナー[D]リンダ・フィファーマン[C]ジェニファー・コネリー／VS上海サプライズ86英[F]ワーナー[D]ジム・ゴダード[C]ショーン・ペン▼11・1‐VSポルターガイスト２86米[F]MGM、UIP[D]ブライアン・ギブソン[C]ジョベス・ウィリアムス▼12・20‐70キングコング２86米[F]松竹富士[D]ジョン・ギラーミン[C]リンダ・ハミルトン

【1987年（昭和62年）】7月4日より新宿ピカデリー1に館名変更

▼2・7‐VSモスキート・コースト86米[F]松竹富士[D]ピーター・ウィアー[C]ハリソン・フォード▼3・7‐SSスター・トレック４ 故郷《ふるさと》への長い道86米[F]パラマウント、UIP[D]レナード・ニモイ[C]ウィリアム・シャトナー▼4・18‐VSリトルショップ・オブ・ホラーズ86米[F]ワーナー[D]フランク・オズ[C]リック・モラニス▼5・16‐VSノー・マーシイ 非情の愛86米[F]コロムビア[D]リチャード・ピアース[C]リチャード・ギア▼6・13‐7・10 VS愛と栄光への日々 ライト・オブ・デイ86米[F]日本ヘラルド[D]ポール・シュレイダー[C]マイケル・J・フォックス▼7・4（21：20‐）［先行オールナイト］SSビバリーヒルズコップ２87米[F]パラマウント、UIP[D]トニー・スコット[C]エディ・マーフィ▼7・11‐ビバリーヒルズコップ２（通常興行）▼9・12‐VSこの愛の物語87[F]松竹富士[D]舛田利雄[C]中村雅俊▼10・17‐VSサルバドル 遙かなる日々86米[F]ワーナー[D]オリヴァー・ストーン[C]ジェームズ・ウッズ▼11・7‐VS夜霧のマンハッタン86米[F]ユニヴァーサル、UIP[D]アイヴァン・ライトマン[C]ロバート・レッドフォード／VS愛は静けさの中に86米[F]パラマウント、UIP[D]ランダ・ヘインズ[C]ウィリアム・ハート▼11・21‐12・11改装休館▼12・12‐70 ００７リビング・デイライツ87英[F]ユナイト、UIP[D]ジョン・グレン[C]ティモシー・ダルトン

【1988年（昭和63年）】

▼2・6‐VSビッグタウン87米[F]松竹富士[D]ベン・ボルト[C]マット・ディロン▼2・27‐70遠い夜明け87米[F]ユニヴァーサル、UIP[D]リチャード・アッテンボロー[C]デンゼル・ワシントン▼4・16‐VSダンサー87米[F]松竹富士[D]ハーバート・ロス[C]ミハイル・バリシニコフ▼5・21‐VSマスカレード 甘い罠87米[F]MGM、UIP[D]ボブ・スウェム[C]ロブ・ロウ▼6・25‐VSポルターガイスト３ 少女の霊に捧ぐ…88米[F]MGM、UI[D]ゲイリー・A・シャーマン[C]トム・スケリット▼7・16‐VSマリリンに逢いたい88[F]松竹富士[D]すずきじゅんいち[C]安田成美▼9・23‐SSダーティハリー５88米[F]ワーナー[D]バディ・ヴァン・

ホーン[C]クリント・イーストウッド▼11・3・VS再会の街 ブライトライツ・ビッグシティ88米[F]ユナイト、UIP[D]ジェームズ・ブリッジス[C]マイケル・J・フォックス▼12・10・VSビートルジュース88米[F]ワーナー[D]ティム・バートン[C]アレック・ボールドウィン

【1989年（昭和64年・平成元年）】

▼1・14・VS丹波哲郎の大霊界 死んだらどうなる89[F]松竹富士[D]丹波哲郎、石田照[C]丹波義隆▼1・28・VS最後の誘惑88米[F]ユニヴァーサル、UIP[D]マーティン・スコセッシ[C]ウィレム・デフォー▼3・11・VSミシシッピー・バーニング88米[F]オライオン、ワーナー[D]アラン・パーカー[C]ジーン・ハックマン▼4・22・5・19 VS熱き愛に時は流れて88米[F]ワーナー[D]テイラー・ハックフォード[C]ジェシカ・ラング▼5・13（21：40）［先行オールナイト］VSチャイルドプレイ88米[F]ユナイト、UIP[D]トム・ホランド[C]キャサリン・ヒックス▼5・20・チャイルドプレイ（通常興行）▼6・17・VS226 89[F]松竹富士[D]五社英雄[C]萩原健一▼8・19・VSペット・セメタリー89米[F]パラマウント、UIP[D]メアリー・ランバート[C]デイル・ミッドキフ▼9・23・VS危険な関係89米[F]ワーナー[D]スティーヴン・フリアーズ[C]グレン・クローズ▼10・10・風と共に去りぬ39米[F]MGM、UIP[D]ヴィクター・フレミング[C]ヴィヴィアン・リー▼11・3・SSビルとテッドの大冒険89米[F]松竹富士[D]スティーヴン・ヘレク[C]キアヌ・リーヴス▼11・25・SSゴーストバスターズ2 89米[F]コロムビア、トライスター[D]アイヴァン・ライトマン[C]ビル・マーレイ

【1990年（平成2年）】

▼2・10・SS俺たちは天使じゃない89米[F]ユニヴァーサル、UIP[D]ニール・ジョーダン[C]ロバート・デ・ニーロ▼3・10・VSミクロキッズ89米[F]タッチストーン、ワーナー[D]ジョー・ジョンストン[C]ニック・モラニス▼4・20・VS晩秋89米[F]ユニヴァーサル、UIP[D]ゲイリー・デイヴィッド・ゴールドバーグ[C]ジャック・レモン▼5・25・VS夢 90 [F]ワーナー[D]黒澤明[C]寺尾聰▼6・29・SSデイズ・オブ・サンダー90米[F]パラマウント、UIP[D]トニー・スコット[C]トム・クルーズ▼8・3・VSグレムリン2―新・種・誕・生―90米[F]ワーナー[D]ジョー・ダンテ[C]フィービー・ケイツ▼10・10・VSドン・サバティーニ90米[F]トライスター、コロムビア・トライスター[D]アンドリュー・バーグマン[C]マーロン・ブランド▼11・2・VSオペラ座の怪人89米[F]ヒューマックス、ギャガ・コミュニケーションズ[D]ドワイト・H・リトル[C]ロバート・イングランド▼11・23・VSQ&A 90米[F]日本ヘラルド[D]シドニー・ルメット[C]ニック・ノルティ▼12・14・SSネバーエンディング・ストーリー［第2章］90米、独[F]ワーナー[D]ジョージ・ミラー[C]ジョナサン・ブランディス

【1991年（平成3年）】

▼2・2・VS運命の逆転90米[F]松竹富士[D]バーベット・シュローダー[C]ジェレミー・アイアンズ▼3・8・VSアラクノフォビア90米[F]ワーナー[D]フランク・マーシャル[C]ジェフ・ダニエルズ▼4・5・6・6 VSレナードの朝90米[F]コロムビア・トライスター[D]ペニー・マーシャル[C]ロバート・デ・ニーロ▼6・1（22：00）［先行オールナイト］VS推定無罪90米[F]ワーナー[D]アラン・J・パクラ[C]ハリソン・フォード▼6・7・推定無罪（通常興行）▼7・26・VSグリーン・カード90米、仏、豪[F]タッチストーン、ワーナー[D]ピーター・ウィアー[C]ジェラール・ドパルデュー▼9・21・VS満月 MR. MOONLIGHT 91 [F]東映[P]松竹[D]大森一樹[C]時任三郎▼10・19・SSテルマ&ルイーズ91米[F]松竹富士[D]リドリー・スコット[C]スーザン・サランドン、ジーナ・デイヴィス▼11・16・VS私がウォシャウスキー91米[F]ワーナー[D]ジェフ・カニュー[C]キャスリーン・ターナー▼12・21・70ラスト・ボーイスカウト91米[F]ワーナー[D]トニー・スコット[C]ブルース・ウィリス

【1992年（平成4年）】

▼2・15・VSマージョリーの告白90米[F]アスキー[D]カール・ライナー[C]カースティ・アレイ▼3・7・VSマイ・ガール91米[F]コロムビア、コロムビア・トライスター[D]ハワード・ジーフ[C]ダン・エイクロイド▼5・2・VSビリー・バスゲイト91米[F]ワーナー[D]ロバート・ベントン[C]ダスティン・ホフマン▼6・6・SS氷の微笑92米[F]日本ヘラルド[D]ポール・バーホーベン[C]シャロン・ストーン▼8・1・70パトリオット・ゲーム92米[F]パラマウント、UIP[D]フィリップ・ノイス[C]ハリソン・フォード▼10・10・70 1492コロンブス92米[F]松竹富士、アスキー[D]リドリー・スコット[C]ジェラール・ドパルデュー▼11・21・SS遥かなる大地へ92米[F]ユニヴァーサル、UIP[D]ロン・ハワード[C]トム・クルーズ／パトリオット・ゲーム（再映）▼12・12・VSルビー・カイロ92米[F]ユナイト、松竹富士[D]グレイム・クリフォード[C]アンディ・マクドウェル

【1993年（平成5年）】

▼1・15・VSザ・プレイヤー92米🄵大映🄳ロバート・アルトマン🄲ティム・ロビンス▼2・13・VSナイト・アンド・ザ・シティ92米🄵松竹富士🄳アーウィン・ウィンクラー🄲ロバート・デ・ニーロ▼3・13・VSフォーエヴァー・ヤング 時を超えた告白92米🄵ワーナー🄳スティーヴ・マイナー🄲メル・ギブソン▼4・29・VSセント・オブ・ウーマン 夢の香り92米🄵ユニヴァーサル、UIP🄳マーティン・ブレスト🄲アル・パチーノ▼6・12・SSジャック・サマースビー93米🄵ワーナー🄳ジョン・アミエル🄲リチャード・ギア▼7・24・VSザ・ファーム 法律事務所93米🄵パラマウント、UIP🄳シドニー・ポラック🄲トム・クルーズ▼9・18・VSハリソン・フォード 逃亡者93米🄵ワーナー🄳アンドリュー・デイヴィス🄲ハリソン・フォード▼12・25・SS天と地92米🄵ワーナー🄳オリヴァー・ストーン🄲ヘップ・ティー・リー

【1994年（平成6年）】

▼2・11・SSパーフェクト ワールド93米🄵ワーナー🄳クリント・イーストウッド🄲ケヴィン・コスナー▼2・26・4・28VSマイ・ライフ93米🄵松竹富士🄳ブルース・ジョエル・ルービン🄲マイケル・キートン▼4・28（21：40）［前夜祭オールナイト］SSペリカン文書93米🄵ワーナー🄳アラン・J・パクラ🄲ジュリア・ロバーツ▼4・29・ペリカン文書（通常興行）▼6・25・VSRAMPO94🄵松竹、松竹富士🄳奥山和由🄲本木雅弘▼9・3・VS男が女を愛する時94米🄵ブエナビスタ🄳ルイス・マンドーキ🄲メグ・ライアン▼10・8・SS依頼人94米🄵ワーナー🄳ジョエル・シューマカー🄲スーザン・サランドン▼12・17・SS今そこにある危機94米🄵パラマウント、UIP🄳フィリップ・ノイス🄲ハリソン・フォード

【1995年（平成7年）】

▼2・25・SSディスクロージャー94米🄵ワーナー🄳バリー・レヴィンソン🄲マイケル・ダグラス▼4・22・SS激流94米🄵ユニヴァーサル、UIP🄳カーティス・ハンソン🄲メリル・ストリープ▼6・3・VS死と処女《おとめ》94米🄵UIP🄳ロマン・ポランスキー🄲シガニー・ウィーヴァー▼7・1・VS若草物語94米🄵コロムビア・トライスター🄳ジリアン・アームストロング🄲ウィノナ・ライダー▼7・22・SSアポロ13 95米🄵ユニヴァーサル、UIP🄳ロン・ハワード🄲トム・ハンクス▼10・21・VSコンゴ95米🄵パラマウント、UIP🄳フランク・マーシャル🄲ローラ・リニー▼11・23・SSスピーシーズ 種の起源95米🄵MGM、UIP🄳ロジャー・ドナルドソン🄲ベン・キングズレー▼12・23・VSサブリナ95米🄵パラマウント、UIP🄳シドニー・ポラック🄲ジュリア・オーモンド

【1996年（平成8年）】

▼2・10・VSキルトに綴る愛95米🄵ユニヴァーサル、UIP🄳ジョスリン・ムーアハウス🄲ウィノナ・ライダー▼3・9・VSベイブ95豪、米🄵ユニヴァーサル、UIP🄳クリス・ヌーナン🄲ジェームズ・クロムウェル▼3・23・VSトイ ストーリー95米🄵ブエナビスタ🄳ジョン・ラセター🅅トム・ハンクス（アニメーション）▼5・11・VSデンバーに死す時95米🄵松竹富士🄳ゲイリー・フレダー🄲アンディ・ガルシア▼6・1・SSサドン・デス95米🄵ユニヴァーサル、UIP🄳ピーター・ハイアムズ🄲ジャン・クロード・ヴァン・ダム▼6・29・VS12モンキーズ95米🄵松竹富士🄳テリー・ギリアム🄲ブルース・ウィリス▼8・24・9・6［サヨナラ渥美さん 寅さん特別上映会］▼8・24・8・30▽第1部（10：00）SS男はつらいよ69🄵松竹🄳山田洋次🄲渥美清、光本幸子／VS男はつらいよ 寅次郎ハイビスカスの花80🄵松竹🄳山田洋次🄲渥美清、浅丘ルリ子／SS男はつらいよ 知床慕情87🄵松竹🄳山田洋次🄲渥美清、竹下景子▽第2部（15：50）SS男はつらいよ 寅次郎恋歌71🄵松竹🄳山田洋次🄲渥美清、池内淳子／VS男はつらいよ 寅次郎夕焼け小焼け76🄵松竹🄳山田洋次🄲渥美清、太地喜和子／SS男はつらいよ 寅次郎紅の花95🄵松竹🄳山田洋次🄲渥美清、浅丘ルリ子▼8・31・9・6▽第1部（10：00）SS続 男はつらいよ69🄵松竹🄳山田洋次🄲渥美清、佐藤オリエ／SS男はつらいよ 口笛を吹く寅次郎83🄵松竹🄳山田洋次🄲渥美清、竹下景子／SS男はつらいよ 寅次郎の青春92🄵松竹🄳山田洋次🄲渥美清、後藤久美子▽第2部（15：50）SS男はつらいよ 望郷篇70🄵松竹🄳山田洋次🄲渥美清、長山藍子／SS男はつらいよ 柴又慕情72🄵松竹🄳山田洋次🄲渥美清、吉永小百合／SS男はつらいよ 寅次郎忘れな草73🄵松竹🄳山田洋次🄲渥美清、浅丘ルリ子▼9・7・9・13寅さん特別上映会▼9・14・SSティン・カップ96米🄵ワーナー🄳ロン・シェルトン🄲ケヴィン・コスナー▼11・23・VS大統領のクリスマスツリー96🄵松竹、松竹富士🄳奥山和由🄲羽田美智子▼12・28・SS評決のとき96米🄵日本ヘラルド🄳ジョエル・シューマカー🄲マシュー・マコノヒー

【1997年（平成9年）】
▼2・8・3・19 VSマイ・ルーム96米🄵松竹富士🄳ジェリー・ザックス🄲メリル・ストリープ▼3・15（21：50）［先行オールナイト］SSマーズ・アタック！96米🄵ワーナー🄳ティム・バートン🄲ジャック・ニコルソン▼3・20・マーズ・アタック！（通常興行）▼4・26・VSスペース・ジャム96米🄵ワーナー🄳ジョー・ピトカ🄲マイケル・ジョーダン▼5・17・VSマイケル96米🄵日本ヘラルド🄳ノーラ・エフロン🄲ジョン・トラヴォルタ▼5・24・SS目撃97米🄵ワーナー🄳クリント・イーストウッド🄲クリント・イーストウッド▼6・14・VSライアーライアー97米🄵ユニヴァーサル、UIP🄳トム・シャドヤック🄲ジム・キャリー▼7・12・SS乱気流 タービュランス97米🄵ギャガ・コミュニケーションズ、ヒューマックス🄳ロバート・バトラー🄲ローレン・ホリー▼8・2・VSバットマン&ロビン Mr.フリーズの逆襲97米🄵ワーナー🄳ジョエル・シューマカー🄲ジョージ・クルーニー▼9・13・SSコンタクト97米🄵ワーナー🄳ロバート・ゼメキス🄲ジョディ・フォスター▼10・25（22：05）［先行オールナイト］SS陰謀のセオリー97米🄵ワーナー🄳リチャード・ドナー🄲メル・ギブソン▼11・1陰謀のセオリー（通常興行）▼12・13・SSセブン・イヤーズ・イン・チベット97米🄵日本ヘラルド🄳ジャン・ジャック・アノー🄲ブラッド・ピット

【1998年（平成10年）】
▼2・28・VSコップランド97米🄵松竹富士🄳ジェームズ・マンゴールド🄲シルヴェスター・スタローン▼3・21・SSポストマン97米🄵ワーナー🄳ケヴィン・コスナー🄲ケヴィン・コスナー▼4・18・SSディアボロス 悪魔の扉97米🄵日本ヘラルド🄳テイラー・ハックフォード🄲キアヌ・リーヴス▼5・30・VSブルース・ブラザース2000 98米🄵ユニヴァーサル、UIP🄳ジョン・ランディス🄲ダン・エイクロイド▼6・13・VS追跡者98米🄵ワーナー🄳スチュアート・ベアード🄲トミー・リー・ジョーンズ▼6・27・SSレインメーカー97米🄵ギャガ・コミュニケーションズ、ヒューマックス🄳フランシス・フォード・コッポラ🄲マット・デイモン▼8・1・SSリーサル・ウエポン4 98米🄵ワーナー🄳リチャード・ドナー🄲メル・ギブソン▼9・12・SSシティ・オブ・エンジェル98米🄵ワーナー🄳ブラッド・シルバーリング🄲ニコラス・ケイジ▼11・14・VSトゥルーマン・ショー98米🄵パラマウント、UIP🄳ピーター・ウィアー🄲ジム・キャリー▼12・12（22：00）［先行オールナイト］VSジョー・ブラックをよろしく98米🄵ユニヴァーサル、UIP🄳マーティン・ブレスト🄲ブラッド・ピット▼12・19・ジョー・ブラックをよろしく（通常興行）

【1999年（平成11年）】
▼3・6・VSベイブ 都会へ行く98豪🄵ユニヴァーサル、UIP🄳ジョージ・ミラー🄲マグダ・ズバンスキー▼4・3・▽（10：00）VSウルトラマンティガ&ウルトラマンダイナ ウルトラマンガイア 超時空の大決戦99 🄵松竹🄳小中和哉🄲濱田岳／VSウルトラマンM78劇場 Love & Peace 99 🄵松竹🄳ときたひろこ🅅大谷育江（短編アニメーション）▽（18：30）ベイブ 都会へ行く（一回上映）▼4・10・SSグッドナイト・ムーン98米🄵コロムビア🄳クリス・コロンバス🄲ジュリア・ロバーツ▼5・15・SSプラクティカル・マジック98米🄵ワーナー🄳グリフィン・ダン🄲サンドラ・ブロック▼6・5・SS奇蹟の輝き98米🄵日本ヘラルド🄳ヴィンセント・ウォード🄲ロビン・ウィリアムズ▼7・3・VSお受験 OJUKEN 99 🄵松竹🄳滝田洋二郎🄲矢沢永吉▼7・17・VSホーホケキョ となりの山田くん99 🄵松竹、スタジオジブリ🄳高畑勲🅅朝丘雪路（アニメーション）▼9・4（21：30）［先行オールナイト］SSマトリックス99米🄵ワーナー🄳アンディ・ウォシャウスキー、ラリー・ウォシャウスキー🄲キアヌ・リーヴス▼9・4・SSノッティングヒルの恋人99米🄵ギャガ・コミュニケーションズ、ヒューマックス🄳ロジャー・ミッチェル🄲ジュリア・ロバーツ▼11・6・SS将軍の娘 エリザベス・キャンベル99米🄵パラマウント、UIP🄳サイモン・ウェスト🄲ジョン・トラヴォルタ▼12・11・SSジャンヌ・ダルク99米🄵ソニー・ピクチャーズ🄳リュック・ベッソン🄲ミラ・ジョヴォヴィッチ

【2000年（平成12年）】
▼2・11・VSストーリー・オブ・ラブ99米🄵ワーナー🄳ロブ・ライナー🄲ブルース・ウィリス▼3・4・SSダブル・ジョパディー99米🄵パラマウント、UIP🄳ブルース・ベレスフォード🄲トミー・リー・ジョーンズ▼3・25・（11：00〜二回）SS海の上のピアニスト99米、伊🄵アスミック・エース、日本ビクター🄳ジュゼッペ・トルナトーレ🄲ティム・ロス▼3・25・（17：00〜二回）ダブル・ジョパディー（続映）▼4・8・SSスリー・キングス99米🄵ワーナー🄳デヴィッド・O・ラッセル🄲ジョージ・クルーニー▼

4・29‐6・16 SSアメリカン ビューティー99米[F]UIP[D]サム・メンデス[C]ケヴィン・スペイシー▼6・10（21:30）［先行オールナイト］SSグラディエーター00米[F]UIP[D]リドリー・スコット[C]ラッセル・クロウ▼6・17‐グラディエーター（通常興行）▼8・5‐VSリプリー99米[F]松竹[D]アンソニー・ミンゲラ[C]マット・デイモン▼9・16‐VS未来日記00 [F]松竹[D]杉本達[C]鶴野太朗▼9・23‐SSキッド00米[F]ブエナビスタ[D]ジョン・タートルトーブ[C]ブルース・ウィリス▼11・3‐SSスペース カウボーイ00米[F]ワーナー[D]クリント・イーストウッド[C]クリント・イーストウッド▼12・16‐2・2 VS 13デイズ00米[F]日本ヘラルド[D]ロジャー・ドナルドソン[C]ケヴィン・コスナー

【2001年（平成13年）】

▼2・3‐3・6 VSペイ・フォワード［可能の王国］00米[F]ワーナー[D]ミミ・レダー[C]ケヴィン・スペイシー▼3・7‐3・23改装休館▼3・24 820席となってリニューアルオープン。以降はピカデリー1、2、3、4の四館で上映作品の入替が日によっておこなわれることがあった。新聞の上映広告や映画案内欄も1、2、3、4の表記がない「ピカデリー」だけになり、興行状況が不明確なため閉館までの上映記録を省略した。

【2006年（平成18年）】

5月14日、閉館。館内の上映作品＝『ナルニア国物語 第1章 ライオンと魔女』『子ぎつねヘレン』『デュエリスト』『小さき勇者たち ＧＡＭＥＲＡ』

新宿プラザ劇場 上映作品

【1969年（昭和44年）】 10月31日開館

▼10・31‐ Dウエスタン68伊、米[F]パラマウント[D]セルジオ・レオーネ[C]ヘンリー・フォンダ▼12・20‐ Dペンチャー・ワゴン69米[F]パラマウント[D]ジョシュア・ローガン[C]リー・マーヴィン

【1970年（昭和45年）】

▼1・31‐SS女王陛下の００７ 69英[F]ユナイト[D]ピーター・ハント[C]ジョージ・レーゼンビー▼2・28‐ D西部開拓史62米[F]MGM[D]ヘンリー・ハサウェイ、ジョン・フォード、ジョージ・マーシャル[C]キャロル・ベイカー▼4・4‐SSシシリアン69仏[F]20世紀FOX[D]アンリ・ヴェルヌイユ[C]ジャン・ギャバン▼5・30‐ Dクレオパトラ63米[F]20世紀FOX[D]ジョセフ・L・マンキウィッツ[C]エリザベス・テイラー▼6・27‐ Dパットン大戦車軍団70米[F]20世紀FOX[D]フランクリン・J・シャフナー[C]ジョージ・C・スコット▼8・1‐SS続 猿の惑星70米[F]20世紀FOX[D]テッド・ポスト[C]チャールトン・ヘストン▼9・25‐ Dトラ・トラ・トラ!70米、日[F]20世紀FOX[D]リチャード・フライシャー、舛田利雄、深作欣二[C]マーティン・バルサム、山村聡▼12・26‐ D戦略大作戦70米[F]MGM[D]ブライアン・G・ハットン[C]クリント・イーストウッド

【1971年（昭和46年）】

▼1・23‐VS仁義70仏[F]東和[D]ジャン・ピエール・メルヴィル[C]アラン・ドロン▼1・30‐VS ＴＨＥ ＢＯＤＹ70英[F]大映第一フィルム[D]ロイ・バタースビー（科学記録映画）▼2・13‐VSリオ・ロボ70米[F]東和[D]ハワード・ホークス[C]ジョン・ウェイン▼2・27‐ Dビッグトレイル65米[F]ユナイト[D]ジョン・スタージェス[C]バート・ランカスター▼3・20‐ D栄光への戦い70仏[F]東和[D]エリプランド・ビスコンティ[C]ジョン・フィリップ・ロー▼4・10‐VS夜の訪問者70仏[F]東和[D]テレンス・ヤング[C]チャールズ・ブロンソン▼5・15‐ D素晴らしきヒコーキ野郎65米[F]20世紀FOX[D]ケン・アナキン[C]ジェームズ・フォックス、石原裕次郎▼5・29‐ Dおかしな おかしな おかしな世界63米[F]ユナイト[D]スタンリー・クレイマー[C]スペンサー・トレイシー▼6・19‐VS追跡者70米[F]ユナイト[D]マイケル・ウィナー[C]バート・ランカスター▼7・3‐VS ００７／ゴールドフィンガー64英[F]ユナイト[D]ガイ・ハミルトン[C]ショーン・コネリー▼7・24‐SSウィズ・ジョー・コッカー70米[F]MGM[D]ピエール・アディジ[C]ジョー・コッカー（記録映画）▼7・31‐SS新 猿の惑星71米[F]20世紀FOX[D]ドン・テイラー[C]ロディ・マクドウォール▼9・4‐ Dアラビアのロレンス62英[F]コロムビア[D]デヴィッド・リーン[C]ピーター・オトゥール▼10・1‐ D栄光のル・マン71米[F]東和[D]リー・H・カッツィン[C]スティーヴ・マックィーン▼11・20‐SS１００万ドルの血斗71米[F]東和[D]ジョージ・シャーマン[C]ジョン・ウェイン▼12・4‐VS追撃のバラード71米[F]ユナイト[D]エドウィン・シーリン[C]バート・ランカスター▼12・18‐SS００７ダイヤモンドは永遠に71英[F]ユナイト[D]ガイ・ハミルトン[C]ショーン・コネリー

【1972年（昭和47年）】

▼2・26・VSフレンチ・コネクション71 米🄵 20世紀FOX🄳ウィリアム・フリードキン🄲ジーン・ハックマン▼4・8・VS黒いジャガー71 米🄵MGM🄳ゴードン・パークス🄲リチャード・ラウンドトゥリー▼4・22・VS黄金の7人 1+6 エロチカ大作戦71 伊🄵東和🄳マルコ・ヴィカリオ🄲ロッサナ・ポデスタ▼5・13・VSドク・ホリデイ71 米🄵ユナイト🄳フランク・ペリー🄲ステイシー・キーチ▼5・27・VS夜の大捜査線 霧のストレンジャー71 米🄵ユナイト🄳ドン・メドフォード🄲シドニー・ポワチエ▼6・10・SSホット・ロック71 米🄵 20世紀FOX🄳ピーター・イエーツ🄲ロバート・レッドフォード▼6・24・VSチャトズ・ランド72米、英、西🄵ユナイト🄳マイケル・ウィナー🄲チャールズ・ブロンソン▼7・15・Dゴッドファーザー72 米🄵パラマウント、CIC🄳フランシス・フォード・コッポラ🄲マーロン・ブランド（上映期間 203日）

【1973年（昭和48年）】

▼2・3・VSバラキ72 伊、米🄵日本ヘラルド🄳テレンス・ヤング🄲チャールズ・ブロンソン▼3・16・SSゲッタウェイ72 米🄵東和🄳サム・ペキンパー🄲スティーヴ・マックィーン▼5・5・Dポセイドン・アドベンチャー72 米🄵 20世紀FOX🄳ロナルド・ニーム🄲ジーン・ハックマン▼6・23・VSラストタンゴ・イン・パリ72 仏、伊🄵ユナイト🄳ベルナルド・ベルトルッチ🄲マーロン・ブランド▼7・14・VS007 死ぬのは奴らだ73 英🄵ユナイト🄳ガイ・ハミルトン🄲ロジャー・ムーア▼9・15・Dジャッカルの日73 英、仏🄵ユニヴァーサル、CIC🄳フレッド・ジンネマン🄲エドワード・フォックス▼11・1・VSビッグ・ガン73 伊、仏🄵東和🄳ドゥッチョ・テッサリ🄲アラン・ドロン▼12・8・VSスコルピオ72 米🄵ユナイト🄳マイケル・ウィナー🄲バート・ランカスター

【1974年（昭和49年）】

▼1・19・VSダラスの熱い日73 米🄵日本ヘラルド🄳デヴィッド・ミラー🄲バート・ランカスター▼3・16・Dパピヨン73 仏🄵東和🄳フランクリン・J・シャフナー🄲スティーヴ・マックィーン（上映期間147日）▼8・10・D未来惑星 ザルドス74 英🄵 20世紀FOX🄳ジョン・ブアマン🄲ショーン・コネリー▼9・7・VSヘルハウス73 米🄵 20世紀FOX🄳ジョン・ハウ🄲パメラ・フランクリン▼10・5・SSサンダーボルト74 米🄵ユナイト🄳マイケル・チミノ🄲クリント・イーストウッド▼11・2・VS狼よさらば74 米🄵コロムビア🄳マイケル・ウィナー🄲チャールズ・ブロンソン▼11・23・SSゴールデン・ボーイ 危機また危機73 伊🄵日本ヘラルド🄳ルチアーノ・エルコリ🄲ジュリアーノ・ジェンマ▼12・14・D大地震74 米🄵ユニヴァーサル、CIC🄳マーク・ロブソン🄲チャールトン・ヘストン（上映期間133日）

【1975年（昭和50年）】

▼4・26・VSゴッドファーザーPARTⅡ74 米🄵パラマウント、CIC🄳フランシス・フォード・コッポラ🄲アル・パチーノ▼7・26・Dローラーボール75 米🄵ユナイト🄳ノーマン・ジュイソン🄲ジェームズ・カーン▼9・6・VSフレンチ・コネクション2 75 米🄵 20世紀FOX🄳ジョン・フランケンハイマー🄲ジーン・ハックマン▼10・4・SS弾丸を噛め75 米🄵コロムビア🄳リチャード・ブルックス🄲ジーン・ハックマン▼10・25・VS怒りの日75 英🄵東宝東和🄳ドン・シャープ🄲ロッド・スタイガー▼11・15・VSブルーエンゼル75 米🄵東宝東和🄳ポール・マーロウ（記録映画）▼12・6・VS謎の完全殺人75 米🄵日本ヘラルド🄳レイモンド・ダントン🄲ジム・ハットン▼12・20・SS続 エマニエル夫人75 仏🄵日本ヘラルド🄳フランシス・ジャコベッティ🄲シルヴィア・クリステル

【1976年（昭和51年）】

▼2・14・SS軍用列車75 米🄵ユナイト🄳トム・グライス🄲チャールズ・ブロンソン▼3・13・VSO嬢の物語75 仏、西独🄵東宝東和🄳ジュスト・ジャカン🄲コリンヌ・クレリー▼4・24・SSキラー・エリート75 米🄵ユナイト🄳サム・ペキンパー🄲ジェームズ・カーン▼5・8・SS荒野の七人60 米🄵ユナイト🄳ジョン・スタージェス🄲ユル・ブリンナー▼5・29・SSスカイ・ハイ75 香港、豪🄵東宝東和🄳ブライアン・トレンチャード・スミス🄲ジミー・ウォング（王羽）▼6・19・VSオスロ国際空港 ダブル・ハイジャック74 英🄵 20世紀FOX🄳キャスパー・リード🄲ショーン・コネリー▼7・3・SSミッドウェイ76 米🄵ユニヴァーサル、CIC🄳ジャック・スマイト🄲ヘンリー・フォンダ▼9・11・VSミズーリ・ブレイク76 米🄵ユナイト🄳アーサー・ペン🄲マーロン・ブランド▼10・2・SSオーメン76 米🄵 20世紀FOX🄳リチャード・ドナー🄲グレゴリー・ペック▼12・18・SSキングコング76 米🄵東宝東和🄳ジョン・ギラーミン🄲ジェシ

カ・ラング

【1977年（昭和52年）】

▼2・26・SSクラッシュ！76 米[F]日本ヘラルド[D]チャールズ・バンド[C]ホセ・ファーラー▼3・19・SSパニック イン スタジアム76 米[F]ユニヴァーサル、CIC[D]ラリー・ピアース[C]チャールトン・ヘストン▼4・23・VS友よ静かに死ね76 仏[F]東宝東和[D]ジャック・ドレー[C]アラン・ドロン▼4・29・VS大陸横断超特急76 米[F] 20世紀FOX[D]アーサー・ヒラー[C]ジーン・ワイルダー▼5・21・VS合衆国最後の日77 米、西独[F]日本ヘラルド[D]ロバート・アルドリッチ[C]バート・ランカスター▼6・11・SSテンタクルズ77 伊[F]日本ヘラルド[D]オリヴァー・ヘルマン[C]ジョン・ヒューストン／ザ・スーパーカー これがその全貌だ！ 伊[F]日本ヘラルド（短編記録映画・第一回目のみ併映）▼7・16・70ジェット・ローラー・コースター77 米[F]ユニヴァーサル、CIC[D]ジェームズ・ゴールドストーン[C]ジョージ・シーガル▼8・13・SS鷲は舞いおりた76 英[F]東宝東和[D]ジョン・スタージェス[C]マイケル・ケイン▼9・10・CS史上最大の作戦62 米[F]東宝東和[D]ケン・アナキン、ベルンハルト・ヴィッキ、アンドリュー・マートン[C]ヘンリー・フォンダ▼10・8・SS人間の証明77 [F]東映[P]角川春樹事務所[D]佐藤純彌[C]岡田茉莉子▼12・10・SS007 私を愛したスパイ77 英[F]ユナイト[D]ルイス・ギルバート[C]ロジャー・ムーア

【1978年（昭和53年）】

▼2・25・70未知との遭遇77 米[F]コロムビア[D]スティーヴン・スピルバーグ[C]リチャード・ドレイファス（上映期間119日）▼6・24・Dスター・ウォーズ77 米[F] 20世紀FOX[D]ジョージ・ルーカス[C]マーク・ハミル（上映期間105日）▼10・7・SS野性の証明78 [F]日本ヘラルド、東映[P]角川春樹事務所[D]佐藤純彌[C]高倉健▼12・16・Dグリース78 米[F]パラマウント、CIC[D]ランダル・クレイザー[C]ジョン・トラヴォルタ

【1979年（昭和54年）】

▼2・10・SSナバロンの嵐78 英[F]コロムビア[D]ガイ・ハミルトン[C]ロバート・ショウ▼3・10・VSゾンビ77 米、伊[F]日本ヘラルド[D]ジョージ・A・ロメロ[C]デイヴィッド・エンゲ▼4・21・VSアニマル・ハウス78 米[F]パラマウント、CIC[D]ジョン・ランディス[C]ジョン・ベルーシ▼5・26・SS Mr．BOO！インベーダー作戦78 香港[F]東宝東和[D]マイケル・ホイ（許冠文）[C]マイケル・ホイ▼6・16・SSアバランチ エクスプレス79 米[F]日本ヘラルド[D]マーク・ロブソン[C]ロバート・ショウ▼7・7・VSラスト・シューティスト76 米[F]東宝東和[D]ドン・シーゲル[C]ジョン・ウェイン▼7・21・Dエイリアン79 米[F] 20世紀FOX[D]リドリー・スコット[C]シガニー・ウィーヴァー▼9・15・SSチャイナ・シンドローム79 米[F]コロムビア[D]ジェームズ・ブリッジス[C]ジェーン・フォンダ▼10・13・SSドラキュラ79 米[F]ユニヴァーサル、CIC[D]ジョン・バダム[C]フランク・ランジェラ▼10・27・70 2001年宇宙の旅68 米[F]MGM、CIC[D]スタンリー・キューブリック[C]ケア・デュリア▼11・3・VSファンタズム79 米[F]東宝東和[D]ドン・コスカレリ[C]マイケル・ボールドウィン▼12・8・SS007 ムーンレイカー79 英[F]ユナイト[D]ルイス・ギルバート[C]ロジャー・ムーア

【1980年（昭和55年）】

▼2・16・［ロッキー・フェスティバル］VSロッキー76 米[F]ユナイト[D]ジョン・G・アヴィルドセン[C]シルヴェスター・スタローン／VSロッキー2 78 米[F]ユナイト[D]シルヴェスター・スタローン[C]シルヴェスター・スタローン▼3・1・SSテン79 米[F]ワーナー[D]ブレイク・エドワーズ[C]ダドリー・ムーア▼3・15・D地獄の黙示録79 米[F]日本ヘラルド[D]フランシス・フォード・コッポラ[C]マーロン・ブランド▼5・31・SSザ・フォッグ80 米[F]日本ヘラルド[D]ジョン・カーペンター[C]エイドリアン・バーボー▼6・28・Dスター・ウォーズ 帝国の逆襲80 米[F] 20世紀FOX[D]アーヴィン・カーシュナー[C]マーク・ハミル▼9・20・SS未知との遭遇 特別編80 米[F]コロムビア[D]スティーヴン・スピルバーグ[C]リチャード・ドレイファス▼10・25・VSカリギュラ79 米、伊[F]日本ヘラルド[D]ティント・ブラス[C]マルコム・マクダウェル▼12・6・SSレイズ・ザ・タイタニック80 米、英[F]東宝東和[D]ジェリー・ジェームソン[C]ジェイソン・ロバーズ

【1981年（昭和56年）】

▼1・24・VSピラミッド80 英、米[F]東宝東和[D]マイク・ニューウェル[C]チャールトン・ヘストン▼2・21・SSフラッシュ・ゴードン80 米[F] 20世紀FOX[D]マイク・ホッジス[C]サム・ジョーンズ▼3・28・VS戦争の犬たち80 米[F]ユナイト[D]ジョン・アーヴィン[C]クリストファー・ウォーケン▼4・18・SSスフィンクス80 米[F]ワーナー[D]フランクリン・J・シャフナー

🄲レスリー・アン・ダウン▼5・23・SSエレファント・マン80米、英🄵東宝東和🄳デヴィッド・リンチ🄲ジョン・ハート▼7・4・SS007 ユア・アイズ・オンリー80英、米🄵ユナイト🄳ジョン・グレン🄲ロジャー・ムーア▼9・5・アメリカン・バイオレンス81日、米🄵東宝東和🄳シェルドン・レナン（記録映画）▼10・3・VS悪霊島80🄵東映、日本ヘラルド🄿角川春樹事務所🄳篠田正浩🄲鹿賀丈史▼12・5・Dレイダース 失われた聖櫃《アーク》81米🄵パラマウント、CIC🄳スティーヴン・スピルバーグ🄲ハリソン・フォード

【1982年（昭和57年）】

▼2・11・SSミラクル・ワールド ブッシュマン81南アフリカ🄵東宝東和🄳ジャミー・ユイス🄲ニカウ▼4・17・SSドラゴンロード82香港🄵東宝東和🄳ジャッキー・チェン（成龍）🄲ジャッキー・チェン▼5・15・VSヘルナイト81米🄵東宝東和🄳トム・デ・シモーン🄲リンダ・ブレア▼6・12・SSボーダー81米🄵ユニヴァーサル、CIC🄳トニー・リチャードソン🄲ジャック・ニコルソン▼6・26・SSエレファント・マン80米、英🄵東宝東和🄳デヴィッド・リンチ🄲ジョン・ハート▼7・10・VSメガフォース82米🄵東宝東和🄳ハル・ニーダム🄲バリー・ボストウィック▼8・14・VS炎のランナー81英🄵20世紀FOX🄳ヒュー・ハドソン🄲ベン・クロス▼9・15・VS未完の対局82🄵東宝🄳佐藤純彌、段吉順🄲三國連太郎▼11・3・SS少林寺82香港🄵東宝東和🄳チャン・シンイエン（張鑫炎）🄲リー・リンチェイ（李連杰）▼12・18・SSランボー82米🄵東宝東和🄳テッド・コッチェフ🄲シルヴェスター・スタローン

【1983年（昭和58年）】

▼2・11・SSバトルトラック82米、ニュージーランド🄵東宝東和🄳ハーレー・コックリス🄲マイケル・ベック▼3・12・VS幻魔大戦83🄵東宝東和🄿角川春樹事務所🄳りんたろう🅅古谷徹（アニメーション）▼4・29・VSプロ野球を10倍楽しく見る方法83🄵東宝東和🄳芝山努、鈴木清🅅みのもんた（アニメーション）▼6・11・VSシャドー82伊🄵日本ヘラルド🄳ダリオ・アルジェント🄲アンソニー・フランシオーサ▼7・2・Dスター・ウォーズ ジェダイの復讐83米🄵20世紀FOX🄳リチャード・マーカンド🄲マーク・ハミル▼10・1・SSブルーサンダー83米🄵コロムビア🄳ジョン・バダム🄲ロイ・シャイダー▼11・19・SS2001年宇宙の旅68米、英🄵MGM、CIC🄳スタンリー・キューブリック🄲ケア・デュリア▼12・10・VS里見八犬伝83🄵東映🄿角川春樹事務所🄳深作欣二🄲薬師丸ひろ子

【1984年（昭和59年）】

▼2・11・SS水滸伝83中国🄵日本ヘラルド🄳エディ・マ（馬成）🄲チ・ウェイフー（穆懐虎）▼3・17・VSさよならジュピター84🄵東宝🄳橋本幸治🄲三浦友和▼4・14・70ブレインストーム83米🄵MGM、ユナイト、CIC🄳ダグラス・トランブル🄲クリストファー・ウォーケン▼4・28・SSスカーフェイス83米🄵ユニヴァーサル、CIC🄳ブライアン・デ・パルマ🄲アル・パチーノ▼6・2・VSビッグウェイブ84米、日🄵日本ヘラルド🄳ウォルター・マルコネリー（記録映画）▼7・7・70インディ・ジョーンズ 魔宮の伝説84米🄵パラマウント、CIC🄳スティーヴン・スピルバーグ🄲ハリソン・フォード▼10・6・VSワンス・アポン・ア・タイム・イン・アメリカ84米🄵東宝東和🄳セルジオ・レオーネ🄲ロバート・デ・ニーロ▼12・2・VSゴーストバスターズ84米🄵コロムビア🄳アイヴァン・ライトマン🄲ビル・マーレイ（上映期間104日）

【1985年（昭和60年）】

▼3・16・SSネバーエンディング・ストーリー84西独、米🄵東宝東和🄳ウォルフガング・ペーターゼン🄲バレット・オリヴァー▼4・27・VS CHECKERS in TAN TANたぬき85🄵東宝🄳川島透🄲チェッカーズ▼5・25・VSターミネーター84米🄵オライオン、ワーナー🄳ジェームズ・キャメロン🄲アーノルド・シュワルツェネッガー▼7・6・SS007 美しき獲物たち85英🄵MGM、ユナイト、UIP🄳ジョン・グレン🄲ロジャー・ムーア▼9・14・VS早春物語85🄵東宝、角川春樹事務所🄳澤井信一郎🄲原田知世／VS二代目はクリスチャン85🄵東宝、角川春樹事務所🄳井筒和幸🄲志穂美悦子▼10・25・11・1改装休館▼11・2・SSフライトナイト85米🄵コロムビア🄳トム・ホランド🄲クリス・サランドン▼12・7・70バック・トゥ・ザ・フューチャー85米🄵ユニヴァーサル、UIP🄳ロバート・ゼメキス🄲マイケル・J・フォックス

【1986年（昭和61年）】

▼2・8・VSコマンドー85米🄵20世紀FOX🄳マーク・L・レスター🄲アーノルド・シュワルツェネッガー▼3・21・SS阿羅漢《あらはん》86香港、中国🄵東宝東和🄳ラウ・カーリョン（劉家良）🄲リー・リンチェイ（李連杰）▼3・8・SS愛と哀しみの果て85米🄵ユニヴァーサ

ル、UIP[D]シドニー・ポラック[C]メリル・ストリープ▼4・26・VSデモンズ85伊東宝東和[D]ランベルト・バーヴァ[C]ナターシャ・ホーヴェイ▼5・24・SS第5惑星85米、西独[F]20世紀FOX[D]ヴォルフガング・ペーターゼン[C]デニス・クエイド▼6・14・VSザ・ショックス 世界の目撃者86[F]東宝東和[D]内田建太郎[C]ナレーション：熊倉一雄、矢島正明（記録映画）▼7・12・VS子猫物語86[F]東宝[D]畑正憲、市川崑[C]ナレーション：小泉今日子、露木茂▼9・6・70エイリアン2 86米[F]20世紀FOX[D]ジェームズ・キャメロン[C]シガニー・ウィーヴァー▼10・18・VSベスト・キッド2 86米[F]コロムビア[D]ジョン・G・アヴィルドセン[C]ラルフ・マッチオ▼12・6・70トップガン86米[F]パラマウント、UIP[D]トニー・スコット[C]トム・クルーズ

【1987年（昭和62年）】

▼2・14・SSオーバー・ザ・トップ87米[F]東宝東和[D]メナヘム・ゴーラン[C]シルヴェスター・スタローン▼4・18・SSミッション86英[F]日本ヘラルド[D]ローランド・ジョフェ[C]ロバート・デ・ニーロ▼5・16・VSダブルボーダー87米[F]東宝東和[D]ウォルター・ヒル[C]ニック・ノルティ▼6・6・VS愛と青春の旅だち82米[F]パラマウント、CIC[D]テイラー・ハックフォード[C]リチャード・ギア／70トップガン86米[F]パラマウント、UIP[D]トニー・スコット[C]トム・クルーズ▼6・27・VSプレデター87米[F]20世紀FOX[D]ジョン・マクティアナン[C]アーノルド・シュワルツェネッガー▼8・8・SSジョーズ'87復讐篇87米[F]ユニヴァーサル、UIP[D]ジョセフ・サージェント[C]マイケル・ケイン▼9・12・VSハンバーガー・ヒル87米[F]日本ヘラルド[D]ジョン・アーヴィン[C]アンソニー・バリル▼10・3・70アンタッチャブル87米[F]パラマウント、UIP[D]ブライアン・デ・パルマ[C]ケヴィン・コスナー▼12・25・VSニューヨーク東8番街の奇跡87米[F]ユニヴァーサル、UIP[D]マシュー・ロビンス[C]ジェシカ・タンディ

【1988年（昭和63年）】

▼2・11・70ロボコップ87米[F]ワーナー[D]ポール・バーホーベン[C]ピーター・ウェラー▼3・26・VS赤ちゃんはトップレディがお好き87米[F]ユナイト、UIP[D]チャールズ・シャイアー[C]ダイアン・キートン▼4・29・VSブロードキャスト・ニュース87米[F]20世紀FOX[D]ジェームズ・L・ブルックス[C]ウィリアム・ハート▼5・21・VSウォール街87米[F]20世紀FOX[D]オリヴァー・ストーン[C]マイケル・ダグラス▼6・11・SSランボー3 怒りのアフガン88米[F]東宝東和[D]ピーター・マクドナルド[C]シルヴェスター・スタローン▼8・20・70グレート・ブルー88仏、伊[F]20世紀FOX[D]リュック・ベッソン[C]ロザンナ・アークェット▼8・27・VS敦煌88[F]東宝[P]大映、電通[D]佐藤純彌[C]佐藤浩市▼9・17・VSシュワルツェネッガー レッドブル88米[F]東宝東和[D]ウォルター・ヒル[C]アーノルド・シュワルツェネッガー▼10・29・SSタッカー88米[F]東宝東和[D]フランシス・フォード・コッポラ[C]ジェフ・ブリッジス▼12・3・70ロジャー・ラビット88米[F]ワーナー[D]ロバート・ゼメキス[C]ボブ・ホスキンス

【1989年（昭和64年、平成元年）】

▼2・4・70ダイ・ハード88米[F]20世紀FOX[D]ジョン・マクティアナン[C]ブルース・ウィリス▼3・25・VSカクテル88米[F]タッチストーン、ワーナー[D]ロジャー・ドナルドソン[C]トム・クルーズ▼6・3・VSキャノンボール 新しき挑戦者たち89カナダ[F]東宝東和[D]ジム・ドレイク[C]メロディ・アンダーソン▼7・8・70インディ・ジョーンズ 最後の聖戦89米[F]パラマウント、UIP[D]スティーヴン・スピルバーグ[C]ハリソン・フォード▼9・30・70 007 消されたライセンス89英、米[F]ユナイト、UIP[D]ジョン・グレン[C]ティモシー・ダルトン▼12・9・VSバック・トゥ・ザ・フューチャー PART2 89米[F]ユニヴァーサル、UIP[D]ロバート・ゼメキス[C]マイケル・J・フォックス（上映期間118日）

【1990年（平成2年）】

▼4・6・70オールウェイズ89米[F]ユニヴァーサル、UIP[D]スティーヴン・スピルバーグ[C]リチャード・ドレイファス▼5・12・VSドライビング MISS デイジー89米[F]東宝東和[D]ブルース・ベレスフォード[C]ジェシカ・タンディ▼5・18・VSローズ家の戦争89米[F]20世紀FOX[D]ダニー・デヴィート[C]マイケル・ダグラス▼7・6・VSバック・トゥ・ザ・フューチャー PART3 90米[F]ユニヴァーサル、UIP[D]ロバート・ゼメキス[C]マイケル・J・フォックス▼10・19・VS48時間PART2 帰って来たふたり90米[F]パラマウント、UIP[D]ウォルター・ヒル[C]エディ・マーフィ、ニック・ノルティ▼12・1・VSトータル・リコール90米[F]東宝東和[D]ポール・バーホーベン[C]アーノルド・シュワルツェネッガー

【1991年（平成3年）】
▼2・16-SSエア・アメリカ90米[F]東宝東和[D]ロジャー・スポティスウッド[C]メル・ギブソン▼3・8-70ゴッドファーザー PARTⅢ90米[F]パラマウント、UIP[D]フランシス・フォード・コッポラ[C]アル・パチーノ▼5・18-SSダンス・ウィズ・ウルブズ90米[F]東宝東和[D]ケヴィン・コスナー[C]ケヴィン・コスナー▼7・6-70バックドラフト91米[F]ユニヴァーサル、UIP[D]ロン・ハワード[C]カート・ラッセル▼8・24-SSターミネーター2 91米[F]パイオニアLDC、東宝東和[D]ジェームズ・キャメロン[C]アーノルド・シュワルツェネッガー（上映期間119日）▼12・21-SSケープ・フィアー91米[F]ユニヴァーサル、UIP[D]マーティン・スコセッシ[C]ロバート・デ・ニーロ

【1992年（平成4年）】
▼2・8-VS愛と死の間で91米[F]パラマウント、UIP[D]ケネス・ブラナー[C]ケネス・ブラナー▼3・14-VSサウス・キャロライナ 愛と追憶の彼方91米[F]コロムビア、トライスター[D]バーブラ・ストライサンド[C]ニック・ノルティ▼4・11-SS嵐の中で輝いて92米[F] 20世紀FOX[D]デイヴィッド・セルツァー[C]マイケル・ダグラス▼5・9-VS愛人 ラ・マン92仏、英[F]日本ヘラルド[D]ジャン・ジャック・アノー[C]ジェーン・マーチ▼5・16-VSミンボーの女92 [F]東宝[D]伊丹十三[C]宮本信子▼6・20-70フック91米[F]コロムビア、トライスター[D]スティーヴン・スピルバーグ[C]ロビン・ウィリアムズ▼8・22-70エイリアン3 92米[F] 20世紀FOX[D]デイヴィッド・フィンチャー[C]シガニー・ウィーヴァー▼10・24-SSチンギス・ハーン92モンゴル[F]東宝東和[D]ベグズィン・バルジンニャム[C]アグワンツェレーギン・エンフタイワン▼11・14-SSユニバーサル・ソルジャー92米[F]東宝東和[D]ローランド・エメリッヒ[C]ジャン・クロード・ヴァン・ダム▼12・19-VSドラキュラ92米[F]コロムビア、トライスター[D]フランシス・フォード・コッポラ[C]ゲイリー・オールドマン

【1993年（平成5年）】
▼2・20-SSア・フュー・グッドメン92米[F]コロムビア、トライスター[D]ロブ・ライナー[C]トム・クルーズ▼4・17-VSロボコップ3 93米[F]コロムビア、トライスター[D]フレッド・デッカー[C]ロバート・バーク▼5・22-VS幸福の条件93米[F]ユニヴァーサル、UIP[D]エイドリアン・ライン[C]ロバート・レッドフォード▼7・17-VSジュラシック・パーク93米[F]ユニヴァーサル、UIP[D]スティーヴン・スピルバーグ[C]サム・ニール（上映期間140日）▼12・4-70クリフハンガー93米[F]東宝東和[D]レニー・ハーリン[C]シルヴェスター・スタローン

【1994年（平成6年）】
▼3・12-SS三銃士93米[F]ブエナビスタ[D]スティーブン・ヘレク[C]クリス・オドネル▼4・9-SSミセス・ダウト93米[F] 20世紀FOX[D]クリス・コロンバス[C]ロビン・ウィリアムズ▼6・11-VSメジャーリーグ2 94米[F]東宝東和[D]デイヴィッド・S・ウォード[C]チャーリー・シーン▼7・23-VSライオン・キング94米[F]ブエナビスタ[D]ロジャー・アレーズ、ロブ・ミンコフ（アニメーション）▼9・10-SSトゥルーライズ94米[F]日本ヘラルド[D]ジェームズ・キャメロン[C]アーノルド・シュワルツェネッガー▼12・3-SSスピード94米[F] 20世紀FOX[D]ヤン・デ・ボン[C]キアヌ・リーヴス

【1995年（平成7年）】
▼3・11-SSフォレスト・ガンプ 一期一会94米[F]パラマウント、UIP[D]ロバート・ゼメキス[C]トム・ハンクス▼7・1-SSダイ・ハード3 95米[F] 20世紀FOX[D]ジョン・マクティアナン[C]ブルース・ウィリス（上映期間101日）▼10・10-SSクリムゾン・タイド95米[F]ブエナビスタ[D]トニー・スコット[C]デンゼル・ワシントン▼12・16-SS007 ゴールデンアイ95英、米[F]ユナイト、UIP[D]マーティン・キャンベル[C]ピアース・ブロスナン

【1996年（平成8年）】
▼2・10-SSアメリカン・プレジデント95米[F]ユニヴァーサル、UIP[D]ロブ・ライナー[C]マイケル・ダグラス▼3・16-SSブロークン・アロー96米[F] 20世紀FOX[D]ジョン・ウー[C]クリスチャン・スレーター▼4・27-SS陽のあたる教室95米[F]日本ヘラルド[D]スティーブン・ヘレク[C]リチャード・ドレイファス▼5・18-VSアンカーウーマン96米[F]東宝東和[D]ジョン・アヴネット[C]ロバート・レッドフォード▼7・6-SSツイスター96米[F]ユニヴァーサル、UIP[D]ヤン・デ・ボン[C]ヘレン・ハント▼9・14-SSザ・ロック96米[F]ブエナビスタ[D]マイケル・ベイ[C]ニコラス・ケイジ▼11・2-VS戦火の勇気96米[F] 20世紀FOX[D]エドワード・ズウィック[C]メグ・ライアン▼12・7-SSインデペンデンス・デイ96米[F] 20世紀FOX[D]ローランド・エメリッヒ[C]ウィル・スミス（上

映期間120日）

【1997年（平成9年）】

▼4・5・SSデビル97米[F]ソニー・ピクチャーズ[D]アラン・J・パクラ[C]ハリソン・フォード▼5・17・7・11 VSザ・エージェント96米[F]ソニー・ピクチャーズ[D]キャメロン・クロウ[C]トム・クルーズ▼6・28（22:00）［特別オールナイト］VSロスト・ワールド ジュラシック・パーク93米[F]ユニヴァーサル、UIP[D]スティーヴン・スピルバーグ[C]サム・ニール▼7・12・ロスト・ワールド ジュラシック・パーク（通常興行）▼10・18・VSボルケーノ97米[F]20世紀FOX[D]ミック・ジャクソン[C]トミー・リー・ジョーンズ▼11・29・12・19 SSエアフォース・ワン97米[F]ブエナビスタ[D]ウォルフガング・ペーターゼン[C]ハリソン・フォード▼12・6（22:20）［ワールドプレミア・オールナイト］SSタイタニック97米[F]20世紀FOX[D]ジェームズ・キャメロン[C]レオナルド・ディカプリオ▼12・20・タイタニック（通常興行、上映期間126日）

【1998年（平成10年）】

▼4・25・SSエイリアン4 97米[F]20世紀FOX[D]ジャン・ピエール・ジュネ[C]シガニー・ウィーヴァー▼7・11・SS GODZILLA ゴジラ98米[F]東宝[D]ローランド・エメリッヒ[C]マシュー・ブロデリック▼9・5・SSフラッド98米[F]東宝東和[D]ミカエル・サロモン[C]クリスチャン・スレーター▼9・26・VSプライベート・ライアン98米[F]UIP[D]スティーヴン・スピルバーグ[C]トム・ハンクス▼12・12・SSアルマゲドン98米[F]ブエナビスタ[D]マイケル・ベイ[C]ブルース・ウィリス（上映期間126日）

【1999年（平成11年）】

▼4・17・SSエネミー・オブ・アメリカ98米[F]ブエナビスタ[D]トニー・スコット[C]ウィル・スミス▼5・15・SSペイバック98米[F]日本ヘラルド[D]ブライアン・ヘルゲランド[C]メル・ギブソン▼6・19・SSハムナプトラ 失われた砂漠の都98米[F]ユニヴァーサル、UIP[D]スティーヴン・ソマーズ[C]ブレンダン・フレイザー▼7・10・SSスター・ウォーズ エピソード1 ファントム・メナス99米[F]20世紀FOX[D]ジョージ・ルーカス[C]ユアン・マクレガー（上映期間112日）▼10・30・VSシックス・センス99米[F]東宝東和[D]M・ナイト・シャマラン[C]ブルース・ウィリス▼12・25・SSエンド・オブ・デイズ99米[F]東宝東和、ギャガ、ヒューマックス[D]ピーター・ハイアムズ[C]アーノルド・シュワルツェネッガー

【2000年（平成12年）】

▼2・5・SSアンナと王様99米[F]20世紀FOX[D]アンディ・テナント[C]ジョディ・フォスター▼2・26・VSスリーピー・ホロウ99米[F]日本ヘラルド[D]ティム・バートン[C]ジョニー・デップ▼3・25・VSグリーンマイル99米[F]ギャガ、ヒューマックス[D]フランク・ダラボン[C]トム・ハンクス▼5・27・SSミッション トゥ・マーズ00米[F]ブエナビスタ[D]ブライアン・デ・パルマ[C]ゲイリー・シニーズ▼6・24・VSザ・ハリケーン99米[F]ギャガ、ヒューマックス、東宝東和[D]ノーマン・ジュイソン[C]デンゼル・ワシントン▼7・8・SS M:i-2 00米[F]パラマウント、UIP[D]ジョン・ウー[C]トム・クルーズ▼10・7・SS X-MEN 00米[F]20世紀FOX[D]ブライアン・シンガー[C]ヒュー・ジャックマン▼11・11・SSチャーリーズ エンジェル00米[F]ソニー・ピクチャーズ[D]マックG[C]キャメロン・ディアス▼12・9・SSホワット・ライズ・ビニース00米[F]20世紀FOX[D]ロバート・ゼメキス[C]ハリソン・フォード

【2001年（平成13年）】

▼1・27・VSハート・オブ・ウーマン00米[F]ギャガ、東宝東和[D]ナンシー・マイヤーズ[C]メル・ギブソン▼2・24・VSキャスト アウェイ00米[F]UIP[D]ロバート・ゼメキス[C]トム・ハンクス▼4・21・SSザ・メキシカン01米[F]ギャガ、ヒューマックス[D]ゴア・ヴァービンスキー[C]ブラッド・ピット▼6・9・SSハムナプトラ2 黄金のピラミッド01米[F]UIP[D]スティーヴン・ソマーズ[C]ブレンダン・フレイザー▼8・4・VSジュラシック・パークIII 01米[F]UIP[D]ジョー・ジョンストン[C]サム・ニール▼9・15・VSファイナルファンタジー01米、日[F]ギャガ、ヒューマックス[D]坂口博信[V]ミン・ナ（CGアニメーション）▼10・6・SSトゥームレイダー01米[F]東宝東和[D]サイモン・ウェスト[C]アンジェリーナ・ジョリー▼11・3・VSエボリューション01米[F]ソニー・ピクチャーズ[D]アイヴァン・ライトマン[C]デヴィッド・ドゥカヴニー▼11・23・SSポワゾン01米[F]ギャガ[D]マイケル・クリストファー[C]アントニオ・バンデラス▼12・15・SSスパイ・ゲーム01米[F]東宝東和[D]トニー・スコット[C]ロバート・レッドフォード

【2002年（平成14年）】

▼2・2・SS地獄の黙示録 特別完全版01米[F]日本ヘラルド[D]フランシス・フォード・コッポラ[C]マーロン・

ブランド▼3・2・SSアメリカン・スウィートハート01米🄵東宝東和🄳ジョー・ロス🄲ジュリア・ロバーツ▼3・30・SSブラックホーク・ダウン01米🄵東宝東和🄳リドリー・スコット🄲ジョシュ・ハートネット▼5・11・VSスパイダーマン02米🄵ソニー・ピクチャーズ🄳サム・ライミ🄲トビー・マグワイア▼6・22・7・12 SSワンス・アンド・フォーエバー02米🄵ギャガ、ヒューマックス🄳ランダル・ウォレス🄲メル・ギブソン▼7・6（21：30）［先行オールナイト］SSスター・ウォーズ エピソード2 クローンの攻撃02米🄵 20世紀FOX🄳ジョージ・ルーカス🄲ユアン・マクレガー▼7・13・スター・ウォーズ エピソード2 クローンの攻撃（通常興行）▼10・5・SSロード・トゥ・パーディション02米🄵 20世紀FOX🄳サム・メンデス🄲トム・ハンクス▼11・23・VSジョンQ 最後の決断02米🄵ギャガ、ヒューマックス🄳ニック・カサヴェテス🄲デンゼル・ワシントン▼12・7・SSマイノリティ・リポート02米🄵 20世紀FOX🄳スティーヴン・スピルバーグ🄲トム・クルーズ

【2003年（平成15年）】

▼2・15・VS戦場のピアニスト02仏、ポーランド🄵アミューズピクチャーズ🄳ロマン・ポランスキー🄲エイドリアン・ブロディ▼3・21・VSキャッチ・ミー・イフ・ユー・キャン02米🄵UIP🄳スティーヴン・スピルバーグ🄲レオナルド・ディカプリオ▼5・3・SS X-MEN2 03米🄵 20世紀FOX🄳ブライアン・シンガー🄲ヒュー・ジャックマン▼6・7・SSザ・コア03米🄵ギャガ、ヒューマックス🄳ジョン・アミエル🄲アーロン・エッカート▼7・12・SSターミネーター3 03米🄵東宝東和🄳ジョナサン・モストウ🄲アーノルド・シュワルツェネッガー▼9・20・SSトゥームレイダー2 03米🄵東宝東和🄳ヤン・デ・ボン🄲アンジェリーナ・ジョリー▼10・25・SSティアーズ・オブ・ザ・サン03米🄵ブエナビスタ🄳アントワン・フークア🄲ブルース・ウィリス▼11・29・SSバッドボーイズ2バッド03米🄵ソニー・ピクチャーズ🄳マイケル・ベイ🄲マーティン・ローレンス

【2004年（平成16年）】

▼1・17・SSタイムライン03米🄵ギャガ、ヒューマックス🄳リチャード・ドナー🄲ポール・ウォーカー▼2・28・SSマスター・アンド・コマンダー03米🄵ブエナビスタ🄳ピーター・ウィアー🄲ラッセル・クロウ▼4・24・SSホーンテッド・マンション03米🄵ブエナビスタ🄳ロブ・ミンコフ🄲エディ・マーフィ▼6・5・7・9 SSデイ・アフター・トゥモロー04米🄵 20世紀FOX🄳ローランド・エメリッヒ🄲デニス・クエイド▼7・3（19：00）［先行上映］SSスパイダーマン2 04米🄵ソニー・ピクチャーズ🄳サム・ライミ🄲トビー・マグワイア▼7・10・9・17 スパイダーマン2（通常興行）▼9・11（19：00）［先行オールナイト］SSアイ，ロボット04米🄵 20世紀FOX🄳アレックス・プロヤス🄲ウィル・スミス▼9・18・アイ，ロボット（通常興行）▼10・30・SSコラテラル04米🄵UIP🄳マイケル・マン🄲トム・クルーズ▼12・18・VSターミナル04米🄵UIP🄳スティーヴン・スピルバーグ🄲トム・ハンクス

【2005年（平成17年）】

▼2・11・SSボーン・スプレマシー04米🄵UIP🄳ポール・グリーングラス🄲マット・デイモン▼3・19・SSブリジット・ジョーンズの日記 きれそうなわたしの12か月04米🄵UIP🄳ビーバン・キドロン🄲レニー・ゼルウィガー▼4・23・VS Shall we Dance? シャル・ウィ・ダンス？04米🄵ギャガ、ヒューマックス🄳ピーター・チェルソム🄲リチャード・ギア▼5・14・SSキングダム・オブ・ヘブン05米🄵 20世紀FOX🄳リドリー・スコット🄲オーランド・ブルーム▼6・29・VS宇宙戦争05米🄵UIP🄳スティーヴン・スピルバーグ🄲トム・クルーズ▼7・9・SSスター・ウォーズ エピソード3 シスの復讐05米🄵 20世紀FOX🄳ジョージ・ルーカス🄲ユアン・マクレガー▼10・8・SSステルス05米🄵ソニー・ピクチャーズ🄳ロブ・コーエン🄲ジョシュ・ルーカス▼11・12・VSエリザベスタウン05米🄵UIP🄳キャメロン・クロウ🄲オーランド・ブルーム▼12・3・SS Mr. & Mrs. スミス05米🄵東宝東和🄳ダグ・リーマン🄲ブラッド・ピット▼12・17・SSキング・コング05米🄵UIP🄳ピーター・ジャクソン🄲ナオミ・ワッツ

【2006年（平成18年）】

▼2・11・SSジャーヘッド05米🄵UIP🄳サム・メンデス🄲ジェイク・ギレンホール▼3・11・SSイーオン・フラックス05米🄵ギャガ🄳カリン・クサマ🄲シャーリーズ・セロン▼4・15・VS連理の枝06韓国🄵東芝エンタテインメント🄳キム・ソンジュン🄲チェ・ジウ▼5・20・SSダ・ヴィンチ・コード06米🄵ソニー・ピクチャーズ🄳ロン・ハワード🄲トム・ハンクス▼7・8・SS M：i：Ⅲ 06米🄵UIP🄳J・J・エイブラムス🄲トム・クルーズ▼9・2・SSマイアミ・

バイス06米🄵UIP🄳マイケル・マン🄲コリン・ファレル▼10・7・VSワールド・トレード・センター06米🄵UIP🄳オリヴァー・ストーン🄲ニコラス・ケイジ▼11・24・12・15改装休館▼12・16・SSエラゴン 遺志を継ぐ者06米🄵 20世紀FOX🄳ステファン・ファングマイヤー🄲エドワード・スペリーアス

【2007年（平成19年）】

▼2・10・3・16 VS守護神06米🄵ブエナビスタ🄳アンドリュー・デイヴィス🄲ケヴィン・コスナー▼3・3・3・16（16：30・）SS幸せのちから06米🄵ソニー・ピクチャーズ🄳ガブリエレ・ムッチーノ🄲ウィル・スミス▼3・16（20：00）［前夜祭］SSデジャヴ06米🄵ブエナビスタ🄳トニー・スコット🄲デンゼル・ワシントン▼3・17・デジャヴ（通常興行）▼4・21・SSハンニバル・ライジング07英、仏、伊、米、チェコ🄵東宝東和🄳ピーター・ウェーバー🄲ギャスパー・ウリエル▼5・1・SSスパイダーマン3 07米🄵ソニー・ピクチャーズ🄳サム・ライミ🄲トビー・マグワイア▼6・29・SSダイ・ハード4．0 07米🄵 20世紀FOX🄳レン・ワイズマン🄲ブルース・ウィリス▼8・4・SSトランスフォーマー07米🄵UIP🄳マイケル・ベイ🄲シャイア・ラブーフ▼9・21・SSファンタスティック4《フォー》銀河の危機07米🄵 20世紀FOX🄳ティム・ストーリー🄲ジェシカ・アルバ▼10・20・SSグッド・シェパード06米🄵東宝東和🄳ロバート・デ・ニーロ🄲マット・デイモン▼11・10・SSボーン・アルティメイタム07米🄵東宝東和🄳ポール・グリーングラス🄲マット・デイモン▼12・21・SSナショナル・トレジャー2 リンカーン暗殺者の日記07米🄵ディズニー🄳ジョン・タートルトーブ🄲ニコラス・ケイジ

【2008年（平成20年）】

▼2・1・VSアメリカン・ギャングスター07米、英🄵東宝東和🄳リドリー・スコット🄲デンゼル・ワシントン▼3・7・SSジャンパー08米、カナダ🄵 20世紀FOX🄳ダグ・リーマン🄲ヘイデン・クリステンセン▼4・18・SS大いなる陰謀07米🄵 20世紀FOX🄳ロバート・レッドフォード🄲メリル・ストリープ▼5・17・6・20 VSチャーリー・ウィルソンズ・ウォー07米🄵東宝東和🄳マイク・ニコルズ🄲トム・ハンクス▼6・14・6・15（13：55）［先行上映］SSインディ・ジョーンズ クリスタル・スカルの王国08米🄵パラマウント🄳スティーヴン・スピルバーグ🄲ハリソン・フォード▼6・21・インディ・ジョーンズ クリスタル・スカルの王国（通常興行）▼8・16・SSハムナプトラ3 呪われた皇帝の秘宝08米🄵東宝東和🄳ロブ・コーエン🄲ブレンダン・フレイザー▼9・20・10・31 SSウォンテッド08米🄵東宝東和🄳ティムール・ベクマンベトフ🄲アンジェリーナ・ジョリー

▼11・1・11・7［新宿プラザ劇場ラストショー（1000円均一）］11・1 SSベン・ハー59米🄳ウィリアム・ワイラー🄲チャールトン・ヘストン▼11・2 SS 2001年宇宙の旅68米、英🄳スタンリー・キューブリック🄲ケア・デュリア▼11・3 VSゴッドファーザー72米🄳フランシス・フォード・コッポラ🄲マーロン・ブランド▼11・4（入替制）VSゴッドファーザー PARTⅡ74米🄳フランシス・フォード・コッポラ🄲アル・パチーノ／18：40・VSゴッドファーザー PARTⅢ90米🄳フランシス・フォード・コッポラ🄲アル・パチーノ▼11・5 SSトップガン86米🄳トニー・スコット🄲トム・クルーズ▼11・6 SSサウンド・オブ・ミュージック65米🄳ロバート・ワイズ🄲ジュリー・アンドリュース▼11・7 SSタイタニック97米🄳ジェームズ・キャメロン🄲レオナルド・ディカプリオ

11月7日をもって閉館

日本劇場（日劇） 上映作品

12月24日、開場

【1933年（昭和8年）】

▼12・24 開場式▼12・25［非常時小国民大会］ブラウンの爆裂珍艦隊33米🄿ワーナー🄳ロイド・ベーコン🄲ジョー・E・ブラウン▼12・26 無名戦士31仏🄵東和商事🄳ストリジェフスキー🄲イワン・モジューヒン／ボートの8人娘32独🄵東和商事🄳エリッヒ・ワシュネック🄲カリン・ハルト／非常時日本33🄿大阪毎日新聞社、監修：紀俊秀（記録映画）▼12・27 素晴らしき人生33米🄿FOX🄳アルフレッド・ワーカー🄲ラウル・ロウリン／戦争と母性33米🄿FOX🄳ジョン・フォード🄲ヘザー・エンジェル／非常時日本（続映）▼12・28 紅唇罪あり33米🄿ワーナー🄳アルフレッド・E・グリーン🄲バーバラ・スタンウィック／戦線の嵐33米🄿ワーナー🄳ロイ・デル・ルース🄲レスリー・ハワード／非常時日本（続映）▼12・29・12・30休館（新春興行準備のため）▼12・31・ゴールド・ディガース33米🄿ワーナー🄳マーヴィン・ルロイ🄲ジョーン・ブロンデル／大帝國行進曲（カヴァルケード）33米🄿FOX🄳フランク・ロイド🄲クライヴ・ブルッ

ク／実演『踊る1934年』🄲川畑文子他50名

【1934年（昭和9年）】 9月1日より日活封切館となる

▼1・13- 街の灯31米🄿ユナイト🄳チャールズ・チャップリン🄲チャールズ・チャップリン 解説：徳川夢声、山野一郎▼1・20- ブラウンの爆裂珍艦隊33米🄿ファーストナショナル🄳ロイド・ベーコン🄲ジョー・E・ブラウン／街の灯（続映）▼1・27- 素晴らしき人生33米🄿FOX🄳アルフレッド・ワーカー🄲ラウル・ロウリエン／只野凡児34 🄵東和商事🄿PCL🄳木村荘十二🄲藤原釜足／街の灯（続映）▼2・3- 只野凡児（続映）／街の灯（続映）▼2・10- 輝く日本31米🄿FOX 撮影：エリアル・ヴァージス、編集：松井真二、柴田喜治野、筒井潔（記録映画）／戦争と母性33米🄿FOX🄳ジョン・フォード🄲ヘンリエッタ・クロスマン／実演『さくら音頭』🄲日劇少女歌劇団▼2・17- 餓ゆるアメリカ33米🄿ワーナー（ファーストナショナル）🄳ウィリアム・A・ウェルマン🄲ロレッタ・ヤング／輝く日本（続映）／実演『さくら音頭』（続演）▼2・22- 戦線の嵐33米🄿ワーナー（ファーストナショナル）🄳ロイ・デル・ルース🄲レスリー・ハワード／輝く日本（続映）／実演『さくら音頭』（続演）▼2・26 皇國の榮34 🄿文部省（記録映画）▼3・1- カイロの一夜33米🄿MGM🄳サム・ウッド🄲マーナ・ロイ／娘々祭《ニャンニャンマツリ》🄿満鉄映画班（サウンド版）／日劇トーキーニュース 奉祝満洲帝国御大典／朝日ユニヴァーサルニュース 三月一日に於ける御盛儀の実況／実演『マーカス・ショオ』（米国レヴュー団）▼3・8- 東亜ノ暁34🄿日満映画社🄳井手錦之助🄲南光明（サウンド版）／朝日ユニヴァーサルニュース／実演『マーカス・ショオ』（続演）▼3・15- フェリスコジェニー32米🄿ワーナー（ファーストナショナル）🄳ウィリアム・A・ウェルマン🄲ルース・チャタートン／ニュース／実演『マーカス・ショオ』（続演）、『日米さくら音頭』▼3・22- 女性二重奏33米🄿ワーナー🄳ロイド・ベーコン🄲ケイ・フランシス／朝日ニュース／神技北畠兼高（記録映画）／実演『マーカス・ショオ』『日米さくら音頭』（続演）▼3・29- 假面の男33米🄿ユナイト🄳リチャード・ウォーレス🄲ロナルド・コールマン／ニュース／実演『マーカス・ショオ／さよなら日本』▼4・3- ボートの8人娘32独🄵東和商事🄿トビス🄳エリッヒ・ワシュネック🄲カリン・ハルト／ニュース／実演『マーカス・ショオ／さよなら日本』（続演）▼4・12- 相寄る魂33米🄿ワーナー🄳アーチ・メイヨ🄲バーバラ・スタンウィック／実演『マーカス・ショオ』（続演）▼4・16- フットライト・パレード33米🄿ワーナー🄳ロイド・ベーコン🄲ジェームス・キャグニー／相寄る魂（続映）／実演『靴屋の夢』（コミックオペラ）▼4・19- 恩讐33米🄿コロムビア🄳アルバート・S・ロージェル🄲ジャック・ホルト／フットライト・パレード（続映）／実演『靴屋の夢』（続演）▼4・26- 沓界の屋根を行く33米🄵千鳥興業🄿RKO🄳ウォルター・フッター（記録映画）／地獄の市長33米🄿ワーナー🄳アーチー・L・メイヨ🄲ジェームス・キャグニー／実演『江口・宮 新舞踊公演』▼5・3-5・9 一日だけの淑女33米🄿コロムビア🄳フランク・キャプラ🄲メイ・ロブソン／ケンネル殺人事件33米🄿ワーナー🄳マイケル・カーティス🄲ウィリアム・パウエル／実演『南歐の舞姫 カルメンチタ嬢來朝公演』▼5・5 休場（労働争議のため）▼5・10- 居酒屋33仏🄵内外商事🄿GFFA🄳ガストン・ルーデス🄲リーヌ・ノロ／失踪者三万人33米🄿ファーストナショナル🄳ロイ・デル・ルース🄲ベティ・デイヴィス▼5・17（12：00）・5・18-19（9：30）［有料試写会］忠臣蔵 刃傷篇 復讐篇34🄿日活🄳伊丹万作、伊藤大輔、尾崎純🄲大河内傳次郎▼5・20- 忠臣蔵（通常興行）▼5・27- 世界は還る33米🄿ファーストナショナル🄳マーヴィン・ルロイ🄲ポール・ムニ／（5・27のみ併映）此の一戦33🄿朝日新聞社 編集：鈴木重吉（記録映画）／実演『インターナショナル・オール・スター・ショウ』▼6・3- 東への道（サウンド版）20米🄵大同商事映画社🄿D・W・グリフィス・プロ🄳D・W・グリフィス🄲リリアン・ギッシュ／此の一戦（再映）／在りし日の東郷元帥▼6・5 休場（東郷元帥国葬のため）▼6・6-東郷元帥国葬の実況🄿朝日新聞社（朝日新聞ニュース）／東への道（続映）▼6・14- 大号令34🄿大都映画🄳吉村操（記録映画）／スター惱殺33米🄿ワーナー🄳ロイ・デル・ルース🄲ジェームス・キャグニー／実演『躍進ニッポン』🄲日劇少女歌劇団▼6・21- 昨日33米🄿ユニヴァーサル🄳ジョン・M・スタール🄲マーガレット・サラヴァン／大号令（続映）／実演『罪の子』🄲曾我廼家五九郎一座▼6・28- 鏡の前の接吻33米🄿ユニヴァーサル🄳ジェームス・ホエール🄲ナンシー・キャロル／家なき少年群 33米🄿ワーナー🄳ウィリアム・ウェルマン🄲フランキー・ダーロー／実

演『罪の子』（続演）▼7・5・君國の爲に34🄿赤沢キネマ🄳赤沢大助🄲静香八郎（サウンド版）／異人種の争闘34米🄿ファーストナショナル🄳アラン・クロスランド🄲リチャード・バーセルメス／実演『各流舞踊花形大會』▼7・12・青い部屋33米🄿ユニヴァーサル🄳クルト・ノイマン🄲グロリア・ステュアート／恐怖の夜33米🄿コロムビア🄳ベンジャミン・ストロフ🄲ベラ・ルゴシ／実演『納涼音頭』🄲日劇少女歌劇団▼7・19一時閉館、九月一日より日活直営で再開▼9・1・愛憎峠（サウンド版）34🄿日活🄳溝口健二🄲山田五十鈴／唄祭三度笠34🄿日活🄳伊藤大輔🄲大河内傳次郎▼9・14・黒猫34米🄿ユニヴァーサル🄳エドガー・G・ウルマー🄲ボリス・カーロフ／勝鬨34🄿千恵蔵プロ🄳小石栄一🄲片岡千惠蔵／実演『あかつきの妹』🄲星ひかる▼9・21・生ける人形33独🄿FOX🄳ローランド・V・リー🄲リリアン・ハーヴェイ／槍供養34🄿日活🄳辻吉朗🄲尾上菊太郎／（9・23より）日活ニュース 関西大風害の惨状▼9・28・ベラリンバ🄵千鳥興業 監修：古賀忠道🄲メルヴィン・クーンツ／剛ちゃんの人生日記34🄿日活🄳大谷俊夫🄲村田宏寿／漫画＝島の娘🄵日活、大夜會🄵コロムビア、狼退治🄵コロムビア、夏空🄵コロムビア、夢の中のお城、人生のゴーストップ🄵ワーナー（寸劇）、女天國（レヴュー映画）／実演『テナ・モンダ・ショウ サヨナラ東京』🄲大辻司郎▼10・4・佐渡情話34🄿日活🄳池田富保🄲尾上菊太郎／花嫁日記34🄿日活🄳渡辺邦男🄲市川春代／美しの吉岡先生34🄿日活🄳大谷俊夫、伊賀山正徳🄲大原雅子▼10・11・佐渡情話（続映）／花嫁日記（続映）／実演『われ若し宰相なりせば』🄲小川隆とその一党▼10・17・天保忠臣蔵34🄿千恵蔵プロ🄳稲垣浩🄲片岡千惠蔵／藝者三代記 明治篇・大正篇・昭和篇（サウンド版）34🄿日活🄳千葉泰樹、田口哲、大谷俊夫🄲絹川京子、黒田記代、水久保澄子／実演『國定忠治』🄲小川隆▼10・25・ブラウンのサーカス34米🄿ファーストナショナル🄳レイ・エンライト🄲ジョー・E・ブラウン／有閑火遊び34米🄿ワーナー🄳ロイ・デル・ルース🄲メアリー・アスター▼11・1・水戸黄門 來國次の巻34🄿日活🄳荒井良平🄲大河内傳次郎（説明：澤田秀水、林秀峰）／花嫁寝台列車34🄿日活🄳清瀬英次郎🄲杉狂児／鄕土と民謡・東北篇／新婚・ホテル（漫画）／朝日世界ニュース▼11・8・巖頭の處女34🄿日活🄳熊谷久虎🄲水久保澄子／水戸黄門（続映）／花嫁寝台列車（続映）▼11・15・お艶殺し34🄿日活🄳辻吉朗🄲黒田記代／女一代（サウンド版）34🄿日活🄳渡辺邦男🄲絹川京子／忍術火の玉小僧 江戸の巻34🄿日活🄳田中与志（発声漫画）▼11・22・多情佛心34🄿日活🄳阿部豊🄲岡譲二／特急二十世紀34米🄿コロムビア🄳ハワード・ホークス🄲ジョン・バリモア／戀をしませう34米🄿コロムビア🄳デヴィッド・バートン🄲エドモンド・ロウ▼11・29・11・30 國粋藝術祭▼12・1・雁太郎街道34🄿千恵蔵プロ🄳山中貞雄🄲片岡千惠蔵／多情佛心（続映）▼12・5［試写会］青年日本を語る34🄿地上映画社 監修：柴田中佐、松井少佐🄲永田秀次郎（記録映画）▼12・6・青年日本を語る（通常興行）／雁太郎街道（続映）▼12・13・激浪34米🄿コロムビア🄳ウォルター・ラング🄲ウォルター・コノリー／マダムと踊り子34米🄿コロムビア🄳マーシャル・ニーラン🄲コリーン・ムーア／実演『ステージショウ』🄲伶明音楽会▼12・20閉館

【1935年（昭和10年）】

▼1・1・極楽発展倶楽部33米🄵MGM🄿ハル・ローチ・スタジオ🄳ウィリアム・A・サイター🄲スタン・ローレル、オリヴァ・ハーディ／実演『パンテージ・ショウ』（米国ボードビル・チーム公演）▼1・15・極楽発展倶楽部（続映）／実演『パンテージ・ショウ ハロー・ニッポン』▼2・1・貞操問答 高原の巻35🄵新興キネマ🄿入江ぷろだくしょん🄳鈴木重吉🄲入江たか子／実演『パンテージ・ショウ 太平洋行進曲』▼2・15・休館、3・14より東宝の直営興行▼3・14・キャラバン34米🄿FOX🄳エリック・シャレル🄲シャルル・ボワイエ／坊つちゃん35🄿PCL🄳山本嘉次郎🄲宇留木浩／実演＝講談『大島伯鶴特別口演』▼3・21・キャラバン（続映）／坊つちゃん（続映）／実演＝落語『柳家小さん特別口演』▼3・28・ベンガルの槍騎兵35米🄿パラマウント🄳ヘンリー・ハサウェイ🄲ゲイリー・クーパー／丹那トンネル（記録映画）／バディの探偵の巻／ミッキーの漂流記／ポパイのカリオカ／春のおとづれ／東日トーキーニュース▼4・11・紺屋高尾35🄵日活🄿太秦発声🄳志波西果🄲五月信子／ベンガルの槍騎兵（続映）／実演『浪曲 篠田實吹込』▼4・21・わたしは別よ33米🄿パラマウント🄳ロウエル・シャーマン🄲メエ・ウェスト／乙女ごころ三人姉妹35🄿PCL🄳成瀬巳喜男🄲細川ちか子▼5・1・實錄世界大戰34米🄿FOX 編集：ローレンス・ストーリングス（記録

映画）／クーパーの餓鬼大将34米🄿ＦＯＸ🄳エドワード・Ｆ・クライン🄲ジャッキー・クーパー／東日トーキーニュース▼5・11、すみれ娘35 🄿ＰＣＬ🄳山本嘉次郎🄲堤真佐子／ルムバ35米🄿パラマウント🄳マリオン・ゲーリング🄲ジョージ・ラフト／東日トーキーニュース▼5・21、春のパレエド34ハンガリー🄿ユニヴァーサル🄳ゲザ・フォン・ボルヴァリー🄲フランチェスカ・ガール／其の夜の眞心34米🄿コロムビア🄳フランク・キャプラ🄲マーナ・ロイ▼6・1、化石人間35米🄿ユニヴァーサル🄳ローウェル・シャーマン🄲アラン・モーブレイ／輝く瞳34米🄿ＦＯＸ🄳デヴィッド・バトラー🄲シャーリー・テンプル／キートンの黄金崇拝34米🄵ＦＯＸ🄿エデュケーショナル・フィルム🄳チャールズ・ラモント🄲バスター・キートン（短編）／モシモシ亀よ（極彩色漫画）／東日トーキーニュース▼6・11、流線型超特急34米🄿ＲＫＯ🄳トーマス・アトキンス🄲チャールス・スターレット／太平洋攻防戦35米🄿ワーナー🄳ロイド・ベーコン🄲ジェームス・キャグニー／チョコレート（実写）／東日トーキーニュース▼6・21、盲目の飛行士35米🄿パラマウント🄳ジェームス・フラッド🄲ケイリー・グラント／戀のページェント34米🄿パラマウント🄳ジョセフ・フォン・スタンバーグ🄲マレーネ・ディートリッヒ▼7・1、黒潮に鳴る心35米🄿コロムビア🄳アール・Ｃ・ケントン🄲エドモンド・ロウ／カーニバル35米🄿コロムビア🄳ウォルター・ラング🄲リー・トレイシー／太平洋の曉（実写）／ミツキーの二挺拳銃🄵ユナイト（漫画）／東日トーキーニュース▼7・11、運ちゃん武勇傳34米🄿ワーナー🄳レイ・エンライト🄲ジェームス・キャグニー／三色旗ビルデイング35 🄿ＰＣＬ🄳木村荘十二🄲徳川夢声／奇傑パンチヨ退治の巻🄵ワーナー（漫画）／東日トーキーニュース▼7・21、舊恋35 🄿ＰＣＬ🄳矢倉茂雄🄲竹久千恵子／帰らぬ船出 ライムハウス・ブルース34米🄿パラマウント🄳アレクサンダー・ホール🄲ジョージ・ラフト▼8・1、西部の掟34米🄿パラマウント🄳アーサー・ヤコブスン🄲ジャッキー・クーガン／男の魂35米🄿ＦＯＸ🄳ラオール・ウォルシュ🄲エドモンド・ロウ／世界重量級選手権争覇戦（竜虎相搏つ）ベア對ブラドック35米🄵ＲＫＯ（記録映画）▼8・11、オーイ何處だい！34独🄵三映社🄿ユニヴァーサル🄳アンドリュー・マルトン🄲ワルター・リムル／ラヂオの女王35 🄿ＰＣＬ🄳矢倉茂雄🄲千葉早智子／実演『納涼漫談と落語』🄲井口静波、蝶花樓馬樂／東日國際ニュース（※以後、原則として実演と映画を併映）▼8・21、足が第一30米🄿パラマウント🄳クライド・ブラックマン🄲ハロルド・ロイド（日本語版）／国境の町35米🄿ワーナー🄳アーチ・メイヨ🄲ポール・ムニ／東日國際ニュース／実演『崔承喜特別公演』『モダン漫才』🄲丸山章治・福地悟朗▼9・1、二人妻（妻よ薔薇のやうに）35 🄿ＰＣＬ🄳成瀬巳喜男🄲千葉早智子／実演『歌ふ彌次喜多』🄲古川緑波▼9・11、小聯隊長35米🄿ＦＯＸ🄳デヴィッド・バトラー🄲シャーリー・テンプル（日本公開はモノクロ版）／名人決定大棋戦🄿東日／東日國際ニュース／実演『歌ふ彌次喜多』（続演）▼9・21、ブラウンの怪投手35米🄿ワーナー🄳レイ・エンライト🄲ジョー・Ｅ・ブラウン／Ｇメン35米🄵ワーナー🄿ファーストナショナル🄳ウィリアム・ケイリー🄲ジェームス・キャグニー／実演『宮田ハーモニカ・バンド』『益田トリオ舞踊団』▼10・1、いたづら小憎35 🄿ＰＣＬ🄳山本嘉次郎🄲伊東薫／ヴェルダン34仏🄵ＰＣＬ🄿ユニヴェルセル・デュ・フィルム🄳レオン・ポアリェ🄲ジャンヌ・マリー・ローラン／実演『軍樂の特別演奏』『タップダンス』🄲リラ・ハマダ、ニナ・ハマダ▼10・11、キートンの爆彈成金34仏🄵ＰＣＬ🄿ネロ🄳マックス・ノセック🄲バスター・キートン／エノケンの近藤勇35 🄿ＰＣＬ🄳山本嘉次郎🄲榎本健一／実演『満洲武技』▼10・21、アジア大陸横断33仏🄵三映社🄿パテ・ナタン🄳アンドレ・ソーヴァージュ（記録映画）／サーカス五人組35 🄿ＰＣＬ🄳成瀬巳喜男🄲大川平八郎／東日國際ニュース／実演『アコーデオン合奏』🄲東京アコーデオン合奏団、『新情緒舞踊』🄲柏貞子、『タップダンス』🄲稲葉實ダンサーズ／（10・27より）『ジャズ演奏』🄲伴薫とそのタンゴ楽団、『高田舞踊団』▼11・1、母性の秘密35仏🄵ＰＣＬ🄿サンクロ・シネ🄳ジャン・シュウ🄲フランソワーズ・ロゼー（日本語版）／ポパイの蹴球選手（漫画）／三匹の小鼠（極彩色漫画）／実演『女軍突撃隊』🄲巽壽美子▼11・10、十字軍35米🄿パラマウント🄳セシル・B・デミル🄲ロレッタ・ヤング／生命の雑沓35米🄿パラマウント🄳ミッチェル・ライゼン🄲リチャード・バーセルメス／ベテイの日本訪問（漫画）／東日國際ニュース▼11・16、エチオピアの空を行く34スイス🄵パラマウント🄿プレゼンス・フィルム🄳L・ウェスラー（記録映画）／十字軍（続映）▼11・21、ウィリアム・テル33独🄵ＰＣＬ🄿テラ🄳ハインス・パウル🄲ハンス・マール／かぐや姫35[P]JOスタヂオ[D]田中喜次[C]北澤かず子／東日國際ニュース／実演[C]藤山一郎、渡辺はま子、結城孫三郎一座（操り人形）▼12・11- 人生初年兵35 [P]PCL[D]矢倉茂雄[C]宇留木浩／実演『森の石松』[C]梅澤昇▼12・22- 古城の扉35米[P]コロムビア[D]ロイ・ウィリアム・ニール[C]ボリス・カーロフ／噂の娘35 [P]PCL[D]成瀬巳喜男[C]千葉早智子／スキーの妙技34独[P]テラ 監修：アーノルド・ファンク▼12・29- ブラウンの千両役者35米[F]ワーナー[P]ファーストナショナル[D]バスビー・バークレイ[C]ジョー・E・ブラウン／エノケン十八番 どんぐり頓兵衛36 [P]PCL[D]山本嘉次郎[C]榎本健一／実演『崔承喜の舞踊』

【1936年（昭和11年）】

▼1・6- 暗黒街全滅35米[P]ユナイト[D]サム・ウッド[C]リチャード・アーレン／支那海35米[P]MGM[D]ティー・ガーネット[C]クラーク・ゲーブル／実演『白海少年 提琴演奏』▼1・15- あきれた連中36 [P]PCL[D]岡田敬、伏水修[C]花菱アチャコ、横山エンタツ／極楽槍騎兵35米[P]MGM[D]ジェームズ・W・ホーン[C]スタン・ローレル、オリヴァ・ハーディ／実演『ジャズとダンス』益田隆、他▼1・22- 女軍突撃隊36 [P]PCL[D]木村荘十二[C]藤原釜足／黒地獄35米[F]ワーナー[P]ファーストナショナル[D]マイケル・カーティス[C]ポール・ムニ／実演『大宮大洋の大魔術 今と昔』▼2・1- 都會の怪異七時〇三分35 [P]PCL[D]木村荘十二[C]堤真佐子／ジャバの東35米[P]ユニヴァーサル[D]ジョージ・メルフォード[C]チャールス・ビックフォード／実演『細君三日天下』[C]東宝新劇団▼2・11- カジノ・ド・巴里35米[F]ワーナー[P]ファーストナショナル[D]アーチー・L・メイヨ[C]ルビー・キーラー／シスコ・キッド35米[P]ワーナー[D]ロイド・ベーコン[C]ジェームス・キャグニー／実演『ジャズとダンス』[C]東宝ダンシング・チーム▼2・21- 求婚三銃士36 [P]PCL[D]矢倉茂雄[C]千葉早智子／プロシャの旗風35独[F]PCL[P]NDLS[D]ハンス・シュタインホフ[C]エミール・ヤニングス／実演『勧進帳』[C]東宝新劇団▼［※「東宝五十年史」に〝二・二六事件勃発、諸興行は二十六日から二十八日まで三日間休場〟とある」▼3・1- Gウーマン35米[P]パラマウント[D]ウィリアム・K・ハワード[C]シルヴィア・シドニー／あかつき33独[F]東和商事[P]ウーファ[D]グスタフ・ウチツキー[C]ケーテ・フォン・ナギー／実演『井口靜波スピード漫談』▼3・11-3・20 実演『ロッパの日劇短期公演』①あなたと呼べば②凸凹放送局③ガラマサどん④さらば青春[C]古川緑波▼3・21- 魔術の女王36 [P]PCL[D]木村荘十二[C]松旭斎天勝／踊るブロードウエイ35米[P]MGM[D]ロイ・デル・ルース[C]ロバート・テイラー▼4・1- 珍芸騒動35米[P]パラマウント[D]ノーマン・Z・マクロード[C]ジョージ・バーンズ／ロイドの牛乳屋36米[P]パラマウント[D]レオ・マッケリー[C]ハロルド・ロイド／実演『ハワイの唄と踊り』▼4・11- 透明光線36米[P]ユニヴァーサル[D]ランバート・ヒルヤー[C]ボリス・カーロフ／歌ふ弥次喜多36 [P]PCL[D]岡田敬、伏水修[C]古川緑波／実演『手風琴とダンス』[C]モーリス・デュフール▼4・21- 地獄船モルガン36米[P]コロムビア[D]D・ロス・レダーマン[C]ジョージ・バンクロフト／海行かば35米[F]ワーナー[P]ファーストナショナル[D]フランク・ボーゼージ[C]ディック・パウエル／実演『春のジャズとダンス』[C]東宝ダンシング・チーム▼5・1- ガラスの鍵35米[P]パラマウント[D]フランク・タトル[C]ジョージ・ラフト／吾輩は猫である36 [P]PCL[D]山本嘉次郎[C]徳川夢声／実演『春のジャズとダンス』（続演）『アクロバット』[C]岡本八重子姉妹▼5・11- 意氣な紐育ッ子36米[P]コロムビア[D]ヴィクター・シャーツィンガー[C]ハリー・リッチマン／オペラハット36米[P]コロムビア[D]フランク・キャプラ[C]ゲイリー・クーパー／実演『アラ・モード・ショウ』[C]日劇ジャズバンド▼5・22- 特高警察35米[P]ワーナー[D]ウィリアム・キーリー[C]ベティ・デイヴィス／海賊ブラッド35米[P]ワーナー[D]マイケル・カーティス[C]エロール・フリン▼6・1- 勝太郎子守唄36 [F]東宝[P]JOスタヂオ[D]永富映次郎[C]小唄勝太郎／桃中軒雲右衛門36 [P]PCL[D]成瀬巳喜男[C]月形龍之介／実演『東京ちよんきな』[C]古川緑波▼6・11- 處女花園36 [P]PCL[D]矢倉茂雄[C]堤真佐子／航空十三時間36米[P]パラマウント[D]ミッチェル・ライゼン[C]フレッド・マクマレイ／実演『六月のジャズとダンス』[C]日劇ダンシング・チーム▼6・21- 兄いもうと36 [P]PCL[D]木村荘十二[C]丸山定夫／惡魔島脱出35米[P]コロムビア[D]アルバート・S・ロージェル[C]ヴィクター・ジョリー／実演『日劇ステージ・ショウ』[C]潘玉珍大一座（支那大曲芸団）▼7・1- 二つの顔35米[P]RKO[D]クリスティー・キャバンヌ[C]ウォーレス・フォード／艦隊を追って36米[P]RKO[D]マーク・サンドリッチ[C]フレッド・アステア、ジンジャー・ロジャース／実演『海を越えて』[C]日劇

ダンシング・チーム、『潘玉珍大一座』▼7・21・エノケンの千萬長者36 [P]PCL[D]山本嘉次郎[C]榎本健一／當り屋勘太36米[P]ユナイト[D]ノーマン・タウログ[C]エディ・カンター／実演『浪曲學校夏期講習會』[C]井口静波一座▼8・1・これは失禮36 [P]PCL[D]岡田敬[C]花菱アチャコ、横山エンタツ／歩く死骸36米[P]ワーナー[D]マイケル・カーティス[C]ボリス・カーロフ／ルイス對シュメリング十五回戦／オリムピック實寫／実演『バレーロマンチック 白鳥』[C]日劇ダンシング・チーム▼8・12・美しき野獣36米[P]パラマウント[D]ラオール・ウォルシュ[C]メエ・ウェスト／唄の世の中36 [P]PCL[D]伏水修[C]藤原釜足／奇蹟の五ッ児36米[P]RKO（記録映画）／東日大毎オリムピックニュース／実演『ジャズ・バレー 海岸』[C]益田トリオ▼8・21・太洋の寵兒36 [P]PCL[D]矢倉茂雄[C]藤山一郎／無限の青空36米[F]ワーナー[P]ファーストナショナル[D]ハワード・ホークス[C]ジェームス・キャグニー／オリムピック實寫／実演『地下街で拾った三万円』[C]劇団新喜劇▼9・1・殺人都市36米[P]ユニヴァーサル[D]ルイ・フリードランダー[C]ヘンリー・ハンター／續エノケンの千萬長者36 [P]PCL[D]山本嘉次郎[C]榎本健一／ミツキーのお引越し／オリムピックニュース最終版／実演『日劇秋のおどり』[C]日劇ダンシング・チーム▼9・11・来るべき世界36英[F]ユナイト[P]ロンドン・フィルム[D]ウィリアム・キャメロン・メンジース[C]レイモンド・マッセイ／君と行く路36 [P]PCL[D]成瀬巳喜男[C]大川平八郎／実演『日劇秋のおどり』（続演）▼9・21・無法地獄36米[P]コロムビア[D]アール・C・ケントン[C]チェスター・モリス／母なればこそ36 [P]PCL[D]木村荘十二[C]千葉早智子／実演『日劇秋のおどり』（続演）▼10・1・おほべら棒36 [P]PCL[D]岡田敬[C]藤原釜足／丘の一本松36米[P]パラマウント[D]ヘンリー・ハサウェイ[C]ヘンリー・フォンダ／ミツキイの夢物語（漫画）▼10・11・戀愛の責任36 [P]PCL[D]村山知義[C]細川ちか子／動物曲藝團35独[F]PCL[P]アリエル・フィルム[D]ハリー・ピール[C]ハリー・ピール／実演『日劇新婚レヴユウ』[C]日劇ダンシング・チーム▼10・21・かつぽれ人生36 [P]PCL[D]矢倉茂雄[C]永田キング／彈丸か投票か36米[F]ワーナー[P]ファーストナショナル[D]ウィリアム・ケイリー[C]エドワード・G・ロビンソン／実演『日劇新婚レヴユウ』（続演）▼11・1・朝《あした》の並木路36 [P]PCL[D]成瀬巳喜男[C]千葉早智子／お化けトラクター36米[F]ワーナー[P]ファーストナショナル[D]レイモンド・エンライト[C]ジョー・E・ブラウン／実演『丸の内レヴュウ』[C]ジョージ・廣瀬、他▼11・11・惡魔の疾走36米[P]パラマウント[D]チャールズ・バートン[C]ランドルフ・スコット／将軍曉に死す36米[P]パラマウント[D]ルイス・マイルストン[C]ゲイリー・クーパー／実演『丸の内レヴュウ』（続演）▼11・21・彦六大いに笑ふ36 [P]PCL[D]木村荘十二[C]徳川夢声／踊る海賊36米[P]RKO[D]ロイド・コリガン[C]チャールズ・コリンス／実演『ワイントラウブ團』▼12・1・ダム地獄36米[P]ワーナー[D]フランク・マクドナルド[C]ロス・アレクサンダー／東京ラプソディ36 [P]PCL[D]伏水修[C]藤山一郎／ルイス対シャーキー36米[P]RKO（記録映画）／実演『ワイントラウブス』（ジャズ喜劇）▼12・11・Gガン36米[P]ワーナー[D]ニック・グラインド[C]パット・オブライエン／武士道朗かなりし頃36 [P]PCL[D]松井稔[C]柳家金語楼／忠公の三銃士（極彩色漫画）／実演『グランドレヴュウ メリークリスマス』[C]日劇ダンシング・チーム▼12・19（9：30）［特別試写］エノケンの吾妻錦繪 江戸っ子三太36 [P]PCL[D]山本嘉次郎[C]榎本健一／舞台挨拶：入江たか子、榎本健一、河原崎長十郎、他／独唱：千葉早智子▼12・20・大都會の戦慄35米[P]コロムビア[D]アール・C・ケントン[C]ジーン・アーサー／新婚うらおもて36 [P]PCL[D]山本嘉次郎[C]岸井明／実演『グランドレヴュウ メリークリスマス』（続演）▼12・31・エノケンの吾妻錦繪 江戸っ子三太（通常興行）／豪傑ポパイの船乗りシンドバッド（漫画）／兎と亀の花火合戰（シリーシンフォニー）／実演『踊る日劇』

【1937年（昭和12年）】

▼1・7・鉄人対巨人36米[P]ユニヴァーサル[D]ジョン・G・ブライストーン[C]ヴィクター・マクラグレン／花火の街37 [F]東宝[P]JOスタヂオ[D]石田民三[C]小林重四郎／実演『踊る日劇』（続演）▼1・14・心臓が強い37 [F]東宝[P]PCL[D]大谷俊夫[C]花菱アチャコ、横山エンタツ／お馬に乗って36米[P]ワーナー[D]ウィリアム・マクガン[C]ジョー・E・ブラウン／実演『日劇サーカス』[C]ワイントラウブ団▼1・21・女人哀愁37 [F]東宝[P]PCL、入江ぷろだくしょん[D]成瀬巳喜男[C]入江たか子／スタアと選手36米[P]ワーナー[D]ロイド・ベーコン[C]クラーク・ゲーブル／実演『スペインの印象』[C]日劇ダンシング・チーム▼2・1・風流演歌隊37 [F]東宝[P]PCL[D]伏水修[C]藤原釜足／

太平洋横断機36米🄵ワーナー🄿ファーストナショナル🄳レイモンド・エンライト🄲パット・オブライエン／実演『ネオ・ゴンドリア』🄲日劇ダンシング・チーム▼2・11・武装せる市街36米🄿パラマウント🄳スチュアート・ヘイスラー🄲ラルフ・ベラミー／戦国群盗傳 第一部・虎狼37🄵東宝🄿PCL、前進座🄳滝沢英輔🄲河原崎長十郎／実演『ネオ・ゴンドリア』（続演）▼2・20・嵐の翼36米🄿RKO🄳リュウ・ランダース🄲サリー・アイラース／戦国群盗傳 第二部・暁の前進37🄵東宝🄿PCL、前進座🄳滝沢英輔🄲河原崎長十郎／実演『大島レヴュウ』🄲日劇ダンシング・チーム▼3・1・潜水艦S.O.S37米🄿コロムビア🄳アール・C・ケントン🄲リチャード・ディックス／うそ倶樂部37🄵東宝🄿PCL🄳岡田敬🄲藤原釜足／実演『大島レヴュウ』（続演）▼3・11・空の特種36米🄿ワーナー🄳テッド・マッコード🄲ジーン・ミューア／からゆきさん37🄵東宝🄿PCL、入江ぷろだくしょん🄳木村荘十二🄲入江たか子／実演『俺は水兵』🄲柳家金語楼▼3・21・進め龍騎兵36米🄿ワーナー🄳マイケル・カーティス🄲エロール・フリン／実演『明治維新七十年レヴュウ』🄲日劇ダンシング・チーム▼4・1・青春部隊37🄵東宝🄿PCL🄳松井稔🄲大川平八郎／良人の貞操 前篇 春來れば37🄵東宝🄿PCL🄳山本嘉次郎🄲入江たか子▼4・11「東宝ビッグ・パレード」良人の貞操 前篇 春來れば／ハリキリボーイ37🄵東宝🄿PCL🄳大谷俊夫🄲古川緑波／舞台挨拶：入江たか子、千葉早智子、高田稔、司会：古川緑波、三益愛子、🄲江戸川蘭子、他▼4・12・ハリキリボーイ（通常興行）／実演『見世物王國』🄲古川緑波、『歌ふ金色夜叉』🄲古川緑波▼4・21・良人の貞操 後篇 秋ふたゝび37🄵東宝🄿PCL🄳山本嘉次郎🄲入江たか子／Gメンの行動36米🄿ユニヴァーサル🄳チャールス・E・フォード🄲ナレーター：ローウェル・トーマス（短編記録映画）／実演『孔雀と杜若』▼5・1・江戸っ子健ちゃん37🄵東宝🄿PCL🄳岡田敬🄲榎本健一／故郷《ふるさと》37🄵東宝🄿JOスタヂオ🄳伊丹万作🄲坂東蓑助／実演『孔雀と杜若』（続演）▼5・11・夜の鳩37🄵東宝🄿JOスタヂオ🄳石田民三🄲竹久千恵子／男は度胸37🄵東宝🄿JOスタヂオ🄳渡辺邦男🄲岡譲二／実演『日劇廿分音樂會』🄲日劇ダンシング・チーム▼5・21・港は浮気風37🄵東宝🄿東京発声🄳豊田四郎🄲藤井貢／日本女性読本37🄵東宝🄿PCL🄳山本嘉次郎、木村荘十二、大谷俊夫🄲高田稔／海戰幻想曲🄵海軍省🄲生方賢一郎／実演『日劇廿分音樂會』（続演）▼6・1・見世物王國37🄵東宝🄿PCL🄳松井稔🄲藤原釜足／オヤケアカハチ37🄵東宝🄿東京発声🄳重宗務、豊田四郎🄲藤井貢／実演『日劇タップ祭』🄲日劇ダンシング・チーム▼6・11・世紀の逃亡者37米🄿コロムビア🄳アール・C・ケントン🄲ジョージ・バンクロフト／宮本武蔵 風の巻37🄿JOスタヂオ🄳石橋清一🄲黒川彌太郎／実演『日劇タップ祭』（続演）▼6・20・若旦那三国一37🄵東宝🄿東京発声🄳重宗務🄲藤井貢／大森林37米🄿ワーナー🄳ウィリアム・ケイリー🄲ジョージ・ブレント／実演『九州レヴュウ』🄲日劇ダンシング・チーム▼7・1・東海道は日本晴37🄵東宝🄿PCL🄳滝沢英輔🄲藤原釜足／雪崩37🄵東宝🄿PCL🄳成瀬巳喜男🄲佐伯秀男／実演『九州レヴュウ』（続演）▼7・11・エノケンのちゃっきり金太 前篇（第一話 ままよ三度笠の巻 第二話 行きはよいよいの巻）37🄵東宝🄿PCL🄳山本嘉次郎🄲榎本健一／白薔薇は咲けど37🄵東宝🄿PCL🄳伏水修🄲入江たか子／実演『足柄歡迎ショウ 輝く足柄』🄲徳川夢声、日劇ダンシング・チーム▼7・21・歌ふ彌次喜多 京大阪の巻37🄵東宝🄿JOスタヂオ🄳久保為義🄲森野鍛治哉／お嬢さん37🄵東宝🄿PCL🄳山本薩夫🄲霧立のぼる／実演『輝く足柄』（続演）▼7・26・歌ふ彌次喜多 京大阪の巻（続映）／お嬢さん（続映）／実演『開戰レヴュウ』🄲市川高麗藏▼8・1・エノケンのちやつきり金太 後篇（第三話 帰りは怖いの巻 第四話 まてば日和の巻）37🄵東宝🄿PCL🄳山本嘉次郎🄲榎本健一／南風の丘37🄵東宝🄿PCL🄳松井稔🄲高田稔／実演『開戰レヴュウ』（続演）▼8・11・南国太平記37🄵東宝🄿JOスタヂオ🄳並木鏡太郎🄲大河内傳次郎／樂園の合唱37🄵東宝🄿PCL🄳大谷俊夫🄲入江たか子／実演『ロシヤ・バレーの試み』🄲オリガ・サファイヤ、日劇ダンシング・チーム▼8・21・大帝の密使37米🄿RKO🄳ジョージ・ニコルズ・ジュニア🄲アントン・ウォルブルック／ポパイの志願兵（漫画）／北支第一線37🄿東京日日新聞社、大阪毎日新聞社（記録映画）／燦たり皇軍（記録映画）／東日ニュース 上海北支事變／実演『進軍オーケストラ』🄲日劇ダンシング・チーム▼9・1・北支の空を衝く37🄵東宝🄿PCL🄳渡辺邦男🄲岡譲二／大帝の密使（続映）／実演『進軍バレー』🄲日劇ダンシング・チーム▼9・11・僕は誰だ37🄵東宝🄿PCL、吉本興業🄳岡田敬🄲花菱アチャコ、横山エンタツ／マドリッド最終列車

37米🄿パラマウント🄳ジェームズ・P・ホーガン🄲ドロシー・ラムーア／実演『魔術の秋』🄲日劇ダンシング・チーム▼9・21・怒濤を蹴って―軍艦足柄渡欧日誌―37🄵東宝🄿PCL 指導：松島慶三、解説：徳川夢声（記録映画）／戦ひの曲37🄵東宝🄿PCL🄳渡辺邦男🄲岡譲二／実演『魔術の秋』（続演）▼10・1・美しき鷹37🄵東宝🄿PCL🄳山本嘉次郎🄲霧立のぼる／禍福 前篇37🄵東宝🄿PCL🄳成瀬巳喜男🄲入江たか子／実演『古典バレーの試み』🄲日劇ダンシング・チーム▼10・11・高圧線37米🄿ワーナー🄳レイ・エンライト🄲ヘンリー・フォンダ／新選組37🄵東宝🄿PCL🄳木村荘十二🄲河原崎長十郎／実演『グッドバイ・ヒロセ』🄲廣瀬ジョージ▼10・21・透明人間33米🄿ユニヴァーサル🄳ジェームズ・ホエール🄲クロード・レインズ／東海美女傳37🄵東宝🄿JOスタヂオ🄳石田民三🄲黒川彌太郎／実演『スポーツ・レヴュウ』🄲日劇ダンシング・チーム▼10・31・キングソロモン37英🄵三和商事🄿ゴーモン・ブリティッシュ🄳ロバート・スティーブンソン🄲ポール・ロブスン／血路37🄿東宝🄳渡辺邦男🄲大河内傳次郎／実演『井口静波の北支戦況報告』▼11・11・禍福 後篇37🄵東宝🄿PCL🄳成瀬巳喜男🄲高田稔／素晴らしき求婚36米🄿パラマウント🄳レイ・マッケリー🄲エリノア・ウィットニー／実演『大阪レヴュウ』🄲日劇ダンシング・チーム▼12・21・たそがれの湖37🄿東宝🄳伏水修🄲江戸川蘭子／空中劇場36独🄵国光映画🄿トビス・マグナフィルム🄳ハンス・H・ツェルレット🄲ラ・ヤーナ／実演『大阪レヴュウ』（続演）▼12・1・愛國六人娘37🄿東宝🄳松井稔🄲神田千鶴子／報道戦37米🄿パラマウント🄳アレクサンダー・ホール🄲フレッド・マクマレイ／実演『女とオーケストラ』🄲日劇ダンシング・チーム▼12・11・母の曲 前篇37🄿東宝🄳山本薩夫🄲原節子／唄ふ陸戦隊37米🄿ワーナー🄳レイ・エンライト🄲ディック・パウエル／実演『大勝利オーケストラ』🄲日劇ダンシング・チーム▼12・17（21・30）、12・18（21：30）［戦勝祝賀ナイト・ショウ］南京陥落東日ニュース／海軍作戦記録🄿海軍省／実演『坂東簑助戦線縦横談』『大勝利オーケストラ』（続演）▼12・21・母の曲 後篇37🄿東宝🄳山本薩夫🄲原節子／軍艦旗に榮光あれ37🄿東宝 指導：海軍省軍事普及部、編集：秋元憲（記録映画）／実演『日劇ショウ一年のスケッチ』🄲日劇ダンシング・チーム▼12・31・エノケンの猿飛佐助 ありゃ〳〵の巻37🄿東宝🄳岡田敬🄲榎本健一／ポパイのアイス・スケート／ミツキーの魔術師／東日事變ニュース／実演『豪華 踊る日劇』🄲日劇ダンシング・チーム

【1938年（昭和13年）】

▼1・7・エノケンの猿飛佐助 どろんどろんの巻38🄿東宝🄳岡田敬🄲榎本健一／戦ふ民族37英🄵三和商事🄿ゴーモン・ブリティッシュ🄳ミルトン・ロズマー🄲リチャード・アーレン／実演『踊る日劇』（続演）▼1・14・でかんしょ侍38🄿東宝🄳山本嘉次郎🄲大河内傳次郎／ブラウンの空中戦37米🄿RKO🄳エドワード・セジウィック🄲ジョー・E・ブラウン／東日事變ニュース／実演『踊る日劇』（続演）▼1・21・人生競馬38🄿東宝🄳荻原耐🄲岡譲二／大學祭37米🄿ワーナー🄳ウィリアム・ケイリー🄲ディック・パウエル／実演『ロマンチックオーケストラ』🄲日劇ダンシング・チーム▼2・1・支那事変広報記録 上海38🄿東宝🄳亀井文夫🄲解説：松井翠声（記録映画）／地熱38🄿東宝🄳滝沢英輔🄲藤井貢／実演『井口静波支那事變戦況報告』▼2・11・山茶花街道38🄿東宝🄳並木鏡太郎🄲黒川彌太郎／東日國際ニュース／実演『青春五人男』🄲古川緑波▼2・20・南京38🄿東宝 指導：軍特務部、編集：秋元憲🄲解説：徳川夢声（記録映画）／鉄腕都市38🄿東宝🄳渡辺邦男🄲岡譲二／実演『戦捷を謳ふ』🄲20・24松平晃、25・28東海林太郎▼3・1・阿部一族38🄿東宝、前進座🄳熊谷久虎🄲河原崎長十郎／ドレミハ大學生38🄿東宝🄳矢倉茂雄🄲藤原釜足／実演『音樂ショウ 春近き歌』🄲中川夕起子、日劇ダンシング・チーム▼3・11・オーケストラの少女37米🄿ユニヴァーサル🄳ヘンリー・コスター🄲ディアナ・ダービン／実演『ダンシング・タイムス』🄲日劇ダンシング・チーム▼3・24・エノケンの風来坊38🄿東宝🄳大谷俊夫🄲榎本健一／オーケストラの少女（続映）／実演『花やかな終曲《フィナーレ》』🄲日劇ダンシング・チーム▼3・31・ロッパのガラマサどん38🄿東宝🄳岡田敬🄲古川緑波／奴隷船37米🄿20世紀FOX🄳ティー・ガーネット🄲ワーナー・バクスター／実演『未完成交響樂』🄲日劇ダンシング・チーム▼4・11・巨人傳38🄿東宝🄳伊丹万作🄲大河内傳次郎／実演『健康美ショウ』🄲日劇ダンシング・チーム▼4・21・街は春風37米🄿パラマウント🄳ミッチェル・ライゼン🄲ジーン・アーサー／世紀の合唱 愛国行進曲38🄿東宝🄳伏水修🄲滝沢修／実演『都會の健康美』🄲日劇ダンシング・チーム▼4・26・4・29（18：00）実演『浪曲日本三人會』🄲広沢虎造、天中

軒雲月、酒井雲（実演のみ）▼5・1‐藤十郎の戀38🄿東宝🄳山本嘉次郎🄲長谷川一夫▼5・11‐新柳櫻38🄿東宝🄳荻原耐🄲霧立のぼる／珍Gメン36米🄿パラマウント🄳エドワード・F・クライン🄲ジャック・ヘイリー／実演『お菓子レヴュウ』🄲日劇ダンシング・チーム▼5・21‐青春角力日記38🄿東宝🄳渡辺邦男🄲藤原釜足／実演『グランドショウ 東洋の印象』🄲オリガ・サファイア、日劇ダンシング・チーム▼5・31（19：00）実演『川畑文子歸朝第一回公演』（実演のみ）▼6・1‐逢魔の辻38🄿東宝、前進座🄳滝沢英輔🄲河原崎長十郎／実演『東洋の印象』（続演）▼6・11‐田園交響樂38🄿東宝🄳山本薩夫🄲高田稔／実演『エノケンの突貫サーカス』🄲エノケン一座▼6・18‐エノケンの法界坊38🄿東宝🄳斎藤寅次郎🄲榎本健一／実演『エノケンの突貫サーカス』（続演）▼7・1‐愛情一路38🄿東宝🄳渡辺邦男🄲岡譲二／燦たり皇軍38🄿東京日日新聞社（記録映画）／実演『スクラップ・ショウ』🄲淡谷のり子、日劇ダンシング・チーム▼7・10‐瞼の母38🄿東宝🄳近藤勝彦🄲長谷川一夫／航行遮断38🄿東宝🄳湯原甫（記録映画）／実演『スクラップ・ショウ』（続演）▼7・15‐瞼の母（続映）／航行遮断（続映）／実演『南米レヴュウ 南十字星』🄲日劇ダンシング・チーム▼7・21‐四つ葉のクローバ38🄿東宝🄳岡田敬🄲霧立のぼる／実演『南米レヴュウ 南十字星』（続演）▼7・30（19：00）実演『グランド・ミュージカル・ショウ』（楽友協会第一回公演）🄲日劇ダンシング・チーム▼7・31‐街に出たお嬢さん38🄿東宝🄳大谷俊夫🄲霧立のぼる／実演『エノケンのびっくり長兵衞』🄲エノケン一座▼8・11‐水戸黄門漫遊記 東海道の巻38🄿東宝🄳斎藤寅次郎🄲徳川夢声／撃滅茲に壹千機🄿読売新聞社／実演『エノケンのびっくり長兵衞』（続演）▼8・16‐水戸黄門漫遊記 東海道の巻（続映）／撃滅茲に壹千機（続映）／実演『エノケンの坊っちゃん探偵』🄲エノケン一座▼8・21‐綴方教室38🄿東宝🄳山本嘉次郎🄲高峰秀子／実演『エノケンの坊っちゃん探偵』（続演）▼9・1‐牧場物語38🄿東宝🄳木村荘十二🄲高田稔／実演『獨逸レヴュウ ハイル・ヒットラア』🄲日劇ダンシング・チーム▼9・11‐将軍の孫38🄿東宝🄳渡辺邦男🄲原節子／ポーランドの軍備（短編）／ドイツ東海岸の陽光（短編）／実演『獨逸レヴュウ ハイル・ヒットラア』（続演）▼9・17‐水戸黄門漫遊記 后篇 日本晴れの巻38🄿東宝🄳斎藤寅次郎🄲徳川夢声／清水次郎長38🄿東宝🄳萩原遼🄲大河内傳次郎／実演『カルメン組曲』🄲日劇ダンシング・チーム▼9・29‐家庭日記 前篇38🄿東宝🄳山本薩夫🄲大日方傳／鶴八鶴次郎38🄿東宝🄳成瀬巳喜男🄲山田五十鈴／噫！南鄕少佐38🄿新興キネマ🄳曽根千晴🄲藤井貢／実演『印度舞踊の試み』🄲日劇ダンシング・チーム▼10・9‐家庭日記 后篇38🄿東宝🄳山本薩夫🄲大日方傳／実演『エノケンの西遊記』🄲榎本健一▼10・16‐エノケンの大陸突進 前篇 悲観また悲觀の巻38🄿東宝🄳渡辺邦男🄲榎本健一／農業満洲🄿満鉄映画製作所（文化映画）／実演『エノケンの西遊記』（続演・19日より李香蘭出演）▼10・29‐エノケンの大陸突進 后篇 躍進また躍進の巻38🄿東宝🄳渡辺邦男🄲榎本健一／実演『エノケンの西遊記』（続演）▼11・1‐エノケンの大陸突進 后篇 躍進また躍進の巻（続映）／輝く軍艦旗（記録映画）／実演『春香傳』🄲日劇ダンシング・チーム、『大勝利オーケストラ』🄲日劇管弦楽団▼11・9‐ロッパのおとうちゃん38🄿東宝🄳斎藤寅次郎🄲古川緑波／実演『春香傳』（続演）、『輝く軍艦旗』（オーケストラ・ショウ）▼11・20‐吾亦紅 前篇38🄿東宝🄳阿部豊🄲入江たか子／ポパイの拳骨樂長（漫画）／ベテイの名市長（漫画）／実演『踊るランチェラ』『荒鷲ショウ』🄲日劇ダンシング・チーム▼12・1‐月下の若武者38🄿東宝🄳中川信夫🄲長谷川一夫／大陸行進曲38🄿日活🄳田口哲🄲轟夕起子（短編）／ベテイの番犬（漫画）／実演『タバコ・レヴュウ』🄲日劇ダンシング・チーム▼12・11‐チョコレートと兵隊38🄿東宝🄳佐藤武🄲藤原釜足／武道千一夜38🄿東宝🄳滝沢英輔🄲大河内傳次郎／実演『タバコ・レヴュウ』（続演）▼12・21‐胡椒息子38🄿東宝🄳藤田潤一🄲林文夫／豪傑ブラウン38米🄿コロムビア🄳エドワード・セジウィック🄲ジョー・E・ブラウン／実演『一年のスケッチ』🄲日劇ダンシング・チーム▼12・29‐エノケンのびっくり人生38🄿東宝🄳山本嘉次郎🄲榎本健一／新編 丹下左膳 妖刀篇38🄿東宝🄳渡辺邦男🄲大河内傳次郎／実演『踊る日劇』🄲日劇ダンシング・チーム

【1939年（昭和14年）】

▼1・5‐新編 丹下左膳 隻手の巻39🄿東宝🄳山本薩夫🄲大河内傳次郎／エンタツ・アチャコの忍術道中記39🄿東宝、吉本興業🄳岡田敬🄲横山エンタツ、花菱アチャコ／実演『踊る日劇』（続演）▼1・11‐エノケンのがっちり時代39🄿東宝🄳山本嘉次郎🄲榎本健一／浪人吹雪39🄿東宝🄳近藤勝彦🄲長谷川一夫

／実演『踊る日劇』（続演）▼1・18・ロッパの大久保彦左衛門39[P]東宝[D]斎藤寅次郎[C]古川緑波／ロイドのエヂプト博士38米[P]パラマウント[D]エリオット・ニュージェント[C]ハロルド・ロイド／実演『冬のスポーツ』[C]日劇ダンシング・チーム▼1・25・アヴェ・マリア38米[P]ユニヴァーサル[D]ノーマン・タウログ[C]ディアナ・ダービン／戦友の歌39[P]東宝[D]リヒアルト・アングスト（黄浦江の記録映画）／実演『アキレタコーラス』[C]あきれた・ぼういず▼2・1・吾亦紅 后篇 戦野に咲く39[P]東宝[D]阿部豊[C]入江たか子／実演『エノケンの突貫レヴュウ』[C]榎本健一▼2・11・忘られぬ瞳39[P]東宝[D]渡辺邦男[C]岸井明／実演『エノケンの突貫レヴュウ』（続演）▼2・21・沼津兵学校39[P]東宝[D]今井正[C]黒川彌太郎／美はしき出發39[P]東宝[D]山本薩夫[C]原節子／実演『日劇名曲オーケストラ』[C]日劇ダンシング・チーム▼3・1・沙羅乙女 前篇・后篇39[P]東宝[D]佐藤武[C]千葉早智子／実演『廣東陸戦隊』[C]坂東簑助▼3・11・娘の願ひは唯一つ39[P]東宝[D]斎藤寅次郎[C]高峰秀子／はたらく一家39[P]東宝[D]成瀬巳喜男[C]徳川夢声／実演『歌ふ日劇』[C]日劇ダンシング・チーム▼3・21・ロッパの頬白先生39[P]東宝[D]阿部豊[C]古川緑波／マルコ・ポーロの冒険38米[F]ユナイト[P]サミュエル・ゴールドウィン[D]アーチー・L・メイヨ[C]ゲイリー・クーパー／実演『東洋の一夜』[C]日劇ダンシング・チーム▼3・31・船出は楽し39[P]東宝[D]伏水修[C]岸井明／ブヴルウ38米[P]パラマウント[D]クライド・E・エリオット[C]コリン・タプリー／実演『笑ふ日劇』[C]日劇ダンシング・チーム▼4・11・揚子江艦隊 漢口攻略の記録39[P]東宝[D]木村荘十二（記録映画）／裸の教科書39[P]東宝[D]渡辺邦男[C]佐伯秀男／実演『新鐵道唱歌』[C]日劇ダンシング・チーム▼4・21・忠臣蔵 第一部39[P]東宝[D]滝沢英輔[C]長谷川一夫／忠臣蔵 第二部39[P]東宝[D]山本嘉次郎[C]大河内傳次郎／実演『花と侍』[C]長谷川一夫▼5・1・思ひつき夫人39[P]東宝[D]斎藤寅次郎[C]竹久千恵子／青髭八人目の妻38米[P]パラマウント[D]エルンスト・ルビッチ[C]ゲイリー・クーパー／実演『日劇ステージショウ 夜櫻』[C]日劇ダンシング・チーム▼5・11・出征譜39[P]東宝[D]藤田潤一[C]大日方傳／北半球SOS38米[P]ユニヴァーサル[D]ハロルド・ヤング[C]チャールス・ビックフォード／寶塚振袖使節道中記（短編記録映画）／大相撲日報／実演『ロシヤ・バレー コーカサスの捕虜』[C]オリガ・サファイア▼5・21・エノケンの鞍馬天狗39[P]東宝[D]近藤勝彦[C]榎本健一／上海陸戦隊39[P]東宝[D]熊谷久虎[C]大日方傳／大相撲日報／21日迄の実演『ロシヤ・バレー コーカサスの捕虜』（続演）、22日よりの実演『日劇名曲オーケストラ 無敵海軍』[C]日劇ダンシング・チーム▼5・31・樋口一葉39[P]東宝[D]並木鏡太郎[C]山田五十鈴／暁に歸る38仏[F]三映社[P]ベルショルズ[D]アンリ・ドコアン[C]ダニエル・ダリュー／実演『たけくらべ 子供の四季』[C]日劇ダンシング・チーム▼6・10・青春野球日記39[P]東宝[D]渡辺邦男[C]高田稔／実演『エノケンの突貫ヤジ・キタ』[C]エノケン一座▼6・20・ロッパの子守唄39[P]東宝[D]斎藤寅次郎[C]古川緑波／実演『エノケンの突貫ヤジ・キタ』（続演）▼7・1・鐵の兄弟39[P]東宝[D]渡辺邦男[C]高田稔／プロペラ親爺39[P]東宝[D]渡辺邦男[C]柳家金語楼／実演『琉球レヴユウ』[C]葉村みき子、日劇ダンシング・チーム▼7・9・喧嘩鳶 前篇39[P]東宝[D]石田民三[C]長谷川一夫／エンタツ・アチャコの新婚お化け屋敷39[P]東宝[D]斎藤寅次郎[C]横山エンタツ、花菱アチャコ／実演『琉球レヴユウ』（続演）▼7・22・喧嘩鳶 後篇39[P]東宝[D]石田民三[C]長谷川一夫／風流浮世床39[P]東宝[D]岡田敬[C]徳川夢声／実演『タンゴとは何ですか』[C]日劇ダンシング・チーム▼8・1・われらが教官39[P]東宝[D]今井正[C]丸山定夫／テキサス人38米[P]パラマウント[D]ジェームス・P・ホーガン[C]ランドルフ・スコット／実演『吉本ショウ 吉本大放送』[C]ミルク・ブラザース、他▼8・10・江見家の手帖39[P]東宝[D]矢倉茂雄[C]徳川夢声／エノケンの森の石松39[P]東宝[D]中川信夫[C]榎本健一／実演『吉本ショウ 涼風満帆唄ふ豪華船』[C]ミルク・ブラザース、他▼8・20・越後獅子祭39[P]東宝[D]渡辺邦男[C]長谷川一夫／街39[P]東宝[D]山本薩夫[C]大日方傳／実演『をしどり道中』[C]中野弘子▼8・31・唄へ河風39[P]東宝[D]並木鏡太郎[C]花井蘭子／女の教室 学校の巻39[P]東宝[D]阿部豊[C]千葉早智子／実演『バレー 魔の山』[C]オリガ・サファイア、日劇ダンシング・チーム▼9・10・金語樓の大番頭39[P]東宝[D]岡田敬[C]柳家金語楼／まごころ39[P]東宝[D]成瀬巳喜男[C]入江たか子／実演『波蘭レヴュウ』[C]日劇ダンシング・チーム▼9・19・のんき横丁39[P]東宝[D]山本嘉次郎[C]藤原釜足／エノケンの頑張り戦術39[P]東宝[D]中川信夫[C]榎本健一／実演『メキシコの旅』[C]日劇ダンシング・チーム▼9・30・東京ブルース39[P]東宝[D]斎藤寅次郎[C]川田義雄／女の教室 人生の巻／戦争の巻39[P]東宝[D]阿部豊[C]

千葉早智子／実演『メキシコの旅』（続演）▼10・1［興亜奉公日］『東京ブルース』に替えて友吉と馬39 [F]東宝[P]大日本児童映画協会[D]八田尚之[C]小高まさる、子供と兵隊39 [F]東宝[P]大日本児童映画協会[D]阿部豊[C]藤原釜足、を上映▼10・10・ロッパ歌の都へ行く39 [P]東宝[D]小國英雄[C]古川緑波／漫画／ニュース／実演『エノケンの人間大砲』[C]江戸川蘭子、エノケン一座▼10・21・その前夜39 [P]東宝[D]萩原遼[C]河原崎長十郎／愛の設計39 [P]東宝[D]藤田潤一[C]水町庸子／実演『エノケンの人間大砲』（続演）▼10・31・花つみ日記39 [P]東宝[D]石田民三[C]高峰秀子／東京の女性39 [P]東宝[D]伏水修[C]原節子／実演『日劇バレー プリンス・イゴール』[C]日劇ダンシング・チーム▼11・10・若い仲間39 [P]東宝[D]佐藤武[C]里見藍子／リボンを結ぶ夫人39 [P]東宝[D]山本薩夫[C]入江たか子／実演『プリンス・イゴール』（続演）▼11・21・雪割草39 [F]東宝[P]宝塚映画[D]松井稔[C]東雲千鶴子／乙女の曲38米[P]パラマウント[D]アンドリュー・L・ストーン[C]オランプ・プラドナ／実演『プリンス・イゴール』（続演）▼11・30・白蘭の歌 前篇・後篇39 [P]東宝[D]渡辺邦男[C]長谷川一夫、李香蘭／実演『乙女と兵隊』[C]李香蘭、日劇ダンシング・チーム▼12・13・空想部落39 [F]東宝[P]南旺映画[D]千葉泰樹[C]千田是也／金語樓の親爺三重奏39 [P]東宝[D]小國英雄[C]柳家金語楼／実演『朝鮮レヴュウ』[C]金安羅、日劇ダンシング・チーム▼12・20・君を呼ぶ歌39 [P]東宝[D]伏水修[C]月田一郎／新編 丹下左膳 隻眼の巻39 [P]東宝[D]中川信夫[C]大河内傳次郎／実演『朝鮮レヴュウ』（続演）▼12・29・御存知東男39 [P]東宝[D]滝沢英輔[C]長谷川一夫／実演『エノケンの大陸の花聟』[C]エノケン一座

【1940年（昭和15年）】

▼1・1・エンタツ・アチャコ・虎造の 初笑ひ國定忠治39 [P]東宝[D]斎藤寅次郎[C]横山エンタツ、花菱アチャコ、広沢虎造／実演『エノケンの大陸の花聟』（続演）▼1・4・ロッパの新婚旅行40 [P]東宝[D]山本嘉次郎[C]古川緑波／実演『エノケンの大陸の花聟』（続演）▼1・7・エノケンの彌次喜多39 [P]東宝[D]中川信夫[C]榎本健一、二村定一／実演『エノケンの大陸の花聟』（続演）▼1・11・新編 丹下左膳 戀車の巻40 [P]東宝[D]萩原遼[C]大河内傳次郎／雲月の九段の母40 [P]東宝[D]渡辺邦男[C]天中軒雲月／（12日より）大相撲日報／実演『踊る日劇』[C]日劇ダンシング・チーム▼1・18・光と影 前篇・後篇40 [P]東宝[D]島津保次郎[C]大日方傳／大相撲日報／実演『踊る日劇』（続演）▼1・25・格子なき牢獄38仏[F]三映社[P]A・ブレスビュルジェ[D]レオニード・モギー[C]コリンヌ・リュシエール／実演『第一回 日劇藝能祭』[C]日劇ダンシング・チーム▼1・31・秀子の應援團長40 [F]東宝[P]南旺映画[D]千葉泰樹[C]高峰秀子／仇討ごよみ40 [P]東宝[D]近藤勝彦[C]長谷川一夫／実演『日劇藝能祭』（続演）▼2・7・東遊記40 [F]東宝[P]東宝、満洲映画協会[D]大谷俊夫[C]李香蘭／眞紅の森39米[P]コロムビア[D]チャールズ・ヴィダー[C]ジーン・パーカー／実演『春の歌合戰』[C]ロッパ青春部隊▼2・14・お轉婆社長40 [P]東宝[D]藤田潤一[C]江戸川蘭子／化粧雪40 [P]東宝[D]石田民三[C]山田五十鈴／実演『春の歌合戰』（続演）▼2・21・春よいづこ40 [P]東宝[D]渡辺邦男[C]藤山一郎／男對男39米[P]コロムビア[D]エドワード・ルドウィグ[C]ランドルフ・スコット／実演『歌謡曲とタンゴバンド』[C]渡辺はま子、櫻井潔とその楽団▼2・28・遙かなる弟40 [P]東宝[D]矢倉茂雄[C]丸山定夫／快速部隊40 [P]東宝[D]安達伸男[C]佐伯秀男／実演『日劇名曲オーケストラ』[C]指揮：クラウス・スプリングスハイム▼3・6・彦六なぐらる40 [F]東宝[P]南旺映画[D]千葉泰樹[C]徳川夢声／雲月の鈴蘭の妻40 [P]東宝[D]藤田潤一[C]天中軒雲月／実演『祭』[C]日劇ダンシング・チーム▼3・13・ロッパの駄々ッ子父ちゃん40 [P]東宝[D]斎藤寅次郎[C]古川緑波／実演『春の大學祭』[C]エノケン一座、武智豊子▼3・20・妻の場合 前篇40 [P]東宝[D]佐藤武[C]入江たか子／実演『春の大學祭』（続演）▼3・27・エノケンのざんぎり金太40 [P]東宝[D]山本嘉次郎[C]榎本健一／妻の場合 後篇40 [P]東宝[D]佐藤武[C]入江たか子／実演『祭』（再演）▼4・3・蛇姫様40 [P]東宝[D]衣笠貞之助[C]長谷川一夫／実演『踊る益田隆』[C]日劇ダンシング・チーム▼4・17・蛇姫様（続映）／実演『八重山群島』[C]日劇ダンシング・チーム▼4・24・忘却の沙漠へ38仏、独[F]東和商事[P]ACE、ウーファ[D]ジャック・ド・バロンセリ[C]ジャン・ピエール・オーモン／そよ風父と共に40 [P]東宝[D]山本薩夫[C]高峰秀子／実演『八重山群島』（続演）▼5・1・新妻鏡 前篇40 [P]東宝[D]渡辺邦男[C]山田五十鈴／ロンドン爆撃38英[F]日本映画貿易[P]アソシエイテッド・ブリティッシュ[D]オーブレイ・バーリン（短編映画）／実演『日劇オペラ マダム・バタフライ』[C]三浦環▼5・8・新妻鏡 後篇40 [P]東宝[D]渡辺邦男[C]山田五十鈴／銀翼の乙女40 [P]東宝[D]藤田潤一[C]霧立のぼる／（10日より）大相撲日報／実演（7日より）『田園

狂詩曲』🄲日劇ダンシング・チーム▼5・15・豪傑人形40 🄿東宝🄳岡田敬🄲清水金一／エノケンの誉れの土俵入40 🄿東宝🄳中川信夫🄲榎本健一／大相撲日報／実演『日劇名曲オーケストラ』🄲三浦環▼5・22・海軍爆撃隊40 🄿東宝🄳木村荘十二🄲手塚勝巳／姉の出征40 🄿東宝🄳近藤勝彦🄲高峰秀子／大相撲日報（24日迄）／実演『小唄と映画模写 初夏の魅惑』🄲柳家三亀松▼5・29・女學生と兵隊40 🄵東宝🄿宝塚映画🄳松井稔🄲月野花子／幡随院長兵衛40 🄿南旺映画、前進座🄳千葉泰樹🄲河原崎長十郎／実演『金語楼の放浪者』🄲金語楼劇団▼6・5・支那の夜 前篇・後篇40 🄿東宝、中華電影公司🄳伏水修🄲長谷川一夫／実演『金語楼の愛妻かつら』🄲金語楼劇団▼6・26・エノケンのワンワン大将40 🄿東宝🄳中川信夫🄲榎本健一／金語楼の噫無情40 🄿東宝🄳渡辺邦男🄲柳家金語楼／実演『日劇名曲オーケストラ』🄲日劇管弦楽団▼7・3・釣鐘草40 🄿東宝🄳石田民三🄲高峰秀子／嵐に咲く花40 🄿東宝🄳萩原遼🄲大河内傳次郎／実演『櫻井潔とその樂團』🄲東洋子、『戰場回顧』（7日のみ）🄲西村小楽天▼7・10・ハモニカ小僧40 🄿東宝🄳斎藤寅次郎🄲川田義雄／虎造の荒神山40 🄿東宝🄳青柳信雄🄲黒川彌太郎／実演『軽音樂アルバム』🄲中野忠晴とコロムビア・リズム・ボーイ▼7・17・妻の素顔40 🄿東宝🄳佐藤武🄲高田稔／女の街40 🄿東宝🄳今井正🄲原節子／実演『踊る葉村みき子』🄲日劇ダンシング・チーム▼7・24・電撃息子40 🄿東宝🄳中川信夫🄲清水金一／南風交響楽40 🄵東宝🄿南旺映画🄳高木孝一🄲丸山定夫／実演『踊る葉村みき子』（続演）▼7・31・屋根裏の花嫁40 🄿東宝🄳矢倉茂雄🄲霧立のぼる／小島の春40 🄵東宝🄿東京発声🄳豊田四郎🄲夏川静江／実演『日劇名曲オーケストラ』🄲東宝交響楽団▼8・7・屋根裏の花嫁（続映）／小島の春（続映）／実演『小さな日劇』🄲日劇ダンシング・チーム▼8・14・續蛇姫様40 🄿東宝🄳衣笠貞之助🄲長谷川一夫／実演『日劇西遊記』🄲日劇ダンシング・チーム▼9・1・さつまいも太平記40 🄿東宝🄳岡田敬🄲花井蘭子／二人の世界40 🄿東宝🄳島津保次郎🄲原節子／実演『日劇名曲オーケストラ』🄲東宝交響楽団▼9・11・白蘭の歌（新版）40 🄿東宝🄳渡辺邦男🄲長谷川一夫、李香蘭／ひよこの誕生（文化映画）／実演『琉球と八重山』🄲東宝舞踊隊（日劇ダンシング・チームから改称）▼9・17・祖国に告ぐ37独🄵日本映画貿易🄿ウーファ🄳カール・リッター🄲マチアス・ヴィーマン／太陽の都40 🄿東宝🄳滝沢英輔🄲岡譲二／実演『琉球と八重山』（続演）▼9・24（12：00、15：00）［特別有料試写会］燃ゆる大空40 🄿東宝、映画科学研究所🄳阿部豊🄲大日方傳▼9・25・燃ゆる大空（通常興行）／実演『燃ゆる大地 台湾』（山の巻）』🄲東宝舞踊隊▼10・9・燃ゆる大空（続映）／南部鋳造工業40 🄵東宝🄿十字屋映画部🄳岩佐氏寿（記録映画）／実演『アルプス遭難記』🄲清水金一▼10・16・隣組の合唱40 🄿東宝🄳近藤勝彦🄲徳川夢声／実演『エノケンの南進日本』🄲エノケン一座▼10・23・闘ふ男40 🄿東宝🄳石田民三🄲岡譲二／わが海軍40 🄿東宝 指導：海軍軍事普及部／日本ニュース／実演『エノケンの南進日本』（続演）▼10・30・大日向村40 🄵東宝🄿東京発声🄳豊田四郎🄲河原崎長十郎／知られざる人々40 🄵東宝🄿藝術映画社🄳浅野辰雄（文化映画）／日本ニュース／実演『エノケンの南進日本』（続演）▼11・6・孫悟空40 🄿東宝🄳山本嘉次郎🄲榎本健一／実演『日向』🄲東宝舞踊隊▼11・20・嶮の戰場40 🄵東宝🄿宝塚映画🄳清瀬英次郎🄲月丘夢路／明朗五人男40 🄿東宝🄳斎藤寅次郎🄲川田義雄／実演『日向』（続演）▼11・26・閣下40 🄿東宝🄳今井正🄲大河内傳次郎／姑娘《クーニャン》の凱歌40 🄿東宝🄳佐藤武🄲山根寿子／実演『泰國 舞踊の試み』🄲東宝舞踊隊▼12・4・まごころ親爺40 🄿東宝🄳藤田潤一🄲柳家金語楼／蔦40 🄿東宝🄳萩原遼🄲山田五十鈴／実演『ローエングリン 白鳥別れの場』🄲カール・ハルトマン▼12・11・娘時代40 🄿東宝🄳青柳信雄🄲櫻町公子／実演『エノケンの人情馬子唄』🄲エノケン一座▼12・18・親子鯨40 🄿東宝🄳斎藤寅次郎🄲川田義雄／実演『エノケンの人情馬子唄』（続演）▼12・25・熱砂の誓ひ 前篇・後篇40 🄿東宝🄳渡辺邦男🄲長谷川一夫、李香蘭／アルプス戦線四日間（記録映画）

【1941年（昭和16年）】

▼1・4・エノケン・虎造の春風千里41 🄿東宝🄳石田民三🄲榎本健一、広沢虎造／実演『サーカスの人氣者』🄲エノケン一座▼1・9・昨日消えた男41 🄿東宝🄳マキノ正博🄲長谷川一夫／実演『サーカスの人氣者』（続演）▼1・18・兄の花嫁41 🄿東宝🄳島津保次郎🄲高田稔／実演『東洋バレー プリンス・イゴール（韃靼人の踊り）』🄲東宝舞踊隊▼1・24・曉の進發41 🄿東宝🄳中川信夫🄲大日方傳／後樂園スポーツシネマ 相撲映画大會（23日より）／実演『日劇名曲オーケストラ』🄲東宝交響楽団▼1・29・金語樓のお醫者さん41 🄿東宝🄳岡田敬🄲柳家金語楼／昭和十六年

春場所記錄國技大相撲才一部激闘前半戰[F]萬国映画[P]大日本相撲協会映画部▼2・5・大地に祈る41[F]東宝[P]東京発声[D]村田武雄[C]里見藍子／昭和十六年春場所記錄國技大相撲 後半 鍛錬精華篇／実演『雪国』[C]東宝舞踊隊▼2・11・島は夕やけ41[P]東宝[D]小田基義[C]若原春江／蘭印探訪記41[F]東宝[P]大毎・東日映画部 構成：開田靖一（記録映画）／実演『歌ふ李香蘭』[C]李香蘭▼2・18・新編 坊っちゃん41[P]東宝[D]渡辺邦男[C]岡讓二／信濃風土記より 小林一茶41[P]東宝文化映画部[D]亀井文夫 解説：徳川夢声／厚生列車41[P]松竹文化映画部[D]太田皓一／実演『朝鮮バレー春雷』[C]東宝舞踊隊▼2・26・子寶夫婦41[P]東宝[D]斎藤寅次郎[C]徳川夢声／ニュース映画發達史 躍進のあと41[F]東宝[P]朝日新聞社、朝日映画 監修：眞名子兵太 解説：生駒雷遊、中村茂、竹脇昌作（記録映画）／実演『日劇名曲オーケストラ』[C]東宝交響楽団▼3・1・3・2 子寶夫婦（続映）／ニュース映画發達史 躍進のあと（続映）／実演『泰國舞踊集』[C]東宝舞踊隊▼3・5・流旅《りゅうりょ》の人々41[F]東宝[P]南旺映画、第一協団[D]高木孝一[C]河津清三郎／舳倉島41[P]東宝文化映画部[D]中村敏郎 解説：中村伸郎（文化映画）／戰陣訓[P]日本ニュース／実演『マーチ・ド・アトラクション 大陸の印象』[C]渡辺はま子とその楽団▼3・11・馬41[P]東宝[D]山本嘉次郎[C]高峰秀子／実演『吾輩は馬である』[C]澄川久（腹話術）▼3・26・家光と彦左41[P]東宝[D]マキノ正博[C]長谷川一夫、古川緑波／実演『熱砂の誓ひ』[C]川田義雄とミルク・ブラザアス▼4・9・をり鶴七変化41[P]東宝[D]石田民三[C]長谷川一夫／実演『子供レヴュウ 祝入學』[C]東宝舞踊隊▼4・16・女性新装41[F]東宝[P]南旺映画[D]千葉泰樹[C]夏川大二郎／実演『朝鮮の春』[C]東宝舞踊隊▼4・22・人生は六十一から41[P]東宝、吉本興業[D]斎藤寅次郎[C]横山エンタツ、花菱アチャコ／白墨41[P]大毎東日映画部[D]渥美輝男[C]澤勝彦（短篇）／実演『朝鮮の春』（続演）▼5・1・白鷺41[P]東宝[D]島津保次郎[C]入江たか子／冬季漁業41[P]十字屋映画部[D]桑野茂（文化映画）▼5・14・雲月の妹の歌41[P]東宝[D]石田民三[C]天中軒雲月／実演『南米小品』益田隆、東宝舞踊隊▼5・21・阿波の踊子41[P]東宝[D]マキノ正博[C]入江たか子／実演『南米小品』（続演）▼5・27・阿波の踊子（続映）／実演『ヤップ島』[C]東宝舞踊隊▼6・3・解決41[P]東宝[D]滝沢英輔[C]江川宇礼雄／実演『ヤップ島』（5日迄続演）、6日より『維納レヴュウ ワルツ』[C]東宝舞踊隊▼6・10・歌へば天國41[P]東宝[D]山本薩夫、小田基義[C]古川緑波／ラインランドの葡萄作り 独[F]東和商事[P]ドイツ国有鉄道（短編文化映画）／実演『ワルツ』（続演）▼6・18・虞美人草41[P]東宝[D]中川信夫[C]霧立のぼる／実演『日劇花柳をどり』[C]東宝舞踊隊▼6・25・素晴らしき金鉱41[P]東宝[D]斎藤寅次郎[C]柳家金語樓／ムツソリニア37伊[F]国光映画[P]イスティトゥート・ルーチェ（記録映画）／実演『三浦環女史獨唱會』▼7・1・上海の月41[P]東宝、中華電影[D]成瀬巳喜男[C]山田五十鈴▼7・15・闘魚41[P]東宝[D]島津保次郎[C]里見藍子／実演『南の音樂』[C]東宝声楽隊▼7・23・維新前夜41[F]東宝[P]大宝映画[D]渡辺邦男[C]岡讓二／日本の氷河41[F]大日本文化映画協会[P]松竹文化映画製作所[D]恒吉忠康（文化映画）／実演『ハルビン・ストーリン・バレー團』▼7・30・結婚の生態41[F]東宝[P]南旺映画[D]今井正[C]夏川大二郎／実演『ハルビン・ストーリン・バレー團』（続演）▼8・7・巷に雨の降るごとく41[P]東宝[D]山本嘉次郎[C]榎本健一／実演『黑い天使』[C]東宝舞踊隊▼8・14・雪子と夏代41[P]東宝[D]青柳信雄[C]入江たか子、山田五十鈴／実演『色彩交響樂』[C]東宝舞踊隊▼8・21・男子有情41[F]東宝[P]大宝映画[D]石田民三[C]岡讓二／実演『白鳥の湖』[C]オリガ・サファイヤ、東宝舞踊隊▼8・27・女學生記41[F]東宝[P]東京発声[D]村田武雄[C]高峰秀子／実演『オペレット 聯隊の娘』[C]東宝楽劇団▼9・3・赤い手の娘達41[P]東宝[D]小田基義[C]桜町公子／起ち上る泰41[P]大毎・東日映画部[D]開田靖一（記録映画）／実演『聯隊の娘』（3日迄続演）、4日より『ハルビン・ストーリン・バレー團 訣別公演』▼9・7・エノケンの爆彈兒41[P]東宝[D]岡田敬[C]榎本健一／起ち上る泰（続映）／実演『ハルビン・ストーリン・バレー團 訣別公演』（続演）▼9・17・秀子の車掌さん41[F]東宝[P]南旺映画[D]成瀬巳喜男[C]高峰秀子／新しき翼41[P]東宝文化映画部 指導：陸軍航空本部、構成：米山彊、後援：三菱重工業、映画科学研究所（記録映画）／実演『日劇ステージ・パノラマ 爆擊』[C]東宝舞踊隊▼9・23・黑い瞳の女39アルゼンチン[F]東宝[P]ルミトーン[D]マヌエル・ロメロ[C]サビーナ・オールモス／実演『爆擊』（23日迄続演）、24日より『櫻井潔とその樂團』▼10・4・指導物語41[P]東宝[D]熊谷久虎[C]丸山定夫／実演『東寶慰問隊物語』[C]東宝舞踊隊▼10・8・指導物語（続映）／実演『想星湖』[C]東宝舞踊隊▼10・14・白鷺（再映）41[P]東宝[D]島津保次郎🄲入江たか子▼10・18‐昨日消えた男（再映）41🄿東宝🄳マキノ正博🄲長谷川一夫／実演『五人三番叟』🄲東宝舞踊隊▼10・22‐南十字星41🄿宝塚映画🄳松井稔🄲月丘夢路／土に生きる41🄵東宝🄿日本映画社🄳三木茂🄲解説：徳川夢声（記録映画）／実演『五人三番叟』（26日迄続演）、27日より『志願兵』🄲東宝舞踊隊▼10・28‐淅東作戰譜41🄿大日本写真貿易映画部 監修：安藤太郎（記録映画）／薔薇のタンゴ39アルゼンチン🄵東宝🄿ソーノ・フィルム🄳ルイス・サスラヴスキー、ジョン・アルトン🄲リベルタ・ラマルケ／実演『志願兵』（続演）▼11・7‐わが愛の記41🄵東宝🄿東京発声🄳豊田四郎🄲遠藤慎吾／実演『日劇バレー ルースカヤ』🄲オリガ・サファイヤ▼11・15‐八十八年目の太陽41🄿東宝🄳滝沢英輔🄲大日方傳／実演『日劇バラエティ』🄲田中福夫とその楽団▼11・24‐11・25 八十八年目の太陽（続映）／淡路人形芝居41🄵日本映画社🄿中央映画🄳坂本爲之（文化映画）▼11・26‐八十八年目の太陽（続映）／働く少年少女🄿東宝文化映画部 構成：伊東壽惠男（文化映画）／実演『おもちゃの裁判』🄲劇団東童▼11・29‐川中島合戰41🄿東宝🄳衣笠貞之助🄲市川猿之助／実演『剣舞鞭聲肅々』🄲東宝舞踊隊▼12・16‐実演『柳家金語樓劇團公演』▼12・30‐長谷川・ロッパの男の花道41🄿東宝🄳マキノ正博🄲長谷川一夫、古川緑波／実演『大爆撃』🄲東宝舞踊隊

【1942年（昭和17年）】 4月1日より紅系封切劇場となる

▼1・7‐武蔵坊辨慶42🄿東宝🄳渡辺邦男🄲岡譲二／バルカン電撃戰🄿日本映画社（記録映画）／実演『舞踊劇 鷲』🄲東宝舞踊隊▼1・14‐希望の青空42🄿東宝🄳山本嘉次郎🄲高峰秀子／実演『舞踊劇 鷲』（続演）▼1・26（18：00）［『ハワイ大海戰』『マレー沖の凱歌』發表大演奏會］歌曲・行進曲演奏：海軍軍楽隊／戰況ニュース／海鷲42🄵日本映画社🄿芸術映画社🄳井上莞▼1・27‐1・30 実演『必勝浪曲大會』🄲広沢虎造、他▼1・31‐清水次郎長（再映）38🄿東宝🄳萩原遼🄲大河内傳次郎／実演『華やかな進駐』🄲東宝舞踊隊▼2・4‐白い壁画42🄿東宝🄳千葉泰樹🄲高田稔／或る保姆の記録42🄿藝術映画社🄳水木荘也／実演『琉球と八重山』🄲東宝舞踊隊▼2・14‐青春の氣流42🄿東宝🄳伏水修🄲原節子／珠江《シュコウ》42🄵日本映画社🄿芸術映画社、中華電影股份有限公司🄳石本統吉、亀田利喜夫、八名正（文化映画）／実演『民族舞踊 奄美大島の花嫁』🄲東宝舞踊隊▼2・24‐日本ニュース／実演［祝勝吉本実演大會］『エンタツ・アチャコの駕屋さん』🄲漫才＝芳江・三五郎、他▼3・1‐実演［第一回日劇藝能大會］『荒鷲部隊』🄲清水金一、『勧進帳』🄲神田三朗、『カルメン』🄲齋田優子▼3・7‐將軍と参謀と兵42🄿日活🄳田口哲🄲阪東妻三郎／戰ふ兵團42🄿中華電影、日本映画社 監修：支那派遣軍報道部 編集：柴山郁美（長沙作戦の記録映画）／実演『富士山』（再演）🄲東宝舞踊隊▼3・20‐若い先生42🄿東宝🄳佐藤武🄲原節子／実演『薩摩組曲』🄲東宝舞踊隊▼3・27‐宮本武藏 一乗寺決闘42🄿日活🄳稲垣浩🄲片岡千惠蔵／光學兵器 我等の兵器陣42🄿理研科学映画社 指導：陸軍兵器本部🄳安積幸二（文化映画）▼4・1‐緑の大地42🄿東宝🄳島津保次郎🄲入江たか子／オロチヨン島（文化映画）▼4・16‐母よ嘆く勿れ42🄿新興キネマ🄳深田修造🄲浦辺粂子／実演『日劇都をどり』🄲東宝舞踊隊▼4・23‐間諜未だ死せず42🄿松竹🄳吉村公三郎🄲佐分利信／実演『日劇都をどり』（続演）▼4・30‐兄とその妹（新版）39🄿松竹🄳島津保次郎🄲三宅邦子／実演『日劇ショウ 魔術の春』🄲東宝奇術倶楽部▼5・7‐南から歸った人42🄿東宝🄳斎藤寅次郎🄲古川緑波／実演『日劇ショウ 魔術の春』（続演）▼5・14‐維新の曲42🄿大映🄳牛原虚彦🄲阪東妻三郎／実演『日劇ショウ 魔術の春』（続演）▼5・21‐南海の花束42🄿東宝🄳阿部豊🄲大日方傳／東郷元帥と日本海軍42🄵映画配給社🄿光音文化映画製作所 構成：柏原勝（文化映画）／ニュース コレヒドール島陥落／実演『海軍と音楽』▼5・28‐婚約三羽鳥37🄿松竹🄳島津保次郎🄲佐野周二／特別攻撃隊42🄵映画配給社🄿日本映画社 監修：海軍省（文化映画）／実演『海軍と音楽』（31日迄続演）、6・1‐6・3『歌劇アルルの女』▼6・4‐山参道42🄿大映🄳島耕二🄲中田弘二／君は操縦者になれるか42🄵映画配給社🄿東宝文化映画部🄳稲葉義信 解説：丸山章治（文化映画）／実演『東亞の組曲』🄲櫻井潔楽団▼6・11‐婦系圖42🄿東宝🄳マキノ正博🄲長谷川一夫／実演『バレー 六段』▼6・18‐家族會議36🄿松竹キネマ🄳島津保次郎🄲佐分利信／実演『日本民族舞踊 飛驒の唄』🄲東宝舞踊隊▼6・25‐梅里先生行狀記 龍神剱42🄿東宝🄳滝沢英輔🄲大河内傳次郎／実演『夏と音樂』🄲田中福夫とその楽団▼7・2‐獨眼龍政宗42🄿大映🄳稲垣浩🄲片岡千惠蔵／大東亞建設の序曲42🄵映画配給社🄿日本映画社 監修：情報局 解説：北林厚／実演『日劇夏

のをどり』[C]東宝舞踊隊▼7・9・男の意氣42[P]松竹[D]中村登[C]上原謙／実演『日劇夏のをどり』（続演）▼7・16・続婦系圖42[P]東宝[D]マキノ正博[C]長谷川一夫／実演『日劇夏のをどり』（続演）▼7・23・母の歌38[P]松竹[D]佐々木康[C]田中絹代／実演『木蘭従軍』[C]東宝舞踊隊▼7・30・海猫の港42[P]大映[D]千葉泰樹[C]杉狂児／勤皇村記42[F]映画配給社[P]松竹文化映画製作所[D]荒井英郎（文化映画）／実演『バレー東洋舞曲「シヘラザーデ」より』[C]東宝舞踊隊▼8・6・誓ひの港42[P]松竹[D]大庭秀雄[C]徳大寺伸／実演『海の凱歌』『研辰の討たれ』[C]エノケン一座▼8・13・伊賀の水月42[P]大映[D]池田富保[C]阪東妻三郎／実演『海の凱歌』『研辰の討たれ』（続演）▼8・20・愛より愛へ38[P]松竹[D]島津保次郎[C]佐野周二／実演『海の凱歌』『研辰の討たれ』（続演）▼8・27・マレー戦記42[P]日本映画社、山下兵団報道班　構成：飯田心美（記録映画）／実演『初秋の音樂』[C]藤山一郎と藤山新楽団▼9・3・母の地圖42[P]東宝[D]島津保次郎[C]杉村春子／実演『日劇秋のをどり』[C]東宝舞踊隊▼9・10・お市の方42[P]大映[D]野淵昶[C]宮城千賀子／実演『日劇秋のをどり』（続演）▼9・17・ビルマ戦記42[P]日本映画社　監修：陸軍省（記録映画）／実演『紅葉と音樂　アルゼンチン・タンゴ名曲集』[C]淡谷のり子▼9・24・母は死なず42[P]東宝[D]成瀬巳喜男[C]入江たか子／造船所42[F]映画配給社[P]東宝文化映画部[D]西鉄平　解説：増田順二（文化映画）／実演『紅葉と音樂』（24日迄続演）、25日より『民族舞踊　祭の行列』▼10・1・鳥居強右ヱ門42[P]松竹[D]内田吐夢[C]小杉勇／実演『南の幻想』[C]ロッパ舞踊隊▼10・8・美しい横顔42[P]松竹[D]佐々木康[C]木暮実千代／実演『歌ふロッパ』[C]古川緑波▼10・15・豪傑系圖42[P]大映[D]岡田敬[C]柳家金語楼／帝國海軍勝利の記録42[P]日本映画社　監修：大本営海軍報道部（記録映画）／実演『歌ふロッパ』（続演）▼10・20（8：00）［特別試写会］希望音樂會40独[F]外国映画社[P]ウーファ[D]エデュアルト・フォン・ボルソディー[C]イルゼ・ウェルナー▼10・22・希望音樂會（通常興行）／実演『長内端とその樂團』[C]東宝楽劇団▼10・29・或る女42[P]松竹[D]渋谷実[C]田中絹代／実演『櫻井潔の音樂日記』[C]櫻井潔とその楽団▼11・2（10：00）［試写会］桃太郎の海鷲42[F]映画配給社[P]藝術映画社[D]瀬尾光世（アニメーション）／あひる陸戦隊42[P]藝術映画社[D]瀬尾光世（アニメーション）／マー坊の南海奮戰記42[P]佐藤映画製作所[D]千葉洋路／日本ニュース▼11・5・磯川兵助功名噺42[P]東宝[D]斎藤寅次郎[C]榎本健一／慈悲心鳥42[P]理研科学映画[D]下村兼史（文化映画）／実演『櫻井潔の音樂日記』（続演）▼11・12・愛國の花42[P]松竹[D]佐々木啓祐[C]木暮実千代／実演『バレー　薔薇の精』[C]東宝舞踊隊▼11・19・香港攻略　英國崩るるの日42[P]大映[D]田中重雄[C]宇佐美淳／実演『音樂進軍』[C]藤山新楽団▼11・26・出世太閤記38[P]日活[D]稲垣浩[C]嵐寛寿郎／実演『白秋の歌』[C]東宝舞踊隊▼12・3・ハワイ・マレー沖海戰42[P]東宝[D]山本嘉次郎[C]伊東薫／実演『海道東征』[C]東宝舞踊隊▼12・11・京洛の舞42[P]松竹[D]野村浩将[C]阪東壽三郎／実演『民族舞踊　三河花祭』[C]東宝舞踊隊▼12・19・山まつり梵天唄《ぼんでんうた》42[P]東宝[D]石田民三[C]黒川彌太郎／実演『民族舞踊　三河花祭』（続演）▼12・27・富士に立つ影42[P]大映[D]池田富保、白井戦太郎[C]阪東妻三郎／実演『歌と人形と音樂』[C]灰田勝彦と南の楽団

【1943年（昭和18年）】

▼1・1・富士に立つ影（続映）／実演『音樂は樂し』[C]エノケン一座▼1・3・成吉思汗43[P]大映[D]牛原虚彦、松田定次[C]戸上城太郎／実演『音樂は樂し』（続演）▼1・8・湖畔の別れ43[P]松竹[D]中村登[C]花柳小菊／実演『音樂は樂し』（続演）▼1・14・開戰の前夜43[P]松竹[D]吉村公三郎[C]田中絹代／実演『阿片戰争』[C]東宝舞踊隊▼1・21・聖戰愛馬譜　曉に祈る（再映）40[P]松竹[D]佐々木康[C]田中絹代／実演『踊る日劇』[C]東宝舞踊隊▼1・28・女のたたかひ43[P]大映[D]萩野頼三、小崎政房[C]相馬千恵子／國技大相撲　前篇　必勝敢闘篇（30日迄）／（31日より）國技大相撲　後篇　鍛錬成果篇／実演『タイの音樂と舞踊』[C]三橋蓮子、東宝舞踊隊▼2・4・ふるさとの風43[P]松竹[D]市川哲夫[C]小杉勇／実演『踊る日劇』（再演）▼2・11・歌行燈43[P]東宝[D]成瀬巳喜男[C]山田五十鈴／農聖尊徳43[F]映画配給社[P]都商会文化映画部[D]長尾史録（文化映画）／実演『海道東征』[C]東宝舞踊隊▼2・18・續清水港40[P]日活[D]マキノ正博[C]片岡千恵蔵／実演『八重山乙女』[C]東宝舞踊隊▼2・25・ハナ子さん43[P]東宝[D]マキノ正博[C]轟夕起子／東大寺43[P]横浜シネマ商会　構成：青地忠三（文化映画）／実演『八重山乙女』（続演）▼3・4・華かなる幻想43[P]大映[D]佐伯幸三[C]水島道太郎／実演『敵都大爆擊』[C]東宝舞踊隊▼3・11・家に三男二女あり43[P]松竹[D]瑞穂春海[C]笠智衆／基地の

建設 海軍報道班員現地報告第一輯43 [P]日本映画社[D]桑野茂、上田勇（文化映画）／日本ニュース／実演『敵都大爆撃』（続演）▼3・18・音樂大進軍43 [P]東宝[D]渡辺邦男[C]古川緑波／実演『さくら行進曲』[C]櫻井潔楽団▼3・25・姿三四郎43 [P]東宝[D]黒澤明[C]藤田進／実演『スペインの音樂師』[C]淡谷のり子▼4・1・敵機空襲43 [P]松竹[D]野村浩将、吉村公三郎、渋谷実[C]田中絹代／放送演奏室43 [P]理研科学映画社[D]西尾佳雄（文化映画）／日本ニュース／実演『日劇都をどり』[C]東宝舞踊隊▼4・8・兵六夢物語43 [P]東宝[D]青柳信雄[C]榎本健一／驥北の仔 生ひ立ちの記43 [P]朝日映画社[D]三枝源次郎 解説：徳川夢声（文化映画）／日本ニュース／実演『日劇都をどり』（続演）▼4・15・望樓の決死隊43 [P]東宝[D]今井正[C]高田稔／この彈丸 戰ふ日本43 [F]映画配給社[P]日本映画社[D]渡辺義美／実演『日劇都をどり』（続演）▼4・22・家43 [P]松竹[D]倉谷勇[C]小杉勇／くもとちゅうりっぷ43 [F]松竹[P]松竹動画研究所[D]政岡憲三（アニメーション）／少國民進軍歌43 [P]毎日新聞社 企画：軍事保護院（記録映画）／日本ニュース／実演『民族舞踊 薩摩と長崎』[C]東宝舞踊隊▼4・28 休場▼4・29・あさぎり軍歌43 [P]東宝[D]石田民三[C]坂東好太郎／山西の土地と民43 [F]映画配給社[P]日本映画社[D]太田仁吉、奥山大六郎、橋本正（記録映画）／ニュース第一五一號／実演『民族舞踊 薩摩と長崎』（続演）▼5・6・シンガポール総攻撃43 [P]大映[D]島耕二[C]中田弘二／実演『樂しき満洲』[C]東宝舞踊隊▼5・13・宮本武藏 二刀流開眼43 [P]大映[D]伊藤大輔[C]片岡千惠蔵／新生廣東43 [P]朝日新聞社[D]木村次郎（文化映画）／ニュース第一五三號／実演『樂しき満洲』（続演）▼5・20・むすめ43 [P]松竹[D]大庭秀雄[C]上原謙／高原の村43 [P]旭日映画社[D]東隆史 指導：農林省（記録映画）／ニュース第一五四號／実演『樂しき満洲』（続演）、『雪姫組曲』[C]東宝舞踊隊▼5・27・海ゆかば43 [P]大映[D]伊賀山正徳[C]滝口新太郎／（29日より）昭和18年春場所國技大相撲 後半 鍛錬成果篇43 [P]大日本相撲協会映画部／実演『輝く海軍』[C]東宝管弦楽団▼6・3・海軍戰記43 [P]日本映画社 監修：海軍省（記録映画）／昭和18年春場所國技大相撲 前半 必勝敢闘篇43 [P]大日本相撲協会映画部／ニュース第一五六號／実演『ジャワ敵前上陸報告』[C]松井翠声▼6・5 休場▼6・10・若き日の歡び43 [P]東宝[D]佐藤武[C]原節子／大型焼夷彈43 [P]理研科学映画社[D]服部眞砂雄（記録映画）／ニュース第一五七號／実演『踊る益田隆』[C]東宝舞踊隊▼6・17・男43 [P]東宝[D]渡辺邦男[C]岡讓二／ニュース第一五八號／実演『踊る益田隆』（続演）▼6・24・マライの虎43 [P]大映[D]古賀聖人[C]中田弘二／軍馬を護る43 [P]皇国文化映画 監修：陸軍獣医学校（記録映画）／ニュース第一五九號／実演『バレー週間』「ファウスト」[C]益田隆、「白蛇伝」[C]三橋蓮子▼7・1・サヨンの鐘43 [P]松竹、満洲映画協会、台湾総督府[D]清水宏[C]李香蘭／空襲と救護43 [P]朝日映画社[D]中山良夫／ニュース第一六〇號／実演『夏のおどり予告篇』[C]東宝舞踊隊▼7・8・大陸新戰場 浙贛作戦の記録43 [P]日本映画社、中華電影公司 監修：陸軍省報道部（記録映画）／「漫画映画決戦大會」フクちゃんの増産部隊／お山の防空陣／お猿三吉闘ふ潜水艦／ナカヨシ行進曲／マー坊の落下傘部隊／仔馬43 [P]山口シネマ 構成：森山一雄（文化映画）／ニュース第一六一號／実演『夏のおどり』[C]東宝舞踊隊▼7・15・名人長次彫43 [P]東宝[D]萩原遼[C]長谷川一夫／我が本土を狙ふもの43 [P]朝日映画社 構成：河東与志（文化映画）／ニュース第一六二號／実演『夏のおどり』（続演）▼7・22・決闘般若坂43 [P]大映[D]伊藤大輔[C]片岡千惠蔵／上海海軍特別陸戦隊43（記録映画）／ニュース第一六三號／実演『夏のおどり』（続演）▼7・29・花咲く港43 [P]松竹[D]木下惠介[C]上原謙／公魚《わかさぎ》43 [P]三幸商會 構成：久保田晴生（記録映画）／ニュース第一六四號／実演『夏のおどり』（続演）▼8・5・我が家の風43 [P]大映[D]田中重雄[C]月丘夢路／女子青年隊の報告43 [P]日本文化映画社[D]木村普門（記録映画）／ニュース第一六五號／実演『南方みやげ』[C]藤山一郎▼8・12・をぢさん43 [P]松竹[D]渋谷実、原研吉[C]河村黎吉／必勝への誓ひ43 [P]理研科学映画社[D]服部眞砂雄（文化映画）／ニュース第一六六號／実演『日劇音樂會』[C]東京交響楽団▼8・19・誓ひの合唱43 [P]東宝、満洲映画協会[D]島津保次郎[C]李香蘭／常に戰場に在り43 [P]日本映画社[D]松村清四郎（山本元帥国葬の記録映画）／ニュース第一六七號／実演『音樂五十年史』[C]藤山新楽団、『項羽と虞姫』[C]東宝舞踊隊▼8・26・結婚命令43 [P]大映[D]沼波功雄[C]中田弘二／音は生きてゐる43 [P]日本映画社[D]佐藤博一（文化映画）／ニュース第一六八號／実演『音樂五十年史』『項羽と虞姫』（続演）▼9・2・世界に告ぐ40独[F]外国映画社[P]トビス[D]ハンス・シュタインホフ[C]エミール・ヤニングス／北の健兵43 [P]藝術映画社[D]井上莞（文化映画）／ニュース第一六九號／実演『音樂五十年史』『項羽と虞姫』（続演）▼9・9・マリア・ルーズ號事件 奴隷船43P大映D丸根賛太郎C市川右太衛門／山に戦ふ43P電通映画社D赤佐正浩（文化映画）／ニュース第一七〇號／実演『歌の花籠』C高峰秀子▼9・16・決戦の大空へ43P東宝D渡辺邦男C高田稔／空征く少年通信兵43P朝日映画社 解説：徳川夢声（文化映画）／ニュース第一七一號／実演『空征かば』C東宝舞踊隊▼9・23・愛機南へ飛ぶ43P松竹D佐々木康C佐分利信／生駒山滑空場43P加治商会D相良久、萩村正光（文化映画）／ニュース第一七二號／実演『空征かば』（続演）▼9・30・虎彦龍彦43P東宝D佐藤武C轟夕起子／海軍病院船43P日本映画社 監修：海軍省／ニュース第一七三號／実演『日劇秋のおどり予告篇』C東宝舞踊隊▼10・7・富士に誓ふ43P日本映画社 構成：小畑長蔵、監修：陸軍機甲本部（記録映画）／石油のボルネオ43P日本映画社 監修：大本営海軍報道部（文化映画）／供米記43P光音文化映画D東隆史（文化映画）／日本ニュース第一七四號／実演『日劇秋のおどり』C東宝舞踊隊▼10・14・熱風43P東宝D山本薩夫C藤田進／あなたの力 戦ふ日本第14輯43P日本映画社 監修：情報局／ニュース第一七五號／実演『日劇秋のおどり』（続演）▼10・21・進め独立旗43P東宝D衣笠貞之助C長谷川一夫／白茂線41P藝術映画社D森井輝雄（文化映画）／ニュース第一七六號／実演『日劇秋のおどり』（続演）▼10・28・無法松の一生43P大映D稲垣浩C阪東妻三郎／水防43P東亜発声映画D赤佐正治（文化映画）／ニュース第一七七號／実演『日劇秋のおどり』（続演）▼11・4・假面の舞踏43P松竹D佐々木啓祐C佐分利信／田植競争43P朝日映画社D岩下正巳（文化映画）／ニュース第一七八號／実演『日劇秋のおどり』（続演）▼11・11・重慶から來た男43P松竹D山本弘之C水島道太郎／私達の戦ひ43P理研科学映画社D菅沼完二（文化映画）／ニュース第一七九號／実演『日本赤十字』C東宝舞踊隊▼11・18・生きてゐる孫六43P松竹D木下恵介C上原謙／勝つ爲に（文化映画）／ニュース第一八〇號／実演『日本赤十字』（続演）▼11・26・秘めたる覚悟43P東宝D滝沢英輔C長谷川一夫／防空讀本 救護篇43P日本映画社 監修：東京市防衛局（文化映画）／ニュース第一八一號／実演『日本赤十字』（続演）▼11・27休場▼12・1・若き姿43P東宝、大映、松竹、朝鮮映画D豊田四郎C佐分利信／北の兵隊（文化映画）／ニュース第一八二號／実演『東洋バレー プリンス・イゴール』▼12・8・海軍43P松竹D田坂具隆C山内明／勝利の日まで43P日本映画社 監修：情報局（文化映画）／ニュース第一八三號／実演『戦ふ人形豫告篇』C東宝人形劇▼12・15・海軍（続映）／勝利の日まで（続映）／ニュース第一八四號／実演『戦ふ人形』C東宝人形劇▼12・22・海峡の風雲兒43P大映D仁科紀彦C嵐寛寿郎／炭43P理研科学映画社D東隆史（文化映画）／ニュース第一八五號／実演『新しき船出』C榎本健一一座▼12・29・浪曲忠臣藏43P東宝D石田民三C黒川彌太郎／北の航空基地43P理研科学映画社D大鶴日出夫（文化映画）／ニュース第一八六號／実演『新しき船出』（続演）

【1944年（昭和19年）】

▼1・3・おばあさん44P松竹D原研吉C飯田蝶子／北の航空基地（続映）／ニュース第一八七號／実演『花の翼』『かごや大福帳』C榎本健一一座▼1・8・勝鬨音頭44P松竹D大庭秀雄C小杉勇／この一冬44P電通映画社D中川順夫（文化映画）／ニュース第一八八號／実演『花の翼』『かごや大福帳』（続演）▼1・14・シドニー特別攻撃隊 菊池千本槍44P大映D池田富保、白井戦太郎C市川右太衛門／防毒面44P電通映画社D青戸隆幸（文化映画）／ニュース第一八九號／実演『花の翼』『かごや大福帳』（続演）▼1・21・韋駄天街道44P東宝D萩原遼C長谷川一夫／國土の固め44P理研科学映画社D山口順弘（文化映画）／ニュース第一九〇號／実演『日劇春のおどり』C東宝舞踊隊▼1・27・雛鷲の母44P大映D吉村廉C杉村春子／新しき郷土44P朝日映画社D永富映次郎（文化映画）／ニュース第一九一號／実演『日劇春のおどり』（続演）▼2・10・あの旗を撃て44P東宝D阿部豊C大河内傳次郎／爆風と彈片44P理研科学映画社D佐々木富美男（文化映画）／ニュース第一九三號▼2・17・天狗倒し44P松竹D井上金太郎C佐分利信／爆風と彈片（続映）／日本ニュース第一九四號／実演『バリー島』C東宝舞踊隊▼2・24・お馬は七十七万石44P大映D安田公義C戸上城太郎／治水記44P朝日映画社D坂本爲之（文化映画）／ニュース第一九五號／実演『バリー島』（続演）▼2・26休場

※3月5日、決戦非常措置要綱により劇場閉鎖。5月、東京宝塚劇場と日劇は陸軍風船爆弾工場となる

【1945年（昭和20年）】 11月22日、日劇再開場

▼11・22・歌へ！太陽45 🄵東宝🄳阿部豊🄲榎本健一／実演『グランドショウ ハイライト』🄲TDA（東宝ダンシングチーム・アソシエイション）▼12・6・ユーコンの叫び38米🄵日本映画貿易🄿リパブリック🄳B・リーブス・イースン🄲リチャード・アーレン／実演『グランドショウ ハイライト』（続演）▼12・13・あきれた連中36 🄿PCL🄳岡田敬、伏見修🄲花菱アチャコ／実演『踊るTDA』▼12・20・ウエヤ殺人事件38英🄵日本映画貿易🄿ゴーモン・ブリティッシュ🄳ロバート・スティーヴンソン🄲クライヴ・ブルック／実演『踊るTDA』（続演）▼12・27・東京五人男45 🄵東宝🄳斎藤寅次郎🄲横山エンタツ／実演『踊るTDA』（続演）

【1946年（昭和21年）】 ※以降の実演名は省略

▼1・13・檜舞台46 🄵東宝🄳豊田四郎🄲長谷川一夫▼1・31・明治の兄弟46 🄵大映🄳松田定次🄲片岡千恵蔵▼2・7・鉄腕ターザン38米🄵日本映画貿易🄳エドワード・カル🄲ハーマン・ブリクス▼2・14・陽氣な女46 🄵東宝🄳佐伯清🄲轟夕起子▼2・28・春の序曲43 米🄵セントラル🄿ユニヴァーサル🄳フランク・ボーゼージ🄲ディアナ・ダービン▼3・14・舞踏会の手帖37仏🄵三映社🄳ジュリアン・デュヴィヴィエ🄲マリー・ベル▼3・21・エノケンの誉れの土俵入40 🄵東宝🄳中川信夫🄲榎本健一▼3・28・浦島太郎の後裔46 🄵東宝🄳成瀬巳喜男🄲藤田進▼4・4・風雲のベンガル38米🄵セントラル🄿リパブリック🄳シドニー・サルコウ🄲パトリック・ノウルズ▼4・18・幸運の仲間46 🄵東宝🄳佐伯清🄲榎本健一▼4・25・民衆の敵46 🄵東宝🄳今井正🄲藤田進▼5・2・明日を創る人々46 🄵東宝🄳山本嘉次郎、黒澤明、関川秀雄🄲藤田進▼5・16・麗人46 🄵東宝🄳渡辺邦男🄲原節子▼5・23・母の曲 前篇・後篇37 🄵東宝🄳山本薩夫🄲岡譲二▼5・30・禁男の家36仏🄵三映社🄳ジャック・ドゥヴァル🄲ダニエル・ダリュー▼6・6・良人の貞操37 🄵東宝🄿PCL🄳山本嘉次郎🄲入江たか子▼6・13・俺もお前も46 🄵東宝🄳成瀬巳喜男🄲横山エンタツ▼6・21・望郷37仏🄵東和商事🄳ジュリアン・デュヴィヴィエ🄲ジャン・ギャバン▼6・27・人生とんぼ返り 46 🄵東宝🄳今井正🄲榎本健一▼7・4・僕の父さん46 🄵東宝🄳阿部豊🄲古川緑波▼7・11・或る夜の殿様46 🄵東宝🄳衣笠貞之助🄲長谷川一夫▼7・25・エンタツ・アチャコの忍術道中記39 🄵東宝🄳岡田敬🄲横山エンタツ、花菱アチャコ▼8・1・命ある限り46 🄵東宝🄳楠田清🄲岡譲二▼8・8・乙女の湖33仏🄵東和商事🄳マルク・アレグレ🄲ジャン・ピエール・オーモン▼8・15・蛇姫様40 🄵東宝🄳衣笠貞之助🄲長谷川一夫▼8・22・十一人の女学生46 🄵東宝🄳小田基義🄲黒川彌太郎▼8・29・運命の饗宴42 米🄵セントラル🄿 20世紀FOX🄳ジュリアン・デュヴィヴィエ🄲シャルル・ボワイエ▼9・3・人生劇場 青春篇36 🄿日活🄳内田吐夢🄲小杉勇▼9・10・霧の夜ばなし46 🄵東宝🄳萩原遼🄲長谷川一夫▼9・18・商船テナシチー34仏🄵東和商事🄳ジュリアン・デュヴィヴィエ🄲マリー・グローリー▼9・24・長谷川・ロッパの 男の花道41 🄵東宝🄳マキノ正博🄲長谷川一夫▼10・1・東宝ショウボート46 🄵東宝🄳谷口千吉🄲藤山一郎▼10・8・これは失禮36 🄿PCL🄳岡田敬🄲横山エンタツ、花菱アチャコ▼10・15・12・4ゼネストの為休館▼12・5・わが青春に悔なし46 🄵東宝🄳黒澤明🄲大河内傳次郎▼12・10・エノケンの青春酔虎伝34 🄿PCL🄳山本嘉次郎🄲榎本健一▼12・17・阪妻の 忠治子守唄38 🄿日活🄳マキノ正博🄲阪東妻三郎▼12・24・エンタツ、アチャコ、虎造の初笑ひ国定忠治39 🄵東宝🄳斎藤寅次郎🄲横山エンタツ、花菱アチャコ▼12・31・愛の宣言46 🄵東宝🄳渡辺邦男🄲花柳小菊

【1947年（昭和22年）】

▼1・14・エノケンの法界坊38 🄵東宝🄳斎藤寅次郎🄲榎本健一▼1・14・聟入り豪華船47 🄵東宝🄳斎藤寅次郎🄲榎本健一▼1・21・緑は異なもの47 🄵東宝🄳石田民三🄲横山エンタツ、花菱アチャコ▼1・29・喧嘩鳶 前篇・後篇39 🄵東宝🄳石田民三🄲長谷川一夫▼2・4・東京ブルース39 🄵東宝🄳斎藤寅次郎🄲川田義雄▼2・11・路傍の石38 🄿日活🄳田坂具隆🄲片山明彦▼2・19・巴里よいとこ29米🄿フォックス・フィルム🄳ラオール・ウォルシュ🄲ヴィクター・マクラグレン▼2・25・東宝千一夜47 🄵東宝🄿新東宝🄳中村福（市川崑）🄲山根寿子▼3・4・路傍の石38（再映）🄿日活🄳田坂具隆🄲片山明彦▼3・11・四つの恋の物語47 🄵東宝🄳豊田四郎、成瀬巳喜男、山本嘉次郎、衣笠貞之助🄲池部良▼3・25・今日は踊って47 🄵東宝🄿新東宝🄳渡辺邦男🄲長谷川一夫▼4・22・九十九人目の花嫁47 🄵東宝🄿新東宝🄳佐藤武🄲榎本健一▼4・29・地下街24時間47 🄵東宝🄳今井正、楠田清、関川秀雄🄲齊藤英雄▼5・6・大江戸の鬼47 🄵東宝🄿新東宝🄳萩原遼、志村敏夫🄲大河

内傳次郎
▼5・20・エノケンの千万長者36[F]東宝[P]PCL[D]山本嘉次郎[C]榎本健一
▼5・27・キャラコさん39[P]日活[D]森永健次郎[C]轟夕起子
▼6・3・音楽五人男47[F]東宝[D]小田基義[C]古川緑波
▼6・10・見たり聞いたりためしたり47[F]東宝[P]新東宝[D]斎藤寅次郎[C]灰田勝彦
▼6・24・素晴らしき日曜日47[F]東宝[D]黒澤明[C]沼崎勲
▼7・8・かけ出し時代47 新東宝[D]佐伯清[C]藤田進
▼7・22・戦争と平和47[F]東宝[D]山本薩夫、亀井文夫[C]池部良
▼8・5・銀嶺の果て47[F]東宝[D]谷口千吉[C]三船敏郎
▼8・12・誰か夢なき　前篇47[F]東宝[P]新東宝[D]渡辺邦男[C]藤田進
▼8・19・誰か夢なき　後篇47[F]東宝[P]新東宝[D]渡辺邦男[C]藤田進
▼8・26・清水次郎長38[P]東宝[D]萩原遼[C]大河内傳次郎
▼9・2・おスミの持参金47[F]東宝[D]滝沢英輔[C]若山セツ子
▼9・9・エノケンの彌次喜多39[P]東宝[D]中川信夫[C]榎本健一
▼9・16・浮世も天国47[F]東宝[P]新東宝、吉本プロ[D]斎藤寅次郎[C]横山エンタツ、花菱アチャコ
▼9・24・愛よ星と共に47[F]東宝[P]新東宝[D]阿部豊[C]高峰秀子
▼10・3・新馬鹿時代　前篇47[F]東宝[D]山本嘉次郎[C]古川緑波
▼10・14・新馬鹿時代　後篇47[F]東宝[D]山本嘉次郎[C]古川緑波
▼10・21・ぼんぼん47[F]東宝[P]新東宝[D]佐伯清[C]長谷川一夫
▼10・30・幸福への招待47[F]東宝[P]新東宝[D]千葉泰樹[C]大河内傳次郎
▼12・6・恋する妻47[F]東宝[P]新東宝[D]萩原遼[C]藤田進
▼12・9・女優47[F]東宝[D]衣笠貞之助[C]山田五十鈴
▼12・30・春の饗宴47[F]東宝[D]山本嘉次郎[C]池部良

【1948年（昭和23年）】

▼1・6・愛情診断書48[F]東宝[P]新東宝[D]渡辺邦男[C]大河内傳次郎
▼1・13・誰がために金はある48[F]東宝[P]新東宝[D]斎藤寅次郎[C]灰田勝彦
▼1・20・昨日消えた男41[F]東宝[D]マキノ正博[C]長谷川一夫
▼1・27・馬車物語48[F]東宝[P]新東宝[D]中川信夫[C]榎本健一
▼2・3・第二の人生48[F]東宝[D]関川秀雄[C]山村聰
▼2・10・幸運の椅子48[F]東宝[P]日本映画社[D]高木俊郎[C]藤原義江
▼2・17・大学の門48[F]東宝[P]新東宝[D]佐藤武[C]堀雄二
▼2・28・タヌキ紳士登場48[F]東宝[D]小田基義[C]横山エンタツ、花菱アチャコ
▼3・9・エノケンの鞍馬天狗39[F]東宝[D]近藤勝彦[C]榎本健一
▼3・18・あの夢この歌48[F]東宝[P]新東宝[D]渡辺邦男[C]黒川彌太郎
▼3・25・太陽の子38[F]東宝[P]東京発声[D]阿部豊[C]大日方傳
▼4・27・酔いどれ天使48[F]東宝[D]黒澤明[C]三船敏郎
▼5・8・わが愛は山の彼方に48[F]東宝[D]豊田四郎[C]池部良
▼5・18・それは或る夜の事だった48[F]東宝[P]新東宝[D]斎藤寅次郎[C]大日方傳
▼5・25・カルメン46 仏[F]SEF、東宝[D]クリスチャン・ジャック[C]ヴィヴィアンヌ・ロマンス
▼6・5・黒馬の團七48[F]東宝[P]新東宝[D]稲垣浩[C]大河内傳次郎
▼6・15・ウォタルー街45 英[F]BCFC、NCC[D]シドニー・ギリアット[C]スチュワート・グレンジャー
▼6・22・富士山頂48[F]東宝[P]新東宝[D]佐伯清[C]藤田進
▼7・27・悪魔が夜来る42 仏[F]SEF、東宝[D]マルセル・カルネ[C]アルレッティ
▼8・3・天の夕顔48[F]東宝[P]新東宝[D]阿部豊[C]高峰三枝子
▼8・10・肉体の門48[F]東宝[P]吉本映画[D]マキノ正博、小崎政房[C]轟夕起子
▼8・17・戦国群盗伝　第一部・虎狼　第二部・暁の前進37[F]東宝[P]PCL[D]滝沢英輔[C]河原崎長十郎
▼8・24・誰か夢なき　前篇・後篇47[F]東宝[P]新東宝[D]渡辺邦男[C]藤田進
▼8・31・愛よ星と共に47[F]東宝[P]新東宝[D]阿部豊[C]高峰秀子
▼9・7・エノケンのホームラン王48[F]東宝[P]新東宝[D]渡辺邦男[C]榎本健一
▼9・21・三百六十五夜　東京篇48[F]東宝[P]新東宝[D]市川崑[C]上原謙
▼9・28・三百六十五夜　大阪篇48[F]東宝[P]新東宝[D]市川崑[C]上原謙
▼10・5・蜂の巣の子供たち48[F]東宝[P]蜂の巣清水プロ[D]清水宏[C]島村修作
▼11・2・幸福の限界48[F]大映[D]木村恵吾[C]原節子
▼11・9・向う三軒両隣り　白百合の巻48[F]東宝[P]新東宝[D]渡辺邦男[C]柳家金語楼
▼11・16・虹を抱く処女48[F]東宝[P]新東宝[D]佐伯清[C]高峰秀子
▼11・23・群狼48[F]東宝[P]新東宝・竹井プロ[D]志村敏夫[C]藤田進
▼11・30・続向う三軒両隣り　スタコラ人生の巻48[F]東宝[P]新東宝[D]渡辺邦男[C]柳家金語楼
▼12・6・新愛染かつら48[F]大映[D]久松静児[C]水戸光子
▼12・14・右門江戸姿40[F]日活[D]田崎浩一[C]嵐寛寿郎
▼12・19・銀嶺の果て47[F]東宝[D]谷口千吉[C]三船敏郎
▼12・23・小判鮫　第一部　怒涛篇48[F]東宝[P]新演伎座[D]衣笠貞之助[C]長谷川一夫
▼12・31・歌ふエノケン捕物帖48[F]東宝[P]新東宝、エノケンプロ[D]渡辺邦男[C]榎本健一

【1949年（昭和24年）】

▼1・4・夢よもう一度49[F]東宝[P]新東宝[D]野村浩将[C]上原謙
▼1・11・小判鮫　第二部　愛憎篇49[F]東宝[P]新演伎座[D]衣笠貞之助[C]長谷川一夫
▼2・15・幻の馬45 仏[F]SEF、東宝[D]クリスチャン・ジャック[C]フェルナン・ルドウ
▼2・22・殿様ホテル49[F]東宝[D]倉田文人[C]河津清三郎
▼3・2・盤獄江戸へ行く49[F]東宝[P]新東宝、C・A・C[D]マキノ正博[C]

大河内傳次郎▼3・8・地獄の貴婦人49 [F]東宝[D]小田基義[C]木暮実千代▼3・15・せむしのこうま47 ソ連[F]ソ連映画輸出協会、北星、東宝[D]A・スネーシコ・ブロツカヤ、V・グローモフ（アニメーション）▼3・21・結婚三銃士49 [F]東宝[P]新東宝[D]野村浩将[C]上原謙▼3・29・女の闘い49 [F]東宝[P]新東宝、竹井プロ[D]千葉泰樹[C]高峰三枝子▼4・5・斬られの仙太49 [F]東宝[D]滝沢英輔[C]藤田進▼4・12・春の戯れ49 [F]東宝[P]新東宝[D]山本嘉次郎[C]高峰秀子▼5・10・佐平次捕物帖 紫頭巾 前篇49 [F]東宝[D]マキノ正博[C]阪東妻三郎▼5・17・佐平次捕物帖 紫頭巾 解決篇49 [F]東宝[D]マキノ正博[C]阪東妻三郎▼5・24・湯の町悲歌《エレジー》49 [F]東宝[P]新東宝[D]野村浩将[C]近江俊郎▼5・31・今日われ恋愛す 第一部・愛慾篇 第二部・闘争篇49 [F]東宝[D]島耕二[C]森雅之▼6・7・新東京音頭 びっくり五人男49 [F]東宝[P]新東宝[D]斎藤寅次郎[C]横山エンタツ、花菱アチャコ▼6・14・人間模様49 [F]東宝[P]新東宝[D]市川崑[C]上原謙▼6・21・深夜の告白49 [F]東宝[P]新東宝[D]中川信夫[C]小沢栄／日本敗れたれど49 [F]東宝[D]イワンムツ 解説・徳川夢声（記録映画）▼6・28・グッドバイ49 [F]東宝[P]新東宝[D]島耕二[C]若原雅夫▼7・5・旅姿人氣男49 [F]東宝[P]新東宝、エノケンプロ[D]渡辺邦男[C]榎本健一、大河内傳次郎▼7・12・ジャコ萬と鉄49 [F]東宝[D]谷口千吉[C]三船敏郎▼7・19・青い山脈49 [F]東宝[D]今井正[C]池部良▼7・26・続青い山脈49 [F]東宝[D]今井正[C]池部良▼8・2・恋狼火49 [F]東宝[P]新演伎座プロ[D]洲多競[C]山田五十鈴▼8・9・銭形平次捕物控 平次八百八町49 [F]東宝[P]新東宝[D]佐伯清[C]長谷川一夫▼8・16・銀座カンカン娘49 [F]東宝[P]新東宝[D]島耕二[C]高峰秀子▼8・23・鍋島怪猫伝49 [F]東宝[P]新東宝[D]渡辺邦男[C]大河内傳次郎▼8・29・男の涙49 [F]東宝[P]新東宝[D]斎藤寅次郎[C]岡晴夫▼9・6・大都会の顔49 [F]東宝[P]新東宝[D]阿部豊[C]若原雅夫▼9・13・右門捕物帖 謎の八十八夜49 [F]東宝[P]新光映画[D]並木鏡太郎[C]嵐寛寿郎▼9・20・エノケンのとび助冒険旅行49 [F]東宝[P]新東宝、エノケンプロ[D]中川信夫[C]榎本健一▼9・27・果てしなき情熱49 [F]東宝[P]新東宝[D]市川崑[C]堀雄二▼10・3・忘れられた子等49 [F]東宝[P]新東宝、稲垣プロ[D]稲垣浩[C]堀雄二▼10・11・あきれた娘たち49 [F]東宝[P]新東宝[D]斎藤寅次郎[C]柳家金語楼▼10・17・野良犬49 [F]東宝[P]新東宝[D]黒澤明[C]三船敏郎▼10・24・明朗五人男40東宝[D]斎藤寅次郎[C]川田義雄／闇の影法師38 [P]日活[D]稲垣浩[C]阪東妻三郎▼11・1・エノケン・笠置の極楽夫婦49 [F]東宝[P]新東宝、エノケンプロ[D]森一生[C]榎本健一▼11・8・小原庄助さん49 [F]東宝[P]新東宝[D]清水宏[C]大河内傳次郎▼11・15・婦系図42 [P]東宝[D]マキノ正博[C]長谷川一夫▼11・22・帰国《ダモイ》49 [F]東宝[P]新東宝[D]佐藤武[C]堀雄二▼11・29・三百六十五夜 東京篇・大阪篇48 [F]東宝[P]新東宝[D]市川崑[C]上原謙▼12・6・人生選手49 [F]東宝[P]新東宝[D]田中重雄[C]小林桂樹▼12・13・私刑《りんち》49 [F]新東宝映画配給委員会[P]新東宝、竹井プロ[D]中川信夫[C]嵐寛寿郎▼12・25・影を慕いて49 [F]新東宝映画配給委員会[P]新東宝[D]野村浩将[C]上原謙▼12・30・エノケン・笠置のお染久松49 [F]新東宝映画配給委員会[P]新東宝、エノケンプロ[D]渡辺邦男[C]榎本健一

【1950年（昭和25年）】

▼1・3・処女宝50 [F]新東宝映画配給委員会[P]新東宝[D]島耕二[C]上原謙▼1・8・暁の脱走50 [F]東宝[P]新東宝、49年プロ[D]谷口千吉[C]池部良▼1・15・東京カチンカ娘50 [F]新東宝映画配給委員会[P]新東宝、青柳プロ、日本ユニットプロ[D]毛利正樹[C]若原雅夫▼1・22・石中先生行状記50 [F]新東宝映画配給委員会[P]新東宝、藤本プロ[D]成瀬巳喜男[C]宮田重雄▼1・29・四つの自由50 [F]東宝[D]曽根将博（ドキュメンタリー）▼2・7・銀座の踊子50 [F]東宝[D]田尻繁[C]大川平八郎▼2・14・右門捕物帖 拾萬両秘聞39 [P]日活[D]荒井良平[C]嵐寛寿郎▼2・21・淑女と風船50 [F]東宝[D]日高繁明[C]柴田早苗▼2・27・女の四季50 [F]東宝[D]豊田四郎[C]若山セツ子▼3・7・青い山脈（前後篇大会）49 [F]東宝[D]今井正[C]池部良▼3・16・傷だらけの男50 [F]東宝[D]マキノ正博[C]長谷川一夫▼3・21・また逢う日まで50 [F]東宝[D]今井正[C]久我美子▼3・27・与太者と天使50 [F]東宝[D]野村浩将[C]相原巨介▼4・2・妻と女記者50 [F]東宝[P]新東宝、藤本プロ[D]千葉泰樹[C]池部良▼4・9・傷だらけの男（再映）50 [F]東宝[D]マキノ正博[C]長谷川一夫▼4・16・暁の雷撃戦44 英[F]BCFC、NCC[D]パット・ジャクソン[C]パット・ジャクソン▼4・25・アリゾナの決闘48 米[F]セントラル[P]20世紀FOX[D]ブルース・ハンバーストン[C]ヴィクター・マチュア▼5・2・シンガポール珍道中40米[F]セントラル[P]パラマウント[D]ヴィクター・シャーツィンガー[C]ビング・クロスビー、ボブ・ホープ▼5・9・死の谷49 米[F]セントラル[P]ワーナー[D]ラオール・ウォルシュ[C]ジョエル・

マクリー▼5・16・戦うロビンフッド45米[F]セントラル[P]コロムビア[D]ジョージ・シャーマン[C]コーネル・ワイルド▼5・30・ターザンと豹女46米[F]セントラル[P]RKO[D]カート・ニューマン[C]ジョニー・ワイズミュラー▼6・13・腰抜け顔役49米[F]セントラル[P]パラマウント[D]シドニー・ランフィールド[C]ボブ・ホープ▼6・27・凸凹ハレムの巻44米[F]セントラル[P]MGM[D]チャールズ・F・ライズナー[C]バッド・アボット、ルー・コステロ▼7・4・氷上円舞曲48米[F]セントラル[P]ユニヴァーサル[D]フレデリック・デ・コルドヴァ[C]ソニア・ヘニー▼7・11・タンジールの踊子46米[F]セントラル[P]ユニヴァーサル[D]ジョージ・ワグナー[C]マリア・モンテス▼7・18・脱走兵48英[F]BCFC、NCC[D]ランス・コンフォート[C]スティーブン・マレイ▼7・25・ダコタ荒原45米[F]セントラル[P]リパブリック[D]ジョセフ・ケイン[C]ジョン・ウェイン▼8・1・硝煙のカンサス43米[F]セントラル[P]ユナイト[D]ジョージ・アーシェインボー[C]リチャード・ディックス▼8・8・秘境49米[F]セントラル[P]コロムビア[D]S・シルヴァン・サイモン[C]グレン・フォード▼8・15・兇弾46英[F]BCFC、NCC[D]バジル・ディアデン[C]ダーク・ボガード▼8・22・テキサス警備隊48米[F]セントラル[P]リパブリック[D]ジョセフ・ケイン[C]ウィリアム・エリオット▼8・29・凸凹幽霊屋敷46米[F]セントラル[P]ユニヴァーサル[D]チャールズ・バートン[C]バッド・アボット、ルー・コステロ▼9・5・オマハ街道42米[F]セントラル[P]MGM[D]エドワード・バゼル[C]ジェームス・クレイグ▼9・12・始めか終りか47米[F]セントラル[P]MGM[D]ノーマン・タウログ[C]ブライアン・ドンレヴィ▼9・19・情婦マノン48仏[F]SEF、東宝[D]アンリ・ジョルジュ・クルーゾー[C]ミシェル・オークレール▼9・26・賭博の町48米[F]セントラル[P]ワーナー[D]ラオール・ウォルシュ[C]エロール・フリン▼10・3・アフリカ珍道中41米[F]セントラル[P]パラマウント[D]ヴィクター・シェルツィンゲル[C]ビング・クロスビー、ボブ・ホープ▼10・10・ケンタッキー魂49米[F]セントラル[P]リパブリック[D]ジョージ・ワグナー[C]ジョン・ウェイン▼10・17・コロンブスの探検49英[F]BCFC、NCC[D]デイヴィッド・マクドナルド[C]フレドリック・マーチ▼10・30・虹を掴む男47米[F]大映洋画部[D]ノーマン・Z・マクロード[C]ダニー・ケイ▼11・13・最後の突撃44英[F]BCFC、NCC[D]キャロル・リード[C]デヴィッド・ニーヴン▼11・21・西部の裁き48米[F]セントラル[P]コロムビア[D]レイ・エンライト[C]ランドルフ・スコット▼12・5・僕は戰争花嫁49米[F]セントラル[P]20世紀FOX[D]ハワード・ホークス[C]ケイリー・グラント▼12・11・暁の出航49英[F]BCFC、NCC[D]ロイ・ウォード・ベイカー[C]ジョン・ミルズ▼12・19・佐々木小次郎50[F]東宝[D]稲垣浩[C]大谷友右衛門▼12・30・エノケンの天一坊50[F]東宝[D]渡辺邦男[C]榎本健一

【1951年（昭和26年）】

▼1・4・愛と憎しみの彼方へ51[F]東宝[P]映画芸術協会[D]谷口千吉[C]三船敏郎▼1・11・大空輸50米[F]セントラル[P]20世紀FOX[D]ジョージ・シートン[C]モンゴメリー・クリフト▼1・19・風にそよぐ葦51[F]東映[P]東横[D]春原政久[C]薄田研二▼2・2・情艶一代女51[F]東宝[D]野村浩将[C]春日野八千代▼2・10・マルセイユの一夜48仏[F]新外映、東宝[D]フランソワ・ヴィリエ[C]ジャン・ピエール・オーモン▼2・17・お艶殺し51[F]東映[P]東横[D]マキノ雅弘[C]市川右太衛門▼2・22・悲歌《えれじー》51[F]東宝[P]映画芸術協会、東宝[D]山本嘉次郎[C]上原謙▼3・3・宝塚夫人51[F]東宝[D]小田基義[C]池部良▼3・10・風にそよぐ葦 愛の終戦篇51[F]東映[P]東横[D]春原政久[C]木暮実千代▼3・17・夢介千両みやげ 春風無刀流51[F]東映[P]東横[D]萩原遼[C]片岡千恵蔵▼3・24・熱砂の白蘭51[F]東宝[D]木村恵吾[C]木暮実千代▼3・31・続佐々木小次郎51[F]東宝[D]稲垣浩[C]大谷友右衛門▼4・7・若い娘たち51[F]東宝[D]千葉泰樹[C]池部良▼4・14・無国籍者51[F]東映[P]昭映プロ、東横[D]市川崑[C]上原謙▼4・21・祇園物語 春怨51[F]東映[D]小杉勇[C]小杉勇▼4・27・伊豆物語51[F]東宝[D]渡辺邦男[C]若原雅夫▼5・5・豪快三人男51[F]東映[D]マキノ雅弘[C]市川右太衛門▼5・11・その人の名は言えない51[F]東宝[D]杉江敏男[C]角梨枝子▼5・18・風雲児51[F]東映[D]萩原遼[C]龍崎一郎▼5・25・目下恋愛中51[F]東宝[D]渡辺邦男[C]柳家金語楼▼6・1・限りなき情熱51[F]東映[D]春原政久[C]折原啓子▼6・8・メスを持つ処女《おとめ》51[F]東宝[D]小田基義[C]龍崎一郎▼6・15・決闘の斷崖48米[F]東宝[P]リッパート[D]レイ・テイラー[C]リチャード・アーレン▼6・22・平安群盗伝 袴だれ保輔51[F]東宝[D]滝沢英輔[C]池部良▼6・29・運命51日、米[F]東宝[P]ブレイクストン・スタール・プロ[D]レイ・スタール[C]マーサ・ハイヤー、中村哲▼7・6・お馴染み判官 あばれ神輿51[F]東映[D]萩原遼[C]片岡千恵蔵▼7・

13-海賊船51[F]東宝[D]稲垣浩[C]三船敏郎▼7・20-せきれいの曲51[F]東宝[D]豊田四郎[C]轟夕起子▼7・27-大荒原50豪、英[F]BCFC、NCC[D]ラルフ・スマート[C]トミー・トラインダー▼8・3-青い真珠51[F]東宝[D]本多猪四郎[C]池部良▼8・10-天狗の安51[F]東映[D]松田定次[C]阪東妻三郎▼8・17-舞姫51[F]東宝[D]成瀬巳喜男[C]山村聰▼8・24-熱砂の掟50英[F]BCFC、NCC[D]デイヴィッド・マクドナルド[C]ローレンス・ハーヴェイ▼8・31-若人の歌51[F]東宝[D]千葉泰樹[C]池部良▼9・7-片眼のジョニー50米[F]ミツバ貿易輸入、東宝[D]ロバート・フローリー[C]パット・オブライエン▼9・14-武蔵野夫人51[F]東宝[D]溝口健二[C]田中絹代▼9・21-黄金の龍50英[F]BCFC、NCC[D]ロナルド・ニーム[C]トレヴァー・ハワード▼10・12-死の断崖51[F]東宝[D]谷口千吉[C]上原謙▼10・5-酔いどれ八萬騎51[F]東映京都[D]マキノ雅弘[C]月形龍之介▼10・12-佐々木小次郎（再映）50[F]東宝[D]稲垣浩[C]大谷友右衛門▼10・19-ホープさん サラリーマン虎の巻51[F]東宝[D]山本嘉次郎[C]小林桂樹▼10・26-完結 佐々木小次郎 巌流島決闘51[F]東宝[D]稲垣浩[C]大谷友右衛門▼11・2-源氏物語51[F]大映[D]吉村公三郎[C]長谷川一夫▼11・9-哀愁の夜51[F]東宝[D]杉江敏男[C]越路吹雪▼11・16-風雪二十年51[F]東映[D]佐分利信[C]佐分利信▼11・23-めし51[F]東宝[D]成瀬巳喜男[C]上原謙▼12・7-赤道祭51[F]東宝[D]佐伯清[C]伊豆肇▼12・14-極楽六花撰51[F]東宝[D]渡辺邦男[C]榎本健一▼12・21-女ごころ誰か知る51[F]東宝[D]山本嘉次郎[C]池部良▼12・28-結婚行進曲51[F]東宝[D]市川崑[C]上原謙

【1952年（昭和27年）】

▼1・3-荒木又右衛門 決闘鍵屋の辻52[F]東宝[D]森一生[C]三船敏郎▼1・10-慶安秘帖52[F]東宝[D]千葉泰樹[C]大谷友右衛門▼1・17-青春会議52[F]東宝[D]杉江敏男[C]山村聰▼1・24-女剣劇の生態51[P]秀映社[D]永富映次郎／西部の侠児50米[F]東宝[D]ダーウィン・アブラハム[C]ダンカン・レナルド▼1・31-元禄水滸傳52[F]東宝[D]犬塚稔[C]月形龍之介▼2・7-めし（再映）51[F]東宝[D]成瀬巳喜男[C]上原謙／ケニア大草原 アフリカ野獣狩[P]東宝、世界映画社 構成：石川稔（記録映画）▼2・14-風ふたゝび52[F]東宝[D]豊田四郎[C]池部良▼2・21-ラッキーさん52[F]東宝[D]市川崑[C]小林桂樹／パチンコ必勝法[P]教映▼2・28-南国の肌52[F]東宝[D]本多猪四郎[C]伊豆肇▼3・5-霧笛52[F]東宝[D]谷口千吉[C]三船敏郎▼3・14-息子の花嫁52[F]東宝[D]丸山誠治[C]小林桂樹▼3・21-おかる勘平52[F]東宝[D]マキノ雅弘[C]榎本健一▼3・28-夢よいづこ52[F]東宝[D]小田基義[C]灰田勝彦／キモノ海を渡る52 日[P]CIE（短編教育映画）▼4・3-私はシベリヤの捕虜だった52[F]東宝[P]シュウタグチ・プロ[D]阿部豊、志村敏夫[C]北沢彪▼4・10-お国と五平52[F]東宝[D]成瀬巳喜男[C]木暮実千代▼4・17-浮雲日記52[F]東宝[D]マキノ雅弘[C]重光彰▼4・24-虎の尾を踏む男達52[F]東宝[D]黒澤明[C]大河内傳次郎▼5・11-春秋鏡山城52[F]東宝[D]安達伸生[C]黒川彌太郎／姿三四郎43[F]東宝[D]黒澤明[C]藤田進▼5・8-やぐら太鼓52[F]東宝[D]マキノ雅弘、滝沢英輔[C]二本柳寛／風雲との闘い 米[P]セルズニック▼5・14-金の卵 Golden Girl 52[F]東宝[D]千葉泰樹[C]島崎雪子▼5・22-戦国無頼52[F]東宝[D]稲垣浩[C]三船敏郎▼5・29-三等重役52[F]東宝[D]春原政久[C]小川虎之助▼6・5-母を恋う歌52[F]東宝[D]並木鏡太郎[C]高杉早苗／三等重役（続映）▼6・12-三等重役（続映）▼6・19-ロッパの大久保彦左ヱ門39[F]東宝[D]斎藤寅次郎[C]古川緑波▼6・26-四十八人目の男52[F]東宝[D]佐伯清[C]大河内傳次郎▼7・2・トンチンカン 三つの歌52[F]東宝[D]斎藤寅次郎[C]榎本健一▼7・8-若い人52[F]東宝[D]市川崑[C]池部良▼7・15-東京の恋人52[F]東宝[D]千葉泰樹[C]三船敏郎▼7・24-磯節情話 涙の恋千鳥52[F]東宝[D]小田基義[C]重光彬／天城の決闘52[F]東宝[D]伊藤和夫、真弓典正[C]広沢虎造▼7・30-喧嘩安兵衛52[F]東宝[D]滝沢英輔[C]市川段四郎▼8・6-初恋トコシャン息子52[F]東宝[D]沼波功雄[C]柳家金語楼▼8・13-上海の女52[F]東宝[D]稲垣浩[C]山口淑子▼8・21-小判鮫總集篇 愛憎七変化（前篇・後篇を改題）48[F]東宝[D]衣笠貞之助[C]長谷川一夫▼8・28-思春期52[F]東宝[D]丸山誠治[C]三國連太郎▼9・4-続三等重役52[F]東宝[D]鈴木英夫[C]河村黎吉▼9・11-昔話ホルモン物語52[F]東宝[D]内村禄哉[C]木戸新太郎／続三等重役（続映）▼9・18-トンチンカン捕物帖 まぼろしの女52[F]東宝[D]斎藤寅次郎[C]榎本健一▼9・25-結婚案内52[F]東宝[D]杉江敏男[C]杉葉子▼10・1-支那の夜より 蘇州夜曲（支那の夜 前後篇を再編集して改題）40[F]東宝[D]伏水修[C]李香蘭（山口淑子）／その夜の誘惑52[F]東宝[D]安達伸生[C]二本柳寛▼10・9-生きる52[F]東宝[D]黒澤明[C]志村喬▼10・23-激流52[F]東宝[D]谷口千吉[C]三船敏郎▼10・30-美人島探検

（心臓が強い：改題）37 F東宝P P・C・L D大谷俊夫C横山エンタツ、花菱アチャコ／恐妻時代52 F東宝D佐伯清C小林桂樹▼11・6・足にさわった女52 F東宝D市川崑C越路吹雪▼11・18・丘は花ざかり52 F東宝D千葉泰樹C木暮実千代▼12・16・港へ来た男52 F東宝D本多猪四郎C三船敏郎▼12・4・次郎長三国志 次郎長売出す52 F東宝Dマキノ雅弘C小堀明男／浪曲大全 C玉川勝太郎、解説：徳川夢声▼12・11・春の囁き52 F東宝D豊田四郎C三國連太郎▼12・23・風雲千両船52 F東宝D稲垣浩C長谷川一夫／皇太子殿下▼12・23・七色の街52 F東宝D山本嘉次郎C池部良／皇太子殿下（続映）▼12・30・あゝ青春に涙あり52 F東宝D杉江敏男C池部良

【1953年（昭和28年）】

▼1・3・一等社員 三等重役兄弟篇53 F東宝D佐伯幸三C森繁久彌／びっくり六兵衛53 F東宝D組田彰造C伴淳三郎▼1・9・次郎長三国志 第二部 次郎長初旅53 F東宝Dマキノ雅弘C小堀明男▼1・15・吹けよ春風53 F東宝D谷口千吉C三船敏郎／親分の青春53 F東宝D村田武雄C二本柳寛▼1・22・夫婦53 F東宝D成瀬巳喜男C上原謙▼1・29・千姫53 F東宝D野淵昶C浅茅しのぶ▼2・5・江戸ッ子判官53 F東宝D中川信夫C大谷友右衛門▼2・12・午前零時53 F東宝D渡辺邦男C久慈あさみ▼2・19・恋人のいる街53 F東宝D阿部豊C三國連太郎▼2・25・総理大臣の恋文53 F東宝D斎藤寅次郎C三益愛子／天狗の源内53 F東宝D倉谷勇C山茶花究▼3・5・悲剣乙女桜53 F東宝D野淵昶C浅茅しのぶ／伊那節仁義（伊那の勘太郎：改題）43 F東宝D滝沢英輔C長谷川一夫▼3・11・抱擁53 F東宝Dマキノ雅弘C山口淑子▼3・19・逃亡地帯53 F東宝D杉江敏男C三國連太郎▼3・26・ひまわり娘53 F東宝D千葉泰樹C有馬稲子▼4・11・トンチンカン 怪盗火の玉小僧53 F東宝D斎藤寅次郎C伴淳三郎／ひまわり娘（続映）▼4・8・夜の終り53 F東宝D谷口千吉C池部良▼4・15・プーサン53 F東宝D市川崑C伊藤雄之助／恋の風雲児53 F東宝D山本嘉次郎C藤田進▼4・22・飛び出した日曜日53 F東宝D村田武雄C青山京子（立体映画トービジョン第一作）／私は狙われている53 F東宝D田尻繁C佐々木明子（トービジョン第二作）▼4・29・妻53 F東宝D成瀬巳喜男C上原謙▼5・5・恐怖の街53 米Fコロムビア Dリュウ・ランダース Cエドモンド・オブライエン（立体映画）／妻（続映）▼5・7・旅はそよ風53 F東宝D稲垣浩C大谷友右衛門／恐怖の街（続映）▼5・14・愛情について53 F東宝D千葉泰樹C山根寿子▼5・21・續 浮雲日記53 F東宝D並木鏡太郎C三田隆▼5・27・母と娘53 F東宝D丸山誠治C水谷八重子▼6・3・次郎長三国志 第三部 次郎長と石松53 F東宝Dマキノ雅弘C小堀明男▼6・10・青色革命53 F東宝D市川崑C千田是也▼6・17・トンチンカン八犬伝53 F東宝D並木鏡太郎C柳家金語楼▼6・23・次郎長三国志 第四部 勢揃い清水港53 F東宝Dマキノ雅弘C小堀明男▼7・1・續 思春期53 F東宝D本多猪四郎C青山京子／お母さんの結婚53 F東宝P日映新社D斎藤達雄C二本柳寛▼7・8・都会の横顔53 F東宝D清水宏C池部良▼7・14・亭主の祭典53 F東宝D渡辺邦男C森繁久彌／人生読本 花嫁の性典53 F東宝D仲木繁夫C片山明彦▼7・22・怪傑紫頭巾 紫頭巾総集版49 P C・A・C Dマキノ正博C阪東妻三郎▼7・29・金さん捕物帖 謎の人形師53 F東宝D中川信夫C大谷友右衛門▼8・5・白魚53 F東宝D熊谷久虎C原節子▼8・12・坊っちゃん53 F東宝D丸山誠治C池部良▼8・19・天晴れ一番手柄 青春銭形平次53 F東宝D市川崑C大谷友右衛門▼8・26・かっぱ六銃士53 F東宝D斎藤寅次郎C花菱アチャコ▼9・1・幸福さん53 F東宝D千葉泰樹C三津田健▼9・8・サラリーマンの歌53 F東宝D杉江敏男C佐野周二▼9・15・花の中の娘たち53 F東宝D山本嘉次郎C小堀誠（フジカラーによる東宝初の総天然色映画）▼9・23・夕立勘五郎53 F東宝D滝沢英輔C小堀明男▼10・2・喧嘩駕籠53 F東宝D冬島泰三C大谷友右衛門▼10・7・誘蛾燈53 F東宝D山本嘉次郎C池部良▼10・14・白昼の脱獄52 米Fブレイクストン、東宝Dヒューゴー・フレゴネーズCミラード・ミッチェル▼10・21・太平洋の鷲53 F東宝D本多猪四郎C大河内傳次郎▼10・27・鉄腕涙あり53 F東宝D滝沢英輔C平田昭彦▼11・3・次郎長三国志 第五部 殴込み甲州路53 F東宝Dマキノ雅弘C小堀明男▼11・10・愛人53 F東宝D市川崑C菅井一郎▼11・17・北海の虎53 F東宝D田中重雄C藤田進▼11・23・お祭り半次郎53 F東宝D稲垣浩C長谷川一夫▼12・1・忍術罷り通る53 F東宝D野村浩将C横山エンタツ、花菱アチャコ▼12・8・赤線基地53 F東宝D谷口千吉C三國連太郎▼12・15・次郎長三国志 第六部 旅がらす次郎長一家53 F東宝Dマキノ雅弘C小堀明男▼12・22・忠臣蔵 天の巻・地の巻38 P日活（改訂

総集版・東宝）Ｄマキノ正博、池田富保Ｃ阪東妻三郎▼12・29・女心はひと筋に53 Ｆ東宝Ｄ杉江敏男Ｃ池部良

【1954年（昭和29年）】

▼1・3・次郎長三国志 第七部 初祝い清水港54 Ｆ東宝Ｄマキノ雅弘Ｃ小堀明男／この恋五千万円54 Ｆ東宝Ｄ佐伯幸三Ｃ伴淳三郎▼1・9・第二の接吻54 Ｆ東宝Ｄ清水宏、長谷部慶治Ｃ三浦光子／若夫婦は朝寝坊54 Ｆ東宝Ｄ小田基義Ｃ本郷秀雄▼1・15・山の音54 Ｆ東宝Ｄ成瀬巳喜男Ｃ原節子／皇居千代田城54 Ｄ下村健二（文化映画）▼1・21・ジャズ・スター誕生54 Ｆ東宝Ｄ西村元男Ｃ谷さゆり／山の音（続映）▼1・27・ママの日記54 Ｆ東宝Ｄ春原政久Ｃ木暮実千代▼2・3・今宵ひと夜を54 Ｆ東宝Ｄ千葉泰樹Ｃ三浦光子▼2・10・さらばラバウル54 Ｆ東宝Ｄ本多猪四郎Ｃ池部良▼2・17・伊津子とその母54 Ｆ東宝Ｄ丸山誠治Ｃ水谷八重子▼2・24・若い瞳54 Ｆ東宝Ｄ鈴木英夫Ｃ斎藤達雄▼3・3・坊ちゃん社員54 Ｆ東宝Ｄ山本嘉次郎Ｃ小林桂樹▼3・10・ウッカリ夫人とチャッカリ夫人 やりくり算段の巻54 Ｆ東宝Ｄ渡辺邦男Ｃ佐野周二▼3・17・家庭の事情 馬ッ鹿じゃなかろかの巻54 Ｆ東宝Ｄ小田基義Ｃトニー谷／落語長屋は花ざかり54 Ｆ東宝Ｄ青柳信雄Ｃ榎本健一▼3・24・右門捕物帖 妖鬼屋敷54 Ｆ東宝Ｄ毛利正樹Ｃ嵐寛寿郎▼3・31・藝者小夏54 Ｆ東宝Ｄ杉江敏男Ｃ岡田茉莉子▼4・7・続坊ちゃん社員54 Ｆ東宝Ｄ山本嘉次郎Ｃ小林桂樹▼4・14・よい婿どの54 Ｆ東宝Ｄ田尻繁Ｃ青山京子／家庭の事情 さイざんすの巻54 Ｆ東宝Ｄ小田基義Ｃトニー谷▼4・21・御ひいき六花撰 素ッ飛び男54 Ｆ東宝Ｄマキノ雅弘Ｃ河津清三郎▼4・26・七人の侍54 Ｆ東宝Ｄ黒澤明Ｃ志村喬▼5・12・わたしの凡てを54 Ｆ東宝Ｄ市川崑Ｃ池部良／夏祭り落語長屋54 Ｆ東宝Ｄ青柳信雄Ｃ榎本健一▼5・19・風立ちぬ54 Ｆ東宝Ｄ島耕二Ｃ久我美子▼5・26・風流あじろ笠54 Ｆ東宝Ｄ丸根賛太郎Ｃ小堀明男▼6・1・かくて自由の鐘は鳴る 福澤諭吉傳54 Ｆ東宝Ｄ熊谷久虎Ｃ尾上九朗右衛門／一九五四年フリースタイル レスリング世界選手権（記録映画）▼6・8・次郎長三国志 第八部 海道一の暴れん坊54 Ｆ東宝Ｄマキノ雅弘Ｃ小堀明男／若き血は燃えて54 Ｆ東宝Ｄ木元健太Ｃ太刀川洋一▼6・15・魔子恐るべし54 Ｆ東宝Ｄ鈴木英夫Ｃ根岸明美▼6・22・晩菊54 Ｆ東宝Ｄ成瀬巳喜男Ｃ杉村春子▼6・30・家庭の事情 おこんばんわの巻54 Ｆ東宝Ｄ小田基義Ｃトニー谷／やくざ囃子54 Ｆ東宝Ｄマキノ雅弘Ｃ鶴田浩二▼7・7・水着の花嫁54 Ｆ東宝Ｄ杉江敏男Ｃ池部良▼7・14・落語シリーズ第三話 落語長屋お化け騒動54 Ｆ東宝Ｄ青柳信雄Ｃ榎本健一／次郎長三国志 第九部 荒神山54 Ｆ東宝Ｄマキノ雅弘Ｃ小堀明男▼7・21・鞍馬天狗 疾風八百八町54 Ｆ東宝Ｄ志村敏夫Ｃ嵐寛寿郎▼7・28・家庭の事情 ネチョリンコンの巻54 Ｆ東宝Ｄ小田基義Ｃトニー谷／陽気な探偵54 Ｆ東宝Ｄ西村元男Ｃ横山エンタツ、花菱アチャコ▼8・3・恋愛特急54 Ｆ東宝Ｄ杉江敏男、鈴木英夫Ｃ榎本健一▼8・9・恋風街道54 Ｆ東宝Ｄ冬島泰三Ｃ小堀明男▼8・15・その後のウッカリ夫人とチャッカリ夫人54 Ｆ東宝Ｄ春原政久Ｃ佐野周二／うれし恥かし看板娘54 Ｆ東宝Ｄ青柳信雄Ｃ柳家金語楼▼8・24・土曜日の天使54 Ｆ東宝Ｄ山本嘉次郎Ｃ森繁久彌／貴女は美人になれる（文化映画）▼8・31・君死に給うことなかれ54 Ｆ東宝Ｄ丸山誠治Ｃ池部良▼9・6・右門捕物帖 まぼろし変化54 Ｆ東宝Ｄ丸根賛太郎Ｃ嵐寛寿郎▼9・17・母の初恋54 Ｆ東宝Ｄ久松静児Ｃ岸恵子／見ないで頂戴お月さま54 Ｆ東宝Ｄ中川順夫Ｃ神楽坂はん子▼9・26・宮本武藏54 Ｆ東宝Ｄ稲垣浩Ｃ三船敏郎▼10・6・新鞍馬天狗 第一話 天狗出現54 Ｆ東宝Ｄ青柳信雄Ｃ小堀明男▼10・13・幽霊男54 Ｆ東宝Ｄ小田基義Ｃ河津清三郎▼10・20・潮騒54 Ｆ東宝Ｄ谷口千吉Ｃ久保明▼10・27・仇討珍剣法54 Ｆ東宝Ｄ斎藤寅次郎Ｃ花菱アチャコ▼11・3・ゴジラ54 Ｆ東宝Ｄ本多猪四郎Ｃ志村喬▼11・10・新鞍馬天狗 第二話 東寺の決闘54 Ｆ東宝Ｄ青柳信雄Ｃ小堀明男／あんみつ姫 甘辛城の巻54 Ｆ東宝Ｄ仲木繁夫Ｃ雪村いづみ▼11・16・結婚期54 Ｆ東宝Ｄ井上梅次Ｃ鶴田浩二▼11・23・女性に関する十二章54 Ｆ東宝Ｄ市川崑Ｃ津島恵子▼11・30〜12・29改装休館▼12・30・岩見重太郎 決戦天の橋立54 Ｆ東宝Ｄ渡辺邦男Ｃ嵐寛寿郎

【1955年（昭和30年）】

▼1・3・男性NO・1 55 Ｆ東宝Ｄ山本嘉次郎Ｃ三船敏郎▼1・7・初笑い底抜け旅日記55 Ｆ東宝Ｄ青柳信雄Ｃ榎本健一／男性NO・1（続映）▼1・9・恋化粧55 Ｆ東宝Ｄ本多猪四郎Ｃ池部良▼1・14・やんちゃ娘行状記55 Ｆ東宝Ｄ渡辺邦男Ｃ青山京子▼1・15・浮雲55 Ｆ東宝Ｄ成瀬巳喜男Ｃ高峰秀子▼1・23・花嫁立候補55 Ｆ東宝Ｄ渡辺邦男Ｃ青山京子▼1・29・天下泰平55 Ｆ東宝Ｄ杉江敏男Ｃ三船敏郎▼2・5・お笑い捕物帖 八ッあん初手柄55 Ｆ東宝

🄳青柳信雄🄲榎本健一▼2・12・明日の幸福55 🄵東宝🄳瑞穂春海🄲上原謙▼2・20・続天下泰平55 🄵東宝🄳杉江敏男🄲三船敏郎▼3・1・人形佐七捕物帖 めくら狼55 🄵東宝🄳マキノ雅弘🄲小泉博▼3・8・泉へのみち55 🄵東宝🄳筧正典🄲有馬稲子▼3・15・不滅の熱球55 🄵東宝🄳鈴木英夫🄲池部良▼3・21・ジャズ娘乾杯55 🄵東宝🄳井上梅次🄲江利チエミ／フランスの美術 🄿朝日、日映新社、東宝（文化映画）▼3・29・雪の炎55 🄵東宝🄳丸林久信🄲司葉子▼4・3・大番頭小番頭55 🄵東宝🄳鈴木英夫🄲池部良▼4・12・右門捕物帖 献上博多人形55 🄵東宝🄳志村敏夫🄲嵐寛寿郎▼4・19・月に飛ぶ雁55 🄵東宝🄳松林宗恵🄲若尾文子▼4・24・ゴジラの逆襲55 🄵東宝🄳小田基義🄲小泉博▼5・3・麥笛55 🄵東宝🄳豊田四郎🄲久保明▼5・10・男ありて55 🄵東宝🄳丸山誠治🄲志村喬▼5・18・旗本やくざ55 🄵東宝🄳志村敏夫🄲嵐寛寿郎▼5・25・制服の乙女たち55 🄵東宝🄳青柳信雄🄲雪村いづみ▼5・31・33号車應答なし55 🄵東宝🄳谷口千吉🄲池部良▼6・7・おえんさん55 🄵東宝🄳本多猪四郎🄲水谷八重子▼6・14・新鞍馬天狗 夕立の武士55 🄵東宝🄳杉江敏男🄲小堀明男▼6・21・渡り鳥いつ帰る55 🄵東宝🄳久松静児🄲田中絹代▼6・29・海の小扇太55 🄵東宝🄳志村敏夫🄲中村扇雀▼7・6・むっつり右門捕物帖 鬼面屋敷55 🄵東宝🄳山本嘉次郎🄲嵐寛寿郎▼7・13・続 宮本武蔵 一乗寺の決闘55 🄵東宝🄳稲垣浩🄲三船敏郎▼7・25・藝者小夏 ひとり寝る夜の小夏55 🄵東宝🄳青柳信雄🄲岡田茉莉子▼7・31・初恋三人息子55 🄵東宝🄳青柳信雄🄲久慈あさみ▼8・7・赤いカンナの花咲けば55 🄵東宝🄳小田基義🄲松島トモ子／初恋三人息子（続映）▼8・14・獣人雪男55 🄵東宝🄳本多猪四郎🄲宝田明▼8・21・女の学校55 🄵東宝🄳佐伯幸三🄲鶴田浩二▼8・31・夏目漱石の 三四郎55 🄵東宝🄳中川信夫🄲山田真二▼9・2・旅路55 🄵東宝🄳稲垣浩🄲池部良／夏目漱石の 三四郎（続映）▼9・7・愛の歴史55 🄵東宝🄳山本嘉次郎🄲鶴田浩二▼9・13・夫婦善哉《めおとぜんざい》55 🄵東宝🄳豊田四郎🄲森繁久彌▼9・21・くちづけ55 🄵東宝🄳筧正典、鈴木英夫、成瀬巳喜男🄲青山京子、司葉子、高峰秀子▼9・28・姿なき目撃者55 🄵東宝🄳日高繁明🄲小泉博▼10・5・あすなろ物語55 🄵東宝🄳堀川弘通🄲久保賢▼10・12・右門捕物帖 恐怖の十三夜55 🄵東宝🄳志村敏夫🄲嵐寛寿郎▼10・18・〝船場の娘〟より 忘れじの人55 🄵東宝🄳杉江敏男🄲岸惠子▼11・1・ジャンケン娘55 🄵東宝🄳杉江敏男🄲美空ひばり、江利チエミ、雪村いづみ▼11・22・生きものの記録55 🄵東宝🄳黒澤明🄲三船敏郎▼11・29・青い果実55 🄵東宝🄳青柳信雄🄲小林桂樹▼12・4・美しき母55 🄵東宝🄳熊谷久虎🄲原節子▼12・11・いらっしゃいませ55 🄵東宝🄳瑞穂春海🄲森繁久彌▼12・21・復讐浄瑠璃坂才一部 鬼伏峠の襲撃55 🄵東宝🄳二川文太郎、並木鏡太郎🄲嵐寛寿郎／復讐浄瑠璃坂第二部 曉の血戰55 🄵東宝🄳二川文太郎、並木鏡太郎🄲嵐寛寿郎▼12・28・新諸国物語 オテナの塔 前篇55 🄵東宝🄳安田公義🄲中村扇雀▼12・31・歌え！青春 はりきり娘55 🄵東宝🄳杉江敏男🄲美空ひばり

【1956年（昭和31年）】

▼1・3・決闘巖流島56 🄵東宝🄳稲垣浩🄲三船敏郎▼1・6・へそくり社長56 🄵東宝🄳千葉泰樹🄲森繁久彌▼1・8・新諸国物語 オテナの塔 後篇56 🄵東宝🄳安田公義🄲中村扇雀▼1・11・チャッカリ夫人とウッカリ夫人 夫婦御円満の巻56 🄵東宝🄳青柳信雄🄲淡島千景▼1・14・花嫁会議56 🄵東宝🄳青柳信雄🄲柳家金語楼▼1・17・驟雨56 🄵東宝🄳成瀬巳喜男🄲佐野周二▼1・22・乱菊物語56 🄵東宝🄳谷口千吉🄲池部良▼1・29・黒帯三国志56 🄵東宝🄳谷口千吉🄲三船敏郎▼2・5・幸福《しあわせ》はあの星の下に56 🄵東宝🄳杉江敏男🄲木暮実千代／ますらを派出夫会56 🄵東宝🄳小田基義🄲榎本健一▼2・12・白井権八56 🄵東宝🄳安田公義🄲中村扇雀／逃げてきた花嫁56 🄵東宝🄳青柳信雄🄲岡田茉莉子▼2・18・初恋チャッチャ娘56 🄵東宝🄳青柳信雄🄲江利チエミ／続 ますらを派出夫会 お供は辛いネの巻56 🄵東宝🄳小田基義🄲榎本健一▼2・26・暗黒街56 🄵東宝🄳山本嘉次郎🄲三船敏郎／奥様は大学生56 🄵東宝🄳杉江敏男🄲香川京子▼3・6・見事な娘56 🄵東宝🄳瑞穂春海🄲小林桂樹▼3・13・鞍馬天狗 御用盗異変56 🄵東宝🄳並木鏡太郎🄲嵐寛寿郎▼3・20・続 へそくり社長56 🄵東宝🄳千葉泰樹🄲森繁久彌▼3・28・愛情の決算56 🄵東宝🄳佐分利信🄲小林桂樹▼4・4・女房族は訴える56 🄵東宝🄳筧正典🄲佐野周二▼4・11・吸血蛾56 🄵東宝🄳中川信夫🄲久慈あさみ▼4・18・鬼の居ぬ間56 🄵東宝🄳瑞穂春海🄲森繁久彌▼4・25・婚約三羽烏56 🄵東宝🄳杉江敏男🄲小林桂樹▼4・28・チエミの婦人靴《ハイヒール》56 🄵東宝🄳鈴木英夫🄲江利チエミ／婚約三羽烏（続映）▼5・3・妻の心56 🄵東宝🄳成瀬巳喜男🄲高峰秀子▼5・10・ならず者56 🄵東宝🄳青柳信雄

🄲三船敏郎▼5・17・恋すがた狐御殿56🄵東宝🄳中川信夫🄲中村扇雀／あの娘が泣いてる波止場56🄵東宝🄳日高繁明🄲宝田明▼5・24・大暴れチャッチャ娘56🄵東宝🄳杉江敏男🄲江利チエミ／五人のデザイナー56🄵東宝🄿日映新社🄳渥美輝男（文化映画）▼6・1・不良少年56🄵東宝🄳谷口千吉🄲菅原謙二／極楽大一座 アチャラカ誕生56🄵東宝🄳小田基義🄲榎本健一▼6・8・疾風！鞍馬天狗56🄵東宝🄳並木鏡太郎🄲嵐寛寿郎▼6・14・森繁よ何処へ行く56🄵東宝🄳瑞穂春海🄲森繁久彌／幽霊タクシー56🄵東宝🄳小田基義🄲本郷秀雄▼6・22・現代の欲望56🄵東宝🄳丸山誠治🄲池部良▼6・28・与太者と若旦那56🄵東宝🄳青柳信雄🄲鶴田浩二／東京の人さようなら56🄵東宝🄳本多猪四郎🄲島倉千代子▼7・5・白夫人の妖恋56🄵東宝🄳豊田四郎🄲山口淑子▼7・13・はりきり社長56🄵東宝🄳渡辺邦男🄲森繁久彌▼7・20・新婚第一課56🄵東宝🄳筧正典🄲小林桂樹▼7・26・恐怖の逃亡56🄵東宝🄳マキノ雅弘🄲宝田明▼8・1・恋すれど恋すれど物語56🄵東宝🄳斎藤寅次郎🄲榎本健一▼8・8・囚人船56🄵東宝🄳稲垣浩🄲三船敏郎▼8・15・ロマンス娘56🄵東宝🄳杉江敏男🄲美空ひばり▼8・22・ある女の場合56🄵東宝🄳瑞穂春海🄲東山千栄子▼8・29・力道山 男の魂56🄵東宝🄿協同プロ🄳内川清一郎🄲力道山▼9・5・遠山金さん捕物控 影に居た男56🄵東宝🄳マキノ雅弘🄲中村扇雀▼9・11・女囚と共に56🄵東宝🄳久松静児🄲原節子▼9・19・兄とその妹56🄵東宝🄳松林宗恵🄲池部良▼9・26・日蝕の夏56🄵東宝🄳堀川弘通🄲石原慎太郎▼10・3・のんき夫婦56🄵東宝🄳杉江敏男🄲小林桂樹▼10・9・猫と庄造と二人のをんな56🄵東宝🄳豊田四郎🄲森繁久彌▼10・16・裸足の青春56🄵東宝🄳谷口千吉🄲宝田明▼10・24・嵐56🄵東宝🄳稲垣浩🄲笠智衆▼10・31・殉愛56🄵東宝🄳鈴木英夫🄲鶴田浩二▼11・7・おかしな奴56🄵東宝🄳千葉泰樹🄲小林桂樹▼11・13・天上大風56🄵東宝🄳瑞穂春海🄲池部良▼11・20・流れる56🄵東宝🄳成瀬巳喜男🄲田中絹代▼11・27・世にも面白い男の一生 桂春団治56🄵東宝🄳木村恵吾🄲森繁久彌▼12・5・男の花道56🄵東宝🄳冬島泰三🄲中村扇雀▼12・12・サザエさん56🄵東宝🄳青柳信雄🄲江利チエミ▼12・19・おしどりの間56🄵東宝🄳木村恵吾🄲山田五十鈴▼12・26・眠狂四郎無頼控56🄵東宝🄳日高繁明🄲鶴田浩二▼12・29・空の大怪獣ラドン56🄵東宝🄳本多猪四郎🄲佐原健二

【1957年（昭和32年）】

▼1・3・忘却の花びら57🄵東宝🄳杉江敏男🄲司葉子▼1・6・おしゃべり社長57🄵東宝🄳青柳信雄🄲森繁久彌▼1・9・歌う不夜城57🄵東宝🄳瑞穂春海🄲江利チエミ▼1・15・蜘蛛巣城57🄵東宝🄳黒澤明🄲三船敏郎▼1・22・大安吉日57🄵東宝🄳筧正典🄲小林桂樹▼1・29・極楽島物語57🄵東宝🄳佐伯幸三🄲宝田明▼2・5・風の中の男57🄵東宝🄳谷口千吉🄲三船敏郎▼2・12・山と川のある町57🄵東宝🄳丸山誠治🄲雪村いづみ▼2・19・この二人に幸あれ57🄵東宝🄳本多猪四郎🄲小泉博▼2・26・御用聞き物語57🄵東宝🄳丸林久信🄲小林桂樹▼3・5・大番57🄵東宝🄳千葉泰樹🄲加東大介▼3・13・美貌の都57🄵東宝🄳松林宗恵🄲淡路恵子▼3・20・雨情57🄵東宝🄳久松静児🄲森繁久彌▼3・27・目白三平物語 うちの女房57🄵東宝🄳鈴木英夫🄲佐野周二▼4・2・眠狂四郎無頼控 オ二話 円月殺法57🄵東宝🄳日高繁明🄲鶴田浩二▼4・9・続 サザエさん57🄵東宝🄳青柳信雄🄲江利チエミ▼4・16・三十六人の乗客57🄵東宝🄳杉江敏男🄲小泉博▼4・23・柳生武芸帳57🄵東宝🄳稲垣浩🄲三船敏郎▼5・1・雪国57🄵東宝🄳豊田四郎🄲池部良▼5・8・山鳩57🄵東宝🄳丸山誠治🄲森繁久彌▼5・15・ロマンス誕生57🄵東宝🄳瑞穂春海🄲雪村いづみ▼5・22・おしどり喧嘩笠57🄵東宝🄿新芸術プロ🄳萩原遼🄲美空ひばり▼5・28・あらくれ57🄵東宝🄳成瀬巳喜男🄲高峰秀子▼6・5・ひかげの娘57🄵東宝🄳松林宗恵🄲香川京子▼6・12・日本南極地域観測隊の記録 南極大陸57🄿日映新社 編集:伊勢長之助、大峰晴（記録映画）▼6・19・サラリーマン出世太閤記57🄵東宝🄳筧正典🄲小林桂樹▼6・26・恐怖の弾痕57🄵東宝🄳日高繁明🄲宝田明▼7・2・忘却の花びら 完結篇57🄵東宝🄳杉江敏男🄲池部良▼7・10・わが胸に虹は消えず 第一部、第二部57🄵東宝🄳本多猪四郎🄲宝田明▼7・13・SS大当り三色娘57🄵東宝🄳杉江敏男🄲美空ひばり、江利チエミ、雪村いづみ（東宝スコープ第一作）▼7・22・裸の町57🄵東宝🄳久松静児🄲池部良▼7・30・危険な英雄57🄵東宝🄳鈴木英夫🄲石原慎太郎▼8・4・続 大番 風雲篇57🄵東宝🄳千葉泰樹🄲加東大介▼8・11・森繁の 僕は美容師57🄵東宝🄳瑞穂春海🄲森繁久彌▼8・20・夜の鴎57🄵東宝🄳佐分利信🄲新珠三千代▼8・25・SS最後の脱走57🄵東宝🄳谷口千吉🄲鶴田浩二▼9・1・その夜のひ

めごと57 [F]東宝[D]木村恵吾[C]三橋達也▼9・8・智恵子抄57 [F]東宝[D]熊谷久虎[C]山村聰▼9・15・夕凪57 [F]東宝[D]豊田四郎[C]淡島千景▼9・22・SS大学の侍たち57 [F]東宝[D]青柳信雄[C]久保明▼10・1・どん底57 [F]東宝[D]黒澤明[C]三船敏郎▼10・8・肌色の月57 [F]東宝[D]杉江敏男[C]乙羽信子▼10・13・女体は哀しく57 [F]東宝[D]稲垣浩[C]田中絹代▼10・20・花嫁は待っている57 [F]東宝[D]青柳信雄[C]小泉博▼10・27・SS青い山脈 新子の巻57 [F]東宝[D]松林宗恵[C]雪村いづみ▼11・5・下町57 [F]東宝[D]千葉泰樹[C]山田五十鈴▼11・12・続 サラリーマン出世太閤記57 [F]東宝[D]筧正典[C]小林桂樹▼11・19・SS続 青い山脈 雪子の巻57 [F]東宝[D]松林宗恵[C]司葉子▼11・26・SS脱獄囚57 [F]東宝[D]鈴木英夫[C]池部良▼12・1・SS青春航路57 [F]東宝[D]瑞穂春海[C]江利チエミ▼12・10・SS遙かなる男57 [F]東宝[D]谷口千吉[C]池部良▼12・17・続々大番 怒濤篇57 [F]東宝[D]千葉泰樹[C]加東大介▼12・22・次郎長意外伝 大暴れ次郎長一家57 [F]東宝[D]日高繁明[C]三木のり平▼12・28・サザエさんの青春57 [F]東宝[D]青柳信雄[C]江利チエミ

【1958年（昭和33年）】

▼1・1・SS地球防衛軍57 [F]東宝[D]本多猪四郎[C]佐原健二▼1・3・SS社長三代記58 [F]東宝[D]松林宗恵[C]森繁久彌▼1・6・SS柳生武芸帳 双龍秘剱58 [F]東宝[D]稲垣浩[C]三船敏郎▼1・9・負ケラレマセン勝ツマデハ58 [F]東宝[D]豊田四郎[C]森繁久彌▼1・15・女であること58 [F]東宝[D]川島雄三[C]原節子▼1・21・SS愛情の都58 [F]東宝[D]杉江敏男[C]司葉子▼1・29・SS口から出まかせ58 [F]東宝[D]内川清一郎[C]森繁久彌／ジャズ娘に栄光あれ58 [F]東宝[D]山本嘉次郎[C]浜村美智子▼2・5・女殺し油地獄58 [F]東宝[D]堀川弘通[C]中村扇雀▼2・11・花嫁三重奏58 [F]東宝[D]本多猪四郎[C]草笛光子▼2・18・SS母三人58 [F]東宝[D]久松静児[C]山田五十鈴▼2・26・SS大当り狸御殿58 [F]東宝[D]佐伯幸三[C]美空ひばり▼3・5・SS二人だけの橋58 [F]東宝[D]丸山誠治[C]久保明▼3・12・家内安全58 [F]東宝[D]丸林久信[C]江原達怡▼3・18・SS続社長三代記58 [F]東宝[D]松林宗恵[C]加東大介▼3・25・SSアンコールワット物語 美しき哀愁58 [F]東宝[P]連合映画[D]渡辺邦男[C]池部良▼4・1・恋は異なもの味なもの58 [F]東宝[D]瑞穂春海[C]森繁久彌▼4・8・重役の椅子58 [F]東宝[D]筧正典[C]池部良▼4・15・SS東京の休日58 [F]東宝[D]山本嘉次郎[C]山口淑子▼4・22・SS無法松の一生58 [F]東宝[D]稲垣浩[C]三船敏郎▼4・29・SS弥次㐂多道中記58 [F]東宝[D]千葉泰樹[C]小林桂樹▼5・13・杏っ子58 [F]東宝[D]成瀬巳喜男[C]香川京子▼5・20・SS太鼓たゝいて笛吹いて58 [F]東宝[D]杉江敏男[C]宮城まり子▼5・26・結婚のすべて58 [F]東宝[D]岡本喜八[C]雪村いづみ▼6・2・SS赤道直下一万粁 アフリカ横断58 [P]日映新社（記録映画）編集：伊勢長之助、大峰晴▼6・8・ぶっつけ本番58 [F]東宝[D]佐伯幸三[C]フランキー堺▼6・15・SS暖簾58 [F]東宝[D]川島雄三[C]森繁久彌▼6・24・SS美女と液体人間58 [F]東宝[D]本多猪四郎[C]白川由美▼7・1・SS大番 完結篇58 [F]東宝[D]千葉泰樹[C]加東大介▼7・11・若い獣58 [F]東宝[D]石原慎太郎[C]久保明▼7・15・SS喜劇 駅前旅館58 [F]東宝[D]豊田四郎[C]森繁久彌▼7・22・SS旅姿鼠小僧58 [F]東宝[D]稲垣浩[C]鶴田浩二▼7・29・SS奴が殺人者だ58 [F]東宝[D]丸林久信[C]佐藤允▼8・1・太平洋戦記58 [P]日映新社（記録映画）構成：岡田弘▼8・5・SS花の慕情58 [F]東宝[D]鈴木英夫[C]司葉子▼8・12・ロマンス祭58 [F]東宝[D]杉江敏男[C]江利チエミ▼8・19・SS風流温泉日記58 [F]東宝[D]松林宗恵[C]団令子▼8・26・SSサザエさんの婚約旅行58 [F]東宝[D]青柳信雄[C]江利チエミ▼9・2・SS鰯雲58 [F]東宝[D]成瀬巳喜男[C]淡島千景▼9・9・SSつづり方兄妹58 [F]東宝[D]久松静児[C]香川京子▼9・16・SS続々 サラリーマン出世太閤記58 [F]東宝[D]筧正典[C]小林桂樹▼9・23・SSみみずく説法58 [F]東宝[D]久松静児、板谷紀之[C]森繁久彌▼10・1・SS大学の人気者58 [F]東宝[D]松林宗恵[C]宝田明▼10・7・SS若い娘たち58 [F]東宝[D]岡本喜八[C]雪村いづみ▼10・14・SS大怪獣バラン58 [F]東宝[D]本多猪四郎[C]野村浩三▼10・21・SS眠狂四郎無頼控 魔剱地獄58 [F]東宝[D]川西正純[C]鶴田浩二▼10・28・SS裸の大将58 [F]東宝[D]堀川弘通[C]小林桂樹▼11・4・SS恐喝58 [F]東宝[D]佐伯幸三[C]三橋達也▼11・11・SS青春白書 大人には分らない58 [F]東宝[D]須川栄三[C]団令子▼11・18・SS野良猫58 [F]東宝[D]木村恵吾[C]森繁久彌▼11・23・SS人生劇場 青春篇58 [F]東宝[D]杉江敏男[C]池部良▼12・7・SS弥次喜多道中記夫婦篇 弥次㐂多道中双六58 [F]東宝[D]千葉泰樹[C]加東大介▼12・20・SS勢揃い江戸っ子長屋58 [F]東宝[D]斎藤寅次郎[C]三木のり平▼12・28・SS隠し砦の三悪人58 [F]東宝[D]黒澤明[C]三船敏郎

【1959年（昭和34年）】

▼1・3・SS社長太平記59 [F]東宝[D]松林宗恵[C]森繁

久彌▼1・9-SSサザエさんの結婚59[F]東宝[D]青柳信雄[C]江利チエミ▼1・12-SSすずかけの散歩道59[F]東宝[D]堀川弘通[C]司葉子▼1・15-SSグラマ島の誘惑59[F]東宝[D]川島雄三[C]森繁久彌▼1・18-SS暗黒街の顔役59[F]東宝[D]岡本喜八[C]鶴田浩二▼1・22-SSこだまは呼んでいる59[F]東宝[D]本多猪四郎[C]池部良▼1・27-SS花のれん59[F]東宝[D]豊田四郎[C]淡島千景▼2・10-SS女ごころ59[F]東宝[D]丸山誠治[C]原節子▼2・17-SS手錠をかける59[F]東宝[D]日高繁明[C]池部良▼2・24-SS愛妻記59[F]東宝[D]久松静児[C]フランキー堺▼3・3-SS大学のお姐ちゃん 3 Dolls in the College 59[F]東宝[D]杉江敏男[C]団令子、中島そのみ、重山規子▼3・10-SS結婚の夜59[F]東宝[D]筧正典[C]小泉博▼3・15-SS続 社長太平記59[F]東宝[D]青柳信雄[C]森繁久彌▼3・21-SS鉄腕投手 稲尾物語59[F]東宝[D]本多猪四郎[C]稲尾和久▼3・29-SSコタンの口笛59[F]東宝[D]成瀬巳喜男[C]久保賢▼4・5-SSまり子自叙伝 花咲く星座59[F]東宝[D]松林宗恵[C]宮城まり子▼4・12-SS私は貝になりたい59[F]東宝[D]橋本忍[C]フランキー堺▼4・19-SS孫悟空59[F]東宝[D]山本嘉次郎[C]三木のり平▼4・28-SS或る剣豪の生涯59[F]東宝[D]稲垣浩[C]三船敏郎▼5・5-SS狐と狸59[F]東宝[D]千葉泰樹[C]加東大介▼5・12-SS社員無頼 怒号篇59[F]東宝[D]鈴木英夫[C]佐原健二▼5・19-SS男性飼育法59[F]東宝[D]豊田四郎[C]森繁久彌▼5・26-SS愛情不動59[F]東宝[D]佐伯幸三[C]鶴田浩二▼6・2-SS貸間あり59[F]東宝[D]川島雄三[C]フランキー堺▼6・9-SS野獣死すべし59[F]東宝[D]須川栄三[C]仲代達矢▼6・16-SSサラリーマン出世太閤記 課長一番槍59[F]東宝[D]筧正典[C]小林桂樹▼6・23-SS愛の鐘59[F]東宝[D]久松静児[C]森繁久彌▼6・28-SS大学の28人衆59[F]東宝[D]青柳信雄[C]宝田明▼7・5-SS潜水艦イ-57降伏せず59[F]東宝[D]松林宗恵[C]池部良▼7・14-SS銀座のお姐ちゃん59[F]東宝[D]杉江敏男[C]団令子▼7・21-SS森の石松幽霊道中59[F]東宝[D]佐伯幸三[C]フランキー堺▼7・28-SS女子大学生 私は勝負する59[F]東宝[D]板谷紀之[C]原知佐子▼8・4-SS檻の中の野郎たち59[F]東宝[D]川崎徹広[C]ミッキー・カーチス▼8・9-SS戦国群盗傳59[F]東宝[D]杉江敏男[C]三船敏郎▼8・16-SS新・三等重役59[F]東宝[D]筧正典[C]森繁久彌▼8・23-SSサザエさんの新婚家庭《スイートホーム》59[F]東宝[D]青柳信雄[C]江利チエミ▼8・30-SS暴れん坊森の石松59[F]東宝[D]佐伯幸三[C]フランキー堺▼9・8-SSある日わたしは59[F]東宝[D]岡本喜八[C]宝田明▼9・13-SS上役・下役・ご同役59[F]東宝[D]本多猪四郎[C]加東大介▼9・20-SS暗夜行路59[F]東宝[D]豊田四郎[C]池部良▼10・1-SSサラリーマン十戒59[F]東宝[D]岩城英二[C]小林桂樹▼10・6-SS若い恋人たち59[F]東宝[D]千葉泰樹[C]宝田明▼10・13-SS独立愚連隊59[F]東宝[D]岡本喜八[C]佐藤允▼10・20-SS夜を探がせ59[F]東宝[D]松林宗恵[C]鶴田浩二▼10・25-SS飛びっちょ勘太郎59[F]東宝[D]久松静児[C]森繁久彌▼11・1-SS日本誕生59[F]東宝[D]稲垣浩[C]三船敏郎▼11・22-SSお姐ちゃん罷り通る 3 Dolls go to Hong-Kong 59[F]東宝[D]杉江敏男[C]団令子▼11・27-SS花嫁さんは世界一59[F]東宝[D]新藤兼人[C]フランキー堺▼12・1-SS夜霧の決闘59[F]東宝[D]井上梅次[C]鶴田浩二▼12・8-SS槍一筋日本晴れ59[F]東宝[D]青柳信雄[C]加東大介▼12・13-SS爆笑 水戸黄門漫遊記59[F]東宝[D]斎藤寅次郎[C]柳家金語楼▼12・26-SS宇宙大戦争59[F]東宝[D]本多猪四郎[C]池部良▼12・28-SSサザエさんの脱線奥様59[F]東宝[D]青柳信雄[C]江利チエミ

【1960年（昭和35年）】

▼1・3-SS暗黒街の対決60[F]東宝[D]岡本喜八[C]三船敏郎▼1・6-SS天下の大泥棒 白浪五人男60[F]東宝[D]佐伯幸三[C]森繁久彌▼1・9-SS侍とお姐ちゃん60[F]東宝[D]杉江敏男[C]団令子▼1・15-SS女が階段を上る時60[F]東宝[D]成瀬巳喜男[C]高峰秀子▼1・22-SS新・三等重役 旅と女と酒の巻60[F]東宝[D]筧正典[C]森繁久彌▼1・27-SS黒い花びら60[F]東宝[D]瑞穂春海[C]水原弘▼1・30-SS現代サラリーマン 恋愛武士道60[F]東宝[D]松林宗恵[C]久保明▼2・2-SS山のかなたに 第一部 りんごの頬 第二部 魚の接吻60[F]東宝[D]須川栄三[C]宝田明▼2・9-SS人も歩けば60[F]東宝[D]川島雄三[C]フランキー堺▼2・14-SSサラリーマン御意見帖 男の一大事60[F]東宝[D]丸山誠治[C]小林桂樹▼2・21-SS非情都市60[F]東宝[D]鈴木英夫[C]三橋達也▼2・28-SSサザエさんの赤ちゃん誕生60[F]東宝[D]青柳信雄[C]江利チエミ▼3・6-SS嵐を呼ぶ楽団60[F]東宝[D]井上梅次[C]宝田明▼3・13-SS珍品堂主人60[F]東宝[D]豊田四郎[C]森繁久彌▼3・19-SS黒い画集 あるサラリーマンの証言60[F]東宝[D]堀川弘通[C]小林桂樹▼3・22-SS若い素肌60[F]東宝[D]川崎徹広[C]浜美枝▼3・29-SS国定忠治60[F]東宝[D]谷口千吉[C]三船敏郎▼4・5-SSサラリーマン出世太閤記 完結篇 花婿部長No・1 60[F]東宝[D]筧正典[C]

小林桂樹▼4・10・SS電送人間60 [F]東宝[D]福田純[C]鶴田浩二▼4・17・SS第三波止場の決闘60 [F]東宝[D]佐伯幸三[C]宝田明▼4・22・SS羽織の大将60 [F]東宝[D]千葉泰樹[C]フランキー堺▼4・26・SSハワイ・ミッドウエイ大海空戦 太平洋の嵐60 [F]東宝[D]松林宗恵[C]夏木陽介▼5・10・SS別離の歌60 [F]東宝[D]瑞穂春海[C]水原弘▼5・15・SS路傍の石60 [F]東宝[D]久松静児[C]太田博之▼5・22・SS噛みついた若旦那60 [F]東宝[D]青柳信雄[C]高島忠夫▼5・28・SS娘・妻・母60 [F]東宝[D]成瀬巳喜男[C]原節子▼6・15・SS太陽を抱け60 [F]東宝[D]井上梅次[C]宝田明▼6・26・SS青い野獣60 [F]東宝[D]堀川弘通[C]仲代達矢▼7・2・SS接吻泥棒60 [F]東宝[D]川島雄三[C]宝田明▼7・12・SS夜の流れ60 [F]東宝[D]成瀬巳喜男、川島雄三[C]司葉子▼7・19・SS新・三等重役 亭主教育の巻60 [F]東宝[D]杉江敏男[C]森繁久彌▼7・26・SS幽霊繁盛記60 [F]東宝[D]佐伯幸三[C]フランキー堺▼7・31・SS大学の山賊たち60 [F]東宝[D]岡本喜八[C]久保明▼8・7・SSお姐ちゃんに任しとキ!60 [F]東宝[D]筧正典[C]団令子▼8・14・SS男対男60 [F]東宝[D]谷口千吉[C]三船敏郎▼8・21・SS大空の野郎ども60 [F]東宝[D]古澤憲吾[C]佐藤允▼8・28・SS濹東綺譚60 [F]東宝[D]豊田四郎[C]山本富士子▼9・8・SS新・女大学60 [F]東宝[D]久松静児[C]司葉子▼9・13・SS遠い一つの道60 [F]東宝[D]内川清一郎[C]島田正吾▼9・18・SSがめつい奴60 [F]東宝[D]千葉泰樹[C]三益愛子▼10・1・SS秋立ちぬ60 [F]東宝[D]成瀬巳喜男[C]乙羽信子▼10・3・SS悪い奴ほどよく眠る60 [F]東宝[D]黒澤明[C]三船敏郎▼10・11・SS駄々っ子亭主 続姉さん女房60 [F]東宝[D]丸山誠治[C]淡路恵子▼10・16・SS地の涯に生きるもの60 [F]東宝[D]久松静児[C]森繁久彌▼10・25・SSがんばれ!盤嶽60 [F]東宝[D]松林宗恵[C]小林桂樹▼10・30・SS独立愚連隊西へ60 [F]東宝[D]岡本喜八[C]佐藤允▼11・8・SS唄祭ロマンス道中60 [F]東宝[D]佐伯幸三[C]江利チエミ▼11・13・SS花のセールスマン 背広三四郎60 [F]東宝[D]岩城英二[C]船戸順▼11・19・SSお姐ちゃんはツイてるぜ60 [F]東宝[D]筧正典[C]団令子▼11・23・SS赤坂の姉妹より 夜の肌60 [F]東宝[D]川島雄三[C]淡島千景▼11・26・12・31 改修工事のため休館

【1961年（昭和36年）】

▼1・1・SSサラリーマン忠臣蔵60 [F]東宝[D]杉江敏男[C]森繁久彌▼1・3・SS大坂城物語61 [F]東宝[D]稲垣浩[C]三船敏郎▼1・9・SS縞の背広の親分衆61 [F]東宝[D]川島雄三[C]森繁久彌▼1・15・SS銀座の恋人たち61 [F]東宝[D]千葉泰樹[C]団令子▼1・24・SS名もなく貧しく美しく61 [F]東宝[D]松山善三[C]高峰秀子▼1・26・SS出世コースに進路をとれ61 [F]東宝[D]筧正典[C]小林桂樹▼2・1・SS河内風土記 おいろけ説法61 [F]東宝[D]久松静児[C]森繁久彌▼2・8・SS若い狼61 [F]東宝[D]恩地日出夫[C]夏木陽介▼2・14・SS慕情の人61 [F]東宝[D]丸山誠治[C]原節子▼2・21・SSサラリーマン奥様心得帖61 [F]東宝[D]古澤憲吾[C]原知佐子▼2・25・SS続 サラリーマン忠臣蔵61 [F]東宝[D]杉江敏男[C]森繁久彌▼3・12・SS青い夜霧の挑戦状61 [F]東宝[D]古澤憲吾[C]夏木陽介▼3・18・SS七人の敵あり61 [F]東宝[D]杉江敏男[C]小林桂樹▼3・23・SS東から来た男61 [F]東宝[D]井上梅次[C]加山雄三▼3・28・SS福の神・サザエさん一家61 [F]東宝[D]青柳信雄[C]江利チエミ▼4・4・SS別れて生きるときも61 [F]東宝[D]堀川弘通[C]司葉子▼4・11・SS特急にっぽん61 [F]東宝[D]川島雄三[C]フランキー堺▼4・16・SS顔役暁に死す61 [F]東宝[D]岡本喜八[C]加山雄三▼4・21・SS漫画横丁 アトミックのおぼん スリますわヨの巻61 [F]東宝[D]佐伯幸三[C]水谷良重▼4・25・SS用心棒61 [F]東宝[D]黒澤明[C]三船敏郎▼5・6・SS社長道中記61 [F]東宝[D]松林宗恵[C]森繁久彌▼5・10・SS金づくり無法時代61 [F]東宝[D]内川清一郎[C]加東大介▼5・16・SS女家族61 [F]東宝[D]久松静児[C]新珠三千代▼5・25・SS漫画横丁 アトミックのおぼん 女親分対決の巻61 [F]東宝[D]佐伯幸三[C]水谷良重▼5・30・SS続 社長道中記61 [F]東宝[D]松林宗恵[C]森繁久彌▼6・9・SS妻として女として61 [F]東宝[D]成瀬巳喜男[C]高峰秀子▼6・17・SS愛と炎と61 [F]東宝[D]須川栄三[C]三橋達也▼6・23・SS黒い画集 ある遭難61 [F]東宝[D]杉江敏男[C]伊藤久哉▼6・27・SS断崖の決闘61 [F]東宝[D]佐伯幸三[C]三橋達也▼6・30・SSサラリーマン弥次㐂多道中61 [F]東宝[D]青柳信雄[C]高島忠夫▼7・8・SS香港の夜61 [F]東宝[D]千葉泰樹[C]宝田明▼7・16・SS大学の若大将61 [F]東宝[D]杉江敏男[C]加山雄三▼7・23・SS続 サラリーマン弥次㐂多道中61 [F]東宝[D]青柳信雄[C]高島忠夫▼7・27・SS守屋浩の三度笠シリーズ 泣きとうござんす61 [F]東宝[D]福田純[C]守屋浩▼7・30・SSモスラ61 [F]東宝[D]本多猪四郎[C]フランキー堺▼8・13・SS喜劇 駅前団地61 [F]東宝[D]久松静児[C]森繁久彌▼8・22・SS紅の海61 [F]東宝[D]谷口千吉[C]加山雄三▼8・29・SS河内風土記 続おいろけ説法61 [F]東宝[D]佐伯幸三[C]森繁久彌▼9・12・SS新入

社員十番勝負61 F東宝D岩城英二C船戸順▼9・17・SSアッちゃんのベビーギャング61 F東宝D杉江敏男C中村勘九郎▼9・29・SS南の島に雪が降る61 F東宝D久松静児C加東大介▼10・8・SS世界大戦争61 F東宝D松林宗恵Cフランキー堺▼10・29・小早川家の秋61 F東宝D小津安二郎C原節子▼11・12・SS二人の息子61 F東宝D千葉泰樹C宝田明▼11・22・SS野盗風の中を走る61 F東宝D稲垣浩C夏木陽介▼11・28・SS猫と鰹節 ある詐話師《さわし》の物語61 F東宝D堀川弘通C森繁久彌▼12・9・SS花影《かえい》61 F東宝D川島雄三C池内淳子▼12・17・SS暗黒街撃滅命令61 F東宝D福田純C三橋達也▼12・24・SS喜劇 駅前弁当61 F東宝D久松静児C森繁久彌▼12・29・SSアワモリ君西へ行く61 F東宝D古澤憲吾C坂本九

【1962年（昭和37年）】

▼1・1・SS椿三十郎62 F東宝D黒澤明C三船敏郎▼1・7・SSサラリーマン清水港62 F東宝D松林宗恵C森繁久彌▼1・14・SS女の座62 F東宝D成瀬巳喜男C高峰秀子▼1・22・SS乾杯！サラリーマン諸君62 F東宝D青柳信雄C高島忠夫▼1・28・SSその場所に女ありて62 F東宝D鈴木英夫C司葉子▼2・4・SSサラリーマン権三と助十62 F東宝D青柳信雄C高島忠夫▼2・10・SS銀座の若大将62 F東宝D杉江敏男C加山雄三▼2・20・SS明日ある限り62 F東宝D豊田四郎C香川京子▼2・24・SSはぐれ念佛 歓喜まんだら62 F東宝D佐伯幸三Cフランキー堺▼3・4・SSある大阪の女62 F東宝D須川栄三C団令子▼3・7・SS続 サラリーマン清水港62 F東宝D松林宗恵C森繁久彌▼3・17・SS旅愁の都62 F東宝D鈴木英夫C宝田明▼3・21・SS妖星ゴラス62 F東宝D本多猪四郎C池部良▼3・28・SS紅の空62 F東宝D谷口千吉C加山雄三▼4・1・SS女難コースを突破せよ62 F東宝D筧正典C小林桂樹▼4・9・SS娘と私62 F東宝D堀川弘通C星由里子▼4・15・SS雲の上団五郎一座62 F東宝D青柳信雄Cフランキー堺▼4・26・SS如何なる星の下に62 F東宝D豊田四郎C山本富士子▼4・29・SSどぶろくの辰62 F東宝D稲垣浩C三船敏郎▼5・6・SS社長洋行記62 F東宝D杉江敏男C森繁久彌▼5・15・SS吼えろ脱獄囚62 F東宝D福田純C佐藤允▼5・22・SS愛のうず潮62 F東宝D久松静児C新珠三千代▼5・29・SS女性自身62 F東宝D福田純C藤山陽子▼6・1・SSどぶ鼠作戦62 F東宝D岡本喜八C加山雄三▼6・9・SS続社長洋行記62 F東宝D杉江敏男C森繁久彌▼6・20・SSおへその大将62 F東宝D佐伯幸三Cフランキー堺▼6・27・SS豚と金魚62 F東宝D川崎徹広C藤木孝▼6・28・SS青べか物語62 F東宝D川島雄三C森繁久彌▼7・7・SS重役候補生No．1 62 F東宝D古澤憲吾C高島忠夫▼7・14・SS香港の星62 F東宝D千葉泰樹C宝田明▼7・22・SS日本一の若大将62 F東宝D福田純C加山雄三▼7・29・SS喜劇 駅前温泉62 F東宝D久松静児C森繁久彌▼8・6・SSニッポン無責任時代62 F東宝D古澤憲吾C植木等▼8・11・SSキングコング対ゴジラ62 F東宝D本多猪四郎C高島忠夫▼9・1・SS僕たちの失敗62 F東宝D須川栄三C市川染五郎▼9・8・野良犬49 F東宝D黒澤明C三船敏郎▼9・11・SS早乙女家の娘たち62 F東宝D久松静児C香川京子▼9・15・SS箱根山62 F東宝D川島雄三C加山雄三▼9・22・SS夢で逢いましょ62 F東宝D佐伯幸三C宝田明▼9・30・SS放浪記62 F東宝D成瀬巳喜男C高峰秀子▼10・6・SS新・狐と狸62 F東宝D松林宗恵C森繁久彌▼10・15・SS地方記者62 F東宝D丸山誠治Cフランキー堺▼10・20・SSやま猫作戦62 F東宝D谷口千吉C佐藤允▼10・27・SS若い季節62 F東宝D古澤憲吾C淡路恵子▼11・3・SS忠臣蔵 花の巻・雪の巻62 F東宝D稲垣浩C松本幸四郎▼11・23・SS河のほとりで62 F東宝D千葉泰樹C加山雄三▼12・1・SSぶらりぶらぶら物語62 F東宝D松山善三C小林桂樹▼12・8・SS暗黒街の牙62 F東宝D福田純C三橋達也▼12・12・SS月給泥棒62 F東宝D岡本喜八C宝田明▼12・16・SS風流温泉 番頭日記62 F東宝D青柳信雄C小林桂樹▼12・23・SS喜劇 駅前飯店62 F東宝D久松静児C森繁久彌

【1963年（昭和38年）】

▼1・1・SSニッポン無責任野郎62 F東宝D古澤憲吾C植木等▼1・3・SS太平洋の翼63 F東宝D松林宗恵C三船敏郎▼1・9・SS社長漫遊記63 F東宝D杉江敏男C森繁久彌▼1・15・SS女に強くなる工夫の数々63 F東宝D千葉泰樹C宝田明▼1・24・SS憂愁平野63 F東宝D豊田四郎C森繁久彌▼1・29・SSハイハイ3人娘63 F東宝D佐伯幸三C中尾ミエ、園まり、伊東ゆかり▼2・8・SSサラリーマン無鉄砲一家63 F東宝D筧正典C加東大介▼2・16・SSにっぽん実話《スキャンダル》時代63 F東宝D福田純C高島忠夫▼2・24・SS素晴らしい悪女63 F東宝D恩地日出夫C団令子▼3・1・SS天国と地獄63 F東宝D黒澤明C三船敏

郎▼3・8・SS続 社長漫遊記63 [F]東宝[D]杉江敏男[C]森繁久彌▼3・24・SSクレージー作戦 先手必勝63 [F]東宝[D]久松静児[C]植木等▼4・1・SS戦国野郎63 [F]東宝[D]岡本喜八[C]加山雄三▼4・10・SS喜劇 とんかつ一代63 [F]東宝[D]川島雄三[C]森繁久彌▼4・21・SS河内風土記 おいろけ繁盛記63 [F]東宝[D]佐伯幸三[C]フランキー堺▼4・28・SS五十万人の遺産63 [F]東宝[D]三船敏郎[C]三船敏郎▼5・5・SS社長外遊記63 [F]東宝[D]松林宗恵[C]森繁久彌▼5・22・SS写真記者物語 瞬間に命を賭けろ63 [F]東宝[D]坪島孝[C]夏木陽介▼5・29・SS青島《チンタオ》要塞爆撃命令63 [F]東宝[D]古澤憲吾[C]加山雄三▼6・9・SS続 社長外遊記63 [F]東宝[D]松林宗恵[C]森繁久彌▼6・16・SS台所太平記63 [F]東宝[D]豊田四郎[C]森繁久彌▼6・30・SSホノルル・東京・香港63 [F]東宝[D]千葉泰樹[C]宝田明▼7・10・SS若い仲間たち うちら祇園の舞妓はん63 [F]東宝[D]佐伯幸三[C]伊藤エミ、伊藤ユミ▼7・13・SS喜劇 駅前茶釜63 [F]東宝[D]久松静児[C]森繁久彌▼7・21・SS日本一の色男63 [F]東宝[D]古澤憲吾[C]植木等▼7・28・SS独立機関銃隊未だ射撃中63 [F]東宝[D]谷口千吉[C]三橋達也▼8・4・SS続 雲の上団五郎一座63 [F]東宝[D]青柳信雄[C]フランキー堺▼8・11・SSマタンゴ63 [F]東宝[D]本多猪四郎[C]久保明▼8・18・SSハワイの若大将63 [F]東宝[D]福田純[C]加山雄三▼8・25・SS林檎の花咲く町63 [F]東宝[D]岩内克己[C]白川由美▼8・31・SS国際秘密警察 指令第8号63 [F]東宝[D]杉江敏男[C]三橋達也▼9・8・SS秘剣63 [F]東宝[D]稲垣浩[C]市川染五郎▼9・14・SS丼池《どぶいけ》63 [F]東宝[D]久松静児[C]司葉子▼9・23・SSわんぱく天使63 [F]東宝[D]久松静児[C]フランキー堺▼9・29・SSのら犬作戦63 [F]東宝[D]福田純[C]三橋達也▼10・7・SS太陽は呼んでいる63 [F]東宝[D]須川栄三[C]加山雄三▼10・12・SS新・夫婦善哉63 [F]東宝[D]豊田四郎[C]森繁久彌▼10・19・SSみれん63 [F]東宝[D]千葉泰樹[C]仲代達矢▼10・26・SS大盗賊63 [F]東宝[D]谷口千吉[C]三船敏郎▼11・9・SSクレージー作戦 くたばれ！無責任63 [F]東宝[D]坪島孝[C]植木等▼11・16・SS女の歴史63 [F]東宝[D]成瀬巳喜男[C]高峰秀子▼11・23・SS江分利満氏の優雅な生活63 [F]東宝[D]岡本喜八[C]小林桂樹▼11・27・SSわれらサラリーマン63 [F]東宝[D]丸山誠治[C]小林桂樹▼12・4・SSやぶにらみニッポン63 [F]東宝[D]鈴木英夫[C]宝田明▼12・8・SSお姐ちゃん三代記63 [F]東宝[D]筧正典[C]団令子▼12・15・SS暁の合唱63 [F]東宝[D]鈴木英夫[C]星由里子▼12・22・SS海底軍艦63 [F]東宝[D]本多猪四郎[C]高島忠夫▼12・28・SS香港クレージー作戦63 [F]東宝[D]杉江敏男[C]植木等

【1964年（昭和39年）】

▼1・3・SS社長紳士録64 [F]東宝[D]松林宗恵[C]森繁久彌▼1・10・SS士魂魔道 大龍巻64 [F]東宝[D]稲垣浩[C]市川染五郎▼1・15・SS喜劇 駅前女将《おかみ》64 [F]東宝[D]佐伯幸三[C]森繁久彌▼1・25・SS乱れる64 [F]東宝[D]成瀬巳喜男[C]高峰秀子▼2・1・SS恐怖の時間64 [F]東宝[D]岩内克己[C]山崎努▼2・6・SS男嫌い64 [F]東宝[D]木下亮[C]越路吹雪▼2・14・SSミスター・ジャイアンツ 勝利の旗64 [F]東宝[D]佐伯幸三[C]長嶋茂雄▼2・23・SS国際秘密警察 虎の牙64 [F]東宝[D]福田純[C]三橋達也▼3・1・SS今日もわれ大空にあり64 [F]東宝[D]古澤憲吾[C]三橋達也▼3・11・SS続 社長紳士録64 [F]東宝[D]松林宗恵[C]森繁久彌▼3・20・SSこんにちは赤ちゃん64 [F]東宝[D]松林宗恵[C]小林桂樹▼3・28・SS続 若い季節64 [F]東宝[D]古澤憲吾[C]中尾ミエ▼4・4・SS喜劇 陽気な未亡人64 [F]東宝[D]豊田四郎[C]フランキー堺▼4・11・SSくたばれ！社用族64 [F]東宝[D]秦幸三郎[C]藤田まこと▼4・18・SS砂の女64 [F]東宝[D]勅使河原宏[C]岸田今日子▼4・24・SSああ爆弾64 [F]東宝[D]岡本喜八[C]伊藤雄之助▼4・29・SSモスラ対ゴジラ64 [F]東宝[D]本多猪四郎[C]宝田明▼5・8・SS蟻地獄作戦64 [F]東宝[D]坪島孝[C]仲代達矢▼5・16・SSひばり チエミ いづみ 三人よれば64 [F]東宝[D]杉江敏男[C]美空ひばり、江利チエミ、雪村いづみ▼6・1・SS君も出世ができる64 [F]東宝[D]須川栄三[C]フランキー堺▼6・9・SSただいま診察中64 [F]東宝[D]青柳信雄[C]小林桂樹▼6・11・SS喜劇 駅前怪談64 [F]東宝[D]佐伯幸三[C]森繁久彌▼6・23・SS日本一のホラ吹き男64 [F]東宝[D]古澤憲吾[C]植木等▼7・1・SS裸の重役64 [F]東宝[D]千葉泰樹[C]森繁久彌▼7・8・SS血とダイヤモンド64 [F]東宝[D]福田純[C]宝田明▼7・11・SS無責任遊侠伝64 [F]東宝[D]杉江敏男[C]植木等▼8・1・SS天才詐欺師物語 狸の花道64 [F]東宝[D]山本嘉次郎[C]小林桂樹▼8・7・SSがらくた64 [F]東宝[D]稲垣浩[C]市川染五郎▼8・11・SS喜劇 駅前音頭64 [F]東宝[D]佐伯幸三[C]森繁久彌▼8・23・SS宇宙大怪獣ドゴラ64 [F]東宝[D]本多猪四郎[C]夏木陽介▼8・30・SS西の王将 東の大将64 [F]東宝[D]古澤憲吾[C]谷啓▼9・23・SSわれ一粒の麦なれど64 [F]東宝[D]松山善三[C]小林桂樹▼9・24・SS甘い汗64 [F]東宝[D]豊田四郎[C]京マチ子▼9・27・SS女体《じょたい》64 [F]東宝[D]恩地日出

夫[C]団令子▼10・3・SS自動車泥棒64 [F]東宝[D]和田嘉訓[C]安岡力也▼10・10・10・24 東京オリンピック中継（開会式から閉会式までのテレビ放送をトーホータラリア方式でスクリーン投影）▼10・14・SS万事お金64 [F]東宝[D]松林宗恵[C]坂本九▼10・25・SS沙羅の門64 [F]東宝[D]久松静児[C]団令子▼10・31・SSホラ吹き太閤記64 [F]東宝[D]古澤憲吾[C]植木等▼11・11・SS喜劇 駅前天神64 [F]東宝[D]佐伯幸三[C]森繁久彌▼11・22・SS現代紳士野郎64 [F]東宝[D]丸山誠治[C]高島忠夫▼12・9・SS団地七つの大罪64 [F]東宝[D]千葉泰樹、筧正典[C]小林桂樹▼12・18・SS国際秘密警察 火薬の樽64 [F]東宝[D]坪島孝[C]三橋達也▼12・20・SS三大怪獣 地球最大の決戦64 [F]東宝[D]本多猪四郎[C]夏木陽介▼12・28・SS花のお江戸の無責任64 [F]東宝[D]山本嘉次郎[C]植木等

【1965年（昭和40年）】

▼1・3・SS社長忍法帖65 [F]東宝[D]松林宗恵[C]森繁久彌▼1・11・SS侍65 [F]東宝[D]岡本喜八[C]三船敏郎▼1・15・SS喜劇 駅前医院65 [F]東宝[D]佐伯幸三[C]森繁久彌▼1・25・SS勇者のみ65 [F]東宝[D]フランク・シナトラ[C]三橋達也、フランク・シナトラ▼1・31・SS続 社長忍法帖65 [F]東宝[D]松林宗恵[C]森繁久彌▼2・10・SS波影65 [F]東宝[D]豊田四郎[C]若尾文子▼2・14・SS暗黒街全滅作戦65 [F]東宝[D]福田純[C]三橋達也▼2・27・SS怪談65 [F]東宝[D]小林正樹[C]新珠三千代▼3・20・SS東京オリンピック65 [F]東宝[D]市川崑（記録映画）▼4・17・SSこゝから始まる65 [F]東宝[D]坪島孝[C]星由里子▼4・24・SS赤ひげ65 [F]東宝[D]黒澤明[C]三船敏郎▼5・16・SS風来忍法帖65 [F]東宝[D]川崎徹広[C]渥美清▼5・25・SS最後の審判65 [F]東宝[D]堀川弘通[C]仲代達矢▼5・29・SS日本一のゴマすり男65 [F]東宝[D]古澤憲吾[C]植木等▼6・14・SS姿三四郎65 [F]東宝[D]内川清一郎[C]加山雄三▼6・20・SS続 西の王将 東の大将65 [F]東宝[D]杉江敏男[C]谷啓▼6・27・SSおれについてこい！65 [F]東宝[D]堀川弘通[C]ハナ肇▼7・4・SS喜劇 駅前金融65 [F]東宝[D]佐伯幸三[C]森繁久彌▼7・16・SS太平洋奇跡の作戦 キスカ65 [F]東宝[D]丸山誠治[C]三船敏郎▼7・25・SS四谷怪談65 [F]東宝[D]豊田四郎[C]仲代達矢▼8・3・SS狸の大将65 [F]東宝[D]山本嘉次郎[C]小林桂樹▼8・8・SSフランケンシュタイン対地底怪獣《バラゴン》65 [F]東宝[D]本多猪四郎[C]高島忠夫▼8・16・SS海の若大将65 [F]東宝[D]古澤憲吾[C]加山雄三▼8・25・SS香港の白い薔薇65 [F]東宝[D]福田純[C]張美瑤（チャン・メイヨウ）▼9・5・SS花のお江戸の法界坊65 [F]東宝[D]久松静児[C]フランキー堺▼9・18・SS喜劇 各駅停車65 [F]東宝[D]井上和男[C]森繁久彌▼10・6・SS血と砂65 [F]東宝[D]岡本喜八[C]三船敏郎▼10・9・SS大工太平記65 [F]東宝[D]豊田四郎[C]森繁久彌▼10・18・SS六條ゆきやま紬65 [F]東宝[D]松山善三[C]高峰秀子▼10・23・SS国際秘密警察 鍵の鍵65 [F]東宝[D]谷口千吉[C]三橋達也▼10・28・SS悪の階段65 [F]東宝[D]鈴木英夫[C]山崎努▼10・31・SS大冒険65 [F]東宝[D]古澤憲吾[C]ハナ肇▼11・12・SS喜劇 駅前大学65 [F]東宝[D]佐伯幸三[C]森繁久彌▼11・21・SS悪党65 [F]東宝[D]新藤兼人[C]乙羽信子▼11・25・SSあんま太平記65 [F]東宝[D]佐伯幸三[C]フランキー堺▼12・5・SS１００発１００中65 [F]東宝[D]福田純[C]宝田明▼12・13・SS馬鹿と鋏65 [F]東宝[D]谷口千吉[C]伴淳三郎▼12・19・SS怪獣大戦争65 [F]東宝[D]本多猪四郎[C]宝田明▼12・25・SSエレキの若大将65 [F]東宝[D]岩内克己[C]加山雄三

【1966年（昭和41年）】

▼1・3・SSクレージーの 無責任清水港66 [F]東宝[D]坪島孝[C]植木等▼1・9・SS社長行状記66 [F]東宝[D]松林宗恵[C]森繁久彌▼1・15・SS喜劇 駅前弁天66 [F]東宝[D]佐伯幸三[C]森繁久彌▼1・24・SS暴れ豪右衛門66 [F]東宝[D]稲垣浩[C]三船敏郎▼2・2・SSこころの山脈66 [F]東宝[D]吉村公三郎[C]山岡久乃▼2・7・ブワナ・トシの歌66 [F]東宝[D]羽仁進[C]渥美清▼2・12・SS女の中にいる他人66 [F]東宝[D]成瀬巳喜男[C]小林桂樹▼2・18・SS女は幾万ありとても66 [F]東宝[D]杉江敏男[C]宝田明▼2・24・SS続 社長行状記66 [F]東宝[D]松林宗恵[C]森繁久彌▼3・11・SS大菩薩峠66 [F]東宝[D]岡本喜八[C]仲代達矢▼3・16・SS日本一のゴリガン男66 [F]東宝[D]古澤憲吾[C]植木等▼3・28・SS何処へ66 [F]東宝[D]佐伯幸三[C]加山雄三▼4・3・SS若い娘がいっぱい66 [F]東宝[D]筧正典[C]浜美枝▼4・10・SSバンコックの夜66 [F]東宝[D]千葉泰樹[C]加山雄三▼4・16・SSひき逃げ66 [F]東宝[D]成瀬巳喜男[C]高峰秀子▼4・21・SS狸の王様66 [F]東宝[D]山本嘉次郎[C]小林桂樹▼4・28・SS喜劇 駅前漫画66 [F]東宝[D]佐伯幸三[C]森繁久彌▼5・13・SS奇巌城の冒険66 [F]東宝[D]谷口千吉[C]三船敏郎▼5・18・SSオリンピック東京大会 世紀の感動66 [F]東宝 監修：川本信正（市川崑監督の『東京オリンピック』を基に再編集した記録映画）▼5・28・SSクレージーだよ 奇想天外66 [F]東宝[D]坪島孝[C]谷啓▼6・8・SSアルプスの若大将

66[F]東宝[D]古澤憲吾[C]加山雄三▼6・29・SS落語野郎 大脱線66[F]東宝[D]杉江敏男[C]桂米丸▼7・8・SS新・事件記者 大都会の罠66[F]東宝[D]井上和男[C]永井智雄▼7・13・SSゼロ・ファイター大空戦66[F]東宝[D]森谷司郎[C]加山雄三▼7・31・SSフランケンシュタインの怪獣 サンダ対ガイラ66[F]東宝[D]本多猪四郎[C]佐原健二▼8・14・SS喜劇 駅前番頭66[F]東宝[D]佐伯幸三[C]森繁久彌▼8・24・SSてなもんや東海道66[F]東宝[D]松林宗恵[C]藤田まこと▼8・31・SS3匹の狸66[F]東宝[D]鈴木英夫[C]伴淳三郎▼9・6・SS新・事件記者 殺意の丘66[F]東宝[D]井上和男[C]永井智雄▼9・10・SS歌う若大将66[F]東宝[D]長野卓[C]加山雄三▼9・20・SSパンチ野郎66[F]東宝[D]岩内克己[C]黒沢年男▼9・23・アンデスの花嫁66[F]東宝[D]羽仁進[C]左幸子▼10・1・SS沈丁花66[F]東宝[D]千葉泰樹[C]京マチ子▼10・22・SS狸の休日66[F]東宝[D]山本嘉次郎[C]高島忠夫▼10・26・SS喜劇 仰げば尊し66[F]東宝[D]渋谷実[C]森繁久彌▼10・29・SSクレージー大作戦66[F]東宝[D]古澤憲吾[C]植木等▼11・11・SS喜劇 駅前競馬66[F]東宝[D]佐伯幸三[C]森繁久彌▼11・20・SSお嫁においで66[F]東宝[D]本多猪四郎[C]加山雄三▼12・3・SS落語野郎 大馬鹿時代66[F]東宝[D]杉江敏男[C]立川談志▼12・7・SS石中先生行状記66[F]東宝[D]丸山誠治[C]宝田明▼12・17・SSゴジラ・エビラ・モスラ 南海の大決闘66[F]東宝[D]福田純[C]宝田明▼12・24・SSこれが青春だ!66[F]東宝[D]松森健[C]夏木陽介

【1967年（昭和42年）】

▼1・1・SSレッツゴー!若大将67[F]東宝[D]岩内克己[C]加山雄三▼1・7・SS社長千一夜67[F]東宝[D]松林宗恵[C]森繁久彌▼1・14・SSクレージーだよ 天下無敵67[F]東宝[D]坪島孝[C]植木等▼1・24・SS喜劇 駅前満貫67[F]東宝[D]佐伯幸三[C]森繁久彌▼2・4・SS殺人狂時代67[F]東宝[D]岡本喜八[C]仲代達矢▼2・11・SS落語野郎 大爆笑67[F]東宝[D]杉江敏男[C]三遊亭歌奴▼2・20・SS国際秘密警察 絶体絶命67[F]東宝[D]谷口千吉[C]三橋達也▼2・25・SS伊豆の踊子67[F]東宝[D]恩地日出夫[C]内藤洋子▼3・7・SS千曲川絶唱67[F]東宝[D]豊田四郎[C]北大路欣也▼3・12・SS続 何処へ67[F]東宝[D]森谷司郎[C]加山雄三▼3・22・SS幕末てなもんや大騒動67[F]東宝[D]古澤憲吾[C]藤田まこと▼4・1・SS佐々木小次郎 前篇・風雲大坂城 後篇・決斗巌流島67[F]東宝[D]稲垣浩[C]尾上菊之助▼4・8・SS坊っちゃん社員 青春は俺のものだ!67[F]東宝[D]松森健[C]夏木陽介▼4・15・SS喜劇 駅前学園67[F]東宝[D]井上和男[C]森繁久彌▼4・23・SS落語野郎 大泥棒67[F]東宝[D]松林宗恵[C]牧伸二▼4・29・SSクレージー黄金作戦67[F]東宝[D]坪島孝[C]植木等▼5・20・SS坊っちゃん社員 青春でつッ走れ!67[F]東宝[D]松森健[C]夏木陽介▼5・27・SS父と子 続・名もなく貧しく美しく67[F]東宝[D]松山善三[C]小林桂樹▼6・3・SS続 社長千一夜67[F]東宝[D]松林宗恵[C]森繁久彌▼6・17・SS上意討ち 拝領妻始末67[F]東宝[D]小林正樹[C]三船敏郎▼7・1・SS南太平洋の若大将67[F]東宝[D]古澤憲吾[C]加山雄三▼7・15・SSその人は昔67[F]東宝[D]松山善三[C]舟木一夫▼7・22・SSキングコングの逆襲67[F]東宝[D]本多猪四郎[C]宝田明▼8・5・長篇怪獣映画 ウルトラマン67[F]東宝[D]円谷一[C]黒部進▼8・12・SS日本のいちばん長い日67[F]東宝[D]岡本喜八[C]三船敏郎▼8・26・SSアルプスの若大将66[F]東宝[D]古澤憲吾[C]加山雄三（再映）▼9・2・SS喜劇 駅前探検67[F]東宝[D]井上和男[C]森繁久彌▼9・9・SSてなもんや幽霊道中67[F]東宝[D]松林宗恵[C]藤田まこと▼9・15・SS颱風とざくろ67[F]東宝[D]須川栄三[C]星由里子▼9・23・SSでっかい太陽67[F]東宝[D]松森健[C]夏木陽介▼10・1・SSなつかしき笛や太鼓67[F]東宝[D]木下恵介[C]夏木陽介▼10・10・SS育ちざかり67[F]東宝[D]森谷司郎[C]内藤洋子▼10・18・SS爆笑野郎 大事件67[F]東宝[D]鈴木英夫[C]晴乃チック、晴乃タック▼10・28・SSクレージーの 怪盗ジバコ67[F]東宝[D]坪島孝[C]植木等▼11・12・SSドリフターズですよ! 前進前進また前進67[F]東宝[D]和田嘉訓[C]いかりや長介▼11・18・SS乱れ雲67[F]東宝[D]成瀬巳喜男[C]加山雄三▼11・25・SS喜劇 駅前百年67[F]東宝[D]豊田四郎[C]森繁久彌▼12・9・SS燃えろ!太陽67[F]東宝[D]松森健[C]夏木陽介▼12・17・SS君に幸福を センチメンタル・ボーイ67[F]東宝[D]丸山誠治[C]舟木一夫▼12・21・SS怪獣島の決戦 ゴジラの息子67[F]東宝[D]福田純[C]高島忠夫

【1968年（昭和43年）】

▼1・1・SS日本一の男の中の男67[F]東宝[D]古澤憲吾[C]植木等▼1・14・SS社長繁盛記68[F]東宝[D]松林宗恵[C]森繁久彌▼1・23・SS春らんまん68[F]東宝[D]千葉泰樹[C]新珠三千代▼1・30・ハワイ マレー沖海戦42[F]東宝[D]山本嘉次郎[C]伊東薫▼2・6・ニイタカヤマノボレ 日本帝国の崩壊68[F]東宝[P]日映新社 監修：大宅壮一（記録映画）▼2・14・SS喜劇 駅前開運68[F]東宝[D]豊田四郎[C]森繁久彌▼2・21・SS女

と味噌汁68 🄵東宝🄳五所平之助🄲池内淳子
▼2・24・SS続 社長繁盛記68 🄵東宝🄳松林宗恵🄲森繁久彌
▼3・16・SS１００発１００中 黄金の眼68 🄵東宝🄳福田純🄲宝田明
▼3・24・SSカモとねぎ68 🄵東宝🄳谷口千吉🄲森雅之
▼3・27・さらばモスクワ愚連隊68 🄵東宝🄳堀川弘通🄲加山雄三
▼4・6・SSめぐりあい68 🄵東宝🄳恩地日出夫🄲酒井和歌子
▼4・10・SSドリフターズですよ！ 盗って盗って盗りまくれ68 🄵東宝🄳渡辺祐介🄲いかりや長介
▼4・27・SSクレージー メキシコ大作戦68 🄵東宝🄳坪島孝🄲植木等
▼5・14・SSザ・タイガース 世界はボクらを待っている68 🄵東宝🄳和田嘉訓🄲沢田研二
▼5・18・加藤隼戦闘隊44 🄵東宝🄳山本嘉次郎🄲藤田進
▼5・25・SS喜劇 駅前火山68 🄵東宝🄳山田達雄🄲森繁久彌
▼6・1・SS河内フーテン族68 🄵東宝🄳千葉泰樹🄲フランキー堺
▼6・8・SS首68 🄵東宝🄳森谷司郎🄲小林桂樹
▼6・15・SS日本の青春68 🄵東宝🄳小林正樹🄲藤田まこと
▼6・22・SS斬る68 🄵東宝🄳岡本喜八🄲仲代達矢
▼6・30・SSサラリーマン悪党術68 🄵東宝🄳須川栄三🄲小沢昭一
▼7・13・SSリオの若大将68 🄵東宝🄳岩内克己🄲加山雄三
▼7・22・SS年ごろ68 🄵東宝🄳出目昌伸🄲内藤洋子
▼8・1・SS怪獣総進撃68 🄵東宝🄳本多猪四郎🄲久保明
▼8・14・SS連合艦隊司令長官 山本五十六68 🄵東宝🄳丸山誠治🄲三船敏郎
▼8・26・SS空想天国68 🄵東宝🄳松森健🄲谷啓
▼9・7・SS兄貴の恋人68 🄵東宝🄳森谷司郎🄲加山雄三
▼9・14・SS北穂高絶唱68 🄵東宝🄳沢島忠🄲北大路欣也
▼9・21・SS第50回全国高校野球選手権大会 青春68 🄵東宝🄿朝日新聞、朝日テレビニュース社🄳市川崑（記録映画）
▼10・2・SSドリフターズですよ！ 冒険冒険また冒険68 🄵東宝🄳和田嘉訓🄲いかりや長介
▼10・12・SS若者よ挑戦せよ68 🄵東宝🄳千葉泰樹🄲小林桂樹
▼10・18・SS街に泉があった68 🄵東宝🄳浅野正雄🄲三田明
▼11・2・SS日本一の裏切り男68 🄵東宝🄳須川栄三🄲植木等
▼11・13・SSコント55号 世紀の大弱点68 🄵東宝🄳和田嘉訓🄲萩本欽一、坂上二郎
▼11・23・VS野獣暁に死す68 伊🄵現代映画🄳トニーノ・チェルビ🄲仲代達矢
▼11・30・SS狙撃68 🄵東宝🄳堀川弘通🄲加山雄三
▼12・7・SSお熱い休暇68 🄵東宝🄳平山晃生🄲三木のり平
▼12・13・SSにっぽん親不孝時代68 🄵東宝🄳山本邦彦🄲堺正章
▼12・19・SS燃えろ！青春68 🄵東宝🄳松森健🄲黒沢年男
▼12・25・SSザ・タイガース 華やかなる招待68 🄵東宝🄳山本邦彦🄲沢田研二

【1969年（昭和44年）】

▼1・1・SSフレッシュマン若大将69 🄵東宝🄳福田純🄲加山雄三
▼1・7・SSクレージーの ぶちゃむくれ大発見69 🄵東宝🄳古澤憲吾🄲植木等
▼1・15・SSドリフターズですよ！ 特訓特訓また特訓69 🄵東宝🄳渡辺祐介🄲いかりや長介
▼1・22・SS社長えんま帖69 🄵東宝🄳松林宗恵🄲森繁久彌
▼2・5・SS椿三十郎62 🄵東宝🄳黒澤明🄲三船敏郎
▼2・15・SS愛のきずな69 🄵東宝🄳坪島孝🄲園まり
▼2・20・SS喜劇 駅前桟橋69 🄵東宝🄳杉江敏男🄲森繁久彌
▼3・1・SS風林火山69 🄵東宝🄳稲垣浩🄲三船敏郎
▼3・29・SS恋にめざめる頃69 🄵東宝🄳浅野正雄🄲酒井和歌子
▼4・7・SSザ・テンプターズ 涙のあとに微笑みを69 🄵東宝🄳内川清一郎🄲萩原健一
▼4・12・SS二人の恋人69 🄵東宝🄳森谷司郎🄲加山雄三
▼4・21・SS津軽絶唱69 🄵東宝🄳岡本愛彦🄲北大路欣也
▼4・27・SSクレージーの 大爆発69 🄵東宝🄳古澤憲吾🄲植木等
▼5・13・SSドリフターズですよ！ 全員突撃69 🄵東宝🄳和田嘉訓🄲いかりや長介
▼5・20・SS続 社長えんま帖69 🄵東宝🄳松林宗恵🄲森繁久彌
▼6・3・SS御用金69 🄵東宝🄳五社英雄🄲仲代達矢
▼6・17・SS死ぬにはまだ早い69 🄵東宝🄳西村潔🄲黒沢年男
▼6・24・SSブラック・コメディ ああ！馬鹿69 🄵東宝🄳須川栄三🄲小沢昭一
▼6・28・SS俺たちの荒野69 🄵東宝🄳出目昌伸🄲黒沢年男
▼7・5・SSボルネオ大将 赤道に賭ける69 🄵東宝🄳沢島忠🄲北大路欣也
▼7・12・SSニュージーランドの若大将69 🄵東宝🄳福田純🄲加山雄三
▼7・21・SSハーイ！ロンドン69 🄵東宝🄳岩内克己🄲沢田研二
▼7・26・SS緯度０《ゼロ》大作戦69 🄵東宝🄳本多猪四郎🄲宝田明、ジョセフ・コットン
▼8・12・SS日本海大海戦69 🄵東宝🄳丸山誠治🄲三船敏郎
▼8・24・SSコント55号 人類の大弱点69 🄵東宝🄳福田純🄲萩本欽一、坂上二郎
▼9・10・SS華麗なる闘い69 🄵東宝🄳浅野正雄🄲内藤洋子
▼9・17・SS弾痕69 🄵東宝🄳森谷司郎🄲加山雄三
▼9・27・SS奇々怪々 俺は誰だ?! 69 🄵東宝🄳坪島孝🄲谷啓
▼10・3・SS地獄変69 🄵東宝🄳豊田四郎🄲中村錦之助
▼10・10・SS赤毛69 🄵東宝🄳岡本喜八🄲三船敏郎
▼10・22・SSコント55号 俺は忍者の孫の孫69 🄵東宝🄳福田純🄲萩本欽一、坂上二郎
▼11・1・SS水戸黄門漫遊記69 🄵東宝🄳千葉泰樹🄲森繁久彌
▼11・12・SS日本一の断絶男69 🄵東宝🄳須川栄三🄲植木等
▼11・22・SS喜劇 新宿広場69 🄵東宝🄳山本邦彦🄲藤田まこ

と▼12・1・SS大日本スリ集団69 [F]東宝[D]福田純[C]小林桂樹▼12・6・SS野獣の復活69 [F]東宝[D]山本迪夫[C]三橋達也▼12・14・SS娘ざかり69 [F]東宝[D]松森健[C]内藤洋子▼12・20・SSコント55号 宇宙大冒険69 [F]東宝[D]福田純[C]萩本欽一、坂上二郎▼12・26・SSゴジラ・ミニラ・ガバラ オール怪獣大進撃69 [F]東宝[D]本多猪四郎[C]佐原健二

【1970年（昭和45年）】

▼1・1・SSブラボー！若大将70 [F]東宝[D]岩内克己[C]加山雄三▼1・8・SS新選組69 [F]東宝[D]沢島忠[C]三船敏郎▼1・15・SSクレージーの 殴り込み清水港70 [F]東宝[D]坪島孝[C]植木等▼1・23・SS社長学ＡＢＣ70 [F]東宝[D]松林宗恵[C]森繁久彌▼2・8・SS蝦夷館の決闘70 [F]東宝[D]古澤憲吾[C]加山雄三▼2・20・SS白昼の襲撃70 [F]東宝[D]西村潔[C]黒沢年男▼3・1・SS幕末70 [F]東宝[D]伊藤大輔[C]中村錦之助▼3・21・SS続 社長学ＡＢＣ70 [F]東宝[D]松林宗恵[C]森繁久彌▼4・4・SS栄光への反逆70 [F]東宝[D]中平康[C]黒沢年男▼4・11・SS豹《ジャガー》は走った70 [F]東宝[D]西村潔[C]加山雄三▼4・18・SS二人でひとり70 [F]東宝[D]青島幸男[C]青島幸男▼4・29・SSおいろけコミック 不思議な仲間70 [F]東宝[D]児玉進[C]夏木陽介▼5・9・SS待ち伏せ70 [F]東宝[D]稲垣浩[C]三船敏郎▼5・23・SS野獣都市70 [F]東宝[D]福田純[C]黒沢年男▼5・29・SS喜劇 頑張れ！日本男児70 [F]東宝[D]石田勝心[C]藤岡琢也▼6・5・にっぽん戦後史 マダムおんぼろの生活70 [F]東宝[D]今村昌平[C]赤座たみ▼6・13・SS日本一のヤクザ男70 [F]東宝[D]古澤憲吾[C]植木等▼7・5・SS悪魔が呼んでいる70 [F]東宝[D]山本迪夫[C]酒井和歌子▼7・11・SS幽霊屋敷の恐怖 血を吸う人形70 [F]東宝[D]山本迪夫[C]松尾嘉代▼7・18・SSサインはＶ70 [F]東宝[D]竹林進[C]岡田可愛▼7・25・SS恋の大冒険70 [F]東宝[D]羽仁進[C]今陽子▼8・1・SSゲゾラ・ガニメ・カメーバ 決戦！南海の大怪獣70 [F]東宝[D]本多猪四郎[C]久保明▼8・14・SS俺の空だぜ！若大将70 [F]東宝[D]小谷承靖[C]加山雄三▼8・22・SSバツグン女子高生 16才は感じちゃう70 [F]東宝[D]松森健[C]吉沢京子▼8・29・SS赤頭巾ちゃん気をつけて70 [F]東宝[D]森谷司郎[C]岡田裕介▼9・12・SSその人は女教師70 [F]東宝[D]出目昌伸[C]岩下志麻▼9・24・SSひらヒラ社員 夕日くん70 [F]東宝[D]石田勝心[C]なべおさみ▼10・3・SS喜劇 男売ります70 [F]東宝[D]西村潔[C]藤岡琢也▼10・10・SS奇妙な仲間 おいろけ道中70 [F]東宝[D]児玉進[C]夏木陽介▼10・17・SS商魂一代 天下の暴れん坊70 [F]東宝[D]丸山誠治[C]中村錦之助▼11・7・SS裸の十九才70 [F]東宝[P]近代映画協会[D]新藤兼人[C]原田大二郎▼11・14・SS学園祭の夜 甘い経験70 [F]東宝[D]堀川弘通[C]鳥居恵子▼11・27・SSバツグン女子高生 そっとしといて16才70 [F]東宝[D]松森健[C]吉沢京子▼12・4・SSひらヒラ社員 夕日くん ガールハントの巻70 [F]東宝[D]石田勝心[C]なべおさみ▼12・19・SSアタックNo.1 涙の世界選手権70 [F]東宝[P]東京ムービー[D]大隈正秋[V]小鳩くるみ（アニメーション）

【1971年（昭和46年）】

▼1・1・SS日本一のワルノリ男70 [F]東宝[D]坪島孝[C]植木等▼1・9・SS若大将対青大将71 [F]東宝[D]岩内克己[C]大矢茂▼1・15・SS初めての旅71 [F]東宝[D]森谷司郎[C]岡田裕介▼1・21・SS喜劇 三億円大作戦71 [F]東宝[D]石田勝心[C]田宮二郎▼2・6・SS喜劇 おめでたい奴71 [F]東宝[D]花登筐[C]新珠三千代▼2・13・SS走れ！コウタロー 男だから泣くサ71 [F]東宝[D]山本邦彦[C]藤村俊二▼2・20・SS真剣勝負71 [F]東宝[D]内田吐夢[C]中村錦之助▼3・6・SS凄い奴ら71 [F]東宝[D]西村潔[C]夏木陽介▼3・13・SS刑事物語 兄弟の掟71 [F]東宝[D]稲垣俊[C]田中邦衛▼3・20・SS怪獣大戦争 キングギドラ対ゴジラ（怪獣大戦争：改題）65 [F]東宝[D]本多猪四郎[C]宝田明▼4・2・SS二人だけの朝71 [F]東宝[D]松森健[C]岡田裕介▼4・9・SS誰のために愛するか71 [F]東宝[D]出目昌伸[C]酒井和歌子▼4・15・SS幻の殺意71 [F]東宝[D]沢島忠[C]小林桂樹▼4・23・SS夕日くん サラリーマン脱出作戦71 [F]東宝[D]小谷承靖[C]なべおさみ▼4・29・SSだまされて貰います71 [F]東宝[D]坪島孝[C]植木等▼5・11・SS喜劇 昨日の敵は今日も敵71 [F]東宝[D]前田陽一[C]堺正章▼5・22・SS昭和ひとけた社長対ふたけた社員71 [F]東宝[D]石田勝心[C]小林桂樹▼5・29・SS３０００キロの罠71 [F]東宝[D]福田純[C]田宮二郎▼6・5・SS恋人って呼ばせて71 [F]東宝[D]渡辺邦彦[C]吉沢京子▼6・12・SSおくさまは18歳 新婚教室71 [F]東宝[D]山本邦彦[C]岡崎友紀▼6・19・SS雨は知っていた71 [F]東宝[D]山本迪夫[C]鳥居恵子▼6・26・SS呪いの館 血を吸う眼71 [F]東宝[D]山本迪夫[C]高橋長英▼7・3・SS愛ふたたび71 [F]東宝[D]市川崑[C]ルノー・ベルレー、浅丘ルリ子▼7・25・SSゴジラ対ヘドラ71 [F]東宝[D]坂野義光[C]山内明▼8・14・SS激動の昭和史 沖縄決戦71 [F]東宝[D]岡本喜八[C]小林桂樹▼9・3・「されどわれらが日々」より 別れの詩《うた》71 [F]東宝[D]森谷司郎[C]小川知

子▼9・11・SS裸の大将58 🄵東宝🄳堀川弘通🄲小林桂樹▼9・18・SS西のペテン師 東のサギ師71 🄵東宝🄳福田純🄲藤田まこと▼9・24・SS父ちゃんのポーが聞える71 🄵東宝🄳石田勝心🄲小林桂樹▼10・17・SS潮騒71 🄵東宝🄳森谷司郎🄲朝比奈逸人▼10・30・SS出所祝い71 🄵東宝🄳五社英雄🄲仲代達矢▼11・20・SSひばりのすべて71 🄵東宝🄳井上梅次🄲美空ひばり▼12・5・SS女の花道71 🄵東宝🄳沢島忠🄲美空ひばり▼12・15・SS三大怪獣 地球最大の決戦64 🄵東宝🄳本多猪四郎🄲夏木陽介▼12・15-12・28 ［東宝名画まつり］（日替り番組夕方のみ）＝12・15-12・17 雪国57 🄵東宝🄳豊田四郎🄲池部良／SS用心棒61 🄵東宝🄳黒澤明🄲三船敏郎▼12・19-12・21 SS椿三十郎62 🄵東宝🄳黒澤明🄲三船敏郎／SS名もなく貧しく美しく61 🄵東宝🄳松山善三🄲高峰秀子▼12・22-12・24 七人の侍54 🄵東宝🄳黒澤明🄲志村喬▼12・26-12・28 浮雲55 🄵東宝🄳成瀬巳喜男🄲高峰秀子／SS隠し砦の三悪人58 🄵東宝🄳黒澤明🄲三船敏郎▼12・31・SS日本一のショック男71 🄵東宝🄳坪島孝🄲植木等

【1972年（昭和47年）】

▼1・8・SS起きて転んでまた起きて71 🄵東宝🄳前田陽一🄲堺正章▼1・23・SS座頭市御用旅72 🄵東宝🄳森一生🄲勝新太郎▼2・1・SS子連れ狼 子を貸し腕貸しつかまつる72 🄵東宝🄳三隅研次🄲若山富三郎▼2・8・SSその人は炎のように72 🄵東宝🄳出目昌伸🄲岩下志麻▼2・15・SS蒼ざめた日曜日72 🄵東宝🄳森谷司郎🄲浅丘ルリ子▼2・26・SS百万人の大合唱72 🄵東宝🄳須川栄三🄲若林豪▼3・8・SS制服の胸のここには72 🄵東宝🄳渡辺邦彦🄲石川博▼3・15・SS地球攻撃命令 ゴジラ対ガイガン72 🄵東宝🄳福田純🄲石川博▼4・1・SS薔薇の標的72 🄵東宝🄳西村潔🄲加山雄三▼4・15・SSヘアピン・サーカス72 🄵東宝🄳西村潔🄲見崎清志▼4・22・SS新兵隊やくざ火線72 🄵東宝🄳増村保造🄲勝新太郎▼5・13・SS紙芝居昭和史 黄金バットがやって来る72 🄵東宝🄳石田勝心🄲小林桂樹▼5・27・SS白鳥の歌なんか聞えない72 🄵東宝🄳渡辺邦彦🄲岡田裕介▼6・3・忍ぶ川72 🄵東宝🄳熊井啓🄲加藤剛▼6・10・SS影狩り72 🄵東宝🄳舛田利雄🄲石原裕次郎▼6・17・SS無宿人御子神の丈吉 牙は引き裂いた72 🄵東宝🄳池広一夫🄲原田芳雄▼6・24・SS札幌オリンピック72 🄵東宝🄿ニュース映画製作者連盟🄳篠田正浩（記録映画）▼8・1・SSゴジラ・エビラ・モスラ 南海の大決闘66 🄵東宝🄳福田純🄲宝田明／赤胴鈴之助72 🄵東宝🄿東京ムービー🄳岡部英二（アニメーション）／ミラーマン 生きかえった恐竜アロザ72 🄵東宝🄿円谷プロ🄳鈴木俊継🄲石田信之▼8・12・SS海軍特別年少兵72 🄵東宝🄳今井正🄲地井武男▼9・2・SS子連れ狼 死に風に向う乳母車72 🄵東宝🄳三隅研次🄲若山富三郎▼9・16・SS新座頭市物語 折れた杖72 🄵東宝🄳勝新太郎🄲勝新太郎▼9・23・恋の夏 L'ete des amours 72 🄵東宝🄳恩地日出夫🄲ルノー・ベルレー、小川知子▼10・10・SS影狩り ほえろ大砲72 🄵東宝🄳舛田利雄🄲石原裕次郎▼10・21・SS無宿人御子神の丈吉 川風に過去は流れた72 🄵東宝🄳池広一夫🄲原田芳雄▼10・28・SS喜劇 泥棒大家族 天下を盗る72 🄵東宝🄳坪島孝🄲植木等▼11・17-11・18 改装休館▼11・19・実演興行のみで映画上映なし

【1973年（昭和48年）】

▼1・1・SS子連れ狼 親の心子の心72 🄵東宝🄳斎藤武市🄲若山富三郎▼1・15・恍惚の人73 🄵東宝🄳豊田四郎🄲森繁久彌▼2・3・SS子連れ狼 子を貸し腕貸しつかまつる72（再映）▼2・10・SS子連れ狼 三途の川の乳母車72 🄵東宝🄳三隅研次🄲若山富三郎▼2・17・SS赤い鳥逃げた？73 🄵東宝🄳藤田敏八🄲原田芳雄▼2・23・SS反逆の報酬73 🄵東宝🄳沢田幸弘🄲石原裕次郎▼3・3・SS卒業旅行 Little Adventurer 73 🄵東宝🄳出目昌伸🄲マーク・レスター▼3・17・SSゴジラ対メガロ73 🄵東宝🄳福田純🄲佐々木勝彦／パンダコパンダ 雨ふりサーカスの巻73 🄵東宝🄿東京ムービー🄳高畑勲（アニメーション）▼4・7・SS高校生無頼控 突きのムラマサ73 🄵東宝🄳江崎実生🄲大門正明▼4・21・SS桜の代紋73 🄵東宝🄳三隅研次🄲若山富三郎▼4・27・SS新座頭市物語 笠間の血祭り73 🄵東宝🄳安田公義🄲勝新太郎▼5・19・SS王将73 🄵東宝🄳堀川弘通🄲勝新太郎▼6・3・実演興行のみ▼7・1・SS毘沙門天慕情73 🄵東宝🄳土居通芳🄲砂塚秀夫▼7・7・VS忍ぶ糸 第一部 古都のめぐり逢い・第二部 春の旅立ち73 🄵東宝🄳出目昌伸🄲栗原小巻▼8・1・SS怪獣島の決戦 ゴジラの息子67 🄵東宝🄳福田純🄲高島忠夫／科学忍者隊ガッチャマン 火の鳥対火喰竜73 🄵東宝🄿竜の子プロ🄳鳥海永行（アニメーション）／おもちゃ屋ケンちゃん よそではいい子73 🄵東宝🄿国際放映🄳曾根義隆🄲宮脇康之▼8・11・SS子連れ狼 冥府魔道73 🄵東宝🄳三隅研次🄲若山富三郎▼9・1・SS狼の紋章73 🄵東宝🄳松本正志🄲志垣太郎▼9・15・SS湯けむり110番 い

るかの大将72 [F]東宝[D]井上和男[C]森繁久彌▼9・22-SS喜劇 黄綬褒賞73 [F]東宝[D]井上和男[C]森繁久彌▼9・29-SS化石の森73 [F]東宝[D]篠田正浩[C]萩原健一▼10・6-SS人間革命73 [F]東宝[D]舛田利雄[C]丹波哲郎▼10・27-朝やけの詩《うた》73 [F]東宝[D]熊井啓[C]関根恵子▼11・17-SS日本侠花伝 第一部 野あざみ・第二部 青い牡丹73 [F]東宝[D]加藤泰[C]真木洋子▼11・23-野獣狩り73 [F]東宝[D]須川栄三[C]藤岡弘▼11・30以降の年内は実演興行のみで映画上映なし

【1974年（昭和49年）】

▼1・1-SSグアム島珍道中73 [F]東宝[D]岩内克己[C]井上順▼1・11-SS夕日くん サラリーマン仁義73 [F]東宝[D]小谷承靖[C]なべおさみ▼1・25-SS喜劇 黄綬褒賞73（再映）▼2・8-SSゴキブリ刑事《でか》73 [F]東宝[D]小谷承靖[C]渡哲也▼2・15-SSザ・ゴキブリ73 [F]東宝[D]小谷承靖[C]渡哲也▼3・2-SS華麗なる一族74 [F]東宝[D]山本薩夫[C]佐分利信▼3・23-SSゴジラ対メカゴジラ74 [F]東宝[D]福田純[C]大門正明▼4・7-神田川74 [F]東宝[D]出目昌伸[C]草刈正雄▼4・24-SS子連れ狼 地獄へ行くぞ！大五郎74 [F]東宝[D]黒田義之[C]若山富三郎▼5・11-SS悪名 縄張荒らし74 [F]東宝[D]増村保造[C]勝新太郎▼5・18-SS荒野のドラゴン73 伊[F]東宝[D]マリオ・カイアーノ[C]チェン・リー▼5・26-SS喜劇 だましの仁義74 [F]東宝[D]福田純[C]谷啓▼6・28-SS青春の蹉跌74 [F]東宝[D]神代辰巳[C]萩原健一▼7・8-モスクワわが愛74 ソ[F]東宝[P]モスフィルム、東宝映画[D]吉田憲二、アレクサンドル・ミッタ[C]栗原小巻▼7・20-SS急げ！若者74 [F]東宝[D]小谷承靖[C]北公次▼8・3-SSノストラダムスの大予言74 [F]東宝[D]舛田利雄[C]丹波哲郎▼9・28-VS青葉繁れる74 [F]東宝[D]岡本喜八[C]草刈正雄▼10・9-SS無宿《やどなし》74 [F]東宝[D]斎藤耕一[C]高倉健、勝新太郎▼10・25以降の年内は実演興行のみで映画上映なし

【1975年（昭和50年）】

▼1・1-SS伊豆の踊子74 [F]東宝[D]西河克己[C]山口百恵、三浦友和▼2・5-SS告訴せず75 [F]東宝[D]堀川弘通[C]青島幸男▼2・12-SSどてらい男《ヤツ》75 [F]東宝[D]古澤憲吾[C]西郷輝彦▼2・27-青春の門75 [F]東宝[D]浦山桐郎[C]田中健▼3・21-SSメカゴジラの逆襲75 [F]東宝[D]本多猪四郎[C]佐々木勝彦／アグネスからの贈りもの75 [F]東宝[D]山名兌二[C]アグネス・チャン▼4・5-雨のアムステルダム Two in the Amsterdam Rain 75 [F]東宝[D]蔵原惟繕[C]萩原健一▼4・25-SS潮騒75 [F]東宝[D]西河克己[C]山口百恵、三浦友和▼5・2-SSお姐ちゃんお手やわらかに75 [F]東宝[D]坪島孝[C]和田アキ子▼5・22-潮騒（再映）▼6・8-VS吾輩は猫である75 [F]東宝[D]市川崑[C]仲代達矢▼7・12-SS東京湾炎上75 [F]東宝[D]石田勝心[C]丹波哲郎▼8・9-SS花の高2トリオ 初恋時代75 [F]東宝[D]森永健次郎[C]森昌子、山口百恵、桜田淳子▼8・29-SS青い山脈75 [F]東宝[D]河崎義祐[C]三浦友和▼10・2-金環蝕75 [F]東宝[P]大映映画[D]山本薩夫[C]仲代達矢▼11・1-SS陽のあたる坂道75 [F]東宝[D]吉松安弘[C]三浦友和▼11・20-（益田隆舞踊団公演）▼11・21-SSはつ恋75 [F]東宝[D]小谷承靖[C]井上純一▼11・29-12・29［ビバ・チャップリンまつり］（実演なし）11・29-12・9 モダン・タイムス36米[F]東宝東和[P]ユナイト[D]チャールズ・チャップリン[C]チャールズ・チャップリン／チャップリンの独裁者40米[F]東宝東和[P]ユナイト[D]チャールズ・チャップリン[C]チャールズ・チャップリン▼12・11-12・20 街の灯31米[F]東宝東和[P]ユナイト[D]チャールズ・チャップリン[C]チャールズ・チャップリン／ライムライト52米[F]東宝東和[P]ユナイト[D]チャールズ・チャップリン[C]チャールズ・チャップリン▼12・21-12・29 キッド21米[F]東宝東和[P]ファースト・ナショナル[D]チャールズ・チャップリン[C]チャールズ・チャップリン／チャップリンの黄金狂時代25米[F]東宝東和[P]ユナイト[D]チャールズ・チャップリン[C]チャールズ・チャップリン／犬の生活18米[F]東宝東和[P]ファースト・ナショナル[D]チャールズ・チャップリン[C]チャールズ・チャップリン

【1976年（昭和51年）】

▼1・1-SS絶唱75 [F]東宝[D]西河克己[C]山口百恵、三浦友和▼1・17-SSおしゃれ大作戦76 [F]東宝[D]古澤憲吾[C]由美かおる▼4・1-SS挽歌76 [F]東宝[D]河崎義祐[C]秋吉久美子▼4・24-SSあいつと私76 [F]東宝[D]河崎義祐[C]三浦友和▼5・1-SSエデンの海76 [F]東宝[D]西河克己[C]山口百恵▼7・29-SSゴー！ゴー！若大将67 [F]東宝[D]岩内克己[C]加山雄三▼7・31-SS風立ちぬ76 [F]東宝[D]若杉光夫[C]山口百恵、三浦友和▼8・21-SSどんぐりッ子76 [F]東宝[D]西河克己[C]森昌子▼9・29-SS喜劇 百点満点76 [F]東宝[D]松林宗恵[C]小林桂樹▼10・23-SS星と嵐76 [F]東宝[D]出目昌伸[C]三浦友和▼11・13-VS犬神家の一族76 [F]東宝[P]角川春樹事務所[D]市川崑[C]石坂浩二▼11・23-SS用心棒61 [F]東宝[D]黒澤明[C]三船敏郎／SS椿三十郎62

F東宝D黒澤明C三船敏郎（実演なし）▼12・11・12・29［東宝映画傑作選］（実演なし）12・11・三等重役52 F東宝D春原政久C森繁久彌／SS社長道中記61 F東宝D松林宗恵C森繁久彌／SSニッポン無責任時代62 F東宝D古澤憲吾C植木等▼12・18・ゴジラ54 F東宝D本多猪四郎C志村喬／SSモスラ61 F東宝D本多猪四郎Cフランキー堺／空の大怪獣 ラドン56 F東宝D本多猪四郎C佐原健二

【1977年（昭和52年）】映画上映は一部の興行のみ

▼1・1・SS春琴抄76 F東宝D西河克己C山口百恵、三浦友和▼4・26・SS若い人77 F東宝D河崎義祐C桜田淳子▼5・10・SS青年の樹77 F東宝D西村潔C三浦友和

【1978年（昭和53年）】

▼1・1・SS惑星大戦争77 F東宝D福田純C森田健作▼1・18・SS霧の旗77 F東宝D西河克己C山口百恵、三浦友和▼4・25・VS愛の嵐の中で78 F東宝D小谷承靖C桜田淳子▼5・16・SS残照78 F東宝D河崎義祐C三浦友和▼6・6・6・23まで改装▼6・24・9・29 70 スター・ウォーズ77 米F 20世紀FOX Dジョージ・ルーカスCマーク・ハミル（実演なし）

【1979年（昭和54年）】

▼1・1・VSピンク・レディーの活動大写真78 F東宝D小谷承靖C根本美鶴代、増田恵子▼8・2・8・28［ゴジラ誕生25周年ゴジラ映画大全集］（実演なし）SSゴジラ対メカゴジラ74 F東宝D福田純C大門正明／SSキングコング対ゴジラ62 F東宝D本多猪四郎C高島忠夫／SS怪獣大戦争65 F東宝D本多猪四郎C宝田明 ※22日までの最終回は日替り上映＝▼8・2 ゴジラ54 F東宝D本多猪四郎C志村喬▼8・3 ゴジラの逆襲55 F東宝D小田基義C小泉博▼8・4 SSモスラ対ゴジラ64 F東宝D本多猪四郎C宝田明▼8・5 SS三大怪獣 地球最大の決戦64 F東宝D本多猪四郎C夏木陽介▼8・6 SSゴジラ・エビラ・モスラ 南海の大決闘66 F東宝D福田純C宝田明▼8・7 SS怪獣島の決戦 ゴジラの息子67 F東宝D福田純C高島忠夫▼8・8 SS怪獣総進撃68 F東宝D本多猪四郎C久保明▼8・9 SSゴジラ・ミニラ・ガバラ オール怪獣大進撃69 F東宝D本多猪四郎C佐原健二▼8・10 SSゴジラ対ヘドラ71 F東宝D坂野義光C山内明▼8・11 SS地球攻撃命令 ゴジラ対ガイガン72 F東宝D福田純C石川博▼8・12 SSゴジラ対メガロ73 F東宝D福田純C佐々木勝彦▼8・13 SSメカゴジラの逆襲75 F東宝D本多猪四郎C佐々木勝彦▼8・14 SS怪獣王ゴジラ（再編集海外版）56 米F東宝Pエンバシー、東宝Dテリー・モース、本多猪四郎Cレイモンド・バー▼8・15 SSモスラ61 F東宝D本多猪四郎Cフランキー堺▼8・16 SS地球防衛軍57 F東宝D本多猪四郎C佐原健二▼8・17 SSガス人間第1号60 F東宝D本多猪四郎C三橋達也▼8・18 SS宇宙大戦争59 F東宝D本多猪四郎C池部良▼8・19 空の大怪獣 ラドン56 F東宝D本多猪四郎C佐原健二▼8・20 SS海底軍艦63 F東宝D本多猪四郎C高島忠夫▼8・21 SS妖星ゴラス62 F東宝D本多猪四郎C池部良▼8・22 SS世界大戦争61 F東宝D松林宗恵Cフランキー堺▼10・7・栄光のキャロル・スペシャル フィルム・コンサート（実演なし）▼11・16・VS狂熱の天才 ジミ・ヘンドリックス73 米FケイブルホーグPワーナーDジョー・ボイド、ジョン・ヘッド、ゲイリー・ウェイスCジミ・ヘンドリックス（記録映画）※実演なし

【1980年（昭和55年）】

▼1・1・VS関白宣言79 F東宝D松林宗恵Cさだ繁理▼3・20・VS象物語80 F東宝東和D蔵原惟二、日野成道Cナレーション：岡田英次（実演なし）▼5・17・70 サウンド・オブ・ミュージック65 米F 20世紀FOX Dロバート・ワイズCジュリー・アンドリュース（実演なし）▼6・28・SSスター・ウォーズ 帝国の逆襲80 米F 20世紀FOX Dアーヴィン・カーシュナーCマーク・ハミル（実演なし）▼9・20・SSジョーズ75 米Fユニヴァーサル、CIC Dスティーヴン・スピルバーグCロイ・シャイダー／SSジョーズ2 78 米Fユニヴァーサル、CIC Dヤノット・シュワルツCロイ・シャイダー（実演なし）▼10・10・VSスペース・サタン80 F東宝東和Dスタンリー・ドーネンCカーク・ダグラス（実演なし）▼11・15・HOT JAM'80 我らが熱き日々80 F東宝東和P HOT JAM'80 シアターフレンズコンサート実行委員会、東和プロダクションC桑名正博（実演なし）▼11・29・12・19［チャップリン・フェスティバル］（実演なし）▼11・29・12・5 モダン・タイムス36米F東宝東和PユナイトDチャールズ・チャップリンCチャールズ・チャップリン／黄金狂時代25米F東宝東和PユナイトDチャールズ・チャップリンCチャールズ・チャップリン▼12・6・12・12 街の灯31米F東宝東和PユナイトDチャールズ・チャップリンCチャールズ・チャップリン／殺人狂時代47 米F東宝東和PユナイトDチャールズ・チャップリンCチャールズ・チャップリ

ン▼12・13・12・19 ライムライト52米[F]東宝東和[P]ユナイト[D]チャールズ・チャップリン[C]チャールズ・チャップリン／チャップリンの独裁者40米[F]東宝東和[P]ユナイト[D]チャールズ・チャップリン[C]チャールズ・チャップリン

【1981年（昭和56年）】

▼2・11・ VS青春グラフィティ スニーカーぶるーす81 [F]東宝[D]河崎義祐[C]田原俊彦、近藤真彦、野村義男

▼1・28・2・15 実演『サヨナラ日劇フェスティバル』[C]日劇ダンシングチーム

2月15日、閉館

日劇　閉館時パンフレット

あとがき

巨大な映画館が数多く存在していた頃はそれが普通の光景だった。帝国劇場は建替えられて演劇の劇場になり、東劇と日劇は高層ビル内で規模や上映形態が変わった。日比谷映画、有楽座、テアトル東京、松竹セントラル、パンテオンも次々に閉館し、ミラノ座の閉館によって一〇〇〇席を超える劇場がなくなった。いつもそこにあるものと思っていた大劇場が消失し、大空間の中の大画面で映画を観ることもできなくなった。有楽座やその他の大劇場での大画面と劇場空間は今では得られない幸福な体験であった。

大劇場のうち特別な思いがあるのは有楽座である。私が映画を観るようになったのは有楽座で七〇ミリ映画の『マイ・フェア・レディ』（監督：ジョージ・キューカー、一九六四）を観て大画面に圧倒されたからだ。二〇二〇年（令和二年）一月に新宿高島屋で開催された「オードリー・ヘプバーン写真展」を観に行った。会場では出演映画の音楽が流されていたが、『マイ・フェア・レディ』の序曲が聞こえたとき、有楽座の巨大な画面に映しだされたオープニングタイトルの感動がまざまざと甦った。一九六九年（昭和四四年）に丸の内ピカデリーで『マイ・フェア・レディ』のリバイバル上映があったときも観に行った。丸の内ピカデリーも大画面だったが、その頃は大画面慣れをしていたのか同じ映画と思えないほど感動しなかった。有楽座の印象が強すぎたためだろう。以後は映画館でこの映画を観ることを封印した。

有楽座での体験によって映画鑑賞を日常の習慣としたことは、のちに映像制作会社に就職することにも繋がった。大学生のとき、洋画配給会社で短期のアルバイトをしたことがあり、ソ連の大作『カラマーゾフの兄弟』が有楽座で上映されたときには初日の打ち込み応援に行った。第一回目は劇場前に大勢の客が並んでいたので列の誘導などの観客整理を手伝ったのだが、これに先立って有楽座の事務所内で指示を聞いた。自分にとっては特別な映画館で一時的にも仕事ができたことは貴重な体験だった。当時は映画館で映写される広告の多くがスライドであったが、有楽座では〝ムービー・スポット〟というタイトル付きの劇場用ＣＭを上映していた。私は有楽座以外で観たことがなかった。スクリーンで観るカラーのフィルムCMはとても鮮明だった。大学の卒業前に就職活動をしていたとき、CM制作会社の求人広告を見た。応募する気になったのは有楽座で観ていたCMを制作していた会社で、社名を知っていたからだ。映画に興味を持つきっかけとなり、その結果としてCM編集者になったのは有楽座という映画館がその後の人生を導いたと言える。有楽座には今も感謝をしている。

このようなことから、有楽座やその他の大劇場を追懐する記録を残したいと思った。上映作品の内、文化映画や短編などで内容不明のものは資料が見つからずに題名のみの表記となって心残りであるが、この本が巨大映画館の記憶の参考となれば幸いである。

本書の作成にあたっては多方面の方々からご協力を賜りました。画像を提供して頂いた東京テアトル株式会社、新宿区立新宿歴史博物館、台東区立中央図書館。図面の引用については松竹株式会社、台東区教育委員会、柏書房株式会社、株式会社彰国社、一般社団法人日本建築学会、株式会社美術出版社の各位に御礼申し上げます。また、杉本益規氏にはご自身撮影の映画館写真をお借り出来たことを感謝いたします。書籍化してくださったワイズ出版の岡田博前代表、情報量の多い原稿が収まるようにレイアウトして頂いた田中ひろこさん、阿部陽子さんにも御礼申し上げます。

二〇二一年九月　　青木圭一郎

【参考資料】
演劇百科大事典　一九六二年　演劇博物館・編　平凡社
日本映画発達史（I～V）一九七五～一九七六年　田中純一郎　中公文庫
講座 日本映画（1～8）一九八五～一九八八年　今村昌平・佐藤忠男・新藤兼人・鶴見俊輔・山田洋次、編　岩波書店
舶来キネマ作品辞典　日本で戦前に上映された外国映画一覧（1～4）一九九七年　世界映画史研究会編　科学書院
東和の半世紀　50 years of TOWA:1928-1978　一九七八年　東宝東和
東宝五十年史　一九八二年　東宝五十年史編纂委員会　東宝
東宝75年のあゆみ ビジュアルで綴る3／4世紀 1932-2007　二〇一〇年　東宝
東京楽天地50年史　一九八七年　東京楽天地50年史編纂委員会編　東京楽天地
スバル座のあゆみ 40年小史　一九八七年　スバル座40年史編集委員会編　スバル興業
日活100年史　二〇一四年　日活
松竹百二十年史　二〇一六年　松竹
東映の軌跡　二〇一六年　東映
日劇レビュー史　日劇ダンシングチーム栄光の50年　一九九七年　橋本与志夫　三一書房
帝劇の五十年　一九六六年　帝劇史編纂委員会　東宝
帝劇ワンダーランド　帝国劇場開場100周年記念読本　二〇一一年　東宝株式会社演劇部監修　東宝、ぴあ
よみがえる帝国劇場展（図録）　二〇〇二年　早稲田大学演劇博物館編
帝国劇場100年のあゆみ 1911-2011　二〇一二年　帝国劇場100年のあゆみ編纂委員会　東宝
浅草六区 興行と街の移り変り　一九八七年　台東区教育委員会
浅草六区興行史　新装改訂版　一九八八年　台東区立下町風俗資料館編　台東区立下町風俗資料館
夢人間たちの共和国 東京国際ファンタスティック映画祭10年史　一九九五年　小松沢陽一　シネマハウス／星雲社
映画館へは、麻布十番から都電に乗って。二〇一〇年　高井英幸　角川書店
台湾人の歌舞伎町―新宿、もうひとつの戦後史　二〇一七年　稲葉佳子・青池憲司　紀伊國屋書店
建築画報　19巻11号　［富士館］一九二八年一一月号　建築画報社
建築画報　23巻1号　［帝都座］一九三二年一月号　建築画報社
國際建築　11巻7号［有樂座］一九三五年七月号　美術出版社
国際建築　21巻5号［丸ノ内日活］一九五四年五月号　美術出版社

国際建築　24巻1号［東京劇場、東急文化会館］　一九五七年一月号　美術出版社
新建築 VOL.27-NO.7［渋谷国際映画劇場］　一九五二年七月号　新建築社
新建築 VOL.29-NO.6［丸ノ内日活］　一九五四年六月号　新建築社
建築文化　9巻3号［渋谷大映、渋谷東映、池袋東映］　一九五四年三月号　彰国社
建築文化　9巻6号［丸ノ内日活］　一九五四年六月号　彰国社
建築写真文庫41　映画館と小劇場　一九五六年　北尾春道編集　彰国社
建築写真文庫80　映画館　一九五九年　北尾春道編集　彰国社
東京横浜復興建築図集 1923-1930　一九三一年　建築学会編　丸善
東都映畫館建築 巻1　一九三四年　高梨由太郎編輯　洪洋社
日本近代建築総覧　各地に遺る明治大正昭和の建物　一九八〇年　日本建築学会編　技報堂出版
キネマ週報　一九三〇年一二月二八日号　大勝館特輯　（キネマ週報 複製版・4巻 ゆまに書房）
キネマ週報　一九三一年五月一日号　帝都座特輯號　（キネマ週報 複製版・6巻 ゆまに書房）
キネマ週報　一九三五年一一月二九日号　新宿「大東京」と新興キネマ　（キネマ週報 複製版・24巻 ゆまに書房）
キネマ旬報別冊　日本映画作品大鑑　全五巻　一九六〇〜一九六一年　キネマ旬報社
キネマ旬報　一九五五年一月下旬号［これがシネラマだ］　キネマ旬報社
キネマ旬報　二〇一五年一月上旬号［さらば新宿ミラノ座、大劇場の時代］　キネマ旬報社
サヨナラ日劇フェスティバル あゝ栄光の半世紀（閉館時パンフレット）　一九八一年　東宝
さよなら日劇ラストショウ since 1933-2018（閉館時パンフレット）　二〇一八年　東宝
生まれて半世紀！ さよならフェスティバル　有楽座・日比谷映画（閉館時パンフレット）　一九八四年　東宝
グレート・メモリーズ 丸の内ピカデリー・丸の内松竹（閉館時パンフレット）　一九八四年　松竹
映画年鑑（映画年鑑別冊＝映画便覧、映画館名簿）　時事通信社／キネマ旬報社
ぴあ　一九七二〜二〇一一年　ぴあ
シティロード　一九七五〜一九九四年　エコー企画／西アド
朝日新聞、毎日新聞、都新聞、読売新聞
関連各社ホームページ

【劇場平面図】

浅草六区 興行と街の移り変り　一九八七年　台東区教育委員会＝常盤座、大勝館、電気館

東京横浜復興建築図集 1923-1930　一九三一年　建築学会編　丸善＝武蔵野館、富士館、帝国館

東都映畫館建築 巻1　一九三四年　高梨由太郎編輯　洪洋社＝日比谷映画、日本劇場、帝都座

建築世界　5巻5号　一九一一年五月号　建築世界社＝帝国劇場

國際建築　11巻7号　一九三五年七月号　美術出版社＝有楽座

国際建築　21巻5号　一九五四年五月号　美術出版社＝丸ノ内日活

国際建築　24巻1号　一九五七年一月号　美術出版社＝東京劇場、東急文化会館

建築写真文庫41　映画館と小劇場　一九五六年　北尾春道編集　彰国社＝松竹セントラル

建築写真文庫80　映画館　一九五九年　北尾春道編集　彰国社＝テアトル東京

図面でみる都市建築の明治　一九九二年　鈴木博之・初田亨編　柏書房＝帝国劇場

【館内図、座席表】＝パンフレット、チラシ、その他

テアトル東京、東京劇場、松竹セントラル、丸の内ピカデリー、渋谷パンテオン、ミラノ座、浅草松竹座、国際劇場

著者紹介

青木圭一郎（あおき　けいいちろう）

1949（昭和24）年、東京生れ。
大学卒業後、CM制作会社に就職。
CM、ミュージックビデオ等の映像編集に携わる。
著書に「昭和の東京　映画は名画座」（ワイズ出版）がある。

巨大映画館の記憶

発行日　二〇二一年一一月二五日　第一刷
著　者　青木圭一郎
発行者　吉田聰
造　本　田中ひろこ
協　力　東京テアトル株式会社、新宿区立新宿歴史博物館、台東区立中央図書館、台東区教育委員会、柏書房株式会社、株式会社彰国社、松竹株式会社、株式会社美術出版社、一般社団法人日本建築学会、杉本益規、阿部陽子

発行所　ワイズ出版
東京都新宿区西新宿七-七-二三-七階
TEL　〇三-三三六九-九二一八
FAX　〇三-三三六九-一四三六
メール　widespublishing@gmail.com

印刷・製本　モリモト印刷株式会社